ローマ字	ひらがな	かたかな	ローマ字	ひらがな	かたかな	ローマ字	な	な	字	な	な
o	お	オ									
ko	こ	コ	kya	きゃ	キャ	kyu	きゅ	キュ	kyo	きょ	キョ
so	そ	ソ	sha	しゃ	シャ	shu	しゅ	シュ	sho	しょ	ショ
to	と	ト	cha	ちゃ	チャ	chu	ちゅ	チュ	cho	ちょ	チョ
no	の	ノ	nya	にゃ	ニャ	nyu	にゅ	ニュ	nyo	にょ	ニョ
ho	ほ	ホ	hya	ひゃ	ヒャ	hyu	ひゅ	ヒュ	hyo	ひょ	ヒョ
mo	も	モ	mya	みゃ	ミャ	myu	みゅ	ミュ	myo	みょ	ミョ
yo	よ	ヨ									
ro	ろ	ロ	rya	りゃ	リャ	ryu	りゅ	リュ	ryo	りょ	リョ
o	を	ヲ									
go	ご	ゴ	gya	ぎゃ	ギャ	gyu	ぎゅ	ギュ	gyo	ぎょ	ギョ
zo	ぞ	ゾ	ja	じゃ	ジャ	ju	じゅ	ジュ	jo	じょ	ジョ
do	ど	ド									
bo	ぼ	ボ	bya	びゃ	ビャ	byu	びゅ	ビュ	byo	びょ	ビョ
po	ぽ	ポ	pya	ぴゃ	ピャ	pyu	ぴゅ	ピュ	pyo	ぴょ	ピョ

ローマ字つづりの注意事項

(1) はねる音はすべて“n”で表した。

新聞（しんぶん） *shinbun*　天気（てんき） *tenki*

(2) はねる音の“n”の次にすぐ母音字または“y”が続く場合には、“n”の次にアポストロフィー“’”を入れた。

原因（げんいん） *gen'in*　金曜日（きんようび） *kin'yōbi*

(3) つまる音は次に来る子音字を重ねて表した。ただし、子音字が“ch”の場合には“tch”とした。

学校（がっこう） *gakkō*　マッチ *matchi*

(4) “あっ”のような感動詞の場合、つまる音はアポストロフィーをつけて表した。

あっ、たいへんだ。 *A'! Taihen da.*

(5) 長音は母音字の上に長音符号をつけて表した。ただし、“i”の場合には、“ii”とした。

セーター *sētā*　コーヒー *kōhii*

BASIC JAPANESE–ENGLISH DICTIONARY

基礎日本語学習辞典

THE JAPAN FOUNDATION

Oxford New York
OXFORD UNIVERSITY PRESS

Oxford University Press, Walton Street, Oxford OX2 6DP

Oxford New York
Athens Auckland Bangkok Bombay
Calcutta Cape Town Dar es Salaam Delhi
Florence Hong Kong Istanbul Karachi
Kuala Lumpur Madras Madrid Melbourne
Mexico City Nairobi Paris Singapore
Taipei Tokyo Toronto

and associated companies in
Berlin Ibadan

Oxford is a trade mark of Oxford University Press

Published in the United States by
Oxford University Press Inc., New York

First published in Japan in 1986 by
Bonjinsha Co. Ltd.
This edition published under licence
by Oxford University Press 1989
Reprinted 1990 (twice)
Paperback edition first printed 1992
Reprinted 1993, 1994 (twice)

British Library Cataloguing in Publication Data
Data available

Library of Congress Cataloging in Publication Data
Basic Japanese—English dictionary = [Kiso Nihongo gakushū jiten] / the Japan Foundation
p. cm.
Reprint. Originally published: Tokyo: Bonjinsha Co., 1986.
I. Japanese language—Dictionaries—English. I. Kokusai Kōryū Kikin. II. Title: Kiso Nihongo gakushū jiten.
PL679.B37 1993
495.6'321—dc20 '92-38748
ISBN 0-19-864328 4

Printed in Hong Kong

Preface

As international exchange deepens, the role of language as a means for mutual understanding becomes larger. The Japanese language is no exception, and for the past ten years the number of persons studying Japanese in foreign countries has been steadily on the rise.

However, at present there are next to no easy-to-use dictionaries in their own language for such foreigners starting their study of Japanese. Therefore most foreign students of Japanese are forced to make do with dictionaries—Japanese-English, Japanese-French, etc.—compiled for Japanese students of European languages. These dictionaries may be useful for intermediate and advanced students of Japanese who know such European languages well, but it seems that they are very difficult for beginning students to use. That is, the example sentences are written in *kanji* with no *furigana* or romanization and the lack of translations in their own language makes them difficult to understand for those whose native language is not English, French, or the like.

We at the Japan Foundation thus felt that there was a need for a dictionary easy to use by such beginning students of Japanese with editions in various foreign languages. Therefore we embarked on the compilation of this dictionary. A selection of basic vocabulary has been made from words in everyday use, an analysis of the different senses in which these words are used has been carried out, and those different senses shown through example phrases and sentences. *Furigana* and romanization have been included so that this work can be used by beginning students.

Since an English translation has been added on the right-hand side of each page, this edition should be easy for English speakers to understand. The study of language is in effect the attempt to understand by overcoming cultural differences, and in the translation when no exact equivalent exists the closest approximation has been chosen; cultural explanations have been added as necessary.

This dictionary will have served its purpose if through its use the student finds it even a little easier to understand this basic vocabulary and to use it in the actual speaking and writing of Japanese. We would be happy to receive comments and suggestions for use in later editions.

We would also like to express our thanks here to all the individuals who have participated in the planning, compilation, translation, and checking of this dictionary.

Japanese Studies Department
The Japan Foundation
September 1986

About This Dictionary

1. This dictionary has been compiled for use by foreigners studying Japanese who are still at a relatively early stage in their studies.

2. There are 2,873 separate entries, chiefly centering around vocabulary used by Japanese language teaching institutions on the introductory level. The choice of entries was made based on Japanese language teaching materials, studies of vocabulary in common use, dictionaries, and consultations with persons involved in teaching Japanese as a foreign language.

3. For the convenience of the user, the entries are written in roman letters followed by the standard writing in *kanji* and/or *kana*. Romanization has also been provided for example expressions, compounds, and sentences; and *furigana* is provided for *kanji* in the entries and the example expressions, compounds, and sentences.

4. In order to clarify the meaning and usage of the entry words and to aid in the formation of one's own sentences, example sentences have been provided; compounds and idiomatic expressions using that word are also included. In addition, as necessary, different senses of the word have been shown and explanations of usage given. Indication has also been made of words of contrasting and similar meaning to be consulted.

5. An English translation accompanies the Japanese text so the student can compare the two.

6. The different senses given for the entries, in accordance with the nature of this dictionary, have been restricted to the basic ones but are at times quite detailed so that they will be useful at a relatively high level of study.

Using This Dictionary

This dictionary consists of a Japanese text on the left-hand side of the page with a corresponding English translation on the right-hand side of the page.

I. The entries

(1) The form of the entry

(a) The entry is written first in roman letters and then in the standard Japanese writing in *kanji* and/or *kana* followed by an abbreviation indicating part or parts of speech.

(b) The entry is given in the dictionary or citation form. Adjective-verbs are given in the stem form.

(c) The hyphens with prefixes and suffixes indicate where they are attached to other words.

dai- 第(だい)-〔頭〕

-bu -部(ぶ)〔尾〕

(d) In the case of compounds, the symbol ~ indicates the omission of some word or element.

(~**te**) **ageru** (~て) あげる〔連〕

(e) More than one part of speech has been indicated where appropriate.

taihen たいへん〔副, 形動〕

Nouns and adverbs that can be used with *suru* as Type III verbs have been indicated as such.

benkyō 勉強(べんきょう)〔名, ~する〕

hakkiri はっきり〔副, ~する〕

(2) The arrangement of entries

(a) The entries are in alphabetical order.

(b) In the case of different entries with the same spelling, those written in *kanji* come before those written in *kana*.

fuku 吹(ふ)く〔動 I〕

fuku ふく〔動 I〕

(c) Words with the same pronunciation usually differentiated by *kanji* are treated as separate entries. There is no particular rule of order in such a case.

atataka 暖(あたた)か〔形動〕　　**ateru** 当(あ)てる〔動 II〕

atataka 温(あたた)か〔形動〕　　**ateru** 充(あ)てる〔動 II〕

II. The form of writing in Japanese

(1) The use of *tōyō kanji*, *kana*, and inflectional *kana* follows standards established by the Japanese government.

(2) *Furigana* is included for all *kanji* in the entries, example compounds, example expressions, and example sentences. *Kanji* have been used as much as possible for words usually written in *kanji* while words generally written in *hiragana* have been written in *hiragana*. Thus in some cases a word may be written in both *kanji* and *hiragana* in the example sentences for a single entry.

絵を**掛ける** (e o *kakeru*)
心配を**かける** (shinpai o *kakeru*)

(3) Numbers are written in *kanji* in the entries but, as the text is written in horizontal form, are generally in arabic numerals in the text itself.

(4) The romanization generally follows that of the second table in the Japanese government's *Rōmaji no tsuzurikata* (The Romanization of Japanese). See also the table at the front of this volume.

III. The example sentences

(1) Example sentences for the entry are indicated by the sign ¶.

¶はがきを5枚ください。 (*Hagaki* o gomai kudasai.)

(2) Sentences spoken by different speakers are indicated by「　」in the Japanese text.

¶「これは日本語の本ですか。」(Kore wa Nihongo no hon desu ka?)
「はい，そうです。」 (*Hai,* sō desu.)

(3) Within the example expressions and sentences, the entry word is indicated by boldface type in the Japanese and italics in the romanization.

haha **母**〖名〗
¶**母**は今年 60 歳です。 (*Haha* wa kotoshi rokujissai desu).

IV. The explanations of meaning and usage

(1) When judged advisable, different senses of the entry are indicated by the numbers ①, ②, ③, etc.; the individual meanings appear within brackets.

(2) The senses are generally listed with those used most frequently appearing first.

(3) Where more than one part of speech is applicable, separate explanations have been provided if there is a significant difference in meaning.

jissai　**実際**〘名，副〙

1〘名〙

¶彼の話は**実際**とはだいぶ違います。

(Kare no hanashi wa *jissai* to wa daibu chigaimasu.)

2〘副〙

¶この問題には**実際**困っています。

(Kono mondai ni wa *jissai* komatte imasu.)

(4) Usage notes are indicated by a boldface asterisk (**＊**). Where the note only applies to that one particular sense of the word, a small asterisk (＊) has been used.

V. Words of contrasting meaning and other related words

(1) Words of contrasting meaning for an entry are indicated by ⇔. When the word applies for only one sense of the entry ⟷ is used.

(2) A cross-reference to a word with a related meaning is indicated by ⇨. A cross-reference to a related word applying to a single sense of the entry is indicated by →.

(3) When the entry appears under a different form the reader is referred to the correct entry by ☞.

VI. The abbreviations used for the parts of speech

The abbreviations used for the parts of speech in the entries are:

〔名〕 ⟦n⟧ noun
〔代〕 ⟦pron⟧ pronoun
〔動Ｉ〕 ⟦v I⟧ Type I verb (*godan* verb; *-u* verb)
〔動II〕 ⟦v II⟧ Type II verb (*-ru* verb).
〔動III〕 ⟦v III⟧ Type III verb
〔形〕 ⟦adj⟧ adjective
〔形動〕 ⟦adj-v⟧ adjective-verb
〔副〕 ⟦adv⟧ adverb
〔連体〕 ⟦attrib⟧ attributive
〔接〕 ⟦conj⟧ conjunction
〔感〕 ⟦interj⟧ interjection
〔助動〕 ⟦auxil⟧ auxiliary
〔助〕 ⟦part⟧ particle
〔頭〕 ⟦pref⟧ prefix
〔尾〕 ⟦suf⟧ suffix
〔連〕 ⟦compd⟧ compound

Concerning the English-language Edition

I. The entries

(1) The form of the entry

(a) To help beginning students, there are entries for verb endings (*-ba, -mashō, -masu, -nai, -nakereba naranai, -nasai, -rareru, -reru, -saseru, -seru, -ta, -tara, -te, -te mo, -te wa, -yō, -zu,* etc.) not usually found in other Japanese-English dictionaries. Entries for expressions with a verb in the *-te* form plus a helping verb are found under the helping verb ([*-te*] *ageru,* [*-te*] *ikenai,* [*-te*] *kuru,* [*-te*] *miru,* [*-te*] *oku,* [*-te*] *shimau,* etc.). Entries for expressions with a verb in the stem form plus a second verb are also found under the second verb (*-au, -dasu, -komu, -sugiru,* etc.).

(b) Words often used with the prefix *o-* are generally found under the base form (*cha, rei, tagai, tearai,* etc.).

(c) Idiomatic expressions can generally be found listed as separate senses under both of the key words. For example, *hara ga tatsu* can be found under both the entries for *hara* and for *tatsu*.

(2) The arrangement of entries

(a) The alphabetical order is letter by letter, not word by word.

nan(-)	何(-)
nana	七
naname	斜め
nanatsu	七つ
nan de mo	何でも
nani(-)	何(-)
nani ka	何か

(b) The alphabetical order is often affected by the system of romanization.

① "ん" is romanized as "n".

新聞 shinbun

② Long vowels are transcribed with a macron except for "i", which is written "ii".

セーター sētā　　ビール biiru

③ Certain words have been transcribed with a doubled vowel in accordance with how they are written in Japanese: *baai*, *hoo*, *koori*, *kooru*, *kuu*, *nuu*, *oo-*, *ooi*, *ookii*, *ookina*, *ookisa*, *ooku*, *oozei*, *too*, *tooi*, *tooka*, *tooku*, *toori*, *-toori*, *tooru*, and *toosu*.

④ No distinction is made in the alphabetical order between short vowels and long vowels written with a macron, but the word with the short vowel comes first if the words are otherwise spelled the same.

yowai	弱い
yoyaku	予約
yōyaku	ようやく
yoyū	余裕
yu	湯
yū-	夕-
yūbe	ゆうべ
yubi	指

⑤ Words written with a doubling of the vowel are alphabetized accordingly.

ba	ば	betsu ni	別に
baai	場合	biiru	ビール
(-) bai	(-) 倍	bijutsu	美術
baka	ばか	bikkuri suru	びっくりする

II. The English translation

(1) The definitions

(a) Different senses of the word in the definition at the head of the entry are separated by semicolons.

(b) The definitions for different senses found in brackets are often not a direct translation of the Japanese definition but rather the English equivalent of the word being defined.

chikaku ③[数量などがそれより少し足りないが
それとほとんど同じぐらいであること]

(literally, an amount, etc., being a little less but almost the same) → [nearly, almost]

(2) The translations of the example phrases and sentences

(a) The translations have been kept as close to the Japanese original as possible, and a literal translation is generally given if a natural English sentence close to the Japanese is not possible.

(b) In some cases one Japanese sentence may become two sentences in English and vice versa. The part of speech may also change in the translation. For this reason, the reader will notice that the words in boldface type in the English translations may not correspond exactly to what is in boldface in the Japanese text.

(c) The choice of the singular or the plural or of the definite or indefinite article in the English translation is often arbitrary as this is not made definite in the Japanese original. Thus "*Kodomo ga niwa de asonde imasu*" could be "A child is playing in the yard," "The child is playing in the yard," "Children are playing in the yard," or "The children are playing in the yard." The most likely possibility has been chosen.

(d) An attempt has been made to indicate major alternative possibilities in sense, tense, and meaning of individual vocabulary items, but these are not exhaustive.

(e) The translations are in American English, and an effort has been made to make them easy to understand for non-native as well as native speakers of English.

(3) Symbols used in the English translation

(a) // separates different example compounds or phrases.

(b) [ ] indicates items specified in English but not in Japanese.

あ，あれは上田さんです。

Oh, that's [Mr.] Ueda.

(c) ( ) indicates items specified in Japanese but not in English.

姉は洗たく物にアイロンをかけています。

My (elder) sister is ironing the laundry.

お茶をどうぞ。

Please have some (green) tea.

(d) ⟦ ⟧ indicates alternative possibilities.

成績が上がる

one's grades ⟦business results⟧ improve

雨が降りだしました。

It has started to rain ⟦It started to rain⟧.

(e) * indicates incorrect or ungrammatical sentences.

(4) The reader is also referred to the "Introduction to Japanese Grammar" found at the back of this volume.

はしがき

国際間の交流が一層深まるに従って、意思疎通の手段として言語の果たす役割は大きくなってきています。日本語もその例外ではなく、ここ10年来海外で日本語を学ぶ人の数は増大の一途をたどっています。

ところが、日本語の学習を始めようとする外国人にとって、自国語の訳がついた使い易い辞書がほとんどないのが現状です。従って多くの外国人学習者は、日本人の外国語学習用に編集された「和英辞典」や「和仏辞典」を代用している場合が多いようです。これらの辞典は英語やフランス語が良くできる中・上級の学習者には有益であったとしても、初級学習者にとっては非常に使いにくいといわれています。というのは、文例中の漢字に振り仮名がなく、ローマ字表記もついていないし、英語等以外の言語を母国語とする学習者にとって自国語の対訳もなく、解りにくいからです。

国際交流基金では、こうした初級の日本語学習者にとって使い易い辞典を各国語版で刊行する必要があると考え、本「基礎日本語学習辞典」の編集を進めてまいりました。日常使われる言葉から基礎語彙を選定し、その語のもつ意味の分類を行い、それぞれの意味ごとに語の使われ方を語例や文例の中で明示しました。振り仮名およびローマ字表記も添えましたので、初めての学習者も利用できるものと確信しております。

ページの右側には対照に英語訳を付けましたので、英語を母国語とする学習者にとって解り易いはずです。ことばの学習は文化の違いを超えて理解しようとする試みでもあるわけですが、英語訳を付けるに当っては、日本語の意味にぴったりとする訳語がない場合にはその近似値を選び、必要に応じて文化的説明を加えて理解を助けました。

本辞典を利用することにより基本語彙の理解が少しでも容易になり、また文例の中でどう用いられるかを学ぶことによって、実際に話したり書いたりする時に役立てられれば、本辞典の役割は果たされたことになります。本辞典についてご意見・ご批判をお寄せいただければ、改訂の際に参考にさせていただきます。

最後に、本辞典の企画・編集に参画された編集委員の先生方、翻訳、校閲の諸先生および御協力頂いた方々に心より感謝の意を表したいと存じます。

昭和 61 年9月

国際交流基金日本研究部

はじめに

1. この辞典は、日本語を学習する外国人が、比較的初期の段階において使用することを目的として編集されたものです。

2. 見出し語として、2873語を収録しました。各日本語教育機関などにおいて初期の段階で多く取り扱われる語が中心になっています。

 見出し語は日本語の教材や語い調査、辞書などを参考にして、日本語教育に関係している方々の合議によって決めました。

3. 学習者が自習するのに便利なように見出し語はローマ字で示し、それに日本語の標準的な表記を併記しました。

 語例および用例には、すべてローマ字の表記を併記し、また漢字にはすべて振り仮名をつけました。

4. 見出し語の意味や用法がよく理解できるように、また、文章を書くときに役立つように、用例を挙げ、さらにその語に関連した複合語や慣用的な語句も挙げました。また、必要に応じて、意味分類をするとともに注を付してその用法について解説を加えました。

 なお、反対語や参照語なども示しました。

5. 学習者が日本語を英語と比較して学習できるように、日本語に対応する英語による翻訳を添えました。

6. 見出し語の意味分類は、この辞典の性格から基礎的なものに限りましたが、やや高い段階の学習にも利用できるように少し詳しい分類を行ったものもあります。

凡　　　例

この辞典は、左側には日本語、右側にはそれに対応する英語による訳文が載せてあります。

I. 見出し語

(1) 書き表し方

(a) 初めにローマ字で示し、次に日本語の標準的な表記を示して、その品詞名などを略語で添えました。

(b) 活用語は「終止の形」で示しました。ただし、形容動詞は語幹の形で示しました。

(c) 見出し語のうち、接頭語・接尾語については、次のように、つく語の位置にハイフン「-」を置きました。

dai-　**第-**〔頭〕　**-bu**　**-部**〔尾〕

(d) 連語については、前に語がつくものは、それを「～」で示し、次のようにしました。

(**～te**) **ageru**　(**～て**) **あげる**〔連〕

(e) 二つ以上の品詞にわたるものは、それを併記しました。

taihen　**たいへん**〔副，形動〕

また、名詞、副詞などで動IIIの動詞として用いられるものは、〔名、～する〕〔副、～する〕などして示しました。

benkyō　**勉強**〔名，～する〕

hakkiri　**はっきり**〔副，～する〕

(2) 配　列

(a) 見出し語はアルファベット順に配列しました。

(b) 見出し語に同音異義語が二つ以上ある場合は、漢字表記の語を先に仮名表記の語をあとに挙げました。

fuku　**吹く**〔動I〕

fuku　**ふく**〔動I〕

(c) 同音の語で普通漢字によって書き分けられているものについては、別の見出し語として取り扱いました。その先後については、特に問いませんでした。

atataka　**暖か**〔形動〕　**ateru**　**当てる**〔動II〕

atataka　**温か**〔形動〕　**ateru**　**充てる**〔動II〕

Ⅱ．日本語の表記について

⑴ 当用漢字（内閣告示の当用漢字表・同音訓表・同字体表）、現代かなづかい（内閣告示）、送り仮名の付け方（内閣告示）を基準としました。

⑵ 見出し語および語例、用例の漢字にはすべて振り仮名をつけました。広く漢字による表記が行われているものは、できるだけ漢字による表記をとりましたが、一般的に平仮名で表記されることが多いと思われるものは平仮名にしました。したがって、同じ見出し語の中の用例でも漢字によって表記したものと平仮名によって表記したものとがある場合があります。

絵(え)を**掛(か)ける** (e o *kakeru*)

心配(しんぱい)を**かける** (shinpai o *kakeru*)

⑶ 数詞については、見出し語は漢数字で示してありますが、本文が横書きなので、適宜、算用数字を使用しました。

⑷ ローマ字の表記は、おおむね内閣告示「ローマ字のつづり方」の「第２表」によりました。

なお、表のとびらの「ローマ字・平仮名・片仮名対照表」を参照してください。

Ⅲ．用例について

⑴ 見出し語を実際に用いた語例、用例のうち、用例は ¶ で示しました。

¶**はがき**を5枚(ごまい)ください。 (*Hagaki* o gomai kudasai.)

⑵ 会話文の用例は、「 」で示しました。

¶「これは日本語(にほんご)の本(ほん)ですか。」 (Kore wa Nihongo no hon desu ka?)

「**はい**，そうです。」 (*Hai*, sō desu.)

⑶ 語例、用例中の見出し語に当たる語は、ゴチック体で示し、ローマ字表記は、イタリック体で示しました。

haha **母**(はは)〘名〙

¶**母**(はは)は今年(ことし)60歳(ろくじっさい)です。 (*Haha* wa kotoshi rokujissai desu.)

Ⅳ．意味・用法の説明

⑴ 見出し語の意味を分類したほうがよいと認めた場合は、①、②、③…と分類し、［ ］の中にその意味の説明をしました。

⑵ 意味分類の配列は、普通によく使われるものを先にしました。

⑶ 二つ以上の品詞などにわたるもので、意味の上で必要な場合は、それぞれ品詞別の項目を立てて記述しました。

jissai　**実際**〘名，副〙

1〘名〙

¶彼の話は**実際**とはだいぶ違います。

(Kare no hanashi wa *jissai* to wa daibu chigaimasu.)

2〘副〙

¶この問題には**実際**困っています。

(Kono mondai ni wa *jissai* komatte imasu.)

(4)　見出し語の用法について説明する必要があると認めた場合は、**＊**をつけて説明しました。

また、意味分類の中の各項の用法について説明する場合は、* をつけて説明しました。

Ⅴ．反対語・参照語など

(1)　見出し語に対する反対語がある場合は、⇔ で示しました。

また、意味分類の中の各項における反対語は↔で示しました。

(2)　見出し語に対して関係のある語を参照語として挙げましたが、見出し語全体に対する参照語は⇨で示しました。

また、意味分類の中の各項における参照語は → で示しました。

(3)　他の見出し語を参照する場合は、☞ で示しました。

Ⅵ．品詞名などの略語

〔名〕	名詞	〔副〕	副詞
〔代〕	代名詞	〔連体〕	連体詞
〔動Ⅰ〕	Ⅰ型の動詞(五段活用)	〔接〕	接続詞
〔動Ⅱ〕	Ⅱ型の動詞(上一段活用・下一段活用)	〔感〕	感動詞
		〔助動〕	助動詞
〔動Ⅲ〕	Ⅲ型の動詞(カ行変格活用・サ行変格活用)	〔助〕	助詞
		〔頭〕	接頭語
〔形〕	形容詞	〔尾〕	接尾語
〔形動〕	形容動詞	〔連〕	連語

Ⅶ．英語への翻訳について

(1)　定義

(a)　見出しの初めに併記した定義のうち、意味に差異のある語については、；を用いて区分しました。

(b)　意味分類をした定義のうち、[　]の中には、日本語による定義の直訳ではなく、英語における同義語を示しました。

chikaku ③［数量などがそれより少し足りないが
それとほとんど同じぐらいであること］
(literally, an amount, etc., being a little less but almost the same) →
[nearly, almost]

⑵ 語例及び用例の翻訳

(a) 翻訳はできるだけ日本語の原文に近づけるように努めましたが、英文の表現として不自然になる場合には、通常、文字通りの訳文も別に記しました。

(b) 翻訳の際、一つの和文に対応する英文が２つになる場合や、その逆の場合、また、品詞が変わる場合があります。このため、英文中でボールド体で表記した語が、和文中のゴシック体で表記した語と一字一句そのまま対応しているとは限りません。

(c) 日本語の原文においては、単数・複数或いは、定冠詞・不定冠詞の区別がないので､英語に翻訳する際には適宜選択しました。

(d) 文意や時制、個々の語彙の意味等の点において言い換えが可能な表現を示すように試みましたが、すべてを網羅しているわけではありません。

(e) 翻訳にあたってはアメリカ英語を採用し、英語を母国語とする学習者はもちろん、それ以外の学習者にも理解し易いように努めました。

⑶ 英語訳で用いた記号について

(a) // は語例を併記する際区分するのに用いました。

(b) [ ] の中には、英語においてのみ区別のある語彙を示しました。

あ、あれは上田(うえだ)さんです。

Oh, that's [Mr.] Ueda.

(c) ( ) の中には日本語においてのみ区別のある語彙を示しました。

姉(あね)は洗たく物(もの)にアイロンをかけています。

My (elder) sister is ironing the laundry.

(d) 〚 〛の中には言い換えが可能な表現を示しました。

成績(せいせき)が上(あ)がる

one's grades 〚business results〛 improve

(e) * は間違った或いは非文法的な文例を示しました。

⑷ 学習者の参考となるよう巻末に〝Introduction to Japanese Grammar〟を編集しました。

A

a **あ**〔感〕 — **a** ⟦interj⟧ **Oh!**

¶あ，富士山が見えます。(*A!* Fujisan ga miemasu.) — ¶ **Oh** look! You can see Mount Fuji.

¶あ，あれは上田さんです。(*A!* Are wa Ueda san desu.) — ¶ **Oh,** that's [Mr.] Ueda.

¶あっ，地震だ。(*A'!* Jishin da.) — ¶ **Oh!** It's an earthquake!

ā **ああ**〔副〕 — **ā** ⟦adv⟧ **that, so**

¶ああいう人は見たことがありません。(*Āiu* hito wa mita koto ga arimasen.) — ¶ I've never seen **that** sort of person before.

¶ああ忙しくては，ゆっくり食事をする暇もないでしょう。(*Ā* isogashikute wa, yukkuri shokuji o suru hima mo nai deshō.) — ¶ [They] look **so** busy [they] probably don't have time to eat leisurely.

＊ 話し手にとっても話し相手に対してもともに隔たりのあるものごとの様子をさし示すのに使う。 — ＊ Used for something at a distance from both the speaker and the listener.

⇨**kō こう sō そう dō どう**

ā **ああ**〔感〕 — **ā** ⟦interj⟧ **Oh!, Ah!**

¶ああ，うれしい。(*Ā*, ureshii.) — ¶ **Oh,** I'm so glad!

¶ああ，そうですか。わかりました。(*Ā*, sō desu ka. Wakarimashita.) — ¶ **Oh,** is that so? I understand.

abiru **浴びる**〔動 II〕 — **abiru** ⟦v II⟧ **pour on oneself; bathe in**

湯を浴びる (yu o *abiru*) 川で水を浴びる (kawa de mizu o *abiru*) 日光を浴びる (nikkō o *abiru*) — **take** a bath // **take** a dip in a river // **be bathed** in sunlight

¶わたしは毎朝シャワーを浴びます。(Watashi wa maiasa shawā o *abimasu.*) — ¶ I **take** a shower every morning.

abunai **危ない**〔形〕 — **abunai** ⟦adj⟧ **dangerous**

¶危ないから，道の真ん中を歩かないで — ¶ Don't walk in the middle of the

ください。(*Abunai* kara, michi no mannaka o arukanaide kudasai.)

street—**it's dangerous.**

¶ガソリンスタンドの近くでたばこを吸うのは**危ない**です。(Gasorin-sutando no chikaku de tabako o suu no wa *abunai* desu.)

¶ **It's dangerous** to smoke near a gasoline station.

abura 油〘名〙

abura ⟦n⟧ **oil, grease**

¶機械に**油**をさしてください。(Kikai ni *abura* o sashite kudasai.)

¶ Please **oil** the machine.

¶機械を直したので, 手が**油**で汚れました。(Kikai o naoshita node, te ga *abura* de yogoremashita.)

¶ [My] hands are all **greasy** because [I] fixed the machine.

¶料理には**油**をよく使います。(Ryōri ni wa *abura* o yoku tsukaimasu.)

¶ One often uses **oil** in cooking.

achira あちら〘代〙

achira ⟦pron⟧ **there; that**

①[話し手にとっても話し相手に対してもともに隔たりのある関係にある方向をさし示す]

① [indicates a direction distant from both the speaker and the listener]

¶**あちら**に見えるのが富士山です。(*Achira* ni mieru no ga Fujisan desu.)

¶ The mountain you can see **over there** is Mount Fuji.

¶「新宿へ行く電車のホームはどちらですか。」(Shinjuku e iku densha no hōmu wa dochira desu ka?)
「**あちら**のホームです。」(*Achira* no hōmu desu.)

¶ "Which is the platform for the train going to Shinjuku?"
"It's **that** platform **over there.**"

* 話し手・話し相手のどちらにも身近な関係にない方向をさし示すのに使う。

* Used to indicate a direction not close physically to either the speaker or the listener.

②[話し手にとっても話し相手に対してもともに隔たりのある関係にある方向に存在する所をさし示す]

② [indicates a place distant from both the speaker and the listener]

¶ここは危ないですから, **あちら**で遊びなさい。(Koko wa abunai desu kara, *achira* de asobinasai.)

¶ Play **over there** because it's dangerous here.

¶北海道の山田さんからのお便りによると，**あちら**はまだときどき雪が降るそうです。(Hokkaidō no Yamada san kara no otayori ni yoru to, *achira* wa mada tokidoki yuki ga furu sō desu.)

¶ According to what I hear from [Miss] Yamada in Hokkaido, it still snows **there** sometimes.

* 話し手・話し相手のどちらにも身近な関係にない方向に存在する所をさし示す。東京にいる話し手が同じ東京にいる話し相手に対して北海道のことについて言う場合は「あちら (achira)」と言う。

* Indicates a place not close physically to either the speaker or the listener. A speaker in Tokyo talking to someone who is also in Tokyo will refer to Hokkaido as *achira*.

③〔話し手にとっても話し相手に対してもともに隔たりのある関係にある方向に存在する人をさし示す〕

③ [indicates a person distant from both the speaker and the listener]

¶こちらは山田さんで，**あちら**は田中さんです。(Kochira wa Yamada san de, *achira* wa Tanaka san desu.)

¶ This is [Mrs.] Yamada and **that** is [Mr.] Tanaka.

¶このことについては，**あちら**様では何とおっしゃっていますか。(Kono koto ni tsuite wa, *achira* sama de wa nan to osshatte imasu ka?)

¶ What do **they** have to say concerning this matter (very polite)?

* 話し手・話し相手のどちらにも身近な関係にない方向にいる人をさし示すのに使う。現に話題になっている先方の人も「あちら (achira)」または「あちら様 (achira sama)」と言う。

* Used to indicate a person not close physically to either the speaker or the listener. A person not present whose identity is known to both the speaker and the listener can also be referred to as *achira* or *achira sama*.

④〔話し手にとっても話し相手に対してもともに隔たりのある関係にある方向に存在するものをさし示す〕

④ [indicates something distant from both the speaker and the listener]

¶こちらは山田さんので，**あちら**は田中さんのです。(Kochira wa Yamada san no de, *achira* wa Tanaka san no desu.)

¶ This is [Mrs.] Yamada's and **that** is [Mr.] Tanaka's.

¶あちらのほうがおいしそうですから，あちらを5個ください。(Achira no hō ga oishisō desu kara, *achira* o goko kudasai.)

¶ Those over there look better; give me five of **them.**

＊「あっち (atchi)」とも言うが,「あちら (achira)」のほうが丁寧な言葉である。

＊ *Atchi* is also used in conversation, but *achira* is more polite.

⇨**kochira こちら　sochira そちら　dochira どちら**

afureru　あふれる〔動II〕

afureru ⟦v II⟧　**overflow**

¶大雨が降って，池の水が**あふれました**。(Ooame ga futte, ike no mizu ga *afuremashita.*)

¶ It rained heavily and the pond **overflowed** its banks.

¶ビールがコップから**あふれて**しまいました。(Biiru ga koppu kara *afurete* shimaimashita.)

¶ The beer **ran over** the top of the glass.

agaru　上がる〔動I〕

agaru ⟦v I⟧　**go up; rise; eat, drink**

①[上へ行く，高い所へ行く]

① [go up, climb]

二階へ**上がる** (nikai e *agaru*)　階段を**上がる** (kaidan o *agaru*)

go up to the second floor // **climb** the stairs

¶いすに**上がって**，たなの上の本を取ってください。(Isu ni *agatte,* tana no ue no hon o totte kudasai.)

¶ Please **stand** on the chair and reach down the book on the shelf.

¶どうぞ，こちらへお**上がり**ください。(Dōzo, kochira e o*agari* kudasai.)

¶ Please **come in** (that is, up from the lowered entryway).

②[値段・価値・程度などが高くなる]

② [rise in price, value, degree, etc.]

物価が**上がる** (bukka ga *agaru*)　温度が**上がる** (ondo ga *agaru*)　成績が**上がる** (seiseki ga *agaru*)　月給が**上がる** (gekkyū ga *agaru*)

prices **rise** // the temperature **rises** // one's grades ⟦business results⟧ **improve** // one's (monthly) salary **rises**

¶来月から，バス代が20円**上がる**そうです。(Raigetsu kara, basudai ga nijūen *agaru* sō desu.)

¶ I hear that bus fares are **going up** 20 yen from next month.

↔**sagaru 下がる**

③［食べる，飲む］
¶どうぞ，お茶をおあがりください。(Dōzo, ocha o o*agari* kudasai.)
*「食べる (taberu)」「飲む (nomu)」の尊敬語。

③ [eat, drink]
¶ Please **have** some tea.
* *Agaru* is the honorific form of *taberu* and *nomu*.

ageru　上げる〘動Ⅱ〙

ageru ⟦v II⟧　**raise; give**

①［下から上へ移す］
¶この荷物をたなに**上げましょう**か。(Kono nimotsu o tana ni *agemashō* ka?)

① [raise something]
¶ **Shall I put** this bag **up** on the shelf for you?

②［値段・価値・程度などを高める］
値段を**上げる** (nedan o *ageru*)　温度を**上げる** (ondo o *ageru*)　月給を**上げる** (gekkyū o *ageru*)
¶政府は来年から税金を**上げる**そうです。(Seifu wa rainen kara zeikin o *ageru* sō desu.)
↔**sageru　下げる**

② [raise prices, value, degree, etc.]
raise prices // **raise** the temperature // **raise** (monthly) wages
¶ I hear that the government is going to **raise** taxes from next year.

③［やる，与える］
結婚のお祝いを**上げる**　(kekkon no oiwai o *ageru*)
¶この本をあなたに**上げましょう**。(Kono hon o anata ni *agemashō*.)
¶どれでも好きな物を**上げる**から，持って行きなさい。(Dore demo suki na mono o *ageru* kara, motte ikinasai.)
*「やる (yaru)」「与える (ataeru)」の謙譲語であるが，最近はむしろ上品な言葉として使う。普通，対等または目下の人にある物を与えるときに使う。目上の人の場合も使うが，直接目上の人に言う場合には使わない。直接目上の人に向かって言うときには「差し上げる (sashiageru)」を使う。「この本

③ [give]
give a wedding present
¶ **I'll give** you this book.
¶ **I want you to have** whichever you like; please take it with you.
* *Ageru* is the humble form of *yaru, ataeru*; recently used as refined language. Usually used when giving something to someone of equal or lower status. Also used in the case of superiors but not in direct address. When directly addressing a person of higher status, such as one's teacher,

を先生に差し上げます。(Kono hon o sensei ni sashiagemasu.)」

sashiageru is used: "*Kono hon o sensei ni sashiagemasu*" (This book is for you, sir).

→yaru やる　sashiageru 差し上げる

ageru　挙げる〔動Ⅱ〕

ageru 〚v II〛 **raise; give; hold** (a ceremony)

①[下から上へ持ち上げる]

① [raise]

¶答えがわかった人は手を**挙げて**ください。(Kotae ga wakatta hito wa te o *agete* kudasai.)

¶ Will those who know the answer please **raise** their hands.

②[並べて人に示す]

② [give, offer]

¶先生は例を**挙げて**説明してくださいました。(Sensei wa rei o *agete* setsumei shite kudasaimashita.)

¶ The teacher explained by **giving** an example.

③[式などを行う]

③ [hold a ceremony, etc.]

¶わたしたちは教会で結婚式を**挙げました**。(Watashitachi wa kyōkai de kekkonshiki o *agemashita*.)

¶ We **had** our wedding ceremony in a church.

(〜te) ageru　(〜て) あげる〔連〕

(-te) **ageru** 〚compd〛 **do someone the favor of -ing**

¶わたしはその人に駅へ行く道を教え**てあげました**。(Watashi wa sono hito ni eki e iku michi o oshiete *agemashita*.)

¶ I **told** that person the way to the station.

¶その荷物を持っ**てあげましょう**か。(Sono nimotsu o motte *agemashō* ka?)

¶ **Let me carry** that bag for you.

¶わたしは友達に漢字を教え**てあげました**。(Watashi wa tomodachi ni kanji o oshiete *agemashita*.)

¶ I **taught** my friend *kanji*.

＊「(〜て) やる ([〜te] yaru)」の謙譲の言い方であるが，むしろ上品な言い方として使われる。一般に，動作をする人が相手の人のためにある動作をするという意味を表す。動作をする人の側に立って言うときに使う。普通，

＊ The humble form of (*-te*) *yaru* but now often used as refined language. Generally expresses the meaning of the speaker performing some action for the benefit of the listener. It is not usually used when directly

目上の人に直接向かって言うときには使わない。例えば，先生が大きな荷物を持っているような場合に「そのお荷物を持ってあげましよう。(Sono onimotsu o motte agemashō.)」とは言わない。そのような場合には「そのお荷物をお持ちしましょう。(Sono onimotsu o omochi shimashō.)」と言う。

⇨(～te) **yaru**　(～て) **やる**

addressing a person of higher status. For example, when one's teacher is carrying a large bag or package, one should not say * "*Sono onimotsu o motte agemashō.*" In such a case one would say "*Sono onimotsu o omochi shimashō.*"

ai　**愛**〖名，～する〗

母の愛 (haha no *ai*)　神の愛 (kami no *ai*)　平和を愛する (heiwa o *ai*suru)

¶あの人は親切なので，みんなに愛されています。(Ano hito wa shinsetsu na node, minna ni *ai*sarete imasu.)

ai 〚n, ～*suru*〛　**love, affection**

a mother's **love** // divine **love** // **to love** peace

¶ Since that person is kind, [he] is **loved** by all.

aida　**間**〖名〗

①[空間的な隔たり，二つの物にはさまれた所]

¶机と机の間をもう少し広くしてください。(Tsukue to tsukue no *aida* o mō sukoshi hiroku shite kudasai.)

¶銀行と郵便局の間の道をまっすぐ行くと，学校の前に出ます。(Ginkō to yūbinkyoku no *aida* no michi o massugu iku to, gakkō no mae ni demasu.)

②[限られた一続きの時間]

¶1時から2時までの間にここへ来てください。　(Ichiji kara niji made no *aida* ni koko e kite kudasai.)

¶ずいぶん長い間お目にかかりませんでしたね。　(Zuibun nagai *aida*

aida 〚n〛　**space; interval; relations**

① [physical space, the space between two things]

¶ Please move the desks a little farther **apart.**

¶ When you go straight along the street **between** the bank and the post office, you come out in front of the school.

② [a certain interval of time]

¶ Please come here **between** one and two o'clock.

¶ I haven't seen you for such a long **time.**

ome ni kakarimasen deshita ne.)

¶わたしが留守の**間**にだれか訪ねてきたようです。(Watashi ga rusu no *aida* ni dare ka tazunete kita yō desu.)

¶ It seems that someone came to visit **while** I was out.

③[間がら・関係など]

③ [relations, etc.]

¶近ごろ，山田さんは奥さんとの**間**がうまくいっていないようです。(Chikagoro, Yamada san wa okusan to no *aida* ga umaku itte inai yō desu.)

¶ It seems that Mr. Yamada and his wife aren't getting along well recently.

¶A国とB国との**間**についに戦争が起こりました。(Ē-koku to Bii-koku to no *aida* ni tsuini sensō ga okorimashita.)

¶ In the end war broke out **between** Country A and Country B.

aijō **愛情**〘名〙

aijō 〚n〛 **love, affection**

¶子供に対する親の**愛情**はなによりも強いです。(Kodomo ni taisuru oya no *aijō* wa nani yori mo tsuyoi desu.)

¶ **The love** of parents for their children is stronger than anything else.

¶二人の**愛情**はますます深くなっていきました。(Futari no *aijō* wa masumasu fukaku natte ikimashita.)

¶ **The affection** between the two deepened further.

airon **アイロン**〘名〙

airon 〚n〛 **iron**

¶姉は洗たく物に**アイロン**をかけています。(Ane wa sentakumono ni *airon* o kakete imasu.)

¶ My (elder) sister is **ironing** the laundry.

aisatsu **あいさつ**〘名，～する〙

aisatsu 〚n, ~*suru*〛 **greeting**

¶日本では，朝「お早うございます。」と**あいさつ**をします。(Nihon de wa, asa "Ohayō gozaimasu." to *aisatsu* o shimasu.)

¶ In Japan, one **greets** people in the morning with *ohayō gozaimasu* 〚good morning〛.

¶わたしが**あいさつ**したのに，山田さんは返事をしませんでした。(Watashi

¶ Although I **greeted** [her], [Mrs.] Yamada gave no response.

ga *aisatsu* shita noni, Yamada san wa henji o shimasen deshita.)

aisukuriimu　アイスクリーム〘名〙

aisukuriimu 〚n〛　**ice cream**

¶**アイスクリーム**は牛乳と砂糖と卵で作ります。(*Aisukuriimu* wa gyūnyū to satō to tamago de tsukurimasu.)

¶ **Ice cream** is made from milk, sugar, and eggs.

aite　相手〘名〙

aite 〚n〛　**the other party, the object of**

¶わたしは結婚の**相手**を探しています。(Watashi wa kekkon no *aite* o sagashite imasu.)

¶ I am looking for **someone** to marry.

¶わたしには困ったときの相談**相手**がいません。(Watashi ni wa komatta toki no sōdan-*aite* ga imasen.)

¶ I have **no one** to consult when I have a problem.

¶この店は外国人を**相手**に商売をしています。(Kono mise wa gaikoku-jin o *aite* ni shōbai o shite imasu.)

¶ This shop does most of its business with foreigners 〚This shop **caters to** foreigners〛.

aizu　合図〘名, ～する〙

aizu 〚n, ～*suru*〛　**signal**

¶ピストルの音を**合図**に子供たちは駆けだしました。(Pisutoru no oto o *aizu* ni kodomotachi wa kakedashi-mashita.)

¶ The children started to run at **the signal** of a pistol shot.

¶手を挙げて**合図**しても, タクシーは止まりませんでした。(Te o agete *aizu* shite mo, takushii wa tomarimasen deshita.)

¶ The taxi didn't stop even though [I] **signaled** it by raising [my] hand.

aji　味〘名〙

aji 〚n〛　**flavor, taste**

味がいい (*aji* ga ii)　**味**が濃い (*aji* ga koi)　**味**が薄い (*aji* ga usui)　**味**をみる (*aji* o miru)

taste good // be strongly **flavored** // be weakly **flavored** // to taste (something)

¶このスープはとてもいい**味**ですね。(Kono sūpu wa totemo ii *aji* desu ne.)

¶ This soup is delicious.

¶この料理は砂糖やしょう油などで**味**をつけます。(Kono ryōri wa satō

¶ This dish is mainly **flavored** with sugar and soy sauce.

ya shōyu nado de *aji* o tsukemasu.)

aka 赤〘名〙
赤鉛筆 (*aka*enpitsu)
¶信号が赤に変わりました。(Shingō ga *aka* ni kawarimashita.)

aka ⟦n⟧ **red**
a **red** pencil
¶ The traffic light turned **red.**

akachan 赤ちゃん〘名〙
男の赤ちゃん (otoko no *akachan*)
かわいい赤ちゃん (kawaii *akachan*)
＊「赤ん坊 (akanbō)」の丁寧な言い方。
⇨**akanbō 赤ん坊**

akachan ⟦n⟧ **baby**
a **baby** boy // a cute **baby**
＊ The polite way of saying *akanbō.*

akai 赤い〘形〙
赤いシャツ (*akai* shatsu) 赤いりんご (*akai* ringo)
¶庭に赤い花が咲きました。(Niwa ni *akai* hana ga sakimashita.)
¶山田さんはビールを飲むと，すぐ顔が赤くなります。(Yamada san wa biiru o nomu to, sugu kao ga *akaku* narimasu.)

akai ⟦adj⟧ **red**
a **red** shirt ⟦T-shirt, etc.⟧ // a **red** apple
¶ A **red** flower is in bloom in the garden.
¶ When [Mr.] Yamada drinks beer, [his] face soon becomes **flushed.**

akanbō 赤ん坊〘名〙
¶赤ん坊が泣いています。(*Akanbō* ga naite imasu.)
¶赤ん坊のお守りをしてください。(*Akanbō* no omori o shite kudasai.)
＊他人の赤ん坊は「赤ちゃん (akachan)」と言うほうがよい。
⇨**akachan 赤ちゃん**

akanbō ⟦n⟧ **baby**
¶ **The baby** is crying.
¶ Please look after **the baby** for me.
＊ It is best to use *akachan* to refer to a baby which is not one's own.

akari 明かり〘名〙
①[電燈などの光]
明かりをつける (*akari* o tsukeru)
明かりを消す (*akari* o kesu)
¶隣の部屋はまだ明かりがついています。(Tonari no heya wa mada

akari ⟦n⟧ **light**
① [electric light, etc.]
turn on **the light** // turn off **the light**
¶ **The lights** are still on in the next room ⟦in the next-door apartment⟧.

akari ga tsuite imasu.)

¶丘の上から港の**明かり**が見えます。(Oka no ue kara minato no *akari* ga miemasu.)

¶ From the top of the hill you can see the harbor **lights.**

②[日や月の光]

② [sunlight, moonlight]

¶月の**明かり**で波が光っています。(Tsuki no *akari* de nami ga hikatte imasu.)

¶ The waves are glimmering in the moon**light.**

akarui **明るい**〘形〙

akarui ⟦adj⟧ **bright**

¶この部屋はたいへん**明るい**ですね。(Kono heya wa taihen *akarui* desu ne.)

¶ This room **is** very **sunny** ⟦**well lighted; cheerful**⟧.

¶この電球は暗いから，もっと**明るい**のに取り替えたほうがいいですよ。(Kono denkyū wa kurai kara, motto *akarui* no ni torikaeta hō ga ii desu yo.)

¶ This light bulb is too weak. You should replace it with a **brighter** one.

¶雨がやんで，空が**明るく**なってきました。(Ame ga yande, sora ga *akaruku* natte kimashita.)

¶ The rain has stopped and the sky is now **clear** ⟦The rain stopped and the sky became **clear**⟧.

⇔**kurai** 暗い

akeru **開ける**〘動Ⅱ〙

akeru ⟦v II⟧ **open**

かばんを**開ける** (kaban o *akeru*) かぎを**開ける** (kagi o *akeru*) 口を**開ける** (kuchi o *akeru*) 本を**開ける** (hon o *akeru*)

open a bag ⟦suitcase, briefcase, etc.⟧ // **open** a lock // **open** one's mouth // **open** a book

¶暑いから窓を**開けて**ください。(Atsui kara mado o *akete* kudasai.)

¶ It's hot—please **open** the window.

¶このびんのふたを**開けて**くださいませんか。(Kono bin no futa o *akete* kudasaimasen ka?)

¶ Would you please **open** this bottle for me?

¶ゆうべ，3時間しか寝なかったので，眠くて目を**開けて**いられません。(Yūbe, sanjikan shika nenakatta

¶ Since I only slept three hours last night, I'm so sleepy I can hardly **keep** my eyes **open.**

node, nemukute me o *akete* iraremasen.)

⇔**shimeru** 閉める **tojiru** 閉じる

akeru 空ける〘動Ⅱ〙

席を空ける (seki o *akeru*) 時間を空ける(jikan o *akeru*)

¶今日の午後は家を空けます。(Kyō no gogo wa ie o *akemasu*.)

akeru ⟦v II⟧ **leave vacant, keep open**

make room (for someone to sit down) // **keep** a time **open** (for someone)

¶ **I will not be** at home this afternoon.

akeru 明ける〘動Ⅱ〙

①[明るくなる，朝になる]

¶夜が明けて，辺りが明るくなってきました。(Yo ga *akete*, atari ga akaruku natte kimashita.)

②[一年が終わって新年になる]

¶明けましておめでとうございます。(*Akemashite* omedetō gozaimasu.)

akeru ⟦v II⟧ **dawn; open, begin**

① [become light, to dawn]

¶ **With the dawn** it has become ⟦it became⟧ light all around.

② [one year ends and the new year begins]

¶ Happy **New Year!**

aki 秋〘名〙

¶日本では九月と十月と十一月は秋です。(Nihon de wa kugatsu to jūgatsu to jūichigatsu wa *aki* desu.)

aki ⟦n⟧ **autumn**

¶ In Japan **autumn** is September, October, and November.

aki 空き〘名〙

空き家 (*aki*ya) 空き箱 (*aki*bako) 空きびん (*aki*bin)

aki ⟦n⟧ **being empty**

a **vacant** house // an **empty** box // an **empty** bottle

akiraka 明らか〘形動〙

明らかな事実 (*akiraka* na jijitsu)

¶あの人がうそをついているのは明らかです。(Ano hito ga uso o tsuite iru no wa *akiraka* desu.)

¶その考えは明らかに間違っています。(Sono kangae wa *akiraka* ni machigatte imasu.)

¶この物語は，だれが作ったのか明らかではありません。(Kono monogatari wa, dare ga tsukutta no ka

akiraka ⟦adj-v⟧ **clear, plain, evident**

an **obvious** fact

¶ **It is obvious** that [he] is lying.

¶ That notion is **plainly** mistaken.

¶ **It is not clear** who wrote this tale.

akiraka de wa arimasen.)

akirameru **あきらめる**〘動Ⅱ〙

¶なくした時計はもう**あきらめなさい**。(Nakushita tokei wa mō *akiramenasai.*)

¶わたしは日本への留学を**あきらめました**。(Watashi wa Nihon e no ryūgaku o *akiramemashita.*)

akirameru ⟦v II⟧ **give up** (doing something), **resign oneself to**

¶ **You'd better reconcile yourself** to the loss of your watch.

¶ I **have given up** on the idea of studying in Japan.

akiru **飽きる**〘動Ⅱ〙

①[じゅうぶんに満足する]

飽きるほど食べる (*akiru* hodo taberu)

¶毎日，魚ばかり食べていたので，もう**飽きました**。(Mainichi, sakana bakari tabete ita node, mō *akimashita.*)

②[ものごとを続けて行うのがいやになる]

仕事に**あきる** (shigoto ni *akiru*)

¶この絵は何度見ても**あきません**。(Kono e wa nando mite mo *akimasen.*)

akiru ⟦v II⟧ **be satiated; tire of**

① [be satiated, be completely satisfied]

eat **to one's heart's content**

¶ Since I've eaten nothing but fish every day, **I've had my fill of it.**

② [tire of, lose interest in]

be tired of a job

¶ **I never tire of** this picture no matter how many times I look at it.

aku **開く**〘動Ⅰ〙

¶窓が**開いて**います。(Mado ga *aite* imasu.)

¶風で戸が**開きました**。(Kaze de to ga *akimashita.*)

¶かぎが掛かっていて，ドアが**開きません**。(Kagi ga kakatte ite, doa ga *akimasen.*)

¶朝早くて，まだ店が**開いて**いません。(Asa hayakute, mada mise ga *aite* imasen.)

⇔**shimaru** **閉まる**

aku ⟦v I⟧ **open, be opened**

¶ The window **is open.**

¶ The wind blew the door **open.**

¶ The door **won't open** because it's locked.

¶ It's early in the morning and the stores **aren't open** yet.

aku　空く〘動Ｉ〙

¶このアパートには，今**空いた**部屋はありません。(Kono apāto ni wa, ima *aita* heya wa arimasen.)

¶汽車がこんでいて，**空いている**席はありませんでした。(Kisha ga konde ite, *aite* iru seki wa arimasen deshita.)

aku ⟦v I⟧　**become empty, not be in use**

¶ There are no **vacant** apartments now in this apartment building.

¶ The train was crowded, and there were no **empty** seats.

akushu　握手〘名，～する〙

友達と**握手**する (tomodachi to *akushu* suru)

akushu ⟦n, *~suru*⟧　**a handshake**

shake hands with a friend

amai　甘い〘形〙

¶このお菓子はとても**甘い**です。(Kono okashi wa totemo *amai* desu.)

¶わたしは**甘い**物より辛い物のほうが好きです。(Watashi wa *amai* mono yori karai mono no hō ga suki desu.)

⇔**karai 辛い**

amai ⟦adj⟧　**to be sweet**

¶ This candy ⟦cake, etc.⟧ **is** very **sweet.**

¶ I like salty ⟦sharply flavored⟧ foods better than **sweet** ones.

amari　余り〘名〙

¶魚の**余り**をねこにやりました。(Sakana no *amari* o neko ni yarimashita.)

amari ⟦n⟧　**the remaining, the rest, surplus**

¶ I gave the **leftover** fish to the cat.

amari　あまり〘副〙

①[そんなに，それほど]

¶このバナナは**あまり**おいしくありません。(Kono banana wa *amari* oishiku arimasen.)

¶わたしは**あまり**ラジオを聞きません。(Watashi wa *amari* rajio o kikimasen.)

＊あとに打ち消しの言葉が来る。「あまり～ない(amari～nai)」の形で使う。

②[とても，非常に]

amari ⟦adv⟧　(not) **very; too much**

① [(not) very, (not) so]

¶ This banana does not taste **very** good.

¶ I don't listen to the radio **very much.**

＊ Used with the negative. Used in the pattern "*amari ~ -nai.*"

② [too much, very, extremely]

¶**あまり**急いだので，かぎを忘れてきました。(*Amari* isoida node, kagi o wasurete kimashita.)

¶ I was in **such** a hurry that I forgot my key.

¶**あまり**無理をすると，病気になりますよ。(*Amari* muri o suru to, byōki ni narimasu yo.)

¶ You will become ill if you overdo **so much.**

¶この本は**あまり**おもしろかったので，途中でやめられませんでした。(Kono hon wa *amari* omoshirokatta node, tochū de yameraremasen deshita.)

¶ This book was **so** interesting that I couldn't stop reading until I had finished it.

* あとに肯定の言葉が来る。

* Used with the positive.

＊「あんまり (anmari)」とも言う。

＊ Variant: *anmari*.

amaru **余る**〔動 I〕

amaru ⟦v I⟧ **remain, be in excess**

¶まだお金は**余っています**。(Mada okane wa *amatte* imasu.)

¶ There is still some money **left over.**

¶紙を配りますから，**余ったら**先生に返してください。(Kami o kubarimasu kara, *amattara* sensei ni kaeshite kudasai.)

¶ I am going to hand out paper; **if there is any extra,** please return it to the teacher.

ame 雨〔名〕

ame ⟦n⟧ **rain**

¶昨日は雨が降りました。(Kinō wa *ame* ga furimashita.)

¶ **It rained** yesterday.

¶今日も朝から雨です。(Kyō mo asa kara *ame* desu.)

¶ **It's been raining** from the morning today too.

¶午後になって，雨がやみました。(Gogo ni natte, *ame* ga yamimashita.)

¶ It stopped **raining** in the afternoon.

¶雨に降られて，ぬれてしまいました。(*Ame* ni furarete, nurete shimaimashita.)

¶ I got wet when I was caught in **the rain.**

ami 網〔名〕

ami ⟦n⟧ **net**

¶子供たちが網で魚を捕っています。(Kodomotachi ga *ami* de sakana o totte imasu.)

¶ Children are catching fish in **a net.**

¶海岸で漁師が網を編んでいます。(Kaigan de ryōshi ga *ami* o ande imasu.)

¶ Along the shore fishermen are weaving **nets.**

amu 編む〘動 I 〙

amu ⟦v I⟧ **knit, braid, weave**

¶お母さんが子供のセーターを編んでいます。(Okāsan ga kodomo no sētā o *ande* imasu.)

¶ The mother **is knitting** a sweater for her child.

¶竹を編んで，かごを作ります。(Take o *ande,* kago o tsukurimasu.)

¶ [They] **weave** bamboo to make baskets.

ana 穴〘名〙

ana ⟦n⟧ **hole**

①[物の表面からくぼんでいる空間]

① [a depression in a surface]

¶穴を掘って，木を植えました。(*Ana* o hotte, ki o uemashita.)

¶ I dug **a hole** and planted a tree.

②[物の向こう側までつきぬけている空間]

② [a hole in something]

¶シャツに穴があきました。(Shatsu ni *ana* ga akimashita.)

¶ There is **a hole** in the shirt ⟦undershirt⟧.

¶くつの底に穴があいてしまいました。(Kutsu no soko ni *ana* ga aite shimaimashita.)

¶ I have **a hole** in the bottom of my shoe.

anata あなた〘代〙

anata ⟦pron⟧ **you**

あなたがた (*anata*gata) **あなた**たち (*anata*tachi)

you (plural) // **you** (plural)

¶**あなた**は田中さんですか。(*Anata* wa Tanaka san desu ka?)

¶ Are **you** [Miss] Tanaka?

¶**あなた**のお国はどちらですか。(*Anata* no okuni wa dochira desu ka?)

¶ What country are **you** from?

¶これを**あなた**に上げましょう。(Kore o *anata* ni agemashō.)

¶ I am giving this to **you.**

＊ 目上の人に対してはあまり言わない。例えば先生などに対しては「あなた (anata)」と言わないで，「先生 (sensei)」と言うほうがよい。「あな

＊ Not used so much toward persons of higher status. For example, one should address a teacher or doctor as *sensei* rather than *anata*. *Anata* is

た (anata)」は，自分と同じ程度の人，または目下の人に対して使う。「-がた (-gata)」「-たち (-tachi)」は複数を表す。「-たち (tachi)」より「-がた (-gata)」のほうが丁寧な言い方である。

used toward those of the same or lower status but is usually omitted if understood from context. For the plural, *-gata* and *-tachi* are used; the former is more polite.

ane **姉**(あね)〘名〙

ane ⟦n⟧ **elder sister**

¶わたしには**姉**(あね)が三人(さんにん)います。(Watashi ni wa *ane* ga sannin imasu.)

¶ I have three **older sisters.**

¶いちばん上(うえ)の**姉**(あね)は銀行(ぎんこう)に勤(つと)めています。(Ichiban ue no *ane* wa ginkō ni tsutomete imasu.)

¶ My eldest **sister** works at a bank.

＊ 自分の姉のことを他人に話す場合に使う。直接，姉に呼びかける場合や，他人の姉のことを言う場合は，「お姉(ねえ)さん (onēsan)」と言う。

＊ Used to refer to one's own sister when talking to others. When directly addressing one's elder sister or when referring to someone else's elder sister, *onēsan* is used.

⇔**imōto** **妹**(いもうと) ⇒**onēsan** **お姉(ねえ)さん**

angai **案外**(あんがい)〘副，形動〙

angai ⟦adv, adj-v⟧ **contrary to expectation, unexpectedly**

案外(あんがい)に安(やす)い (*angai* ni yasui)

surprisingly inexpensive

¶この本(ほん)は**案外**(あんがい)安(やす)いですね。(Kono hon wa *angai* yasui desu ne.)

¶ This book is cheaper **than one would expect.**

¶この計画(けいかく)は**案外**(あんがい)うまくいくかもしれません。(Kono keikaku wa *angai* umaku iku ka mo shiremasen.)

¶ This plan might work out **surprisingly** well.

ani **兄**(あに)〘名〙

ani ⟦n⟧ **elder brother**

¶わたしには**兄**(あに)が二人(ふたり)あります。(Watashi ni wa *ani* ga futari arimasu.)

¶ I have two **older brothers.**

¶上(うえ)の**兄**(あに)は医者(いしゃ)で，二番(にばん)めの**兄**(あに)は大学(だいがく)の先生(せんせい)をしています。(Ue no *ani* wa isha de, nibanme no *ani* wa daigaku no sensei o shite imasu.)

¶ My eldest **brother** is a doctor and my next eldest **brother** is a university professor.

＊ 自分の兄のことを他人に話す場合に使う。直接，兄に呼びかける場合や，

＊ Used to refer to one's own brother when talking with others. When directly addressing one's elder

他人の兄のことを言う場合は，「お兄さん（oniisan）」と言う。

⇔**otōto 弟**　⇨**oniisan お兄さん**

anna　あんな〖連体〗

①[話し手にとっても話し相手に対してもともに隔たりのある関係にあるものごとの状態をさし示す]

¶**あんな**いい家に住んでみたいです。(*Anna* ii ie ni sunde mitai desu.)

* 話し手・話し相手にともに身近な関係にないものごとの状態をさし示すのに使う。

②[文脈の上で前に述べたものごとの状態を話し手にとっても話し相手に対してもともに隔たりのある関係でさし示す]

¶上田さんは田中さんにとてもひどいことを言うんです。上田さんが**あんな**人だとは思いませんでした。(Ueda san wa Tanaka san ni totemo hidoi koto o iu n desu. Ueda san ga *anna* hito da to wa omoimasen deshita.)

⇨**konna こんな　sonna そんな　donna どんな**

annai　案内〖名，～する〗

案内人（*anna*inin）　**案内**所（*annai*jo）

道を**案内**する（michi o *annai* suru）

¶京都を**案内**していただけませんか。(Kyōto o *annai* shite itadakemasen ka?)

anna ni　あんなに〖副〗

¶山田さんは**あんなに**金持ちなのに，

brother or referring to someone else's elder brother, *oniisan* is used.

anmari ☞ **amari**

anna ⟦attrib⟧　**such, that sort of**

① [indicates something distant from both the speaker and the listener]

¶ I would like to live in **that sort** of nice house.

* Used to indicate a condition not psychologically close for either the speaker or the listener.

② [indicates something mentioned earlier that is distant from both the speaker and the listener]

¶ [Mr.] Ueda said some terrible things to [Mr.] Tanaka. I didn't think that [he] was **that sort** of person.

annai ⟦n, ~*suru*⟧　**guidance; information**

a guide // an **information** office ⟦desk, counter⟧ // **show** (someone) the way

¶ Won't you **show [us] around** Kyoto?

anna ni ⟦adv⟧　**in that way, to that extent**

¶ Even though [Mrs.] Yamada is **so**

とてもけちです。(Yamada san wa *anna ni* kanemochi na noni, totemo kechi desu.) — rich, [she] is very stingy.

¶あんなに驚いたのは初めてです。(*Anna ni* odoroita no wa hajimete desu.) — ¶ I've never been **so** surprised.

¶あんなに謝っているのですから，今度だけは許してあげましょう。(*Anna ni* ayamatte iru no desu kara, kondo dake wa yurushite agemashō.) — ¶ Since [he] has apologized **so much,** let's forgive [him] this one time.

＊話し手にとっても話し相手に対してもともに隔たりのある関係にあるものごとの程度や状態をさし示すのに使う。 — ＊ Used to indicate the degree or condition of something at a distance from both the speaker and the listener.

⇨konna ni こんなに　sonna ni そんなに　donna ni どんなに

ano　あの〘連体〙 — **ano** 〚attrib〛 **that, those**

①［話し手にとっても話し相手に対してもともに隔たりのあるものごととの関係をさし示す］ — ① [indicates something distant from both the speaker and the listener]

あの人 (*ano* hito)　　あの方 (*ano* kata) — **that** person // **that** person (more polite)

¶「あの机の上に何がありますか。」(*Ano* tsukue no ue ni nani ga arimasu ka?)「かばんがあります。」(Kaban ga arimasu.) — ¶ "What is on top of **that** desk?" "A bag 〚briefcase, etc.〛 is."

¶「あの人はだれですか。」(*Ano* hito wa dare desu ka?)「あの人は中村さんです。」(*Ano* hito wa Nakamura san desu.) — ¶ "Who is **that** person over there?" "**That** is [Miss] Nakamura."

¶「あの方はどなたですか。」(*Ano* kata wa donata desu ka?)「あの方は上田先生です。」(*Ano* kata wa Ueda sensei desu.) — ¶ "Who is **that** person over there?" (more polite). "**That** is Professor Ueda."

＊話し手・話し相手にともに身近ではないものごととの関係をさし示すのに使う。

* Used for something not physically close to either the speaker or the listener.

②[文脈の上で前に述べたものごとと話し手・話し相手との隔たりのある関係をさし示す]

② [indicates something mentioned earlier that is distant from both the speaker and the listener]

¶「中村さんや田中さんもお金が足りなくて困っていますか。」(Nakamura san ya Tanaka san mo okane ga tarinakute komatte imasu ka?)
「いいえ，**あの**人たちはお金には困っていません。」(Iie, *ano* hitotachi wa okane ni wa komatte imasen.)

¶ "Are [Mr.] Nakamura and [Miss] Tanaka troubled by a lack of money?"
"No, **they** (literally, **those** people) have enough money."

¶戦争中は物がなくてずいぶん苦労しました。**あの**時のことは忘れられません。(Sensōchū wa mono ga nakute zuibun kurō shimashita. *Ano* toki no koto wa wasureraremasen.)

¶ During the war we suffered greatly from the scarcity of goods. I will never forget **that** time.

＊文脈的に前に述べたものごととの関係を話し手・話し相手ともに身近な関係にはないものとしてさし示すのに使う。

* Used to indicate that something mentioned previously is not psychologically close to either the speaker or the listener.

③[話し手にとっても話し相手に対してもともに隔たりのある関係にあって共通に了解されているものごととの関係をさし示す]

③ [indicates something known to both the speaker and the listener that is distant from both of them]

¶「**あの**ことはどうなりましたか。」(*Ano* koto wa dō narimashita ka?)
「ああ，**あの**ことはもう解決しましたよ。」(Ā, *ano* koto wa mō kaiketsu shimashita yo.)

¶ "What happened in regard to **that** matter?"
"Oh, **that** has already been resolved."

¶去年の夏，北海道で親切な人に会いましたね。**あの**方は今どうしていらっしゃるかしら。(Kyonen no natsu,

¶ Last summer we met that kind person in Hokkaido, didn't we? I wonder how **[he]** is now.

Hokkaidō de shinsetsu na hito ni aimashita ne. *Ano* kata wa ima dō shite irassharu kashira?)

⇨**kono この sono その dono どの**

anshin 安心〔名, ～する〕

¶あなたの元気な顔を見て**安心**しました。(Anata no genki na kao o mite *anshin* shimashita.)

¶合格の発表を見るまでは**安心**できません。(Gōkaku no happyō o miru made wa *anshin* dekimasen.)

anshin ⟦n, ~*suru*⟧ **peace of mind**

¶ **I am relieved** to see that you are well ⟦**I was relieved** to see that you were well⟧.

¶ **I'll have no peace** until I've seen the announcement of those who have passed the examination.

antei 安定〔名, ～する〕

¶次第に物価が**安定**してきました。(Shidai ni bukka ga *antei* shite kimashita.)

antei ⟦n, ~*suru*⟧ **stability, stabilization**

¶ Prices have gradually **stabilized** ⟦Prices gradually **stabilized**⟧.

anzen 安全〔名, 形動〕

交通**安全** (kōtsū-*anzen*)

¶公園で遊べば**安全**です。(Kōen de asobeba *anzen* desu.)

¶車の運転は**安全**を第一に考えなければなりません。(Kuruma no unten wa *anzen* o daiichi ni kangaenakereba narimasen.)

⇔**kiken 危険**

anzen ⟦n, adj-v⟧ **safety**

traffic **safety**

¶ **It will be safe** if [they] play in the park.

¶ In driving one must consider **safety** first.

ao 青〔名〕

青色 (*ao*iro)

¶信号が**青**になったら, 道を渡りましょう。(Shingō ga *ao* ni nattara, michi o watarimashō.)

＊「青信号 (aoshingō)」「青葉 (aoba)」などのように, 緑色も「青 (ao)」と言うことがある。

ao ⟦n⟧ **blue, green**

the color **blue**

¶ Let's cross the street when the light turns **green.**

＊ Although it usually means "blue," *ao* is sometimes used for "green" as in *aoshingo* (a green light) and *aoba* (green leaves).

aoi 青い〔形〕

aoi ⟦adj⟧ **blue, green; pale**

①［青の色をしている様子］
青い空 (*aoi* sora)　**青い**海 (*aoi* umi)
¶田中さんは**青い**セーターを着ています。(Tanaka san wa *aoi* sētā o kite imasu.)
*「青い草 (aoi kusa)」「青いりんご (aoi ringo)」などのように緑色も「青い (aoi)」と言うことがある。

① [blue, green]
the **blue** sky // the **blue** sea
¶ [Mrs.] Tanaka is wearing a **blue** sweater.
* Although it usually means "blue," *aoi* is sometimes used for the color green as in *aoi kusa* (green grasses) and *aoi ringo* (green apple).

②［顔に血の気がなく元気のない様子］
¶山田さんは病気で**青い**顔をしています。(Yamada san wa byōki de *aoi* kao o shite imasu.)

② [pale]
¶ [Mr.] Yamada is **pale** from [his] illness.

apāto　**アパート**〔名〕
¶わたしは**アパート**に住んでいます。(Watashi wa *apāto* ni sunde imasu.)

apāto ⟦n⟧　**apartment, apartment building**
¶ I am living in **an apartment.**

arai　**荒い**〔形〕
①［穏やかでない］
¶今日は波が**荒い**ので泳げません。(Kyō wa nami ga *arai* node oyogemasen.)

arai ⟦adj⟧　**rough**
① [rough; not calm, gentle, or soft]
¶ [We] cannot swim today because the waves **are rough.**

②［乱暴な様子］
¶上田さんは道具の使い方が**荒い**ので，何でもすぐ壊してしまいます。(Ueda san wa dōgu no tsukaikata ga *arai* node, nan demo sugu kowashite shimaimasu.)

② [rough, rude]
¶ Because [Mr.] Ueda is so **rough,** everything [he] uses soon breaks.

arasou　**争う**〔動Ⅰ〕
①［けんかをする，言い合いをする］
¶兄弟が互いに**争う**のはよくありません。(Kyōdai ga tagai ni *arasou* no wa yoku arimasen.)

arasou ⟦v I⟧　**argue; compete**
① [argue, quarrel]
¶ It is not good for brothers **to quarrel** with each other.

②［競争する］
優勝を**争う** (yūshō o *arasou*)
¶田中さんと山田さんはクラスで一番

② [compete]
compete for victory
¶ [Mr.] Tanaka and [Miss] Yamada

を**争っています**。(Tanaka san to Yamada san wa kurasu de ichiban o *arasotte* imasu.)

are competing for first place in the class.

aratameru **改める**〔動Ⅱ〕

aratameru ⟦v II⟧ **change, reform**

規則を**改める** (kisoku o *aratameru*)
欠点を**改める** (ketten o *aratameru*)

revise the regulations // **mend** one's faults

¶今年から交通規則が**改められました**。(Kotoshi kara kōtsū-kisoku ga *aratameraremashita*.)

¶ Traffic regulations **are revised** from this year.

¶その悪い癖は**改めた**ほうがいいですよ。(Sono warui kuse wa *aratameta* hō ga ii desu yo.)

¶ You should **correct** that bad habit.

arau **洗う**〔動Ⅰ〕

arau ⟦v I⟧ **wash**

¶わたしは朝起きて顔を**洗います**。(Watashi wa asa okite kao o *araimasu*.)

¶ I get up in the morning and **wash** my face.

¶シャツが汚れたから，**洗って**ください。(Shatsu ga yogoreta kara, *aratte* kudasai.)

¶ Please **wash** my shirt ⟦undershirt⟧ as it is dirty.

arawareru **現れる**〔動Ⅱ〕

arawareru ⟦v II⟧ **appear, emerge**

¶この辺には，ときどきくまが**現れる**そうです。(Kono hen ni wa, tokidoki kuma ga *arawareru* sō desu.)

¶ I hear that sometimes bears **come out** in this area.

¶舞台の右の方から，一人の漁師が**現れました**。(Butai no migi no hō kara, hitori no ryōshi ga *arawaremashita*.)

¶ A fisherman **appeared** from the right side of the stage.

arawasu **現す**〔動Ⅰ〕

arawasu ⟦v I⟧ **show, reveal**

¶雲の間から太陽が顔を**現しました**。(Kumo no aida kara taiyō ga kao o *arawashimashita*.)

¶ The sun **is looking** ⟦**looked**⟧ **out** from between the clouds.

¶山田さんはその会議に最後まで姿を**現しません**でした。(Yamada san wa sono kaigi ni saigo made sugata

¶ [Mrs.] Yamada **never showed [her]self** at that meeting.

o *arawashimasen* deshita.)

arawasu **表す**〖動 I〗

arawasu 〚v I〛 **show, express**

¶感謝の気持ちをどのように**表したら**よいかわかりません。 (Kansha no kimochi o dono yō ni *arawashitara* yoi ka wakarimasen.)

¶ I don't know how **to express** my gratitude.

¶この文章には，作者の気持ちがよく**表されて**います。 (Kono bunshō ni wa, sakusha no kimochi ga yoku *arawasarete* imasu.)

¶ The feelings of the author **are** fully **revealed** in these sentences.

are **あれ**〖代〗

are 〚pron〛 **that, that one**

①[話し手からも話し相手からもともに隔っていると認められるものごとをさし示す]

① [indicates something judged to be physically distant from both the speaker and the listener]

¶「**あれ**は何ですか。」 (*Are* wa nan desu ka?)「**あれ**は郵便局です。」(*Are* wa yūbinkyoku desu.)

¶ "What is **that?**"

"**That** is the post office."

¶「壁に掛けてあるのはだれの写真ですか。 (Kabe ni kakete aru no wa dare no shashin desu ka?)「**あれ**はわたしの両親の写真です。」 (*Are* wa watashi no ryōshin no shashin desu.)

¶ "Whose photograph is that hanging on the wall?"

"**That** is a photograph of my parents."

* 話し手が「あれ (are)」でさし示すものは話し相手も「あれ (are)」でさし示す。

* When the speaker refers to something as *are*, the listener also refers to it as *are*.

②[話題に上ったある人を対等以下の人としてさし示すのに使う]

② [used to indicate that someone who comes up in conversation is a person of equal or lower status]

¶山田君，**あれ**は信用ができない男ですよ。(Yamada kun? *Are* wa shin'yō ga dekinai otoko desu yo.)

¶ Yamada? **That**'s a man who can't be trusted.

* その場にいない人をさし示すことが多い。

* Usually used to refer to someone who is not present.

③[文脈の上で前に述べたものごとを

③ [used to indicate that something

心理的・時間的に隔たりのある関係にあるものとして回想的にさし示す]

mentioned earlier is distant psychologically or in terms of time]

¶去年山に登った時，深い谷へ落ちそうになりました。**あれ**を思うと，もう山へは登る気がしません。(Kyonen yama ni nobotta toki, fukai tani e ochisō ni narimashita. *Are* o omou to, mō yama e wa noboru ki ga shimasen.)

¶ When I was mountain climbing last year I almost fell into a deep ravine. When I think about **that,** I don't feel like climbing mountains any more.

④[文脈の上で前に述べた心理的・時間的に隔たりのある過去のことがらの成立した時をさし示す]

④ [indicates a certain time in the past referred to earlier that is distant psychologically or in terms of time]

¶上田さんとは3年前に京都で別れました。**あれ**から一度も会っていません。(Ueda san to wa sannen mae ni Kyōto de wakaremashita. *Are* kara ichido mo atte imasen.)

¶ I parted from [Mr.] Ueda three years ago in Kyoto. I haven't met [him] at all since **that time.**

⑤[話し手にとっても話し相手に対してもともに隔たりのある関係にあって共通に了解されているものごとをさし示す]

⑤ [indicates something known to both the listener and the speaker that is distant from them]

¶「先日お願いした**あれ**はどうなりましたか。」(Senjitsu onegai shita *are* wa dō narimashita ka?)「あの本ですか。**あれ**はまだ田中さんが返してくれません。もう少し待ってください。」(Ano hon desu ka? *Are* wa mada Tanaka san ga kaeshite kuremasen. Mō sukoshi matte kudasai.)

¶ "What happened in regard to **that matter** that I asked you to take care of the other day?"

"That book? [Mrs.] Tanaka hasn't returned **it** to me yet. Please wait a little longer."

⇨kore これ　sore それ　dore どれ

areru　荒れる〔動II〕

areru 〚v II〛 **become rough; fall into decay**

①[穏やかでなくなる]

① [become rough, cease being calm]

¶台風が近づいたので，海が**荒れて**います。(Taifū ga chikazuita node,

¶ The sea **is rough** because a

umi ga *arete* imasu.)

typhoon is approaching.

②［手入れなどをしなくてひどい状態になる］

② [fall into decay, fall into a bad state from neglect, etc.]

手が**荒れる** (te ga *areru*)　肌が**荒れる** (hada ga *areru*)

get roughened 〚**chapped**〛 hands // **get roughened** 〚**chapped**〛 skin

¶この家はずいぶん**荒れて**いますね。(Kono ie wa zuibun *arete* imasu ne.)

¶ This house **has** really **been neglected.**

arigatai　**ありがたい**〘形〙

arigatai 〚adj〛　**grateful, thankful**

¶親切にしていただき，本当に**ありがたい**と思っています。(Shinsetsu ni shite itadaki, hontō ni *arigatai* to omotte imasu.)

¶ You've been so kind to me; I'm really **grateful.**

arigatō　**ありがとう**〘連〙

arigatō 〚compd〛　**Thank you**

¶今日は，どうも**ありがとう**。本当に楽しかったです。(Kyō wa, dōmo *arigatō*. Hontō ni tanoshikatta desu.)

¶ **Thank you** for today. It was really pleasant.

¶「けっこうな物をいただきまして，**ありがとう**ございました。」(Kekkō na mono o itadakimashite *arigatō* gozaimashita.)「いいえ，どういたしまして。」(Iie, dō itashimashite.)

¶ "**Thank you** very much for this fine gift."
"No, not at all."

⇨**arigatai ありがたい**

aru　**ある**〘動 I〙

aru 〚v I〛　**be, exist; be located; have, possess; take place**

①［ものなどがある所に存在する］

① [there is, there are, exist, be found]

¶机の上に本が**あります**。(Tsukue no ue ni hon ga *arimasu.*)

¶ **There is** a book on top of the desk.

¶どこかに貸家は**ありません**か。(Doko ka ni kashiya wa *arimasen* ka?)

¶ **Isn't there** a house to rent somewhere?

②［ものなどがある所に位置する］

② [be located, stand, lie, etc.]

¶富士山は東京の西に**あります**。(Fujisan wa Tōkyō no nishi ni *arimasu.*)

¶ Mount Fuji **lies** to the west of Tokyo.

¶家の後ろに川が**あります**。(Ie no ushiro ni kawa ga *arimasu.*)

¶ A river **runs** behind the house.

③[あるものがあるものに付属して存在する]

③ [have, possess, be equipped with]

¶その家には広い庭が**あります**。(Sono ie ni wa hiroi niwa ga *arimasu.*)

¶ That house **has** a large garden ⟦yard⟧.

¶この家にはふろ場が**ありません**。(Kono ie ni wa furoba ga *arimasen.*)

¶ This house **doesn't have** a Japanese bath.

④[あるものがあるものに含まれている]

④ [be contained in, be included in]

¶この本にはおもしろい話がたくさん**あります**。(Kono hon ni wa omoshiroi hanashi ga takusan *arimasu.*)

¶ This book **contains** many interesting stories.

⑤[時間・距離・重さ・広さなどがどの程度あるかを表す]

⑤ [number, weigh, measure (in regard to time, distance, weight, width, etc.)]

¶時間が**ありません**から，急いでください。(Jikan ga *arimasen* kara, isoide kudasai.)

¶ There **isn't** time to spare so please hurry.

¶夏休みはどのくらい**あります**か。(Natsuyasumi wa dono kurai *arimasu* ka?)

¶ How long **is** summer vacation?

¶この荷物は何キロぐらい**ある**でしょうか。(Kono nimotsu wa nankiro gurai *aru* deshō ka?)

¶ How many kilograms does this package **weigh?**

¶部屋の広さはどのくらい**あります**か。(Heya no hirosa wa dono kurai *arimasu* ka?)

¶ How big **is** the room?

⑥[人があるものを持っている]

⑥ [possess, be blessed with]

¶わたしはお金が**ありません**。(Watashi wa okane ga *arimasen.*)

¶ I **don't have** any money.

¶田中さんは子供が３人**あります**。

¶ [Mrs.] Tanaka **has** three children.

(Tanaka san wa kodomo ga sannin *arimasu.*)

¶彼は音楽の才能が**あります**。(Kare wa ongaku no sainō ga *arimasu.*)

¶ He **is endowed with** musical talent.

⑦[あることが行われる]

⑦ [take place]

¶あしたは試験が**あります**。(Ashita wa shiken ga *arimasu.*)

¶ [We] **have** a test tomorrow.

¶学校は4時まで**あります**。(Gakkō wa yoji made *arimasu.*)

¶ [We] **have** school until four o'clock.

¶今日は，午前中に会議が**ありました**。(Kyō wa, gozenchū ni kaigi ga *arimashita.*)

¶ [I] **had** a meeting during the morning today.

⑧[あることが発生する，ある事態などが起こる]

⑧ [happen, occur]

¶昨日，ここで交通事故が**ありました**。(Kinō, koko de kōtsū-jiko ga *arimashita.*)

¶ A traffic accident **took place** here yesterday.

¶ゆうべ，大きな地震が**ありました**。(Yūbe, ookina jishin ga *arimashita.*)

¶ **There was** a large earthquake last night.

¶山田さんからさっき電話が**ありました**よ。(Yamada san kara sakki denwa ga *arimashita* yo.)

¶ **There was** a telephone call from [Mr.] Yamada a little while ago.

⑨[ときどきあることをする，ときどきある状態になる]

⑨ [occasional occurrence]

¶おふろに入る前に御飯を食べることが**あります**。(Ofuro ni hairu mae ni gohan o taberu koto ga *arimasu.*)

¶ **There are times** when [I] eat before taking a bath.

¶外国に一人で住んでいると，寂しいことが**あります**。(Gaikoku ni hitori de sunde iru to, sabishii koto ga *arimasu.*)

¶ When one lives alone in a foreign country, **sometimes** one is lonely.

*「動詞・形容詞（連体の形）＋ことが（も）ある (koto ga〔mo〕 aru)」の形

* Used in the pattern "verb or adjective (dictionary form) + *koto ga* 〚*mo*〛 *aru.*"

で使う。

⑩[あることがらの経験がある]
⑩ [have the experience of]

¶あの人には，前に一度会ったことがあります。(Ano hito ni wa, mae ni ichido atta koto ga *arimasu.*)
¶ **I have** met [him] once before.

¶わたしは日本へ行ったことが**ありません。** (Watashi wa Nihon e itta koto ga *arimasen.*)
¶ **I have never** been to Japan.

*「動詞・形容詞(たの形)＋ことが(も)ある (koto ga[mo] aru)」の形で使う。
* Used in the pattern "verb or adjective (*-ta* form) + *koto ga* ⟦*mo*⟧ *aru.*"

aru **ある**〘連体〙
aru ⟦attrib⟧ **a certain, some**

ある日 (*aru* hi) **ある**人 (*aru* hito)
one day ⟦a **certain** day⟧ // **some**one ⟦a **certain** person⟧

¶田中さんは**ある**学校で数学を教えています。(Tanaka san wa *aru* gakkō de sūgaku o oshiete imasu.)
¶ [Miss] Tanaka is teaching mathematics at a school **somewhere** ⟦at a **certain** school⟧.

(～te) **aru** (～て) **ある**〘連〙
(-te) **aru** ⟦compd⟧ **being in the state of -ing**

¶壁に絵が掛けて**あります。** (Kabe ni e ga kakete *arimasu.*)
¶ There **is** a picture **hanging** on the wall.

¶暑いので，戸が開けて**あります。** (Atsui node, to ga akete *arimasu.*)
¶ The door **is standing open** because it's so hot.

*「他動詞(ての形)＋ある (aru)」の形で使う。
* Used in the pattern "transitive verb (*-te* form) + *aru.*"

⇨(～te) **iru** (～て) **いる**

aruku **歩く**〘動 I〙
aruku ⟦v I⟧ **walk**

¶ここから駅まで**歩いて**10分かかります。(Koko kara eki made, *aruite* jippun kakarimasu.)
¶ It takes 10 minutes **to walk** from here to the station.

¶日本では，人は道の右側を**歩きます。** (Nihon de wa, hito wa michi no migigawa o *arukimasu.*)
¶ In Japan people **walk** on the right-hand side of the road.

asa **朝**〘名〙
asa ⟦n⟧ **morning**

朝御飯 (*asa*gohan) **朝**日 (*asa*hi) 毎**朝** (mai*asa*)
breakfast // the **morning** sun; Asahi (proper noun) // every **morning**

¶あなたは**朝**何時に起きますか。(Anata wa *asa* nanji ni okimasu ka?)

¶ What time do you get up **in the morning?**

asai **浅い**〘形〙

asai 〚adj〛 **shallow**

¶深い方へ行かないで，**浅い**所で遊びなさい。(Fukai hō e ikanaide, *asai* tokoro de asobinasai.)

¶ Don't go to the deep end but play where **it's shallow.**

¶この池は**浅くて**，底が見えます。(Kono ike wa *asakute,* soko ga miemasu.)

¶ This pond 〚pool〛 **is shallow;** one can see the bottom.

⇔**fukai 深い**

asanebō **朝寝坊**〘名，～する〙

asanebō 〚n, *~suru*〛 **late riser, sleepyhead**

¶**朝寝坊**をして，学校に遅刻してしまいました。(*Asanebō* o shite, gakkō ni chikoku shite shimaimashita.)

¶ **I overslept** and was late for school.

asatte **あさって**〘名〙

asatte 〚n〛 **the day after tomorrow**

¶**あさって**は何曜日ですか。(*Asatte* wa naniyōbi desu ka?)

¶ What day of the week is **the day after tomorrow?**

¶**あさって**，あなたのうちに行ってもいいですか。(*Asatte,* anata no uchi ni itte mo ii desu ka?)

¶ Is it all right if I come to your home **the day after tomorrow?**

ase **汗**〘名〙

ase 〚n〛 **sweat, perspiration**

汗が出る (*ase* ga deru) ハンカチで**汗**をふく (hankachi de *ase* o fuku)

to sweat, perspire // wipe off **sweat** with a handkerchief

¶階段を急いで上ったら，**汗**をかきました。(Kaidan o isoide nobottara, *ase* o kakimashita.)

¶ I hurried up the stairs and got all **sweaty.**

ashi **足**〘名〙

ashi 〚n〛 **foot, leg; walking**

①[歩くときに使う体の一部]

① [foot, leg; part of the body used when walking]

足が強い (*ashi* ga tsuyoi) **足**が弱い (*ashi* ga yowai)

be a good **walker** // be a poor **walker**

¶少し歩くと，すぐ**足**が疲れます。(Sukoshi aruku to, sugu *ashi* ga tsukaremasu.)

¶ **My legs** soon tire after walking just a little.

¶だれかの**足音**が聞こえてきました。(Dare ka no *ashi*oto ga kikoete kimashita.)

¶ [I] can ⟦could⟧ hear someone **coming** ⟦someone's **footsteps**⟧.

②[歩くこと]

② [walking]

足が遅い (*ashi* ga osoi)

be a slow **walker**

¶山田さんは**足**が速いですね。もう，あんなに遠くへ行ってしまいました。(Yamada san wa *ashi* ga hayai desu ne. Mō anna ni tooku e itte shimaimashita.)

¶ [Mr.] Yamada is a fast **walker.** [He] has already moved that far away.

ashi **脚**〘名〙

ashi ⟦n⟧ **leg**

¶机の**脚**が折れてしまいました。(Tsukue no *ashi* ga orete shimaimashita.)

¶ The desk **leg** is broken.

ashita **あした**〘名〙

ashita ⟦n⟧ **tomorrow**

¶**あした**は何日ですか。(*Ashita* wa nannichi desu ka?)

¶ What is the date **tomorrow?**

¶**あした**映画を見に行きませんか。(*Ashita* eiga o mi ni ikimasen ka?)

¶ Won't you go with [me] to see a movie **tomorrow?**

asobu **遊ぶ**〘動 I〙

asobu ⟦v I⟧ **play, amuse oneself**

¶子供が庭で**遊んで**います。(Kodomo ga niwa de *asonde* imasu.)

¶ The children **are playing** in the garden ⟦yard⟧.

¶ときどき，トランプをして**遊びます**。(Tokidoki toranpu o shite *asobimasu*.)

¶ Sometimes [we] play cards (literally, **enjoy ourselves** playing cards).

¶昨日，新宿へ**遊び**に行きました。(Kinō, Shinjuku e *asobi* ni ikimashita.)

¶ Yesterday **I enjoyed myself** in Shinjuku.

¶わたしのうちへ**遊び**に来てください。(Watashi no uchi e *asobi* ni kite kudasai.)

¶ Please come and **visit** me.

asoko **あそこ**〘代〙

asoko ⟦pron⟧ **there, over there**

①[話し手にとっても話し相手に対してもともに隔たりのある関係にある所

① [indicates a place physically distant from both the speaker and the

をさし示す]

listener]

¶「**あそこ**でテレビを見ている人はだれですか。」(*Asoko* de terebi o mite iru hito wa dare desu ka?)「あの人は上田さんです。」(Ano hito wa Ueda san desu.)

¶ "Who is that person watching televison **over there?**"
"That is [Mrs.] Ueda."

¶「どこが玄関ですか。」(Doko ga genkan desu ka?)「**あそこ**が玄関です。」(*Asoko* ga genkan desu.)

¶ "Where is the entryway?"
"The entryway is **over there.**"

②[話し手にとっても話し相手に対してもともに隔たりのある関係にあるものごとの状態や問題の点などをさし示す]

② [indicates a condition, problem point, etc., psychologically distant from both the speaker and the listener]

¶山田さんの病気が**あそこ**まで進んでいたとはだれも気づきませんでした。(Yamada san no byōki ga *asoko* made susunde ita to wa dare mo kizukimasen deshita.)

¶ No one noticed that [Miss] Yamada's illness had advanced to **that point.**

¶中村さんが**あそこ**まで知っているとは思いませんでした。(Nakamura san ga *asoko* made shitte iru to wa omoimasen deshita.)

¶ I didn't think that [Mr.] Nakamura knew **that much** about it.

⇨koko ここ　soko そこ　doko どこ

asu　明日〖名〗☞**ashita あした**

asu ☞ ashita

ataeru　与える〖動 II〗

ataeru ⟦v II⟧　**give; assign; inflict**

①[あるものをほかの人にやってその人のものにする]

① [give, bestow]

金を**与える** (kane o *ataeru*)　ほうびを**与える** (hōbi o *ataeru*)

give away money // **give** a reward

②[やるべきことを割り当てる]

② [assign]

¶先生は一人一人の学生に別々の問題を**与えて**答えさせました。(Sensei wa hitorihitori no gakusei ni betsu-

¶ The teacher **gave** each of the students a different problem to answer.

betsu no mondai o *ataete* kotaesasemashita.)

¶わたしは**与えられた**仕事をいつもきちんとします。 (Watashi wa *ataerareta* shigoto o itsu mo kichinto shimasu.)

¶ I always do carefully the work I am **assigned to do.**

③[損害などを被らせる]

③ [inflict, suffer (damage, etc.)]

¶今度の台風は各地に大きな被害を**与えました。** (Kondo no taifū wa kakuchi ni ookina higai o *ataemashita.*)

¶ Each area **suffered** much damage in the last typhoon.

atama **頭**〘名〙

atama ⟦n⟧ **head; brains**

①[頭部]

① [head]

頭を洗う (*atama* o arau) **頭**を下げる (*atama* o sageru)

wash **one's hair** // lower ⟦bow⟧ **one's head**

¶**頭**が痛いので，学校を休みました。(*Atama* ga itai node, gakkō o yasumimashita.)

¶ I stayed home from school because I have a **head**ache.

②[頭脳，頭の働き]

② [brains, intelligence]

頭が悪い (*atama* ga warui) **頭**を使う (*atama* o tsukau)

be slow **witted** // use **one's head,** think

¶あの学生はとても**頭**がいいですよ。(Ano gakusei wa totemo *atama* ga ii desu yo.)

¶ That student is very **intelligent.**

atarashii **新しい**〘形〙

atarashii ⟦adj⟧ **new; fresh**

①[ものごとができたり始まったりしてから間のない様子]

① [brand-new]

新しい家 (*atarashii* ie)

a **new** house

¶このくつは買ったばかりで，まだ**新しい**です。(Kono kutsu wa katta bakari de, mada *atarashii* desu.)

¶ These shoes are still **new**—I just bought them.

②[新鮮ないきいきしている様子]

② [fresh]

新しい魚 (*atarashii* sakana)

fresh fish

¶**新しい**野菜を生で食べるのは，体にた

¶ They say it's very good for one's

いへんいいそうです。 (*Atarashii* yasai o nama de taberu no wa, karada ni taihen ii sō desu.)

health to eat **fresh,** raw vegetables.

③[今までにないものが初めてできあがる様子]

③ [novel, the latest thing]

新しい型の自動車 (*atarashii* kata no jidōsha)

a **new**-model car

¶山田さんは**新しく**家を建てました。(Yamada san wa *atarashiku* ie o tatemashita.)

¶ [Mr.] Yamada built a **new** house.

⇔**furui** 古い

atari **辺り**〘名〙

atari ⟦n⟧ **vicinity**

¶この**辺り**は夜になると，寂しくなります。(Kono *atari* wa yoru ni naru to, sabishiku narimasu.)

¶ It is lonely **around** here after dark.

¶学校の**辺り**に貸間はないでしょうか。(Gakkō no *atari* ni kashima wa nai deshō ka?)

¶ Might there not be a room for rent **near** the school?

＊ いつも「この辺り (kono atari)」「その辺り (sono atari)」「あの辺り」(ano atari)」「どの辺り (dono atari)」「名詞＋の(no)＋辺り(atari)」の形で使う。

＊ Always used in the patterns "noun + *no* + *atari*", "*kono atari*" (around here), "*sono atari*" (around there), "*ano atari*" (around there), and "*dono atari*" (whereabouts).

-atari **-あたり**〘尾〙

-atari ⟦suf⟧ **about, around; per**

①[時・所などを表す言葉のあとにつけてだいたいを言うときに使う]

① [about, around, approximately (after words expressing time, place, etc.)]

¶次の日曜**あたり**はどうですか。(Tsugi no nichiyō *atari* wa dō desu ka?)

¶ How about next Sunday **or thereabouts** (when making an appointment, etc.)?

¶去年**あたり**は野菜が安かったのですが，今年は高くなりました。(Kyonen *atari* wa yasai ga yasukatta no desu ga, kotoshi wa takaku narimashita.)

¶ Last year **or so** vegetables were cheap, but this year they've become expensive.

¶今度，新宿あたりでいっしょに食事をしましょう。(Kondo, Shinjuku *atari de* issho ni shokuji o shimashō.)

¶ Let's have dinner together next time **somewhere in the** Shinjuku **area.**

②[数や単位などを表す言葉につけて割合や平均を言うときに使う]

② [per (when added to numbers, units, etc.)]

¶会費は一人あたり3,000円です。(Kaihi wa hitori *atari* sanzen'en desu.)

¶ The dues ⟦fee for a group party or outing⟧ are three thousand yen **per** person.

¶このひもは1メートルあたりいくらですか。(Kono himo wa ichimētoru *atari* ikura desu ka?)

¶ How much is this cord ⟦string, lace, tape, thong, ribbon, etc.⟧ **per** meter?

atarimae　あたりまえ〖形動，～の〗

atarimae ⟦adj-v, *~no*⟧　**matter of course; proper**

あたりまえのこと (*atarimae* no koto)

a matter of course

¶借りた物を返すのは**あたりまえ**です。(Karita mono o kaesu no wa *atarimae* desu.)

¶ **It goes without saying** that one should return borrowed articles.

⇨**tōzen　当然**

ataru　当たる〖動 I〗

ataru ⟦v I⟧　**hit, touch; hit the mark**

①[ぶつかる，触れる]

① [hit, touch]

¶ボールが頭に**当たりました**。(Bōru ga atama ni *atarimashita.*)

¶ The ball **hit** [his] head.

②[日の光がそこまで及ぶ]

② [sunlight reaches a certain point]

¶この部屋はよく日が**当たって**暖かいです。(Kono heya wa yoku hi ga *atatte* atatakai desu.)

¶ This room is warm as it **gets** much sun.

③[日・光・熱・風などを体に受ける]

③ [be in the path of sunlight, light, heat, wind, etc.]

¶寒いから，火に**当たりましょう**。(Samui kara, hi ni *atarimashō.*)

¶ As it's cold **let's warm ourselves** at the fire.

④[予想などがそのとおりになる]

④ [a prediction, etc., is proven right]

¶今日の天気予報は**当たりました**。(Kyō no tenki-yohō wa *atarimashita.*)

¶ Today's weather report **was correct.**

↔**hazureru　外れる**

⑤[的中する]
¶ピストルの弾がちょうど真ん中に**当たりました。**(Pisutoru no tama ga chōdo mannaka ni *atarimashita.*)
↔hazureru 外れる

⑤ [hit the mark]
¶ The pistol bullet **hit** exactly in the middle.

⑥[くじで金や賞品などをもらえることになる]
¶くじで100万円**当たりました。**
(Kuji de hyakuman'en *atarimashita.*)
↔hazureru 外れる

⑥ [win money, a prize, etc., in a lottery]
¶ [I] **won** 1 million yen in a lottery.

atataka 暖か〖形動〗

atataka 〚adj-v〛 **warm**

暖かな毛布 (*atataka* na mōfu)
a **warm** blanket

¶昨日は穏やかで**暖か**な日でした。
(Kinō wa odayaka de *atataka* na hi deshita.)
¶ Yesterday was a mild, **warm** day.

¶風邪を引いたので，**暖か**にして寝ました。(Kaze o hiita node, *atataka* ni shite nemashita.)
¶ Since I caught 〚had caught〛 a cold, I bundled up **warmly** and went to bed.

⇨atatakai 暖かい

atataka 温か〖形動〗

atataka 〚adj-v〛 **warm; kindly**

温かな心 (*atataka* na kokoro) **温か**な家庭 (*atataka* na katei) **温か**なコーヒー (*atataka* na kōhii)
a **warm** 〚**kindly**〛 heart // a **happy** home // **hot** coffee

⇨atatakai 温かい

atatakai 暖かい〖形〗

atatakai 〚adj〛 **warm**

暖かい日 (*atatakai* hi) **暖かい**毛布 (*atatakai* mōfu)
a **warm** day // a **warm** blanket

¶春が来て，**暖か**くなりました。
(Haru ga kite, *atatakaku* narimashita.)
¶ Spring has come and it has become **warmer.**

⇨atataka 暖か

atatakai 温かい〖形〗

atatakai 〚adj〛 **warm; kindly**

温かいスープ (*atatakai* sūpu)
hot soup // a **happy** home, a **happy**

温かい家庭 (*atatakai* katei)
¶このプールの水は温かいですね。(Kono pūru no mizu wa *atatakai* desu ne.)
¶一郎さんは心の温かい人です。(Ichirō san wa kokoro no *atatakai* hito desu.)
⇨**atataka** 温か

family
¶ The water in this pool **is warm,** isn't it?
¶ Ichirō is a **warmhearted** person.

atatameru 暖める〔動Ⅱ〕
¶ストーブをたいて，部屋を暖めました。(Sutōbu o taite, heya o *atatamemashita.*)

atatameru ⟦v II⟧ **heat, warm**
¶ [I] lighted the (wood or coal) heater and **warmed up** the room.

atatameru 温める〔動Ⅱ〕
¶牛乳を温めて飲みました。(Gyūnyū o *atatamete* nomimashita.)

atatameru ⟦v II⟧ **warm, heat up**
¶ [I] **heated** some milk and drank it.

atchi ☞ **achira**

atena あて名〔名〕
手紙にあて名を書く (tegami ni *atena* o kaku)

atena ⟦n⟧ **recipient's name** (on an envelope or postcard)
to address a letter (that is, write **the recipient's name**)

ateru 当てる〔動Ⅱ〕
①[あるものをほかのものに触れさせる]
額に手を当てる (hitai ni te o *ateru*)
②[言い当てる]
¶この箱の中に何が入っているか，当ててごらんなさい。(Kono hako no naka ni nani ga haitte iru ka, *atete* goran nasai.)
③[割り当てる]
¶先生は一人一人に当てて本を読ませました。(Sensei wa hitorihitori ni *atete* hon o yomasemashita.)
④[日や風などに触れさせる]
布団を日に当てる (futon o hi ni *ateru*) 風に当てて乾かす (kaze ni

ateru ⟦v II⟧ **apply, strike; guess; call on; expose to**
① [apply, strike; touch something to something]
lay one's hand on one's ⟦someone else's⟧ forehead
② [guess]
¶ Try **to guess** what's in this box!
③ [call on]
¶ The teacher **called on** them to read the book one by one.
④ [expose to the sun, wind, etc.]
air out bedding in the sun // **dry** (something) in the breeze

atete kawakasu)

¶フィルムは日に**当てない**ようにしてください。(Firumu wa hi ni *atenai* yō ni shite kudasai.)

¶ Please **keep** the film **from being exposed** to sunlight.

ateru　充てる〔動 II〕

ateru [[v II]]　**assign, allocate**

¶夜は勉強の時間に**充てて**います。(Yoru wa benkyō no jikan ni *atete* imasu.)

¶ [My] evenings **are set aside** for study.

¶月給の2割を家賃に**充てて**います。(Gekkyū no niwari o yachin ni *atete* imasu.)

¶ Twenty percent of [my] (monthly) wages **is allocated** to rent.

あと　ato〔名〕

ato [[n]]　**back, rear; after, later; the rest**

①[後ろ]

① [back, rear]

あとを振り返る (*ato* o furikaeru)

look **back**

¶わたしの**あと**から犬がついてきました。(Watashi no *ato* kara inu ga tsuite kimashita.)

¶ A dog **followed** me.

→**ushiro 後ろ**

②[のち]

② [after, later]

¶わたしは**あと**で行きます。(Watashi wa *ato* de ikimasu.)

¶ I'll come **later.**

¶四，五日**あと**にまた来てください。(Shi-gonichi *ato* ni mata kite kudasai.)

¶ Please come again **in** four or five days.

③[残り，し残したこと]

③ [the rest]

¶**あと**はまたあしたやりましょう。(*Ato* wa mata ashita yarimashō.)

¶ Let's do **the rest** tomorrow.

¶必要な物だけ残して，**あと**は捨ててください。(Hitsuyō na mono dake nokoshite, *ato* wa sutete kudasai.)

¶ Please set aside only what you need and throw away **the rest.**

atsui　暑い〔形〕

atsui [[adj]]　**hot, warm**

¶今日は**暑い**ですね。(Kyō wa *atsui* desu ne.)

¶ **It's hot** today, isn't it?

¶昼間は**暑かった**が，夕方から涼しく

¶ **It was hot** during the day, but it's

なりました。(Hiruma wa *atsukatta* ga, yūgata kara suzushiku narimashita.)

⇔**samui 寒い**

cooled off this evening ⟦it cooled off during the evening⟧.

atsui　熱い〘形〙

¶**熱い**お茶を一杯ください。(*Atsui* ocha o ippai kudasai.)

¶おふろが**熱かったら**，水を入れてください。(Ofuro ga *atsukattara,* mizu o irete kudasai.)

⇔**tsumetai 冷たい**

atsui ⟦adj⟧　**hot, heated**

¶ Please give me a cup of **hot** (green) tea.

¶ **If** the bath **is too hot,** please add some cold water.

atsui　厚い〘形〙

厚い本 (*atsui* hon)　**厚い**壁 (*atsui* kabe)

¶この辞書はずいぶん**厚い**ですね。(Kono jisho wa zuibun *atsui* desu ne.)

¶冬は**厚い**セーターを着ます。(Fuyu wa *atsui* sētā o kimasu.)

⇔**usui 薄い**

atsui ⟦adj⟧　**thick**

a **thick** book // a **thick** wall; a **major** obstacle

¶ This dictionary **is** very **thick.**

¶ In the winter everyone wears ⟦I wear⟧ **heavy** sweaters.

atsukau　扱う〘動Ｉ〙

①[受け付ける，仕事としてそれをする]

¶郵便局では貯金も**扱っています**。(Yūbinkyoku de wa chokin mo *atsukatte* imasu.)

②[操作する，取り扱う]

¶わたしはこの機械の**扱い**方がわかりません。(Watashi wa kono kikai no *atsukai*kata ga wakarimasen.)

③[待遇する]

客を丁寧に**扱う** (kyaku o teinei ni *atsukau*)　**扱い**にくい人 (*atsukai*nikui hito)

atsukau ⟦v I⟧　**handle; deal with**

① [handle, accept, transact (business)]

¶ Post offices **handle** savings accounts too.

② [handle, work (something)]

¶ I don't know how **to work** this machine.

③ [treat, deal with]

treat a customer ⟦guest⟧ politely // a person hard **to deal with,** a difficult person

atsumaru **集まる**〔動 I〕

atsumaru ⟦v I⟧ **gather together, be collected**

¶あした10時に駅前に**集まって**ください。(Ashita jūji ni ekimae ni *atsumatte* kudasai.)

¶ Please **assemble** in front of the station at ten o'clock tomorrow.

¶ここは夏になると，人がたくさん**集まって**きます。(Koko wa natsu ni naru to, hito ga takusan *atsumatte* kimasu.)

¶ In summer lots of people **flock to** this place.

¶会費は全部**集まりました**。(Kaihi wa zenbu *atsumarimashita.*)

¶ The dues ⟦fees⟧ have all **been collected.**

atsumeru **集める**〔動 II〕

atsumeru ⟦v II⟧ **gather, collect**

お金を**集める** (okane o *atsumeru*)

collect ⟦**raise**⟧ money

¶わたしは切手を**集めて**います。(Watashi wa kitte o *atsumete* imasu.)

¶ I **collect** stamps.

¶友達を**集めて**，パーティーを開きました。(Tomodachi o *atsumete,* pātii o hirakimashita.)

¶ [We] **got** [our] friends **together** and had a party.

au **会う**〔動 I〕

au ⟦v I⟧ **meet**

¶またあした**会いましょう**。(Mata ashita *aimashō.*)

¶ **Let's meet** again tomorrow.

¶昨日，わたしは山田さんに**会いました**。(Kinō, watashi wa Yamada san ni *aimashita.*)

¶ I **met** [Miss] Yamada yesterday.

＊ 目上の人には，丁寧な言い方「お目にかかる (ome ni kakaru)」を使う。

＊ When referring to persons of higher status, a more polite expression, *ome ni kakaru*, is used.

⇨**wakareru 別れる**

au **遭う**〔動 I〕

au ⟦v I⟧ **encounter, be subjected to**

¶田中さんは交通事故に**遭った**そうです。(Tanaka san wa kōtsū-jiko ni *atta* sō desu.)

¶ I hear that [Mrs.] Tanaka **was in** a traffic accident.

¶雨に降られて，ひどい目に**あいました**。(Ame ni furarete, hidoi me

¶ I was caught in the rain and **had** an awful time.

ni *aimashita*.)

au 合う〘動 I〙

(-)au ⟦v I⟧ **fit; coincide; match; be correct**

①[適合する，適当である]

① [fit]

¶このくつは大きすぎて，わたしには**合いません**。(Kono kutsu wa ookisugite, watashi ni wa *aimasen*.)

¶ These shoes **do not fit** me; they are too big.

¶この眼鏡は，わたしに**合っていません**。(Kono megane wa, watashi ni *atte* imasen.)

¶ These glasses **are not right** for me (that is, the lenses are incorrect).

②[合致する，同じである]

② [agree with, coincide with]

¶わたしは，山田さんとはよく意見が**合います**。(Watashi wa, Yamada san to wa yoku iken ga *aimasu*.)

¶ [Mr.] Yamada and I often **have the same** opinions.

③[調和する]

③ [match, go together, be in harmony]

¶ネクタイと服が**合っていません**。(Nekutai to fuku ga *atte* imasen.)

¶ [His] necktie and suit **do not go together.**

¶あの壁にはこの色のカーテンが**合います**。(Ano kabe ni wa kono iro no kāten ga *aimasu*.)

¶ This color curtain **goes well** ⟦**would go well**⟧ with those walls.

④[正しいものと一致する]

④ [be correct, match something that is correct]

¶あなたの時計は**合っていますか**。(Anata no tokei wa *atte* imasu ka?)

¶ Is your watch **correct?**

¶この計算は**合っています**。(Kono keisan wa *atte* imasu.)

¶ These calculations **are correct.**

¶答えが**合っている**人は，手を挙げてください。(Kotae ga *atte* iru hito wa, te o agete kudasai.)

¶ Would those with the **correct** answer please raise their hands.

⑤[いくつかのものが互いに同じことをする]

⑤ [do something together with someone]

話し**合う** (hanashi*au*)　愛し**合う** (aishi*au*)

talk **with** // love **each other**

¶困ったときは，お互いに助け**合いましょう**。(Komatta toki wa, otagai ni tasuke*aimashō*.)

¶ **Let's help each other** when we have a problem.

*「動詞(基幹の形)＋合う(au)」の形で使う。

* Used in the pattern "verb (stem form) + *-au*."

awaseru 合わせる〔動II〕

awaseru ⟦v II⟧ **combine; adjust; compare**

①[二つ以上のものを一つにする]

① [combine; put together two or more things]

手を**合わせる** (te o *awaseru*)　声を**合わせる** (koe o *awaseru*)　心を**合わせる** (kokoro o *awaseru*)

put one's hands **together** (in worship, etc.) // speak **as one;** sing **in chorus** // **cooperate** warmly, **be united**

¶橋を架けるために，みんなが力を**合わせて**働きました。(Hashi o kakeru tame ni, minna ga chikara o *awasete* hatarakimashita.)

¶ Everyone **combined** their strength to raise the bridge.

②[あるものに適合させる，一致させる]

② [adjust, set, adapt]

¶時計の針を駅の時計に**合わせました。** (Tokei no hari o eki no tokei ni *awasemashita.*)

¶ [I] **set** [my] watch by the station clock (past action).

¶ピアノに**合わせて**歌いましょう。(Piano ni *awasete* utaimashō.)

¶ Let's sing **accompanied by** the piano.

③[二つのものを比べる，照らし合わせる]

③ [compare two things]

¶答えを**合わせて**みました。(Kotae o *awasete* mimashita.)

¶ [They] **checked** [their] answers ⟦**compared** their answers among themselves⟧.

awateru あわてる〔動II〕

awateru ⟦v II⟧ **be flustered, be hurried**

¶どろぼうは**あわてて**逃げました。(Dorobō wa *awatete* nigemashita.)

¶ The thief **panicked** and ran.

¶あまり**あわてた**ので，財布を忘れました。(Amari *awateta* node, saifu o wasuremashita.)

¶ **I was in** such **a hurry** ⟦**I was** so **flustered**⟧ that I forgot my wallet.

¶そんなに**あわてなくて**も，時間はじゅうぶんあります。(Sonna ni *awatenakute* mo, jikan wa jūbun arimasu.)

¶ There is plenty of time so you don't need to be **in** such **a hurry.**

ayamaru 謝る〔動I〕

ayamaru ⟦v I⟧ **apologize**

¶田中さんは「わたしが悪かった。」と

¶ [Mr.] Tanaka **apologized** by

言って謝りました。(Tanaka san wa "Watashi ga warukatta." to itte *ayamarimashita.*)

saying, "I was at fault."

¶いくら謝っても，山田さんは許してくれませんでした。(Ikura *ayamatte* mo, Yamada san wa yurushite kuremasen deshita.)

¶ No matter how much **I apologized,** [Miss] Yamada wouldn't forgive me.

ayashii 怪しい〘形〙

ayashii ⟦adj⟧ **questionable, suspicious**

¶この辺で怪しい男を見ませんでしたか。(Kono hen de *ayashii* otoko o mimasen deshita ka?)

¶ Didn't you see a **suspicious-looking** man around here?

azukaru 預かる〘動 I〙

azukaru ⟦v I⟧ **take charge of, be entrusted with**

¶この荷物を預かってくれる所はないでしょうか。(Kono nimotsu o *azukatte* kureru tokoro wa nai deshō ka?)

¶ Isn't there somewhere that **will look after** this package ⟦bag, etc.⟧ for me?

¶銀行では1円以上のお金を預かります。(Ginkō de wa ichien ijō no okane o *azukarimasu.*)

¶ Banks **will receive on deposit** money from one yen up.

azukeru 預ける〘動 II〙

azukeru ⟦v II⟧ **place in someone's charge, entrust to**

¶友達に荷物を預けてきました。(Tomodachi ni nimotsu o *azukete* kimashita.)

¶ **I left** my bag ⟦luggage, package, etc.⟧ **with** a friend.

¶銀行に10万円預けてあります。(Ginkō ni jūman'en *azukete* arimasu.)

¶ **I have** a hundred thousand yen **deposited** in the bank.

¶わたしは近所の人に赤ん坊を預けて，働きに行っています。(Watashi wa kinjo no hito ni akanbō o *azukete,* hataraki ni itte imasu.)

¶ I go to work **leaving** my baby **in the care of** a neighbor.

B

ba 場〘名〙

ba [[n]] **place; occasion**

¶その**場**にいなかったので，詳しいことはわかりません。 (Sono *ba* ni inakatta node, kuwashii koto wa wakarimasen.)

¶ I wasn't **there** so I don't know any details.

¶皆が集まっているから，この**場**で決めましょう。(Mina ga atsumatte iru kara, kono *ba* de kimemashō.)

¶ Since everyone is present, let's decide it **here and now.**

ba ば〘助〙

-ba [[part]] **if, when**

①[前件が成立する場合には後件が成立するという関係を表す]

① [indicates something happens when another thing happens]

¶春になれ**ば**，花が咲きます。 (Haru ni nare*ba*, hana ga sakimasu.)

¶ **When** spring comes, flowers will bloom.

¶ 2に3を足せ**ば**，5になります。(Ni ni san o tase*ba*, go ni narimasu.)

¶ Two plus three is five (literally, **If** you add three to two it is five).

¶天気がよけれ**ば**，汽車の窓から富士山が見えます。(Tenki ga yokere*ba*, kisha no mado kara Fujisan ga miemasu.)

¶ **When** the weather is good, one can see Mount Fuji from the train window.

¶「あした雨が降れ**ば**，旅行には行きませんか。」 (Ashita ame ga fure*ba*, ryokō ni wa ikimasen ka?) 「いいえ，雨が降っても行きます。」 (Iie, ame ga futte mo ikimasu.)

¶ "Will you give up (literally, not go on) your trip **if** it rains tomorrow?" "No, I will go even if it rains."

¶安けれ**ば**，りんごを五つ買ってきてください。 (Yasukere*ba*, ringo o itsutsu katte kite kudasai.)

¶ **If** they are cheap, please buy five apples.

¶父はお酒を飲め**ば**，歌を歌いました。(Chichi wa osake o nome*ba*, uta o utaimashita.)

¶ My father used to sing **when** he drank *sake*.

* 普通，前件と後件の主語が同じで，

* Usually when the subjects of both

しかも前件が動作を表す動詞の場合は，後件には「～う［よう］（～u ［yō］）」などの意志，「～なさい（～nasai）」などの命令，「～てください（～te kudasai）」などの依頼，「～てはいけない（～te wa ikenai）」などの禁止などの言い方は来ない。「安(やす)ければ，りんごを五(いつ)つ買(か)ってきてください。(Yasukereba, ringo o itsutsu katte kite kudasai.)」という文は前件が状態を表す形容詞であるから言えるが，「お酒(さけ)を飲(の)めば，歌(うた)を歌(うた)いなさい。(Osake o nomeba, uta o utainasai.)」とは言えない。また，後件が動詞の過去・完了を表す「たの形」のときは過去の習慣を表す。

clauses are the same and the verb of the *-ba* clause indicates an action, the *-ba* clause is *not* followed by an expression of desire (*-ō* ⟦*-yō*⟧, etc.), an order (*-nasai*, etc.), a request (*-te kudasai*, etc.), or a prohibition (*-te wa ikenai*, etc.). "*Yasukereba, ringo o itsutsu katte kite kudasai*" is possible because the *-ba* clause is an adjective indicating a condition, but a sentence like *"*Osake o nomeba, uta o utainasai*" is not possible. Further, when the second clause is in the *-ta* form expressing past or completed action, then the *-ba* clause indicates habitual action in the past.

→to と　tara たら　te mo ても

②［前件がもし成立していた場合には後件も成立するという関係を表す］

② [indicates something would have happened if another thing had happened]

¶父(ちち)が病気(びょうき)にならなければ，大学(だいがく)をやめなくてもよかったのですが。(Chichi ga byōki ni naranakere*ba*, daigaku o yamenakute mo yokatta no desu ga.)

¶ **If** my father hadn't become ill, I wouldn't have had to leave the university.

¶背(せい)がもう少(すこ)し高(たか)ければ，バレーボールの選手(せんしゅ)になっていたと思(おも)います。(Sei ga mō sukoshi takakere*ba*, barēbōru no senshu ni natte ita to omoimasu.)

¶ I think [I] would have become a volleyball player **if** [I] had been a little taller.

＊ 前件には実際には成立しなかったことがらが来る。

* In this case, the *-ba* clause expresses something that didn't actually happen.

→tara たら　nara なら

③［願望や示唆などの意味を表す］

③ [indicates desire, a suggestion, etc.]

¶学生(がくせい)の時(とき)にもっと勉強(べんきょう)していればと

思いました。(Gakusei no toki ni motto benkyō shite ire*ba* to omoimashita.)

¶ **I wished** then that **I had** studied more in my student days.

¶料理はまだたくさんあるから，もっとめしあがれば。(Ryōri wa mada takusan aru kara, motto meshiagare*ba*?)

¶ Since there is still lots of food left, **won't you** have some more?

→tara たら

④[評価などを導くことを表す]

④ [introduces or invites a judgment, evaluation, etc.]

¶どんなカメラを選べばいいか教えてください。(Donna kamera o erabe*ba* ii ka oshiete kudasai.)

¶ Please tell me what camera I **should** choose.

¶大学に入るためには，もっと勉強しなければいけませんよ。(Daigaku ni hairu tame ni wa, motto benkyō shinakere*ba* ikemasen yo.)

¶ You **must** study harder in order to be able to enter a university.

*「〜ばいい (〜ba ii)」「〜ばいけない (〜ba ikenai)」などの形で使う。

* Used in the patterns "*-ba ii*," "*-ba ikenai*," etc.

⑤[前件に既に成立していることを述べてその条件のもとで後件が成立するという関係を表す]

⑤ [indicates something happens based on something that has already happened]

¶ここまで送っていただけば，あとは一人で帰れます。(Koko made okutte itadake*ba*, ato wa hitori de kaeremasu.)

¶ **Now that you have** come with me up to here, I can go the rest of the way by myself.

¶あなたにそう言われれば，そんな気がします。(Anata ni sō iwarere*ba*, sonna ki ga shimasu.)

¶ **When** you say that, I feel that it is so.

⑥[前件のことがらが成立する場合それに比例して後件のことがらの程度も進むという関係を表す]

⑥ [indicates something happens in proportion to something else]

¶物価が上がれば上がるほど生活が苦しくなります。(Bukka ga agare*ba* agaru hodo seikatsu ga kurushiku

¶ **The more** prices rise, the harder it is to make ends meet.

narimasu.)

¶アパートは部屋が広ければ広いほど高くなります。(Apāto wa heya ga hirokere*ba* hiroi hodo takaku narimasu.)

¶ Apartments are more expensive **the larger** the rooms are.

*「〜ば〜ほど (〜ba〜hodo)」の形で使う。

* Used in the pattern "verb or adjective (-*ba* form) + verb or adjective (dictionary form) + *hodo*."

⑦[類似したものごとを列挙するときに使う]

⑦ [used when citing similar things]

¶上田さんの部屋にはラジオもあればテレビもあります。 (Ueda san no heya ni wa rajio mo are*ba* terebi mo arimasu.)

¶ There's a television in [Miss] Ueda's room **as well as** a radio.

¶中村さんは英語も話せばフランス語も話します。 (Nakamura san wa Eigo mo hanase*ba* Furansugo mo hanashimasu.)

¶ [Mr.] Nakamura speaks **not only** English **but** French as well.

→shi し

⑧[前件が後件のことがらの出どころとなっているという関係を表す]

⑧ [indicates that something is the source for another thing]

¶ラジオの天気予報によれば,午後からは雨が降るそうです。 (Rajio no tenki-yohō ni yore*ba,* gogo kara wa ame ga furu sō desu.)

¶ **According to** the weather report on the radio, it's going to rain in the afternoon.

*「〜によれば (〜ni yoreba)」の形で使う。

* Used in the pattern "〜 *ni yoreba*."

→to と

baai 場合〘名〙

baai ⟦n⟧ **case, occasion, time; situation, circumstances**

①[ものごとの起こるとき,ある状態になったとき]

① [occasion, time]

¶雨が降った**場合**にはピクニックに行きません。(Ame ga futta *baai* ni wa pikunikku ni ikimasen.)

¶ **In the case** of rain, [we] won't go on the picnic.

¶困った**場合**には,わたしに相談して

¶ Please consult me **when** you are

ください。 (Komatta *baai* ni wa, watashi ni sōdan shite kudasai.)

troubled.

②[その時の事情]

¶場合によっては，あした来られないかもしれません。(*Baai* ni yotte wa, ashita korarenai ka mo shiremasen.)

② [circumstances, situation]

¶ I might not be able to come tomorrow depending on **circumstances.**

(-)**bai** (-)倍〖名，尾〗

(-)**bai** [[n, suf]] **double; times**

1〖名〗

¶2の倍は4です。(Ni no *bai* wa yon desu.)

1 [[n]] double

¶ **Twice** two is four.

2〖尾〗

¶物価が以前の3倍になりました。(Bukka ga izen no san*bai* ni narimashita.)

2 [[suf]] times, -fold

¶ Prices are three **times** what they were formerly.

baka ばか〖名，形動〗

ばか者(*baka*mono) ばかにする(*baka* ni suru)

¶あの人はクラスのみんなにばかにされています。(Ano hito wa kurasu no minna ni *baka* ni sarete imasu.)

baka [[n, adj-v]] **fool; stupidity**

a fool // look down on, make fun of, hold in contempt

¶ That person **is looked down upon** by the whole class.

bakari ばかり〖助〗

①[数量を表す言葉についてだいたいの分量・程度などを表す]

¶すみませんが，5分ばかり待ってください。 (Sumimasen ga, gofun *bakari* matte kudasai.)

¶1万円ばかり貸していただけないでしょうか。(Ichiman'en *bakari* kashite itadakenai deshō ka?)

bakari [[part]] **about; only; just**

① [about, approximately (following expressions of quantity)]

¶ I'm sorry, but could you please wait **around** five minutes?

¶ Could you lend me ten thousand yen **or so?**

②[ものごとがそれだけであるという限定の意味を表す]

¶田中さんは自分の意見ばかり言って，人の意見を聞きません。(Tanaka san

② [only]

¶ [Miss] Tanaka **only** gives [her] own opinions and won't listen to those of

wa jibun no iken *bakari* itte, hito no iken o kikimasen.)

others.

¶山田さんは英語ばかりでなく，フランス語も話せます。(Yamada san wa Eigo *bakari* de naku, Furansugo mo hanasemasu.)

¶ [Mrs.] Yamada speaks **not only** English but also French.

¶あの人は遊んでばかりいて勉強しません。(Ano hito wa asonde *bakari* ite benkyō shimasen.)

¶ [He] **only** plays and never studies.

*「名詞＋ばかり (bakari)」「動詞(連体の形)＋ばかり(bakari)」「動詞（ての形)＋ばかり (bakari)＋いる (iru)」の形で使う。

* Used in the patterns "noun + *bakari*," "verb (dictionary form) + *bakari*," "verb (*-te* form) + *bakari* + *iru*."

③[ある動作がいつでも行われるような状態にあることを表す]

③ [indicates that one can start doing something at any time]

¶夕食はもういつでも食べられるばかりになっています。 (Yūshoku wa mō itsu demo taberareru *bakari* ni natte imasu.)

¶ Dinner **is ready;** we can start eating at any time.

*「動詞(連体の形)＋ばかり(bakari)」などの形で使う。

* Used in the pattern "verb (dictionary form) + *bakari*," etc.

④[ある動作が行われて間もない状態にあることを表す]

④ [just, just now, only, only now]

¶父は今帰ってきたばかりです。(Chichi wa ima kaette kita *bakari* desu.)

¶ Father has **just now** come home.

¶わたしは日本語を習い始めたばかりで，まだ上手に話せません。(Watashi wa Nihongo o naraihajimeta *bakari* de, mada jōzu ni hanasemasen.)

¶ I have **just** started to learn Japanese and cannot speak it well yet.

*「動詞（たの形)＋ばかり (bakari)」の形で使う。

* Used in the pattern "verb (*-ta* form) + *bakari*."

bakuhatsu 爆発〘名，～する〙

bakuhatsu ⟦n, ~*suru*⟧ **explosion**

①[物質の体積が急激に増大して飛び散り破壊力を出すこと]

① [physical explosion]

¶工場で**爆発**が起こりました。(Kōjō de *bakuhatsu* ga okorimashita.)

¶ **An explosion** occurred at the factory.

¶ガス**爆発**で，家が壊れました。(Gasu-*bakuhatsu* de, ie ga kowaremashita.)

¶ The house was destroyed in a gas **explosion.**

②[不満などが急に表に現れること]

② [explosion of discontent, etc.]

¶ついに国民の不満が**爆発**しました。(Tsuini kokumin no fuman ga *bakuhatsu* shimashita.)

¶ Finally the discontent of the people **exploded.**

ban　**晩**〖名〗

ban [[n]]　**evening, night**

朝から**晩**まで (asa kara *ban* made)　**晩**御飯 (*ban*gohan)　前の**晩** (mae no *ban*)　毎**晩** (mai*ban*)

from morning to **night** // supper // the **night** before // every **night**

¶あしたの**晩**，中村さんがうちに来ます。(Ashita no *ban,* Nakamura san ga uchi ni kimasu.)

¶ [Mr.] Nakamura is coming to [our] house tomorrow **evening.**

¶一**晩**じゅう寝ないで起きていました。(Hito*ban*jū nenaide okite imashita.)

¶ I was up all **night** without getting any sleep at all.

(-)ban　(-)**番**〖名，尾〗

(-)ban [[n, suf]]　**watch, guard; order, one's turn; number, place**

1〖名〗

1 [[n]]

①[見張りなどをすること]

① [watch over, guard]

番人 (*ban*nin)　**番**犬 (*ban*ken)　留守**番** (rusu*ban*)

a **watch**man, **guard** // a **watch**dog // **guarding** an empty house against theft, fire, etc.

¶あの店は，いつも子供が**番**をしています。(Ano mise wa, itsu mo kodomo ga *ban* o shite imasu.)

¶ That shop is always **tended** by children.

②[順序や順番を表す]

② [order, one's turn]

¶次は田中さんの読む**番**です。(Tsugi wa Tanaka san no yomu *ban* desu.)

¶ Next it is [Miss] Tanaka's **turn** to read.

2〖尾〗

2 [[suf]]　number, place

1**番** (ichi*ban*)　2**番** (ni*ban*)

Number 1 // **Number** 2

¶3**番**めの妹は今年 15 歳です。(San*ban*me no imōto wa kotoshi jūgosai desu.)

¶ My **third** younger sister is ⟦will be⟧ 15 years old this year.

bangō **番号**〘名〙

電話**番号** (denwa-*bangō*)　**番号**をつける (*bangō* o tsukeru)

¶あなたの部屋の**番号**は何番ですか。(Anata no heya no *bangō* wa nanban desu ka?)

bangō ⟦n⟧ **number**

a telephone **number** // assign **a number** to

¶ What is **the number** of your room?

bangumi **番組**〘名〙

ラジオ**番組** (rajio-*bangumi*)

¶今夜は，おもしろいテレビ**番組**がありますか。(Kon'ya wa, omoshiroi terebi-*bangumi* ga arimasu ka?)

bangumi ⟦n⟧ **program**

a radio **program**

¶ Are there any interesting television **programs** on this evening?

basho **場所**〘名〙

①[所，位置]

¶ここが事故のあった**場所**です。(Koko ga jiko no atta *basho* desu.)

¶わたしの うちは買い物に便利な**場所**にあります。(Watashi no uchi wa kaimono ni benri na *basho* ni arimasu.)

②[人などのいる所，席]

¶会場へ早く行って，**場所**を取っておいてください。(Kaijō e hayaku itte, *basho* o totte oite kudasai.)

basho ⟦n⟧ **place**

① [place, location, position]

¶ This is **the place** where the accident was.

¶ My home is in **a location** convenient for shopping.

② [place, seat]

¶ Please go to the auditorium ⟦theater, hall, etc.⟧ early and save **seats** for [us].

basu **バス**〘名〙

バスに乗る (*basu* ni noru)　**バス**を降りる (*basu* o oriru)

¶**バス**の停留所はどこですか。(*Basu* no teiryūjo wa doko desu ka?)

¶この**バス**はどこ行きですか。(Kono *basu* wa doko yuki desu ka?)

basu ⟦n⟧ **bus**

take **a bus** // get off **a bus**

¶ Where is the **bus** stop?

¶ Where does this **bus** go (that is, its final destination)?

batā **バター**〖名〗

¶パンに**バター**をつけて食べます。(Pan ni *batā* o tsukete tabemasu.)

batā ⟦n⟧ **butter**

¶ [I] **butter** bread and eat it.

beddo **ベッド**〖名〗

¶あの部屋には**ベッド**が二つ置いてあります。(Ano heya ni wa *beddo* ga futatsu oite arimasu.)

¶わたしはいつも**ベッド**で寝ています。(Watashi wa itsu mo *beddo* de nete imasu.)

⇨**shindai** **寝台**

beddo ⟦n⟧ **bed**

¶ There are two **beds** in that room.

¶ I always sleep in **a bed.**

benjo **便所**〖名〗

便所に行く (*benjo* ni iku)

¶すみませんが，**便所**はどこでしょうか。(Sumimasen ga, *benjo* wa doko deshō ka?)

＊「便所(benjo)」と言うより「手洗い(tearai)」,「お手洗い(otearai)」,「トイレ(toire)」と言ったほうが感じがいい。

⇨**tearai** **手洗い** **toire** **トイレ**

benjo ⟦n⟧ **toilet, bathroom**

go to **the bathroom**

¶ Excuse me. Where is **the lavatory** ⟦**Men's Room**, **Ladies' Room**, etc.⟧?

＊ *Tearai*, *otearai*, or *toire* sound better than *benjo*.

benkyō **勉強**〖名，～する〗

¶あなたは何の**勉強**をしているのですか。(Anata wa nan no *benkyō* o shite iru no desu ka?)

¶日本語の**勉強**は難しいですか。(Nihongo no *benkyō* wa muzukashii desu ka?)

¶わたしは日本語を**勉強**しています。(Watashi wa Nihongo o *benkyō* shite imasu.)

benkyō ⟦n, *~suru*⟧ **study**

¶ What are you **studying?**

¶ Is it hard **to learn** Japanese?

¶ I **am studying** Japanese.

benri **便利**〖名，形動〗

¶わたしの家は駅の近くですから**便利**です。(Watashi no ie wa eki no

benri ⟦n, adj-v⟧ **convenience, convenient**

¶ My house **is convenient** as it is

chikaku desu kara *benri* desu.)

near the station.

¶これは小さくて，持って歩くのに**便利**な辞書です。(Kore wa chiisakute, motte aruku no ni *benri* na jisho desu.)

¶ This is a small dictionary **handy** to carry around with one.

¶鉄道ができてから，この町は**便利**になりました。(Tetsudō ga dekite kara, kono machi wa *benri* ni narimashita.)

¶ This town has become **easier to get to** since the opening of the railway.

⇔**fuben 不便**

bentō　弁当〖名〗

bentō 〚n〛 **box lunch**

弁当箱 (*bentō*bako)

a **lunch** box

¶わたしは，毎日学校へお**弁当**を持って行きます。(Watashi wa, mainichi gakkō e o*bentō* o motte ikimasu.)

¶ I take **my lunch** to school with me every day.

beru　ベル〖名〗

beru 〚n〛 **bell**

¶御用の方はこの**ベル**を押してください。(Goyō no kata wa kono *beru* o oshite kudasai.)

¶ Please ring this **bell** for service (a written notice).

¶授業の終わりの**ベル**が鳴りました。(Jugyō no owari no *beru* ga narimashita.)

¶ The end-of-class **bell** has rung.

betsu　別〖名，形動〗

betsu 〚n, adj-v〛 **distinction; different, another**

①[分けること，区別]

① [distinction, classification]

¶この学校へは男女の**別**なく入学できます。(Kono gakkō e wa danjo no *betsu* naku nyūgaku dekimasu.)

¶ One can enter this school with no **distinction** by sex.

¶あなたの物は**別**にしてあります。(Anata no mono wa *betsu* ni shite arimasu.)

¶ The things for you 〚your things〛 are set aside **separately.**

②[ほか，同じでない]

② [different, another, separate]

¶今日は忙しいので，また**別**の日に来てください。(Kyō wa isogashii node, mata *betsu* no hi ni kite

¶ [I]'m busy today so please come again **another** day.

kudasai.)

¶この紙ではなく，**別**の紙に書いてください。(Kono kami de wa naku, *betsu* no kami ni kaite kudasai.)

¶ Please don't write it on this paper but on a **separate** piece of paper.

betsu ni　別に〔副〕

betsu ni [[adv]]　(not) **particularly**

¶「何か御用ですか。」(Nani ka goyō desu ka?)　「いいえ，**別に**用事はありません。」(Iie, *betsu ni* yōji wa arimasen.)

¶ "Was there something you wanted to see me about?"
"No, **not particularly.**"

¶「なにか欲しい物がありますか。」(Nani ka hoshii mono ga arimasu ka?)「いいえ，**別に**。」(Iie, *betsu ni.*)

¶ "Is there something you would like?"
"No, **nothing in particular.**"

＊ あとに打ち消しの言葉が来る。

＊ Used with the negative.

biiru　ビール〔名〕

biiru [[n]]　**beer**

ビールびん (*biiru*bin)
ビールを飲む (*biiru* o nomu)

a **beer** bottle // drink **beer**

¶**ビール**を１本ください。(*Biiru* o ippon kudasai.)

¶ A bottle of **beer,** please.

bijutsu　美術〔名〕

bijutsu [[n]]　**art**

美術品 (*bijutsu*hin)　**美術**館 (*bijutsu*kan)

a work of **art** // an **art** museum

¶わたしは日本の**美術**について研究したいと思っています。(Watashi wa Nihon no *bijutsu* ni tsuite kenkyū shitai to omotte imasu.)

¶ I would like to do research concerning Japanese **art.**

bikkuri suru　びっくりする〔動Ⅲ〕

bikkuri suru [[v III]]　**be surprised, amazed, frightened**

¶急に犬がほえだしたので，どろぼうは**びっくりして**逃げました。(Kyū ni inu ga hoedashita node, dorobō wa *bikkuri shite* nigemashita.)

¶ The thief **was frightened** by the sudden barking of the dog and fled.

¶あまり値段が高いので，**びっくりしました**。(Amari nedan ga takai node, *bikkuri shimashita.*)

¶ **I was surprised** the price was so high.

bin　びん〔名〕

bin [[n]]　**bottle**

ビールびん (biiru*bin*)　インクびん (inku*bin*)　しょう油びん (shōyu*bin*)　空きびん (aki*bin*)

a beer **bottle** // an ink **bottle** // a soy sauce **bottle** // an empty **bottle**

binbō　**貧乏**〖名，形動，～する〗

binbō ⟦n, adj-v, ~*suru*⟧　**poverty, poor**

貧乏な人 (*binbō* na hito)　**貧乏**になる (*binbō* ni naru)

a **poor** person // become **poor**

¶家が**貧乏**だったので，わたしは大学へ行けませんでした。 (Ie ga *binbō* datta node, watashi wa daigaku e ikemasen deshita.)

¶ Since my family **was poor,** I was not able to go to college.

⇨ **mazushii 貧しい**

binsen　**便せん**〖名〗

binsen ⟦n⟧　**letter paper**

¶文房具屋で**便せん**と封筒を買ってきてください。(Bunbōguya de *binsen* to fūtō o katte kite kudasai.)

¶ Please go buy me **letter paper** and envelopes at a stationery store.

biru　**ビル**〖名〗

biru ⟦n⟧　**building, office building**

¶50階建ての高い**ビル**が建ちました。 (Gojikkaidate no takai *biru* ga tachimashita.)

¶ A tall **building** 50 stories high has been built.

biza　**ビザ**〖名〗

biza ⟦n⟧　**visa**

¶アメリカへ行くのに**ビザ**を取りました。 (Amerika e iku no ni *biza* o torimashita.)

¶ I obtained **a visa** to go to the United States.

bōeki　**貿易**〖名，～する〗

bōeki ⟦n, ~*suru*⟧　**trade, commerce**

貿易商 (*bōeki*shō)　**貿易**港 (*bōeki*kō)

a trader ⟦**importer, exporter**⟧ // a **trade** port

¶最近，日本とアジアの国々との**貿易**が盛んになりました。(Saikin, Nihon to Ajia no kuniguni to no *bōeki* ga sakan ni narimashita.)

¶ **Trade** has been flourishing between Japan and other Asian countries recently.

boku　**ぼく**〖代〗

boku ⟦pron⟧　**I**

君と**ぼく** (kimi to *boku*)　**ぼく**の家 (*boku* no ie)

you and **me** // **my** house

¶**ぼく**はまだ学生です。 (*Boku* wa mada gakusei desu.)

¶ **I** am still a student.

＊親しい相手に対して男性が使う。

＊ Used by men in conversation with close acquaintances.

bon'yari ぼんやり〘副, ～と, ～する〙

bon'yari ⟦adv, *~to*, *~suru*⟧ **vague, unclear; abstracted, absent-minded**

①[ものごとのはっきりしない様子]

① [vague, obscure, unclear, foggy, etc.]

¶遠くの山が**ぼんやり**見えます。(Tooku no yama ga *bon'yari* mie-masu.)

¶ A distant mountain ⟦mountain range⟧ can be seen **dimly.**

¶眠くて頭が**ぼんやり**しています。(Nemukute atama ga *bon'yari* shite imasu.)

¶ I'm so sleepy **I can't think straight.**

②[意識が集中しない様子, 不注意な様子]

② [abstracted, absentminded, care-less]

¶**ぼんやり**していて, かさをバスの中に忘れてしまいました。(*Bon'yari* shite ite, kasa o basu no naka ni wasurete shimaimashita.)

¶ I **absentmindedly** left my umbrel-la on the bus.

¶**ぼんやり**していて, 簡単な計算を間違えました。(*Bon'yari* shite ite, kantan na keisan o machigaema-shita.)

¶ I **carelessly** made a mistake in a simple calculation.

bōshi 帽子〘名〙

bōshi ⟦n⟧ **hat, cap**

帽子をかぶる (*bōshi* o kaburu)
帽子をとる (*bōshi* o toru)

put on **a hat** // take off **a hat**

botan ボタン〘名〙

botan ⟦n⟧ **button**

①[洋服などの合わせる部分につけるもの]

① [button (clothing)]

ボタンをはめる (*botan* o hameru)
ボタンをかける (*botan* o kakeru)
ボタンを外す (*botan* o hazusu)

fasten **a button** // fasten **a button** // un**button** (something)

¶シャツの**ボタン**がとれそうです。(Shatsu no *botan* ga toresō desu.)

¶ **A button** on [my] shirt is loose.

②[機械などを作動させるために押すもの]

② [button (mechanical)]

¶エレベーターに乗って, 7階の**ボタ**

¶ [I] got in the elevator and pressed

ンを押しました。(Erebētā ni notte, nanakai no *botan* o oshimashita.)

-bu　-部〘尾〙

①[全体をいくつかに分けたもの]

¶この本は1**部**と2**部**に分かれています。(Kono hon wa ichi*bu* to ni*bu* ni wakarete imasu.)

②[組織の上での区分]

¶山田さんはA新聞社の写真**部**に勤めています。(Yamada san wa Ē-shinbunsha no shashin*bu* ni tsutomete imasu.)

③[スポーツ・文化活動などのグループ]

野球**部** (yakyū*bu*)　山岳**部** (sangaku*bu*)　スキー**部** (sukii*bu*)　演劇**部** (engeki*bu*)

④[本や雑誌や新聞などを数えるのに使う]

¶この新聞は一**部**いくらですか。(Kono shinbun wa ichi*bu* ikura desu ka?)

-bu　-分〘尾〙

①[温度の1度の10分の1の単位]

¶熱が 38 度5**分**あります。(Netsu ga sanjūhachido go*bu* arimasu.)

②[利率などの1割の10分の1の単位]

¶この預金の利息は1年に8**分**です。(Kono yokin no risoku wa ichinen ni hachi*bu* desu.)

bubun　部分〘名〙

一**部分** (ichi*bubun*)　大**部分** (dai*bubun*)　**部分**品 (*bubun*hin)

¶このくつは底の**部分**がゴムでできて

the button for the seventh floor.

-bu ⟦suf⟧　**part, section; division, department; club; copy**

① [part, section]

¶ This book is divided into a **Part** I and a **Part** II.

② [organizational unit (department, division, section, etc.)]

¶ [Mrs.] Yamada works in the photography **department** of Newspaper A.

③ [school or company club (sports, cultural, etc.)]

a baseball **club** // a mountaineering **club** // a ski **club** // a drama **club**

④ [copy; the counter for copies of books, magazines, newspapers, etc.]

¶ How much is a **copy** of this newspaper?

-bu ⟦suf⟧　***bu***

① [one *bu* (= one-tenth of one degree of temperature)]

¶ [He] has a fever of 38**.5 degrees.**

② [one *bu* (=1% of interest, etc.)]

¶ These savings have a yearly interest of 8 **percent.**

bubun ⟦n⟧　**part, portion**

a **part** ⟦**portion, section, installment,** etc.⟧ // a large **part**; the majority // **parts, components**

います。(Kono kutsu wa soko no *bubun* ga gomu de dekite imasu.)

¶ **The sole** of these shoes is made of rubber.

¶火事で建物の一**部分**が焼けました。(Kaji de tatemono no ichi*bubun* ga yakemashita.)

¶ A **part** of the building was destroyed by fire.

bubunteki **部分的**〘形動〙

bubunteki ⟦adj-v⟧ **partly, partially**

¶この建物は，**部分的**に直せばまだ使えます。(Kono tatemono wa, *bubunteki* ni naoseba mada tsukaemasu.)

¶ This building can still be used if it is repaired **here and there.**

buhin **部品**〘名〙

buhin ⟦n⟧ **parts, components**

ラジオの**部品** (rajio no *buhin*) 自動車の**部品** (jidōsha no *buhin*) **部品**を取り替える (*buhin* o torikaeru)

radio **parts** // automobile **parts** // to replace **a part**

＊「部分品 (bubunhin)」とも言う。

＊ Variant: *bubunhin.*

buji **無事**〘名，形動〙

buji ⟦n, adj-v⟧ **safe, well**

¶**無事**に日本に着きましたから，御安心ください。(*Buji* ni Nihon ni tsukimashita kara, goanshin kudasai.)

¶ Please don't worry as ⟦I am happy to inform you that⟧ I have arrived **safely** in Japan.

¶車はひどく壊れましたが，運転していた人は**無事**でした。(Kuruma wa hidoku kowaremashita ga, unten shite ita hito wa *buji* deshita.)

¶ The car was severely damaged, but the driver **escaped injury.**

bukka **物価**〘名〙

bukka ⟦n⟧ **prices** (of goods)

物価が高い (*bukka* ga takai) **物価**が安い (*bukka* ga yasui) **物価**が下がる (*bukka* ga sagaru)

prices are high // **prices** are low // **prices** are falling

¶また**物価**が上がって，生活が苦しくなりました。(Mata *bukka* ga agatte, seikatsu ga kurushiku narimashita.)

¶ **Prices** have gone up again, and it is hard to make ends meet.

bukkyō **仏教**〘名〙

bukkyō ⟦n⟧ **Buddhism**

仏教を信じる (*bukkyō* o shinjiru) **仏教**徒 (*bukkyō*to) **仏教**美術 (*bukkyō*-bijutsu)

to believe in **Buddhism** // **a Buddhist** // **Buddhist** art

bun 文〘名〙

¶この言葉を使って短い**文**を作りなさい。 (Kono kotoba o tsukatte mijikai *bun* o tsukurinasai.)

¶わたしは**文**が下手ですから，手紙を書くのがきらいです。(Watashi wa *bun* ga heta desu kara, tegami o kaku no ga kirai desu.)

bun ⟦n⟧ **sentence; text; writing style**

¶ Make up a short **sentence** using this word.

¶ I don't like writing letters since I am not a good **writer.**

(-) bun (-) 分〘名，尾〙

1〘名〙

①[割り当てられたもの，持ち分]

¶電車の切符は，あなたの**分**も買ってあります。(Densha no kippu wa, anata no *bun* mo katte arimasu.)

②[ある数に分けた中のいくつか]

3**分**の2 (san*bun* no ni)

2〘尾〙

3人**分**の料理 (sannin*bun* no ryōri)

¶今日，わたしは今月**分**の月給をもらいました。(Kyō, watashi wa kongetsu*bun* no gekkyū o moraimashita.)

(-)bun ⟦n, suf⟧ **share, portion; amount; division, part, segment**

1 ⟦n⟧

① [share, portion]

¶ **Your** train ticket is bought too.

② [amount, percentage, number of shares of the whole]

two-**thirds**

2 ⟦suf⟧ division, part, segment

three **servings** of food

¶ I received my pay **for this month** today.

bunbōgu **文房具**〘名〙

¶**文房具**屋ではノートや鉛筆などを売っています。 (*Bunbōgu*ya de wa nōto ya enpitsu nado o utte imasu.)

bunbōgu ⟦n⟧ **stationery, writing materials**

¶ **Stationery** stores sell notebooks, pencils, etc.

bungaku **文学**〘名〙

文学者 (*bungaku*sha) 日本**文学** (Nihon-*bungaku*)

¶わたしは日本へ**文学**の勉強に来ました。(Watashi wa Nihon e *bungaku* no benkyō ni kimashita.)

bungaku ⟦n⟧ **literature**

a person **of letters** // Japanese **literature**

¶ I came to Japan to study **literature.**

bunka **文化**〘名〙

¶わたしは日本**文化**について勉強した

bunka ⟦n⟧ **culture, civilization**

¶ I want to study Japanese **culture.**

いと思っています。 (Watashi wa Nihon-*bunka* ni tsuite benkyō shitai to omotte imasu.)

bunpō 文法〖名〗

¶日本語の**文法**はそんなに難しくありません。 (Nihongo no *bunpō* wa sonna ni muzukashiku arimasen.)

¶この文は**文法**的に間違っています。 (Kono bun wa *bunpō*teki ni machigatte imasu.)

bunpō ⟦n⟧ **grammar**

¶ Japanese **grammar** is not so difficult.

¶ This sentence is **grammatically** wrong.

bunshō 文章〖名〗

文章を作る (*bunshō* o tsukuru)

¶山田さんは**文章**がたいへん上手です。 (Yamada san wa *bunshō* ga taihen jōzu desu.)

bunshō ⟦n⟧ **composition; writing style; sentence**

write **a composition**

¶ [Mr.] Yamada is a very good **writer.**

busshitsu 物質〖名〗

①[物体の実質]

¶ダイヤモンドは非常に硬い**物質**です。 (Daiyamondo wa hijō ni katai *busshitsu* desu.)

②[精神に対するもの，金や品物など]

¶現代の社会は，**物質**的には豊かになったが，精神的には貧しくなったと言う人がいます。 (Gendai no shakai wa, *busshitsu*teki ni wa yutaka ni natta ga, seishinteki ni wa mazushiku natta to iu hito ga imasu.)

busshitsu ⟦n⟧ **substance, matter; the material**

① [substance, matter]

¶ A diamond is an extremely hard **substance.**

② [the material (vs. the spiritual)]

¶ Some people say that contemporary society has become **materially** affluent but spiritually poor.

buta 豚〖名〗

buta ⟦n⟧ **pig, hog**

butai 舞台〖名〗

①[音楽や劇などをする所]

¶**舞台**ではちょうど日本の踊りをやっていました。 (*Butai* de wa chōdo Nihon no odori o yatte imashita.)

②[活躍する場]

butai ⟦n⟧ **stage**

① [theatrical stage]

¶ They were just then doing Japanese dancing on **the stage.**

② [stage of operations]

¶この小説の**舞台**は京都です。(Kono shōsetsu no *butai* wa Kyōto desu.)

¶ **The setting** of this novel is Kyoto.

butaniku **豚肉**〘名〙

butaniku 〚n〛 **pork**

¶わたしは牛肉より**豚肉**のほうが好きです。(Watashi wa gyūniku yori *butaniku* no hō ga suki desu.)

¶ I like **pork** better than beef.

butsukaru **ぶつかる**〘動Ⅰ〙

butsukaru 〚v I〛 **strike, hit, run into; come across, encounter**

①[当たる, 突き当たる]

① [strike, hit, run into]

¶自動車が電車に**ぶつかって**, けが人が出ました。(Jidōsha ga densha ni *butsukatte,* keganin ga demashita.)

¶ A car **ran into** a train; some persons were injured.

②[出会う]

② [come across, encounter]

¶今, 大きな問題に**ぶつかって**困っています。(Ima, ookina mondai ni *butsukatte* komatte imasu.)

¶ [I] am now **confronted by** a large problem and don't know what to do.

butsukeru **ぶつける**〘動Ⅱ〙

butsukeru 〚v II〛 **strike, hit**

¶頭をドアに**ぶつけて**しまいました。(Atama o doa ni *butsukete* shimaimashita.)

¶ [I] **hit** [my] head on the door.

¶ボールを**ぶつけて**, ガラスを壊してしまいました。(Bōru o *butsukete,* garasu o kowashite shimaimashita.)

¶ [My] ball **struck** the window and broke it.

-byō **-秒**〘尾〙

-byō 〚suf〛 **a second** (of time)

¶1分は60**秒**です。(Ippun wa rokujū*byō* desu.)

¶ One minute is 60 **seconds.**

byōin **病院**〘名〙

byōin 〚n〛 **hospital, clinic**

¶田中さんは三日に一度**病院**に通っているそうです。(Tanaka san wa mikka ni ichido *byōin* ni kayotte iru sō desu.)

¶ I hear that [Miss] Tanaka is being treated at **the hospital** once every three days.

¶その病気は, 大きな**病院**で診てもらったほうがいいですよ。(Sono byōki wa, ookina *byōin* de mite moratta hō ga ii desu yo.)

¶ With that illness, you had better be treated at a large **hospital.**

byōki **病気**〚名〛

病気になる (*byōki* ni naru) **病気**にかかる (*byōki* ni kakaru) **病気**が治る (*byōki* ga naoru) **病気**を治す (*byōki* o naosu) 重い**病気** (omoi *byōki*) 軽い**病気** (karui *byōki*)

¶山田さんの**病気**はもうよくなりましたか。(Yamada san no *byōki* wa mō yoku narimashita ka?)

¶お父さんの御**病気**はいかがですか。(Otōsan no go*byōki* wa ikaga desu ka?)

¶**病気**で学校を1週間休みました。(*Byōki* de gakkō o isshūkan yasumimashita.)

byōki 〚n〛 **illness, disease**

become **ill** 〚**sick**〛 // become **ill** 〚**sick**〛 // get well, recover from **an illness** 〚**disease**〛 // cure **a disease** // a serious **illness** 〚**disease**〛 // a slight **illness**

¶ Has [Mrs.] Yamada's **illness** become better yet?

¶ How is your (**sick**) father?

¶ [I] was absent from school for one week due to **illness.**

C

cha 茶〘名〙

cha ⟦n⟧ (green) **tea**

お茶を飲む(*ocha* o nomu) お茶を入れる (*ocha* o ireru) 濃いお茶 (koi *ocha*)

drink **tea** // fix **tea** // strong **tea**

¶お茶をどうぞ。(*Ocha* o dōzo.)

¶ Please have **some tea** (said when handing a cup of tea to someone).

¶お茶でも飲みに行きませんか。(*Ocha* demo nomi ni ikimasen ka?)

¶ How about going somewhere for **some tea** (or other light refreshment)?

¶秋子さんのうちでお茶とお菓子をごちそうになりました。(Akiko san no uchi de *ocha* to okashi o gochisō ni narimashita.)

¶ I was treated to **tea** and a sweet at Akiko's.

chairo 茶色〘名〙

chairo ⟦n⟧ **brown, light brown**

¶山田さんは茶色のズボンをはいています。(Yamada san wa *chairo* no zubon o haite imasu.)

¶ [Mr.] Yamada is wearing **brown** trousers.

chanto ちゃんと〘副, ～する〙

chanto ⟦adv, ~*suru*⟧ **properly, exactly; perfectly, duly**

①[きちんと，きれいに]

① [properly, exactly, neatly, in good order]

¶上田さんの部屋はいつも**ちゃんと**かたづけてあります。(Ueda san no heya wa itsu mo *chanto* katazukete arimasu.)

¶ [Miss] Ueda's room is always **neat.**

¶田中さんはいつも**ちゃんと**ネクタイを締めています。(Tanaka san wa itsu mo *chanto* nekutai o shimete imasu.)

¶ [Mr.] Tanaka always **neatly** wears a tie.

②[すっかり，完全に]

② [perfectly, duly]

¶出発の用意は**ちゃんと**できています。(Shuppatsu no yōi wa *chanto* dekite imasu.)

¶ **Everything is ready** for [our] departure.

¶部屋代は，毎月**ちゃんと**払っていま

¶ [I] pay [my] rent **punctually**

す。(Heyadai wa, maitsuki *chanto* haratte imasu.)

⇨**kichinto きちんと**

[**regularly**] every month.

chawan 茶わん〘名〙

湯飲み茶わん (yunomi-*jawan*)　コーヒー茶わん (kōhii-*jawan*)　茶わんを割る (*chawan* o waru)　御飯を茶わんに盛る (gohan o *chawan* ni moru)

¶茶わんにお茶をついで飲みました。(*Chawan* ni ocha o tsuide nomimashita.)

chawan [[n]]　(rice) **bowl,** (tea)**cup**

a tea**cup** // a coffee **cup** // break **a cup** [**bowl**] // dish rice out into **a bowl**

¶ [I] poured (green) tea into **the cup** and drank it.

chi 血〘名〙

血が出る (*chi* ga deru)　血が止まる (*chi* ga tomaru)　鼻血 (hana*ji*)

chi [[n]]　**blood**

bleed // stop **bleeding** // a nose**bleed**

chichi 父〘名〙

¶わたしは父に手紙を書きました。(Watashi wa *chichi* ni tegami o kakimashita.)

＊ 自分の父親のことを他人に話す場合に使う。直接，父親に呼びかける場合や，他人の父親のことを言う場合は，「お父さん (otōsan)」「お父様 (otōsama)」と言う。

⇔**haha 母**　⇨**otōsan お父さん**

chichi [[n]]　**father**

¶ I wrote a letter to **my father.**

＊ Used to refer to one's own father when speaking with others. When directly addressing one's father or referring to someone else's father, *otōsan* or *otōsama* is used instead.

chigai 違い〘名〙

①[違うこと，差があること]

¶兄弟でもこんなに性格の違いがあります。(Kyōdai demo konna ni seikaku no *chigai* ga arimasu.)

¶姉とわたしは三つ違いです。(Ane to watashi wa mittsu *chigai* desu.)

②[間違えること]

計算違い (keisan*chigai*)　思い違い (omoi*chigai*)

chigai [[n]]　**difference; mistake**

① [difference, discrepancy]

¶ Even though they are brothers, they have such **different** personalities.

¶ There is a three-year **difference** in age between my elder sister and myself.

② [mistake]

miscalculation // a **mis**understanding, **mis**apprehension

¶それはわたしの考え**違い**でした。(Sore wa watashi no kangae*chigai* deshita.)

¶ I was **mistaken.**

chigai nai **違いない**〔連〕

¶あ，あれは山田さんに**違い**ありません。(A! Are wa Yamada san ni *chigai arimasen.*)

¶田中さんは必ず来るに**違い**ありません。(Tanaka san wa kanarazu kuru ni *chigai arimasen.*)

chigai nai ⟦compd⟧ **certainly, undoubtedly; it is certain that, there is no doubt that**

¶ Oh, look! **Surely** that's [Mrs.] Yamada.

¶ **There's no doubt** that [Mr.] Tanaka will come.

chigau **違う**〔動 I〕

①[同じでなくなる，相違する]

大きさが**違う** (ookisa ga *chigau*)

重さが**違う** (omosa ga *chigau*)

意見が**違う** (iken ga *chigau*)

¶習慣は国によって**違います**。(Shūkan wa kuni ni yotte *chigaimasu.*)

②[間違う]

¶この字は**違って**いますよ。(Kono ji wa *chigatte* imasu yo.)

¶電話番号が**違って**います。(Denwabangō ga *chigatte* imasu.)

③[あることがらを否定するのに使う]

¶「これはあなたのですか。」(Kore wa anata no desu ka?) 「いいえ，**違います**。」(Iie, *chigaimasu.*)

chigau ⟦v I⟧ **differ; be wrong; no, not**

① [differ, vary]

be different in size // **be different** in weight // have **differing** opinions

¶ Customs **differ** from country to country.

② [be wrong, mistaken]

¶ This (written) character ⟦letter, *kanji*, etc.⟧ **is wrong.**

¶ You have the **wrong** number (said on the telephone).

③ [no, not; used to deny something]

¶ "Is this yours?"
"No, **it's not.**"

chihō **地方**〔名〕

①[ある広がりをもつ地域]

¶この**地方**は，夏は雨があまり降りません。(Kono *chihō* wa, natsu wa ame ga amari furimasen.)

②[田舎]

¶**地方**へ行くと，空気がきれいです。(*Chihō* e iku to, kūki ga kirei

chihō ⟦n⟧ **district, region; the provinces, the country**

① [district, region, area]

¶ It doesn't rain very much in the summer in this **area** ⟦**around** here, in these **parts**⟧.

② [the provinces, the country]

¶ The air is clean in **the country.**

desu.)

chiisai 小さい〔形〕

①[形などが大きくない様子]

小さい花 (*chiisai* hana)

¶このくつはわたしには小さいです。(Kono kutsu wa watashi ni wa *chiisai* desu.)

②[程度などが低い様子]

小さい声 (*chiisai* koe)

¶ラジオの音をもう少し小さくしてください。(Rajio no oto o mō sukoshi *chiisaku* shite kudasai.)

③[年齢が少ない]

¶小さい時のことはよく覚えていません。(*Chiisai* toki no koto wa yoku oboete imasen.)

⇔**ookii** 大きい ⇨**chiisana** 小さな

chiisai [[adj]] **small, little; young**

① [small (in size); too small]

a **small** flower

¶ These shoes **are too small** for me.

② [small (in degree, etc.)]

a **low** voice

¶ Please **turn** the radio **down** a little bit.

③ [low in age, young]

¶ [I] don't remember things from when [I] **was little** very well.

chiisana 小さな〔連体〕

小さな花 (*chiisana* hana) 小さな手 (*chiisana* te) 小さな家 (*chiisana* ie)

⇔**ookina** 大きな ⇨**chiisai** 小さい

chiisana [[attrib]] **small, little**

a **small** flower // a **small** hand // a **small** house

chijimeru 縮める〔動Ⅱ〕

¶このズボンは長すぎますから，少し縮めてください。(Kono zubon wa nagasugimasu kara, sukoshi *chijimete* kudasai.)

¶お金が足りなくなったので，日本にいる期間を縮めなければなりません。(Okane ga tarinaku natta node, Nihon ni iru kikan o *chijimenakereba* narimasen.)

chijimeru [[v II]] **shorten, contract, reduce**

¶ Please **shorten** these trousers a little as they are too long.

¶ **I must reduce** my stay in Japan since I am running out of money.

chijimu 縮む〔動Ⅰ〕

¶このシャツはナイロン製ですから，洗っても縮みません。(Kono shatsu wa

chijimu [[v I]] **shrink, contract, be shortened**

¶ As this shirt is made of nylon, **it**

naironsei desu kara, aratte mo *chijimimasen.*)

won't shrink when washed.

chijō　地上〖名〗

¶地下鉄を降りて，エスカレーターで**地上**に出ました。(Chikatetsu o orite, esukarētā de *chijō* ni demashita.)

⇔**chika　地下**

chijō ⟦n⟧　**aboveground, ground level**

¶ [I] got off the subway and took the escalator up to **the surface.**

chika　地下〖名〗

地下水 (*chika*sui)　**地下**道 (*chika*dō)　**地下**室 (*chika*shitsu)　**地下**街 (*chika*gai)　**地下**鉄 (*chika*tetsu)　**地下**2階 (*chika* nikai)

¶ここは**地下** 150 メートルぐらい掘らないと，水が出ません。(Koko wa *chika* hyakugojūmētoru gurai horanai to, mizu ga demasen.)

¶**地下**で働く人もいます。(*Chika* de hataraku hito mo imasu.)

⇔**chijō　地上**

chika ⟦n⟧　**underground, subterranean**

underground water, groundwater // an **under**pass, an **underground** passage // **a basement** // an **underground** shopping center // a **sub**way // a second **basement**

¶ You have to drill **down** about 150 meters here to hit water.

¶ There are people who work **underground.**

chikagoro　近ごろ〖名〗

¶**近ごろ**，山田さんから手紙が来ませんね。(*Chikagoro,* Yamada san kara tegami ga kimasen ne.)

¶**近ごろ**の学生はあまり勉強しません。(*Chikagoro* no gakusei wa amari benkyō shimasen.)

chikagoro ⟦n⟧　**recently, nowadays**

¶ There haven't been any letters **recently** from [Miss] Yamada.

¶ Students don't study very hard **nowadays.**

chikai　近い〖形〗

①[距離的に離れていない]

¶あなたのうちは学校から**近い**ですか。(Anata no uchi wa gakkō kara *chikai* desu ka?)

↔**tooi　遠い**

②[時間的にあまり離れていない，間もない]

chikai ⟦adj⟧　**near, close to; nearly, soon; almost**

① [near, close to]

¶ Is your home **near** the school?

② [nearly, soon, in a short time]

¶近いうちにまた会いましょう。(*Chikai* uchi ni mata aimashō.)

¶ Let's meet again **soon.**

¶もう12時に近いです。(Mō jūniji ni *chikai* desu.)

¶ It's **almost** twelve o'clock.

¶あの人は，日本へ来てからもう2年近くなります。(Ano hito wa, Nihon e kite kara mō ninen *chikaku* narimasu.)

¶ It's **nearly** two years since [he] came to Japan.

③[数量などがそれより少し足りないが それとほとんど同じぐらいである]

③ [almost, nearly, close to (the same amount)]

¶会場に千人近い人が集まってきました。(Kaijō ni sennin *chikai* hito ga atsumatte kimashita.)

¶ **Close to** a thousand persons came to the auditorium ⟦theater, hall, etc.⟧.

chikaku 近く〘名〙

chikaku ⟦n⟧ **close, nearby; shortly, before long; nearly, almost**

①[距離的に離れていない所]

① [close, nearby]

¶わたしは学校の近くに住んでいます。(Watashi wa gakkō no *chikaku* ni sunde imasu.)

¶ I live **near** the school.

¶この近くに郵便局はありませんか。(Kono *chikaku* ni yūbinkyoku wa arimasen ka?)

¶ Isn't there a post office **nearby?**

↔tooku 遠く →fukin 付近

②[時間的にあまり離れていないこと]

② [shortly, before long]

¶もう12時近くです。(Mō jūniji *chikaku* desu.)

¶ It's **nearly** twelve o'clock.

¶1時間近く待ったのに，山田さんはまだ来ません。(Ichijikan *chikaku* matta noni, Yamada san wa mada kimasen.)

¶ Even though I've waited **nearly** an hour, [Mrs.] Yamada still hasn't come.

③[数量などがそれより少し足りないが それとほとんど同じぐらいであること]

③ [nearly, almost]

¶千人近くの人が会場に集まりました。(Sennin *chikaku* no hito ga kaijō

¶ **Nearly** a thousand people came to the auditorium ⟦hall, theater, etc.⟧.

ni atsumarimashita.)

¶この時計は10万円近くしました。(Kono tokei wa jūman'en *chikaku* shimashita.)

¶ This watch cost **almost** a hundred thousand yen.

¶食費と部屋代で，1か月8万円近くかかります。(Shokuhi to heyadai de, ikkagetsu hachiman'en *chikaku* kakarimasu.)

¶ Room and board take **close to** eighty thousand yen a month.

chikara 力〘名〙

chikara ⟦n⟧ **strength, force; ability, proficiency**

①[体力]

① [strength, force]

力がない (*chikara* ga nai) 力が強い (*chikara* ga tsuyoi) 力が弱い (*chikara* ga yowai)

weak // strong // weak

¶あの人は体が小さいのに，力があります。(Ano hito wa karada ga chiisai noni, *chikara* ga arimasu.)

¶ Even though small, [he] **is strong.**

②[能力・学力など]

② [ability, proficiency]

力がある (*chikara* ga aru) 力がない (*chikara* ga nai)

be able // be incapable; be powerless

¶わたしは日本語を話す力がまだ弱いです。(Watashi wa Nihongo o hanasu *chikara* ga mada yowai desu.)

¶ I **can't speak** Japanese **well** yet.

chikatetsu 地下鉄〘名〙

chikatetsu ⟦n⟧ **subway**

¶わたしは地下鉄で東京駅へ行きました。(Watashi wa *chikatetsu* de Tōkyō-eki e ikimashita.)

¶ I went to Tokyo Station on **the subway.**

chikazuku 近づく〘動Ⅰ〙

chikazuku ⟦v I⟧ **approach, come near**

¶船がこちらへ近づいてきました。(Fune ga kochira e *chikazuite* kimashita.)

¶ The ship **is** ⟦**was**⟧ **approaching.**

¶試験の日が近づいてきました。(Shiken no hi ga *chikazuite* kimashita.)

¶ The day of the examination **has** ⟦**had**⟧ **drawn near.**

chikoku 遅刻〘名，～する〙

chikoku ⟦n, ~*suru*⟧ **lateness, being late**

¶朝寝坊して，学校に遅刻しました。

(Asanebō shite, gakkō ni *chikoku* shimashita.)

¶ [I] overslept and **was late** for school.

chikyū **地球**〔名〕

¶**地球**は太陽の周りを回っています。(*Chikyū* wa taiyō no mawari o mawatte imasu.)

chikyū ⟦n⟧ **the earth, the globe**

¶ **The earth** revolves around the sun.

chiri **地理**〔名〕

①[世界の地形・気候・生物・都市・産業・交通などの様子]

地理学 (*chiri*gaku)

¶上田さんは中学校の**地理**の先生です。(Ueda san wa chūgakkō no *chiri* no sensei desu.)

②[ある土地の様子]

¶兄は東京の**地理**に詳しいです。(Ani wa Tōkyō no *chiri* ni kuwashii desu.)

chiri ⟦n⟧ **geography; topography, geographical features**

① [geography]

(the science of) **geography**

¶ [Mr.] Ueda teaches **geography** in junior high school.

② [topography, geographical features (of a certain area)]

¶ My older brother **knows his way around** Tokyo (physically).

chiru **散る**〔動 I〕

①[花や葉が落ちる]

¶桜はもう**散って**しまいました。(Sakura wa mō *chitte* shimaimashita.)

②[集中しない，心が落ち着かない]

¶隣がうるさいので，気が**散って**勉強ができません。(Tonari ga urusai node, ki ga *chitte* benkyō ga dekimasen.)

*「気が散る (ki ga chiru)」の形で使う。

chiru ⟦v I⟧ **fall, scatter**

① [(flowers, leaves) fall, scatter]

¶ The cherry blossoms have all **fallen.**

② [be distracted]

¶ **I can't concentrate** on my studies because they are so noisy next door.

* Used in the pattern "*ki ga chiru.*"

chishiki **知識**〔名〕

¶大学で専門的な**知識**を身につけたいと思っています。(Daigaku de senmonteki na *chishiki* o mi ni tsuketai to omotte imasu.)

¶わたしは，日本文学についての**知識**

chishiki ⟦n⟧ **knowledge**

¶ I want to obtain a specialized **education** at a university.

¶ I have hardly any **knowledge** at all

はほとんどありません。(Watashi wa, Nihon-bungaku ni tsuite no *chishiki* wa hotondo arimasen.)

of Japanese literature.

chizu　地図〖名〗

chizu ⟦n⟧　**map**

日本**地図** (Nihon-*chizu*)　世界**地図** (sekai-*chizu*)

a map of Japan // a world **map**

¶**地図**で探しましたが，その町は載っていませんでした。(*Chizu* de sagashimashita ga, sono machi wa notte imasen deshita.)

¶ [I] looked for that town on **the map,** but it wasn't there.

¶駅からあなたのうちまでの**地図**をかいてください。(Eki kara anata no uchi made no *chizu* o kaite kudasai.)

¶ Please draw me **a map** of the way from the station to your place.

-chō　-長〖尾〗

-chō ⟦suf⟧　**head, director,** etc.

校**長** (kō*chō*)　課**長** (ka*chō*)　社**長** (sha*chō*)　会**長** (kai*chō*)　議**長** (gi*chō*)

a (school) **principal** // a (section) **chief** // a (company) **president** // a (committee) **chairman;** a (society) **president** // **a chairman** (of a representative assembly); **a leader** of a meeting

chōdo　ちょうど〖副〗

chōdo ⟦adv⟧　**exactly, precisely; just right**

①[過不足のない様子]

① [exactly, precisely]

¶今，**ちょうど**6時です。(Ima, *chōdo* rokuji desu.)

¶ It's **exactly** six o'clock now.

¶「その本はいくらでしたか。」(Sono hon wa ikura deshita ka?)「**ちょうど**千円でした。」(*Chōdo* sen'en deshita.)

¶ "How much was that book?"
"**Exactly** a thousand yen."

②[ぐあいよく，都合よく，折よく]

② [just right]

¶「おふろのお湯はぬるくないですか。」(Ofuro no oyu wa nuruku nai desu ka?)「**ちょうど**いいです。」(*Chōdo* ii desu.)

¶ "Isn't the bathwater a little too cool?"
"No, it's **just** right."

¶この洋服はわたしに**ちょうど**よく合っています。(Kono yōfuku wa watashi ni *chōdo* yoku atte imasu.)

¶ This piece of clothing is a **perfect** fit on me.

¶**ちょうど**よいところへ来てくれまし

¶ You couldn't have come at a **better**

た。(*Chōdo* yoi tokoro e kite kuremashita.)

chokin 貯金〘名, ～する〙

¶郵便局から貯金を下ろしてきました。(Yūbinkyoku kara *chokin* o oroshite kimashita.)

¶わたしは毎月1万円ずつ貯金しています。(Watashi wa maitsuki ichiman'en zutsu *chokin* shite imasu.)

chōku チョーク〘名〙

¶チョークで黒板に漢字を書いてください。(*Chōku* de kokuban ni kanji o kaite kudasai.)

¶白いチョークを1本取ってください。(Shiroi *chōku* o ippon totte kudasai.)

chokusen 直線〘名〙

¶ものさしを使って，直線を引きました。(Monosashi o tsukatte, *chokusen* o hikimashita.)

⇔**kyokusen** 曲線

chokusetsu 直接〘名〙

¶わたしが上田さんに直接きいてみます。(Watashi ga Ueda san ni *chokusetsu* kiite mimasu.)

¶このガラスのなべは，直接火にかけても大丈夫です。(Kono garasu no nabe wa, *chokusetsu* hi ni kakete mo daijōbu desu.)

⇔**kansetsu** 間接

chōmen 帳面 ☞**nōto** ノート

chōsa 調査〘名, ～する〙

人口調査 (jinkō-*chōsa*)　調査用紙 (*chōsa*-yōshi)

time 〚You have come at **exactly** the right time〛.

chokin 〚n, ~*suru*〛 **savings**

¶ [I] withdrew **[my] savings** from the post office.

¶ **I save** ten thousand yen every month.

chōku 〚n〛 **chalk**

¶ Please write the *kanji* on the blackboard with **chalk.**

¶ Please hand me a piece of white **chalk.**

chokusen 〚n〛 **straight line**

¶ I drew **a straight line** using a ruler 〚measuring stick〛.

chokusetsu 〚n〛 **direct, immediate, personal**

¶ I will **personally** ask [Miss] Ueda.

¶ It is safe to put this glass pot **directly** on the burner.

chōmen ☞ **nōto**

chōsa 〚n, ~*suru*〛 **investigation, research**

a census // a questionnaire

¶警察が今，この事故の原因を**調査**しています。（Keisatsu ga ima, kono jiko no gen'in o *chōsa* shite imasu.）

¶ The police are now **investigating** the cause of this accident.

¶**調査**の結果，事故の原因がわかりました。（*Chōsa* no kekka, jiko no gen'in ga wakarimashita.）

¶ **Investigation** revealed the cause of the accident ⟦Upon **investigation,** the cause of the accident was identified⟧.

chōshi　調子〘名〙

chōshi ⟦n⟧ **tone, pitch; condition**

①［音の高低］

① [tone, pitch (of sound)]

声の**調子**が高い（koe no *chōshi* ga takai）

a voice is high-**pitched**

¶山田さんの歌はいつも**調子**が外れています。（Yamada san no uta wa itsu mo *chōshi* ga hazurete imasu.）

¶ [Mrs.] Yamada always sings **off key.**

¶このピアノは音の**調子**がおかしいです。（Kono piano wa oto no *chōshi* ga okashii desu.）

¶ This piano is **out of tune.**

②［状態，ぐあい］

② [condition, state]

¶今日は体の**調子**がいいです。（Kyō wa karada no *chōshi* ga ii desu.）

¶ I feel very **well** today.

¶この機械は**調子**が悪いですね。（Kono kikai wa *chōshi* ga warui desu ne.）

¶ Something **is wrong** with this machine.

chōsho　長所〘名〙

chōsho ⟦n⟧ **strong point, advantage**

¶だれにも**長所**と短所があります。（Dare ni mo *chōsho* to tansho ga arimasu.）

¶ Everyone has their **strong points** and weak points.

¶この機械の**長所**は取り扱いが簡単だということです。（Kono kikai no *chōsho* wa toriatsukai ga kantan da to iu koto desu.）

¶ **The strong point** of this machine is its ease of handling.

⇔**tansho 短所**　⇨**ketten 欠点**

chotto　ちょっと〘副〙

chotto ⟦adv⟧ **for a moment; a little bit**

①［時間が短い様子］

① [for a moment, a short time]

¶疲れたから，**ちょっと**休みましょう。

(Tsukareta kara, *chotto* yasumimashō.)

¶ [I'm] tired; let's rest **a little while.**

¶**ちょっと**待ってください。 (*Chotto* matte kudasai.)

¶ Please wait **a moment.**

②[ものごとの程度などがわずかな様子]

② [a little bit, slightly]

¶もう**ちょっと**ゆっくり話してください。(Mō *chotto* yukkuri hanashite kudasai.)

¶ Please speak **a little bit** more slowly.

¶**ちょっと**値段が高すぎます。もう少し安いのはありませんか。 (*Chotto* nedan ga takasugimasu. Mō sukoshi yasui no wa arimasen ka?)

¶ That is **a little** too expensive. Don't you have anything a little cheaper?

-chū **-中**〘尾〙

-chū ⟦suf⟧ **in, within; during**

①[あるものの中]

空気**中** (kūki*chū*) 血液**中** (ketsueki*chū*)

① [in, within (something)]

in the air // **in** the blood

②[ある時間の間]

午前**中** (gozen*chū*) 今週**中** (konshū*chū*)

② [during, while]

in the morning; **all through** the morning // **during** this week; **all** this week

¶今月**中**には日本へ行きたいと思っています。(Kongetsu*chū* ni wa Nihon e ikitai to omotte imasu.)

¶ I want to go to Japan **sometime** this month.

③[あることをしている間]

勉強**中** (benkyō*chū*) 仕事**中**(shigoto*chū*) 食事**中** (shokuji*chū*) 使用**中** (shiyō*chū*)

③ [during, under, in progress]

to be studying; **while** studying // to be at work; **while** at work // to be dining; **while** dining // **in** use

¶先生は今, 授業**中**です。(Sensei wa ima, jugyō*chū* desu.)

¶ The professor is **in** class now.

¶山田さんに電話をかけましたが, 話し**中**でした。(Yamada san ni denwa o kakemashita ga, hanashi*chū* deshita.)

¶ I telephoned [Mr.] Yamada, but the line was **busy.**

chūgakkō **中学校**〘名〙

chūgakkō ⟦n⟧ **junior high school, lower secondary school**

¶弟は**中学校**へ通っています。 (Otōto wa *chūgakkō* e kayotte imasu.)

¶ My younger brother is in **junior high school.**

＊「中学校 (chūgakkō)」を略して「中学 (chūgaku)」とも言う。

＊ *Chūgakkō* is sometimes abbreviated to *chūgaku.*

chūgakusei　中学生〘名〙

chūgakusei ⟦n⟧ **junior high school student**

¶弟は**中学生**です。 (Otōto wa *chūgakusei* desu.)

¶ My younger brother is **a junior high school student.**

chūi　注意〘名, ～する〙

chūi ⟦n, *～suru*⟧ **attention; caution; warning**

①[何かをするときなどに それが順調にいくように いろいろな点によく気をつけること]

① [attention; pay attention, be careful (when doing something)]

注意深い (*chūi*bukai)　不**注意** (fu*chūi*)

careful; attentive // careless; inattentive

¶交通信号に**注意**しながら, 道を渡りました。 (Kōtsū-shingō ni *chūi* shinagara, michi o watarimashita.)

¶ [They] crossed the street **paying heed** to the traffic signal.

¶これから話すことは大事ですから, **注意**して聞いてください。 (Kore kara hanasu koto wa daiji desu kara, *chūi* shite kiite kudasai.)

¶ What I am going to say now is important so please listen **carefully.**

②[悪いことなどが起こらないように前もってじゅうぶんに気をつけること]

② [caution; be careful, keep watch (to prevent something bad from happening)]

¶寒くなりましたから, 風邪を引かないように**注意**してください。 (Samuku narimashita kara, kaze o hikanai yō ni *chūi* shite kudasai.)

¶ It has gotten colder so please **be careful** not to catch a cold.

¶冬の山は危ないですから, **注意**してください。(Fuyu no yama wa abunai desu kara, *chūi* shite kudasai.)

¶ Mountains are dangerous in the winter so please **take care.**

③[言動などについてその人に気をつけるように言うこと]

③ [warning; to advise, to warn]

注意を与える (*chūi* o ataeru)

give **advice;** give **a warning**

¶成績が下がったので, 先生に**注意**されました。(Seiseki ga sagatta node,

¶ [I] **was warned** by my teacher as [my] grades had fallen.

sensei ni *chūi* saremashita.)

¶バスの運転手さんが，「窓から手を出さないでください。」とお客に**注意**しました。(Basu no untenshusan ga, “Mado kara te o dasanaide kudasai.” to okyaku ni *chūi* shimashita.)

¶ The bus driver **warned** the passenger, saying “Please don't put your hand out of the window.”

chūjun 中旬〘名〙

chūjun 〚n〛 **the middle third of the month**

¶わたしは9月の**中旬**に旅行する予定です。(Watashi wa kugatsu no *chūjun* ni ryokō suru yotei desu.)

¶ I plan to take a trip in **mid**-September.

⇨**jōjun** 上旬 **gejun** 下旬

chūmoku 注目〘名，～する〙

chūmoku 〚n, ~*suru*〛 **attention, notice**

¶彼の研究は世界じゅうから**注目**されています。(Kare no kenkyū wa sekaijū kara *chūmoku* sarete imasu.)

¶ His research **has attracted attention** throughout the world.

¶日本の経済的な発展は，他の国々から**注目**されています。(Nihon no keizaiteki na hatten wa, ta no kuniguni kara *chūmoku* sarete imasu.)

¶ Other nations **are watching** Japan's economic growth **with interest.**

chūmon 注文〘名，～する〙

chūmon 〚n, ~*suru*〛 **order; request**

¶どんな料理を**注文**しましょうか。(Donna ryōri o *chūmon* shimashō ka?)

¶ What dishes **shall we order?**

¶電話でも**注文**できますか。(Denwa de mo *chūmon* dekimasu ka?)

¶ Can one **place an order** by telephone?

¶手紙で**注文**すれば，すぐ送ってくれます。(Tegami de *chūmon* sureba, sugu okutte kuremasu.)

¶ **If you order** by mail, they will send it right away.

chūō 中央〘名〙

chūō 〚n〛 **center, middle, heart**

¶町の**中央**から四方に道が延びています。(Machi no *chūō* kara shihō ni

¶ Streets extend in all directions from **the center** of the town.

michi ga nobite imasu.)

chūsha **注射**〘名, ～する〙

予防**注射** (yobō-*chūsha*) **注射**を打つ (*chūsha* o utsu)

¶看護婦さんは腕に**注射**をしてくれました。 (Kangofusan wa ude ni *chūsha* o shite kuremashita.)

chūsha **駐車**〘名, ～する〙

駐車場 (*chūsha*jō) **駐車**禁止 *chū-sha*-kinshi)

¶ここに**駐車**しないでください。 (Koko ni *chūsha* shinaide kudasai.)

chūshi **中止**〘名, ～する〙

¶試合は雨のため**中止**になりました。 (Shiai wa ame no tame *chūshi* ni narimashita.)

¶わたしは忙しくなったので，外国へ行くのを**中止**しました。(Watashi wa isogashiku natta node, gaikoku e iku no o *chūshi* shimashita.)

chūshin **中心**〘名〙

①[物・所などの真ん中]

円の**中心** (en no *chūshin*) 台風の**中心** (taifū no *chūshin*)

¶町の**中心**に住んでいますから便利です。 (Machi no *chūshin* ni sunde imasu kara benri desu.)

②[最も重要な点，重要な役割をする人]

問題の**中心** (mondai no *chūshin*)

¶上田さんが**中心**となって，この研究会を作りました。 (Ueda san ga *chūshin* to natte, kono kenkyūkai o tsukurimashita.)

chūsha ⟦n, ~*suru*⟧ **injection, shot**

a preventive **injection,** an inoculation // give **an injection** ⟦**shot**⟧

¶ The nurse gave me **an injection** in the arm.

chūsha ⟦n, ~*suru*⟧ (automobile) **parking**

a **parking** zone, a **parking** lot // No **Parking**

¶ Please **don't park** here.

chūshi ⟦n, ~*suru*⟧ **discontinue, suspend, stop, call off**

¶ The game **was called off** because of rain.

¶ I **called off** my trip abroad because I am ⟦was⟧ so busy.

chūshin ⟦n⟧ **center, core; heart, crux, nucleus**

① [center, core, middle]

the middle of a circle // **the center** of a typhoon

¶ It's convenient for me living in **the center** of the town.

② [heart, crux, nucleus]

the heart of the problem

¶ This study group was formed **centering around** [Mr.] Ueda.

D

da だ〔助動〕

da ⟦auxil⟧ **is, are**

①［あるものがある類に属するものであるという関係を表すのに使う］

① [indicates something is in a particular category]

¶それは日本語の本だ。(Sore wa Nihongo no hon *da.*)

¶ That **is** a book written in Japanese.

¶田中さんは学生だ。 (Tanaka san wa gakusei *da.*)

¶ [Mr.] Tanaka **is** a student.

¶山田さんは学生ではない。(Yamada san wa gakusei *de* wa nai.)

¶ [Miss] Yamada **is not** a student.

¶この建物は病院で，あの建物は学校だ。 (Kono tatemono wa byōin *de,* ano tatemono wa gakko *da.*)

¶ This building **is** a hospital, and that one **is** a school.

②［あるものがあるものと一致するものであるという関係を表すのに使う］

② [indicates that one thing equals another]

¶ここは銀座だ。 (Koko wa Ginza *da.*)

¶ This **is** the Ginza.

¶このクラスでいちばん背の高い人は山田さんだ。(Kono kurasu de ichiban se no takai hito wa Yamada san *da.*)

¶ The tallest person in this class **is** [Mr.] Yamada.

¶この小説の作者は中村さんだ。(Kono shōsetsu no sakusha wa Nakamura san *da.*)

¶ The author of this novel **is** [Miss] Nakamura.

③［あるものがある空間に存在するという関係を表するのに使う］

③ [indicates a person or thing exists in a certain space]

¶「お母さんは今どこにいる。」(Okāsan wa ima doko ni iru?) 「お母さんは台所だ。」(Okāsan wa daidokoro *da.*)

¶ "Where is your mother now?" "**She's** in the kitchen."

¶山田先生の研究室はあの建物の２階だ。 (Yamada sensei no kenkyū-

¶ Professor Yamada's office ⟦study room, laboratory⟧ **is** on the second

shitsu wa ano tatemono no nikai *da.*)

floor of that building.

¶郵便局は駅の前だ。(Yūbinkyoku wa eki no mae *da.*)

¶ The post office **is** in front of the station.

④[人などがある動作を続けているという時間的な関係を表すのに使う]

④ [indicates a person or thing is in the course of doing some action]

¶「先生は。」(Sensei wa ?)「先生は今授業中だ。」(Sensei wa ima jugyō-chū *da.*)

¶ The professor ⟦teacher⟧? [He] **is** in class now.

¶「お父さんはいる。」 (Otōsan wa iru ?) 「父は今旅行中だ。」(Chichi wa ima ryokōchū *da.*)

¶ "Is your father there?"
"No, **he's** away on a trip now."

¶上田さんは今食事中だと思います。(Ueda san wa ima shokujichū *da* to omoimasu.)

¶ I believe that [Mrs.] Ueda **is** at lunch ⟦dinner⟧ now.

*「先生は今授業だ。(Sensei wa ima jugyō da.)」「父は今旅行だ。(Chichi wa ima ryokō da.)」「上田さんは今食事だと思います。(Ueda san wa ima shokuji da to omoimasu.)」とも言う。

* One can also omit *-chū* and say "*Sensei wa ima jugyō da,*" "*Chichi wa ima ryokō da,*" or "*Ueda san wa ima shokuji da to omoimasu.*"

⑤[ものごとのある事態やものごとがある状態にあることなどを表すのに使う]

⑤ [indicates the situation or condition of someone or something]

¶昨日は一日じゅう雨だった。 (Kinō wa ichinichijū ame *datta.*)

¶ **It rained** all day yesterday.

¶あした雨なら，旅行には行きません。(Ashita ame *nara,* ryokō ni wa ikimasen.)

¶ **If it rains** tomorrow [we] won't go on [our] trip.

¶田中さんは病気だから今日は来ないよ。(Tanaka san wa byōki *da*kara kyō wa konai yo.)

¶ [Mr.] Tanaka won't be coming today as [he] **is** sick.

¶今日は学校が休みなので，映画を見に行こうと思っています。 (Kyō wa

¶ As there **is** no school today, I think I'll go to see a movie.

gakkō ga yasumi *na* node, eiga o mi ni ikō to omotte imasu.)

* ものごとの関係や状態などについての確定的な判断を表すのに使う。丁寧に言う場合には,「です (desu)」となる。

* 「だ (da)」は「終止の形」,「で (de)」「なら (ば) (nara [ba])」「なので (na node)」は「接続の形」,「だった (datta)」は「たの形」,「で (は) ない (de [wa] nai)」は「ないの形」である。

⇨desu です　darō だろう　nara なら

* Used to express definite conclusions about a condition, situation, or relationship. When one speaks politely, *da* becomes *desu*.

* The sentence-final form is *da*; continuative forms are *de*, *nara[ba],* and *na node*; the *-ta* form is *datta*; and the negative form is *de [wa] nai.*

dai　題〖名〗

¶あの本の**題**は何でしたか。(Ano hon no *dai* wa nan deshita ka?)

¶「日本」という**題**で作文を書きました。("Nihon" to iu *dai* de sakubun o kakimashita.)

dai ⟦n⟧　**title; subject, theme**

¶ What is ⟦was⟧ **the title** of that book?

¶ [I] wrote a composition on **the theme,** "Japan."

dai-　大-〖頭〗

①[大きい]

大会社 (*dai*gaisha)　**大**企業 (*dai*kigyō)　**大**事件 (*dai*jiken)　**大**劇場 (*dai*gekijō)

②[優れた, 立派な]

大音楽家 (*dai*ongakka)　**大**学者 (*dai*gakusha)　**大**人物 (*dai*jinbutsu)

③[程度がはなはだしい]

大きらい (*dai*kirai)　**大**成功 (*dai*seikō)　**大**賛成 (*dai*sansei)

¶わたしは魚が**大**好きです。(Watashi wa sakana ga *dai*suki desu.)

dai- ⟦pref⟧　**large; great; extreme**

① [large, big, great]

a **large** company // a **large** enterprise ⟦corporation, company⟧ //a **major** incident // a **large** theater

② [great, outstanding]

a **great** musician // an **eminent** scholar // a **great** person, an **outstanding** personality

③ [extreme degree]

hate, detest // a **great** success // **fully** approve of something

¶ I **love** fish.

dai- **第-**〔頭〕

¶今日は**第**3課を勉強しました。(Kyō wa *dai*sanka o benkyō shimashita.)

dai- ⟦pref⟧ **Number~**

¶ Today [we] studied Lesson 3.

(-) dai (-) **台**〔名, 尾〕

1〔名〕

¶この**台**に乗って, たなの上の物を取ってください。(Kono *dai* ni notte, tana no ue no mono o totte kudasai.)

2〔尾〕

¶東京の自動車は全部で何**台**ぐらいありますか。(Tōkyō no jidōsha wa zenbu de nan*dai* gurai arimasu ka?)

¶わたしの家にはテレビが一**台**もありません。(Watashi no ie ni wa terebi ga ichi*dai* mo arimasen.)

(-)dai ⟦n, suf⟧ **stand, pedestal, dais, platform; units, sets**

1 ⟦n⟧ stand, pedestal, base, table, platform, bench, block

¶ Please stand on this **footstool** and take down something ⟦everything⟧ on the shelf for me.

2 ⟦suf⟧ units, sets; the counter for relatively large manufactured items such as cars, bicycles, television sets, radios, and sewing machines

¶ About **how many** automobiles are there in Tokyo?

¶ There isn't even one television **set** in my house.

-dai **-代**〔尾〕

部屋**代** (heya*dai*) 下宿**代** (geshuku*dai*) 本**代** (hon*dai*) 洗たく**代** (sentaku*dai*) バス**代** (basu*dai*) タクシー**代** (takushii*dai*)

¶食事**代**は一か月いくらかかりますか。(Shokuji*dai* wa ikkagetsu ikura kakarimasu ka?)

-dai ⟦suf⟧ **charge, fee**

room **rent** // a boardinghouse **charge** // a book **bill** // a laundry **charge** // a bus **fare** // a taxi **fare**

¶ How much do you **pay for meals** a month ⟦How much will **meals cost** a month⟧?

daibu **だいぶ**〔副〕

¶病気はもう**だいぶ**よくなりました。(Byōki wa mō *daibu* yoku narimashita.)

¶田中さんとは**だいぶ**長い間会っていません。(Tanaka san to wa *daibu* nagai aida atte imasen.)

daibu ⟦adv⟧ **greatly, much, very**

¶ [My] illness is **much** better.

¶ [I] haven't met [Miss] Tanaka in **quite** a long time.

daibubun **大部分**〔名〕

daibubun ⟦n⟧ **most of, majority of**

¶宿題は**大部分**終わりました。(Shukudai wa *daibubun* owarimashita.)

¶ [I] have finished **most** of the homework.

¶**大部分**の学生はもう帰りました。(*Daibubun* no gakusei wa mō kaerimashita.)

¶ **Most** of the students have already left.

⇨**ichibubun 一部分**

daidokoro　台所〘名〙

daidokoro ⟦n⟧　**kitchen**

台所用品 (*daidokoro*yōhin)

kitchenware

¶母は**台所**で夕食の支度をしています。(Haha wa *daidokoro* de yūshoku no shitaku o shite imasu.)

¶ My mother is in **the kitchen** fixing dinner.

daigaku　大学〘名〙

daigaku ⟦n⟧　**college, university**

大学生 (*daigaku*sei)　**大学**に入る (*daigaku* ni hairu)　**大学**を出る (*daigaku* o deru)　国立**大学** (kokuritsu-*daigaku*)　私立**大学** (shiritsu-*daigaku*)　**大学**院 (*daigaku*in)

a **college** ⟦**university**⟧ student, an undergraduate // enter **college** // graduate from **college** // a national **university** // a private **university** ⟦**college**⟧ // graduate **school**

¶わたしはA**大学**の学生です。(Watashi wa Ē-*daigaku* no gakusei desu.)

¶ I am a student at **University** A ⟦**College** A⟧.

¶わたしは１９７５年に**大学**を卒業しました。(Watashi wa senkyū-hyaku-nanajūgonen ni *daigaku* o sotsugyō shimashita.)

¶ I graduated from **college** in 1975.

daihyō　代表〘名，〜する〙

daihyō ⟦n, ~*suru*⟧　**representative**

①[多くの人に代わって意見などを述べること，またその人]

① [representative, delegate]

代表者 (*daihyō*sha)　学生の意見を**代表**する (gakusei no iken o *daihyō* suru)

a representative, a delegate // **represent** student opinion

¶山田さんがクラスの**代表**に選ばれました。(Yamada san ga kurasu no *daihyō* ni erabaremashita.)

¶ [Miss] Yamada was elected as the class **representative.**

②[一つまたは一部分によってその全

② [representative, typical]

体を表すこと，またそのもの〕

代表的な作品 (*daihyō*teki na sakuhin)

a **representative** work (of art, literature, etc.)

¶ラジオや自動車は日本の代表的な輸出品です。 (Rajio ya jidōsha wa Nihon no *daihyō*teki na yushutsuhin desu.)

¶ Radios and automobiles are **representative** Japanese exports.

daiichi ni **第一に**〘副〙

daiichi ni ⟦adv⟧ **first, first of all**

¶日本へ行ったら，まず**第一に**京都へ行きたいと思っています。 (Nihon e ittara, mazu *daiichi ni* Kyōto e ikitai to omotte imasu.)

¶ When I go to Japan, I want to go to Kyoto **first of all.**

¶まず**第一に**健康に気をつけなければなりません。(Mazu *daiichi ni* kenkō ni ki o tsukenakereba narimasen.)

¶ One should take care of one's health **above all else.**

daiji **大事**〘名，形動〙

daiji ⟦n, adj-v⟧ **important, precious**

大事な用事 (*daiji* na yōji)

important business, an **important** engagement

¶どうぞ，体を**大事**にしてください。 (Dōzo, karada o *daiji* ni shite kudasai.)

¶ Please **take good care** of yourself.

¶これは父の**大事**にしている花びんです。 (Kore wa chichi no *daiji* ni shite iru kabin desu.)

¶ This is a vase **treasured** by my father.

daijin **大臣**〘名〙

daijin ⟦n⟧ (government) **minister**

総理**大臣** (sōri*daijin*) 文部**大臣** (monbu*daijin*) 大蔵**大臣** (ookura*daijin*) 外務**大臣** (gaimu*daijin*)

the prime **minister** // the **minister** of education // the **minister** of finance // the **minister** of foreign affairs

daijōbu **大丈夫**〘形動〙

daijōbu ⟦adj-v⟧ **safe; certain**

①〔心配する必要のない様子〕

① [safe, free from danger, all right]

¶この水を飲んでも**大丈夫**ですか。 (Kono mizu o nonde mo *daijōbu* desu ka?)

¶ **Is it safe** to drink this water?

¶お体はもう**大丈夫**ですか。(Okarada wa mō *daijōbu* desu ka?)

¶ **Are you recovered** now (literally, Is your body **all right** now)?

②[間違いのない確かな様子]
¶大丈夫(だいじょうぶ),あしたは天気(てんき)ですよ。(*Daijōbu,* ashita wa tenki desu yo.)
* 語幹だけで副詞的にも使う。

② [certain, sure]
¶ **Don't worry.** The weather will be fine tomorrow.
* Sometimes *daijōbu* alone is used adverbially.

daikin **代金**(だいきん)〖名〗

daikin ⟦n⟧ **price, charge, bill**

¶わたしはまだ本(ほん)の**代金**(だいきん)を払(はら)っていません。(Watashi wa mada hon no *daikin* o haratte imasen.)

¶ I haven't paid my book **bill** yet.

¶**代金**(だいきん)を先(さき)にいただきます。(*Daikin* o saki ni itadakimasu.)

¶ Please **pay** in advance ⟦now⟧.

＊ 普通,物を買って払う金のことをいう。

＊ Usually refers to the money used to pay for something.

daitai **だいたい**〖名〗

daitai ⟦n⟧ **outline, gist; generally, on the whole**

¶**だいたい**のことはわかりました。(*Daitai* no koto wa wakarimashita.)

¶ **For the most part** I understand.

¶仕事(しごと)は**だいたい**終(お)わりました。(Shigoto wa *daitai* owarimashita.)

¶ The work is **practically** finished.

¶わたしも,あなたと**だいたい**同(おな)じ意見(いけん)です。(Watashi mo, anata to *daitai* onaji iken desu.)

¶ I have **substantially** the same opinion as you.

＊ 副詞的に使われることが多い。

＊ Often used adverbially.

daitōryō **大統領**(だいとうりょう)〖名〗

daitōryō ⟦n⟧ **president** (of a country)

副**大統領**(ふくだいとうりょう) (fuku-*daitōryō*) **大統領**夫人(だいとうりょうふじん) (*daitōryō* fujin)

a vice-**president** // the First Lady

dakara **だから**〖接〗

dakara ⟦conj⟧ **accordingly, therefore**

¶昨日(きのう)はひどい雨(あめ)でした。**だから**,どこへも行(い)きませんでした。(Kinō wa hidoi ame deshita. *Dakara,* doko e mo ikimasen deshita.)

¶ It was raining heavily yesterday. **Therefore** [I] didn't go anywhere.

¶彼(かれ)は毎晩酒(まいばんさけ)を飲(の)んでいました。**だから**,病気(びょうき)になったのです。(Kare wa maiban sake o nonde imashita. *Dakara,* byōki ni natta no desu.)

¶ He drank every night. **Therefore** he became ill.

＊ 前に述べた理由を受けて,その帰結をあとに続けるときに使う。丁寧に言う場合には「ですから (desukara)」を使う。

＊ Used when stating the result or conclusion for a cause given earlier. When speaking more politely, *desukara* is used instead.

dake だけ〘助〙

dake ⟦part⟧ **only, no more than; as much as**

①[それ以外にはないという限定の意味を表す]

① [only, no more than]

¶その問題ができなかったのはわたし**だけ**でした。(Sono mondai ga dekinakatta no wa watashi *dake* deshita.)

¶ I was the **only** one who couldn't do that problem.

¶旅行にはクラスの学生の半分**だけ**が参加しました。(Ryokō ni wa kurasu no gakusei no hanbun *dake* ga sanka shimashita.)

¶ **Only** half of the students in the class went on the trip.

¶たくさんのりんごの中から, おいしそうなの**だけ**を選んで買いました。(Takusan no ringo no naka kara, oishisō na no *dake* o erande kaimashita.)

¶ Among many apples, [I] picked out and bought **only** the ones that looked good.

＊「〜だけが (〜dake ga)」「〜だけを (〜dake o)」は「が (ga)」「を (o)」を省略して使うことが多い。「学生の半分だけ参加しました。(Gakusei no hanbun dake sanka shimashita.)」「おいしそうなのだけ選んで買いました。(Oishisō na no dake erande kaimashita.)」

＊ The particles *ga* and *o* of "〜 *dake ga*" and "〜 *dake o*" are often omitted: "*Gakusei no hanbun dake sanka shimashita*"; "*Oishisō na no dake erande kaimashita.*"

＊ 少ないということを強調したいときは,「だけ (dake)」よりも「〜しか〜ない (〜shika 〜nai)」を使う。「鉛筆は一本だけあります。(Enpitsu wa ippon dake arimasu.)」と言うより,「鉛筆は一本しかありません。(Enpi-

＊ When one wants to emphasize the smallness of the quantity, the pattern "〜 *shika -nai*" is used rather than *dake*. For example, "*Enpitsu wa ippon shika arimasen*" (I have only one pencil) is more emphatic than

tsu wa ippon shika arimasen.)」と言う。

"*Enpitsu wa ippon dake arimasu.*"

②[ものごとの程度の限界を表す]

② [as much as]

¶成功するかどうかわかりませんが，できる**だけ**努力してみます。(Seikō suru ka dō ka wakarimasen ga, dekiru *dake* doryoku shite mimasu.)

¶ I don't know if I'll succeed or not, but I'll try **as hard as** I can.

¶この花を欲しい**だけ**持って行ってもいいですよ。(Kono hana o hoshii *dake* motte itte mo ii desu yo.)

¶ You may take **as many** of these flowers as you'd like.

daku 抱く〘動 I〙

daku ⟦v I⟧ **embrace, hold in one's arms**

¶女の子が人形を**抱いて**います。(Onna no ko ga ningyō o *daite* imasu.)

¶ The little girl **is holding** a doll.

¶ちょっと赤ちゃんを**抱かせて**ください。(Chotto akachan o *dakasete* kudasai.)

¶ Please **let me hold** the baby for a moment.

damaru 黙る〘動 I〙

damaru ⟦v I⟧ **be silent, don't speak; without notice, without permission**

①[何も言わない，話さない]

① [be silent, don't speak]

¶わたしがあいさつしたのに，あの人は**黙って**行ってしまいました。(Watashi ga aisatsu shita noni, ano hito wa *damatte* itte shimaimashita.)

¶ Even though I greeted [her], [she] left **without a word.**

¶このことは，ほかの人には**黙って**いてください。(Kono koto wa, hoka no hito ni wa *damatte* ite kudasai.)

¶ Please **don't say anything** about this matter to anyone else.

②[前もって何も言わない，断らない]

② [without prior notice, without permission]

¶あの人は**黙って**学校を休みました。(Ano hito wa *damatte* gakkō o yasumimashita.)

¶ [He] stayed home from school **without any explanation.**

¶タイプライターを**黙って**持って行かないでください。(Taipuraitā o *damatte* motte ikanaide kudasai.)

¶ Please don't move the typewriter **without getting permission.**

dame だめ〘形動〙

①[むだ，効果がない様子]

¶やってみましたが，**だめ**でした。(Yatte mimashita ga, *dame* deshita.)

¶いくらあの人に注意しても**だめ**です。(Ikura ano hito ni chūi shite mo *dame* desu.)

②[役に立たない様子]

¶このラジオは古くてもう**だめ**です。(Kono rajio wa furukute mō *dame* desu.)

③[望みがない様子]

¶中村さんはA大学を受けましたが，**だめ**らしいです。(Nakamura san wa Ē-daigaku o ukemashita ga, *dame* rashii desu.)

④[それをしてはいけないという意味を表す]

¶「あした休んでもいいですか。」(Ashita yasunde mo ii desu ka?)
「**だめ**です。」(*Dame* desu.)

¶約束を守らなくては**だめ**ですよ。(Yakusoku o mamoranakute wa *dame* desu yo.)

¶もっと早起きしなければ**だめ**ですよ。(Motto hayaoki shinakereba *dame* desu yo.)

(-) dan (-) **段**〘名，尾〙

1〘名〙

本箱の上の**段**，下の**段** (honbako no ue no *dan*, shita no *dan*) 寝台車の上の**段**(shindaisha no ue no *dan*)

2〘尾〙

dame ⟦adj-v⟧ **useless; no good; hopeless, impossible; must, must not**

① [useless, vain, unavailing]

¶ I tried to do it but **it was no good.**

¶ **It's no use** no matter how much one admonishes [him].

② [no good]

¶ This radio is old and **not good for anything.**

③ [hopeless, impossible]

¶ [Mr.] Nakamura took the entrance examination for University A, but it seems [he] **was unsuccessful.**

④ [must, must not (do something)]

¶ "Is it all right if I take the day off tomorrow?"
"**No, it isn't.**"

¶ **One must** keep one's promises.

¶ **You must** get up earlier.

(-)dan ⟦n, suf⟧ **step, rung; grade, rank**

1 ⟦n⟧ step, rung, deck, tier

the upper **shelf**, lower **shelf** of a bookcase // the upper **berth** in a train sleeping car

2 ⟦suf⟧

①［階段などを数えるときに使う］ ① [the counter for stairs, steps]

¶危(あぶ)ないから，階段(かいだん)は1段(いちだん)ずつ降(お)りなさい。(Abunai kara, kaidan wa ichi*dan* zutsu orinasai.) ¶ That's dangerous; go down the stairs one **step** at a time.

②［柔道や碁などで強さの程度によって与えられる資格］ ② [the counter for grades or ranks as in judo, *go*, etc.]

¶山田(やまだ)さんは柔道(じゅうどう)2段(にだん)です。(Yamada san wa jūdō ni*dan* desu.) ¶ [Miss] Yamada holds a *nidan* ⟦the second **rank**⟧ in judo.

-dan -団(だん)〘尾〙 **-dan** ⟦suf⟧ **body, group, organization**

選手団(せんしゅだん) (senshu*dan*) sports **team** ⟦**squad, group**⟧

¶その事故(じこ)については，調査団(ちょうさだん)を作(つく)って調(しら)べています。(Sono jiko ni tsuite wa, chōsa*dan* o tsukutte shirabete imasu.) ¶ A study **group** ⟦inquiry **commission**⟧ has been formed and is investigating that accident.

danbō 暖房(だんぼう)〘名，〜する〙 **danbō** ⟦n, *~suru*⟧ **heating**

暖房(だんぼう)のある部屋(へや) (*danbō* no aru heya) 暖房(だんぼう)がきく (*danbō* ga kiku) 暖房(だんぼう)をつける (*danbō* o tsukeru) a room with **heat** // can be **heated;** is well **heated** // turn on **the heat**

¶うちには暖房設備(だんぼうせつび)が何(なに)もありません。(Uchi ni wa *danbō*-setsubi ga nani mo arimasen.) ¶ There is no **heating** system in my home.

¶この部屋(へや)は，暖房(だんぼう)しているから暖(あたた)かいです。(Kono heya wa, *danbō* shite iru kara atatakai desu.) ¶ This room is warm because **the heat is on.**

⇔**reibō** 冷房(れいぼう)

dandan だんだん〘副〙 **dandan** ⟦adv⟧ **increasingly; step by step, gradually**

¶だんだん寒(さむ)くなってきました。(*Dandan* samuku natte kimashita.) ¶ It has **gradually** gotten colder and colder.

¶日本語(にほんご)の勉強(べんきょう)がだんだん難(むずか)しくなってきました。(Nihongo no benkyō ga *dandan* muzukashiku natte kimashita.) ¶ [My] Japanese studies have **gradually** gotten more difficult.

danjo 男女(だんじょ)〘名〙 **danjo** ⟦n⟧ **man and woman, male and female, both sexes**

男女平等(だんじょびょうどう) (*danjo*-byōdō) 男女共学(だんじょきょうがく) equality of **the sexes** // **co**education (*danjo*-kyōgaku) **男女**同権 (*danjo*-dōken)

// equal rights **for men and women**

¶学生は**男女**合わせて 20 名です。(Gakusei wa *danjo* awasete nijūmei desu.)

¶ **Male and female,** there are 20 students in all.

¶この会社は，**男女**で給料の差がありません。(Kono kaisha wa, *danjo* de kyūryō no sa ga arimasen.)

¶ There is no difference in pay **according to sex** in this company.

dansei　男性〘名〙

dansei ⟦n⟧　**male**

¶今の社会は**男性**中心です。(Ima no shakai wa *dansei* chūshin desu.)

¶ Present-day society is **male** oriented.

¶これは**男性**用のシャツです。(Kore wa *danseiyō* no shatsu desu.)

¶ This is a **men's** shirt.

⇔**josei　女性**

danshi　男子〘名〙

danshi ⟦n⟧　**boy, man, male**

¶このクラスは**男子**ばかりです。(Kono kurasu wa *danshi* bakari desu.)

¶ This class is all **male.**

¶**男子**の学生より女子学生のほうが，よく勉強するようです。(*Danshi* no gakusei yori joshi-gakusei no hō ga, yoku benkyō suru yō desu.)

¶ It seems that female students study harder than **male** students.

⇔**joshi　女子**

dansu　ダンス〘名〙

dansu ⟦n⟧　**dance, dancing**

社交**ダンス** (shakō-*dansu*)　フォーク**ダンス** (fōku-*dansu*)　**ダンス**パーティー (*dansu*-pātii)　**ダンス**音楽 (*dansu*-ongaku)　**ダンス**をする (*dansu* o suru)

social ⟦ballroom⟧ **dancing** // a folk **dance**, folk **dancing** // a **dance** party // **dance** music // **to dance**

dantai　団体〘名〙

dantai ⟦n⟧　**group, party; organization, association**

政治**団体** (seiji-*dantai*)　宗教**団体** (shūkyō-*dantai*)　**団体**旅行 (*dantai*-ryokō)

a political **organization** // a religious **body** // a **group** tour, traveling **in a party**

¶**団体**で旅行するのはとても楽しいです。(*Dantai* de ryokō suru no wa

¶ It is very pleasant to travel **with**

totemo tanoshii desu.)

others.

-darake -だらけ〘尾〙

どろだらけ (doro*darake*) 傷だらけ (kizu*darake*) 血だらけ (chi*darake*) ごみだらけ (gomi*darake*)

¶この計算は間違い**だらけ**です。(Kono keisan wa machigai*darake* desu.)

¶本がほこり**だらけ**になってしまいました。(Hon ga hokori*darake* ni natte shimaimashita.)

-darake ⟦suf⟧ **filled with ~, covered with ~**

covered with mud // **covered with** injuries; **covered with** scars // **covered with** blood, blood**stained** // **full of** trash, littered

¶ These figures are **full of** mistakes.

¶ The books have gotten **all** dusty.

dare だれ〘代〙

¶あの人は**だれ**ですか。(Ano hito wa *dare* desu ka?)

¶これは**だれ**の本ですか。(Kore wa *dare* no hon desu ka?)

¶これは**だれ**が書きましたか。(Kore wa *dare* ga kakimashita ka?)

¶あなたは**だれ**に会いたいのですか。(Anata wa *dare* ni aitai no desu ka?)

¶「教室の中に**だれ**かいますか。」(Kyōshitsu no naka ni *dare* ka imasu ka?)「いいえ，**だれ**もいません。」(Iie, *dare* mo imasen.)

¶この図書館は，**だれ**でも入ることができます。(Kono toshokan wa, *dare* demo hairu koto ga dekimasu.)

¶このことは，**だれ**にも言わないでください。(Kono koto wa, *dare* ni mo iwanaide kudasai.)

dare ⟦pron⟧ **who, whom, whose; no one, someone, anyone, everyone**

¶ **Who** is that person?

¶ **Whose** book is this?

¶ **Who** wrote this?

¶ **Who** do you want to see?

¶ "Is there **anyone** in the classroom?"

"No, there's **nobody** there."

¶ **Anyone** can enter this library.

¶ Please don't say anything about this matter to **anyone.**

darō だろう〘助動〙

¶あしたはたぶん雨**だろう**。(Ashita wa tabun ame *darō*.)

¶わたしが行かなくても，田中さんは

darō ⟦auxil⟧ **perhaps, will probably, I think**

¶ It **will probably** rain tomorrow.

¶ [Mrs.] Tanaka **will probably** go

行くだろう。(Watashi ga ikanakute mo, Tanaka san wa iku *darō*.)

¶母はもうすぐ帰ってくる**だろう**と思います。(Haha wa mō sugu kaette kuru *darō* to omoimasu.)

＊ 名詞・動詞・形容詞・形容動詞・ある種の助動詞・助詞「の」などについて，推測の意味を表す。

⇨**deshō でしょう　da だ**

dasu　出す〔動 I〕

①[何かを中から外に移す]

ポケットから財布を**出す**　(poketto kara saifu o *dasu*)　本だなから本を**出す** (hondana kara hon o *dasu*)

¶あまりうるさいので，ねこを外へ**出しました**。 (Amari urusai node, neko o soto e *dashimashita*.)

↔**ireru 入れる**

②[前の方などへ伸ばす，突き出す]

足を前に**出す** (ashi o mae ni *dasu*)

¶電車の窓から手を**出す**と危ないですよ。 (Densha no mado kara te o *dasu* to abunai desu yo.)

③[ほかの所へ行かせる]

子供を使いに**出す** (kodomo o tsukai ni *dasu*)

④[車や船などをその仕事に就かせる]

舟を海に**出す** (fune o umi ni *dasu*)

臨時列車を**出す** (rinji-ressha o *dasu*)

⑤[手紙や荷物などを目的の所に向けて送る]

小包を**出す** (kozutsumi o *dasu*)　野菜を市場に**出す**　(yasai o ichiba ni *dasu*)

even if I don't.

¶ My mother **should** be back soon.

＊ Used after nouns, verbs, adjectives, adjective-verbs, certain auxiliaries, and the particle *no* to express conjecture or supposition.

dasu ⟦v I⟧　**put out, put forth; present, submit; produce, yield**

① [put out, take out, bring out]

take one's wallet **out** of one's pocket // **take** a book **from** the bookshelf

¶ **I put** the cat **out** because it was so noisy ⟦such a nuisance⟧.

② [stretch out, stick out]

stretch one's legs **out**

¶ It is dangerous to **put** one's hand **out** of a train window.

③ [send somewhere]

send a child on an errand

④ [run, put out (a train, boat, etc.)]

put a ship **out** to sea // **run** a special train

⑤ [send, post, forward letters, freight, etc.]

send a parcel // **send** vegetables to market

¶今朝，お母さんに手紙を**出しました**。(Kesa, okāsan ni tegami o *dashimashita.*)

¶ **I mailed** a letter to my mother this morning.

¶冬服をクリーニングに**出しました**。(Fuyufuku o kuriiningu ni *dashimashita.*)

¶ [I] **sent** the winter clothing to the cleaners.

⑥[出版する，掲載する]

⑥ [publish, print, insert]

経済学の本を**出す** (keizaigaku no hon o *dasu*) 雑誌を**出す** (zasshi o *dasu*) 新聞に広告を**出す** (shinbun ni kōkoku o *dasu*)

publish ⟦**have published**⟧ an economics book // **publish** a magazine // **insert** an ad in the newspaper

¶今度，日本文化についての論文を雑誌に**出しました**。(Kondo, Nihon-bunka ni tsuite no ronbun o zasshi ni *dashimashita.*)

¶ Recently [I] had an article of [mine] about Japanese culture **appear** in a magazine.

⑦[広く人の目に触れるようにする]

⑦ [put up, hang out, hoist]

掲示を**出す** (keiji o *dasu*) 看板を**出す** (kanban o *dasu*)

put up a notice // **put up** a signboard ⟦shingle⟧

⑧[渡す，提出する]

⑧ [present, submit, hand in]

願書を**出す** (gansho o *dasu*) 欠席届を**出す** (kessekitodoke o *dasu*)

make an application in writing // **give** written notice of one's absence

¶書き終わった人は**出して**ください。(Kakiowatta hito wa *dashite* kudasai.)

¶ Will those who have finished writing please **hand in** their papers ⟦forms, etc.⟧.

⑨[問題などを課する]

⑨ [assign, set (someone a problem, etc.)]

¶先生はいつも宿題をたくさん**出します**。(Sensei wa itsu mo shukudai o takusan *dashimasu.*)

¶ Our teacher always **assigns** us lots of homework.

⑩[発生させる，発する]

⑩ [issue, give forth, produce]

火事を**出す** (kaji o *dasu*)

start a fire

¶そんなに大きな声を**出さないで**ください。(Sonna ni ookina koe o *dasanaide* kudasai.)

¶ Please **don't speak** in such a loud voice.

¶父は熱を**出して**寝ています。(Chichi

¶ My father is in bed **with** a fever.

wa netsu o *dashite* nete imasu.)

⑪［更に増加させる］

⑪ [put forth, increase]

¶あまりスピードを**出しては**危ないですよ。(Amari supiido o *dashite* wa abunai desu yo.)

¶ It's dangerous **to go too fast.**

¶もっと元気を**出して**歩いてください。(Motto genki o *dashite* aruite kudasai.)

¶ Please walk **putting more spirit into it.**

⑫［提供してもてなす］

⑫ [put out, offer, serve]

お茶を**出す** (ocha o *dasu*)　お菓子を**出す** (okashi o *dasu*)　ビールを**出す** (biiru o *dasu*)

offer (green) tea // **serve** a sweet // **serve** beer

-dasu　-だす〘尾〙

-dasu 〚suf〛 **start -ing**

¶雨が降り**だしました**。(Ame ga furi*dashimashita.*)

¶ It **has started** to rain 〚It **started** to rain〛.

¶汽車が動き**だしました**。(Kisha ga ugoki*dashimashita.*)

¶ The train **started** to move.

¶赤ん坊が急に泣き**だしました**。(Akanbō ga kyū ni naki*dashimashita.*)

¶ The baby suddenly **started** to cry 〚**burst out** crying〛.

＊「動詞（基幹の形）＋だす (dasu).」の形で使う。

＊ Used in the pattern "verb (stem form) + *-dasu*."

de　で〘助〙

de 〚part〛 **in, at, by**

①［動作などの行われる場所を表す］

① [indicates the place where an action occurs]

¶昼御飯はどこ**で**食べましょうか。(Hirugohan wa doko *de* tabemashō ka?)

¶ **Where** shall we eat lunch?

¶日本**で**は，車は道の左側を走ります。(Nihon *de* wa, kuruma wa michi no hidarigawa o hashirimasu.)

¶ **In** Japan automobiles run on the left-hand side of the road.

②［ある限定的な時間・空間などの範囲を表す］

② [pinpoints a time period or physical space]

¶世界**で**いちばん高い山はエベレストです。(Sekai *de* ichiban takai yama

¶ The highest mountain **in** the world is Mount Everest.

wa Eberesuto desu.)

¶一年じゅうでいちばん寒い月はいつですか。(Ichinenjū *de* ichiban samui tsuki wa itsu desu ka?)

¶ Which is the coldest month **in** the year?

③[手段・方法・材料などを表す]

タクシーで行く (takushii *de* iku) 鉛筆で書く (enpitsu *de* kaku) 日本語で話す (Nihongo *de* hanasu)

③ [indicates means, method, material]

go **by** taxi // write **with** a pencil // speak **in** Japanese

¶あなたの国まで航空便で何日ぐらいかかりますか。 (Anata no kuni made kōkūbin *de* nannichi gurai kakarimasu ka?)

¶ How many days does it take things **sent** airmail to get to your country?

¶この花は紙でできています。(Kono hana wa kami *de* dekite imasu.)

¶ This flower is made **out of** paper.

④[原因・理由などを表す]

④ [indicates cause, reason]

¶わたしは病気で学校を休みました。(Watashi wa byōki *de* gakkō o yasumimashita.)

¶ I stayed home from school **due to** illness.

¶今,外国へ行く準備でとても忙しいです。(Ima, gaikoku e iku junbi *de* totemo isogashii desu.)

¶ [I] am very busy now **with** preparations for going abroad.

⑤[限定的な状態を表す]

⑤ [indicates an exclusive agent]

¶みんなで先生の家へ行きましょう。(Minna *de* sensei no ie e ikimashō.)

¶ Let's **all** go to [our] teacher's house together.

¶わたしはゆうべ寂しい道を一人で帰ってきました。 (Watashi wa yūbe sabishii michi o hitori *de* kaette kimashita.)

¶ Last night I came home **alone** through the deserted streets.

⑥[時間・値段・数量などの限定を表す]

⑥ [indicates boundaries of time, value, quantity]

¶この仕事は1日でできます。(Kono shigoto wa ichinichi *de* dekimasu.)

¶ This job can be done **in** one day.

¶もう1週間で夏休みが来ます。(Mō isshūkan *de* natsuyasumi ga kima-

¶ **In** one week summer vacation will be here.

su.)

¶この時計は1万円で買いました。(Kono tokei wa ichiman'en *de* kaimashita.)

¶ [I] bought this watch ⟦clock⟧ **for** ten thousand yen.

¶この鉛筆は2本で 50 円です。(Kono enpitsu wa nihon *de* gojūen desu.)

¶ These pencils are **2 for** 50 yen.

＊「こちらは銀行で,あちらは病院です。(Kochira wa ginkō de, achira wa byōin desu.)」の「で (de)」は,助動詞「だ (da)」の「接続の形」である。

＊ The *de* in a sentence like "*Kochira wa ginkō de, achira wa byōin desu*" (This is a bank and that is a hospital) is the *-te* form of *da*.

deguchi 出口〘名〙

¶出口はどちらですか。(*Deguchi* wa dochira desu ka?)

⇔**iriguchi** 入り口

deguchi ⟦n⟧ **exit**

¶ Which way is **the exit?**

dekakeru 出かける〘動Ⅱ〙

旅行に出かける (ryokō ni *dekakeru*)
散歩に出かける (sanpo ni *dekakeru*)
買い物に出かける (kaimono ni *dekakeru*)

¶今,父は仕事で出かけています。(Ima, chichi wa shigoto de *dekakete* imasu.)

¶そろそろ出かけましょうか。(Sorosoro *dekakemashō* ka?)

dekakeru ⟦v II⟧ **go out, start out**

set out on a journey // **go out** for a walk // **go out** shopping

¶ My father **is out** at work now.

¶ Let's **be off.**

dekiru できる〘動Ⅱ〙

①[あることをする能力がある,あることをすることが可能である]

運転ができる (unten ga *dekiru*) 泳ぎができる (oyogi ga *dekiru*) 運転できる (unten *dekiru*)

¶あなたは日本語を話すことができますか。(Anata wa Nihongo o hanasu koto ga *dekimasu* ka?)

dekiru ⟦v II⟧ **can, be able to; be made; be ready; be made of; grow, produce; be skilled**

① [can, be able to, be possible]

be able to drive // **be able** to swim // **be able** to drive

¶ **Can** you speak Japanese?

¶あの人はフランス語が**できる**そうです。(Ano hito wa Furansugo ga *dekiru* sō desu.)

¶ I hear that [he] **knows** French.

¶今日は波が荒いから，泳ぐことが**できません**。(Kyō wa nami ga arai kara, oyogu koto ga *dekimasen.*)

¶ [We] **cannot** go swimming today as the sea is rough.

②[ものごとが生じる，発生する]

② [be made, be produced, come into existence]

家が**できる** (ie ga *dekiru*)　赤ん坊が**できる** (akanbō ga *dekiru*)

build a house // **have** a baby

¶用事が**できた**ので，遊びに行けなくなりました。(Yōji ga *dekita* node, asobi ni ikenaku narimashita.)

¶ Something **has come up** so I can't visit you.

¶近くに新しい駅が**できました**。(Chikaku ni atarashii eki ga *dekimashita.*)

¶ A new station **has been built** nearby.

③[準備が終わる，完成する]

③ [be ready, be completed]

¶食事の用意が**できました**。(Shokuji no yōi ga *dekimashita.*)

¶ The meal **is ready.**

¶立派な論文が**できました**ね。(Rippa na ronbun ga *dekimashita* ne.)

¶ **You've written** a fine paper ⟦essay, article, thesis⟧ here.

④[作られる]

④ [be made of]

¶このテーブルは木で**できています**。(Kono tēburu wa ki de *dekite* imasu.)

¶ This table **is made of** wood.

⑤[生産される]

⑤ [grow, produce]

米が**できる** (kome ga *dekiru*)

to grow rice

¶寒い地方ではみかんが**できません**。(Samui chihō de wa mikan ga *dekimasen.*)

¶ Mandarin oranges **can't be grown** in cold regions.

⑥[学問・才能などが優れている，成績がいい]

⑥ [be skilled, be proficient, be good at]

よく**できる**子供 (yoku *dekiru* kodomo)　**できない**生徒 (*dekinai* seito)

an **able** ⟦**bright**⟧ child // a **poor** student

¶あの学生はたいへんよく**できます**。

¶ That is an **excellent** student.

(Ano gakusei wa taihen yoku *dekimasu.*)

¶試験はよくできましたか。 (Shiken wa yoku *dekimashita* ka?)

¶ **Did you do well** on the exam?

⑦[可能なかぎり]

⑦ [to the extent possible, as ~ as possible]

¶できるだけ早く来てください。(*Dekiru* dake hayaku kite kudasai.)

¶ Please come as soon **as possible** ⟦as soon **as you can**⟧.

*「できるだけ (dekiru dake)」「できるかぎり (dekiru kagiri)」の形で使う。

* Used in the patterns "*dekiru dake*" and "*dekiru kagiri*."

demo でも〘助〙

demo ⟦part⟧ even; even if, even though; or the like; all

①[特別な例を挙げて他の場合ももちろんであるという意味を表す]

① [even; indicates that a condition is true in exceptional circumstances and so is of course true at other times]

¶それは子供でもできます。(Sore wa kodomo *demo* dekimasu.)

¶ **Even** a child can do that.

¶高い山の上には夏でも雪があります。(Takai yama no ue ni wa natsu *demo* yuki ga arimasu.)

¶ There is snow on the top of high mountains **even** in the summer.

②[前のことがらに関係なくあとのことがらが実現することを表す]

② [even, even if, even though; indicates something will be realized regardless of something else]

¶試合は雨でも行われます。 (Shiai wa ame *demo* okonawaremasu.)

¶ The game will take place **even in the case** of rain.

¶今からでも遅くはありません。(Ima kara *demo* osoku wa arimasen.)

¶ It isn't too late **even** now.

③[軽く一例として挙げる場合に使う]

③ [or the like, maybe; used to lightly suggest something]

¶コーヒーでも飲みませんか。(Kōhii *demo* nomimasen ka?)

¶ How about some coffee **or something?**

¶日曜日にでも見に行きましょうか。(Nichiyōbi ni *demo* mi ni ikimashō ka?)

¶ Why don't we go to see it on, **say,** Sunday?

④[すべての]

④ [all]

いつでも (itsu *demo*) どこでも (doko *demo*) 何でも (nan *demo*) 何年でも (nannen *demo*)

at **any** time, always // **any**where, **every**where // **any**thing, **every**thing // for **however many** years, forever

¶そんなことはだれでも知っています。(Sonna koto wa dare *demo* shitte imasu.)

¶ **Everyone** knows that.

¶どんな難しいことでもわかります。(Donna muzukashii koto *demo* wakarimasu.)

¶ [He] knows **everything**, no matter how difficult.

* 疑問の言葉といっしょに使う。

* Used with interrogatives.

denchi 電池〘名〙

denchi ⟦n⟧ **electric battery**

電池が切れる (*denchi* ga kireru)
電池を新しいのと取り替える (*denchi* o atarashii no to torikaeru)

a battery goes dead // replace **a battery** with a new one

denki 電気〘名〙

denki ⟦n⟧ **electric light; electricity**

①[電燈]

① [electric light]

¶暗くなったので，電気をつけました。(Kuraku natta node, *denki* o tsukemashita.)

¶ [I] turned on **the lights** as it had gotten dark.

¶最後に部屋を出る人は電気を消してください。(Saigo ni heya o deru hito wa *denki* o keshite kudasai.)

¶ Will the last person to leave the room please turn off **the lights.**

②[電燈をつけたり物を動かしたりするエネルギーの一つ]

② [electricity]

電気製品 (*denki*-seihin) 電気洗たく機 (*denki*-sentakuki) 電気冷蔵庫 (*denki*-reizōko) 電気スタンド (*denki*-sutando)

an **electrical** appliance // an **electric** washing machine // an **electric** refrigerator // an **electric** lamp

¶アイロンに電気が通じません。(Airon ni *denki* ga tsūjimasen.)

¶ This iron is broken; **the electricity** doesn't flow through it.

denpō 電報〘名〙

denpō ⟦n⟧ **telegram**

電報を打つ (*denpō* o utsu)
電報で知らせる (*denpō* de shiraseru)

send **a telegram** // inform by **telegram**

¶日本に着いたら，すぐ電報を打ちます。(Nihon ni tsuitara, sugu *denpō* o uchimasu.)

¶ [I] will send [you] **a telegram** without delay upon arrival in Japan.

densen 伝染〘名，～する〙

densen ⟦n, ~*suru*⟧ **contagious, infectious**

¶各地に**伝染**病が流行しています。(Kakuchi ni *densen*byō ga ryūkō shite imasu.)

¶ **Epidemics** have broken out in various districts.

¶この病気は**伝染**するので，注意してください。(Kono byōki wa *densen* suru node, chūi shite kudasai.)

¶ This disease **is contagious** so please take care.

densha **電車**〖名〗

densha ⟦n⟧ **train** (run by electricity), **streetcar**

電車に乗る (*densha* ni noru) **電車**を降りる (*densha* o oriru) **電車**で行く (*densha* de iku) **電車**賃 (*densha*chin)

get on **a train** // get off **a train** // go by **train** // a **train** fare

¶東京の**電車**はいつもこんでいます。(Tōkyō no *densha* wa itsu mo konde imasu.)

¶ **The trains** in Tokyo are always crowded.

dentō **電燈**〖名〗

dentō ⟦n⟧ **electric light, electric lamp**

電燈をつける (*dentō* o tsukeru) **電燈**を消す (*dentō* o kesu)

turn on **an electric light** // turn off **an electric light**

¶部屋に**電燈**がついているから，だれかいると思います。(Heya ni *dentō* ga tsuite iru kara, dare ka iru to omoimasu.)

¶ Since **a light** is on in the room, I think someone is there.

denwa **電話**〖名，～する〗

denwa ⟦n, *~suru*⟧ **telephone**

電話料金 (*denwa*-ryōkin) 公衆**電話** (kōshū-*denwa*) **電話**帳 (*denwa*chō) 国際**電話** (kokusai*denwa*) **電話**で話す (*denwa* de hanasu) **電話**をかける (*denwa* o kakeru) **電話**を切る (*denwa* o kiru) **電話**口へ呼び出す (*denwa*guchi e yobidasu)

a **telephone** bill, a **telephone** charge // a public **telephone,** a pay **phone** // a **telephone** book, a **telephone** directory // an overseas **telephone call** // talk on **the telephone** // make **a telephone call, telephone** someone // hang up **the phone** // call someone to **the telephone**

¶あなたのうちの**電話**番号を教えてください。(Anata no uchi no *denwa*-bangō o oshiete kudasai.)

¶ Please tell me your home **telephone** number.

¶上田さん，田中さんから**電話**です。(Ueda san, Tanaka san kara *denwa*

¶ [Mr.] Ueda, there's **a telephone call** for you from [Miss] Tanaka.

desu.)

¶もしもし，上田さんは今ほかの**電話**に出ていますから，ちょっとお待ちください。 (Moshi moshi, Ueda san wa ima hoka no *denwa* ni dete imasu kara, chotto omachi kudasai.)

¶ Hello, [Mr.] Ueda is now on another **line.** Please wait a moment.

¶**電話**を切らずにおいてください。 (*Denwa* o kirazu ni oite kudasai.)

¶ Please **hold the line.**

¶さきほど，田中さんから**電話**がありました。 (Sakihodo, Tanaka san kara *denwa* ga arimashita.)

¶ There was **a telephone call** [for you] a little while ago from [Mrs.] Tanaka.

¶今，話し中で**電話**が通じません。 (Ima, hanashichū de *denwa* ga tsūjimasen.)

¶ I **can't get through** to [him] now; the line is busy.

¶何か用があったら，わたしに**電話**をください。 (Nani ka yō ga attara, watashi ni *denwa* o kudasai.)

¶ Give me **a call** if there's anything I can do for you.

¶またあとで**電話**します。 (Mata ato de *denwa* shimasu.)

¶ **I will call** again later.

depāto **デパート**〔名〕

depāto ⟦n⟧ **department store**

¶母は**デパート**へ買い物に行きました。 (Haha wa *depāto* e kaimono ni ikimashita.)

¶ My mother went shopping at **a department store.**

¶**デパート**ではいろいろな物を売っています。 (*Depāto* de wa iroiro na mono o utte imasu.)

¶ They sell various things in **a department store.**

deru **出る**〔動II〕

deru ⟦v II⟧ **go out, come out; leave; appear**

①[家の中などから外に行く]

部屋を**出る** (heya o *deru*) 学校の門を**出る** (gakkō no mon o *deru*) 会社を4時に**出る** (kaisha o yoji ni *deru*) 外に**出る** (soto ni *deru*) 庭に**出る** (niwa ni *deru*)

① [go, out, come out]

go out of a room // **come through** the school gate // **leave** the office at four o'clock // **go** outside // **go out** into the garden ⟦yard⟧

¶父は3時にうちを**出ました**。(Chichi wa sanji ni uchi o *demashita.*)
¶ My father **left** the house at three o'clock.

↔**hairu** 入る

②[学校を卒業する・家を去る・会社を辞めるなどの意味を表す]
② [graduate (from school), leave (home), quit (work)]

¶わたしは2年前に大学を**出ました**。(Watashi wa ninen mae ni daigaku o *demashita.*)
¶ I **graduated** from college two years ago.

③[出発する]
③ [start, leave, depart]

旅行に**出る** (ryokō ni *deru*)
leave on a trip

¶この汽車は何時に**出ます**か。(Kono kisha wa nanji ni *demasu* ka?)
¶ What time does this train **leave?**

¶もう船が**出る**時間です。(Mō fune ga *deru* jikan desu.)
¶ It's time for the ship **to depart.**

④[現れる]
④ [appear, come out]

木の芽が**出る** (ki no me ga *deru*)
a tree **buds**

¶山の上に月が**出ました**。(Yama no ue ni tsuki ga *demashita.*)
¶ The moon **has appeared** ⟦The moon **appeared**⟧ over the mountain.

⑤[出席する，出勤する]
⑤ [be present, attend]

¶わたしは今日の会議には**出られません**。(Watashi wa kyō no kaigi ni wa *deraremasen.*)
¶ I **can't attend** today's meeting.

¶わたしはあしたの日曜日にも会社へ**出ます**。(Watashi wa ashita no nichiyōbi ni mo kaisha e *demasu.*)
¶ I **will go to work** even tomorrow, Sunday.

⑥[出版される，掲載される]
⑥ [be published, be issued]

新刊本が**出る** (shinkanbon ga *deru*)
a new book **will be published**

¶この言葉は辞書に**出て**いません。(Kono kotoba wa jisho ni *dete imasen.*)
¶ This word **isn't listed** in the dictionary.

¶今日の新聞にA国の大地震のことが**出て**いました。(Kyō no shinbun ni Ē-koku no oojishin no koto ga *dete imashita.*)
¶ News of a large earthquake in Country A **appeared** in today's newspaper.

⑦［生じる，発生する，流れ出る］
¶風邪を引いて，熱が出ました。(Kaze o hiite, netsu ga *demashita*.)
¶どうしたんですか。足から血が出ていますよ。(Dō shita n desu ka? Ashi kara chi ga *dete* imasu yo.)
⑧［ある所に到達する］
¶この道をまっすぐ行くと，駅の前に出ます。(Kono michi o massugu iku to, eki no mae ni *demasu*.)

⑦ [occur, break out, arise]
¶ I caught a cold and **had** ⟦**have**⟧ **a fever.**
¶ What happened? Your leg ⟦foot⟧ **is bleeding!**
⑧ [lead to, come out]
¶ If you go straight along this street, **you'll come out** in front of the station.

deshō **でしょう**〘助動〙
¶あしたは雨が降るでしょう。(Ashita wa ame ga furu *deshō*.)
¶田中さんは間もなく来るでしょう。(Tanaka san wa mamonaku kuru *deshō*.)
＊「だろう (darō)」の丁寧な言葉。
⇨**darō** だろう

deshō ⟦auxil⟧ **perhaps, will probably, I think**
¶ It **will probably** rain tomorrow.
¶ **I think** [Mr.] Tanaka will come soon.
＊ *Deshō* is a more polite form of *darō*.

desu **です**〘助動〙
¶これは本です。(Kore wa hon *desu*.)
¶わたしは田中です。(Watashi wa Tanaka *desu*.)
¶昨日はいい天気でした。(Kinō wa ii tenki *deshita*.)
¶この鉛筆はだれのですか。(Kono enpitsu wa dare no *desu* ka?)
＊「だ (da)」の丁寧な言葉。
⇨**da** だ

desu ⟦auxil⟧ **is, are**
¶ This **is** a book.
¶ I **am** [Miss] Tanaka ⟦My name **is** Tanaka⟧.
¶ The weather **was** fine yesterday.
¶ Whose pencil **is** this?
＊ *Desu* is a more polite form of *da*.

detarame **でたらめ**〘名，形動〙
でたらめな答え (*detarame* na kotae)
¶あの人の言うことはでたらめで信用できません。(Ano hito no iu koto wa *detarame* de shin'yō dekimasen.)

detarame ⟦n, adj-v⟧ **random, irresponsible, hit-or-miss, nonsense**
a **random** answer
¶ That person talks **irresponsibly.** You can't trust anything [he] says.

¶でたらめを言っては困ります。(*Detarame* o itte wa komarimasu.)

¶It won't do for you to talk **so carelessly.**

¶このたなの本はでたらめに並べてあります。(Kono tana no hon wa *detarame* ni narabete arimasu.)

¶The books on this shelf are arranged **haphazardly.**

dewa では〖接〗

dewa 〚conj〛 **well, well then**

①[相手の話を受けてそれを根拠として自分の考え・判断などを述べるときに使う]

① [well then, in that case; used to state a conclusion or judgment of the speaker based on what the other has said]

¶「いつ旅行に行きましょうか。」(Itsu ryokō ni ikimashō ka?) 「わたしはいつでもいいですよ。」 (Watashi wa itsu demo ii desu yo.) 「**では**, 今度の日曜日にしましょう。」(*Dewa,* kondo no nichiyōbi ni shimashō.)

¶ "When shall we leave on our trip?" "Anytime is fine with me." "**Well then,** let's make it next Sunday."

¶「何をお飲みになりますか。」(Nani o onomi ni narimasu ka?)「わたしはコーヒーを飲みます。」(Watashi wa kōhii o nomimasu.)「**では**, わたしもコーヒーにしましょう。」 (*Dewa,* watashi mo kōhii ni shimashō.)

¶ "What will you have to drink?" "I'll have coffee." "**Then** I'll have coffee too."

②[何かを始めたり終えたりまたは別れたりするときに使う言葉]

② [well, so, now; used at a time of transition or parting]

¶**では**, これから会議を開きます。(*Dewa,* kore kara kaigi o hirakimasu.)

¶ **Well,** let's start the meeting now.

¶**では**, 本日はこれで終わります。(*Dewa,* honjitsu wa kore de owarimasu.)

¶ **Well,** this will be all for today.

¶**では**, お先に失礼します。 (*Dewa,* osaki ni shitsurei shimasu.)

¶ **Well,** I'll be leaving now 〚**Well,** good-bye now〛.

＊「わたしは日本人ではありません。(Watashi wa Nihonjin de wa arimasen.)」の「で (de)」は助動詞であ

＊ In a sentence like "*Watashi wa Nihonjin de wa arimasen*" (I am not a Japanese), *de* is part of the copula.

り,「日本では, 車は道の左側を走ります。 (Nihon de wa, kuruma wa michi no hidarigawa o hashirimasu.)」の「で (de)」は助詞である。

In a sentence like "*Nihon de wa, kuruma wa michi no hidarigawa o hashirimasu*" (Cars run on the left-hand side of the road in Japan), *de* is a particle.

＊「じゃ (ja)」とも言う。

＊ Variant: *ja*.

⇨**soredewa それでは**

-do -度〖尾〗

-do ⟦suf⟧ **times; degrees**

①[回数などを表すのに使う]

① [the counter for number of times]

¶もう一**度**言ってください。(Mō ichi*do* itte kudasai.)

¶ Please say it **once** again.

②[温度などの程度を表す]

② [the counter for degrees of temperature, etc.]

¶ここでは夏の気温は普通 30 **度**ぐらいになります。(Koko de wa natsu no kion wa futsū sanjū*do* gurai ni narimasu.)

¶ The temperature here in the summer is usually around 30 **degrees.**

dō どう〖副〗

dō ⟦adv⟧ **how, what**

①[話し手にとってものごとの不明な内容・状態などを表す]

① [how, what]

¶「あしたの天気は**どう**でしょうか。」(Ashita no tenki wa *dō* deshō ka?) 「たぶんいい天気でしょう。」(Tabun ii tenki deshō.)

¶ "I wonder **what** the weather **will be like** tomorrow."

"It will probably be fine."

¶「あしたの音楽会にいらっしゃいますか。」(Ashita no ongakkai ni irasshaimasu ka?) 「まだ**どう**するか決めていません。」(Mada *dō* suru ka kimete imasen.)

¶ "Are you going to the concert ⟦recital⟧ tomorrow?"

"I haven't decided yet **what** I'll do."

¶「上田さん, 今日は**どう**かしたのですか。元気がありませんね。」(Ueda san, kyō wa *dō* ka shita no desu ka? Genki ga arimasen ne.)「体のぐあいが悪いのです。」(Karada no guai ga warui no desu.)

¶ "Is **something the matter** today, [Mr.] Ueda? You seem to be a little low."

"Yes, I don't feel well."

¶この言葉は**どう**いう意味ですか。

¶ **What** is the meaning of this word?

(Kono kotoba wa *dō* iu imi desu ka?)
¶山田さんは来るかどうかわかりません。(Yamada san wa kuru ka *dō* ka wakarimasen.)

¶ I don't know **whether** [Miss] Yamada will come or not.

②〔話し相手の意向や状態などを尋ねるのに使う〕

② [what, how; used to inquire into the intentions or situation of the listener]

¶わたしはこの夏に北海道へ行きます。どうですか。いっしょに行きませんか。(Watashi wa kono natsu ni Hokkaidō e ikimasu. *Dō* desu ka? Issho ni ikimasen ka?)

¶ I'm going to Hokkaido this summer. **How about it?** Won't you go with me?

¶「上田さん，あなたはテニスはどうですか。」(Ueda san, anata wa tenisu wa *dō* desu ka?)「見るのは好きですが，自分ではやりません。」(Miru no wa suki desu ga, jibun de wa yarimasen.)

¶ "Do you play tennis, [Mrs.] Ueda?"
"I like to watch, but I don't play it myself."

¶「けがをしたそうですが，どうですか。」(Kega o shita sō desu ga, *dō* desu ka?)「おかげさまで，だいぶよくなりました。」(Okagesama de, daibu yoku narimashita.)

¶ "I heard you were hurt. **How are you?**"
"Much better, thank you."

* 普通「どうですか (dō desu ka)」の形で使う。

* Usually used in the pattern "*dō desu ka.*"

→ikaga いかが
⇨kō こう sō そう ā ああ

doa ドア〖名〗

doa 〚n〛 **door**

ドアを開ける (*doa* o akeru) ドアを閉める (*doa* o shimeru)

open **the door** // close **the door**

¶ドアにかぎを掛けました。(*Doa* ni kagi o kakemashita.)

¶ [I] locked **the door.**

dōbutsu 動物〖名〗

dōbutsu 〚n〛 **animal**

動物園 (*dōbutsu*en) 動物学 (*dō*-

a zoo // zoology

*butsu*gaku)

dochira どちら〘代〙

dochira 〚pron〛 **where; who; which**

①［話し手にとって不明な方向を表す］

① [which way, where]

¶「病院は**どちら**でしょうか。」(Byōin wa *dochira* deshō ka?) 「病院はあちらです。」(Byōin wa achira desu.)

¶ "**Which way** is the hospital?" "It's that way."

¶「東京は**どちら**ですか。」(Tōkyō wa *dochira* desu ka?)「東京はこちらです。」(Tōkyō wa kochira desu.)

¶ "**Which direction** is Tokyo?" "It's this direction."

*「どっち (dotchi)」とも言うが,「どちら (dochira)」のほうが丁寧な言葉である。

* *Dotchi* is also used, but *dochira* is more polite.

②［話し手にとって不明な方向にある所を表す］

② [where]

¶「あなたのおうちは**どちら**ですか。」(Anata no ouchi wa *dochira* desu ka?) 「わたしのうちは新宿です。」(Watashi no uchi wa Shinjuku desu.)

¶ "**Where** do you live?" "I live in Shinjuku."

¶「あなたは**どちら**の国からおいでになりましたか。」(Anata wa *dochira* no kuni kara oide ni narimashita ka?) 「わたしは日本から来ました。」(Watashi wa Nihon kara kimashita.)

¶ "**What** country are you from?" "I am from Japan."

*「どこ (doko)」よりも丁寧な言葉。

* *Dochira* is more polite than *doko*.

③［話し手にとって不明な人を表す］

③ [who]

¶失礼ですが,**どちら**様ですか。(Shitsurei desu ga, *dochira* sama desu ka?)

¶ Might I ask **your name,** please (literally, **Who** are you)?

* いつも「どちら様 (dochira sama)」の形で使う。

* Always used in the pattern *dochira sama*.

*「だれ (dare)」と言うよりも丁寧な言い方である。「どなた(donata)」「どなた様 (donata sama)」なども言

* *Dochira* is more polite than *dare*. *Donata* and *donata sama* are also used as polite forms of *dare*.

う。

④[二つのものごとの中から一つのものを選ぶときに使う]

④ [which, which one]

¶「上田さんと中村さんと**どちら**が背が高いですか。」(Ueda san to Nakamura san to *dochira* ga sei ga takai desu ka?)「上田さんのほうが，中村さんより背が高いです。」(Ueda san no hō ga, Nakamura san yori sei ga takai desu.)

¶ "**Who** is taller, [Mr.] Ueda or [Mr.] Nakamura?"

"[Mr.] Ueda is taller than [Mr.] Nakamura."

¶「あなたは魚と肉と**どちら**が好きですか。」(Anata wa sakana to niku to *dochira* ga suki desu ka?)「わたしは**どちら**も好きです。」(Watashi wa *dochira* mo suki desu.)

¶ "**Which** do you like better, fish or meat?"

"I like **both of them.**"

¶「作文を書くのに題は書かなくてもいいですか。」(Sakubun o kaku no ni dai wa kakanakute mo ii desu ka?)「書いても書かなくてもいいです。**どちら**でもいいです。」(Kaite mo kakanakute mo ii desu. *Dochira* demo ii desu.)

¶ "Is it all right not to write down the title when writing a composition?"

"You may write it down or not write it down. **Either** will be fine."

* 助詞「でも (demo)」がつくと，全面的な肯定を表す。助詞「も (mo)」がつくと，全面的な肯定または全面的な否定を表す。

* *Dochira demo* (either, whichever) is affirmative in meaning. *Dochira mo* (both, either; neither) can be affirmative or negative depending on the context.

*「どっち (dotchi)」とも言うが，「どちら (dochira)」のほうが丁寧な言葉である。

* *Dotchi* is also used, but *dochira* is more polite.

⇨kochira こちら　sochira そちら　achira あちら

dōgu　道具〖名〗

dōgu ⟦n⟧ **instrument, implement, utensil, tool**

台所**道具** (daidokoro-*dōgu*)

kitchen**ware**

¶テーブルの上の勉強**道具**をかたづけ

てください。(Tēburu no ue no benkyō-*dōgu* o katazukete kudasai.)

¶ Please clear away the study **things** on the table.

¶道具(どうぐ)があれば，自分(じぶん)でラジオが直(なお)せます。(*Dōgu* ga areba, jibun de rajio ga naosemasu.)

¶ If I had **the tools,** I could repair the radio myself.

dō itashimashite どういたしまして〖連〗

dō itashimashite 〚compd〛 **not at all, don't mention it, you're welcome**

¶「どうもありがとうございました。」(Dōmo arigatō gozaimashita.)
「いいえ，**どういたしまして**。」(Iie, *dō itashimashite.*)

¶ "Thank you very much."
"Oh no, **not at all.**"

dōji 同時(どうじ)〖名〗

dōji 〚n〛 **at the same time; while**

①[同じ時]

① [at the same time, simultaneously]

¶二人(ふたり)が着(つ)いたのは，ほとんど**同時(どうじ)**でした。(Futari ga tsuita no wa, hotondo *dōji* deshita.)

¶ The two arrived almost **simultaneously.**

¶発車(はっしゃ)のベルが鳴(な)り終(お)わると**同時(どうじ)**に，ドアが閉(し)まりました。(Hassha no beru ga nariowaru to *dōji* ni, doa ga shimarimashita.)

¶ The doors closed **the moment** the departure bell stopped ringing.

②[あることがらと共に]

② [while, along with]

¶この本(ほん)はおもしろいと**同時(どうじ)**にためになります。(Kono hon wa omoshiroi to *dōji* ni tame ni narimasu.)

¶ This book is **both** interesting and instructive.

¶この計画(けいかく)には，よい点(てん)もあると**同時(どうじ)**に悪(わる)い点(てん)もあります。(Kono keikaku ni wa, yoi ten mo aru to *dōji* ni warui ten mo arimasu.)

¶ This plan has bad points **as well as** good points.

dōjō 同情(どうじょう)〖名，～する〗

dōjō 〚n, ~*suru*〛 **sympathy, compassion**

¶わたしたちは，地震(じしん)で被害(ひがい)を受(う)けた人(ひと)たちに**同情(どうじょう)**して，お金(かね)を集(あつ)めて送(おく)りました。(Watashitachi wa, jishin de higai o uketa hitotachi ni *dōjō* shite, okane o atsumete okurima-

¶ **Sympathizing** with those who had suffered in the earthquake, we collected and sent off money to them.

shita.)

doko どこ〘代〙

doko 〚pron〛 **where; what place, whereabouts**

①[話し手にとって不明な所を表す]

① [where]

¶「どこが玄関ですか。」(*Doko* ga genkan desu ka?) 「あそこが玄関です。」(Asoko ga genkan desu.)

¶ "**Where** is the entryway?" "It's over there."

¶「あなたの学校はどこにありますか。」(Anata no gakkō wa *doko* ni arimasu ka?) 「わたしの学校は京都にあります。」(Watashi no gakkō wa Kyōto ni arimasu.)

¶ "**Where** is your school?" "It's in Kyoto."

¶「あなたの国はどこですか。」(Anata no kuni wa *doko* desu ka?) 「わたしの国は日本です。」 (Watashi no kuni wa Nihon desu.)

¶ "**What** country are you from?" "I am from Japan."

¶「あなたはどこの大学に行っていますか。」 (Anata wa *doko* no daigaku ni itte imasu ka?)「わたしはA大学に行っています。」 (Watashi wa Ē-daigaku ni itte imasu.)

¶ "**What** university do you go to?" "I go to University A."

¶どこでもいいから, 遊びに行きましょう。(*Doko* demo ii kara, asobi ni ikimashō.)

¶ Let's go out somewhere, **anywhere.**

¶わたしは, 今日は, どこへも行かずに一日じゅう勉強しようと思っています。(Watashi wa kyō wa, *doko* e mo ikazu ni ichinichijū benkyō shiyō to omotte imasu.)

¶ I'm planning to study all day today without going **anywhere.**

*助詞「でも (demo)」がつくと全面的な肯定を表す。また, 助詞「も (mo)」がつくと, 全面的な肯定または全面的な否定を表す。

* *Doko demo* (anywhere, everywhere) is affirmative in meaning. *Doko mo* (anywhere, everywhere; nowhere) can be affirmative or negative depending on the context.

②[話し手にとって当面するものごとの不明な点・部分・範囲・状態などを

② [what place, whereabouts]

表す]

¶「昨日はどこまで勉強しましたか。」(Kinō wa *doko* made benkyō shimashita ka?)「50ページまで勉強しました。」Gojippēji made benkyō shimashita.)

¶ "**How far** did [you] study yesterday?"
"[We] studied up to page 50."

¶「顔色がよくありませんね。どこか悪いのですか。」(Kaoiro ga yoku arimasen ne. *Doko* ka warui no desu ka?)「今朝から胃が痛いのです。」(Kesa kara i ga itai no desu.)

¶ "You look pale. Is **anything** the matter?"
"My stomach has been hurting since this morning."

¶あなたの研究はどこまで進んでいますか。(Anata no kenkyū wa *doko* made susunde imasu ka?)

¶ **How far** have you progressed in your research?

⇨koko ここ soko そこ asoko あそこ

doku 毒〘名〙

doku ⟦n⟧ **poison**

毒虫 (*doku*mushi) 毒へび (*doku*-hebi) 毒ガス (*doku*gasu)

a **poisonous** insect // a **poisonous** snake // a **toxic** gas

¶このきのこには毒があります。(Kono kinoko ni wa *doku* ga arimasu.)

¶ This mushroom **is poisonous.**

dokuritsu 独立〘名, ～する〙

dokuritsu ⟦n, *~suru*⟧ **independence, freedom**

独立国 (*dokuritsu*koku) 独立運動 (*dokuritsu*-undō) 独立戦争 (*dokuritsu*-sensō)

a **sovereign** nation, an **independent** state // an **independence** movement // the American **Revolution;** a war for **independence**

¶わたしたちは民族独立のために戦いました。(Watashitachi wa minzoku-*dokuritsu* no tame ni tatakaimashita.)

¶ We fought for **self-determination.**

¶あの人は独立心が強いです。(Ano hito wa *dokuritsu*shin ga tsuyoi desu.)

¶ [He] has a strong spirit of **independence** ⟦He is a very **independent** person⟧.

dōmo どうも〘副〙

dōmo ⟦adv⟧ **no matter how hard one tries; somehow; very, quite**

①[どうしても，どのようにやってみ

① [no matter how hard one tries, no

ても]

¶どうもうまく発音できません。(*Dōmo* umaku hatsuon dekimasen.)

matter what one does]

¶ I **just** can't pronounce it right.

¶この文の意味はどうもよくわかりません。(Kono bun no imi wa *dōmo* yoku wakarimasen.)

¶ I **just** can't seem to understand the meaning of this sentence.

* あとに打ち消しまたは否定的な意味の言葉が来る。

* Followed by a negative or words having a negative sense.

②[どう考えてもはっきりしないが]

② [somehow]

¶あの人には, どうも どこかで会ったような気がします。(Ano hito ni wa, *dōmo* doko ka de atta yō na ki ga shimasu.)

¶ **Somehow** I feel I've met that person before somewhere.

③[たいへん, ほんとうに]

③ [very, quite, really]

¶どうもありがとうございます。(*Dōmo* arigatō gozaimasu.)

¶ Thank you **very much.**

¶どうも失礼しました。(*Dōmo* shitsurei shimashita.)

¶ I beg your pardon ⟦I'm **very** sorry; Thank you for your time, etc.⟧.

donata どなた〔代〕

donata ⟦pron⟧ **who, whom**

¶あの方はどなたですか。(Ano kata wa *donata* desu ka?)

¶ **Who** is that person?

¶失礼ですが, どなた様でいらっしゃいますか。(Shitsurei desu ga, *donata* sama de irasshaimasu ka?)

¶ Excuse me, but may I ask **your name** please (literally, **who** are you)?

*「だれ (dare)」の丁寧な言い方。

* *Donata* is a more polite form of *dare*.

dondon どんどん〔副〕

dondon ⟦adv⟧ **rapidly, steadily**

¶物価がどんどん上がっています。(Bukka ga *dondon* agatte imasu.)

¶ Prices are rising **rapidly.**

¶どんどん進むので, 予習がたいへんです。(*Dondon* susumu node, yoshū ga taihen desu.)

¶ As [we] are moving ahead so **rapidly,** preparing [our] lessons is a real task.

*「どんどんと(dondon to)」とも言う。

* *Dondon to* is also used.

donna どんな〔連体〕

donna ⟦attrib⟧ **what, what sort of, what kind of**

¶「あなたは**どんな**スポーツが好きですか。」(Anata wa *donna* supōtsu ga suki desu ka?)「わたしはテニスがいちばん好きです。」(Watashi wa tenisu ga ichiban suki desu.)

¶ "**What** sports do you like?"
"I like tennis best."

¶「山田さんは山でけがをしたそうです。」(Yamada san wa yama de kega o shita sō desu.)「**どんな**ぐあいなのでしょうか。」(*Donna* guai na no deshō ka?)

¶ "I hear that [Mr.] Yamada was hurt in the mountains."
"I wonder **how** [he] is."

¶おいしそうですね。**どんな**材料で作りましたか。(Oishisō desu ne. *Donna* zairyō de tsukurimashita ka?)

¶ That dish looks very good. **What** ingredients is it made from?

¶「**どんな**質問でもいいですか。」(*Donna* shitsumon demo ii desu ka?)「はい，**どんな**質問でもいいです。」(Hai, *donna* shitsumon demo ii desu.)

¶ "Is **whatever** question all right?"
"Yes, please ask **any** question at all."

¶あの人にきけば，**どんな**ことでもわかります。(Ano hito ni kikeba, *donna* koto demo wakarimasu.)

¶ That person knows the answer to **anything** you might ask.

＊ 話し手にとって不明なものごとの内容・状態などを表す。「どんな(donna)＋名詞＋でも (demo)」の形で全面的な肯定を表す。

＊ The pattern "*donna* + noun + *demo*" (any ~, every ~) is affirmative in meaning. It indicates something incompletely known to the speaker.

⇨**konna** **こんな**　**sonna** **そんな**　**anna** あんな

donna ni　**どんなに**〔副〕

donna ni [[adv]]　**how, to what extent; however, no matter how**

①［ものごとの状態・数量などの程度を強調して表すときに使う］

① [how, to what extent, how much]

¶外国語が自由に話せたら**どんなに**いいでしょう。(Gaikokugo ga jiyū ni hanasetara, *donna ni* ii deshō.)

¶ **How** nice it would be to be able to speak a foreign language fluently!

¶戦争中みんながどんなに苦労したか，今のあなたがたにはわからないでしょう。(Sensōchū minna ga *donna ni* kurō shita ka, ima no anata gata ni wa wakaranai deshō.)

¶ You people today cannot imagine **how much** everyone suffered during the war.

②[ものごとの状態・数量などの限りない程度を仮定して表すときに使う]

② [however, no matter how]

¶**どんなに**お金があっても，テレビは買いませんか。(*Donna ni* okane ga atte mo, terebi wa kaimasen ka?)

¶ You wouldn't buy a television set **no matter how much** money you had?

¶**どんなに**急いでも，汽車には間に合いません。(*Donna ni* isoide mo, kisha ni wa maniaimasen.)

¶ **However much** [you] hurry, [you] won't be able to catch the train.

* いつも「どんなに～ても (donna ni～te mo)」の形で使い，あとに否定的な言葉が来る。

* Always used in the pattern "*donna ni ~-te mo*." Followed by words or expressions having a negative sense.

→ikura いくら

⇨konna ni こんなに　sonna ni そんなに　anna ni あんなに

dono　どの〘連体〙

dono 〚attrib〛 **which, what**

どの人 (*dono* hito)　どの方 (*dono* kata)

who, **which** one // who, **which** one (polite)

¶「中村さんのは**どの**かばんですか。」(Nakamura san no wa *dono* kaban desu ka?)「あの大きなかばんです。」(Ano ookina kaban desu.)

¶ "**Which** suitcase 〚briefcase, bag, etc.〛 is yours, [Miss] Nakamura 〚**Which** suitcase is Miss Nakamura's〛?"

"It's that large one over there."

¶お金は**どの**くらい持って行けばいいでしょうか。(Okane wa *dono* kurai motte ikeba ii deshō ka?)

¶ **How much** money should [I] take with [me]?

¶「**どの**くらい日本語を習っていますか。」(*Dono* kurai Nihongo o naratte imasu ka?)「約1年です。」(Yaku ichinen desu.)

¶ "**How long** have you been studying Japanese?"

"About one year."

¶**どの**本でもいいですから，読みたい

¶ Take a book you would like to

本をお持ちなさい。(*Dono* hon demo ii desu kara, yomitai hon o omochinasai.)

read, **any one** of them.

¶**どの**問題もみんな難しかったです。(*Dono* mondai mo minna muzukashikatta desu.)

¶ **All** of the problems were difficult.

＊ 話し手にとって不明なものごと・数量・程度などを表すのに使う。「どの (dono)＋名詞＋でも (demo)」の形は全面的な肯定を表す。「どの (dono)＋名詞＋も (mo)」の形は，全面的な肯定または全面的な否定を表す。

＊ The pattern "*dono* + noun + *demo*" (whichever, any, every) is affirmative in meaning. The pattern "*dono* + noun + *mo*" (every; no, none) can be affirmative or negative depending on the context.

⇨kono この　sono その　ano あの

dore どれ〖代〗

dore ⟦pron⟧ **which**

¶「あなたの本は**どれ**ですか。」(Anata no hon wa *dore* desu ka?)「わたしの本はこれです。」(Watashi no hon wa kore desu.)

¶ "**Which** is your book?"
"It's this one."

¶「東京の地図は**どれ**ですか。」(Tōkyō no chizu wa *dore* desu ka?)「東京の地図はあれです。」(Tōkyō no chizu wa are desu.)

¶ "**Which** is a map of Tokyo?"
"It's that one."

¶**どれ**でもあなたの好きなものを取りなさい。(*Dore* demo anata no suki na mono o torinasai.)

¶ Take **whichever** you like.

¶**どれ**もみんな好きです。(*Dore* mo minna suki desu.)

¶ I like **all of them.**

¶**どれ**もあまり好きではありません。(*Dore* mo amari suki de wa arimasen.)

¶ I don't like **any of them** very well.

＊ 普通，三つ以上のものごとの中から一つを選ぶときに使う。助詞「も (mo)」がつくと全面的な肯定または全面的な否定を表す。助詞「でも

＊ Usually used when choosing one out of three or more items. *Dore mo* (any, all, every; none, no) can be affirmative or negative in meaning depending on the context. *Dore*

(demo)」がつくと全面的な肯定を表し，選択が自由であることを表す。

⇨**kore これ　sore それ　are あれ**

demo (any, any one, whichever) is affirmative in meaning; it indicates a freedom of choice.

dore　どれ〘感〙

¶**どれ**，見せてごらん。(*Dore,* misete goran.)

＊何かを見せてもらうときなどに相手に言う言葉。

dore 〚interj〛 **well, come, now**

¶ Let me see it, **will you?**

＊ Said when wanting to be shown something or the like.

dōro　道路〘名〙

広い**道路** (hiroi *dōro*)　　狭い**道路** (semai *dōro*)

¶今の時間は，**道路**がたいへんこんでいます。(Ima no jikan wa, *dōro* ga taihen konde imasu.)

dōro 〚n〛 **road, street, highway**

a wide **street** // a narrow **street**

¶ **The roads** are very crowded at this time of the day.

dorobō　どろぼう〘名〙

¶留守中に**どろぼう**に入られました。(Rusuchū ni *dorobō* ni hairaremashita.)

dorobō 〚n〛 **thief**

¶ My home **was broken into** when no one was there.

doryoku　努力〘名，～する〙

努力家 (*doryoku*ka)

¶**努力**すれば，だれでも上手になれます。(*Doryoku* sureba, dare demo jōzu ni naremasu.)

¶**努力**したので，いい成績がもらえました。(*Doryoku* shita node, ii seiseki ga moraemashita.)

doryoku 〚n, ～*suru*〛 **effort, endeavor; strive**

a hard worker, an industrious person

¶ Anyone can become good at it if they really **apply themselves.**

¶ [He] was able to receive good grades because [he] **worked hard.**

dōsa　動作〘名〙

¶年を取ると，だんだん**動作**が鈍くなります。(Toshi o toru to, dandan *dōsa* ga nibuku narimasu.)

dōsa 〚n〛 **action, movement, bearing**

¶ As one ages, one becomes progressively slower **in movement.**

dōshite　どうして〘副〙

①［なぜ］

¶昨日は**どうして**学校を休んだのですか。(Kinō wa *dōshite* gakkō o ya-

dōshite 〚adv〛 **why; how**

① [why]

¶ **Why** did you stay home from school yesterday?

sunda no desu ka?)

¶あの人が来ないのは，**どうして**でしょう。(Ano hito ga konai no wa, *dōshite* deshō?)

¶ I wonder **why** [he] doesn't ⟦hasn't⟧ come.

* 理由などをたずねるときに使う言葉。→**naze なぜ**

* Used when asking the reason for something.

②[どのようにして，どういう方法で]

② [how, by what means, in what way]

¶夏休みを**どうして**過ごそうかと考えています。(Natsuyasumi o *dōshite* sugosō ka to kangaete imasu.)

¶ I am thinking about **how** to spend summer vacation.

dōshite mo　どうしても〔連〕

dōshite mo ⟦compd⟧ **whatever one may do; no matter what, at any cost**

①[どういうふうにしても，どのように考えても]

① [whatever one may do, by no means]

¶この問題は**どうしても**わかりません。(Kono mondai wa *dōshite mo* wakarimasen.)

¶ I can't understand this problem **no matter what I do.**

¶あの人と結婚するのは**どうしても**いやです。(Ano hito to kekkon suru no wa *dōshite mo* iya desu.)

¶ I **hate the very thought of** marrying that person.

* あとに打ち消しまたは否定的な意味の言葉が来る。

* Followed by a negative or words having a negative sense.

②[必ず，どんなことがあっても]

② [no matter what, at any cost, must]

¶この試合には，**どうしても**勝ちたいんです。(Kono shiai ni wa, *dōshite mo* kachitai n desu.)

¶ I am determined to win this match ⟦game⟧ **no matter what.**

¶昨日は学校を休んだので，今日は**どうしても**行かなければなりません。(Kinō wa gakkō o yasunda node, kyō wa *dōshite mo* ikanakereba narimasen.)

¶ Since I stayed home from school yesterday, I must **by all means** go today.

dotchi ☞ **dochira**

doyō(bi)　土曜（日）〔名〕

doyō(bi) ⟦n⟧ **Saturday**

dōzo　どうぞ〔副〕

dōzo ⟦adv⟧ **please, kindly**

¶**どうぞ**お入りください。(*Dōzo* ohairi kudasai.)

¶ **Please** come in.

¶わたしは山田(やまだ)です。**どうぞ**よろしく。 (Watashi wa Yamada desu. *Dōzo* yoroshiku.)

¶ My name is Yamada. **I'm pleased to make your acquaintance.**

E

e 絵〔名〕
絵はがき (*e*hagaki)　絵本 (*e*hon)　絵の具 (*e*nogu)　絵をかく (*e* o kaku)
¶田中さんは**絵**が上手です。(Tanaka san wa *e* ga jōzu desu.)
¶どんな**絵**が好きですか。(Donna *e* ga suki desu ka?)

e ⟦n⟧ **picture, painting, drawing**
a **picture** postcard // a **picture** book // pigments, paints // draw ⟦paint⟧ **a picture**
¶ [Mrs.] Tanaka can **draw** ⟦**paint**⟧ well.
¶ What sort of **pictures** ⟦**paintings**⟧ do you like?

e **え**〔感〕
¶**え**，何ですか。(*E!* Nan desu ka?)
¶**えっ**，それは本当ですか。(*E'!* Sore wa hontō desu ka?)

e ⟦interj⟧ **Oh!, What!; eh?, what?**
¶ What did you say?
¶ **What!** Is that really so?

e **へ**〔助〕
¶昨日，銀行**へ**行きました。(Kinō, ginkō *e* ikimashita.)
¶道の真ん中**へ**出ないでください。(Michi no mannaka *e* denaide kudasai.)

e ⟦part⟧ **to, toward, into**
¶ [I] went **to** the bank yesterday.
¶ Please don't go out **into** the middle of the street.

ebi **えび**〔名〕

ebi ⟦n⟧ **shrimp, lobster, prawn**

eda 枝〔名〕
木の**枝** (ki no *eda*)　**枝**を折る (*eda* o oru)

eda ⟦n⟧ **branch, bough, twig**
a tree **branch** ⟦**twig**⟧ // break off **a branch** ⟦**twig**⟧

ee **ええ**〔感〕
¶「この本を貸してください。」(Kono hon o kashite kudasai.)「**ええ**，いいですよ。」(*Ee*, ii desu yo.)
¶「お元気ですか。」(Ogenki desu ka?)「**ええ**，おかげさまで。」(*Ee*, okage-sama de.)
＊「はい (hai)」のほうが丁寧な言葉である。

ee ⟦interj⟧ **yes, yeah**
¶ "Please lend me this book ⟦Please let me use this book for a while⟧."
"**Yes,** certainly."
¶ "How are you?"
"Fine, thank you."
(More literally, "Are you healthy?" "**Yes,** thanks to you.")
＊ *Hai* is more polite than *ee*.

⇨**hai** はい

eiga 映画〔名〕

映画館 (*eiga*kan)　　ニュース映画 (nyūsu-*eiga*)

¶今晩，映画を見に行きましょう。(Konban, *eiga* o mi ni ikimashō.)

¶あの映画はおもしろいですか。(Ano *eiga* wa omoshiroi desu ka?)

eiga 〚n〛 **movie, motion picture**

a **movie** theater // a news**reel,** news **film**

¶ Let's go to see **a movie** tonight.

¶ Is that **movie** interesting?

eigo 英語〔名〕

¶英語の本を買いました。(*Eigo* no hon o kaimashita.)

¶英語で手紙を書きました。(*Eigo* de tegami o kakimashita.)

eigo 〚n〛 **English, the English language**

¶ [I] bought a book written in **English.**

¶ [I] wrote a letter in **English.**

eikyō 影響〔名，～する〕

¶子供は友達の影響を受けやすいです。(Kodomo wa tomodachi no *eikyō* o ukeyasui desu.)

¶仏教は日本の文化に大きな影響を与えました。(Bukkyō wa Nihon no bunka ni ookina *eikyō* o ataemashita.)

eikyō 〚n, *~suru*〛 **influence, effect**

¶ Children are easily **influenced** by their friends.

¶ Buddhism exerted a great **influence** on Japanese culture.

eisei 衛生〔名〕

公衆衛生 (kōshū-*eisei*)　衛生的 (*eisei*teki)

¶あの店の衛生状態はたいへんいいです。(Ano mise no *eisei*-jōtai wa taihen ii desu.)

eisei 〚n〛 **hygiene, sanitation**

public **health** // **sanitary, hygienic**

¶ The **sanitary** conditions in that store 〚restaurant, bar, etc.〛 are very good.

eiyō 栄養〔名〕

栄養が足りない (*eiyō* ga tarinai)

¶この食べ物はたいへん栄養があります。(Kono tabemono wa taihen *eiyō* ga arimasu.)

¶じゅうぶんに栄養を取ってください。(Jūbun ni *eiyō* o totte kudasai.)

eiyō 〚n〛 **nutrition, nourishment**

be under**nourished**

¶ This food is very **nutritious.**

¶ Please be sure to get adequate **nutrition.**

eki 駅〘名〙
駅長 (*eki*chō) 駅員 (*eki*in)
¶駅から家まで歩いて５分です。(*Eki* kara ie made aruite gofun desu.)
¶駅のそばに銀行があります。(*Eki* no soba ni ginkō ga arimasu.)

eki [[n]] **station**
a **station**master // a **station** employee
¶ It is a five-minute walk from **the station** to the house.
¶ There is a bank near **the station.**

ekitai **液体**〘名〙
¶あのびんの中の**液体**は何ですか。(Ano bin no naka no *ekitai* wa nan desu ka?)
¶危険な**液体**には色がつけてあります。(Kiken na *ekitai* ni wa iro ga tsukete arimasu.)
⇨**kitai 気体 kotai 固体**

ekitai [[n]] **liquid** (state), **fluid**
¶ What is **the liquid** in that bottle?
¶ Dangerous **liquids** have had coloring added.

(-) en (-) **円**〘名，尾〙
1〘名〙
円をかく (*en* o kaku) **円**形の建物 (*en*kei no tatemono)
2〘尾〙
100**円** (hyaku*en*) １万**円** (ichiman'*en*)

(-)en [[n, suf]] **circle; yen**
1 [[n]] a circle
draw **a circle** // a **round** building
2 [[suf]] the counter for yen
one hundred **yen** // ten thousand **yen**

enchō **延長**〘名，～する〙
¶ビザを**延長**しました。(Biza o *enchō* shimashita.)
¶留学の期間を１年間**延長**したいです。(Ryūgaku no kikan o ichinenkan *enchō* shitai desu.)

enchō [[n, *~suru*]] **continuation, extension**
¶ [I] **extended** [my] visa.
¶ I want **to extend** my studies abroad for a year.

enjin **エンジン**〘名〙
¶あの車の**エンジン**はたいへんいいです。(Ano kuruma no *enjin* wa taihen ii desu.)
¶新しい**エンジン**の調子はどうですか。(Atarashii *enjin* no chōshi wa dō desu ka?)

enjin [[n]] **engine**
¶ That car's **engine** is very good.
¶ How is the new **engine** running?

enjo **援助**〖名，～する〗

¶この計画を実現するには，政府の**援助**が必要です。 (Kono keikaku o jitsugen suru ni wa, seifu no *enjo* ga hitsuyō desu.)

¶たくさんの学生が経済的な**援助**を希望しています。(Takusan no gakusei ga keizaiteki na *enjo* o kibō shite imasu.)

enjo ⟦n, *~suru*⟧ **assistance, aid**

¶ Government **assistance** will be necessary to realize this project.

¶ Many students are hoping for financial **aid.**

enki **延期**〖名，～する〗

¶試験は**延期**になりました。 (Shiken wa *enki* ni narimashita.)

¶雨のために旅行を**延期**しました。 (Ame no tame ni ryokō o *enki* shimashita.)

enki ⟦n, *~suru*⟧ **postponement**

¶ The exam **has been postponed.**

¶ [They] **postponed** [their] trip because of rain.

enpitsu **鉛筆**〖名〗

赤**鉛筆** (aka*enpitsu*)　色**鉛筆** (iro-*enpitsu*)　**鉛筆**削り (*enpitsu*kezuri)

¶この**鉛筆**は一本いくらですか。 (Kono *enpitsu* wa ippon ikura desu ka?)

¶ここは**鉛筆**で書いてください。 (Koko wa *enpitsu* de kaite kudasai.)

enpitsu ⟦n⟧ **pencil**

a red **pencil** // a colored **pencil** // a **pencil** sharpener

¶ How much are these **pencils** apiece?

¶ Please write this part here in **pencil.**

enryo **遠慮**〖名，～する〗

¶どうぞ**遠慮**しないでください。 (Dōzo *enryo* shinaide kudasai.)

¶彼はたいへん**遠慮**深いです。 (Kare wa taihen *enryo*bukai desu.)

enryo ⟦n, *~suru*⟧ **reserve, diffidence**

¶ Please **don't hold back** ⟦Please **don't stand on ceremony**; Please **don't be shy**⟧.

¶ He is a very **reserved** person.

enshi **遠視**〖名〗

¶**遠視**の眼鏡を作りました。 (*Enshi* no megane o tsukurimashita.)

⇔**kinshi** 近視

enshi ⟦n⟧ **farsightedness, longsightedness**

¶ I had glasses made for my **farsightedness.**

ensō **演奏**〖名，～する〗

ensō ⟦n, *~suru*⟧ **musical performance, recital**

ギターを演奏する (gitā o *ensō* suru) ピアノ曲を演奏する (pianokyoku o *ensō* suru)

perform on the guitar // **perform** a piece on the piano

¶今晩，ピアノの演奏会があります。(Konban, piano no *ensō*kai ga arimasu.)

¶ There is a piano **recital** tonight.

entotsu 煙突〘名〙

entotsu [[n]] **chimney, smokestack**

¶あの工場には煙突が何本も立っています。(Ano kōjō ni wa *entotsu* ga nanbon mo tatte imasu.)

¶ There are many **smokestacks** at that factory.

¶煙突から煙がたくさん出ています。(*Entotsu* kara kemuri ga takusan dete imasu.)

¶ A lot of smoke is coming out of **the chimney.**

erabu 選ぶ〘動 I〙

erabu [[v I]] **choose, select**

¶好きな飲み物を選んでください。(Suki na nomimono o *erande* kudasai.)

¶ Please **choose** what you would like to drink.

¶田中さんは社長に選ばれました。(Tanaka san wa shachō ni *erabaremashita.*)

¶ [Mr.] Tanaka **was chosen** president of the company.

erai 偉い〘形〙

erai [[adj]] **great, excellent; eminent**

①[人物・能力などが優れている]

① [great, excellent, outstanding]

¶上田博士は偉い学者です。(Ueda hakushi wa *erai* gakusha desu.)

¶ Dr. Ueda is a **great** scholar.

¶あの学生は将来偉くなるでしょう。(Ano gakusei wa shōrai *eraku* naru deshō.)

¶ That student should **make [his] mark** in the future.

②[地位などが上である]

② [eminent, celebrated, famous, of high position]

¶会社の偉い人に会いました。(Kaisha no *erai* hito ni aimashita.)

¶ [I] met a person **high up** in the company.

¶彼は偉くないのに，いばっています。(Kare wa *eraku* nai noni, ibatte imasu.)

¶ He puts on airs even though **he's nobody important.**

erebētā エレベーター〘名〙

erebētā [[n]] **elevator**

¶**エレベーター**で5階まで行きました。(*Erebētā* de gokai made ikimashita.)

¶ [I] went up to the fifth floor in **the elevator.**

¶階段より**エレベーター**のほうが楽です。(Kaidan yori *erebētā* no hō ga raku desu.)

¶ Taking **the elevator** is easier than walking up the stairs.

esukarētā **エスカレーター**〘名〙

esukarētā ⟦n⟧ **escalator**

¶1階から3階まで**エスカレーター**で行きました。(Ikkai kara sangai made *esukarētā* de ikimashita.)

¶ [I] went from the first to the third floor on **the escalator.**

F

firumu　**フィルム**〘名〙

¶このカメラに**フィルム**を入れてください。(Kono kamera ni *firumu* o irete kudasai.)

¶カラー**フィルム**で写真を写しました。(Karā-*firumu* de shashin o utsushimashita.)

firumu 〚n〛 **film**

¶ Please put **film** in this camera.

¶ [I] took the photograph with color **film.**

fōku　**フォーク**〘名〙

¶ナイフと**フォーク**を買いました。(Naifu to *fōku* o kaimashita.)

¶食事のとき，はしと**フォーク**とどちらを使いますか。(Shokuji no toki, hashi to *fōku* to dochira o tsukaimasu ka?)

fōku 〚n〛 **fork**

¶ [I] bought knives and **forks.**

¶ Which do you use when you eat, chopsticks or **a fork?**

fu-　**不-**〘頭〙

不衛生 (*fu*eisei)　不合格 (*fu*gōkaku)　不可能 (*fu*kanō)　不完全 (*fu*kanzen)　不健康 (*fu*kenkō)　不規則 (*fu*kisoku)　不公平 (*fu*kōhei)　不満 (*fu*man)　不都合 (*fu*tsugō)　不運 (*fu*un)

¶この村は，まだ電気も水道もなくてたいへん**不**便です。(Kono mura wa, mada denki mo suidō mo nakute taihen *fu*ben desu.)

¶あの人は知っているのに，教えてくれませんでした。**不**親切な人です。(Ano hito wa shitte iru noni, oshiete kuremasen deshita. *Fu*shinsetsu na hito desu.)

＊ 多くの場合，次に来る言葉を反対

fu- 〚pref〛 **non-, un-**

insanitary conditions // **dis**qualification, failure, rejection // **im**possibility // **in**completeness, **im**perfection // poor health, **un**healthiness // **ir**regularity // **in**justice, **un**fairness // **dis**satisfaction, **dis**content // **in**convenience; **im**propriety // **mis**fortune

¶ This village is very **inconvenient;** it doesn't have electricity or running water yet.

¶ Even though [he] knew that, [he] didn't tell me. [He]'s a very **inconsiderate** person.

* In most cases, adding *fu-* to a

の意味にする。

word gives it the opposite meaning.

fuan 不安〘名，形動〙

¶試験に合格するかどうか**不安**です。(Shiken ni gōkaku suru ka dō ka *fuan* desu.)

¶入試の結果がわかるまで**不安**な気持ちです。(Nyūshi no kekka ga wakaru made *fuan* na kimochi desu.)

fuan ⟦n, adj-v⟧ **anxiety, uncertainty, uneasiness**

¶ **I am worried** over whether [I] will pass the exam or not.

¶ **I will be anxious** until we find out the results of the entrance exam.

fuben 不便〘名，形動〙

¶わたしの家は，駅から遠くて**不便**です。(Watashi no ie wa, eki kara tookute *fuben* desu.)

¶この辺は，店がなくて買い物に**不便**な所です。(Kono hen wa, mise ga nakute kaimono ni *fuben* na tokoro desu.)

⇔**benri** 便利

fuben ⟦n, adj-v⟧ **inconvenience**

¶ My house **is inconvenient** as it is so far from the station.

¶ This area **is inconvenient** for shopping as there are few shops.

fuda 札〘名〙

①[文字などを書いて何かにつけたり何かの印としたりする小さな紙や板など]

名**札** (na*fuda*) 荷**札** (ni*fuda*)

¶受付で番号**札**を受け取ってください。(Uketsuke de bangō*fuda* o uketotte kudasai.)

②[災難などを受けないようにと神社や寺などが出してくれるもの，お守り]

¶神社で交通安全のお**札**をもらってきました。(Jinja de kōtsū-anzen no o*fuda* o moratte kimashita.)

fuda ⟦n⟧ **label, tag, nameplate; charm, talisman**

① [label, tag, nameplate, ticket; small piece of paper or wood with something written upon it]

a name**plate,** place **card,** identification **tag** // a baggage **tag**

¶ Please receive **a number** at the reception desk.

② [charm or talisman obtained at a shrine or temple for protection against misfortune]

¶ [I] obtained **a charm** for traffic safety at a shrine.

fudan ふだん〘名〙

ふだん着 (*fudan*gi)

¶今朝は，**ふだん**より1時間早く起き

fudan ⟦n⟧ **usual, ordinary**

everyday clothing

¶ [I] got up an hour earlier than

ました。 (Kesa wa, *fudan* yori ichijikan hayaku okimashita.)

usual this morning.

¶ふだん勉強しないと，試験のときに困りますよ。(*Fudan* benkyō shinai to, shiken no toki ni komarimasu yo.)

¶ If you don't study **ordinarily,** you will have a hard time when you have an exam.

fude 筆〖名〗

fude ⟦n⟧ **writing brush, brush**

¶筆で名前を書いてください。 (*Fude* de namae o kaite kudasai.)

¶ Please write your name with **a brush.**

¶あしたは，ずみと筆を持って来てください。(Ashita wa, sumi to *fude* o motte kite kudasai.)

¶ Please bring ink and **brushes** tomorrow.

fueru 増える〖動Ⅱ〗

fueru ⟦v II⟧ **increase**

¶体重が５キロ増えました。(Taijū ga gokiro *fuemashita.*)

¶ [I] **gained** five kilos.

¶このごろ，交通事故が増えています。(Konogoro, kōtsū-jiko ga *fuete* imasu.)

¶ Traffic accidents **are increasing** these days.

⇔**heru** 減る ⇒**zōka** 増加 **masu** 増す

fūfu 夫婦〖名〗

fūfu ⟦n⟧ **husband and wife, a married couple**

夫婦げんか (*fūfu*-genka) 新婚夫婦 (shinkon-*fūfu*)

a **marital** quarrel // newly**weds**

¶あの二人は結婚して夫婦になりました。 (Ano futari wa kekkon shite *fūfu* ni narimashita.)

¶ Those two have married and formed **a couple.**

¶夫婦そろって旅行しました。 (*Fūfu* sorotte ryokō shimashita.)

¶ Both **husband and wife** ⟦**My husband/wife and I**⟧ went on a trip together.

fujin 婦人〖名〗

fujin ⟦n⟧ **woman, lady, female**

婦人服 (*fujin*fuku) 婦人ぐつ (*fujin*gutsu) 婦人物 (*fujin*mono) 婦人用 (*fujin*yō)

women's clothes // **women's** shoes // an item for use by **women** // for **women,** for use by **women**

¶婦人問題の研究をしています。(*Fujin*-mondai no kenkyū o shite

¶ [I] am studying **women's** problems.

imasu.)

fujin 夫人〘名〙

fujin 〚n〛 **wife, Mrs.** ~

首相夫人 (shushō *fujin*)

the **wife** of the prime minister

¶山田夫人と田中夫人が委員に選ばれました。(Yamada *fujin* to Tanaka *fujin* ga iin ni erabaremashita.)

¶ **Mrs.** Yamada and **Mrs.** Tanaka were chosen to be on the committee.

fukai 深い〘形〙

fukai 〚adj〛 **deep; dense; profound**

①[表面から底までの距離が長い]

① [deep; far from top to bottom]

深い海 (*fukai* umi) 深い井戸 (*fukai* ido)

a **deep** sea // a **deep** well

¶日本の周りの海でいちばん深い所はどこですか。(Nihon no mawari no umi de ichiban *fukai* tokoro wa doko desu ka?)

¶ Where is the **deepest** point in the seas around Japan?

¶深い所では泳がないでください。(*Fukai* tokoro de wa oyoganaide kudasai.)

¶ Please don't swim where the water **is deep.**

↔**asai** 浅い

②[入り口から奥までの距離が長い]

② [deep, dense; far from front to back]

山が深い (yama ga *fukai*)

deep in the mountains

¶一匹のしかが深い森の中に住んでいました。(Ippiki no shika ga *fukai* mori no naka ni sunde imashita.)

¶ A deer lived **deep** in the forest.

③[学問や知識などがじゅうぶんにある様子]

③ [deep, profound (knowledge, learning, etc.)]

¶彼はこの問題について深い知識を持っています。(Kare wa kono mondai ni tsuite *fukai* chishiki o motte imasu.)

¶ He possesses a **profound** knowledge concerning this problem.

④[霧などが濃い]

④ [heavy, dense (fog, etc.)]

深い霧 (*fukai* kiri)

a **heavy** fog

⑤[程度などが大きい]

⑤ [deep, profound, intense, strong]

注意深い (chūi*bukai*) 遠慮深い (enryo*bukai*) 用心深い (yōjin*bukai*)

careful, attentive // reserved, modest, shy // careful, cautious

¶御親切を深く感謝します。(Goshinsetsu o *fukaku* kansha shimasu.)

¶ I am **profoundly** grateful for your kindness to me.

fukasa 深さ〖名〗

fukasa 〚n〛 **depth**

¶この湖の深さは200メートルあります。(Kono mizuumi no *fukasa* wa nihyakumētoru arimasu.)

¶ This lake is two hundred meters **deep.**

⇨**-sa** -さ

fukin 付近〖名〗

fukin 〚n〛 **vicinity, neighborhood**

¶この付近に病院がありますか。(Kono *fukin* ni byōin ga arimasu ka?)

¶ Is there a hospital **near** here?

¶駅の付近には店がたくさんあります。(Eki no *fukin* ni wa mise ga takusan arimasu.)

¶ There are many shops **around** the station.

⇨**chikaku** 近く

fukō 不幸〖名, 形動〗

fukō 〚n, adj-v〛 **unhappiness, sorrow; misfortune**

不幸な一生 (*fukō* na isshō)

a life of **misery,** an **unhappy** lifetime

¶彼は不幸にも交通事故に遭って, ひどいけがをしました。(Kare wa *fukō* ni mo kōtsū-jiko ni atte, hidoi kega o shimashita.)

¶ He **had the misfortune** to be seriously injured in a traffic accident.

⇔**kōfuku** 幸福

fuku 服〖名〗

fuku 〚n〛 **dress, clothing, clothes**

婦人服 (fujin*fuku*) 子供服 (kodomo*fuku*) 和服 (wa*fuku*) 洋服 (yō*fuku*)

women's **clothing** // children's **clothing** // Japanese-style **clothing** // Western-style **clothing**

¶母が新しい服を作ってくれました。(Haha ga atarashii *fuku* o tsukutte kuremashita.)

¶ My mother made me some new **clothes.**

¶冬の服をクリーニングに出しました。(Fuyu no *fuku* o kuriiningu ni dashimashita.)

¶ [I] sent the winter **clothing** to the cleaners.

fuku- 副-〖頭〗

fuku- 〚pref〛 **assistant, deputy, acting, vice-, secondary, auxiliary**

副大統領 (*fuku*-daitōryō) 副社長

the **vice**-president (of a nation) //

(*fuku*-shachō)　副読本 (*fuku-dokuhon*)

the **vice-**president (of a company) // a **supplementary** reader

fuku　**吹く**〔動Ⅰ〕

fuku ⟦v I⟧　**blow**

①[風などが動いて通りすぎる]

① [blow (the wind, etc.)]

¶昨日は一日じゅう強い風が**吹いてい**ました。(Kinō wa ichinichijū tsuyoi kaze ga *fuite* imashita.)

¶ A strong wind **was blowing** all day yesterday.

②[口から息を勢いよく出す]

② [blow, breathe out]

¶ろうそくの火を**吹いて**消しました。(Rōsoku no hi o *fuite* keshimashita.)

¶ [I] **blew** out the candle.

③[息で楽器などを鳴らす]

③ [play a wind instrument]

ハーモニカを**吹く** (hāmonika o *fuku*) トランペットを**吹く** (toranpetto o *fuku*)

play on a harmonica // **blow** a trumpet

fuku　**ふく**〔動Ⅰ〕

fuku ⟦v I⟧　**wipe, mop**

¶ハンカチで汗を**ふきました**。(Hankachi de ase o *fukimashita.*)

¶ [I] **wiped** the sweat **off** with a handkerchief.

¶机の上が汚れているから，**ふいて**ください。(Tsukue no ue ga yogorete iru kara, *fuite* kudasai.)

¶ The desk top is dirty—please **wipe it off.**

fukumeru　**含める**〔動Ⅱ〕

fukumeru ⟦v II⟧　**include**

¶お客は子供を**含めて** 15 人です。(Okyaku wa kodomo o *fukumete* jūgonin desu.)

¶ **Including** children, the guests ⟦customers⟧ number 15 persons.

¶税金も**含めて**月給はいくらですか。(Zeikin mo *fukumete* gekkyū wa ikura desu ka?)

¶ How much is the monthly wage **including** tax?

fukumu　**含む**〔動Ⅰ〕

fukumu ⟦v I⟧　**contain**

¶海の水は塩分を**含んで**います。(Umi no mizu wa enbun o *fukunde* imasu.)

¶ Seawater **contains** salt.

¶このソースには何が**含まれて**いますか。(Kono sōsu ni wa nani ga

¶ What **is in** this sauce?

fukumarete imasu ka?)

fukuramu　ふくらむ〘動Ⅰ〙

風船が**ふくらむ** (fūsen ga *fukuramu*)

¶春になって，木の芽が**ふくらんで**きました。(Haru ni natte, ki no me ga *fukurande* kimashita.)

fukuramu 〚v I〛 **swell, expand, bulge out**

the balloon **is being inflated**

¶ Spring has come and the buds on the trees **are swelling.**

fukureru　ふくれる〘動Ⅱ〙

¶ビールをたくさん飲んだので，おなかが**ふくれました**。(Biiru o takusan nonda node, onaka ga *fukuremashita.*)

fukureru 〚v II〛 **swell out, expand**

¶ My stomach **is bloated** 〚**full**〛 as I drank a lot of beer.

(-) **fukuro**　(-)**袋**〘名，尾〙

1〘名〙

ビニール**袋** (biniiru-*bukuro*)　紙**袋** (kami*bukuro*)

¶これを**袋**に入れてください。(Kore o *fukuro* ni irete kudasai.)

2〘尾〙

¶お菓子を一**袋**買いました。(Okashi o hito*fukuro* kaimashita.)

(-)fukuro 〚n, suf〛 **bag, sack; bagful, sackful**

1 〚n〛 bag, sack

a plastic **bag,** vinyl **bag** // a paper **bag**

¶ Please put this in **a bag.**

2 〚suf〛 bagful, sackful; the counter for bags or sacks of something

¶ [I] bought **a bag** of candy.

fukushū　復習〘名，～する〙

¶予習も**復習**も大切です。(Yoshū mo *fukushū* mo taisetsu desu.)

¶家でよく**復習**してください。(Ie de yoku *fukushū* shite kudasai.)

⇔yoshū　予習

fukushū 〚n, *~suru*〛 **review** (of lessons)

¶ Both preparation and **review** of lessons are important.

¶ Please **review** this well at home.

fukusū　複数〘名〙

¶日本語には，単数と**複数**の区別はあまりありません。(Nihongo ni wa, tansū to *fukusū* no kubetsu wa amari arimasen.)

¶あなたの国の言葉では，**複数**の形はどう表しますか。(Anata no kuni

fukusū 〚n〛 **plural**

¶ The distinction between singular and **plural** isn't made very often in the Japanese language.

¶ How is the **plural** form expressed in your native language?

no kotoba de wa, *fukusū* no katachi wa dō arawashimasu ka?)
⇔**tansū 単数**

fukuzatsu 複雑〖形動〗
¶**複雑**な漢字はまだ書けません。(*Fukuzatsu* na kanji wa mada kakemasen.)
¶あの人の話は**複雑**で，よくわかりません。(Ano hito no hanashi wa *fukuzatsu* de, yoku wakarimasen.)
⇨**kantan 簡単**

fukuzatsu 〚adj-v〛 **complicated, involved**
¶ [I] can't write **complex** *kanji* yet.
¶ [His] stories 〚lectures〛 **are complicated,** and I don't understand them very well.

fumu 踏む〖動 I〗
¶花を**踏まない**ように気をつけてください。(Hana o *fumanai* yō ni ki o tsukete kudasai.)
¶電車の中で足を**踏まれました**。(Densha no naka de ashi o *fumaremashita.*)

fumu 〚v I〛 **step on, tread on**
¶ Please be careful **not to step on** the flowers.
¶ Someone **stepped on** my foot in the train.

-fun -分〖尾〗
1分 (ip*pun*) 2分 (ni*fun*) 3分 (san*pun*) 4分 (yon*pun*) 5分 (go*fun*) 6分 (rop*pun*) 7分 (nana*fun*) 8分 (hap*pun*) 9分 (kyū*fun*) 10分 (jip*pun*)
¶今，1時15**分**です。(Ima, ichiji jūgo*fun* desu.)
¶家から駅まで歩いて10**分**です。(Ie kara eki made aruite jip*pun* desu.)

-fun 〚suf〛 the counter for minutes
one **minute** // two **minutes** // three **minutes** // four **minutes** // five **minutes** // six **minutes** // seven **minutes** // eight **minutes** // nine **minutes** // ten **minutes**
¶ It's now 1:**15.**
¶ It's a 10-**minute** walk from the house to the station.

funabin 船便〖名〗
¶これを**船便**でお願いします。(Kore o *funabin* de onegai shimasu.)
¶**船便**のほうが航空便より安いです。(*Funabin* no hō ga kōkūbin yori

funabin 〚n〛 **sea mail, shipping service**
¶ Please send this by **sea mail.**
¶ **Sea mail** is cheaper than airmail.

yasui desu.)

⇨**kōkūbin 航空便**

fune 船〘名〙

船で旅行する (*fune* de ryokō suru)

¶大きな**船**が港に着きました。 (Ookina *fune* ga minato ni tsukimashita.)

fune ⟦n⟧ **boat, ship**

travel by **boat**

¶ A large **ship** has arrived in port ⟦A large **ship** arrived in port⟧.

fureru 触れる〘動II〙

①[さわる]

¶この作品に手を**触れないで**ください。 (Kono sakuhin ni te o *furenaide* kudasai.)

②[ついでに問題にする, 言及する]

¶先生は講義の中で公害の問題に**触れました**。 (Sensei wa kōgi no naka de kōgai no mondai ni *furemashita.*)

fureru ⟦v II⟧ **touch, feel; touch on, mention**

① [touch, feel]

¶ Please **don't touch** this work of art.

② [touch on, mention, allude to]

¶ The teacher ⟦professor⟧ **touched upon** the problem of pollution in the lecture.

furikaeru 振り返る〘動I〙

①[後ろを見る]

¶秋子さんは何度も**振り返って**手を振りました。 (Akiko san wa nando mo *furikaette* te o furimashita.)

②[昔のことを思い出してみる]

¶子供のころを**振り返る**と, とても懐かしいです。 (Kodomo no koro o *furikaeru* to, totemo natsukashii desu.)

furikaeru ⟦v I⟧ **look back, turn around; look back at, review**

① [look back, turn one's head, turn around]

¶ Akiko **looked back** ⟦**turned around**⟧ many times and waved.

② [look back at, review past events]

¶ **Thinking back over** my childhood, I feel very nostalgic.

furo ふろ〘名〙

ふろ場 (*furo*ba)　ふろ屋 (*furo*ya)

¶おふろが沸きました。 (O*furo* ga wakimashita.)

¶おふろに入りました。 (O*furo* ni hairimashita.)

furo ⟦n⟧ **bath**

bathroom (for taking a bath only) // public **bath**

¶ **The bath** is heated ⟦is ready⟧.

¶ I had **a bath.**

furu 降る〘動I〙

furu ⟦v I⟧ **fall** (rain, snow, etc.)

¶雨が**降って**きました。 (Ame ga *futte* kimashita.)

¶ It has started **to rain.**

¶あなたの国では雪が**降ります**か。 (Anata no kuni de wa yuki ga *furimasu* ka?)

¶ **Does it snow** in your country?

furu 振る〔動Ⅰ〕

furu ⟦v I⟧ **wave; give, attach**

①[ゆり動かす]

① [wave]

ハンカチを**振る** (hankachi o *furu*)

wave one's handkerchief

¶子供が電車の窓から手を**振って**います。 (Kodomo ga densha no mado kara te o *futte* imasu.)

¶ The children **are waving** their hands out of the window of the train.

②[漢字に読み方をつける]

② [write the reading alongside *kanji*]

¶次の漢字に仮名を**振りなさい**。 (Tsugi no kanji ni kana o *furinasai.*)

¶ **Write** the readings in *kana* **alongside** the following *kanji*.

furueru 震える〔動Ⅱ〕

furueru ⟦v II⟧ **tremble, shiver, shake**

¶寒いので子供が**震えて**います。 (Samui node kodomo ga *furuete*imasu.)

¶ The children **are shivering** because of the cold.

¶恐ろしくて，ひざが**震えました**。 (Osoroshikute, hiza ga *furuemashita.*)

¶ My knees **were trembling** with fright.

furui 古い〔形〕

furui ⟦adj⟧ **old; dated**

¶あの人の考えはもう**古い**です。(Ano hito no kangae wa mō *furui* desu.)

¶ [His] way of thinking **is behind the times.**

¶この建物はずいぶん**古く**なりましたね。 (Kono tatemono wa zuibun *furuku* narimashita ne.)

¶ This building **is** really **old** now, isn't it?

⇔**atarashii** 新しい

fushigi 不思議〔形動〕

fushigi ⟦adj-v⟧ **wonderful, strange, mysterious, curious**

¶日本ではなぜ牛肉がこんなに高いのか**不思議**です。 (Nihon de wa naze gyūniku ga konna ni takai no ka *fushigi* desu.)

¶ **It's strange** that beef should be so expensive in Japan.

¶こんな簡単な問題がなぜ解決できないのか，それが不思議です。(Konna kantan na mondai ga naze kaiketsu dekinai no ka, sore ga *fushigi* desu.)

¶ **It's curious** that such a simple problem hasn't been solved.

¶ひどい事故でしたが，**不思議**に彼は無事でした。(Hidoi jiko deshita ga, *fushigi* ni kare wa buji deshita.)

¶ It was a terrible accident, but **miraculously enough** he escaped injury.

fusoku **不足**〘名，～する〙

fusoku 〚n, ~*suru*〛 **insufficiency, deficiency**

¶料金が 50 円**不足**していますから，そこで切手を買ってはってください。(Ryōkin ga gojūen *fusoku* shite imasu kara, soko de kitte o katte hatte kudasai.)

¶ It's 50 yen **short;** please buy a stamp for it over there (literally, buy a stamp over there and put it on).

¶栄養が**不足**すると，病気になります。(Eiyō ga *fusoku* suru to, byōki ni narimasu.)

¶ **Malnutrition** leads to illness.

futa **ふた**〘名〙

futa 〚n〛 **cover, lid**

¶おふろの**ふた**をしてください。(Ofuro no *futa* o shite kudasai.)

¶ Please put **the cover** back on the bathtub.

¶びんの**ふた**がなかなか開きません。(Bin no *futa* ga nakanaka akimasen.)

¶ **The lid** of this bottle is difficult to open.

futari **二人**〘名〙

futari 〚n〛 **two persons, a couple**

¶**二人**でいっしょに来てください。(*Futari* de issho ni kite kudasai.)

¶ Please come together, **the two of you.**

¶あの夫婦は子供が**二人**あります。(Ano fūfu wa kodomo ga *futari* arimasu.)

¶ That couple has **two** children.

futatabi **再び**〘副〙

futatabi 〚adv〛 **again, a second time**

¶**再び**お目にかかれるかどうかわかりませんね。(*Futatabi* ome ni kakareru ka dō ka wakarimasen ne.)

¶ I don't know if we will ever be able to meet **again.**

¶**再び**同じ間違いを繰り返したくあり

¶ I don't want to make the same mis-

ません。(*Futatabi* onaji machigai o kurikaeshitaku arimasen.)

futatsu　二つ〘名〙

①[２個]

¶りんごを二つください。　(Ringo o *futatsu* kudasai.)

②[２歳]

¶この子は今年二つになります。

(Kono ko wa kotoshi *futatsu* ni narimasu.)

futo　ふと〘副〙

¶駅に向かって歩いているうちに, ふと忘れ物をしたことに気がつきました。(Eki ni mukatte aruite iru uchi ni, *futo* wasuremono o shita koto ni ki ga tsukimashita.)

¶ふと見ると, もう桜が咲いていました。(*Futo* miru to, mō sakura ga saite imashita.)

fūtō　封筒〘名〙

¶この手紙を封筒に入れて出してください。(Kono tegami o *fūtō* ni irete dashite kudasai.)

¶封筒と便せんをください。(*Fūtō* to binsen o kudasai.)

futoi　太い〘形〙

太い木 (*futoi* ki) 太い腕 (*futoi* ude)

¶もっと太いひもはありませんか。

(Motto *futoi* himo wa arimasen ka?)

⇔**hosoi** 細い

futon　布団〘名〙

掛け布団 (kake*buton*)　敷き布団 (shiki*buton*)　座布団 (za*buton*)

take **twice.**

futatsu ⟦n⟧　**two**

① [two items]

¶ Please give me **two** apples.

② [two years old]

¶ This child will be **two years old** this year.

futo ⟦adv⟧　**suddenly, accidentally**

¶ As I was walking toward the station, I **suddenly** realized that I had forgotten something.

¶ When I **happened to** look that way, I saw that the cherry blossoms were in bloom.

fūtō ⟦n⟧　**envelope**

¶ Please put this letter in **an envelope** and mail it.

¶ **Envelopes** and letter paper, please.

futoi ⟦adj⟧　**thick, broad**

a **thick** tree // a **big** arm

¶ Don't you have any **thicker** cord ⟦rope, string, ribbon, etc.⟧ than this?

futon ⟦n⟧　**futon, Japanese-style bedding**

top **futon,** coverlet // bottom **futon,** sleeping mat // *zabuton*, Japanese

布団を敷く (*futon* o shiku)

floor **cushion** // lay out the **bedding**

¶寒いから，布団をもう一枚掛けてください。(Samui kara, *futon* o mō ichimai kakete kudasai.)

¶ It's cold so please put on one more **coverlet.**

futoru 太る〔動 I〕

futoru [[v I]] **put on weight, grow stout**

¶最近，少し**太りました**。(Saikin, sukoshi *futorimashita*.)

¶ [I]'ve **put on** some **weight** lately.

¶**太った**ので，洋服が合わなくなりました。(*Futotta* node, yōfuku ga awanaku narimashita.)

¶ [I]'ve **put on weight** so that [my] clothes don't fit anymore.

⇔**yaseru やせる**

futsū 普通〔名，形動〕

futsū [[n, adj-v]] **usual, ordinary, regular**

普通列車 (*futsū*-ressha)

regular train; **local** train

¶朝御飯は**普通**7時ごろ食べます。(Asagohan wa *futsū* shichiji goro tabemasu.)

¶ [I] **usually** eat breakfast around seven o'clock.

¶ここから駅までは**普通**に歩いて5分です。(Koko kara eki made wa *futsū* ni aruite gofun desu.)

¶ At an **ordinary** pace it's a five-minute walk from here to the station.

futsuka 二日〔名〕

futsuka [[n]] **the second day of the month; two days**

①[日付]

① [the second day of the month]

¶今日は五月**二日**です。(Kyō wa go-gatsu *futsuka* desu.)

¶ Today is **the second** of May.

②[日数]

② [two days]

¶風邪を引いて，**二日**間休みました。(Kaze o hiite, *futsuka*kan yasumi-mashita.)

¶ [I] caught a cold and stayed home for **two days.**

⇨**-ka -日**

fuyu 冬〔名〕

fuyu [[n]] **winter**

¶ここの**冬**はとても寒いです。(Koko no *fuyu* wa totemo samui desu.)

¶ **The winters** are very cold here.

¶**冬**休みには京都へ旅行します。(*Fuyu*yasumi ni wa Kyōto e ryokō shimasu.)

¶ [I] am going to travel to Kyoto during **winter** vacation.

G

ga が〚助〛

ga 〚part〛 a particle acting as a subject marker

①〔動作や存在や状態などの主体を表す〕

① [indicates the subject of an action, state, condition, etc.]

¶「そこに何**が**ありますか。」(Soko ni nani *ga* arimasu ka?) 「ここに本**が**あります。」(Koko ni hon *ga* arimasu.)

¶ "What is there?"
"There is a book here."

¶丘の上には桜の花**が**きれいに咲いていました。(Oka no ue ni wa sakura no hana *ga* kirei ni saite imashita.)

¶ Beautiful cherry blossoms were in bloom on the hilltop.

¶昨日は一日じゅう雨**が**降っていました。 (Kinō wa ichinichijū ame *ga* futte imashita.)

¶ It rained all day yesterday.

¶だれ**が**窓ガラスを割ったのですか。(Dare *ga* madogarasu o watta no desu ka?)

¶ Who broke the window?

¶公園の桜の花**が**とてもきれいです。(Kōen no sakura no hana *ga* totemo kirei desu.)

¶ The cherry blossoms in the park are very pretty.

¶海は波**が**静かでした。(Umi wa nami *ga* shizuka deshita.)

¶ The ocean waves were gentle.

¶どれ**が**あなたの万年筆ですか。(Dore *ga* anata no mannenhitsu desu ka?)

¶ Which one is your fountain pen?

②〔希望や好ききらいなどの感情の対象を表す〕

② [indicates the object of feelings of desire, like, dislike, etc.]

¶わたしは山登り**が**好きです。(Watashi wa yamanobori *ga* suki desu.)

¶ I like mountain climbing.

¶兄は運動**が**きらいです。 (Ani wa undō *ga* kirai desu.)

¶ My (elder) brother dislikes exercise.

¶「あなたは何が欲しいですか。」(Anata wa nani *ga* hoshii desu ka?)「わたしはカメラが欲しいです。」(Watashi wa kamera *ga* hoshii desu.)

¶ "What do you want?" "I want a camera."

¶わたしは水が飲みたいです。(Watashi wa mizu *ga* nomitai desu.)

¶ I want a drink of water.

¶わたしは頭が痛いです。(Watashi wa atama *ga* itai desu.)

¶ I have a headache.

*「動詞(基幹の形)＋たい (tai)」の形で希望を表す場合には「を (o)」も使われる。「わたしは田舎に家を建てたいです。(Watashi wa inaka ni ie o tatetai desu.)」

* The particle *o* can also be used in the pattern "verb (stem form) + *-tai*": "*Watashi wa inaka ni ie o tatetai desu*" (I want to build a house in the country).

③[能力・可能不可能・上手下手などの対象を表す]

③ [indicates the object of ability, possibility, impossibility, skill, lack of skill, etc.]

¶中村さんは上手に英語が話せます。(Nakamura san wa jōzu ni Eigo *ga* hanasemasu.)

¶ [Mr.] Nakamura can speak English well.

¶わたしは中国語がよくわかりません。(Watashi wa Chūgokugo *ga* yoku wakarimasen.)

¶ I can't understand Chinese very well.

¶わたしはまだ泳ぐことができません。(Watashi wa mada oyogu koto *ga* dekimasen.)

¶ I still can't swim.

¶中村さんはスキーがとても上手です。(Nakamura san wa sukii *ga* totemo jōzu desu.)

¶ [Miss] Nakamura can ski very well.

ga が〘助〙

ga 〚part〛 **but, and**

①[前件から当然予想される結果が後件において成立しないという関係を表す]

① [but, and yet; indicates that what would naturally follow the first clause is lacking]

¶種をまきましたが，とうとう芽が出ませんでした。(Tane o makimashita *ga*, tōtō me ga demasen deshita.)

¶ [I] planted 〚sowed〛 some seeds, **but** in the end they did not come up.

¶頭が痛いので薬を飲みました**が**，少しもよくなりません。(Atama ga itai node kusuri o nomimashita *ga,* sukoshi mo yoku narimasen.)

¶ I took some medicine for my headache, **but** it hasn't gotten any better at all.

②[前件が後件に対して対比的・対立的な関係にあることを表す]

② [but; indicates that the second clause is in contrast or opposition to the first clause]

¶ペンはあります**が**，インクがありません。 (Pen wa arimasu *ga,* inku ga arimasen.)

¶ There's a pen, **but** there isn't any ink.

¶わたしは海は好きです**が**，山はあまり好きではありません。(Watashi wa umi wa suki desu *ga,* yama wa amari suki de wa arimasen.)

¶ I like the ocean, **but** I don't particularly like the mountains.

¶わたしは約束どおり早く行きました**が**，山田さんはずいぶん遅れて来ました。 (Watashi wa yakusokudōri hayaku ikimashita *ga,* Yamada san wa zuibun okurete kimashita.)

¶ I came on time, **but** [Mrs.] Yamada came very late.

¶去年の冬はずいぶん寒かったです**が**，今年は暖かでたいへん楽です。(Kyonen no fuyu wa zuibun samukatta desu *ga,* kotoshi wa atataka de taihen raku desu.)

¶ It was a very severe winter last year, **but** this year it's a very warm and easy one.

③[前件が後件に対する前置きなどの関係にあることを表す]

③ [but, and; indicates that the first clause is preliminary or introductory to the second clause]

¶すみません**が**，水を一杯ください。 (Sumimasen *ga,* mizu o ippai kudasai.)

¶ Excuse me, **but** could I have a glass of water please?

¶こちらは山田でございます**が**，中村さんでしょうか。 (Kochira wa Yamada de gozaimasu *ga,* Nakamura san deshō ka?)

¶ This is [Mr.] Yamada calling. Is this [Mr.] Nakamura?

¶駅へ行きたいのです**が**，どう行ったらよいでしょうか。(Eki e ikitai no

¶ I want to go to the station. Could you please tell me the way?

desu *ga*, dō ittara yoi deshō ka?)

④[前件のことがらが後件のことがらに対して共存的な関係にあることを表す]

④ [and; indicates the coexistence of the first and second clauses]

¶山田さんは体も大きいが, 力もあります。(Yamada san wa karada mo ookii *ga*, chikara mo arimasu.)

¶ [Mr.] Yamada is large, **and** [he] is strong too.

¶去年の冬も寒かったですが, 今年もやはり寒いですね。(Kyonen no fuyu mo samukatta desu *ga*, kotoshi mo yahari samui desu ne.)

¶ Last winter was cold, **and** it's cold this winter too.

¶山田さんは医者ですが, 息子さんもやはり医者になりました。 (Yamada san wa isha desu *ga*, musukosan mo yahari isha ni narimashita.)

¶ [Mrs.] Yamada is a doctor, **and** [her] son became a doctor too.

⇨**keredomo けれども**

ga **が**〖助〗

ga 〚part〛 **but, and**

①[ものごとをはっきり断定的に言うのを避けて柔らかく言い相手の反応を待つ気持ちを表す]

① [used to soften a statement and to indicate that one is waiting for the listener's response]

¶実はお金を少しお借りしたいのですが。 (Jitsu wa okane o sukoshi okari shitai no desu *ga*.)

¶ Actually I would like to borrow a little money....

¶父は今外出しておりますが。(Chichi wa ima gaishutsu shite orimasu *ga*.)

¶ My father is out now....

②[望ましいことがらの成立を願う気持ちや実現しなかったことがらを回想してそれが成立していればどんなによかったかというような気持ちなどを表す]

② [expresses a desire for something to happen or regret that something didn't happen]

¶今日じゅうにあの峠を越えることができればよいが。(Kyōjū ni ano tōge o koeru koto ga dekireba yoi *ga*.)

¶ It would be nice if we could get over that ridge sometime today 〚If only we could get over that ridge sometime today〛....

¶学生の時に海外旅行をしておけばよかったのだが。(Gakusei no toki ni kaigai-ryokō o shite okeba yokatta no da *ga*.)

¶ If only I had traveled abroad when I was a student....

⇨ **keredomo けれども**

gai **害**〖名 ～する〗

gai [[n, ~*suru*]] **injury, harm**

害虫 (*gai*chū) 公**害** (kō*gai*) 水**害** (sui*gai*)

a **harmful** insect // pollution // flood **damage**

¶たばこは健康に**害**があります。(Tabako wa kenkō ni *gai* ga arimasu.)

¶ Smoking is **bad for** one's health.

gaijin **外人**〖名〗

gaijin [[n]] **foreigner, alien**

¶あの**外人**は日本語が上手ですね。(Ano *gaijin* wa Nihongo ga jōzu desu ne.)

¶ That **foreigner** speaks Japanese well.

¶観光のため，たくさんの**外人**が京都へ行きます。(Kankō no tame, takusan no *gaijin* ga Kyōto e ikimasu.)

¶ Many **foreigners** go to Kyoto to sightsee.

＊「外国人 (gaikokujin)」とも言う。

＊ Variant: *gaikokujin*.

gaikō **外交**〖名〗

gaikō [[n]] **diplomacy**

外交官 (*gaikō*kan) **外交**問題 (*gaikō*-mondai) **外交**政策 (*gaikō*-seisaku)

a diplomat, the **diplomatic** service // a **diplomatic** question // a **diplomatic** policy

¶それは**外交**上の秘密です。(Sore wa *gaikō*jō no himitsu desu.)

¶ That is a **diplomatic** secret.

¶A国とB国との間には現在**外交**関係がありません。(Ē-koku to Bii-koku to no aida ni wa genzai *gaikō*-kankei ga arimasen.)

¶ At present, Country A does not have **diplomatic** relations with Country B.

gaikoku **外国**〖名〗

gaikoku [[n]] **foreign country**

外国人 (*gaikoku*jin) **外国**語 (*gaikoku*go)

a foreigner // a **foreign** language

¶わたしはまだ**外国**へ行ったことがありません。(Watashi wa mada *gai-*

¶ I've never been to **a foreign country.**

koku e itta koto ga arimasen.)

gakkari suru **がっかりする**〔動Ⅲ〕

¶入学試験に落ちて**がっかりしました**。 (Nyūgaku-shiken ni ochite *gakkari shimashita.*)

¶失敗しても**がっかりしないで**ください。 (Shippai´shite mo *gakkari shinaide* kudasai.)

gakkari suru ⟦v III⟧ **be discouraged, be disappointed**

¶ **I am** ⟦**was**⟧ **disheartened** over failing the school entrance exam.

¶ **Don't lose heart** even if you should suffer a failure.

gakki **楽器**〔名〕

¶あなたは何か**楽器**が弾けますか。 (Anata wa nani ka *gakki* ga hikemasu ka?)

¶あの店にはいろいろな**楽器**があります。 (Ano mise ni wa iroiro na *gakki* ga arimasu.)

gakki ⟦n⟧ **musical instrument**

¶ Can you play **a musical instrument?**

¶ That shop has various **musical instruments.**

gakki **学期**〔名〕

¶**学期**の終わりには試験があります。 (*Gakki* no owari ni wa shiken ga arimasu.)

¶1**学期**に漢字を400勉強しました。 (Ichi*gakki* ni kanji o yonhyaku benkyō shimashita.)

gakki ⟦n⟧ **academic term, school term, semester**

¶ There's an exam at the end of **the term.**

¶ [I] learned four hundred *kanji* in one **semester.**

gakkō **学校**〔名〕

小**学校** (shō*gakkō*) 中**学校** (chū*gakkō*) 高等**学校** (kōtō*gakkō*) 専門**学校** (senmon-*gakkō*) 公立**学校** (kōritsu-*gakkō*) 私立**学校** (shiritsu-*gakkō*)

¶病気で**学校**を休みました。 (Byōki de *gakkō* o yasumimashita.)

¶どこの**学校**を卒業しましたか。 (Doko no *gakkō* o sotsugyō shimashita ka?)

gakkō ⟦n⟧ **school**

elementary **school** // junior high **school,** lower secondary **school** // high **school,** upper secondary **school** // technical **school,** professional **school** // public **school** // private **school**

¶ [I] stayed home from **school** due to illness.

¶ What **school** did you graduate from?

-gaku **-学**〔尾〕

-gaku ⟦suf⟧ **study, science, learning**

物理学 (butsuri*gaku*) 地理学 (chiri-*gaku*) 言語学 (gengo*gaku*) 語学 (go*gaku*) 法律学 (hōritsu*gaku*) 人類学 (jinrui*gaku*) 化学 (ka*gaku*) 経済学 (keizai*gaku*) 農学 (nō*gaku*) 歴史学 (rekishi*gaku*) 生物学 (sei-butsu*gaku*) 政治学 (seiji*gaku*) 社会学 (shakai*gaku*) 宗教学 (shū-kyō*gaku*) 水産学 (suisan*gaku*) 薬学 (yaku*gaku*)

gakubu **学部**〘名〙

学部長 (*gakubu*chō) 文学部 (bun-*gakubu*) 法学部 (hō*gakubu*) 医学部 (i*gakubu*) 工学部 (kō*gakubu*) 理学部 (ri*gakubu*) 政治経済学部 (seijikeizai-*gakubu*) 商学部 (shō-*gakubu*)

gakumon **学問**〘名, ～する〙

¶ずっと学問を続けていきたいと思っています。 (Zutto *gakumon* o tsuzukete ikitai to omotte imasu.)

¶これは学問的にも立派な研究です。 (Kore wa *gakumon*teki ni mo rippa na kenkyū desu.)

gakunen **学年**〘名〙

¶あなたの大学は一学年何人ぐらいですか。 (Anata no daigaku wa ichi-*gakunen* nannin gurai desu ka?)

¶学年末試験はいつですか。(*Gakunen*-matsu-shiken wa itsu desu ka?)

gakusei **学生**〘名〙

学生服 (*gakusei*fuku) 学生運動 (*gakusei*-undō)

¶わたしは学生です。 (Watashi wa

physics, physical **science** // geography // linguistics, philology // foreign language **study** // jurisprudence, // anthropology // chemistry // economics, // (the **science** of) agriculture // history, // biology // political **science** // sociology, social **studies** // the **science** of religion // fishery **science** // pharmacy, pharmacology

gakubu [[n]] (university or college) **department, faculty**

dean, head of a **department** or **faculty** // **faculty** of letters // law **school,** law **faculty** // medical **school** // **school** of engineering // **department** of science and mathematics // **department** of political science and economics // **department** of commercial science

gakumon [[n, ~*suru*]] **learning, scholarship**

¶ I would like to keep **studying** as long as possible.

¶ This is a fine piece of research **academically** speaking as well.

gakunen [[n]] **school year, academic year; class**

¶ How many students are there **in each year** at your university?

¶ When are the **final** exams?

gakusei [[n]] **student**

a **student** uniform // the **student** movement

¶ I am **a student.**

gakusei desu.)

¶この大学には何人**学生**がいますか。(Kono daigaku ni wa nannin *gakusei* ga imasu ka?)

¶ How many **students** are there at this university?

＊ 高等学校の生徒は「高校生 (kōkō-sei)」と言う。

＊ High-school students are called *kōkōsei*.

＊ 普通「学生 (gakusei)」は「大学生 (daigakusei)」を指し，「高校生 (kō-kōsei)」「中学生(chūgakusei)」は「生徒 (seito)」,「小学生 (shōgakusei)」は「児童 (jidō)」と言う。

＊ *Gakusei* usually refers to college students (*daigakusei*). High-school students (*kōkōsei*) and junior-high students (*chūgakusei*) are called *seito*, and elementary school students (*shō-gakusei*) are called *jidō*.

gakusha **学者**〔名〕

gakusha [[n]] **scholar**

¶あの人は有名な**学者**です。 (Ano hito wa yūmei na *gakusha* desu.)

¶ [He] is a celebrated **scholar.**

¶おおぜいの**学者**がこの問題を研究しています。(Oozei no *gakusha* ga kono mondai o kenkyū shite imasu.)

¶ A great number of **scholars** are studying this problem.

gakushū **学習**〔名, ～する〕

gakushū [[n, *~suru*]] **learning, study**

¶語学の**学習**には辞書が必要です。(Gogaku no *gakushū* ni wa jisho ga hitsuyō desu.)

¶ Dictionaries are necessary in language **study.**

¶この本を使って日本語を**学習**しました。(Kono hon o tsukatte Nihongo o *gakushū* shimashita.)

¶ [I] **studied** Japanese using this book.

gaman **我慢**〔名, ～する〕

gaman [[n, *~suru*]] **patience, endurance**

¶あの人の態度にはもう**我慢**ができません。 (Ano hito no taido ni wa mō *gaman* ga dekimasen.)

¶ **I've run out of patience** with [his] attitude.

¶もう少し**我慢**してください。 (Mō sukoshi *gaman* shite kudasai.)

¶ Please **be patient** a little longer.

ganbaru **がんばる**〔動 I〕

ganbaru [[v I]] **persist, hold firm**

¶試験が近いので，夜遅くまで**がんばって**勉強しています。 (Shiken ga chikai node, yoru osoku made

¶ The exam is close so [I]'m **staying up** and studying until late at night.

ganbatte benkyō shite imasu.)

¶がんばってください。 (*Ganbatte* kudasai.)

¶ **Don't give up** ⟦**Never say die; Keep on fighting;** etc.⟧.

garasu ガラス〔名〕

ガラスのコップ (*garasu* no koppu)

¶子供が窓**ガラス**を割りました。(Kodomo ga mado*garasu* o warimashita.)

garasu ⟦n⟧ **glass**

a glass, a **glass** tumbler

¶ The children broke the window ⟦the window **glass**⟧.

-garu -がる〔尾〕

行きた**がる** (ikita*garu*) うれし**がる** (ureshi*garu*) いや**がる** (iya*garu*)

¶子供がお菓子を欲し**がって**います。(Kodomo ga okashi o hoshi*gatte* imasu.)

¶暖房がないので，みんな寒**がって**います。(Danbō ga nai node, minna samu*gatte* imasu.)

＊「-がる (-garu)」は形容詞・形容動詞の語幹および「たい (tai)」の「た (ta)」に続き，そのように感じる，またはそのような様子にみせるなどの意味を表す。普通は話し手や聞き手以外の人について言う場合に使う。

⇨**tagaru たがる**

-garu ⟦suf⟧ **feel ~, want to ~, be apt to ~**

want to go, **be anxious** to go // be glad // dislike, be unwilling to

¶ Children **crave** sweets.

¶ There's no heating so everyone **is feeling** the cold.

＊ The suffix *-garu* is added to the stem form of adjectives and adjective-verbs or to the *-ta-* of *-tai*. It expresses how someone feels or appears to feel. It is usually used to refer to someone other than the speaker or the listener.

gasorin ガソリン〔名〕

ガソリンスタンド (*gasorin*-sutando)

¶車に**ガソリン**を入れました。(Kuruma ni *gasorin* o iremashita.)

gasorin ⟦n⟧ **gasoline**

a **gas** station, service station

¶ [I] had **gas** put in the car.

gasu ガス〔名〕

ガス爆発 (*gasu*-bakuhatsu) **ガス**中毒 (*gasu*-chūdoku), **ガス**ストーブ (*gasu*-sutōbu) プロパン**ガス** (puropan-*gasu*)

¶**ガス**のにおいがしたので，窓を開け

gasu ⟦n⟧ **a gas**

a **gas** explosion // **gas** poisoning // a **gas** heater // propane **gas**

¶ There was a smell of **gas** so [I]

ました。 (*Gasu* no nioi ga shita node, mado o akemashita.)

opened the window.

-gatsu -月〘尾〙

1月 (ichi*gatsu*) 2月 (ni*gatsu*)
3月 (san*gatsu*) 4月 (shi*gatsu*)
5月 (go*gatsu*) 6月 (roku*gatsu*)
7月 (shichi*gatsu*) 8月 (hachi*gatsu*)
9月 (ku*gatsu*) 10月 (jū*gatsu*)
11月 (jūichi*gatsu*) 12月 (jūni*gatsu*)

-gatsu ⟦suf⟧ **month**

January // February // March // April // May // June // July // August // September // October // November // December

-gawa -側〘尾〙

こちら側 (kochira*gawa*) 向こう側 (mukō*gawa*) 中側 (naka*gawa*) 外側 (soto*gawa*)

¶道の両側に木が植えてあります。 (Michi no ryō*gawa* ni ki ga uete arimasu.)

¶日本では人は右側を，車は左側を通ります。 (Nihon de wa hito wa migi*gawa* o, kuruma wa hidari*gawa* o toorimasu.)

-gawa ⟦suf⟧ **side; part**

this **side** // the other **side,** the opposite **side** // the in**side** // the out**side**

¶ There are trees planted on both **sides** of the street.

¶ In Japan people walk on the right-hand **side** and cars run on the left-hand **side** of the road.

geijutsu 芸術〘名〙

芸術品 (*geijutsu*hin) 芸術家 (*geijutsu*ka)

¶わたしは日本の芸術に興味を持っています。 (Watashi wa Nihon no *geijutsu* ni kyōmi o motte imasu.)

geijutsu ⟦n⟧ (fine) **art, an art, the arts**

a work of **art,** an **art** object // **an artist**

¶ I am interested in **the fine arts and performing arts** of Japan.

gejun 下旬〘名〙

¶今月の下旬に引っ越します。 (Kongetsu no *gejun* ni hikkoshimasu.)

¶3月の下旬から4月の上旬にかけて旅行します。 (Sangatsu no *gejun* kara shigatsu no jōjun ni kakete ryokō shimasu.)

⇨**jōjun 上旬 chūjun 中旬**

gejun ⟦n⟧ **the last third of the month**

¶ [I]'m going to move **late** this month ⟦**towards the end** of this month⟧.

¶ [I] will be traveling from **late** March through early April ⟦from **the last part** of March through the early part of April⟧.

gēmu **ゲーム**〘名〗

¶みんなで**ゲーム**をしましょう。(Minna de *gēmu* o shimashō.)

¶日本の子供はどんな**ゲーム**をして遊びますか。(Nihon no kodomo wa donna *gēmu* o shite asobimasu ka?)

gēmu [[n]] **a game**

¶ Let's all play **a game.**

¶ What sort of **games** do Japanese children play for fun?

geki **劇**〘名〗

悲劇 (hi*geki*)　喜劇 (ki*geki*)

¶外国人の学生が日本語で**劇**をしました。(Gaikokujin no gakusei ga Nihongo de *geki* o shimashita.)

¶あなたも**劇**に出ますか。(Anata mo *geki* ni demasu ka?)

geki [[n]] **drama, play, theatrical performance**

tragedy // comedy

¶ The foreign students performed **a play** in Japanese.

¶ Are you going to be in **the play?**

gekijō **劇場**〘名〗

¶あの**劇場**では今何をやっていますか。(Ano *gekijō* de wa ima nani o yatte imasu ka?)

¶**劇場**は満員で入れませんでした。(*Gekijō* wa man'in de hairemasen deshita.)

gekijō [[n]] **theater**

¶ What's on now at that **theater?**

¶ **The theater** was full and [we] weren't able to get in.

gekkyū **月給**〘名〗

¶今度**月給**をもらったら，レコードを買うつもりです。(Kondo *gekkyū* o morattara, rekōdo o kau tsumori desu.)

gekkyū [[n]] **monthly salary, wages**

¶ I plan to buy some records when I **get paid** next.

gendai **現代**〘名〗

現代的 (*gendai*teki)　**現代**日本文学 (*gendai*-Nihonbungaku)

¶**現代**は科学の時代です。(*Gendai* wa kagaku no jidai desu.)

gendai [[n]] **the present age, today**

modern, up-to-date // **contemporary** Japanese literature

¶ **This** is the age of science.

gen'in **原因**〘名〗

¶今，事故の**原因**を調べています。(Ima, jiko no *gen'in* o shirabete imasu.)

gen'in [[n]] **cause, source, origin**

¶ **The cause** of the accident is presently under investigation.

¶火事の原因はたばこの火でした。(Kaji no *gen'in* wa tabako no hi deshita.)

¶ **The cause** of the fire was a cigarette butt.

⇔**kekka** 結果

genjitsu 現実〔名〕

genjitsu [[n]] **actuality, reality**

¶理想と現実は違います。(Risō to *genjitsu* wa chigaimasu.)

¶ The ideal and **the real** [[**actual**]] are two different things.

¶現実は厳しいですよ。(*Genjitsu* wa kibishii desu yo.)

¶ **Reality** is a harsh taskmaster [[**Life** is hard]].

genkan 玄関〔名〕

genkan [[n]] **vestibule, entryway, entrance hall**

¶玄関にだれか来たようです。(*Genkan* ni dare ka kita yō desu.)

¶ It looks like someone has come **to the door.**

¶日本では玄関でくつを脱いで上がります。(Nihon de wa *genkan* de kutsu o nuide agarimasu.)

¶ In Japan one takes off one's shoes **inside the front door.**

genki 元気〔名, 形動〕

genki [[n, adj-v]] **energy, vitality; health**

①[活動力があっていきいきしていること]

① [energy, vitality]

元気がある (*genki* ga aru) 元気がいい (*genki* ga ii) 元気な子供 (*genki* na kodomo)

be **in good spirits,** be **in good vigor** // be **in high spirits,** be **in good vigor** // an **active** child

②[体の状態がよくて健康であること]

② [health, vigor]

¶「お元気ですか。」(O*genki* desu ka?)「はい, おかげさまで元気です。」(Hai, okagesama de *genki* desu.)

¶ "How are you?"
"Fine, thank you." (Literally, "Are you **in good health?**" "Yes, **I am** thanks to you.")

¶彼はもうすぐ元気になって退院するでしょう。(Kare wa mō sugu *genki* ni natte taiin suru deshō.)

¶ He should soon **be up and about** and be able to leave the hospital.

genkin 現金〔名〕

genkin [[n]] **cash**

現金で払う (*genkin* de harau)

pay in **cash**

¶今, 現金でいくら持っていますか。(Ima, *genkin* de ikura motte imasu ka?)

¶ How much **money** do you have with you now?

¶現金を持っていると, すぐ使ってし

¶ When [I] carry **cash** with [me], [I]

まいます。(*Genkin* o motte iru to, sugu tsukatte shimaimasu.)

soon spend it all.

genryō 原料〘名〘

genryō ⟦n⟧ **raw material(s)**

¶日本の酒の原料は米です。(Nihon no sake no *genryō* wa kome desu.)

¶ **The raw material** of Japanese *sake* is rice.

¶石油を原料にして，いろいろな物ができます。(Sekiyu o *genryō* ni shite, iroiro na mono ga dekimasu.)

¶ Various products are made from **the raw material** petroleum.

genshō 現象〘名〙

genshō ⟦n⟧ **phenomenon**

不思議な現象 (fushigi na *genshō*)

a strange **phenomenon** ⟦**happening**⟧

¶それは世界的な現象です。(Sore wa sekaiteki na *genshō* desu.)

¶ That is a worldwide **phenomenon.**

¶高い山では珍しい自然現象が見られます。(Takai yama de wa mezurashii shizen-*genshō* ga miraremasu.)

¶ Rare natural **phenomena** can be observed on high mountains.

genshō 減少〘名，～する〙

genshō ⟦n, ~*suru*⟧ **decrease, decline**

¶この国の人口は次第に減少しています。(Kono kuni no jinkō wa shidai ni *genshō* shite imasu.)

¶ The population of this country **is** gradually **declining.**

¶今年の夏は天気が悪かったので，米の生産が減少しました。(Kotoshi no natsu wa tenki ga warukatta node, kome no seisan ga *genshō* shimashita.)

¶ Rice production **has dropped** due to the bad weather this past summer.

⇔**zōka** 増加 ⇨**heru** 減る

genzai 現在〘名〙

genzai ⟦n⟧ **now, presently**

¶現在，わたしは東京に住んでいます。(*Genzai*, watashi wa Tōkyō ni sunde imasu.)

¶ I am **presently** living in Tokyo.

¶現在でも電気のない村があります。(*Genzai* demo denki no nai mura ga arimasu.)

¶ Even **now** there are villages which are not electrified.

⇨**kako** 過去 **mirai** 未来

geshuku 下宿〘名，～する〙

geshuku ⟦n, ~*suru*⟧ **lodging, a boardinghouse, a rooming house**

¶いい下宿を探しています。 (Ii *geshuku* o sagashite imasu.)

¶ [I] am looking for a good **room.**

¶わたしは学校のそばに下宿しています。 (Watashi wa gakkō no soba ni *geshuku* shite imasu.)

¶ I am living in **a rooming house** near school.

getsuyō(bi) 月曜(日)〘名〙

getsuyō(bi) 〚n〛 **Monday**

gijutsu 技術〘名〙

技術者 (*gijutsu*sha) 工業技術 (kōgyō-*gijutsu*) 技術の進歩 (*gijutsu* no shinpo)

¶この国の農業技術はたいへん進んでいます。 (Kono kuni no nōgyō-*gijutsu* wa taihen susunde imasu.)

gijutsu 〚n〛 **technique, skill, technology**

a technical expert, technician, engineer // industrial **technology** // the advance of **technology**

¶ The agricultural **techniques** of this country are very advanced.

gimon 疑問〘名〙

¶疑問があったら，おっしゃってください。 (*Gimon* ga attara, osshatte kudasai.)

¶彼が成功するかどうかは疑問です。 (Kare ga seikō suru ka dō ka wa *gimon* desu.)

gimon 〚n〛 **doubt, question**

¶ If you have **any doubts,** please tell [us] about them.

¶ **It's doubtful** whether he will succeed or not.

gimu 義務〘名〙

義務を果たす (*gimu* o hatasu)

¶国民は税金を払う義務があります。 (Kokumin wa zeikin o harau *gimu* ga arimasu.)

¶日本の義務教育は 9 年間です。 (Nihon no *gimu*-kyōiku wa kyūnenkan desu.)

⇔**kenri** 権利

gimu 〚n〛 **duty, obligation**

fulfill **one's obligations,** discharge **one's duties**

¶ Citizens have **an obligation** to pay taxes.

¶ **Compulsory** education is for nine years in Japan.

gin 銀〘名〙

銀色 (*gin*iro) 銀貨 (*gin*ka)

gin 〚n〛 **silver** (the metal)

silver, silver colored // **silver** coins

ginkō 銀行〘名〙

銀行員 (*ginkō*in)

¶銀行にお金を預けておきます。(*Gin-*

ginkō 〚n〛 **bank**

bank employee

¶ I put my money in **the bank** for

kō ni okane o azukete okimasu.)

¶銀行からお金を下ろします。(*Ginkō* kara okane o oroshimasu.)

giron 議論〘名, ～する〙

¶それについては, いろいろ**議論**があります。(Sore ni tsuite wa, iroiro *giron* ga arimasu.)

¶わたしたちはゆうべ遅くまで日本の政治について**議論**しました。(Watashitachi wa yūbe osoku made Nihon no seiji ni tsuite *giron* shimashita.)

gitā **ギター**〘名〙

ギターを弾く (*gitā* o hiku)

¶彼は**ギター**が上手です。(Kare wa *gitā* ga jōzu desu.)

¶**ギター**に合わせて, みんなで歌いました。(*Gitā* ni awasete, minna de utaimashita.)

go **五**〘名〙

go- **御-**〘頭〙

①[尊敬の意味を表す]

¶**御**両親はお元気ですか。(*Go*ryōshin wa ogenki desu ka?)

¶**御**旅行はいかがでしたか。(*Go*ryokō wa ikaga deshita ka?)

②[謙譲の意味を表す]

¶あした**御**連絡します。(Ashita *go*-renraku shimasu.)

¶あとで**御**説明します。(Ato de *go*-setsumei shimasu.)

⇨**o-** **お-**

(-)go **(-)語**〘名, 尾〙

1〘名〙

safekeeping.

¶ [I] withdraw money from **the bank.**

giron 〚n, ~*suru*〛 **argument, discussion, debate**

¶ There is much that is **debatable** concerning that matter.

¶ We **discussed** Japanese politics until late last night.

gitā 〚n〛 **guitar**

play **the guitar**

¶ He plays **the guitar** well.

¶ All sang accompanied by **a guitar.**

go 〚n〛 **five**

go- 〚pref〛 an honorific prefix

① [indicates respect toward the listener]

¶ How are your parents 〚Are your parents in good health〛?

¶ How was your trip?

② [indicates humility on the part of the speaker]

¶ I'll be in touch with you tomorrow.

¶ I'll explain later.

(-)go 〚n, suf〛 **word; language**

1 〚n〛 word

¶次の語は何と読みますか。 (Tsugi no *go* wa nan to yomimasu ka?)

2〘尾〙

中国語 (Chūgoku*go*) ドイツ語 (Doitsu*go*) 英語 (Ei*go*) フランス語 (Furansu*go*) 日本語 (Nihon*go*) スペイン語 (Supein*go*) 現代語 (gendai*go*) 近代語 (kindai*go*)

-go **-後**〘尾〙

1時間後 (ichijikan*go*) 数日後 (sūjitsu*go*) 戦後 (sen*go*) 帰国後 (kikoku*go*)

¶母の死**後**，父は寂しそうです。 (Haha no shi*go*, chichi wa sabishisō desu.)

¶数年**後**に日本へ行く予定です。 (Sūnen*go* ni Nihon e iku yotei desu.)

-gō **-号**〘尾〙

1号車 (ichi*gō*sha) 2月号 (nigatsu*gō*)

gobusata **ごぶさた**〘名，～する〙

¶長い間**ごぶさた**しました。 (Nagai aida *gobusata* shimashita.)

¶**ごぶさた**していますが，皆さんお元気ですか。 (*Gobusata* shite imasu ga, minasan ogenki desu ka?)

gochisō **ごちそう**〘名，～する〙

¶テーブルの上には，**ごちそう**がたくさん並んでいました。(Tēburu no ue ni wa, *gochisō* ga takusan narande imashita.)

¶先生のお宅で夕食を**ごちそう**になりました。 (Sensei no otaku de yūshoku o *gochisō* ni narimashita.)

¶ How is the next **word** read?

2 ⟦suf⟧ language

Chinese (**language**) // German (**language**) // English (**language**) // French (**language**) // Japanese (**language**) // Spanish (**language**) // the present-day **language** // the modern **language**

-go ⟦suf⟧ **after, later, since**

after one hour, one hour **later** // **after** several days, several days **later** // **after** the war, **post**war // **after** returning to one's native country

¶ My father seems lonely **since** my mother's death.

¶ I plan to go to Japan **in** a few years.

-gō ⟦suf⟧ **number, issue**

Car **No.** 1 (of a train) // the February **issue** (of a magazine or journal)

gobusata ⟦n, *~suru*⟧ an expression used in apology when one has been out of contact with the other person for some time

¶ Please excuse me **for my** long **silence.**

¶ Sorry to **have been out of touch.** I hope everyone is well.

gochisō ⟦n, *~suru*⟧ **hospitality, treat, delicacies;** an expression used to express gratitude for food or drink served or paid for by the listener

¶ Many **delicacies** were laid out on the table.

¶ I **was invited** to dinner at the home of my teacher ⟦professor⟧.

¶先日はごちそうさまでした。(Senjitsu wa *gochisō*sama deshita.)

¶ Thank you for **your hospitality** ⟦kindness in **treating me** to a meal, etc.⟧ the other day.

gogatsu 五月〘名〙

gogatsu ⟦n⟧ **the month of May**

gogo 午後〘名〙

gogo ⟦n⟧ **afternoon, PM**

¶あしたの午後，デパートへ買い物に行きます。(Ashita no *gogo*, depāto e kaimono ni ikimasu.)

¶ [I]'m going to go shopping at a department store tomorrow **afternoon.**

¶午後から雨が降るでしょう。(*Gogo* kara ame ga furu deshō.)

¶ It will probably rain from **midday.**

⇔**gozen** 午前

gohan 御飯〘名〙

gohan ⟦n⟧ **a meal; boiled rice**

①[食事]

① [a meal]

朝御飯 (asa*gohan*) 昼御飯 (hiru*gohan*) 晩御飯 (ban*gohan*) 夕御飯 (yū*gohan*)

breakfast // lunch // dinner, supper // dinner, supper

②[米を炊いた食べ物]

② [boiled rice]

御飯を炊く (*gohan* o taku)

to cook **rice**

¶朝は御飯とパンとどちらがいいですか。 (Asa wa *gohan* to pan to dochira ga ii desu ka?)

¶ Which would you prefer for breakfast, **rice** or bread ⟦toast, a croissant, etc.⟧?

gokai 誤解〘名，〜する〙

gokai ⟦n, ~*suru*⟧ **misunderstanding, misapprehension**

¶それは誤解です。 (Sore wa *gokai* desu.)

¶ That is **a misunderstanding.**

¶つまらない誤解のため，あの二人はけんかしてしまいました。(Tsumaranai *gokai* no tame, ano futari wa kenka shite shimaimashita.)

¶ Those two quarreled because of a trifling ⟦foolish⟧ **misunderstanding.**

gōkaku 合格〘名，〜する〙

gōkaku ⟦n, ~*suru*⟧ **passing an examination, being declared eligible, passing an inspection**

不合格 (fu*gōkaku*)

failure, disqualification, elimination, rejection

¶彼は入学試験に合格しました。(Kare wa nyūgaku-shiken ni *gōkaku* shimashita.)

¶ He **passed** the school entrance examination.

¶この製品は検査に合格しています。(Kono seihin wa kensa ni *gōkaku*

¶ This product **has passed** inspection.

shite imasu.)

gōkei　合計〘名, ～する〙

¶「参加者は**合計**何人ですか。」(Sanka-sha wa *gōkei* nannin desu ka?)「**合計** 3 5 人です。」(*Gōkei* sanjū-gonin desu.)

¶食事代と交通費を**合計**するといくらになりますか。(Shokujidai to kōtsūhi o *gōkei* suru to ikura ni narimasu ka?)

gokurōsama　**御苦労さま**〘連〙

¶**御苦労さま**でした。(*Gokurōsama* deshita.)

＊ 目上の人に対しては使わない。

gomen kudasai　**ごめんください**〘連〙

¶玄関で「**ごめんください**。」と言う声がしました。(Genkan de "*Gomen kudasai.*" to iu koe ga shimashita.)

¶奥さんは,「では, **ごめんください**。」と言って電話を切りました。(Okusan wa, "Dewa, *gomen kudasai.*" to itte denwa o kirimashita.)

gomen nasai　**ごめんなさい**〘連〙

¶遅くなって, **ごめんなさい**。(Osoku natte, *gomen nasai.*)

¶わたしが悪かったです。**ごめんなさい**。(Watashi ga warukatta desu. *Gomen nasai.*)

⇨**sumimasen すみません**

gomi　**ごみ**〘名〙

ごみ箱 (*gomi*bako)　**ごみ**袋 (*gomi*-bukuro)　**ごみ**捨て場 (*gomi*suteba)

¶ここに**ごみ**を捨てないでください。

gōkei ⟦n, ~*suru*⟧ **total, sum total**

¶ "How many participants are there **all together?**"

"There are **a total** of 35 participants."

¶ How much do meal and travel expenses **come to?**

gokigen ☞ **kigen**

gokurōsama ⟦compd⟧ an expression used to someone who is doing or has just finished some task for the speaker

¶ **Thank you very much** ⟦**Thank you for your trouble; Good-bye**⟧.

＊ Not used toward persons of higher status.

gomen kudasai ⟦compd⟧ an expression used to call attention to oneself if no one is in sight or when parting from or ending a telephone conversation with a person of higher status

¶ Someone at the door called out, "***Gomen kudasai.***"

¶ The wife ended the telephone conversation with the words, "*Dewa, **gomen kudasai.***"

gomen nasai ⟦compd⟧ **I'm sorry; excuse me**

¶ **I'm sorry** to be late.

¶ It was my fault. **I'm very sorry.**

gomi ⟦n⟧ **dust, litter, garbage, trash**

a **trash** container // a **trash** bag // a **garbage** dump

(Koko ni *gomi* o sutenaide kudasai.)
¶東京では，一日にどのぐらい**ごみ**が出ますか。(Tōkyō de wa, ichinichi ni dono gurai *gomi* ga demasu ka?)

¶ Please don't throw away **trash** here ⟦No littering; No dumping⟧.
¶ How much **garbage** is produced in Tokyo a day?

gomu ゴム〘名〙
消しゴム (keshi*gomu*) ゴムひも (*gomu*himo) 輪ゴム (wa*gomu*)
¶このひもは**ゴム**のように伸びますね。(Kono himo wa *gomu* no yō ni nobimasu ne.)

gomu ⟦n⟧ **rubber, gum** (elastic)
(rubber) eraser // **elastic** band // **rubber** band
¶ This string stretches like **elastic.**

(～**te**) **goran nasai** (～て)**ごらんなさい**〘連〙
¶ちょっと食べて**ごらんなさい**。(Chotto tabete *goran nasai.*)
¶来て**ごらんなさい**。きれいな鳥がいますよ。(Kite *goran nasai.* Kirei na tori ga imasu yo.)

(-te) **goran nasai** ⟦compd⟧ **try and** ～ (cannot be used toward those of higher status)
¶ **Have a taste** of it.
¶ **Come** here a minute! There's a pretty bird.

-goro **-ごろ**〘尾〙
¶毎朝6時**ごろ**起きます。(Maiasa rokuji *goro* okimasu.)
¶わたしたちは今年の10月**ごろ**結婚します。(Watashitachi wa kotoshi no jūgatsu *goro* kekkon shimasu.)

-goro ⟦suf⟧ **about, around**
¶ [I] get up every morning **around** six o'clock.
¶ We are going to get married this year **around** October.

-goto **-ごと**〘尾〙
¶日曜**ごと**につりに行きます。(Nichiyō *goto* ni tsuri ni ikimasu.)
¶1メートル**ごと**に木を植えました。(Ichimētoru *goto* ni ki o uemashita.)

-goto ⟦suf⟧ **every** ～**, at an interval of** ～
¶ [He] goes fishing **every** Sunday.
¶ [I] planted trees at one-meter **intervals.**

gozaimasu **ございます**〘連〙
¶何か御用が**ございます**か。(Nani ka goyō ga *gozaimasu* ka?)
¶お変わり**ございません**か。(Okawari

gozaimasu ⟦compd⟧ **there is, there are, be, have**
¶ **Is there** something I can do for you ⟦Did you want to see me about something⟧?
¶ How have you been doing (literal-

gozaimasen ka?)

ly, **Aren't** there any changes)?

¶遅くなりまして，申し訳ございません。(Osoku narimashite, mōshiwake *gozaimasen.*)

¶ I'm very sorry to be late.

¶ありがとうございます。 (Arigatō *gozaimasu.*)

¶ Thank you very much.

¶お早うございます。 (Ohayō *gozaimasu.*)

¶ Good morning.

¶御結婚，おめでとうございます。(Gokekkon, omedetō *gozaimasu.*)

¶ Congratulations on your wedding.

¶あれが博物館でございます。 (Are ga hakubutsukan de *gozaimasu.*)

¶ That **is** the museum.

＊「ある (aru)」の丁寧語。

＊ *Gozaimasu* is the polite form of *aru*.

gozen 午前〘名〙

gozen 〚n〛 **morning, AM**

¶学校は午前9時に始まります。(Gakkō wa *gozen* kuji ni hajimarimasu.)

¶ School starts at 9 **AM.**

¶土曜の午前中は家にいます。 (Doyō no *gozen*chū wa ie ni imasu.)

¶ I will be at home Saturday **morning** 〚I am at home Saturday **mornings**〛.

⇔**gogo** 午後

guai ぐあい〘名〙

guai 〚n〛 **physical condition, health; condition, state**

①[体などの調子・状態]

① [physical condition, health]

¶お体のぐあいはいかがですか。(Okarada no *guai* wa ikaga desu ka?)

¶ How are you feeling?

②[ものごとのありさま・やり方]

② [condition, state]

¶おはしはこういうぐあいに使います。(Ohashi wa kōiu *guai* ni tsukaimasu.)

¶ Chopsticks are used in this **manner.**

gunjin 軍人〘名〙

gunjin 〚n〛 **soldier, serviceman, member of the armed forces**

¶父は軍人でした。(Chichi wa *gunjin* deshita.)

¶ My father was **in the military.**

guntai 軍隊〘名〙

guntai 〚n〛 **troops, army, the military**

¶この国では，若い男の人はみんな軍

隊に入ります。 (Kono kuni de wa, wakai otoko no hito wa minna *guntai* ni hairimasu.)

¶ In this country all young men have to serve in **the military.**

¶軍隊での経験は役に立ちますか。(*Guntai* de no keiken wa yaku ni tachimasu ka?)

¶ Is one's **military** experience of any use ⟦Will my **military** experience be of any use⟧?

gurai ぐらい〖助〗 ☞**kurai** くらい

gurai ☞ **kurai**

-guramu -グラム〖尾〗

-guramu ⟦suf⟧ **gram(s)**

¶牛肉を500 **グラム**買いました。(Gyūniku o gohyaku*guramu* kaimashita.)

¶ [I] bought five hundred **grams** of beef.

¶これは100 **グラム**いくらですか。(Kore wa hyaku*guramu* ikura desu ka?)

¶ How much is one hundred **grams** of this?

gūsū 偶数〖名〗

gūsū ⟦n⟧ **an even number, the even numbers**

¶2, 4, 6 は偶数で, 1, 3, 5 は奇数です。(Ni, shi, roku wa *gūsū* de, ichi, san, go wa kisū desu.)

¶ Two, four, and six are **even numbers;** and one, three, and five are odd numbers.

¶偶数の札を持っている人は, こちら側に座ってください。(*Gūsū* no fuda o motte iru hito wa, kochiragawa ni suwatte kudasai.)

¶ Will those having **even-numbered** tickets ⟦tags⟧ please sit on this side.

⇔**kisū** 奇数

gūzen 偶然〖名, 副, 形動〗

gūzen ⟦n, adv, adj-v⟧ **chance, accident**

¶デパートで偶然田中さんに会いました。(Depāto de *gūzen* Tanaka san ni aimashita.)

¶ **I happened** to meet [Mrs.] Tanaka at a department store.

¶それは本当に偶然の一致です。(Sore wa hontō ni *gūzen* no itchi desu.)

¶ That is really **a coincidence.**

gyaku 逆〖名, 形動〗

gyaku ⟦n, adj-v⟧ **reverse, inverse, the contrary**

¶時計の針を逆に回さないでください。(Tokei no hari o *gyaku* ni mawasanaide kudasai.)

¶ Please don't move the hands of the watch ⟦clock⟧ **backwards.**

¶あの人の考えはその逆です。 (Ano

¶ [His] opinion is **the complete op-**

hito no kangae wa sono *gyaku* desu.)

posite of that.

(-)gyō (-)行〘名，尾〙

(-)gyō ⟦n, suf⟧ **line of type, row of type**

1 〘名〙

行をかえる (*gyō* o kaeru)

1 ⟦n⟧ a line of type

begin a new **line** (on a page)

2 〘尾〙

¶1行ずつ読んでください。(Ichi*gyō* zutsu yonde kudasai.)

¶下から3行めの漢字が読めません。(Shita kara san*gyō*me no kanji ga yomemasen.)

2 ⟦suf⟧ the counter for lines of type

¶ Please read aloud one **line** each.

¶ I can't read the *kanji* in the third **line** from the bottom.

gyogyō 漁業〘名〙

漁業組合 (*gyogyō*-kumiai)

¶日本は漁業がたいへん盛んです。(Nihon wa *gyogyō* ga taihen sakan desu.)

gyogyō ⟦n⟧ **fishing industry**

fishermen's union

¶ **The fishing industry** is very active in Japan.

gyōji 行事〘名〙

¶2学期の行事の予定を教えてください。(Nigakki no *gyōji* no yotei o oshiete kudasai.)

¶日本の年中行事についてレポートを書きます。(Nihon no nenjū-*gyōji* ni tsuite repōto o kakimasu.)

gyōji ⟦n⟧ **event, function**

¶ Please inform me of **the events** scheduled for the second term.

¶ [I] am writing a report on annual **events** ⟦**rites**⟧ in Japan.

gyūniku 牛肉〘名〙

¶牛肉を買って，すきやきをしました。(*Gyūniku* o katte, sukiyaki o shimashita.)

¶牛肉と豚肉とどちらが好きですか。(*Gyūniku* to butaniku to dochira ga suki desu ka?)

gyūniku ⟦n⟧ **beef**

¶ [I] bought **beef** and fixed *sukiyaki*.

¶ Which do you like better, **beef** or pork?

gyūnyū 牛乳〘名〙

牛乳びん (*gyūnyū*bin) 牛乳配達 (*gyūnyū*-haitatsu) 牛乳屋 (*gyūnyū*ya)

gyūnyū ⟦n⟧ (cow's) **milk**

a **milk** bottle // a **milk** delivery // a **dairy**man, **milk**man, **milk** shop

¶朝御飯はいつもパンと牛乳です。
(Asagohan wa itsu mo pan to *gyūnyū* desu.)

¶ [I] always have bread ⟦toast, a croissant, a pastry, etc.⟧ and **milk** for breakfast.

⇨miruku ミルク

H

ha　歯〘名〙

歯ブラシ (*ha*burashi)　歯医者 (*ha*isha)　歯みがき (*ha*migaki)　虫歯 (mushi*ba*)　練り歯みがき (neri*ha*migaki)　歯が生える (*ha* ga haeru)　歯が抜ける (*ha* ga nukeru)

¶毎朝歯をみがきます。 (Maiasa *ha* o migakimasu.)

¶急に歯が痛くなりました。 (Kyū ni *ha* ga itaku narimashita.)

ha　葉〘名〙

¶秋には木の葉が散ります。 (Aki ni wa ko no *ha* ga chirimasu.)

haba　幅〘名〙

¶この川の幅は何メートルぐらいありますか。 (Kono kawa no *haba* wa nanmētoru gurai arimasu ka?)

¶この道の幅は狭いですね。 (Kono michi no *haba* wa semai desu ne.)

habuku　省く〘動 I〙

¶ここでは詳しい説明は省きます。 (Koko de wa kuwashii setsumei wa *habukimasu.*)

¶重要でないところは省いてください。 (Jūyō de nai tokoro wa *habuite* kudasai.)

hachi　八〘名〙

hachigatsu　八月〘名〙

hadaka　裸〘名〙

①[着物などを着ないで全身を出している姿]

ha ⟦n⟧　**tooth, teeth**

a **tooth**brush // a dentist // **tooth**paste, **tooth** powder // a decayed **tooth, tooth** with a cavity // **tooth**paste // cut **a tooth,** teethe // lose **a tooth,** lose **one's teeth**

¶ [I] brush **[my] teeth** every morning.

¶ I suddenly got a **tooth**ache ⟦**My teeth** suddenly started to hurt⟧.

ha ⟦n⟧　**leaf**

¶ Tree **leaves** fall in the autumn.

haba ⟦n⟧　**width, breadth, range**

¶ How many meters **wide** is this river?

¶ This street is narrow, isn't it?

habuku ⟦v I⟧　**omit, leave out, skip**

¶ At this time **I will dispense with** a detailed explanation.

¶ Please **skip over** unimportant parts.

hachi ⟦n⟧　**eight**

hachigatsu ⟦n⟧　**August**

hadaka ⟦n⟧　**nude; denuded, uncovered**

① [nude, naked body]

¶男の子が**裸**で遊んでいます。(Otoko no ko ga *hadaka* de asonde imasu.)

¶ A boy is playing **without any clothes on.**

②[覆いなどのない様子，またその姿]

② [denuded, uncovered]

裸馬 (*hadaka*uma)

a **barebacked** horse

¶**裸**の電燈に触ると熱いです。(*Hadaka* no dentō ni sawaru to atsui desu.)

¶ A **naked** electric bulb is hot to the touch.

hadashi　はだし〖名〗

hadashi ⟦n⟧ **bare feet, barefooted**

¶砂浜を**はだし**で走りました。(Sunahama o *hadashi* de hashirimashita.)

¶ [I] ran **barefoot** along the sandy beach.

¶くつ下を脱いで，**はだし**になりました。(Kutsushita o nuide, *hadashi* ni narimashita.)

¶ I took off [my] socks and went **barefoot.**

hade　派手〖形動〗

hade ⟦adj-v⟧ **showy, gaudy, flashy**

¶彼はいつも**派手**なシャツを着ています。(Kare wa itsu mo *hade* na shatsu o kite imasu.)

¶ He always wears a rather **loud** ⟦**bright, splashy**⟧ shirt.

¶この服はわたしには**派手**ですか，地味ですか。(Kono fuku wa watashi ni wa *hade* desu ka, jimi desu ka?)

¶ Is this outfit **too young** ⟦**gay**⟧ or too old ⟦subdued⟧ for me?

⇔**jimi　地味**

hae　はえ〖名〗

hae ⟦n⟧ **fly**

¶**はえ**が１匹飛んでいます。(*Hae* ga ippiki tonde imasu.)

¶ **A fly** is buzzing around.

¶この町にはあまり**はえ**がいません。(Kono machi ni wa amari *hae* ga imasen.)

¶ There aren't very many **flies** in this town.

＊「はい (hai)」とも言う。

＊ Variant: *hai*.

haeru　生える〖動Ⅱ〗

haeru ⟦v II⟧ **grow, sprout**

¶庭に草がたくさん**生えて**きました。(Niwa ni kusa ga takusan *haete* kimashita.)

¶ A lot of weeds **have appeared** in the yard.

¶赤ん坊の歯が**生えました**。(Akanbō no ha ga *haemashita*.)

¶ The baby **has cut** its first teeth.

hagaki **はがき**〘名〙
絵はがき (e*hagaki*) 年賀はがき (nenga-*hagaki*) 往復はがき (ōfuku-*hagaki*) 郵便はがき (yūbin-*hagaki*)
¶はがきを5枚ください。 (*Hagaki* o gomai kudasai.)
¶友達にはがきを出しました。(Tomodachi ni *hagaki* o dashimashita.)

hagaki 〚n〛 **postcard**
a picture **postcard** // a New Year's **(post)card** // a double **postcard** with a card for replying // **a postcard**
¶ Five **postcards,** please.
¶ [I] sent **a postcard** to a friend.

hagemasu **励ます**〘動 I〙
¶先生は試験に落ちた学生を**励ましました**。(Sensei wa shiken ni ochita gakusei o *hagemashimashita.*)
¶「がんばりなさい。」と友達に**励まされました**。("Ganbarinasai." to tomodachi ni *hagemasaremashita.*)

hagemasu 〚v I〛 **encourage, cheer up**
¶ The teacher **tried to cheer up** the students who had failed the exam.
¶ **I was encouraged** by my friends with the word "*Ganbarinasai.*"

hageshii **激しい**〘形〙
激しい風 (*hageshii* kaze)
¶雨が**激しく**降ってきました。 (Ame ga *hageshiku* futte kimashita.)
¶ここは交通が**激しい**から気をつけてください。(Koko wa kōtsū ga *hageshii* kara ki o tsukete kudasai.)

hageshii 〚adj〛 **strong, intense, severe**
a **strong** wind
¶ It has started to rain **heavily** 〚It started to rain **heavily**〛.
¶ Please be careful as the traffic **is heavy** here.

haha **母**〘名〙
¶**母**は今年 60 歳です。 (*Haha* wa kotoshi rokujissai desu.)
¶**母**の料理が懐かしいです。(*Haha* no ryōri ga natsukashii desu.)
＊ 自分の母親のことを他人に話す場合に使う。直接，母親に呼びかける場合や，他人の母親のことを言う場合は，「お母さん (okāsan)」「お母様 (okāsama)」と言う。
⇔**chichi** 父 ⇨ **okāsan** お母さん

haha 〚n〛 **mother**
¶ **My mother** is 60 years old this year.
¶ I am homesick for **my mother's** cooking.
＊ Used to refer to one's own mother when talking with others. When directly addressing one's own mother or referring to someone else's mother, *okāsan* or *okāsama* is used.

hai **はい**〘感〙

hai 〚interj〛 **yes**

¶「これは日本語の本ですか。」(Kore wa Nihongo no hon desu ka?)「**はい**，そうです。」(*Hai*, sō desu.)

¶「そこに辞書がありますか。」(Soko ni jisho ga arimasu ka?)「**はい**，あります。」(*Hai*, arimasu.)

＊「ええ (ee)」より丁寧な言葉。

⇔**iie いいえ** ⇨**ee ええ**

¶ "Is this book written in Japanese?" "**Yes,** it is."

¶ "Is there a dictionary over there?" "**Yes,** there is."

＊ *Hai* is more polite than *ee*.

hai 灰〖名〗

¶たばこの**灰**はここに入れてください。(Tabako no *hai* wa koko ni irete kudasai.)

¶ストーブの**灰**を掃除してください。(Sutōbu no *hai* o sōji shite kudasai.)

hai ⟦n⟧ **ash, ashes**

¶ Please put your cigarette **ashes** in this.

¶ Please clean **the ashes** from the stove.

hai ☞ **hae**

-hai -杯〖尾〗

1**杯** (ip*pai*) 2**杯** (ni*hai*) 3**杯** (san*bai*) 4**杯** (yon*hai*) 5**杯** (go*hai*) 6**杯** (rop*pai*) 7**杯** (nana*hai*) 8**杯** (hap*pai*) 9**杯** (kyū*hai*) 10**杯** (jip*pai*)

¶「お砂糖を何**杯**入れましょうか。」(Osatō o nan*bai* iremashō ka?)「2**杯**入れてください。」(Ni*hai* irete kudasai.)

-hai ⟦suf⟧ the counter for cups, glasses, or spoonfuls of something

1 **glassful** ⟦**cupful, spoonful**⟧ // 2 **glassfuls** // 3 **glassfuls** // 4 **glassfuls** // 5 **glassfuls** // 6 **glassfuls** // 7 **glassfuls** // 8 **glassfuls** // 9 **glassfuls** // 10 **glassfuls**

¶ "How many **spoonfuls** ⟦**cups**⟧ of sugar should I put in?"

"Please put in two **spoonfuls** ⟦**cups**⟧."

haiiro 灰色〖名〗

¶**灰色**のズボンを買いました。(*Haiiro* no zubon o kaimashita.)

¶空が曇って**灰色**になりました。(Sora ga kumotte *haiiro* ni narimashita.)

haiiro ⟦n⟧ **gray, ash colored**

¶ [I] bought a pair of **gray** slacks.

¶ The sky has clouded over ⟦The sky clouded over⟧ and turned **a gray color.**

hairu 入る〖動 I〗

①［外から中に移る］

家の中に**入る** (ie no naka ni *hairu*) 玄関を**入る** (genkan o *hairu*) 門を**入**

hairu ⟦v I⟧ **enter, come in; contain; join; receive; begin**

① [enter, come in]

come inside the house // **come into**

る (mon o *hairu*)

the entryway // **come in** the gate

¶夕方おふろに**入ります**。(Yūgata ofuro ni *hairimasu.*)

¶ [I] **take** a bath in the evenings.

↔**deru** 出る

②[あるものが区切られた所に入れてある]

② [contain, hold]

¶この箱の中に何が**入っています**か。(Kono hako no naka ni nani ga *haitte* imasu ka?)

¶ What's **in** this box?

③[組織や団体などに加わる]

③ [join, enter]

大学に**入る** (daigaku ni *hairu*) 会社に**入る** (kaisha ni *hairu*) 仲間に**入る** (nakama ni *hairu*)

enter a university // **join** a company, **go to work** for a company // **join** others in something, **mix** with others

¶わたしはテニス部に**入りました**。(Watashi wa tenisubu ni *hairimashita.*)

¶ I **joined** the tennis club.

④[あるものが自分のものになる]

④ [get, receive]

手に**入る**(te ni *hairu*) お金が**入る** (okane ga *hairu*)

obtain, be obtained, **come into** one's possession // **come into** money, be paid

¶今日はボーナスが**入りました**。(Kyō wa bōnasu ga *hairimashita.*)

¶ [I] **received** [my] bonus today.

⑤[ある時刻・時期になる]

⑤ [begin, set in]

梅雨に**入る** (tsuyu ni *hairu*) 夜に**入る** (yoru ni *hairu*)

enter the rainy season // **become** evening, night **falls**

¶8月に**入って**急に暑くなりました。(Hachigatsu ni *haitte* kyū ni atsuku narimashita.)

¶ It has suddenly gotten hot **since the beginning** of August ⟦It suddenly got hot **from the beginning** of August⟧.

haitatsu **配達**〘名, ～する〙

haitatsu ⟦n, ~*suru*⟧ **delivery**

牛乳**配達** (gyūnyū-*haitatsu*) 新聞**配達** (shinbun-*haitatsu*) 郵便**配達** (yūbin-*haitatsu*)

milk **delivery** // newspaper **delivery** // mail **delivery**

¶このテーブルをあした**配達**してください。(Kono tēburu o ashita *haitatsu* shite kudasai.)

¶ Please **deliver** this table tomorrow.

¶郵便は一日に何回**配達**されますか。(Yūbin wa ichinichi ni nankai *haitatsu* saremasu ka?)

¶ How many times **is** the mail **delivered** a day?

haiyū **俳優**〘名〙

映画**俳優** (eiga-*haiyū*) かぶき**俳優** (kabuki-*haiyū*)

¶あの**俳優**の名前を知っていますか。(Ano *haiyū* no namae o shitte imasu ka?)

¶あの**俳優**はたいへん人気があります。(Ano *haiyū* wa taihen ninki ga arimasu.)

haiyū ⟦n⟧ **actor, actress**

a film **actor,** film **actress** // a kabuki **player**

¶ Do you know the name of that **actor** ⟦**actress**⟧?

¶ That **actor** ⟦**actress**⟧ is very popular.

haizara **灰ざら**〘名〙

¶**灰ざら**はどこですか。(*Haizara* wa doko desu ka?)

haizara ⟦n⟧ **ashtray**

¶ Where is **the ashtray?**

haji **恥**〘名〙

¶みんなの前で**恥**をかきました。(Minna no mae de *haji* o kakimashita.)

¶子供が悪いことをすれば，親の**恥**になります。(Kodomo ga warui koto o sureba, oya no *haji* ni narimasu.)

haji ⟦n⟧ **shame, disgrace, humiliation**

¶ [I] **disgraced** [myself] in front of everyone.

¶ If a child does something bad, it **brings shame** to its parents.

hajimaru **始まる**〘動Ⅰ〙

¶次の授業は3時に**始まります**。(Tsugi no jugyō wa sanji ni *hajimarimasu.*)

¶会議はいつ**始まりました**か。(Kaigi wa itsu *hajimarimashita* ka?)

⇔**owaru** **終わる**

hajimaru ⟦v I⟧ **begin, commence**

¶ The next class **starts** at three o'clock.

¶ When did the meeting **start?**

hajime **初め**〘名〙

¶3月の**初め**に試験があります。(Sangatsu no *hajime* ni shiken ga arimasu.)

¶夏の**初め**に旅行します。(Natsu no

hajime ⟦n⟧ **the beginning, the start**

¶ There's an exam **early** in March.

¶ [I] will go on a trip at **the begin-**

hajime ni ryokō shimasu.)

⇔**owari** **終わり**

hajime **始め**〘名〙

¶**始め**から終わりまで，みんな熱心に彼の話を聞きました。(*Hajime* kara owari made, minna nesshin ni kare no hanashi o kikimashita.)

¶あの映画の**始め**のほうはあまりおもしろくありません。 (Ano eiga no *hajime* no hō wa amari omoshiroku arimasen.)

⇔**owari** **終わり**

hajimemashite **初めまして**〘連〙

¶**初めまして**，どうぞよろしく。(*Hajimemashite,* dōzo yoroshiku.)

hajimeru **始める**〘動Ⅱ〙

①[ものごとを開始する]

¶さあ，勉強を**始めましょう**。(Sā, benkyō o *hajimemashō.*)

¶今日は10ページから**始めます**。(Kyō wa jippēji kara *hajimemasu.*)

②[ある動作・作用が始まることを表す]

¶桜の花が咲き**始めました**。 (Sakura no hana ga saki*hajimemashita.*)

¶9月から日本語を習い**始めました**。(Kugatsu kara Nihongo o narai*hajimemashita.*)

*「動詞(基幹の形)＋始める (hajimeru)」の形で使う。

⇔**oeru** **終える**

hajimete **初めて**〘副〙

¶今年の夏，**初めて**富士山に登りました。 (Kotoshi no natsu, *hajimete*

ning of the summer.

hajime 〚n〛 **beginning, outset**

¶ Everyone listened to his talk 〚story〛 intently from **beginning** to end.

¶ **The first part** of that movie isn't very interesting.

hajimemashite 〚compd〛 an expression used when meeting someone for the first time

¶ **How do you do?** I'm pleased to make your acquaintance.

(-)hajimeru 〚v II〛 **start** (something); **start ~ing**

① [start (something)]

¶ Well, **let's start** class.

¶ Today [we] **will be starting** from page 10.

② [start ~ing, start to ~]

¶ The cherry blossoms **have started** to bloom.

¶ [I] **started** studying Japanese in September.

* Used in the pattern "verb (stem form) + *-hajimeru.*"

hajimete 〚adv〛 **for the first time**

¶ This summer [I] climbed Mount Fuji **for the first time.**

Fujisan ni noborimashita.)

¶今日，**初めて**日本語で電話しました。(Kyō, *hajimete* Nihongo de denwa shimashita.)

¶ Today [I] made [my] **first** telephone call in Japanese.

haka **墓**〘名〙

haka ⟦n⟧ **grave, tomb**

墓場 (*haka*ba) **墓**参り (*haka*mairi)

graveyard, cemetery // visit to **a grave**

¶お寺の後ろにお**墓**があります。(Otera no ushiro ni o*haka* ga arimasu.)

¶ There are **graves** behind the temple.

¶先祖のお**墓**にお参りしました。(Senzo no o*haka* ni omairi shimashita.)

¶ [I] visited the family **tombs.**

hakari **はかり**〘名〙

hakari ⟦n⟧ **scales, balance**

はかりで量る (*hakari* de hakaru)

weigh on **a scale**

¶牛肉を**はかり**にかけて，100グラムずつに分けてください。(Gyūniku o *hakari* ni kakete, hyakuguramu zutsu ni wakete kudasai.)

¶ Please weigh the beef on **the scale** and divide it into hundred-gram portions.

hakaru **計る**〘動 I〙

hakaru ⟦v I⟧ **measure**

身長を**計る** (shinchō o *hakaru*)

measure someone's height

¶熱を**計ったら** 39 度ありました。(Netsu o *hakattara* sanjūkudo arimashita.)

¶ When **I took** [my] temperature, it was 39 degrees.

hakaru **測る**〘動 I〙

hakaru ⟦v I⟧ **measure**

面積を**測る** (menseki o *hakaru*)

measure the area

¶池の深さを**測って**みました。(Ike no fukasa o *hakatte* mimashita.)

¶ [I] **measured** the depth of the pond.

hakaru **量る**〘動 I〙

hakaru ⟦v I⟧ **measure**

目方を**量る** (mekata o *hakaru*)

weigh something ⟦someone⟧

¶体重を**量ったら**，60キログラムありました。(Taijū o *hakattara*, rokujikkiroguramu arimashita.)

¶ When **I weighed** myself ⟦him, her⟧, my ⟦his, her⟧ weight was 60 kilos.

hakase ☞ **hakushi**

hakken **発見**〘名，～する〙

hakken ⟦n, ~*suru*⟧ **discovery**

¶アメリカ大陸はだれが**発見**しました

¶ Who **discovered** the American

か。 (Amerika-tairiku wa dare ga *hakken* shimashita ka?)

continent?

¶早くがんの薬が**発見**されるといいですね。 (Hayaku gan no kusuri ga *hakken* sareru to ii desu ne.)

¶ I hope that a drug for cancer **will be discovered** soon.

hakkiri **はっきり**〔副, ～する〕

hakkiri 〚adv, ~*suru*〛 **clearly, distinctly**

¶名前は**はっきり**書いてください。 (Namae wa *hakkiri* kaite kudasai.)

¶ Please write your name **clearly.**

¶今日は富士山が**はっきり**見えます。 (Kyō wa Fujisan ga *hakkiri* miemasu.)

¶ Mount Fuji can be seen **clearly** today.

¶ゆうべあまり寝なかったので，今日は頭が**はっきり**しません。 (Yūbe amari nenakatta node, kyō wa atama ga *hakkiri* shimasen.)

¶ My head **is fuzzy** today as I didn't get much sleep last night.

＊「はっきりと (hakkiri to)」とも言う。

＊ Variant: *hakkiri to.*

hakkō **発行**〔名, ～する〕

hakkō 〚n, ~*suru*〛 **publish, issue**

発行所 (*hakkō*jo)　**発行**者 (*hakkō*-sha)

publisher (company) // **publisher** (person within a publishing company in charge of the publication of a given book)

¶その本は来月**発行**される予定です。 (Sono hon wa raigetsu *hakkō* sareru yotei desu.)

¶ That book is scheduled **to be published** next month.

¶この雑誌は毎週**発行**されます。 (Kono zasshi wa maishū *hakkō* saremasu.)

¶ This magazine **comes out** monthly.

(-)hako **(-)箱**〔名, 尾〕

(-)hako 〚n, suf〛 **box, case, package, container**

1〔名〕

1 〚n〛 box, case, package

本**箱** (hon*bako*)

a book**case**

¶その**箱**の中に何が入っていますか。 (Sono *hako* no naka ni nani ga haitte imasu ka?)

¶ What is in that **box?**

2〔尾〕

2 〚suf〛 the counter for packages or cases of something

¶たばこを二**箱**買ってきてください。

(Tabako o futa*hako* katte kite kudasai.)

¶ Please buy me two **packs** of cigarettes.

hakobu 運ぶ〔動Ⅰ〕

hakobu ⟦v I⟧ **carry, transport**

¶重い物は車で**運びましょう**。(Omoi mono wa kuruma de *hakobimashō.*)

¶ **Let's take** the heavy things by car ⟦taxi, van, truck, etc.⟧.

¶この荷物をわたしの部屋へ**運んで**ください。(Kono nimotsu o watashi no heya e *hakonde* kudasai.)

¶ Please **take** this luggage ⟦these bags, boxes, etc.⟧ to my room.

haku 掃く〔動Ⅰ〕

haku ⟦v I⟧ **sweep**

ほうきで庭を**掃く** (hōki de niwa o *haku*)

sweep the garden ⟦yard⟧ with a broom

¶神社の周りは，いつもきれいに**掃いて**あります。(Jinja no mawari wa, itsu mo kirei ni *haite* arimasu.)

¶ The grounds of a shrine are always nicely **swept.**

haku はく〔動Ⅰ〕

haku ⟦v I⟧ **put on, wear** (something below the waist)

¶くつ下を**はかないで**，くつを**はきました**。(Kutsushita o *hakanaide,* kutsu o *hakimashita.*)

¶ [I] **put on** shoes **without putting on** socks.

¶彼女はいつもズボンを**はいています**。(Kanojo wa itsu mo zubon o *haite* imasu.)

¶ She always **has on** slacks.

⇔**nugu** 脱ぐ

hakubutsukan 博物館〔名〕

hakubutsukan ⟦n⟧ **museum**

¶国立**博物館**はどこですか。(Kokuritsu-*hakubutsukan* wa doko desu ka?)

¶ Where is the National **Museum?**

¶日曜日に**博物館**へ見学に行きました。(Nichiyōbi ni *hakubutsukan* e kengaku ni ikimashita.)

¶ [We] went to **the museum** on Sunday.

hakushi 博士〔名〕

hakushi ⟦n⟧ **doctor, holder of a doctorate**

¶田中教授は文学**博士**です。(Tanaka kyōju wa bungaku-*hakushi* desu.)

¶ Professor Tanaka **has a doctorate** in literature.

¶田中**博士**の講義はたいへんおもしろいです。(Tanaka *hakushi* no kōgi

¶ **Dr.** Tanaka's lectures are very interesting.

wa taihen omoshiroi desu.)

＊「博士(hakase)」とも言う。 — ＊ Variant: *hakase*.

hameru **はめる**〖動Ⅱ〗 — **hameru** ⟦v II⟧ **put on, pull on, wear** (ring, gloves, etc.)

指輪を**はめる** (yubiwa o *hameru*) — **put on** a ring

¶秋子さんは革の手袋を**はめて**います。(Akiko san wa kawa no tebukuro o *hamete* imasu.) — ¶ Akiko **is wearing** leather gloves.

han **判**〖名〗 — **han** ⟦n⟧ **stamp, seal, seal impression**

¶ここに**判**を押してください。(Koko ni *han* o oshite kudasai.) — ¶ Please stamp **your seal** here.

¶この領収書には**判**がありません。(Kono ryōshūsho ni wa *han* ga arimasen.) — ¶ This receipt does not bear **a seal.**

＊「判こ(hanko)」とも言う。 — ＊ Variant: *hanko*.

-han **-半**〖尾〗 — **-han** ⟦suf⟧ **half**

¶今，9時**半**です。 (Ima, kuji *han* desu.) — ¶ It's now 9:**30.**

¶もう2時間**半**働きました。 (Mō nijikan *han* hatarakimashita.) — ¶ [I]'ve already worked for two and **a half** hours.

hana **花**〖名〗 — **hana** ⟦n⟧ **flower, blossom**

花見 (*hana*mi) — **cherry-blossom** viewing

¶春になって，庭に**花**が咲きだしました。(Haru ni natte, niwa ni *hana* ga sakidashimashita.) — ¶ With the coming of spring, **flowers** started to bloom in the garden.

¶花びんの**花**が枯れました。 (Kabin no *hana* ga karemashita.) — ¶ **The flowers** in the vase have withered.

hana **鼻**〖名〗 — **hana** ⟦n⟧ **nose**

¶子供が転んで，**鼻**にけがをしました。(Kodomo ga koronde, *hana* ni kega o shimashita.) — ¶ The child fell and injured **[his] nose.**

¶あの子はよく**鼻**血を出します。(Ano ko wa yoku *hana*ji o dashimasu.) — ¶ That child often has **nose**bleeds.

hana **はな**〖名〗 — **hana** ⟦n⟧ **nasal mucus**

¶風邪を引いたので，**はな**が出て困り — ¶ I caught a cold and am now trou-

ます。(Kaze o hiita node, *hana* ga dete komarimasu.)

¶はなをかみなさい。(*Hana* o kaminasai.)

bled by **a runny nose.**

¶ Blow **your nose.**

hanareru 離れる〔動Ⅱ〕

①[二つのものの間の距離が開く]

¶ここから5キロほど**離れた**所に池があります。(Koko kara gokiro hodo *hanareta* tokoro ni ike ga arimasu.)

②[ある場所から遠ざかる]

東京を**離れる** (Tōkyō o *hanareru*)

席を**離れる** (seki o *hanareru*)

③[いっしょであったものの間に距離ができる]

¶あの学生たちは親と**離れて**生活しています。(Ano gakuseitachi wa oya to *hanarete* seikatsu shite imasu.)

hanareru ⟦v II⟧ **be apart from; leave, depart; separate from**

① [be apart from, be at a distance from]

¶ There is a pond five kilometers **away** ⟦**at a distance of** five kilometers from here⟧.

② [leave, depart]

leave Tokyo // **step away from** one's seat ⟦desk⟧

③ [separate from, part from]

¶ Those students are living **away from** home (literally, **away from** their parents).

hanashi 話〔名〕

①[自分の感じていることや考えていることなどを人に言うこと]

¶今,父はお客さんと**話**をしています。(Ima, chichi wa okyakusan to *hanashi* o shite imasu.)

②[相談・交渉など]

話がまとまる (*hanashi* ga matomaru)

¶ちょっと**話**があるんですが…。(Chotto *hanashi* ga aru n desu ga…)

③[物語など]

昔**話** (mukashi*banashi*)

hanashi ⟦n⟧ **talk; consultation; story**

① [talk, conversation, speech]

¶ My father is now **talking** with a guest ⟦customer⟧.

② [consultation, negotiations]

come to an agreement

¶ There is **something I would like to talk with you about.**

③ [story, tale]

a legend, folk**tale**

hanasu 話す〔動Ⅰ〕

¶留学のことをお父さんに**話しました**か。(Ryūgaku no koto o otōsan ni

hanasu ⟦v I⟧ **talk, speak, discuss, tell**

¶ Did you **talk with** your father

hanashimashita ka?)

about studying abroad?

¶日本語を**話す**ことができますか。(Nihongo o *hanasu* koto ga dekimasu ka?)

¶ Can you **speak** Japanese?

hanasu **放す**〔動 I〕

小鳥を**放す** (kotori o *hanasu*)

¶池に魚を**放しました**。 (Ike ni sakana o *hanashimashita*.)

hanasu ⟦v I⟧ **let go, release**

set a small bird **free**

¶ [I] **let** the fish **loose** in the pond ⟦pool⟧.

hanasu **離す**〔動 I〕

①[二つのものの間をあける]

ハンドルから手を**離す** (handoru kara te o *hanasu*) 間を**離す** (aida o *hanasu*) 机と机を**離す** (tsukue to tsukue o *hanasu*)

②[視線を外してほかの方を見る]

¶赤ん坊から目を**離さないで**ください。(Akanbō kara me o *hanasanaide* kudasai.)

hanasu ⟦v I⟧ **separate, divide; remove one's eyes from**

① [separate, divide two things]

take one's hand(s) **off** the handle ⟦steering wheel, handlebar, doorknob, etc.⟧ // **move** two things **apart** ⟦**further apart**⟧ // **move** the desks **apart**

② [remove one's eyes from]

¶ Please **don't take your eyes off** the baby ⟦Please **keep your eyes on** the baby⟧.

hanbai **販売**〔名, ～する〕

販売店 (*hanbai*ten) 自動**販売**機 (jidō*hanbai*ki)

¶あの薬屋では化粧品の**販売**もしています。(Ano kusuriya de wa keshōhin no *hanbai* mo shite imasu.)

¶汽車の中でもお弁当を**販売**していますか。 (Kisha no naka de mo obentō o *hanbai* shite imasu ka?)

hanbai ⟦n, ~*suru*⟧ **sales, selling**

a shop, store // a **vending** machine

¶ That drugstore also **sells** cosmetics.

¶ Are box lunches **on sale** on the train?

hanbun **半分**〔名〕

¶りんごを**半分**ずつ食べましょう。(Ringo o *hanbun* zutsu tabemashō.)

¶これを**半分**に分けてください。(Kore o *hanbun* ni wakete kudasai.)

hanbun ⟦n⟧ **half**

¶ Let's each have **half** of the apple.

¶ Please divide this **in half.**

handan **判断**〔名, ～する〕

handan ⟦n, ~*suru*⟧ **judgment, decision**

¶どちらがいいか**判断**に迷っています。(Dochira ga ii ka *handan* ni mayotte imasu.)

¶ I am having trouble **deciding** which would be better.

¶それがいいか悪いかは，自分で**判断**してください。(Sore ga ii ka warui ka wa, jibun de *handan* shite kudasai.)

¶ Please **judge** for yourself whether that is good or bad.

handobaggu　ハンドバッグ〖名〗

handobaggu ⟦n⟧　**handbag, purse, pocketbook**

ハンドバッグを開ける　(*handobaggu* o akeru)

open **a handbag**

¶新しい**ハンドバッグ**を買いました。(Atarashii *handobaggu* o kaimashita.)

¶ [I] bought a new **handbag.**

＊「ハンドバック (handobakku)」とも言う。

＊ Variant: *handobakku.*

handoru　ハンドル〖名〗

handoru ⟦n⟧　**doorknob, door handle; steering wheel**

①［ドアの取っ手］

① [doorknob, door handle]

¶**ハンドル**を回してドアを開けました。(*Handoru* o mawashite doa o akemashita.)

¶ [I] turned **the doorknob** and opened the door.

②［自動車などの手で握って回す部分］

② [steering wheel, handlebar]

¶**ハンドル**を左に切って，前から来る車をよけました。(*Handoru* o hidari ni kitte, mae kara kuru kuruma o yokemashita.)

¶ Turning **the wheel** to the left, [I] avoided hitting the oncoming car.

hane　羽〖名〗

hane ⟦n⟧　**wing**

¶鳥は羽を広げて飛びます。(Tori wa *hane* o hirogete tobimasu.)

¶ Birds spread **their wings** and fly.

¶つるは羽にけがをしていました。(Tsuru wa *hane* ni kega o shite imashita.)

¶ The crane had an injured **wing.**

hane　羽根〖名〗

hane ⟦n⟧　**feather, down**

赤い羽根 (akai *hane*)　　羽根つき (*hane*tsuki)

a red **feather** // battledore and shuttlecock

¶羽根布団を買いました。(*Hane*buton o kaimashita.)

¶ [I] bought a **down-filled** quilt ⟦*futon*, coverlet⟧.

haneru **跳ねる**〔動Ⅱ〕

haneru ⟦v II⟧ **leap, jump; spatter, splash**

①[飛び上がる，おどり上がる]

① [leap, jump, spring, prance]

馬が**跳ねる** (uma ga *haneru*)

a horse **bucks**

②[水やどろなどが飛び散る]

② [spatter, splash]

¶どろ水が**跳ねて**ズボンが汚れました。(Doromizu ga *hanete* zubon ga yogoremashita.)

¶ Muddy water **spattered** [my] trousers and dirtied them.

han'i **範囲**〔名〕

han'i ⟦n⟧ **extent, scope, bounds, limits**

¶試験の**範囲**を教えてください。(Shiken no *han'i* o oshiete kudasai.)

¶ Please tell us what the exam **will cover.**

¶地震で広い**範囲**に被害が出ました。(Jishin de hiroi *han'i* ni higai ga demashita.)

¶ The earthquake caused damage over a wide **area.**

hankachi **ハンカチ**〔名〕

hankachi ⟦n⟧ **handkerchief**

ハンカチで手をふく (*hankachi* de te o fuku)

wipe one's hands on **a handkerchief**

¶いつも**ハンカチ**を2枚持っています。(Itsu mo *hankachi* o nimai motte imasu.)

¶ [I] always carry two **handkerchiefs** with [me].

hanko ☞ **han**

hannichi **半日**〔名〕

hannichi ⟦n⟧ **half a day, a half day**

¶仕事は**半日**で終わりました。(Shigoto wa *hannichi* de owarimashita.)

¶ The work was finished in **half a day.**

¶土曜には**半日**だけ働きます。(Doyō ni wa *hannichi* dake hatarakimasu.)

¶ [I] only work **half a day** on Saturday.

hansei **反省**〔名，～する〕

hansei ⟦n, ~*suru*⟧ **self-examination, reflection, reconsideration**

¶あの人は悪いことをしても，少しも**反省**しません。(Ano hito wa warui koto o shite mo, sukoshi mo *hansei* shimasen.)

¶ Even when [he] does something bad, [he] **has no second thoughts** whatsoever.

hansha **反射**〔名，～する〕

hansha ⟦n, ~*suru*⟧ (physical) **reflection**

¶鏡は光を反射します。(Kagami wa hikari o *hansha* shimasu.)

¶ Mirrors **reflect** light.

¶月は太陽の光を反射して光っています。(Tsuki wa taiyō no hikari o *hansha* shite hikatte imasu.)

¶ The moon shines **reflecting** the rays of the sun.

hantai 反対〖名, ～する〗

hantai [[n, ~*suru*]] **reverse, opposite; opposition, objection**

①[あることに対して逆の関係にあること]

① [the reverse, opposite, contrary]

反対の方向 (*hantai* no hōkō) 駅の反対側 (eki no *hantai*gawa)

the **opposite** direction // the **other** side of the station

②[ある意見や立場などに逆らうこと]

② [opposition, objection]

¶わたしはその考えに反対です。(Watashi wa sono kangae ni *hantai* desu.)

¶ I **am opposed** to that idea.

¶父に反対されて留学をあきらめました。(Chichi ni *hantai* sarete ryūgaku o akiramemashita.)

¶ I gave up studying abroad as my father **was against it.**

↔**sansei** 賛成

hantō 半島〖名〗

hantō [[n]] **peninsula**

¶あの半島の周りを船で回りました。(Ano *hantō* no mawari o fune de mawarimashita.)

¶ [I] went around that **peninsula** by boat.

¶日本でいちばん大きい半島は紀伊半島です。(Nihon de ichiban ookii *hantō* wa Kii-*hantō* desu.)

¶ The biggest **peninsula** in Japan is the Kii **Peninsula.**

hantoshi 半年〖名〗

hantoshi [[n]] **half a year, a half year**

¶日本に来てからもう半年になります。(Nihon ni kite kara mō *hantoshi* ni narimasu.)

¶ **Half a year** has already passed since [I] came to Japan.

¶半年後に結婚します。(*Hantoshi*go ni kekkon shimasu.)

¶ I will get married in **half a year.**

hantsuki 半月〖名〗

hantsuki [[n]] **half a month, a half month**

¶日本へ来るのが予定より半月遅れました。(Nihon e kuru no ga yotei

¶ [My] coming to Japan was **a half**

yori *hantsuki* okuremashita.)

month later than planned.

¶この半月の間に病気がずいぶんよくなりました。 (Kono *hantsuki* no aida ni byōki ga zuibun yoku narimashita.)

¶ In the past **half month** [my] illness has greatly improved.

happyō 発表〚名, ～する〛

happyō 〚n, ～*suru*〛 **announcement, making public**

¶みんなの前で自分の意見を**発表**しました。(Minna no mae de jibun no iken o *happyō* shimashita.)

¶ [I] **set forth** my opinion in front of everyone.

¶あした, 試験の結果が**発表**されます。(Ashita, shiken no kekka ga *happyō* saremasu.)

¶ The results of the exam **will be announced** tomorrow.

hara 腹〚名〛

hara 〚n〛 **stomach; spirit**

①[胃や腸の部分]

① [stomach, abdomen]

腹が痛い (*hara* ga itai) **腹**が減る (*hara* ga heru) **腹**がすく (*hara* ga suku) **腹**をこわす (*hara* o kowasu)

have a **stomach**ache, have a pain in **one's stomach** // be hungry // be hungry // upset **one's stomach**

* 丁寧に言うときは, 普通「おなか(onaka)」と言う。

* *Onaka* is more polite than *hara*.

②[気持ち・感情などを表す]

② [spirit, heart, mind, intention]

腹が立つ (*hara* ga tatsu)

lose **one's temper,** be angry

¶上田さんはそれを聞いて, たいへん**腹**を立てました。(Ueda san wa sore o kiite, taihen *hara* o tatemashita.)

¶ When [Mr.] Ueda heard that, [he] **became** very **angry.**

harau 払う〚動 I〛

harau 〚v I〛 **pay; clear away, brush off**

①[代金などを相手に渡す]

① [pay]

¶食事代はわたしが**払います**。 (Shokujidai wa watashi ga *haraimasu.*)

¶ I'll **pay** the restaurant bill.

¶もう授業料を**払いましたか**。 (Mō jugyōryō o *haraimashita* ka?)

¶ **Have you paid** your tuition yet?

②[たたいたりして取り除く]

② [clear away, sweep away, brush off]

¶ブラシで洋服のほこりを**払いました**。(Burashi de yōfuku no hokori o *haraimashita.*)

¶ [I] **removed** lint from [my] suit 〚dress, etc.〛 with a brush.

¶オーバーの雪を**払って**家に入りました。(Ōbā no yuki o *haratte* ie ni hairimashita.)

¶ [I] **brushed** the snow off of [my] overcoat and came into the house.

hare **晴れ**〘名〙

hare ⟦n⟧ **fair weather**

¶あしたは**晴れ**後曇りでしょう。(Ashita wa *hare* nochi kumori deshō.)

¶ Tomorrow will probably be **fair,** later cloudy.

¶**晴れ**の日には，ここから富士山が見えます。(*Hare* no hi ni wa, koko kara Fujisan ga miemasu.)

¶ On a **clear** day one can see Mount Fuji from here.

⇨**kumori** **曇り**

hareru **晴れる**〘動II〙

hareru ⟦v II⟧ **become clear, clear up**

¶午後はたぶん**晴れる**でしょう。(Gogo wa tabun *hareru* deshō.)

¶ **It will** probably **become clear** in the afternoon.

¶今日はよく**晴れて**，いいお天気になりました。(Kyō wa yoku *harete*, ii otenki ni narimashita.)

¶ **It's cleared up** nicely and become a fine day today.

⇨**kumoru** **曇る**

hari **針**〘名〙

hari ⟦n⟧ **needle, pin,** (clock) **hands, indicator**

¶この**針**に糸を通してください。(Kono *hari* ni ito o tooshite kudasai.)

¶ Please thread this **needle** for me.

¶時計の**針**が5時を指しています。(Tokei no *hari* ga goji o sashite imasu.)

¶ **The hands** of the clock ⟦watch⟧ show five o'clock.

haru **春**〘名〙

haru ⟦n⟧ **spring, springtime**

¶冬が過ぎて，**春**が来ました。(Fuyu ga sugite, *haru* ga kimashita.)

¶ Winter is over and **spring** has come.

¶**春**と秋とどちらが好きですか。(*Haru* to aki to dochira ga suki desu ka?)

¶ Which do you like better, **spring** or fall?

haru **張る**〘動I〙

haru ⟦v I⟧ **stretch out, spread out; cover; stretch, extend**

①[伸び広がる，伸ばし広げる]

① [stretch out, spread out]

幕を**張る** (maku o *haru*)　帆を**張る** (ho o *haru*)　木が根を**張る** (ki ga

stretch out a curtain // **unfurl** a sail

ne o *haru*) // a tree is **deep-rooted**

¶川のそばにテントを張りました。(Kawa no soba ni tento o *harimashita.*) ¶ [I] **pitched** a tent beside the river.

②[一面に覆う] ② [cover]

¶池に氷が張りました。(Ike ni koori ga *harimashita.*) ¶ The pond **is** 〚**was**〛 **covered** with ice.

③[綱や糸などを引き渡す] ③ [stretch, extend]

糸を張る (ito o *haru*) **stretch** a thread between two points

¶そこは綱を張って人が入れないようにしてあります。(Soko wa tsuna o *hatte* hito ga hairenai yō ni shite arimasu.) ¶ That area **is roped off** so no one can enter.

haru はる〘動Ⅰ〙 **haru** 〚v I〛 **stick, paste, affix**

¶この手紙に切手をはって出してください。 (Kono tegami ni kitte o *hatte* dashite kudasai.) ¶ Please **put** a stamp on this letter and mail it.

¶壁にきれいな紙をはりましょう。(Kabe ni kirei na kami o *harimashō.*) ¶ **Let's put** some pretty wallpaper **up** on the walls.

hasami はさみ〘名〙 **hasami** 〚n〛 **scissors, shears**

¶はさみで紙を切ります。(*Hasami* de kami o kirimasu.) ¶ One cuts paper with **scissors.**

¶このはさみはよく切れます。 (Kono *hasami* wa yoku kiremasu.) ¶ These **scissors** cut well.

hasamu はさむ〘動Ⅰ〙 **hasamu** 〚v I〛 **put between, insert**

¶料理をはしではさんで食べます。(Ryōri o hashi de *hasande* tabemasu.) ¶ [We] **pick up** food **between** [our] two chopsticks and eat it.

¶写真を本の間にはさんでおきました。(Shashin o hon no aida ni *hasande* okimashita.) ¶ [I] **put** the photo away **between** the leaves of a book.

hashi 橋〘名〙 **hashi** 〚n〛 **bridge**

橋を架ける (*hashi* o kakeru) build **a bridge**

¶この橋を渡って，向こう側に行きましょう。 (Kono *hashi* o watatte, mukōgawa ni ikimashō.)

¶ Let's cross this **bridge** to the other side.

hashi 端〘名〙

hashi ⟦n⟧ **end, tip, edge**

¶危ないから，道の端を歩きましょう。 (Abunai kara, michi no *hashi* o arukimashō.)

¶ Let's walk along **the edge** of the road to be safe (literally, because it's dangerous).

¶このひもの端を持ってください。 (Kono himo no *hashi* o motte kudasai.)

¶ Please hold **the end** of this string ⟦cord, band, ribbon, etc.⟧.

hashi はし〘名〙

hashi ⟦n⟧ **chopsticks**

¶あなたは**はし**で食べることができますか。 (Anata wa *hashi* de taberu koto ga dekimasu ka?)

¶ Can you eat with **chopsticks?**

¶**はし**が使えませんから，フォークをください。 (*Hashi* ga tsukaemasen kara, fōku o kudasai.)

¶ Please give me a fork—I can't use **chopsticks.**

hashira 柱〘名〙

hashira ⟦n⟧ **pillar, column, post, pole**

電信柱 (denshin*bashira*)

a telephone **pole,** electric **pole**

¶暗かったので柱に頭をぶつけました。 (Kurakatta node *hashira* ni atama o butsukemashita.)

¶ As it was dark, [I] bumped my head on **a pillar.**

¶子供が柱の周りを回って遊んでいます。 (Kodomo ga *hashira* no mawari o mawatte asonde imasu.)

¶ The children are playing running around **the pole** ⟦**pillar**⟧.

hashiru **走る**〘動 I〙

hashiru ⟦v I⟧ **run**

①［人や動物などが足を速く動かして行く］

① [(animals and people) run]

犬が**走る** (inu ga *hashiru*)　馬が**走る** (uma ga *hashiru*)

a dog **runs** // a horse **gallops**

¶遅くなったので，駅へ**走って**いきました。 (Osoku natta node, eki e *hashitte* ikimashita.)

¶ As [I] was late, [I] **ran** to the station.

②［船や車などが速い速度で進む］

② [(vehicles) run, proceed at speed]

ヨットが水の上を走る (yotto ga mizu no ue o *hashiru*) 急行列車が走る (kyūkō-ressha ga *hashiru*)

¶町の中を車がたくさん走っています。(Machi no naka o kuruma ga takusan *hashitte* imasu.)

a yacht **sails through** the water // an express train **runs**

¶ There **is** much **traffic** in the city.

hata 旗〘名〙

¶祭日には家の前に旗を立てます。(Saijitsu ni wa ie no mae ni *hata* o tatemasu.)

¶子供が旗を振っています。(Kodomo ga *hata* o futte imasu.)

hata [[n]] **flag, banner**

¶ [We] fly **a flag** in front of the house on holidays.

¶ The children are waving **flags.**

hatachi 二十歳〘名〙

¶弟は今年二十歳になりました。(Otōto wa kotoshi *hatachi* ni narimashita.)

¶日本の法律では二十歳から大人です。(Nihon no hōritsu de wa *hatachi* kara otona desu.)

hatachi [[n]] **20 years of age**

¶ My younger brother became **20 years old** this year.

¶ In Japanese law one becomes an adult at **20.**

hatake 畑〘名〙

麦畑 (mugi*batake*) 野菜畑 (yasai-*batake*)

¶この畑では何を作っていますか。(Kono *hatake* de wa nani o tsukutte imasu ka?)

¶この村では田より畑のほうが多いです。(Kono mura de wa ta yori *hatake* no hō ga ooi desu.)

hatake [[n]] **cultivated field, dry field**

a wheat [[barley]] **field** // a vegetable **field**

¶ What are you growing in this **field?**

¶ This village has more **dry fields** than paddy fields.

hataraki 働き〘名〙

①[働いて仕事をすること]

働き者 (*hataraki*mono)

¶働きが過ぎると、病気になってしまいますよ。(*Hataraki* ga sugiru to, byōki ni natte shimaimasu yo.)

hataraki [[n]] **work; working, action; ability**

① [work, labor]

a good **worker,** a hard**working** person

¶ If you **work** too much, you will become ill.

②[あるものの機能・作用など]

② [working, function, operation, action]

胃の働き (i no *hataraki*)　薬の働き (kusuri no *hataraki*)

the function ⟦**working**⟧ of the stomach // **the action** of a medicine

¶あの人は頭の働きが鋭いです。(Ano hito wa atama no *hataraki* ga surudoi desu.)

¶ [He] is sharp-**witted** ⟦has a keen **intelligence**⟧.

③[仕事をする才能，仕事をして収入などを得る能力]

③ [ability (to do a job), capability (of getting a good income)]

働きのある人 (*hataraki* no aru hito)

an able ⟦resourceful⟧ person, a good provider

¶中村さんはあまり働きがないので，生活が苦しいです。(Nakamura san wa amari *hataraki* ga nai node, seikatsu ga kurushii desu.)

¶ Because [Mr.] Nakamura **is a poor provider,** they have trouble making ends meet.

hataraku　**働く**〖動 I〗

hataraku ⟦v I⟧　**to work, labor; to work, function**

①[仕事をする，収入を得るために労働する]

① [to work, labor]

¶母は毎日よく**働きます**。(Haha wa mainichi yoku *hatarakimasu.*)

¶ My mother **works** hard every day.

¶兄は銀行で**働いて**います。(Ani wa ginkō de *hataraite* imasu.)

¶ My older brother **works** at a bank.

②[あるものが機能する]

② [to work, function, operate]

頭がよく**働かない** (atama ga yoku *hatarakanai*)　引力が**働く** (inryoku ga *hataraku*)

one's head **is sluggish** // gravity **comes into play** ⟦**operation**⟧

hatasu　**果たす**〖動 I〗

hatasu ⟦v I⟧　**achieve, accomplish, realize, discharge, fulfill**

約束を**果たす** (yakusoku o *hatasu*)
使命を**果たす** (shimei o *hatasu*)

carry out one's promises // **accomplish** one's mission

¶彼はやっと目的を**果たしました**。(Kare wa yatto mokuteki o *hatashimashita.*)

¶ He finally **achieved** his objective.

¶責任を**果たして**安心しました。(Sekinin o *hatashite* anshin shimashita.)

¶ I am relieved **to have fulfilled** my responsibility ⟦**discharged** my obligation⟧.

-hatsu　**-発**〖尾〗

-hatsu ⟦suf⟧　**departing** (from ~, at ~)

¶東京発の電車に乗りました。(Tōkyō *hatsu* no densha ni norimashita.)

¶ [I] took the train **leaving from** Tokyo.

¶5時発の急行で行きましょう。(Goji *hatsu* no kyūkō de ikimashō.)

¶ Let's go on the five o'clock express.

hatsuka 二十日〖名〗

hatsuka 〚n〛 **the 20th of the month; 20 days**

①[日付を表す]

① [the 20th of the month]

¶わたしの誕生日は五月二十日です。(Watashi no tanjōbi wa gogatsu *hatsuka* desu.)

¶ My birthday is May **20.**

②[日数を表す]

② [20 days]

¶病気で二十日も学校を休みました。(Byōki de *hatsuka* mo gakkō o yasumimashita.)

¶ [I] stayed home from school **20 days** due to illness.

hatsumei 発明〖名, ～する〗

hatsumei 〚n, *~suru*〛 **invention**

発明家 (*hatsumei*ka)

an inventor

¶だれがラジオを発明しましたか。(Dare ga rajio o *hatsumei* shimashita ka?)

¶ Who **invented** the radio?

¶電話が発明されて，たいへん便利になりました。(Denwa ga *hatsumei* sarete, taihen benri ni narimashita.)

¶ **The invention** of the telephone has made life very convenient.

hatsuon 発音〖名, ～する〗

hatsuon 〚n, *~suru*〛 **pronunciation**

¶あの人はたいへん発音がいいです。(Ano hito wa taihen *hatsuon* ga ii desu.)

¶ [He] has very good **pronunciation** 〚has hardly any accent〛.

¶先生，もう一度発音してください。(Sensei, mō ichido *hatsuon* shite kudasai.)

¶ Please **pronounce** it again (said to one's teacher or professor).

hattatsu 発達〖名, ～する〗

hattatsu 〚n, *~suru*〛 **development, advance, progress**

¶この国は工業が発達しています。(Kono kuni wa kōgyō ga *hattatsu* shite imasu.)

¶ This country has an **advanced** industry.

¶この辺も交通が発達して便利になりました。(Kono hen mo kotsū ga

¶ Transportation **has advanced** in this area and it has become more

hattatsu shite benri ni narimashita.)

convenient to live here.

hatten **発展**〘名，～する〙

¶駅ができてからこの辺は急に**発展**しました。(Eki ga dekite kara kono hen wa kyū ni *hatten* shimashita.)

¶この会社は海外へも**発展**しています。(Kono kaisha wa kaigai e mo *hatten* shite imasu.)

hatten ⟦n, ~*suru*⟧ **expansion, growth**

¶ This area suddenly **developed** after the building of the station.

¶ This company **is expanding** overseas as well.

hayai **早い**〘形〙

①[ある基準・比較の時間より前である]

¶わたしは毎日**早く**寝て，**早く**起きます。(Watashi wa mainichi *hayaku* nete, *hayaku* okimasu.)

¶上田さんは中村さんよりいつも**早く**学校へ来ます。(Ueda san wa Nakamura san yori itsu mo *hayaku* gakkō e kimasu.)

②[ある基準の時間までには間がある]

¶出発にはまだ**早い**から，コーヒーでも飲みましょう。(Shuppatsu ni wa mada *hayai* kara, kōhii demo nomimashō.)

¶9時ですから，寝るにはまだ**早い**です。(Kuji desu kara, neru ni wa mada *hayai* desu.)

⇔**osoi** **遅い**

hayai ⟦adj⟧ **early**

① [early; be earlier than a set time]

¶ I go to bed **early** and get up **early** every day.

¶ [Miss] Ueda always comes to school **earlier** than [Mrs.] Nakamura.

② [early, too early, too soon; there is still time before a set time]

¶ **There's** still **some time left** before departure so let's have some coffee or something.

¶ As it's nine o'clock, it's still **too early** to go to bed.

hayai **速い**〘形〙

足が**速い** (ashi ga *hayai*)　流れが**速い** (nagare ga *hayai*)

¶船より飛行機のほうが**速い**です。(Fune yori hikōki no hō ga *hayai* desu.)

¶もっと**速く**歩きましょう。(Motto

hayai ⟦adj⟧ **fast, quick**

be a **fast** walker ⟦runner⟧ // a **rapid** stream, a **fast** current

¶ Airplanes **are faster** than ships.

¶ Let's walk **faster.**

hayaku arukimashō.)

⇔**osoi** 遅い

hayaru はやる〔動 I〕

¶悪い風邪が**はやって**います。(Warui kaze ga *hayatte* imasu.)

¶今，若い人の間ではどんな歌が**はやって**いますか。(Ima, wakai hito no aida de wa donna uta ga *hayatte* imasu ka?)

hayaru 〚v I〛 **be prevalent; be popular, be in fashion**

¶ There's a bad flu virus **going around** now.

¶ What sorts of songs **are popular** among young people now?

hayasa 速さ〔名〕

¶新幹線の**速さ**はどのくらいですか。(Shinkansen no *hayasa* wa dono kurai desu ka?)

⇨**-sa** -さ

hayasa 〚n〛 **speed, rapidity**

¶ What is **the speed** of the Shinkansen 〚bullet train〛?

hayashi 林〔名〕

¶**林**の中で鳥が鳴いています。(*Hayashi* no naka de tori ga naite imasu.)

¶山や**林**の写真を写しました。(Yama ya *hayashi* no shashin o utsushimashita.)

hayashi 〚n〛 **wood, woods, grove**

¶ A bird is singing in **the woods.**

¶ [I] took pictures of mountains and **woods.**

hazu はず〔名〕

①[ものごとの経過などから言って当然そうなる事情にあるということを表す]

¶この漢字はもう習ったのだから，読める**はず**ですよ。 (Kono kanji wa mō naratta no da kara, yomeru *hazu* desu yo.)

¶この道をまっすぐ行けば，大通りに出る**はず**です。 (Kono michi o massugu ikeba, oodoori ni deru *hazu* desu.)

¶「飛行機は何時にここを出発するこ

hazu 〚n〛 **ought to, should, be supposed to, be expected to**

① [ought to, should; indicates that something ought to be or is expected to be so]

¶ Since you've already studied this *kanji*, you **should** be able to read it.

¶ If you go straight along this street, you **ought to** come out at a major thoroughfare.

とになっていますか。」 (Hikōki wa nanji ni koko o shuppatsu suru koto ni natte imasu ka?) 「ちょうど12時に出発する**はず**です。」(Chōdo jūniji ni shuppatsu suru *hazu* desu.)

¶ "What time is the plane scheduled to depart?"
"It **is due to** take off at twelve o'clock sharp."

②[当然なこととして予定されていることなどが実現に至らなかったような場合に使う]

② [ought to have, should have; indicates that something that was expected to take place didn't]

¶上田さんは今年の4月に大学を卒業する**はず**だったが，都合で1年延ばしたそうです。(Ueda san wa kotoshi no shigatsu ni daigaku o sotsugyō suru *hazu* datta ga, tsugō de ichinen nobashita sō desu.)

¶ [Mr.] Ueda **was supposed to** graduate from college this April, but I hear that's been postponed one year due to personal circumstances.

¶飛行機は12時にここに到着する**はず**でしたが，霧のため遅れるそうです。(Hikōki wa jūniji ni koko ni tōchaku suru *hazu* deshita ga, kiri no tame okureru sō desu.)

¶ The plane **was supposed to** land here at twelve o'clock, but I hear it's been delayed due to fog.

*「はずだった (hazu datta)」の形で使うことが多い。

* Usually used in the pattern "~ *hazu datta*."

③[常識的に考えてとてもそういうことはありえないということを表す]

③ [cannot be, hardly be possible that; indicates that something cannot be so according to common sense, etc.]

¶子供にそんな重い物が持てる**はず**はありません。 (Kodomo ni sonna omoi mono ga moteru *hazu* wa arimasen.)

¶ A child **can hardly be expected** to be able to carry something that heavy.

¶2か月日本語を習っただけで，こんな難しい本が読める**はず**はありません。(Nikagetsu Nihongo o naratta dake de, konna muzukashii hon ga yomeru *hazu* wa arimasen.)

¶ **No one can** read such a difficult book after having studied Japanese for only two months.

* 普通「はずはない (hazu wa nai)」

* Usually used in the pattern "~ *hazu wa nai*."

の形で使う。

hazukashii　恥ずかしい〔形〕

¶こんなに易しい質問に答えられなくては，**恥ずかしい**です。 (Konna ni yasashii shitsumon ni kotaerarenakute wa, *hazukashii* desu.)

¶**恥ずかしくて**，顔が赤くなりました。 (*Hazukashikute,* kao ga akaku narimashita.)

¶少女は**恥ずかしそう**に下を向きました。(Shōjo wa *hazukashisō* ni, shita o mukimashita.)

hazukashii ⟦adj⟧ **be ashamed, be embarrassed, be shy; be shameful, be disgraceful**

¶ [I] **am ashamed** ⟦**embarrassed**⟧ not to be able to answer such a simple question.

¶ [I] blushed **out of shame** ⟦**embarrassment**⟧.

¶ The young girl looked **shyly** downward.

hazureru　外れる〔動Ⅱ〕

①[取れて離れる]

¶ボタンが**外れました**。 (Botan ga *hazuremashita.*)

¶戸が**外れて**しまいました。 (To ga *hazurete* shimaimashita.)

②[予想やくじなどが当たらない]

くじが**外れる** (kuji ga *hazureru*)

¶今日の天気予報は**外れました**。(Kyō no tenki-yohō wa *hazuremashita.*)

¶彼の予想はよく**外れます**。(Kare no yosō wa yoku *hazuremasu.*)

↔**ataru 当たる**

③[正しいものごとからそれる]

歌の調子が**外れる** (uta no chōshi ga *hazureru*)

¶規則に**外れた**ことをしてはいけません。 (Kisoku ni *hazureta* koto o shite wa ikemasen.)

hazureru ⟦v II⟧ **come off, get loose; miss, go wide; depart from**

① [come off, get loose, get out of place, be dislocated]

¶ The button **has come undone.**

¶ The door **has come off its hinges.**

② [miss, go wide, be beside the point]

hold a **losing** ticket in a lottery

¶ Today's weather report **was off the mark.**

¶ He is often **disappointed in** his expectations.

③ [depart from, be contrary to, be out of line]

to sing **out of** tune

¶ One mustn't do anything **against** the rules.

hazusu　外す〔動Ⅰ〕

¶時計を**外して**，机の上に置きました。 (Tokei o *hazushite,* tsukue no ue

hazusu ⟦v I⟧ **take off**

¶ [I] **took off** [my] watch and placed it on the desk.

ni okimashita.)

¶ちょっと眼鏡を外してください。(Chotto megane o *hazushite* kudasai.)

¶ Please **take off** your glasses a moment.

heiki 平気〘形動〙

heiki 〚adj-v〛 **calmness, unconcern, self-possession**

¶彼は冬でもシャツだけで平気です。(Kare wa fuyu demo shatsu dake de *heiki* desu.)

¶ He **thinks nothing of** going about in his shirt-sleeves even in the winter.

¶あの子は平気な顔でうそをつきました。(Ano ko wa *heiki* na kao de uso o tsukimashita.)

¶ That child **nonchalantly** 〚**boldfacedly, shamelessly**〛 told a lie.

heikin 平均〘名, ～する〙

heikin 〚n, ~*suru*〛 **average**

¶クラスの平均点は何点ですか。(Kurasu no *heikin*ten wa nanten desu ka?)

¶ What was the **average** mark 〚grade **average**〛 of the class?

¶平均して一日に何時間勉強しますか。(*Heikin* shite ichinichi ni nanjikan benkyō shimasu ka?)

¶ How many hours a day do you study **on the average?**

heitai 兵隊〘名〙

heitai 〚n〛 **soldier, sailor**

¶村の若い人はみんな兵隊に行ってしまいました。(Mura no wakai hito wa minna *heitai* ni itte shimaimashita.)

¶ The young people of the village have all gone away into **the military.**

¶戦争が終わって，兵隊はみんな帰ってきました。(Sensō ga owatte, *heitai* wa minna kaette kimashita.)

¶ With the end of the war, all of **the soldiers** returned 〚have returned〛 home.

heiwa 平和〘名, 形動〙

heiwa 〚n, adj-v〛 **peace, harmony**

平和運動 (*heiwa*-undō) 世界平和 (sekai-*heiwa*)

the **peace** movement // world **peace**

¶戦争が終わって，平和がもどってきました。(Sensō ga owatte, *heiwa* ga modotte kimashita.)

¶ **Peace** was 〚has been〛 restored with the ending of the war.

¶平和な家庭をつくりたいです。(*Heiwa* na katei o tsukuritai desu.)

¶ I want to create a **tranquil** home.

hen 辺〘名〙

¶彼のうちはどの辺ですか。(Kare no uchi wa dono *hen* desu ka?)

¶この辺に電話がありますか。(Kono *hen* ni denwa ga arimasu ka?)

hen 変〘形動〙

¶門の前に変な人がいます。(Mon no mae ni *hen* na hito ga imasu.)

¶あの人は泣いたり笑ったりして,今日は少し変です。(Ano hito wa naitari warattari shite, kyō wa sukoshi *hen* desu.)

henji 返事〘名, ～する〙

①[呼びかけなどに対して答えること]

¶名前を呼んだら, 返事をしてください。 (Namae o yondara, *henji* o shite kudasai.)

②[受けた手紙に対する答えの手紙]

¶家から手紙が来たので, すぐ返事を出しました。 (Ie kara tegami ga kita node, sugu *henji* o dashimashita.)

henka 変化〘名, ～する〙

¶日本語の動詞の変化を習いました。(Nihongo no dōshi no *henka* o naraimashita.)

¶この国では, 一年じゅう気温があまり変化しません。(Kono kuni de wa, ichinenjū kion ga amari *henka* shimasen.)

henkō 変更〘名, ～する〙

¶スケジュールに変更があったら, すぐ連絡してください。 (Sukejūru ni *henkō* ga attara, sugu renraku

hen [[n]] **locality, region, neighborhood, vicinity**

¶ In what **general vicinity** is his house?

¶ Is there a telephone **around** here [[**near** here]]?

hen [[adj-v]] **strange, odd**

¶ There's a **strange-looking** person in front of the gate.

¶ [She] is acting a little **oddly** today, laughing and crying and the like.

henji [[n, *~suru*]] **answer, response, reply**

① [verbal response, answer]

¶ Please **answer** when your name is called.

② [written reply]

¶ A letter came from home and [I] soon **answered** it.

henka [[n, *~suru*]] **change, variation; inflection, conjugation**

¶ [I] studied **the conjugations** of Japanese verbs.

¶ The temperature **doesn't change** very much throughout the year in this country.

henkō [[n, *~suru*]] **change, alteration, modification**

¶ If there should be **any change** in the schedule, please notify me with-

shite kudasai.)

¶出発の予定を**変更**しました。(Shuppatsu no yotei o *henkō* shimashita.)

out delay.

¶ [I] **changed** [my] scheduled time ⟦day⟧ of departure.

heru **減る**〔動 I〕

heru ⟦v I⟧ **decrease**

人口が**減る** (jinkō ga *heru*)

the population **decreases**

¶病気で体重が5キロ**減りました**。(Byōki de taijū ga gokiro *herimashita.*)

¶ [I] **lost** five kilos due to illness.

¶これ以上収入が**減る**と困ります。(Kore ijō shūnyū ga *heru* to komarimasu.)

¶ I don't know what I'll do if my income **decreases** any more than this.

⇔fueru 増える **⇨masu 増す** **genshō 減少**

heta **下手**〔形動〕

heta ⟦adj-v⟧ **unskillful, poor at, awkward**

¶上手な人も**下手**な人もみんないっしょに歌いました。(Jōzu na hito mo *heta* na hito mo minna issho ni utaimashita.)

¶ They all sang together, good singers and **bad** singers.

¶日本語がまだ**下手**なので，早く上手になりたいです。(Nihongo ga mada *heta* na node, hayaku jōzu ni naritai desu.)

¶ As I'm still **poor at** Japanese, I want to become good at it as quickly as possible.

⇔jōzu 上手 **⇨mazui まずい** **umai うまい**

heya **部屋**〔名〕

heya ⟦n⟧ **room, apartment**

部屋代 (*heya*dai)

room rent, rent

¶学校のそばに**部屋**を借りました。(Gakkō no soba ni *heya* o karimashita.)

¶ [I] rented **a room** ⟦**apartment**⟧ near the school.

¶わたしの**部屋**は2階にあります。(Watashi no *heya* wa nikai ni arimasu.)

¶ My **room** ⟦**apartment**⟧ is on the second floor.

hi **日**〔名〕

hi ⟦n⟧ **sun; sunlight; daytime; day**

①[太陽]
① [sun]

¶**日**は東から昇って，西に沈みます。(*Hi* wa higashi kara nobotte, nishi ni shizumimasu.)
¶ **The sun** rises in the east and sets in the west.

②[日光]
② [sunlight]

日当たりがいい (*hi*atari ga ii)
be **sunny,** get much **sunlight**

¶ぬれた服を**日**に干しましょう。(Nureta fuku o *hi* ni hoshimashō.)
¶ Let's dry the wet clothes in **the sun.**

¶海に行ったので，**日**に焼けました。(Umi ni itta node, *hi* ni yakemashita.)
¶ [I] got **sun**burned ⟦tanned⟧ at the ocean.

¶ここはよく**日**が当たります。(Koko wa yoku *hi* ga atarimasu.)
¶ It's nice and **sunny** here ⟦This spot gets lots of **sunshine**⟧.

③[昼間の時間]
③ [day, daytime]

¶だんだん**日**が短くなりました。(Dandan *hi* ga mijikaku narimashita.)
¶ **The days** gradually got shorter.

¶夏は**日**が長くなります。(Natsu wa *hi* ga nagaku narimasu.)
¶ **The days** are longer in the summer.

④[1日，24時間]
④ [day, 24 hours]

ある**日** (aru *hi*)　その**日** (sono *hi*)　次の**日** (tsugi no *hi*)　天気のよい日 (tenki no yoi *hi*)
one **day,** a certain **day** // that **day** // the next **day** // a nice **day,** a clear **day**

hi　**火**〘名〙
hi ⟦n⟧　**fire, flame**

¶たばこの**火**を貸してください。(Tabako no *hi* o kashite kudasai.)
¶ Please give me **a light.**

¶ガスの**火**を消してください。(Gasu no *hi* o keshite kudasai.)
¶ Please turn off the gas **burner.**

¶ストーブの**火**をつけました。(Sutōbu no *hi* o tsukemashita.)
¶ [I] **lighted** the stove ⟦heater⟧.

-hi　**-費**〘尾〙
-hi ⟦suf⟧　**expenses, cost**

交通**費** (kōtsū*hi*)　生活**費** (seikatsu*hi*)　会**費** (kai*hi*)　旅**費** (ryo*hi*)
car**fare,** transportation **expenses** // living **expenses** // **a fee** (for a party, outing, etc.), membership **fee,** membership **dues** // travel **expenses**

¶食**費**は一か月いくらぐらいかかりま

すか。(Shoku*hi* wa ikkagetsu ikura gurai kakarimasu ka?)

¶ How much are food **expenses** ‖is board‖ a month?

hibiku 響く〘動 I〙

hibiku ⟦v I⟧ **sound, resound, reverberate; echo**

①[音などが辺りに伝わる]

① [sound, resound, reverberate]

滝の音が響く (taki no oto ga *hibiku*)

the waterfall makes a **booming** sound

¶工事の音が**響いて**きてうるさいです。(Kōji no oto ga *hibiite* kite urusai desu.)

¶ The construction sounds are very **loud and jarring.**

②[音などが反響する]

② [echo]

¶トンネルの中では声が**響きます**。(Tonneru no naka de wa koe ga *hibikimasu.*)

¶ Voices **echo** in the tunnel.

hidari 左〘名〙

hidari ⟦n⟧ **left**

左足 (*hidari*ashi) 左手 (*hidari*te)

the **left** foot ‖leg‖ // the **left** hand ‖arm‖; **left-**hand

¶日本では車は**左**側を通ります。(Nihon de wa kuruma wa *hidari*gawa o toorimasu.)

¶ In Japan traffic runs on **the left.**

¶あの銀行の**左**の建物は何ですか。(Ano ginkō no *hidari* no tatemono wa nan desu ka?)

¶ What is the building to **the left** of that bank?

⇔**migi** 右

hidoi ひどい〘形〙

hidoi ⟦adj⟧ **severe, intense; cruel, harsh**

①[程度が激しい，はなはだしい]

① [severe, intense, heavy, terrible]

¶**ひどい**風でかさがこわれました。(*Hidoi* kaze de kasa ga kowaremashita.)

¶ [My] umbrella broke in the **strong** wind.

¶バスが**ひどく**こんでいました。(Basu ga *hidoku* konde imashita.)

¶ The bus was **terribly** crowded.

②[残酷な，情けがない，被害などがはなはだしい]

② [cruel, harsh, hard]

¶人を自動車でひいて逃げてしまうような**ひどい**人がいます。(Hito o jidōsha de hiite nigete shimau yō

¶ There are people **terrible** enough to run away after hitting someone with their car.

na *hidoi* hito ga imasu.)

¶台風のためにひどい目に遭いました。(Taifū no tame ni *hidoi* me ni aimashita.)

¶ [I] suffered **greatly** ⟦had a **terrible** experience⟧ because of the typhoon.

hieru 冷える〚動II〛

①[寒くなる，寒く感じる]

体が冷える (karada ga *hieru*)

¶今晩はずいぶん冷えますね。(Konban wa zuibun *hiemasu* ne.)

②[冷たくなる]

¶冷えたビールがありますか。(*Hieta* biiru ga arimasu ka?)

hieru ⟦v II⟧ **grow cold, become chilled**

① [it becomes cold or chilly, one feels cold or chilly]

one's body **is chilled**

¶ **It's** very **chilly** this evening, isn't it?

② [something becomes cold, chilled]

¶ Is there any **cold** beer?

hifu 皮膚〚名〛

皮膚病 (*hifu*byō) 皮膚科 (*hifu*ka)

¶この子は皮膚が弱いので困ります。(Kono ko wa *hifu* ga yowai node komarimasu.)

¶日に焼けて皮膚が赤くなりました。(Hi ni yakete *hifu* ga akaku narimashita.)

hifu ⟦n⟧ **skin**

a **skin** disease // **dermatology, dermatology** department

¶ This child has a delicate **skin** and we don't know what to do.

¶ [I] burned in the sun and **[my] skin** turned red.

higai 被害〚名〛

被害地 (*higai*chi)

¶台風のため，各地に大きな被害がありました。(Taifū no tame, kakuchi ni ookina *higai* ga arimashita.)

¶昨日の交通事故の被害者は30歳ぐらいの男の人でした。(Kinō no kōtsūjiko no *higai*sha wa sanjissai gurai no otoko no hito deshita.)

higai ⟦n⟧ **damage, harm, injury**

the **afflicted** region, the **affected** area

¶ The typhoon caused great **damage** in many places.

¶ **The victim** of yesterday's traffic accident was a male of about 30 years.

higashi 東〚名〛

東側 (*higashi*gawa) 東風 (*higashi*kaze)

¶太陽は東から出て，西に沈みます。(Taiyō wa *higashi* kara dete, nishi

higashi ⟦n⟧ **east**

the **eastern** side // an **easterly** wind, a wind from **the east**

¶ The sun rises in **the east** and sets in the west.

ni shizumimasu.)

¶風が東から西に吹いています。 (Kaze ga *higashi* kara nishi ni fuite imasu.)

¶ The wind is blowing from **east** to west.

⇔**nishi** 西

hige ひげ〘名〙

ひげが伸びる (*hige* ga nobiru) ひげを伸ばす (*hige* o nobasu)

¶田中さんのひげは立派ですね。 (Tanaka san no *hige* wa rippa desu ne.)

¶忙しくて二，三日ひげをそりませんでした。 (Isogashikute ni-sannichi *hige* o sorimasen deshita.)

hige ⟦n⟧ **moustache, beard, whiskers**

one's beard ⟦**moustache**⟧ grows longer // to let **one's beard** ⟦**moustache**⟧ grow

¶ Mr. Tanaka has a fine **beard** ⟦**moustache; beard and moustache**⟧.

¶ [I] was so busy [I] didn't **shave** for two or three days.

hihyō 批評〘名，～する〙

¶新しい本の批評が新聞に出ています。 (Atarashii hon no *hihyō* ga shinbun ni dete imasu.)

¶彼はその小説を厳しく批評しました。 (Kare wa sono shōsetsu o kibishiku *hihyō* shimashita.)

hihyō ⟦n, ~*suru*⟧ **criticism, review**

¶ **Reviews** of new books appear in the newspaper.

¶ He severely **criticized** that novel.

hijō 非常〘名〙

非常口 (*hijō*guchi) 非常時 (*hijō*ji)

¶非常の場合には，ここから出てください。 (*Hijō* no baai ni wa, koko kara dete kudasai.)

hijō ⟦n⟧ **emergency, extraordinary situation**

emergency exit // **an emergency, crisis**

¶ In case of **emergency,** please go out this way ⟦from here⟧.

hijō ni 非常に〘副〙

¶試験は非常に難しかったです。 (Shiken wa *hijō ni* muzukashikatta desu.)

¶今日は非常に寒いです。 (Kyō wa *hijō ni* samui desu.)

hijō ni ⟦adv⟧ **extremely, greatly**

¶ The exam was **extremely** difficult.

¶ It's **terribly** cold today.

hikaku 比較〘名，～する〙

AとBを比較する (ē to bii o *hikaku*

hikaku ⟦n, ~*suru*⟧ **comparison**

to compare A with B

suru)

¶いろいろな店の値段を比較して，いちばん安い店で買い物をしました。 (Iroiro na mise no nedan o *hikaku* shite, ichiban yasui mise de kaimono o shimashita.)

¶ [I] **compared** the prices at various shops and did [my] shopping at the cheapest one.

⇨**kuraberu** 比べる

hikari 光〖名〗

hikari 〚n〛 **light, illumination, glow**

¶月の光が明るく照っていました。 (Tsuki no *hikari* ga akaruku tette imashita.)

¶ The moon **was shining** brightly.

¶電気が消えたので，ろうそくの光で勉強しました。 (Denki ga kieta node, rōsoku no *hikari* de benkyō shimashita.)

¶ The electricity went out so [I] studied by **the light** of a candle.

hikaru 光る〖動 I〗

hikaru 〚v I〛 **shine, be luminous**

ダイヤモンドが光る (daiyamondo ga *hikaru*)

a diamond **sparkles**

¶空には星が光っています。 (Sora ni wa hoshi ga *hikatte* imasu.)

¶ A star **is** 〚Stars **are**〛 **shining** in the sky.

¶遠くで何か光りましたが，何でしょうか。 (Tooku de nani ka *hikarimashita* ga, nan deshō ka?)

¶ Something **flashed** in the distance. I wonder what it could be.

-hiki -匹〖尾〗

-hiki 〚suf〛 the counter for animals, fish, insects

1匹 (ip*piki*) 2匹 (ni*hiki*) 3匹 (san*biki*) 4匹 (yon*hiki*) 5匹 (go*hiki*) 6匹 (rop*piki*) 7匹 (nana*hiki*) 8匹 (hap*piki*) 9匹 (kyū*hiki*) 10匹 (jip*piki*)

one cat 〚dog, goldfish, ant, etc.〛 // two cats // three cats // four cats // five cats // six cats // seven cats // eight cats // nine cats // ten cats

¶この池には魚が何匹ぐらいいますか。 (Kono ike ni wa sakana ga nan*biki* gurai imasu ka?)

¶ **How many** fish are there in this pond 〚pool〛?

hikidashi 引き出し〖名〗

hikidashi 〚n〛 **drawer, chest of drawers**

¶机の左の引き出しの中からはさみを

出してください。(Tsukue no hidari no *hikidashi* no naka kara hasami o dashite kudasai.)

¶ Please fetch the scissors from the left **drawer** of the desk.

¶引き出しを開けたら，ちゃんと閉めてください。(*Hikidashi* o aketara, chanto shimete kudasai.)

¶ If you pull out **a drawer** then please close it again.

hikiukeru 引き受ける〔動II〕

hikiukeru [[v II]] **undertake, take charge of**

¶案内係は，わたしが引き受けます。(Annaigakari wa, watashi ga *hikiukemasu.*)

¶ I'll **take on** the job of handling the information desk.

¶そんな難しいことを引き受けて大丈夫ですか。(Sonna muzukashii koto o *hikiukete* daijōbu desu ka?)

¶ **You've taken** that **on,** but are you sure you can handle such a difficult task?

hikkoshi 引っ越し〔名，〜する〕

hikkoshi [[n, *~suru*]] **moving, house moving**

¶中村さんの引っ越しの手伝いをしました。(Nakamura san no *hikkoshi* no tetsudai o shimashita.)

¶ [I] helped [Miss] Nakamura **move.**

¶引っ越しの荷物はどのくらいありますか。(*Hikkoshi* no nimotsu wa dono kurai arimasu ka?)

¶ How much property do you have **to be moved?**

hikkosu 引っ越す〔動I〕

hikkosu [[v I]] **move** (house)

¶来月，大学の近くに引っ越します。(Raigetsu, daigaku no chikaku ni *hikkoshimasu.*)

¶ Next month [I] **will move** near to the university.

¶あの人はよく引っ越しますね。(Ano hito wa yoku *hikkoshimasu* ne.)

¶ [He] **moves** a lot.

hikōjō 飛行場〔名〕

hikōjō [[n]] **airport, airfield**

¶今日，羽田飛行場に着きました。(Kyō, Haneda-*hikōjō* ni tsukimashita.)

¶ [I] arrived at Haneda **Airport** today.

¶中村さんは飛行場へ友達を迎えに行きました。(Nakamura san wa *hikōjō* e tomodachi o mukae ni ikimashita.)

¶ [Mrs.] Nakamura went to **the airport** to meet a friend.

⇨**kūkō** 空港

hikōki 飛行機〘名〙

hikōki ⟦n⟧ **airplane, aircraft**

¶飛行機に乗ったことがありますか。(*Hikōki* ni notta koto ga arimasu ka?)

¶ Have you ever ridden in **an airplane?**

¶飛行機は西の方へ飛んでいきました。(*Hikōki* wa nishi no hō e tonde ikimashita.)

¶ **The airplane** flew away toward the west.

hiku 引く〘動 I〙

hiku ⟦v I⟧ **pull; lead; subtract; look up; cite; install**

①[物などを自分の手もとに引き寄せる]

① [pull by hand, draw]

ドアの取っ手を引く (doa no totte o *hiku*)

pull on the door handle

¶このひもを引くと，電気がつきます。(Kono himo o *hiku* to, denki ga tsukimasu.)

¶ If **you pull on** this cord, the light will come on.

↔**osu** 押す

②[車などを引っ張る]

② [pull, haul, tow]

馬がそりを引く (uma ga sori o *hiku*)

a horse **pulls** a sleigh

¶重い荷物を積んだ車を引いたので，腕が痛くなりました。(Omoi nimotsu o tsunda kuruma o *hiita* node, ude ga itaku narimashita.)

¶ [My] arms are sore because [I] **pulled** a cart piled with a heavy load.

③[導く]

③ [lead]

¶お年寄りの手を引いて，会場を案内しました。(Otoshiyori no te o *hiite,* kaijō o annai shimashita.)

¶ **Taking** the elderly person by the hand, [I] showed [him] around the grounds ⟦convention area, exhibition hall, auditorium, etc.⟧.

④[減らす]

④ [subtract, deduct, discount]

¶5から3を引くと，2になります。(Go kara san o *hiku* to, ni ni narimasu.)

¶ Three **from** five is two.

¶あの店では，どの品物も1割引いて売っています。(Ano mise de wa, dono shinamono mo ichiwari *hiite* utte

¶ At that shop they sell everything at a 10 percent **discount.**

imasu.)

↔tasu 足す

⑤[風邪などにかかる]

⑤ [catch a cold, the flu, etc.]

¶風邪を**引いて**寝ています。(Kaze o *hiite* nete imasu.)

¶ [I] am in bed **with** a cold ⟦the flu⟧.

⑥[辞書などから探しだす]

⑥ [look up in a dictionary, etc.]

¶辞書を**引いて**，言葉の意味を調べました。(Jisho o *hiite,* kotoba no imi o shirabemashita.)

¶ [I] **looked up** the meaning of a word in the dictionary.

⑦[引用する]

⑦ [cite, quote, refer to]

¶先生は例を**引いて**説明しました。(Sensei wa rei o *hiite* setsumei shimashita.)

¶ The teacher explained **with** an example.

⑧[電燈・ガスなどを家の中に導き入れる]

⑧ [install electricity, gas, etc.]

電話を**引く** (denwa o *hiku*)　水道を**引く** (suidō o *hiku*)　ガスを**引く** (gasu o *hiku*)

install a telephone // **have** water pipes **laid** // **lay on** gas

⑨[線などを長くかく]

⑨ [draw a line, sketch, etc.]

線を**引く** (sen o *hiku*)

draw a line

hiku　弾く〚動 I〛

hiku ⟦v I⟧　**play** (a stringed instrument)

¶彼はギターを**弾いて**歌いました。(Kare wa gitā o *hiite* utaimashita.)

¶ He **played** the guitar and sang.

¶子供が上手にピアノを**弾きました**。(Kodomo ga jōzu ni piano o *hikimashita.*)

¶ The child **played** the piano well.

hikui　低い〚形〛

hikui ⟦adj⟧　**short; low**

①[下から上までの長さが小さい，ものの位置が地面などからあまり上の方にない様子]

① [short, low]

低い木 (*hikui* ki)　背が**低い** (se ga *hikui*)

a **short** tree // **be short** of stature

¶あの**低い**山は何と言いますか。(Ano *hikui* yama wa nan to iimasu ka?)

¶ What is that **low** mountain called?

¶白い鳥が低く飛んでいきました。(Shiroi tori ga *hikuku* tonde ikimashita.)

¶ The white bird flew away **close to the ground.**

②[声・音が小さく聞こえる様子，音階が下である様子]

② [low volume, low pitch]

低い音 (*hikui* oto)

a **low** sound; a **low-pitched** sound

¶二人は**低い**声で話しているので，何を話しているかわかりません。(Futari wa *hikui* koe de hanashite iru node, nani o hanashite iru no ka wakarimasen.)

¶ As the two are speaking in **low** voices, I can't hear what they're talking about.

¶田中さんの声は**低い**です。(Tanaka san no koe wa *hikui* desu.)

¶ [Mr.] Tanaka has a **low-pitched** voice.

③[温度や熱などの数値が小さい]

③ [be low on a scale]

気圧が**低い** (kiatsu ga *hikui*)

low atmospheric pressure

¶ここは一年じゅう温度が**低い**から，植物の生長が遅いです。(Koko wa ichinenjū ondo ga *hikui* kara, shokubutsu no seichō ga osoi desu.)

¶ The temperatures **are low** here the year round so plant growth is slow.

④[身分などが下である様子]

④ [low, humble]

地位が**低い** (chii ga *hikui*)

be low in position, **be low** in social standing

⇔**takai 高い**

hima **暇**〘名，形動〙

hima 〚n, adj-v〛 **time; leisure, leisure time**

①[何かをする時間]

① [time (to do something)]

¶忙しくて本を読む**暇**もありません。(Isogashikute hon o yomu *hima* mo arimasen.)

¶ [I]'m so busy [I] don't have **the time** to read books.

②[何もしなくてもいい時間，あいている時間]

② [leisure, leisure time, free time]

¶今度の日曜はお**暇**ですか。(Kondo no nichiyō wa o*hima* desu ka?)

¶ **Are you free** this Sunday?

¶**暇**なときは何をしていますか。(*Hima* na toki wa nani o shite imasu ka?)

¶ What do you do in **your spare time?**

¶お暇でしたら，遊びにいらっしゃってください。(O*hima* deshitara asobi ni irasshatte kudasai.)

¶ **If you aren't doing anything,** please come and visit me.

himitsu **秘密**〘名，形動〙

himitsu ⟦n, adj-v⟧ **secret**

¶これはまだ**秘密**ですから，ほかの人には話さないでください。(Kore wa mada *himitsu* desu kara, hoka no hito ni wa hanasanaide kudasai.)

¶ This is still **a secret** so please don't tell anyone else.

¶会社の**秘密**は守ってください。(Kaisha no *himitsu* wa mamotte kudasai.)

¶ Please keep our business **secrets** safe.

himo **ひも**〘名〙

himo ⟦n⟧ **string, cord, braid, band, ribbon, tape, strap, lace,** etc.

¶くつの**ひも**が切れてしまいました。(Kutsu no *himo* ga kirete shimaimashita.)

¶ [My] shoe**laces** broke.

¶この小包を**ひも**で縛ってください。(Kono kozutsumi o *himo* de shibatte kudasai.)

¶ Please tie up this parcel with **string** ⟦**cord, twine,** etc.⟧.

hineru **ひねる**〘動 I〙

hineru ⟦v I⟧ **twist, bend**

①[物を手などでねじって回す]

① [twist, turn]

¶水道のせんを**ひねって**も水が出ません。(Suidō no sen o *hinette* mo mizu ga demasen.)

¶ No water comes out when **you turn** the faucet **on.**

②[よい工夫をするためにいろいろと考えをめぐらす]

② [twist, turn, bend, incline (one's head), rack (one's brains)]

¶頭を**ひねって**考えましたが，いい考えが浮かびません。(Atama o *hinette* kangaemashita ga, ii kangae ga ukabimasen.)

¶ [I] **racked** [my] brains but didn't have any good ideas.

hinichi **日にち**〘名〙

hinichi ⟦n⟧ **day, date; days, time**

①[ものごとを行う日，期日]

① [day, date, set date]

¶旅行の**日にち**を決めましょう。(Ryokō no *hinichi* o kimemashō.)

¶ Let's set **a date** for the trip.

¶会議の**日にち**と場所をメモしておい

¶ Please make a note of **the day(s)**

てください。(Kaigi no *hinichi* to basho o memo shite oite kudasai.)

and place of the meeting 〚conference〛.

②[あることをするまでの日数]

② [days, time (before something)]

¶出発までにはまだ**日にち**があります。(Shuppatsu made ni wa mada *hinichi* ga arimasu.)

¶ There's still **time** before the departure date.

¶試験までもうあまり**日にち**がありません。(Shiken made mō amari *hinichi* ga arimasen.)

¶ There's not much **time** left before the examination.

③[あることをするのに要する日数]

③ [days, time (required to do something)]

¶この仕事を完成するのには，ずいぶん**日にち**がかかりそうです。(Kono shigoto o kansei suru no ni wa, zuibun *hinichi* ga kakarisō desu.)

¶ It looks like it will take a long **time** to complete this work.

hipparu　引っ張る〔動Ｉ〕

hipparu 〚v I〛 **pull, drag, tug**

¶このひもを強く**引っ張って**ください。(Kono himo o tsuyoku *hippatte* kudasai.)

¶ Please **pull** hard on this string 〚cord, band, strap, etc.〛.

¶車が故障したので，綱をつけて**引っ張りました**。(Kuruma ga koshō shita node, tsuna o tsukete *hipparimashita*.)

¶ The car wouldn't run so [we] **towed** it with a cable 〚rope, line〛.

hiragana　平仮名〔名〕

hiragana 〚n〛 ***hiragana*, the *hiragana* syllabary**

¶漢字の読み方を**平仮名**で書きました。(Kanji no yomikata o *hiragana* de kakimashita.)

¶ [I] wrote the readings of the *kanji* in ***hiragana*.**

¶ローマ字でなく**平仮名**で書いてください。(Rōmaji de naku *hiragana* de kaite kudasai.)

¶ Please write it in ***hiragana*,** not roman letters.

⇨kana 仮名　katakana 片仮名

hiraku　開く〔動Ｉ〕

hiraku 〚v I〛 **open; open, start; hold** (a meeting)

①[閉じていたものがあく]

① [(something) opens]

風で戸が**開く** (kaze de to ga *hiraku*)

the door **opens** in the wind

¶桜の花が**開きました**。 (Sakura no hana ga *hirakimashita.*)

¶ The cherry blossoms **have opened** ⟦The cherry blossoms **opened**⟧.

②[閉じてあったものをあける]

② [open, undo]

小包を**開く** (kozutsumi o *hiraku*)

open a parcel

¶では，本を**開いて**勉強を始めましょう。 (Dewa, hon o *hiraite* benkyō o hajimemashō.)

¶ Well, let's **open** our books and start the lesson.

③[店などを新しく始める]

③ [open, start (a shop, etc.)]

¶上田さんは駅のそばに果物屋を**開きました**。(Ueda san wa eki no soba ni kudamonoya o *hirakimashita.*)

¶ [Miss] Ueda **opened** a fruit store near the station.

④[会などを行う]

④ [hold (a meeting, party, etc.)]

¶今晩７時から研究会を**開きます**。 (Konban shichiji kara kenkyūkai o *hirakimasu.*)

¶ The study meeting **will be held** this evening from seven o'clock.

⇨**tojiru 閉じる**

hiroba　広場〘名〙

hiroba ⟦n⟧ **open space, plaza, square**

¶駅の前に**広場**があります。 (Eki no mae ni *hiroba* ga arimasu.)

¶ There is **a plaza** in front of the station.

¶**広場**に人がたくさん集まっています。 (*Hiroba* ni hito ga takusan atsumatte imasu.)

¶ A lot of people are gathered in **the plaza.**

hirogaru　広がる〘動Ｉ〙

hirogaru ⟦v I⟧ **spread, expand; spread, be disseminated**

①[空間的に大きくなる，広くなる]

① [spread, expand]

¶学校の前の道が**広がりました**。 (Gakkō no mae no michi ga *hirogarimashita.*)

¶ The road **has been widened** in front of the school.

¶木の枝が四方に**広がっています**。 (Ki no eda ga shihō ni *hirogatte* imasu.)

¶ The branches of the tree **are spreading out** in all directions.

②[ものごとがいろいろな人・場所などに及ぶ]

② [spread, be disseminated]

伝染病が**広がる** (densenbyō ga *hirogaru*)

a contagious disease **spreads**

¶うわさが町じゅうに広がっています。 (Uwasa ga machijū ni *hirogatte* imasu)

¶ The rumor **is spreading** throughout the town.

hirogeru 広げる〔動Ⅱ〕

hirogeru ⟦v II⟧ **extend, expand; open, spread out**

①[空間的に大きくする，広くする]

① [extend, expand, enlarge]

道の幅を広げる (michi no haba o *hirogeru*)

widen the road

¶店を広げて，きれいにしました。 (Mise o *hirogete,* kirei ni shimashita.)

¶ [They] **enlarged** and fixed up the shop ⟦restaurant, etc.⟧.

②[開ける]

② [open, spread out, unfold]

¶地図を広げて，旅行の相談をしました。 (Chizu o *hirogete,* ryokō no sōdan o shimashita.)

¶ **Spreading out** a map, [we] consulted about the trip.

¶本を広げたまま眠ってしまいました。 (Hon o *hirogeta* mama nemutte shimaimashita.)

¶ [I] fell asleep with [my] book still **open.**

hiroi 広い〔形〕

hiroi ⟦adj⟧ **wide, broad, spacious**

¶あの家の庭は広いです。(Ano ie no niwa wa *hiroi* desu.)

¶ That house has a **large** garden ⟦**extensive** yard⟧.

¶この部屋はあまり広くありません。 (Kono heya wa amari *hiroku* arimasen.)

¶ This room **isn't** very **big.**

⇔**semai** 狭い

hirosa 広さ〔名〕

hirosa ⟦n⟧ **area, dimensions**

¶この家の広さはどのくらいですか。 (Kono ie no *hirosa* wa dono kurai desu ka?)

¶ What is **the floor space** of this house?

⇨**-sa** -さ

hirou 拾う〔動Ⅰ〕

hirou ⟦v I⟧ **pick up; find**

①[落ちているものなどを取り上げる]

① [pick up, gather, find]

¶道でお金を拾いました。 (Michi de okane o *hiroimashita.*)

¶ [I] **found** some money in the street.

¶紙くずを拾って，この箱に入れてく

¶ Please **pick up** the wastepaper and

ださい。(Kamikuzu o *hirotte*, kono hako ni irete kudasai.)

put it in this box.

↔**suteru 捨てる**

②［タクシーなどを呼び止めて乗る］
¶雨が降ってきたから，タクシーを**拾いましょう**。(Ame ga futte kita kara, takushii o *hiroimashō*.)

② [find, catch (a taxi, etc.)]
¶ It's started to rain—**let's take** a taxi.

hiru　昼〘名〙

hiru 〚n〛　**daytime; noon, noontime; lunch**

①［昼間］
¶**昼**も夜も休まずに働きました。(*Hiru* mo yoru mo yasumazu ni hatarakimashita.)
¶今日は**昼**寝をしました。(Kyō wa *hiru*ne o shimashita.)
↔**yoru 夜**

① [daytime]
¶ [I] worked nonstop **day** and night.
¶ [I] took **a nap** today.

②［正午］
昼休み (*hiru*yasumi)
¶彼はいつもお**昼**ごろ会社へ来ます。(Kare wa itsu mo o*hiru* goro kaisha e kimasu.)
¶もう**昼**御飯を食べましたか。(Mō *hiru*gohan o tabemashita ka?)

② [noon, noontime, midday]
noon recess, **lunch** hour
¶ He always comes to the office around **noon.**
¶ Have you eaten **lunch** yet?

③［昼御飯］
¶お**昼**は何にしますか。(O*hiru* wa nani ni shimasu ka?)
¶お**昼**はおそばにしましょう。(O*hiru* wa osoba ni shimashō.)

③ [lunch, noon meal]
¶ What do you want to eat for **lunch?**
¶ Let's have *soba* for **lunch.**

hiruma　昼間〘名〙

hiruma 〚n〛　**day, daytime, during the daytime**

¶彼は**昼間**働いて，夜学校へ行きます。(Kare wa *hiruma* hataraite, yoru gakkō e ikimasu.)
¶**昼間**からそんなにお酒を飲まないでください。(*Hiruma* kara sonna ni osake o nomanaide kudasai.)

¶ He works **during the day** and goes to school at night.
¶ Please don't drink so much so **early in the day** 〚**during the daytime**〛.

⇔**yoru** 夜(よる)

hisashiburi 久(ひさ)しぶり〘名〙

¶久(ひさ)しぶりに昔(むかし)の友達(ともだち)に会(あ)いました。(*Hisashiburi* ni mukashi no tomodachi ni aimashita.)

¶久(ひさ)しぶりですね。お元気(げんき)ですか。(*Hisashiburi* desu ne. Ogenki desu ka?)

hisashiburi ⟦n⟧ **after a long time;** an expression used when meeting someone after some time has passed

¶ [I] met an old friend **after a long separation.**

¶ It's been **a long time**, hasn't it? How are you doing?

hitai 額(ひたい)〘名〙

¶ハンカチで額(ひたい)の汗(あせ)をふきました。(Hankachi de *hitai* no ase o fukimashita.)

¶子供(こども)の時(とき)，額(ひたい)にけがをしました。(Kodomo no toki, *hitai* ni kega o shimashita.)

hitai ⟦n⟧ **forehead, brow**

¶ [I] wiped the sweat from **[my] forehead** with a handkerchief.

¶ [I] hurt [my]self on **the forehead** when [I] was a child.

hitei 否定(ひてい)〘名，～する〙

否定的(ひていてき)な意見(いけん) (*hitei*teki na iken)

¶それは事実(じじつ)ですから否定(ひてい)しません。(Sore wa jijitsu desu kara *hitei* shimasen.)

⇔**kōtei** 肯定(こうてい)

hitei ⟦n, ~*suru*⟧ **denial**

a **dissenting** view

¶ [I] **don't deny** that that is so.

hito 人(ひと)〘名〙

①[人間]

男(おとこ)の人(ひと) (otoko no *hito*) 女(おんな)の人(ひと) (onna no *hito*) いい人(ひと) (ii *hito*) 悪(わる)い人(ひと) (warui *hito*)

¶あそこに人(ひと)が何人(なんにん)いますか。(Asoko ni *hito* ga nannin imasu ka?)

②[ほかの人，他人]

¶田中(たなか)さんは人(ひと)のことを全然(ぜんぜん)考(かんが)えません。(Tanaka san wa *hito* no koto o zenzen kangaemasen.)

¶人(ひと)をばかにしてはいけません。(*Hito* o baka ni shite wa ikemasen.)

hito ⟦n⟧ **person, people; other people, others**

① [person, people, human beings]

a man // a woman // a good **person** // a bad **person**

¶ How many **people** are there over there?

② [other people, others]

¶ [Mrs.] Tanaka doesn't think of **other people** at all ⟦show any consideration for **others**⟧.

¶ One mustn't make fun of **others.**

hitori 一人〖名〗

¶あの人は子供が一人しかありません。(Ano hito wa kodomo ga *hitori* shika arimasen.)

¶費用は一人千円です。 (Hiyō wa *hitori* sen'en desu.)

¶今年の夏は一人で旅行しました。(Kotoshi no natsu wa *hitori* de ryokō shimashita.)

¶一人で荷物を全部運びました。(*Hitori* de nimotsu o zenbu hakobimashita.)

hitori ⟦n⟧ **one person**

¶ [He] has only **one** child.

¶ The cost is a thousand yen **per person.**

¶ [I] went on a trip **by [my]self** this summer.

¶ [I] transferred all of the load ⟦baggage, bags⟧ **by [my]self.**

hitori 独り〖名〗

独り者 (*hitori*mono)　独りぼっち (*hitori*botchi)

¶あの人はまだ独りです。 (Ano hito wa mada *hitori* desu.)

hitori ⟦n⟧ **alone, single**

an **unmarried** person // all **by oneself,** all **alone**

¶ [He] is still **single.**

hitoshii 等しい〖形〗

¶AとBは長さが等しいです。 (Ē to bii wa nagasa ga *hitoshii* desu.)

¶そんなやり方はどろぼうに等しいです。(Sonna yarikata wa dorobō ni *hitoshii* desu.)

hitoshii ⟦adj⟧ **equal, identical, equivalent, similar, like**

¶ A and B **are equal** in length.

¶ That's **tantamount to** thievery ⟦That **amounts to** thievery⟧.

hitotsu 一つ〖名〗

① [1個]

¶このりんごは一ついくらですか。(Kono ringo wa *hitotsu* ikura desu ka?)

② [1歳]

¶この子は一つになったばかりです。(Kono ko wa *hitotsu* ni natta bakari desu.)

hitotsu ⟦n⟧ **one, one item; one year of age**

① [one item]

¶ How much are these apples **apiece?**

② [one year of age]

¶ This child has just turned **one year old.**

hitotsuki 一月〖名〗

¶部屋代は一月いくらですか。(Heya-

hitotsuki ⟦n⟧ **one month**

¶ How much is **one month's** rent?

dai wa *hitotsuki* ikura desu ka?)

¶胃の手術をして，一月以上入院しました。(I no shujutsu o shite, *hitotsuki* ijō nyūin shimashita.)

¶ [I] had a stomach operation and was hospitalized for over **a month.**

hitsuji 羊〘名〙

hitsuji ⟦n⟧ **sheep**

羊を飼う (*hitsuji* o kau)

raise **sheep**

¶羊はたいへんおとなしい動物です。(*Hitsuji* wa taihen otonashii dōbutsu desu.)

¶ **Sheep** are very docile animals.

hitsuyō 必要〘名，形動〙

hitsuyō ⟦n, adj-v⟧ **need, necessity; necessary, essential**

¶そんなことをする必要はありません。(Sonna koto o suru *hitsuyō* wa arimasen.)

¶ There is no **need** to do such a thing.

¶このお金で必要な物を買ってください。(Kono okane de *hitsuyō* na mono o katte kudasai.)

¶ Please buy something you **need** with this money.

¶研究のために日本語が必要です。(Kenkyū no tame ni Nihongo ga *hitsuyō* desu.)

¶ Japanese **is essential** to [my] research.

hiyasu 冷やす〘動 I〙

hiyasu ⟦v I⟧ **cool, ice, refrigerate**

¶ビールを冷やしておいてください。(Biiru o *hiyashite* oite kudasai.)

¶ Please put the beer in the refrigerator ⟦cooler⟧ to **get cold.**

¶熱があるから，氷で頭を冷やしてください。(Netsu ga aru kara, koori de atama o *hiyashite* kudasai.)

¶ Since [she] has a fever, please **cool** [her] head with an ice pack.

hiyō 費用〘名〙

hiyō ⟦n⟧ **expense, cost**

¶旅行の費用はいくらぐらいかかりますか。(Ryokō no *hiyō* wa ikura gurai kakarimasu ka?)

¶ How much will **the expenses** for the trip be?

¶費用を計算してみましょう。(*Hiyō* o keisan shite mimashō.)

¶ Let's calculate **the expenses.**

hiza ひざ〘名〙

hiza ⟦n⟧ **knee, lap**

¶ひざを曲げて座りました。(*Hiza* o magete suwarimashita.)

¶ [I] bent **[my] knees** and sat down.

¶ひざにちょっとけがをしました。(*Hiza* ni chotto kega o shimashita.)

¶ [I] injured **[my] knee** slightly.

-ho **-歩**〔尾〕

1歩 (ip*po*)　2歩 (ni*ho*)　3歩 (san*po*)　4歩 (yon*ho*)　5歩 (go*ho*)　6歩 (rop*po*)　7歩 (nana*ho*)　8歩 (hap*po*)　9歩 (kyū*ho*)　10歩 (jip*po*)

¶ここからあそこまで何**歩**ありますか。(Koko kara asoko made nan*po* arimasu ka?)

¶1**歩**前に出てください。(Ip*po* mae ni dete kudasai.)

-ho ⟦suf⟧ **a step, a pace**

one **step** // two **steps** // three **steps** // four **steps** // five **steps** // six **steps** // seven **steps** // eight **steps** // nine **steps** // ten **steps**

¶ How many **steps** is it from here to there?

¶ Please take one **step** forward.

hō **方**〔名〕

¶黒板の**方**を見てください。(Kokuban no *hō* o mite kudasai.)

¶鳥が北の**方**へ飛んでいきます。(Tori ga kita no *hō* e tonde ikimasu.)

hō ⟦n⟧ **direction, way**

¶ Please look **toward** ⟦**at**⟧ the blackboard.

¶ The bird is flying **toward** the north.

hō **ほう**〔名〕

①[ものごとを比べてそのうちの一つを取り上げて表すのに使う]

¶わたしはみかんよりりんごの**ほう**が好きです。(Watashi wa mikan yori ringo no *hō* ga suki desu.)

¶ビールは冷たい**ほう**がおいしいですよ。(Biiru wa tsumetai *hō* ga oishii desu yo.)

②[いくつかのものごとのうちで適当で望ましいものごとを取り上げて表すのに使う]

¶あなたはもっと運動をした**ほう**がいいですよ。(Anata wa motto undō o shita *hō* ga ii desu yo.)

¶ああいう危険な所へはあまり行かな

hō ⟦n⟧ **side, part; class, category**

① [side; indicates something singled out from two or more alternatives]

¶ I like apples better than oranges (literally, mandarin oranges).

¶ Beer tastes best cold.

② [used to indicate something singled out as desirable to do]

¶ You should exercise more.

¶ It would be best not to go very

いほうがいいですよ。 (Āiu kiken na tokoro e wa amari ikanai *hō* ga ii desu yo.)
much to such dangerous places.

* 普通「ほうがいい (hō ga ii)」の形で使う。
* Usually used in the pattern "~ *hō ga ii.*"

③[ものごとを二つの部類に分けて考える場合どちらかといえばその一方に属するということを表すのに使う]
③ [class, category; used when assigning someone or something to one of two categories]

¶中村さんはどちらかといえばまじめな**ほう**です。 (Nakamura san wa dochira ka to ieba majime na *hō* desu.)
¶ [Mr.] Nakamura is on the serious side.

¶この店の料理はおいしい**ほう**ですよ。 (Kono mise no ryōri wa oishii *hō* desu yo.)
¶ The food at this restaurant ⟦bar, etc.⟧ is quite good.

hōbō ほうぼう〔名〕
hōbō ⟦n⟧ **every direction, everywhere, here and there**

¶**ほうぼう**捜しましたが，時計は見つかりませんでした。 (*Hōbō* sagashimashita ga, tokei wa mitsukarimasen deshita.)
¶ [I] searched **everywhere** for [my] watch, but [I] couldn't find it.

¶日本へ行ったら，**ほうぼう**を旅行したいと思います。 (Nihon e ittara, *hōbō* o ryokō shitai to omoimasu.)
¶ When I go to Japan, I want to travel **all around.**

hodo ほど〔助〕
hodo ⟦part⟧ **about, around; as ~ as; the more ~ the more ~**

①[だいたいの量や程度を表す]
① [about, around]

¶病気で1年**ほど**会社を休みました。 (Byōki de ichinen *hodo* kaisha o yasumimashita.)
¶ [I] stayed home from work for **about** a year due to illness.

¶牛肉を300グラム**ほど**ください。 (Gyūniku o sanbyakuguramu *hodo* kudasai.)
¶ Please give me three hundred grams **or so** of beef.

②[比較の基準のものごとを例に挙げてものごとの程度を表す]
② [as ~ as]

¶今年は去年**ほど**寒くありません。
¶ This year is not **as** cold **as** last year.

(Kotoshi wa kyonen *hodo* samuku arimasen.)

¶平仮名は漢字ほど複雑ではありません。(Hiragana wa kanji *hodo* fukuzatsu de wa arimasen.)

¶ *Hiragana* aren't **as** complex **as** *kanji*.

¶上田さんほど熱心な学生はいません。(Ueda san *hodo* nesshin na gakusei wa imasen.)

¶ No one is **as** hardworking a student **as** [Mr.] Ueda ⟦You couldn't find another student **as** hardworking **as** Mr. Ueda⟧.

* 普通「〜ほど 〜ない (〜hodo 〜 nai)」の形で使う。

* Usually used in the pattern "〜 *hodo* 〜 *nai*."

③[二つのことがらのうち一方の程度の変化に応じて他方の程度も変化するという関係を表すのに使う]

③ [the more 〜 the more 〜]

¶早ければ早いほどいいです。(Hayakereba hayai *hodo* ii desu.)

¶ The **sooner** the **better.**

¶勉強すればするほどおもしろくなります。(Benkyō sureba suru *hodo* omoshiroku narimasu.)

¶ **The more** you study **the more** interesting it is.

*「〜ば 〜ほど (〜ba 〜hodo)」の形で使う。

* Used in the pattern "*-ba* 〜 *hodo*."

hogaraka **朗らか**〘形動〙

hogaraka ⟦adj-v⟧ **cheerful, bright**

¶彼女はいつも**朗らか**です。(Kanojo wa itsu mo *hogaraka* desu.)

¶ She is always **cheerful.**

¶子供たちは大きな声で**朗らか**に笑いました。(Kodomotachi wa ookina koe de *hogaraka* ni waraimashita.)

¶ The children laughed **merrily.**

hoho ☞ **hoo**

hōhō **方法**〘名〙

hōhō ⟦n⟧ **method, way**

¶わたしはいろいろな**方法**で実験をやってみました。(Watashi wa iroiro na *hōhō* de jikken o yatte mimashita.)

¶ [I] conducted experiments using various **methods.**

¶どの**方法**がいちばんいいですか。(Dono *hōhō* ga ichiban ii desu ka?)

¶ Which **method** is best ⟦What is the best **way to do it**⟧?

hoka **ほか**〖名〗

hoka [[n]] **other, another; except for, other than; besides, in addition to**

①[別の人・物・時・所などを表す]

① [other, another]

¶この問題について，**ほか**の人はどう思っていますか。 (Kono mondai ni tsuite, *hoka* no hito wa dō omotte imasu ka?)

¶ What do **the rest** of you think about this problem?

¶この店は高いから，**ほか**の店で買いましょう。 (Kono mise wa takai kara, *hoka* no mise de kaimashō.)

¶ This shop is expensive so let's buy it **somewhere else.**

②[あるものごとを除いて]

② [except for, other than, but]

¶東京にはあなたの**ほか**に知っている人はいません。(Tōkyō ni wa anata no *hoka* ni shitte iru hito wa imasen.)

¶ I don't know anyone in Tokyo **but** you.

¶雨がひどかったので，上田さんとわたしの**ほか**にはだれも来ませんでした。(Ame ga hidokatta node, Ueda san to watashi no *hoka* ni wa dare mo kimasen deshita.)

¶ As it was raining heavily, no one came **except** [Miss] Ueda and me.

*普通「～ほかに (～hoka ni)」の形で使い，あとに打ち消しの言葉が来る。

* Usually used in the pattern "～ *hoka ni*" followed by a negative.

③[あるものごとだけでなくそれ以外に]

③ [besides, in addition to]

¶その**ほか**に質問はありませんか。(Sono *hoka* ni shitsumon wa arimasen ka?)

¶ Are there **any other** questions?

¶このクラスには，中国人の**ほか**にアメリカ人もいます。 (Kono kurasu ni wa, Chūgokujin no *hoka* ni Amerikajin mo imasu.)

¶ There are Americans **as well as** Chinese in this class.

* 普通「～ほかに (～hoka ni)」の形で使う。

* Usually used in the pattern "～ *hoka ni.*"

hoken **保険**〖名〗

hoken [[n]] **insurance**

保険会社 (*hoken*-gaisha) **保険**金

insurance company // **insurance,**

(*hoken*kin) 健康**保険** (kenkō-*hoken*) 生命**保険** (seimei-*hoken*) 火災**保険** (kasai-*hoken*)

¶どんな**保険**に入っていますか。 (Donna *hoken* ni haitte imasu ka?)

¶この車に**保険**を掛けましたか。 (Kono kuruma ni *hoken* o kake-mashita ka?)

insurance money (that is, money paid to one by an insurance company) // health **insurance** // life **insurance** // fire **insurance**

¶ What kinds of **insurance** do you have?

¶ Have you taken out **insurance** on ⟦**insured**⟧ this car?

hōkō **方向**〖名〗

①[進んでいく向き，方角]

風の**方向** (kaze no *hōkō*)

¶駅はどちらの**方向**ですか。 (Eki wa dochira no *hōkō* desu ka?)

¶東はこちらの**方向**だと思います。 (Higashi wa kochira no *hōkō* da to omoimasu.)

②[目標・目的・方針など]

¶将来の**方向**はまだわかりません。 (Shōrai no *hōkō* wa mada wakari-masen.)

hōkō ⟦n⟧ **direction, course; course, aim, object**

① [direction, course]

the direction of the wind

¶ In which **direction** is the station?

¶ I think that east is this **way.**

② [course, aim, object]

¶ I haven't decided on my future **course** yet.

hōkoku **報告**〖名，～する〗

報告書 (*hōkoku*sho) 調査**報告** (chōsa-*hōkoku*) 研究**報告** (kenkyū-*hōkoku*)

¶わたしは，そのことについてまだ**報告**を受けていません。 (Watashi wa, sono koto ni tsuite mada *hōkoku* o ukete imasen.)

¶そのことについては，社長に詳しく**報告**しました。 (Sono koto ni tsuite wa, shachō ni kuwashiku *hōkoku* shimashita.)

hōkoku ⟦n, ~*suru*⟧ **report**

a written **report,** paper, transactions, record // **a report** of an investigation, surveyor's **report,** findings // **a report** of research, research paper

¶ I haven't yet received **a report** concerning that matter.

¶ [I] made a full **report** concerning that matter to the president of the company.

hokori **ほこり**〖名〗

ほこりを払う (*hokori* o harau)

hokori ⟦n⟧ **dust, lint**

brush off **dust** ⟦**lint**⟧

¶あの部屋には，だいぶ**ほこり**がたまっています。(Ano heya ni wa, daibu *hokori* ga tamatte imasu.)

¶ That room has gotten ⟦is⟧ very **dusty.**

hōmen **方面**〘名〙

hōmen ⟦n⟧ **direction, district; field, aspect**

①[その方向に当たる地域]

① [direction, district]

¶東京**方面**へ行く人は，ここで乗り換えてください。(Tōkyō *hōmen* e iku hito wa, koko de norikaete kudasai.)

¶ Persons going in **the direction** of Tokyo should transfer here.

②[領域・分野など]

② [field, aspect, sphere]

¶中村さんは文学の**方面**に詳しいです。(Nakamura san wa bungaku no *hōmen* ni kuwashii desu.)

¶ [Mrs.] Nakamura is well acquainted with **the field** of literature.

¶その計画は各**方面**から注目されています。(Sono keikaku wa kaku-*hōmen* kara chūmoku sarete imasu.)

¶ That project is attracting attention from all **sides.**

homeru **ほめる**〘動Ⅱ〙

homeru ⟦v II⟧ **praise**

¶お母さんは子供を**ほめました**。(Okāsan wa kodomo o *homemashita.*)

¶ The mother **praised** the child.

¶学生は先生に**ほめられました**。(Gakusei wa sensei ni *homeraremashita.*)

¶ The student **was praised** by the teacher.

hōmon **訪問**〘名, ～する〙

hōmon ⟦n, ~*suru*⟧ **call, visit, interview**

¶みんなで先生の家を**訪問**しました。(Minna de sensei no ie o *hōmon* shimashita.)

¶ We all **visited** our teacher's home together.

¶午後，社長を**訪問**する予定です。(Gogo, shachō o *hōmon* suru yotei desu.)

¶ [I] intend to **pay a call** on the president of the company in the afternoon.

hon **本**〘名〙

hon ⟦n⟧ **book**

¶机の上に**本**が何冊ありますか。(Tsukue no ue ni *hon* ga nansatsu

¶ How many **books** are there on the desk?

arimasu ka?)

¶この本の５ページを開けてください。(Kono *hon* no gopēji o akete kudasai.)

¶ Please open this **book** to page 5.

-hon -本〔尾〕

-hon 〚suf〛 the counter for long, cylindrical objects

１本 (ip*pon*) ２本 (ni*hon*) ３本 (san*bon*) ４本 (yon*hon*) ５本 (go*hon*) ６本 (rop*pon*) ７本 (nana*hon*) ８本 (hap*pon*) ９本 (kyū*hon*) 10本 (jip*pon*)

one pen 〚pencil, piece of chalk, cigarette, bottle, etc.〛 // two pens // three pens // four pens // five pens // six pens // seven pens // eight pens // nine pens // ten pens

¶そこに鉛筆が何本ありますか。(Soko ni enpitsu ga nan*bon* arimasu ka?)

¶ **How many** pencils are there there?

hone 骨〔名〕

hone 〚n〛 **bones, skeleton; trouble, pains, effort**

①［人・動物の体を支える堅い組織］

① [bones, skeleton]

¶転んで足の骨を折りました。(Koronde ashi no *hone* o orimashita.)

¶ [I] fell down and broke **a bone** in [my] leg 〚foot〛.

¶この魚は骨がたくさんあります。(Kono sakana wa *hone* ga takusan arimasu.)

¶ This fish has many **bones.**

②［苦労をする，世話をする］

② [trouble, pains, effort]

¶漢字の勉強はなかなか骨が折れます。(Kanji no benkyō wa nakanaka *hone* ga oremasu.)

¶ Studying *kanji* **takes much effort** 〚*Kanji* are hard to learn〛.

¶彼が骨を折ってくれたので成功しました。(Kare ga *hone* o otte kureta node seikō shimashita.)

¶ [We] succeeded because he **did so much** for [us].

*「骨が折れる (hone ga oreru)」「骨を折る (hone o oru)」の形で使うことが多い。

* Usually used in the patterns "*hone ga oreru*" and "*hone o oru.*"

hontō 本当〔名〕

hontō 〚n〛 **true, really, authentic**

¶それは本当ですか。(Sore wa *hontō* desu ka?)

¶ Is that **true** 〚Is that **really so**〛?

¶これは本当の話です。 (Kore wa *hontō* no hanashi desu.)

¶ This is a **true** story 〚This is something that **really** happened〛.

⇨**uso うそ**

hontō ni 本当に〘副〙

¶今日は**本当に**暑いです。 (Kyō wa *hontō ni* atsui desu.)

¶**本当に**ありがとうございました。 (*Hontō ni* arigatō gozaimashita.)

⇨**makoto ni まことに**

hontō ni 〚adv〛 **really, very**

¶ It's **really** hot today.

¶ Thank you **very much indeed.**

hon'yaku 翻訳〘名, ～する〙

¶わたしは将来**翻訳**の仕事がしたいです。 (Watashi wa shōrai *hon'yaku* no shigoto ga shitai desu.)

¶英語の小説を日本語に**翻訳**しました。 (Eigo no shōsetsu o Nihongo ni *hon'yaku* shimashita.)

¶この劇はフランス語から日本語に**翻訳**されたものです。 (Kono geki wa Furansugo kara Nihongo ni *hon'yaku* sareta mono desu.)

⇨**yakusu 訳す**

hon'yaku 〚n, ~*suru*〛 **translation**

¶ In the future I want to do **translation** work.

¶ [I] **translated** a novel from English into Japanese.

¶ This play **has been translated** into Japanese from French.

hoo ほお〘名〙

¶子供が**ほお**を赤くして走っています。 (Kodomo ga *hoo* o akaku shite hashitte imasu.)

¶病気でだんだん**ほお**がやせてきました。 (Byōki de dandan *hoo* ga yasete kimashita.)

＊「ほほ(hoho)」とも言う。

hoo 〚n〛 **cheek(s)**

¶ The running children have rosy 〚reddened〛 **cheeks.**

¶ Due to illness [I] have gradually become quite hollow-**cheeked.**

＊ Variant: *hoho.*

hōritsu 法律〘名〙

法律を守る (*hōritsu* o mamoru)

¶それは**法律**で禁止されています。 (Sore wa *hōritsu* de kinshi sarete imasu.)

¶その**法律**を破ると, どうなりますか。 (Sono *hōritsu* o yaburu to, dō nari-

hōritsu 〚n〛 **law**

observe **the law**

¶ That is prohibited by **law.**

¶ What will happen to [me] if [I] break that **law?**

masu ka?)

horobiru 滅びる〘動II〙

国が滅びる (kuni ga *horobiru*)

¶その動物は日本ではもう滅びてしまいました。(Sono dōbutsu wa Nihon de wa mō *horobite* shimaimashita.)

horobiru 〚v II〛 **be ruined, perish**

a country **falls**

¶ That animal **has become extinct** in Japan.

horu 掘る〘動I〙

¶庭に穴を掘って木を植えました。(Niwa ni ana o *hotte* ki o uemashita.)

¶山を掘ってトンネルを作りました。(Yama o *hotte* tonneru o tsukurimashita.)

horu 〚v I〛 **dig, bore, drill**

¶ [I] **dug** a hole in the garden 〚yard〛 and planted a tree.

¶ **They cut** a tunnel through the mountain.

hoshi 星〘名〙

星が出る (*hoshi* ga deru)　流れ星 (nagare*boshi*)

¶今夜は星がきれいです。(Kon'ya wa *hoshi* ga kirei desu.)

¶あの星はよく光っていますね。(Ano *hoshi* wa yoku hikatte imasu ne.)

hoshi 〚n〛 **star**

the stars come out // a shooting **star,** meteor

¶ **The stars** are pretty tonight.

¶ That **star** is shining brightly, isn't it?

hoshii 欲しい〘形〙

¶新しいくつが欲しいです。(Atarashii kutsu ga *hoshii* desu.)

¶今は何も欲しくありません。(Ima wa nani mo *hoshiku* arimasen.)

hoshii 〚adj〛 (I) **want, desire**

¶ **I want** some new shoes.

¶ **I don't want** anything right now.

(~te) hoshii (~て)ほしい〘連〙

¶わたしの悪いところをはっきり言ってほしいんです。(Watashi no warui tokoro o hakkiri itte *hoshii* n desu.)

¶日曜にわたしの家に来てほしいのですが…。(Nichiyō ni watashi no ie ni kite *hoshii* no desu ga…)

(-te) **hoshii** 〚compd〛 **I want someone to ~**

¶ **I would like** you to frankly tell me my bad points.

¶ **I would like** you to come to my house on Sunday if you can.

hōshin 方針〘名〙

教育方針 (kyōiku-*hōshin*)

hōshin 〚n〛 **course, policy**

educational **policy**

¶来年度の**方針**を立てましょう。(Rainendo no *hōshin* o tatemashō.)

¶ Let's formulate **our policy** ⟦map out **our course**⟧ for next year.

¶政府の外交**方針**が発表されました。(Seifu no gaikō-*hōshin* ga happyō saremashita.)

¶ The government's foreign **policy** has been announced.

hoshō **保証**〘名, ～する〙

hoshō ⟦n, ~*suru*⟧ **guarantee**

¶この時計には1年間の**保証**がついています。(Kono tokei ni wa ichinen-kan no *hoshō* ga tsuite imasu.)

¶ This watch ⟦clock⟧ has a one-year **guarantee.**

¶彼の正直なことはわたしが**保証**します。(Kare no shōjiki na koto wa watashi ga *hoshō* shimasu.)

¶ I **will vouch for** his honesty.

¶入学には**保証**人が必要です。(Nyūgaku ni wa *hoshō*nin ga hitsuyō desu.)

¶ **A sponsor** ⟦**reference, guarantor**⟧ is necessary for admission to the school ⟦college⟧.

hoshō **保障**〘名, ～する〙

hoshō ⟦n, ~*suru*⟧ **security, guarantee**

安全**保障** (anzen-*hoshō*) 老後の生活を**保障**する (rōgo no seikatsu o *hoshō* suru)

(national) **security** // **guarantee** the livelihood of the elderly

¶社会**保障**は現在大きな社会問題の一つになっています。(Shakai-*hoshō* wa genzai ookina shakai-mondai no hitotsu ni natte imasu.)

¶ Social **security** is presently a major social problem.

hōsō **放送**〘名, ～する〙

hōsō ⟦n, ~*suru*⟧ (radio, television) **broadcasting**

放送番組 (*hōsō*-bangumi) **放送**局 (*hōsō*kyoku) 海外**放送** (kaigai-*hōsō*)

a **radio** program, **television** program // a **broadcasting** station, **radio** or **television** station // overseas **broadcasting,** an overseas **broadcast**

¶午後1時からテレビで首相の**放送**があります。(Gogo ichiji kara terebi de shushō no *hōsō* ga arimasu.)

¶ There will be a television **broadcast** by the prime minister at 1 PM.

¶その事件はニュースで**放送**されました。(Sono jiken wa nyūsu de *hōsō* saremashita.)

¶ That incident **was broadcast** on the news.

hosoi **細い**〘形〙

hosoi ⟦adj⟧ **thin, fine, slender, narrow**

¶**細い**ひもで縛ると切れてしまいます。

¶ It will break if you tie it with a **thin**

(*Hosoi* himo de shibaru to kirete shimaimasu.)

string ⟦cord⟧.

¶彼のズボンは**細くて**長いですね。(Kare no zubon wa *hosokute* nagai desu ne.)

¶ His trousers are long and **slender-legged.**

⇔**futoi 太い**

hosu 干す〘動 I〙

hosu ⟦v I⟧ **dry**

¶庭に洗たく物を**干しました**。(Niwa ni sentakumono o *hoshimashita.*)

¶ [I] **dried** the laundry in the yard.

¶この**干した**魚を食べてみますか。(Kono *hoshita* sakana o tabete mimasu ka?)

¶ Will you try a taste of this **dried** fish?

hoteru ホテル〘名〙

hoteru ⟦n⟧ **hotel**

¶駅のそばの**ホテル**に泊まりました。(Eki no soba no *hoteru* ni tomarimashita.)

¶ [I] stayed at **a hotel** near the station.

¶**ホテル**に部屋を予約しました。(*Hoteru* ni heya o yoyaku shimashita.)

¶ [I] reserved a room at **a hotel.**

hotondo ほとんど〘名, 副〙

hotondo ⟦n, adv⟧ **almost all; almost, nearly**

1〘名〙

1 ⟦n⟧ almost all

¶出席者の**ほとんど**がそれに賛成しました。 (Shussekisha no *hotondo* ga sore ni sansei shimashita.)

¶ **Almost all** of those present were in favor of that.

¶**ほとんど**の学生がその会に出席しました。(*Hotondo* no gakusei ga sono kai ni shusseki shimashita.)

¶ **Almost all** of the students attended that meeting ⟦assembly, party⟧.

2〘副〙

2 ⟦adv⟧ almost, nearly

¶病気は**ほとんど**よくなりました。(Byōki wa *hotondo* yoku narimashita.)

¶ [I] am **almost completely** recovered from [my] illness.

¶その仕事は**ほとんど**終わりました。(Sono shigoto wa *hotondo* owarimashita.)

¶ That work is **nearly** finished.

hyaku 百〘名〙

hyaku 〚n〛 **one hundred**

hyō 表〘名〙

時間表 (jikan*hyō*)　時刻表 (jikoku-*hyō*)　予定表 (yotei*hyō*)　動詞の活用表 (dōshi no katsuyō*hyō*)

¶1か月の予定を表にしました。(Ikkagetsu no yotei o *hyō* ni shimashita.)

¶調査の結果を表にまとめてください。(Chōsa no kekka o *hyō* ni matomete kudasai.)

hyō 〚n〛 **table, schedule, chart, list, diagram**

schedule // **schedule** of arrivals and departures // **program, schedule** // **table** of verb conjugations

¶ [I] made a one-month **schedule** (in tabular form).

¶ Please put the results of the survey into **tabular form.**

hyōban 評判〘名〙

¶あの先生はたいへん評判がいいです。(Ano sensei wa taihen *hyōban* ga ii desu.)

¶新しい社長の評判はどうですか。(Atarashii shachō no *hyōban* wa dō desu ka?)

hyōban 〚n〛 **reputation, public estimation, popularity**

¶ That teacher **is highly spoken of** 〚That teacher **is very popular**〛.

¶ What does everyone **think of** the new president of the company?

hyōgen 表現〘名, ～する〙

表現の自由 (*hyōgen* no jiyū)

¶自分の考えを正確に表現するのは難しいことです。(Jibun no kangae o seikaku ni *hyōgen* suru no wa muzukashii koto desu.)

hyōgen 〚n, *~suru*〛 **expression**

freedom of **expression**

¶ It is difficult **to** precisely **express** one's thoughts.

hyōjun 標準〘名〙

標準語 (*hyōjun*go)

¶田中さんのうちの赤ちゃんは標準よりかなり大きいそうです。(Tanaka san no uchi no akachan wa *hyōjun* yori kanari ookii sō desu.)

¶彼の成績は標準以下です。(Kare no seiseki wa *hyōjun* ika desu.)

hyōjun 〚n〛 **standard, norm**

the **standard** language

¶ I hear that the Tanaka baby is considerably larger than **the norm.**

¶ His grades are 〚business record is〛 **substandard.**

hyōmen 表面〘名〙

①[物の外側の部分]

hyōmen 〚n〛 **surface; exterior**

① [surface]

¶月の**表面**には穴がたくさんあります。(Tsuki no *hyōmen* ni wa ana ga takusan arimasu.)

¶ There are many holes in **the surface** of the moon.

②[外に現れたところ，うわべ]

② [exterior, outward appearance]

¶彼は**表面**は穏やかですが，心の中では怒っているでしょう。 (Kare wa *hyōmen* wa odayaka desu ga, kokoro no naka de wa okotte iru deshō.)

¶ He is **outwardly** calm, but inwardly he's probably angry ⟦He is calm **on the outside,** but I bet he's angry on the inside⟧.

I

i 胃〚名〛
胃腸 (*ichō*)
¶最近，少し胃の調子が悪いです。(Saikin, sukoshi *i* no chōshi ga warui desu.)
¶あの子は胃が丈夫です。(Ano ko wa *i* ga jōbu desu.)

i ⟦n⟧ **stomach**
stomach and intestines
¶ [I] have recently been having some **stomach** trouble.
¶ That child has a strong **stomach** ⟦good **digestion**⟧.

ichi 一〚名〛

ichi ⟦n⟧ **one**

ichi 位置〚名，～する〛
¶この部屋の家具の位置を変えましょう。(Kono heya no kagu no *ichi* o kaemashō.)
¶わたしの学校は東京の東に位置しています。(Watashi no gakkō wa Tōkyō no higashi ni *ichi* shite imasu.)

ichi ⟦n, ~*suru*⟧ **location, position**
¶ Let's change **the position** of the furniture in this room.
¶ My school **is located** to the east of Tokyo ⟦in east Tokyo⟧.

ichiba 市場〚名〛
¶母は市場へ買い物に行きました。(Haha wa *ichiba* e kaimono ni ikimashita.)
¶市場はいつもこんでいます。(*Ichiba* wa itsu mo konde imasu.)

ichiba ⟦n⟧ **market, marketplace**
¶ My mother went to **the market** to shop.
¶ **The market** is always crowded.

ichiban いちばん〚副〛
¶いちばん好きな食べ物は何ですか。(*Ichiban* suki na tabemono wa nan desu ka?)
¶東京は日本でいちばん大きい都会です。(Tōkyō wa Nihon de *ichiban* ookii tokai desu.)

ichiban ⟦adv⟧ **most, best, number one, first**
¶ What foods do you like **the best?**
¶ Tokyo is the **largest** city in Japan.

ichibu 一部〚名〛
¶一部の人はその計画に反対です。

ichibu ⟦n⟧ **part, section**
¶ **Some** are opposed to that plan.

(*Ichibu* no hito wa sono keikaku ni hantai desu.)

¶台風で村の**一部**に被害が出ました。(Taifū de mura no *ichibu* ni higai ga demashita.)

¶ **Part** of the village was damaged in the typhoon.

⇨**zenbu** **全部**

ichibubun **一部分**〚名〛

ichibubun 〚n〛 **part, section**

¶宿題はまだ**一部分**しか終わっていません。(Shukudai wa mada *ichibubun* shika owatte imasen.)

¶ Only **part** of the homework is done.

¶昨夜の火事で，町は**一部分**を残してほとんど焼けてしまいました。(Sakuya no kaji de, machi wa *ichibubun* o nokoshite hotondo yakete shimaimashita.)

¶ Almost all of the town burned down in the fire last night; only **a part** of it remains.

⇨**daibubun** **大部分**

ichido ni **一度に**〚副〛

ichido ni 〚adv〛 **at once, at one time, simultaneously**

¶電車のドアが開くと，**一度に**たくさんの人が降りてきました。(Densha no doa ga aku to, *ichido ni* takusan no hito ga orite kimashita.)

¶ When the train doors opened, lots of people poured out **all at once.**

¶こんなにたくさんの仕事を**一度に**やろうと思っても無理です。(Konna ni takusan no shigoto o *ichido ni* yarō to omotte mo muri desu.)

¶ It is impossible to think of doing this much work **at one time.**

⇨**ichiji ni** **一時に**

ichigatsu **一月**〚名〛

ichigatsu 〚n〛 **January**

ichigo **いちご**〚名〛

ichigo 〚n〛 **strawberries**

ichiji **一時**〚名〛

ichiji 〚n〛 **for a time, temporarily; once, at one time; one o'clock**

①［短い時間，しばらくの間］

① [for a time, temporarily]

一時停止 (*ichiji*-teishi)

momentary stop (of a train, car, etc.)

¶工事のため**一時**店を閉めます。(Kōji no tame *ichiji* mise o shimemasu.)

¶ The shop will be closed **temporarily** due to construction.

¶子供が病気で，**一時**はとても心配でした。(Kodomo ga byōki de, *ichiji* wa totemo shinpai deshita.)

¶ **For a time** [we] were very worried by [our] child's illness.

②〔過去のある時，その当時〕

② [once, at one time]

¶あの歌は一時たいへんはやりました。(Ano uta wa *ichiji* taihen hayarimashita.)

¶ **At one time** that song was very popular.

ichiji ni 一時に〚副〛

ichiji ni ⟦adv⟧ **at once, at one time, all together**

¶一時にそんなにたくさんのことはできません。(*Ichiji ni* sonna ni takusan no koto wa dekimasen.)

¶ [I] cannot do that much ⟦that many things⟧ **all at one time.**

⇨**ichido ni** 一度に

ichinichi 一日〚名〛

ichinichi ⟦n⟧ **one day, all day**

¶雨が降っていたので，今日は一日じゅう家にいました。(Ame ga futte ita node, kyō wa *ichinichi*jū ie ni imashita.)

¶ As it was raining, [I] stayed at home **all day** today.

¶これでやっと一日の仕事が終わりました。(Kore de yatto *ichinichi* no shigoto ga owarimashita.)

¶ With this the **day's** work is finally finished.

⇨**-nichi** -日

ichiō 一応〚副〛

ichiō ⟦adv⟧ **once, in outline, in general, tentatively, for the time being**

¶できるかどうかわかりませんが，一応やってみましょう。(Dekiru ka dō ka wakarimasen ga, *ichiō* yatte mimashō.)

¶ I'm not sure whether it can be done or not but I'll just give it a try **anyway.**

¶決める前に一応あの人に相談してください。(Kimeru mae ni *ichiō* ano hito ni sōdan shite kudasai.)

¶ Before deciding please consult with [him] **once** about it.

¶上田さんは旅行には行かないと思いますが，一応話してみましょう。(Ueda san wa ryokō ni wa ikanai to omoimasu ga, *ichiō* hanashite mimashō.)

¶ I don't think [Mr.] Ueda will be going on the trip but let's talk to him about it **just in case.**

ido 井戸〚名〛

ido ⟦n⟧ **a well**

井戸を掘る (*ido* o horu)

dig **a well**

¶この地方では**井戸**の水を使っています。 (Kono chihō de wa *ido* no mizu o tsukatte imasu.)

¶ In this region **well-**water is used.

ie 家〘名〙

ie ⟦n⟧ **house, home; household, family**

①[住居]

① [house, home, residence]

¶あの人の**家**はこの近くです。 (Ano hito no *ie* wa kono chikaku desu.)

¶ [His] **home** is near here.

¶彼は最近立派な**家**を建てました。 (Kare wa saikin rippa na *ie* o tatemashita.)

¶ He recently built a lovely **house.**

②[家庭]

② [household, family]

¶田中さんの**家**にはピアノがあります。 (Tanaka san no *ie* ni wa piano ga arimasu.)

¶ **The Tanakas** have a piano.

¶彼は貧しい**家**に生まれました。 (Kare wa mazushii *ie* ni umaremashita.)

¶ He was born into a poor **family.**

⇨**uchi** うち

igai 意外〘形動〙

igai ⟦adj-v⟧ **unexpected, surprising**

意外な事件 (*igai* na jiken) **意外**な結果 (*igai* na kekka)

a **surprising** incident // an **unexpected** outcome

¶試験は**意外**に易しかったです。 (Shiken wa *igai* ni yasashikatta desu.)

¶ The test was **surprisingly** easy.

¶試験に失敗したと思っていたら，**意外**なことにいい成績でした。 (Shiken ni shippai shita to omotte itara, *igai* na koto ni ii seiseki deshita.)

¶ I thought I had failed the test, but **to my surprise** I got a good grade on it.

igai 以外〘名〙

igai ⟦n⟧ **except for, other than**

¶生の魚**以外**は何でも食べます。 (Nama no sakana *igai* wa nan demo tabemasu.)

¶ I eat everything **with the exception** of raw fish.

¶そこへ行くには歩く**以外**に方法があ

¶ One can **only** go there on foot

りません。(Soko e iku ni wa aruku *igai* ni hōhō ga arimasen.)

⟦There is no way to get there **other than** on foot⟧.

igaku **医学**〖名〗

igaku ⟦n⟧ **medicine, medical science**

医学博士 (*igaku*-hakushi)

a doctor **of medicine,** an MD

¶わたしは**医学**の勉強を したい と思っています。 (Watashi wa *igaku* no benkyō o shitai to omotte imasu.)

¶ I want to study **medicine.**

¶あの国の**医学**はたいへん進んでいます。(Ano kuni no *igaku* wa taihen susunde imasu.)

¶ **Medicine** is very advanced in that country.

igo **以後**〖名〗

igo ⟦n⟧ **after that, afterward; after this, from now on**

①[その時からのち]

① [after that, afterward, thereafter]

¶午後5時**以後**はうちにいます。 (Gogo goji *igo* wa uchi ni imasu.)

¶ I will be at home **after** 5 PM.

↔**izen** **以前**

②[今からのち，今後]

② [after this, from now on, hereafter, in the future]

¶すみません。**以後**じゅうぶん気をつけます。 (Sumimasen. *Igo* jūbun ki o tsukemasu.)

¶ I'm sorry. I'll be very careful **from now on.**

ihan **違反**〖名，～する〗

ihan ⟦n, ~*suru*⟧ **violation, infraction**

規則**違反** (kisoku-*ihan*) 交通**違反** (kōtsū-*ihan*) 選挙**違反** (senkyo-*ihan*) スピード**違反** (supiido-*ihan*) 契約に**違反**する (keiyaku ni *ihan* suru)

a violation of regulations, **an infraction** of the rules // a traffic **violation** // an election law **violation** // a speeding **violation,** speeding // **violate** a contract

¶そんなことをすると法律に**違反**します。(Sonna koto o suru to hōritsu ni *ihan* shimasu.)

¶ That sort of thing **is against** the law.

ii **いい**〖形〗

ii ⟦adj⟧ **good, right; excellent, fine; suitable**

①[正しい立派な様子]

① [good, right]

¶困っている人を助けることは**いい**ことですよ。 (Komatte iru hito o tasukeru koto wa *ii* koto desu yo.)

¶ **It is good** to help those who are in trouble.

¶**いい**と思ったことは，勇気を出して

¶ Be brave and do what you think **is**

おやりなさい。(*Ii* to omotta koto wa, yūki o dashite oyarinasai.)

right.

↔warui 悪い **→yoi** よい

②[善良である様子]

② [good, good-natured]

¶上田さんは親切ないい人です。(Ueda san wa shinsetsu na *ii* hito desu.)

¶ [Mrs.] Ueda is a kind and **good** person.

↔warui 悪い **→yoi** よい

③[親しい様子]

③ [good, close, intimate]

¶山田さんと中村さんは仲がいいです。(Yamada san to Nakamura san wa naka ga *ii* desu.)

¶ [Mr.] Yamada and [Mr.] Nakamura are on **good** terms with each other.

* 普通「仲がいい (naka ga ii)」の形で使う。

* Usually used in the pattern "*naka ga ii.*"

↔warui 悪い **→yoi** よい

④[ものごとの優れている様子]

④ [good, excellent, fine]

いい声 (*ii* koe)　いい品物 (*ii* shinamono)　いい習慣 (*ii* shūkan)

a **fine** voice // **good** merchandise // a **good** custom ⟦habit⟧

¶あの子はたいへん頭がいいです。(Ano ko wa taihen atama ga *ii* desu.)

¶ That child is very **bright.**

¶中村さんは２学期はたいへんいい成績でした。(Nakamura san wa nigakki wa taihen *ii* seiseki deshita.)

¶ [Miss] Nakamura got very **good** grades the second semester.

↔warui 悪い **→yoi** よい

⑤[好ましい様子, 気持ちのよい様子]

⑤ [good, fine, pleasing, nice]

景色がいい (keshiki ga *ii*)　気分がいい (kibun ga *ii*)

a **nice** view // be in a **good** mood, feel **good**

¶今日はいい天気です。(Kyō wa *ii* tenki desu.)

¶ It's a **beautiful** day today.

¶この店は感じのいい店ですね。(Kono mise wa kanji no *ii* mise desu ne.)

¶ This shop ⟦restaurant, bar, etc.⟧ has a **nice** feel about it.

¶少しお酒を飲んで, いい気持ちにな

¶ [I] drank a little and felt **good.**

りました。(Sukoshi osake o nonde, *ii* kimochi ni narimashita.)

↔warui 悪い →yoi よい

⑥[感情的に望ましい様子]

⑥ [it would be good if ~, I hope, I wish]

¶お母さんの病気が早くよくなるといいですね。(Okāsan no byōki ga hayaku yoku naru to *ii* desu ne.)

¶ **I hope** your mother recovers quickly from her illness.

⑦[適当で望ましいと思う様子]

⑦ [be better, prefer]

¶あんな所へは二度と行かないほうがいいですよ。(Anna tokoro e wa nido to ikanai hō ga *ii* desu yo.)

¶ **It would be best** not to go to that sort of place a second time.

¶わたしはこちらのほうがいいです。(Watashi wa kochira no hō ga *ii* desu.)

¶ I **prefer** this one.

* 普通「ほうがいい (hō ga ii)」の形で使う。

* Usually used in the pattern "~ *hō ga ii*."

⑧[好都合な様子，ほどよい様子]

⑧ [good, proper, suitable]

¶この辞書は小さくて，持って歩くのにはちょうどいいです。(Kono jisho wa chiisakute, motte aruku no ni wa chōdo *ii* desu.)

¶ This dictionary is small and just **right** for carrying about with one.

¶このシャツはあなたにちょうどいい大きさです。(Kono shatsu wa anata ni chōdo *ii* ookisa desu.)

¶ This shirt is exactly the **right** size for you.

⑨[じゅうぶんである様子]

⑨ [will do, be enough, serve the purpose]

¶今度の旅行には，どのぐらいお金を持って行けばいいでしょう。(Kondo no ryokō ni wa, dono gurai okane o motte ikeba *ii* deshō?)

¶ How much money **should** one bring on the trip?

→yoi よい

⑩[あるものごとに対して効果がある様子]

⑩ [good for, efficacious]

健康にいい体操 (kenkō ni *ii* taisō)

exercise **that is good** for one's health

¶この薬は風邪にたいへんいいですよ。

¶ This medicine **is** very **good** for a

(Kono kusuri wa kaze ni taihen *ii* desu yo.)

↔**warui 悪い**

＊「いい (ii)」は「終止の形」「連体の形」が 使われる。「ないの形」は「よくない (yoku nai)」「たの形」は「よかった (yokatta)」などと「よい yoi)」が使われる。

(〜te mo) ii (〜ても)いい〘連〙

①[許可の意味を表す]

¶試験はボールペンで書いても**いい**です。 (Shiken wa bōrupen de kaite mo *ii* desu.)

¶「ここでたばこを吸っても**いい**ですか。」 (Koko de tabako o sutte mo *ii* desu ka?)「いいえ，吸ってはいけません。」(Iie, sutte wa ikemasen.)

②[不必要の意味を表す]

¶そんなに急がなくても**いい**です。 (Sonna ni isoganakute mo *ii* desu.)

¶「薬を飲まなくても**いい**ですか。」 (Kusuri o nomanakute mo *ii* desu ka?)「いいえ，飲まなくてはいけません。」 (Iie, nomanakute wa ikemasen.)

＊「〜なくてもいい (〜 nakute mo ii)」の形で使う。

⇔**(〜te wa) ikenai (〜ては) いけない** ⇨**(〜te mo) kamawanai (〜ても)かまわない**

iie いいえ〘感〙

¶「あれはあなたの本ですか。」 (Are wa anata no hon desu ka?)

「**いいえ**，違います。」(*Iie*, chigaima-

cold ⟦the flu⟧.

＊ *Ii* is the sentence-final and dictionary form. *Yoi* is used for other forms: the negative form is *yoku nai* and the *-ta* form is *yokatta*.

(-te mo) ii ⟦compd⟧ **may ~, be all right to ~; do not have to ~**

① [may ~, be all right to ~]

¶ **One may** use a ball-point pen for the test.

¶ "**Is it all right** to smoke here?"
"No, it isn't."

② [do not have to ~, need not ~]

¶ [You] **don't have to** hurry so.

¶ "**Is it all right** not to take any medicine?"
"No, you have to take some."

＊ Used in the pattern "*-nakute mo ii.*"

iie ⟦interj⟧ **no**

¶ "Is that your book?"
"**No,** it's not."

su.)
¶「あなたは日本語が話せますか。」(Anata wa Nihongo ga hanasemasu ka?) 「**いいえ**，話せません。」(*Iie,* hanasemasen.)
⇔**hai はい**

¶ "Can you speak Japanese?" "**No,** I can't."

iin 委員〔名〕
委員長 (*iin*chō) **委員**会 (*iin*kai)
¶クラスの新しい**委員**を選びました。(Kurasu no atarashii *iin* o erabimashita.)
¶その問題について**委員**の報告を聞きました。(Sono mondai ni tsuite *iin* no hōkoku o kikimashita.)

iin ⟦n⟧ **committee member, delegate**
the **committee** chairman // a committee, commission, board, panel
¶ [We] chose a new class **representative.**
¶ [I] listened to **the commissioner's** report concerning that problem.

iiwake 言い訳〔名〕
¶彼はいつもいろいろと**言い訳**をします。(Kare wa itsu mo iroiro to *iiwake* o shimasu.)
¶そんな**言い訳**は聞きたくありません。(Sonna *iiwake* wa kikitaku arimasen.)

iiwake ⟦n⟧ **explanation, excuse, apology**
¶ He always has various **excuses.**
¶ I don't want to hear that kind of **excuse.**

ijimeru いじめる〔動Ⅱ〕
¶動物を**いじめて**はいけません。(Dōbutsu o *ijimete* wa ikemasen.)
¶男の子が女の子を**いじめて**います。(Otoko no ko ga onna no ko o *ijimete* imasu.)

ijimeru ⟦v II⟧ **tease, annoy, ill-treat, torment, persecute**
¶ One mustn't **tease** ⟦**torment**⟧ animals.
¶ A boy is **teasing** ⟦**annoying**⟧ a girl.

ijō 以上〔名〕
①［ある数量・時間などよりも多いこと］
¶毎日8時間**以上**働きます。(Mainichi hachijikan *ijō* hatarakimasu.)
¶この地方では一年間に千ミリ**以上**の雨が降ります。(Kono chihō de wa

ijō ⟦n⟧ **or more, more than; beyond, above; the above-mentioned; since, seeing that**
① [or more, more than, not less than]
¶ [I] work **more than** eight hours ⟦eight hours **or more**⟧ every day.
¶ One thousand millimeters **or more** of rain falls a year in this area.

ichinenkan ni senmiri *ijō* no ame ga furimasu.)

*「8時間以上 (hachijikan ijō)」という場合は8時間を含む。

* When *ijō* is used with a figure, it means that figure and more. Thus, strictly speaking, *hachijikan ijō* means "eight hours or more" and not simply "more than eight hours."

↔**ika** 以下

②[ある状態などよりも程度が高いこと]

② [beyond, above, past]

平均以上 (heikin *ijo*)

above average

¶試験は予想**以上**に難しかったです。(Shiken wa yosō *ijō* ni muzukashikatta desu.)

¶ The exam was **more** difficult than expected.

¶もうこれ**以上**我慢できません。(Mō kore *ijō* gaman dekimasen.)

¶ I can't stand **any more** than this ⟦This is all I can take⟧.

↔**ika** 以下

③[これまでに言ったことなど]

③ [the above-mentioned, the foregoing]

¶私の言いたいことは**以上**です。(Watakushi no iitai koto wa *ijō* desu.)

¶ **That** is all I had to say.

¶**以上**，どうぞよろしくお願いします。(*Ijō*, dōzo yoroshiku onegai shimasu.)

¶ I now commend **this matter** to you ⟦I hereby ask for your cooperation in **the above matter**⟧.

↔**ika** 以下

④[前のことがらによってあとのことがらが当然成立するという関係を表す]

④ [since, so long as, seeing that]

¶約束した**以上**，守らなければなりません。(Yakusoku shita *ijō*, mamoranakereba narimasen.)

¶ You must keep a promise **once** you have made it.

¶お世話になった**以上**，お礼を言うのは当然です。 (Osewa ni natta *ijō*, orei o iu no wa tōzen desu.)

¶ It is only fitting to thank people **after** being helped by them.

ijō **異常**〖名，形動〗

ijō ⟦n, adj-v⟧ **unusual, abnormal**

¶機械を調べてみましたが，何も**異常**はありません。(Kikai o shirabete

¶ [I] have examined the machinery but there is nothing **wrong** with it.

mimashita ga, nani mo *ijō* wa arimasen.)

¶今年の夏は**異常**に暑かったです。(Kotoshi no natsu wa *ijō* ni atsukatta desu.)

¶ Summer was **abnormally** hot this year.

ika 以下〘名〙

ika ⟦n⟧ **and less, less than; under, below; the following**

①[ある数量・時間などよりも少ないこと]

① [and less, less than, under, below]

¶今朝は零度**以下**まで気温が下がりました。(Kesa wa reido *ika* made kion ga sagarimashita.)

¶ Temperatures fell to zero **and below** this morning.

¶19歳**以下**の人はたばこを吸ってはいけません。(Jūkyūsai *ika* no hito wa tabako o sutte wa ikemasen.)

¶ Those 19 years of age **and below** aren't allowed to smoke.

*「19歳以下 (jūkyūsai ika)」という場合は19歳も含む。

* When used with a figure, *ika* means that figure and less. Thus, strictly speaking, *jūkyūsai ika* means "19 years and below" and not simply "less than 19 years."

②[ある状態などよりも程度が低いこと]

② [under, below]

平均**以下** (heikin *ika*)

below average

¶今年の米の収穫は予想**以下**でした。(Kotoshi no kome no shūkaku wa yosō *ika* deshita.)

¶ The rice harvest this year was **smaller** than expected.

③[これまでに言ったことよりあとのこと]

③ [the following, the hereafter, mentioned below]

¶**以下**は彼の言葉です。(*Ika* wa kare no kotoba desu.)

¶ **The following** is in his own words.

¶**以下**は省略します。(*Ika* wa shōryaku shimasu.)

¶ **The rest** is omitted.

⇔**ijō** 以上

ikaga いかが〘副〙

ikaga ⟦adv⟧ **how, what**

¶お体のぐあいは**いかが**ですか。(Okarada no guai wa *ikaga* desu ka?)

¶ **How** do you feel (literally, **What** is the condition of your body)?

¶コーヒーをもう一杯**いかが**ですか。

¶ Would you like another cup of cof-

(Kōhii o mō ippai *ikaga* desu ka?)
＊「どう (dō)」より丁寧な言葉。
⇨**dō どう**

fee?
＊ *Ikaga* is more polite than *dō*.

ikasu　生かす〘動Ｉ〙
¶川で捕った魚は，あの池の中で**生かして**おきましょう。 (Kawa de totta sakana wa, ano ike no naka de *ikashite* okimashō.)

ikasu ⟦v I⟧　**revive, keep alive**
¶ Let's put the fish [we] caught in the river into the pond ⟦pool⟧ (literally, Let's put the fish we caught in the river into the pond and **keep them alive**).

ike　池〘名〙
¶庭に**池**があって，金魚が泳いでいます。 (Niwa ni *ike* ga atte, kingyo ga oyoide imasu.)
¶今朝は**池**の水が凍りました。 (Kesa wa *ike* no mizu ga koorimashita.)

ike ⟦n⟧　**pond, pool, basin**
¶ There's **a pool** in the garden where goldfish are swimming.
¶ **The pond** froze this morning.

ikebana　生け花〘名〙
¶**生け花**を習っていますか。 (*Ikebana* o naratte imasu ka?)
¶田中さんは**生け花**の歴史を研究しています。 (Tanaka san wa *ikebana* no rekishi o kenkyū shite imasu.)

ikebana ⟦n⟧　**Japanese flower arrangement, *ikebana***
¶ Are you studying ***ikebana?***
¶ [Mrs.] Tanaka is researching the history of ***ikebana.***

iken　意見〘名，～する〙
①[あるものごとについての考え]
意見を言う (*iken* o iu)　**意見**を述べる (*iken* o noberu)
¶わたしもあなたと同じ**意見**です。 (Watashi mo anata to onaji *iken* desu.)
¶あなたとはよく**意見**が合いますね。 (Anata to wa yoku *iken* ga aimasu ne.)
¶みんなその**意見**に従いました。(Minna sono *iken* ni shitagaimashita.)
②[教えるように言って聞かせること]

iken ⟦n, ~*suru*⟧　**opinion, view; advice, admonition**
① [opinion, view, idea]
give ⟦express⟧ **one's opinion** // give ⟦express⟧ **one's opinion**
¶ I agree with your **opinion.**
¶ We often hold the same **opinion,** don't we?
¶ Everyone accepted that **opinion.**
② [advice, admonition]

¶勉強しないので，子供に意見しました。(Benkyō shinai node, kodomo ni *iken* shimashita.)

¶ [I] **scolded** the children for not studying.

ikenai いけない〘連〙

ikenai 〚compd〛 **bad, wrong, to blame**

¶あなたの言い方が**いけなかった**ので，あの人は怒ったのです。 (Anata no iikata ga *ikenakatta* node, ano hito wa okotta no desu.)

¶ [He] got angry because the way you talked to [him] **was out of line.**

¶風邪を引くと**いけない**から，もう一枚シャツを着ました。(Kaze o hiku to *ikenai* kara, mō ichimai shatsu o kimashita.)

¶ [I] wore one more shirt as [I] **didn't want to** catch a cold.

(~te wa) ikenai (~ては) いけない〘連〙

(-te wa) **ikenai** 〚compd〛 **must not, should not, be forbidden**

¶この中へ入ってはい**けません**。(Kono naka e haitte wa *ikemasen.*)

¶ **No** admittance 〚Keep out; **Don't** come into this place; etc.〛.

¶ここでたばこを吸ってはい**けません**。(Koko de tabako o sutte wa *ikemasen.*)

¶ This is a **no-**smoking area.

⇔**(~te mo) ii (~ても) いい**

⇔**(~te mo) kamawanai (~ても) かまわない**

iki 息〘名〙

iki 〚n〛 **a breath, breathing**

息をする (*iki* o suru) 息をはく (*iki* o haku)

to breathe // breathe out, exhale

¶走ったので息が切れました。(Hashitta node *iki* ga kiremashita.)

¶ [I] am **out of breath** as [I] have been running 〚I was **out of breath** as I had been running〛.

¶深く息を吸ってください。(Fukaku *iki* o sutte kudasai.)

¶ Please take a deep **breath.**

iki 行き〘名〙

iki 〚n〛 **going, bound for**

行き帰り (*iki*kaeri) 行き先 (*iki*saki)

going and returning, coming and **going** // destination

¶行きの切符は買えましたが，帰りの切符は買えませんでした。(*Iki* no kippu

¶ [I] was able to buy a ticket **for the trip there** but couldn't get a return

wa kaemashita ga, kaeri no kippu wa kaemasen deshita.)

ticket.

¶東京行きの電車に乗りました。 (Tōkyō *iki* no densha ni norimashita.)

¶ [I] got on the train **for** Tokyo.

⇨yuki 行き

ikinari いきなり〘副〙

ikinari ⟦adv⟧ **suddenly, abruptly, all of a sudden, without notice**

¶道路に**いきなり**子供が飛び出してきました。 (Dōro ni *ikinari* kodomo ga tobidashite kimashita.)

¶ A child **suddenly** ran out into the road ⟦A child has **suddenly** run out into the road⟧.

¶**いきなり**質問されても答えられません。 (*Ikinari* shitsumon sarete mo kotaeraremasen.)

¶ [I] can't answer when **suddenly** asked something.

ikioi 勢い〘名〙

ikioi ⟦n⟧ **vigor, energy, power, force**

¶この村の農業は非常な**勢い**で発展しました。 (Kono mura no nōgyō wa hijō na *ikioi* de hatten shimashita.)

¶ Agriculture has advanced **in a spurt** in this village.

¶子供は**勢い**よく走っていきました。 (Kodomo wa *ikioi* yoku hashitte ikimashita.)

¶ The children ran off **energetically.**

ikiru 生きる〘動II〙

ikiru ⟦v II⟧ **live, be alive**

¶百歳まで**生きる**人は少ないです。 (Hyakusai made *ikiru* hito wa sukunai desu.)

¶ Few people **live** to the age of one hundred.

¶この虫は何を食べて**生きて**いますか。 (Kono mushi wa nani o tabete *ikite* imasu ka?)

¶ What does this insect **subsist** on?

ikka 一家〘名〙

ikka ⟦n⟧ **a family, a household**

¶田中さん**一家**は音楽がたいへん好きです。 (Tanaka san *ikka* wa ongaku ga taihen suki desu.)

¶ The Tanaka **family** is very fond of music.

¶昨日は**一家**そろって買い物に出かけました。 (Kinō wa *ikka* sorotte kaimono ni dekakemashita.)

¶ Yesterday the whole **family** went out shopping together.

iku 行く〘動 I〙

①[ある目的の所へ向かって進む]

¶昨日はどこへ**行きましたか**。(Kinō wa doko e *ikimashita* ka?)

¶このバスは飛行場へ**行きますか**。(Kono basu wa hikōjō e *ikimasu* ka?)

↔**kuru** 来る

②[ものごとが行われる]

¶今度の計画はうまく**いきそう**です。(Kondo no keikaku wa umaku *ikisō* desu.)

¶この仕事はあなたが考えているようには**いかない**と思いますよ。(Kono shigoto wa anata ga kangaete iru yō ni wa *ikanai* to omoimasu yo.)

③[結婚して他家に入る]

¶春子さんは去年の春お嫁に**いきました**。(Haruko san wa kyonen no haru oyome ni *ikimashita.*)

＊「行く (yuku)」とも言う。

iku 〚v I〛 **go, come; proceed**

① [go, come, advance toward a particular target]

¶ Where **did you go** yesterday?

¶ Does this bus **go** to the airport?

② [proceed]

¶ **It looks like** this project **will turn out** well.

¶ I don't think this work **will proceed** in the way you think.

③ [marry and enter another household]

¶ Haruko **married** last spring.

＊ Variant: *yuku*.

(～**te**) **iku** (～て) いく〘連〙

①[動作がある方向へ進むことを表す]

¶鳥が北の方へ飛んで**いきます**。(Tori ga kita no hō e tonde *ikimasu.*)

¶子供はお弁当を持って**いきました**。(Kodomo wa obentō o motte *ikimashita.*)

②[ある動作・状態などが継続する様子を表す]

¶この本は読んで**いく**うちに，だんだんおもしろくなるでしょう。(Kono hon wa yonde *iku* uchi ni, dandan

(-**te**) **iku** 〚compd〛 an expression indicating movement, progression, change, etc.

① [indicates movement]

¶ Some birds **are flying off** to the north.

¶ The children **took** their lunches with them.

② [indicates the continuation of an action or state]

¶ You will probably find this book more and more interesting **as you read** it.

omoshiroku naru deshō.)

¶これからは親と離れて一人で生活していかなければなりません。 (Kore kara wa oya to hanarete hitori de seikatsu shite *ikanakereba* narimasen.)

¶ [I] **must** leave home and live alone from now on.

③[ある状態に変化する様子を表す]

③ [indicates change in a state of affairs]

¶これからますます寒くなっていきますから，風邪を引かないように気をつけてください。 (Kore kara masumasu samuku natte *ikimasu* kara, kaze o hikanai yō ni ki o tsukete kudasai.)

¶ As it **will get** colder and colder from now on please be careful not to catch a cold.

¶みんなの努力で町がだんだんきれいになっていきます。 (Minna no doryoku de machi ga dandan kirei ni natte *ikimasu*.)

¶ The town is gradually **becoming** cleaner due to everyone's efforts.

⇔(～te) **kuru** (～て) くる

iku- 幾-〘頭〙

幾度 (*iku*do) 幾日 (*iku*nichi) 幾人 (*iku*nin)

＊「何- (nan-)」より少しかたい感じで，いっしょに使われる語もあまり多くない。

⇨**nan-** 何-

iku- ⟦pref⟧ **how many; several**

how many times; **several** times // **how many** days; **what** day of the month; **several** days // **how many** people; **several** people

＊ The prefix *iku-* is somewhat more formal than *nan-* and can only be used with a restricted set of words.

ikura いくら〘名，副〙

ikura ⟦n, adv⟧ **how much, how many; hardly any, not much; however ～, no matter how ～**

1〘名〙

1 ⟦n⟧

①[不明な数量・値段などを表す]

① [how much, how many]

¶これはいくらですか。 (Kore wa *ikura* desu ka?)

¶ **How much** is this?

¶そのくつはいくらで買いましたか。 (Sono kutsu wa *ikura* de kaimashita ka?)

¶ **How much** did you pay for those shoes?

¶この荷物の目方はいくらぐらいあり

¶ **How much** does this luggage

ますか。(Kono nimotsu no mekata wa *ikura* gurai arimasu ka?)

⟦freight, load, cargo, etc.⟧ weigh?

②[ものごとのわずかであることを表す]

② [not much, not many, very few]

¶今月はもうお金は**いくら**も残っていません。(Kongetsu wa mō okane wa *ikura* mo nokotte imasen.)

¶ [I] have **hardly any** money left for this month.

¶費用は**いくら**もかかりませんから，今度の旅行に参加しませんか。(Hiyō wa *ikura* mo kakarimasen kara, kondo no ryokō ni sanka shimasen ka?)

¶ Won't you come on the trip? It won't cost **very much.**

*「いくらも ～ ない (ikura mo ～ nai)」の形で使う。

* Used in the pattern "*ikura mo* ～ *-nai.*"

2〘副〙

2 ⟦adv⟧ however ～, no matter how ～

¶**いくら**高くても買います。 (*Ikura* takakute mo kaimasu.)

¶ [I] will buy it **no matter how** expensive it may be.

¶**いくら**呼んでも返事がありません。(*Ikura* yonde mo henji ga arimasen.)

¶ There is no response **no matter how much** one calls.

＊「いくら～ても (ikura ～ te mo)」の形で使うことが多い。

＊ Usually used in the pattern "*ikura* ～ *-te mo.*"

ikutsu **幾つ**〘名〙

ikutsu ⟦n⟧ **how old; how many**

①[何歳]

① [how old]

¶お子さんはお**幾つ**ですか。(Okosan wa o*ikutsu* desu ka?)

¶ **How old** is your child?

②[何個]

② [how many; several]

¶そこに卵が**幾つ**ありますか。(Soko ni tamago ga *ikutsu* arimasu ka?)

¶ **How many** eggs are there there?

¶兄は時計を**幾つ**も持っています。(Ani wa tokei o *ikutsu* mo motte imasu.)

¶ My older brother owns **several** watches.

ima 今〘名〙

ima ⟦n⟧ **now, at present; just now, soon**

①[現在]

① [now, at present]

¶今，何時ですか。(*Ima*, nanji desu ka?)

¶ What time is it **now?**

¶この本は今から 50 年ぐらい前に書かれました。 (Kono hon wa *ima* kara gojūnen gurai mae ni kakaremashita.)

¶ This book was written about 50 years **ago.**

②[現在を中心にごく近い前後の時]

② [just now, soon]

¶わたしは今来たばかりです。 (Watashi wa *ima* kita bakari desu.)

¶ I have **just now** arrived.

¶今行きますから，ちょっと待ってください。(*Ima* ikimasu kara, chotto matte kudasai.)

¶ I will come **right away** so please wait for me.

imi 意味〖名，～する〗

imi ⟦n, ~*suru*⟧ **meaning, sense; significance**

①[言葉などの表しているものごと・内容]

① [meaning, sense (of a word, etc.)]

¶この言葉の**意味**がわかりません。 (Kono kotoba no *imi* ga wakarimasen.)

¶ [I] don't know **the meaning** of this word.

¶この印は何を**意味**していますか。 (Kono shirushi wa nani o *imi* shite imasu ka?)

¶ What is **the meaning** of this mark?

②[ねうち・ためになることなど]

② [significance, meaning, value]

¶この仕事はたいへん**意味**があると思います。 (Kono shigoto wa taihen *imi* ga aru to omoimasu.)

¶ I think this job is very **meaningful.**

imo 芋〖名〗

imo ⟦n⟧ **potato**

じゃが芋 (jaga*imo*) 里芋 (sato*imo*) さつま芋 (satsuma*imo*) 山芋 (yama*imo*)

potato, white **potato** // taro // sweet **potato** // yam

imōto 妹〖名〗

imōto ⟦n⟧ **younger sister**

¶わたしには妹が二人います。 (Watashi ni wa *imōto* ga futari imasu.)

¶ I have two **younger sisters.**

¶ 妹さんはお元気ですか。 (*Imōto-san* wa ogenki desu ka?)
⇔**ane** 姉

¶ How is your **sister** (literally, Is your **younger sister** well)?

inai 以内〚名〛

inai ⟦n⟧ **within, no more than**

¶この本は1週間**以内**に返してください。 (Kono hon wa isshūkan *inai* ni kaeshite kudasai.)

¶ Please return this book **within** one week.

¶この建物の10メートル**以内**で火を使ってはいけません。(Kono tatemono no jūmētoru *inai* de hi o tsukatte wa ikemasen.)

¶ It is forbidden to have a fire ⟦to smoke, etc.⟧ **within** 10 meters of this building.

inaka 田舎〚名〛

inaka ⟦n⟧ **country, countryside; one's native place**

¶たくさんの人が**田舎**から都会へ出て働いています。(Takusan no hito ga *inaka* kara tokai e dete hataraite imasu.)

¶ Many people have left **the country** and gone to the city to work.

¶冬休みには**田舎**へ帰ります。(Fuyu-yasumi ni wa *inaka* e kaerimasu.)
⇒**tokai** 都会

¶ [I] will return **home to the countryside** during winter vacation.

ine 稲〚名〛

ine ⟦n⟧ **rice plant**

稲刈り (*ine*kari)

rice reaping, harvesting **rice**

¶**稲**がよく実っています。 (*Ine* ga yoku minotte imasu.)

¶ **The rice plants** are doing well.

inku **インク**〚名〛

inku ⟦n⟧ **ink**

¶ペンと**インク**をください。 (Pen to *inku* o kudasai.)

¶ A pen and **ink,** please.

¶万年筆に**インク**を入れました。(Mannenhitsu ni *inku* o irema-shita.)

¶ [I] put **ink** in the fountain pen.

inochi 命〚名〛

inochi ⟦n⟧ **life**

命を助ける (*inochi* o tasukeru) 命が助かる (*inochi* ga tasukaru)

save ⟦spare⟧ **someone's life,** save ⟦spare⟧ **a creature's life** // escape death, survive

¶ひどいけがですが，**命**は大丈夫です。(Hidoi kega desu ga, *inochi* wa

¶ It's a bad injury but not a **mortal**

daijōbu desu.)

one.

¶毎年たくさんの人が交通事故で**命**を落としています。 (Mainen takusan no hito ga kōtsū-jiko de *inochi* o otoshite imasu.)

¶ Every year a great many people lose **their lives** in traffic accidents.

inoru **祈る**〖動 I〗

inoru 〚v I〛 **pray; wish**

¶御健康を**祈ります**。 (Gokenkō o *inorimasu.*)

¶ [I] **hope** for your continued good health.

¶神に平和を**祈りました**。 (Kami ni heiwa o *inorimashita.*)

¶ [I] **prayed** to God for peace.

insatsu **印刷**〖名, ～する〗

insatsu 〚n, ~*suru*〛 **printing, presswork**

印刷物 (*insatsu*butsu) **印刷**所 (*insatsu*jo)

printed matter // a press, a **print** shop

¶この本は**印刷**が悪くて読みにくいです。 (Kono hon wa *insatsu* ga warukute yominikui desu.)

¶ **The printing** in this book is poor so it is hard to read.

¶この本は日本で**印刷**されました。 (Kono hon wa Nihon de *insatsu* saremashita.)

¶ This book **was printed** in Japan.

inshō **印象**〖名〗

inshō 〚n〛 **impression**

第一**印象** (daiichi-*inshō*) **印象**的 (*inshō*teki)

one's first **impression** // **impressive, memorable, striking, dramatic**

¶新しい先生はみんなにいい**印象**を与えました。 (Atarashii sensei wa minna ni ii *inshō* o ataemashita.)

¶ The new teacher **impressed** everyone favorably.

¶あのレストランはサービスが悪くて, たいへん**印象**が悪かったです。 (Ano resutoran wa sābisu ga warukute, taihen *inshō* ga warukatta desu.)

¶ The service was bad in that restaurant, giving a very poor **impression.**

¶あの人はあまり**印象**に残っていません。 (Ano hito wa amari *inshō* ni nokotte imasen.)

¶ [He] didn't make a very strong **impression** on me.

inu **犬**〖名〗

inu 〚n〛 **dog**

¶門の前に**犬**がいます。 (Mon no mae

¶ There is **a dog** in front of the gate.

ni *inu* ga imasu.)

¶彼は犬を２匹飼っています。 (Kare wa *inu* o nihiki katte imasu.)

¶ He keeps two **dogs.**

ippai **いっぱい**〘副，形動〙

ippai 〚adv, adj-v〛 **full; all, the whole of**

①［満ちている様子，あるものの中に何かが限度まである様子］

① [full]

腹**いっぱい**食べる (hara *ippai* taberu)

to eat until **full**

¶もうおなかが**いっぱい**です。 (Mō onaka ga *ippai* desu.)

¶ [I]'m **full.**

¶デパートは人で**いっぱい**でした。 (Depāto wa hito de *ippai* deshita.)

¶ The department store **was filled** with people.

②［全部，限りを尽くす様子］

② [all, the whole of]

時間**いっぱい** (jikan *ippai*)　精**いっぱい** (sei *ippai*)

until one's time **is up,** using **all** the time available for some task // with **all** one's might, **to the best of** one's abilities

¶今月**いっぱい**東京にいます。 (Kongetsu *ippai* Tōkyō ni imasu.)

¶ [I] will be in Tokyo **all** this month.

ippan **一般**〘名〙

ippan 〚n〛 **general, common**

一般的 (*ippan*teki)

general, in general

¶そんな専門的なことは**一般**の人にはわからないでしょう。 (Sonna senmonteki na koto wa *ippan* no hito ni wa wakaranai deshō.)

¶ The **average** person probably can't understand such a specialized matter.

¶この本は**一般**の本屋にはありません。 (Kono hon wa *ippan* no hon'ya ni wa arimasen.)

¶ This book will not be found in the **average** bookstore.

¶この商品はまだ**一般**には売られていません。 (Kono shōhin wa mada *ippan* ni wa urarete imasen.)

¶ This product is not yet on **general** sale.

ippan ni **一般に**〘副〙

ippan ni 〚adv〛 **generally, in general, on the whole, commonly, usually**

¶今度の試験は**一般に**難しかったです。 (Kondo no shiken wa *ippan ni* muzukashikatta desu.)

¶ **On the whole,** the exam this time was difficult.

¶最近の映画は**一般に**あまりおもしろ

¶ **Generally speaking,** recent

くありません。(Saikin no eiga wa *ippan ni* amari omoshiroku arimasen.)

movies haven't been very interesting.

ippō **一方**〘名〙

①[片方，一つの方面]

一方通行 (*ippō*-tsūkō)

¶**一方**の言うことだけで判断するのは危険です。(*Ippō* no iu koto dake de handan suru no wa kiken desu.

¶もう**一方**の人たちは，この問題についてどう言っていますか。(Mō *ippō* no hitotachi wa kono mondai ni tsuite dō itte imasu ka?)

②[一つの傾向が強くなるばかりであること]

¶収入は減る**一方**です。(Shūnyū wa heru *ippō* desu.)

¶交通事故は増える**一方**です。(Kōtsūjiko wa fueru *ippō* desu.)

ippō ⟦n⟧ **one side; one-way, only**

① [one side]

one-way traffic

¶ It is risky to make judgments based on just **one side** of the story.

¶ What do **others** have to say about this problem?

② [one-way, only]

¶ Income **goes on** declining (that is, it never increases).

¶ Traffic accidents **steadily** increase (that is, they never decrease).

irai **以来**〘名〙

¶日本に来て**以来**，ずっと東京に住んでいます。(Nihon ni kite *irai,* zutto Tōkyō ni sunde imasu.)

¶先月**以来**田中さんに会っていません。(Sengetsu *irai* Tanaka san ni atte imasen.)

irai ⟦n⟧ **since, after that**

¶ [I] have lived in Tokyo **ever since** coming to Japan.

¶ [I] haven't seen [Miss] Tanaka **since** last month.

irassharu **いらっしゃる**〘動Ｉ〙

①[来る]

¶よく**いらっしゃい**ました。(Yoku *irasshaimashita.*)

¶こちらに**いらっしゃい**。(Kochira ni *irasshai.*)

*「来る (kuru)」の尊敬語。

②[行く]

irassharu ⟦v I⟧ **come; go; be**

① [come]

¶ Welcome. [I'm] glad **you could come.**

¶ **Come** over here please.

* This *irassharu* is the honorific form of *kuru*.

② [go]

¶これから会議に**いらっしゃいます**か。(Kore kara kaigi ni *irasshaimasu* ka?)

¶ **Are you going** to the meeting ⟦conference⟧ now?

¶先生は旅行に**いらっしゃいました**。(Sensei wa ryokō ni *irasshaimashita.*)

¶ The professor ⟦teacher, doctor, etc.⟧ **has left** on a trip.

*「行く (iku)」の尊敬語。

* This *irassharu* is the honorific form of *iku*.

③[いる]

③ [be, exist, be present]

¶「先生は研究室に**いらっしゃいます**か。」(Sensei wa kenkyūshitsu ni *irasshaimasu* ka?)「はい，**いらっしゃいます**。」(Hai, *irasshaimasu.*)

¶ "**Is** the professor in the office ⟦laboratory⟧?"
"Yes, [he] **is.**"

¶あそこで新聞を読んで**いらっしゃる**方はどなたですか。(Asoko de shinbun o yonde *irassharu* kata wa donata desu ka?)

¶ Who is that gentleman ⟦lady⟧ reading a newspaper over there?

*「いる (iru)」の尊敬語。

* This *irassharu* is the honorific form of *iru*.

④[である]

④ [be]

¶あの方は上田さんの奥さんで**いらっしゃいます**。(Ano kata wa Ueda san no okusan de *irasshaimasu.*)

¶ That lady **is** Mr. Ueda's wife.

¶その後お元気で**いらっしゃいます**か。(Sono go ogenki de *irasshaimasu* ka?)

¶ How **have you been** since then?

*「である (de aru)」の尊敬語。

* This *irassharu* is the honorific form of *de aru*.

✻「ますの形」は「いらっしゃいます (irasshaimasu)」となる。

✻ The *-masu* form of *irassharu* is *irasshaimasu*.

ireru　入れる〔動Ⅱ〕

ireru ⟦v II⟧ **put in, add; send; include; prepare** (hot drinks)

①[ものを何かの中に移す]

① [put in, add, insert]

¶コーヒーに砂糖を**入れます**か。(Kōhii ni satō o *iremasu* ka?)

¶ Do you **take** sugar **in** your coffee?

¶窓を開けて，新しい空気を**入れましょう**。(Mado o akete, atarashii kūki o *iremashō.*)

¶ Let's open the window to **let in** some fresh air.

↔dasu 出す

②[学校や病院などに入らせる]

¶今年，子供を小学校に**入れました**。(Kotoshi, kodomo o shōgakkō ni *iremashita.*)

¶母が病気になったので，駅の前の病院に**入れました**。(Haha ga byōki ni natta node, eki no mae no byōin ni *iremashita.*)

② [be admitted to a hospital, school, etc.]

¶ My child **started** elementary school this year.

¶ My mother is sick and **was admitted** to the hospital in front of the station.

③[含める，いっしょに計算する]

¶結婚した兄も**入れて**兄弟は5人です。(Kekkon shita ani mo *irete* kyōdai wa gonin desu.)

③ [include]

¶ **Counting** my married (elder) brother, there are five of us children.

④[お茶やコーヒーなどが飲めるように用意する]

¶お茶を**入れましょう**。 (Ocha o *iremashō.*)

④ [prepare (coffee, tea, etc.)]

¶ **I'll fix** some tea now.

iriguchi 入り口〘名〙

¶この建物の**入り口**はどこですか。(Kono tatemono no *iriguchi* wa doko desu ka?)

¶**入り口**はあちらです。(*Iriguchi* wa achira desu.)

⇔deguchi 出口

iriguchi ⟦n⟧ **entrance**

¶ Where is **the entrance** of this building?

¶ **The entrance** is over there.

iro 色〘名〙

茶色 (cha*iro*) 灰色 (hai*iro*) 黄色 (ki*iro*) 緑色 (midori*iro*) 桃色 (momo*iro*)

¶あなたはどんな**色**が好きですか。(Anata wa donna *iro* ga suki desu ka?)

¶濃い**色**がいいですか，薄い**色**がいいですか。 (Koi *iro* ga ii desu ka, usui *iro* ga ii desu ka?)

iro ⟦n⟧ **color**

light brown, brown // gray // yellow // green // pink

¶ What **colors** do you like?

¶ Do you want a dark **color** or a light **color?**

iroiro **いろいろ**〘副, 形動, ～の〙

iroiro ⟦adv, adj-v, *~no*⟧ **various, several** .

¶この問題についていろいろ考えてみましたが，どうしたらよいかわかりません。(Kono mondai ni tsuite *iroiro* kangaete mimashita ga, dō shitara yoi ka wakarimasen.)

¶ [I] have thought about this problem **from various angles,** but [I] don't know what to do.

¶デパートでは**いろいろ**な物を売っています。 (Depāto de wa *iroiro* na mono o utte imasu.)

¶ Department stores sell **a variety** of items.

¶学生の意見は**いろいろ**です。(Gakusei no iken wa *iroiro* desu.)

¶ Student opinion **is divided.**

＊ 副詞は「いろいろと (iroiro to)」の形でも使う。また，「いろいろな (iroiro na)」は「いろんな (ironna)」とも言う。

＊ The adverbial *iroiro* is also used in the form *iroiro to. Iroiro na* sometimes becomes *ironna.*

⇨**samazama さまざま**

iru **要る**〘動 I〙

iru ⟦v I⟧ **need, be necessary**

¶この計画を実現するにはいくらぐらいお金が**要りますか**。(Kono keikaku o jitsugen suru ni wa ikura gurai okane ga *irimasu* ka?)

¶ How much money **will be needed** to carry out this project?

¶この雑誌はもう**要りません**から捨ててください。 (Kono zasshi wa mō *irimasen* kara sutete kudasai.)

¶ [I] **don't need** these magazines any longer; please throw them out.

iru **いる**〘動 II〙

iru ⟦v II⟧ **be, exist; live, reside**

①[人や動物などがある所に存在する]

① [be, exist]

¶父は今部屋に**います**。 (Chichi wa ima heya ni *imasu.*)

¶ My father **is** now in his room.

¶今そこにはだれも**いません**。 (Ima soko ni wa dare mo *imasen.*)

¶ No one **is** there now.

②[滞在する，住んでいる]

② [live, reside, dwell]

¶あの外国人はもう5年も日本に**います**。(Ano gaikokujin wa mō gonen mo Nihon ni *imasu.*)

¶ That foreigner **has** already **been** in Japan for five years.

(～te) iru （～て）**いる**〔連〕

①[動作・作用の進行の状態を表す]

¶子供が庭で遊んで**います**。(Kodomo ga niwa de asonde *imasu.*)

¶兄は部屋で本を読んで**います**。(Ani wa heya de hon o yonde *imasu.*)

②[職業などに従事している状態を表す]

¶姉は銀行で働いて**います**。(Ane wa ginkō de hataraite *imasu.*)

¶弟は大学で教えて**います**。(Otōto wa daigaku de oshiete *imasu.*)

③[ある動作の結果の状態を表す]

¶窓が開いて**います**。(Mado ga aite *imasu.*)

¶この時計は壊れて**います**。(Kono tokei wa kowarete *imasu.*)

¶彼は帽子をかぶって**います**。(Kare wa bōshi o kabutte *imasu.*)

→(～te) **aru** （～て）**ある**

(-te) iru ⟦compd⟧ an expression indicating continuing action or a resultant state

① [be ～ing, keep ～ing; indicates continuing action]

¶ The children **are playing** in the garden ⟦yard⟧.

¶ My (older) brother **is reading** a book in his room.

② [indicates the state of being engaged in an occupation, etc.]

¶ My older sister **works** at a bank.

¶ My younger brother **is teaching** at a college.

③ [be ～; indicates a state resulting from an action]

¶ The window **is open.**

¶ This watch ⟦clock⟧ **is broken.**

¶ He **is wearing** a hat.

isha **医者**〔名〕

医者に診てもらう (*isha* ni mite morau)

¶早く**医者**を呼んでください。(Hayaku *isha* o yonde kudasai.)

¶どこの**医者**にかかっていますか。(Doko no *isha* ni kakatte imasu ka?)

＊ 丁寧に言うときは「お医者さん (oishasan)」と言う。

isha ⟦n⟧ **doctor, physician, surgeon**

see **a doctor**

¶ Please call **a doctor** right away.

¶ Who is **your doctor?**

＊ When one has to be polite one should use *oishasan* to refer to a doctor. In direct address a doctor is called *sensei*.

ishi **意思**〔名〕

¶彼にわたしの**意思**をはっきり伝えてください。(Kare ni watashi no *ishi* o hakkiri tsutaete kudasai.)

ishi ⟦n⟧ **intent, purpose, intention**

¶ Please clearly convey my **intentions** to him.

¶手紙ではなかなか**意思**が通じません。(Tegami de wa nakanaka *ishi* ga tsūjimasen.)

¶ It is difficult to communicate **one's intentions** in a letter.

ishi 意志〘名〙

ishi ⟦n⟧ **will**

意志が弱い (*ishi* ga yowai) 意志が堅い (*ishi* ga katai) 自由意志 (jiyū-*ishi*)

be weak **willed** // be firm **willed** // of one's own free **will**

¶彼は**意志**が強いですね。(Kare wa *ishi* ga tsuyoi desu ne.)

¶ He is a man **of strong character,** isn't he?

ishi 石〘名〙

ishi ⟦n⟧ **stone, rock, pebble**

¶この橋は**石**でできています。(Kono hashi wa *ishi* de dekite imasu.)

¶ This bridge is made of **stone.**

¶池に**石**を投げないでください。(Ike ni *ishi* o nagenaide kudasai.)

¶ Please don't throw **stones** ⟦**pebbles**⟧ into the pond ⟦pool⟧.

isogashii 忙しい〘形〙

isogashii ⟦adj⟧ **be busy, be engaged**

¶今日は**忙しい**日でした。(Kyō wa *isogashii* hi deshita.)

¶ Today has been a **busy** day.

¶勉強が**忙しくて**，遊ぶ暇がありません。(Benkyō ga *isogashikute*, asobu hima ga arimasen.)

¶ [I]'m **busy** with studying and have no time for play.

isogu 急ぐ〘動 I〙

isogu ⟦v I⟧ **hurry, be in a hurry, make haste**

¶時間がないから**急ぎましょう**。(Jikan ga nai kara *isogimashō*.)

¶ **Let's hurry** as time is getting short.

¶遅刻しそうなので，**急いで**出かけました。(Chikoku shisō na node, *isoide* dekakemashita.)

¶ [I] left **in a hurry** as it looked like [I] would be late.

¶**急がない**と遅れますよ。(*Isoganai* to okuremasu yo.)

¶ You'll be late if **you don't hurry.**

¶**急げば**まだ 12 時の汽車に間に合うでしょう。(*Isogeba* mada jūniji no kisha ni maniau deshō.)

¶ **If [you] hurry** [you] can probably still make the twelve o'clock train.

issho ni いっしょに〘副〙

issho ni ⟦adv⟧ **together**

¶みんなで**いっしょに**言ってください。(Minna de *issho ni* itte kudasai.)

¶ Will everyone please say it **together.**

¶友達[ともだち]といっしょに映画[えいが]へ行[い]きます。(Tomodachi to *issho ni* eiga e ikimasu.)

¶ [I] am going to go to a movie **with** a friend.

isshō 一生[いっしょう]〘名〙

isshō ⟦n⟧ **lifetime, one's whole life**

¶彼[かれ]は一生[いっしょう]結婚[けっこん]しませんでした。(Kare wa *isshō* kekkon shimasen deshita.)

¶ He remained single **all his life.**

¶人[ひと]の一生[いっしょう]は短[みじか]いものです。(Hito no *isshō* wa mijikai mono desu.)

¶ **Human life** is short.

isshōkenmei 一生懸命[いっしょうけんめい]〘副, 形動〙

isshōkenmei ⟦adv, adj-v⟧ **as hard as one can, wholeheartedly, with all one's might**

¶一生懸命[いっしょうけんめい]働[はたら]いても, 生活[せいかつ]が楽[らく]になりません。(*Isshōkenmei* hataraite mo, seikatsu ga raku ni narimasen.)

¶ Even if one works **as hard as one can,** it's still difficult to make a good living.

¶あの学生[がくせい]は一生懸命[いっしょうけんめい]に勉強[べんきょう]しています。(Ano gakusei wa *isshōkenmei* ni benkyō shite imasu.)

¶ That student is studying **hard.**

¶早[はや]く日本語[にほんご]が上手[じょうず]になろうと, みんな一生懸命[いっしょうけんめい]です。(Hayaku Nihongo ga jōzu ni narō to, minna *isshōkenmei* desu.)

¶ All **are intent** on becoming good in Japanese quickly.

issō いっそう〘副〙

issō ⟦adv⟧ **more, much more, still more**

¶8月[はちがつ]は今[いま]よりいっそう暑[あつ]くなります。(Hachigatsu wa ima yori *issō* atsuku narimasu.)

¶ It becomes **much** hotter in August than it is now.

¶勉強[べんきょう]が前[まえ]よりいっそうおもしろくなりました。(Benkyō ga mae yori *issō* omoshiroku narimashita.)

¶ [My] studies have become **much more** interesting now than before.

isu いす〘名〙

isu ⟦n⟧ **chair, sofa**

いすに腰掛[こしか]ける (*isu* ni koshikakeru)

いすに座[すわ]る (*isu* ni suwaru)

sit down on **a chair** // sit down on **a chair**

¶どうぞ, そのいすにお掛[か]けください。(Dōzo, sono *isu* ni okake kudasai.)

¶ Please take **a chair** ⟦**a seat**⟧ there.

ita 板[いた]〘名〙

ita ⟦n⟧ **board, plank**

まな板 (mana*ita*)

a chopping **board** ⟦**block**⟧

¶板を組み立てて，本箱を作りました。(*Ita* o kumitatete, honbako o tsukurimashita.)

¶ [I] built a bookcase out of **boards.**

itadaku いただく〘動 I〙

itadaku ⟦v I⟧ **receive; eat, drink**

①[もらう]

① [receive]

¶先生に本を**いただきました**。(Sensei ni hon o *itadakimashita.*)

¶ **I received** a book from my teacher ⟦My teacher gave me a book⟧.

¶お見舞いにきれいな花を**いただきました**。(Omimai ni kirei na hana o *itadakimashita.*)

¶ **I received** some pretty flowers as a get-well present.

＊「もらう (morau)」の謙譲語。ある人が目上の人から与えられたものを受け取るという意味を表す。受け取る人の側に立って言うときに使う。与える人が対等か目下の人などである場合には「もらう (morau)」を使う。

→morau もらう

＊ *Itadaku* is the humble form for *morau*; it expresses the meaning of someone receiving something from someone of higher status. It is used from the point of view of the recipient. When the giver is of equal or lower status, *morau* is used.

②[食べる，飲む]

② [eat, drink]

¶「どうぞ，おあがりください。」(Dōzo, oagari kudasai.)「では，**いただきます**。」(Dewa, *itadakimasu.*)

¶ "Please go ahead and eat."
"Thank you, **I will.**"

¶「もう少しお召し上がりになりませんか。」(Mō sukoshi omeshiagari ni narimasen ka?)「ありがとうございます。もうじゅうぶんに**いただきました**。」(Arigatō gozaimasu. Mō jūbun ni *itadakimashita.*)

¶ "Won't you have some more?"
"No, thank you. I couldn't **eat** another thing."

＊「食べる (taberu)」「飲む (nomu)」の謙譲語。

＊ This *itadaku* is the humble form for *taberu*, *nomu*.

③[食事の前のあいさつの言葉]

③ [set expression used before a meal]

¶**いただきます**。(*Itadakimasu.*)

¶ Thank you for this food I am about **to eat.**

(～**te**) **itadaku** （～て）いただく〘連〙

(-te) **itadaku** ⟦compd⟧ **receive the favor of something being done**

¶わたしは田中先生に日本語を教えて**いただきました**。(Watashi wa Tanaka sensei ni Nihongo o oshiete *itadakimashita.*)

¶ Professor Tanaka **kindly** taught me Japanese ⟦**was kind enough** to teach me Japanese⟧.

¶旅行の写真を見せて**いただきたい**んですが。(Ryokō no shashin o misete *itadakitai* n desu ga.)

¶ **Could I please** see the photographs of the trip?

＊ 普通ある人が動作をする人の動作によって利益や恩恵などを受けたり，または依頼してある動作をさせるようにしたりする意味を表す。利益を受けたり，依頼したりする人の側に立って言うときに使う。動作をする人が利益などを受ける人より目上の人であるときに使う。動作をする人が対等か目下の人などである場合には「(～て) もらう ([～te] morau)」を使う。

＊ Usually (*-te*) *itadaku* expresses the meaning of receiving some benefit from the actions of another or of requesting and having some action done for one. It is used from the standpoint of the person receiving the benefit or making the request and when the person doing the action is of higher status than the recipient. When the person doing the favor is of equal or lower status, (*-te*) *morau* is used.

⇨(～**te**) **morau** (～**て**) **もらう**

itai **痛い**〘形〙

itai ⟦adj⟧ **be painful, be sore, hurts**

¶少し頭が**痛い**です。(Sukoshi atama ga *itai* desu.)

¶ I have a slight head**ache.**

¶急に歯が**痛く**なりました。(Kyū ni ha ga *itaku* narimashita.)

¶ My teeth suddenly started **to ache.**

¶昨日はおなかが**痛かった**ので，学校を休みました。(Kinō wa onaka ga *itakatta* node, gakkō o yasumimashita.)

¶ I stayed home from school yesterday as I had a stomach**ache.**

itazura **いたずら**〘名，形動，～する〙

itazura ⟦n, adj-v, ~*suru*⟧ **mischief, trick, prank**

¶うちの子は**いたずら**で困ります。(Uchi no ko wa *itazura* de komarimasu.)

¶ Our child **is always up to mischief** and we don't know what to do.

¶子供が**いたずら**して，時計を壊しました。(Kodomo ga *itazura* shite,

¶ The children **were fooling around** and broke the clock ⟦watch⟧.

tokei o kowashimashita.)

itchi 一致〘名，～する〙
¶二人の意見が一致しました。(Futari no iken ga *itchi* shimashita.)
¶彼は言うこととすることが一致していません。 (Kare wa iu koto to suru koto ga *itchi* shite imasen.)

itchi ⟦n, ～*suru*⟧ **be in accord, be consistent, correspond with**
¶ The views of the two **are** ⟦**were**⟧ **in accord.**
¶ His acts **are not in accordance** with his words.

ito 糸〘名〙
毛糸 (ke*ito*) 絹糸 (kinu*ito*) 木綿糸 (momen*ito*)
¶この糸はとても丈夫です。 (Kono *ito* wa totemo jōbu desu.)
¶針と糸を貸してください。(Hari to *ito* o kashite kudasai.)

ito ⟦n⟧ **thread, yarn, string, line, filament,** etc.
yarn, wool **yarn** // silk **thread** // cotton **thread,** cotton **yarn**
¶ This **thread** ⟦**string, line**⟧ is very strong.
¶ Please lend me a needle and **thread.**

itoko いとこ〘名〙
¶彼はわたしのいとこです。(Kare wa watashi no *itoko* desu.)
¶わたしにはいとこがたくさんいます。(Watashi ni wa *itoko* ga takusan imasu.)

itoko ⟦n⟧ **cousin**
¶ He is my **cousin.**
¶ I have many **cousins.**

itsu いつ〘名〙
¶いつ日本へ来ましたか。(*Itsu* Nihon e kimashita ka?)
¶この宿題はいつまでですか。 (Kono shukudai wa *itsu* made desu ka?)
¶彼はいつ行っても留守です。 (Kare wa *itsu* itte mo rusu desu.)
¶夜はいつでも家にいます。 (Yoru wa *itsu* demo ie ni imasu.)

itsu ⟦n⟧ **when**
¶ **When** did you come to Japan?
¶ **When** is this homework due?
¶ **Whenever** [I] go to his home he is out.
¶ I am at home **anytime** in the evenings.

itsuka 五日〘名〙
①[日付を表す]
¶五月五日は子供の日です。(Gogatsu *itsuka* wa kodomo no hi desu.)
②[日数を表す]

itsuka ⟦n⟧ **the fifth of the month; five days**
① [the fifth of the month]
¶ The **fifth** of May is Children's Day.
② [five days]

五日間（いつかかん） (*itsuka*kan) — for **five days,** a period of **five days**

¶風邪（かぜ）で五日（いつか）も学校（がっこう）を休（やす）みました。 (Kaze de *itsuka* mo gakkō o yasumimashita.) — ¶ [I] stayed home from school **for five days** with a cold ⟦the flu⟧.

⇨-ka -日（か）

itsu ka いつか〘副〙 — **itsu ka** ⟦adv⟧ **sometime, at one time**

¶いつかうちへ遊（あそ）びに来（き）てください。 (*Itsu ka* uchi e asobi ni kite kudasai.) — ¶ Please come and visit me **sometime.**

¶彼（かれ）にはいつか会（あ）ったことがあります。 (Kare ni wa *itsu ka* atta koto ga arimasu.) — ¶ [I] have met him **at some time or other.**

itsu mo いつも〘副〙 — **itsu mo** ⟦adv⟧ **always**

¶妹（いもうと）の電話（でんわ）はいつも長（なが）いです。 (Imōto no denwa wa *itsu mo* nagai desu.) — ¶ My younger sister **always** talks for a long time on the telephone.

¶彼（かれ）はいつも本（ほん）を読（よ）んでいます。 (Kare wa *itsu mo* hon o yonde imasu.) — ¶ He is **always** reading a book.

itsutsu 五（いつ）つ〘名〙 — **itsutsu** ⟦n⟧ **five items; five years of age**

①［５個］ — ① [five items]

¶みかんを五（いつ）つください。 (Mikan o *itsutsu* kudasai.) — ¶ Please give me **five** mandarin oranges.

②［５歳］ — ② [five years of age]

¶この子（こ）は五（いつ）つです。 (Kono ko wa *itsutsu* desu.) — ¶ This child is **five years old.**

ittai いったい〘副〙 — **ittai** ⟦adv⟧ **what ⟦how, why⟧ in the world, what ⟦how, why⟧ on earth**

¶そんなにあわてて，いったいどうしたのですか。 (Sonna ni awatete, *ittai* dō shita no desu ka?) — ¶ **What on earth** is the matter that you are so flustered?

¶彼（かれ）はいったい何（なに）を考（かんが）えているのかわたしにはわかりません。 (Kare wa *ittai* nani o kangaete iru no ka watashi ni wa wakarimasen.) — ¶ I don't know **what in the world** he can be thinking of.

iu 言（い）う〘動 I〙 — **iu** ⟦v I⟧ **say, state, express; be said; be called, named**

①［思ったことや考えたことなどを言葉で表す］

① [say, speak, state, remark, express]

¶中村さんは「今度の旅行には行きたくない。」と**言って**いました。(Nakamura san wa "Kondo no ryokō ni wa ikitaku nai." to *itte* imashita.)

¶ [Miss] Nakamura **said,** "I don't want to go on the trip this time."

¶あの人はその問題について何と**言って**いましたか。(Ano hito wa sono mondai ni tsuite nan to *itte* imashita ka?)

¶ What did [he] **say** concerning that problem?

②［ものごとの評価を表すときに使う］

② [expresses an evaluation]

¶山田さんは中村さんのことをあまりよく**言いません**。(Yamada san wa Nakamura san no koto o amari yoku *iimasen.*)

¶ [Mrs.] Yamada doesn't have much good **to say** about [Mrs.] Nakamura.

* 普通「よく言う (yoku iu)」「悪く言う (waruku iu)」の形で使う。

* Usually used in the patterns "*yoku iu*" and "*waruku iu.*"

③［おおぜいの人がそう称する］

③ [be said, be called, be talked about, people say]

¶彼は学生時代は秀才と**言われて**いました。(Kare wa gakusei-jidai wa shūsai to *iwarete* imashita.)

¶ He **was said to be** ⟦**known as**⟧ a bright boy in his student days.

④［そう呼ばれる，そう称される］

④ [be called, be named, be termed]

¶さっき田中さんと**いう**人が来ましたよ。(Sakki Tanaka san to *iu* hito ga kimashita yo.)

¶ **A** [Mr.] Tanaka was here earlier.

¶これは何と**いう**花ですか。(Kore wa nan to *iu* hana desu ka?)

¶ What is this flower **called?**

*「～という (～to iu)」の形で使う。

* Used in the pattern "～ *to iu.*"

⑤［ものごとの様子などを例示するのに使う］

⑤ [used to describe a condition]

¶こう**いう**ぐあいにすると，うまくいきますよ。(Kō*iu* guai ni suru to, umaku ikimasu yo.)

¶ It will go better if you do it **like** this.

¶そう**いう**問題はわたしにはよくわか

¶ I don't understand that **sort of**

りません。 (Sō*iu* mondai wa watashi ni wa yoku wakarimasen.)

problem well.

¶ああ**いう**人はどうしても好きになれません。 (Ā*iu* hito wa dōshite mo suki ni naremasen.)

¶ Somehow I just can't like that **sort of** person.

¶これはどう**いう**意味ですか。 (Kore wa dō*iu* imi desu ka?)

¶ **What** does this mean?

*「こう (kō)」「そう (sō)」「ああ (ā)」「どう (dō)」などの言葉につく。「こういうふうに (kōiu fū ni)」「こういったふうに (kōitta fū ni)」などの形でも使う。

* Used with the words *kō*, *sō*, *ā*, *dō*, etc. Used in the patterns "*kō iu fū ni*," "*kō itta fū ni*," etc.

iwa **岩**〘名〙

iwa ⟦n⟧ **rock, crag**

¶山で**岩**から落ちてけがをしました。 (Yama de *iwa* kara ochite kega o shimashita.)

¶ [I] fell from **some rocks** in the mountains and hurt [my]self.

¶あの**岩**の上に鳥がいます。(Ano *iwa* no ue ni tori ga imasu.)

¶ There is a bird on that **rock** over there.

iwau **祝う**〘動 I〙

iwau ⟦v I⟧ **congratulate, celebrate**

¶みんなで友達の誕生日を**祝いました**。 (Minna de tomodachi no tanjōbi o *iwaimashita.*)

¶ [We] all **celebrated** a friend's birthday together.

¶友達の結婚を**祝って**, プレゼントしました。 (Tomodachi no kekkon o *iwatte,* purezento shimashita.)

¶ [I] gave my friend a wedding present.

iya **いや**〘形動〙

iya ⟦adj-v⟧ **disagreeable, unpleasant, distasteful, offensive**

¶あの人はいつも不満ばかり言っていて, **いや**な人です。 (Ano hito wa itsu mo fuman bakari itte ite, *iya* na hito desu.)

¶ [He] is a **disagreeable** person who is always complaining.

¶都会の生活はもう**いや**になりました。 (Tokai no seikatsu wa mō *iya* ni narimashita.)

¶ I have gotten **fed up** with city life.

iyoiyo **いよいよ**〘副〙

iyoiyo ⟦adv⟧ **ever more, more and more; at last**

①[ますます，よりいっそう]

① [ever more, more and more, increasingly]

¶台風が近づいて，風は**いよいよ**激しくなりました。(Taifū ga chikazuite, kaze wa *iyoiyo* hageshiku narimashita.)

¶ With the approaching typhoon, the winds have become ⟦the winds became⟧ **increasingly** violent.

¶問題は**いよいよ**複雑になってきました。 (Mondai wa *iyoiyo* fukuzatsu ni natte kimashita.)

¶ The problem has gotten **more and more** complicated.

②[予定されていたことなどがついに起こる様子，とうとう]

② [at last, finally]

¶**いよいよ**出発の日が来ました。(*Iyoiyo* shuppatsu no hi ga kimashita.)

¶ Well, the day of departure has arrived.

¶**いよいよ**今日が卒業式ですね。(*Iyoiyo* kyō ga sotsugyōshiki desu ne.)

¶ Well, today is **finally** graduation day, isn't it?

izen **以前**〘名〙

izen ⟦n⟧ **in advance, before; ago, formerly**

①[ある時より前]

① [in advance, before a certain time]

¶出発は２月10日**以前**にしましょう。(Shuppatsu wa nigatsu tooka *izen* ni shimashō.)

¶ Let's make the departure **prior to** February 10.

↔以後 igo

②[今からしばらく前，昔]

② [ago, formerly]

¶この辺は**以前**とても静かでした。(Kono hen wa *izen* totemo shizuka deshita.)

¶ **It used to be** very quiet around here.

J

ja じゃ〚接〛 ☞dewa では

ja ☞ **dewa**

jama 邪魔〚名, 形動, 〜する〛

jama ⟦n, adj-v, ~*suru*⟧ **hindrance, obstruction, intrusion**

仕事の邪魔をする (shigoto no *jama* o suru)

hinder someone's work

¶ラジオの音が邪魔になって, 勉強ができません。(Rajio no oto ga *jama* ni natte, benkyō ga dekimasen.)

¶ The sound of the radio **is interfering** with my studying.

¶午後, お邪魔してもよろしいでしょうか。(Gogo, o*jama* shite mo yoroshii deshō ka?)

¶ May I **intrude on you** ⟦**come and see you**⟧ this afternoon?

ji- 次-〚頭〛

ji- ⟦pref⟧ **next, the following**

次回 (*ji*kai) 次週 (*ji*shū)

next time // **next** week

(-)ji (-) 字〚名, 尾〛

(-)ji ⟦n, suf⟧ **written character, letter, ideograph, handwriting**

1 〚名〛

1 ⟦n⟧

漢字 (kan*ji*) ローマ字 (rōma*ji*) 文字 (mo*ji*)

a Chinese **character,** *kanji* // roman **letters** // written **characters**

¶田中先生は字が上手です。(Tanaka sensei wa *ji* ga jōzu desu.)

¶ Professor Tanaka has good **handwriting.**

2 〚尾〛

2 ⟦suf⟧

¶漢字を三百字ぐらい習いました。(Kanji o sanbyaku*ji* gurai naraimashita.)

¶ [I] learned ⟦have learned⟧ about three hundred ***kanji.***

-ji -次〚尾〛

-ji ⟦suf⟧ a suffix indicating order

第一次世界大戦 (daiichi*ji*-sekai-taisen) 二次試験 (ni*ji*-shiken)

World War **I** // the **second** examination

-ji -時〚尾〛

-ji ⟦suf⟧ **o'clock;** the counter for the hour

¶今, 何時ですか。(Ima, nan*ji* desu ka?)

¶ What **time** is it now?

¶授業は4時に終わります。(Jugyō wa yo*ji* ni owarimasu.)

¶ Class ends at four **o'clock.**

jibiki 字引〚名〛 ☞jisho 辞書

jibiki ☞ **jisho**

jibun **自分**〖名〗

jibun ⟦n⟧ **self, oneself**

自分自身 (*jibun*-jishin)

oneself, by oneself

¶彼はいつも**自分**のことしか考えません。 (Kare wa itsu mo *jibun* no koto shika kangaemasen.)

¶ He never thinks of anyone ⟦anything⟧ but **himself.**

¶**自分**の物は**自分**でかたづけてください。 (*Jibun* no mono wa *jibun* de katazukete kudasai.)

¶ Please put away your things **yourself.**

¶**自分**かってなことはしないでください。 (*Jibun*katte na koto wa shinaide kudasai.)

¶ Please don't do anything on **your own** authority ⟦without consulting others⟧.

jidai **時代**〖名〗

jidai ⟦n⟧ **period, age**

時代劇 (*jidai*geki) **時代**遅れ (*jidai*-okure) 学生**時代** (gakusei-*jidai*) 明治**時代** (Meiji-*jidai*) 大正**時代** (Taishō-*jidai*)

a **costume** play, **historical** drama // out-of-**date,** behind **the times** // student **days** // the Meiji **era** // the Taishō **era**

¶この物語の**時代**はいつごろですか。 (Kono monogatari no *jidai* wa itsu goro desu ka?)

¶ What is **the period** of this story?

¶あの人のおじいさんの**時代**には，あの店はたいへん有名でした。 (Ano hito no ojiisan no *jidai* ni wa, ano mise wa taihen yūmei deshita.)

¶ In **the time** of [his] grandfather, that shop ⟦restaurant, etc.⟧ was very famous.

jidōsha **自動車**〖名〗

jidōsha ⟦n⟧ **automobile, car, motorcar**

自動車事故 (*jidōsha*-jiko) **自動車**旅行 (*jidōsha*-ryokō) **自動車**に乗る (*jidōsha* ni noru) **自動車**を運転する (*jidōsha* o unten suru)

an **auto** accident // a **car** trip // ride in **a car** // drive **a car**

¶**自動車**の運転ができますか。 (*Jidōsha* no unten ga dekimasu ka?)

¶ Can you drive?

¶道の真ん中で**自動車**が故障しました。 (Michi no mannaka de *jidōsha* ga koshō shimashita.)

¶ **A car** broke down ⟦has broken down⟧ in the middle of the road.

jigyō **事業**〘名〙

事業団 (*jigyō*dan)　**事業**家 (*jigyō*-ka)

¶彼は新しい**事業**を始めました。(Kare wa atarashii *jigyō* o hajimemashita.)

¶彼はその**事業**に成功しましたか。(Kare wa sono *jigyō* ni seikō shimashita ka?)

jigyō ⟦n⟧ **enterprise, undertaking; business, industry**

a **business** association // **an entrepreneur, industrialist**

¶ He has embarked upon a new **enterprise** ⟦He embarked upon a new **enterprise**⟧.

¶ Did he succeed in that **undertaking?**

jijitsu **事実**〘名〙

事実を話す (*jijitsu* o hanasu)　**事実**を伝える (*jijitsu* o tsutaeru)

¶その物語は**事実**を基にして書かれています。(Sono monogatari wa *jijitsu* o moto ni shite kakarete imasu.)

jijitsu ⟦n⟧ **fact, actuality, the truth**

tell **the truth** // report **the facts**

¶ That story is based on **fact.**

jijō **事情**〘名〙

日本**事情** (Nihon-*jijō*)

¶彼は家庭の**事情**で学校をやめました。(Kare wa katei no *jijō* de gakkō o yamemashita.)

¶それには何か**事情**があるらしいです。(Sore ni wa nani ka *jijō* ga aru rashii desu.)

jijō ⟦n⟧ **circumstances, conditions, situation, state of things**

the state of affairs in Japan

¶ He quit school for family **reasons.**

¶ It seems that there is some **reason** for that.

(-)jikan (-)**時間**〘名, 尾〙

1〘名〙

①[ある一定の時の長さ]

時間がない (*jikan* ga nai)

¶この仕事は**時間**がかかりそうです。(Kono shigoto wa *jikan* ga kakarisō desu.)

¶食事まではまだじゅうぶん**時間**があります。(Shokuji made ni wa mada jūbun *jikan* ga arimasu.)

(-)jikan ⟦n, suf⟧ **time; an hour**

1 ⟦n⟧

① [time, period]

have no **time,** be pressed for **time**

¶ It looks like this job will take **time.**

¶ There is still lots of **time** until mealtime.

¶その放送の**時間**は午後8時から9時までです。(Sono hōsō no *jikan* wa gogo hachiji kara kuji made desu.)

¶ **The time** of that broadcast is 8–9 PM.

②[時刻]

② [time, the hour]

時間に間に合う (*jikan* ni maniau) **時間**に遅れる (*jikan* ni okureru) **時間**を守る (*jikan* o mamoru)

be in **time** for // be late // be on **time,** be punctual

→jikoku 時刻

③[何かをするために区切った一定の時の長さ]

③ [time, a set time for something]

時間割り (*jikan*wari) 自由**時間** (jiyū-*jikan*)

a **time**table, schedule // free **time**

¶理科の**時間**に実験をしました。(Rika no *jikan* ni jikken o shimashita.)

¶ [We] performed an experiment during science **class.**

2 〘尾〙

2 [[suf]] the counter for hours

¶毎日5**時間**ぐらい勉強します。(Mainichi go*jikan* gurai benkyō shimasu.)

¶ [I] study about five **hours** daily.

jiken **事件**〘名〙

jiken [[n]] **matter, affair, incident, event**

¶今日，銀行の前で人が殺されるという**事件**が起こりました。(Kyō, ginkō no mae de hito ga korosareru to iu *jiken* ga okorimashita.)

¶ Today there was **an incident** in front of the bank in which a person was killed.

¶わたしはその**事件**には関係がありません。(Watashi wa sono *jiken* ni wa kankei ga arimasen.)

¶ I don't have anything to do with that **matter.**

jiki **時期**〘名〙

jiki [[n]] **time, season**

¶もう桜の**時期**は過ぎました。(Mō sakura no *jiki* wa sugimashita.)

¶ The cherry **season** is already over.

¶勉強には秋が最も良い**時期**でしょう。(Benkyō ni wa aki ga mottomo yoi *jiki* deshō.)

¶ Autumn is probably the best **season of the year** for studying.

jikken **実験**〘名，～する〙

jikken [[n, *~suru*]] **experiment, test**

実験室 (*jikken*shitsu) **実験**に成功す

a laboratory // succeed in **an ex-**

る (*jikken* ni seikō suru)

¶化学の**実験**で石けんを作りました。(Kagaku no *jikken* de sekken o tsukurimashita.)

¶その理論が正しいかどうか**実験**してみました。(Sono riron ga tadashii ka dō ka *jikken* shite mimashita.)

periment

¶ [I] made soap in a laboratory **experiment** for chemistry class.

¶ [I] tried **to test** whether that theory was correct or not.

jikkō **実行**〖名, ～する〗

¶その計画は**実行**が難しいです。(Sono keikaku wa *jikkō* ga muzukashii desu.)

¶あの人は言ったことは必ず**実行**します。 (Ano hito wa itta koto wa kanarazu *jikkō* shimasu.)

jikkō ⟦n, ~*suru*⟧ **carry out, put into practice, execute, realize**

¶ That plan will be difficult **to implement.**

¶ [He] always **delivers on** what [he] says ⟦**does** what he says he will⟧.

jiko **自己**〖名〗

自己中心 (*jiko*-chūshin) **自己**批判 (*jiko*-hihan) **自己**満足 (*jiko*-manzoku) **自己**宣伝 (*jiko*-senden) **自己**紹介 (*jiko*-shōkai) **自己**主張 (*jiko*-shuchō)

¶**自己**を知ることは難しいです。(*Jiko* o shiru koto wa muzukashii desu.)

jiko ⟦n⟧ **oneself, self, ego**

self-centeredness, selfishness // **self-**criticism // **self-**satisfaction // **self-**advertisement // **self-**introduction // **self-**assertion

¶ It is difficult to know **oneself.**

jiko **事故**〖名〗

自動車**事故** (jidōsha-*jiko*) 交通**事故** (kōtsū-*jiko*)

¶電車の**事故**で学校に遅れました。(Densha no *jiko* de gakkō ni okuremashita.)

¶彼は車を運転していて, まだ一度も**事故**を起こしていません。 (Kare wa kuruma o unten shite ite, mada ichido mo *jiko* o okoshite imasen.)

jiko ⟦n⟧ **accident**

an auto **accident** // a traffic **accident**

¶ [I] was late for school because of a train **accident.**

¶ He hasn't had a single **accident** in all the time he's been driving.

jikoku **時刻**〖名〗

時刻表 (*jikoku*hyō)

jikoku ⟦n⟧ **time, hour**

a **time**table, schedule

¶ただ今の時刻は9時5分です。(Tadaima no *jikoku* wa kuji gofun desu.)

¶ **The time** is now 9:05.

¶急げば約束の時刻に間に合います。(Isogeba yakusoku no *jikoku* ni maniaimasu.)

¶ If [you] hurry, [you] can get there by the appointed **time.**

⇨(-)**jikan** (-)時間

jiman 自慢〘名, 〜する〙

jiman ⟦n, ~*suru*⟧ **boast, be proud of**

¶これが父の自慢の花びんです。(Kore ga chichi no *jiman* no kabin desu.)

¶ This vase is my father's **pride and joy.**

¶彼はいつも自分の娘を自慢しています。 (Kare wa itsu mo jibun no musume o *jiman* shite imasu.)

¶ He is always **boasting about** his daughter.

jimi 地味〘形動〙

jimi ⟦adj-v⟧ **plain, quiet, sober, restrained, conservative**

¶この着物は若い娘には少し地味でしょう。 (Kono kimono wa wakai musume ni wa sukoshi *jimi* deshō.)

¶ This *kimono* is a little **on the conservative side** for a young lady.

¶わたしは地味な色のほうが好きです。(Watashi wa *jimi* na iro no hō ga suki desu.)

¶ I like **subdued** colors.

⇔**hade** 派手

jimu 事務〘名〙

jimu ⟦n⟧ **business matters, office work, desk work**

事務員 (*jimu*in) 事務室 (*jimu*-shitsu) 事務所 (*jimu*sho)

a clerk, **clerical** worker // a **clerical** office, **administrative** office // an office, **business** premises

¶わたしは事務関係の仕事を探しています。(Watashi wa *jimu*-kankei no shigoto o sagashite imasu.)

¶ I am looking for an **office** job ⟦**administrative** position⟧.

¶彼は事務の能力があります。(Kare wa *jimu* no nōryoku ga arimasu.)

¶ With his eye for detail he is good at **office work.**

-jin -人〘尾〙

-jin ⟦suf⟧ **person, persons**

アメリカ人 (Amerika*jin*) 中国人 (Chūgoku*jin*) ドイツ人 (Doitsu*jin*) フランス人 (Furansu*jin*) イギリス人 (Igirisu*jin*) インド人 (Indo*jin*)

American(s), // a ⟦the⟧ Chinese // German(s) // a Frenchman ⟦Frenchwoman⟧, the French // an Englishman ⟦Englishwoman⟧, the

日本人 (Nihon*jin*) スペイン人 (Supein*jin*) タイ人 (Tai*jin*) 外人 (gai*jin*) 外国人 (gaikoku*jin*) 知識人 (chishiki*jin*) 現代人 (gen-dai*jin*)

¶あの人は何人ですか。(Ano hito wa nani*jin* desu ka?)

English // Indian(s) (from India) // a ⟦the⟧ Japanese // a Spaniard, the Spanish // a Thai, the Thais // a foreigner // a foreigner // an intellectual // a contemporary, a modern **person**

¶ What **nationality** is that person?

jinja 神社〘名〙

jinja ⟦n⟧ **Shinto shrine**

¶今度の旅行では古い**神社**やお寺を見て歩きました。(Kondo no ryokō de wa furui *jinja* ya otera o mite arukimashita.)

¶ On [my] trip this time [I] visited ancient **shrines** and temples.

¶毎年, お正月には**神社**へお参りに行きます。(Mainen, oshōgatsu ni wa *jinja* e omairi ni ikimasu.)

¶ Every year [I] make a **shrine** visit during the New Year holiday season.

jinkō 人口〘名〙

jinkō ⟦n⟧ **population**

人口調査 (*jinkō*-chōsa) **人口**問題 (*jinkō*-mondai)

a census // the **population** problem

¶あなたの国の**人口**はどのくらいですか。 (Anata no kuni no *jinkō* wa dono kurai desu ka?)

¶ What is **the population** of your country?

¶この町の**人口**は今も増え続けています。(Kono machi no *jinkō* wa ima mo fuetsuzukete imasu.)

¶ **The population** of this city continues to increase.

jinsei 人生〘名〙

jinsei ⟦n⟧ **human life**

人生観 (*jinsei*kan) **人生**相談 (*jinsei*-sōdan)

view of **life,** one's attitude toward **life** // counseling, seeking advice about **personal** problems

¶**人生**の目的は何ですか。 (*Jinsei* no mokuteki wa nan desu ka?)

¶ What is the purpose of **life?**

jishin 自信〘名〙

jishin ⟦n⟧ (self-)**confidence**

自信がつく (*jishin* ga tsuku) **自信**を失う (*jishin* o ushinau)

gain **confidence** // lose **confidence**

¶試験に合格する**自信**がありません。(Shiken ni gōkaku suru *jishin* ga

¶ **I am not sure** I will pass the exam.

arimasen.)

¶もっと自信を持って，がんばってください。(Motto *jishin* o motte, ganbatte kudasai.)

¶ Keep going—**you can do it** (literally, Have **confidence** and hang on in there)!

jishin 地震〘名〙

jishin ⟦n⟧ **earthquake**

地震が起こる (*jishin* ga okoru) 地震が起きる (*jishin* ga okiru)

an earthquake takes place // **an earthquake** takes place

¶今朝，大きい地震がありました。(Kesa, ookii *jishin* ga arimashita.)

¶ There was a large **earthquake** this morning.

¶今度の地震で大きな被害が出ました。(Kondo no *jishin* de ookina higai ga demashita.)

¶ The last **earthquake** caused extensive damage.

jisho 辞書〘名〙

jisho ⟦n⟧ **dictionary**

¶言葉の意味がわからないときは辞書を引きます。(Kotoba no imi ga wakaranai toki wa *jisho* o hikimasu.)

¶ When [I] come across words whose meaning [I] don't know, [I] look them up in **the dictionary.**

¶この言葉は辞書に出ていません。(Kono kotoba wa *jisho* ni dete imasen.)

¶ This word doesn't appear in **the dictionary.**

⇨**jiten** 辞典

jishū 自習〘名，～する〙

jishū ⟦n, *~suru*⟧ **study, independent study, teaching oneself**

自習時間 (*jishū*-jikan)

study hours

¶先生が御病気でお休みですから，静かに自習してください。(Sensei ga gobyōki de oyasumi desu kara, shizuka ni *jishū* shite kudasai.)

¶ As the teacher is absent today due to illness, please **study** quietly **by yourselves.**

jissai 実際〘名，副〙

jissai ⟦n, adv⟧ **truth, actuality; really, actually**

1〘名〙

1 ⟦n⟧

¶彼の話は実際とはだいぶ違います。(Kare no hanashi wa *jissai* to wa daibu chigaimasu.)

¶ His story is quite different from **the actual facts of the matter.**

¶彼はああ言っていますが，実際はどうでしたか。(Kare wa ā itte imasu

¶ That's what he says, but what's **the real story?**

ga, *jissai* wa dō deshita ka?)

¶習った日本語を**実際**に話す機会がなくて残念です。(Naratta Nihongo o *jissai* ni hanasu kikai ga nakute zannen desu.)

¶ It's a shame I don't have any opportunity to **actually** speak Japanese after having studied it.

2〘副〙

2 ⟦adv⟧

¶この問題には**実際**困っています。(Kono mondai ni wa *jissai* komatte imasu.)

¶ [I] **really** don't know what to do about this problem ⟦I am **really** in a fix due to this problem⟧.

jisshū　実習〘名, ～する〙

jisshū ⟦n, *~suru*⟧　**practice, practical training, on-the-job training**

実習生 (*jisshū*sei)　教育**実習** (kyōiku-*jisshū*)　**実習**費 (*jisshū*hi)

a trainee, apprentice, intern // **practice** teaching, **student** teaching // a **practice** fee, **training** fee

¶**実習**の経験はたいへん役に立ちます。(*Jisshū* no keiken wa taihen yaku ni tachimasu.)

¶ **On-the-job training** is very useful.

¶今, 病院で**実習**しています。(Ima, byōin de *jisshū* shite imasu.)

¶ [I] an now **an intern** at a hospital.

jiten　辞典〘名〙

jiten ⟦n⟧　**dictionary**

国語**辞典** (kokugo-*jiten*)　漢和**辞典** (kanwa-*jiten*)　英和**辞典** (eiwa-*jiten*)　和英**辞典** (waei-*jiten*)

a Japanese-language **dictionary** // a Japanese-language Chinese character **dictionary** // an English-Japanese **dictionary** // a Japanese-English **dictionary**

⇨**jisho 辞書**

jiten　事典〘名〙

jiten ⟦n⟧　**encyclopedia**

百科**事典** (hyakka-*jiten*)　医学**事典** (igaku-*jiten*)

an encyclopedia // a medical **encyclopedia**

jitensha　自転車〘名〙

jitensha ⟦n⟧　**bicycle**

¶**自転車**に乗れますか。(*Jitensha* ni noremasu ka?)

¶ Can you ride **a bicycle?**

¶**自転車**で学校へ通っています。(*Jitensha* de gakkō e kayotte imasu.)

¶ [I] go to school by **bicycle.**

jitsugen　実現〘名, ～する〙

jitsugen ⟦n, *~suru*⟧　**realize, actualize, materialize, come true**

¶この計画の**実現**には, たいへんなお金がかかります。(Kono keikaku no

¶ It will cost a lot **to implement** this

jitsugen ni wa, taihen na okane ga kakarimasu.)

plan.

¶日本に留学できて，やっと長い間の夢が**実現**しました。(Nihon ni ryūgaku dekite, yatto nagai aida no yume ga *jitsugen* shimashita.)

¶ [I] was finally **able to realize** my long-held dream and go to school in Japan.

¶いつ月旅行が**実現**するでしょうか。(Itsu tsukiryokō ga *jitsugen* suru deshō ka?)

¶ When do you suppose travel to the moon **will become a reality?**

jitsu ni **実に**〖副〗

jitsu ni ⟦adv⟧ **truly, really, indeed, very, awfully**

¶あの人は**実に**きれいですね。(Ano hito wa *jitsu ni* kirei desu ne.)

¶ She is **really** beautiful.

¶あの映画は**実に**おもしろいです。(Ano eiga wa *jitsu ni* omoshiroi desu.)

¶ That movie is **really** interesting.

jitsu wa **実は**〖副〗

jitsu wa ⟦adv⟧ **really, actually, in fact, as a matter of fact, to tell the truth**

¶**実は**，お願いがあるのですが…。(*Jitsu wa,* onegai ga aru no desu ga...)

¶ **Actually,** I have a favor to ask of you....

¶「どうして学校をやめるのですか。」(Dōshite gakkō o yameru no desu ka?)「**実は**，父が亡くなって働かなければならなくなったからです。」(*Jitsu wa,* chichi ga nakunatte hatarakanakereba naranaku natta kara desu.)

¶ "Why are you quitting school?" "**The fact is** my father has died and I have to go to work."

jitto **じっと**〖副，〜する〗

jitto ⟦adv, ~*suru*⟧ **quietly; patiently, stoically; steadily, fixedly**

①[体を動かさないで静かにしている様子]

① [quietly, without moving]

¶あの子は少しも**じっと**していません。(Ano ko wa sukoshi mo *jitto* shite imasen.)

¶ That child is never **still** for a moment.

②[苦しいこと・痛いことなどに耐える様子]

② [patiently, stoically]

¶手術は痛かったが，**じっと**我慢しました。(Shujutsu wa itakatta ga, *jitto* gaman shimashita.)

¶ The operation was painful but I **stoically** bore the pain.

③[視線や考えなどをほかに向けない様子]

③ [steadily, fixedly, intently, concentratedly]

¶彼は**じっと**その絵を見ていました。(Kare wa *jitto* sono e o mite imashita.)

¶ He **was staring** at that painting.

¶彼女は**じっと**何かを考えているようでした。(Kanojo wa *jitto* nani ka o kangaete iru yō deshita.)

¶ It looked like she was **intently** thinking about something.

jiyū **自由**〘名, 形動〙

jiyū ⟦n, adj-v⟧ **freedom; freely**

①[何の統制・制限も受けない様子]

① [freedom, liberty]

自由時間 (*jiyū*-jikan) **自由**行動 (*jiyū*-kōdō) **自由**経済 (*jiyū*-keizai) **自由**主義 (*jiyū*-shugi) 出版の**自由** (shuppan no *jiyū*) 表現の**自由** (hyōgen no *jiyū*)

free time // **freedom** of movement; having a **free** hand // a **free** economy // **liberal**ism // **freedom** of the press // **freedom** of expression

¶作文の題は**自由**ですから，あしたまでに書いてきてください。(Sakubun no dai wa *jiyū* desu kara, ashita made ni kaite kite kudasai.)

¶ Please write a composition by tomorrow on **any** topic **you desire.**

②[思うとおりに行動する様子]

② [freely, as one likes, without restraint]

¶田中さんは英語もフランス語も**自由**に話せます。(Tanaka san wa Eigo mo Furansugo mo *jiyū* ni hanasemasu.)

¶ [Mrs.] Tanaka speaks both English and French **fluently.**

jōbu **丈夫**〘形動〙

jōbu ⟦adj-v⟧ **healthy, hardy; strong, substantial, tough**

①[体が健康な様子]

① [healthy, hardy, robust]

¶体を**丈夫**にするために毎日運動をしています。(Karada o *jōbu* ni suru tame ni mainichi undō o shite imasu.)

¶ [I] exercise every day in order to **build up** [my] health.

②[物などがしっかりしている様子]

② [strong, substantial, tough]

丈夫なくつ下 (*jōbu* na kutsushita) — **durable** socks

¶このかばんはとても丈夫です。(Kono kaban wa totemo *jōbu* desu.) — ¶ This suitcase ⟦bag, briefcase, etc.⟧ is very **solidly built.**

jōdan 冗談〘名〙 — **jōdan** ⟦n⟧ **joke, pleasantry**

¶あの人はよく冗談を言って，人を笑わせます。(Ano hito wa yoku *jōdan* o itte, hito o warawasemasu.) — ¶ [He] is often **joking** and making people laugh.

¶今の話は冗談ではなく，本当のことです。(Ima no hanashi wa *jōdan* de wa naku, hontō no koto desu.) — ¶ That wasn't **a joke,** it's the truth.

jōjun 上旬〘名〙 — **jōjun** ⟦n⟧ **the first third of the month**

¶わたしは8月の上旬に旅行に出かけます。(Watashi wa hachigatsu no *jōjun* ni ryokō ni dekakemasu.) — ¶ I will be leaving on a trip in **early** August.

⇨**chūjun** 中旬 **gejun** 下旬

jōken 条件〘名〙 — **jōken** ⟦n⟧ **term, condition, stipulation**

¶条件が悪いので，あの仕事はやめました。(*Jōken* ga warui node, ano shigoto wa yamemashita.) — ¶ I quit that job because **the terms of employment** were poor.

¶どんな条件であのアパートを借りましたか。(Donna *jōken* de ano apāto o karimashita ka?) — ¶ On what **terms** did you rent that apartment?

josei 女性〘名〙 — **josei** ⟦n⟧ **woman, women**

¶この店では女性の物しか売っていません。(Kono mise de wa *josei* no mono shika utte imasen.) — ¶ This shop sells only **women's** goods.

¶働く女性はだんだん多くなっています。(Hataraku *josei* wa dandan ooku natte imasu.) — ¶ The number of working **women** is gradually increasing.

⇔**dansei** 男性

joshi 女子〘名〙 — **joshi** ⟦n⟧ **girl, woman, female**

女子大 (*joshi*dai) 女子学生 (*joshi*-gakusei) 女子用 (*joshi*yō) 女子寮 — a **women's** college // a **female** student, a co-ed // **women's,** for use by

(*joshi*ryō)

¶このクラスは男子4名，**女子**3名です。(Kono kurasu wa danshi yonmei, *joshi* sanmei desu.)

¶体育の時間は男子と**女子**に分かれます。(Taiiku no jikan wa danshi to *joshi* ni wakaremasu.)

⇔**danshi 男子**

women // a **women's** ⟦**girls'**⟧ dormitory

¶ There are four boys ⟦men⟧ and three **girls** ⟦**women**⟧ in this class.

¶ Physical education classes are divided into male and **female** sections.

jōshiki　常識〘名〙

常識外れ (*jōshiki*hazure)　非常識 (hi*jōshiki*)

¶こんなことは**常識**です。(Konna koto wa *jōshiki* desu.)

¶あの人は**常識**がありません。(Ano hito wa *jōshiki* ga arimasen.)

jōshiki ⟦n⟧　**common sense**

contrary to **common sense,** absurd // senseless, absurd, preposterous

¶ This sort of thing is **a matter of common sense** ⟦is **common knowledge**⟧.

¶ [He] doesn't have **good sense.**

jōtai　状態〘名〙

経済**状態** (keizai-*jōtai*)　健康**状態** (kenkō-*jōtai*)　精神**状態** (seishin-*jōtai*)

¶この建物はたいへん古くて危険な**状態**です。(Kono tatemono wa taihen furukute kiken na *jōtai* desu.)

¶あんな**状態**では試験に合格しないでしょう。(Anna *jōtai* de wa shiken ni gōkaku shinai deshō.)

jōtai ⟦n⟧　**state, condition, situation, state of affairs**

economic **conditions,** financial **situation** // **state** of health // mental **state, state** of mind

¶ This building is very old and in a hazardous **condition.**

¶ Considering **that** (i.e., his illness, his lack of preparation, etc.), [he] probably won't pass the exam.

jōzu　上手〘形動〙

¶日本語が**上手**になりたいです。(Nihongo ga *jōzu* ni naritai desu.)

¶あの子はピアノが**上手**ですね。(Ano ko wa piano ga *jōzu* desu ne.)

⇔**heta 下手**　⇨**umai うまい**

jōzu ⟦adj-v⟧　**skill, proficiency**

¶ I want to become **good at** Japanese.

¶ That child plays the piano **well,** doesn't it?

jū　十〘名〙

jū ⟦n⟧　**ten**

-jū -じゅう〘尾〙

①［その期間ずっと］

¶昨日は一日**じゅう**本を読んでいました。 (Kinō wa ichinichi*jū* hon o yonde imashita.)

¶子供の病気が心配で，一晩**じゅう**起きていました。 (Kodomo no byōki ga shinpai de, hitoban*jū* okite imashita.)

¶この島は一年**じゅう**いい天気です。 (Kono shima wa ichinen*jū* ii tenki desu.)

②［ある場所全体，どこでも］

¶日本**じゅう**の人がそのテレビ番組を見ました。 (Nihon*jū* no hito ga sono terebi-bangumi o mimashita.)

¶世界**じゅう**の人々が平和を願っています。 (Sekai*jū* no hitobito ga heiwa o negatte imasu.)

-jū ⟦suf⟧ **through, throughout; everywhere**

① [through, throughout, in the course of]

¶ [I] was reading books **all** day yesterday.

¶ [I] was up **all** night with worry over [my] sick child.

¶ This island has good weather **throughout** the year.

② [everywhere, throughout]

¶ People **all over** Japan watched that television program.

¶ People **everywhere** in the world want peace.

jūbun じゅうぶん〘副，形動〙

¶旅行の費用は五万円で**じゅうぶん**でしょう。 (Ryokō no hiyō wa goman'en de *jūbun* deshō.)

¶冬の登山には**じゅうぶん**な準備が必要です。 (Fuyu no tozan ni wa *jūbun* na junbi ga hitsuyō desu.)

¶お体に**じゅうぶん**気をつけてください。(Okarada ni *jūbun* ki o tsukete kudasai.)

jūbun ⟦adv, adj-v⟧ **enough, sufficient**

¶ Fifty thousand yen **should be enough** to cover the cost of the trip.

¶ It is necessary to make **thorough** preparations for mountain climbing in the winter.

¶ Please take **good** care of yourself.

jūdō 柔道〘名〙

柔道初段 (*jūdō* shodan)

¶柔道を習っています。 (*Jūdō* o naratte imasu.)

¶柔道の先生を紹介してください。

jūdō ⟦n⟧ **judo**

shodan, the first grade of black belt in **judo**

¶ [I] am studying **judo.**

¶ Could you please give me the name

(*Jūdō* no sensei o shōkai shite kudasai.)

of a **judo** teacher?

jūgatsu 十月〔名〕

jūgatsu ⟦n⟧ **October**

jugyō 授業〔名, ～する〕

授業中 (*jugyō*chū) 授業時間 (*jugyō*-jikan) 授業料 (*jugyō*-ryō)

¶土曜にも授業がありますか。(Doyō ni mo *jugyō* ga arimasu ka?)

¶日本語の授業は9時に始まります。(Nihongo no *jugyō* wa kuji ni hajimarimasu.)

jugyō ⟦n, ~*suru*⟧ **teaching, a class**

during **school** hours; during **class** // **school** hours; **class** periods // tuition

¶ Are there **classes** on Saturday too?

¶ Japanese **class** starts at nine o'clock.

jūichigatsu 十一月〔名〕

jūichigatsu ⟦n⟧ **November**

(-)jun (-)順〔名, 尾〕

(-)jun ⟦n, suf⟧ **order, sequence**

1〔名〕

¶背の高い順に並んでください。 (Se no takai *jun* ni narande kudasai.)

1 ⟦n⟧

¶ Please line up **in order** by height, from tallest to shortest.

2〔尾〕

番号順 (bangō*jun*) 年齢順 (nenrei*jun*) 成績順 (seiseki*jun*)

2 ⟦suf⟧

numerical **order** // **in order** of age // **in order** of grades achieved

junban 順番〔名〕

¶順番に並んでください。 (*Junban* ni narande kudasai.)

¶タクシー乗り場でおおぜいの人が順番を待っています。(Takushii-noriba de oozei no hito ga *junban* o matte imasu.)

junban ⟦n⟧ **turn, order**

¶ Please line up **in order.**

¶ Many people are waiting **their turn** at the taxi stand.

junbi 準備〔名, ～する〕

¶じゅうぶんな準備をして, 山に登りました。 (Jūbun na *junbi* o shite, yama ni noborimashita.)

¶今, 試験の準備で忙しいです。(Ima, shiken no *junbi* de isogashii desu.)

junbi ⟦n, ~*suru*⟧ **preparations**

¶ [I] climbed the mountain after **preparing** fully.

¶ [I]'m busy now **preparing** for exams.

jūnigatsu 十二月〔名〕

jūnigatsu ⟦n⟧ **December**

junjo **順序**〘名〙
¶みんなにわかるように**順序**よく話してください。(Minna ni wakaru yō ni *junjo* yoku hanashite kudasai.)
¶漢字を書くときは，正しい**順序**で書きなさい。(Kanji o kaku toki wa, tadashii *junjo* de kakinasai.)

junjo ⟦n⟧ **order, sequence, procedure**
¶ Please talk **systematically** so everyone will understand.
¶ When writing *kanji*, write the strokes in the correct **order.**

jūsho **住所**〘名〙
¶ここに**住所**と名前を書いてください。(Koko ni *jūsho* to namae o kaite kudasai.)
¶すみませんが，**住所**を教えていただけませんか。(Sumimasen ga, *jūsho* o oshiete itadakemasen ka?)

jūsho ⟦n⟧ **address**
¶ Please write your name and **address** here.
¶ Excuse me, but could you give me **your address** please?

jūsu **ジュース**〘名〙
いちご**ジュース** (ichigo-*jūsu*) みかん**ジュース** (mikan-*jūsu*) りんご**ジュース** (ringo-*jūsu*) 野菜**ジュース** (yasai-*jūsu*)

jūsu ⟦n⟧ **juice, fruit drinks**
strawberry **juice** // mandarin orange **juice** // apple **juice** // vegetable **juice**

jūtaku **住宅**〘名〙
住宅地 (*jūtaku*chi) **住宅**街 (*jūtaku*gai) **住宅**問題 (*jūtaku*-mondai) **住宅**難 (*jūtaku*nan)
¶都会では**住宅**がたいへん不足しています。(Tokai de wa *jūtaku* ga taihen fusoku shite imasu.)
¶あの建物は1階が店で，2階から上が**住宅**です。(Ano tatemono wa ikkai ga mise de, nikai kara ue ga *jūtaku* desu.)

jūtaku ⟦n⟧ **house, residence**
a **residential** area // a **residential** street, **residential** block // the **housing** problem // a **housing** shortage
¶ There is a severe shortage of **housing** in the cities.
¶ That building has shops on the first floor and **living quarters** from the second floor upward.

jūyō **重要**〘形動〙
重要書類 (*jūyō*-shorui)
¶これは非常に**重要**な問題です。

jūyō ⟦adj-v⟧ **important**
important documents; **classified** papers

(Kore wa hijō ni *jūyō* na mondai desu.)

¶ This is a matter of great **importance.**

¶彼の実験はこの研究にとってたいへん**重要**です。 (Kare no jikken wa kono kenkyū ni totte taihen *jūyō* desu.)

¶ His experiment **is crucial** for this research.

K

ka 蚊〘名〘

ka [[n]] **mosquito**

蚊に食われる (*ka* ni kuwareru) 蚊帳 (*ka*ya)

be bitten by **a mosquito** // a **mosquito** net

¶この辺は夏になると，蚊が多いです。(Kono hen wa natsu ni naru to, *ka* ga ooi desu.)

¶ There are many **mosquitoes** in this area in the summer.

ka か〘助〙

ka [[part]] the interrogative particle

¶あなたはあしたどこかへ行きますか。(Anata wa ashita doko *ka* e ikimasu ka?)

¶ Are you going **anywhere** tomorrow?

¶何か欲しいものがありますか。(Nani *ka* hoshii mono ga arimasu ka?)

¶ Is there **something** you want [[you'd like]]?

¶山田さんの誕生日はいつか知っていますか。 (Yamada san no tanjōbi wa itsu *ka* shitte imasu ka?)

¶ Do you know **when** [Mrs.] Yamada's birthday is?

¶隣の部屋にだれかいますか。(Tonari no heya ni dare *ka* imasu ka?)

¶ Is there **anyone** in the room next door?

¶ゆうべ食べた魚が悪かったためか，おなかが痛いです。 (Yūbe tabeta sakana ga warukatta tame *ka*, onaka ga itai desu.)

¶ My stomach aches, **probably** because the fish I ate last night was bad.

ka か〘助〙

ka [[part]] **or**

① [いくつかあるもののうち一つを選ぶときに使う]

① [or; used when two different alternatives are possible]

¶来週の土曜日か日曜日に海へ泳ぎに行きます。 (Raishū no doyōbi *ka* nichiyōbi ni umi e oyogi ni ikimasu.)

¶ I will go to the ocean to swim next Saturday **or** Sunday.

¶正しい答えはAかBかわかりますか。 (Tadashii kotae wa ē *ka* bii *ka*

¶ Do you know if the correct answer is A **or** B?

wakarimasu ka?)

¶大学に進むか社会に出て働くか，まだ決めていません。(Daigaku ni susumu *ka* shakai ni dete hataraku *ka*, mada kimete imasen.)

¶ [I] haven't decided yet whether to go to college **or** to go out into the world and get a job.

②[二つの可能性のうちどちらかはっきりしないときに使う]

② [or; used when one alternative and its opposite are possible]

¶あしたハイキングに行くか行かないか早く決めてください。(Ashita haikingu ni iku *ka* ikanai *ka* hayaku kimete kudasai.)

¶ Please hurry up and make up your mind whether you are going hiking tomorrow **or** not.

¶あの人は今日来るかどうかわかりません。(Ano hito wa kyō kuru *ka* dō *ka* wakarimasen)

¶ I don't know if [he] is coming today **or** not.

¶学校があした休みかどうかきいてください。(Gakkō ga ashita yasumi *ka* dō *ka* kiite kudasai.)

¶ Please inquire whether there is school tomorrow **or** not.

¶このりんごはおいしいかどうか食べてみましょう。(Kono ringo wa oishii *ka* dō *ka* tabete mimashō.)

¶ Let's try these apples and see if they're good tasting **or** not.

③[あるものごとを例として挙げる]

③ [or; used when offering something as one possibility]

¶のどが渇いたから，コーヒーか何かを飲みましょう。(Nodo ga kawaita kara, kōhii *ka* nani ka o nomimashō.)

¶ I'm thirsty. Let's have some coffee **or** something.

¶この仕事は山田さんかだれかに頼みましょう。(Kono shigoto wa Yamada san *ka* dare ka ni tanomimashō.)

¶ Let's ask [Mr.] Yamada **or** someone to do this work.

¶それはデパートかどこかで売っていると思います。(Sore wa depāto *ka* doko ka de utte iru to omoimasu.)

¶ I think that's on sale ⟦one can buy that⟧ at a department store **or** the like.

*「〜か何か (〜ka nani ka)」「〜かだれか (〜ka dare ka)」「〜かどこか (〜ka doko ka)」の形で使う。ま

* Used in the patterns "〜 *ka nani ka*," "〜 *ka dare ka*," and "〜 *ka doko ka*." After the second *ka*, the

た，あとのほうの「か (ka)」につく助詞の「が (ga)」「を (o)」は省略することができる。

particles *ga* and *o* are sometimes omitted.

ka か〘助〙

ka 〚part〛 the sentence-final interrogative particle

①［質問の意味を表す］

① [indicates a question]

¶あれは何(なん)です**か**。(Are wa nan desu *ka*?)

¶ What's that?

¶あなたは学生(がくせい)です**か**。(Anata wa gakusei desu *ka*?)

¶ Are you a student?

¶ここはどこです**か**。(Koko wa doko desu *ka*?)

¶ Where is this 〚Where am I〛?

②［勧誘・依頼などを表す］

② [indicates an invitation or request]

¶映画(えいが)を見(み)に行(い)きません**か**。(Eiga o mi ni ikimasen *ka*?)

¶ Won't you come to a movie with [me]?

¶ちょっと，その本(ほん)を見(み)せてくださいません**か**。(Chotto, sono hon o misete kudasaimasen *ka*?)

¶ Would you let me see that book for a moment, please?

③［相手の意向をうかがうのに使う］

③ [used to inquire about the desires of the listener]

¶私(わたくし)がその本(ほん)を買(か)ってきましょう**か**。(Watakushi ga sono hon o katte kimashō *ka*?)

¶ Would you like me to buy that book?

¶この仕事(しごと)はわたしがいたしましょう**か**。(Kono shigoto wa watashi ga itashimashō *ka*?)

¶ Shall I do this job 〚How about my doing this work〛?

④［疑念の意味を表す］

④ [indicates doubt]

¶あれは何(なん)だろう**か**。(Are wa nan darō *ka*?)

¶ What do you suppose that is 〚I wonder what that is〛?

¶こんな難(むずか)しい問題(もんだい)がわたしにできるだろう**か**。(Konna muzukashii mondai ga watashi ni dekiru darō *ka*?)

¶ I'm not sure I can do such a difficult problem.

¶こんな小(ち)さな舟(ふね)に5人(ごにん)も乗(の)って大丈夫(だいじょうぶ)だろう**か**。(Konna chiisana fune ni gonin mo notte daijōbu darō *ka*?)

¶ Can five people fit into this small boat all right?

⑤［自問自答の形で事実を確かめるの

⑤ [used to confirm something in the

に使う]

¶「山田(やまだ)さんは試験(しけん)に失敗(しっぱい)したそうです。」(Yamada san wa shiken ni shippai shita sō desu.)「やはりそうでしたか。全然(ぜんぜん)勉強(べんきょう)しませんでしたからね。」(Yahari sō deshita *ka*. Zenzen benkyō shimasen deshita kara ne.)

(-)ka (-)課(か)〘名, 尾〙

1〘名〙

①[役所・会社などの事務組織の区別の一つ]

課長(かちょう) (*ka*chō) 学生課(がくせいか) (gakusei*ka*)

* 普通, 局・部の下, 係の上に位置する。

②[教科書などの一区切りを表す]

¶昨日(きのう)習(なら)った課(か)を復習(ふくしゅう)してください。(Kinō naratta *ka* o fukushū shite kudasai.)

2〘尾〙

¶今日(きょう)は第5課(だいごか)から始(はじ)めましょう。(Kyō wa daigo*ka* kara hajimemashō.)

(-)ka (-)科(か)〘名, 尾〙

1〘名〙

科目(かもく) (*ka*moku)

¶あなたは文学部(ぶんがくぶ)のどの科(か)に進(すす)むつもりですか。(Anata wa bungakubu no dono *ka* ni susumu tsumori desu ka?)

2〘尾〙

学科(がっか) (gak*ka*) 文科(ぶんか) (bun*ka*) 理科(りか) (ri*ka*) 内科(ないか) (nai*ka*) 外科(げか) (ge*ka*) 眼科(がんか) (gan*ka*) 歯科(しか) (shi*ka*)

-ka -日(か)〘尾〙

form of a rhetorical question]

¶ "I hear [Miss] Yamada failed [her] exam."

"Really? That's just what I expected. [She] didn't study at all."

(-)ka ⟦n, suf⟧ **division, section; lesson**

1 ⟦n⟧

① [division, section]

a **section** chief // the student **division**

* A *ka* is generally below a *kyoku* or a *bu* and above a *kakari*.

② [lesson (in a textbook)]

¶ Please review the **chapter(s)** [we] studied yesterday.

2 ⟦suf⟧ lesson, section

¶ Let's start today with **Lesson** 5.

(-)ka ⟦n, suf⟧ **course; branch, department, faculty**

1 ⟦n⟧ course

subject, course (in school)

¶ What **course** do you plan to major in within the faculty of literature?

2 ⟦suf⟧ branch, department, faculty

school **subject; course** of study, curriculum // **dept.** of liberal arts // science; the science **course** // internal medicine, internal **dept.** (of a hospital) // surgery, **dept.** of surgery // ophthalmology, **dept.** of opthalmology // dentistry

-ka ⟦suf⟧ **days**

①［日付を表す］
二**日** (futsu*ka*)　三**日** (mik*ka*)　四**日** (yok*ka*)　五**日** (itsu*ka*)　六**日** (mui*ka*)　七**日** (nano*ka*)　八**日** (yō*ka*)　九**日** (kokono*ka*)　十**日** (too*ka*)　十四**日** (jūyok*ka*)　二十**日** (hatsu*ka*)　二十四**日** (nijūyok*ka*)
¶三月三**日**は女の子のお祭りの日です。(Sangatsu mik*ka* wa onna no ko no omatsuri no hi desu.)

① [the counter for days of the month]
the second (of the month) // the third // the fourth // the fifth // the sixth // the seventh // the eighth // the ninth // the tenth // the fourteenth // the twentieth // the twenty-fourth
¶ The **third** of March is Girls' Day.

②［日数を表す］
¶あと三**日**で夏休みです。(Ato mik*ka* de natsuyasumi desu.)
¶上田さんは十**日**間も学校を休んでいます。(Ueda san wa too*ka*kan mo gakkō o yasunde imasu.)
＊「一日」は，日付を表すときは普通「ついたち (tsuitachi)」と言い，日数を表すときは「いちにち (ichinichi)」と言う。
⇨**-nichi -日**

② [the counter for number of days]
¶ In three **days** it will be summer vacation.
¶ [Mr.] Ueda has been absent from school for 10 **days.**
＊ The compound "一日" is read *tsuitachi* when referring to the first of the month and *ichinichi* when referring to one day.

-ka -家〖尾〗
政治**家** (seiji*ka*)　小説**家** (shōsetsu*ka*)　芸術**家** (geijutsu*ka*)　専門**家** (senmon*ka*)　音楽**家** (ongak*ka*)　作曲**家** (sakkyoku*ka*)　画**家** (ga*ka*)　評論**家** (hyōron*ka*)

-ka 〚suf〛 the suffix for a person carrying on a given profession
a politic**ian** // a novel**ist** // an art**ist** // a special**ist,** expert // a music**ian** // a compos**er** // a paint**er** // a critic, commentat**or**

-ka -化〖尾〗
電**化** (den*ka*)　自動**化** (jidō*ka*)　オートメーション**化** (ōtomēshon*ka*)　具体**化** (gutai*ka*)　映画**化** (eiga*ka*)　合理**化** (gōri*ka*)　近代**化** (kindai*ka*)　民主**化** (minshu*ka*)
¶最近の日本の農業は機械**化**されてい

-ka 〚suf〛 **-ize, -zation**
electrifica**tion** // automa**tion,** automati**zation** // automa**tion,** automati**zation** // embodiment, actuali**zation,** giving concrete form to // **making into** a film // rationali**zation** // moderni**zation** // democrati**zation**

ます。(Saikin no Nihon no nōgyō wa kikai*ka* sarete imasu.)

-ka-　-か〘尾〙

1**か**所 (ik*ka*sho)　3**か**月 (san*ka*getsu)　5**か**国 (go*ka*koku)

¶1年は 12 **か**月です。(Ichinen wa jūni*ka*getsu desu.)

＊ 数字のあとにつけて年月・所などを数えるのに使う。

kabā　カバー〘名〙

まくら**カバー** (makura-*kabā*) 本に**カバー**を掛ける (hon ni *kabā* o kakeru)

kaban　かばん〘名〙

¶山田さんはいつも黒い**かばん**を提げて歩いています。(Yamada san wa itsu mo kuroi *kaban* o sagete aruite imasu.)

kabe　壁〘名〙

¶**壁**に絵が掛けてあります。(*Kabe* ni e ga kakete arimasu.)

¶**壁**を白く塗りました。　(*Kabe* o shiroku nurimashita.)

kabin　花びん〘名〙

¶**花びん**に花が生けてあります。(*Kabin* ni hana ga ikete arimasu.)

kaburu　かぶる〘動 I〙

①[ある物で頭・顔などをおおう]

¶赤い帽子を**かぶって**いる人はだれですか。(Akai bōshi o *kabutte* iru hito wa dare desu ka?)

¶寒いので，毛布を頭から**かぶって**寝ました。(Samui node, mōfu o atama kara *kabutte* nemashita.)

¶ In recent times Japanese agriculture is becoming **mechanized.**

-ka- ⟦suf⟧　the suffix used for counting

one place // three months // five countries

¶ One year is 12 months.

＊ Used between the numeral and the unit when counting units of time, places, etc.

kabā ⟦n⟧　**a cover**

a pillow**case** // put a book **cover** on a book

kaban ⟦n⟧　**bag, briefcase, satchel, suitcase, trunk**

¶ [Mr.] Yamada always carries a black **briefcase.**

kabe ⟦n⟧　**wall**

¶ There is a painting hanging on **the wall.**

¶ [I] painted **the wall(s)** white.

kabin ⟦n⟧　**vase, flower vase**

¶ There is an arrangement of flowers in **the vase.**

kaburu ⟦v I⟧　**wear** (on the head); **pour over; cover**

① [wear or put something on the head or face]

¶ Who is the person **wearing** a red hat ⟦ski cap, etc.⟧?

¶ As it was cold [I] slept with the covers **up over** [my] head.

②[頭の上から浴びる]

波をかぶる (nami o *kaburu*)

¶あまり暑いので，水を**かぶりました**。(Amari atsui node, mizu o *kaburimashita.*)

② [pour over the head or top of something]

covered with waves

¶ As it was so hot **I poured** cool water **over myself.**

③[物の表面をおおう]

¶1週間も掃除をしなかったので，机ははこりを**かぶっています**。(Isshūkan mo sōji o shinakatta node, tsukue wa hokori o *kabutte* imasu.)

③ [cover something]

¶ As [I] haven't cleaned for a week, the desk **is covered** with dust.

kachi **価値**〘名〙

kachi [[n]] **value, worth**

価値がある (*kachi* ga aru) **価値**がない (*kachi* ga nai) **価値**が高い (*kachi* ga takai) **価値**が低い (*kachi* ga hikui)

valuable, worthy, of **value** // worthless, of no **value** // of great **value,** invaluable // of little **value**

¶あの人にこの絵の**価値**がわかるでしょうか。(Ano hito ni kono e no *kachi* ga wakaru deshō ka?)

¶ Does [he] comprehend **the value** [[**true worth**]] of this painting?

¶あの映画は見る**価値**があります。(Ano eiga wa miru *kachi* ga arimasu.)

¶ That movie **is worth** seeing.

kado **角**〘名〙

kado [[n]] **corner, edge; corner, turning**

①[とがったところ]

¶子供が机の**角**に頭をぶつけて，けがをしました。(Kodomo ga tsukue no *kado* ni atama o butsukete, kega o shimashita.)

① [corner, edge]

¶ The child hit [his] head on **the corner** of the desk and hurt [him]self.

②[道の折れ曲がったところ]

角の店 (*kado* no mise)

¶その**角**を右に曲がった所に交番があります。(Sono *kado* o migi ni magatta tokoro ni kōban ga arimasu.)

② [corner, turning]

a **corner** shop

¶ If you turn right at that **corner,** you will find a police box.

kaeru **変える**〘動II〙

kaeru [[v II]] **change, alter**

¶熱は氷を水に**変えます**。(Netsu wa koori o mizu ni *kaemasu*.)

¶ Heat **converts** ice to water.

¶都合が悪くなったので，出発の日を**変えました**。(Tsugō ga waruku natta node, shuppatsu no hi o *kaemashita*.)

¶ [I] **changed** the departure date as it had become inconvenient.

¶飛行機は方向を**変えて**，南に向かいました。(Hikōki wa hōkō o *kaete*, minami ni mukaimashita.)

¶ The plane **altered** direction and headed south.

kaeru　代える〔動II〕

kaeru ⟦v II⟧　**change, substitute**

¶今度の試合には田中選手に**代えて**上田選手を出すことにしました。(Kondo no shiai ni wa Tanaka senshu ni *kaete* Ueda senshu o dasu koto ni shimashita.)

¶ [I] have decided **to substitute** Ueda for Tanaka in the next game.

¶わたしの命に**代えても**，子供の命を助けたいと思います。(Watashi no inochi ni *kaete* mo, kodomo no inochi o tasuketai to omoimasu.)

¶ I want to save the life of my child even **at the expense** of my own.

kaeru　換える〔動II〕

kaeru ⟦v II⟧　**change, exchange**

¶窓を開けて，部屋の空気を**換えましょう**。(Mado o akete, heya no kūki o *kaemashō*.)

¶ Let's open the window and **get some fresh** air in the room.

¶電車を降りて，バスに乗り**換えました**。(Densha o orite, basu ni nori-*kaemashita*.)

¶ [I] got off the train and **transferred** to a bus.

kaeru　替える〔動II〕

kaeru ⟦v II⟧　**change, exchange, substitute**

¶池の水が汚れたので**替えました**。(Ike no mizu ga yogoreta node *kaemashita*.)

¶ [I] **changed** the water in the pool as it was dirty.

¶パーティーがあるので，洋服を**替えて**出かけました。(Pātii ga aru node, yōfuku o *kaete* dekakemashita.)

¶ [I] **changed** my clothes and left for the party.

kaeru　帰る〔動I〕

kaeru ⟦v I⟧　**return, go ⟦come⟧ back home**

¶山田さんは昨日外国から**帰って**きました。 (Yamada san wa kinō gaikoku kara *kaette* kimashita.)

¶ [Miss] Yamada **returned home** from abroad yesterday.

¶わたしは8時までにうちへ**帰らなければ**なりません。 (Watashi wa hachiji made ni uchi e *kaeranakereba* narimasen.)

¶ I **must return home** by eight o'clock.

¶お母さんは何時ごろお**帰り**になりますか。 (Okāsan wa nanji goro o*kaeri* ni narimasu ka?)

¶ What time will your mother **arrive home?**

kaeru **返る**〔動 I〕

kaeru ⟦v I⟧ **return to, be returned to**

¶時計が無事に持ち主に**返りました**。 (Tokei ga buji ni mochinushi ni *kaerimashita*.)

¶ The watch ⟦clock⟧ **was returned** to its owner all right.

kaesu **返す**〔動 I〕

kaesu ⟦v I⟧ **return, give back**

¶この前借りたお金はあした**返します**。 (Kono mae karita okane wa ashita *kaeshimasu*.)

¶ Tomorrow [I] **will pay back** the money [I] borrowed from [you].

¶今, 図書館へ本を**返し**に行くところです。 (Ima, toshokan e hon o *kaeshi* ni iku tokoro desu.)

¶ [I]'m now on my way to the library **to return** a book.

kagaku **科学**〔名〕

kagaku ⟦n⟧ **science**

科学者 (*kagaku*sha) 人文**科学** (jinbun-*kagaku*) 自然**科学** (shizen-*kagaku*) 社会**科学** (shakai-*kagaku*) **科学**的 (*kagaku*teki) **科学**博物館 (*kagaku*-hakubutsukan)

a **scientist** // cultural **sciences,** humanities // natural **science(s)** // social **science(s)** // **scientific** // a **science** museum

¶20世紀になって, **科学**は非常に進歩しました。 (Nijisseiki ni natte, *kagaku* wa hijō ni shinpo shimashita.)

¶ **Science** has advanced greatly since the beginning of the 20th century.

¶その考えは非**科学**的だと思います。 (Sono kangae wa hi*kagaku*teki da to omoimasu.)

¶ [I] think that way of thinking ⟦idea⟧ is **unscientific.**

kagaku **化学**〖名〗
応用化学 (ōyō-*kagaku*)　**化学**肥料 (*kagaku*-hiryō)　**化学**変化 (*kagaku*-henka)　**化学**作用 (*kagaku*-sayō)　**化学**反応 (*kagaku*-hannō)　**化学**記号 (*kagaku*-kigō)

kagaku 〚n〛 **chemistry**
applied **chemistry** // **artificial** 〚**chemical**〛 fertilizer // a **chemical** change // **chemical** action // **chemical** reaction // a **chemical** symbol

kagami **鏡**〖名〗
鏡を見る (*kagami* o miru)
¶あなたの姿が**鏡**に映っています。(Anata no sugata ga *kagami* ni utsutte imasu.)
¶**鏡**がないと，ネクタイが締められません。(*Kagami* ga nai to, nekutai ga shimeraremasen.)

kagami 〚n〛 **mirror**
look in **a mirror**
¶ Your image is reflected in **a mirror.**
¶ [I] can't tie [my] necktie without **a mirror.**

kagayaku **輝く**〖動 I〗
①[明るく光る]
¶空には星が**輝いて**います。(Sora ni wa hoshi ga *kagayaite* imasu.)
¶山の上の雪が朝日を受けて**輝いて**います。(Yama no ue no yuki ga asahi o ukete *kagayaite* imasu.)
②[明るく晴れやかに見える]
目が**輝く** (me ga *kagayaku*)
¶上田さんの顔は喜びに**輝いて**います。(Ueda san no kao wa yorokobi ni *kagayaite* imasu.)

kagayaku 〚v I〛 **shine; sparkle, light up**
① [shine, sparkle, gleam, etc.]
¶ Stars **are shining** in the sky.
¶ The snow on top of the mountain **is glittering** in the morning sun.
② [sparkle, light up]
one's eyes **sparkle**
¶ [Miss] Ueda's face **is lit up** 〚**beaming**〛 with joy.

kage **影**〖名〗
①[水や鏡などに映って見える人や物の形]
¶湖に富士山の**影**が映っています。(Mizuumi ni Fujisan no *kage* ga utsutte imasu.)
②[光をさえぎったときにできる暗い部分の形]

kage 〚n〛 **reflection; shadow**
① [reflection (in a mirror, water, etc.)]
¶ Mount Fuji **is reflected** in the lake.
② [shadow, silhouette]

¶ガラス戸に人の影が映っています。(Garasudo ni hito no *kage* ga utsutte imasu.)

¶ Someone's **silhouette** can be seen behind the glass door.

kage 陰〘名〙

kage [[n]] **shade; the back, the other side**

①[光線の当たらない所]

① [shade, shadows]

¶この家はビルの陰になっているので，日当たりが悪いです。(Kono ie wa biru no *kage* ni natte iru node, hiatari ga warui desu.)

¶ As this house is in **the shade** of an office building it doesn't get much sun.

¶暑いから日陰で休みましょう。(Atsui kara hi*kage* de yasumimashō.)

¶ It's hot—let's go rest in **the shade.**

②[物にさえぎられて直接見えない所]

② [the back, the other side]

電柱の陰に隠れる (denchū no *kage* ni kakureru)

hide **behind** a telephone pole

¶船が島の陰に隠れて見えなくなりました。(Fune ga shima no *kage* ni kakurete mienaku narimashita.)

¶ The ship can't be seen now as it is hidden **behind** the island.

kagi かぎ〘名〙

kagi [[n]] **key, lock**

かぎを掛ける (*kagi* o kakeru) かぎを閉める (*kagi* o shimeru) かぎを開ける (*kagi* o akeru) 合いかぎ (ai*kagi*)

lock up // lock up // unlock // a duplicate **key,** pass**key**

¶部屋の戸には必ずかぎを掛けてから，出かけてください。(Heya no to ni wa kanarazu *kagi* o kakete kara, dekakete kudasai.)

¶ Please be sure to always **lock** your door when going out.

kagiri 限り〘名〙

kagiri [[n]] **limits, bounds; as far as; as long as, unless**

①[ものごとの限界を表す]

① [limits, bounds]

¶人の力には限りがあります。(Hito no chikara ni wa *kagiri* ga arimasu.)

¶ There's **a limit** to human strength.

¶船は限りなく広い海を進んでいきました。(Fune wa *kagiri* naku hiroi

¶ The ship moved over the **boundlessly** vast ocean.

umi o susunde ikimashita.)

¶申し込みは3月10日**限り**で締め切ります。(Mōshikomi wa sangatsu tooka *kagiri* de shimekirimasu.)

¶ Applications will not be accepted after March 10 ⟦after the **cut-off** date, March 10⟧.

②[ものごとの範囲を表す]

② [as far as, as much as; indicates the furthermost extent of something]

¶わたしの知っている**限り**のことを話しましょう。(Watashi no shitte iru *kagiri* no koto o hanashimashō.)

¶ I will tell you **as much as** I know about it.

¶この辺りは見渡す**限り**畑が広がっています。(Kono atari wa miwatasu *kagiri* hatake ga hirogatte imasu.)

¶ Fields stretch out here **as far as** the eye can see.

③[ある条件の限界を表す]

③ [as long as, unless; indicates the bounds of a condition on something]

¶あの人が謝らない**限り**，わたしは許しません。(Ano hito ga ayamaranai *kagiri*, watashi wa yurushimasen.)

¶ I won't forgive [him] **unless** [he] apologizes to me.

kagiru **限る**〔動 I〕

kagiru ⟦v I⟧ **limit, restrict**

①[範囲を限定する]

① [limit, restrict]

¶この劇場は小さいので，入場者は100名以内に**限られて**います。(Kono gekijō wa chiisai node, nyūjōsha wa hyakumei inai ni *kagirarete* imasu.)

¶ As this theater is small, admittance **is limited** to a hundred persons.

¶わたしは毎日復習の時間を2時間と**限って**います。(Watashi wa mainichi fukushū no jikan o nijikan to *kagitte* imasu.)

¶ I **restrict** my time spent reviewing lessons each day to two hours.

②[それだけはほかと違って特別であると限定する]

② [used to define one thing as special and different from others]

¶あの人に**限って**，そんなことはしないでしょう。(Ano hito ni *kagitte*, sonna koto wa shinai deshō.)

¶ [He], **at least,** wouldn't do such a thing ⟦He would be the last person in the world to do such a thing⟧.

¶この店は土曜日に**限り**，一割引きで売っています。(Kono mise wa doyōbi ni *kagiri*, ichiwaribiki de

¶ This shop is offering a 10 percent discount on Saturday **alone.**

utte imasu.)

＊いつも「～に限って (ni kagitte)」「～に限り (～ni kagiri)」の形で使う。

* Always used in the patterns "～ *ni kagitte*" and "～ *ni kagiri*."

kago かご〘名〙

kago ⟦n⟧ **cage; basket**

かごを編む (*kago* o amu)　くずかご (kuzu*kago*)　虫かご (mushi*kago*)

weave **a basket** // a wastepaper **basket,** waste**basket,** trash **basket** // an insect **cage**

¶鳥かごの中で小鳥が鳴いています。(Tori*kago* no naka de kotori ga naite imasu.)

¶ A bird is singing in **its cage.**

¶そのかごの中に果物がありますよ。(Sono *kago* no naka ni kudamono ga arimasu yo.)

¶ There's fruit in that **basket.**

kagu 家具〘名〙

kagu ⟦n⟧ **furniture, household furnishings**

¶テーブルは家具の一つです。(Tēburu wa *kagu* no hitotsu desu.)

¶ A table is a piece of **furniture.**

kai 貝〘名〙

kai ⟦n⟧ **shellfish, shell**

貝がら (*kai*gara)

a shell

¶海岸で珍しい貝を拾いました。(Kaigan de mezurashii *kai* o hiroimashita.)

¶ [I] found a rare **seashell** at the shore.

¶昔，中国では貝がお金の役目をしていました。(Mukashi, Chūgoku de wa *kai* ga okane no yakume o shite imashita.)

¶ **Shells** were used for money in the past in China.

(-)kai (-)階〘名，尾〙

(-)kai ⟦n, suf⟧ **floor, story**

1〘名〙

1 ⟦n⟧

¶おもちゃは，この上の階で売っています。(Omocha wa, kono ue no *kai* de utte imasu.)

¶ Toys are sold on the next **floor** up.

2〘尾〙

2 ⟦suf⟧

1階 (ik*kai*)　3階 (san*gai*)　6階 (rok*kai*)　8階 (hak*kai*[hachi*kai*])　10階 (jik*kai*)　何階 (nan*gai*)　2階建ての家 (ni*kai*date no ie)

the first **floor** // the third **floor** // the sixth **floor** // the eighth **floor** // the tenth **floor** // which **floor,** how many **floors** // a two-**story** house

¶わたしはこの建物の5階に住んでいます。(Watashi wa kono tatemono no go*kai* ni sunde imasu.)

¶ I live on the fifth **floor** of this building.

(-)kai (-)会〘名, 尾〙

(-)kai ⟦n, suf⟧ **meeting, assembly; society, association**

1〘名〙

会を開く (*kai* o hiraku) 会を閉じる (*kai* o tojiru) 会に出席する (*kai* ni shusseki suru) 会合 (*kai*gō)

¶今日は3時からお茶の会があります。(Kyō wa sanji kara ocha no *kai* ga arimasu.)

1 ⟦n⟧ meeting, assembly, gathering

open **a meeting** ⟦**party**⟧ // close **a meeting** ⟦**party**⟧ // attend **a meeting** ⟦**party**⟧ // **a meeting**, **a gathering**

¶ There's a tea ceremony **meeting** ⟦tea **party**⟧ from three o'clock today.

2〘尾〙

①[ある目的のために人々が集まること]

送別会 (sōbetsu*kai*) 委員会 (iin*kai*)

¶あした, 上田先生の歓迎会をします。(Ashita, Ueda sensei no kangei*kai* o shimasu.)

¶音楽会は7時から始まります。(Ongak*kai* wa shichiji kara hajimarimasu.)

②[関係のある人々の作った団体]

¶わたしたちは日本文化研究会を作りました。(Watashitachi wa Nihon-bunka-kenkyū*kai* o tsukurimashita.)

2 ⟦suf⟧

① [a gathering of persons for a certain purpose]

a farewell **party** // a committee, a commission; a committee **meeting**

¶ A welcome **party** ⟦welcoming **reception**⟧ will be held tomorrow for [Mr.] Ueda.

¶ **The concert** ⟦**recital**⟧ starts at seven o'clock.

② [society, association, group]

¶ We formed a Japanese culture study **group.**

(-)kai (-)回〘名, 尾〙

(-)kai ⟦n, suf⟧ **time, round, game, inning**

1〘名〙

回を重ねる (*kai* o kasaneru)

¶今回は出席できませんが, 次回は必ず出席します。(Kon*kai* wa shusseki dekimasen ga, ji*kai* wa kanarazu shusseki shimasu.)

1 ⟦n⟧

do many **times**

¶ I can't attend this **time,** but I'll be there without fail next **time.**

2〘尾〙

2 ⟦suf⟧

¶「日本へ何**回**行きましたか。」(Nihon e nan*kai* ikimashita ka?)「一**回**も行ったことがありません。」(Ik*kai* mo itta koto ga arimasen.)

¶ "How many **times** have you been to Japan?"

"I've never been there even **once.**"

¶委員会は1か月に2**回**開かれます。(Iinkai wa ikkagetsu ni ni*kai* hirakaremasu.)

¶ The committee ⟦commission, council⟧ meets **twice** a month.

kaidan **階段**〖名〗

kaidan ⟦n⟧ **stairs, stairway, flight of stairs**

階段を上る (*kaidan* o noboru) **階段**を降りる (*kaidan* o oriru)

go up **the stairs,** go upstairs // go down **the stairs,** go downstairs

¶**階段**が急だから，気をつけてください。(*Kaidan* ga kyū da kara, ki o tsukete kudasai.)

¶ Please be careful as **the stairs** are very steep.

kaifuku **回復**〖名，～する〗

kaifuku ⟦n, ~*suru*⟧ **recovery**

¶天候の**回復**を待って，出発しましょう。(Tenkō no *kaifuku* o matte, shuppatsu shimashō.)

¶ Let's wait for the weather **to improve** before setting out.

¶上田さんは1か月休んで，ようやく健康を**回復**しました。(Ueda san wa ikkagetsu yasunde, yōyaku kenkō o *kaifuku* shimashita.)

¶ After staying at home a month, [Mr.] Ueda has finally **regained** [his] health.

¶一度失った信用を**回復**するのはたいへんです。(Ichido ushinatta shin'yō o *kaifuku* suru no wa taihen desu.)

¶ It is difficult **to restore** trust once it has been lost.

kaigai **海外**〖名〗

kaigai ⟦n⟧ **overseas, abroad**

¶来年，**海外**旅行をするつもりです。(Rainen, *kaigai*-ryokō o suru tsumori desu.)

¶ I plan to travel **abroad** next year.

¶新聞で国内のニュースはもちろん，**海外**のニュースもよく読んでいます。(Shinbun de kokunai no nyūsu wa mochiron, *kaigai* no nyūsu mo yoku yonde imasu.)

¶ [I] often read the **international** news in the newspaper; of course [I] read the domestic news, too.

kaigan **海岸**〖名〗

kaigan ⟦n⟧ **seashore, coast, beach**

¶今朝，**海岸**を散歩しました。(Kesa, *kaigan* o sanpo shimashita.)
¶汽車は**海岸**に沿って走っています。(Kisha wa *kaigan* ni sotte hashitte imasu.)

¶ [I] strolled along **the beach** this morning.
¶ The train runs along **the coast.**

kaigi **会議**〘名〙
会議室 (*kaigi*shitsu) **会議**場 (*kaigi*-jō) 国際**会議** (kokusai*kaigi*) **会議**を開く (*kaigi* o hiraku) **会議**に出席する (*kaigi* ni shusseki suru) **会議**に欠席する (*kaigi* ni kesseki suru)
¶今日，2時から**会議**があります。(Kyō, niji kara *kaigi* ga arimasu.)
¶今，社長は**会議**中です。(Ima, shachō wa *kaigi*chū desu.)

kaigi 〚n〛 **meeting, conference**
a **conference** room, **assembly** room // a **conference** hall // an international **conference** 〚**congress**〛 // hold **a conference** 〚**meeting**〛 // attend **a meeting** 〚**conference**〛 // be absent from **a meeting** 〚**conference**〛
¶ There is **a meeting** 〚**conference**〛 today at two o'clock.
¶ The president (of the company) is now **in conference.**

kaikei **会計**〘名〙
①[お金の出し入れを計算・管理すること]
会計検査 (*kaikei*-kensa) **会計**簿 (*kaikei*bo)
¶**会計**課の窓口へ行って，お金を払ってください。(*Kaikei*ka no madoguchi e itte, okane o haratte kudasai.)
②[レストランなどでの代金の勘定・支払い]
¶今日の**会計**はわたしがします。(Kyō no *kaikei* wa watashi ga shimasu.)
¶**会計**をお願いします。(*Kaikei* o onegai shimasu.)
→kanjō 勘定

kaikei 〚n〛 **accounts; bill**
① [accounts]
an audit, auditing // an **account** book
¶ Please proceed to the **accounts** window 〚**cashier**〛 and pay.
② [bill (at a restaurant, etc.)]
¶ I'll **pay** today.
¶ **The bill,** please.

kaiketsu **解決**〘名，～する〙
未**解決**の問題 (mi*kaiketsu* no mon-

kaiketsu 〚n, ~*suru*〛 **solution, settlement**
an un**solved** problem, a pending

dai)

¶わたしたちは問題(もんだい)の**解決**(かいけつ)に努力(どりょく)しています。(Watashitachi wa mondai no *kaiketsu* ni doryoku shite imasu.)

¶ We are working **to solve** the problem.

¶この問題(もんだい)の**解決**(かいけつ)がつくまでには時間(じかん)がかかりそうです。(Kono mondai no *kaiketsu* ga tsuku made ni wa jikan ga kakarisō desu.)

¶ It looks like it will be some time before this matter **is settled.**

¶あの事件(じけん)はまだ**解決**(かいけつ)していません。(Ano jiken wa mada *kaiketsu* shite imasen.)

¶ That case **hasn't been solved** yet.

kaikyō **回教**(かいきょう)〘名〙

kaikyō [[n]] **Mohammedanism, Islam**

回教国(かいきょうこく) (*kaikyō*koku) // **回教**徒(かいきょうと) (*kaikyō*to)

a **Moslem** land // a **Moslem**

kaimono **買い物**(かいもの)〘名〙

kaimono [[n]] **shopping, a purchase**

¶わたしは毎週(まいしゅう)日曜日(にちようび)に**買い物**(かいもの)をします。(Watashi wa maishū nichiyōbi ni *kaimono* o shimasu.)

¶ I go **shopping** every week on Sunday.

¶母(はは)はデパートへ**買い物**(かいもの)に行(い)きました。(Haha wa depāto e *kaimono* ni ikimashita.)

¶ My mother has gone to a department store **to shop.**

¶**買い物**(かいもの)をしてから，映画(えいが)を見(み)ました。(*Kaimono* o shite kara, eiga o mimashita.)

¶ After **shopping,** [I] went to a movie.

kaisha **会社**(かいしゃ)〘名〙

kaisha [[n]] **company, business firm**

会社員(かいしゃいん) (*kaisha*in) // 株式**会社**(かぶしきがいしゃ) (kabushiki-*gaisha*)

a **company** employee, an **office** worker // a joint-stock **company,** a corporation

¶大学(だいがく)を卒業(そつぎょう)して，貿易**会社**(ぼうえきがいしゃ)に入(はい)りました。(Daigaku o sotsugyō shite, bōeki-*gaisha* ni hairimashita.)

¶ [I] graduated from college and went to work for a trading **company.**

¶わたしの弟(おとうと)は建築**会社**(けんちくがいしゃ)に勤(つと)めています。(Watashi no otōto wa kenchiku-*gaisha* ni tsutomete imasu.)

¶ My younger brother works for a construction **firm.**

¶先月(せんげつ)，上田(うえだ)さんは**会社**(かいしゃ)を辞(や)めました。

¶ [Mrs.] Ueda quit [her] **job** last

(Sengetsu, Ueda san wa *kaisha* o yamemashita.)

kaiwa　会話〘名，～する〙

英**会話** (ei*kaiwa*)

¶学校では，文法だけでなく**会話**も習っています。　(Gakkō de wa, bunpō dake de naku *kaiwa* mo naratte imasu.)

¶わたしは日本人と初めて日本語で**会話**してみました。　(Watashi wa Nihonjin to hajimete Nihongo de *kaiwa* shite mimashita.)

kaji　火事〘名〙

火事になる (*kaji* ni naru)　**火事**が起きる (*kaji* ga okiru)　**火事**を消す (*kaji* o kesu)

¶昨日の**火事**はたばこの火が原因だそうです。 (Kinō no *kaji* wa tabako no hi ga gen'in da sō desu.)

¶上田さんの家は**火事**で焼けました。 (Ueda san no ie wa *kaji* de yakemashita.)

kakaeru　抱える〘動Ⅱ〙

①[腕で支えてわきの下・胸の前などで物を持つ]

¶上田さんは研究室からたくさんの本を**抱えて**出てきました。 (Ueda san wa kenkyūshitsu kara takusan no hon o *kakaete* dete kimashita.)

②[負担になるものを持っている]

¶田中さんは5人の子供を**抱えて**，苦しい生活をしています。(Tanaka san wa gonin no kodomo o *kakaete*, kurushii seikatsu o shite imasu.)

month.

kaiwa ⟦n, ~*suru*⟧ **conversation, talk**

English **conversation, conversation** in English

¶ In school [we] are studying not only grammar but **conversational skills** as well.

¶ I tried for the first time **to converse** with a Japanese in Japanese.

kaji ⟦n⟧ **fire**

a fire takes place // **a fire** takes place // put out **a fire**

¶ I hear the cause of **the fire** yesterday was a cigarette butt.

¶ [Mrs.] Ueda's house **burned down.**

kakaeru ⟦v II⟧ **carry; bear a burden**

① [carry in or under one's arms]

¶ [Miss] Ueda came out of the professor's office **carrying** many books.

② [bear a burden]

¶ [Mr.] Tanaka has a hard time making ends meet with five children **to feed.**

¶山田さんはたくさんの仕事を**抱えて**忙しそうです。 (Yamada san wa takusan no shigoto o *kakaete* isogashisō desu.)

kakaku **価格**〖名〗

¶米の**価格**が20パーセント上がりました。 (Kome no *kakaku* ga nijippāsento agarimashita.)

¶上田さんは家を500万円の**価格**で売りました。 (Ueda san wa ie o gohyakuman'en no *kakaku* de urimashita.)

(-)kakari **(-)係**〖名, 尾〗

1〖名〗

係長 (*kakari*chō) **係**員 (*kakari*in)

¶**係**の者がいないので, よくわかりません。 (*Kakari* no mono ga inai node, yoku wakarimasen.)

2〖尾〗

案内**係** (annai*gakari*)

kakaru **掛かる**〖動 I〗

①[壁などに下がる]

¶壁にきれいな絵が**掛かっています**。 (Kabe ni kirei na e ga *kakatte* imasu.)

¶この部屋の窓にはカーテンが**掛かっていません**。 (Kono heya no mado ni wa kāten ga *kakatte* imasen.)

②[かぎがしてある]

¶この部屋にはかぎが**掛かっていて**入れません。 (Kono heya ni wa kagi ga *kakatte* ite hairemasen.)

③[時間・費用などが必要である]

¶学校まで何分ぐらい**かかりますか**。

¶ [Miss] Yamada seems very busy with the many jobs [she] **has to do.**

kakaku ⟦n⟧ **price, value, cost**

¶ **The price** of rice rose 20 percent.

¶ [Mr.] Ueda sold [his] house **for** 5 million yen.

(-)kakari ⟦n, suf⟧ **charge, duty, subsection, person in charge**

1 ⟦n⟧

an **assistant section** chief, chief **clerk** // the clerk **in charge,** an attendant

¶ The person **in charge** of that isn't here right now, and I'm not familiar with that ⟦and I'm afraid I can't help you⟧.

2 ⟦suf⟧

a **clerk** at an information desk, desk **clerk,** usher

kakaru ⟦v I⟧ **hang, be suspended; require, take; be placed on something; be covered; catch, work**

① [hang, be suspended]

¶ There is a pretty picture **hanging** on the wall.

¶ The windows in this room **have not been hung** with curtains.

② [be locked]

¶ This room **is locked** so [we] can't enter.

③ [require (time, money, etc.)]

¶ How many minutes **does it take** to

(Gakkō made nanpun gurai *kakarimasu* ka?)

go to school from here ⟦**take you** to go to school⟧?

¶交通費は一か月いくらぐらい**かかります**か。 (Kōtsūhi wa ikkagetsu ikura gurai *kakarimasu* ka?)

¶ How much **is** carfare a month?

④[電話が通じる]

④ [be telephoned]

¶さっき山田さんから電話が**かかって**きましたよ。 (Sakki Yamada san kara denwa ga *kakatte* kimashita yo.)

¶ **There was** a call from [Miss] Yamada earlier.

⑤[会う]

⑤ [meet]

¶いつかまたお目に**かかりたい**と思います。(Itsu ka mata ome ni *kakaritai* to omoimasu.)

¶ **I hope we can meet** again sometime.

* いつも「お目にかかる (ome ni kakaru)」の形で使う。

* Always used in the pattern "*ome ni kakaru.*"

⑥[医者に診てもらう]

⑥ [consult a doctor]

¶わたしは丈夫なので，今まで医者に**かかった**ことがありません。 (Watashi wa jōbu na node, ima made isha ni *kakatta* koto ga arimasen.)

¶ I'm robust so that I've never **been to see** a doctor.

⑦[水などがふりかかる]

⑦ [be splashed by water, etc.]

¶自動車がすぐそばを通ったので，ズボンにどろ水が**かかって**汚れました。 (Jidōsha ga sugu soba o tootta node, zubon ni doromizu ga *kakatte* yogoremashita.)

¶ The car went by right next to me so that my trousers **were splattered** with dirty water.

⑧[税金が加わる]

⑧ [be taxed]

¶この品物には税金が**かかって**いません。(Kono shinamono ni wa zeikin ga *kakatte* imasen.)

¶ This merchandise is tax-**free.**

⑨[心配になる]

⑨ [worry, be anxious]

¶試験の結果が気に**かかって**，何も食べられません。 (Shiken no kekka ga

¶ [I]'m **so nervous** about the results of the test that [I] can't eat.

ki ni *kakatte,* nani mo taberarema-sen.)

* いつも「気(き)にかかる (ki ni kakaru)」の形で使う。

* Always used in the pattern "*ki ni kakaru.*"

⑩[こんろなどの上に置かれたりしている]

⑩ [be placed on top of a burner, etc.]

¶ガスこんろになべが**かかって**います。(Gasu-konro ni nabe ga *kakatte* imasu.)

¶ There **is** a pot on the gas burner.

⑪[霧などが立ちこめる]

⑪ [covered with fog, etc.]

¶霧(きり)が**かかって**，周(まわ)りの景色(けしき)がよく見(み)えません。(Kiri ga *kakatte,* mawari no keshiki ga yoku miemasen.)

¶ The surrounding area can't be seen very well as it **is enveloped** in fog ⟦mist⟧.

⑫[悪いこと・好ましくないことなどが人に及ぶ]

⑫ [have something bad befall one]

手数(てすう)が**かかる** (tesū ga *kakaru*)

(a task) **is** bothersome

¶先生(せんせい)に御迷惑(ごめいわく)が**かかって**は申(もう)し訳(わけ)ありません。(Sensei ni gomeiwaku ga *kakatte* wa mōshiwake arimasen.)

¶ I'm sorry **to trouble** you, sir ⟦ma'am⟧ (said to one's teacher or professor).

⑬[機械が働き始める]

⑬ [catch, work]

ブレーキが**かかる** (burēki ga *kakaru*)

brakes **work**

¶寒(さむ)いので，自動車(じどうしゃ)のエンジンがなかなか**かかりません**。(Samui node, jidōsha no enjin ga nakanaka *kakarimasen.*)

¶ As it's cold, the engine **doesn't start** right away.

¶目覚(めざ)まし時計(どけい)が**かかって**いなかったので，起(お)きられませんでした。(Mezamashidokei ga *kakatte* inakatta node, okiraremasen deshita.)

¶ [I] overslept as the alarm clock **wasn't set.**

kakaru 架(か)かる〔動Ⅰ〕

kakaru ⟦v I⟧ **be built across, be constructed over**

¶この川(かわ)には木(き)の橋(はし)が架(か)かっています。(Kono kawa ni wa ki no hashi ga *kakatte* imasu.)

¶ There **is** a wooden bridge across this river.

kakeru 欠(か)ける〔動Ⅱ〕

kakeru ⟦v II⟧ **be broken off; lack**

①[物の一部分が壊れる]

¶このさらは少し**欠けて**います。(Kono sara wa sukoshi *kakete* imasu.)

¶硬い物を切ったので，ナイフの刃が**欠けて**しまいました。(Katai mono o kitta node, naifu no ha ga *kakete* shimaimashita.)

②[不足する]

¶あの人は常識に**欠けて**いますね。(Ano hito wa jōshiki ni *kakete* imasu ne.)

¶今日の会議はメンバーが二人**欠けて**いますね。(Kyō no kaigi wa menbā ga futari *kakete* imasu ne.)

① [be broken off, chipped]

¶ This dish **is** a little **chipped.**

¶ As I cut something hard, the blade of the knife **got nicked.**

② [lack, be short, be missing]

¶ [He] **is lacking** in common sense.

¶ Today's meeting **is missing** two members.

kakeru　掛ける〘動Ⅱ〙

①[いすなどに腰を下ろす]

ベンチに腰を**掛ける** (benchi ni koshi o *kakeru*)

¶どうぞ，このいすにお**掛け**ください。(Dōzo, kono isu ni o*kake* kudasai.)

②[壁などに下げる]

¶壁にきれいな絵が**掛けて**あります。(Kabe ni kirei na e ga *kakete* arimasu.)

③[かぎをする]

¶わたしはいつもドアにかぎを**掛けて**おきます。(Watashi wa itsu mo doa ni kagi o *kakete* okimasu.)

④[物の上にかぶせる]

¶寒いから布団をたくさん**掛けて**寝ました。(Samui kara futon o takusan *kakete* nemashita.)

⑤[ある数を何倍かする]

kakeru ⟦v II⟧ **sit down; hang up; put on; multiply; spend; place on; turn on; sprinkle on; extending over**

① [sit down]

sit down on a bench

¶ Please **sit down** here in this chair.

② [hang up, suspend]

¶ A pretty picture **has been hung** on the wall.

③ [lock]

¶ I always **lock** my door.

④ [put on, cover with]

¶ As it was cold I slept with many covers **on.**

⑤ [multiply]

¶2に3を**掛ける**と6になります。(Ni ni san o *kakeru* to roku ni narimasu.)

¶ Two **times** three (literally, three **times** two) is six.

⑥[費用・時間などを費やす]

⑥ [spend time, money, etc.]

時間を**かける** (jikan o *kakeru*) お金を**かける** (okane o *kakeru*)

spend time (on something) // **spend** money (on something)

⑦[電話をする]

⑦ [make a telephone call]

¶友達に電話を**かけました**。(Tomodachi ni denwa o *kakemashita.*)

¶ [I] **telephoned** a friend.

⑧[眼鏡をつける]

⑧ [wear glasses]

¶あの眼鏡を**かけた**女の人はだれですか。(Ano megane o *kaketa* onna no hito wa dare desu ka?)

¶ Who is that woman **wearing** glasses?

⑨[こんろなどの上にのせる]

⑨ [place on a burner, etc.]

¶ガスこんろになべが**かけて**あります。(Gasu-konro ni nabe ga *kakete* arimasu.)

¶ A pot **has been placed** on ⟦**is** on⟧ the gas burner.

⑩[機械などを働かせる]

⑩ [turn on, start]

ブレーキを**かける** (burēki o *kakeru*) レコードを**かける** (rekōdo o *kakeru*)

put on the brakes // **play** a record

¶ラジオを**かけて**もいいですか。(Rajio o *kakete* mo ii desu ka?)

¶ Is it all right if **I turn on** the radio?

⑪[目方を量る]

⑪ [weigh]

はかりに**かける** (hakari ni *kakeru*)

weigh on a scale

⑫[ふりかける]

⑫ [sprinkle, pour on, dash]

¶味が薄いですから，塩を**かけて**食べてください。(Aji ga usui desu kara, shio o *kakete* tabete kudasai.)

¶ It's lightly seasoned ⟦It may be on the bland side⟧ so please **add** salt if you like.

⑬[心配させる]

⑬ [cause worry]

¶両親に心配を**かけない**ようにしなさい。(Ryōshin ni shinpai o *kakenai* yō ni shinasai.)

¶ Don't do anything **to worry** your parents (literally, Act so as **not to worry** your parents).

⑭[ある時・場所からある時・場所に及ぶ]

⑭ [extending over, from ~ to ~]

¶わたしは先週の土曜日から日曜日に**かけて**旅行しました。 (Watashi wa senshū no doyōbi kara nichiyōbi ni *kakete* ryokō shimashita.)

¶ I took a trip on Saturday **and** Sunday last week.

¶わたしは奈良から京都に**かけて**，お寺を見て歩きました。 (Watashi wa Nara kara Kyōto ni *kakete,* otera o mite arukimashita.)

¶ I visited temples from Nara **to** Kyoto.

* いつも「～から～にかけて (～kara ～ni kakete)」の形で使う。

* Always used in the pattern "～ *kara* ～ *ni kakete*."

kakeru **架ける**〔動II〕

kakeru ⟦v II⟧ **build, construct**

¶この川には木の橋が**架けて**あります。 (Kono kawa ni wa ki no hashi ga *kakete* arimasu.)

¶ A wooden bridge **has been built** over this river.

kakeru **駆ける**〔動II〕

kakeru ⟦v II⟧ **run**

¶遅刻しそうなので，学校まで**駆けて**いきました。 (Chikoku shisō na node, gakkō made *kakete* ikimashita.)

¶ [I] **ran** to school as it looked like [I] would be late.

⇨**hashiru** **走る**

kakitome **書留**〔名〕

kakitome ⟦n⟧ **registered** (mail)

書留郵便 (*kakitome*-yūbin) 現金**書留** (genkin-*kakitome*)

registered mail // sending cash by **registered mail**

¶この手紙を**書留**で出してください。 (Kono tegami o *kakitome* de dashite kudasai.)

¶ Please have this letter sent by **registered mail.**

¶この手紙を**書留**にしてください。 (Kono tegami o *kakitome* ni shite kudasai.)

¶ I'd like to send this letter by **registered mail.**

kakkō **かっこう**〔名〕

kakkō ⟦n⟧ **appearance, shape**

¶この自動車はスマートで，**かっこう**がいいですね。 (Kono jidōsha wa sumāto de, *kakkō* ga ii desu ne.)

¶ This car is smart and stylish **looking.**

kako **過去**〔名〕

kako ⟦n⟧ **the past**

¶彼はできるだけ**過去**のことを思い出さないようにしています。(Kare wa dekiru dake *kako* no koto o omoi-dasanai yō ni shite imasu.)

¶ He makes it a practice to forget **the past** as much as possible.

¶わたしは**過去**3年間，外国で生活をしていました。(Watashi wa *kako* sannenkan, gaikoku de seikatsu o shite imashita.)

¶ **In the past** I lived abroad for three years.

¶次の動詞の**過去**形は何ですか。(Tsugi no dōshi no *kako*kei wa nan desu ka?)

¶ What is the **past** tense of the next verb?

⇨**genzai 現在 mirai 未来**

kakomu 囲む〖動 I〗

kakomu 〚v I〛 **enclose, surround, ring, encircle**

¶先生を**囲んで**，一晩楽しく話しました。(Sensei o *kakonde*, hitoban tanoshiku hanashimashita.)

¶ **Sitting around** our teacher, we passed a pleasant evening in conversation.

¶日本は海に**囲まれた**国です。(Nihon wa umi ni *kakomareta* kuni desu.)

¶ Japan is a country **surrounded** by the sea.

¶次の言葉のうち正しいものを○で**囲みなさい**。(Tsugi no kotoba no uchi tadashii mono o maru de *kakominasai*.)

¶ **Circle** the correct choice(s) among the following words.

kaku- 各-〖頭〗

kaku- 〚pref〛 **each, every**

各国 (*kak*koku) 各人 (*kaku*jin)

each country, **various** countries, **all** countries // **each** person, **every**body

¶わたしはこの夏日本の**各**地を旅行しました。(Watashi wa kono natsu Nihon no *kaku*chi o ryokō shimashita.)

¶ This summer I traveled in **various** districts throughout Japan.

¶**各**クラス2名の委員を選びました。(*Kaku*kurasu nimei no iin o erabi-mashita.)

¶ **Each** class chose two representatives.

kaku 書く〖動 I〗

kaku 〚v I〛 **write, compose**

¶わたしは友達に手紙を**書きました**。(Watashi wa tomodachi ni tegami

¶ I **wrote** a letter to a friend.

o *kakimashita.*)

¶ここに名前を**書いて**ください。

(Koko ni namae o *kaite* kudasai.)

¶ Please **write** your name here.

¶この万年筆はとても**書きやすい**です。

(Kono mannenhitsu wa totemo *kakiyasui* desu.)

¶ This fountain pen **is** very **easy to write with.**

kaku かく〘動 I〙

kaku ⟦v I⟧ **draw, paint**

地図を**かく** (chizu o *kaku*)

draw a map

¶子供たちが花の絵を**かいて**います。

(Kodomotachi ga hana no e o *kaite* imasu.)

¶ The children **are drawing** ⟦**painting**⟧ pictures of flowers.

kaku かく〘動 I〙

kaku ⟦v I⟧ **scratch; sweat**

①[ひっかく]

① [scratch]

¶背中がかゆいから**かいて**ください。

(Senaka ga kayui kara *kaite* kudasai.)

¶ My back itches; please **scratch it** for me.

¶あの人は頭を**かく**癖があります。

(Ano hito wa atama o *kaku* kuse ga arimasu.)

¶ [He] has a habit of **scratching** [his] head.

②[汗を出す]

② [sweat, perspire]

¶急いで来たので，汗を**かきました**。

(Isoide kita node, ase o *kakimashita.*)

¶ **I am sweaty** as I hurried here.

kakudo **角度**〘名〙

kakudo ⟦n⟧ **angle; viewpoint**

①[角の度数]

① [angle, degrees of an angle]

角度を測る (*kakudo* o hakaru)

compute **an angle**

¶正三角形のそれぞれの**角度**は 60 度です。 (Seisankakkei no sorezore no *kakudo* wa rokujūdo desu.)

¶ Each **angle** of an equilateral triangle is 60 degrees.

②[ものごとを見たり考えたりする立場]

② [viewpoint, angle]

¶その問題をいろいろな**角度**から考えてみました。(Sono mondai o iroiro na *kakudo* kara kangaete mima-

¶ I considered that problem from various **angles.**

shita.)

kakureru　隠れる〔動Ⅱ〕

kakureru 〚v II〛 **be lost to sight; hide**

①［物にさえぎられて直接見えなくなる］

① [be lost to sight, disappear from view]

¶太陽が雲に**隠れて**しまいました。(Taiyō ga kumo ni *kakurete* shimaimashita.)

¶ The sun **is** 〚**was**〛 **hidden** behind some clouds.

¶船が島の陰に**隠れて**見えなくなりました。(Fune ga shima no kage ni *kakurete* mienaku narimashita.)

¶ The ship **has become** 〚**became**〛 **lost to sight** behind the island.

②［人目につかないように身を隠しておく］

② [hide, conceal onself]

隠れ家 (*kakure*ga)

a **hide**out, a **hide**away, a retreat

¶危険が過ぎるまで，**隠れて**いるほうがいいですよ。 (Kiken ga sugiru made, *kakurete* iru hō ga ii desu yo.)

¶ You had better **hide** until the danger is past.

kakusu　隠す〔動Ⅰ〕

kakusu 〚v I〛 **hide, conceal**

①［人の目につかないようにする］

① [hide, conceal, keep from sight]

¶どろぼうは盗んだ財布を木の下に**隠しました**。 (Dorobō wa nusunda saifu o ki no shita ni *kakushimashita.*)

¶ The thief **hid** the stolen wallet beneath a tree.

¶**隠して**おいた手紙を母に読まれてしまいました。(*Kakushite* oita tegami o haha ni yomarete shimaimashita.)

¶ My mother read the letter **I had hidden.**

②［人に知られないようにする，秘密にする］

② [hide, conceal, keep secret]

欠点を**隠す** (ketten o *kakusu*)

hide weak points

¶山田さんはそのことを**隠さないで**みんな話してくれました。 (Yamada san wa sono koto o *kakusanaide* minna hanashite kuremashita.)

¶ [Miss] Yamada **didn't hide** that but told [us] everything about it.

¶彼は真実をわたしたちに**隠そう**とし

¶ He **tried to keep** the truth from us.

ました。 (Kare wa shinjitsu o watashitachi ni *kakusō* to shimashita.)

(～te mo) kamawanai （～ても）かまわない〘連〙

①［許可の意味を表す］

¶「ボールペンで書いてもかまいませんか。」(Bōrupen de kaite mo *kamaimasen* ka?)「ええどうぞ。」(Ee, dōzo.)

¶「ここでたばこを吸ってもかまいませんか。」(Koko de tabako o sutte mo *kamaimasen* ka?)「いいえ，吸ってはいけません。」(Iie, sutte wa ikemasen.)

②［不必要の意味を表す］

¶お金は今すぐ払わなくてもかまいません。(Okane wa ima sugu harawanakute mo *kamaimasen.*)

¶「あした，買い物に行かなくてもかまいませんか。」(Ashita, kaimono ni ikanakute mo *kamaimasen* ka?)「いいえ，行かなくてはいけません。」(Iie, ikanakute wa ikemasen.)

*「～なくてもかまわない (～nakute mo kamawanai)」の形で使う。

⇔(～te wa) ikenai （～ては）いけない

⇒(～te mo) ii (～ても) いい

kamera カメラ〘名〙

¶これは日本製のカメラです。(Kore wa Nihonsei no *kamera* desu.)

kami 神〘名〙

¶あなたは神を信じますか。 (Anata

(-te mo) kamawanai ⟦compd⟧ **don't mind, don't care, it's all right**

① [indicates permission]

¶ "**Is it all right** to write it with a ball-point pen?"
"Yes, that will be fine."

¶ "**Is it all right** to smoke here?"
"No, it's not."

② [indicates something is unnecessary]

¶ **It's all right** if you don't pay right away.

¶ "**Is it all right** if [I] don't go shopping tomorrow?"
"No, [you] must go."

* Used in the pattern "*-nakute mo kamawanai.*"

kamera ⟦n⟧ **camera**

¶ This **camera** was made in Japan.

kami ⟦n⟧ **God, a god, a deity**

¶ Do you believe in **God?**

wa *kami* o shinjimasu ka?)

¶あなたの無事を**神**に祈っています。(Anata no buji o *kami* ni inotte imasu.)

¶ [I] will pray for your safety.

＊「神様 (kamisama)」とも言う。

＊ Variant: *kamisama.*

kami **紙**〖名〗

kami ⟦n⟧ **paper**

紙くず (*kami*kuzu)　**紙**包み (*kami*-zutsumi)　**紙**袋 (*kami*bukuro)　**紙**芝居 (*kami*shibai)

waste**paper, paper** scraps // a **paper**-wrapped parcel // a **paper** bag // a **picture-card** show

¶その**紙**を１枚ください。(Sono *kami* o ichimai kudasai.)

¶ Please give me a sheet of that **paper.**

kami **髪**〖名〗

kami ⟦n⟧ **hair**

髪をとかす (*kami* o tokasu)　**髪**を分ける (*kami* o wakeru)　**髪**を刈る (*kami* o karu)　**髪**を伸ばす (*kami* o nobasu)　**髪**を洗う (*kami* o arau)

comb **one's hair** // part **one's hair** // cut **someone's hair,** have **one's hair** cut // let **one's hair** grow // wash **one's hair**

¶**髪**が伸びたので，床屋へ行きました。(*Kami* ga nobita node, tokoya e ikimashita.)

¶ [I] went to the barber as **[my] hair** had grown out.

¶**髪**の毛をもう少し短くしてください。(*Kami*noke o mō sukoshi mijikaku shite kudasai.)

¶ Please cut **it** a little shorter (said to someone cutting one's hair).

kaminari **雷**〖名〗

kaminari ⟦n⟧ **thunder, thunderbolt**

¶**雷**が鳴って，強い雨が降ってきました。(*Kaminari* ga natte, tsuyoi ame ga futte kimashita.)

¶ It **thundered** and started ⟦has started⟧ raining heavily.

¶どこかに**雷**が落ちたらしいです。(Doko ka ni *kaminari* ga ochita rashii desu.)

¶ It seems that **lightning** struck somewhere.

kamisama ☞ **kami**

kamisori **かみそり**〖名〗

kamisori ⟦n⟧ **razor**

安全**かみそり** (anzen-*kamisori*)

a safety **razor**

¶毎朝，電気**かみそり**でひげをそります。(Maiasa, denki-*kamisori* de hige o sorimasu.)

¶ [I] shave every morning with an electric **shaver.**

¶この**かみそり**はあまりよく切れませんね。 (Kono *kamisori* wa amari yoku kiremasen ne.)

¶ This **razor** doesn't shave very well.

kamoku 科目〘名〙

kamoku ⟦n⟧ **subject, course, curriculum**

選択**科目** (sentaku-*kamoku*) 必修**科目** (hisshū-*kamoku*)

an elective, an optional **course** // a required **course**

¶大学の入学試験には，どんな**科目**がありますか。(Daigaku no nyūgaku-shiken ni wa, donna *kamoku* ga arimasu ka?)

¶ What sort of **subjects** are covered in the university entrance examination?

ka mo shirenai かもしれない〘連〙

ka mo shirenai ⟦compd⟧ **maybe, perhaps**

¶雨が降る**かもしれない**から，かさを持って行ったほうがいいですよ。(Ame ga furu *ka mo shirenai* kara, kasa o motte itta hō ga ii desu yo.)

¶ You'd better take an umbrella as it **may** rain.

¶彼は時間に遅れる**かもしれません**。(Kare wa jikan ni okureru *ka mo shiremasen.*)

¶ He **might** be late.

¶彼の話は本当**かもしれません**。(Kare no hanashi wa hontō *ka mo shiremasen.*)

¶ His story **might** be true.

kamu かむ〘動 I〙

kamu ⟦v I⟧ **bite, chew**

¶御飯をよく**かんで**食べなさい。(Gohan o yoku *kande* tabenasai.)

¶ **Chew** your food ⟦rice⟧ well.

¶わたしは犬に**かまれて**，けがをしました。 (Watashi wa inu ni *kamarete,* kega o shimashita.)

¶ I was injured when a dog **bit** me.

-kan -間〘尾〙

-kan ⟦suf⟧ **interval, period; between**

①[ある一定の長さ]

① [interval, period]

1時**間** (ichiji*kan*) 1週**間** (isshū*kan*) 短期**間** (tanki*kan*)

one hour // one week // a short **period** of time

¶疲れましたから，10分**間**休憩しませんか。 (Tsukaremashita kara. ji-

¶ [I]'m tired. Let's take a **10-minute**

ppun*kan* kyūkei shimasen ka?)

¶わたしは高校の3年**間**，1日も休みませんでした。(Watashi wa kōkō no sannen*kan*, ichinichi mo yasumimasen deshita.)

break.

¶ I wasn't absent even a single day in the **three years** of high school.

②［ある地点からある地点までの隔たり］

② [between two points, from ~ to ~]

¶東京・大阪**間**の距離は550キロメートルです。 (Tōkyō-Oosaka*kan* no kyori wa gohyaku-gojikkiromētoru desu.)

¶ The distance **between** Tokyo and Osaka is 550 kilometers.

③［間がら，関係］

③ [between, among]

¶夫婦**間**の問題はほかの人にはわかりにくいです。 (Fūfu*kan* no mondai wa hoka no hito ni wa wakarinikui desu.)

¶ Problems **between** husbands and wives are difficult for outsiders to understand.

¶A，Bの両国**間**には今貿易上の問題がいろいろあります。 (Ē, Bii no ryōkoku*kan* ni wa ima bōekijō no mondai ga iroiro arimasu.)

¶ There are presently various trade problems **between** countries A and B.

kana **仮名**〖名〗

kana ⟦n⟧ the Japanese syllabary alphabets

平**仮名** (hira*gana*) 片**仮名** (kata*kana*) 振り**仮名** (furi*gana*) **仮名**遣い (*kana*zukai)

*hira**gana*** // *kata**kana*** // *furi**gana*** (***kana*** printed to the side of *kanji* giving the reading) // ***kana*** orthography, rules for the use of ***kana***

¶外国人の名前は片**仮名**で書きます。 (Gaikokujin no namae wa kata*kana* de kakimasu.)

¶ The names of foreigners are written in *kata**kana.***

¶次の漢字に**仮名**をつけなさい。 (Tsugi no kanji ni *kana* o tsukenasai.)

¶ Write down the pronunciation of the following *kanji* in ***kana.***

⇨**hiragana 平仮名** **katakana 片仮名**

kanai **家内**〖名〗

kanai ⟦n⟧ **one's wife**

¶これは**家内**が作った料理です。

¶ This dish was cooked by **my wife.**

(Kore wa *kanai* ga tsukutta ryōri desu.)

¶これがわたしの**家内**です。どうぞ，よろしく。(Kore ga watashi no *kanai* desu. Dōzo, yoroshiku.)

¶ This is **my wife.** I'd like you to meet her.

＊ 他人に自分の妻のことを話す場合に使う。

＊ *Kanai* is used when talking about one's own wife with others.

⇨**tsuma 妻 okusan 奥さん**

kanarazu 必ず〘副〙

kanarazu ⟦adv⟧ **certainly, without fail**

¶あしたの朝6時に**必ず**来てください。(Ashita no asa rokuji ni *kanarazu* kite kudasai.)

¶ Please **be sure** to come tomorrow morning at six o'clock.

¶約束は**必ず**守ります。(Yakusoku wa *kanarazu* mamorimasu.)

¶ [I] **never fail** to keep [my] promises.

kanari かなり〘副，形動，〜の〙

kanari ⟦adv, adj-v, ~*no*⟧ **fairly, quite, considerably**

¶上田さんの病気は**かなり**重いようです。(Ueda san no byōki wa *kanari* omoi yō desu.)

¶ [Mr.] Ueda's illness seems to be **quite** serious.

¶わたしは日本語を読むことは**かなり**できますが，話すことはまだ下手です。(Watashi wa Nihongo o yomu koto wa *kanari* dekimasu ga, hanasu koto wa mada heta desu.)

¶ I can read Japanese **fairly** well, but I'm still poor at speaking.

¶田中さんは**かなり**の収入があります。(Tanaka san wa *kanari* no shūnyū ga arimasu.)

¶ [Mr.] Tanaka has a **handsome** income.

kanashii 悲しい〘形〙

kanashii ⟦adj⟧ **sad, unhappy, sorrowful, mournful**

¶去年死んだ母のことを思うと**悲しく**なります。(Kyonen shinda haha no koto o omou to *kanashiku* narimasu.)

¶ I become **sad** when I think about my mother who died last year.

¶あの少女は**悲しそう**な顔をしていますね。(Ano shōjo wa *kanashisō* na kao o shite imasu ne.)

¶ That young girl looks **sad,** doesn't she?

⇔ureshii うれしい

kanban 看板〖名〗

酒屋の**看板** (sakaya no *kanban*)

¶映画館の**看板**はほかの**看板**と比べて大きいです。 (Eigakan no *kanban* wa hoka no *kanban* to kurabete ookii desu.)

kanban ⟦n⟧ **signboard, sign**

a liquor shop **sign**

¶ **The signboards** for movie theaters are large compared to other **signboards.**

kane 金〖名〗

金を払う (*kane* o harau) **金**がない (*kane* ga nai) **金**をなくす (*kane* o nakusu)

¶今度の旅行には, ずいぶんお**金**がかかりました。 (Kondo no ryokō ni wa zuibun o*kane* ga kakarimashita.)

¶お**金**を千円貸してください。(O*kane* o sen'en kashite kudasai.)

kane ⟦n⟧ **money**

to pay **money** // have no **money,** have little **money** // lose **some money**

¶ The last trip was very **expensive.**

¶ Please loan me a thousand yen.

kane 鐘〖名〗

鐘を鳴らす (*kane* o narasu)

¶お寺の**鐘**が鳴りました。 (Otera no *kane* ga narimashita.)

¶教会の**鐘**の音が聞こえてきました。 (Kyōkai no *kane* no ne ga kikoete kimashita.)

kane ⟦n⟧ **bell, gong**

ring **a bell**

¶ The temple **bell** sounded.

¶ One can ⟦could⟧ hear the sound of church **bells.**

kanemochi 金持ち〖名〗

¶彼は一生懸命に働いて**金持ち**になりました。 (Kare wa isshōkenmei ni hataraite *kanemochi* ni narimashita.)

¶上田さんは**金持ち**の家に生まれました。(Ueda san wa *kanemochi* no ie ni umaremashita.)

kanemochi ⟦n⟧ **a rich person**

¶ He worked very hard and **made his fortune.**

¶ [Miss] Ueda was born into a **wealthy** family.

kangae 考え〖名〗

¶わたしにいい**考え**があります。 (Watashi ni ii *kangae* ga arimasu.)

kangae ⟦n⟧ **thought, thinking, idea, opinion, way of thinking**

¶ I have a good **idea.**

¶あの人の考えには賛成できません。(Ano hito no *kangae* ni wa sansei dekimasen.) ¶ I can't agree with **[his] way of thinking.**

kangaeru 考える〔動II〕 **kangaeru** [[v II]] **think, consider**

¶あなたは今，何を考えているのですか。(Anata wa ima, nani o *kangaete* iru no desu ka?) ¶ What are you **thinking about?**

¶この計画についてどう考えますか。(Kono keikaku ni tsuite dō *kangaemasu* ka?) ¶ What **do you think** of this project?

¶よく考えてから返事をします。(Yoku *kangaete* kara henji o shimasu.) ¶ I'd like **to think** about it before giving you my answer.

kangei 歓迎〔名，～する〕 **kangei** [[n, ~*suru*]] **welcome**

¶あなたを心から歓迎します。(Anata o kokoro kara *kangei* shimasu.) ¶ **I welcome** you from the bottom of my heart.

¶山田さんのために歓迎会を開きました。(Yamada san no tame ni *kangei*kai o hirakimashita.) ¶ [We] held a **welcoming** party [[reception]] for [Mrs.] Yamada.

kangofu 看護婦〔名〕 **kangofu** [[n]] **nurse**

¶わたしの姉は看護婦をしています。(Watashi no ane wa *kangofu* o shite imasu.) ¶ My elder sister is **a nurse.**

¶看護婦さん，頭が痛いんですが…。(*Kangofu* san, atama ga itai n desu ga...) ¶ **Nurse,** my head aches.

kani かに〔名〕 **kani** [[n]] **crab**

kanji 漢字〔名〕 **kanji** [[n]] **Chinese characters**

当用漢字 (tōyō*kanji*) the *tōyō* ***kanji*** **(the Chinese characters** designated for daily use)

¶あした，漢字の試験があります。(Ashita, *kanji* no shiken ga arimasu.) ¶ There's a ***kanji*** test tomorrow.

¶日本人の名前はほとんど漢字で書かれています。(Nihonjin no namae ¶ Almost all Japanese personal names are written in ***kanji.***

wa hotondo *kanji* de kakarete imasu.)

kanji **感じ**〘名〙

①[感覚]

¶氷を長い間持っていると，冷たくて指の**感じ**がなくなってきます。(Koori o nagai aida motte iru to, tsumetakute yubi no *kanji* ga nakunatte kimasu.)

②[ものごとから受ける感情・印象]

¶あの人はとても**感じ**のいい人です。(Ano hito wa totemo *kanji* no ii hito desu.)

¶この絵は明るい**感じ**の絵ですね。(Kono e wa akarui *kanji* no e desu ne.)

kanji 〚n〛 **feeling, sensation; impression, feeling**

① [feeling, sensation]

¶ When one holds ice for a long time, the cold makes one lose **the sensation** in one's fingers.

② [impression, feeling, effect]

¶ [He] is a very **nice** person.

¶ This is a **cheerful** picture 〚painting〛, isn't it?

kanjiru **感じる**〘動Ⅱ〙

①[感覚を生じる]

¶手術をしましたが，あまり痛みは**感じません**でした。(Shujutsu o shimashita ga, amari itami wa *kanjimasen* deshita.)

②[ものごとに対してある気持ちを抱く]

¶外国語の必要を**感じて**，勉強を始めました。(Gaikokugo no hitsuyō o *kanjite,* benkyō o hajimemashita.)

kanjiru 〚v II〛 **feel, experience; feel, be struck by**

① [feel, experience]

¶ I had an operation but **I didn't feel** much pain.

② [feel, be struck by, be affected by]

¶ **I realized** the necessity of knowing foreign languages and started studying one.

kanjō **感情**〘名〙

¶あの人は，あまり**感情**を顔に表しません。(Ano hito wa, amari *kanjō* o kao ni arawashimasen.)

¶人間は**感情**の動物です。(Ningen wa *kanjō* no dōbutsu desu.)

kanjō 〚n〛 **feeling, emotion**

¶ [He] doesn't show **[his] feelings** very much in [his] face.

¶ Humans are **emotional** creatures.

kanjō **勘定**〘名，～する〙

kanjō 〚n, *~suru*〛 **counting, calculation, computation; payment, settlement of accounts**

①[計算]

① [counting, calculation, computation]

お金を**勘定**する (okane o *kanjō* suru)

count money

¶箱の中にりんごがいくつあるか**勘定**してください。 (Hako no naka ni ringo ga ikutsu aru ka *kanjō* shite kudasai.)

¶ Please **count** how many apples are in the box.

②[支払い]

② [payment, settlement of accounts]

¶お**勘定**をお願いします。(O*kanjō* o onegai shimasu.)

¶ **The bill,** please.

¶今日の**勘定**はわたしが払います。 (Kyō no *kanjō* wa watashi ga haraimasu.)

¶ I'll pay today (for dinner, etc.).

¶**勘定**を済ませて，ホテルを出ました。 (*Kanjō* o sumasete, hoteru o demashita.)

¶ [I] paid **the bill** and checked out of the hotel.

→**kaikei 会計**

kankei **関係**〘名，～する〙

kankei ⟦n, ~*suru*⟧ **relation, relationship**

¶あなたと上田さんとは，どういう**関係**ですか。 (Anata to Ueda san to wa, dōiu *kankei* desu ka?)

¶ What is your **connection** with [Mr.] Ueda?

¶A国とB国との**関係**が悪化しました。 (Ē-koku to Bii-koku to no *kankei* ga akka shimashita.)

¶ **Relations** worsened between countries A and B.

¶わたしはその会には**関係**していません。 (Watashi wa sono kai ni wa *kankei* shite imasen.)

¶ I **have nothing to do** with that association ⟦club, etc.⟧.

kankō **観光**〘名〙

kankō ⟦n⟧ **sightseeing**

観光地 (*kankō*chi) **観光**バス (*kankō*-basu) **観光**客 (*kankō*kyaku) **観光**旅行 (*kankō*-ryokō)

a **resort** area, a **sightseeing** place // a **sightseeing** bus // **a tourist** // a **sightseeing** trip

¶京都は**観光**都市として有名です。 (Kyōto wa *kankō*-toshi to shite yūmei desu.)

¶ Kyoto is famous as a **tourist** city.

kankyō **環境**〘名〙
社会**環境** (shakai-*kankyō*) 家庭**環境** (katei-*kankyō*) **環境**衛生 (*kankyō*-eisei)
¶子供はよい**環境**で育てなければなりません。 (Kodomo wa yoi *kankyō* de sodatenakereba narimasen.)

kankyō ⟦n⟧ **environment, surroundings**
social **environment** // home **environment** // **environmental** hygiene ⟦sanitation⟧
¶ Children should be raised in a good home **environment.**

kanō **可能**〘名, 形動〙
不**可能** (fu*kanō*)
¶日本語がわからなくても，日本の大学に入ることは**可能**でしょうか。 (Nihongo ga wakaranakute mo, Nihon no daigaku ni hairu koto wa *kanō* deshō ka?)
¶火星に生物が住んでいる**可能**性はほとんどないでしょう。 (Kasei ni seibutsu ga sunde iru *kanō*sei wa hotondo nai deshō.)

kanō ⟦n, adj-v⟧ **possibility, possible**
im**possible,** im**possibility**
¶ **Is it possible** to become a student at a Japanese university even if one doesn't know Japanese?
¶ There is little **chance** of life on Mars.

kanojo **彼女**〘代〙
¶**彼女**はどこへ行きましたか。(*Kanojo* wa doko e ikimashita ka?)
⇨**kare** 彼

kanojo ⟦pron⟧ **she, her**
¶ Where did **she** go?

kansatsu **観察**〘名, ～する〙
¶わたしの子供は虫の**観察**に興味を持っています。 (Watashi no kodomo wa mushi no *kansatsu* ni kyōmi o motte imasu.)
¶植物の生長を**観察**しています。 (Shokubutsu no seichō o *kansatsu* shite imasu.)

kansatsu ⟦n, ～*suru*⟧ **observation**
¶ My children are interested in **observing** insects.
¶ [He] **is studying** the growth of plants.

kansei **完成**〘名, ～する〙
¶わたしの研究も**完成**に近づいてきました。 (Watashi no kenkyū mo *kansei* ni chikazuite kimashita.)

kansei ⟦n, ～*suru*⟧ **completion**
¶ My research is nearing **completion.**

¶この建物は去年の10月に**完成**しました。 (Kono tatemono wa kyonen no jūgatsu ni *kansei* shimashita.)

¶ This building **was completed** in October of last year.

kansetsu **間接**〘名〙

kansetsu ⟦n⟧ **indirectness, indirect**

間接税 (*kansetsu*zei) **間接**話法 (*kansetsu*-wahō) **間接**的な影響 (*kansetsu*teki na eikyō)

an **indirect** tax, **indirect** taxation // **indirect** narration // an **indirect** influence

¶上田さんとは直接話したことはありませんが, 友人を通して**間接**に知っています。 (Ueda san to wa chokusetsu hanashita koto wa arimasen ga, yūjin o tooshite *kansetsu* ni shitte imasu.)

¶ I've never spoken directly with [Mr.] Ueda but I know of [him] **at second hand** through friends.

⇔**chokusetsu** **直接**

kansha **感謝**〘名, ～する〙

kansha ⟦n, ～*suru*⟧ **thanks, gratitude**

¶クラスを代表して, 先生に**感謝**の言葉を述べたいと思います。(Kurasu o daihyō shite, sensei ni *kansha* no kotoba o nobetai to omoimasu.)

¶ Representing the class, I would like to express **our gratitude** to you, sir ⟦ma'am⟧ (said to one's teacher or professor).

¶御親切を心から**感謝**します。(Goshinsetsu o kokoro kara *kansha* shimasu.)

¶ **I am** deeply **grateful** for your kindness to me.

kanshin **感心**〘名, 形動, ～する〙

kanshin ⟦n, adj-v, ～*suru*⟧ **admiration, wonder**

¶まだ子供なのに, よく働いて**感心**ですね。 (Mada kodomo na noni, yoku hataraite *kanshin* desu ne.)

¶ **I'm impressed** at how hard [he] works even though still a child.

¶あの犬は, どろぼうを捕まえた**感心**な犬です。 (Ano inu wa, dorobō o tsukamaeta *kanshin* na inu desu.)

¶ That's **some** dog! It caught a thief.

¶上田さんは山田さんの上手な話し方にたいへん**感心**したようです。(Ueda san wa Yamada san no jōzu na hanashikata ni taihen *kanshin* shita yō desu.)

¶ [Mr.] Ueda seems **to have been** very **impressed** by [Mr.] Yamada's skillful way of talking.

kantan **簡単**〘形動〙

kantan ⟦adj-v⟧ **simple**

①[ものごとが単純・簡略である様子]

① [simple, uncomplicated, brief]

¶時間がないので，**簡単**に説明します。(Jikan ga nai node, *kantan* ni setsumei shimasu.)

¶ Since there isn't much time, [I]'ll explain **briefly.**

¶これは**簡単**な機械ですから，だれにでも動かせますよ。(Kore wa *kantan* na kikai desu kara, dare ni demo ugokasemasu yo.)

¶ This is a **simple** machine that anyone can operate.

→fukuzatsu 複雑

②[ものごとが平易でわかりやすい様子]

② [simple, easy]

¶こんな**簡単**な問題がわからないのですか。(Konna *kantan* na mondai ga wakaranai no desu ka?)

¶ You mean you don't understand this sort of **simple** problem?

¶試験は意外に**簡単**でした。(Shiken wa igai ni *kantan* deshita.)

¶ The test was surprisingly **easy.**

kanzen **完全**〘名, 形動〙

kanzen ⟦n, adj-v⟧ **perfection, perfect, completeness, complete**

完全無欠 (*kanzen*-muketsu) 不**完全** (fu*kanzen*)

absolute perfection // im**perfect,** in**complete**

¶今度の実験は**完全**に失敗しました。(Kondo no jikken wa *kanzen* ni shippai shimashita.)

¶ This experiment was a **complete** failure.

¶この建物はまだ**完全**にでき上がっていません。(Kono tatemono wa mada *kanzen* ni dekiagatte imasen.)

¶ This building is not yet **completely** finished.

kanzume **かん詰め**〘名〙

kanzume ⟦n⟧ **canned goods, canned food**

¶これは牛肉の**かん詰め**です。(Kore wa gyūniku no *kanzume* desu.)

¶ This is **a can** of beef.

⇨-zume -詰め

kao **顔**〘名〙

kao ⟦n⟧ **face**

顔つき (*kao*tsuki) **顔**を洗う (*kao* o arau) 悲しそうな**顔**をする (kanashisō na *kao* o suru)

look, expression (on one's face) // wash **one's face** // **look** sad

¶恥ずかしくて**顔**が真っ赤になりました。(Hazukashikute *kao* ga makka ni narimashita.)

¶ **My face** turned bright red from embarrassment ⟦shame⟧.

¶上田さんはびっくりした**顔**でわたしを見ました。(Ueda san wa bikkuri shita *kao* de watashi o mimashita.)

¶ [Miss] Ueda looked at me with a surprised expression on **[her] face.**

¶**顔**色が悪いですね。どこかぐあいが悪いのですか。 (*Kao*iro ga warui desu ne. Doko ka guai ga warui no desu ka?)

¶ You **look** pale. Do you feel ill?

kara 空〘名〙

kara ⟦n⟧ **empty, vacant**

空びん (*kara*bin) 空箱 (*kara*bako)

an **empty** bottle // an **empty** box

¶この箱は空です。 (Kono hako wa *kara* desu.)

¶ This box is **empty.**

kara から〘助〙

kara ⟦part⟧ **from; after**

①[時・所などの起点を表す]

① [from, at (a given time or place)]

¶学校は8時**から**始まります。(Gakkō wa hachiji *kara* hajimarimasu.)

¶ School starts **at** eight o'clock.

¶うち**から**駅まで歩いて10分です。(Uchi *kara* eki made aruite jippun desu.)

¶ It's a 10-minute walk **from** my home to the station.

¶父は昨日外国**から**帰ってきました。(Chichi wa kinō gaikoku *kara* kaette kimashita.)

¶ My father returned home **from** overseas yesterday.

②[経由する所を表す]

② [from, out of (an intermediary place)]

¶わたしの部屋の窓**から**港が見えます。(Watashi no heya no mado *kara* minato ga miemasu.)

¶ You can see the harbor **from** the window of my room.

¶戸のすき間**から**冷たい風が入ってきます。(To no sukima *kara* tsumetai kaze ga haitte kimasu.)

¶ A cold draft is coming in **from** around the door.

③[動作の出どころなどを表す]

③ [from (a source of an action, etc.)]

¶友達**から**お祝いの品物をもらいました。 (Tomodachi *kara* oiwai no

¶ [I] received a present **from** a friend.

shinamono o moraimashita.)

¶わたしは山田先生から日本語を教えていただきました。(Watashi wa Yamada sensei *kara* Nihongo o oshiete itadakimashita.)

¶ I was taught Japanese **by** Professor Yamada.

¶図書館から借りた本をなくしてしまいました。(Toshokan *kara* karita hon o nakushite shimaimashita.)

¶ [I] lost a library book.

④[原料・材料などを表す]

④ [from, out of (some raw material)]

¶日本の酒は米から作ります。(Nihon no sake wa kome *kara* tsukurimasu.)

¶ Japanese *sake* is made **from** rice.

¶石油からいろいろな物が作られます。(Sekiyu *kara* iroiro na mono ga tsukuraremasu.)

¶ Various things can be made **from** petroleum.

⑤[原因・理由・根拠となるものごとを表す]

⑤ [from, out of, due to (some cause or reason)]

¶この事故は運転手の不注意から起こったものです。(Kono jiko wa untenshu no fuchūi *kara* okotta mono desu.)

¶ This accident was caused **by** careless driving.

⑥[順序・順番の初めを表す]

⑥ [from (the beginning or the first one)]

¶このページの1番から順に読んでください。(Kono pēji no ichiban *kara* jun ni yonde kudasai.)

¶ Start reading this page **from** number one.

¶あなたから始めてください。(Anata *kara* hajimete kudasai.)

¶ We'll start **with** you.

⑦[ある動作・作用が終わったあとに他の動作・作用が行われることを表す]

⑦ [after (doing something)]

¶あなたはうちへ帰ってから何をしますか。(Anata wa uchi e kaette *kara* nani o shimasu ka?)

¶ What do you do ⟦will you do⟧ **after** returning home?

¶御飯を食べてからテレビを見ます。(Gohan o tabete *kara* terebi o

¶ [I] watch television **after** eating dinner.

mimasu.)

¶学校(がっこう)を卒業(そつぎょう)してから10年(じゅうねん)たちました。(Gakkō o sotsugyō shite *kara* jūnen tachimashita.)

¶ Ten years have ⟦had⟧ passed **since** [I] graduated from school.

*「動詞（ての形）＋から（kara）」の形で使う。

* Used in the pattern "verb (*-te* form) + *kara*."

kara　から〘助〙

kara ⟦part⟧　**because**

①［前件が理由・根拠をなし後件がその帰結となっているという関係を表す］

① [because; indicates the second clause is a consequence of the first one]

¶暑(あつ)いから，窓(まど)を開(あ)けてください。(Atsui *kara*, mado o akete kudasai.)

¶ It's hot. Please open the window.

¶遅(おそ)くなったから，タクシーで帰(かえ)りましょう。(Osoku natta *kara*, takushii de kaerimashō.)

¶ **As** it's late, let's take a taxi home.

¶危(あぶ)ないから，道路(どうろ)で遊(あそ)んではいけません。(Abunai *kara*, dōro de asonde wa ikemasen.)

¶ One mustn't play in the street **because** it's dangerous.

¶ゆっくりしていては汽車(きしゃ)に乗(の)り遅(おく)れるから，早(はや)く行(い)きなさい。(Yukkuri shite ite wa kisha ni noriokureru *kara*, hayaku ikinasai.)

¶ Go quickly **as** you will miss the train if you don't.

* 後件には，「～でしょう（deshō）」などの推量，「～う［よう］（～u［yō］）」などの意志，「～なさい（nasai）」などの命令，「～てください（～te kudasai）」などの依頼，「～てはいけない（～te wa ikenai）」などの禁止などの主観的な言い方も来る。

* Subjective expressions can also be used in the second clause such as inferences with *deshō*, expressions of intent or will with *-ō* ⟦*-yō*⟧, imperatives with *-nasai*, requests with *-te kudasai*, and prohibitions with *-te wa ikenai*.

→**node　ので**

②［前件の成立する理由や根拠などを後件によって説明するのに使う］

② [because; indicates the first clause is explained by the second clause]

¶山田(やまだ)さんが休(やす)んだのは風邪(かぜ)を引(ひ)いたからです。(Yamada san ga yasunda

¶ [Mrs.] Yamada was absent **because** [she] caught a cold.

no wa kaze o hiita *kara* desu.)

¶みんな夜遅くまで勉強しています。試験が近づいた**から**です。 (Minna yoru osoku made benkyō shite imasu. Shiken ga chikazuita *kara* desu.)

¶ Everyone is studying until late at night. That's **because** exams are approaching.

*「〜からだ (〜kara da)」「〜からです (〜kara desu)」の形で使う。

* Used in the patterns "〜 *kara da*" and "〜 *kara desu*."

karā カラー〖名〗

karā 〚n〛 **color**

カラーテレビ (*karā*-terebi) **カラー**写真 (*karā*-shashin) **カラー**フィルム (*karā*-firumu)

color television // a **color** photo // **color** film

¶あなたのテレビは**カラー**ですか, 白黒ですか。 (Anata no terebi wa *karā* desu ka, shirokuro desu ka?)

¶ Is your television set **color** or black and white?

karada 体〖名〗

karada 〚n〛 **body; health**

①[身体]

① [body]

¶上田さんはずいぶん**体**の大きい人ですね。(Ueda san wa zuibun *karada* no ookii hito desu ne.)

¶ [Mr.] Ueda is **a big man,** isn't he?

¶柔道の練習で**体**じゅうが痛くなりました。(Jūdō no renshū de *karada*jū ga itaku narimashita.)

¶ I ache 〚ached〛 all over **my body** from practicing judo.

②[健康の状態]

② [health]

¶**体**のぐあいが悪いので, 学校を休みました。(*Karada* no guai ga warui node, gakkō o yasumimashita.)

¶ [I] **didn't feel well** so [I] stayed home from school.

¶**体**にはじゅうぶん気をつけてください。 (*Karada* ni wa jūbun ki o tsukete kudasai.)

¶ Please take good care of **yourself.**

karai 辛い〖形〗

karai 〚adj〛 **hot** (taste); **salty**

①[香辛料の味]

① [hot, sharp]

¶そんなにからしをつけたら**辛い**ですよ。(Sonna ni karashi o tsuketara

¶ It will be **very hot** if you put on so much mustard.

karai desu yo.)

¶あの店のカレーは**辛かった**ですね。(Ano mise no karē wa *karakatta* desu ne.)

¶ That restaurant's curry **was really hot,** wasn't it?

②[塩味が強い]

¶この魚料理は**塩辛い**ですね。(Kono sakanaryōri wa shio*karai* desu ne.)

② [salty]

¶ This fish is **very salty,** isn't it?

↔amai 甘い

kare　彼〘代〙

¶**彼**の名前は上田です。　(*Kare* no namae wa Ueda desu.)

⇨kanojo 彼女

kare ⟦pron⟧　**he, his**

¶ **His** name is Ueda.

karendā　カレンダー〘名〙

カレンダーをめくる (*karendā* o mekuru)

¶来月の 15 日は何曜日か,**カレンダー**で調べてください。(Raigetsu no jūgonichi wa naniyōbi ka, *karendā* de shirabete kudasai.)

karendā ⟦n⟧　**calendar**

turn over **a calendar,** tear a sheet off **a calendar**

¶ Please look at **the calendar** and see what day of the week the fifteenth is next month.

kareru　枯れる〘動 II〙

枯れ木 (*kare*ki)　　**枯れ**葉 (*kare*ha)

¶水をやらなかったので，木が**枯れて**しまいました。(Mizu o yaranakatta node, ki ga *karete* shimaimashita.)

kareru ⟦v II⟧　**wither, die**

a **dead** tree // a **dead** leaf

¶ The tree **died** because it hadn't been watered.

kariru　借りる〘動 II〙

金を**借りる** (kane o *kariru*)　部屋を**借りる** (heya o *kariru*)

¶わたしは上田さんから1万円**借りました**。(Watashi wa Ueda san kara ichiman'en *karimashita.*)

¶**借りた**本はあした返します。(*Karita* hon wa ashita kaeshimasu.)

¶電話をお**借り**できますか。(Denwa o o*kari* dekimasu ka?)

kariru ⟦v II⟧　**borrow; hire, rent**

borrow money // **rent** a room

¶ I **borrowed** ten thousand yen from [Miss] Ueda.

¶ Tomorrow I will return the book **I borrowed.**

¶ Do you have a telephone **I could use?**

⇔**kasu** **貸す**

karui **軽い**〘形〙

①[目方が少ない]

¶この荷物は**軽い**から,片手で持てます。(Kono nimotsu wa *karui* kara, katate de motemasu.)

②[たいした程度ではない]

¶上田さんの病気は**軽い**そうです。(Ueda san no byōki wa *karui* sō desu.)

¶子供が大学を卒業したので,わたしの責任も**軽く**なりました。(Kodomo ga daigaku o sotsugyō shita node, watashi no sekinin mo *karuku* narimashita.)

⇔**omoi** **重い**

karui ⟦adj⟧ **light; trifling**

① [light, not heavy]

¶ As this package ⟦luggage, bag⟧ **is light** it can be carried in one hand.

② [trifling, slight]

¶ I hear that [Mrs.] Ueda's illness **isn't serious.**

¶ As my children have graduated from college, my responsibility has become **lighter.**

kasa **かさ**〘名〙

雨**がさ** (ama*gasa*) 日**がさ** (hi*gasa*) **かさ**をさす (*kasa* o sasu) **かさ**をひろげる (*kasa* o hirogeru) **かさ**をつぼめる (*kasa* o tsubomeru)

¶電車の中に**かさ**を忘れてきました。(Densha no naka ni *kasa* o wasurete kimashita.)

kasa ⟦n⟧ **umbrella**

a (rain) **umbrella** // a parasol // put up **an umbrella** // open **an umbrella** // close **an umbrella**

¶ I left **my umbrella** in the train.

kasanaru **重なる**〘動 I〙

①[物の上に物がのる]

¶机の上にたくさんの本が**重なってい**ます。(Tsukue no ue ni takusan no hon ga *kasanatte* imasu.)

¶電車が急に止まったので,乗客が**重なって**倒れました。(Densha ga kyū ni tomatta node, jōkyaku ga *kasanatte* taoremashita.)

②[ものごとが次々に起こる]

kasanaru ⟦v I⟧ **be piled up; occur one after another**

① [(things are) piled up]

¶ Many books **are piled up** on the desk.

¶ The train stopped abruptly and the passengers fell over **on top of each other.**

② [(events) occur one after another]

¶あの人は不幸が**重なって**お気の毒ですね。(Ano hito wa fukō ga *kasanatte* okinodoku desu ne.)

¶ Isn't it unfortunate how [he] has suffered **one** misfortune **after another!**

kasaneru **重ねる**〘動Ⅱ〙

①[物の上に物をのせる]

¶寒いからシャツを**重ねて**着ました。(Samui kara shatsu o *kasanete* kimashita.)

②[ものごとを繰り返す]

¶失敗を**重ねました**が，やっと成功しました。(Shippai o *kasanemashita* ga, yatto seikō shimashita.)

kasaneru 〚v II〛 **pile up, lay one on top of another; repeat**

① [pile up, lay one on top of another]

¶ It's cold so [I]'m wearing **two layers** of shirts.

② [repeat]

¶ After **a series** of failures at last [I]'ve succeeded 〚I succeeded〛.

kashi **菓子**〘名〙

菓子屋 (*kashi*ya)

¶このお**菓子**はとてもおいしいです。(Kono o*kashi* wa totemo oishii desu.)

kashi 〚n〛 **sweets, confectionary, cake, pastry**

a **confectionary** store, **candy** store

¶ This **candy** 〚**sweet**〛 is very good.

kashikomarimashita **かしこまりました**〘連〙

¶「この品物を包んでください。」(Kono shinamono o tsutsunde kudasai.) 「はい，**かしこまりました**。」(Hai, *kashikomarimashita.*)

kashikomarimashita 〚compd〛 a set expression of understanding or agreement usually used by an employee toward a customer

¶ "Please wrap this merchandise."

"**Certainly,** sir 〚ma'am〛."

kasu **貸す**〘動Ⅰ〙

本を**貸す** (hon o *kasu*)

¶千円ほど**貸して**くださいませんか。(Sen'en hodo *kashite* kudasaimasen ka?)

¶わたしは田中さんにお金を**貸して**あげました。(Watashi wa Tanaka san ni okane o *kashite* agemashita.)

⇔**kariru** 借りる

kasu 〚v I〛 **lend, loan, rent out**

lend a book

¶ Could you please **lend** me a thousand yen?

¶ I **loaned** [Mr.] Tanaka some money.

kata **肩**〘名〙

肩がこる (*kata* ga koru)　**肩**に担ぐ

kata 〚n〛 **shoulder(s)**

have a stiff **shoulder(s)** // carry on

(*kata* ni katsugu)

¶わたしはおばあさんの**肩**をたたいてあげました。 (Watashi wa obāsan no *kata* o tataite agemashita.)

¶上田さんは胸が厚く，**肩**幅が広いです。(Ueda san wa mune ga atsuku, *kata*haba ga hiroi desu.)

kata 型〔名〕

大**型** (oo*gata*) 小**型** (ko*gata*)

¶この自動車は１９８０年**型**です。 (Kono jidōsha wa senkyūhyaku-hachijūnen*gata* desu.)

¶この洋服は**型**が古いですね。 (Kono yōfuku wa *kata* ga furui desu ne.)

(-)kata (-)方〔名，尾〕

1〔名〕

¶あの**方**はどなたですか。 (Ano *kata* wa donata desu ka?)

¶上田さんという**方**がいらっしゃいました。 (Ueda san to iu *kata* ga irasshaimashita.)

* 人を丁寧に呼ぶときの言葉。

2〔尾〕

話し**方** (hanashi*kata*) 泳ぎ**方** (oyogi*kata*) 教え**方** (oshie*kata*)

¶この漢字の読み**方**がわかりません。 (Kono kanji no yomi*kata* ga wakarimasen.)

katachi 形〔名〕

四角い**形**をした入れ物 (shikakui *katachi* o shita iremono)

¶あの山は富士山のような**形**をしています。 (Ano yama wa Fujisan no yō na *katachi* o shite imasu.)

one's shoulder

¶ I massaged my grandmother's **shoulders** by hitting them lightly with my fists.

¶ Mr. Ueda is thick-chested and broad-**shouldered.**

kata ⟦n⟧ **model, pattern, make, style**

large-**size,** king-**size,** over**size** // small-**size,** pocket-**size,** miniature

¶ This is a **1980** car.

¶ **The cut** of this piece of clothing is old-fashioned.

(-)kata ⟦n, suf⟧ **person; method, way of doing something**

1 ⟦n⟧ person

¶ Who is that **gentleman** ⟦**lady**⟧?

¶ **A** [Mr.] Ueda is here ⟦came⟧.

* Used to refer to persons politely; the polite form of *hito*.

2 ⟦suf⟧ method, way of doing something

way of speaking // **way** of swimming, **how to** swim // **method** of teaching, **how to** teach

¶ [I] don't know **the reading** for this *kanji*.

katachi ⟦n⟧ **shape, form**

a square container

¶ That mountain is similar **in shape** to Mount Fuji.

¶上田さんはいろいろな**形**の石を集めています。(Ueda san wa iroiro na *katachi* no ishi o atsumete imasu.)

¶ [Mrs.] Ueda collects rocks of various **shapes.**

katai　堅い〖形〗

katai ⟦adj⟧ **hard, stiff; steady, reliable, upright**

①[材質などがしっかりしている様子]

① [hard, stiff, tough]

¶この机は**堅い**木で作ってあります。(Kono tsukue wa *katai* ki de tsukutte arimasu.)

¶ This desk is made of **hard** wood.

¶このくつの革は**堅い**ですね。(Kono kutsu no kawa wa *katai* desu ne.)

¶ The leather of these shoes **is stiff.**

②[まじめである様子，まちがいなどない様子]

② [steady, reliable, upright, serious, dry]

堅い人 (*katai* hito)

a **reliable** ⟦**upright, unbending, straitlaced**⟧ person

¶パーティーですから，**堅い**話ではなくおもしろい話をしてください。(Pātii desu kara, *katai* hanashi de wa naku omoshiroi hanashi o shite kudasai.)

¶ This is a party so please talk about something interesting and less **dry** ⟦**serious**⟧.

katai　固い〖形〗

katai ⟦adj⟧ **firm, steady; tight; stubborn; hard**

①[しっかりとして変わらない様子]

① [firm, steady, strong]

¶わたしは上田さんと**固い**約束をしました。(Watashi wa Ueda san to *katai* yakusoku o shimashita.)

¶ I made a **firm** promise to [Mr.] Ueda.

¶もう，お酒を飲まないと**固く**決心しました。(Mō, osake o nomanai to *kataku* kesshin shimashita.)

¶ I have made a **firm** resolution not to drink anymore.

②[力が入ってゆるみのない様子]

② [tight, with no looseness]

固い握手 (*katai* akushu)　**固く**結ぶ (*kataku* musubu)

a **firm** handshake // tie **tightly**

¶この荷物のひもを**固く**しばってください。(Kono nimotsu no himo o *kataku* shibatte kudasai.)

¶ Please tie up this parcel **tightly.**

③[融通のきかない様子，がんこな様子]

③ [stubborn, obstinate]

¶山田さんは頭の固い人です。 (Yamada san wa atama no *katai* hito desu.)

¶ [Mr.] Yamada is quite **stubborn.**

④[やわらかくない様子]

④ [hard, not soft]

¶パンが**かたく**なってしまいました。 (Pan ga *kataku* natte shimaimashita.)

¶ The bread has gotten **hard.**

katai **硬い**〚形〛

katai 〚adj〛 **hard**

¶ダイヤモンドは非常に**硬い**物質です。 (Daiyamondo wa hijō ni *katai* busshitsu desu.)

¶ A diamond is an extremely **hard** substance.

katakana **片仮名**〚名〛

katakana 〚n〛 **the *katakana* syllabary for writing Japanese**

¶外国語を日本語で書き表す場合は，**片仮名**で書きます。 (Gaikokugo o Nihongo de kakiarawasu baai wa, *katakana* de kakimasu.)

⇨**kana 仮名 hiragana 平仮名**

¶ In the Japanese language foreign words are written with ***katakana.***

katamaru **固まる**〚動Ⅰ〛

katamaru 〚v I〛 **become hard, harden, solidify, congeal**

¶このセメントはすぐ**固まります。** (Kono semento wa sugu *katamarimasu.*)

¶ This cement **hardens** quickly.

katameru **固める**〚動Ⅱ〛

katameru 〚v II〛 **harden, make hard; strengthen**

①[粉や土などをかたくする]

① [harden, make hard]

¶この人形は土を**固めて**作ったものです。 (Kono ningyō wa tsuchi o *katamete* tsukutta mono desu.)

¶ This doll is made of **hardened** earth.

②[しっかりとしたものにする]

② [strengthen]

¶わたしは国へ帰る決心を**固めました。** (Watashi wa kuni e kaeru kesshin o *katamemashita.*)

¶ I am 〚was〛 **firmly** resolved to return to my native country.

katamichi **片道**〚名〛

katamichi 〚n〛 **one-way**

片道切符 (*katamichi*-kippu)

a **one-way** ticket

¶小学生のころ**片道**5キロの道を毎日歩いて通いました。 (Shōgakusei no

¶ When in elementary school, [I] walked to school every day, a trip koro *katamichi* gokiro no michi o mainichi aruite kayoimashita.)

⇔**ōfuku** 往復

of five kilometers **each way.**

katamuku 傾く〔動Ⅰ〕

①[斜めになる]

¶地震で家が**傾いて**しまいました。(Jishin de ie ga *katamuite* shimaimashita.)

¶この柱は10度も**傾いて**います。(Kono hashira wa jūdo mo *katamuite* imasu.)

②[太陽や月が地平線に近づく]

¶太陽が西に**傾いて**きました。(Taiyō ga nishi ni *katamuite* kimashita.)

katamuku ⟦v I⟧ **tilt, slant; sink, set**

① [tilt, slant, incline]

¶ The house **is tilting** as a result of the earthquake.

¶ This pillar **is slanting** at an angle of 10 degrees.

② [sink, set]

¶ The sun **is** ⟦**was**⟧ **low** in the west.

katazukeru かたづける〔動Ⅱ〕

①[整理してきちんとする]

¶机の上を**かたづけなさい**。(Tsukue no ue o *katazukenasai.*)

②[処理すべきものごとをやってしまう]

¶わたしはこの仕事を**かたづけて**から帰ります。(Watashi wa kono shigoto o *katazukete* kara kaerimasu.)

katazukeru ⟦v II⟧ **put in order, straighten up; dispose of, finish up**

① [put in order, straighten up, put away, clear off]

¶ **Tidy up** your desk.

② [dispose of, finish up]

¶ I will go home after I **finish up** this piece of work.

katei 家庭〔名〕

家庭を持つ (*katei* o motsu) **家庭**教師 (*katei*-kyōshi) **家庭**教育 (*katei*-kyōiku)

¶上田さんのうちはたいへん明るい**家庭**です。(Ueda san no uchi wa taihen akarui *katei* desu.)

¶上田さんの奥さんはとても**家庭**的な方です。(Ueda san no okusan wa totemo *katei*teki na kata desu.)

katei ⟦n⟧ **home, family, household**

be married and settled down // a tutor, private teacher // **home** training

¶ [Mr.] Ueda has a very happy **home.**

¶ Mr. Ueda's wife is a very **domestic** woman.

kāten カーテン〔名〕

kāten ⟦n⟧ **curtains**

カーテンを掛ける (*kāten* o kakeru) カーテンを引く (*kāten* o hiku)
hang up **curtains** // pull **a curtain** closed

¶窓に白いレースの**カーテン**が掛かっています。(Mado ni shiroi rēsu no *kāten* ga kakatte imasu.)
¶ There are white lace **curtains** hanging at the window(s).

katsu **勝つ**〖動I〗
katsu ⟦v I⟧ **win**

¶わたしたちはその試合に4対3で**勝ちました**。(Watashitachi wa sono shiai ni yon tai san de *kachimashita.*)
¶ We **won** that match by a score of 4 to 3.

⇔**makeru 負ける**

katsudō **活動**〖名, ～する〗
katsudō ⟦n, ~*suru*⟧ **activity, activities**

政治**活動** (seiji-*katsudō*) **活動**的な人 (*katsudō*teki na hito)
political **activity** // an **active** ⟦**energetic**⟧ person

¶この学校は課外**活動**が盛んです。(Kono gakkō wa kagai-*katsudō* ga sakan desu.)
¶ Extracurricular **activities** are popular at this school.

¶休火山が再び**活動**し始めました。(Kyūkazan ga futatabi *katsudō* shihajimemashita.)
¶ A dormant volcano has become **active** once again.

katte **勝手**〖名〗
katte ⟦n⟧ **kitchen**

¶母は今お**勝手**にいます。(Haha wa ima o*katte* ni imasu.)
¶ My mother is in **the kitchen** now.

⇨**daidokoro 台所**

katte **かって**〖形動〗
katte ⟦adj-v⟧ **one's own convenience, selfishness, willfulness**

¶あの人は自分**かって**なことばかりします。(Ano hito wa jibun*katte* na koto bakari shimasu.)
¶ [He] only acts **to please [him]self** ⟦He never thinks of others⟧.

¶人の物を**かって**に使っては困ります。(Hito no mono o *katte* ni tsukatte wa komarimasu.)
¶ It will not do to help yourself to the possessions of others **as if they were your own.**

kau **買う**〖動I〗
kau ⟦v I⟧ **buy**

¶わたしは八百屋で野菜を**買いました**。(Watashi wa yaoya de yasai o
¶ I **bought** vegetables at the vegetable store.

kaimashita.)

¶わたしはデパートへ服を**買い**に行きます。 (Watashi wa depāto e fuku o *kai* ni ikimasu.)

¶ I am going to the department store **to buy** some clothes.

¶ノートを**買いたい**のですが，どこで売っていますか。 (Nōto o *kaitai* no desu ga, doko de utte imasu ka?)

¶ **I want to buy** a notebook—where are they sold?

⇔**uru 売る**

kau **飼う**〘動 I〙

kau ⟦v I⟧ **raise, rear**

¶わたしのうちでは，ねこを**飼って**います。(Watashi no uchi de wa, neko o *katte* imasu.)

¶ We **keep** a cat ⟦cats⟧ at my home.

kawa **川**〘名〙

kawa ⟦n⟧ **river, stream**

ナイル川 (Nairu*gawa*) 川幅 (*kawa*-haba)

the Nile **River** // the width of **a river**

¶家の前に**川**が流れています。 (Ie no mae ni *kawa* ga nagarete imasu.)

¶ There is **a river** ⟦**stream**⟧ running in front of the house.

¶川岸にホテルが１軒建っています。 (*Kawa*gishi ni hoteru ga ikken tatte imasu.)

¶ There is a single hotel standing on the **river**bank.

kawa **皮**〘名〙

kawa ⟦n⟧ **skin, hide, fur, peel, shell**

毛皮 (ke*gawa*)

fur

¶みかんは**皮**をむいて食べます。 (Mikan wa *kawa* o muite tabemasu.)

¶ **One peels** a mandarin orange before eating it.

kawa **革**〘名〙

kawa ⟦n⟧ **leather**

革ぐつ (*kawa*gutsu) 革のカバン (*kawa* no kaban)

leather shoes // a **leather** bag ⟦briefcase, suitcase, etc.⟧

¶このベルトは**革**でできています。 (Kono beruto wa *kawa* de dekite imasu.)

¶ This belt is made of **leather.**

kawaigaru **かわいがる**〘動 I〙

kawaigaru ⟦v I⟧ **love, pet, show affection to, be attached to**

¶おじいさんはわたしをとても**かわいがって**くれました。 (Ojiisan wa

¶ I **was a special favorite** of my

watashi o totemo *kawaigatte* kuremashita.)

grandfather.

¶上田さんは犬をたいへん**かわいがっ**ています。 (Ueda san wa inu o taihen *kawaigatte* imasu.)

¶ [Mr.] Ueda **is very fond** of [his] dog.

kawaii **かわいい**〔形〕

kawaii [[adj]] **cute, sweet, charming**

¶とても**かわいい**人形ですね。(Totemo *kawaii* ningyō desu ne.)

¶ This is a very **cute** doll, isn't it?

¶田中さんから**かわいい**子犬をもらいました。 (Tanaka san kara *kawaii* koinu o moraimashita.)

¶ I received a **cute** little puppy from [Mrs.] Tanaka.

kawaisō **かわいそう**〔形動〕

kawaisō [[adj-v]] **poor, pitiful, pathetic**

¶両親のいない子供は**かわいそう**です。(Ryōshin no inai kodomo wa *kawaisō* desu.)

¶ Children without parents **are to be pitied.**

¶あの子は**かわいそう**に目が見えないのです。(Ano ko wa *kawaisō* ni me ga mienai no desu.)

¶ **Sadly enough** that child is blind.

kawakasu **乾かす**〔動 I〕

kawakasu [[v I]] **dry, dry out**

¶ぬれた服を火で**乾かしました**。(Nureta fuku o hi de *kawakashimashita.*)

¶ [I] **dried** the wet clothes at the fire.

kawaku **乾く**〔動 I〕

kawaku [[v I]] **dry, become dry**

¶天気がいいので，洗たく物がすぐ**乾きます**。(Tenki ga ii node, sentakumono ga sugu *kawakimasu.*)

¶ As it's a nice day laundry [[the laundry]] will soon **dry.**

kawaku **渇く**〔動 I〕

kawaku [[v I]] **be thirsty**

¶のどが**渇いた**から，水を一杯ください。 (Nodo ga *kawaita* kara, mizu o ippai kudasai.)

¶ **I'm thirsty**—please give me a glass of water.

kawari **代わり**〔名〕

kawari [[n]] **substitute, in place of**

¶父の**代わり**にわたしが来ました。(Chichi no *kawari* ni watashi ga kimashita.)

¶ I've come **in place of** my father.

¶上田先生が病気なので，**代わり**に山田先生が教えてくださいました。(Ueda sensei ga byōki na node, *kawari* ni Yamada sensei ga oshiete kudasaimashita.)

¶ Professor Ueda was sick so Professor Yamada taught **in [his] place.**

kawari　替わり〘名〙

kawari ⟦n⟧　another helping, a refill

¶あまりおいしかったので，コーヒーのお**替わり**をしました。(Amari oishikatta node, kōhii no o*kawari* o shimashita.)

¶ As it was so good, I had **another cup** of coffee.

¶御飯のお**替わり**はいかがですか。(Gohan no o*kawari* wa ikaga desu ka ?)

¶ Would you like **another helping ⟦serving⟧** of rice?

kawaru　代わる〘動 I〙

kawaru ⟦v I⟧　take the place of, replace, substitute for

¶これからのエネルギーは，石油に**代わって**原子力になるでしょう。(Kore kara no enerugii wa, sekiyu ni *kawatte* genshiryoku ni naru deshō.)

¶ In the future nuclear power will probably **replace** oil as our principal source of energy.

＊ 別の人や物が，その役割をする場合に使う。

＊ This *kawaru* is used when a different person or thing substitutes in or fulfills a given function or role.

kawaru　替わる〘動 I〙

kawaru ⟦v I⟧　change

¶最近，あの会社は経営者が**替わりました**。(Saikin, ano kaisha wa keieisha ga *kawarimashita.*)

¶ The manager ⟦chief executive⟧ of that company **has changed** recently.

＊ ある地位や役割を占めていた人がほかの人と交替する場合に使う。

＊ This *kawaru* is used when a person holding a certain position or role is replaced by someone else.

kawaru　変わる〘動 I〙

kawaru ⟦v I⟧　change

¶信号が赤から青に**変わりました**。(Shingō ga aka kara ao ni *kawarimashita.*)

¶ The light **changed** from red to green.

¶このごろのお天気は**変わりやすい**です。(Konogoro no otenki wa *kawariyasui* desu.)

¶ The weather **is very changeable** lately.

＊前の状態とは違った状態になる場合に使う。

＊This *kawaru* is used when the existing situation or condition has changed to a new one.

kawase　為替〘名〙

¶お金を**為替**にして送りました。(Okane o *kawase* ni shite okurimashita.)

kawase 〚n〛 **money order,** (currency) **exchange**

¶ [I] sent the money by **money order.**

kayō(bi)　火曜(日)〘名〙

kayō(bi) 〚n〛 **Tuesday**

kayou　通う〘動 I〙

①[何度も同じ所を通る]

¶わたしは自転車で学校に**通って**います。(Watashi wa jitensha de gakkō ni *kayotte* imasu.)

¶わたしの生まれた所は，バスも**通わない**ほどの田舎です。(Watashi no umareta tokoro wa, basu mo *kayowanai* hodo no inaka desu.)

②[心が通じる]

¶お互いの心が**通い**合っていなければ，いっしょに生活できません。(Otagai no kokoro ga *kayoi*atte inakereba, issho ni seikatsu dekimasen.)

kayou 〚v I〛 **commute, run** (between); **be conveyed**

① [commute, visit frequently, go to and from, run (between)]

¶ I **commute** to school by bicycle.

¶ My birthplace is in such an out-of-the-way place that it **isn't** even **served by** a bus.

② [be conveyed, be communicated]

¶ People can't live together if they can't **understand** each other's feelings.

kayui　かゆい〘形〙

¶虫に刺された所が**かゆい**ので，薬をつけました。(Mushi ni sasareta tokoro ga *kayui* node, kusuri o tsukemashita.)

¶夏は汗をかくので，体が**かゆく**なります。(Natsu wa ase o kaku node, karada ga *kayuku* narimasu.)

kayui 〚adj〛 **itchy**

¶ As the spot where I had been bitten 〚stung〛 by an insect **itched,** I put on some medicine.

¶ One's body becomes **itchy** in the summer when one sweats a lot.

kazan　火山〘名〙

¶日本には**火山**がたくさんあります。(Nihon ni wa *kazan* ga takusan arimasu.)

kazan 〚n〛 **volcano**

¶ There are many **volcanoes** in Japan.

kazari　飾り〘名〙

kazari 〚n〛 **ornament, decoration**

首飾り (kubi*kazari*)

a necklace

¶町はお祭りのための**飾り**でいっぱいです。(Machi wa omatsuri no tame no *kazari* de ippai desu.)

¶ There are **decorations** up all over town for the festival.

kazaru 飾る〔動 I〕

kazaru [[v I]] **decorate, ornament**

¶客が来るので，部屋に花を**飾りました**。(Kyaku ga kuru node, heya ni hana o *kazarimashita.*)

¶ [I] **put** flowers **out** in the room because a guest was coming.

¶部屋をきれいに**飾って**，ダンス・パーティーをしました。(Heya o kirei ni *kazatte,* dansu-pātii o shimashita.)

¶ [We] **decorated** the room nicely and had a dance party.

kaze 風〔名〕

kaze [[n]] **wind, breeze, draft**

風が吹く (*kaze* ga fuku) 風がやむ (*kaze* ga yamu)

the wind blows // **the wind** dies down

¶午前中は**風**が強かったが，午後からは弱くなりました。(Gozenchū wa *kaze* ga tsuyokatta ga, gogo kara wa yowaku narimashita.)

¶ **The wind** was strong during the morning but fell off in the afternoon.

kaze 風邪〔名〕

kaze [[n]] **a cold, the flu**

風邪薬 (*kaze*gusuri)

cold medicine

¶ゆうべ寒かったので，**風邪**を引いてしまいました。(Yūbe samukatta node, *kaze* o hiite shimaimashita.)

¶ It was cold last night and [I] caught **a cold.**

kazoeru 数える〔動 II〕

kazoeru [[v II]] **count**

数を**数える** (kazu o *kazoeru*)

to count

¶日本語で1から10まで**数えて**ください。(Nihongo de ichi kara jū made *kazoete* kudasai.)

¶ Please **count** from one to ten in Japanese.

¶本は1冊，2冊と**数えます**。(Hon wa issatsu, nisatsu to *kazoemasu.*)

¶ Books **are counted** *issatsu*, *nisatsu*, and so on in Japanese.

kazoku 家族〔名〕

kazoku [[n]] **family**

家族制度 (*kazoku*-seido) 大家族 (dai*kazoku*) 核家族 (kaku*kazoku*)

the **family** system // an extended **family** // a nuclear **family**

¶御家族の皆さんはお元気ですか。(Go*kazoku* no minasan wa ogenki desu ka?)

¶ How is **your family?**

¶夏休みには家族そろって旅行するつもりです。 (Natsuyasumi ni wa *kazoku* sorotte ryokō suru tsumori desu.)

¶ I plan to take a trip with the whole **family** during summer vacation.

kazu 数〘名〙

kazu [[n]] **number**

数を数える (*kazu* o kazoeru)

to count

¶自動車の数が年ごとに増えています。(Jidōsha no *kazu* ga toshigoto ni fuete imasu.)

¶ **The number** of cars on the roads increases each year.

¶数多くの人がその意見に賛成しています。(*Kazu* ooku no hito ga sono iken ni sansei shite imasu.)

¶ **A great many** people have expressed their agreement with that view.

ke 毛〘名〙

ke [[n]] **hair, feather, fur; wool**

①[動物の体や頭などに生える細かい糸のような物]

① [hair, feather, fur, down]

髪の毛 (kamino*ke*) 毛が生える (*ke* ga haeru) 毛が抜ける (*ke* ga nukeru) 毛深い (*ke*bukai)

(human) **hair** // **hair** grows in // **hair** falls out, lose **one's hair** // be **hairy**

¶このブラシは豚の毛でできています。(Kono burashi wa buta no *ke* de dekite imasu.)

¶ This brush is made from hog **bristles.**

②[織物などの原料としての羊毛，またそれで作ったもの]

② [wool]

毛織物 (*ke*orimono) 毛糸 (*ke*ito)

woolen cloth, **woolen** goods // **woolen** yarn, knitting yarn

¶毛のシャツはとても暖かいです。(*Ke* no shatsu wa totemo atatakai desu.)

¶ **Wool** shirts are very warm.

kechi けち〘形動〙

kechi [[adj-v]] **stingy, miserly**

¶あの人はけちだから，お金を貸してくれないと思います。(Ano hito wa *kechi* da kara, okane o kashite

¶ I don't think [he] will loan [us] any money because [he]'s **so stingy.**

kurenai to omoimasu.)

¶人間は，お金がたまるとますますけちになると言われています。(Ningen wa, okane ga tamaru to masumasu *kechi* ni naru to iwarete imasu.)

¶ It's said that people become **stingier** the more money they have.

kedo ☞ **keredomo**

kega けが〖名，～する〗

けが人 (*kega*nin)　大けが (oo*kega*)

¶転んで足にけがをしました。(Koronde ashi ni *kega* o shimashita.)

¶彼はけがが原因で死にました。(Kare wa *kega* ga gen'in de shinimashita.)

kega ⟦n, *~suru*⟧ **injury, wound**

an **injured** person, the wounded // a serious **injury**

¶ [I] fell and **hurt** [my] leg ⟦foot⟧.

¶ He died of **his wound(s).**

-kei -系〖尾〗

文科系 (bunka*kei*)　理科系 (rika*kei*)　太陽系 (taiyō*kei*)　日系人 (nik*kei*-jin)

-kei ⟦suf⟧ **system; descent; faction, clique**

of ⟦**a graduate of**⟧ the department of liberal arts // **of** ⟦**a graduate of**⟧ the science department // the solar **system** // a person of Japanese **descent** (and born outside of Japan)

keiei 経営〖名，～する〗

経営者 (*keiei*sha)　個人経営 (kojin-*keiei*)　多角経営 (takaku*keiei*)　経営学 (*keiei*gaku)

¶この町には中国人経営のレストランが３軒あります。(Kono machi ni wa Chūgokujin *keiei* no resutoran ga sangen arimasu.)

¶上田さんはホテルを経営しています。(Ueda san wa hoteru o *keiei* shite imasu.)

keiei ⟦n, *~suru*⟧ **management, administration, operation**

a manager, executive, operator, proprietor // private **management** // multiple **operation** // business **administration**

¶ There are three restaurants under Chinese **management** in this town.

¶ [Mr.] Ueda **runs** a hotel.

keikaku 計画〖名，～する〗

計画経済 (*keikaku*-keizai)　計画者 (*keikaku*sha)　都市計画 (toshi-*keikaku*)

¶政府は経済５か年計画を立てました。

keikaku ⟦n, *~suru*⟧ **plan, project, scheme**

a **planned** economy // **a promoter, planner** // city **planning**

¶ The government drew up a five-

(Seifu wa keizai gokanen *keikaku* o tatemashita.)
year economic **plan.**

¶研究は**計画**どおりに進んでいます。(Kenkyū wa *keikaku* doori ni susunde imasu.)
¶ Research is proceeding according to **plan** ⟦**schedule**⟧.

¶この犯罪は**計画**的に行われたようですね。(Kono hanzai wa *keikaku*teki ni okonawareta yō desu ne.)
¶ It appears that this was a **premeditated** crime.

keikan **警官**〘名〙
keikan ⟦n⟧ **police officer, policeman, the police**

婦人**警官** (fujin-*keikan*) **警官**隊 (*keikan*tai)
policewoman // **police** force ⟦squad⟧

¶どろぼうは**警官**に捕まりました。(Dorobō wa *keikan* ni tsukamarimashita.)
¶ The thief was caught by **the police.**

¶道がわからないときは**警官**に尋ねます。(Michi ga wakaranai toki wa *keikan* ni tazunemasu.)
¶ [I] ask **a policeman** when [I] don't know the way.

⇨**omawarisan** **お巡りさん**

keiken **経験**〘名, 〜する〙
keiken ⟦n, *~suru*⟧ **experience**

経験がある (*keiken* ga aru) **経験**がない (*keiken* ga nai) **経験**が深い (*keiken* ga fukai) **経験**を積む (*keiken* o tsumu)
have **experience,** be experienced // have no **experience,** be inexperienced // have much ⟦extensive⟧ **experience** // gain **experience,** add to **one's experience**

¶わたしはまだ日本で生活した**経験**はありません。(Watashi wa mada Nihon de seikatsu shita *keiken* wa arimasen.)
¶ I don't yet have **any experience** of life in Japan.

¶わたしは外国に行った時, 言葉がわからなくてつらい**経験**をしました。(Watashi wa gaikoku ni itta toki, kotoba ga wakaranakute tsurai *keiken* o shimashita.)
¶ Not knowing the language(s), I had painful **experiences** when I went abroad.

keikō **傾向**〘名〙
keikō ⟦n⟧ **tendency, inclination**

¶都市の人口は次第に増える**傾向**にあ
¶ There is **a tendency** for the

ります。(Toshi no jinkō wa shidai ni fueru *keikō* ni arimasu.)
¶あの人は何でも大げさに言う**傾向**があります。(Ano hito wa nan demo oogesa ni iu *keikō* ga arimasu.)

population of cities to gradually increase.
¶ [He] **tends** to exaggerate everything.

keikōtō **けい光燈**〘名〙
¶最近では，どの家庭でも**けい光燈**を使っています。(Saikin de wa, dono katei demo *keikōtō* o tsukatte imasu.)

keikōtō 〚n〛 **a fluorescent light**
¶ Recently all households have come to use **fluorescent lights.**

keisan **計算**〘名，～する〙
計算が合う (*keisan* ga au) **計算**を間違える (*keisan* o machigaeru) **計算**が早い (*keisan* ga hayai)
¶山田さんはこんな易しい**計算**もできません。 (Yamada san wa konna yasashii *keisan* mo dekimasen.)
¶一か月の食費がどのくらいになるか**計算**してください。 (Ikkagetsu no shokuhi ga dono kurai ni naru ka *keisan* shite kudasai.)

keisan 〚n, ~*suru*〛 **calculation, computation, accounts**
the figures add up, **the figures** prove to be correct // miscalculate, do **a sum** wrong // be quick at **figures**
¶ [Mr.] Yamada can't do even a simple **calculation** like this one.
¶ Please **calculate** how much one month's food expenses come to.

keisatsu **警察**〘名〙
警察官 (*keisatsu*kan) **警察**署 (*keisatsu*sho) **警察**犬 (*keisatsu*ken)
¶お金を拾ったので，**警察**に届けました。(Okane o hirotta node, *keisatsu* ni todokemashita.)

keisatsu 〚n〛 **the police**
a **police** officer // a **police** station // a **police** dog
¶ [I] found some money and turned it over to **the police.**

keishiki **形式**〘名〙
①[ものごとを行うときの一定の型]
¶この小説は手紙の**形式**で書かれています。 (Kono shōsetsu wa tegami no *keishiki* de kakarete imasu.)
②[ものごとの内容の伴わない表面的なあり方]

keishiki 〚n〛 **form, formalities; external form**
① [form, formalities]
¶ This novel is written in **the form** of a series of letters.
② [external form]

形式的 (*keishiki*teki)

formal, a matter of **form**

¶形式よりも内容が大切です。 (*Keishiki* yori mo naiyō ga taisetsu desu.)

¶ Content is more important than **external form** [Substance is more important than **form**].

keito 毛糸〖名〗

keito [[n]] **woolen yarn, knitting wool**

¶毛糸で編んだくつ下は暖かいですね。(*Keito* de anda kutsushita wa atatakai desu ne.)

¶ Knitted **wool** socks are warm, aren't they?

keiyaku 契約〖名, ～する〗

keiyaku [[n, *~suru*]] **contract, agreement**

契約書 (*keiyaku*sho) 契約を結ぶ (*keiyaku* o musubu) 契約を守る (*keiyaku* o mamoru) 契約を破る (*keiyaku* o yaburu)

a (written) **contract** // conclude **a contract** // abide by **a contract** // break **a contract**

¶一か月二万円で家を借りる契約をしました。(Ikkagetsu niman'en de ie o kariru *keiyaku* o shimashita.)

¶ [I] signed **a contract** to rent a house for twenty thousand yen a month.

¶来年の3月で契約が切れます。(Rainen no sangatsu de *keiyaku* ga kiremasu.)

¶ **The contract** expires in March of next year.

keizai 経済〖名〗

keizai [[n]] **economy, economics; finance; saving, economy**

①[社会生活に必要なものを生産したり分配したり消費したりする活動]

① [economy, economics]

¶第二次大戦後，日本の経済は大きく発展しました。 (Dainiji-taisengo, Nihon no *keizai* wa ookiku hatten shimashita.)

¶ Japan's **economy** made great strides after World War II.

②[お金のやりくり，財政状態]

② [finance]

¶田中さんは今仕事がないので，経済的に苦しいようです。(Tanaka san wa ima shigoto ga nai node, *keizai*teki ni kurushii yō desu.)

¶ As [Mr.] Tanaka is presently out of work, it seems [he]'s having a hard time **financially.**

③[お金などがあまりかからないこと]

③ [saving, economy]

¶タクシーよりも電車のほうが経済的です。 (Takushii yori mo densha

¶ The train is more **economical** than a taxi.

no hō ga *keizai*teki desu.)

kekka **結果**〘名〙

¶試験の**結果**はいつ発表されますか。(Shiken no *kekka* wa itsu happyō saremasu ka?)

¶長い間努力した**結果**，ついに実験に成功しました。(Nagai aida doryoku shita *kekka*, tsuini jikken ni seikō shimashita.)

⇔**gen'in** 原因

kekka ⟦n⟧ **result, outcome**

¶ When will **the results** of the exam be annouced?

¶ Long-term efforts at last **resulted** in the success of the experiment.

kekkō **けっこう**〘副，形動〙

1〘副〙

¶このカメラは古いが，**けっこう**よく撮れます。(Kono kamera wa furui ga, *kekkō* yoku toremasu.)

2〘形動〙

①［よい，立派だ］

¶**けっこう**な贈り物をありがとうございました。(*Kekkō* na okurimono o arigatō gozaimashita.)

②［じゅうぶんだ］

¶「お茶をもう一杯いかがですか。」(Ocha o mō ippai ikaga desu ka?)「もう，**けっこう**です。」(Mō *kekkō* desu.)

kekkō ⟦adv, adj-v⟧ **quite, fairly well; good, fine; well enough, fine as is**

1 ⟦adv⟧ quite, fairly well

¶ This camera is old but works **quite** well.

2 ⟦adj-v⟧

① [good, fine, nice, excellent]

¶ Thank you for the **lovely** present.

② [well enough, fine as is]

¶ "Would you like another cup of (green) tea?"

"No, this is **fine** ⟦No, thank you⟧."

kekkon **結婚**〘名，～する〙

結婚式 (*kekkon*shiki) **結婚**生活 (*kekkon*-seikatsu) **結婚**届 (*kekkon*-todoke) 国際**結婚** (kokusai*kekkon*)

¶上田さんは秋子さんに**結婚**を申し込みました。(Ueda san wa Akiko san ni *kekkon* o mōshikomimashita.)

¶上田さんと秋子さんは来月**結婚**します。(Ueda san to Akiko san wa

kekkon ⟦n, ~*suru*⟧ **marriage**

a **marriage** ceremony, wedding // **married** life // registration of **one's marriage** // **marriage** between those of different nationalities

¶ Mr. Ueda **proposed** to Akiko.

¶ Mr. Ueda and Akiko **are going to get married** next month.

raigetsu *kekkon* shimasu.)

¶御結婚おめでとうございます。(Go*kekkon* omedetō gozaimasu.)

¶ Congratulations on **your marriage.**

kekkyoku 結局〘副〙

kekkyoku 〚adv〛 **finally, ultimately, in the end**

¶いろいろ話し合いましたが，結局いい考えは出てきませんでした。(Iroiro hanashiaimashita ga, *kekkyoku* ii kangae wa dete kimasen deshita.)

¶ We talked about various possibilities but **in the end** had no good ideas.

¶このフットボールの試合は，結局Ａチームが勝ちました。(Kono futtobōru no shiai wa, *kekkyoku* Ē-chiimu ga kachimashita.)

¶ **Ultimately** Team A won this football 〚soccer〛 match.

kemono 獣〘名〙

kemono 〚n〛 **beast, animal, wild animal**

¶あの森にはいろいろな獣がいます。(Ano mori ni wa iroiro na *kemono* ga imasu.)

¶ There are various **wild animals** in that forest.

kemuri 煙〘名〙

kemuri 〚n〛 **smoke, fumes**

たばこの煙 (tabako no *kemuri*)

cigarette **smoke,** tobacco **fumes**

¶工場の煙突から煙が出ています。(Kōjō no entotsu kara *kemuri* ga dete imasu.)

¶ **Smoke** is being emitted from the factory smokestack(s).

ken 券〘名〙

ken 〚n〛 **ticket, coupon, bond**

乗車券 (jōsha*ken*) 定期券 (teiki*ken*) 急行券 (kyūkō*ken*) 入場券 (nyūjō*ken*) 前売り券 (maeuri*ken*) 診察券 (shinsatsu*ken*) 招待券 (shōtai*ken*) 割引券 (waribiki*ken*) 食券 (shok*ken*) 旅券 (ryo*ken*) 株券 (kabu*ken*)

a passenger **ticket** // a commuting **pass,** season **pass** // an express **ticket** // an admission **ticket,** platform **ticket** // an advance **ticket** // a clinic registration **card** // a complimentary **ticket,** invitation **card** (for an exhibition, etc.) // a discount **coupon** // a meal **ticket,** food **coupon** // a passport // a stock **certificate**

¶券を買わなければ入場できません。(*Ken* o kawanakereba nyūjō dekimasen.)

¶ You cannot enter without **a ticket.**

¶音楽会の券が２枚ありますから，いっしょに行きませんか。(Ongakkai no

¶ I have two **tickets** to a concert 〚recital〛. Won't you come with me?

ken ga nimai arimasu kara, issho ni ikimasen ka?)

ken 県〖名〗

広島県 (Hiroshima-*ken*) 県庁 (*ken*-chō) 県知事 (*ken*chiji)

ken [[n]] **prefecture**

Hiroshima **Prefecture** // **prefectural** office // **prefectural** governor

-ken -軒〖尾〗

1軒 (ik*ken*) 3軒 (san*gen*) 6軒 (rok*ken*) 8軒 (hak*ken*) 何軒 (nan*gen*)

¶川の向こうに家が二，三軒見えます。(Kawa no mukō ni ie ga ni-san*gen* miemasu.)

-ken [[suf]] the counter for houses

one **house** // three **houses** // six **houses** // eight **houses** // how many **houses**

¶ Two or three **houses** can be seen on the other side of the river.

kenbutsu 見物〖名，～する〗

¶来週，わたしたちは京都見物に行きます。 (Raishū, watashitachi wa Kyōto-*kenbutsu* ni ikimasu.)

¶今晩，歌舞伎を見物するつもりです。(Konban, kabuki o *kenbutsu* suru tsumori desu.)

kenbutsu [[n, ~*suru*]] **sightseeing, visit**

¶ We are going to go **see the sights** in Kyoto next week.

¶ I plan to **go see** *kabuki* tonight.

kenchiku 建築〖名，～する〗

建築家 (*kenchiku*ka) 建築様式 (*kenchiku*-yōshiki) 建築材料 (*kenchiku*-zairyō) 建築工事 (*kenchiku*-kōji) 建築技術 (*kenchiku*-gijutsu) 建築学 (*kenchiku*gaku) 木造建築 (mokuzō-*kenchiku*) コンクリート建築 (konkuriito-*kenchiku*)

¶古い時代の日本の建築はたいへん美しいです。(Furui jidai no Nihon no *kenchiku* wa taihen utsukushii desu.)

¶このお寺は百年前に建築されたそうです。(Kono otera wa hyakunen mae ni *kenchiku* sareta sō desu.)

kenchiku [[n, ~*suru*]] **construction, building, architecture**

an architect // style of **building, architectural** style // **construction** materials // **construction** work // **construction** techniques // **architecture** // a wooden **building** // a concrete **building**

¶ Ancient Japanese **architecture** is [[Ancient Japanese **buildings** are]] very beautiful.

¶ This temple is said to **have been constructed** a hundred years ago.

kengaku 見学〘名，～する〙

見学旅行 (*kengaku*-ryokō)

¶学校から工場見学に行きました。(Gakkō kara kōjō-*kengaku* ni ikimashita.)

kengaku 〚n, ~*suru*〛 **study by inspection, field trip**

an **inspection** trip, a **study** tour, a **school** trip

¶ [I] went on **a school trip** to a factory.

kenka けんか〘名，～する〙

兄弟げんか (kyōdai-*genka*) 夫婦げんか (fūfu-*genka*)

¶子供たちがけんかをしています。(Kodomotachi ga *kenka* o shite imasu.)

¶わたしは上田さんとけんかしてしまいました。(Watashi wa Ueda san to *kenka* shite shimaimashita.)

kenka 〚n, ~*suru*〛 **quarrel, argument, fight, coming to blows**

a quarrel between brothers // **a quarrel** between husband and wife, domestic **strife**

¶ The children **are arguing** 〚**fighting**〛.

¶ I **quarreled** 〚**had a fight**〛 with [Mrs.] Ueda.

kenkō 健康〘名，形動〙

健康診断 (*kenkō*-shindan) 健康状態 (*kenkō*-jōtai) 健康保険 (*kenkō*-hoken) 健康を害する (*kenkō* o gaisuru)

¶健康にじゅうぶん注意してください。(*Kenkō* ni jūbun chūi shite kudasai.)

¶たばこの吸いすぎは健康に悪いです。(Tabako no suisugi wa *kenkō* ni warui desu.)

¶父はもうすっかり健康を回復しました。(Chichi wa mō sukkari *kenkō* o kaifuku shimashita.)

¶健康な人なら，一日30キロは歩けますよ。(*Kenkō* na hito nara, ichinichi sanjikkiro wa arukemasu yo.)

kenkō 〚n, adj-v〛 **health**

a **physical** checkup, a **medical** examination // the condition of **one's health** // **health** insurance // injure **one's health**

¶ Please take good care **of yourself.**

¶ Smoking too much is bad for **one's health.**

¶ My father is completely **recovered** now.

¶ A person **in good health** should be able to walk 30 kilometers in one day.

kenkyū 研究〘名，～する〙

研究室 (*kenkyū*shitsu) 研究所 (*kenkyū*jo) 研究会 (*kenkyū*kai)

kenkyū 〚n, ~*suru*〛 **study, research, investigation**

a study, office, laboratory // a **re-**

研究費 (*kenkyū*hi)　研究活動 (*kenkyū*-katsudō)

¶最近，わたしたちの国でも日本**研究**が盛んになってきました。 (Saikin, watashitachi no kuni de mo Nihon-*kenkyū* ga sakan ni natte kimashita.)

¶あなたは日本で何を**研究**するつもりですか。(Anata wa Nihon de nani o *kenkyū* suru tsumori desu ka?)

search laboratory, **research** institute // a **study** group, society for the **study** of a certain subject // **research** funds, **research** expenses // **research** activities

¶ Recently **the study** of Japan has become popular in our country.

¶ What do you plan **to study** in Japan?

kenpō　憲法〘名〙

憲法を制定する (*kenpō* o seitei suru)

憲法を改正する (*kenpō* o kaisei suru)

¶5月3日は日本の**憲法**記念日です。(Gogatsu mikka wa Nihon no *kenpō*-kinenbi desu.)

kenpō ⟦n⟧ **a constitution**

establish **a constitution** // revise **a constitution**

¶ The third of May is **Constitution** Day in Japan.

kenri　権利〘名〙

¶第二次大戦後，女性にも男性と同じ**権利**が与えられました。 (Dainiji-taisengo, josei ni mo dansei to onaji *kenri* ga ataeraremashita.)

¶国民は教育を受ける**権利**と義務があります。 (Kokumin wa kyōiku o ukeru *kenri* to gimu ga arimasu.)

⇔**gimu 義務**

kenri ⟦n⟧ **a right, a claim**

¶ After World War II women were granted the same **rights** as men.

¶ Citizens have **the right** and obligation of receiving an education.

kensa　検査〘名，～する〙

検査を受ける (*kensa* o ukeru)　身体**検査** (shintai-*kensa*)

¶この機械は**検査**に合格しています。(Kono kikai wa *kensa* ni gōkaku shite imasu.)

¶わたしは空港で荷物を厳しく**検査**されました。(Watashi wa kūkō de

kensa ⟦n, ~*suru*⟧ **inspection, examination, test**

be **examined** // a physical **examination**, a checkup, a physical

¶ This machine has passed **inspection.**

¶ My bags were subjected to a rigorous **inspection** at the airport.

nimotsu o kibishiku *kensa* saremashita.)

kensetsu **建設**〘名, ～する〙
建設工事 (*kensetsu*-kōji) **建設**費 (*kensetsu*hi) **建設**会社 (*kensetsu*-gaisha)
¶政府は高速道路の**建設**を計画しています。 (Seifu wa kōsoku-dōro no *kensetsu* o keikaku shite imasu.)
¶今年じゅうに10万戸の住宅を**建設**する予定です。(Kotoshijū ni jūman-ko no jūtaku o *kensetsu* suru yotei desu.)

kensetsu 〚n, ～*suru*〛 **construction, erection, building, establishment**
construction work // the cost of **construction, construction** expenses // a **construction** firm
¶ The government is planning **the construction** of an expressway.
¶ One hundred thousand houses are scheduled **to be built** before the year is out.

kenshū **研修**〘名, ～する〙
研修生 (*kenshū*sei) **研修**所 (*kenshū*jo) **研修**期間 (*kenshū*-kikan)
¶あしたから技術**研修**が始まります。 (Ashita kara gijutsu-*kenshū* ga hajimarimasu.)
¶学校を卒業して，すぐ工場で**研修**するつもりです。(Gakkō o sotsugyō shite, sugu kōjō de *kenshū* suru tsumori desu.)

kenshū 〚n, ～*suru*〛 **training, study and training, on-the-job training**
a trainee // an **in-service training** institute // a term of **training**
¶ Technical **training** starts from tomorrow.
¶ I plan to enter **on-the-job training** at a factory soon after graduating from school.

keredomo **けれども**〘助〙
①[前件から当然予想される結果が後件において成立しないという関係を表す]
¶やっと家を建てたのです**けれども**，また引っ越さなければならなくなりました。 (Yatto ie o tateta no desu *keredomo,* mata hikkosanakereba naranaku narimashita.)
¶一生懸命勉強した**けれども**，試験には受かりませんでした。(Isshōken-

keredomo 〚part〛 **but, although; however, nevertheless**
① [but, although, even though; indicates the disappointment in the second clause of what would be expected as a natural result of the first clause]
¶ [We] were finally able to build a house, **but** then [we] had to move again.
¶ **Although** I studied very hard, I

mei benkyō shita *keredomo,* shiken ni wa ukarimasen deshita.)

failed the exam.

②〔前件が後件に対して対比的・対立的な関係にあることを表す〕

② [but, however, nevertheless; indicates that the first clause is in contrast or opposition to the second clause]

¶車を買いたい**けれども**，お金がないので買えません。(Kuruma o kaitai *keredomo,* okane ga nai node kaemasen.)

¶ I want to buy a car **but** can't because I don't have the money.

¶わたしは田中さんを知っています**けれども**，田中さんはわたしを知らないでしょう。(Watashi wa Tanaka san o shitte imasu *keredomo,* Tanaka san wa watashi o shiranai deshō.)

¶ I know [Miss] Tanaka. **However,** [Miss] Tanaka probably doesn't know me.

③〔前件が後件に対する前置きなどの関係にあることを表す〕

③ [but, and; indicates the first clause introduces the second one]

¶もしもし，上田です**けれども**，田中さんはいらっしゃいますか。(Moshi moshi, Ueda desu *keredomo,* Tanaka san wa irasshaimasu ka?)

¶ Hello, this [Mr.] Ueda. Is [Mr.] Tanaka there?

¶すみません**けれど**，上田さんのお宅はどの辺でしょうか。(Sumimasen *keredo,* Ueda san no otaku wa dono hen deshō ka?)

¶ Excuse me. Whereabouts is the Ueda residence?

¶時計を買いたいのです**けれど**，どこの店で買ったらいいでしょうか。(Tokei o kaitai no desu *keredo,* doko no mise de kattara ii deshō ka?)

¶ I want to buy a watch 〚clock〛. Where is a good store to buy it?

¶バスで行こうと思いました**けれども**，あまり天気がいいので，歩いていくことにしました。(Basu de ikō to omoimashita *keredomo,* amari tenki ga ii node, aruite iku koto ni shi-

¶ I thought I would go by bus, **but** it was such a nice day that I decided to walk instead.

mashita.)

④[前件のことがらが後件のことがらに対して共存的な関係にあることを表す]

④ [but, however; indicates the coexistence of the first and second clauses]

¶わたしはテレビも欲しいけれど，ラジオもやはり欲しいです。(Watashi wa terebi mo hoshii *keredo,* rajio mo yahari hoshii desu.)

¶ I want a television **but** I also want a radio.

¶北海道へも行きたいけれど，沖縄へも行ってみたいです。(Hokkaidō e mo ikitai *keredo,* Okinawa e mo itte mitai desu.)

¶ I want to go to Hokkaido **but** I'd also like to go to Okinawa.

＊「けれど (keredo)」「けども (kedomo)」「けど (kedo)」とも言う。

* Variants: *keredo*, *kedomo*, and *kedo*.

⇨**ga** が

keredomo けれども〘助〙

keredomo ⟦part⟧ **but**

①[ものごとをはっきり断定的に言うのを避けて柔らかく言い相手の反応を待つ気持ちを表す]

① [but; employed to soften one's speech and avoid saying something directly and conclusively and also to indicate that one is awaiting the listener's response]

¶あなたがどういう意味でおっしゃっているのかわからないんですけれども。(Anata ga dōiu imi de osshatte iru no ka wakaranai n desu *keredomo.*)

¶ I'm not sure what you mean by that... (omitted: please make it clearer, etc.).

¶あの方のお名前が思い出せないんですけれども。(Ano kata no onamae ga omoidasenai n desu *keredomo.*)

¶ I can't remember that person's name... (omitted: could you tell me what it is?).

②[望ましいことがらの成立を願う気持ちや実現しなかったことがらを回想してそれが成立していればどんなによかったかというような気持ちを表す]

② [but; used to express the wish that something could happen or to express how nice it would have been if something could have been realized]

¶父が生きていたら，大学へも行けたんですけれども。(Chichi ga ikite itara, daigaku e mo iketa n desu *keredomo.*)

¶ If my father had lived I could have gone to college... (omitted: **but** he died and I couldn't).

¶試験に合格していればいいのです**けれども**。(Shiken ni gōkaku shite ireba ii no desu *keredomo.*)

¶ [I] hope [I] passed the exam (omitted: **but** I'm not sure I did).

＊「けれど (keredo)」「けども (kedomo)」「けど (kedo)」とも言う。

＊ Variants: *keredo*, *kedomo*, and *kedo*.

⇨**ga が**

keredomo けれども〘接〙

keredomo ⟦conj⟧ **however, but**

¶わたしは田中さんを知っています。**けれども**，田中さんはわたしを知らないでしょう。(Watashi wa Tanaka san o shitte imasu. *Keredomo,* Tanaka san wa watashi o shiranai deshō.)

¶ I know [Mr.] Tanaka. **However,** [Mr.] Tanaka probably doesn't know me.

¶わたしは大学へ行きたいんです。**けれども**，お金がないんです。(Watashi wa daigaku e ikitai n desu. *Keredomo,* okane ga nai n desu.)

¶ I want to go to college. **However,** I don't have the money for it.

＊ 前のことがらを受けて，それから予想される結果に合わないことや対比的・対立的なことなどをあとに言うときに使う。「けれど (keredo)」「けども (kedomo)」「けど (kedo)」とも言う。

＊ *Keredomo* is used when the second sentence doesn't agree with what would be expected to follow the first sentence or when it is in contrast or opposition to it. Variants are *keredo*, *kedomo*, and *kedo*.

⇨**shikashi しかし**

keru ける〘動 I〙

keru ⟦v I⟧ **kick**

¶ボールを**けって**遊びましょう。(Bōru o *kette* asobimashō.)

¶ Let's play **kicking** the ball.

¶上田さんは馬に**けられて**，けがをしました。 (Ueda san wa uma ni *kerarete*, kega o shimashita.)

¶ [Mr.] Ueda was injured when [he] **was kicked** by a horse.

kesa 今朝〘名〙

kesa ⟦n⟧ **this morning**

¶わたしは**今朝**6時に起きました。(Watashi wa *kesa* rokuji ni okimashita.)

¶ I got up at six o'clock **this morning.**

keshigomu 消しゴム〔名〕

¶間違えた字を消しゴムで消しました。(Machigaeta ji o *keshigomu* de keshimashita.)

keshigomu [[n]] (rubber) **eraser**

¶ [I] erased the mistaken letter with **an eraser.**

keshiki 景色〔名〕

¶北海道には景色のいい所がたくさんあります。(Hokkaidō ni wa *keshiki* no ii tokoro ga takusan arimasu.)

¶ここから見る富士山の景色は本当にすばらしいです。(Koko kara miru Fujisan no *keshiki* wa hontō ni subarashii desu.)

keshiki [[n]] **scenery, view**

¶ There is much beautiful **scenery** in Hokkaido.

¶ **The view** of Mount Fuji from here is really wonderful.

keshō 化粧〔名, ～する〕

化粧品 (*keshō*hin)

¶姉は今お化粧をしています。(Ane wa ima o*keshō* o shite imasu.)

¶あの人は化粧しなくてもきれいです。(Ano hito wa *keshō* shinakute mo kirei desu.)

keshō [[n, *~suru*]] **makeup,** (one's) **toiletry**

cosmetics

¶ My (elder) sister is now putting on **her makeup.**

¶ She is beautiful even without **makeup.**

kesseki 欠席〔名, ～する〕

欠席者 (*kesseki*sha) 欠席届 (*kesseki*-todoke)

¶試験が終わると, 急に欠席者が多くなります。(Shiken ga owaru to, kyū ni *kesseki*sha ga ooku narimasu.)

¶上田さんは病気で今日は欠席です。(Ueda san wa byōki de kyō wa *kesseki* desu.)

¶急用ができましたので, 今日の会議は欠席します。(Kyūyō ga dekimashita node, kyō no kaigi wa *kesseki* shimasu.)

⇔**shusseki** 出席

kesseki [[n, *~suru*]] **absence, non-attendance**

an absentee // a report of **absence**

¶ After exams are over, the number of students **missing class** suddenly goes up.

¶ [Miss] Ueda **is absent** today due to illness.

¶ As some urgent business has arisen, [I] **will be absent** from today's meeting.

kesshin **決心**〖名, ～する〗

¶わたしは今日からたばこをやめる**決心**をしました。 (Watashi wa kyō kara tabako o yameru *kesshin* o shimashita.)

¶行こうかどうしようか, まだ**決心**がつきません。 (Ikō ka dō shiyō ka, mada *kesshin* ga tsukimasen.)

kesshin ⟦n, ~*suru*⟧ **determination, resolution**

¶ I **have resolved** to quit smoking from today on.

¶ [I] haven't **made up my mind** yet whether to go or not.

kesshite **決して**〖副〗

¶御親切は**決して**忘れません。 (Goshinsetsu wa *kesshite* wasuremasen.)

¶その問題の解決は**決して**簡単ではありません。 (Sono mondai no kaiketsu wa *kesshite* kantan de wa arimasen.)

＊ あとに打ち消しの言葉が来る。

kesshite ⟦adv⟧ **never, by no means**

¶ I will **never** forget your kindness.

¶ Solving that problem will **by no means** be easy.

＊ *Kesshite* is used with the negative.

kesu **消す**〖動 I〗

①[明かりや火などをなくす]

火を**消す** (hi o *kesu*)

¶ゆうべは電気を**消さないで**寝てしまいました。 (Yūbe wa denki o *kesanaide* nete shimaimashita.)

②[スイッチを切って音などをなくす]

ラジオを**消す** (rajio o *kesu*)

¶見ないときは, テレビを**消しなさい**。 (Minai toki wa, terebi o *keshinasai.*)

③[物の形などを見えなくする]

¶黒板の字を**消して**ください。 (Kokuban no ji o *keshite* kudasai.)

¶間違ったところを消しゴムで**消して**書き直しました。 (Machigatta tokoro o keshigomu de *keshite* kakinaoshimashita.)

kesu ⟦v I⟧ **put out, extinguish; turn off; erase; disappear, vanish**

① [put out, extinguish (lights, fire, etc.)]

put out a fire

¶ [I] fell asleep last night **without turning off** the lights.

② [turn off (a switch, etc.)]

turn off the radio

¶ **Turn off** the television when you are not watching it.

③ [erase, rub out, delete]

¶ Please **erase** the words on the blackboard.

¶ I corrected it, **erasing** the mistaken parts with an eraser.

④[姿などが見られなくなる]

¶この動物は昔はたくさんいたんですが，最近はすっかり姿を**消して**しまいました。(Kono dōbutsu wa mukashi wa takusan ita n desu ga, saikin wa sukkari sugata o *keshite* shimaimashita.)

④ [disappear, vanish]

¶ This animal was plentiful in the past but recently has completely **disappeared.**

ketsuron **結論**〖名〗

ketsuron ⟦n⟧ **conclusion**

¶何回も話し合いましたが，なかなか**結論**が出ませんでした。(Nankai mo hanashiaimashita ga, nakanaka *ketsuron* ga demasen deshita.)

¶ [We] talked together many times but couldn't arrive at **any conclusion.**

¶この工事を今年じゅうに完成するのは無理だという**結論**に達しました。(Kono kōji o kotoshijū ni kansei suru no wa muri da to iu *ketsuron* ni tasshimashita.)

¶ [They] came to **the conclusion** that it was impossible to complete this construction work before the end of the year.

kettei **決定**〖名，～する〗

kettei ⟦n, ~*suru*⟧ **a decision, a determination, a conclusion**

¶わたしは皆さんの**決定**に従います。(Watashi wa minasan no *kettei* ni shitagaimasu.)

¶ I will abide by **the decision** of all.

¶出発の日はもう**決定**しましたか。(Shuppatsu no hi wa mō *kettei* shimashita ka?)

¶ **Have you set** the departure date yet?

ketten **欠点**〖名〗

ketten ⟦n⟧ **fault, defect, flaw, weak point**

¶上田さんの**欠点**は約束を守らないことです。 (Ueda san no *ketten* wa yakusoku o mamoranai koto desu.)

¶ [Mr.] Ueda's **major weak point** is not keeping [his] promises.

¶このレストランは，料理はおいしいのですが，いつもこんでいるのが**欠点**です。(Kono resutoran wa, ryōri wa oishii no desu ga, itsu mo konde iru no ga *ketten* desu.)

¶ The food is good at this restaurant, but its always being crowded is **a drawback.**

⇨**tansho** **短所**

kezuru 削る〔動 I〕

①[物の表面を薄くそぎとる]

¶ナイフで鉛筆を**削ります**。 (Naifu de enpitsu o *kezurimasu.*)

②[必要でない部分を取り除く]

¶余分なところを**削って**，文章を短くしました。 (Yobun na tokoro o *kezutte*, bunshō o mijikaku shimashita.)

kezuru ⟦v I⟧ **shave, sharpen, whittle; cut down, reduce**

① [shave, sharpen, whittle; remove the surface of an object]

¶ One **sharpens** a pencil with a knife.

② [cut down, reduce, cross out, delete; remove an unnecessary part]

¶ [I] shortened the text by **taking out** the unnecessary parts.

ki 木〔名〕

¶庭に桜の**木**を植えました。(Niwa ni sakura no *ki* o uemashita.)

¶都会には**木**が少ないです。 (Tokai ni wa *ki* ga sukunai desu.)

¶日本には**木**でできた家が多いです。 (Nihon ni wa *ki* de dekita ie ga ooi desu.)

ki ⟦n⟧ **tree, shrub, wood**

¶ [I] planted a cherry **tree** in the garden ⟦yard⟧.

¶ There are few **trees** ⟦is little **foliage**⟧ in the city.

¶ There are many houses made of **wood** in Japan.

ki 気〔名〕

①[注意する]

¶病気にならないように**気**をつけてください。(Byōki ni naranai yō ni *ki* o tsukete kudasai.)

¶**気**をつけないと，自動車にひかれますよ。(*Ki* o tsukenai to, jidōsha ni hikaremasu yo.)

* いつも「気をつける (ki o tsukeru)」「気をつけない (ki o tsukenai)」の形で使う。

②[あることがらを意識するようになる]

¶電車を降りてから，かばんがないのに**気**がつきました。(Densha o orite kara, kaban ga nai no ni *ki* ga tsukimashita.)

ki ⟦n⟧ **spirit, mood, feeling, mind**

① [be careful, take care, pay attention to]

¶ Please **take care** not to become ill.

¶ **Look out** or you will be hit by a car!

* Always used in the patterns "*ki o tsukeru*" and "*ki o tsukenai*."

② [notice, become aware of, perceive]

¶ After getting off the train **I noticed** that I didn't have my bag ⟦suitcase, briefcase, etc.⟧.

¶わたしがあいさつをしたのに，上田さんは**気**がつきませんでした。(Watashi ga aisatsu o shita noni, Ueda san wa *ki* ga tsukimasen deshita.)

¶ Although I greeted [him], [Mr.] Ueda **didn't notice** me.

* いつも「気がつく (ki ga tsuku)」「気がつかない (ki ga tsukanai)」の形で使う。

* Always used in the patterns "*ki ga tsuku*" and "*ki ga tsukanai.*"

→kizuku 気づく

③[ものごとに対してある感じを持つ]

③ [feel, think, have the feeling that ~]

¶日本に来てまだ2週間しかたっていませんが，もう2か月もたったような**気**がします。(Nihon ni kite mada nishūkan shika tatte imasen ga, mō nikagetsu mo tatta yō na *ki* ga shimasu.)

¶ It has only been two weeks since I came to Japan but **it feels like** two months.

¶そのうち大きな地震が来そうな**気**がします。(Sonouchi ookina jishin ga kisō na *ki* ga shimasu.)

¶ **I have the feeling** that a big earthquake is coming one of these days.

¶ここにいると，外国にいるような**気**がしません。(Koko ni iru to, gaikoku ni iru yō na *ki* ga shimasen.)

¶ When I'm here **I don't feel like** I'm in a foreign country.

* いつも「気がする (ki ga suru)」「気がしない (ki ga shinai)」の形で使う。

* Always used in the patterns "*ki ga suru*" and "*ki ga shinai.*"

④[あることをいつも考えて心配したり心を煩わしたりする]

④ [mind, be concerned about, worry about]

¶中村さんは試験の点ばかり**気**にしています。(Nakamura san wa shiken no ten bakari *ki* ni shite imasu.)

¶ [Mr.] Nakamura **is** only **concerned** about test marks.

¶お金のことは**気**にしないで勉強だけしなさい。(Okane no koto wa *ki* ni shinaide benkyō dake shinasai.)

¶ Just study and **don't concern yourself** with money matters.

*いつも「気にする (ki ni suru)」「気

* Always used in the patterns "*ki ni*

にしない (ki ni shinai)」の形で使う。

suru" and "*ki ni shinai.*"

⑤[あることが頭から離れないで落ち着かない]

⑤ [be bothered about, weigh on one's mind, get on one's nerves]

¶試験のことが気になって，眠れませんでした。 (Shiken no koto ga *ki* ni natte, nemuremasen deshita.)

¶ I couldn't sleep for **worrying** about the exam.

¶隣の部屋の音が気になって勉強できません。 (Tonari no heya no oto ga *ki* ni natte benkyō dekimasen.)

¶ **I'm bothered** by the noise 〚sounds〛 next door so that I can't study 〚I can't study with those sounds going on next door〛.

¶わたしは周りがうるさくても気になりません。(Watashi wa mawari ga urusakute mo *ki* ni narimasen.)

¶ **It doesn't bother me** if it's noisy around me.

¶隣に座った美人が気になって，落ち着いて本が読めませんでした。 (Tonari ni suwatta bijin ga *ki* ni natte, ochitsuite hon ga yomemasen deshita.)

¶ **I was so conscious** of the beautiful woman sitting next to me that I couldn't concentrate on my book.

* いつも「気になる (ki ni naru)」「気にならない (ki ni naranai)」の形で使う。

* Always used in the patterns "*ki ni naru*" and "*ki ni naranai.*"

⑥[安全や健康などが心配になる]

⑥ [worry about, be anxious about]

¶病気で寝ている母のことがいつも気にかかっています。 (Byōki de nete iru haha no koto ga itsu mo *ki* ni kakatte imasu.)

¶ **I am** always **anxious** about my mother who is ill in bed.

¶飛行機が予定の時間を過ぎても到着しないので，気にかかります。 (Hikōki ga yotei no jikan o sugite mo tōchaku shinai node, *ki* ni kakarimasu.)

¶ **I am worried** because the plane hasn't arrived yet even though it's past its scheduled time of arrival.

*いつも「気にかかる (ki ni kakaru)」の形で使う。

* Always used in the pattern "*ki ni kakaru.*"

⑦[満足する，好きになる]

⑦ [be pleased with, like, take a liking to]

¶この部屋が気に入ったので，借りる

ことにしました。(Kono heya ga *ki* ni itta node, kariru koto ni shimashita.)

¶ I've decided to rent this room ⟦apartment⟧ as **it's to my liking.**

¶壁の色が気に入らないので，塗り替えることにしました。(Kabe no iro ga *ki* ni iranai node, nurikaeru koto ni shimashita.)

¶ I decided to repaint the walls ⟦have the walls repainted⟧ as **I don't like** the present color.

* いつも「気に入る (ki ni iru)」「気に入らない (ki ni iranai)」の形で使う。

* Always used in the patterns "*ki ni iru*" and "*ki ni iranai.*"

⑧[何かをしようと思う]

⑧ [feel like ~ing, be disposed to]

¶この会社で働く気があるなら，社長に紹介してあげましょう。(Kono kaisha de hataraku *ki* ga aru nara, shachō ni shōkai shite agemashō.)

¶ If you think **you'd like** to work at this company, I'll introduce you to the president.

¶勉強する気がないのに，大学へ行ってもむだです。(Benkyō suru *ki* ga nai noni, daigaku e itte mo muda desu.)

¶ It's useless to go to college if **you don't want** to study.

¶あまり暑いので，仕事をする気がしません。(Amari atsui node, shigoto o suru *ki* ga shimasen.)

¶ **I don't feel like** working as it's so hot.

¶日本に一度行ってみたい気がします。(Nihon ni ichido itte mitai *ki* ga shimasu.)

¶ **I'd like** to go to Japan at least once.

* いつも「〜する気がある (〜suru ki ga aru)」「〜する気がない (〜suru ki ga nai)」「〜する気がする (〜suru ki ga suru)」「〜する気がしない (〜suru ki ga shinai)」の形で使う。

* Always used in the patterns "~ *suru ki ga aru*," "~ *suru ki ga nai*," "~ *suru ki ga suru*," and "~ *suru ki ga shinai.*"

-ki -器〘尾〙

-ki ⟦suf⟧ **utensil, tool, apparatus; bodily organ**

①[器具]

① [utensil, tool, apparatus]

食器 (shok*ki*)　洗面器 (senmen*ki*)　電熱器 (dennetsu*ki*)　消火器 (shō-

table**ware,** a dinner **set** // a wash**basin,** wash**bowl** // an electric hot **plate** // a fire **extinguisher** // a tele-

ka*ki* 受話器 (juwa*ki*) 楽器 (gak*ki*)

②[器官]

消化器 (shōka*ki*) 呼吸器 (kokyū*ki*)

-ki **-機**〔尾〕

①[機械]

写真機 (shashin*ki*) 印刷機 (insatsu-*ki*) 扇風機 (senpū*ki*) 洗たく機 (sentaku*ki*)

②[飛行機]

ジェット機 (jetto*ki*) 旅客機 (ryo-kak*ki*)

③[飛行機などの数を表す]

1機 (ik*ki*) 2機 (ni*ki*) 3機 (san*ki*) 6機 (rok*ki*) 何機 (nan*ki*)

kibishii **厳しい**〔形〕

①[厳格な]

¶あの先生はとても**厳しい**です。(Ano sensei wa totemo *kibishii* desu.)

¶わたしは子供を**厳しく**育てました。(Watashi wa kodomo o *kibishiku* sodatemashita.)

②[激しい，程度がはなはだしい]

¶二月になってから，寒さが**厳しく**なりました。(Nigatsu ni natte kara, samusa ga *kibishiku* narimashita.)

kibō **希望**〔名，〜する〕

¶わたしの**希望**は，将来医者になることです。(Watashi no *kibō* wa, shōrai isha ni naru koto desu.)

¶あの人は日本留学を**希望**しています。(Ano hito wa Nihon-ryūgaku o *kibō* shite imasu.)

kibun **気分**〔名〕

①[心の状態，気持ち]

phone **receiver** // a musical **instrument**

② [bodily organ]

digestive **organs** // respiratory **organs**

-ki ⟦suf⟧ **machine; aircraft**

① [machine, mechanism]

a camera // a printing **machine, press** // an electric fan // a washing **machine**

② [aircraft]

a jet **plane** // a passenger **plane,** an airliner

③ [the counter for aircraft]

one **plane** ⟦**helicopter,** etc.⟧ // two **planes** // three **planes** // six **planes** // how many **planes**

kibishii ⟦adj⟧ **severe, strict; intense, severe**

① [severe, strict, rigorous, harsh]

¶ That teacher is very **strict.**

¶ I raised my children **strictly.**

② [intense, severe, hard]

¶ The cold became **much more severe** from February.

kibō ⟦n, *~suru*⟧ **hope, desire, wish, aspiration**

¶ My **aspiration** is to become a doctor someday.

¶ [He] **hopes** to study in Japan.

kibun ⟦n⟧ **mood, feeling; atmosphere**

① [mood, feeling, frame of mind]

¶元気がありませんね。**気分**が悪いのではありませんか。 (Genki ga arimasen ne. *Kibun* ga warui no de wa arimasen ka?)

¶ You don't seem well. Do you **feel** ill?

¶シャワーを浴びたあとはとてもいい**気分**です。 (Shawā o abita ato wa totemo ii *kibun* desu.)

¶ **One feels** really good after taking a shower.

②[ふんいき]

② [atmosphere]

¶町はお祭りで楽しい**気分**にあふれています。 (Machi wa omatsuri de tanoshii *kibun* ni afurete imasu.)

¶ The city has a merry festival **air.**

kichinto　きちんと〘副〙

kichinto ⟦adv⟧ **exactly; neatly**

①[正確な様子]

① [exactly, accurately, carefully, regularly]

¶上田さんは，約束どおり**きちんと**3時に来ました。(Ueda san wa, yakusoku doori *kichinto* sanji ni kimashita.)

¶ [Miss] Ueda came **punctually** at three o'clock **sharp.**

②[整っている様子]

② [neatly, tidily]

¶部屋の中を**きちんと**整理してください。(Heya no naka o *kichinto* seiri shite kudasai.)

¶ Please **tidy up** the room.

¶田中さんはいつも**きちんと**したかっこうをしています。(Tanaka san wa itsu mo *kichinto* shita kakkō o shite imasu.)

¶ [Mr.] Tanaka is always **neatly dressed** ⟦**well-groomed**⟧.

⇨**chanto　ちゃんと**

kieru　消える〘動II〙

kieru ⟦v II⟧ **go out, be extinguished; vanish, disappear**

①[明かりや火などがなくなる]

① [go out, be extinguished]

¶風でろうそくの火が**消えました**。(Kaze de rōsoku no hi ga *kiemashita.*)

¶ The candle **went out** in the wind ⟦draft⟧.

¶電気が突然**消えました**。 (Denki ga totsuzen *kiemashita.*)

¶ The lights suddenly **went out.**

②[ものの形や姿などが見えなくなる]

② [vanish, disappear]

¶飛行機が夜空に**消えて**いきました。(Hikōki ga yozora ni *kiete* ikimashita.)

¶ The airplane **disappeared** in the night sky.

kigaeru ☞ **kikaeru**

kigen 期限〘名〙

kigen ⟦n⟧ **term, period, time limit**

¶このキップは**期限**が切れていますよ。(Kono kippu wa *kigen* ga kirete imasu yo.)

¶ This ticket has **expired.**

¶借りた本は**期限**内に返してください。(Karita hon wa *kigen*nai ni kaeshite kudasai.)

¶ Please return borrowed books within **the time limit.**

¶2年の**期限**つきで家を借りました。(Ninen no *kigen*tsuki de ie o karimashita.)

¶ [I] rented a house for **a term** of two years.

kigen きげん〘名〙

kigen ⟦n⟧ **humor, temper, mood; state of health or mind**

①[快・不快などの心の状態]

① [humor, temper, mood]

¶山田さんは試験で100点を取ったので，とても**きげん**がいいです。(Yamada san wa shiken de hyakuten o totta node, totemo *kigen* ga ii desu.)

¶ [Miss] Yamada is in a very good **mood** as [she] scored 100 on the test.

¶わたしが遅れてきたので，田中さんは**きげん**が悪いです。(Watashi ga okurete kita node, Tanaka san wa *kigen* ga warui desu.)

¶ [Mr.] Tanaka is in a bad **mood** as I came late.

¶上田さんは，わたしに**きげん**よく会ってくれました。(Ueda san wa, watashi ni *kigen* yoku atte kuremashita.)

¶ [Mrs.] Ueda met me in a good **mood.**

②[他人の健康・気分の状態]

② [state of health or mind]

¶ご**きげん**いかがですか。(Go*kigen* ikaga desu ka?)

¶ How are you?

* あいさつの言葉として「ごきげん(gokigen)」の形で使う。

* Used in the form *gokigen* in greetings.

kigyō 企業〘名〙

kigyō ⟦n⟧ **business, enterprise, undertaking**

中小企業 (chūshō-*kigyō*)
small and medium **enterprises**, minor **enterprises**

¶大企業で働いている人は労働条件がいいです。 (Dai*kigyō* de hataraite iru hito wa rōdō-jōken ga ii desu.)
¶ Working conditions are good for those working for big **business.**

¶個人企業の経営はなかなかたいへんです。 (Kojin-*kigyō* no keiei wa nakanaka taihen desu.)
¶ Private **enterprises** ⟦One-man **businesses**⟧ are quite difficult to run.

kihon 基本〘名〙
kihon ⟦n⟧ **foundation, basis, standard**

基本的人権 (*kihon*teki-jinken)
fundamental human rights

¶何をするのにも**基本**が大事です。 (Nani o suru no ni mo *kihon* ga daiji desu.)
¶ **The fundamentals** ⟦**basics**⟧ are important no matter what one does.

¶何をするのにも**基本**を学ばなければなりません。 (Nani o suru no ni mo *kihon* o manabanakereba narimasen.)
¶ One must learn **the fundamentals** ⟦**basics**⟧ no matter what one does.

¶首相は外交についての**基本**的な考えを述べました。 (Shushō wa gaikō ni tsuite no *kihon*teki na kangae o nobemashita.)
¶ The prime minister talked about [his] **fundamental** views on international relations.

kiiro 黄色〘名〙
kiiro ⟦n⟧ **yellow**

¶田中さんは**黄色**のシャツを着ています。(Tanaka san wa *kiiro* no shatsu o kite imasu.)
¶ [Mr.] Tanaka is wearing a **yellow** shirt ⟦knit shirt, T-shirt, etc.⟧.

kiiroi 黄色い〘形〙
kiiroi ⟦adj⟧ **yellow**

¶秋になると，木の葉が**黄色く**なります。 (Aki ni naru to, ko no ha ga *kiiroku* narimasu.)
¶ Leaves turn **yellow** in the fall.

kiji 記事〘名〙
kiji ⟦n⟧ **news story, article** (in a newspaper or magazine)

新聞**記事** (shinbun-*kiji*)
newspaper **article** ⟦**account**⟧

¶今朝の新聞におもしろい**記事**が出ていました。 (Kesa no shinbun ni omoshiroi *kiji* ga dete imashita.)
¶ There was an interesting **item** in this morning's newspaper.

kiji 生地〘名〙
kiji ⟦n⟧ **cloth**

¶このワイシャツの**生地**は木綿です。(Kono waishatsu no *kiji* wa momen desu.)

¶ **The material** of this shirt is cotton.

kikaeru **着替える**〘動II〙

kikaeru 〚v II〛 **change clothes**

¶雨にぬれたので，洋服を**着替えました**。(Ame ni nureta node, yōfuku o *kikaemashita.*)

¶ [I] **changed** the clothes that had gotten wet in the rain.

＊「着替える (kigaeru)」とも言う。

＊ Variant: *kigaeru*.

kikai **機会**〘名〙

kikai 〚n〛 **opportunity, chance, occasion**

¶わたしの国には日本人がほとんどいないので，日本語を話す**機会**がありません。(Watashi no kuni ni wa Nihonjin ga hotondo inai node, Nihongo o hanasu *kikai* ga arimasen.)

¶ As there are hardly any Japanese in my country, there are no **opportunities** for me to speak Japanese.

¶わたしは**機会**があれば，日本へ行きたいと思います。(Watashi wa *kikai* ga areba, Nihon e ikitai to omoimasu.)

¶ I'd like to go to Japan if I had **the chance.**

kikai **機械**〘名〙

kikai 〚n〛 **machine, machinery, mechanism, device, apparatus**

¶この**機械**は日本製です。(Kono *kikai* wa Nihonsei desu.)

¶ This **machinery** was made in Japan.

¶わたしはこの**機械**の動かし方がわかりません。(Watashi wa kono *kikai* no ugokashikata ga wakarimasen.)

¶ I don't know how to operate this **machine.**

kikan **機関**〘名〙

kikan 〚n〛 **engine; institution**

①[エンジン]

① [engine]

蒸気**機関**車 (jōki-*kikan*sha)　電気**機関**車 (denki-*kikan*sha)

a steam **locomotive** // an electric **locomotive**

②[ある目的を持った組織]

② [institution, facilities, system; an organization with a set purpose]

教育**機関** (kyōiku-*kikan*)

an educational **institution**

¶都市は交通**機関**が発達しています。(Toshi wa kōtsū-*kikan* ga hattatsu shite imasu.)

¶ Transportation **facilities** are advanced in the city.

kikan **期間**〚名〛

¶あなたが外国にいた**期間**はどのくらいですか。(Anata ga gaikoku ni ita *kikan* wa dono kurai desu ka?)

¶東京での滞在**期間**は1週間の予定です。(Tōkyō de no taizai-*kikan* wa isshūkan no yotei desu.)

kikan ⟦n⟧ **term, period of time**

¶ How long was **your stay** abroad?

¶ The scheduled **time** of stay in Tokyo is one week.

kiken **危険**〚名, 形動〛

¶**危険**だから，触らないでください。(*Kiken* da kara, sawaranaide kudasai.)

¶**危険**な所へ行ってはいけません。(*Kiken* na tokoro e itte wa ikemasen.)

¶大水のために，この辺は**危険**になってきました。(Oomizu no tame ni, kono hen wa *kiken* ni natte kimashita.)

⇔**anzen** **安全**

kiken ⟦n, adj-v⟧ **danger, risk, hazard**

¶ Don't touch it—**it's dangerous.**

¶ You shouldn't go to **dangerous** places.

¶ Flooding has made this area **unsafe.**

kikō **気候**〚名〛

¶わたしの国は，一年じゅうあまり**気候**の変化がありません。(Watashi no kuni wa, ichinenjū amari *kikō* no henka ga arimasen.)

kikō ⟦n⟧ **climate, weather**

¶ In my country there is little variation in **climate** throughout the year.

kikoeru **聞こえる**〚動II〛

①[音や声が耳に入る]

¶**聞こえません**から，もっと大きい声で話してください。(*Kikoemasen* kara, motto ookii koe de hanashite kudasai.)

②[そのように思える，そのように理解される]

¶上田さんの話は本当らしく**聞こえます**が，ほとんどうそです。(Ueda

kikoeru ⟦v II⟧ **hear, be heard; sound ~, seem ~**

① [hear, be heard, be audible]

¶ [I] **can't hear** you. Please speak up.

② [sound ~, seem ~]

¶ What [Mr.] Ueda says **sounds** true but is almost all false.

san no hanashi wa, hontō rashiku *kikoemasu* ga, hotondo uso desu.)

kikoku 帰国〔名, ～する〕

¶だんだん帰国の日が近づいてきましたね。 (Dandan *kikoku* no hi ga chikazuite kimashita ne.)

¶1年間の留学が終わって, 間もなく帰国します。 (Ichinenkan no ryūgaku ga owatte, mamonaku *kikoku* shimasu.)

kikoku 〚n, ～*suru*〛 **return to one's country**

¶ The day of **[your] return home** is getting closer and closer, isn't it?

¶ [My] year of study abroad is ending and soon [I] **will be returning to [my] own country.**

kiku 菊〔名〕

¶日本では, 秋になると菊の花が咲きます。 (Nihon de wa, aki ni naru to *kiku* no hana ga sakimasu.)

kiku 〚n〛 **chrysanthemum**

¶ **Chrysanthemums** bloom in the autumn in Japan.

kiku 効く〔動 I〕

¶この薬は風邪にとてもよく**効きます**。 (Kono kusuri wa kaze ni totemo yoku *kikimasu.*)

kiku 〚v I〛 **be effective, be good for**

¶ This medicine **is** very **effective** for colds.

kiku 利く〔動 I〕

¶この車はブレーキが**利きません**。 (Kono kuruma wa burēki ga *kikimasen.*)

kiku 〚v I〛 **work, act**

¶ This car's 〚cart's, etc.〛 brakes **don't work.**

kiku 聞く〔動 I〕

①[音や声を耳に入れて理解する]

話を**聞く** (hanashi o *kiku*)

¶山田さんは今部屋で音楽を**聞いて**います。 (Yamada san wa ima heya de ongaku o *kiite* imasu.)

¶あなたは上田さんが病気だということをだれから**聞きました**か。 (Anata wa Ueda san ga byōki da to iu koto o dare kara *kikimashita* ka?)

②[要求・注意などを受け入れる]

¶あの子は両親の言うことをよく**聞き**

kiku 〚v I〛 **hear, listen to; obey**

① [hear, listen to]

listen to a story, **listen to** someone talking

¶ [Miss] Yamada **is listening to** music in [her] room now.

¶ Who **did you hear** about [Mr.] Ueda's illness from 〚Who told you about Mr. Ueda's illness〛?

② [obey, comply]

¶ That child **minds** its parents.

ます。 (Ano ko wa ryōshin no iu koto o yoku *kikimasu.*)

kiku きく〖動Ｉ〗

¶交番で駅へ行く道を**ききました**。 (Kōban de eki e iku michi o *kikimashita.*)

¶わからないことは何でも先生に**ききなさい**。 (Wakaranai koto wa nan demo sensei ni *kikinasai.*)

kiku 〚v I〛 **ask, inquire**

¶ [I] **asked** for directions to the station at a police box.

¶ **Ask** your teacher about anything at all that you don't understand.

kimari 決まり〖名〗

①[決められていることがら，規則]

¶学校の**決まり**は守らなければなりません。(Gakkō no *kimari* wa mamoranakereba narimasen.)

②[ものごとのしめくくり]

¶わたしはこの仕事に**決まり**をつけてから帰ります。 (Watashi wa kono shigoto ni *kimari* o tsukete kara kaerimasu.)

*「決まりがつく (kimari ga tsuku)」「決まりをつける (kimari o tsukeru)」の形で使う。

kimari 〚n〛 **rule, regulation; settlement, conclusion**

① [rule, regulation]

¶ One must obey the school **rules.**

② [settlement, conclusion]

¶ I will go home after **concluding** this piece of work.

* Used in the patterns "*kimari ga tsuku*" and "*kimari o tsukeru.*"

kimaru 決まる〖動Ｉ〗

¶会は来週開かれることに**決まりました**。 (Kai wa raishū hirakareru koto ni *kimarimashita.*)

¶出発の日が**決まったら**，知らせてください。 (Shuppatsu no hi ga *kimattara,* shirasete kudasai.)

¶田中さんには**決まった**仕事がありません。 (Tanaka san ni wa *kimatta* shigoto ga arimasen.)

kimaru 〚v I〛 **be decided, be settled, be fixed, be arranged**

¶ **It has been decided** to hold the party 〚meeting, conference〛 next week.

¶ Please inform me when the date of departure **has been fixed.**

¶ [Mr.] Tanaka doesn't have a **regular** job.

kimeru 決める〖動Ⅱ〗

¶今度の大会に参加することに**決めま**

kimeru 〚v II〛 **decide, settle, fix, arrange, determine**

¶ [I] **decided** to participate in the

した。 (Kondo no taikai ni sanka suru koto ni *kimemashita.*)

next convention ⟦rally, tournament, meet, etc.⟧.

¶飛行機の手荷物は20キロ以下と**決められて**います。 (Hikōki no tenimotsu wa nijikkiro ika to *kimerarete* imasu.)

¶ Airplane baggage **is set** at no more than 20 kilograms.

kimi 君〘代〙

kimi ⟦pron⟧ **you**

¶**君**はぼくの本がどこにあるか知らない。(*Kimi* wa boku no hon ga doko ni aru ka shiranai?)

¶ Do **you** know where my book is?

¶**君**，いっしょに映画を見に行こう。(*Kimi,* issho ni eiga o mi ni ikō.)

¶ Let's go to a movie together.

＊ 普通，親しい男どうしの間で使う。

＊ *Kimi* is generally used among males who know each other well.

kimochi **気持ち**〘名〙

kimochi ⟦n⟧ **feeling, sensation**

① [心の感じ方]

① [feeling, sensation, mood]

¶この部屋は明るくて，**気持ち**がいいですね。(Kono heya wa akarukute, *kimochi* ga ii desu ne.)

¶ This room is bright and **pleasant,** isn't it?

¶あなたは子供を亡くしたお母さんの**気持ち**がわかりますか。 (Anata wa kodomo o nakushita okāsan no *kimochi* ga wakarimasu ka?)

¶ Can you understand how a mother **feels** when she has lost a child?

② [体のぐあいによって感じる気分]

② [feeling or sensation caused by one's physical condition]

¶田中さんは**気持ち**が悪くなったので，家に帰りました。 (Tanaka san wa *kimochi* ga waruku natta node, ie ni kaerimashita.)

¶ [Mr.] Tanaka went home as [he] **was feeling sick.**

kimono **着物**〘名〙

kimono ⟦n⟧ ***kimono*, clothes, clothing**

¶あのきれいな**着物**を着ている女の人はだれですか。 (Ano kirei na *kimono* o kite iru onna no hito wa dare desu ka?)

¶ Who is that woman wearing a beautiful ***kimono*?**

kin 金〘名〙

kin ⟦n⟧ **gold**

金ペン (*kin*pen) **金**時計 (*kin*dokei)

a **gold** pen // a **gold** watch // a **gold**

金貨 (*kin*ka) 金色 (*kin*'iro) 金髪 (*kin*patsu)

¶秋子さんは金の指輪をはめています。 (Akiko san wa *kin* no yubiwa o hamete imasu.)

¶父は金縁の眼鏡をかけています。 (Chichi wa *kin*buchi no megane o kakete imasu.)

coin, **gold** currency // **gold, golden, gold** color // **fair** hair

¶ Akiko is wearing a **gold** ring.

¶ My father wears a pair of **gold**-rimmed glasses.

kindai 近代〖名〗

近代化 (*kindai*ka) 近代史 (*kindai*-shi) 近代思想 (*kindai*-shisō)

¶近代的な建物が次々と建築されています。 (*Kindai*teki na tatemono ga tsugitsugi to kenchiku sarete imasu.)

kindai ⟦n⟧ **modern ages, recent times**

modernization // **modern** history // **modern** thought

¶ **Modern** buildings are being put up one after another.

kin'en 禁煙〖名, ～する〗

¶上映中は禁煙です。 (Jōeichū wa *kin'en* desu.)

¶体の調子が悪いので, 禁煙しています。 (Karada no chōshi ga warui node, *kin'en* shite imasu.)

kin'en ⟦n, ~*suru*⟧ **prohibition of smoking, No Smoking** (sign)

¶ **Smoking is prohibited** during the showing of the film.

¶ [I] **am refraining from smoking** because [I] don't feel in very good shape ⟦quite up to par⟧.

kinen 記念〖名, ～する〗

記念日 (*kinen*bi) 記念品 (*kinen*hin) 記念写真 (*kinen*-shashin)

¶わたしたちは卒業を記念して, 木を植えました。(Watashitachi wa sotsugyō o *kinen* shite, ki o uemashita.)

kinen ⟦n, ~*suru*⟧ **commemoration**

a **memorial** day, an anniversary // a souvenir, memento, keepsake // a **souvenir** photograph

¶ We planted a tree **in commemoration** of our graduation.

kingan ☞ **kinshi**

kinjo 近所〖名〗

¶この近所に交番はありませんか。 (Kono *kinjo* ni kōban wa arimasen ka?)

¶上田さんは学校の近所に住んでいます。(Ueda san wa gakkō no *kinjo* ni sunde imasu.)

kinjo ⟦n⟧ **neighborhood, vicinity**

¶ Is there a police box **near** here?

¶ [Mrs.] Ueda lives **near** the school.

⇨**chikaku** 近く

kinō **昨日**〖名〗

¶**昨日**は何曜日でしたか。 (*Kinō* wa naniyōbi deshita ka?)

¶これは**昨日**の新聞です。 (Kore wa *kinō* no shinbun desu.)

kinō 〚n〛 **yesterday**

¶ What day of the week was it **yesterday?**

¶ This is **yesterday's** newspaper.

kinodoku **気の毒**〖形動〗

①[他人の不幸などに同情する様子]

¶あの人は火事で家が焼けて**気の毒**ですね。 (Ano hito wa kaji de ie ga yakete *kinodoku* desu ne.)

②[迷惑をかけてすまないと思う様子]

¶昨日山田さんがわざわざ来てくれたのに，留守で**気の毒**なことをしました。 (Kinō Yamada san ga wazawaza kite kureta noni, rusu de *kinodoku* na koto o shimashita.)

kinodoku 〚adj-v〛 **pitiful, poor, unfortunate, regrettable, too bad**

① [used in sympathy toward the misfortune of others]

¶ **What a pity it is** that [he] lost [his] house in a fire.

② [used to express one's regret at having inconvenienced others]

¶ **I feel bad** that I wasn't at home yesterday when [Miss] Yamada came to see me.

kinshi **禁止**〖名，～する〗

通行**禁止** (tsūkō-*kinshi*) 駐車**禁止** (chūsha-*kinshi*) 立ち入り**禁止** (tachiiri-*kinshi*)

¶夜は外出**禁止**です。 (Yoru wa gaishutsu-*kinshi* desu.)

¶政府は米の輸出を**禁止**しました。 (Seifu wa kome no yushutsu o *kinshi* shimashita.)

kinshi 〚n, ~*suru*〛 **prohibition**

No Passage // **No** Parking // Keep Out, **No** Admittance, **No** Trespassing

¶ There's an evening **curfew** in effect.

¶ The government **has prohibited** the exporting of rice.

kinshi **近視**〖名〗

¶上田さんは**近視**なので，眼鏡をかけています。 (Ueda san wa *kinshi* na node, megane o kakete imasu.)

＊「近眼 (kingan)」とも言う。

⇔**enshi** 遠視

kinshi 〚n〛 **nearsightedness, shortsightedness**

¶ [Mr.] Ueda wears glasses because [he] is **nearsighted.**

＊ Variant: *kingan.*

kinu **絹**〖名〗

絹のネクタイ (*kinu* no nekutai)

kinu 〚n〛 **silk**

a **silk** necktie

kin'yō(bi) 金曜(日)〘名〙

kin'yō(bi) ⟦n⟧ **Friday**

kinzoku 金属〘名〙

¶木の机より金属製の机のほうが丈夫です。(Ki no tsukue yori *kinzoku*-sei no tsukue no hō ga jōbu desu.)

kinzoku ⟦n⟧ **metal**

¶ **Metal** desks are more durable than wooden ones.

kioku 記憶〘名, ～する〙

記憶力 (*kioku*ryoku)

¶わたしは一度あの人に会った記憶があります。(Watashi wa ichido ano hito ni atta *kioku* ga arimasu.)

¶小さい時のことはほとんど記憶していません。(Chiisai toki no koto wa hotondo *kioku* shite imasen.)

kioku ⟦n, ～*suru*⟧ **memory, recollection**

memory, one's powers of **memory**

¶ I have **a memory** of once meeting [him].

¶ [I] **remember** hardly anything of when [I] was small.

kion 気温〘名〙

気温が上がる (*kion* ga agaru) 気温が下がる (*kion* ga sagaru)

¶一日のうちで気温がいちばん高くなるのは午後の2時ごろです。 (Ichinichi no uchi de *kion* ga ichiban takaku naru no wa gogo no niji goro desu.)

kion ⟦n⟧ (atmospheric) **temperature**

the temperature rises // **the temperature** falls

¶ The highest **temperature** of the day comes at around two o'clock in the afternoon.

kippu 切符〘名〙

¶東京までの切符を買いました。(Tōkyō made no *kippu* o kaimashita.)

¶音楽会の切符はもう売り切れました。(Ongakkai no *kippu* wa mō urikiremashita.)

kippu ⟦n⟧ **ticket**

¶ [I] bought **a ticket** to Tokyo.

¶ **The tickets** for the concert are already sold out.

kirai きらい〘形動〙

¶食べ物できらいな物はありません。(Tabemono de *kirai* na mono wa arimasen.)

¶わたしはうそをつく人が大きらいです。(Watashi wa uso o tsuku hito

kirai ⟦adj-v⟧ **dislike, aversion, hatred**

¶ There are no foods that I **dislike** ⟦I like all foods⟧.

¶ I **hate** people who lie.

ga dai*kirai* desu.)

⇔suki 好き

kirau **きらう**〘動I〙

¶あなたは，なぜあの人をそんなに**きらう**のですか。 (Anata wa, naze ano hito o sonna ni *kirau* no desu ka?)

¶あの人はみんなに**きらわれて**います。 (Ano hito wa minna ni *kirawarete* imasu.)

kirau 〚v I〛 **to dislike, hate**

¶ Why do you **dislike** [him] so?

¶ [He] **is disliked** by all.

kire **きれ**〘名〙

¶この本の表紙には**きれ**がはってあります。(Kono hon no hyōshi ni wa *kire* ga hatte arimasu.)

kire 〚n〛 **cloth**

¶ This is a **cloth**bound book.

kirei **きれい**〘形動〙

①[美しい]

¶この**きれい**な花を一本ください。 (Kono *kirei* na hana o ippon kudasai.)

¶あの女の人は本当に**きれい**ですね。 (Ano onna no hito wa hontō ni *kirei* desu ne.)

②[よごれていない，清潔だ]

きれいな水 (*kirei* na mizu)

¶窓を開けて**きれい**な空気を入れましょう。(Mado o akete *kirei* na kūki o iremashō.)

③[きちんとしている様子]

¶あなたの部屋はいつも**きれい**ですね。 (Anata no heya wa itsu mo *kirei* desu ne.)

④[すっかり，完全に]

¶たくさんあった料理を**きれい**に食べてしまいました。 (Takusan atta

kirei 〚adj-v〛 **beautiful; clean; tidy, neat; completely, thoroughly**

① [beautiful, pretty, good-looking]

¶ Please give me one of these **pretty** flowers.

¶ That woman is really **beautiful,** isn't she?

② [clean, pure, clear]

clear water, **pure** water

¶ Let's open the window and let in some **fresh** air.

③ [tidy, neat, in good order]

¶ Your room is always **nice and neat,** isn't it?

④ [completely, thoroughly]

¶ [We] finished off **all** of the many dishes of food.

ryōri o *kirei* ni tabete shimaimashita.)

*「きれいに (kirei ni)」の形で副詞的に使う。

* Used adverbially in the form *kirei ni*.

kireru　切れる〘動Ⅱ〙

kireru 〚v II〛 **break; split, rip; break off, be cut off; run out, be exhausted, be sold out; expire, run out; cut well, be sharp**

①［一つながりのものが途中でいくつかに分かれてしまう］

¶つり糸が**切れて**，魚が逃げてしまいました。(Tsuriito ga *kirete,* sakana ga nigete shimaimashita.)

① [break, give way]

¶ The fishing line **snapped** and the fish got away.

②［裂ける，傷がつく］

¶ズボンの後ろが**切れて**いますよ。(Zubon no ushiro ga *kirete* imasu yo.)

② [split, rip]

¶ There's **a rip** in the seat of your trousers.

¶ガラスで手が**切れました**。(Garasu de te ga *kiremashita.*)

¶ [I] **cut** [my] hand on some glass.

③［続いていたものが一時終わる］

¶話をしている途中で，電話が**切れて**しまいました。(Hanashi o shite iru tochū de, denwa ga *kirete* shimaimashita.)

③ [break off, be cut off, be disconnected]

¶ We were **cut off** in the middle of our telephone conversation.

④［使ったり売ったりして品物が一時なくなる］

¶油が**切れた**らしく，機械が動かなくなりました。(Abura ga *kireta* rashiku, kikai ga ugokanaku narimashita.)

④ [run out, be exhausted, be sold out]

¶ The machine seems to have stopped running because it **ran out** of oil.

¶紙が**切れて**いますから，買っておいてください。(Kami ga *kirete* imasu kara, katte oite kudasai.)

¶ We've **run out** of paper. Please buy some more.

⑤［ある期間が過ぎる］

期限が**切れる** (kigen ga *kireru*)

¶この定期券は，もう**切れて**いますよ。(Kono teikiken wa, mō *kirete* ima-

⑤ [expire, run out]

a time limit **expires**

¶ This pass 〚train pass〛 **has expired.**

su yo.)

⑥[よく切ることができる]

¶このナイフはよく**切れます**。(Kono naifu wa yoku *kiremasu.*)

⑥ [cut well, be sharp]

¶ This knife **cuts** well 〚is sharp〛.

-kireru -きれる〘尾〙

-kireru 〚suf〛 **be able to do to the end; be able to do all**

①[最後まですることができる]

¶隣のラジオがあまりうるさいので，我慢し**きれないで**文句を言いに行きました。(Tonari no rajio ga amari urusai node, gaman shi*kirenaide* monku o ii ni ikimashita.)

* あとに打ち消しの言葉を伴って，不可能の意味を表す。

① [be able to do to the end]

¶ The radio was so loud next door that I **couldn't stand it any longer** and went to complain.

* This *-kireru* is used in the negative and expresses impossibility.

②[完全にすることができる，すっかりすることができる]

¶こんなにたくさんの料理はとても食べ**きれません**。(Konna ni takusan no ryōri wa totemo tabe*kiremasen.*)

¶明日までにはこの本は読み**切れません**。(Asu made ni wa kono hon wa yomi*kiremasen.*)

② [be able to finish, be able to do all of something]

¶ [I] **can't possibly eat** this much food.

¶ [I] **can't read all** of this book by tomorrow.

kiri 霧〘名〙

夜**霧** (yo*giri*)　**霧**が深い (*kiri* ga fukai)　**霧**がかかる (*kiri* ga kakaru)　**霧**が晴れる (*kiri* ga hareru)

kiri 〚n〛 **fog, mist, spray**

a night **fog,** a night **mist** // be **foggy,** be **misty** // **a fog** 〚**mist**〛 gathers // **a fog** lifts, **a mist** clears

kirisutokyō キリスト教〘名〙

キリスト教を信じる (*kirisutokyō* o shinjiru)　**キリスト教**徒 (*kirisuto-kyō*to)

kirisutokyō 〚n〛 **Christianity**

believe in **Christianity** // **a Christian**

-kiro -キロ〘尾〙

5**キロ**グラム (go*kiro*guramu)　6**キロ**メートル (rok*kiro*mētoru)

-kiro 〚suf〛 **a kilo, kilometer, kilogram, kilowatt, kilocycle, kiloliter, etc.**

five **kilograms** // six **kilometers**

kiroku 記録〘名, ～する〙

①[書いておくこと，またその文書]

kiroku 〚n, *~suru*〛 **record, document; record, record time**

① [record, document]

¶図書館には，この町についての古い**記録**が残っています。(Toshokan ni wa, kono machi ni tsuite no furui *kiroku* ga nokotte imasu.)

¶ Ancient **documents** concerning this city are preserved in the library.

¶会議でみんなが言ったことを**記録**してください。 (Kaigi de minna ga itta koto o *kiroku* shite kudasai.)

¶ Please keep **a record** of what everyone says at the meeting.

②[競技などの成績]

② [record, record time]

¶上田さんは水泳で世界**記録**をつくりました。 (Ueda san wa suiei de sekai-*kiroku* o tsukurimashita.)

¶ [Mr.] Ueda set a world **record** in swimming.

kiru　着る〘動II〙

kiru ⟦v II⟧ **put on, wear**

¶寒いので，セーターを**着ました**。(Samui node, sētā o *kimashita.*)

¶ [I] **wore** a sweater because it was cold.

¶暑いから，上着を**着ないで**会社へ行きます。 (Atsui kara, uwagi o *kinaide* kaisha e ikimasu.)

¶ [I] go to work **without** a suit coat because it's so hot.

¶あなたの**着て**いる洋服はどこで買ったのですか。 (Anata no *kite* iru yōfuku wa doko de katta no desu ka?)

¶ Where did you buy the clothes you're **wearing?**

⇔**nugu 脱ぐ**

kiru　切る〘動I〙

kiru ⟦v I⟧ **cut; switch off; break off, cut off**

①[ナイフなどで物を傷つけたりいくつかの部分に分けたりする]

① [cut, chop, carve]

¶大きなりんごを四つに**切って**食べました。 (Ookina ringo o yottsu ni *kitte* tabemashita.)

¶ [I] **cut** a large apple into four pieces and ate it.

¶ナイフで手を**切って**しまいました。(Naifu de te o *kitte* shimaimashita.)

¶ [I] **cut** [my] hand on a knife.

②[電気などを止める]

② [switch off, turn off]

¶テレビのスイッチを**切って**ください。(Terebi no suitchi o *kitte* kudasai.)

¶ Please **turn off** the television.

③[続いている行為・関係などをやめ

③ [break off, cut off, break with, sever connections]

る]

¶電話を**切らないで**，そのまま待っていてください。(Denwa o *kiranaide*, sono mama matte ite kudasai.)

¶ Please **hold the line** (said on the telephone).

-kiru　-きる〖尾〗

-kiru 〚suf〛 **finish; completely ~; dare to**

①[あることを全部終える，最後まであることをやる]

① [finish, end]

¶この小説を一晩で読み**きってし**まいました。(Kono shōsetsu o hitoban de yomi*kitte* shimaimashita.)

¶ [I] **finished** reading this book in one evening.

¶一つの料理を食べ**きらない**うちに，もう次の料理が出てきました。(Hitotsu no ryōri o tabe*kiranai* uchi ni, mō tsugi no ryōri ga dete kimashita.)

¶ The next dish came **before [I] could finish** eating the previous one.

②[完全にその状態になる]

② [completely reach a certain state]

枯れ**きった**木 (kare*kitta* ki)

a **completely** dead tree

¶食べすぎたり飲みすぎたりするのが体によくないことはわかり**きってい**ます。(Tabesugitari nomisugitari suru no ga karada ni yoku nai koto wa wakari*kitte* imasu.)

¶ [I] am **fully** aware that eating and drinking too much are bad for the health.

③[それ以上のひどい状態はない]

③ [a completely bad condition]

困り**きる** (komari*kiru*)　弱り**きる** (yowari*kiru*)

be **greatly** embarrassed, be at one's wit's ends, be at a loss // be run down, break down; be at a loss, be floored

¶疲れ**きって**，もう一歩も歩けません。(Tsukare*kitte*, mō ippo mo arukemasen.)

¶ [I]'m **completely** exhausted; [I] can't take another step.

④[勇気を出してあることをする，はっきりあることをする]

④ [dare to, be able to]

¶高い所から思い**きって**飛び降りました。(Takai tokoro kara omoi*kitte* tobiorimashita.)

¶ [I] **summoned [my] courage** and leaped down from that high place.

¶いやなことはいやだと言い**きる**勇気

¶ You must have the courage to

を持たなければいけません。(Iya na koto wa iya da to ii*kiru* yūki o motanakereba ikemasen.)

come out and say so when you don't want to do something.

kisetsu 季節〔名〕

kisetsu ⟦n⟧ **season, time of the year**

¶桜の咲く**季節**になりました。(Sakura no saku *kisetsu* ni narimashita.)

¶ The cherry blossom **season** has ⟦had⟧ started.

¶日本では四つの**季節**がはっきりしています。(Nihon de wa yottsu no *kisetsu* ga hakkiri shite imasu.)

¶ Japan has four distinct **seasons.**

kisha 汽車〔名〕

kisha ⟦n⟧ **train**

汽車に乗る (*kisha* ni noru) **汽車**を降りる (*kisha* o oriru) 東京行きの**汽車** (Tōkyō yuki no *kisha*) 東京発の**汽車** (Tōkyō hatsu no *kisha*) **汽車**賃 (*kisha*chin)

take **a train,** ride in **a train,** board **a train** // get off **a train** // **a train** bound for Tokyo, the Tokyo **train** // **the train** from Tokyo, **a train** starting in Tokyo // a **railroad** fare

kisha 記者〔名〕

kisha ⟦n⟧ **reporter, journalist**

新聞**記者** (shinbun-*kisha*) 雑誌**記者** (zasshi-*kisha*)

a newspaper **reporter** // a magazine **writer,** journalist

kishi 岸〔名〕

kishi ⟦n⟧ **banks, shore, coast**

¶船が**岸**に近づいてきました。(Fune ga *kishi* ni chikazuite kimashita.)

¶ The boat is nearing ⟦neared⟧ **the shore.**

¶川**岸**で子供が遊んでいます。(Kawa-*gishi* de kodomo ga asonde imasu.)

¶ Children are playing along the river**bank.**

kiso 基礎〔名〕

kiso ⟦n⟧ **foundation, base**

①[建物の土台]

① [foundation (of a building)]

¶この家は**基礎**がしっかりしています。(Kono ie wa *kiso* ga shikkari shite imasu.)

¶ This house has a solid **foundation.**

②[学問などのもとになるたいせつな部分]

② [base, foundation (of learning, etc.)]

¶どんな勉強でも**基礎**が大切です。(Donna benkyō demo *kiso* ga taisetsu desu.)

¶ A firm grounding in **the basics** is important in any field of study.

kisoku 規則〔名〕

kisoku ⟦n⟧ **rule, regulations**

交通**規則** (kōtsū-*kisoku*)　**規則**を守る (*kisoku* o mamoru)　**規則**を破る (*kisoku* o yaburu)

traffic **regulations** // obey **the rules** // break **the rules**

¶学生は学校の**規則**に従わなければなりません。 (Gakusei wa gakkō no *kisoku* ni shitagawanakereba narimasen.)

¶ Students must observe school **regulations.**

¶わたしは毎日**規則**正しい生活をしています。 (Watashi wa mainichi *kisoku* tadashii seikatsu o shite imasu.)

¶ I live a **regular** life ⟦keep **regular** hours⟧.

¶中村さんは不**規則**な生活をしたので，病気になってしまいました。 (Nakamura san wa fu*kisoku* na seikatsu o shita node, byōki ni natte shimaimashita.)

¶ [Mr.] Nakamura became ill because [he] led an **irregular** life.

¶会は1か月に2回，**規則**的に開かれています。 (Kai wa ikkagetsu ni nikai, *kisoku*teki ni hirakarete imasu.)

¶ The club ⟦association, group⟧ meets **regularly** twice a month.

kissaten　**喫茶店**〔名〕

kissaten ⟦n⟧　**tearoom, coffee shop, cafe**

¶わたしたちは**喫茶店**でコーヒーを飲みました。 (Watashitachi wa *kissaten* de kōhii o nomimashita.)

¶ We drank coffee in **a coffee shop.**

kisū　**奇数**〔名〕

kisū ⟦n⟧　**odd number, uneven number**

¶1，3，5という数は**奇数**と言い，2，4，6は偶数と言います。(Ichi, san, go to iu sū wa *kisū* to ii, ni, shi, roku wa gūsū to iimasu.)

⇔**gūsū** **偶数**

¶ One, three, and five are called **odd numbers,** and two, four, and six are called even numbers.

kita　**北**〔名〕

kita ⟦n⟧　**north**

北風 (*kita*kaze)　**北**側 (*kita*gawa)　**北**向き (*kita*muki)

north wind, **northerly** wind // the **north** side // **northern** exposure, facing **north**

¶**北**国ではもう雪が降っています。

(*Kita*guni de wa mō yuki ga futte imasu.)

¶ Snow is already falling in **the North.**

⇔**minami 南**

kitai 期待〘名, ～する〙

kitai ⟦n, ~*suru*⟧ **expectation, anticipation, hope**

¶あの青年は将来を**期待**されています。(Ano seinen wa shōrai o *kitai* sarete imasu.)

¶ **Much is expected** of that youth in the future.

¶その音楽会は**期待**していたとおりすばらしいものでした。(Sono ongakkai wa *kitai* shite ita toori subarashii mono deshita.)

¶ That concert ⟦recital⟧ was as marvelous **as expected.**

kitai 気体〘名〙

kitai ⟦n⟧ **a gaseous body, gas, vapor**

¶空気は**気体**です。(Kūki wa *kitai* desu.)

¶ The air is **gaseous.**

⇨**ekitai 液体 kotai 固体**

kitanai 汚い〘形〙

kitanai ⟦adj⟧ **dirty**

¶**汚い**手で触らないでください。(*Kitanai* te de sawaranaide kudasai.)

¶ Please don't touch it ⟦me⟧ with **dirty** hands.

¶掃除をしないので，部屋が**汚く**なっています。(Sōji o shinai node, heya ga *kitanaku* natte imasu.)

¶ The room has gotten **dirty** as [I] haven't been cleaning it.

kitte 切手〘名〙

kitte ⟦n⟧ (postage) **stamp**

記念**切手** (kinen-*kitte*)　**切手**をはる (*kitte* o haru)

a commemorative **stamp** // paste **a stamp** on

kitto きっと〘副〙

kitto ⟦adv⟧ **certainly, undoubtedly**

¶あの人は**きっと**来ますよ。(Ano hito wa *kitto* kimasu yo.)

¶ [He]'ll come **for sure.**

¶いくら呼んでも返事がないから，**きっと**留守ですよ。(Ikura yonde mo henji ga nai kara, *kitto* rusu desu yo.)

¶ [She] **must** not be at home as there's no reply no matter how much one calls to [her].

kiwamete 極めて〘副〙

kiwamete ⟦adv⟧ **extremely, very**

¶この問題の解決は**極めて**難しいです。

¶ This problem will be **extremely**

(Kono mondai no kaiketsu wa *kiwamete* muzukashii desu.)

difficult to resolve.

¶この計画に反対する人は**極めて**少ないです。(Kono keikaku ni hantai suru hito wa *kiwamete* sukunai desu.)

¶ **Very** few are opposed to this plan.

kizu 傷〖名〗

kizu ⟦n⟧ **wound, injury; flaw, disfigurement**

①[けがなどをして体についたあと]

① [wound, injury, cut, scratch, bruise, scar; refers to living creatures]

¶その足の**傷**はどうしたのですか。(Sono ashi no *kizu* wa dō shita no desu ka?)

¶ How did you get that leg ⟦foot⟧ **injury** ⟦**scar**⟧?

¶わたしは医者へ行って，**傷**の手当てをしてもらいました。(Watashi wa isha e itte, *kizu* no teate o shite moraimashita.)

¶ I went to the doctor and had my **injury** treated.

②[品物が傷んでいること]

② [flaw, disfigurement, defect, crack, scratch, bruise; refers to objects]

¶このりんごには**きず**がありますよ。(Kono ringo ni wa *kizu* ga arimasu yo.)

¶ This apple **is bruised.**

¶この花びんは**きず**がついているから安いです。(Kono kabin wa *kizu* ga tsuite iru kara yasui desu.)

¶ This vase is cheap because it **is defective** ⟦**is scratched**⟧.

kizuku 気づく〖動 I〗

kizuku ⟦v I⟧ **notice, perceive, realize**

¶田中さんは自分が悪かったということに**気づきました**。(Tanaka san wa jibun ga warukatta to iu koto ni *kizukimashita.*)

¶ [Mr.] Tanaka later **realized** that [he] had been at fault.

¶山田さんはわたしに**気づかないで**，通り過ぎていきました。(Yamada san wa watashi ni *kizukanaide*, toorisugite ikimashita.)

¶ [Miss] Yamada went by **without noticing** that I was there.

＊ 普通「〜に気づく (〜ni kizuku)」の形で使う。

* Generally used in the pattern "～ *ni kizuku.*"

⇨**ki** 気

ko 子〘名〙

ko ⟦n⟧ **one's child(ren), offspring; children, the young**

①[親から生まれたもの]

① [one's child(ren), offspring]

¶うちの**子**は今年小学校に入学します。 (Uchi no *ko* wa kotoshi shōgakkō ni nyūgaku shimasu.)

¶ Our **child** enters elementary school this year.

¶ねこが**子**を産みました。 (Neko ga *ko* o umimashita.)

¶ The cat had **kittens.**

↔oya 親

②[幼い者]

② [children, the young]

¶あの**子**の名前は何と言いますか。 (Ano *ko* no namae wa nan to iimasu ka?)

¶ What is the name of that **child?**

¶庭で男の**子**と女の**子**が遊んでいます。 (Niwa de otoko no *ko* to onna no *ko* ga asonde imasu.)

¶ A **boy** and **girl** are playing in the yard.

↔otona 大人

⇨kodomo 子供

-ko -個〘尾〙

-ko ⟦suf⟧ **a piece, an item;** the counter for small objects

¶1**個** 50 円のりんごを5**個**買いました。 (Ik*ko* gojūen no ringo o go*ko* kaimashita.)

¶ I bought **five** apples at fifty yen **each.**

¶この卵は10**個**でいくらですか。 (Kono tamago wa jik*ko* de ikura desu ka?)

¶ How much are **10** of these eggs?

kō こう〘副〙

kō ⟦adv⟧ **like this, this way**

①[話し手に身近な関係にあるものごとの様子をさし示す]

① [like this, this way; indicates something close to the speaker]

¶その漢字は**こう**書くんです。 (Sono kanji wa *kō* kaku n desu.)

¶ That *kanji* is written **like this.**

¶**こう**忙しくては，ゆっくり新聞も読めません。 (*Kō* isogashikute wa, yukkuri shinbun mo yomemasen.)

¶ When [I] am **this** busy [I] can't read a newspaper leisurely.

②[文脈の上で前に述べたものごとの状態などを話し手に身近な関係にある

② [like this, this way; indicates that something already mentioned is close

ものとしてさし示したりまたあとから述べる話し手の考えなどを前もってさし示したりする]

to the speaker or introduces an opinion, etc., of the speaker]

¶人々は板の上で木の棒をもんで，火を出すことを発明しました。その後，石と石とを打ち合わせて火を出すことを考えました。**こう**して，火が発明されてから世界はどんどん開けてきました。(Hitobito wa ita no ue de ki no bō o monde, hi o dasu koto o hatsumei shimashita. Sono go, ishi to ishi to o uchiawasete hi o dasu koto o kangaemashita. *Kō* shite, hi ga hatsumei sarete kara sekai wa dondon hirakete kimashita.)

¶ Humans discovered producing fire by rubbing a stick on top of a board. After that they thought of striking rocks together to start a fire. **In this way** their world was rapidly opened up after the discovery of fire.

¶わたしは**こう**思います。いくら学問があっても，人に対する思いやりがなくてはいけません。(Watashi wa *kō* omoimasu. Ikura gakumon ga atte mo, hito ni taisuru omoiyari ga nakute wa ikemasen.)

¶ **This** is what I think. However learned someone may be, he or she should still show consideration toward others.

⇨sō そう　ā ああ　dō どう

kōba　工場〔名〕

kōba ⟦n⟧　**factory, workshop**

工場で働く (*kōba* de hataraku)

work in **a factory**

＊「工場 (kōba)」は小さい個人経営の作業場を主として言う。

＊ *Kōba* chiefly refers to a small, privately managed workplace.

⇨kōjō 工場

kōban　交番〔名〕

kōban ⟦n⟧　**police box**

¶交番のお巡りさんが丁寧に道を教えてくれました。(*Kōban* no omawari-san ga teinei ni michi o oshiete kuremashita.)

¶ The policeman at **the police box** gave me careful directions.

kobosu　こぼす〔動 I〕

kobosu ⟦v I⟧　**spill, shed, drop**

¶机の上に水を**こぼして**しまいました。

¶ [I] **spilled** water on the top of the

(Tsukue no ue ni mizu o *koboshite* shimaimashita.)

desk.

¶あの映画を見て，涙を**こぼさない**人はいないでしょう。 (Ano eiga o mite, namida o *kobosanai* hito wa inai deshō.)

¶ No one can see that movie **without shedding** some tears ⟦The person doesn't exist who can see that movie **without crying**⟧.

kōcha 紅茶〘名〙

kōcha ⟦n⟧ (black) **tea**

¶**紅茶**がいいですか。コーヒーがいいですか。 (*Kōcha* ga ii desu ka? Kōhii ga ii desu ka?)

¶ Which would you like—**tea** or coffee?

kochira こちら〘代〙

kochira ⟦pron⟧ **this way, here; this place; this person; this one; this side, I, we**

①[話し手に身近な関係にある方向をさし示す]

① [this way, here; indicates a direction physically close to the speaker]

¶どうぞ，**こちら**へ。 (Dōzo, *kochira* e.)

¶ **This way,** please.

¶皆さん，写真を撮りますから，**こちら**を見てください。 (Minasan, shashin o torimasu kara, *kochira* o mite kudasai.)

¶ Will everyone please look **this way** so that I can take the photograph.

②[話し手に身近な関係にある方向に存在する所などをさし示す]

② [this place, here; indicates a place, etc., physically close to the speaker]

¶わたしが**こちら**へ来てから10年になります。 (Watashi ga *kochira* e kite kara jūnen ni narimasu.)

¶ Ten years have passed since I came **here.**

¶「トイレはどこにありますか。」(Toire wa doko ni arimasu ka?) 「トイレは**こちら**です。」 (Toire wa *kochira* desu.)

¶ "Where are the rest rooms?" "The rest rooms are **here.**"

③[話し手に身近な関係にある方向にいる人をさし示す]

③ [this person; indicates a person physically close to the speaker]

¶御紹介します。**こちら**は山田さんです。 (Goshōkai shimasu. *Kochira* wa Yamada san desu.)

¶ Let me introduce you. **This** is [Mrs.] Yamada.

* 話し手にとって対等または目上の人

* *Kochira* is used to refer to someone of equal or higher status than the

に対して使う。「こちらの方 (kochira no kata)」とも言う。

speaker. *Kochira no kata* is also used.

④［話し手に身近な関係にある方向に存在するものをさし示す］

④ [this one; indicates something physically close to the speaker]

¶「どちらの時計になさいますか。」(Dochira no tokei ni nasaimasu ka?)「そうですね。**こちら**のほうにしましょう。(Sō desu ne. *Kochira* no hō ni shimashō.)

¶ "Which watch ⟦clock⟧ would you like?"

"Well, let's see. I'll take **this one.**"

¶そちらより**こちら**のほうがいいです。**こちら**をください。 (Sochira yori *kochira* no hō ga ii desu. *Kochira* o kudasai.)

¶ I like **this one** better than that one. Please give me **this one.**

⑤［話し手自身や話し手側の者を表す，わたし，わたしたち］

⑤ [this side, I, we; indicates the speaker or those on the speaker's side]

¶もしもし，上田さんですか。**こちら**は中村です。 (Moshimoshi, Ueda san desu ka? *Kochira* wa Nakamura desu.)

¶ Hello. Is that [Mr.] Ueda? **This** is [Mr.] Nakamura calling.

¶おかげさまで，**こちら**はみんな元気に暮らしております。 (Okagesama de, *kochira* wa minna genki ni kurashite orimasu.)

¶ **I and my family** are all well, thank you.

＊「こっち (kotchi)」とも言うが，「こちら (kochira)」のほうが丁寧な言葉である。

＊ *Kotchi* is also used, but *kochira* is more polite.

⇨sochira そちら　achira あちら　dochira どちら

kōchō　校長〘名〙

kōchō ⟦n⟧ **principal, headmaster**

¶上田さんのお父さんは小学校の**校長**です。 (Ueda san no otōsan wa shōgakkō no *kōchō* desu.)

¶ [Miss] Ueda's father is an elementary school **principal.**

kōdō　行動〘名，～する〙

kōdō ⟦n, *~suru*⟧ **action, movement, behavior**

¶団体で行動しているとき自分勝手な

¶ When **acting** together with others

行動をすると,他人に迷惑をかけます。(Dantai de *kōdō* shite iru toki jibunkatte na *kōdō* o suru to, tanin ni meiwaku o kakemasu.)

in a group, **acting** only to please oneself will inconvenience others.

¶上田さんはたいへん**行動的**な人です。(Ueda san wa taihen *kōdō*teki na hito desu.)

¶ [Mr.] Ueda is a **take-charge** person 〚Mr. Ueda never hesitates to **take action**〛.

kodomo 子供〘名〙

kodomo 〚n〛 **one's child(ren); children, the young**

①[親から生まれたもの]

① [one's child(ren), offspring]

¶わたしの**子供**は3人とも女です。(Watashi no *kodomo* wa sannin tomo onna desu.)

¶ My three **children** are all girls.

↔oya 親

②[幼い者]

② [children, the young]

¶公園で**子供**たちが遊んでいます。(Kōen de *kodomo*tachi ga asonde imasu.)

¶ **Children** are playing in the park.

↔otona 大人

⇨ko 子

koe 声〘名〙

koe 〚n〛 **voice**

¶**声**が小さくて聞こえません。(*Koe* ga chiisakute kikoemasen.)

¶ **[Your] voice** is low and I can't hear what [you]'re saying.

¶田中先生はいつも大きい**声**で話します。(Tanaka sensei wa itsu mo ookii *koe* de hanashimasu.)

¶ Professor 〚Doctor〛 Tanaka always speaks in a loud **voice.**

kōen 公園〘名〙

kōen 〚n〛 **park, public garden**

¶**公園**へ散歩に行きましょう。(*Kōen* e sanpo ni ikimashō.)

¶ Let's go for a walk in **the park.**

koeru 越える〘動Ⅱ〙

koeru 〚v II〛 **cross, go across**

¶この山を**越えた**所にわたしの村があります。(Kono yama o *koeta* tokoro ni watashi no mura ga arimasu.)

¶ My village lies **on the other side** of this mountain.

koeru 超える〘動Ⅱ〙

koeru 〚v II〛 **exceed, be over**

¶昨日は40度を**超える**暑さでした。

¶ Yesterday the heat **exceeded** 40

(Kinō wa yonjūdo o *koeru* atsusa deshita.)

degrees.

¶この狭い国に一億を**超える**人が住んでいます。 (Kono semai kuni ni ichioku o *koeru* hito ga sunde imasu.)

¶ **Over** 100 million people live in this small country.

kōfuku 幸福〘名, 形動〙

kōfuku ⟦n, adj-v⟧ **happiness, good fortune**

¶わたしは今とても**幸福**です。 (Watashi wa ima totemo *kōfuku* desu.)

¶ I am very **happy** now.

¶**幸福**な家庭に育って幸せですね。 (*Kōfuku* na katei ni sodatte shiawase desu ne.)

¶ You are fortunate to have grown up in a **happy** home.

¶田中さんは結婚して**幸福**に暮らしています。 (Tanaka san wa kekkon shite *kōfuku* ni kurashite imasu.)

¶ [Mr.] Tanaka is living in wedded **bliss.**

⇔**fukō** 不幸

kōfun 興奮〘名, ～する〙

kōfun ⟦n, ～*suru*⟧ **excitement, agitation**

¶山田さんは会議で田中さんと大声で議論していましたが，その時の**興奮**がまだ続いているようです。 (Yamada san wa kaigi de Tanaka san to oogoe de giron shite imashita ga, sono toki no *kōfun* ga mada tsuzuite iru yō desu.)

¶ [Mr.] Yamada raised [his] voice and argued with [Mr.] Tanaka at the meeting, and **the aroused emotions** of that time seem to still be alive.

¶試合を見ていた人たちは**興奮**して立ち上がりました。 (Shiai o mite ita hitotachi wa *kōfun* shite tachiagarimashita.)

¶ The people watching the game ⟦match⟧ came to their feet **in their excitement.**

kōgai 郊外〘名〙

kōgai ⟦n⟧ **suburbs, environs, outskirts**

¶わたしは東京の**郊外**に住んでいます。 (Watashi wa Tōkyō no *kōgai* ni sunde imasu.)

¶ I live in **the suburbs** of Tokyo.

kōgai 公害〘名〙

kōgai ⟦n⟧ **environmental pollution**

¶飛行機や汽車の騒音は**公害**の一種です。(Hikōki ya kisha no sōon wa *kōgai* no isshu desu.)

¶ The noise of planes and trains is one form of **pollution.**

¶この町の人々は，工場から出る煙の**公害**で苦しんでいます。(Kono machi no hitobito wa, kōjō kara deru kemuri no *kōgai* de kurushinde imasu.)

¶ The people of this city suffer **air pollution** caused by factory emissions.

kōgeki **攻撃**〘名，～する〙

kōgeki 〚n, *~suru*〛 **attack**

敵から**攻撃**を受ける (teki kara *kōgeki* o ukeru) 敵を**攻撃**する (teki o *kōgeki* suru)

be attacked by an enemy, be under enemy **attack** // **attack** an enemy, **make an attack** on the enemy

kogeru **焦げる**〘動II〙

kogeru 〚v II〛 **burn, scorch**

¶魚が真っ黒に**焦げて**しまいました。(Sakana ga makkuro ni *kogete* shimaimashita.)

¶ The fish **is** 〚**was**〛 **burnt** to a cinder.

¶パンを焼くとき，**焦げない**ように気をつけてください。(Pan o yaku toki, *kogenai* yō ni ki o tsukete kudasai.)

¶ When toasting bread, please be careful **not to burn it.**

kōgi **講義**〘名，～する〙

kōgi 〚n, *~suru*〛 **lecture**

¶今日は日本語の助詞についての**講義**があります。(Kyō wa Nihongo no joshi ni tsuite no *kōgi* ga arimasu.)

¶ There is **a lecture** today about the use of particles in Japanese.

¶あしたは田中先生が上田先生の代わりに**講義**します。(Ashita wa Tanaka sensei ga Ueda sensei no kawari ni *kōgi* shimasu.)

¶ Tomorrow Professor Tanaka **will lecture** in place of Professor Ueda.

kogitte **小切手**〘名〙

kogitte 〚n〛 (bank) **check**

¶現金ではなく，**小切手**で支払います。(Genkin de wa naku, *kogitte* de shiharaimasu.)

¶ [I] will pay by **check** rather than in cash.

kōgyō **工業**〘名〙

kōgyō 〚n〛 **an industry, the manufacturing industry**

重工業 (jū*kōgyō*)　軽工業 (kei*kōgyō*)　工業専門学校 (*kōgyō*-senmongakkō)　工業地帯 (*kōgyō*-chitai)

heavy **industry** // light **industry** // a **technical** school // an **industrial** area, a **manufacturing** district

¶この国は**工業**が発達しています。 (Kono kuni wa *kōgyō* ga hattatsu shite imasu.)

¶ This country is advanced **industrially.**

kōhei　公平〘名, 形動〙

kōhei ⟦n, adj-v⟧　**impartiality, fairness, justice**

¶上田先生はすべての学生に**公平**です。 (Ueda sensei wa subete no gakusei ni *kōhei* desu.)

¶ Professor Ueda **is impartial** toward all students.

¶このお菓子を**公平**に分けてください。 (Kono okashi o *kōhei* ni wakete kudasai.)

¶ Please divide this candy ⟦sweet⟧ **evenly.**

kōhii　コーヒー〘名〙

kōhii ⟦n⟧　**coffee**

¶**コーヒー**を飲みに行きましょう。 (*Kōhii* o nomi ni ikimashō.)

¶ Let's go have **a cup of coffee.**

¶**コーヒー**に砂糖とミルクを入れてください。 (*Kōhii* ni satō to miruku o irete kudasai.)

¶ Please put sugar and milk in **my coffee.**

koi　**濃い**〘形〙

koi ⟦adj⟧　**dark in color, deep in color; strong in taste; thick, heavy** (in density)

① [色の程度が強い様子]

① [dark in color, deep in color]

¶あの**濃い**茶色の服を着ているのが, わたしの兄です。 (Ano *koi* chairo no fuku o kite iru no ga, watashi no ani desu.)

¶ The man in the **dark** brown suit is my older brother.

¶ここの部分だけ**濃く**塗ってください。 (Koko no bubun dake *koku* nutte kudasai.)

¶ Please paint just this part **dark.**

② [味の程度が強い様子]

② [strong in taste, strong in flavor]

濃いお茶 (*koi* ocha)

strong green tea

¶わたしは料理は**濃い**味のほうが好きです。 (Watashi wa ryōri wa *koi* aji no hō ga suki desu.)

¶ I prefer **strongly** flavored dishes.

¶わたしは濃いコーヒーは飲めませんから，薄くしてください。 (Watashi wa *koi* kōhii wa nomemasen kara, usuku shite kudasai.)

¶ I can't drink **strong** coffee so please make mine on the weak side.

③[密度が高い様子]

③ [thick, heavy (in density)]

ひげが濃い (hige ga *koi*)

a **heavy** moustache ⟦beard⟧

¶濃い霧のため，電車が遅れました。 (*Koi* kiri no tame, densha ga okuremashita.)

¶ The train was late due to **heavy** fog.

⇔**usui** 薄い

koi 恋〘名，～する〙

koi ⟦n, *~suru*⟧ **love**

初恋 (hatsu*koi*) 恋人 (*koi*bito)

one's first **love,** puppy **love** // **a lover, boyfriend, girlfriend**

¶恋は人間を美しくします。 (*Koi* wa ningen o utsukushiku shimasu.)

¶ **Love** makes people beautiful.

¶上田さんは田中さんの妹に恋をしています。(Ueda san wa Tanaka san no imōto ni *koi* o shite imasu.)

¶ Mr. Ueda **is in love** with [Mr.] Tanaka's younger sister.

⇒**ren'ai** 恋愛

kōji 工事〘名，～する〙

kōji ⟦n, *~suru*⟧ **construction, construction work**

工事中 (*kōji*chū)

under **construction**

¶この道は道路工事のため通れません。 (Kono michi wa dōro-*kōji* no tame tooremasen.)

¶ This street is closed to traffic due to road **repairs.**

¶この工事はいつ完成しますか。 (Kono *kōji* wa itsu kansei shimasu ka?)

¶ When will this **construction work** be completed?

kojin 個人〘名〙

kojin ⟦n⟧ **individual, persons in their private capacity**

個人主義 (*kojin*-shugi)

individualism

¶個人の権利を守らなければなりません。 (*Kojin* no kenri o mamoranakereba narimasen.)

¶ The rights of **the individual** must be protected.

¶これはわたしの個人的な意見です。 (Kore wa watashi no *kojin*teki na iken desu.)

¶ This is my **personal** opinion.

kōjō **工場**〘名〙

自動車**工場** (jidōsha-*kōjō*)

¶この**工場**では，何人の工員が働いていますか。(Kono *kōjō* de wa, nannin no kōin ga hataraite imasu ka?)

¶**工場**の煙突から出る煙が空気を汚しています。(*Kōjō* no entotsu kara deru kemuri ga kūki o yogoshite imasu.)

⇨**kōba** **工場**

kōjō 〚n〛 **factory, plant**

an automobile **manufacturing plant**

¶ How many workers are employed at this **factory?**

¶ The smoke coming out of the **factory** smokestacks is dirtying the air.

kōka **効果**〘名〙

¶この方法で勉強すれば，**効果**が上がりますよ。(Kono hōhō de benkyō sureba, *kōka* ga agarimasu yo.)

¶漢字の**効果**的な勉強法を教えてください。(Kanji no *kōka*teki na benkyōhō o oshiete kudasai.)

kōka 〚n〛 **effect, effectiveness, efficiency, result**

¶ You will have better **results** if you study with this method.

¶ Please teach [us] an **efficient** 〚**effective, good**〛 way to study *kanji*.

kōkai **後悔**〘名，～する〙

¶学生時代にもっと勉強しておけばよかったと**後悔**しています。(Gakusei-jidai ni motto benkyō shite okeba yokatta to *kōkai* shite imasu.)

¶今になって**後悔**しても遅いですよ。(Ima ni natte *kōkai* shite mo osoi desu yo.)

kōkai 〚n, ~*suru*〛 **regret, remorse, repentance**

¶ **I regret** that I didn't study harder in my student days.

¶ It's too late for **regrets** now.

kōkan **交換**〘名，～する〙

¶お金と**交換**に品物を渡します。(Okane to *kōkan* ni shinamono o watashimasu.)

¶わたしたちは留学生を招いて意見の**交換**をしました。(Watashitachi wa ryūgakusei o maneite iken no *kōkan* o shimashita.)

kōkan 〚n, ~*suru*〛 **exchange, interchange, barter**

¶ One hands over merchandise **in exchange** for money.

¶ We invited foreign students and **had an exchange** of views.

kokka **国家**〔名〕

¶第二次大戦後，世界に新しい**国家**が次々に誕生しました。(Dainiji-taisengo, sekai ni atarashii *kokka* ga tsugitsugi ni tanjō shimashita.)

¶**国家**の安全を守るために条約を結びます。(*Kokka* no anzen o mamoru tame ni jōyaku o musubimasu.)

kokka [[n]] **state, country, nation**

¶ After World War II new **nations** entered the world community one after the other.

¶ Treaties are concluded in order to protect the security of **the state.**

kokka **国歌**〔名〕

kokka [[n]] **national anthem**

kokki **国旗**〔名〕

¶オリンピック会場には世界各国の**国旗**が飾られます。(Orinpikku-kaijō ni wa sekai-kakkoku no *kokki* ga kazararemasu.)

kokki [[n]] **national flag**

¶ When the Olympics are held, **the national flags** of countries around the world are on display.

koko **ここ**〔代〕

①〔空間的に話し手に身近な関係にある所などをさし示す〕

¶「鉛筆はどこにありますか。」(Enpitsu wa doko ni arimasu ka?)「**ここ**にあります。」(*Koko* ni arimasu.)

¶「**ここ**は銀座ですか。」(*Koko* wa Ginza desu ka?)「いいえ，**ここ**は銀座ではありません。銀座はこの次です。」(Iie, *koko* wa Ginza de wa arimasen. Ginza wa kono tsugi desu.)

¶「あなたはいつからこの寮に住んでいますか。」(Anata wa itsu kara kono ryō ni sunde imasu ka?)「去年の四月に日本に来てから，ずっと**ここ**に住んでいます。」(Kyonen no shigatsu ni Nihon ni kite kara, zutto *koko* ni sunde imasu.)

＊ 話し手と話し相手が同じ所にいる場

koko [[pron]] **here, this place; this**

① [here, this place; indicates a place physically close to the speaker]

¶ "Where is my pencil?"
"**Here** it is."

¶ "Is **this** Ginza?"
"No, **this** isn't Ginza. Ginza is the next stop."

¶ "How long have you been living in this dormitory?"
"I've been living **here** ever since I came to Japan last April (that is, last year in April)."

* When the speaker and listener are

合には，話し手が「ここ (koko)」でさし示す所は，話し相手も「ここ(koko)」でさし示す。

②[話し手が指さして説明する場合などにそのさし示している所などを表す]

¶「名前はどこに書いたらいいですか。」(Namae wa doko ni kaitara ii desu ka?)「**ここ**に書いてください。」(*Koko* ni kaite kudasai.)

¶この地図を見てください。**ここ**が東京で，**ここ**が大阪です。(Kono chizu o mite kudasai. *Koko* ga Tōkyō de, *koko* ga Oosaka desu.)

③[話し手が現に取り上げているものごとの範囲・部分・点などをさし示す]

¶今日の勉強は**ここ**までです。(Kyō no benkyō wa *koko* made desu.)

¶**ここ**が特に大切なところです。(*Koko* ga tokuni taisetsu na tokoro desu.)

④[話し手の当面する時間を基準としてその前後の時間のある範囲をさし示す]

¶**ここ**二，三日はまだ雨が降り続くそうです。(*Koko* ni-sannichi wa mada ame ga furitsuzuku sō desu.)

¶**ここ**一週間はずっと風邪で寝ていました。(*Koko* isshūkan wa zutto kaze de nete imashita.)

⇨**soko そこ asoko あそこ doko どこ**

kōkoku 広告〘名，～する〙

新聞広告 (shinbun-*kōkoku*)

both in the same place, the listener will also use *koko* for a place the speaker refers to as *koko*.

② [here, this place; a place indicated by the speaker when pointing while explaining, etc.]

¶ "Where should I write my name?" "Please write it **here.**"

¶ Please look at this map. Tokyo is **here** and Osaka is **here** ⟦**This** is Tokyo and **this** is Osaka⟧.

③ [here, this; indicates a section, a point, the environment, etc., of whatever the speaker is talking about at the time]

¶ **This** concludes our studies for today ⟦That's all for today⟧.

¶ **This** is an especially important part.

④ [this; takes the present time of the speaker as the standard and indicates a period before or after that]

¶ It looks like the rain will continue for **the next** two or three days.

¶ [I] have been in bed **this past** week with a cold ⟦the flu⟧.

kōkō ☞ **kōtōgakkō**

kōkoku ⟦n, ~*suru*⟧ **advertisement, notice, announcement, publicity**

a newspaper **advertisement,** classified **ad** in the newspaper

¶新聞に新しい自動車の**広告**が出ています。(Shinbun ni atarashii jidōsha no *kōkoku* ga dete imasu.)

¶ There are **ads** in the newspaper for the new cars.

kokonoka **九日**〘名〙

①[日付を表す]

一月**九日** (ichigatsu *kokonoka*)

②[日数を表す]

¶病気で**九日**も学校を休みました。(Byōki de *kokonoka* mo gakkō o yasumimashita.)

⇨-ka -日

kokonoka ⟦n⟧ **the ninth of the month; nine days**

① [the ninth of the month]

January **9**

② [nine days]

¶ [I] was absent from school for **nine days** due to illness.

kokonotsu **九つ**〘名〙

①[9個]

¶ここにみかんが**九つ**あります。(Koko ni mikan ga *kokonotsu* arimasu.)

②[9歳]

¶今年，この子は**九つ**です。(Kotoshi, kono ko wa *kokonotsu* desu.)

kokonotsu ⟦n⟧ **nine; nine years old**

① [nine, nine items]

¶ There are **nine** mandarin oranges here.

② [nine years old]

¶ This child is **nine years old** this year.

kokoro **心**〘名〙

心細い (*kokoro*bosoi)

¶あの人は**心**の優しい人です。(Ano hito wa *kokoro* no yasashii hito desu.)

¶御親切を**心**から感謝いたします。(Goshinsetsu o *kokoro* kara kansha itashimasu.)

¶**心**をこめてお礼の手紙を書きました。(*Kokoro* o komete orei no tegami o kakimashita.)

kokoro ⟦n⟧ **heart, mind, spirit, feeling**

forlorn, down**hearted,** lonely, discouraging

¶ [He] is a **kindhearted** person.

¶ I thank you for your kindness from the bottom of **my heart.**

¶ [I] wrote a **heartfelt** letter of thanks.

kokuban **黒板**〘名〙

¶**黒板**に今習った漢字を書きなさい。(*Kokuban* ni ima naratta kanji o kakinasai.)

kokuban ⟦n⟧ **blackboard**

¶ Write the *kanji* we've just studied on **the blackboard.**

kōkūbin 航空便〘名〙

¶ジャカルタから東京まで航空便なら三日で届きます。 (Jakaruta kara Tōkyō made *kōkūbin* nara mikka de todokimasu.)

⇨**funabin** 船便

kōkūbin ⟦n⟧ **airmail**

¶ Mail sent **airmail** from Jakarta takes three days to get to Tokyo.

kokugai 国外〘名〙

¶上田さんは主に国外で活躍しています。(Ueda san wa omo ni *kokugai* de katsuyaku shite imasu.)

⇔**kokunai** 国内

kokugai ⟦n⟧ **overseas, outside the country**

¶ [Mr.] Ueda's activities are predominantly conducted **overseas.**

kokugo 国語〘名〙

①[日本語]

国語辞典 (*kokugo*-jiten) 国語学 (*kokugo*gaku)

¶上田先生は中学校で国語を教えています。 (Ueda sensei wa chūgakkō de *kokugo* o oshiete imasu.)

②[国の公的言語]

¶オーストラリアの国語は英語です。 (Ōsutoraria no *kokugo* wa Eigo desu.)

kokugo ⟦n⟧ **the Japanese language; the language of a nation**

① [the Japanese language]

a **Japanese-language** dictionary // the linguistic study of **Japanese**

¶ [Miss] Ueda teaches **Japanese** in middle school.

② [the language of a nation]

¶ **The national language** of Australia is English.

kokumin 国民〘名〙

国民感情 (*kokumin*-kanjō) 国民生活 (*kokumin*-seikatsu) 国民性 (*kokumin*sei)

¶国民は税金を納める義務があります。 (*Kokumin* wa zeikin o osameru gimu ga arimasu.)

kokumin ⟦n⟧ **a nation, a people, a citizen**

national sentiment // **national** life // the **national** character, **national** traits

¶ **Citizens** have a duty to pay taxes.

kokunai 国内〘名〙

¶郵便料金は国内どこでも同じです。 (Yūbin-ryōkin wa *kokunai* doko demo onaji desu.)

⇔**kokugai** 国外

kokunai ⟦n⟧ **interior, domestic, inside a country**

¶ Postage rates are the same anywhere **in the country.**

kokuritsu **国立**〖名〗
国立大学 (*kokuritsu*-daigaku) **国立**公園 (*kokuritsu*-kōen) **国立**劇場 (*kokuritsu*-gekijō) **国立**病院 (*kokuritsu*-byōin)

¶この建物は**国立**博物館です。(Kono tatemono wa *kokuritsu*-hakubutsukan desu.)

⇨**kōritsu 公立** **shiritsu 私立**

kokuritsu [[n]] **national, state-run**

a **national** university // a **national** park // a **national** theater, the **National** Theater // a **national** hospital

¶ This building is the **National** Museum.

kokusai **国際**〖名〗
国際関係 (*kokusai*kankei) **国際**連合 (*kokusai*rengō) **国際**協力 (*kokusai*kyōryoku) **国際**問題 (*kokusai*-mondai) **国際**電話 (*kokusai*denwa) **国際**結婚 (*kokusai*kekkon)

¶東京で漁業についての**国際**会議が開かれました。(Tōkyō de gyogyō ni tsuite no *kokusai*kaigi ga hirakaremashita.)

¶英語は**国際**的な言葉です。(Eigo wa *kokusai*teki na kotoba desu.)

＊ いつも他の言葉といっしょに使う。

kokusai [[n]] **international, international intercourse**

international relations // the United **Nations** // **international** cooperation // an **international** problem, a **diplomatic** issue // an **overseas** telephone call // marriage between persons **of differing nationality**

¶ An **international** conference on fishing has opened [[was held]] in Tokyo.

¶ English is an **international** language.

＊ *Kokusai* is always used in compounds with other words.

kokuseki **国籍**〖名〗

¶**国籍**と名前をこのカードに書いてください。(*Kokuseki* to namae o kono kādo ni kaite kudasai.)

¶わたしの**国籍**は日本です。(Watashi no *kokuseki* wa Nihon desu.)

kokuseki [[n]] **nationality, citizenship**

¶ Please write **your nationality** and name on these cards.

¶ I am a Japanese **national.**

kokyū **呼吸**〖名, ～する〗

¶高い山に登ると, **呼吸**が苦しくなります。(Takai yama ni noboru to, *kokyū* ga kurushiku narimasu.)

¶マラソンをしたあとで, 何回も深**呼吸**をしました。(Marason o shita ato

kokyū [[n, ～*suru*]] **breath, breathing, respiration**

¶ One experiences difficulty **in breathing** when climbing a high mountain.

¶ [He] **breathed** deeply in and out

de, nankai mo shin*kokyū* o shimashita.)

komakai **細かい**〖形〗

①[形や金額が小さい]

¶目が悪いので，**細かい**字は読めません。(Me ga warui node, *komakai* ji wa yomemasen.)

¶1万円を**細かく**してください。(Ichiman'en o *komakaku* shite kudasai.)

②[内容が詳しい]

¶このことについて，もっと**細かく**説明しましょう。(Kono koto ni tsuite, motto *komakaku* setsumei shimashō.)

＊「細か (komaka)」(形動) という言葉もある。「細かな字 (komaka na ji)」

komaru **困る**〖動 I〗

¶この国の人たちは食 糧に**困って**います。 (Kono kuni no hitotachi wa shokuryō ni *komatte* imasu.)

¶工 場がうるさくて，近所の人が**困って**います。 (Kōjō ga urusakute, kinjo no hito ga *komatte* imasu.)

¶難しい質問をされて，返事に**困りました**。 (Muzukashii shitsumon o sarete, henji ni *komarimashita.*)

kome **米**〖名〗

¶日本では**米**が主 食 です。(Nihon de wa *kome* ga shushoku desu.)

komu **こむ**〖動 I〗

¶日曜日なので，映画館はたいへん**こんで**いました。(Nichiyōbi na node,

several times after completing the marathon.

komakai [[adj]] **small, fine; detailed**

① [small, fine, minute]

¶ [My] eyes are bad so [I] can't read **small** print.

¶ Please give me **change** for this ten-thousand-yen bill.

② [detailed, minute]

¶ Let me explain **in** more **detail** about this matter.

＊ The word *komaka* (an adjective-verb) can also be used, as in *komaka na ji* (small print).

komaru [[v I]] **be in difficulties; be badly off; be at a loss, be bothered**

¶ The people in this country **are short** of food.

¶ The neighborhood people **are inconvenienced** by the noise of the factory.

¶ [I] was asked a difficult question and **was hard put** for an answer.

kome [[n]] **rice**

¶ **Rice** is the staple food of Japan.

komu [[v I]] **be crowded**

¶ The movie theater **was** very **crowded** as it was Sunday.

eigakan wa taihen *konde* imashita.)

-komu -込む〘尾〙

-komu ⟦suf⟧ **come in, put in; completely ~**

①[中に入る，入れる]

① [come in, put in]

プールに飛び込む (pūru ni tobi*komu*)

jump ⟦**dive, plunge**⟧ into the pool

¶雨が降ってきたので，軒下に駆け込みました。(Ame ga futte kita node, nokishita ni kake*komimashita.*)

¶ It started raining so [I] **ran under** the eaves.

¶この欄に国籍と名前を書き込んでください。(Kono ran ni kokuseki to namae o kaki*konde* kudasai.)

¶ Please **fill in** this column with your nationality and name.

②[すっかりそういう状態になる]

② [completely ~]

¶あの人は何を考え込んでいるのでしょう。(Ano hito wa nani o kangae*konde* iru no deshō.)

¶ I wonder what [he] **is so lost in thought** about.

¶中村さんはお酒を飲んで，眠り込んでしまいました。(Nakamura san wa osake o nonde, nemuri*konde* shimaimashita.)

¶ [Mr.] Nakamura was drinking and **fell fast asleep.**

* 動詞のあとについて，その動詞の意味を強める。

* *-komu* intensifies the meaning of the verb it is added to.

komugi 小麦〘名〙

komugi ⟦n⟧ **wheat**

¶小麦粉でパンを作ります。(*Komugi*-ko de pan o tsukurimasu.)

¶ Bread is made from (**wheat**) flour. flour⟧.

kona 粉〘名〙

kona ⟦n⟧ **flour, meal, powder, dust**

粉ミルク (*kona*miruku) 粉薬 (*kona*gusuri) 粉石けん (*kona*sekken)

powdered milk, **dry** milk // **powdered** medicine // soap **powder,** soap **flakes,** washing **powder**

¶この菓子は米の粉で作ります。(Kono kashi wa kome no *kona* de tsukurimasu.)

¶ This sweet is made from rice **flour.**

konaida ☞ **konoaida**

konban 今晩〘名〙

konban ⟦n⟧ **this evening, tonight**

¶今晩6時から音楽会があります。(*Konban* rokuji kara ongakkai ga arimasu.)

¶ There is a concert ⟦recital⟧ **tonight** at six o'clock.

⇨kon'ya 今夜

konban wa 今晩は〘連〙

¶今晩は。(*Konban wa!*)

konban wa [[compd]] a greeting used in the evening

¶ **Good evening.**

kondo 今度〘名〙

kondo [[n]] **next time; this time; recently**

①[この次，近い将来]

① [next time, soon]

¶**今度**の日曜日に映画を見に行きましょう。(*Kondo* no nichiyōbi ni eiga o mi ni ikimashō.)

¶ Let's go to see a movie **next** Sunday.

¶**今度**日本に行くときは，両親も連れていくつもりです。(*Kondo* Nihon ni iku toki wa, ryōshin mo tsurete iku tsumori desu.)

¶ I plan to take my parents with me **the next time** I go to Japan.

②[今回]

② [this time, now]

¶**今度**の実験は成功しました。(*Kondo* no jikken wa seikō shimashita.)

¶ The experiment succeeded **this time.**

¶入学試験のため一生懸命勉強しましたが，**今度**もだめでした。(Nyūgaku-shiken no tame isshōkenmei benkyō shimashita ga, *kondo* mo dame deshita.)

¶ [I] studied hard for the school entrance exam but failed **this time** too.

* 何回か繰り返されるものごとのうち，いちばん最近のことについて言うときに使う。

* Used for the most recent of a series of repeated events.

③[最近]

③ [recently]

¶**今度**，新しく来た先生のお名前は何と言いますか。(*Kondo*, atarashiku kita sensei no onamae wa nan to iimasu ka?)

¶ What is the name of the **new** teacher?

¶わたしは**今度**初めて日本へ来ました。(Watashi wa *kondo* hajimete Nihon e kimashita.)

¶ I **recently** came to Japan for the first time.

* 新しく起こったものごとについて言うときに使う。

* Used for something taking place not long before.

kongetsu 今月〘名〙

kongetsu [[n]] **this month**

¶わたしは今月の末に京都へ行きます。(Watashi wa *kongetsu* no sue ni Kyōto e ikimasu.)

¶ I am going to go to Kyoto at the end of **this month.**

¶田中さんは今月アメリカから帰ってきます。(Tanaka san wa *kongetsu* Amerika kara kaette kimasu.)

¶ [Miss] Tanaka returns from the United States **this month.**

kongo 今後〘名〙

kongo [[n]] **after this, from now on, hereafter, in the future**

¶同じ間違いをしないように，今後は気をつけます。 (Onaji machigai o shinai yō ni, *kongo* wa ki o tsukemasu.)

¶ I will be careful **from now on** not to make the same mistake again.

¶今後ともよろしくお願いします。(*Kongo* tomo yoroshiku onegai shimasu.)

¶ I hope I can **continue** to receive your good offices.

konkuriito コンクリート〘名〙

konkuriito [[n]] **concrete**

¶この建物はコンクリート建築です。(Kono tatemono wa *konkuriito-kenchiku* desu.)

¶ This is a **concrete** building.

konna こんな〘連体〙

konna [[attrib]] **such, this, like this**

①[話し手にとって身近な関係にあるものごとの様子をさし示す]

① [such, this, like this; indicates something close to the speaker]

¶こんなひどい雨でも行くのですか。(*Konna* hidoi ame demo iku no desu ka?)

¶ Are you going even in **such** a heavy rain?

¶難しい試験に通って，こんなうれしいことはありません。 (Muzukashii shiken ni tootte, *konna* ureshii koto wa arimasen.)

¶ Nothing could afford greater happiness than this passing of a difficult exam.

¶こんなふうにすると，うまくいきますよ。(*Konna* fū ni suru to, umaku ikimasu yo.)

¶ It will work better if you do it **like this.**

②[文脈の上で前に述べたことがらの内容・状態などを話し手に身近な関係にあるものとしてさし示したりまたあ

② [this, like this; indicates that something mentioned earlier is close to the speaker or introduces an opin-

とから述べる話し手の考えなどを前もってさし示したりする]

ion, etc., of the speaker]

¶「もうあんな所へは二度と行きたくない。」と，子供は**こんな**ことを言うのです。(“Mō anna tokoro e wa nido to ikitaku nai.” to, kodomo wa *konna* koto o iu no desu.

¶ The child had **this** to say: “I never want to go to that sort of place again.”

¶わたしは**こんな**ふうに考えます。子供にはあまりきびしくしても自由にさせてもよくないと思うのです。(Watashi wa *konna* fū ni kangaemasu. Kodomo ni wa amari kibishiku shite mo jiyū ni sasete mo yoku nai to omou no desu.)

¶ **This** is what I think. I think it's bad to be either too strict or too easy-going with one's children.

⇨**sonna そんな** **anna あんな** **donna どんな**

konnan 困難〘名，形動〙

konnan ⟦n, adj-v⟧ **difficulty, trouble, suffering, distress, hardship**

¶今月中に論文を完成するのは**困難**です。(Kongetsuchū ni ronbun o kansei suru no wa *konnan* desu.)

¶ **It will be difficult** to finish the thesis by the end of the month.

¶上田さんは**困難**な仕事をとうとうやり遂げました。(Ueda san wa *konnan* na shigoto o tōtō yaritogemashita.)

¶ [Mr.] Ueda finally finished that **difficult** task.

¶物価が上がって，生活が**困難**になってきました。(Bukka ga agatte, seikatsu ga *konnan* ni natte kimashita.)

¶ With the rise in prices it has become ⟦it became⟧ **difficult** to make ends meet.

konna ni こんなに〘副〙

konna ni ⟦adv⟧ **so, so much, like this**

¶この問題が**こんなに**複雑だとは思いませんでした。(Kono mondai ga *konna ni* fukuzatsu da to wa omoimasen deshita.)

¶ I didn't think that this problem was **so** complicated.

¶**こんなに**楽しいパーティーは初めてです。(*Konna ni* tanoshii pātii wa

¶ I have never before been to **such** an enjoyable party.

hajimete desu.)

¶**こんなに**たくさんいただいて，ありがとうございます。(*Konna ni* takusan itadaite, arigatō gozaimasu.)

¶ Thank you for giving me **all this.**

＊ 話し手が身近に認めるものごとの状態・程度・数量などをさし示すのに使う。強調的にさし示すこともある。

＊ *Konna ni* is used to indicate the condition, extent, amount, etc., of things recognized as close by the speaker. It is sometimes used as an intensifier.

⇨**sonna ni そんなに　anna ni あんなに　donna ni どんなに**

konnichi　今日〖名〗

konnichi ⟦n⟧　**today, these days, nowadays, at present**

¶**今日**の日本は民主国家として発展しています。(*Konnichi* no Nihon wa minshukokka to shite hatten shite imasu.)

¶ **Present-day** Japan is an advanced democracy.

konnichi wa　今日は〖連〗

konnichi wa ⟦compd⟧　a greeting used during the day

¶**今日は**。(*Konnichi wa!*)

¶ **Good day ⟦Good morning; Good afternoon; Hello⟧.**

kono　この〖連体〗

kono ⟦attrib⟧　**this, these**

①〔話し手とものごととの身近な関係をさし示す〕

① [this, these; indicates that someone or something is physically close to the speaker]

この人 (*kono* hito)　**この**方 (*kono* kata)

this person // **this** lady ⟦gentleman⟧

¶「**この**かばんはだれのですか。」(*Kono* kaban wa dare no desu ka?)「そのかばんは山田さんのです。」(Sono kaban wa Yamada san no desu.)

¶ "Whose bag ⟦suitcase, briefcase, etc.⟧ is **this?**"

"That bag is [Mr.] Yamada's."

¶「**この**建物の中には教室がいくつありますか。」(*Kono* tatemono no naka ni wa kyōshitsu ga ikutsu arimasu ka?)「**この**建物の中には教室が20あります。(*Kono* tatemono no naka ni wa kyōshitsu ga nijū arimasu.)

¶ "How many classrooms are there in **this** building?"

"There are 20 classrooms in **this** building."

＊ 話し手と話し相手とが同じ所にいて，話し手にとっても話し相手にとっても身近な範囲の所にあるものごとは，話

＊ The speaker and listener both use *kono* when they are in the same location and when the object or person is

し手も話し相手も「この (kono)」でさし示す。

physically close to both of them.

②[文脈の上で前に述べたものごとを話し手にとって身近な関係にあるものとしてさし示す]

② [this, these; refers to something mentioned earlier as something that is close to the speaker]

¶昨日，ホテルに着きました。**この**ホテルは林の中にあるので，たいへん涼しいです。 (Kinō hoteru ni tsukimashita. *Kono* hoteru wa hayashi no naka ni aru node, taihen suzushii desu.)

¶ [I] arrived at the hotel yesterday. As **this** hotel is in the middle of the woods, it is very cool here.

¶試験の成績が 60 点以上でなければ，上のクラスには進めません。**この**ことは，あなたも知っていたはずです。 (Shiken no seiseki ga rokujitten ijō de nakereba, ue no kurasu ni wa susumemasen. *Kono* koto wa, anata mo shitte ita hazu desu.)

¶ One cannot advance to the next class unless one has a grade of 60 or better on the exam. You must have known **this.**

③[話し手の当面する時間を基準としてその前後の時間のある範囲をさし示す]

③ [this, these, past, next; indicates a time before or after the present time of the speaker, which is taken as the standard]

¶山田さんは**この**二，三日元気がないです。 (Yamada san wa *kono* nisannichi genki ga nai desu.)

¶ [Miss] Yamada has been in low spirits **these past** two or three days.

⇨**sono** **その**　**ano** **あの**　**dono** **どの**

konoaida　**この間**〘名〙

konoaida ⟦n⟧　**the other day, recently**

¶わたしは**この間**，上田さんに会いました。(Watashi wa *konoaida*, Ueda san ni aimashita.)

¶ I met [Mr.] Ueda **the other day.**

＊「こないだ (konaida)」とも言う。

＊ Variant: *konaida*.

⇨**senjitsu** **先日**

konogoro　**このごろ**〘名〙

konogoro ⟦n⟧　**now, nowadays, recently, lately**

¶**このごろ**は忙しくて，新聞も読めません。 (*Konogoro* wa isogashikute,

¶ I'm so busy **these days** I can't

shinbun mo yomemasen.)

even read the newspaper.

¶このごろの若者は髪の毛を長く伸ばしています。 (*Konogoro* no wakamono wa kaminoke o nagaku nobashite imasu.)

¶ Young people wear their hair long **these days.**

kono mae この前〘連〙

kono mae [[compd]] **last, last time, before this, previously**

¶この前，日本へ行った時は春でした。(*Kono mae,* Nihon e itta toki wa haru deshita.)

¶ It was spring when [I] went to Japan **the last time.**

¶この前の日曜日は家族と銀座へ行きました。(*Kono mae* no nichiyōbi wa kazoku to Ginza e ikimashita.)

¶ **Last** Sunday [I] went with my family to Ginza.

⇨mae 前

kono tsugi この次〘連〙

kono tsugi [[compd]] **next, next time, another time**

¶この次の日曜日にテニスをしませんか。 (*Kono tsugi* no nichiyōbi ni tenisu o shimasen ka?)

¶ Won't you play tennis with me **next** Sunday?

¶この次は20ページから始めます。(*Kono tsugi* wa nijippēji kara hajimemasu.)

¶ **Next time** we will start from page 20.

konshū 今週〘名〙

konshū [[n]] **this week**

¶今週の土曜日にうちに来てください。(*Konshū* no doyōbi ni uchi ni kite kudasai.)

¶ Please come to visit me **this** Saturday.

¶今週，わたしは京都へ行くつもりです。(*Konshū,* watashi wa Kyōto e iku tsumori desu.)

¶ I plan to go to Kyoto **this week.**

kon'ya 今夜〘名〙

kon'ya [[n]] **this evening, tonight**

¶今夜はこのホテルに泊まりましょう。(*Kon'ya* wa kono hoteru ni tomarimashō.)

¶ Let's stay at this hotel **tonight.**

¶今夜，わたしのうちに来てください。(*Kon'ya,* watashi no uchi ni kite kudasai.)

¶ Please come to visit me **this evening.**

⇨konban 今晩

kon'yaku **婚約**〘名, ～する〙
婚約指環 (*kon'yaku*-yubiwa)　婚約期間 (*kon'yaku*-kikan)　婚約者 (*kon'yaku*sha)
¶一郎さんと春子さんは昨日**婚約**しました。(Ichirō san to Haruko san wa kinō *kon'yaku* shimashita.)

kon'yaku 〚n, ～*suru*〛 **engagement, betrothal**
an **engagement** ring // an **engagement** period // **a fiancé, fiancée**
¶ Ichirō and Haruko **became engaged** yesterday.

koori **氷**〘名〙
¶池に**氷**が張っています。(Ike ni *koori* ga hatte imasu.)
¶暑いから, ジュースに**氷**を入れてください。(Atsui kara, jūsu ni *koori* o irete kudasai.)

koori 〚n〛 **ice**
¶ The pool 〚pond〛 **is frozen over.**
¶ Could you please put **ice** in the juice? It's such a hot day!

kooru **凍る**〘動 I〙
¶冬の間は池の水が**凍ります**。(Fuyu no aida wa ike no mizu ga *koorimasu.*)
¶夏は物が腐りやすいので, **凍らせて**保存します。(Natsu wa mono ga kusariyasui node, *koorasete* hozon shimasu.)

kooru 〚v I〛 **freeze, be frozen over**
¶ The pond **freezes** during the winter.
¶ Food goes bad easily during the summer so it is preserved **by freezing.**

koppu **コップ**〘名〙
¶その**コップ**に水を一杯ください。(Sono *koppu* ni mizu o ippai kudasai.)

koppu 〚n〛 **glass, tumbler**
¶ Please give me water in that **glass.**

kore **これ**〘代〙
①[話し手に身近な関係にあるものごとをさし示す]
¶「**これ**はだれの本ですか。」(*Kore* wa dare no hon desu ka?)「それは上田さんの本です。」(Sore wa Ueda san no hon desu.)
¶「そのりんごはおいしいですよ。」

kore 〚pron〛 **this, these; now; this person**
① [this, these, this one; indicates something physically close to the speaker]
¶ "Whose book is **this?**"
"That is [Mr.] Ueda's book."

(Sono ringo wa oishii desu yo.)「では，**これ**を五つください。」(Dewa, *kore* o itsutsu kudasai.)

¶ "Those apples are good."
"Well then, give me five of **them.**"

¶「東京の地図は**これ**ですか。」(Tōkyō no chizu wa *kore* desu ka?)「いいえ，東京の地図はそれではありません。」(Iie, Tōkyō no chizu wa sore de wa arimasen.)

¶ "Is **this** a map of Tokyo?"
"No, that isn't a map of Tokyo."

②[話し手が当面している時間をさし示す，今]

② [this, now; indicates the present time of the speaker]

¶「あなたは**これ**からどこへ行きますか。」(Anata wa *kore* kara doko e ikimasu ka?)「わたしは**これ**からデパートへ行きます。」(Watashi wa *kore* kara depāto e ikimasu.)

¶ "Where are you going **now?**"
"I'm going to the department store **now.**"

¶「あなたは**これ**から何をしますか。」(Anata wa *kore* kara nani o shimasu ka?)「わたしは**これ**から図書館で勉強します。」(Watashi wa *kore* kara toshokan de benkyō shimasu.)

¶ "What are you going to do **now?**"
"I'm going to study at the library **now.**"

¶この前の試験は，**これ**まででいちばんいい成績でした。(Kono mae no shiken wa, *kore* made de ichiban ii seiseki deshita.)

¶ [My] mark on the last exam was the highest [I]'ve had up to **now.**

*「これから (kore kara)」「これまで (kore made)」などの形で使う。

* Used in the patterns "*kore kara*," "*kore made*," etc.

③[話し手の家族や友人などで話し手の身近にいる者をさし示す]

③ [this, this person; indicates a person close to the speaker such as a family member or friend]

¶**これ**が今年大学に入った弟です。(*Kore* ga kotoshi daigaku ni haitta otōto desu.)

¶ **This** is my younger brother, who has started college this year.

¶**これ**がわたしの家内です。どうぞよろしく。(*Kore* ga watashi no kanai desu. Dōzo yoroshiku.)

¶ **This** is my wife. Let me introduce you.

④［文脈の上で前に述べたものごとを話し手に身近な関係にあるものとしてさし示す］

④ [this; refers to something mentioned earlier as something that is close to the speaker]

¶わたしのうちでは犬を飼っています。**これ**はどろぼうが入るのを防ぐためです。(Watashi no uchi de wa inu o katte imasu. *Kore* wa dorobō ga hairu no o fusegu tame desu.)

¶ We keep a dog at my house. **This** is to prevent thieves from breaking in.

¶工場の煙突から出る煙は炭のような粒が集まったものです。石油が燃えるときに出る煙も**これ**と同じです。(Kōjō no entotsu kara deru kemuri wa sumi no yō na tsubu ga atsumatta mono desu. Sekiyu ga moeru toki ni deru kemuri mo *kore* to onaji desu.)

¶ The smoke coming from the factory smokestack is like charcoal soot. The smoke produced when oil burns is the same as **this.**

⑤［話し手が当面している今の状態をさし示す］

⑤ [this, now; indicates the present situation of the speaker]

¶今日の勉強は**これ**までにします。(Kyō no benkyō wa *kore* made ni shimasu.)

¶ **This** ends the lesson for today.

¶**これ**で今日の授業は終わります。(*Kore* de kyō no jugyō wa owarimasu.)

¶ **This** concludes today's class.

¶**これ**からが大切ですから，よく聞いていてください。(*Kore* kara ga taisetsu desu kara, yoku kiite ite kudasai.)

¶ The **next** part is especially important so please listen carefully.

¶では，**これ**で失礼します。(Dewa, *kore* de shitsurei shimasu.)

¶ Well, **with this** I'll take my leave ⟦Well, I'll say good-bye **now**⟧.

*「これまで (kore made)」「これで (kore de)」「これから (kore kara)」などの形で使う。

* Used in the patterns "*kore made*," "*kore de*," "*kore kara*," etc.

⇨**sore それ　are あれ　dore どれ**

kore kara **これから**〘連〙

¶**これから**だんだん寒くなります。(*Kore kara* dandan samuku narimasu.)

¶**これから**気をつけます。(*Kore kara* ki o tsukemasu.)

¶わたしは**これから**学校へ行くところです。(Watashi wa *kore kara* gakkō e iku tokoro desu.)

kore kara ⟦compd⟧ **from now on, after this, in future**

¶ **From now on** it will become colder and colder.

¶ I'll be careful **in future.**

¶ I am on the point of leaving for school **now.**

kōritsu **公立**〘名〙

¶田中さんの子供は**公立**の小学校に通っています。(Tanaka san no kodomo wa *kōritsu* no shōgakkō ni kayotte imasu.)

⇨**kokuritsu 国立** **shiritsu 私立**

kōritsu ⟦n⟧ **public, public institution**

¶ [Mrs.] Tanaka's children go to a **public** elementary school.

koro **ころ**〘名〙

¶子供の**ころ**，よく川へ魚を捕りに行きました。(Kodomo no *koro,* yoku kawa e sakana o tori ni ikimashita.)

¶父はもう帰ってくる**ころ**だと思います。(Chichi wa mō kaette kuru *koro* da to omoimasu.)

koro ⟦n⟧ **time, about, around**

¶ **When** [I] was a child [I] often went fishing in the river.

¶ I think it's **about time** for my father to come home.

korobu **転ぶ**〘動 I〙

¶**転んで**足にけがをしました。(*Koronde* ashi ni kega o shimashita.)

¶道が悪いから，**転ばない**ように注意してください。(Michi ga warui kara, *korobanai* yō ni chūi shite kudasai.)

korobu ⟦v I⟧ **fall down, have a fall**

¶ [I] **fell down** and injured [my] leg ⟦foot⟧.

¶ The road is bad so please be careful **not to fall.**

korogaru **転がる**〘動 I〙

①[回りながら進む]

¶山の上から石が**転がって**きました。

(-)korogaru ⟦v I⟧ **roll, roll over, tumble, fall; lie down**

① [roll, roll over, tumble, fall]

(Yama no ue kara ishi ga *korogatte* kimashita.)

¶ A rock **came tumbling down** from the mountaintop.

¶卵がテーブルの上から**転がり**落ちました。 (Tamago ga tēburu no ue kara *korogari*ochimashita.)

¶ An egg **fell off** the table.

②〔横たわる〕

② [lie down]

¶わたしたちは草の上に寝**転がって**休みました。 (Watashitachi wa kusa no ue ni ne*korogatte* yasumimashita.)

¶ We **lay down** on the grass and rested.

korosu　殺す〔動 I〕

korosu ⟦v I⟧　**kill, murder**

¶これはねずみを**殺す**薬です。 (Kore wa nezumi o *korosu* kusuri desu.)

¶ This is a chemical for **killing** rats.

¶その人は自分の部屋で**殺されて**いました。(Sono hito wa jibun no heya de *korosarete* imashita.)

¶ [He] was found **murdered** in [his] room.

kōsai　交際〔名，～する〕

kōsai ⟦n, *~suru*⟧　**associating with, keeping company with, having social relations with, mixing with, dating**

¶山田さんは**交際**範囲が広いので，友達がおおぜいいます。 (Yamada san wa *kōsai*-han'i ga hiroi node, tomodachi ga oozei imasu.)

¶ [Mr.] Yamada has a wide **circle of acquaintances** and many friends.

¶外国人と**交際**したいのですが，紹介していただけませんか。(Gaikokujin to *kōsai* shitai no desu ga, shōkai shite itadakemasen ka?)

¶ I would like **to become friends** with a foreigner. Could you introduce me to someone?

kōsaten　交差点〔名〕

kōsaten ⟦n⟧　**intersection, crossroads, crossing**

¶**交差点**に立って，信号が変わるのを待ちました。 (*Kōsaten* ni tatte, shingō ga kawaru no o machimashita.)

¶ [I] stood at **the crossing** waiting for the light to change.

¶この**交差点**で，交通事故がよく起こります。 (Kono *kōsaten* de, kōtsū-jiko ga yoku okorimasu.)

¶ Accidents are frequent at this **intersection.**

koshi　腰〔名〕

koshi ⟦n⟧　**waist, hip, small of the back**

腰を下ろす (*koshi* o orosu)　腰を掛ける (*koshi* o kakeru)

sit down // sit down

¶わたしのおばあさんは年を取っているので，**腰**が曲がっています。(Watashi no obāsan wa toshi o totte iru node, *koshi* ga magatte imasu.)

¶ My grandmother is elderly and **bent** with age.

koshikakeru　**腰掛ける**〘動 II〙

koshikakeru 〚v II〛 **sit down, take a seat**

¶わたしは山田さんと並んで**腰掛けました**。(Watashi wa Yamada san to narande *koshikakemashita.*)

¶ I **sat down** next to [Mrs.] Yamada.

koshō　**故障**〘名，〜する〙

koshō 〚n, ~*suru*〛 **trouble, breakdown, malfunction, defect, accident**

¶電車の**故障**で学校に遅れました。(Densha no *koshō* de gakkō ni okuremashita.)

¶ [I] was late for school because of a train **breakdown** 〚**accident**〛.

¶この機械は**故障**しています。(Kono kikai wa *koshō* shite imasu.)

¶ This machine **is out of order.**

koshō　**こしょう**〘名〙

koshō 〚n〛 **pepper**

¶肉料理に**こしょう**をかけると，味がもっとよくなります。(Nikuryōri ni *koshō* o kakeru to, aji ga motto yoku narimasu.)

¶ Meat dishes taste better if one adds **pepper.**

kōshō　**交渉**〘名，〜する〙

kōshō 〚n, ~*suru*〛 **negotiations, bargaining, talks**

団体**交渉** (dantai-*kōshō*)

collective **bargaining**

¶**交渉**がなかなかまとまりません。(*Kōshō* ga nakanaka matomarimasen.)

¶ **The negotiations** aren't near a conclusion.

¶労働条件について会社と**交渉**した結果，少しよくなりました。(Rōdōjōken ni tsuite kaisha to *kōshō* shita kekka, sukoshi yoku narimashita.)

¶ Working conditions have improved somewhat as a result of **talks** with the management.

kotae　**答え**〘名〙

kotae 〚n〛 **answer, reply; answer, solution, result**

①[返事]

① [answer, reply, response]

¶部屋の外からいくら呼んでも**答え**がありませんでした。 (Heya no soto kara ikura yonde mo *kotae* ga arimasen deshita.)

¶ There was no **response** from inside the room no matter how much [we] called from outside.

②[解答]

② [answer, solution, result (for a question or problem)]

¶その**答え**は間違っています。 (Sono *kotae* wa machigatte imasu.)

¶ That **answer** is wrong.

kotaeru 答える〖動 II〗

kotaeru 〚v II〛 **answer, reply; answer, solve**

①[返事する]

① [answer, reply, respond]

¶わたしが名前を呼んだら,「はい。」と**答えて**ください。(Watashi ga namae o yondara, "Hai." to *kotaete* kudasai.)

¶ Please **reply** *hai* 〚Here!〛 when I call your name.

②[解答する]

② [answer, solve, do (a problem)]

¶次の質問に**答えなさい**。 (Tsugi no shitsumon ni *kotaenasai.*)

¶ **Answer** the following questions.

kotai 固体〖名〗

kotai 〚n〛 **solid, solid body**

¶氷は水が**固体**になったものです。 (Koori wa mizu ga *kotai* ni natta mono desu.)

¶ Ice is **the solid form** of water.

⇨**ekitai 液体 kitai 気体**

kōtai 交替〖名, ～する〗

kōtai 〚n, *~suru*〛 **alternative, change, shift, relief, relay**

¶あのスーパーマーケットの店員は8時間ずつ**交替**で働いています。 (Ano sūpāmāketto no ten'in wa hachijikan zutsu *kōtai* de hataraite imasu.)

¶ The employees at that supermarket work in eight-hour **shifts.**

¶フットボールの試合で山田さんがけがをしたので，田中さんと**交替**しました。(Futtobōru no shiai de Yamada san ga kega o shita node, Tanaka san to *kōtai* shimashita.)

¶ Since Yamada was injured in the football 〚soccer〛 match, he **was relieved** by Tanaka.

kotchi ☞ **kochira**

kōtei 肯定〖名, ～する〗

kōtei 〚n, *~suru*〛 **affirmative, affirmation**

¶山田さんはその質問に対して否定も**肯定**もしませんでした。 (Yamada

¶ [Mr.] Yamada didn't give any defi-

san wa sono shitsumon ni taishite hitei mo *kōtei* mo shimasen deshita.)

nite answer to that question (literally, didn't say no or **yes**).

⇔**hitei 否定**

koto　こと〘名〙

koto 〚n〛　**matter, affair**

①［ことがら，事実，問題］

① [matter, affair, fact, question]

¶わたしの**こと**は心配しないでください。 (Watashi no *koto* wa shinpai shinaide kudasai.)

¶ Please don't worry **on my account.**

¶日本の**こと**が新聞に出ています。 (Nihon no *koto* ga shinbun ni dete imasu.)

¶ There is **something** about Japan in the newspaper.

¶そんな**こと**は知りませんでした。 (Sonna *koto* wa shirimasen deshita.)

¶ I had no knowledge of that **matter.**

②［可能を表す］

② [can, cannot; expresses ability]

¶あなたは日本語を話す**こと**ができますか。(Anata wa Nihongo o hanasu *koto* ga dekimasu ka?)

¶ **Can** you speak Japanese?

¶お金がないので買う**こと**ができません。 (Okane ga nai node kau *koto* ga dekimasen.)

¶ [I] **can't** buy it since [I] don't have the money for it.

*「動詞（連体の形)＋ことができる (koto ga dekiru)」の形で使う。

* Used in the pattern "verb (dictionary form) + *koto ga dekiru.*"

③［場合を表す］

③ [expresses circumstances or a case]

¶わたしは朝御飯を食べないで学校へ行く**こと**があります。 (Watashi wa asagohan o tabenaide gakkō e iku *koto* ga arimasu.)

¶ **There are times** when I go to school without eating breakfast.

*「動詞（連体の形)＋ことがある (koto ga aru)」の形で使う。

* Used in the pattern "verb (dictionary form) + *koto ga aru.*"

④［経験を表す］

④ [expresses experience]

¶あなたは京都へ行った**こと**がありますか。(Anata wa Kyōto e itta *koto* ga arimasu ka?)

¶ **Have you ever** been to Kyoto?

*「動詞（たの形）＋ことがある (koto ga aru)」の形で使う。

* Used in the pattern "verb (*-ta* form) + *koto ga aru*."

⑤[決定を表す]

⑤ [expresses decision]

¶わたしは今日からたばこを吸わない**こと**にしました。 (Watashi wa kyō kara tabako o suwanai *koto* ni shimashita.)

¶ I **have decided** to stop smoking from today on.

*「動詞（連体の形）＋ことにする (koto ni suru)」の形で使う。

* Used in the pattern "verb (dictionary form) + *koto ni suru*."

⑥[習慣を表す]

⑥ [make it a rule to ~; expresses habitual action]

¶わたしは毎晩10時に寝る**こと**にしています。 (Watashi wa maiban jūji ni neru *koto* ni shite imasu.)

¶ I **make it a practice** to go to bed every night at ten o'clock.

*「動詞（連体の形）＋ことにしている (koto ni shite iru)」の形で使う。

* Used in the pattern "verb (dictionary form) + *koto ni shite iru*."

⑦[結果を表す]

⑦ [expresses a result]

¶わたしは来年，日本へ行く**こと**になりました。 (Watashi wa rainen, Nihon e iku *koto* ni narimashita.)

¶ I **am going to** go to Japan next year.

*「動詞（連体の形）＋ことになる (koto ni naru)」の形で使う。

* Used in the pattern "verb (dictionary form) + *koto ni naru*."

⑧[必要を表す]

⑧ [expresses necessity]

¶そんなに急ぐ**こと**はないですよ。 (Sonna ni isogu *koto* wa nai desu yo.)

¶ **There is no need** to be in such a hurry.

*「動詞（連体の形）＋ことはない (koto wa nai)」の形で使う。

* Used in the pattern "verb (dictionary form) + *koto wa nai*."

⑨[命令を表す]

⑨ [expresses an order]

¶図書館の本は1週間以内に返す**こと**。 (Toshokan no hon wa isshūkan inai ni kaesu *koto*.)

¶ Library books **are to be** returned within one week.

*「動詞（連体の形）＋こと (koto)」の形で文末に使う。

* Used in the pattern "verb (dictionary form) + *koto*."

kotoba 言葉〔名〕

kotoba [[n]] **speech, language, word, phrase, expression**

¶あなたの国の言葉で本は何と言いますか。 (Anata no kuni no *kotoba* de hon wa nan to iimasu ka?)

¶ What is **the word** for "book" in your native language?

¶今日は，あいさつの言葉を勉強しましょう。 (Kyō wa, aisatsu no *kotoba* o benkyō shimashō.)

¶ Today we will study **greetings.**

kōtōgakkō 高等学校〘名〙

kōtōgakkō ⟦n⟧ **high school, senior high school, upper secondary school**

¶日本の高等学校は３年です。(Nihon no *kōtōgakkō* wa sannen desu.)

¶ **High school** is three years long in Japan.

＊ 略して「高校 (kōkō)」とも言う。

＊ The abbreviated form *kōkō* is also used.

kotoshi 今年〘名〙

kotoshi ⟦n⟧ **this year**

¶今年は雨が多いですね。(*Kotoshi* wa ame ga ooi desu ne.)

¶ It's rained a lot **this year,** hasn't it?

¶わたしは今年じゅうにこの仕事を終わらせるつもりです。 (Watashi wa *kotoshi*jū ni kono shigoto o owaraseru tsumori desu.)

¶ I plan to finish up this work before **the year** is out.

¶わたしは今年大学を卒業します。(Watashi wa *kotoshi* daigaku o sotsugyō shimasu.)

¶ I graduate from college **this year.**

kotowaru 断る〘動Ｉ〙

kotowaru ⟦v I⟧ **decline, refuse; tell, give notice, ask permission**

①［相手の願いを受け付けない］

① [decline, refuse]

¶仕事を頼まれましたが，忙しいので断りました。 (Shigoto o tanomaremashita ga, isogashii node *kotowarimashita.*)

¶ I was asked to do a job but **refused** because I'm too busy.

②［前もって了解を求める］

② [tell, give notice, ask permission, apologize]

¶用事があったので，課長に断って会社を休みました。(Yōji ga atta node, kachō ni *kotowatte* kaisha o yasumimashita.)

¶ I had something to attend to so I took some time off work **after informing** my section chief.

kōtsū 交通〘名〙

kōtsū ⟦n⟧ **traffic, transport, transportation**

交通事故 (*kōtsū*-jiko)　交通信号 (*kōtsū*-shingō)　交通費 (*kōtsū*hi)

a **traffic** accident // a **traffic** signal // **travel** expenses, **car**fare

¶この道は**交通**が激しいから注意してください。 (Kono michi wa *kōtsū* ga hageshii kara chūi shite kudasai.)

¶この辺は**交通**の便がいいですね。(Kono hen wa *kōtsū* no ben ga ii desu ne.)

kowai **怖い**〘形〙

①[厳しい]

¶山田先生はとても**怖い**先生です。(Yamada sensei wa totemo *kowai* sensei desu.)

¶父が**怖い**顔でしかりました。(Chichi ga *kowai* kao de shikarimashita.)

②[恐ろしい]

¶ゆうべ近所で火事があり，とても**怖かった**です。 (Yūbe kinjo de kaji ga ari, totemo *kowakatta* desu.)

¶この辺は昔からお化けが出るといわれているので，夜は**怖くて**通れません。(Kono hen wa mukashi kara obake ga deru to iwarete iru node, yoru wa *kowakute* tooremasen.)

kowareru **壊れる**〘動II〙

①[もとの形がなくなる]

¶地震で家がたくさん**壊れました**。(Jishin de ie ga takusan *kowaremashita.*)

②[機械などが働かなくなる]

¶このラジオは**壊れて**います。 (Kono rajio wa *kowarete* imasu.)

kowasu **壊す**〘動I〙

①[破壊する]

¶この箱を**壊した**のはだれですか。

¶ Please be careful as **the traffic** is very heavy on this street.

¶ **Public transportation** is convenient in this area.

kowai [[adj]] **terrible, dreadful; frightened, fearful**

① [terrible, dreadful, grim]

¶ Professor Yamada **is** very **forbidding.**

¶ My father scolded me with a **terrible** expression on his face.

② [frightened, fearful]

¶ There was a fire nearby last night; **I was** quite **frightened.**

¶ It has long been said that this area is haunted by ghosts so that **I'm afraid** to walk through it at night.

kowareru [[v II]] **be broken, be wrecked; be broken, be out of order**

① [be broken, be wrecked, come to pieces]

¶ Many houses **were destroyed** in the earthquake.

② [be broken, be out of order]

¶ This radio **is broken.**

kowasu [[v I]] **break, destroy; injure**

① [break, destroy, demolish]

(Kono hako o *kowashita* no wa dare desu ka?)

¶ Who **broke** this box?

②[体を悪くする]

② [injure, damage (one's health)]

¶わたしはおなかを**こわして**いるので，何も食べられません。 (Watashi wa onaka o *kowashite* iru node, nani mo taberaremasen.)

¶ I'm **having stomach trouble** and can't eat anything.

¶上田さんは働きすぎて，体を**こわして**しまいました。 (Ueda san wa hatarakisugite, karada o *kowashite* shimaimashita.)

¶ [Mr.] Ueda **ruined [his] health** through overwork.

koyomi 暦〚名〛

☞**karendā カレンダー**

koyomi ☞ karendā

kōzō **構造**〚名〛

¶この機械は**構造**が簡単です。 (Kono kikai wa *kōzō* ga kantan desu.)

¶日本の社会**構造**は複雑です。(Nihon no shakai-*kōzō* wa fukuzatsu desu.)

kōzō ⟦n⟧ **structure, framework, constitution, organization**

¶ This machine is simple **in design.**

¶ The social **structure** of Japan is complex.

kozukai 小**遣い**〚名〛

¶あなたの小**遣い**は一か月いくらですか。(Anata no *kozukai* wa ikkagetsu ikura desu ka?)

kozukai ⟦n⟧ **pocket money, spending money, allowance**

¶ How much is your **allowance** each month?

kozutsumi 小**包**〚名〛

¶これは小**包**にして送りましょう。 (Kore wa *kozutsumi* ni shite okurimashō.)

kozutsumi ⟦n⟧ **parcel, package**

¶ Let's do this up in **a parcel** and mail it.

ku **九**〚名〛

九人 (*ku*nin) **九**時 (*ku*ji)

⇨**kyū 九**

ku ⟦n⟧ **nine**

nine people // **nine** o'clock

kubaru **配る**〚動Ｉ〛

新聞を**配る** (shinbun o *kubaru*)

¶そのパンフレットを皆さんに**配って**ください。 (Sono panfuretto o minasan ni *kubatte* kudasai.)

kubaru ⟦v I⟧ **distribute, pass out, deliver**

deliver newspapers

¶ Please **give** everyone one of those pamphlets.

kubetsu 区別〘名，〜する〙
¶子供にはよいことと悪いことの**区別**をはっきり教えなければなりません。(Kodomo ni wa yoi koto to warui koto no *kubetsu* o hakkiri oshienakereba narimasen.)
¶あの兄弟は**区別**できないほどよく似ています。(Ano kyōdai wa *kubetsu* dekinai hodo yoku nite imasu.)

kubi 首〘名〙

kuchi 口〘名〙

kuchibiru くちびる〘名〙

kudamono 果物〘名〙
¶あなたはどんな**果物**が好きですか。(Anata wa donna *kudamono* ga suki desu ka?)
¶**果物**屋でみかんとりんごを買いました。(*Kudamono*ya de mikan to ringo o kaimashita.)

kudari 下り〘名〙
①[上から下に移ること，下り坂]
上り**下り**の船 (nobori *kudari* no fune)
¶山道の上りはたいへんですが，**下り**は楽です。(Yamamichi no nobori wa taihen desu ga, *kudari* wa raku desu.)
¶あそこからは坂が**下り**になりますから楽です。(Asoko kara wa saka ga *kudari* ni narimasu kara raku desu.)
②[中心からその他の所へ行く汽車・電車]
¶上りの電車はこんでいましたが，下

kubetsu ⟦n, ~*suru*⟧ **distinction, difference**
¶ One must clearly teach children **the difference** between good and bad ⟦right and wrong⟧.
¶ Those brothers look so much alike that it's hard **to tell them apart.**

kubi ⟦n⟧ **neck, head**

kuchi ⟦n⟧ **mouth**

kuchibiru ⟦n⟧ **lip(s)**

kudamono ⟦n⟧ **fruit**
¶ What **fruits** do you like?
¶ [I] bought some mandarin oranges and apples at a **fruit** store.

kudari ⟦n⟧ **descent, going down; outbound**
① [descent, going down]
downstream and upstream boats
¶ Going up mountain trails is arduous but **coming down** is easy.
¶ From over there it **slopes downhill** and so is easier going.
② [outbound trains]
¶ The train going in was crowded but

りの電車はすいていました。(Nobori no densha wa konde imashita ga, *kudari* no densha wa suite imashita.)

coming out there was plenty of room.

⇔**nobori** 上り

kudaru 下る〘動 I〙

kudaru ⟦v I⟧ **descend, come down, go down**

¶雨になったので，わたしたちは急いで山を下りました。(Ame ni natta node, watashitachi wa isoide yama o *kudarimashita.*)

¶ It started raining so we hurriedly **descended** the mountain.

¶この坂を下った所に本屋があります。(Kono saka o *kudatta* tokoro ni hon'ya ga arimasu.)

¶ There is a bookstore **at the bottom** of this hill.

⇔**noboru** 上る

kudasai ください〘動 I〙

kudasai ⟦v I⟧ **give**

¶うちに着いたら，すぐ電話をください。(Uchi ni tsuitara, sugu denwa o *kudasai.*)

¶ **Please call me** as soon as you arrive home.

¶何か飲み物をくださいませんか。(Nani ka nomimono o *kudasaimasen* ka?)

¶ Could you **please give me** something to drink?

(**go**～) **kudasai** (御～) ください〘連〙

(go- ～) **kudasai** ⟦compd⟧ **please** ～

¶その問題は山田先生に御相談ください。(Sono mondai wa Yamada sensei ni gosōdan *kudasai.*)

¶ **Please** consult Professor Yamada concerning that problem.

＊普通「御 (go)」のあとには「研究 (kenkyū)」「紹介 (shōkai)」などの漢語が来る。

＊ Generally a Sino-Japanese compound such as *kenkyū* or *shōkai* follows *go-*.

(**o**～) **kudasai** (お～) ください〘連〙

(o- ～) **kudasai** ⟦compd⟧ **please** ～

¶もっとゆっくりお話しください。(Motto yukkuri ohanashi *kudasai.*)

¶ **Please** speak more slowly.

＊ Used in the pattern "*o-* + verb (stem form) + *kudasai.*"

(～**te**) **kudasai** (～て) ください

(-te) **kudasai** ⟦compd⟧ **please** ～

〔連〕

¶もっとゆっくり話してください。 (Motto yukkuri hanashite *kudasai.*)

¶ **Please** speak more slowly.

¶第3課をみんなで読んでください。 (Daisanka o minna de yonde *kudasai.*)

¶ **Please** read Lesson 3 aloud, everyone.

¶寒いから，窓を開けないでください。 (Samui kara, mado o akenaide *kudasai.*)

¶ **Please** don't open the window: it's too cold.

kudasaru くださる〔動Ⅰ〕

kudasaru 〖v I〗 **give**

¶先生はわたしに本をくださいました。 (Sensei wa watashi ni hon o *kudasaimashita.*)

¶ My teacher 〚professor〛 **gave** me a book.

¶これは田中先生が**くださった**ペンです。 (Kore wa Tanaka sensei ga *kudasatta* pen desu.)

¶ This is the pen that Professor 〚Doctor〛 Tanaka **gave** me.

＊「くれる (kureru)」「与える (ataeru)」の尊敬語。「ますの形」は「くださいます (kudasaimasu)」となる。ある人が話し手や話し手側の者にある物を与えるという意味を表す。その物を受け取る人の側に立って言うときに使う。一般に，与える人が受け取る人より目上の人であるときに使う。同等か目下の人である場合には「くれる (kureru)」を使う。

＊ *Kudasaru* is the honorific form of *kureru* and *ataeru*. The *-masu* form is *kudasaimasu*. This verb expresses the meaning of someone giving something to the speaker or to someone close to the speaker. It is used from the standpoint of the recipient and is generally used when the donor is of higher status than the recipient. When the donor is of equal or lesser status, *kureru* is used instead.

⇨**kureru** くれる

(～te) **kudasaru** （～て）くださる〔連〕

(-te) **kudasaru** 〖compd〗 **do someone the favor of ～ing, be kind enough to ～**

¶上田先生がわたしたちに日本語を教えて**くださいました**。 (Ueda sensei ga watashitachi ni Nihongo o oshiete *kudasaimashita.*)

¶ Professor Ueda taught us 〚**was kind enough** to teach us〛 Japanese.

¶病気で寝ていたら，先生がお見舞い

¶ My teacher **was kind enough** to

に来てくださいました。 (Byōki de nete itara, sensei ga omimai ni kite *kudasaimashita.*)

＊「ますの形」は「(〜て)くださいます ([〜te] kudasaimasu)」となる。ある人が話し手や話し手側の者のためにある動作をするという意味を表す。話し手の側に立って言うときに使う。一般に，動作をする人が話し手などよりも目上の人であるときに使う。同等か目下の人である場合には「(〜て)くれる ([〜te] kureru)」を使う。

⇨(〜te) **kureru** (〜て) **くれる**

kufū　**工夫**〖名，〜する〗

¶工夫に工夫を重ねて，ついに新製品を完成しました。 (*Kufū* ni *kufū* o kasanete, tsuini shinseihin o kansei shimashita.)

¶いろいろ工夫しながらお菓子を作るのは楽しいです。 (Iroiro *kufū* shinagara okashi o tsukuru no wa tanoshii desu.)

kugatsu　**九月**〖名〗

kugi　**くぎ**〖名〗

くぎを打つ (*kugi* o utsu)　くぎを抜く (*kugi* o nuku)

kūki　**空気**〖名〗

¶都会は空気が汚れています。(Tokai wa *kūki* ga yogorete imasu.)

¶タイヤの空気が抜けていますよ。 (Taiya no *kūki* ga nukete imasu yo.)

kūkō　**空港**〖名〗

¶空港から飛行機が次々に飛び立って

pay me a get-well visit when I was sick in bed.

＊ The *-masu* form is (*-te*) *kudasaimasu*. This pattern is used to express the meaning of someone doing something for the speaker or for someone close to the speaker. It is used from the standpoint of the speaker, generally when the performer of the action is of higher status than the recipient of that action. When the performer is of equal or lesser status, (*-te*) *kureru* is used instead.

kufū ⟦n, *~suru*⟧ **device, invention, plan, means, expedient**

¶ [We] **worked and worked** and finally invented a new product.

¶ It is fun to make candy ⟦sweets, cakes, etc.⟧ trying out different **ideas** as one goes along.

kugatsu ⟦n⟧ **September**

kugi ⟦n⟧ **a nail, tack, rivet**

nail, drive in **a nail** // extract **a nail**

kūki ⟦n⟧ **air, atmosphere**

¶ **The air** is dirty in the city.

¶ Hey, your tire is going flat (literally, is losing **air**)!

kūkō ⟦n⟧ **airport**

¶ Airplanes are taking off from **the**

いきます。 (*Kūkō* kara hikōki ga tsugitsugi ni tobitatte ikimasu.)
⇨**hikōjō** **飛行場**

airport one after the other.

(-) **kumi** (-) **組**〖名, 尾〗

(-) kumi ⟦n, suf⟧ **class, band, squad, team, pair, group**

1〖名〗
¶わたしたちの**組**は全部で 15 名です。 (Watashitachi no *kumi* wa zenbu de jūgomei desu.)

1 ⟦n⟧
¶ There are 15 in all in our **squad** ⟦**group**⟧.

2〖尾〗
¶3 年生はA**組**からE**組**まであります。 (Sannensei wa Ē-*gumi* kara Ii-*gumi* made arimasu.)

2 ⟦suf⟧
¶ The third-year students are divided into five **squads,** from A to E.

kumiai **組合**〖名〗
労働**組合** (rōdō-*kumiai*) 協同**組合** (kyōdō-*kumiai*)
¶この会社には**組合**があります。 (Kono kaisha ni wa *kumiai* ga arimasu.)
¶この売店は**組合**員だけが利用できます。 (Kono baiten wa *kumiai*in dake ga riyō dekimasu.)

kumiai ⟦n⟧ **association, league**
a labor **union** // a cooperative **association,** a cooperative
¶ This company **is unionized.**
¶ Only **co-op members** can use this store.

kumitateru **組み立てる**〖動 II〗
¶このラジオは自分で**組み立て**ました。 (Kono rajio wa jibun de *kumitate-mashita.*)
¶材料を**組み立てて**, 本だなを作りました。(Zairyō o *kumitatete,* hondana o tsukurimashita.)

kumitateru ⟦v II⟧ **put together, construct, assemble**
¶ **I put together** this radio myself.
¶ [I] **made** a bookcase from scratch.

kumo **雲**〖名〗
¶今日は**雲**一つない, いい天気です。 (Kyō wa *kumo* hitotsu nai, ii tenki desu.)

kumo ⟦n⟧ **cloud(s)**
¶ It's a nice day today without a single **cloud** in sight.

kumori **曇り**〖名〗
¶あしたは**曇り**で, 風も強いそうです。

kumori ⟦n⟧ **cloudiness, cloudy weather**
¶ They say that tomorrow it will be

(Ashita wa *kumori* de, kaze mo tsuyoi sō desu.)

⇨**hare 晴れ**

cloudy with strong winds.

kumoru　曇る〔動 I〕

¶今日は朝から曇っています。 (Kyō wa asa kara *kumotte* imasu.)

⇨**hareru 晴れる**

kumoru ⟦v I⟧ **become cloudy, become overcast**

¶ Today **has been overcast** from the morning on.

kumu　組む〔動 I〕

①[からみ合わせる]

¶田中さんは腕を組んで考え込んでいます。(Tanaka san wa ude o *kunde* kangaekonde imasu.)

②[あることをするために仲間になる]

¶わたしは田中さんと組んでテニスの試合に勝ちました。 (Watashi wa Tanaka san to *kunde* tenisu no shiai ni kachimashita.)

kumu ⟦v I⟧ **cross, braid, fold; unite, band together, join forces**

① [cross, braid, fold]

¶ [Mr.] Tanaka is deep in thought with [his] arms **folded** across [his] chest.

② [unite, band together, join forces]

¶ [Miss] Tanaka and I **teamed up** and won the tennis match.

kumu　くむ〔動 I〕

¶バケツに水をくんで持って来てください。 (Baketsu ni mizu o *kunde* motte kite kudasai.)

¶川から水をくんできて，畑にまきます。(Kawa kara mizu o *kunde* kite, hatake ni makimasu.)

kumu ⟦v I⟧ **draw, ladle, pump**

¶ Please **fill** a bucket with water and bring it here.

¶ [They] **take** water from the river and water the fields with it.

-kun　-君〔尾〕

田中君 (Tanaka *kun*)

＊ 普通, 男の人が男の友達や目下の男の人を呼ぶときに名前のあとにつけて使う。

-kun ⟦suf⟧　a suffix added to names

Mr. Tanaka

＊ Generally added to names when men address their male friends or men lower in status than themselves.

kuni　国〔名〕

①[国家]

¶わたしのクラスの学生は，いろいろな国から来ています。 (Watashi no kurasu no gakusei wa, iroiro na

kuni ⟦n⟧ **country, nation; one's native place**

① [country, nation]

¶ The students in my class are from many different **countries.**

kuni kara kite imasu.)

②［自分の生まれた所］

¶わたしはお正月(しょうがつ)には国(くに)へ帰(かえ)ります。(Watashi wa oshōgatsu ni wa *kuni* e kaerimasu.)

② [one's native place, one's hometown, one's birthplace]

¶ I always go back to **my hometown** during the New Year's holidays.

kūrā　クーラー〘名〙

¶暑(あつ)いときには**クーラー**があるといいですね。(Atsui toki ni wa *kūrā* ga aru to ii desu ne.)

kūrā 〚n〛 **air conditioner**

¶ It would be nice 〚It's nice〛 to have **an air conditioner** when it's hot.

kuraberu　比(くら)べる〘動II〙

¶この紙(かみ)とその紙(かみ)を**比(くら)べる**と，この紙(かみ)のほうが質(しつ)がいいです。(Kono kami to sono kami o *kuraberu* to, kono kami no hō ga shitsu ga ii desu.)

¶今年(ことし)は去年(きょねん)に**比(くら)べて**雨(あめ)が少(すく)ないです。(Kotoshi wa kyonen ni *kurabete* ame ga sukunai desu.)

⇨**hikaku 比較(ひかく)**

kuraberu 〚v II〛 **compare, contrast**

¶ If [we] **compare** this type of paper with that one, this one is of better quality.

¶ There has been less rain this year **than** last year.

kurai　暗(くら)い〘形〙

¶この部屋(へや)は昼間(ひるま)でも**暗(くら)い**です。(Kono heya wa hiruma demo *kurai* desu.)

¶**暗(くら)く**なったから，家(いえ)へ帰(かえ)りましょう。(*Kuraku* natta kara, ie e kaerimashō.)

⇔**akarui 明(あか)るい**

kurai 〚adj〛 **dark, dim, gloomy**

¶ This room **is dark** even during the daytime.

¶ It's gotten **dark**—let's go home.

kurai　くらい〘助〙

①［だいたいの数量や程度などを表す］

¶「ここからあなたの家(いえ)まで歩(ある)いてどの**くらい**かかりますか。」(Koko kara anata no ie made aruite dono *kurai* kakarimasu ka?)「１５分(じゅうごふん)**ぐらい**です。」(Jūgofun *gurai* desu.)

¶「あなたのうちは駅(えき)からどの**くらい**あ

kurai 〚part〛 **about; as ~ as ~; at least; nothing as ~ as ~**

① [about, ~ or so; expresses an approximate amount or degree]

¶ "**How long** does it take to walk to your house from here?"

"**About** 15 minutes."

りますか。」(Anata no uchi wa eki kara dono *kurai* arimasu ka?)「10キロ**ぐらい**あります。」(Jikkiro *gurai* arimasu.)

¶ "**How far** is your home from the station?"
"**About** 10 kilometers."

¶「本代は一か月いくら**ぐらい**かかりますか。」(Hondai wa ikkagetsu ikura *gurai* kakarimasu ka?)「三千円**ぐらい**かかります。」(Sanzen'en *gurai* kakarimasu.)

¶ "**How much** will be required for books per month?"
"**About** three thousand yen."

②[ある例を挙げてそれとだいたい同じ程度であることを表す]

② [as ~ as ~, like ~, so ~ that; indicates that something is of approximately the same degree as something else being cited]

¶上田さんの部屋は，ちょうどこれ**くらい**の広さです。(Ueda san no heya wa, chōdo kore *kurai* no hirosa desu.)

¶ [Mr.] Ueda's room ⟦apartment⟧ is just **about** the same size **as** this one.

¶山田さん**くらい**英語が上手に話せればいいのですが…。(Yamada san *kurai* Eigo ga jōzu ni hanasereba ii no desu ga...)

¶ I wish I could speak English **as** well **as** [Miss] Yamada does.

¶もう一歩も歩けない**くらい**疲れてしまいました。(Mō ippo mo arukenai *kurai* tsukarete shimaimashita.)

¶ I was **so** tired **that** I couldn't take another step ⟦I am **so** tired **that** I can't take another step⟧.

③[あるものごとを簡単なもの・やさしいもの・程度の低いものなどの例として示す]

③ [at least, at any rate; cites something as being simple, easy, of low degree, etc.]

¶子供でもこの**くらい**のことは知っていますよ。(Kodomo demo kono *kurai* no koto wa shitte imasu yo.)

¶ Even a child knows **that.**

¶こんな易しい漢字**くらい**だれだって書けますよ。(Konna yasashii kanji *kurai* dare datte kakemasu yo.)

¶ Anyone can write a *kanji* **as** easy **as** this one.

¶日本語を半年も勉強しているのですから，もう平仮名**ぐらい**は書けるでしょう。(Nihongo o hantoshi mo

¶ [He] has been studying Japanese for half a year so [he] should be able to write *hiragana* **at least.**

benkyō shite iru no desu kara, mō hiragana *gurai* kakeru deshō.)

¶お金がないといっても，百円**くらい**は持っているでしょう。(Okane ga nai to itte mo, hyakuen *kurai* wa motte iru deshō.)

¶ You say you don't have any money, but you must have **at least** one hundred yen.

④[ほかに同じ程度のものがなくそれがいちばんであるということを表す]

④ [nothing as ~ as ~; indicates that something is number one, that nothing else is of the same degree]

¶あの人**くらい**親切な人はいません。(Ano hito *kurai* shinsetsu na hito wa imasen.)

¶ You couldn't find anyone **kinder than** [him] (literally, There is no one **as kind as** him).

¶山に登ったとき飲む水**くらい**おいしいものはありません。(Yama ni nobotta toki nomu mizu *kurai* oishii mono wa arimasen.)

¶ Nothing tastes **better than** cold water drunk while mountain climbing.

*「～くらい～はない (~kurai ~ wa nai)」の形で使う。

* Used in the pattern "~ *kurai* ~ *wa nai*."

＊「ぐらい (gurai)」とも言う。

＊ Variant: *gurai*.

kurasu　暮らす〔動 I〕

kurasu [[v I]] **live, make a living, get along**

¶1か月5万円で**暮らす**のは無理です。(Ikkagetsu goman'en de *kurasu* no wa muri desu.)

¶ It is impossible **to live** on fifty thousand yen a month.

¶家族は皆元気に**暮らして**いますから，御安心ください。(Kazoku wa mina genki ni *kurashite* imasu kara, goanshin kudasai.)

¶ **We are** all in fine health so please don't worry about us [[I am glad to assure you that **we are** all in good health]].

kurasu　クラス〔名〕

kurasu [[n]] **class**

¶わたしの**クラス**では，上田さんがいちばん背が高いです。(Watashi no *kurasu* de wa, Ueda san ga ichiban sei ga takai desu.)

¶ [Mr.] Ueda is the tallest person in my **class.**

kureru　暮れる〔動 II〕

kureru [[v II]] **get dark; end, come to a close**

①[日が沈んで暗くなる]

① [get dark]

¶日が**暮れる**前に仕事を終えましょう。

¶ Let's finish this job before **it gets**

(Hi ga *kureru* mae ni shigoto o oemashō.)

②[時が経過して年や季節などが終わりになる]

¶あと数日で今年も**暮れます**ね。(Ato sūjitsu de kotoshi mo *kuremasu* ne.)

dark.

② [end, (years, days, etc.) come to a close]

¶ In a few days this year **will draw to a close.**

kureru　くれる〘動II〙

¶父がわたしにお金を**くれました**。(Chichi ga watashi ni okane o *kuremashita.*)

¶上田さんが弟に誕生日のお祝いを**くれました**。(Ueda san ga otōto ni tanjōbi no oiwai o *kuremashita.*)

＊ 普通，ある人が話し手や話し手側の者にある物を与えるという意味を表す。その物を受け取る人の側に立って言うときに使う。一般に，与える人が受け取る人と同等か目下の人または身内の人であるときに使う。目上の人である場合には「くださる (kudasaru)」を使う。「先生がこの本をくださいました。(Sensei ga kono hon o kudasaimashita.)」

⇨**kudasaru　くださる**

kureru 〚v II〛 **give**

¶ My father **gave** me some money.

¶ [Mrs.] Ueda **gave** my younger brother a birthday present.

＊ *Kureru* usually expresses the meaning of someone giving something to the speaker or to someone close to the speaker. It is used from the standpoint of the recipient, generally when the donor is of equal or lesser status than the recipient or is within the recipient's inner circle. When the donor is of higher status, *kudasaru* is used instead, as in "*Sensei ga kono hon o kudasaimashita*" (My teacher gave me this book).

(～te) kureru　(～て) くれる〘連〙

¶母がわたしにシャツを買って**くれました**。(Haha ga watashi ni shatsu o katte *kuremashita.*)

¶このことについては上田さんにきけば，詳しく教えて**くれる**と思います。(Kono koto ni tsuite wa Ueda san ni kikeba kuwashiku oshiete *kureru* to omoimasu.)

＊ ある人が話し手のためにある動作

(-te) kureru 〚compd〛 **do someone the favor of ～, be kind enough to ～**

¶ My mother bought me a shirt.

¶ If you ask [Mr.] Ueda about this matter, I'm sure that [he] **will be kind enough** to tell you about it in some detail.

＊ This pattern expresses the meaning of someone doing something for

をするという意味を表す。話し手の側に立って言うときに使う。一般に，動作をする人が，話し手などと同等か目下の人であるときに使う。動作をする人が話し手などより目上である場合には，「(〜て) くださる ([〜te] kudasaru)」を使う。「先生に伺えば，詳しく教えてくださると思います。(Sensei ni ukagaeba, kuwashiku oshiete kudasaru to omoimasu.)」

⇨(〜**te**) **kudasaru** (〜**て**) **くださる**

the speaker. It is used from the standpoint of the speaker, generally when the performer of the action is of equal or lesser status than the recipient. When the performer of the action is of higher status, (*-te*) *kudasaru* is used instead, as in "*Sensei ni ukagaeba, kuwashiku oshiete kudasaru to omoimasu*" (If you ask your teacher about that, I think she will give you a detailed explanation).

kuriiningu　クリーニング〘名〙

kuriiningu ⟦n⟧　**cleaning, dry cleaning, laundry**

洋服を**クリーニング**に出す (yōfuku o *kuriiningu* ni dasu.)

send clothing to **the cleaners**

¶ワイシャツが汚れたので，**クリーニング**屋へ持っていきました。(Waishatsu ga yogoreta node, *kuriininguya* e motte ikimashita.)

¶ [My] shirts were dirty so I took them to **the cleaners.**

kurikaesu　繰り返す〘動 I〙

kurikaesu ⟦v I⟧　**repeat, do over again**

¶教科書を**繰り返して**読みましたが，わかりませんでした。(Kyōkasho o *kurikaeshite* yomimashita ga, wakarimasen deshita.)

¶ [I] read about it in the textbook **many times** but [I] still didn't understand it.

¶その発音を何度も**繰り返して**練習しましたが，うまく言えませんでした。(Sono hatsuon o nando mo *kurikaeshite* renshū shimashita ga, umaku iemasen deshita.)

¶ [I] practiced that pronunciation **over and over again** but still couldn't say it exactly right.

kurisumasu　クリスマス〘名〙

kurisumasu ⟦n⟧　**Christmas**

¶12月24日の夜に**クリスマス**パーティーを開きました。(Jūnigatsu nijūyokka no yoru ni *kurisumasu* pātii o hirakimashita.)

¶ [We] had a **Christmas** party on the evening of December 24.

kuro　黒〘名〙

kuro ⟦n⟧　**black**

黒インク (*kuro*inku) 白黒フィルム (shiro*kuro*-firumu) 黒髪 (*kuro*-kami) 黒砂糖 (*kuro*zatō) 黒ビール (*kuro*biiru)

black ink // **black-** and -white film // **black** hair // **brown** sugar, **unrefined** sugar // **dark** beer, **black** beer

kurō **苦労**〘名, ～する〙

kurō ⟦n, ~*suru*⟧ **trouble, hardship, suffering, toil, labor, pains, cares, worry, anxiety**

¶御**苦労**さまでした。 (Go*kurō*sama deshita.)

¶ **Thank you very much** ⟦Many thanks **for your trouble**⟧.

¶よい辞書がないので, 勉強するのに**苦労**しました。 (Yoi jisho ga nai node, benkyō suru no ni *kurō* shimashita.)

¶ I **had a hard time** studying that as there isn't any good dictionary for it ⟦as I didn't have a good dictionary⟧.

¶父が早く死んだので, 母は**苦労**してわたしたちを育てました。(Chichi ga hayaku shinda node, haha wa *kurō* shite watashitachi o sodatemashita.)

¶ Since my father died young, my mother **had a hard time of it** raising us.

＊「御苦労さま。 (Gokurōsama.)」「御苦労さまでした。(Gokurōsama deshita.)」というあいさつの言葉は目上の者が目下の者に対して使う。

＊ The set expressions *Gokurōsama* and *Gokurōsama deshita* are used by persons of higher status towards those of lower status.

kuroi **黒い**〘形〙

kuroi ⟦adj⟧ **black, dark**

¶田中さんは**黒い**くつをはいています。 (Tanaka san wa *kuroi* kutsu o haite imasu.)

¶ [Mr.] Tanaka is wearing **black** shoes.

¶日に焼けて顔が**黒く**なりました。 (Hi ni yakete kao ga *kuroku* narimashita.)

¶ [My] face has ⟦had⟧ gotten **brown** in the sun.

kuru **来る**〘動Ⅲ〙

kuru ⟦v III⟧ **come, arrive**

¶もうすぐ春が**来ます**。 (Mō sugu haru ga *kimasu*.)

¶ Spring **will** soon **be here.**

¶山田さんはまだ**来ません**か。(Yamada san wa mada *kimasen* ka?)

¶ **Hasn't** [Miss] Yamada **arrived** yet?

¶今度日本へ**来る**ときには, 奥さんも連れてきてください。(Kondo Nihon e

¶ The next time **you come** to Japan please bring your wife along with

kuru toki ni wa, okusan mo tsurete kite kudasai.) you.

⇔iku 行く

(〜te) **kuru** (〜て) くる〘連〙 (-te) **kuru** ⟦compd⟧ an expression indicating various conditions

①[こちらへ近づく，あることをしてからこちらにもどる] ① [approach; come having done something]

¶向こうから大きなトラックが走って**きました**。(Mukō kara ookina torakku ga hashitte *kimashita.*) ¶ A large truck **came** ⟦**is coming**⟧ from the opposite direction.

¶すみません。今日は宿題をして**きませんでした**。(Sumimasen. Kyō wa shukudai o shite *kimasen deshita.*) ¶ I'm sorry. I haven't done the homework (literally, **I haven't come** today with the homework done; **I've come** today **without** having done the homework).

¶その問題について，昨日図書館へ行って調べて**きました**。(Sono mondai ni tsuite, kinō toshokan e itte shirabete *kimashita.*) ¶ [I] **went** to the library yesterday **and did** some research on that question.

↔(〜te) iku (〜て) いく

②[動作・作用が継続してある時点に至る] ② [indicates that an action or operation has continued and has reached a certain point]

¶この1年間毎日日本語を勉強して**きました**。(Kono ichinenkan mainichi Nihongo o benkyō shite *kimashita.*) ¶ This past year **I've studied** Japanese every day.

¶今までこの会社に20年間勤めて**きました**。(Ima made kono kaisha ni nijūnenkan tsutomete *kimashita.*) ¶ **I've worked** for this company 20 years now.

↔(〜te) iku (〜て) いく

③[動作・作用が始まる] ③ [indicates that an action or operation has begun]

¶あっ，雨が降って**きた**。(A'! Ame ga futte *kita.*) ¶ Oh, **it's started** to rain!

¶急におなかが痛くなって**きました**。(Kyū ni onaka ga itaku natte *kimashita.*) ¶ My stomach **has** suddenly **started** to ache ⟦My stomach suddenly **started** to ache⟧.

④[だんだんにある状態に変わる] ④ [indicates that something gradually changes to a certain condition]

¶大雨が降って，川の水が増えて**きま**

した。(Ooame ga futte, kawa no mizu ga fuete *kimashita.*)

¶ With the heavy rains, the river **has risen** ⟦**rose**⟧.

¶最近，物価が高くなってきて，人々は困っています。(Saikin, bukka ga takaku natte *kite,* hitobito wa komatte imasu.)

¶ Recently prices **have gone up,** and people are having a hard time.

¶霧がはれて，星がはっきり見えてきました。(Kiri ga harete, hoshi ga hakkiri miete *kimashita.*)

¶ With the lifting of the fog, the stars **have become** clearly visible ⟦**became** clearly visible⟧.

↔(〜te) iku (〜て) いく

⑤[ものごとが出現する]

⑤ [indicates that something makes an appearance]

¶いい考えが頭に浮かんできました。(Ii kangae ga atama ni ukande *kimashita.*)

¶ A good idea **has come** to me ⟦I hit upon a good idea⟧.

¶うちからの手紙を読んでいたら，妹の顔が浮かんできました。(Uchi kara no tegami o yonde itara, imōto no kao ga ukande *kimashita.*)

¶ As I read a letter from home the face of my younger sister **flitted** across my mind.

kuruma 車〖名〗

kuruma ⟦n⟧ **wheel(s);** (wheeled) **vehicle, car**

①[車輪]

① [wheels, castors]

¶この旅行かばんには車がついています。(Kono ryokō-kaban ni wa *kuruma* ga tsuite imasu)

¶ This suitcase has attached **wheels.**

¶馬車の車が壊れてしまったから，直してください。(Basha no *kuruma* ga kowarete shimatta kara, naoshite kudasai.)

¶ One of **the wheels** of the cart ⟦carriage, coach⟧ is broken. Please fix it.

②[乗り物，自動車]

② [(wheeled) vehicle, car, taxi]

車に乗る (*kuruma* ni noru)　車を降りる (*kuruma* o oriru)

ride in **a car** ⟦**taxi**, **carriage**, **wagon**, etc.⟧ // get out of **a car** ⟦**taxi**, **carriage**, **wagon**, etc.⟧

¶ここから駅まで車で10分です。(Koko kara eki made *kuruma* de jippun desu.)

¶ It is 10 minutes by **car** from here to the station.

kurushii 苦しい〖形〗

kurushii ⟦adj⟧ **painful; trying, taxing, hard, difficult**

①[体のぐあいが悪くて我慢できない様子]

¶病人はとても**苦しそう**です。(Byōnin wa totemo *kurushisō* desu.)

②[お金や物などがなくて困っている様子]

¶月給が安いから生活が**苦しい**です。(Gekkyū ga yasui kara seikatsu ga *kurushii* desu.)

① [painful, tormenting, (physically) trying]

¶ The patient **seems to be in** much **pain** ⟦very **uncomfortable**⟧.

② [trying, taxing, hard, difficult (financially, etc.)]

¶ As [my] wages are low [I] **have a hard time** making ends meet.

kurushimu　苦しむ〘動Ｉ〙

①[体のぐあいが悪くて我慢できない]

¶田中さんは長い間 病気で**苦しんで**います。(Tanaka san wa nagai aida byōki de *kurushinde* imasu.)

②[お金や物などがなくて困る]

¶世界には食べ物がなくて**苦しんで**いる人がおおぜいいます。(Sekai ni wa tabemono ga nakute *kurushinde* iru hito ga oozei imasu.)

¶都会の人たちは住宅の不足に**苦しん**でいます。(Tokai no hitotachi wa jūtaku no fusoku ni *kurushinde* imasu.)

kurushimu ⟦v I⟧　**suffer, be in pain; be troubled, be distressed**

① [suffer, be in pain, be afflicted (physically)]

¶ [Mr.] Tanaka **has** long **been ill** (literally, **has** long **been suffering** with an illness, disease, etc.).

② [be troubled, be distressed (financially, etc.)]

¶ Many people in the world don't have enough to eat (literally, don't have enough to eat and **are suffering**).

¶ Urban dwellers **suffer** from the shortage of housing.

kusa　草〘名〙

草を刈る (*kusa* o karu)　枯**草** (kare*kusa*)　**草**原 (*kusa*hara)　**草**花 (*kusa*bana)

¶庭に**草**が生えたので, **草**取りをしました。(Niwa ni *kusa* ga haeta node, *kusa*tori o shimashita.)

kusa ⟦n⟧　**grass, herb, weed**

cut **the grass** // dried **grass,** dry **herbs** // a **grassy** plain, a meadow // a flowering **plant,** a flower

¶ I **weeded** the garden because it needed it (literally, because **weeds** had grown in).

kusai　臭い〘形〙

汗**臭い** (ase*kusai*)　酒**臭い** (sake*kusai*)

¶この川はみんながごみを捨てるので,

kusai ⟦adj⟧　**bad-smelling, stinking, smelly, smell of ～**

smell of sweat // **smell of** liquor, **have** liquor **on one's breath**

とても臭いです。 (Kono kawa wa minna ga gomi o suteru node, totemo *kusai* desu.)

¶ As everyone throws garbage in this river **it smells** very **bad.**

kusaru 腐る〖動Ⅰ〗

kusaru ⟦v I⟧ **rot; go bad**

①[腐敗する]

① [rot, go bad, decay]

¶**腐った**魚を食べて，おなかをこわしました。 (*Kusatta* sakana o tabete, onaka o kowashimashita.)

¶ [I] ate some fish that **had gone bad** and got an upset stomach.

¶夏は食べ物が**腐り**やすいです。 (Natsu wa tabemono ga *kusari*-yasui desu.)

¶ Food **spoils** very easily in the summer.

¶**腐らない**ようにこれを冷蔵庫に入れておきましょう。 (*Kusaranai* yō ni kore o reizōko ni irete okimashō.)

¶ Let's put this in the refrigerator so **it won't spoil.**

②[木などが悪くなって役に立たなくなる]

② [become bad and no longer useful]

¶この家はたいへん古くて，柱が**腐っています。** (Kono ie wa taihen furukute, hashira ga *kusatte* imasu.)

¶ This house is very old, and the pillars ⟦posts⟧ **are rotten.**

kuse 癖〖名〗

kuse ⟦n⟧ **personal habit, mannerism, quirk, foible, weakness, vice**

¶あの人はうそをつく**癖**があります。 (Ano hito wa uso o tsuku *kuse* ga arimasu.)

¶ [He] is a **habitual** liar.

¶寝る前に本を読むのが**癖**になってしまいました。 (Neru mae ni hon o yomu no ga *kuse* ni natte shimaimashita.)

¶ [I] have ⟦had⟧ fallen into **the habit** of reading before going to sleep.

kushami くしゃみ〖名〗

kushami ⟦n⟧ **a sneeze**

くしゃみをする (*kushami* o suru)

to sneeze

¶風邪を引いているので，**くしゃみ**が出て困ります。(Kaze o hiite iru node, *kushami* ga dete komarimasu.)

¶ [I] have caught a cold and have an annoying **sneeze.**

kushi くし〖名〗

kushi ⟦n⟧ **comb**

¶わたしは毎朝**くし**で髪の毛をとかし

¶ I comb my hair every morning

ます。 (Watashi wa maiasa *kushi* de kaminoke o tokashimasu.)

(with **a comb**).

kushin 苦心〘名，～する〙

¶苦心の末，ようやく論文を書き終えました。 (*Kushin* no sue, yōyaku ronbun o kakioemashita.)

¶彼はたいへん苦心して，その詩を書きました。 (Kare wa taihen *kushin* shite, sono shi o kakimashita.)

kushin ⟦n, *~suru*⟧ **pains, efforts, labor, hard work**

¶ After **much hard labor** [I] have finally finished ⟦I finally finished⟧ writing [my] thesis.

¶ He **put a lot** into the writing of that poem.

kusuri 薬〘名〙

薬屋 (*kusuri*ya) 風邪薬 (kaze-*gusuri*) 薬代 (*kusuri*dai) 薬びん (*kusuri*bin)

¶今夜は薬を飲んで早く寝たほうがいいですよ。 (Kon'ya wa *kusuri* o nonde hayaku neta hō ga ii desu yo.)

¶この薬はあまり効きませんね。 (Kono *kusuri* wa amari kikimasen ne.)

kusuri ⟦n⟧ **medicine, drug, medication, chemical**

a **drug**store, a pharmacy // cold **medicine** // a charge for **medicine** // a **medicine** bottle, a vial, a phial

¶ You'd better take **some medicine** and go to bed early tonight.

¶ This **medicine** doesn't seem to be very effective.

kutsu くつ〘名〙

くつ屋 (*kutsu*ya) 長ぐつ (naga-*gutsu*) 運動ぐつ (undō*gutsu*) くつみがき (*kutsu*migaki) くつをはく (*kutsu* o haku) くつを脱ぐ (*kutsu* o nugu)

kutsu ⟦n⟧ **shoes, boots**

a **shoe** store, a **shoe**maker // **boots,** high **boots** // basketball ⟦tennis, running⟧ **shoes,** // **shoe** polishing, a **shoe**shine man // wear ⟦put on⟧ **shoes,** // take off **one's shoes**

kutsushita くつ下〘名〙

ナイロンのくつ下 (nairon no *kutsushita*) 毛のくつ下 (ke no *kutsushita*)

¶このくつ下は婦人用です。 (Kono *kutsushita* wa fujin'yō desu.)

kutsushita ⟦n⟧ **socks, stockings**

nylon **stockings,** nylon **socks** // wool **socks**

¶ These are women's **socks.**

kuu 食う〘動Ⅰ〙

①[食べる]

kuu ⟦v I⟧ **eat; bite; consume**

① [eat]

えさを食う (esa o *kuu*)
(an animal) **eats** its food, (a fish) **takes** the bait

¶木の葉がこんなに虫に**食われて**います。(Ki no ha ga konna ni mushi ni *kuwarete* imasu.)
¶ The tree leaves are all **eaten up** by insects!

*「食べる (taberu)」に比べて，あまり丁寧な言葉ではない。
* *Kuu* is less polite than *taberu*.

②[虫などがかんだり刺したりする]
② [(insects, etc.) bite]

¶蚊に**食われて**，手がかゆくてたまりません。(Ka ni *kuwarete,* te ga kayukute tamarimasen.)
¶ [My] hand is all itchy now from a mosquito **bite.**

③[消費する]
③ [consume, eat up]

¶この車はずいぶんガソリンを**食います**ね。(Kono kuruma wa zuibun gasorin o *kuimasu* ne.)
¶ This car **uses** a lot of gas ⟦is a real gas **guzzler**⟧.

kuwaeru **加える**〘動II〙
kuwaeru ⟦v II⟧ **add, add up; increase; include; inflict, apply**

①[数量を増やす，足す]
① [add, add up, add to]

¶2に3を**加えると**，5になります。(Ni ni san o *kuwaeru* to, go ni narimasu.)
¶ Two **plus** three is five.

¶この料理にはもう少し塩を**加えて**ください。(Kono ryōri ni wa mō sukoshi shio o *kuwaete* kudasai.)
¶ Please **add** a little more salt to this dish.

②[程度を大きくする]
② [increase]

¶汽車はだんだんスピードを**加えて**いき，とうとう見えなくなってしまいました。(Kisha wa dandan supiido o *kuwaete* iki, tōtō mienaku natte shimaimashita.)
¶ The train gradually **speeded up** and disappeared into the distance.

③[仲間に入れる]
③ [include, count in, incorporate]

仲間に**加える** (nakama ni *kuwaeru*)
take into one's circle, **let join**

¶その研究会にわたしも**加えて**ください。(Sono kenkyūkai ni watashi mo *kuwaete* kudasai.)
¶ Please **add** me to that study group.

④[ある動作・作用を与える]
④ [inflict, apply, give]

力を**加える** (chikara o *kuwaeru*) — **apply** force

¶ナイロンに熱を**加える**と,解けてしまいます。(Nairon ni netsu o *kuwaeru* to, tokete shimaimasu.) — ¶ Nylon melts when **heated.**

kuwashii **詳しい**〘形〙 — **kuwashii** [[adj]] **detailed, minute; know well, be well versed**

①[詳細な] — ① [detailed, minute, full]

¶もっと**詳しく**話してください。(Motto *kuwashiku* hanashite kudasai.) — ¶ Please **elaborate.**

¶その辞書よりもこの辞書の説明のほうが**詳しい**です。(Sono jisho yori mo kono jisho no setsumei no hō ga *kuwashii* desu.) — ¶ This dictionary gives **fuller** explanations than that one.

②[よく知っている] — ② [know well, be well versed]

¶あの人は日本の歴史に**詳しい**ですね。(Ano hito wa Nihon no rekishi ni *kuwashii* desu ne.) — ¶ [He] **knows a lot** about Japanese history.

¶彼はこの辺の地理に**詳しい**です。(Kare wa kono hen no chiri ni *kuwashii* desu.) — ¶ He **is well acquainted** with this neighborhood.

* 普通「～に詳しい (～ni kuwashii)」の形で使う。 — * Generally used in the pattern "～ *ni kuwashii.*"

kuzu **くず**〘名〙 — **kuzu** [[n]] **rubbish, waste, garbage, trash, junk, rags,** etc.

紙**くず** (kami*kuzu*)　**くず**かご (*kuzu*kago) — **waste**paper // a **waste**basket, **trash** can

¶**くず**を散らかさないようにしてください。(*Kuzu* o chirakasanai yō ni shite kudasai.) — ¶ Please don't **litter.**

kuzureru **崩れる**〘動Ⅱ〙 — **kuzureru** [[v II]] **crumble, collapse, fall down; break down, get out of shape, decline; can change money**

①[形のある物が壊れて下に落ちる] — ① [crumble, collapse, fall down]

¶大雨で山が**崩れました**。(Ooame de yama ga *kuzuremashita.*) — ¶ **There were landslides** due to the heavy rains.

②[整っているもの・安定しているものなどが乱れる] — ② [break down, get out of shape, decline]

¶この帽子は形が**くずれています**ね。 (Kono bōshi wa katachi ga *kuzurete imasu* ne.)

¶ This hat **has lost** its shape.

¶今晩から天気が**くずれそう**です。 (Konban kara tenki ga *kuzuresō* desu.)

¶ **It looks like** the weather **will deteriorate** from this evening.

③[小銭に替えることができる]

③ [can break or change money]

¶一万円札が**くずれます**か。 (Ichiman'ensatsu ga *kuzuremasu* ka?)

¶ **Can you give me change** for a ten-thousand-yen bill?

kuzusu **崩す**〘動 I〙

kuzusu ⟦v I⟧ **destroy, demolish; simplify; change money**

①[形あるものを壊す]

① [destroy, demolish, pull down, level]

¶山を**崩して**道路を作っています。 (Yama o *kuzushite* dōro o tsukutte imasu.)

¶ They **are leveling** a hill in building the road.

②[字画などを省いたり続けたりして書く]

② [simplify (a written character, etc.)]

¶**くずした**字は読みにくいです。 (*Kuzushita* ji wa yominikui desu.)

¶ Characters **written in a cursive style** are hard to read.

③[小銭にする]

③ [break or change money]

¶千円札を百円玉に**くずして**ください。 (Sen'ensatsu o hyakuendama ni *kuzushite* kudasai.)

¶ Please **give me** hundred-yen **coins** for this thousand-yen bill.

kyakkanteki **客観的**〘形動〙

kyakkanteki ⟦adj-v⟧ **be objective**

¶ものごとは**客観的**に見なければいけません。 (Monogoto wa *kyakkanteki* ni minakereba ikemasen.)

¶ One must take an **objective** view of things.

⇔**shukanteki 主観的**

kyaku **客**〘名〙

kyaku ⟦n⟧ **guest; customer**

①[招かれて来る人, 訪ねて来る人]

① [guest, caller, visitor, company]

観光**客** (kankō*kyaku*) お**客**を呼ぶ (o*kyaku* o yobu)

a tourist, sightseer // invite **a guest**

¶あしたはお**客**さんが3人来ます。 (Ashita wa o*kyaku*san ga sannin kimasu.)

¶ Three **visitors** ⟦**guests**⟧ will be coming tomorrow.

¶部屋が汚れているのに，お客が突然訪ねてきてあわてました。(Heya ga yogorete iru noni, *okyaku* ga totsuzen tazunete kite awatemashita.)

¶ [My] apartment ⟦room⟧ was dirty so [I] was flustered when **someone** unexpectedly **came to visit.**

②[物を買ったり食べたりしてお金を払う人]

② [customer, client, passenger]

¶あの店はいつも客が多いです。(Ano mise wa itsu mo *kyaku* ga ooi desu.)

¶ That shop ⟦restaurant, bar, etc.⟧ is always filled with **customers.**

¶デパートの店員は，客に対してたいへん丁寧な言葉を使います。(Depāto no ten'in wa, *kyaku* ni taishite taihen teinei na kotoba o tsukaimasu.)

¶ Department store employees use very polite language toward **customers.**

kyō 今日〘名〙

kyō ⟦n⟧ **today**

¶今日は何曜日ですか。 (*Kyō* wa naniyōbi desu ka?)

¶ What day of the week is it **today?**

¶今日から夏休みです。 (*Kyō* kara natsuyasumi desu.)

¶ Summer vacation starts **today.**

¶今日，銀行へ行くつもりです。(*Kyō*, ginkō e iku tsumori desu.)

¶ I plan to go to the bank **today.**

kyōdai 兄弟〘名〙

kyōdai ⟦n⟧ **brothers, brothers and sisters, siblings**

¶あなたは兄弟が何人ありますか。(Anata wa *kyōdai* ga nannin arimasu ka?)

¶ How many **brothers and sisters** do you have?

¶兄弟は五人です。兄が二人，姉が二人，わたしはいちばん下です。(*Kyōdai* wa gonin desu. Ani ga futari, ane ga futari, watashi wa ichiban shita desu.)

¶ There are five of **us children**—my two older brothers, my two older sisters, and me, the youngest.

⇨**shimai** 姉妹

kyōdō 共同〘名〙

kyōdō ⟦n⟧ **common, communal, joint, united, public**

共同生活 (*kyōdō*-seikatsu) 共同便

collective life, **co**habitation // a

所 (*kyōdō*-benjo) **共同**経営 (*kyōdō*-keiei) **共同**墓地 (*kyōdō*-bochi)

¶わたしたちはこの部屋を**共同**で使っています。(Watashitachi wa kono heya o *kyōdō* de tsukatte imasu.)

public ⟦**shared**⟧ toilet // **joint** management // a **public** cemetery

¶ We **are sharing** this room.

kyōgi **競技**〘名〙

競技会 (*kyōgi*kai) **競技**場 (*kyōgi*-jō)

¶水泳**競技**が間もなく始まります。(Suiei-*kyōgi* ga mamonaku hajimarimasu.)

kyōgi ⟦n⟧ **match, contest, competition, game, sport, sports event**

an **athletic** meet, **track-and-field** meet; **a contest, competition** // a **sports** ground, stadium

¶ The swimming **events** will start momentarily.

kyōiku **教育**〘名, ～する〙

義務**教育** (gimu-*kyōiku*) 職業**教育** (shokugyō-*kyōiku*) 家庭**教育** (katei-*kyōiku*) **教育**費 (*kyōiku*hi) **教育**映画 (*kyōiku*-eiga) **教育**者 (*kyōiku*sha)

¶この国の**教育**程度はかなり高いです。(Kono kuni no *kyōiku*-teido wa kanari takai desu.)

¶国の発展のためには**教育**が最も大切です。(Kuni no hatten no tame ni wa *kyōiku* ga mottomo taisetsu desu.)

kyōiku ⟦n, *~suru*⟧ **education, instruction, training**

compulsory **education** // vocational **training** // home **training** // **educational** expenses // an **educational** film, **instructional** film // **an educator, a schoolteacher**

¶ The level of **education** in this country is quite high.

¶ **Education** is the most important element in the development of a nation.

kyōju **教授**〘名, ～する〙

①[教えること]

¶あの人はピアノの個人**教授**をしています。(Ano hito wa piano no kojin-*kyōju* o shite imasu.)

②[大学の先生]

¶あの方は東京大学の**教授**です。(Ano kata wa Tōkyō-daigaku no *kyōju* desu.)

kyōju ⟦n, *~suru*⟧ **teaching, instruction; professor**

① [teaching, instruction]

¶ [He] **gives** private piano **lessons.**

② [professor]

¶ [He] is **a professor** at Tokyo University.

kyoka **許可**〘名, ～する〙

kyoka ⟦n, *~suru*⟧ **permission, approval, authorization**

入学許可 (nyūgaku-*kyoka*) — **admission** (to a school)

¶出国許可がもらえないので，まだ出発できません。(Shukkoku-*kyoka* ga moraenai node, mada shuppatsu dekimasen.) ¶ [I] can't leave yet because [I] haven't been able to obtain a departure **permit.**

¶社長は山田さんの外国旅行を許可しました。(Shachō wa Yamada san no gaikoku-ryokō o *kyoka* shimashita.) ¶ The company president **approved** [Mr.] Yamada's overseas trip.

kyōkai 教会〖名〗 — **kyōkai** ⟦n⟧ **church**

¶日曜日の朝は教会へ行くことにしています。(Nichiyōbi no asa wa *kyōkai* e iku koto ni shite imasu.) ¶ I make it a practice to go to **church** on Sunday morning.

kyōkasho 教科書〖名〗 — **kyōkasho** ⟦n⟧ **textbook, schoolbook, manual**

¶教科書の10ページを開いてください。(*Kyōkasho* no jippēji o hiraite kudasai.) ¶ Please open **your books** to page 10.

¶あなたの学校では，どんな日本語の教科書を使っていますか。(Anata no gakkō de wa, donna Nihongo no *kyōkasho* o tsukatte imasu ka?) ¶ What Japanese-language **textbooks** do they use at your school?

(-)kyoku (-)曲〖名，尾〗 — **(-)kyoku** ⟦n, suf⟧ **tune, melody, piece of music, musical composition**

1〖名〗 — **1** ⟦n⟧

¶わたしはこの曲が大好きです。(Watashi wa kono *kyoku* ga daisuki desu.) ¶ I love this **piece** ⟦**song**, **tune**⟧.

¶この曲は上田さんが作りました。(Kono *kyoku* wa Ueda san ga tsukurimashita.) ¶ [Mr.] Ueda wrote this **piece.**

2〖尾〗 — **2** ⟦suf⟧

¶あなたの国の歌を一曲歌ってください。(Anata no kuni no uta o ik*kyoku* utatte kudasai.) ¶ Please sing **a song** from your country for us.

-kyoku -局〖尾〗 — **-kyoku** ⟦suf⟧ **department, bureau**

郵便局 (yūbin*kyoku*)　電話局 (denwa*kyoku*)　放送局 (hōsō*kyoku*)

a post **office** // a telephone **office** // a broadcasting ⟦radio, TV⟧ **station**

kyokusen　曲線〘名〙

⇔chokusen 直線

kyokusen ⟦n⟧　**curved line, curve**

kyōmi　興味〘名〙

¶日本の茶道に興味を持っている外国人が多いです。(Nihon no sadō ni *kyōmi* o motte iru gaikokujin ga ooi desu.)

¶わたしは日本文学に興味があります。(Watashi wa Nihon-bungaku ni *kyōmi* ga arimasu.)

kyōmi ⟦n⟧　**interest**

¶ Many foreigners have **an interest** in the Japanese tea ceremony.

¶ I'm **interested** in Japanese literature.

kyonen　去年〘名〙

¶わたしは去年の10月に日本へ行ってきました。(Watashi wa *kyonen* no jūgatsu ni Nihon e itte kimashita.)

¶わたしは去年大学を卒業しました。(Watashi wa *kyonen* daigaku o sotsugyō shimashita.)

kyonen ⟦n⟧　**last year**

¶ I took a trip to Japan in October of **last year.**

¶ I graduated from college **last year.**

kyori　距離〘名〙

¶わたしの家から駅までの距離は約3キロです。(Watashi no ie kara eki made no *kyori* wa yaku sankiro desu.)

¶タクシーの料金は距離によって計算されます。(Takushii no ryōkin wa *kyori* ni yotte keisan saremasu.)

kyori ⟦n⟧　**distance, interval, gap**

¶ **The distance** from my house to the station is approximately three kilometers.

¶ Taxi fares are calculated according to **distance.**

kyōryoku　協力〘名, ～する〙

¶多くの人の協力によってダムは完成しました。(Ooku no hito no *kyōryoku* ni yotte damu wa kansei shimashita.)

¶兄と協力して事業を始めました。(Ani to *kyōryoku* shite jigyō o

kyōryoku ⟦n, *~suru*⟧　**cooperation, collaboration**

¶ The dam was ⟦has been⟧ completed through **the united efforts** of a great many people.

¶ [I]'ve started a business **in collaboration** with my elder brother.

hajimemashita.)

kyōsanshugi **共産主義**〖名〗

kyōsanshugi 〚n〛 **communism**

kyōshi **教師**〖名〗

kyōshi 〚n〛 **teacher, instructor, schoolteacher**

¶兄は数学の**教師**をしています。(Ani wa sūgaku no *kyōshi* o shite imasu.)

¶ My older brother **teaches** mathematics.

⇨**sensei 先生**

kyōshitsu **教室**〖名〗

kyōshitsu 〚n〛 **classroom, schoolroom**

¶**教室**の中では静かにしてください。(*Kyōshitsu* no naka de wa shizuka ni shite kudasai.)

¶ Please be quiet while in **the classroom.**

kyōsō **競争**〖名, ～する〗

kyōsō 〚n, *~suru*〛 **competition, contest, rivalry**

競争に勝つ (*kyōsō* ni katsu) **競争**に負ける (*kyōsō* ni makeru)

win **a race,** be victorious in **a competition** // lose **a race,** be defeated in **a competition**

¶田中さんと山田さんはいつも**競争**で勉強しています。 (Tanaka san to Yamada san wa itsu mo *kyōsō* de benkyō shite imasu.)

¶ [Mr.] Tanaka and [Mr.] Yamada are always **competing** with each other in their studies.

¶この辺は店が多いので, どの店も**競争**して安く売っています。 (Kono hen wa mise ga ooi node, dono mise mo *kyōsō* shite yasuku utte imasu.)

¶ There are many stores around here so they all sell cheaply **in competition with each other.**

kyōtsū **共通**〖名, ～する〗

kyōtsū 〚n, *~suru*〛 **common, shared**

共通点 (*kyōtsū*ten) 留学生にとって**共通**の問題 (ryūgakusei ni totte *kyōtsū* no mondai)

something **in common,** a **shared** similarity // a problem **in common** of foreign students

¶中国語と日本語は, 漢字を使うという点で**共通**しています。(Chūgokugo to Nihongo wa, kanji o tsukau to iu ten de *kyōtsū* shite imasu.)

¶ The Chinese and Japanese languages have the use of Chinese characters **in common.**

kyū **九**〖名〗

kyū 〚n〛 **nine**

十**九**世紀 (ju*kyū*seiki) **九**階 (*kyū*-kai)

the 19th century // the **ninth** floor

⇨ku 九

kyū 急〘名, 形動〙

①[緊急な様子]

救急車 (kyū*kyū*sha)

¶急な用事ができたので，すぐ帰らなければなりません。(*Kyū* na yōji ga dekita node, sugu kaeranakereba narimasen.)

②[ものごとが突然に起こる様子]

¶電車が急に止まりました。(Densha ga *kyū* ni tomarimashita.)

③[傾斜が大きい様子]

¶この階段はずいぶん急ですね。(Kono kaidan wa zuibun *kyū* desu ne.)

④[ものごとの速い様子]

急行列車 (*kyū*kō-ressha)

¶この川の流れは急です。(Kono kawa no nagare wa *kyū* desu.)

kyū 〚n, adj-v〛 **emergency, urgent; sudden; steep, sharp; rapid**

① [emergency, urgent, pressing]

an ambulance

¶ [I] must go home right away as something **urgent** has come up.

② [sudden, abrupt]

¶ The train stopped **suddenly.**

③ [steep, sharp]

¶ These are very **steep** stairs 〚steps〛, aren't they?

④ [rapid, swift]

an **express** train

¶ This river has a **swift** current.

kyū- 旧-〘頭〙

旧暦 (*kyū*reki) 旧正月 (*kyū*shō-gatsu) 旧市内 (*kyū*shinai) 旧漢字 (*kyū*kanji) 旧式 (*kyū*shiki)

⇨shin- 新-

kyū- 〚pref〛 **old, former, ex-**

the **old** calendar, the lunar calendar // the New Year according to the **old** calendar, the lunar New Year // within the **old** city // the **older** *kanji*, the **old** forms of *kanji* // **old**-style, out-of-date, **old**-fashioned

kyūbyō 急病〘名〙

急病人 (*kyūbyō*nin)

¶上田さんは急病で来られなくなりました。(Ueda san wa *kyūbyō* de korarenaku narimashita.)

kyūbyō 〚n〛 **sudden illness, a sudden attack**

an **emergency** patient

¶ [Mr.] Ueda can't 〚couldn't〛 come because [he] **was suddenly taken ill.**

kyūgyō 休業〘名, ～する〙

臨時休業 (rinji-*kyūgyō*) 夏期休業 (kaki-*kyūgyō*)

¶このデパートは毎週木曜日が休業日です。(Kono depāto wa maishū

kyūgyō 〚n, ～*suru*〛 **suspension of business, being closed, a day off**

a special **holiday; Closed** Today (sign) // summer **holidays**

¶ This department store **is closed**

mokuyōbi ga *kyūgyō*bi desu.)
¶あの床屋には「本日休業」の札が出ています。 (Ano tokoya ni wa "honjitsu *kyūgyō*" no fuda ga dete imasu.)

every Thursday.
¶ That barbershop has a sign out reading "**Closed** Today."

kyūjitsu 休日〘名〙
¶今度の休日には家族で旅行します。(Kondo no *kyūjitsu* ni wa kazoku de ryokō shimasu.)

kyūjitsu ⟦n⟧ **holiday, day off**
¶ I am going on a trip with my family over the coming **holiday.**

kyūka 休暇〘名〙
¶休暇をとって旅行に出ます。(*Kyūka* o totte ryokō ni demasu.)
¶休暇中は仕事のことはあまり考えません。 (*Kyūka*chū wa shigoto no koto wa amari kangaemasen.)

kyūka ⟦n⟧ **holiday(s), vacation, time off**
¶ [I] am taking **some time off** and going on a trip.
¶ While on **vacation** [I] rarely think about work.

kyūkei 休憩〘名, ～する〙
¶10分間の休憩をしてから，また始めましょう。 (Jippunkan no *kyūkei* o shite kara, mata hajimemashō.)
¶会議は休憩しないで続けられました。(Kaigi wa *kyūkei* shinaide tsuzukeraremashita.)

kyūkei ⟦n, ～*suru*⟧ **rest, recess, break, intermission**
¶ Let's take a 10-minute **break** and then start again.
¶ The meeting continued without **a break.**

kyūkō 急行〘名〙
急行列車 (*kyūkō*-ressha) 急行券 (*kyūkō*ken)
¶午後7時に京都行特別急行が発車します。 (Gogo shichiji ni Kyōto yuki tokubetsu-*kyūkō* ga hassha shimasu.)

kyūkō ⟦n⟧ **an express, express train**
an **express** train // an **express** ticket
¶ The limited **express** for Kyoto leaves at 7 PM.

kyūryō 給料〘名〙
¶わたしの会社の給料日は毎月25日です。(Watashi no kaisha no *kyūryō*bi wa maitsuki nijūgonichi desu.)

kyūryō ⟦n⟧ **pay, wages, salary**
¶ **Payday** at my company is the twenty-fifth of the month.

¶給料には月給，週給，日給の3種類があります。(*Kyūryō* ni wa gekkyū, shūkyū, nikkyū no sanshurui ga arimasu.)

¶ There are three types of **wages**—monthly, weekly, and daily.

kyūyō 急用〖名〗

kyūyō ⟦n⟧ **urgent matter, pressing business**

¶上田さんは急用ができたので，今朝早く国へ帰りました。(Ueda san wa *kyūyō* ga dekita node, kesa hayaku kuni e kaerimashita.)

¶ **Something urgent** came up so [Mr.] Ueda left for his hometown early this morning.

¶田中さん，急用ですからすぐ来てください。 (Tanaka san, *kyūyō* desu kara sugu kite kudasai.)

¶ [Mr.] Tanaka, please come here immediately; **it's urgent.**

M

ma- **真-**〚頭〛

ma- ⟦pref⟧ **true, genuine; just, exactly**

①[まことの，真実の]

① [true, genuine, pure]

真顔 (*ma*gao)

serious look, a **straight** face

¶山田さんから**真**心のこもった贈り物をいただきました。 (Yamada san kara *ma*gokoro no komotta okurimono o itadakimashita.)

¶ I received a gift from [Mrs.] Yamada with [her] **best** wishes.

②[純粋な，正確な，ちょうど]

② [just, exactly]

真水 (*ma*mizu) **真**冬 (*ma*fuyu) **真**夜中 (*ma*yonaka) **真**新しい (*ma*atarashii) **真**上 (*ma*ue) **真**っ赤な花 (*ma*kka na hana) **真**っ白な紙 (*ma*sshiro na kami) 部屋の**真**ん中 (heya no *ma*nnaka) **真**ん丸い月 (*ma*nmarui tsuki)

fresh water // **the dead** of winter, **mid**winter // **the middle** of the night, **the small hours** of the morning // **brand**-new // **right** above, **directly** overhead // crimson flower(s) // **snow**-white paper; blank paper // **the center** of the room // a **full** moon

¶**真**正面に見える建物が郵便局です。 (*Ma*shōmen ni mieru tatemono ga yūbinkyoku desu.)

¶ The building you can see **straight** ahead of you is the post office.

(-)ma **(-)間**〚名，尾〛

(-)ma ⟦n, suf⟧ **space, interval; time, spare time; a room**

1 〚名〛

1 ⟦n⟧

①[物と物との間]

① [space, interval; the area between two things]

¶3メートルずつ**間**を置いて木を植えました。 (Sanmētoru zutsu *ma* o oite ki o uemashita.)

¶ [I] planted trees three meters **apart.**

②[時間，ひま]

② [time, spare time, free time]

¶約束の時間までには，まだちょっと**間**があります。(Yakusoku no jikan made ni wa, mada chotto *ma* ga arimasu.)

¶ There's still a little **time left** before the appointment.

¶夢中で本を読んでいたら，いつの**間**にか朝になってしまいました。

¶ I was absorbed in a book and it was morning **before I knew it.**

(Muchū de hon o yonde itara, itsu no *ma* ni ka asa ni natte shimaimashita.)

③[部屋]

③ [room, chamber]

客間 (kyaku*ma*) 応接間 (ōsetsu*ma*) 茶の間 (chano*ma*) 居間 (i*ma*) 六畳間 (rokujō*ma*)

drawing **room,** parlor // reception **room,** parlor // living **room,** sitting **room** // sitting **room,** living **room** // a six-*tatami*-mat **room**

2〘尾〙

2 ⟦suf⟧ room, chamber

¶わたしのアパートは二間しかありません。(Watashi no apāto wa futa*ma* shika arimasen.)

¶ My apartment is made up of only two **rooms.**

mā まあ〘副，感〙

mā ⟦adv, interj⟧ **well, just; Oh!**

1〘副〙

1 ⟦adv⟧ well, just

¶**まあ**，ゆっくりしてください。(*Mā,* yukkuri shite kudasai.)

¶ Please make yourself at home ⟦Don't hurry off so soon⟧.

¶おいしいかどうかわかりませんが，**まあ**食べてみてください。(Oishii ka dō ka wakarimasen ga, *mā* tabete mite kudasai.)

¶ It may not be any good, but please try some.

2〘感〙

2 ⟦interj⟧ Oh!

¶**まあ**，びっくりした。(*Mā,* bikkuri shita.)

¶ **What** a surprise!

* 普通，女の人が使う。

* *Mā* is usually used by women.

mabushii まぶしい〘形〙

mabushii ⟦adj⟧ **dazzling, glaring, blinding**

¶**まぶしくて**目を開けていられません。(*Mabushikute* me o akete iraremasen.)

¶ **It's so bright** one can't keep one's eyes open.

¶その部屋は**まぶしい**ほど明るかった。(Sono heya wa *mabushii* hodo akarukatta.)

¶ That room was very bright, **almost too bright.**

machi 町〘名〙

machi ⟦n⟧ **town, city; street, quarter**

①[人家が多く集まった所]

① [town, city; densely populated area]

¶わたしは田舎を出て**町**で働きたいです。(Watashi wa inaka o dete

¶ I want to leave the country and

machi de hatarakitai desu.)

go to **the city** to work.

¶昨日は**町**まで買い物に行きました。(Kinō wa *machi* made kaimono ni ikimashita.)

¶ [I] went to **town** ⟦**downtown**⟧ yesterday to shop.

②[家がたくさん並んでいてにぎやかな通り]

② [street, quarter; lively street(s) with many houses]

¶**町**を歩いていたら，山田さんに会いました。(*Machi* o aruite itara, Yamada san ni aimashita.)

¶ I met [Mrs.] Yamada while walking along **the street.**

¶夕方の**町**は買い物をする人でたいへんにぎやかでした。(Yūgata no *machi* wa kaimono o suru hito de taihen nigiyaka deshita.)

¶ The night **streets** were bustling with shoppers.

⇨**mura 村**

machiawaseru　待ち合わせる〘動II〙

machiawaseru ⟦v II⟧ **meet, arrange to meet, wait for**

¶山田さんと6時に東京駅で**待ち合わせました**。(Yamada san to rokuji ni Tōkyō-eki de *machiawasemashita.*)

¶ [Miss] Yamada and [I] **met** at Tokyo Station at six o'clock.

machigaeru　間違える〘動II〙

machigaeru ⟦v II⟧ **make a mistake, err; mistake, confuse**

①[誤る，違える]

① [make a mistake, err]

¶どうも計算を**間違えた**ようです。(Dōmo keisan o *machigaeta* yō desu.)

¶ There seems **to be a mistake** in these figures.

②[とりちがえる]

② [mistake, confuse]

¶ホテルで部屋を**間違えて**，隣の部屋へ入ってしまいました。(Hoteru de heya o *machigaete,* tonari no heya e haitte shimaimashita.)

¶ **I mistook** the room next door for mine at the hotel and entered it by mistake.

machigai　間違い〘名〙

machigai ⟦n⟧ **mistake, error; accident, mishap**

①[誤り，正しくないこと]

① [mistake, error]

¶次の文章の**間違い**を直しなさい。(Tsugi no bunshō no *machigai* o

¶ Correct **the mistakes** in the next

naoshinasai.)

②［異常なこと「事故など」］

¶子供の帰りが遅いが，何か**間違い**があったのではないでしょうか。(Kodomo no kaeri ga osoi ga, nani ka *machigai* ga atta no de wa nai deshō ka?)

sentence.

② [accident, mishap, trouble]

¶ The children are late coming home. Could **something have happened?**

machigai nai　間違いない〘連〙

¶あの学校が優勝するのは**間違いない**。(Ano gakkō ga yūshō suru no wa *machigai nai.*)

¶お金はあしたまでに**間違いなく**返します。(Okane wa ashita made ni *machigai naku* kaeshimasu.)

machigai nai ⟦compd⟧ **without fail, certainly, surely**

¶ That school **is sure** to win.

¶ [I] will repay the money by tomorrow **without fail.**

machigau　間違う〘動 I〙

①［違う，誤る］

¶この漢字は**間違って**いますよ。(Kono kanji wa *machigatte* imasu yo.)

②［とりちがえる］

¶山田さんは，**間違って**わたしの本を持って行ってしまいました。(Yamada san wa, *machigatte* watashi no hon o motte itte shimaimashita.)

machigau ⟦v I⟧ **make a mistake, err; mistake, confuse**

① [make a mistake, err]

¶ This *kanji* **is wrong.**

② [mistake, confuse]

¶ [Mr.] Yamada **mistakenly** went off with my book.

mada　まだ〘副〙

①［その状態が続いている様子］

¶**まだ**雨が降っています。(*Mada* ame ga futte imasu.)

¶母は**まだ**帰ってきません。(Haha wa *mada* kaette kimasen.)

¶わたしは日本語が**まだ**下手です。(Watashi wa Nihongo ga *mada* heta desu.)

→mō　もう

mada ⟦adv⟧ **still, yet; only; more, still**

① [still, yet; a certain condition is still in effect]

¶ It's **still** raining.

¶ My mother hasn't returned home **yet.**

¶ My Japanese **still** isn't very good.

②[あまり時間がたっていない様子，わずかに]

② [only, barely]

¶汽車が走り出してから，まだ10分しかたっていません。(Kisha ga hashiridashite kara, *mada* jippun shika tatte imasen.)

¶ **Only** 10 minutes have passed since the departure of the train.

¶わたしは日本へ来てまだ1年です。(Watashi wa Nihon e kite *mada* ichinen desu.)

¶ It's **only** been one year since I came to Japan.

→mō もう

③[もっと，ほかにも]

③ [more, still]

¶仕事はまだたくさん残っています。(Shigoto wa *mada* takusan nokotte imasu.)

¶ There's **still** a lot of work to do.

¶まだ見たい所はたくさんあります。(*Mada* mitai tokoro wa takusan arimasu.)

¶ There are **still** a lot of places I want to go to see.

made まで〘助〙

made ⟦part⟧ **until, to, up to, as far as**

朝から晩まで (asa kara ban *made*)

from morning **until** night

¶午前9時から午後5時まで会社にいます。(Gozen kuji kara gogo goji *made* kaisha ni imasu.)

¶ I am at the office from 9 AM **to** 5 PM.

¶今週の土曜日まで学校は休みです。(Konshū no doyōbi *made* gakkō wa yasumi desu.)

¶ School is off **through** this Saturday.

¶ゆうべは遅くまで起きていました。(Yūbe wa osoku *made* okite imashita.)

¶ [I] was up **until** late last night.

¶ここから駅まで何分ぐらいですか。(Koko kara eki *made* nanpun gurai desu ka?)

¶ How many minutes is it from here **to** the station?

¶東京から大阪までは何キロぐらいありますか。(Tōkyō kara Oosaka *made* wa nankiro gurai arimasu ka?)

¶ How many kilometers is it from Tokyo **to** Osaka?

made ni までに〘連〘

¶来月の十日までに，この仕事を終えなければなりません。(Raigetsu no tooka *made ni*, kono shigoto o oenakereba narimasen.)

¶レポートは来週の土曜日までに出してください。(Repōto wa raishū no doyōbi *made ni* dashite kudasai.)

made ni ⟦compd⟧ **by, not later than, before**

¶ This job must be finished **by** the tenth of next month.

¶ Please submit your report **by** Saturday next week.

mado 窓〘名〙

窓を開ける (*mado* o akeru) 窓を閉める (*mado* o shimeru)

¶バスの窓から手を出さないでください。(Basu no *mado* kara te o dasanaide kudasai.)

mado ⟦n⟧ **window**

open **the window** // close **the window**

¶ Please don't put your hands out **the windows** of the bus.

(-)mae (-)前〘名，尾〙

1〘名〙

①[顔や目の向いている方，ものの正面]

駅前 (eki*mae*)

¶まっすぐ前の方を見てください。(Massugu *mae* no hō o mite kudasai.)

¶前から3番めの人，立ってください。(*Mae* kara sanbanme no hito, tatte kudasai.)

¶郵便局は銀行の前にあります。(Yūbinkyoku wa ginkō no *mae* ni arimasu.)

→ushiro 後ろ

②[あるものごとの初めの部分]

¶この映画は前のほうはあまりおもしろくありません。(Kono eiga wa *mae* no hō wa amari omoshiroku arimasen.)

(-)mae ⟦n, suf⟧ **front; first part; before; ago; serving, portion**

1 ⟦n⟧

① [front]

in front of the station

¶ Please look straight **ahead.**

¶ Will the person third from **the front** please stand up.

¶ The post office is **in front of** the bank.

② [the first part]

¶ The **first** part of this movie isn't very interesting.

¶前の部分を理解してから先に進んでください。 (*Mae* no bubun o rikai shite kara saki ni susunde kudasai.)

¶ Please move on to the rest after full comprehension of the **first** part.

→ato あと

③[ある時点を基にしてそれより早い時]

③ [before, previous; earlier than a given time]

¶今9時5分前です。 (Ima kuji gofun *mae* desu.)

¶ It is now five **to** nine.

¶わたしは日本へ来る前に，少し日本語を勉強したことがあります。 (Watashi wa Nihon e kuru *mae* ni, sukoshi Nihongo o benkyō shita koto ga arimasu.)

¶ I studied Japanese a little **before** coming to Japan.

④[現在の時点より以前]

④ [before, ago; earlier than the present time]

¶あなたは前に上田さんに会ったことがありますか。 (Anata wa *mae* ni Ueda san ni atta koto ga arimasu ka?)

¶ Have you met [Mrs.] Ueda **before?**

¶この前の日曜日にわたしは映画を見に行きました。 (Kono *mae* no nichiyōbi ni watashi wa eiga o mi ni ikimashita.)

¶ I went to see a movie **last** Sunday.

2〘尾〙

2 [[suf]] serving, portion

一人前の料理 (ichinin*mae* no ryōri)

a single **serving** (of a dish or meal)

magaru 曲がる〘動 I〙

magaru [[v I]] **curve, be bent; turn; be crooked, bend**

①[ものがまっすぐでなくなる]

① [curve, be bent]

腰が**曲がる** (koshi ga *magaru*)

have a **bent** back

¶この木は枝が**曲がる**ほどたくさんの実がなっています。 (Kono ki wa eda ga *magaru* hodo takusan no mi ga natte imasu.)

¶ This tree is so laden with fruit that its branches **are bent down.**

②[進む向きを変える]

② [to turn]

¶その角を右へ**曲がる**と，交番があります。 (Sono kado o migi e *magaru*

¶ If you **turn** right at that corner, you'll find a police box.

to, kōban ga arimasu.)

③[道などが折れている]

¶川の所で道が**曲がって**います。(Kawa no tokoro de michi ga *magatte* imasu.)

③ [be crooked, bend]

¶ There is **a bend** in the road at the river.

mageru **曲げる**〘動Ⅱ〙

mageru ⟦v II⟧ **to bend, curve, twist**

¶けがをして，足を**曲げる**ことができなくなりました。(Kega o shite, ashi o *mageru* koto ga dekinaku narimashita.)

¶ I hurt myself and can't ⟦couldn't⟧ **bend** my leg.

¶いくら力があっても，この鉄棒を**曲げる**ことはできないでしょう。(Ikura chikara ga atte mo, kono tetsubō o *mageru* koto wa dekinai deshō.)

¶ No matter how strong [he] may be, I bet [he] can't **bend** this iron bar.

mago **孫**〘名〙

mago ⟦n⟧ **grandchild, grandson, granddaughter**

¶山田さんは**孫**が３人あります。(Yamada san wa *mago* ga sannin arimasu.)

¶ [Mr.] Yamada has three **grandchildren.**

mai- **毎-**〘頭〙

mai- ⟦pref⟧ **every, each, apiece**

毎週 (*mai*shū) **毎**月 (*mai*tsuki) **毎**年 (*mai*nen) **毎**年 (*mai*toshi) **毎**回 (*mai*kai) **毎**日曜日 (*mai*nichiyōbi)

every week, weekly // **every** month, monthly // **every** year, yearly // **every** year, yearly // **every** time, **each** time // **every** Sunday, **each** Sunday

¶**毎**度ありがとうございます。(*Mai*do arigatō gozaimasu.)

¶ Thank you for your **continued** patronage (said to regular customers in stores, restaurants, etc.).

-mai **-枚**〘尾〙

-mai ⟦suf⟧ **sheet, piece, page,** etc.; the counter for thin, flat objects

シャツ１**枚** (shatsu ichi*mai*) はがき２**枚** (hagaki ni*mai*)

one shirt // **two** postcards

¶このおさらは１**枚**500円です。(Kono osara wa ichi*mai* gohyaku-en desu.)

¶ These plates are five hundred yen **each.**

maiasa **毎朝**〘名〙

maiasa ⟦n⟧ **every morning, each morning**

¶わたしは**毎朝**６時に起きます。(Watashi wa *maiasa* rokuji ni okimasu.)

¶ I get up at six o'clock **each morning.**

maiban　毎晩〘名〙

¶上田さんは**毎晩**遅くまで起きています。 (Ueda san wa *maiban* osoku made okite imasu.)

mainichi　毎日〘名〙

¶わたしは**毎日**ピアノの練習をします。 (Watashi wa *mainichi* piano no renshū o shimasu.)

mairu　参る〘動 I〙

①[行く，来る]

¶「いつこちらへいらっしゃいますか。」(Itsu kochira e irasshaimasu ka?)

「明日**参ります**。」(Asu *mairimasu.*)

¶先月こちらに**参りました**。(Sengetsu kochira ni *mairimashita.*)

¶行って**参ります**。(Itte *mairimasu.*)

*「行く (iku)」「来る (kuru)」の謙譲語。

②[行く，来る]

¶すぐ車が**参ります**から，しばらくお待ちください。 (Sugu kuruma ga *mairimasu* kara, shibaraku omachi kudasai.)

¶雨が降って**参りました**。 (Ame ga futte *mairimashita.*)

*「行く (iku)」「来る (kuru)」の丁寧語。

③[神社や寺に行って参拝する]

¶お正月には神社にお**参り**します。 (Oshōgatsu ni wa jinja ni o*mairi* shimasu.)

majime　まじめ〘形動〙

①[誠実である，一生懸命に何かをする]

maiban ⟦n⟧　**every night, each evening, nightly**

¶ [Mr.] Ueda stays up late **every night.**

mainichi ⟦n⟧　**every day, each day, daily**

¶ I practice the piano **every day.**

mairu ⟦v I⟧　**go, come; visit a temple or shrine**

① [go, come]

¶ "When will you be coming here?"
"**I will come** tomorrow."

¶ **I came** here last month.

¶ **I'm going** now (set expression used when going out from a place one is going to return to the same day).

* *Mairu* is the humble form of *iku* and of *kuru*.

② [go, come]

¶ Please wait a moment. The car ⟦taxi⟧ **will be here** shortly.

¶ It **has started** to rain.

* *Mairu* is the polite form of *iku* and of *kuru*.

③ [visit a shrine or temple]

¶ [We] **visit** a shrine at New Year's.

majime ⟦adj-v⟧　**steady, faithful, honest; serious, grave, earnest**

① [steady, faithful, honest, sober]

¶あの学生はとてもまじめです。(Ano gakusei wa totemo *majime* desu.)

¶ That student is very **serious** ⟦**diligent**⟧.

¶今度入ってきた人は，まじめによく働きます。(Kondo haitte kita hito wa, *majime* ni yoku hatarakimasu.)

¶ [Our] new colleague is **serious** and a hard worker.

②[本気である]

② [serious, grave, earnest]

まじめな顔をする (*majime* na kao o suru)

have a **serious** look on one's face; keep a **straight** face

¶わたしがまじめに話しているのに，あの人は笑いました。(Watashi ga *majime* ni hanashite iru noni, ano hito wa waraimashita.)

¶ [He] laughed even though I was talking **seriously.**

majiru 交じる〘動 I〙

majiru ⟦v I⟧ **mix, mingle, be mixed, be blended**

¶男の子の中に女の子が一人交じって遊んでいます。(Otoko no ko no naka ni onna no ko ga hitori *majitte* asonde imasu.)

¶ The children are playing, with one girl **joining** several boys.

¶この本は漢字と仮名の交じった文で書いてあります。(Kono hon wa kanji to kana no *majitta* bun de kaite arimasu.)

¶ This book is written in **a mixture** of *kanji* and *kana*.

majiru 混じる〘動 I〙

majiru ⟦v I⟧ **mix, mingle, be mixed, be blended**

¶この米には石が混じっています。(Kono kome ni wa ishi ga *majitte* imasu.)

¶ There are stones **mixed in** with this rice.

¶あの人には西洋人の血が混じっています。(Ano hito ni wa seiyōjin no chi ga *majitte* imasu.)

¶ [He] **has some** Western ⟦Occidental, European⟧ blood **in [him].**

makaseru 任せる〘動 II〙

makaseru ⟦v II⟧ **entrust to, leave to**

¶この仕事はあなたに任せます。(Kono shigoto wa anata ni *makasemasu.*)

¶ **I'll leave** this job **up to** you to do.

¶どうしたらよいかは，あなたの判断に任せます。(Dō shitara yoi ka wa,

¶ **I'll leave it to you** to decide what is best to do.

anata no handan ni *makasemasu*.)

makeru 負ける〔動II〕

①[相手が強くて勝つことができない]

戦争に**負ける** (sensō ni *makeru*) 敵に**負ける** (teki ni *makeru*)

¶この次の試合には**負けない**ようにがんばりましょう。 (Kono tsugi no shiai ni wa *makenai* yō ni ganbarimashō.)

↔katsu 勝つ →yabureru 敗れる

②[値段を安くする]

¶高すぎますね。もう少し**負けて**ください。 (Takasugimasu ne. Mō sukoshi *makete* kudasai.)

¶あの本屋では１割**負けて**くれるそうです。(Ano hon'ya de wa ichiwari *makete* kureru sō desu.)

makka 真っ赤〔形動〕

真っ赤な太陽 (*makka* na taiyō) **真っ赤**な口紅 (*makka* na kuchibeni)

¶恥ずかしくて，顔が**真っ赤**になりました。 (Hazukashikute, kao ga *makka* ni narimashita.)

makkura 真っ暗〔形動〕

¶電気が消えて，部屋の中が**真っ暗**になりました。(Denki ga kiete, heya no naka ga *makkura* ni narimashita.)

¶遅くなって，**真っ暗**な道を一人で帰りました。 (Osoku natte, *makkura* na michi o hitori de kaerimashita.)

makkuro 真っ黒〔形動〕

¶中村さんの髪の毛は**真っ黒**です。

makeru ⟦v II⟧ **be defeated, lose; give a price reduction**

① [be defeated, lose]

lose a war // **be defeated** by the enemy, **lose** to one's opponent

¶ Let's stick in there and **win** the next game ⟦match⟧.

② [give a price reduction]

¶ It's too expensive. Please **come down** a little.

¶ I hear that bookstore **gives a** 10 percent **price reduction.**

makka ⟦adj-v⟧ **very red, bright red, crimson**

a **blood-red** sun // **crimson** lipstick

¶ [My] face turned **bright red** from embarrassment ⟦shame⟧.

makkura ⟦adj-v⟧ **total darkness, pitch dark**

¶ The electricity went off and the room turned **pitch dark.**

¶ It was late and [I] went home alone through the **pitch-dark** streets ⟦along the **pitch-black** road⟧.

makkuro ⟦adj-v⟧ **deep black, jet black**

¶ [Miss] Nakamura's hair is **jet**

(Nakamura san no kaminoke wa *makkuro* desu.) **black** ⟦**raven black**⟧.

¶日に焼けて，顔が**真っ黒**になりました。(Hi ni yakete, kao ga *makkuro* ni narimashita.)

¶ [His] face is ⟦was⟧ **deeply tanned.**

makoto ni **まことに**〘副〙

makoto ni ⟦adv⟧ **really, truly, sincerely**

¶遅くなって，**まことに**申し訳ありません。(Osoku natte, *makoto ni* mōshiwake arimasen.)

¶ I'm **very** sorry to be late.

¶山田さんは**まことに**立派な方です。(Yamada san wa *makoto ni* rippa na kata desu.)

¶ [Mr.] Yamada is **really** a fine person.

⇨**hontō ni** **本当に**

(-)maku (-)**幕**〘名，尾〙

(-)maku ⟦n, suf⟧ (stage) **curtain; act** (of a play)

1〘名〙

1 ⟦n⟧ (stage) curtain

幕が開く (*maku* ga aku) **幕**が下りる (*maku* ga oriru) **幕**を引く (*maku* o hiku)

the curtain rises ⟦opens⟧ // **the curtain** falls ⟦closes⟧ // draw ⟦raise⟧ **the curtain**

¶壁に**幕**を張って映画を映しました。(Kabe ni *maku* o hatte eiga o utsushimashita.)

¶ [We] put **a makeshift screen** across the wall and showed a movie.

2〘尾〙

2 ⟦suf⟧ act (of a play)

¶この芝居は5**幕**からなっています。(Kono shibai wa go*maku* kara natte imasu.)

¶ This play is composed of five **acts.**

maku **巻く**〘動 I〙

maku ⟦v I⟧ **turn, wind, roll up; wind around**

①[ねじって回す]

① [turn, wind, roll up]

ねじを**巻く** (neji o *maku*)

turn a screw

¶時計を**巻く**のを忘れたので，止まってしまいました。(Tokei o *maku* no o wasureta node, tomatte shimaimashita.)

¶ The clock ⟦watch⟧ stopped ⟦has stopped⟧ because [I] forgot **to wind** it.

②[周りに長いものをからみつける]

② [wind around]

¶ナイフで手を切ったので，包帯を巻

¶ [I] cut [my] hand with a knife and

きました。 (Naifu de te o kitta node, hōtai o *makimashita.*)

wrapped a bandage **around it.**

maku まく〘動 I〙

maku 〚v I〛 **sow** (seed); **scatter, sprinkle**

①[種などを土の上におく]

① [sow (seed)]

¶種をまきましたが，まだ芽が出ません。(Tane o *makimashita* ga, mada me ga demasen.)

¶ [I] **seeded** it but nothing has come up yet.

②[広い範囲に散らす]

② [scatter, sprinkle]

¶ほこりがひどいので，道に水をまきました。 (Hokori ga hidoi node, michi ni mizu o *makimashita.*)

¶ [I] **sprinkled** the road with water as it was so dusty.

makura まくら〘名〙

makura 〚n〛 **pillow**

まくらをする (*makura* o suru)

use **a pillow,** rest one's head on **a pillow**

¶まくらが高すぎて，よく眠れませんでした。 (*Makura* ga takasugite, yoku nemuremasen deshita.)

¶ [I] couldn't sleep well as **[my] pillow** was too thick.

mama まま〘名〙

mama 〚n〛 **as is, as it stands**

¶くつをはいたまま部屋へ入ってはいけません。 (Kutsu o haita *mama* heya e haitte wa ikemasen.)

¶ One mustn't enter the room with one's shoes **still on.**

¶あの人は家を出たまま帰ってきません。(Ano hito wa ie o deta *mama* kaette kimasen.)

¶ [He] left home and has **never** come back.

¶この魚は生のまま食べられますか。(Kono sakana wa nama no *mama* taberaremasu ka?)

¶ Can this fish be eaten **raw?**

¶テーブルの上は，かたづけないでそのままにしておいてください。(Tēburu no ue wa, katazukenaide sono *mama* ni shite oite kudasai.)

¶ Please don't put away the things on the table but leave them **as they are.**

＊「まま (mama)」の前に来る動詞は「たの形」を使うことが多い。

＊ Verbs before *mama* are usually in the *-ta* form.

mame 豆〘名〙

mame 〚n〛 **beans, peas, soybeans**

¶今晩は豆を煮て食べましょう。

¶ Let's have boiled 〚cooked〛 **beans**

(Konban wa *mame* o nite tabemashō.) tonight.

¶しょう油は豆から造ります。(Shōyu wa *mame* kara tsukurimasu.) ¶ Soy sauce is made from **soybeans.**

mamonaku **間もなく**〘副〙

mamonaku [[adv]] **soon, presently, before long**

¶父は**間もなく**帰ると思います。(Chichi wa *mamonaku* kaeru to omoimasu.)

¶ My father should be home **shortly.**

¶試験が終わると**間もなく**夏休みです。(Shiken ga owaru to *mamonaku* natsuyasumi desu.)

¶ Summer vacation starts **soon** after the exams are over.

mamoru **守る**〘動 I〙

mamoru [[v I]] **protect; obey, observe**

①[害を受けないように防ぐ]

① [protect, guard]

¶国を**守る**のは国民の義務です。(Kuni o *mamoru* no wa kokumin no gimu desu.)

¶ It is the duty of citizens **to defend** their country.

②[決めたことに従う]

② [obey, observe, fulfill]

規則を**守る** (kisoku o *mamoru*)

keep to regulations, **observe** the rules

¶約束は必ず**守ります**。(Yakusoku wa kanarazu *mamorimasu.*)

¶ [I] always **keep** [my] promises.

¶あの人は，いつも時間を**守らないで**遅れてきます。(Ano hito wa, itsu mo jikan o *mamoranaide* okurete kimasu.)

¶ [He] **is unpunctual** and always comes late.

man **万**〘名〙

man [[n]] **ten thousand**

1**万** (ichi*man*) 10**万** (jū*man*) 100**万** (hyaku*man*) 1000**万** (sen*man*, [issen*man*])

10,000 // 100,000 // 1,000,000 // 10,000,000

mane **まね**〘名，～する〙

mane [[n, ~*suru*]] **imitation, mimicry**

人の**まね**をする (hito no *mane* o suru)

imitate another; **follow suit**

¶上田さんは鳥の鳴き声の**まね**をするのが上手です。(Ueda san wa tori

¶ [Mr.] Ueda is skilled at **imitating** bird calls.

no nakigoe no *mane* o suru no ga jōzu desu.)

¶先生の発音をよく聞いて**まね**してください。(Sensei no hatsuon o yoku kiite *mane* shite kudasai.)

¶ Please listen carefully to the teacher's pronunciation and **copy it.**

maneku **招く**〔動 I〕

maneku ⟦v I⟧ **invite**

客を**招く** (kyaku o *maneku*)

invite a guest

¶友達を**招いて**，いっしょに食事をしました。 (Tomodachi o *maneite,* issho ni shokuji o shimashita.)

¶ [I] **invited** a friend and we had a meal together.

¶わたしたちは友達の結婚式に**招かれました**。 (Watashitachi wa tomodachi no kekkonshiki ni *manekaremashita.*)

¶ We **were invited** to a friend's wedding.

¶わたしは日本政府に**招かれて**日本へ来ました。(Watashi wa Nihon-seifu ni *manekarete* Nihon e kimashita.)

¶ I came to Japan **on the invitation** of the Japanese government.

⇨**shōtai** **招待**

maneru **まねる**〔動 II〕

maneru ⟦v II⟧ **imitate, copy**

¶この建物はフランスの建築を**まねて**造ったものです。 (Kono tatemono wa Furansu no kenchiku o *manete* tsukutta mono desu.)

¶ This building **is modeled** after the style of French architecture.

manga **漫画**〔名〕

manga ⟦n⟧ **cartoon, comics, comic book, caricature**

¶中村さんは**漫画**が大好きです。 (Nakamura san wa *manga* ga daisuki desu.)

¶ [Mr.] Nakamura is very fond of **comic magazines** ⟦**adult comic books**⟧.

maniau **間に合う**〔動 I〕

maniau ⟦v I⟧ **be in time for; meet the purpose, be enough, do**

¶急げば，まだ9時15分発の汽車に**間に合います**。(Isogeba, mada kuji jūgofun hatsu no kisha ni *maniaimasu.*)

¶ If [you] hurry, **[you] can** still **make** the 9:15 train.

¶今度の旅行は，1万円あればじゅうぶん**間に合います**。(Kondo no ryokō

¶ Ten thousand yen **will be** quite **enough** for the coming trip.

wa, ichiman'en areba jūbun *maniaimasu.*)

man'in **満員**〖名〗

満員電車 (*man'in*-densha)

¶バスが**満員**で乗れませんでした。(Basu ga *man'in* de noremasen deshita.)

¶どこのホテルも**満員**でした。(Doko no hoteru mo *man'in* deshita.)

man'in 〚n〛 **full, no vacancy, sold out, capacity**

a **crowded** train, a **jam-packed** train

¶ The bus **was full** and I couldn't get on.

¶ Every hotel **was full up.**

mannaka **真ん中**〖名〗

①[中心の辺り]

¶町の**真ん中**に公園があります。(Machi no *mannaka* ni kōen ga arimasu.)

②[上下・左右の両端からみてちょうど中間のところ]

¶このひもを**真ん中**から切ってください。(Kono himo o *mannaka* kara kitte kudasai.)

¶上の子は中学2年生で**真ん中**は小学校の6年生, 下のは4年生です。(Ue no ko wa chūgaku ninensei de *mannaka* wa shōgakkō no rokunensei, shita no wa yonensei desu.)

mannaka 〚n〛 **center; middle, halfway**

① [center]

¶ There is a park in **the center** of town 〚in **the heart** of the city〛.

② [middle, halfway]

¶ Please cut this string **in the middle.**

¶ [Our] oldest child is in the second year of junior high school, **the middle child** in the sixth year of elementary school, and the youngest child in the fourth year of elementary school.

mannenhitsu **万年筆**〖名〗

¶この**万年筆**は使いやすいです。(Kono *mannenhitsu* wa tsukaiyasui desu.)

mannenhitsu 〚n〛 **fountain pen**

¶ This **fountain pen** is easy to use.

manzoku **満足**〖名, 形動, ～する〗

①[自分の思うとおりになってこれでじゅうぶんだと思うこと]

¶わたしは今の生活でじゅうぶん**満足**です。(Watashi wa ima no seikatsu de jūbun *manzoku* desu.)

manzoku 〚n, adj-v, ~*suru*〛 **satisfied, contented; perfect, complete, adequate**

① [satisfied, contented]

¶ I **am** fully **satisfied** with my present life.

¶こんな安い給料では**満足**できません。(Konna yasui kyūryō de wa *manzoku* dekimasen.)

¶ [I] **cannot be satisfied** with such low wages.

②[じゅうぶんである様子，完全である様子]

② [perfect, complete, adequate, proper]

¶1か月5万円では**満足**な生活はできません。(Ikkagetsu goman'en de wa *manzoku* na seikatsu wa dekimasen.)

¶ One cannot live **adequately** on fifty thousand yen a month.

¶あの人は易しい質問にも**満足**に答えられません。(Ano hito wa yasashii shitsumon ni mo *manzoku* ni kotaeraremasen.)

¶ [He] cannot answer even easy questions **satisfactorily.**

maru 丸〘名〙

maru [[n]] **circle**

¶次の文のうち正しいものに**丸**をつけなさい。(Tsugi no bun no uchi tadashii mono ni *maru* o tsukenasai.)

¶ Choose the correct sentences among the following and mark them with **a circle.**

marude まるで〘副〙

marude [[adv]] **just like, exactly; completely, perfectly, entirely**

①[ちょうどそのとおり，似ている]

① [just like, exactly, as if]

¶こんなぜいたくな生活は**まるで**夢のようです。(Konna zeitaku na seikatsu wa *marude* yume no yō desu.)

¶ Such a life of luxury is **just like** a dream.

¶あの人は，犬を**まるで**自分の子供のようにかわいがっています。(Ano hito wa, inu o *marude* jibun no kodomo no yō ni kawaigatte imasu.)

¶ [He] dotes on [his] dog **as if** it were [his] child.

* あとに「ようだ (yō da)」が来ることが多い。

* Often used with *yō da.*

②[全く，ぜんぜん]

② [completely, perfectly, entirely]

¶あの兄弟は**まるで**性格が違います。(Ano kyōdai wa *marude* seikaku ga chigaimasu.)

¶ Those brothers have **completely** different personalities.

¶わたしはそのことを**まるで**知りませんでした。(Watashi wa sono koto o *marude* shirimasen deshita.)

¶ I had **no** idea of that.

* あとに打ち消しの言葉や否定的な意味の言葉が来る。

* Followed by the negative or words or expressions having a negative sense.

marui　丸い〘形〙

marui ⟦adj⟧ **round, circular, spherical**

丸い石 (*marui* ishi)

a **round** stone ⟦pebble, rock⟧

¶東の空に**丸い**月が出ました。(Higashi no sora ni *marui* tsuki ga demashita.)

¶ A **rounded** moon appeared in the eastern sky.

marui　円い〘形〙

marui ⟦adj⟧ **round, circular, spherical**

円い窓 (*marui* mado)　**円い**テーブル (*marui* tēburu)

a **round** window // a **round** table

¶わたしたちは先生の周りに**円く**輪になって座りました。(Watashitachi wa sensei no mawari ni *maruku* wa ni natte suwarimashita.)

¶ We sat **in a circle** around our teacher.

mashō　ましょう〘助動〙

-mashō ⟦auxil⟧ a verb ending expressing the speaker's intent or an invitation

①［話し手の意志を表す］

① [expresses the speaker's intent]

¶重そうなかばんですね。お持ちし**ましょう**。(Omosō na kaban desu ne. Omochi shi*mashō*.)

¶ That bag ⟦suitcase, briefcase⟧ looks heavy. **Let me** carry it for you.

¶あなたの切符も買っておき**ましょう**。(Anata no kippu mo katte oki*mashō*.)

¶ **Let me** buy your ticket too.

②［勧誘を表す］

② [expresses an invitation or persuasion]

¶今夜，映画を見に行き**ましょう**。(Kon'ya, eiga o mi ni iki*mashō*.)

¶ **Let's go** to a movie tonight.

¶疲れましたね。お茶でも飲み**ましょう**か。(Tsukaremashita ne. Ocha demo nomi*mashō* ka?)

¶ That was tiring. **Why don't we have** some tea or something?

⇨**masu ます**

massao　真っ青〘形動〙

massao ⟦adj-v⟧ **deep blue; deadly pale**

①［本当に青い様子］

① [deep blue]

真っ青な海 (*massao* na umi) — a **deep blue** sea

¶**真っ青**な空に白い雲が一つ浮かんでいます。(*Massao* na sora ni shiroi kumo ga hitotsu ukande imasu.) — ¶ There is a single white cloud floating in the **deep blue** sky.

②[顔色が悪く血の気のない様子] — ② [deadly pale]

¶山田さんは恐ろしさで**真っ青**になりました。(Yamada san wa osoroshisa de *massao* ni narimashita.) — ¶ [Mr.] Yamada **blanched** from fear.

masshiro **真っ白**〘形動〙 — **masshiro** ⟦adj-v⟧ **pure white**

¶山は雪で**真っ白**です。 (Yama wa yuki de *masshiro* desu.) — ¶ The mountain is **white** with snow.

¶庭に**真っ白**な菊の花が咲いています。(Niwa ni *masshiro* na kiku no hana ga saite imasu.) — ¶ A **pure white** chrysanthemum is blooming in the garden ⟦yard⟧.

massugu **まっすぐ**〘副, 形動〙 — **massugu** ⟦adv, adj-v⟧ **straight, direct, upright**

¶駅はこの道を**まっすぐ**行ったところにあります。(Eki wa kono michi o *massugu* itta tokoro ni arimasu.) — ¶ The station is **straight** along this street.

¶曲がった線でなく, **まっすぐ**な線を引いてください。 (Magatta sen de naku, *massugu* na sen o hiite kudasai.) — ¶ Please draw a **straight** line, not a curved one.

masu **増す**〘動 I〙 — **masu** ⟦v I⟧ **increase, rise; increase, raise**

①[増える, 多くなる] — ① [increase, rise, grow]

¶昨日の雨で川の水が**増しました**。(Kinō no ame de kawa no mizu ga *mashimashita.*) — ¶ The river **has risen** due to the rain yesterday.

¶人口が**増す**と, ますます食糧が不足してきます。 (Jinkō ga *masu* to, masumasu shokuryō ga fusoku shite kimasu.) — ¶ As the population **increases,** the shortage of food deepens.

→fueru 増える

②[増やす, 多くする] — ② [increase, raise, add to]

¶電報は５字**増す**ごとに, 料金が高く — ¶ The charge for a telegram goes up

なります。 (Denpō wa goji *masu* goto ni, ryōkin ga takaku narimasu.)

with each **additional** five characters.

-masu ます〖助動〗

-masu 〚auxil〛 a verb ending expressing politeness

¶よく雨が降り**ます**ね。 (Yoku ame ga furi*masu* ne.)

¶ **It's been raining** a lot lately, hasn't it? 〚How it **rains!**〛

¶机の上に本があり**ます**。 (Tsukue no ue ni hon ga ari*masu*.)

¶ **There is** a book on the desk.

¶机の上には何もあり**ません**。 (Tsukue no ue ni wa nani mo ari*masen*.)

¶ **There is nothing** at all on the desk.

¶いっしょに遊びに行き**ません**か。 (Issho ni asobi ni iki*masen* ka.)

¶ **Won't you go** out with [us]?

¶あしたは暇だから，わたしが行き**ます**。 (Ashita wa hima da kara, watashi ga iki*masu*.)

¶ Since I'm free tomorrow, I **will go.**

¶昨日，わたしはデパートへ行き**ました**。 (Kinō, watashi wa depāto e iki*mashita*.)

¶ Yesterday I **went** to a department store.

¶わたしは中国語が話せ**ます**。 (Watashi wa Chūgokugo ga hanase*masu*.)

¶ I **can speak** Chinese.

¶わたしは日本語は話せ**ません**。 (Watashi wa Nihongo wa hanase*masen*.)

¶ I **can't speak** Japanese.

¶わたしは日本人ではあり**ません**。 (Watashi wa Nihonjin de wa ari*masen*.)

¶ I **am not** Japanese.

＊「ます (masu)」は，話し手の聞き手に対する丁寧な気持ちを表す。「よく雨が降るね。 (Yoku ame ga furu ne.)」と言うよりは，「よく雨が降りますね。 (Yoku ame ga furimasu ne.)」と言うほうが，丁寧な言い方で

＊ *-masu* indicates the politeness of the speaker toward the listener. "*Yoku ame ga furimasu ne*" is more polite than "*Yoku ame ga furu ne.*" "*Watashi wa Nihonjin de wa arimasen*" is the negative of "*Watashi*

ある。また「わたしは日本人ではありません。(Watashi wa Nihonjin de wa arimasen.)」は,「わたしは日本人です。(Watashi wa Nihonjin desu.)」の打ち消しの言い方である。

⇨**mashō ましょう**

wa Nihonjin desu."

masumasu ますます〘副〙

¶雨が**ますます**強く降ってきました。(Ame ga *masumasu* tsuyoku futte kimashita.)

¶2学期になったら,勉強が**ますます**難しくなってきました。(Nigakki ni nattara, benkyō ga *masumasu* muzukashiku natte kimashita.)

¶わたしも**ますます**元気ですから御安心ください。(Watashi mo *masumasu* genki desu kara goanshin kudasai.)

masumasu ⟦adv⟧ **more and more, still more, still less**

¶ The rain has become ⟦became⟧ **still** stronger.

¶ The studies have become ⟦became⟧ **more** difficult **still** in the second semester.

¶ Don't worry about me as I am **still** going strong.

mata また〘副,接〙

1〘副〙

①[もう一度,再び]

¶どうぞ**また**おいでください。(Dōzo *mata* oide kudasai.)

¶山田さんはさっき食べたばかりなのに,**また**食べています。(Yamada san wa sakki tabeta bakari na noni, *mata* tabete imasu.)

②[同じく,やはり]

¶今日も**また**雨です。(Kyō mo *mata* ame desu.)

¶今度の試験も**また**だめでした。(Kondo no shiken mo *mata* dame deshita.)

*「〜もまた(〜mo mata)」の形で

mata ⟦adv, conj⟧ **again, once more; also, as well, likewise; and, moreover, while**

1 ⟦adv⟧

① [again, once more]

¶ Please come **again** sometime.

¶ Even though [he] ate just a little while ago, [Mr.] Yamada is eating **again** now.

② [also, as well, likewise]

¶ It's rainy **again** today.

¶ [I] didn't do well on the exam this time **either.**

* Used in the pattern "~ *mo mata.*"

使う。

2〘接〙 — 2 [[conj]] and, moreover, besides; while, on the other hand

山また山が続く (yama *mata* yama ga tsuzuku) — mountains rise up **one after the other**

¶あの人は医者でもあり，**また**小説家でもあります。 (Ano hito wa isha de mo ari, *mata* shōsetsuka de mo arimasu.) — ¶ [He] is **both** a doctor and a novelist.

＊ものごとを列挙したり，また別のことをつけ加えたりするときに使う。 — ＊ Used when listing items or when adding something else.

mata wa **または**〘接〙 — **mata wa** [[conj]] **or, either ~ or ~**

2**または**3で割りきれる数 (ni *mata wa* san de warikireru kazu) — numbers that can be divided evenly by **either** two **or** three

¶大学を卒業するまでに，日本語**または**中国語のどちらか一つを学ばなければなりません。(Daigaku o sotsugyō suru made ni, Nihongo *mata wa* Chūgokugō no dochira ka hitotsu o manabanakereba narimasen.) — ¶ Before graduation from college one must study **either** Japanese **or** Chinese.

¶この建物の完成は今月中には無理で，来月**または**再来月になるでしょう。(Kono tatemono no kansei wa kongetsuchū ni wa muri de, raigetsu *mata wa* saraigetsu ni naru deshō.) — ¶ It will be impossible to complete this building this month; it will probably be done next month **or** the month after that.

＊二つのものごとのうち，どちらかであるときに使う。話すときには普通「2か3 (ni ka san)」「日本語か中国語 (Nihongo ka Chūgokugo)」「来月か再来月 (raigetsu ka saraigetsu)」などの言い方をする。 — ＊ Used for one of two possibilities. In speech *ka* is usually used, as in "*ni ka san*," "*Nihongo ka Chūgokugo*," "*raigetsu ka saraigetsu*," etc.

matchi **マッチ**〘名〙 — **matchi** [[n]] **match(es)**

マッチ箱 (*matchi*bako) **マッチ**でたばこに火をつける (*matchi* de tabako ni hi o tsukeru) — a **match**box // light a cigarette [[cigar]] with **a match**

matomaru　まとまる〔動Ⅰ〕

①[集まって一つになる]

¶組ごとに**まとまって**電車に乗ってください。(Kumi goto ni *matomatte* densha ni notte kudasai.)

②[決まりがつく，解決がつく]

¶みんなの意見がようやく**まとまりました**。(Minna no iken ga yōyaku *matomarimashita*.)

③[整理がつく，できあがる]

¶論文が**まとまった**ので，発表したいと思っています。(Ronbun ga *matomatta* node, happyō shitai to omotte imasu.)

matomeru　まとめる〔動Ⅱ〕

①[集めて一つにする]

¶紙くずを**まとめて**，ごみ箱に捨ててください。(Kamikuzu o *matomete*, gomibako ni sutete kudasai.)

②[決まりをつける，解決する]

¶この話し合いを**まとめる**のは，とても難しいです。(Kono hanashiai o *matomeru* no wa, totemo muzukashii desu.)

③[整理する，完成する]

¶卒業までに論文を**まとめなければ**なりません。(Sotsugyō made ni ronbun o *matomenakereba* narimasen.)

matsu　待つ〔動Ⅰ〕

¶ちょっと**待って**ください。(Chotto *matte* kudasai.)

¶わたしは毎日母からの手紙を**待って**います。(Watashi wa mainichi haha kara no tegami o *matte*

matomaru ⟦v I⟧　**be united; be settled, be concluded; be in order, take shape**

① [be united, be collected]

¶ Please **gather** in your groups ⟦squads⟧ and then board the train.

② [be settled, be concluded, come to an agreement]

¶ **A uniformity** of opinion **was achieved** at last.

③ [be in order, take shape]

¶ My thesis has finally **taken shape** and I'd like to make some sort of public presentation of it.

matomeru ⟦v II⟧　**unite, unify; settle, conclude; put in order**

① [unite, unify, collect]

¶ Please **collect** the scrap paper and discard it in the trash can.

② [settle, conclude, bring to a conclusion]

¶ It will be very difficult **to bring** these negotiations **to a successful conclusion.**

③ [put in order, arrange]

¶ [I] **must finish** my thesis by graduation.

matsu ⟦v I⟧　**wait, look for**

¶ Please **wait** a moment.

¶ I **am looking for** a letter from my mother every day.

imasu.)

¶車を待たせてありますから，急いでください。 (Kuruma o *matasete* arimasu kara, isoide kudasai.)

¶ Please hurry as the car ⟦taxi⟧ **is waiting.**

-matsu -末〘尾〙

-matsu ⟦suf⟧ **the end of**

今月末 (kongetsu*matsu*) 週末 (shū-*matsu*) 年末 (nen*matsu*) 学期末 (gakki*matsu*)

the end of this month // the week**end** // the year-**end** // **the end** of the semester

matsuri 祭り〘名〙

matsuri ⟦n⟧ **festival**

¶町は祭りでたいへんにぎやかです。 (Machi wa *matsuri* de taihen nigiyaka desu.)

¶ The town is very gay and lively because of **the festival.**

¶日本にはいろいろな祭りがあります。 (Nihon ni wa iroiro na *matsuri* ga arimasu.)

¶ Japan has many different **festivals.**

mattaku 全く〘副〙

mattaku ⟦adv⟧ **entirely, utterly; truly, indeed**

①[全然，完全に]

① [entirely, utterly, totally]

¶あなたが病気だったことは，全く知りませんでした。 (Anata ga byōki datta koto wa, *mattaku* shirimasen deshita.)

¶ I had **no idea whatsoever** that you were ill.

¶わたしの意見は田中さんの意見と全く同じです。 (Watashi no iken wa Tanaka san no iken to *mattaku* onaji desu.)

¶ I **completely** agree with [Mrs.] Tanaka.

②[実に，本当に]

② [truly, indeed, really]

¶毎日雨ばかり降って，全くいやになります。(Mainichi ame bakari futte, *mattaku* iya ni narimasu.)

¶ This rain every day is **really** depressing.

¶全くあなたの言うとおりです。 (*Mattaku* anata no iu toori desu.)

¶ You're **absolutely** right.

mawari 周り〘名〙

mawari ⟦n⟧ **circumference, surroundings; vicinity**

①[周囲]

① [circumference, surroundings]

¶池の周りに木がたくさん植えてあり

¶ There are numerous trees planted

ます。 (Ike no *mawari* ni ki ga takusan uete arimasu.)

around the pond.

②[あたり，付近]
¶駅の**周り**はとてもにぎやかです。(Eki no *mawari* wa totemo nigiyaka desu.)

② [vicinity, neighborhood]
¶ It's very lively **around** the station.

mawaru 回る〘動 I〙

mawaru ⟦v I⟧ **revolve, rotate; make a round**

①[回転する]
¶月は地球の周りを**回ります**。(Tsuki wa chikyū no mawari o *mawarimasu.*)

① [revolve, rotate, turn round]
¶ The moon **revolves** around the earth.

②[順に行く，ものごとが次々に移る]
¶病院で診察の順番が**回って**くるまで座って待っていました。 (Byōin de shinsatsu no junban ga *mawatte* kuru made suwatte matte imashita.)

② [make a round, make a tour]
¶ [I] sat at the hospital and waited **for [my] turn** to be examined.

¶ほうぼうの図書館を**回って**探しましたが，その本は見つかりませんでした。(Hōbō no toshokan o *mawatte* sagashimashita ga, sono hon wa mitsukarimasen deshita.)

¶ [I] **went around to** several libraries but [I] couldn't find that book.

mawasu 回す〘動 I〙

mawasu ⟦v I⟧ **turn, whirl; send on, pass round**

①[回転させる]
¶時計の針を逆に**回して**はいけません。(Tokei no hari o gyaku ni *mawashite* wa ikemasen.)

① [turn, whirl, spin]
¶ One mustn't **turn** the hands of a clock ⟦watch⟧ backwards.

②[順におくる]
¶この本を**回します**から，順番に読んでください。(Kono hon o *mawashimasu* kara, junban ni yonde kudasai.)

② [send on, pass round, transfer]
¶ Please read this book and **pass it on** to the next person.

mayou 迷う〘動 I〙

mayou ⟦v I⟧ **be lost, lose one's way; be in doubt, be bewildered**

①[道がわからなくなる]

① [be lost, lose one's way]

¶わたしは山の中で道に**迷って**しまいました。 (Watashi wa yama no naka de michi ni *mayotte* shimaimashita.)

¶ I **lost my way** on the mountain ⟦in the mountains⟧.

②[はっきり決心できない]

② [be in doubt, be bewildered, waver, vacillate]

¶どちらの本を買ったらよいか**迷って**います。(Dochira no hon o kattara yoi ka *mayotte* imasu.)

¶ **I am not sure** which book to buy.

¶日本にいようか，国へ帰ろうかと**迷って**います。(Nihon ni iyō ka, kuni e kaerō ka to *mayotte* imasu.)

¶ **I am debating** ⟦**trying to decide**⟧ whether to stay in Japan or return to my native country.

mazeru　混ぜる〘動 II〙

mazeru ⟦v II⟧　**mix, blend**

¶砂糖に塩を**混ぜないで**ください。(Satō ni shio o *mazenaide* kudasai.)

¶ Please **don't mix** salt in with the sugar.

¶日本語に英語を**混ぜて**話すと，おかしいです。 (Nihongo ni Eigo o *mazete* hanasu to, okashii desu.)

¶ It's strange when one **sprinkles** Japanese **with** English words.

mazu　まず〘副〙

mazu ⟦adv⟧　**first, first of all**

¶**まず**，あなたから意見を言ってください。(*Mazu*, anata kara iken o itte kudasai.)

¶ Please state your opinions, starting with you **first.**

¶**まず**，初めに自己紹介をしましょう。(*Mazu*, hajime ni jiko-shōkai o shimashō.)

¶ **First,** let's start with self-introductions.

mazui　まずい〘形〙

mazui ⟦adj⟧　**unpalatable, unappetizing; poor, unskillful**

①[おいしくない]

① [unpalatable, unappetizing, unsavory]

¶この料理は**まずい**ですね。 (Kono ryōri wa *mazui* desu ne.)

¶ This dish **tastes awful.**

↔oishii おいしい　umai　うまい

②[下手だ]

② [poor, unskillful]

¶これはたいへん**まずい**字ですね。(Kore wa taihen *mazui* ji desu ne.)

¶ This is a very **poorly written** character.

↔umai うまい　→heta 下手

mazushii　貧しい〘形〙

mazushii ⟦adj⟧　**poor, impoverished**

¶あの子の家はとても**貧しい**です。(Ano ko no ie wa totemo *mazushii* desu.)

¶ That child's family **is** very **poor.**

¶世界にはまだ**貧しい**生活をしている人がおおぜいいます。(Sekai ni wa mada *mazushii* seikatsu o shite iru hito ga oozei imasu.)

¶ There are still a great number of people in the world who are living **in poverty.**

⇨**binbō 貧乏**

me　芽〘名〙

me ⟦n⟧　**sprout, bud**

¶春になって，木や草が**芽**を出しました。(Haru ni natte, ki ya kusa ga *me* o dashimashita.)

¶ With the coming of spring, trees **budded** and grass **sprouted.**

(-)me　(-)目〘名，尾〙

(-)me ⟦n, suf⟧　**eye(s); eyesight, vision; -th,** the counter for indicating order

1〘名〙

1 ⟦n⟧

①[ものを見る働きをする器官]

① [eye(s)]

目を開ける (*me* o akeru)　**目**を閉じる (*me* o tojiru)　**目**薬 (*me*gusuri)

open **one's eyes** // close **one's eyes** // **eye** medicine

¶**目**にごみが入って痛いです。(*Me* ni gomi ga haitte itai desu.)

¶ **[My] eye** hurts as there's some dirt in it.

②[目の働き，目でものを見ること]

② [eyesight, vision, look, glance]

¶ねこは暗いところでもよく**目**が見えます。(Neko wa kurai tokoro de mo yoku *me* ga miemasu.)

¶ Cats **can see** well even in the dark.

¶わたしは今朝6時に**目**を覚ましました。(Watashi wa kesa rokuji ni *me* o samashimashita.)

¶ I **woke up** at six o'clock this morning.

③[思いがけないこと，好ましくないようなこと]

③ [experience, bad experience]

悲しい**目**にあう (kanashii *me* ni au)
つらい**目**にあう (tsurai *me* ni au)
いやな**目**にあう (iya na *me* ni au)

suffer great sorrow, come to grief // have a bitter **experience,** suffer severely // have a humiliating **experience**

¶昨日はお金を盗まれて，ひどい**目**にあいました。(Kinō wa okane o nusumarete, hidoi *me* ni aimashita.)

¶ I had a terrible **experience** yesterday—my money was stolen.

*「～目にあう (～me ni au)」の形で使う。

* Used in the pattern "*~me ni au.*"

④[会う]

④ [see, meet]

¶先日，お父様にお目にかかりました。(Senjitsu, otōsama ni o*me* ni kakarimashita.)

¶ **I met** your father the other day.

¶このことについては，お目にかかって直接申し上げます。 (Kono koto ni tsuite wa, o*me* ni kakatte chokusetsu mōshiagemasu.)

¶ I will tell you about this matter **face-to-face.**

*「会う (au)」の謙譲語。いつも「お目にかかる (ome ni kakaru)」の形で使う。

* The humble form for *au*. Always used in the pattern "*ome ni kakaru.*"

2〘尾〙

2 ⟦suf⟧ -th

1番め (ichiban*me*) 10番め (jūban*me*) 一つめ (hitotsu*me*) 二つめ (futatsu*me*)

first // ten**th** // first // second

¶右から3番めの人が上田さんです。(Migi kara sanban*me* no hito ga Ueda san desu.)

¶ The person **third** from the right is [Miss] Ueda.

¶その駅はここから三つめです。(Sono eki wa koko kara mittsu*me* desu.)

¶ That station is the **third** one from here.

medatsu **目立つ**〘動 I〙

medatsu ⟦v I⟧ **be conspicuous, stand out**

¶上田さんは背が高いので，おおぜいの中でもよく**目立ちます**。(Ueda san wa se ga takai node, oozei no naka de mo yoku *medachimasu.*)

¶ As [Mr.] Ueda is tall, [he] **stands out** even in a crowd.

¶このクラスには**目立って**よくできる人はいません。(Kono kurasu ni wa *medatte* yoku dekiru hito wa imasen.)

¶ There is no **conspicuously** outstanding student in this class.

medetai **めでたい**〘形〙

medetai ⟦adj⟧ **happy, auspicious**

¶今日は娘が結婚する**めでたい**日です。(Kyō wa musume ga kekkon suru

¶ Today is the **happy** day of my daughter's wedding.

medetai hi desu.)

¶上田さんは**めでたく**試験に合格しました。 (Ueda san wa *medetaku* shiken ni gōkaku shimashita.)

¶ **Happily,** [Miss] Ueda passed the exam.

megane **眼鏡**〘名〙

眼鏡をかける (*megane* o kakeru)
眼鏡を外す (*megane* o hazusu)

¶あの**眼鏡**をかけた人が田中さんです。 (Ano *megane* o kaketa hito ga Tanaka san desu.)

megane ⟦n⟧ **glasses, eyeglasses**

wear **glasses** // take off **one's glasses**

¶ That person wearing **glasses** is [Mrs.] Tanaka.

mei **めい**〘名〙

⇔**oi** **おい**

mei ⟦n⟧ **niece**

mei- **名-**〘頭〙

名人 (*mei*jin) **名**演奏家 (*mei*ensōka) **名**画 (*mei*ga) **名**曲 (*mei*kyoku) **名**案 (*mei*an)

mei- ⟦pref⟧ **noted, celebrated, distinguished**

a master, an expert // a **master** musician // a **famous** painting; an **excellent** film // a **famous** musical piece ⟦tune⟧ // an **excellent** idea

-mei **-名**〘尾〙

①[名前]

学校**名** (gakkō*mei*) 会社**名** (kaisha*mei*)

②[人数を数えるときの言葉]

数**名** (sū*mei*) 15 **名** (jūgo*mei*)

-mei ⟦suf⟧ **name;** the counter for persons

① [name]

a school **name** // a company **name**

② [the counter for persons]

several **persons** // 15 **persons**

meibo **名簿**〘名〙

¶新しい学生の**名簿**を作りました。 (Atarashii gakusei no *meibo* o tsukurimashita.)

meibo ⟦n⟧ **list of names, register, roll**

¶ [I] made up **a register** of new students.

meiji **明治**〘名〙

明治 30 年 (*Meiji* sanjūnen) **明治**時代 (*Meiji*-jidai)

meiji ⟦n⟧ **Meiji;** the name of a Japanese emperor and of the era of his reign (1868–1912)

Meiji 30 (1897) // the **Meiji** period

meirei **命令**〘名, ～する〙

¶父の**命令**でおじの家へ行きました。 (Chichi no *meirei* de oji no ie e ikimashita.)

¶社長から外国へ行くように**命令**され

meirei ⟦n, ～*suru*⟧ **order, command, instructions**

¶ [I] went to my uncle's at **the instruction** of my father.

¶ [I] **was directed** to go abroad by

ました。 (Shachō kara gaikoku e iku yō ni *meirei* saremashita.)

the president of the company.

meishi **名刺**〘名〙

meishi [[n]] **name card, business card**

meiwaku **迷惑**〘名, 形動, ～する〙

¶テレビの音が大きいと, 近所の**迷惑**になります。 (Terebi no oto ga ookii to, kinjo no *meiwaku* ni narimasu.)

¶御**迷惑**でしょうが, 田中さんに会った時この本を返してください。 (Go*meiwaku* deshō ga, Tanaka san ni atta toki kono hon o kaeshite kudasai.)

meiwaku [[n, adj-v, ~*suru*]] **trouble, inconvenience, annoyance, nuisance**

¶ Playing the television loud **inconveniences** one's neighbors.

¶ **I'm sorry to inconvenience you,** but would you please return this book to [Mr.] Tanaka when you see [him]?

mekata **目方**〘名〙

目方を量る (*mekata* o hakaru) **目方**が増える (*mekata* ga fueru) **目方**が減る (*mekata* ga heru)

¶病気のため, **目方**が10キロも減りました。 (Byōki no tame, *mekata* ga jikkiro mo herimashita.)

¶この荷物の**目方**はどのくらいですか。 (Kono nimotsu no *mekata* wa dono kurai desu ka?)

mekata [[n]] **weight**

weigh something, weigh oneself // gain **weight** // lose **weight**

¶ Due to illness [I] lost 10 kilos.

¶ How much does this load [[luggage, freight]] **weigh?**

men **綿**〘名〙

綿のシャツ (*men* no shatsu)

⇨**momen** **木綿**

men [[n]] **cotton**

a **cotton** shirt

(-)men (-)**面**〘名, 尾〙

1〘名〙

¶子供たちが動物の**面**をかぶって劇をしました。 (Kodomotachi ga dōbutsu no *men* o kabutte geki o shimashita.)

2〘尾〙

¶今朝の新聞の第1**面**には飛行機事故

(-)men [[n, suf]] **mask; page**

1 [[n]] mask

¶ The children put on a play wearing animal **masks.**

2 [[suf]] page

¶ There was a story about an airplane

のことが出ていました。 (Kesa no shinbun no daiichi*men* ni wa hikōki-jiko no koto ga dete imashita.)

crash on the front **page** of the newspaper this morning.

mendō　めんどう〘名, 形動〙

①[手数がかかる]

¶辞書を引くのが**めんどう**だから, 友達に教えてもらいました。 (Jisho o hiku no ga *mendō* da kara, tomodachi ni oshiete moraimashita.)

¶自分で料理を作るのは, とても**めんどう**です。(Jibun de ryōri o tsukuru no wa, totemo *mendō* desu.)

②[世話をする]

¶あの子は妹の**めんどう**をよくみます。(Ano ko wa imōto no *mendō* o yoku mimasu.)

mendō ⟦n, adj-v⟧ **difficulty, bother; attention, care**

① [difficulty, bother, trouble, nuisance]

¶ I asked a friend about it as **it's a bother** to consult a dictionary.

¶ Doing one's own cooking **is a nuisance.**

② [attention, care]

¶ That child **takes** good **care of** [his] younger sister.

menkyo　免許〘名〙

自動車の運転**免許** (jidōsha no unten-*menkyo*)

menkyo ⟦n⟧ **license, permit**

a **license** to drive a car, a driver's **license**

menseki　面積〘名〙

¶日本の**面積**は, 37 万平方キロメートルです。 (Nihon no *menseki* wa, sanjūnanaman-heihōkiromētoru desu.)

menseki ⟦n⟧ **area**

¶ **The area** of Japan is 370,000 square kilometers.

mesu　雌〘名〙

⇔**osu 雄**

mesu ⟦n⟧ **female** (animal)

-mētoru　-メートル〘尾〙

3 **メートル** (san*mētoru*)

-mētoru ⟦suf⟧ **meter(s)**

three **meters**

metta ni　めったに〘副〙

¶あの学生は**めったに**間違いをしません。(Ano gakusei wa *metta ni* machigai o shimasen.)

¶この地方では**めったに**地震は起こり

metta ni ⟦adv⟧ **rarely, seldom**

¶ That student is **seldom** wrong.

¶ Earthquakes **are rare** in this area.

ません。(Kono chihō de wa *metta ni* jishin wa okorimasen.)

＊ あとに打ち消しの言葉が来る。

＊ *Metta ni* is used with the negative.

mezurashii 珍しい〘形〙

mezurashii ⟦adj⟧ **rare, infrequent; rare, unusual**

①[たまにしかない]

¶東京で 12 月に雪が降るのは**珍しい**です。(Tōkyō de jūnigatsu ni yuki ga furu no wa *mezurashii* desu.)

¶今朝は**珍しく**早く起きました。(Kesa wa *mezurashiku* hayaku okimashita.)

② [目新しい]

¶動物園には**珍しい**動物がたくさんいます。(Dōbutsuen ni wa *mezurashii* dōbutsu ga takusan imasu.)

¶**珍しい**物をいただいてありがとうございました。(*Mezurashii* mono o itadaite arigatō gozaimashita.)

① [rare, infrequent]

¶ **It is rare** for snow to fall in Tokyo in December.

¶ [I] got up early today **for a change.**

② [rare, unusual, novel]

¶ There are many **rare** animals in the zoo.

¶ Thank you for the **lovely** (literally, **uncommon**) present.

mi 実〘名〙

mi ⟦n⟧ **fruit; result**

①[草や木の果実]

¶庭の木に**実**がなりました。(Niwa no ki ni *mi* ga narimashita.)

②[努力の結果]

¶上田さんの努力は，立派に**実**を結びました。(Ueda san no doryoku wa, rippa ni *mi* o musubimashita.)

*「実を結ぶ (mi o musubu)」の形で使う。

① [fruit, nut, berry, seed]

¶ The trees in the yard ⟦garden⟧ are ⟦were⟧ **in fruit.**

② [result, fruit of one's labors]

¶ [Mr.] Ueda's efforts **paid off** ⟦**have paid off**⟧ handsomely.

* Used in the pattern "*mi o musubu.*"

mibun 身分〘名〙

mibun ⟦n⟧ **social standing, rank, identity**

身分証明書 (*mibun*-shōmeisho) **身分**が高い (*mibun* ga takai) **身分**が低い (*mibun* ga hikui)

identification, identification card ⟦papers⟧ // have a high **social standing** // have a low **social standing**

michi 道〘名〙

michi ⟦n⟧ **road, street, way**

道を間違える (*michi* o machigaeru)

take the wrong **way** ⟦**turning**⟧ //

道が悪い (*michi* ga warui)　**道**を尋ねる (*michi* o tazuneru)

the roads are bad // ask **the way,** ask for **directions**

¶交番で**道**をききました。(Kōban de *michi* o kikimashita.)

¶ [I] asked **the way** at a police box.

¶学校へ行く**道**で，おじさんに会いました。(Gakkō e iku *michi* de, oji-san ni aimashita.)

¶ **On [my] way** to school, [I] happened to meet my uncle.

midori　**緑**〘名〙

midori ⟦n⟧　**green**

緑色 (*midori*iro)

green, the color **green**

¶5月は木や草の**緑**がきれいです。(Gogatsu wa ki ya kusa no *midori* ga kirei desu.)

¶ **The green** of the trees and grass is pretty in May.

mieru　**見える**〘動II〙

mieru ⟦v II⟧　**see, be visible; be able to see; look, appear, seem**

①[目にうつる]

① [see, be visible]

¶わたしの部屋から山が**見えます**。(Watashi no heya kara yama ga *miemasu.*)

¶ **You can see** the mountains from my room ⟦apartment⟧.

¶向こうに**見える**のが，わたしたちの学校です。(Mukō ni *mieru* no ga, watashitachi no gakkō desu.)

¶ What **you see** over there is our school.

②[見ることができる]

② [be able to see]

¶ねこは夜でも目が**見えます**。(Neko wa yoru demo me ga *miemasu.*)

¶ Cats **can see** even at night.

③[そのように感じられる]

③ [look, appear, seem]

¶あの人は若く**見えます**。(Ano hito wa wakaku *miemasu.*)

¶ [She] **looks** younger than [she] is.

migaku　**みがく**〘動I〙

migaku ⟦v I⟧　**polish, clean**

¶わたしは毎朝歯を**みがきます**。(Watashi wa maiasa ha o *migakimasu.*)

¶ I **brush** my teeth every morning.

¶くつを**みがいて**ください。(Kutsu o *migaite* kudasai.)

¶ Please **polish** my shoes.

migi　**右**〘名〙

migi ⟦n⟧　**the right**

右手 (*migi*te)　**右**足 (*migi*ashi)

one's **right** hand ⟦arm⟧ // one's **right** foot ⟦leg⟧

¶日本では人は道の右側を歩きます。(Nihon de wa hito wa michi no *migi*gawa o arukimasu.)
⇔**hidari** 左

¶ People walk on the **right-hand** side of the road in Japan.

migoto みごと〔形動〕

migoto ⟦adj-v⟧ **fine, excellent, superb, splendid, beautiful**

¶これは**みごと**なりんごですね。(Kore wa *migoto* na ringo desu ne.)

¶ This is a **superb** apple.

¶公園の桜が**みごと**に咲きました。(Kōen no sakura ga *migoto* ni sakimashita.)

¶ The cherry blossoms in the park were ⟦are⟧ **in their full splendor.**

¶今度の計画は**みごと**に成功しました。(Kondo no keikaku wa *migoto* ni seikō shimashita.)

¶ The plan this time succeeded **beautifully.**

mihon 見本〔名〕

mihon ⟦n⟧ **sample, specimen, model, example**

見本市 (*mihon'*ichi)

trade fair

¶**見本**を見て，買うか買わないか決めます。(*Mihon* o mite, kau ka kawanai ka kimemasu.)

¶ [I] will look at **a sample one** and decide whether or not to buy it.

mijikai 短い〔形〕

mijikai ⟦adj⟧ **short; brief**

①[もののある点からある点までの間隔が小さい]

① [short, too short]

¶このひもは**短い**です。(Kono himo wa *mijikai* desu.)

¶ This string ⟦cord, lace, band, ribbon, etc.⟧ **is short** ⟦**too short**⟧.

¶あの女の子は**短い**スカートをはいています。(Ano onna no ko wa *mijikai* sukāto o haite imasu.)

¶ That girl is wearing a **short** skirt.

②[時間の間隔が小さい]

② [brief]

¶授業と授業の間に**短い**休みがあります。(Jugyō to jugyō no aida ni *mijikai* yasumi ga arimasu.)

¶ There is a **short** break between classes.

③[忍耐力がない]

③ [short-tempered]

¶あの人は気が**短くて**すぐ怒ります。(Ano hito wa ki ga *mijikakute*

¶ [He] **is short-tempered** and angers very easily.

sugu okorimasu.)

*「気が短い (ki ga mijikai)」の形で使う。

⇔nagai 長い

mikan **みかん**〘名〙

mikka **三日**〘名〙

①[日付を表す]

三月**三日** (sangatsu *mikka*)

②[日数を表す]

¶わたしは**三日**間の旅行をしました。(Watashi wa *mikka*kan no ryokō o shimashita.)

⇨-ka -日

mimai **見舞い**〘名〙

¶昨日，病気の友達のお**見舞い**に行きました。(Kinō, byōki no tomodachi no o*mimai* ni ikimashita.)

mimi **耳**〘名〙

耳が遠い (*mimi* ga tooi)

¶あの人は**耳**が聞こえません。(Ano hito wa *mimi* ga kikoemasen.)

mina **皆**〘名，副〙

1〘名〙

¶**皆**の意見が一致しました。(*Mina* no iken ga itchi shimashita.)

¶**皆**さん，お元気ですか。(*Mina*san, ogenki desu ka?)

2〘副〙

¶冷蔵庫の中の食べ物は**皆**食べてしまいました。(Reizōko no naka no tabemono wa *mina* tabete shimaimashita.)

⇨minna みんな

minami **南**〘名〙

* Used in the pattern "*ki ga mijikai.*"

mikan ⟦n⟧ **mandarin orange, tangerine**

mikka ⟦n⟧ **the third of the month; three days**

① [the third of the month]

March **3**

② [three days]

¶ I went on a **three-day** trip.

mimai ⟦n⟧ **an expression of sympathy, a condolence call or visit**

¶ Yesterday [I] paid **a call** on a sick friend.

mimi ⟦n⟧ **ear(s), hearing**

be hard of **hearing,** have difficulty in **hearing**

¶ [He] **is deaf.**

mina ⟦n, adv⟧ **all, everyone; everything**

1 ⟦n⟧ everyone

¶ **Everyone** held the same view.

¶ Are **you and your family all** well? ⟦And how is **everyone** today?; Hello ladies and gentlemen⟧.

2 ⟦adv⟧ everything

¶ [We] ate **everything** that was in the refrigerator.

minami ⟦n⟧ **south**

南の風 (*minami* no kaze)
south wind, a wind from **the south**

¶バナナは南の国の果物です。(Banana wa *minami* no kuni no kudamono desu.)
¶ The banana is a fruit grown in **southern** countries.

⇔**kita** 北

minato 港〘名〙
minato ⟦n⟧ **harbor, port**

¶船が港に入ってきました。(Fune ga *minato* ni haitte kimashita.)
¶ A ship has entered **the harbor** ⟦A ship came into **the harbor**⟧.

¶荷物が港に着いたので，取りに行きました。(Nimotsu ga *minato* ni tsuita node, tori ni ikimashita.)
¶ The freight ⟦luggage⟧ had arrived at **the harbor** so [I] went to pick it up.

minna **みんな**〘名，副〙
minna ⟦n, adv⟧ **all, everyone; everything**

1〘名〙
1 ⟦n⟧ everyone

¶**みんな**でいっしょに歌いましょう。(*Minna* de issho ni utaimashō.)
¶ Let's **all** sing together.

＊「皆さん (minasan)」とは言うが，「みんなさん (minnasan)」とは言わない。
＊ *Minasan* is possible but **minnasan* is not.

2〘副〙
2 ⟦adv⟧ everything

¶宿題は**みんな**終わりました。(Shukudai wa *minna* owarimashita.)
¶ [I] have finished **all** the homework.

⇨**mina** 皆

minoru **実る**〘動 I〙
minoru ⟦v I⟧ **bear fruit, ripen; produce results**

①[実がつく]
① [bear fruit, ripen]

¶秋になると，果物が**実ります**。(Aki ni naru to, kudamono ga *minorimasu*.)
¶ Fruit **ripens** in the fall.

¶天気がよかったので，稲がよく**実りました**。(Tenki ga yokatta node, ine ga yoku *minorimashita*.)
¶ There **is** ⟦**was**⟧ **a good** rice **crop** because of the favorable weather.

②[成果が上がる]
② [produce results, bear fruit]

¶長い間の研究がやっと**実りました**。(Nagai aida no kenkyū ga yatto
¶ The long months ⟦years⟧ of research finally **paid off** ⟦**have** finally

minorimashita.)

minshushugi **民主主義**〔名〕

minzoku **民族**〔名〕

少数**民族** (shōsū-*minzoku*) **民族**学 (*minzoku*gaku) **民族**主義 (*minzoku*-shugi) **民族**性 (*minzoku*sei)

miokuru **見送る**〔動Ｉ〕

¶友達を**見送り**に空港へ行きました。(Tomodachi o *miokuri* ni kūkō e ikimashita.)

mirai **未来**〔名〕

¶**未来**の乗り物はどうなるでしょうか。(*Mirai* no norimono wa dō naru deshō ka?)

⇨**genzai 現在 kako 過去**

-miri **-ミリ**〔尾〕

1ミリ (ichi*miri*) 10ミリ (jū*miri*)

miru **見る**〔動Ⅱ〕

①[目で見る]

¶山田さんは部屋でテレビを**見て**います。(Yamada san wa heya de terebi o *mite* imasu.)

¶昨日，わたしは映画を**見**に行きました。(Kinō, watashi wa eiga o *mi* ni ikimashita.)

②[読む]

¶毎朝，わたしは新聞を**見て**から，会社へ行きます。(Maiasa, watashi wa shinbun o *mite* kara, kaisha e ikimasu.)

③[調べる]

¶この言葉は，辞書を**見て**も意味がよくわかりません。(Kono kotoba wa, jisho o *mite* mo imi ga yoku wa-

paid off].

minshushugi [[n]] **democracy**

minzoku [[n]] **people, race, nation**

a minority, a minority **race** // ethnology // **national**ism, **racial**ism // the character of **a people, racial** characteristics

miokuru [[v I]] **see off**

¶ [I] went to the airport **to see off** a friend.

mirai [[n]] **future**

¶ What do you suppose the vehicles of **the future** will be like?

-miri [[suf]] **millimeter(s)**

one **millimeter** // 10 **millimeters**

miru [[v II]] **see, look at; read, look through; examine, look up, try**

① [see, look at]

¶ [Miss] Yamada **is watching** television in [her] room.

¶ I went **to see** a movie yesterday.

② [read, look through]

¶ I go to work every morning after **taking a look** at the newspaper.

③ [examine, look over, look up, consult, test, try]

¶ I don't really understand the meaning of this word even after **looking it**

karimasen.)

¶ちょっと料理の味を**見て**ください。(Chotto ryōri no aji o *mite* kudasai.)

up in the dictionary.

¶ Please **see what you think** of the flavoring of this dish.

miru　診る〔動II〕

¶風邪がなかなか治らないので，医者に**診て**もらいました。(Kaze ga nakanaka naoranai node, isha ni *mite* moraimashita.)

miru ⟦v II⟧　**see, consult**

¶ [I] **went to see** a doctor since [my] cold ⟦case of the flu⟧ didn't seem to be getting any better.

(〜**te**) **miru**　(〜**て**) **みる**〔連〕

¶おいしいかどうか，食べて**みて**ください。(Oishii ka dō ka, tabete *mite* kudasai.)

¶その人がいい人かどうか，会って**みなければ**わかりません。(Sono hito ga ii hito ka dō ka, atte *minakereba* wakarimasen.)

(-te) **miru** ⟦compd⟧　**try, have a try at, test**

¶ Please taste it **and see** if it's any good.

¶ You can't know what [he]'s like **unless you go ahead** and meet [him].

miruku　ミルク〔名〕

¶コーヒーに**ミルク**を入れて飲みます。(Kōhii ni *miruku* o irete nomimasu.)

⇨**gyūnyū 牛乳**

miruku ⟦n⟧　(cow's) **milk**

¶ [I] take my coffee with **milk.**

mise　店〔名〕

店が開いている (*mise* ga aite iru) **店**が閉まっている (*mise* ga shimatte iru)

¶あなたはどの**店**でその品物を買いましたか。(Anata wa dono *mise* de sono shinamono o kaimashita ka?)

mise ⟦n⟧　**store, office, firm, place of business, restaurant, coffee shop, bar,** etc.

be open, be open for business // be closed

¶ **Where** did you buy that merchandise?

miseru　見せる〔動II〕

¶ちょっと，その新聞を**見せて**ください。(Chotto, sono shinbun o *misete* kudasai.)

¶本がないので，隣の人に**見せて**もら

miseru ⟦v II⟧　**show, let see**

¶ Please **let me see** that newspaper a moment.

¶ As I didn't have a copy of that

いました。(Hon ga nai node, tonari no hito ni *misete* moraimashita.)

mishin　ミシン〘名〘

ミシンで縫う (*mishin* de nuu)

miso　みそ〘名〙

みそしる (*miso*shiru)

¶**みそ**は豆から造ります。(*Miso* wa mame kara tsukurimasu.)

mitai da　みたい だ〘助動〙

①[外観がほかのものに似ているという意味を表す]

¶あの岩は人の顔**みたいです**。(Ano iwa wa hito no kao *mitai desu.*)

¶マッチ箱**みたいに**小さな家ですね。(Matchibako *mitai ni* chiisana ie desu ne.)

②[そのように感じられる]

¶熱があって，風邪を引いた**みたいです**。(Netsu ga atte, kaze o hiita *mitai desu.*)

¶弟のほうが頭がいい**みたいです**。(Otōto no hō ga atama ga ii *mitai desu.*)

③[あるものごとを例として示す]

¶あしたも今日**みたいに**いい天気だといいですね。(Ashita mo kyō *mitai ni* ii tenki da to ii desu ne.)

¶あの人**みたいに**上手に日本語が話したいです。(Ano hito *mitai ni* jōzu ni Nihongo ga hanashitai desu.)

mitomeru　認める〘動Ⅱ〙

①[そうであると判断する]

¶田中さんは，自分の間違いをなかなか**認めません**。(Tanaka san wa,

book, **I looked at** the one of the person sitting next to me.

mishin ⟦n⟧　**sewing machine**

sew on **a sewing machine,** sew by **machine**

miso ⟦n⟧　***miso***

miso *shiru*, ***miso*** soup

¶ ***Miso*** is made from soybeans.

mitai da ⟦auxil⟧　**like, similar to; seems, looks like; like, the same way**

① [like, similar to]

¶ That rock ⟦crag⟧ **looks like** a human face.

¶ It is a small, matchbox-**like** house.

② [seems, looks like]

¶ [I] have a fever; **it seems** [I]'ve caught a cold.

¶ **It seems** that the younger brother is smarter ⟦smartest⟧.

③ [like, the same way; used when citing something as an example]

¶ I hope that tomorrow will be another nice day **like** today.

¶ I would like to be able to speak Japanese well **like** [she] does.

mitomeru ⟦v II⟧　**recognize, admit; approve, grant**

① [recognize, admit]

¶ [Mr.] Tanaka **doesn't** readily

jibun no machigai o nakanaka *mitomemasen.*)

admit [his] own mistakes.

②[許す]

¶父はわたしの日本への留学を**認めて**くれませんでした。 (Chichi wa watashi no Nihon e no ryūgaku o *mitomete* kuremasen deshita.)

② [approve, grant]

¶ My father **didn't approve** of my going to Japan to study.

mitsukaru **見つかる**〔動 I〕

mitsukaru [[v I]] **be found, be discovered**

¶なくした万年筆が**見つかりました**。 (Nakushita mannenhitsu ga *mitsukarimashita.*)

¶ The lost fountain pen **has been found.**

¶いいアパートを探していますが，なかなか**見つかりません**。 (Ii apāto o sagashite imasu ga, nakanaka *mitsukarimasen.*)

¶ [I] am looking for a nice apartment but **am having a hard time finding one.**

mitsukeru **見つける**〔動 II〕

mitsukeru [[v II]] **find, discover**

¶友達の家を**見つける**のに苦労しました。(Tomodachi no ie o *mitsukeru* no ni kurō shimashita.)

¶ [I] had a hard time **finding** [my] friend's house.

¶先日，本屋で珍しい本を**見つけました**。(Senjitsu, hon'ya de mezurashii hon o *mitsukemashita.*)

¶ [I] **discovered** a rare [[unusual]] book at the bookstore the other day.

mittsu **三つ**〔名〕

mittsu [[n]] **three, three items; three years old**

①[3個]

① [three, three items]

¶ここにりんごが**三つ**あります。 (Koko ni ringo ga *mittsu* arimasu.)

¶ There are **three** apples here.

②[3歳]

② [three years old]

¶うちの子はまだ**三つ**です。(Uchi no ko wa mada *mittsu* desu.)

¶ Our child is only **three years old.**

miyage **土産**〔名〕

miyage [[n]] **souvenir, gift from one's travels**

¶父が外国旅行の**土産**に時計を買ってきてくれました。(Chichi ga gaikoku ryokō no *miyage* ni tokei o katte kite kuremashita.)

¶ My father brought me a watch from his trip abroad.

¶友達のうちへお**土産**を持って行きました。(Tomodachi no uchi e *omiyage* o motte ikimashita.)

¶ [I] took **a present** to my friend's home.

mizu 水〖名〗

mizu ⟦n⟧ (cold) **water**

水を飲む (*mizu* o nomu)

drink **water**

¶冷たい**水**を一杯ください。(Tsumetai *mizu* o ippai kudasai.)

¶ Please give me a glass of cold **water.**

¶のどが渇いて，**水**が飲みたくなりました。(Nodo ga kawaite, *mizu* ga nomitaku narimashita.)

¶ [I] became thirsty and wanted **some water** to drink ⟦I am thirsty and want **some water** to drink⟧.

mizuumi 湖〖名〗

mizuumi ⟦n⟧ **lake**

¶琵琶湖は日本でいちばん大きい**湖**です。(Biwako wa Nihon de ichiban ookii *mizuumi* desu.)

¶ Lake Biwa is the largest **lake** in Japan.

¶この**湖**はとても深いです。(Kono *mizuumi* wa totemo fukai desu.)

¶ This **lake** is very deep.

mo も〖助〗

mo ⟦part⟧ **also; both; as much as that; even; neither ~ nor ~**

①[前に述べたものごとと同類のものごとであることを表す]

① [also, too; indicates someone or something is the same sort as one previously mentioned]

¶山田さんは先生です。上田さん**も**先生です。(Yamada san wa sensei desu. Ueda san *mo* sensei desu.)

¶ [Mr.] Yamada is a teacher. [Mrs.] Ueda is **also** a teacher.

¶あなたが行けば，わたし**も**行きます。(Anata ga ikeba, watashi *mo* ikimasu.)

¶ If you go, I'll go **too.**

¶「これはいくらですか。」(Kore wa ikura desu ka?)「それは100円です。」(Sore wa hyakuen desu.)「じゃ，これは。」(Ja, kore wa?)「それ**も**100円です。」(Sore *mo* hyakuen desu.)

¶ "How much is this?"
"That's a hundred yen."
"And this one?"
"That's **also** a hundred yen."

¶「昨日，これをデパートで買いました。」(Kinō, kore o depāto de kaimashita.)「その品物なら，スーパーマ

¶ "[I] bought this at a department store yesterday."
"Oh, you can buy that at the super-

ーケットでも売っていますよ。」(Sono shinamono nara, sūpāmāketto de *mo* utte imasu yo.)

market **too.**"

②[同類と認めるようなものごとを並列するときに使う]

② [both, either, neither; used when citing items recognized as being alike]

¶山田さんも中村さんも，もう帰りました。(Yamada san *mo* Nakamura san *mo*, mō kaerimashita.)

¶ **Both** [Mr.] Yamada **and** [Miss] Nakamura have already gone home.

¶わたしは平仮名も漢字も読めません。(Watashi wa hiragana *mo* kanji *mo* yomemasen.)

¶ I can read **neither** *hiragana* **nor** *kanji*.

¶雨も降ってきたし，風も強くなってきました。(Ame *mo* futte kita shi, kaze *mo* tsuyoku natte kimashita.)

¶ It has started to rain and the wind has gotten stronger ⟦It started to rain and the wind picked up⟧.

¶わたしはヨーロッパへもアメリカへも行ったことがありません。(Watashi wa Yōroppa e *mo* Amerika e *mo* itta koto ga arimasen.)

¶ I've never been to **either** Europe **or** the United States.

*「〜も〜も（〜mo〜mo)」の形で使う。

* Used in the pattern "~ *mo* ~ *mo*."

③[全面的な肯定または全面的な否定を表す]

③ [indicates total affirmation or total negation]

¶山田さんは日曜日はいつもうちにいます。(Yamada san wa nichiyōbi wa itsu *mo* uchi ni imasu.)

¶ [Mr.] Yamada is **always** at home on Sunday.

¶わたしはみかんもりんごもどちらも好きです。(Watashi wa mikan mo ringo mo dochira *mo* suki desu.)

¶ I like **both** mandarin oranges and apples.

¶部屋にはだれもいません。(Heya ni wa dare *mo* imasen.)

¶ **Nobody** is in the room.

¶食べる物が何もありません。(Taberu mono ga nani *mo* arimasen.)

¶ There is **nothing** to eat.

¶この字引はどれも役に立ちません。(Kono jibiki wa dore *mo* yaku ni

¶ **None** ⟦**Neither**⟧ of these dictionaries is of any use.

tachimasen.)

¶先月はだれから**も**手紙が来ませんでした。(Sengetsu wa dare kara *mo* tegami ga kimasen deshita.)

¶ There weren't any letters from **anyone** last month.

¶かぎはどこに**も**ありません。 (Kagi wa doko ni *mo* arimasen.)

¶ The keys are **nowhere** to be found.

¶国からは何の知らせ**も**来ませんでした。(Kuni kara wa nan no shirase *mo* kimasen deshita.)

¶ There was **no** word of that from [my] native country ⟦hometown⟧.

*「何 (nani)」「だれ (dare)」「どれ (dore)」「どちら (dochira)」「どこ (doko)」「いつ (itsu)」などの疑問の言葉につく。「どこにも (doko ni mo)」「だれからも (dare kara mo)」「どこからも (doko kara mo)」などのように間に助詞が入ることもある。また「何の (nan no)＋名詞＋も (mo)」の形でも使う。

* *Mo* is added to interrogatives such as *nani*, *dare*, *dore*, *dochira*, *doko*, *itsu*, etc. It is sometimes used with other particles in between as in *doko ni mo*, *dare kara mo*, *doko kara mo*, etc. Also used in the pattern "*nan no* + noun + *mo*."

④[主題としてものごとを提示するのに使う]

④ [used to indicate the subject matter]

¶長かった夏休み**も**終わって，あしたからまた学校が始まります。 (Nagakatta natuyasumi *mo* owatte, ashita kara mata gakkō ga hajimarimasu.)

¶ The long summer vacation has come to an end, and school starts again tomorrow.

¶春が来て，富士山の雪**も**解け始めました。(Haru ga kite, Fujisan no yuki *mo* tokehajimemashita.)

¶ Spring has ⟦had⟧ come and the snow on Mount Fuji has ⟦had⟧ started to melt.

¶さっきまであんなに泣いていた赤ん坊**も**ようやく寝ました。(Sakki made anna ni naite ita akanbō *mo* yōyaku nemashita.)

¶ The baby, crying so until a little while ago, has finally fallen asleep.

* 時の経過に伴って生起するような動作・作用が起こる場合に，そのものご

* This *mo* is used when taking up with some deep emotion acts or events which happen naturally in the

とをある感慨をこめて取り上げるときに使う。夏休みもいつか終わり，春になると雪が解けるのは，時の経過に伴って起こる動作・作用である。そうしたことが特に関心の深いものごとについて起こる場合に，例えば，終わるのはまだまだと思っていた夏休みもついにとか，なかなか解けそうもない富士山の雪もついにとかいうように，そのものごとを感慨をこめて取り上げるときに使う。

→wa は

⑤[時間や数量などを表す言葉についてその時間や数量が予想外であるという気持ちを表す]

¶雨はもう3日**も**降っています。(Ame wa mō mikka *mo* futte imasu.)

¶駅から学校まで歩いて20分**も**かかります。(Eki kara gakkō made aruite nijippun *mo* kakarimasu.)

¶おじさんはわたしに1万円**も**くれました。(Ojisan wa watashi ni ichiman'en *mo* kuremashita.)

* 予想外に多いという気持ちなどを表す。あとに肯定の言い方が来る。

⑥[時間や数量などの範囲や限界を表す]

¶それを買うのには1万円**も**あればじゅうぶんでしょう。(Sore o kau no ni wa ichiman'en *mo* areba jūbun deshō.)

¶もうしばらく待ってください。10分**も**すれば彼は来ると思います。(Mō shibaraku matte kudasai. Jippun

course of time: summer vacation ending and snow melting in the spring are things that come about in the course of time. *Mo* is used to cite such events when one is particularly impressed or affected, for example when the end of summer vacation is suddenly upon one when one wasn't expecting it or when the snow on Mount Fuji which had shown no signs of melting has suddenly started to melt.

⑤ [as much as, as long as, as far as, etc.; used with words indicating time or amount when the total is larger than expected]

¶ It has been raining for three **whole** days now.

¶ It takes **all of** 20 minutes to walk from the station to school.

¶ My uncle gave me ten thousand yen!

* Used to express the feeling of something being unexpectedly large, etc. Followed by affirmative words or expressions.

⑥ [used to express the limits or parameters of a time or amount]

¶ Ten thousand yen should be enough to buy that.

¶ Please wait a little longer. He should be here in 10 minutes, I think.

mo sureba kare wa kuru to omoimasu.)

* 時間や数量などを表す言葉について，ある条件を述べるときに使う。

* Used when stating some condition relating to words expressing time, amount, etc.

⑦[ある極端な場合を取り上げてそのほかの場合も事情は同じであるという意味を表す]

⑦ [even; used when citing an extreme case and indicating that something else is the same]

¶立っていることも**も**できないほど疲れました。(Tatte iru koto *mo* dekinai hodo tsukaremashita.)

¶ [I]'m so tired [I] can't stand up much longer.

¶恐ろしくて，声**も**出ませんでした。(Osoroshikute, koe *mo* demasen deshita.)

¶ [I] was so frightened [I] couldn't **even** speak.

¶もう半年も日本語を勉強したのに，まだ平仮名**も**読めません。(Mō hantoshi mo Nihongo o benkyō shita noni, mada hiragana *mo* yomemasen.)

¶ Even though [I]'ve been studying Japanese for half a year now, [I] can't read **even** *hiragana* yet.

* あとに打ち消しの言葉が来る。

* Used with the negative.

→sae さえ

⑧[あることがらを強調的に否定するのに使う]

⑧ [used to emphatically deny something]

¶外国へは一度**も**行ったことがありません。 (Gaikoku e wa ichido *mo* itta koto ga arimasen.)

¶ [I]'ve never been abroad **even** a single time.

¶お金は今一円**も**持っていません。(Okane wa ima ichien *mo* motte imasen.)

¶ [I] don't have a **single** cent on me right now.

¶学生はまだ一人**も**来ていません。(Gakusei wa mada hitori *mo* kite imasen.)

¶ Not a **single** student is here yet.

* 最小の意味を表す言葉につく。あとに打ち消しの言葉が来る。

* Added to words expressing the lowest possible amount. Used with the negative.

⑨[あるものごとについて否定的な判

⑨ [neither ~ nor ~ ; used to express

断を続けて述べるのに使う]

¶日本語は易しくも難しくもありません。(Nihongo wa yasashiku *mo* muzukashiku *mo* arimasen.)

¶今日は暑くも寒くもありません。(Kyō wa atsuku *mo* samuku *mo* arimasen.)

¶映画は好きでもきらいでもありません。(Eiga wa suki de *mo* kirai de *mo* arimasen.)

¶この言葉は英語でもドイツ語でもありません。(Kono kotoba wa Eigo de *mo* Doitsugo de *mo* arimasen.)

¶この本は田中さんのでも山田さんのでもありません。(Kono hon wa Tanaka san no de *mo* Yamada san no de *mo* arimasen.)

* あとに打ち消しの言葉が来る。「〜も〜も〜ない (〜mo 〜mo 〜nai)」の形で使う。

mō もう〘副〙

①[既に]

¶**もう**6時です。(*Mō* rokuji desu.)

¶上田さんは**もう**帰りました。(Ueda san wa *mō* kaerimashita.)

¶日本へ来てから，**もう**10年になります。(Nihon e kite kara, *mō* jūnen ni narimasu.)

→mada まだ

②[間もなく]

¶弟は**もう**来ると思います。(Otōto wa *mō* kuru to omoimasu.)

¶**もう**すぐ試験が始まります。(*Mō* sugu shiken ga hajimarimasu.)

a negative judgment about a series of items]

¶ The Japanese language is **neither** easy **nor** difficult.

¶ Today is **neither especially** hot **nor** cold.

¶ I don't **especially** like **or** dislike movies.

¶ This language is **neither** English **nor** German.

¶ This book doesn't belong to **either** [Miss] Tanaka **or** [Miss] Yamada.

* Used with the negative. Used in the pattern "~ *mo* ~ *mo -nai.*"

mō ⟦adv⟧ **already, yet; soon; again**

① [already, yet]

¶ It's six o'clock **already.**

¶ [Mrs.] Ueda has **already** left for home.

¶ I've **already** been in Japan for 10 years (literally, It's **already** 10 years since I came to Japan).

② [soon, before long]

¶ I think my (younger) brother will be here **soon.**

¶ The exam will **soon** start.

→mada まだ

③[更に]

¶もう一度言ってください。(*Mō* ichido itte kudasai.)

¶お茶を**もう**一杯いかがですか。(Ocha o *mō* ippai ikaga desu ka?)

③ [again, another, more]

¶ Please say it once **again.**

¶ Would you like **another** cup of (green) tea?

mochiiru　用いる〘動 II〙

¶この機械には，新しい電池が**用いられて**います。(Kono kikai ni wa, atarashii denchi ga *mochiirarete* imasu.)

⇨tsukau 使う

mochiiru 〚v II〛 **use**

¶ A new type of battery **is used** in this machine.

mochiron　もちろん〘副〙

¶銀行は日曜日は**もちろん**休みです。(Ginkō wa nichiyōbi wa *mochiron* yasumi desu.)

¶山田さんは，英語は**もちろん**フランス語も話せます。(Yamada san wa, Eigo wa *mochiron* Furansugo mo hanasemasu.)

mochiron 〚adv〛 **of course, needless to say**

¶ **Of course** banks are closed on Sunday.

¶ [Miss] Yamada speaks French, **not to mention** English.

modoru　もどる〘動 I〙

①[元の所へ帰る]

¶自分の席に**もどって**ください。(Jibun no seki ni *modotte* kudasai.)

¶弟は忘れ物を取りに**もどって**きました。(Otōto wa wasuremono o tori ni *modotte* kimashita.)

②[失ったものが返ってくる]

¶落とした財布が**もどって**きました。(Otoshita saifu ga *modotte* kimashita.)

¶若い時は二度と**もどって**こないのです。(Wakai toki wa nido to *modotte* konai no desu.)

modoru 〚v I〛 **return, get back; return, revert**

① [return, get back; return to where one was originally]

¶ Please **return** to your seats.

¶ My (younger) brother **came back** to get something he had forgotten.

② [return, revert; something lost returns]

¶ [I] **got back** the wallet [I] had lost.

¶ The days of our youth can never **be retrieved** 〚We are only young once〛.

moeru **燃える**〘動Ⅱ〙

①[火が燃える]

¶火事でたくさんの家が**燃えて**しまいました。(Kaji de takusan no ie ga *moete* shimaimashita.)

②[盛んな気持ちが起こる]

¶希望に**燃えて**大学に入学しました。(Kibō ni *moete* daigaku ni nyūgaku shimashita.)

moeru [[v II]] **burn; burn** (with emotion)

① [burn]

¶ Many houses **burned down** in the fire.

② [burn, be aglow, be ablaze (with some emotion)]

¶ [He] entered college **full of** hope.

mōfu **毛布**〘名〙

¶寒いので，**毛布**を2枚掛けて寝ました。(Samui node, *mōfu* o nimai kakete nemashita.)

mōfu [[n]] **blanket**

¶ As it was cold [I] slept with two **blankets.**

moguru **潜る**〘動Ⅰ〙

¶あの人たちは海に**潜って**，魚を捕っているのです。(Ano hitotachi wa umi ni *mogutte,* sakana o totte iru no desu.)

¶かえるは冬の間土の中に**潜って**過ごします。(Kaeru wa fuyu no aida tsuchi no naka ni *mogutte* sugoshimasu.)

moguru [[v I]] **dive in, go in, go under, hole up in**

¶ Those men are **diving into** the ocean and catching fish.

¶ Frogs spend the winter **under** the ground.

moji **文字**〘名〙

仮名**文字** (kana*moji*)

¶世界には**文字**を持っていない民族もいます。(Sekai ni wa *moji* o motte inai minzoku mo imasu.)

moji [[n]] **letter, character**

the *kana* **characters**

¶ There are peoples in the world without any **written language.**

mōkeru **もうける**〘動Ⅱ〙

お金を**もうける** (okane o *mōkeru*)

¶あの人は商売でずいぶん**もうけた**らしいです。(Ano hito wa shōbai de zuibun *mōketa* rashii desu.)

mōkeru [[v II]] **profit, make money**

make money, make a profit

¶ It seems [he] **has done** very **well** in business.

mokuhyō **目標**〘名〙

目標を立てる (*mokuhyō* o tateru)

mokuhyō [[n]] **goal, target, objective, aim, mark**

set **a goal**

¶わたしの家は，大きな木を目標にして来ればすぐわかります。 (Watashi no ie wa, ookina ki o *mokuhyō* ni shite kureba sugu wakarimasu.)

¶ You will soon find my house if you **look out for** a large tree.

¶わたしは医学部へ入ることを目標に勉強しています。 (Watashi wa igakubu e hairu koto o *mokuhyō* ni benkyō shite imasu.)

¶ I am studying **with the goal** of getting into medical school.

mokuteki 目的〘名〙

mokuteki ⟦n⟧ **purpose, aim, objective**

目的地 (*mokuteki*chi) 目的を果たす (*mokuteki* o hatasu)

one's destination // achieve **one's aim,** realize **one's objective**

¶わたしは日本文学を研究する目的で日本に来ました。 (Watashi wa Nihon-bungaku o kenkyū suru *mokuteki* de Nihon ni kimashita.)

¶ I came to Japan **for the purpose** of studying Japanese literature.

¶何の目的も持たないで大学へ入る人もいます。 (Nan no *mokuteki* mo motanaide daigaku e hairu hito mo imasu.)

¶ There are those who enter college without any **purpose** whatsoever.

mokuyō(bi) 木曜(日)〘名〙

mokuyō(bi) ⟦n⟧ **Thursday**

momen 木綿〘名〙

momen ⟦n⟧ **cotton, cotton cloth**

木綿のシャツ (*momen* no shatsu) 木綿のくつ下 (*momen* no kutsushita) 木綿糸 (*momen*'ito)

a **cotton** shirt ⟦undershirt⟧ // **cotton** socks // **cotton** thread, **cotton** yarn

⇨**men** 綿

momo 桃〘名〙

momo ⟦n⟧ **a peach, a peach tree**

桃の木 (*momo* no ki) 桃の花 (*momo* no hana)

a **peach** tree // a **peach** blossom

mon 門〘名〙

mon ⟦n⟧ **gate**

表門 (omote*mon*) 裏門 (ura*mon*) 門が開く (*mon* ga aku) 門を開ける (*mon* o akeru) 門を閉める (*mon* o shimeru)

the front **gate,** main **entrance** // the rear **gate** // **a gate** opens // open **a gate** // close **a gate**

¶学校の門はもう閉まっていました。

¶ The school **gate** was already

(Gakkō no *mon* wa mō shimatte imashita.)

mondai 問題〘名〙

①[質問]

問題を解く (*mondai* o toku)

¶次の**問題**に答えなさい。 (Tsugi no *mondai* ni kotaenasai.)

¶今度の試験**問題**はとても難しかったです。 (Kondo no shiken-*mondai* wa totemo muzukashikatta desu.)

②[解決すべきことがら]

¶都会では交通事故が大きな**問題**になっています。 (Tokai de wa kōtsū-jiko ga ookina *mondai* ni natte imasu.)

¶人口**問題**の解決はたいへん難しいです。(Jinkō-*mondai* no kaiketsu wa taihen muzukashii desu.)

mono 物〘名〙

①[物体，品物]

¶**物**を大切にしましょう。 (*Mono* o taisetsu ni shimashō.)

¶袋の中にはいろいろな**物**が入っています。(Fukuro no naka ni wa iro-iro na *mono* ga haitte imasu.)

②[品質]

¶少しは高くても，**物**のいいほうが得です。(Sukoshi wa takakute mo, *mono* no ii hō ga toku desu.)

* 普通「物がいい (mono ga ii)」「物が悪い (mono ga warui)」の形で使う。

③[人・団体などに所属している物]

¶これはあなたの**物**ですか。(Kore wa

closed.

mondai 〚n〛 **question, problem; problem, issue**

① [question, problem (exam, home-work, etc.)]

solve **a problem**

¶ Answer the following **questions.**

¶ The exam **questions** were very difficult this time.

② [problem, issue, matter]

¶ Traffic accidents have become a major urban **problem.**

¶ The population **problem** is very difficult to solve.

mono 〚n〛 **thing, physical object; quality; property**

① [thing, physical object, article]

¶ One should not be wasteful.

¶ Inside the bag are various **objects.**

② [quality]

¶ It pays to buy **things** of good quality even though they may be a little more expensive.

* Usually used in the patterns "*mono ga ii*" and "*mono ga warui.*"

③ [property of a person, organization, etc.]

anata no *mono* desu ka?)

¶ Is this **yours?**

¶あの建物(たてもの)はわたしの会社(かいしゃ)の物(もの)になりました。(Ano tatemono wa watashi no kaisha no *mono* ni narimashita.)

¶ That building has come **into the possession** of my company.

④[ある対象を具体的にささないで一般的にとらえて表すときに使う]

④ [used when referring to something in general terms]

¶疲(つか)れているので，**もの**を言(い)うのがめんどうです。(Tsukarete iru node, *mono* o iu no ga mendō desu.)

¶ Because I'm tired, it's a nuisance **to talk.**

¶あの人(ひと)は**もの**も食(た)べないで，一日(いちにち)じゅうラジオを作(つく)っています。(Ano hito wa *mono* mo tabenaide, ichinichijū rajio o tsukutte imasu.)

¶ [He] makes radios all day without even **eating.**

* その対象が具体的に何であるかは文脈によって表される。

* What is being referred to is made clear by the context.

⑤[ものごとの特性などについて言うときに使う]

⑤ [used when stressing the essential nature of something]

¶いい音楽(おんがく)という**もの**は，人(ひと)の心(こころ)を楽(たの)しくさせてくれます。(Ii ongaku to iu *mono* wa, hito no kokoro o tanoshiku sasete kuremasu.)

¶ **Good music** gladdens the human heart.

¶この世界(せかい)から戦争(せんそう)という**もの**をなくしたいです。(Kono sekai kara sensō to iu *mono* o nakushitai desu.)

¶ I would like to see **such a thing** as war eliminated from this world.

*「〜というもの (~to iu mono)」の形で使う。「もの (mono)」は前の言葉の本来の性格などを広く示す。

* Used in the pattern " ~ *to iu mono*." In this case *mono* broadly indicates the essence of what precedes it.

⑥[そうするのが当然でありそうなるのが自然であるという意味を表す]

⑥ [indicates that something is natural or a matter of course]

¶わからないときには人(ひと)に聞(き)く**もの**ですよ。(Wakaranai toki ni wa hito ni kiku *mono* desu yo.)

¶ You **should ask** someone when you don't understand something.

¶行けないとなると，いっそう行きたくなる**もの**です。(Ikenai to naru to, issō ikitaku naru *mono* desu.)

¶ When one can't go somewhere, **one wants** to go there all the more.

*「〜ものだ (〜mono da)」「〜ものです (〜mono desu)」などの形で使う。

* Used in the patterns "〜 *mono da*" and "〜 *mono desu.*"

⑦[感慨・感嘆などの意味を表す]

⑦ [used when expressing admiration, deep emotion, etc.]

¶よくこれまで我慢してきた**もの**だ。(Yoku kore made gaman shite kita *mono* da.)

¶ **[You]'ve done well** to stand it this long ⟦You've been very patient about it⟧.

¶漢字を覚えるのは難しい**もの**ですね。(Kanji o oboeru no wa muzukashii *mono* desu ne.)

¶ **It is difficult** to learn *kanji*, isn't it?

¶子供なのに，こんな難しい本がよく読める**もの**ですね。(Kodomo na noni, konna muzukashii hon ga yoku yomeru *mono* desu ne.)

¶ **What a** clever child that is to be able to read such a difficult book!

*「〜ものだ (mono da)」「〜ものです (mono desu)」などの形で使う。

* Used in the patterns "〜 *mono da*" and "〜 *mono desu.*"

⑧[過去にしばしば起こったことを回想するときに使う]

⑧ [used when referring to habitual action in the past]

¶子供のころ，よくこの川で泳いだ**もの**です。 (Kodomo no koro, yoku kono kawa de oyoida *mono* desu.)

¶ **I used** to swim in this river often when I was young.

¶学生時代，友達とよく飲みに行った**もの**です。(Gakusei-jidai, tomodachi to yoku nomi ni itta *mono* desu.)

¶ In my student days **I often** went drinking with friends.

*「〜たものだ (〜ta mono da)」「〜たものです (〜ta mono desu)」の形で使う。「昔 (mukashi)」「以前 (izen)」「〜のころ (〜no koro)」のような過去を表す言葉といっしょに使うことが多い。

* Used in the patterns "*-ta mono da*," "*-ta mono desu.*" It is often used with words indicating the past such as *mukashi*, *izen*, or 〜 *no koro*.

mono 者〖名〗

mono ⟦n⟧ **person, somebody**

怠け者 (namake*mono*)

a lazy **person,** a lazybones

¶わたしは山田という者ですが，御主人はいらっしゃいますか。(Watashi wa Yamada to iu *mono* desu ga, goshujin wa irasshaimasu ka?)

¶ I'm [Mr.] Yamada ⟦This is Mr. Yamada speaking⟧. Is your husband at home?

¶名前を呼ばれた者は，前へ出なさい。(Namae o yobareta *mono* wa, mae e denasai.)

¶ Will **those** whose names are called please step forward.

monogatari　物語〘名〙

monogatari ⟦n⟧　**tale, story, novel**

源氏物語 (Genji*monogatari*)

The Tale *of Genji*

¶おじいさんが昔の物語を話してくれました。(Ojiisan ga mukashi no *monogatari* o hanashite kuremashita.)

¶ My grandfather told me ancient **tales.**

monosashi　ものさし〘名〙

monosashi ⟦n⟧　**ruler, rule, a measure**

¶どのくらいの長さか，**ものさし**で測ってごらんなさい。(Dono kurai no nagasa ka, *monosashi* de hakatte goran nasai.)

¶ Now you try to measure its length with **a ruler** ⟦**yardstick,** etc.⟧.

morau　もらう〘動 I〙

morau ⟦v I⟧　**receive, accept, get**

¶わたしは兄にお金を**もらいました。**(Watashi wa ani ni okane o *moraimashita.*)

¶ I **got** some money from my older brother ⟦My older brother gave me some money⟧.

¶わたしは友達から手紙を**もらいました。**(Watashi wa tomodachi kara tegami o *moraimashita.*)

¶ I **received** a letter from a friend.

＊普通，ある人が対等または目下の人などから与えられたものを受け取るという意味を表す。受け取る人の側に立って言うときに使う。与える人が目上の人である場合には「いただく(itadaku)」を使う。「わたしは先生から日本語の本をいただきました。(Watashi wa sensei kara Nihongo

＊ Usually expresses the meaning of someone receiving something from a person of equal or lower status; used from the standpoint of the recipient. When the donor is of higher status, *itadaku* is used instead, as in "*Watashi wa sensei kara Nihongo no hon o itadakimashita*" (I received a

no hon o itadakimashita.)」
⇨itadaku いただく

Japanese book from my teacher; My teacher gave me a Japanese book).

(〜te) morau （〜て）もらう〔連〕

(-te) morau [[compd]] **receive the favor of something being done; have someone do something, have something done**

¶わたしは父にくつを買ってもらいました。(Watashi wa chichi ni kutsu o katte *moraimashita*.)

¶ My father **bought me** a pair of shoes.

¶わたしは山田さんに日本語を教えてもらいました。(Watashi wa Yamada san ni Nihongo o oshiete *moraimashita*.)

¶ [Miss] Yamada **taught me** Japanese [[Miss Yamada **was kind enough to teach me** Japanese]].

¶熱が高いから，医者に診てもらったほうがいいでしょう。(Netsu ga takai kara, isha ni mite *moratta* hō ga ii deshō.)

¶ You have a high fever; you should **have** a doctor **look you over.**

＊普通，ある人の動作によって，利益や恩恵を受けたり，または依頼してある動作をさせるようにしたりする意味を表す。利益を受けたり，依頼したりする人の側に立って言うときに使う。動作をする人が利益などを受ける人と同等か目下の人であるときに使う。動作をする人が目上の人である場合には「(〜て) いただく ([〜te] itadaku)」を使う。「わたしは先生に本を貸していただきました。(Watashi wa sensei ni hon o kashite itadakimashita.)」

＊ Usually expresses the meaning of receiving some benefit through the actions of another, or of requesting that something be done for one; used from the standpoint of the person receiving the benefit or of the person making the request. The person performing the act is of equal or lower status than the one receiving the benefit of that act. When the person performing the act is of higher status, (-*te*) *itadaku* is used instead, as in "*Watashi wa sensei ni hon o kashite itadakimashita*" (My teacher lent me a book; I borrowed a book from my teacher).

⇨(〜te) itadaku （〜て）いただく

mori 森〔名〕

mori [[n]] **forest, woods**

¶この町は森に囲まれています。(Kono machi wa *mori* ni kakomarete imasu.)

¶ This town is encircled by **woodlands.**

¶森の中の道を通っていくと，きれいな湖が見えてきました。(*Mori* no

¶ As [we] went along the road through **the forest,** a lovely lake

naka no michi o tootte iku to, kirei na mizuumi ga miete kimashita.) came into view.

moru 漏る〔動Ｉ〕 **moru** [[v I]] **leak, escape**

¶この家は古いので，雨が降ると**漏っ**てきます。(Kono ie wa furui node, ame ga furu to *motte* kimasu.) ¶ This house is old so that the roof **leaks** when it rains.

¶車からガソリンが**漏って**いますよ。(Kuruma kara gasorin ga *motte* imasu yo.) ¶ Hey, your car **is leaking** gasoline!

moshi もし〔副〕 **moshi** [[adv]] **if, provided that, in case of**

¶**もし**あした雨が降ったら，テニスの試合はありません。 (*Moshi* ashita ame ga futtara, tenisu no shiai wa arimasen.) ¶ There will be no tennis match tomorrow **if** it rains.

¶今度の日曜日に**もし**天気がよければ，山に行きます。(Kondo no nichiyōbi ni *moshi* tenki ga yokereba, yama ni ikimasu.) ¶ [We] will go to the mountains next Sunday **if** the weather is nice.

¶**もし**食べたくないなら，食べなくてもいいですよ。(*Moshi* tabetaku nai nara, tabenakute mo ii desu yo.) ¶ You don't have to eat **if** you don't want to.

¶**もし**あの人が行かなくても，あなたは行きますか。 (*Moshi* ano hito ga ikanakute mo, anata wa ikimasu ka?) ¶ Are you going to go even **if** [he] doesn't?

＊「もし (moshi)」は条件を表す「たら (tara)」「ば (ba)」「なら (nara)」「ても (te mo)」などとともに使う。 * *Moshi* is used together with expressions of condition such as *-tara*, *-ba*, *nara*, and *-te mo*.

mōshikomu 申し込む〔動Ｉ〕 **mōshikomu** [[v I]] **request, propose; apply for**

①[自分の希望などを相手に伝える] ① [request, propose]

¶社長に面会を**申し込んだら**，断られました。 (Shachō ni menkai o *mōshikondara,* kotowararemashita.) ¶ **My request** for an interview with the company president was refused.

¶山田さんは春子さんに結婚を**申し込** ¶ It seems that Mr. Yamada **has**

んだらしいです。(Yamada san wa Haruko san ni kekkon o *mōshikonda* rashii desu.)

proposed to Haruko.

②[募集などに応じる]

¶あなたはもう研究会への参加を**申し込みました**か。(Anata wa mō kenkyūkai e no sanka o *mōshikomimashita* ka?)

② [apply for]

¶ **Have you asked** if you could participate in the study meeting ⟦**applied for** membership in the study group⟧?

moshi moshi **もしもし**〘感〙

moshi moshi ⟦interj⟧ **Hello; Excuse me**

①[電話で相手に話しかけるときの言葉]

¶**もしもし**,山田さんですか。わたしは田中ですが…。(*Moshi moshi*, Yamada san desu ka? Watashi wa Tanaka desu ga...)

① [Hello; used when addressing someone on the telephone]

¶ **Hello,** is that [Mr.] Yamada? This is [Mr.] Tanaka.

②[知らない人などに対する呼びかけの言葉]

¶**もしもし**,ハンカチが落ちましたよ。(*Moshi moshi*, hankachi ga ochimashita yo.)

② [Excuse me; used to address a stranger]

¶ **Excuse me!** You've dropped your handkerchief.

mōshiwake nai **申し訳ない**〘連〙

mōshiwake nai ⟦compd⟧ a set expression of apology (literally, there's no excuse)

¶遅くなって**申し訳ありません**。(Osoku natte *mōshiwake arimasen*.)

¶ **I'm terribly sorry** to be late.

¶**申し訳ない**のですが,あしたの会議には出席できません。(*Mōshiwake nai* no desu ga, ashita no kaigi ni wa shusseki dekimasen.)

¶ **I'm very sorry,** but I won't be able to attend the meeting tomorrow.

mosu **燃す**〘動Ⅰ〙

mosu ⟦v I⟧ **burn, put to the flame, ignite**

¶古い手紙や日記を**燃しました**。(Furui tegami ya nikki o *moshimashita*.)

¶ [I] **burned** [my] old letters and diaries.

¶マッチで火をつけて,紙を**燃しました**。(Matchi de hi o tsukete, kami o *moshimashita*.)

¶ [I] lit the paper with a match and **burned** it.

⇨moyasu 燃やす

mōsu 申す〔動Ⅰ〕

¶わたしは上田と**申します**。(Watashi wa Ueda to *mōshimasu.*)

¶皆様の御親切に対してお礼を**申し**上げます。(Minasama no goshinsetsu ni taishite orei o *mōshi*agemasu.)

＊「言う (iu)」の謙譲語。

mōsu 〚v I〛 **say, call**

¶ **My name is** Ueda.

¶ **I would like to thank** all of you for your kindness.

＊ *Mōsu* is the humble form of *iu*.

moto 元〔名〕

元首相 (*moto*-shushō)

¶あの人は元小学校の先生でした。(Ano hito wa *moto* shōgakkō no sensei deshita.)

¶本を読み終わったら，元にもどしてください。 (Hon o yomiowattara, *moto* ni modoshite kudasai.)

¶久しぶりに行った町は，元のままでした。(Hisashiburi ni itta machi wa, *moto* no mama deshita.)

moto 〚n〛 **former; source, origin**

a **former** prime minister

¶ [He] was **formerly** 〚**originally**〛 an elementary school teacher.

¶ Please put the book **back** when you are finished with it.

¶ When [I] went back to the town after a long absence, it was exactly the same **as before.**

motomeru 求める〔動Ⅱ〕

①[要求する，相手に望む]

¶山田さんに意見を**求めたら**，黙っていました。 (Yamada san ni iken o *motometara*, damatte imashita.)

¶あしたの会に出席を**求められた**のですが，都合が悪くて行けません。(Ashita no kai ni shusseki o *motomerareta* no desu ga, tsugō ga warukute ikemasen.)

②[欲しいものや人を探す]

¶二人は幸福を**求めて**旅に出ました。(Futari wa kōfuku o *motomete* tabi ni demashita.)

¶わたしの学校で，今英語の先生を求

motomeru 〚v II〛 **desire, request, demand; pursue, seek; buy**

① [desire, request, demand, ask for]

¶ [Mrs.] Yamada remained silent **when asked** for [her] opinion.

¶ [I] **was requested** to attend tomorrow's meeting 〚session〛 but circumstances will not permit my going.

② [pursue, seek, search for]

¶ The two took to the road **in search** of happiness.

¶ My school is now **looking for** an

めています。(Watashi no gakkō de, ima Eigo no sensei o *motomete* imasu.)

English teacher.

③[買う]

③ [buy, purchase]

¶「それはどこでお**求め**になりましたか。」(Sore wa doko de o*motome* ni narimashita ka?) 「Aデパートで買いました。」(Ē-depāto de kaimashita.)

¶ "Where did you **purchase** that?" "I got it at Department Store A."

motsu **持つ**〖動 I〗

motsu 〚v I〛 **hold, carry; have with one, own, possess; have, harbor; be in charge of, pay**

①[手に取る]

① [hold, carry, take]

¶この荷物は重くて，一人では**持つ**ことができません。(Kono nimotsu wa omokute, hitori de wa *motsu* koto ga dekimasen.)

¶ These bags 〚packages, etc.〛 are too heavy for one person **to carry.**

¶すみませんが，この荷物を**持って**ください。 (Sumimasen ga, kono nimotsu o *motte* kudasai.)

¶ Could you please **carry** this bag 〚package, load, etc.〛 for me?

②[身につける，所有する]

② [have with one, own, possess]

¶あなたは時計を**持って**いますか。(Anata wa tokei o *motte* imasu ka?)

¶ **Are you wearing** a watch 〚**Do you own** a watch〛?

¶今，わたしはお金を**持って**いません。(Ima, watashi wa okane o *motte* imasen.)

¶ I **don't have** any 〚that much〛 money on me at the moment.

③[心にいだく]

③ [have, harbor, cherish, be endowed with]

¶わたしは日本文化に興味を**持って**います。 (Watashi wa Nihon-bunka ni kyōmi o *motte* imasu.)

¶ I'm interested (literally, **have** an interest) in Japanese culture.

④[負担する，受け持つ]

④ [be in charge of, pay, stand]

¶山田先生はAクラスを**持って**います。(Yamada sensei wa Ē-kurasu o *motte* imasu.)

¶ Professor Yamada **is in charge of** Class A.

¶今度の旅行の費用は会社が**持って**く

¶ The company **will bear** the ex-

れます。(Kondo no ryokō no hiyō wa kaisha ga *motte* kuremasu.)

penses of the coming trip.

mottainai もったいない〔形〕

¶その鉛筆はまだ書けますから，捨てるのは**もったいない**です。(Sono enpitsu wa mada kakemasu kara, suteru no wa *mottainai* desu.)

¶待っている時間が**もったいない**ので，本を読んでいました。(Matte iru jikan ga *mottainai* node, hon o yonde imashita.)

mottainai ⟦adj⟧ **wasteful**

¶ That pencil can still be used; **it's a shame** to throw it away.

¶ [I] read a book so as **not to waste** the time [I] spent waiting.

motte iku 持って行く〔連〕

¶学校へ行くときは，このかばんを**持って行きます**。(Gakkō e iku toki wa, kono kaban o *motte ikimasu.*)

¶これを山田さんのところへ**持って行って**ください。(Kore o Yamada san no tokoro e *motte itte* kudasai.)

motte iku ⟦compd⟧ **take, take along**

¶ [I] **take** this bag ⟦briefcase, etc.⟧ when [I] go to school.

¶ Please **take** this to [Mr.] Yamada.

motte kuru 持って来る〔連〕

¶その本をここに**持って来て**ください。(Sono hon o koko ni *motte kite* kudasai.)

¶あなたに借りた本は，あした**持って来ます**。(Anata ni karita hon wa, ashita *motte kimasu.*)

motte kuru ⟦compd⟧ **bring, fetch**

¶ Please **bring** that book to me.

¶ Tomorrow **I'll bring back** the book I borrowed from you.

motto もっと〔副〕

¶**もっと**一生懸命勉強しなさい。(*Motto* isshōkenmei benkyō shinasai.)

¶**もっと**右の方へ寄ってください。(*Motto* migi no hō e yotte kudasai.)

¶上田さんは英語が上手ですが，山田さんは**もっと**上手です。(Ueda san wa Eigo ga jōzu desu ga, Yamada

motto ⟦adv⟧ **more, further, longer**

¶ Please study **harder.**

¶ Please move **more** to the right.

¶ [Miss] Ueda speaks English well, but [Miss] Yamada speaks it **still better.**

san wa *motto* jōzu desu.)

mottomo **最も**〔副〕

¶富士山は日本で**最も**高い山です。 (Fujisan wa Nihon de *mottomo* takai yama desu.)

¶あなたの**最も**好きな食べ物は何ですか。 (Anata no *mottomo* suki na tabemono wa nan desu ka?)

mottomo ⟦adv⟧ **most, extremely**

¶ Mount Fuji is **the highest** mountain in Japan.

¶ What is your **favorite** food?

mottomo **もっとも**〔形動〕

¶2時間も待たされたんですから，あの人が怒るのも**もっとも**です。 (Nijikan mo matasareta n desu kara, ano hito ga okoru no mo *mottomo* desu.)

¶朝から何も食べていないのなら，おなかがすくのは**もっとも**です。 (Asa kara nani mo tabete inai no nara, onaka ga suku no wa *mottomo* desu.)

mottomo ⟦adj-v⟧ **reasonable, understandable, natural, justifiable**

¶ **It is only natural** that [he] was angry as [he] had been kept waiting for two hours.

¶ **Of course** you are hungry if you haven't eaten anything all day.

mottomo **もっとも**〔接〕

¶わたしは日本料理が好きです。**もっとも**，生の魚は食べられませんが。 (Watashi wa Nihon-ryōri ga suki desu. *Mottomo,* nama no sakana wa taberaremasen ga.)

¶私の兄弟はみんな頭がいいです。**もっとも**，私だけは例外です。 (Watakushi no kyōdai wa minna atama ga ii desu. *Mottomo* watakushi dake wa reigai desu.)

＊ 前のことがらを受けて，それに対する例外や条件をつけ加えたりするときに使う。

mottomo ⟦conj⟧ **however, though, indeed, of course**

¶ I like Japanese food. **However,** I can't eat raw fish.

¶ My brothers and sisters are all smart. **Of course,** I am the exception.

＊ Used when adding some exception or condition to the previous statement.

moyasu **燃やす**〔動 I〕

moyasu ⟦v I⟧ **burn, put to the flame, ignite**

¶マッチで火(ひ)をつけて, 手紙(てがみ)を**燃(も)やして**しまいました。 (Matchi de hi o tsukete, tegami o *moyashite* shimaimashita.)

¶ [I] lit the letter with a match and **burned** it.

¶木(き)をたくさん**燃(も)やしながら**, その周(まわ)りでみんなで歌(うた)を歌(うた)いました。 (Ki o takusan *moyashinagara,* sono mawari de minna de uta o utaimashita.)

¶ We sat and sang around the fire where **we burned** lots of wood.

⇨**mosu 燃(も)す**

moyō 模様(もよう)〘名〙

moyō ⟦n⟧ **pattern, design**

¶この花(か)びんの**模様(もよう)**はとてもきれいですね。 (Kono kabin no *moyō* wa totemo kirei desu ne.)

¶ **The design** on this vase is very pretty.

¶あの花(はな)の**模様(もよう)**の着物(きもの)を着(き)ている人(ひと)はだれですか。 (Ano hana no *moyō* no kimono o kite iru hito wa dare desu ka?)

¶ Who is that woman wearing the **flowered** kimono?

mu(-) 無(む)(-)〘名, 頭〙

mu(-) ⟦n, pref⟧ **nothing, nil, zero**

1〘名〙

1 ⟦n⟧

¶長(なが)い間(あいだ)の努力(どりょく)が**無(む)**になってしまいました。 (Nagai aida no doryoku ga *mu* ni natte shimaimashita.)

¶ [Our] work for so long a time was all **in vain** ⟦has all been **in vain**⟧.

2〘頭〙

2 ⟦pref⟧

無(む)意(い)味(み) (*mu*imi) **無(む)**関係(かんけい) (*mu*kankei)

meaning**less** // **un**related; **un**concerned; **ir**relevant

muchū 夢中(むちゅう)〘形動〙

muchū ⟦adj-v⟧ **absorbed in, crazy about, abstracted**

¶このごろ, 中村(なかむら)さんはカメラに**夢中(むちゅう)**です。 (Konogoro, Nakamura san wa kamera ni *muchū* desu.)

¶ [Mr.] Nakamura is camera-**crazy** these days.

¶山田(やまだ)さんは**夢中(むちゅう)**でテレビを見(み)ています。 (Yamada san wa *muchū* de terebi o mite imasu.)

¶ [Mr.] Yamada **is absorbed** in a television program.

muda むだ〘名, 形動〙

muda ⟦n, adj-v⟧ **useless, futile; wasteful**

①[効果がない]

① [useless, futile, fruitless]

¶あの人にはいくら注意してもむだです。 (Ano hito ni wa ikura chūi shite mo *muda* desu.)

¶ **It's no use** no matter how many times one warns ⟦reprimands⟧ [him].

¶試験に落ちて，山田さんの努力もむだになりました。(Shiken ni ochite, Yamada san no doryoku mo *muda* ni narimashita.)

¶ All of [Mr.] Yamada's efforts **were in vain**—[he] failed [his] exam.

②[役に立たない使い方をする]

② [wasteful]

¶食べ物を**むだ**にしてはいけません。(Tabemono o *muda* ni shite wa ikemasen.)

¶ One shouldn't **waste** food.

¶一日じゅう何もしないで，時間を**むだ**に過ごしてしまいました。 (Ichinichijū nani mo shinaide, jikan o *muda* ni sugoshite shimaimashita.)

¶ [I] **wasted** my time doing nothing all day.

mudan 無断〘名〙

mudan ⟦n⟧ **without permission, without notice**

¶あなたがいなかったので，**無断**で本を借りました。 (Anata ga inakatta node, *mudan* de hon o karimashita.)

¶ You weren't here so I borrowed a book **without asking.**

¶この池の魚を**無断**で捕ってはいけません。 (Kono ike no sakana o *mudan* de totte wa ikemasen.)

¶ One mustn't fish in this pond **without permission.**

mugi 麦〘名〙

mugi ⟦n⟧ **wheat, barley**

大**麦** (oo*mugi*) 小**麦** (ko*mugi*)

barley // **wheat**

¶ビールは**麦**から造ります。 (Biiru wa *mugi* kara tsukurimasu.)

¶ Beer is made from **barley.**

muika 六日〘名〙

muika ⟦n⟧ **the sixth day of the month; six days**

①[日付を表す]

① [the sixth day of the month]

一月**六日** (ichigatsu *muika*)

January **6**

②[日数を表す]

② [six days]

¶病気で**六日**入院しました。 (Byōki de *muika* nyūin shimashita.)

¶ [I] was hospitalized **for six days** due to illness.

⇨**-ka** -日

mukaeru 迎える〘動II〙

mukaeru ⟦v II⟧ **meet, welcome; greet**

①[人の来るのを待ち受ける]
¶父は田中さんを**迎え**に駅に行きました。 (Chichi wa Tanaka san o *mukae* ni eki ni ikimashita.)
¶友達はわたしを喜んで**迎えて**くれました。 (Tomodachi wa watashi o yorokonde *mukaete* kuremashita.)
②[その時の来るのを待つ]
¶母はお正月を**迎える**準備で忙しいです。 (Haha wa oshōgatsu o *mukaeru* junbi de isogashii desu.)

① [meet, welcome, receive]
¶ My father went to the station **to meet** [Mr.] Tanaka.
¶ My friends **greeted** me happily.
② [greet; await a certain time]
¶ My mother is busy with preparations **for** the New Year's holidays.

mukashi 昔〘名〙
¶おじいさんは，わたしに昔のことを話してくれました。(Ojiisan wa, watashi ni *mukashi* no koto o hanashite kuremashita.)
¶**昔々**，ある所におじいさんとおばあさんがいました。(*Mukashi mukashi,* aru tokoro ni ojiisan to obāsan ga imashita.)

mukashi ⟦n⟧ **ancient times, former days, the past**
¶ My grandfather told me about **past times.**
¶ **Once upon a time** there was an old man and an old woman.

mukau 向かう〘動Ⅰ〙
①[何かをするときにそのものを正面に見ることができる姿勢をとる]
鏡に**向かう** (kagami ni *mukau*) 壁に**向かう** (kabe ni *mukau*)
¶試験があるので，毎日3時間机に**向かう**ことにしています。 (Shiken ga aru node, mainichi sanjikan tsukue ni *mukau* koto ni shite imasu.)
* 普通，「～に向かう (～ni mukau)」の形で使う。
②[相手とする，対する]
¶その子は歩いてくる父親に**向かって**手を振りました。(Sono ko wa aruite

mukau ⟦v I⟧ **face; meet, confront; facing one; proceed, head toward**
① [face, be opposite to]
look in the mirror // **face** the wall
¶ I make it a rule to spend three hours a day **at** my desk preparing for my examinations.
* Usually used in the pattern "～ *ni mukau.*"
② [meet, confront]
¶ The child waved **to** [his] approaching father.

kuru chichioya ni *mukatte* te o furimashita.)

* 普通,「〜に向かう (〜ni mukau)」の形で使う。

* Usually used in the pattern "〜 *ni mukau.*"

③[自分の方から見て]

③ [facing one, opposite one]

¶**向かって**右が銀行です。 (*Mukatte* migi ga ginkō desu.)

¶ The bank is **on your** right.

* 普通,「向かって右 (mukatte migi)」「向かって左 (mukatte hidari)」の形で使う。

* Usually used in the patterns "*mukatte migi*" and "*mukatte hidari.*"

④[ある方向へ進む, ある状態に近づく]

④ [proceed, head toward, tend toward]

¶田中さんは今大阪へ**向かって**いるところです。 (Tanaka san wa ima Oosaka e *mukatte* iru tokoro desu.)

¶ [Mr.] Tanaka **is** now **on [his] way to** Osaka.

¶山田さんの病気はいいほうに**向かって**いるそうです。 (Yamada san no byōki wa ii hō ni *mukatte* iru sō desu.)

¶ I hear that [Mrs.] Yamada's illness **has taken a turn for** the better.

* 普通,「〜へ向かう (〜e mukau)」「〜に向かう (〜ni mukau)」の形で使う。

* Usually used in the patterns "〜 *e mukau*" and "〜 *ni mukau.*"

mukeru　向ける〘動Ⅱ〙

mukeru 〚v II〛 **turn toward, point at**

¶恥ずかしいので,顔を下に**向けた**まま黙っていました。(Hazukashii node, kao o shita ni *muketa* mama damatte imashita.)

¶ Embarrassed 〚Ashamed〛, **I kept** my head **down** and remained silent.

¶大きな音がしたので, 皆その方に目を**向けました**。(Ookina oto ga shita node, mina sono hō ni me o *mukemashita.*)

¶ Everyone turned and looked **in the direction** of the loud noise.

¶山田さんは秋子さんにカメラを**向けて**, 写真を撮りました。 (Yamada san wa Akiko san ni kamera o

¶ [Mr.] Yamada **aimed** the camera **at** Akiko and took her picture.

mukete, shashin o torimashita.)

(-)muki　(-)向き〘名，尾〙

1〘名〙

¶机の**向き**を変えましょう。(Tsukue no *muki* o kaemashō.)

2〘尾〙

①[方向]

¶南**向き**の部屋は，日がよく当たります。(Minami *muki* no heya wa, hi ga yoku atarimasu.)

②[適していること]

¶この料理は子供**向き**ですね。(Kono ryōri wa kodomo *muki* desu ne.)

¶若い女の人**向き**の仕事がありますよ。(Wakai onna no hito *muki* no shigoto ga arimasu yo.)

mukō　向こう〘名〙

①[ある物を隔てた反対の側]

¶あの山の**向こう**側に湖があります。(Ano yama no *mukō*gawa ni mizuumi ga arimasu.)

¶敵は川の**向こう**まで来ています。(Teki wa kawa no *mukō* made kite imasu.)

②[先の方，前の方，正面]

¶**向こう**から来るのは山田さんのようです。(*Mukō* kara kuru no wa Yamada san no yō desu.)

¶**向こう**に見えるのが富士山です。(*Mukō* ni mieru no ga Fujisan desu.)

③[少し離れている所]

¶子供は**向こう**へ行って遊んでいなさい。(Kodomo wa *mukō* e itte

(-)muki ⟦n, suf⟧　**direction; suitability**

1 ⟦n⟧　direction, position

¶ Let's change **the position** of the desks.

2 ⟦suf⟧

① [direction, exposure]

¶ Rooms with a southern **exposure** are sunny.

② [suitability]

¶ This meal ⟦dish⟧ is **for** children.

¶ There is a job available **for** a young woman.

mukō ⟦n⟧　**the other side; in front of one; beyond; one's destination, over there**

① [the other side, the opposite side]

¶ There is a lake on **the other side** of that mountain.

¶ The enemy has advanced up to **the opposite side** of the river.

② [in front of one, the opposite direction]

¶ That seems to be [Mr.] Yamada coming towards us.

¶ **Over there** you can see Mount Fuji.

③ [beyond, over there; somewhat distant]

¶ Children, go play **over there.**

asonde inasai.)

④[行く先，話題になっている遠方の場所]

④ [one's destination, over there; a distant place that is being talked about]

¶**向こう**に着いたら，手紙をください。(*Mukō* ni tsuitara, tegami o kudasai.)

¶ Please write [us] after you arrive **there.**

¶「昨日，アメリカから帰ってきました。」(Kinō, Amerika kara kaette kimashita.)「**向こう**の生活はいかがでしたか。」(*Mukō* no seikatsu wa ikaga deshita ka?)

¶ "I arrived back from the United States yesterday."
"What was it like living **there?**"

muku　向く〘動 I〙

muku [[v I]] **face; turn toward, look toward; suit, be geared for**

①[その方向に面する]

① [face, front on]

¶わたしの部屋は南に**向いて**います。(Watashi no heya wa minami ni *muite* imasu.)

¶ My room **faces** south.

②[体または顔をその方向へ回す]

② [turn toward, look toward]

下を**向く** (shita o *muku*)

look down, lower **one's gaze**

¶写真を撮りますから，こちらを**向いて**ください。(Shashin o torimasu kara, kochira o *muite* kudasai.)

¶ Please **look** this way; I'm going to take the photo now.

③[適する]

③ [suit, be geared for]

¶この仕事は老人に**向いて**います。(Kono shigoto wa rōjin ni *muite* imasu.)

¶ This job **is suitable** for an elderly person.

¶この服は若い人には**向きません**。(Kono fuku wa wakai hito ni wa *mukimasen*.)

¶ This outfit **is too old** for someone young.

muku　むく〘動 I〙

muku [[v I]] **peel, pare, skin**

¶みかんの皮を**むきました**。(Mikan no kawa o *mukimashita*.)

¶ [I] **peeled** a mandarin orange.

¶わたしはりんごの皮を**むかないで**食べます。(Watashi wa ringo no kawa o *mukanaide* tabemasu.)

¶ I eat apples **without paring** them.

mune 胸〘名〙

¶先生はいつも胸のポケットにハンカチを入れています。(Sensei wa itsu mo *mune* no poketto ni hankachi o irete imasu.)

mune ⟦n⟧ **breast, chest, lungs, heart**

¶ [My] teacher ⟦doctor⟧ always has a handkerchief in his **breast** pocket.

mura 村〘名〙

¶ここがわたしの生まれた村です。(Koko ga watashi no umareta *mura* desu.)

¶若い人は都会へ行ってしまい，村には年寄りと子供しかいません。(Wakai hito wa tokai e itte shimai, *mura* ni wa toshiyori to kodomo shika imasen.)

⇨**machi** 町

mura ⟦n⟧ **village**

¶ This is **the village** where I was born.

¶ The young people all leave for the city so that **the villages** are populated by the old and the very young.

murasaki 紫〘名〙

¶あの紫の花は何という名前ですか。(Ano *murasaki* no hana wa nan to iu namae desu ka?)

¶長い時間泳いでいたので，くちびるが紫色になりました。(Nagai jikan oyoide ita node, kuchibiru ga *murasaki*iro ni narimashita.)

murasaki ⟦n⟧ **purple**

¶ What is the name of that **purple** flower?

¶ As [he] was swimming for a long time, [his] lips turned ⟦have turned⟧ **blue** (literally, **purple**).

muri 無理〘名，形動〙

①[筋道が通らないこと，道理に合わないこと]

¶2時間も待たされたんですから，あの人が怒るのも無理はありません。(Nijikan mo matasareta n desu kara, ano hito ga okoru no mo *muri* wa arimasen.)

¶あまり働かないで，お金をたくさん欲しいというのは無理です。(Amari hatarakanaide, okane o takusan

muri ⟦n, adj-v⟧ **unreasonable; impossible**

① [unreasonable, unwarrantable, unnatural]

¶ As [he] was kept waiting for two hours, **it's only natural** that [he] became angry.

¶ **It's asking too much** to want a lot of money while not working much.

hoshii to iu no wa *muri* desu.)

②[適当だと思われる程度を超えること，それを押し切ってすること]

② [impossible, forced, excessive, immoderate, too difficult]

¶病気のあとは無理をしないほうがいいです。(Byōki no ato wa *muri* o shinai hō ga ii desu.)

¶ It's best not **to overstrain oneself** after being ill.

¶お酒がきらいな人に無理にすすめてはいけません。(Osake ga kirai na hito ni *muri* ni susumete wa ikemasen.)

¶ One shouldn't **force** liquor on those who don't like to drink.

muryō 無料〘名〙

muryō [[n]] **free of charge**

¶6歳以下の子供はバスが無料です。(Rokusai ika no kodomo wa basu ga *muryō* desu.)

¶ The bus **is free** for children aged six and under.

¶500名に無料でせっけんを配りました。(Gohyakumei ni *muryō* de sekken o kubarimashita.)

¶ **Free** soap was distributed to five hundred persons.

⇔**yūryō** 有料 ⇨**tada** ただ

mushi 虫〘名〙

mushi [[n]] **insect, bug**

¶虫に刺されてかゆいので，薬をつけました。(*Mushi* ni sasarete kayui node, kusuri o tsukemashita.)

¶ I put some medication on an **insect** bite that was itching.

¶庭で虫が鳴いています。(Niwa de *mushi* ga naite imasu.)

¶ **Insects** are singing in the garden [[yard]].

mushiba 虫歯〘名〙

mushiba [[n]] **decayed tooth**

¶甘いものをたくさん食べると，虫歯になります。(Amai mono o takusan taberu to, *mushiba* ni narimasu.)

¶ One will get **cavities** if one eats a lot of sweets.

¶虫歯が痛くて，ものが食べられません。(*Mushiba* ga itakute, mono ga taberaremasen.)

¶ **My bad tooth** aches so much that I can't eat.

mushiro むしろ〘副〙

mushiro [[adv]] **rather** (than), **better, sooner**

¶わたしは甘い物よりむしろ辛い物のほうが好きです。(Watashi wa amai

¶ I like nonsweet [[salty]] foods **better**

mono yori *mushiro* karai mono no hō ga suki desu.)

than sweet ones.

¶自分で木を買って作るより**むしろ**この箱を買ったほうが安いです。(Jibun de ki o katte tsukuru yori, *mushiro* kono hako o katta hō ga yasui desu.)

¶ It will be cheaper to buy this box ⟦chest, casket, case, etc.⟧ **than** to buy the wood and make it oneself.

musubu **結ぶ**〘動 I〙

musubu ⟦v I⟧ **tie, tie up; enter into relations with, contract; connect, link**

①[糸・ひもなどをつなぎ合わせる，ひもなどで締める]

① [tie, tie up, fasten, bind, knot]

糸を**結ぶ** (ito o *musubu*) ひもを**結ぶ** (himo o *musubu*)

tie threads ⟦lines⟧ **together** // **tie** shoelaces, **tie** a package with string, etc.

¶ネクタイはどのように**結ぶ**のですか。(Nekutai wa dono yō ni *musubu* no desu ka?)

¶ How does one **tie** a necktie?

¶荷物をひもで**結びましょう**。 (Nimotsu o himo de *musubimashō*.)

¶ **Let's tie up** the package with cord ⟦string, a strap, etc.⟧.

②[二つ以上のものの間に関係をつける]

② [enter into relations with, contract]

¶二人はようやく**結ばれて**，来月結婚することになりました。 (Futari wa yōyaku *musubarete,* raigetsu kekkon suru koto ni narimashita.)

¶ The two have finally **gotten together** and will be married next month.

③[離れている所の間に連絡をつける]

③ [connect, link]

¶この島と東京を**結ぶ**船は，毎週土曜日に来ます。(Kono shima to Tōkyō o *musubu* fune wa, maishū doyōbi ni kimasu.)

¶ The ship **linking** this island with Tokyo comes every Saturday.

musuko **息子**〘名〙

musuko ⟦n⟧ **son, boy**

¶うちの**息子**は来年の3月に大学を卒業します。 (Uchi no *musuko* wa rainen no sangatsu ni daigaku o sotsugyō shimasu.)

¶ Our **son** graduates from college in March of next year.

¶山田さんは**息子**さんが一人と娘さん

¶ [Mr.] Yamada has one **son** and

が二人あります。 (Yamada san wa *musuko*san ga hitori to musume-san ga futari arimasu.)

two daughters.

⇔**musume** 娘

musume 娘〘名〙

musume 〚n〛 **daughter; young unmarried girl or woman**

①[自分の女の子供]

① [daughter]

¶いちばん上の娘は今年 18 です。 (Ichiban ue no *musume* wa kotoshi jūhachi desu.)

¶ My eldest **daughter** is 18 this year.

↔**musuko** 息子

②[若い未婚の女性]

② [young unmarried girl or woman]

¶道できれいな娘さんにあいさつされたが，だれだかわかりませんでした。 (Michi de kirei na *musume*san ni aisatsu sareta ga, dare da ka wakarimasen deshita.)

¶ A pretty **young lady** greeted me in the street but I don't know who she was.

muttsu 六つ〘名〙

muttsu 〚n〛 **six, six items; six years old**

①[6個]

① [six, six items]

¶ここにみかんが六つあります。 (Koko ni mikan ga *muttsu* arimasu.)

¶ There are **six** mandarin oranges here.

②[6歳]

② [six years old]

¶日本では六つで小学校に入学します。 (Nihon de wa *muttsu* de shōgakkō ni nyūgaku shimasu.)

¶ In Japan one enters elementary school at **six years of age.**

muyami ni むやみに〘副〙

muyami ni 〚adv〛 **immoderately, excessively, recklessly, indiscriminately**

¶むやみに食べると，おなかをこわしますよ。 (*Muyami ni* taberu to, onaka o kowashimasu yo.)

¶ Eating **to excess** invites stomach trouble.

¶むやみにお金を使ってはいけません。 (*Muyami ni* okane o tsukatte wa ikemasen.)

¶ You shouldn't **throw away** your money.

muzukashii 難しい〘形〙

muzukashii 〚adj〛 **difficult, hard**

¶この本は難しくてわかりません。

¶ This book **is so hard** that I can't

(Kono hon wa *muzukashikute* wakarimasen.)
understand it.

¶日本語は**難しい**ですか。 (Nihongo wa *muzukashii* desu ka?)
¶ Is Japanese **difficult?**

¶この事件の解決はなかなか**難しそう**です。(Kono jiken no kaiketsu wa nakanaka *muzukashisō* desu.)
¶ **It looks like** this incident **will be** quite **difficult** to resolve.

⇔**yasashii** 易しい

myō- 明-〘頭〙 **myō-** [[pref]] **tomorrow, the next**

明日 (*myō*nichi) **明**後日 (*myō*gonichi) **明**朝 (*myō*chō) **明**晩 (*myō*ban)
tomorrow // the day after **tomorrow** // **tomorrow** morning // **tomorrow** evening, **tomorrow** night

myō 妙〘形動〙 **myō** [[adj-v]] **strange, odd, singular**

¶山田さんが**妙**な顔をしてこちらを見ていました。 (Yamada san ga *myō* na kao o shite kochira o mite imashita.)
¶ [Miss] Yamada looked over here with a **strange** look on [her] face.

¶辺りが**妙**に静かになりました。 (Atari ga *myō* ni shizuka ni narimashita.)
¶ It fell **strangely** quiet.

myōji 名字〘名〙 **myōji** [[n]] **family name, surname**

¶わたしの**名字**は田中で，名前は太郎です。 (Watashi no *myōji* wa Tanaka de, namae wa Tarō desu.)
¶ My **family name** is Tanaka and my given name is Tarō.

¶日本の**名字**で多いのは，鈴木，山田などです。 (Nihon no *myōji* de ooi no wa, Suzuki, Yamada nado desu.)
¶ **Surnames** frequent in Japan are Suzuki, Yamada, etc.

N

n ん〔助〕 ☞**no** の

na な〔助〕

①［感動などの気持ちを表す］

¶ああ，いい天気(てんき)だ**な**。(Ā ii tenki da *na*.)

¶あの花(はな)はきれいだ**な**。 (Ano hana wa kirei da *na*.)

*「なあ (nā)」とも言う。

②［禁止の気持ちを表す］

¶かぎを忘(わす)れる**な**。 (Kagi o wasureru*na*.)

¶部屋(へや)に入(はい)る**な**。(Heya ni hairu*na*.)

* 動詞（終止の形）に続く。

nado など〔助〕

①［同じようなものごとを列挙するときに使う］

¶この店(みせ)では本(ほん)やノートや鉛筆(えんぴつ)**など**を売(う)っています。 (Kono mise de wa hon ya nōto ya enpitsu *nado* o utte imasu.)

¶わたしは映画(えいが)や芝居(しばい)**など**はあまり好(す)きではありません。 (Watashi wa eiga ya shibai *nado* wa amari suki de wa arimasen.)

* 普通「〜や〜や〜など (〜ya 〜ya 〜nado)」の形で使い，列挙するものがそれだけに限らないことを表す。

②［ものごとを一例として挙げるときに使う］

¶「日本語(にほんご)を勉強(べんきょう)するのに何(なに)かいい本(ほん)はありませんか。」(Nihongo o ben-

n ☞ **no**

na ⟦part⟧ a sentence-final particle used as an intensifier or to express prohibition

① [acts as an intensifier]

¶ **What a** nice day!

¶ **What a** lovely flower ⟦**How** lovely that flower is⟧!

* Variant: *nā*.

② [expresses prohibition]

¶ **Don't** forget your key ⟦**Don't** forget to lock up⟧.

¶ **Don't** go ⟦come⟧ in the room.

* Used immediately after a verb in the dictionary form.

nado ⟦part⟧ **and the like, etc.; or the like**

① [and the like, etc.; used when citing things of the same sort]

¶ This shop sells books, notebooks, pencils, **and so forth.**

¶ I am not very fond of movies, plays, **and the like.**

* Usually used in the pattern "〜 *ya* 〜 *ya* 〜 *nado*"; indicates that there are other items in addition to those cited.

② [or the like; used when citing something as an example]

kyō suru no ni nani ka ii hon wa arimasen ka?)「そうですね。この本などいかがですか。」(Sō desu ne. Kono hon *nado* ikaga desu ka?)

¶ "Can you tell me some good books for studying Japanese?"

"Well, how about **something like** this book?"

¶お疲れになったでしょう。お茶などいかがですか。(Otsukare ni natta deshō. Ocha *nado* ikaga desu ka?)

¶ You must be tired. How about some tea **or something?**

③[否定的な気持ちを込めてあるものごとを取り上げて言うときに使う]

③ [or the like, such a thing as; used when citing something in a denial]

¶山田さんはうそなどつく人ではありません。(Yamada san wa uso *nado* tsuku hito de wa arimasen.)

¶ [Mr.] Yamada isn't a liar.

¶こんなまずい料理など，とても食べられません。(Konna mazui ryōri *nado,* totemo taberaremasen.)

¶ There's no way anyone could eat **such** terrible food.

* 普通，あとに打ち消しの言葉や否定的な意味の言葉が来る。

* Usually followed by words negative in form or sense.

＊「なんか (nan ka)」とも言う。

＊ Variant: *nan ka.*

nagai 長い〘形〙

nagai ⟦adj⟧ **long; prolonged**

①[もののある点からある点までの間隔が大きい]

① [long (spatial), too long]

¶長い鉛筆と短い鉛筆が2本ずつあります。(*Nagai* enpitsu to mijikai enpitsu ga nihon zutsu arimasu.)

¶ There are two **long** pencils and two short pencils.

②[時間の間隔が大きい]

② [long (temporal), prolonged]

¶わたしは長い間アメリカに住んでいました。(Watashi wa *nagai* aida Amerika ni sunde imashita.)

¶ I lived in the United States for a **long** time.

⇔**mijikai 短い**

nagameru ながめる〘動Ⅱ〙

nagameru ⟦v II⟧ **look at, watch; look out over, overlook**

①[見つめる]

① [look at, watch, see]

¶その人は同じ絵を30分もながめていました。(Sono hito wa onaji e o sanjippun mo *nagamete* imashita.)

¶ That person **was looking at** the same picture for 30 minutes.

②[見渡す]
¶山の上から下の町をながめました。(Yama no ue kara shita no machi o *nagamemashita.*)

② [look out over, overlook]
¶ [I] **surveyed** the town below from the top of the mountain.

nagara　ながら〘助〙

-nagara ⟦part⟧ **while, as; though**

①[ある動作を行う一方で他の動作も行うという意味を表す]

① [while, as, at the same time that]

¶わたしはいつも音楽を聞き**ながら**仕事をします。(Watashi wa itsu mo ongaku o kiki*nagara* shigoto o shimasu.)

¶ I always listen to music while I work (literally, I always work **while** listening to music).

¶テレビを見**ながら**勉強してはいけません。(Terebi o mi*nagara* benkyō shite wa ikemasen.)

¶ One shouldn't watch television while studying (literally, One shouldn't study **while** watching television).

¶山田さんは働き**ながら**大学を卒業しました。(Yamada san wa hataraki*nagara* daigaku o sotsugyō shimashita.)

¶ [Mr.] Yamada worked [his] way through college.

* 二つの動作の主体は同じである。

* The subject of the two clauses is the same.

②[ある動作・状態とそれと相いれない他の動作・状態とがともに成立するという関係を表す]

② [though, yet, in spite of]

¶あの人はそのことを知ってい**ながら**教えてくれませんでした。(Ano hito wa sono koto o shitte i*nagara* oshiete kuremasen deshita.)

¶ **Even though** [he] knew that, [he] didn't tell [me] about it.

¶あの人は「はい，はい。」と言い**ながら**，いつも頼んだことをしてくれません。 (Ano hito wa "Hai, hai." to ii*nagara,* itsu mo tanonda koto o shite kuremasen.)

¶ **In spite of** agreeing to it, [he] never does what [he]'s asked to do.

* 普通，二つの動作・状態の主体は同じである。

* Usually the subject of the two clauses is the same.

③[断りや前置きなどを表すのに使う]

③ [used when refusing or in a preliminary remark]

¶残念ながら，用事があって，あしたのパーティーには出席できません。(Zannen*nagara*, yōji ga atte, ashita no pātii ni wa shusseki dekimasen.)

¶ I'm sorry (literally, **although** it's a shame) but something has come up so that I will be unable to attend the party tomorrow.

¶失礼ながら，ラジオの音をもう少し小さくしていただけませんか。(Shitsurei*nagara*, rajio no oto o mō sukoshi chiisaku shite itadakemasen ka?)

¶ Excuse me (literally, **although** it's rude) but could you please turn your radio down a little bit?

nagare **流れ**〘名〙

nagare ⟦n⟧ **flow, stream, current**

¶この川はずいぶん**流れ**が急ですね。(Kono kawa wa zuibun *nagare* ga kyū desu ne.)

¶ This is a very rapidly **running** river.

¶車の**流れ**が激しくて，道の向こう側へ渡れません。(Kuruma no *nagare* ga hageshikute, michi no mukōgawa e wataremasen.)

¶ **Traffic** is so heavy that one can't cross to the other side of the road.

nagareru **流れる**〘動II〙

nagareru ⟦v II⟧ **stream, flow, run; float, be carried away**

①[液体が低い方へ行く]

① [stream, flow, run, drain]

¶町の中を川が**流れて**います。(Machi no naka o kawa ga *nagarete* imasu.)

¶ A river **runs** through the town ⟦city⟧.

②[水に浮いて行く]

② [float, be carried away]

¶川に木の葉が落ちて，**流れて**いきました。(Kawa ni ki no ha ga ochite, *nagarete* ikimashita.)

¶ Tree leaves fell into the river and **were carried away.**

nagasa **長さ**〘名〙

nagasa ⟦n⟧ **length**

¶その橋の**長さ**はどのくらいですか。(Sono hashi no *nagasa* wa dono kurai desu ka?)

¶ **How long** is that bridge ⟦What is **the length** of that bridge⟧?

⇨**-sa -さ**

nagasu **流す**〘動I〙

nagasu ⟦v I⟧ **pour, let flow**

¶ここに水を**流さないで**ください。(Koko ni mizu o *nagasanaide* ku-

¶ Please **don't run** the water here ⟦Please don't get this place wet⟧.

dasai.)

¶わたしは悲しい映画を見て，涙を**流しました**。(Watashi wa kanashii eiga o mite, namida o *nagashimashita.*)

¶ I **cried** at the sad movie.

nageru 投げる〔動Ⅱ〕

nageru ⟦v II⟧ **throw, pitch, fling**

¶子供がボールを**投げています**。(Kodomo ga bōru o *nagete* imasu.)

¶ The children **are playing catch.**

¶池の中に石を**投げないで**ください。(Ike no naka ni ishi o *nagenaide* kudasai.)

¶ Please **don't throw** stones ⟦pebbles⟧ into the pond ⟦pool⟧.

nagusameru 慰める〔動Ⅱ〕

nagusameru ⟦v II⟧ **comfort, console, cheer up; soothe**

①[人を勇気づける]

① [comfort, console, cheer up]

¶試験に落ちた友達を**慰めて**あげました。(Shiken ni ochita tomodachi o *nagusamete* agemashita.)

¶ I tried **to cheer up** a friend who had failed an exam.

②[心をやわらげる]

② [soothe]

¶音楽はわたしたちの心を**慰めて**くれます。(Ongaku wa watashitachi no kokoro o *nagusamete* kuremasu.)

¶ Music **soothes** our souls.

nai ない〔形〕

nai ⟦adj⟧ **do not exist; do not have; not**

①[存在しない]

① [do not exist]

¶机の上には何も**ない**。(Tsukue no ue ni wa nani mo *nai.*)

¶ There **is nothing** on the desk.

¶その本が図書館にあるか**ない**かわかりません。(Sono hon ga toshokan ni aru ka *nai* ka wakarimasen.)

¶ [I] do not know if that book is in the library or **not.**

↔**aru** ある

②[所有しない]

② [do not have]

¶今お金が**ない**から，あとで払います。(Ima okane ga *nai* kara, ato de haraimasu.)

¶ [I] will pay later because [I] **don't have** the money for it now.

¶うちに電話が**ない**ので，不便です。(Uchi ni denwa ga *nai* node, fuben

¶ [My] **not having** a telephone is inconvenient.

desu.)

↔aru ある

③[状態を表す言葉などを打ち消す]

③ [not]

¶今日はあまり寒く**ない**です。 (Kyō wa amari samuku *nai* desu.)

¶ **It's not** so cold today.

¶その映画はおもしろく**なかった**です。(Sono eiga wa omoshiroku *nakatta* desu.)

¶ That movie **wasn't** interesting.

¶たぶんあの人は日本人では**ない**でしょう。(Tabun ano hito wa Nihonjin de wa *nai* deshō.)

¶ [He] probably **isn't** Japanese.

*「それは日本語の本ではない。(Sore wa Nihongo no hon de wa nai.)」を丁寧に言うときには「それは日本語の本ではありません。(Sore wa Nihongo no hon de wa arimasen.)」と言う。

* The polite way of saying "*Sore wa Nihongo no hon de wa nai*" (That book is not written in Japanese) is "*Sore wa Nihongo no hon de wa arimasen.*"

nai ない〘助動〙

-nai 〚auxil〛 a negative ending added to the stem of verbs

¶本を見**ないで**, もう一度言ってください。(Hon o mi*naide*, mō ichido itte kudasai.)

¶ Please say it once again **without** looking at your book.

¶今度の旅行にあなたがいっしょに行け**なくて**残念です。(Kondo no ryokō ni anata ga issho ni ike*nakute* zannen desu.)

¶ It's too bad that you **can't** go along with [us] on the coming trip.

¶勉強し**なければ**, 日本語が上手になりません。 (Benkyō shi*nakereba*, Nihongo ga jōzu ni narimasen.)

¶ You will not become good at Japanese **if you don't** study.

¶あした雨が降ら**なかったら**, テニスをしに行きましょう。 (Ashita ame ga fura*nakattara*, tenisu o shi ni ikimashō.)

¶ Let's go play tennis tomorrow **if it doesn't** rain.

-nai -内〘尾〙

-nai 〚suf〛 **within**

学校**内** (gakkō*nai*) 時間**内** (jikan-

within the school // **within** the

nai) 東京都内 (Tōkyōto*nai*) 日本国内 (Nihonkoku*nai*)

allotted time // **within** Tokyo, **inside** Tokyo // **within** Japan, **inside** Japan

naifu ナイフ〖名〗

naifu 〚n〛 **knife**

naikaku 内閣〖名〗

naikaku 〚n〛 (government) **cabinet**

内閣総理大臣 (*naikaku*-sōridaijin)
内閣が倒れる (*naikaku* ga taoreru)
内閣が替わる (*naikaku* ga kawaru)
¶昨日，新しい内閣が誕生しました。 (Kinō, atarashii *naikaku* ga tanjō shimashita.)

the prime minister, the premier // **a cabinet** falls // **the cabinet** changes

¶ A new **cabinet** came into being yesterday.

nairon ナイロン〖名〗

nairon 〚n〛 **nylon**

ナイロン製のくつ下 (*nairon*sei no kutsushita)

nylon socks

naiyō 内容〖名〗

naiyō 〚n〛 **content(s), import; substance, depth**

①[話や文章などの中身]

① [content(s), import]

書類の内容 (shorui no *naiyō*)
¶その手紙の内容を教えてください。 (Sono tegami no *naiyō* o oshiete kudasai.)

the contents of a document 〚of paperwork〛
¶ Please tell me **what** that letter **says.**

②[価値のある中身]

② [substance, depth]

¶形式だけで内容のない会議でした。 (Keishiki dake de *naiyō* no nai kaigi deshita.)

¶ It was a meeting for show alone without any **real substance.**

¶この論文は題名は立派ですが，内容がありません。 (Kono ronbun wa daimei wa rippa desu ga, *naiyō* ga arimasen.)

¶ This thesis 〚paper, dissertation〛 has a fine-sounding title but has no **depth** to it.

naka 中〖名〗

naka 〚n〛 **inside; among, of**

①[あるものの内部]

① [inside, interior]

¶寒いから，家の中に入りましょう。 (Samui kara, ie no *naka* ni hairimashō.)

¶ As it's cold let's go on **inside** the house.

¶この袋の中には，何が入っていますか。 (Kono fukuro no *naka* ni wa,

¶ What's **inside** this bag?

nani ga haitte imasu ka?)
↔soto 外

②[ある範囲のうち]
¶わたしは果物の**中**でりんごがいちばん好きです。 (Watashi wa kudamono no *naka* de ringo ga ichiban suki desu.)

② [among, of]
¶ **Of** fruits, I like apples best ⟦My favorite fruit is the apple⟧.

naka 仲〘名〙
仲が悪い (*naka* ga warui)
¶あの二人はとても**仲**がいいです。 (Ano futari wa totemo *naka* ga ii desu.)
¶先週，**仲**のいい友達と音楽会に行きました。(Senshū, *naka* no ii tomodachi to ongakkai ni ikimashita.)

naka ⟦n⟧ **relations, relationship**
be on bad **terms** with someone
¶ Those two **are very close.**
¶ Last week [I] went to a concert ⟦recital⟧ with a **good** friend.

nakama 仲間〘名〙
¶その子には**仲間**がおおぜいいます。 (Sono ko ni wa *nakama* ga oozei imasu.)
¶先週，会社の**仲間**と旅行しました。 (Senshū, kaisha no *nakama* to ryokō shimashita.)

nakama ⟦n⟧ **colleagues, associates, set, circle**
¶ That child has a wide **circle of acquaintances.**
¶ Last week [I] went on a trip with **people** from work.

nakanaka なかなか〘副〙
①[かなり，相当に]
¶この本は**なかなか**おもしろいです。 (Kono hon wa *nakanaka* omoshiroi desu.)
¶この問題は**なかなか**難しいです。 (Kono mondai wa *nakanaka* muzukashii desu.)
②[容易でない，期待どおりにならない]
¶この問題は難しくて，**なかなか**できません。 (Kono mondai wa muzu-

nakanaka ⟦adv⟧ **considerably, quite; not easily, not readily**
① [considerably, quite, rather, very]
¶ This book is **quite** interesting.
¶ This problem is **quite** difficult.
② [not easily, not readily]
¶ This (test or homework) problem is difficult and **not easily** answered.

kashikute, *nakanaka* dekimasen.)

¶バスがなかなか来ません。(Basu ga *nakanaka* kimasen.)

¶ The bus **is long** in coming.

＊ あとに打ち消しの言葉が来る。

＊ Used with the negative.

nakereba naranai なければならない〘連〙

-nakereba naranai ⟦compd⟧ **must**

¶友達と約束したから，10時までに駅へ行かなければなりません。(Tomodachi to yakusoku shita kara, jūji made ni eki e ika*nakereba narimasen*.)

¶ [I] **must** go to the station by ten o'clock as [I] have an appointment with a friend.

¶日本の大学に入るためには，まず日本語を勉強しなければなりません。(Nihon no daigaku ni hairu tame ni wa, mazu Nihongo o benkyō shi*nakereba narimasen*.)

¶ In order to enter a Japanese university one **must** first learn Japanese.

＊「〜なくてはならない (〜nakute wa naranai)」とも言う。

＊ Variant: *-nakute wa naranai*.

⇨**naranai ならない**

naku 泣く〘動Ｉ〙

naku ⟦v I⟧ **cry**

¶赤ちゃんが泣いていますよ。(Akachan ga *naite* imasu yo.)

¶ The baby **is crying!**

¶母が死んだ時，わたしは一日じゅう泣きました。(Haha ga shinda toki, watashi wa ichinichijū *nakimashita*.)

¶ I **cried** all day long when my mother died.

naku 鳴く〘動Ｉ〙

naku ⟦v I⟧ (birds, insects) **cry, sing;** (animals) **bark, roar, mew,** etc.

¶庭で鳥が鳴いています。(Niwa de tori ga *naite* imasu.)

¶ A bird **is singing** in the yard ⟦garden⟧.

¶秋になると，虫が盛んに鳴きます。(Aki ni naru to, mushi ga sakan ni *nakimasu*.)

¶ When autumn comes one hears **the sound** of many insects.

nakunaru 亡くなる〘動Ｉ〙

nakunaru ⟦v I⟧ **pass away, die**

¶上田さんは，昨日病気で亡くなりま

¶ [Mr.] Ueda **passed away** yester-

した。 (Ueda san wa, kinō byōki de *nakunarimashita.*)

day due to illness.

＊「死ぬ (shinu)」の丁寧な言葉。人間以外の動物には使わない。

＊ *Nakunaru* is the polite form of *shinu*. It is used only for human beings.

⇨shinu 死ぬ

nakunaru なくなる〔動 I〕

nakunaru ⟦v I⟧ **run low, run out, be used up; be lost, be gone, be missing**

①[尽きる，使い果たす]

① [run low, run out, be used up]

¶時間が**なくなりました**から，今日の講義はこれで終わります。(Jikan ga *nakunarimashita* kara, kyō no kōgi wa kore de owarimasu.)

¶ Today's lecture will end here as we have **run out** of time.

¶たばこが**なくなった**から，買ってきてください。(Tabako ga *nakunatta* kara, katte kite kudasai.)

¶ I have **run out** of cigarettes—please go buy me some.

②[見当たらなくなる]

② [be lost, be gone, be missing]

¶わたしのかさが**なくなりました**。(Watashi no kasa ga *nakunarimashita.*)

¶ My umbrella **is missing.**

nakusu なくす〔動 I〕

nakusu ⟦v I⟧ **lose; get rid of**

①[紛失する]

① [lose, be deprived of]

¶友達から借りた本を**なくして**しまいました。(Tomodachi kara karita hon o *nakushite* shimaimashita.)

¶ [I] **lost** ⟦**have lost**⟧ the book [I] borrowed from a friend.

¶昨日**なくした**財布がまだ見つかりません。(Kinō *nakushita* saifu ga mada mitsukarimasen.)

¶ The wallet [I] **lost** yesterday still hasn't been found.

②[ない状態にする]

② [get rid of, do away with]

¶交通事故を**なくす**ように，みんなで注意しましょう。(Kōtsū-jiko o *nakusu* yō ni, minna de chūi shimashō.)

¶ Everyone should work **to eliminate** traffic accidents.

¶こんな悪い規則は**なくした**ほうがいいです。(Konna warui kisoku wa *nakushita* hō ga ii desu.)

¶ It would be best **to get rid of** such a bad rule.

-nakute wa naranai ☞ -nakereba naranai

nama **生**〘名〙

生魚 (*nama*zakana) **生**卵 (*nama*-tamago) **生**野菜 (*nama*yasai)

¶あなたは魚を**生**で食べることができますか。(Anata wa sakana o *nama* de taberu koto ga dekimasu ka?)

¶**生**の野菜をもっとたくさん食べなさい。 (*Nama* no yasai o motto takusan tabenasai.)

nama 〚n〛 **raw, uncooked**

raw fish // a **raw** egg // **raw** vegetables; a salad

¶ Can you eat **raw** fish?

¶ Eat more **raw** vegetables!

namae **名前**〘名〙

¶わたしの**名前**は中村です。(Watashi no *namae* wa Nakamura desu.)

¶わたしは犬に「コロ」という**名前**をつけました。 (Watashi wa inu ni "Koro" to iu *namae* o tsukemashita.)

namae 〚n〛 **name; given name**

¶ My **name** is Nakamura.

¶ I **named** my dog Koro.

namakeru **怠ける**〘動Ⅱ〙

¶一郎は勉強を**怠けて**，遊んでばかりいます。 (Ichirō wa benkyō o *namakete*, asonde bakari imasu.)

¶仕事を**怠けて**はいけません。 (Shigoto o *namakete* wa ikemasen.)

namakeru 〚v II〛 **be idle, be lazy, neglect**

¶ Ichirō **is neglecting** his studies and doing nothing but playing around.

¶ You mustn't **slight** your work.

nami **波**〘名〙

波が高い (*nami* ga takai) **波**が荒い (*nami* ga arai)

¶この海岸は**波**が静かです。 (Kono kaigan wa *nami* ga shizuka desu.)

nami 〚n〛 **wave, surf**

the waves are high, **the sea** is rough // **the waves** are high, **the sea** is rough

¶ **The sea** is calm at this beach.

namida **涙**〘名〙

涙を流す (*namida* o nagasu) **涙**をこぼす (*namida* o kobosu) **涙**が出る (*namida* ga deru)

¶その人は目に**涙**を浮かべて，別れのあいさつをしました。(Sono hito wa me ni *namida* o ukabete, wakare

namida 〚n〛 **a tear**

shed **tears,** weep // shed **tears** // **tears** fall, **tears** come to one's eyes

¶ [He] said [his] farewell with **tears** in [his] eyes.

no aisatsu o shimashita.)

nan(-)　**何(-)**〖代, 頭〗

1〖代〗

¶あれは**何**ですか。(Are wa *nan* desu ka?)

¶これは**何**の薬ですか。(Kore wa *nan* no kusuri desu ka?)

¶あの方は**何**というお名前ですか。(Ano kata wa *nan* to iu onamae desu ka?)

2〖頭〗

何匹 (*nan*biki)　**何**本 (*nan*bon)　**何**秒 (*nan*byō)　**何**台 (*nan*dai)　**何**月 (*nan*gatsu)　**何**時 (*nan*ji)　**何**時間 (*nan*jikan)　**何**か月 (*nan*kagetsu)　**何**回 (*nan*kai)　**何**年 (*nan*nen)　**何**日 (*nan*nichi)　**何**人 (*nan*nin)　**何**十人 (*nan*jūnin)　十**何**人 (jū*nan*nin)　**何**千人 (*nan*zennin)　**何**分 (*nan*pun)　**何**週間 (*nan*shūkan)　**何**足 (*nan*zoku)

⇨**nani(-)** 何(-)

nana　**七**〖名〗 ☞**shichi** 七

naname　**斜め**〖名〗

¶道路を**斜め**に渡るのは危険です。(Dōro o *naname* ni wataru no wa kiken desu.)

¶船が風で**斜め**に傾きました。(Fune ga kaze de *naname* ni katamukimashita.)

nanatsu　**七つ**〖名〗

①[7個]

¶卵はあと**七つ**残っています。(Tamago wa ato *nanatsu* nokotte imasu.)

nan(-) ⟦pron, pref⟧　**what; what, how many**

1 ⟦pron⟧　what

¶ **What** is that?

¶ **What** is this medicine?

¶ **What** is that gentleman's ⟦lady's⟧ name?

2 ⟦pref⟧　what, how many

how many (cats, dogs, etc.) // **how many** (cigarettes, bottles, etc.) // **how many** seconds // **how many** (cars, machines, etc.) // **what** month // **what** time, when // **how many** hours // **how many** months // **how many** times // **how many** years; **what** year // **how many** days; **what** day // **how many** people // **how many** tens of persons // 10-**odd** people // **how many** thousands of persons // **how many** minutes // **how many** weeks // **how many** pairs (of socks, shoes, etc.)

nana ☞ **shichi**

naname ⟦n⟧　**oblique, slanting, diagonal**

¶ It is dangerous **not to take the shortest path** when crossing the street.

¶ The boat **listed** in the wind.

nanatsu ⟦n⟧　**seven; seven years of age**

① [seven (items)]

¶ There are **seven** eggs left.

②[7歳]
¶娘は今年七つになります。(Musume wa kotoshi *nanatsu* ni narimasu.)

② [seven years of age]
¶ My daughter will be **seven** this year.

nan demo 何でも〔連〕

nan demo [[compd]] **anything, whatever**

¶何でも好きな物を買ってあげましょう。 (*Nan demo* suki na mono o katte agemashō.)

¶ I will buy you **whatever** you want.

¶何でもいいから，質問してください。(*Nan demo* ii kara, shitsumon shite kudasai.)

¶ Please ask **whatever** questions you may have.

nani(-) 何(-)〔代，頭〕

nani(-) [[pron, pref]] **what**

1〔代〕

1 [[pron]]

¶そこに何がありますか。 (Soko ni *nani* ga arimasu ka?)

¶ **What** is that there?

¶あなたは食べ物では何が好きですか。(Anata wa tabemono de wa *nani* ga suki desu ka?)

¶ **What** foods do you like?

¶朝，起きてから何をしますか。(Asa, okite kara *nani* o shimasu ka?)

¶ **What** do you do in the morning after you get up?

2〔頭〕

2 [[pref]]

何語 (*nani*go) 何色 (*nani*iro) 何人 (*nani*jin) 何曜日 (*nani*yōbi)

what language // **what** color // **what** nationality // **what** day of the week

⇨**nan(-)** 何(-)

nani ka 何か〔連〕

nani ka [[compd]] **something, anything**

¶そこに何かありますか。 (Soko ni *nani ka* arimasu ka?)

¶ Is there **anything** there?

¶何か欲しい物がありますか。 (*Nani ka* hoshii mono ga arimasu ka?)

¶ Is there **anything** you'd like?

¶台所にパンか何かがあると思います。(Daidokoro ni pan ka *nani ka* ga aru to omoimasu.)

¶ I think there is bread [[rolls, etc.]] or **something** in the kitchen.

nani mo 何も〔連〕

nani mo [[compd]] **nothing, not anything**

¶ここには何もありません。(Koko ni wa *nani mo* arimasen.)

¶ There is **nothing** here.

¶デパートで**何も**買いませんでした。(Depāto de *nani mo* kaimasen deshita.)

＊ あとに打ち消しの言葉が来る。

nanoka　七日〘名〙

①[日付を表す]

七月**七日** (shichigatsu *nanoka*)

②[日数を表す]

¶一週間は**七日**です。(Isshūkan wa *nanoka* desu.)

＊「なぬか (nanuka)」と言うこともある。

⇨**-ka -日**

nao　なお〘副〙

①[更に，いっそう]

¶この本も難しいが，その本は**なお**難しいです。 (Kono hon mo muzukashii ga, sono hon wa *nao* muzukashii desu.)

¶わたしも背が高いが，兄のほうが**なお**高いです。 (Watashi mo se ga takai ga, ani no hō ga *nao* takai desu.)

②[やはり，依然，引き続いて]

¶母は 90 歳ですが，今も**なお**元気です。 (Haha wa kyūjissai desu ga, ima mo *nao* genki desu.)

naoru　直る〘動 I 〙

①[正しくなる]

¶悪い習慣はなかなか**直りません**。(Warui shūkan wa nakanaka *naorimasen.*)

②[修繕してよくなる]

¶壊れていたテレビが**直りました**。

¶ [I] didn't buy **anything** at the department store.

＊ Used with the negative.

nanka ☞ nado

nanoka ⟦n⟧ **the seventh of the month; seven days**

① [the seventh of the month]

July **7**

② [seven days]

¶ One week is **seven days.**

＊ Variant: *nanuka.*

nao ⟦adv⟧ **more, further, still more, less, still less; still, yet**

① [more, further, still more, less, still less]

¶ This book is difficult but that one is **even more** difficult.

¶ I am tall but my older brother is **still** taller.

② [still, yet]

¶ My mother is 90 years old but she **still** enjoys good health.

naoru ⟦v I⟧ **be corrected, be reformed; be repaired**

① [be corrected, be reformed]

¶ Bad habits are hard **to break.**

② [be repaired, be set to rights, be restored]

(Kowarete ita terebi ga *naorimashita.*)

¶ The broken television set **has been fixed.**

naoru **治る**〖動 I〗

naoru ⟦v I⟧ **recover, get well, get better, heal**

病気が**治る** (byōki ga *naoru*)

recover from an illness

¶風邪はもう**治りましたか**。 (Kaze wa mō *naorimashita* ka?)

¶ **Are you over** your cold ⟦case of the flu⟧ now?

naosu **直す**〖動 I〗

(-)naosu ⟦v I⟧ **correct; repair, mend; do over again**

①[正しくする]

① [correct]

¶先生は学生の間違いを**直します**。 (Sensei wa gakusei no machigai o *naoshimasu.*)

¶ The teacher **corrects** the students' mistakes.

②[修繕する]

② [repair, mend]

¶ラジオが壊れたので，電気屋さんに**直して**もらいました。 (Rajio ga kowareta node, denkiyasan ni *naoshite* moraimashita.)

¶ As the radio was broken, I had it **fixed** at the electric appliance shop.

③[改めて何かをする]

③ [do over again]

¶この文章はもう一度書き**直して**ください。(Kono bunshō wa mō ichido kaki*naoshite* kudasai.)

¶ Please **re**write this sentence.

naosu **治す**〖動 I〗

naosu ⟦v I⟧ **cure, heal**

病気を**治す** (byōki o *naosu*)

cure an illness

¶虫歯は早く**治した**ほうがいいですよ。 (Mushiba wa hayaku *naoshita* hō ga ii desu yo.)

¶ It is best to have cavities **cared for** early.

nara **なら**〖助動〗

nara ⟦auxil⟧ **if; as for**

①[前件が成立することを想定して現在の話し手の立場や判断などを後件で述べるという関係を表す]

① [if, provided that; used when the speaker states a conclusion, etc., based on a stipulation in the first clause]

¶あなたが行く**なら**，わたしも行くことにします。 (Anata ga iku *nara* watashi mo iku koto ni shimasu.)

¶ **If** you are going, I will go too.

¶この本をお読みになる**なら**，お貸ししましょう。(Kono hon o oyomi ni

¶ I will lend you this book **if** you are interested in reading it.

naru *nara*, okashi shimashō.)

¶あしたお暇**なら**，わたしの家へ来てください。 (Ashita ohima *nara*, watashi no ie e kite kudasai.)

¶ Please come visit me tomorrow **if** you are free.

¶頭が痛い**なら**，早く帰って休んだほうがいいですよ。 (Atama ga itai *nara*, hayaku kaette yasunda hō ga ii desu yo.)

¶ **If** you have a headache you had better go home early and rest.

* 後件には普通，話し手の「〜う［よう］(〜u [yō])」などの意志，「〜なさい (〜nasai)」などの命令，「〜てください (〜te kudasai)」などの依頼，「〜ほうがいい (〜hō ga ii)」などの勧告などの言い方が来る。また，後件のことがらの成立のほうが前件のことがらの成立より時間的に早い。「山田さんが来たら，わたしは帰ります。(Yamada san ga kitara, watashi wa kaerimasu.)」の場合には，山田さんが来てからわたしが帰るという意味であるが，「山田さんが来るなら，わたしは帰ります。(Yamada san ga kuru nara, watashi wa kaerimasu.)」の場合には，山田さんが来る前にわたしが帰るという意味になる。

* In the second clause the speaker usually expresses an intention with *-ō* ⟦*-yō*⟧, a command with *-nasai*, a request with *-te kudasai*, a recommendation with ~ *hō ga ii*, etc. Also, the time of the second clause is earlier than that of the first, *nara*-clause. Thus "*Yamada san ga kitara*, *watashi wa kaerimasu*" (I will leave when Mr. Yamada comes) means that I will go after [Mr.] Yamada comes, but "*Yamada san ga kuru nara*, *watashi wa kaerimasu*" (If Mr. Yamada is coming, I will leave) means that I will leave before [Mr.] Yamada comes.

②［前件がもし成立していた場合には後件も成立するという関係を表す］

② [if; indicates that the second clause would have been realized if the first clause had been realized]

¶もう少し背が高かった**なら**，どんなによかったでしょう。 (Mō sukoshi sei ga takakatta *nara*, donna ni yokatta deshō.)

¶ How nice it would have been **if** [I] were a little taller.

¶お医者さんがもう少し早く来てくれた**なら**，父は助かったのに。 (Oisha-san ga mō sukoshi hayaku kite

¶ **If only** the doctor had come sooner, my father's life could have been saved.

kureta *nara*, chichi wa tasukatta noni.)

* 前件は実際には成立しなかったことがらが来る。「～たなら (～ta nara)」の形で使う。

* The first clause wasn't actually realized. Used in the pattern "*-ta nara.*"

→**ba** ば **tara** たら

③［話題とすることがらを提示するのに使う］

③ [as for; used to indicate the topic]

¶その問題**なら**, もう解決しました。(Sono mondai *nara,* mō kaiketsu shimashita.)

¶ Oh, that problem has already been resolved.

¶「お兄さんはいらっしゃいますか。」(Oniisan wa irasshaimasu ka?)
「兄**なら**今床屋へ行っていますよ。」(Ani *nara* ima tokoya e itte imasu yo.)

¶ "Is your older brother there?"
"Oh, he's gone to the barbershop."

→**tara** たら

* 助動詞「だ (da)」の「接続の形」である。「ならば (naraba)」とも言うが, 普通「なら (nara)」の形で使う。

* *Nara* is the connective form of the auxiliary *da*. *Naraba* is also used but *nara* is the more usual form.

naraba ☞ **nara**

naraberu 並べる〔動Ⅱ〕

naraberu ⟦v II⟧ **arrange, place side by side, display**

¶机を１列に**並べて**ください。(Tsukue o ichiretsu ni *narabete* kudasai.)

¶ Please **arrange** the desks in one row.

¶本だなには本がきちんと**並べて**あります。(Hondana ni wa hon ga kichinto *narabete* arimasu.)

¶ The books **are in** good **order** ⟦**are arranged** nicely⟧ in the bookcase.

narabu 並ぶ〔動Ⅰ〕

narabu ⟦v I⟧ **be in a row, stand in line**

¶わたしは田中さんと**並んで**座りました。(Watashi wa Tanaka san to *narande* suwarimashita.)

¶ I sat down **next to** [Mrs.] Tanaka.

¶道の両側にはいろいろな店が**並んで**います。(Michi no ryōgawa ni wa

¶ Various shops **line** both sides of the street.

iroiro na mise ga *narande* imasu.)

naranai ならない〔連〕

naranai [[compd]] **must not, should not; must, should, ought**

①[禁止の意味を表す]

① [must not, should not]

¶酒を飲んではならない。(Sake o nonde wa *naranai.*)

¶ You **shouldn't** drink.

¶うそをついてはなりません。(Uso o tsuite wa *narimasen.*)

¶ One **shouldn't** tell lies.

*「動詞(ての形)+は(wa)+ならない(naranai)」の形で使う。

* Used in the pattern "verb (*-te* form) + *wa* + *naranai.*"

②[義務や当然の意味を表す]

② [must, should, ought, have to]

¶友達と約束したから，10時までに駅へ行かなければなりません。(Tomodachi to yakusoku shita kara, jūji made ni eki e ikanakereba *narimasen.*)

¶ [I] **have to** be at the station by ten o'clock as [I] have an appointment with a friend.

¶あしたまでに宿題を出さなくてはなりません。(Ashita made ni shukudai o dasanakute wa *narimasen.*)

¶ The homework **has to** be handed in by tomorrow.

*「〜なければならない(〜nakereba naranai)」「〜なくてはならない(〜nakute wa naranai)」の形で使う。

* Used in the patterns "*-nakereba naranai*" and "*-nakute wa naranai.*"

⇨**nakereba naranai なければならない**

narau 習う〔動Ⅰ〕

narau [[v I]] **learn, study, be taught**

¶わたしは今ピアノを習っています。(Watashi wa ima piano o *naratte* imasu.)

¶ I am presently **taking** piano **lessons.**

¶日本語を習うのはたいへんですか。(Nihongo o *narau* no wa taihen desu ka?)

¶ Is Japanese hard **to learn?**

nareru 慣れる〔動Ⅱ〕

nareru [[v II]] **get used to, be accustomed to, become experienced in**

¶わたしは日本の生活にもう慣れました。(Watashi wa Nihon no seikatsu ni mō *naremashita.*)

¶ I am now **acclimated** to life in Japan.

¶**慣れれば**，この仕事も楽になるでしょう。(*Narereba,* kono shigoto mo raku ni naru deshō.)

¶ [You] will find this job easier once [you] **get more used to it.**

nareru **なれる**〔動Ⅱ〕

nareru [[v II]] **become tame, be domesticated**

¶この犬はわたしによく**なれて**います。(Kono inu wa watashi ni yoku *narete* imasu.)

¶ This dog **is** quite **good with me.**

naru **鳴る**〔動Ⅰ〕

naru [[v I]] **sound, ring, peal, strike, boom,** etc.

¶電話のベルが**鳴って**います。(Denwa no beru ga *natte* imasu.)

¶ The telephone **is ringing.**

¶ベルが**鳴って**授業が終わりました。(Beru ga *natte* jugyō ga owarimashita.)

¶ Class ended with **the ringing** of the bell.

naru **なる**〔動Ⅰ〕

naru [[v I]] **become, grow, turn**

¶春に**なる**と，桜が咲きます。(Haru ni *naru* to, sakura ga sakimasu.)

¶ When spring **comes,** the cherry blossoms will come out [[Cherry trees blossom in the spring]].

¶3時に**なったら**，少し休みましょう。(Sanji ni *nattara,* sukoshi yasumimashō.)

¶ Let's take a break **at** three o'clock.

¶上田さんは将来医者に**なりたい**そうです。(Ueda san wa shōrai isha ni *naritai* sō desu.)

¶ I understand that [Miss] Ueda **wants to become** a doctor.

¶太陽が昇って，辺りが急に明るく**なりました**。(Taiyō ga nobotte, atari ga kyū ni akaruku *narimashita.*)

¶ It suddenly **became** light with the rising of the sun.

¶この辺は夜に**なる**と，静かに**なります**。(Kono hen wa yoru ni *naru* to, shizuka ni *narimasu.*)

¶ It's quiet here **at** night.

¶一生懸命練習したので，だいぶ上手に日本語が話せるように**なりました**。(Isshōkenmei renshū shita node, daibu jōzu ni Nihongo ga hanaseru yō ni *narimashita.*)

¶ As [he] practiced hard, [he] **can now** speak Japanese quite well.

＊ 名詞の場合は助詞「に (ni)」のあ

＊ *Naru* is used with the particle *ni* after nouns and adjective-verbs and

とに続き，形容詞・形容動詞の場合は「連用の形」に続く。また動詞の場合には「動詞（連体の形）＋ように（yō ni)＋なる（naru)」の形になる。

with the *-ku* form of adjectives. When used with another verb, the pattern "verb (dictionary form) + *yō ni* + *naru*" is used.

naru　なる〘動 I〙

¶このみかんの木には，あまり実が**なりません**。(Kono mikan no ki ni wa, amari mi ga *narimasen*.)

naru ⟦v I⟧　**bear fruit, be in fruit**

¶ This mandarin orange tree **isn't bearing** very well.

narubeku　なるべく〘副〙

¶**なるべく**早く来てください。(*Narubeku* hayaku kite kudasai.)

¶**なるべく**ゆっくり話してください。(*Narubeku* yukkuri hanashite kudasai.)

narubeku ⟦adv⟧　**as ~ as possible**

¶ Please come **as** quickly **as possible.**

¶ Please speak **as** slowly **as possible.**

nasai　なさい〘動 I〙

¶もう遅いから，うちへ帰り**なさい**。(Mō osoi kara, uchi e kaeri*nasai*.)

¶もっと一生懸命勉強し**なさい**。(Motto isshōkenmei benkyō shi*nasai*.)

＊「なさる（nasaru)」の「命令の形」。命令するときには普通この形を使う。

(-)nasai ⟦v I⟧　an imperative form

¶ It's late; **you'd better** go home.

¶ **You'd better** study harder.

＊ *Nasai* is the imperative form of *nasaru*; this is the form usually used for imperatives.

nasaru　なさる〘動 I〙

¶夏休みはどう**なさいます**か。(Natsuyasumi wa dō *nasaimasu* ka?)

¶お食事は何に**なさいます**か。(Oshokuji wa nan ni *nasaimasu* ka?)

¶どうぞ，御心配**なさらないで**ください。(Dōzo, goshinpai *nasaranaide* kudasai.)

＊「する（suru)」の尊敬語。「ますの形」は「なさいます（nasaimasu)」となる。

⇨**suru する**

nasaru ⟦v I⟧　**do**

¶ What are you going **to do** during summer vacation?

¶ What would **you like** for dinner ⟦lunch, breakfast⟧?

¶ Please **don't** worry about it.

＊ *Nasaru* is the honorific form of *suru*. The *-masu* form is *nasaimasu*.

nashi **なし**〖名〗

nashi ⟦n⟧ **pear, pear tree**

natsu **夏**〖名〗

夏休み (*natsu*yasumi)

natsu ⟦n⟧ **summer**

summer vacation

natsukashii **懐かしい**〖形〗

¶学校時代のことを**懐かしく**思い出します。(Gakkō-jidai no koto o *natsukashiku* omoidashimasu.)

¶中村さんは留学した時のことを**懐かしそう**に話してくれました。(Nakamura san wa ryūgaku shita toki no koto o *natsukashisō* ni hanashite kuremashita.)

natsukashii ⟦adj⟧ **dear, beloved, feel a yearning for, feel nostalgic about**

¶ I have **fond** memories of my student days.

¶ [Miss] Nakamura spoke **nostalgically** about the time [she] was studying abroad.

nawa **なわ**〖名〗

なわ飛び (*nawa*tobi)

nawa ⟦n⟧ **rope** (made of straw or hemp)

to be jumping **rope**

naze **なぜ**〖副〗

¶あなたは**なぜ**昨日学校を休んだのですか。(Anata wa *naze* kinō gakkō o yasunda no desu ka?)

¶「**なぜ**, 大学へ行かなかったのですか。」(*Naze,* daigaku e ikanakatta no desu ka?) 「奨学金がもらえなかったからです。」(Shōgakukin ga moraenakatta kara desu.)

⇨**dōshite** どうして

naze ⟦adv⟧ **why, for what reason**

¶ **Why** were you absent from school yesterday?

¶ "**Why** didn't [you] go to college?" "Because [I] couldn't get any financial aid."

nazenara **なぜなら**〖接〗

¶「わたしは大学へは行けませんでした。**なぜなら**, うちが貧乏だったからです。(Watashi wa daigaku e wa ikemasen deshita. *Nazenara,* uchi ga binbō datta kara desu.)」

¶今年は米があまり取れませんでした。**なぜなら**, 夏の間気温が低かったからです。(Kotoshi wa kome ga amari toremasen deshita. *Nazenara,*

nazenara ⟦conj⟧ **because, for, the reason is**

¶ I couldn't go to college. **That's because** I came from a poor family.

¶ The rice crop was poor this year. **The reason is that** temperatures were low during the summer.

natsu no aida kion ga hikukatta kara desu.)

＊ 前のことがらを受けて，あとにその理由や根拠などを言うときに使う。「なぜならば（nazenaraba）」とも言う。また「なぜかと言えば（naze ka to ieba）」「どうしてかと言うと（dōshite ka to iu to）」という言い方もある。

＊ Used when giving the reason for or background behind something previously stated. *Nazenaraba* is also used, as are *naze ka to ieba* and *dōshite ka to iu to*.

＊ 普通「なぜなら，〜からです（nazenara, 〜kara desu）」の形で使う。

＊ Usually used in the pattern "*Nazenara*, ~ *kara desu*."

ne **根**〘名〙

ne ⟦n⟧ **root(s)**

木の**根**（ki no *ne*） 草の**根**（kusa no *ne*） **根**が出る（*ne* ga deru） **根**が生える（*ne* ga haeru） **根**が伸びる（*ne* ga nobiru）

the roots of a tree ⟦shrub⟧ // **the roots** of grass ⟦an herb, a weed⟧ // take **root; the roots** are exposed // take **root** // **the roots** spread

ne **ね**〘助〙

ne ⟦part⟧ **isn't it, doesn't it, don't you; I suppose, I believe; you see, you know**

①［相手に同意を求めたり念を押したりする意味を表す］

① [used to invite the concurrence of the listener or for emphasis]

¶あしたはきっと来てくださいね。(Ashita wa kitto kite kudasai *ne*.)

¶ Now you will come tomorrow, **won't you?**

¶あなたが田中さんですね。(Anata ga Tanaka san desu *ne*.)

¶ You **must be** [Mr.] Tanaka.

②［感嘆したり驚いたりする気持ちなどを表す］

② [used to express one's admiration, wonder, surprise, etc.]

¶このりんごは高いですね。(Kono ringo wa takai desu *ne*.)

¶ **My,** these apples are expensive!

¶秋子さんはきれいな人ですね。(Akiko san wa kirei na hito desu *ne*.)

¶ Isn't Akiko pretty!

③［自分はそう思うという軽い主張の気持ちを表す］

③ [used to lightly stress that something is the speaker's opinion]

¶空がこんなに暗いから，夕方は雨になると思いますね。(Sora ga konna

¶ I believe it will rain this evening—the skies are so dark now.

ni kurai kara, yūgata wa ame ni naru to omoimasu *ne.*)

¶ This fish seems to have gone bad. [We]'d better not eat it.

¶この魚は腐っているようですから，食べないほうがいいです**ね**。 (Kono sakana wa kussatte iru yō desu kara, tabenai hō ga ii desu *ne.*)

¶夕食のため豚肉を買います。牛肉は高いですから**ね**。(Yūshoku no tame butaniku o kaimasu. Gyūniku wa takai desu kara *ne.*)

¶ I'm going to buy pork for dinner—beef is so expensive, **you know.**

④［ちょっと考える気持ちを表す］

④ [used when thinking something over]

¶「映画を見に行きませんか。」(Eiga o mi ni ikimasen ka?)「そうです**ね**。今度の日曜日なら大丈夫です。」(Sō desu *ne.* Kondo no nichiyōbi nara daijōbu desu.)

¶ "Won't you come see a movie?" "**Let's see.** I could go next Sunday."

* 質問に答える場合，「そうね (sō ne)」「そうですね (sō desu ne)」の形で使うことが多い。

* *Ne* is often used in the patterns "*Sō ne*," "*Sō desu ne*" when answering a question.

＊「ねえ (nē)」と言う場合もある。

＊ Variant: *nē*.

nedan **値段**〖名〗

nedan ⟦n⟧ **price, cost**

¶このくつの**値段**はいくらですか。(Kono kutsu no *nedan* wa ikura desu ka?)

¶ What is **the price** of these shoes?

¶この品物には**値段**がついていませんね。(Kono shinamono ni wa *nedan* ga tsuite imasen ne.)

¶ There's no **price** on this merchandise.

negai **願い**〖名〗

negai ⟦n⟧ **desire, wish; request**

①［希望］

① [desire, wish, hope]

平和の**願い** (heiwa no *negai*)

hopes for peace, **a desire** for peace

②［依頼］

② [request]

¶これからもよろしくお**願い**します。(Kore kara mo yoroshiku o*negai* shimasu.)

¶ **I hope** to continue to receive your kind offices on my behalf (a set polite expression).

negau　願う〘動Ⅰ〙

①[希望する]

¶みんなが世界の平和を**願って**います。(Minna ga sekai no heiwa o *negatte* imasu.)

②[頼む]

¶絵に手を触れないように**願います**。(E ni te o furenai yō ni *negaimasu.*)

neji　ねじ〘名〙

ねじを締める (*neji* o shimeru)　**ねじ**を外す (*neji* o hazusu)

¶機械の**ねじ**が外れました。(Kikai no *neji* ga hazuremashita.)

¶毎晩，寝る前に時計の**ねじ**を巻きます。(Maiban, neru mae ni tokei no *neji* o makimasu.)

nejiru　ねじる〘動Ⅰ〙

¶そんなに**ねじったら**，腕が折れます。(Sonna ni *nejittara,* ude ga oremasu.)

neko　ねこ〘名〙

nekutai　ネクタイ〘名〙

ネクタイを締める (*nekutai* o shimeru)　**ネクタイ**を外す (*nekutai* o hazusu)

¶いい**ネクタイ**をしていますね。(Ii *nekutai* o shite imasu ne.)

nemui　眠い〘形〙

眠くなる (*nemuku* naru)

¶ゆうべはあまりよく眠れなかったので，今日は**眠い**です。(Yūbe wa amari yoku nemurenakatta node, kyō wa *nemui* desu.)

negau ⟦v I⟧　**desire, wish, hope for; request, implore**

① [desire, wish, hope for]

¶ All **hope** ⟦**pray**⟧ for world peace.

② [request, implore]

¶ **Kindly refrain** from touching the paintings.

neji ⟦n⟧　**screw**

turn **a screw,** screw // unscrew

¶ **A screw** has come off ⟦is coming off⟧ the machine.

¶ [I] **wind** [my] watch ⟦clock⟧ every night at bedtime.

nejiru ⟦v I⟧　**twist, wrench, wring**

¶ **If you twist** [my] arm like that, you'll break it.

neko ⟦n⟧　**cat**

nekutai ⟦n⟧　**necktie, tie**

tie **a necktie** // unite **a necktie,** take off **a tie**

¶ That's a nice **tie** you have on.

nemui ⟦adj⟧　**be sleepy**

become **sleepy**

¶ **I'm sleepy** today because I didn't sleep very well last night.

¶田中さんは**眠そう**な顔をしています。(Tanaka san wa *nemusō* na kao o shite imasu.)

¶ [Mrs.] Tanaka **looks sleepy.**

nemuru 眠る〔動 I〕

nemuru ⟦v I⟧ **sleep, fall asleep**

¶赤ちゃんはよく**眠って**います。(Akachan wa yoku *nemutte* imasu.)

¶ The baby **is sleeping** soundly.

¶一晩じゅう，**眠らないで**勉強しました。(Hitobanjū, *nemuranaide* benkyō shimashita.)

¶ [I] **stayed up** all night studying.

¶ゆうべはよく**眠れました**か。(Yūbe wa yoku *nemuremashita* ka?)

¶ **Did you sleep** well last night?

-nen -年〔尾〕

-nen ⟦suf⟧ **year**

¶わたしは１９３０**年**に生まれました。(Watashi wa senkyūhyakusanjū*nen* ni umaremashita.)

¶ I was born in 1930.

¶弟は小学校３**年**です。(Otōto wa shōgakkō san*nen* desu.)

¶ My younger brother is in the third **year** of elementary school.

nendo 年度〔名〕

nendo ⟦n⟧ **year, term, fiscal year, school year**

昨**年度** (saku*nendo*)　来**年度** (rai*nendo*)　新**年度** (shin*nendo*)　**年度**末 (*nendo*matsu)

last **year,** the previous **fiscal year** // next **year,** the coming **fiscal year** // the new **year** ⟦**fiscal year**⟧ // the end of **the year** ⟦**fiscal year**⟧

¶日本では，４月に新しい**年度**が始まります。(Nihon de wa, shigatsu ni atarashii *nendo* ga hajimarimasu.)

¶ In Japan the new **fiscal** ⟦**academic**⟧ **year** begins in April.

¶今**年度**の予算はどのくらいですか。(Kon*nendo* no yosan wa dono kurai desu ka?)

¶ What is the budget for the current **fiscal year?**

nenrei 年齢〔名〕

nenrei ⟦n⟧ **age, years**

¶ここに住所，氏名，**年齢**を書いてください。(Koko ni jūsho, shimei, *nenrei* o kaite kudasai.)

¶ Please write your name, address, and **age** here.

⇨**toshi** 年

nenryō 燃料〔名〕

nenryō ⟦n⟧ **fuel**

¶自動車の**燃料**は普通はガソリンで

¶ Gasoline is **the fuel** usually used in

す。 (Jidōsha no *nenryō* wa futsū wa gasorin desu.)

automobiles.

nerau **ねらう**〔動 I〕

¶ねこがねずみを**ねらって**います。(Neko ga nezumi o *neratte* imasu.)

nerau [[v I]] **aim at, set one's sights on, stalk**

¶ The cat **is stalking** a mouse.

neru **寝る**〔動 II〕

①[眠る]

¶あなたはいつも何時ごろ**寝ます**か。(Anata wa itsu mo nanji goro *nemasu* ka?)

¶わたしは夜**寝る**前に歯をみがきます。(Watashi wa yoru *neru* mae ni ha o migakimasu.)

②[病気で休む]

¶父は風邪を引いて**寝て**います。(Chichi wa kaze o hiite *nete* imasu.)

③[体を横にする]

¶山田さんは**寝ながら**本を読んでいます。 (Yamada san wa *nenagara* hon o yonde imasu.)

neru [[v II]] **sleep, go to sleep; be ill in bed; lie down**

① [sleep, go to sleep, go to bed]

¶ What time do you **go to bed** each night?

¶ I brush my teeth before **going to bed** at night.

② [be ill in bed, be confined to bed]

¶ My father **is in bed** with a cold.

③ [lie down, be lying down]

¶ [Mr.] Yamada **is lying down** and reading a book.

nesshin **熱心**〔形動〕

¶あした試験があるので，学生はみんな**熱心**に勉強しています。 (Ashita shiken ga aru node, gakusei wa minna *nesshin* ni benkyō shite imasu.)

¶中村さんは仕事に**熱心**な人です。(Nakamura san wa shigoto ni *nesshin* na hito desu.)

nesshin [[adj-v]] **enthusiastic, eager, earnest, dedicated**

¶ All the students are studying **hard** as they have an exam tomorrow.

¶ [Mr.] Nakamura is a **hard** worker.

netsu **熱**〔名〕

①[熱さを感じさせるもとになるもの]

¶太陽の**熱**で水が温かくなりました。(Taiyō no *netsu* de mizu ga atatakaku narimashita.)

netsu [[n]] **heat; temperature, fever**

① [heat]

¶ The water was warmed by **the sun.**

¶ナイロンは熱に弱いです。 (Nairon wa *netsu* ni yowai desu.)

¶ Nylon has a low **heat** tolerance.

②[体の温度]

② [temperature, fever]

熱がある (*netsu* ga aru)　熱が下がる (*netsu* ga sagaru)　熱を計る (*netsu* o hakaru)

run **a temperature,** have **a fever** // **one's fever** goes down // take **one's temperature**

¶子供が風邪を引いて熱を出しました。 (Kodomo ga kaze o hiite *netsu* o dashimashita.)

¶ The child has caught a cold and is running **a temperature** ⟦The child caught a cold and had **a fever**⟧.

nezumi **ねずみ**〘名〙

nezumi ⟦n⟧ **mouse, rat**

ni 二〘名〙

ni ⟦n⟧ **two**

二階 (*ni*kai)　二番め (*ni*banme)

the **second** floor // the **second** one, **second**

ni **に**〘助〙

ni ⟦part⟧ **in, on, at, to, into, by, from, with, for**

①[ものごとが存在しているところまたある状態で存在しているところなどを表す]

① [in, on; indicates where something exists or where it exists in a certain condition, etc.]

¶机の上に日本語の本があります。 (Tsukue no ue *ni* Nihongo no hon ga arimasu.)

¶ There is a Japanese book **on** the desk.

¶わたしは東京に住んでいます。 (Watashi wa Tōkyō *ni* sunde imasu.)

¶ I live **in** Tokyo.

¶空に白い雲が浮かんでいます。(Sora *ni* shiroi kumo ga ukande imasu.)

¶ A white cloud is floating **in** the sky.

¶この道をまっすぐ行くと，左手に海が見えます。(Kono michi o massugu iku to, hidarite *ni* umi ga miemasu.)

¶ If you go straight along this road, you will be able to see the ocean **on** the left.

¶りんごにはいろいろな種類があります。(Ringo *ni* wa iroiro na shurui ga arimasu.)

¶ There are various types **of** apples.

②[移動などの方向や到達するところまた移動したものの存在するところなどを表す]

② [in, at; indicates the direction or stopping place of a movement, the present location of something that had been moving, etc.]

バスに乗る (basu *ni* noru) 山に登る (yama *ni* noboru)

ride a bus; get **on** a bus // climb a mountain

¶わたしは毎朝8時に学校に来ます。(Watashi wa maiasa hachiji ni gakkō *ni* kimasu.)

¶ I come **to** school every day at eight o'clock.

¶この道をまっすぐ行って，二つめの角を左に曲がると，駅の前に出ます。(Kono michi o massugu itte, futatsume no kado o hidari *ni* magaru to, eki no mae *ni* demasu.)

¶ If you go straight along this street and turn left at the second corner, you will come out **in** front of the station.

¶わたしはゆうべ10時に東京駅に着きました。(Watashi wa yūbe jūji ni Tōkyō-eki *ni* tsukimashita.)

¶ I arrived **at** Tokyo Station last night at ten o'clock.

* 移動の方向を特に意識して言う場合には「へ (e)」を使うこともある。

* Sometimes *e* is used rather than *ni* when one is particularly conscious of the direction of the movement.

→e へ

③[ある動作の成立の結果の存在するところなどを表す]

③ [in, on; indicates the location of the result of an action]

¶庭にすみれの花を植えました。(Niwa *ni* sumire no hana o uemashita.)

¶ [I] planted violets **in** the garden ⟦yard⟧.

¶この紙にあなたの名前と生年月日を書いてください。(Kono kami *ni* anata no namae to seinengappi o kaite kudasai.)

¶ Please write your name and date of birth **on** this paper.

¶壁に日本の地図がはってあります。(Kabe *ni* Nihon no chizu ga hatte arimasu.)

¶ There is a map of Japan fastened **on** the wall.

④[ものごとの成り行き・変化などの結果を表す]

④ [to, into; indicates the result of a course of events, a change, etc.]

¶夕方から雨は雪になりました。(Yūgata kara ame wa yuki *ni* narimashita.)

¶ In the evening the rain changed **into** snow.

¶みかんは11月ごろになると，黄色になっておいしくなります。(Mikan

¶ Mandarin oranges turn orange and become better-tasting around No-wa jūichigatsu goro *ni* naru to, kiiro *ni* natte oishiku narimasu.)

vember.

¶わたしは将来医者になるつもりです。(Watashi wa shōrai isha *ni* naru tsumori desu.)

¶ My future plan is to become a doctor.

¶交通信号が青から赤に変わりました。(Kōtsū-shingō ga ao kara aka *ni* kawarimashita.)

¶ The traffic light turned from green **to** red.

→to と

⑤[ものごとを決めたり選んだり変化させたりするその結果を表す]

⑤ [indicates the result of deciding, choosing, changing something, etc.]

¶今日はこれで終わりにします。(Kyō wa kore de owari *ni* shimasu.)

¶ Let's stop here today.

¶わたしは来月京都に行くことにしました。(Watashi wa raigetsu Kyōto ni iku koto *ni* shimashita.)

¶ I've decided to go to Kyoto next month.

¶わたしはコーヒーにします。(Watashi wa kōhii *ni* shimasu.)

¶ Coffee for me, please.

¶子供は人形を患者にして，注射をしたり，薬を飲ませたりして遊んでいます。(Kodomo wa ningyō o kanja *ni* shite, chūsha o shitari, kusuri o nomasetari shite asonde imasu.)

¶ The children are playing, pretending a doll is a patient and giving it shots, making it take medicine, and so forth.

⑥[動作・作用の行われる時や場合などを表す]

⑥ [at, in, on; indicates the time or occasion when an action or process takes place]

¶わたしは毎朝7時に起きます。(Watashi wa maiasa shichiji *ni* okimasu.)

¶ I get up **at** seven o'clock each morning.

¶あなたは夏休みにどこかへ行きますか。(Anata wa natsuyasumi *ni* doko ka e ikimasu ka?)

¶ Are you going to go somewhere **during** summer vacation?

¶この地方では春の初めによく強い風が吹きます。(Kono chihō de wa haru no hajime *ni* yoku tsuyoi

¶ There are often strong winds in this region **in** early spring.

kaze ga fukimasu.)

¶お金は物を売ったり買ったりするときにいつも使うものです。(Okane wa mono o uttari kattari suru toki *ni* itsu mo tsukau mono desu.)

¶ Money is something that is always used **when** buying and selling.

⑦[動作などの向けられる相手・対象などを表す]

⑦ [to, toward, for; indicates the object of an action, etc.]

¶わたしは昨日国の母に手紙を書きました。 (Watashi wa kinō kuni no haha *ni* tegami o kakimashita.)

¶ Yesterday I wrote a letter **to** my mother back home.

¶わたしは今日山田さんに会います。(Watashi wa kyō Yamada san *ni* aimasu.)

¶ I am meeting [Miss] Yamada today.

¶漢字は，今から千七百年ぐらい前に日本に伝えられたものです。 (Kanji wa, ima kara sennanahyakunen gurai mae ni Nihon *ni* tsutaerareta mono desu.)

¶ *Kanji* were introduced **to** Japan about 1,700 years ago.

¶わたしは上田さんには本当に親しみを感じます。(Watashi wa Ueda san *ni* wa hontō ni shitashimi o kanjimasu.)

¶ I really feel close **to** [Mrs.] Ueda.

⑧[動作や状態の根拠・よりどころなどを表す]

⑧ [by, from, with; indicates the source of an action, condition, etc.]

¶雨にぬれた木の葉が，朝日にきらきら光っています。 (Ame *ni* nureta konoha ga, asahi *ni* kirakira hikatte imasu.)

¶ The leaves wet **by** the rain are shining **in** the morning sun.

¶旗が風に静かに揺れています。(Hata ga kaze *ni* shizuka ni yurete imasu.)

¶ The flag ⟦banner, pennant⟧ is gently fluttering **in** the wind.

¶今朝の天気予報によると，午後は晴れるそうです。(Kesa no tenki-yohō *ni* yoru to, gogo wa hareru sō

¶ **According to** this morning's weather report, it will be clear ⟦will clear up, will stop raining⟧ this after-

desu.)

noon.

⑨[ほかのものが影響を受ける動作・作用の主体や動作の出所を表す]

⑨ [by, from, with; indicates the source or performer of an action or operation that affects another]

¶わたしは先生にほめられました。(Watashi wa sensei *ni* homeraremashita.)

¶ I received a compliment **from** my teacher.

¶昨日，雨に降られて風邪を引いてしまいました。(Kinō, ame *ni* furarete kaze o hiite shimaimashita.)

¶ Yesterday I got wet **in** the rain and caught a cold.

¶わたしは小学校の時，山田先生に教わりました。(Watashi wa shōgakkō no toki, Yamada sensei *ni* osowarimashita.)

¶ When I was in elementary school, I was taught **by** [Mr.] Yamada.

¶旅行先でお金が足りなくなって，友達に借りました。(Ryokō saki de okane ga tarinaku natte, tomodachi *ni* karimashita.)

¶ I ran out of money while traveling and borrowed some **from** a friend.

⑩[ほかの者から影響を受けて行う動作の主体を表す]

⑩ [indicates the performer of an act caused by someone else]

¶先生は正しく言えるようになるまで，何度も同じことを学生に言わせます。(Sensei wa tadashiku ieru yō ni naru made, nando mo onaji koto o gakusei *ni* iwasemasu.)

¶ The teacher makes the students say the same thing over and over until they can say it correctly.

¶母は今赤ん坊にミルクを飲ませています。(Haha wa ima akanbō *ni* miruku o nomasete imasu.)

¶ My mother is now nursing the baby.

⑪[行く・来るなどの動作の目的を表す]

⑪ [for, to; indicates the purpose of an act such as going or coming somewhere]

¶姉は八百屋へりんごを買いに行きました。 (Ane wa yaoya e ringo o kai *ni* ikimashita.)

¶ My elder sister went ⟦has gone⟧ to the fruit and vegetable store **to** buy apples.

¶母はデパートへ買い物に行きました。(Haha wa depāto e kaimono *ni*

¶ My mother went ⟦has gone⟧ shop-

ikimashita.)

¶わたしは日本へ文学の勉強に来ました。(Watashi wa Nihon e bungaku no benkyō *ni* kimashita.)

¶わたしはこれから新宿にいる友達の所へ遊びに行きます。(Watashi wa kore kara Shinjuku ni iru tomodachi no tokoro e asobi *ni* ikimasu.)

*「動詞(基幹の形)+に(ni)」の形と「名詞+に(ni)」の形とがある。

⑫[動作の行われる目的などを表す]

¶「この機械は何に使いますか。」(Kono kikai wa nan *ni* tsukaimasu ka?)「この機械は紙を切るのに使います。」(Kono kikai wa kami o kiru no *ni* tsukaimasu.)

¶大学に入るためにはもっと勉強しなければなりません。(Daigaku ni hairu tame *ni* wa motto benkyō shinakereba narimasen.)

¶外国の文化を正しく理解するには,その国に住むのがいちばんです。(Gaikoku no bunka o tadashiku rikai suru *ni* wa, sono kuni ni sumu no ga ichiban desu.)

*「動詞(連体の形) + に(ni)」の形や「動詞(連体の形) + の(no)+に(ni)」の形や「名詞 + に(ni)」の形などがある。

⑬[比較・異同・評価などの基準を表す]

¶わたしのうちは駅に近いです。(Watashi no uchi wa eki *ni* chikai desu.)

ping at the department store.

¶ I came to Japan **to** study literature.

¶ I am now going **to** visit a friend at [his] place in Shinjuku.

* Used in the patterns "verb (stem form) + *ni*" and "noun + *ni*."

⑫ [for, to; indicates the purpose or objective of an act]

¶ "What is this device ⟦machine⟧ used **for?**"

"It is **for** cutting paper."

¶ **To** get into college, [you] must study harder.

¶ The best course **for** correctly understanding a foreign culture is to go and live in that country.

* Used in the patterns "verb (dictionary form) + *ni*," "verb (dictionary form) + *no* + *ni*," "noun + *ni*," etc.

⑬ [to, for; indicates the criterion of a comparison, difference, evaluation, etc.]

¶ My home is near the station.

¶山田さんはお母さんによく似ています。 (Yamada san wa okāsan *ni* yoku nite imasu.)

¶ [Miss] Yamada looks a lot like [her] mother.

¶たばこは体に悪いです。 (Tabako wa karada *ni* warui desu.)

¶ Smoking is bad **for** the health.

⑭［割合・割り当てなどの基準を表す］

⑭ [per, at, for; indicates the basic unit of a rate, apportioning, etc.]

¶紙は一人に二枚ずつ渡してください。 (Kami wa hitori *ni* nimai zutsu watashite kudasai.)

¶ Please give **each** person two sheets of paper.

¶わたしは一か月に一度床屋へ行きます。 (Watashi wa ikkagetsu *ni* ichido tokoya e ikimasu.)

¶ I go to the barber **once** a month.

¶わたしは一日おきにおふろに入ります。 (Watashi wa ichinichi oki *ni* ofuro ni hairimasu.)

¶ I take a bath **every other** day.

⑮［動作・作用・状態などの様子を表す］

⑮ [indicates the condition of an action, operation, state, etc.]

¶本は横に一列に並べてください。 (Hon wa yoko *ni* ichiretsu *ni* narabete kudasai.)

¶ Please lay the books down **in** a single row.

¶わたしは辞書を引かずに日本語の新聞が読めるようになりました。 (Watashi wa jisho o hikazu *ni* Nihongo no shinbun ga yomeru yō ni narimashita.)

¶ I have become ⟦became⟧ able to read a Japanese newspaper **without** consulting a dictionary.

¶仕事は予定どおりにうまくいっています。 (Shigoto wa yotei doori *ni* umaku itte imasu.)

¶ The work is progressing well and **on** schedule.

⑯［ある能力をもっている主体を表す］

⑯ [indicates a person having a certain ability]

¶この問題はわたしにはわかりません。 (Kono mondai wa watashi *ni* wa wakarimasen.)

¶ **I** don't understand this problem.

¶わたしにはとてもあんな難しい本は読めません。 (Watashi *ni* wa totemo anna muzukashii hon wa yome-

¶ **I** could never read such a difficult book.

masen.)

¶あの人にできることなら，わたしにもできると思います。 (Ano hito *ni* dekiru koto nara, watashi *ni* mo dekiru to omoimasu.)

niau 似合う〘動Ｉ〙

¶その洋服はあなたによく**似合います**よ。 (Sono yōfuku wa anata ni yoku *niaimasu* yo.)

-nichi -**日**〘尾〙

①[日付を表す]

¶今日は2月 11 **日**です。 (Kyō wa nigatsu jūichi*nichi* desu.)

*「11 日(jūichinichi)」以降は「14 日(jūyokka)」，「20 日 (hatsuka)」，「24 日 (nijūyokka)」を除いて，すべて「～にち (～nichi)」と言う。

②[日数を表す]

¶今日は一**日**じゅう忙しかったです。 (Kyō wa ichi*nichi*jū isogashikatta desu.)

¶もう四，五**日**待ってください。 (Mō shi-go*nichi* matte kudasai.)

⇨**-ka** **-日**

nichiyō (bi) 日曜(日)〘名〙

nigai 苦い〘形〙

¶この薬は**苦い**ですね。(Kono kusuri wa *nigai* desu ne.)

¶濃いコーヒーは**苦くて**飲めません。 (Koi kōhii wa *nigakute* nomemasen.)

nigatsu 二月〘名〙

nigeru 逃げる〘動Ⅱ〙

¶ねこが魚を取って**逃げ**ました。

¶ If **[he]** can do it, I think that **I** can, too.

niau ⟦v I⟧ **become, suit, match well**

¶ That outfit **looks** very **nice** on you.

-nichi ⟦suf⟧ the counter used for days of the month and for days

① [the counter for days of the month]

¶ Today is February **11.**

* *-nichi* is added to all the days of the month above 10 with the exception of the 14th (*jūyokka*), the 20th (*hatsuka*), and the 24th (*nijūyokka*).

② [the counter for days]

¶ [I] was busy all **day** today.

¶ Please wait four or five **days** longer.

nichiyō(bi) ⟦n⟧ **Sunday**

nigai ⟦adj⟧ **bitter**

¶ This medicine **is bitter,** isn't it?

¶ Strong coffee **is too bitter** for [me] to drink.

nigatsu ⟦n⟧ **February**

nigeru ⟦v II⟧ **run away, flee, escape**

¶ The cat took the fish and **ran off**

(Neko ga sakana o totte *nigemashita.*)

with it.

¶警官は**逃げる**どろぼうを追いかけました。(Keikan wa *nigeru* dorobō o oikakemashita.)

¶ The policeman chased after the **fleeing** thief.

nigiyaka **にぎやか**〘形動〙

nigiyaka 〚adj-v〛 **lively, bustling, flourishing, noisy**

¶市場はいつも**にぎやか**です。(Ichiba wa itsu mo *nigiyaka* desu.)

¶ The market is always **crowded and bustling.**

¶ここはずいぶん**にぎやか**な所ですね。(Koko wa zuibun *nigiyaka* na tokoro desu ne.)

¶ This is a very **lively** place.

nigoru **濁る**〘動 I〙

nigoru 〚v I〛 **become muddy, impure, cloudy**

¶雨で川の水が**濁って**います。 (Ame de kawa no mizu ga *nigotte* imasu.)

¶ The river **is muddy** after the rain.

nihon **日本**〘名〙

Nihon 〚n〛 **Japan**

日本人 (*Nihon*jin) **日本**語 (*Nihon*-go) **日本**料理 (*Nihon*-ryōri)

a Japanese, the Japanese // the **Japanese** language // **Japanese** cooking, **Japanese** food

＊「にっぽん (Nippon)」とも言う。

＊ Variant: Nippon.

nikki **日記**〘名〙

nikki 〚n〛 **diary, journal**

¶わたしは毎日**日記**をつけています。(Watashi wa mainichi *nikki* o tsukete imasu.)

¶ I make a **diary** entry every day.

niku **肉**〘名〙

niku 〚n〛 **meat, flesh**

肉屋 (*niku*ya) 牛**肉** (gyū*niku*) 鳥**肉** (tori*niku*)

a **meat** shop, a butcher's, a butcher // beef // (dressed) chicken, fowl

¶豚**肉**を 100 グラムください。(Buta*niku* o hyakuguramu kudasai.)

¶ Please give me one hundred grams of **pork.**

¶この**肉**は柔らかくておいしいです。(Kono *niku* wa yawarakakute oishii desu.)

¶ This **meat** is nice and tender.

-nikui **-にくい**〘尾〙

-nikui 〚suf〛 **hard to ~, difficult to ~**

¶この字はたいへん書き**にくい**です。(Kono ji wa taihen kaki*nikui* de-

¶ This character is very **difficult** to write.

su.)

¶その本の題は長くて覚え**にくい**です。(Sono hon no dai wa nagakute oboe*nikui* desu.)

⇔**-yasui -やすい**

¶ The title of that book is long and **hard** to remember.

nimotsu　荷物〖名〗

¶わたしの**荷物**はこのかばんとかさだけです。(Watashi no *nimotsu* wa kono kaban to kasa dake desu.)

¶ホテルに着くと，ボーイが**荷物**を部屋まで運んでくれました。(Hoteru ni tsuku to, bōi ga *nimotsu* o heya made hakonde kuremashita.)

nimotsu 〚n〛 **load, burden, baggage, goods, freight, cargo, one's belongings,** etc.

¶ I have only this bag 〚suitcase, briefcase, etc.〛 and umbrella **with me.**

¶ When [we] arrived at the hotel, the bellboy took **[our] luggage** up to the room.

-nin　-人〖尾〗

①[その仕事をする人，その状態にある人を表す]

病**人** (byō*nin*)　けが**人** (kega*nin*)

保証**人** (hoshō*nin*)

②[人数を表す]

¶「御兄弟は何**人**ですか。」(Gokyōdai wa nan*nin* desu ka?)「兄が一人と姉が二人，わたしを入れて四**人**です。」(Ani ga hitori to ane ga futari, watashi o irete yo*nin* desu.)

*「一人 (ichinin)」「二人 (ninin)」とは言わないで，「一人 (hitori)」「二人 (futari)」と言う。「四人 (shinin)」と言わないで「四人 (yonin)」と言う。

-nin 〚suf〛 a suffix indicating a person; the counter for people

① [indicates a person doing a particular job or action or a person in a particular state]

a sick **person,** a patient, an invalid // an injured **person,** the wounded // a guarantor, a sponsor, a reference

② [the counter for people]

¶ "**How many** brothers and sisters do you have?"

"I have one older brother and two older sisters so there are **four of us** in all."

* Irregular forms are *hitori* (one person) and *futari* (two persons). Also, "four persons" is *yonin*, not * *shinin*.

ningen　人間〖名〗

①[ひと]

¶**人間**は考える動物です。(*Ningen* wa kangaeru dōbutsu desu.)

②[人柄]

ningen 〚n〛 **a human being, humanity; character, personality**

① [a human being, humanity]

¶ **Humans** are thinking creatures 〚animals with the power of reason〛.

② [character, personality]

¶あの人は正直な人間です。(Ano hito wa shōjiki na *ningen* desu.)
¶ [He] is naturally honest.

ningyō 人形〘名〙
ningyō ⟦n⟧ **doll, puppet**
¶妹は人形を欲しがっています。(Imōto wa *ningyō* o hoshigatte imasu.)
¶ My younger sister wants **a doll.**

ninki 人気〘名〙
ninki ⟦n⟧ **popularity; popular**
¶山田先生は学生に人気があります。(Yamada sensei wa gakusei ni *ninki* ga arimasu.)
¶ Professor Yamada **is popular** with students.
¶あなたの国でいちばん人気のあるスポーツは何ですか。(Anata no kuni de ichiban *ninki* no aru supōtsu wa nan desu ka?)
¶ What sport is most **popular** in your country?

ninzū 人数〘名〙
ninzū ⟦n⟧ **the number of persons**
¶このクラスの人数は何人ですか。(Kono kurasu no *ninzū* wa nannin desu ka?)
¶ **How many are there** in this class?

nioi **におい**〘名〙
nioi ⟦n⟧ **smell, odor, scent**
いい**におい** (ii *nioi*) いやな**におい** (iya na *nioi*) 臭い**におい** (kusai *nioi*) **におい**をかぐ (*nioi* o kagu)
a nice **odor** // an unpleasant **smell** // an offensive **smell** // smell something
¶台所からおいしそうな**におい**がしてきました。(Daidokoro kara oishisō na *nioi* ga shite kimashita.)
¶ **The aroma** of something good drifted out ⟦is drifting out⟧ from the kitchen.

niou **におう**〘動Ⅰ〙
niou ⟦v I⟧ **smell, give off a smell, be fragrant, stink**
¶この花はあまり**におい**ませんね。(Kono hana wa amari *nioimasen* ne.)
¶ This flower **doesn't have** much **smell.**
¶ガスがもれていませんか。**におい**ますよ。(Gasu ga morete imasen ka? *Nioimasu* yo.)
¶ Is that gas leaking? **It smells** like it.

Nippon ☞ **Nihon**

niru **煮る**〘動Ⅱ〙
niru ⟦v II⟧ **boil, cook**
¶今晩は野菜を煮て食べましょう。
¶ Let's have **boiled** ⟦**cooked**⟧ vege-

(Konban wa yasai o *nite* tabemashō.)

tables tonight.

¶この魚は**煮る**より焼いたほうがおいしいです。 (Kono sakana wa *niru* yori yaita hō ga oishii desu.)

¶ This fish is better grilled than **boiled** ⟦**poached**⟧.

niru **似る**〔動II〕

niru ⟦v II⟧ **resemble, look like, sound like**

¶あなたはお母さんに顔がよく**似て**いますね。 (Anata wa okāsan ni kao ga yoku *nite* imasu ne.)

¶ Your face **looks** a lot **like** your mother's.

¶兄弟だから, 声がとても**似て**います。 (Kyōdai da kara, koe ga totemo *nite* imasu.)

¶ As [they] are brothers, [their] voices **are** a lot **alike.**

nishi **西**〔名〕

nishi ⟦n⟧ **west**

西側 (*nishi*gawa)　　**西**の風 (*nishi* no kaze)

the **western** side // a **west** wind, a wind from **the west**

¶太陽は東から出て, **西**に沈みます。 (Taiyō wa higashi kara dete, *nishi* ni shizumimasu.)

¶ The sun rises in the east and sets in **the west.**

⇔**higashi 東**

niwa **庭**〔名〕

niwa ⟦n⟧ **garden, yard**

¶**庭**に花が咲いています。 (*Niwa* ni hana ga saite imasu.)

¶ Flowers are blooming in **the garden.**

¶わたしの家の**庭**は狭いです。(Watashi no ie no *niwa* wa semai desu.)

¶ **The yard** at my house is small.

niwatori **鶏**〔名〕

niwatori ⟦n⟧ **chicken(s)**

no **の**〔助〕

no ⟦part⟧ **of, for, by, in, on**

①[前の名詞などがあとに来る名詞などをいろいろな意味で修飾限定する]

① [indicates that the noun or other words preceding it modifies or restricts in some way the noun following it]

東京**の**地図 (Tōkyō *no* chizu)　子供**の**くつ (kodomo *no* kutsu)　日本語**の**先生 (Nihongo *no* sensei)

a map **of** Tokyo // children**'s** shoes // a teacher **of** Japanese

¶これはわたし**の**本です。 (Kore wa watashi *no* hon desu.)

¶ This is **my** book.

¶あれは木**の**机です。 (Are wa ki *no*

¶ That is a **wooden** desk.

tsukue desu.)

¶母からの手紙が今日着きました。(Haha kara *no* tegami ga kyō tsukimashita.)

¶ A letter **from** my mother arrived today.

* 普通「名詞＋の (no)＋名詞」の形で使うが,「名詞＋助詞＋の (no)＋名詞」の形で使うこともある。「母からの手紙 (haha kara no tegami)」は「母から来た手紙 (haha kara kita tegami)」の意味である。

* Usually used in the pattern "noun + *no* + noun" but can also be used in the pattern "noun + particle + *no* + noun." *Haha kara no tegami* (a letter from my mother) is equivalent to *haha kara kita tegami* (a letter coming from my mother).

②〔前の名詞があとに来る動作や状態などを表す名詞に対してその主体や目的である関係を表す〕

② [indicates that the noun preceding it is the subject or object of the action, state, etc., expressed in the noun following it]

¶子供がお父さんの帰りを待っています。(Kodomo ga otōsan *no* kaeri o matte imasu.)

¶ The children are waiting for ⟦looking forward to⟧ the return **of** their father.

¶学校に着いた時, 授業の始まりのベルが鳴っていました。(Gakkō ni tsuita toki, jugyō *no* hajimari no beru ga natte imashita.)

¶ When [I] arrived at school, the bell for the beginning **of** class was ringing.

¶ようやく日本語の読み書きができるようになりました。(Yōyaku Nihongo *no* yomikaki ga dekiru yō ni narimashita.)

¶ [I] have finally become ⟦I finally became⟧ able to read and write Japanese.

¶南の海の水の青さはすばらしかった。(Minami no umi no mizu *no* aosa wa subarashikatta.)

¶ The blue **of** the water of the southern sea was wonderful ⟦The southern sea was a marvelous blue⟧.

*「お父さんの帰り (otōsan no kaeri)」は「お父さんが帰る (otōsan ga kaeru)」,「授業の始まり (jugyō no hajimari)」は「授業が始まる (jugyō ga hajimaru)」,「日本語の読み書き (Nihongo no yomikaki)」は「日本語を読んだり書いたりする (Nihongo

* In the above sentences *otōsan no kaeri* (the father's return) = *otōsan ga kaeru* (the father returns), *jugyō no hajimari* (the start of class) = *jugyō ga hajimaru* (class starts), *Nihongo no yomikaki* (the reading and writing of Japanese) =

o yondari kaitari suru)」,「南の海の水の青さ (minami no umi no mizu no aosa)」は「南の海の水が青い (minami no umi no mizu ga aoi)」という意味を表す。

③〔動詞や形容詞・形容動詞などが名詞を修飾する形で使われる場合その動作や状態の主体や対象などを表す〕

¶上田さん**の**乗っていた車が事故を起こしました。(Ueda san *no* notte ita kuruma ga jiko o okoshimashita.)

¶天気**の**いい日にはよく散歩します。(Tenki *no* ii hi ni wa yoku sanpo shimasu.)

¶おすし**の**きらいな人はいませんか。(Osushi *no* kirai na hito wa imasen ka?)

* この場合の「の (no)」は「が (ga)」と置き換えられる。

no の〘助〙

①〔所属その他いろいろな意味で関係のあるものごとを表す〕

¶「このペンはだれ**の**ですか。」(Kono pen wa dare *no* desu ka?)「わたし**の**です。」(Watashi *no* desu.)

¶「大きいりんごは100円で，小さい**の**は70円です。」(Ookii ringo wa hyakuen de, chiisai *no* wa nanajū-en desu.)「では，その100円**の**を5個ください。」(Dewa, sono hyakuen *no* o goko kudasai.)

* 前の名詞に関係のあるものごとが場面や文脈によってわかっているときに

Nihongo o yondari kaitari suru (to read and write Japanese), and *minami no umi no mizu no aosa* (the blue of the water of southern seas) = *minami no umi no mizu ga aoi* (the water of southern seas is blue).

③ [indicates the subject or object of a verb, adjective, or adjective-verb in a noun phrase]

¶ The car that [Mr.] Ueda was riding in caused an accident.

¶ [I] often take a walk on days when the weather is nice.

¶ Is there anyone here who doesn't like *sushi*?

* This particular *no* can be replaced by *ga*.

no ⟦part⟧ **one; that, those; thing, matter**

① [one; stands in for something previously mentioned]

¶ "**Whose** pen is this?"
"It's **mine.**"

¶ "The large apples are a hundred yen and the small **ones** are seventy yen."
"Well, please give me five of the hundred yen **ones.**"

* Used when the thing related to a previous noun is understood from the situation or context. In the above

使う。「だれの (dare no)」は「だれのペン (dare no pen)」,「わたしの (watashi no)」は「わたしのペン (watashi no pen)」,「100円の (hyakuen no)」は「100円のりんご (hyakuen no ringo)」の意味である。

②〔前に来る動詞や形容詞・形容動詞の表すことがらに関係のあるものごとを表す〕

¶あそこに並んでいる**の**は，バスに乗る人たちです。(Asoko ni narande iru *no* wa, basu ni noru hitotachi desu.)

¶本がたくさん並んでいますが，いちばんおもしろい**の**はどれですか。(Hon ga takusan narande imasu ga, ichiban omoshiroi *no* wa dore desu ka?)

* 前に来る動詞や形容詞・形容動詞の表すことがらに関係のあるものごとが場面や文脈によってわかっているときに使う。「あそこに並んでいるの (asoko ni narande iru no)」は「あそこに並んでいる人たち (asoko ni narande iru hitotachi)」,「おもしろいの (omoshiroi no)」は「おもしろい本 (omoshiroi hon)」の意味である。

③〔前に来る動詞や形容詞・形容動詞の表すことがらを名詞のような働きにするときに使う〕

¶寒い日に外へ出る**の**はいやです。(Samui hi ni soto e deru *no* wa iya desu.)

¶山田さんが向こうから急いで来る**の**

sentences *dare no* (whose) = *dare no pen* (whose pen), *watashi no* (mine) = *watashi no pen* (my pen), and *hyakuen no* (the hundred yen ones) = *hyakuen no ringo* (the hundred yen apples).

② [that, those; stands for something related to the verb, adjective, adjective-verb, or phrase preceding it]

¶ **The people** lined up over there are waiting for the bus (literally, **What** is lined up over there is people who are to board the bus).

¶ There are lots of books here. Which is the most interesting **one?**

* Used when the thing related to the verb, adjective, adjective-verb, or phrase coming before is understood from the situation or context. In the above sentences *asoko ni narande iru no* (that which is lined up over there) = *asoko ni narande iru hitotachi* (the people who are lined up over there), and *omoshiroi no* (the interesting one) = *omoshiroi hon* (an interesting book).

③ [thing, matter, the fact that; used to make the preceding verb, adjective, adjective-verb, or phrase into a noun]

¶ I dislike **going out** on cold days ⟦**Going out** on cold days is unpleasant⟧.

が見えました。 (Yamada san ga mukō kara isoide kuru *no* ga miemashita.)

¶ [I] saw [Miss] Yamada **come hurrying** in my direction.

¶このアパートは狭い**の**が欠点です。 (Kono apāto wa semai *no* ga ketten desu.)

¶ **The smallness** of this apartment is a drawback ⟦One disadvantage of this apartment is **its smallness**⟧.

④［見聞きしたことに対する事情や根拠などを尋ねるときに使う］

④ [used when inquiring about something one has observed]

¶「どうかした**の**ですか。顔色が悪いですね。」(Dō ka shita *no* desu ka? Kaoiro ga warui desu ne.)「ええ，頭が痛いのです。」(Ee, atama ga itai no desu.)

¶ "Is something wrong? You look pale."

"Yes, I have a headache."

¶「テレビを買わない**の**ですか。」(Terebi o kawanai *no* desu ka?)「ええ，お金がないのです。」(Ee, okane ga nai no desu.)

¶ "You aren't going to buy a television?"

"That's right. [I] don't have the money for it."

*「ん (n)」とも言う。「〜の［ん］か (〜no [n] ka)」「〜の［ん］ですか (〜no [n] desu ka)」の形で使う。

* This *no* is sometimes shortened to *n*. Used in the patterns "~ *no* ⟦*n*⟧ *ka*" and "~ *no* ⟦*n*⟧ *desu ka*."

⑤［ものごとに対する事情や根拠などを説明するのに使う］

⑤ [used when explaining about something]

¶「田中さんは今度の旅行には行かないそうですね。」(Tanaka san wa kondo no ryokō ni wa ikanai sō desu ne.)「田中さんは病気な**の**だそうです。」(Tanaka san wa byōki na *no* da sō desu.)

¶ "I hear that [Mr.] Tanaka isn't coming on the next trip."

"They say [he]'s ill."

¶テレビを買いたい**の**ですが，お金がありません。 (Terebi o kaitai *no* desu ga, okane ga arimasen.)

¶ I want to buy a television set but I don't have the money for it.

*「ん (n)」とも言う。「〜の［ん］だ (〜no [n] da)」「〜の［ん］です (〜no [n] desu)」の形で使う。

* This *no* is sometimes shortened to *n*. Used in the patterns "~ *no* ⟦*n*⟧ *da*" and "~ *no* ⟦*n*⟧ *desu*.

no **の**〚助〛

①［質問するときに使う］

¶その映画，どこで見た**の**。 (Sono eiga, doko de mita *no*?)

¶昨日はどこへ行った**の**。 (Kinō wa doko e itta *no*?)

¶今日は忙しい**の**。(Kyō wa isogashii *no*?)

* 文末のイントネーションが上がる。

②［あることがらの事情や根拠などを説明するのに使う］

¶今日はおなかが痛い**の**。だから，あまり食べたくないわ。(Kyō wa onaka ga itai *no*. Dakara, amari tabetakunai wa.)

¶「今度の旅行には行かないの。」(Kondo no ryokō ni wa ikanai no?)「ええ，来週から試験が始まる**の**。」(Ee, raishū kara shiken ga hajimaru *no*.)

* 文末のイントネーションが下がる。

*「のよ (no yo)」とも言う。

***** 主に女性や子供が使うが，男性もかなり使うようになった。普通，目上の人には使わない。

no 〚part〛 a sentence-ending particle

① [used when asking a question]

¶ Where did [you] see that movie?

¶ Where did [you] go yesterday?

¶ Are [you] busy today?

* With this use of *no*, there is a rise in intonation at the end of the sentence.

② [used when explaining about something]

¶ I have a stomachache today. That's why I don't feel much like eating.

¶ "You aren't going on the coming trip?"

"That's right. Exams start next week."

* With this use of *no*, there is a falling intonation at the end of the sentence.

* Variant: *no yo*.

***** Mainly used by women and children but also used by men quite a bit now. Usually not used towards those of higher status.

nobasu **延ばす**〚動Ｉ〛

¶試験の時間を少し**延ばして**ください。(Shiken no jikan o sukoshi *nobashite* kudasai.)

¶用事ができたので，旅行の出発を1日**延ばしました**。 (Yōji ga dekita node, ryokō no shuppatsu o ichinichi *nobashimashita*.)

nobasu 〚v I〛 **postpone, delay, extend, prolong**

¶ Please **give** us a little **more time** for the exam.

¶ Something came up so [I] **postponed** [my] departure date a day.

nobasu **伸ばす**〚動Ｉ〛

nobasu 〚v I〛 **lengthen, extend, stretch, spread out, unbend**

背中を**伸ばす** (senaka o *nobasu*) **stretch,** straighten up // **develop**
才能を**伸ばす** (sainō o *nobasu*) one's abilities, **cultivate** one's talent

¶本はたなの上の方にあるので，手を**伸ばして**も届きません。 (Hon wa tana no ue no hō ni aru node, te o *nobashite* mo todokimasen.)

¶ Since the book is towards the top of the bookcase [I] can't reach it.

nobiru **延びる**〔動Ⅱ〕

nobiru 〚v II〛 **be postponed, be delayed, be prolonged**

¶昼休みの時間が 15 分**延びました**。 (Hiruyasumi no jikan ga jūgofun *nobimashita.*)

¶ The noon break **has been extended** by 15 minutes.

¶会議が**延びて**夕方までかかってしまいました。 (Kaigi ga *nobite* yūgata made kakatte shimaimashita.)

¶ The meeting **stretched out** into the evening.

nobiru **伸びる**〔動Ⅱ〕

nobiru 〚v II〛 **extend, lengthen, increase, grow; advance, make progress**

①[長くなる]

① [extend, lengthen, increase, grow]

¶髪が**伸びた**ので，床屋へ行きました。 (Kami ga *nobita* node, tokoya e ikimashita.)

¶ [My] hair **grew out** and [I] went to the barber's.

¶中学生になって，子供の背が急に**伸びました**。 (Chūgakusei ni natte, kodomo no se ga kyū ni *nobimashita.*)

¶ The child's height suddenly **shot up** after [he] entered middle school.

¶この木は1年に5センチぐらい**伸びます**。 (Kono ki wa ichinen ni gosenchi gurai *nobimasu.*)

¶ This tree **grows** about five centimeters a year.

②[能力などが発達する]

② [advance, make progress]

¶去年に比べて今年は成績がずいぶん**伸びました**。(Kyonen ni kurabete kotoshi wa seiseki ga zuibun *nobimashita.*)

¶ Compared to last year, this year's record **has improved** considerably.

nobori **上り**〔名〕

nobori 〚n〛 **ascent, rise, going up; train bound for a major city**

①[下から上へ移ること，上り坂]

① [ascent, rise, going up]

¶この道はあの木の所から**上り**になります。 (Kono michi wa ano ki no

¶ This road starts **going uphill** from

tokoro kara *nobori* ni narimasu.)

that tree over there.

②［地方から中心的な所へ行く汽車・電車］

② [train going from the country into a major city]

上り列車 (*nobori*ressha)

the **ingoing** train, the **up** train

⇔**kudari** 下り

noboru 上る〘動 I〙

noboru [[v I]] **climb, go up, mount, ascend**

¶その階段は**上る**のがたいへんです。(Sono kaidan wa *noboru* no ga taihen desu.)

¶ **Climbing** those stairs is hard work.

⇔**kudaru** 下る

noboru 登る〘動 I〙

noboru [[v I]] **climb**

¶わたしはまだその山に**登った**ことがありません。 (Watashi wa mada sono yama ni *nobotta* koto ga arimasen.)

¶ I haven't **climbed** that mountain yet.

¶子供が木に**登って**遊んでいます。(Kodomo ga ki ni *nobotte* asonde imasu.)

¶ The children are playing, **climbing** trees.

noboru 昇る〘動 I〙

noboru [[v I]] **rise**

¶東の空に太陽が**昇りました**。(Higashi no sora ni taiyō ga *noborimashita*.)

¶ The sun **rose** in the eastern skies.

nochi 後〘名〙

nochi [[n]] **after, afterwards, later, in future**

¶今日の天気は晴れ**後**曇りです。(Kyō no tenki wa hare *nochi* kumori desu.)

¶ The weather for today will be clear, **later** cloudy.

¶また**後**ほどお電話します。 (Mata *nochi* hodo odenwa shimasu.)

¶ I will call again **later** (polite, spoken on the telephone).

node ので〘助〙

node [[part]] **as, because, on account of, owing to**

¶雨が降っている**ので**，今日はテニスができません。 (Ame ga futte iru *node*, kyō wa tenisu ga dekimasen.)

¶ [We] can't play tennis today—it's raining.

¶ゆうべ遅くまで起きていた**ので**，今日はとても眠いです。 (Yūbe osoku

¶ [I] was up until late last night **so** [I] am very sleepy today.

made okite ita *node*, kyō wa totemo nemui desu.)

¶暑いので，上着を脱いで仕事をしました。(Atsui *node*, uwagi o nuide shigoto o shimashita.)

¶ **It was so hot that** [I] took off [my] suit jacket and worked in [my] shirt-sleeves.

¶部屋が静かなので，落着いて勉強ができました。(Heya ga shizuka na *node*, ochitsuite benkyō ga dekimashita.)

¶ [I] was able to settle down and study **as** the room was quiet.

¶日曜日なので，今日は電車がすいています。(Nichiyōbi na *node*, kyō wa densha ga suite imasu.)

¶ The trains aren't crowded today **because** it's Sunday.

* 前件が原因となり，後件がその結果として成立するという原因結果の関係を表す。普通，後件には結果としての客観的な言い方が来る。

* Expresses a cause-and-effect relationship, with the cause stated in the first, *node*-clause and the effect in the second clause. Usually this result or effect is stated objectively.

⇨**kara から**

nodo **のど**〘名〙

nodo ⟦n⟧ **throat, voice**

¶風邪を引いて，のどが痛いです。(Kaze o hiite, *nodo* ga itai desu.)

¶ I have a sore **throat** from a cold.

¶のどが渇いたから，お茶が飲みたいです。(*Nodo* ga kawaita kara, ocha ga nomitai desu.)

¶ I'm **thirsty** and would like some (green) tea to drink.

nōgyō **農業**〘名〙

nōgyō ⟦n⟧ **agriculture, farming**

農業高校 (*nōgyō*-kōkō) **農業**技術者 (*nōgyō*-gijutsusha)

an **agricultural** high school // an **agricultural** expert

¶この国の**農業**技術はかなり進んでいます。(Kono kuni no *nōgyō*-gijutsu wa kanari susunde imasu.)

¶ **Farming** methods are quite advanced in this country.

nohara **野原**〘名〙

nohara ⟦n⟧ **field, plain, plains**

¶山を越えると，広い**野原**があります。(Yama o koeru to, hiroi *nohara* ga arimasu.)

¶ There is a broad **plain** on the other side of the mountain.

nōka **農家**〘名〙

nōka ⟦n⟧ **farmhouse; farm family, farmer**

①[農民の住んでいる家]
¶畑の向こうに**農家**が１軒見えます。 (Hatake no mukō ni *nōka* ga ikken miemasu.)

① [farmhouse]
¶ **A farmhouse** is in sight across the field.

②[農業で生活している家庭]
¶わたしは**農家**に生まれました。 (Watashi wa *nōka* ni umaremashita.)

② [farm family, farmer]
¶ I was born into **a farm family.**

nokoru　残る〔動 I〕

nokoru ⟦v I⟧ **remain, be left; remain, stay**

①[余る]
¶昨日のごちそうがまだたくさん**残っ**ています。 (Kinō no gochisō ga mada takusan *nokotte* imasu.)
¶**残った**御飯を捨てないでください。 (*Nokotta* gohan o sutenaide kudasai.)

① [remain, be left, be left over]
¶ There **is** still a lot of food **left** from yesterday's party ⟦dinner, etc.⟧.
¶ Please don't throw out the **leftover** rice ⟦**the leftovers**⟧.

②[後までその場所にいる]
¶中村さんはまだ会社に**残って**仕事をしています。 (Nakamura san wa mada kaisha ni *nokotte* shigoto o shite imasu.)

② [remain, stay, stay on]
¶ [Mr.] Nakamura is **still** at the office working.

nokosu　残す〔動 I〕

nokosu ⟦v I⟧ **leave, set aside; leave, leave behind**

①[余らせる]
¶食べ物は**残さないで**全部食べなさい。 (Tabemono wa *nokosanaide* zenbu tabenasai.)

① [leave, set aside]
¶ Clean up your plate(s).

②[後にとどめる]
¶田中さんは家族を**残して**，一人で外国へ行きました。 (Tanaka san wa kazoku o *nokoshite*, hitori de gaikoku e ikimashita.)

② [leave, leave behind]
¶ [Mr.] Tanaka **left** [his] family **behind** and went abroad alone.

nomimono　飲み物〔名〕

nomimono ⟦n⟧ **a drink, a beverage**

¶**飲み物**は何がいいですか。 (*Nomimono* wa nani ga ii desu ka?)
¶ What would you like **to drink?**

⇨tabemono 食べ物

nomu 飲む〘動 I〙

水を飲む (mizu o *nomu*) 酒を飲む (sake o *nomu*) 薬を飲む (kusuri o *nomu*)

¶ビールを飲みに行きませんか。 (Biiru o *nomi* ni ikimasen ka?)

nomu ⟦v I⟧ **drink, swallow**

drink water, **have a drink of** water // **take** a drink; **drink** *sake* // **take** medicine

¶ Won't you come and **have** some beer with [us]?

noni のに〘助〙

¶あの人はこんなに暑いのに, セーターを着ています。 (Ano hito wa konna ni atsui *noni*, sētā o kite imasu.)

¶今日は日曜日なのに, 学校へ行くのですか。 (Kyō wa nichiyōbi na *noni*, gakkō e iku no desu ka?)

¶みんな遊んでいるのに, あの人だけ勉強しています。 (Minna asonde iru *noni*, ano hito dake benkyō shite imasu.)

¶一生懸命に勉強したのに, 大学の入学試験にとうとう受かりませんでした。 (Isshōkenmei ni benkyō shita *noni*, daigaku no nyūgaku-shiken ni tōtō ukarimasen deshita.)

＊ 前件のことがらと後件のことがらとの相いれない関係を表す。予期することがらと反対のことがらが起こるような場合に使う。後件には, 「〜う (よう) (〜u [yō])」などの意志, 「〜なさい (〜nasai)」などの命令, 「〜てください (〜te kudasai)」などの依頼, 「〜てもいい (〜te mo ii)」などの許可などの言い方は来ない。

noni ⟦part⟧ **though, although, in spite of**

¶ [He] is wearing a sweater **even though** it is so hot.

¶ Are you going to school today **even though** it's Sunday?

¶ [He] alone is studying **while** everyone else is taking the day off.

¶ **In spite** of studying hard, in the end [I] didn't pass [my] university entrance exams.

＊ Used when the first clause and the second clause are not in conformity with each other, such as when the opposite of what would be expected has happened. The second clause does not end with an expression of intent such as *-ō* ⟦*-yō*⟧, an order with *-nasai*, a request with *-te kudasai*, or a giving of permission such as *-te mo ii*.

nori のり〘名〙

nori ⟦n⟧ **paste, starch**

のりではる (*nori* de haru)　のりをつける (*nori* o tsukeru)

paste on, fasten with **paste** // apply **paste,** paste together

¶切手にのりをつけて封筒にはります。(Kitte ni *nori* o tsukete fūtō ni harimasu.)

¶ [I] **paste** the stamp on the envelope.

norikae　**乗り換え**〚名〛

norikae 〚n〛 **transfer, change** (of train, plane, bus, etc.)

¶電車で行くと，**乗り換え**が多くてめんどうです。(Densha de iku to, *norikae* ga ookute mendō desu.)

¶ The large number of **transfers** is a nuisance when one goes there by train.

norikaeru　**乗り換える**〚動 II〛

norikaeru 〚v II〛 **to transfer, change** (trains, planes, buses, etc.)

¶東京駅へ行くのには，どこで**乗り換えたら**いいですか。(Tōkyō-eki e iku no ni wa, doko de *norikaetara* ii desu ka?)

¶ Where **should I transfer** in order to go to Tokyo Station?

¶次の駅で**乗り換えて**ください。(Tsugi no eki de *norikaete* kudasai.)

¶ Please **transfer** at the next station.

norimono　**乗り物**〚名〛

norimono 〚n〛 **vehicle, conveyance**

¶**乗り物**には，汽車，電車，船，飛行機，自動車などがあります。(*Norimono* ni wa, kisha, densha, fune, hikōki, jidōsha nado ga arimasu.)

¶ Types of **vehicles** include trains 〚steam and electric trains〛, ships, airplanes, automobiles, and the like.

nōritsu　**能率**〚名〛

nōritsu 〚n〛 **efficiency**

能率がいい (*nōritsu* ga ii)　**能率**が悪い (*nōritsu* ga warui)　**能率**が上がる (*nōritsu* ga agaru)　**能率**が下がる (*nōritsu* ga sagaru)

be efficient // be inefficient // become efficient // become inefficient

¶コンピューターのおかげで，事務の**能率**がたいへん上がりました。(Konpyūtā no okage de, jimu no *nōritsu* ga taihen agarimashita.)

¶ Thanks to computers, [our] office **efficiency** has been 〚was〛 greatly increased.

noru　**乗る**〚動 I〛

noru 〚v I〛 **ride, get on, board; step on, mount**

①[人などが乗り物などで移動する]

① [ride, get on, board, take (a vehicle)]

電車に**乗る** (densha ni *noru*)　自動

ride a train; **board** a train // **ride** in

車に乗る (jidōsha ni *noru*) 馬に乗る (uma ni *noru*)

a car; **get in** a car // **ride** a horse; **mount** a horse

¶このバスは乗る時に料金を払います。 (Kono basu wa *noru* toki ni ryōkin o haraimasu.)

¶ With this type of bus, one pays when **getting on.**

②[人や動物などが台などの上に上る]

② [step on, mount (a platform, etc.)]

¶いすの上に乗ってたなの物を取りました。 (Isu no ue ni *notte* tana no mono o torimashita.)

¶ [I] **stepped** on top of a chair and took something off the shelf.

noru 載る〖動 I〗

noru 〚v I〛 **lie on, be on top of; be recorded, be mentioned**

①[何かの上に置いてある]

① [lie on, be on top of, rest on]

¶机の上に載っている辞書を取ってください。 (Tsukue no ue ni *notte* iru jisho o totte kudasai.)

¶ Please hand me the dictionary **sitting** on the desk.

②[新聞や本などに掲載される]

② [be recorded, be mentioned, appear, be published (in a newspaper, book, etc.)]

¶この言葉は辞書に載っていません。 (Kono kotoba wa jisho ni *notte* imasen.)

¶ This word **isn't in** the dictionary.

¶今朝の新聞にあなたの国のことが載っていました。 (Kesa no shinbun ni anata no kuni no koto ga *notte* imashita.)

¶ There **was something** about your country **in** the newspaper this morning.

nōryoku 能力〖名〗

nōryoku 〚n〛 **ability, capability, capacity**

能力がある (*nōryoku* ga aru) 能力がない (*nōryoku* ga nai)

able, capable, competent // incapable, incompetent

¶あの人は，すばらしい計算の能力を持っています。(Ano hito wa, subarashii keisan no *nōryoku* o motte imasu.)

¶ [He] has a marvelous **head** for figures.

¶わたしの能力では，この仕事はできません。 (Watashi no *nōryoku* de wa, kono shigoto wa dekimasen.)

¶ This job is beyond my **abilities.**

noseru 乗せる〖動 II〗

noseru 〚v II〛 **carry, take on board, place on board** (a train, bus, etc.)

¶わたしはおばあさんをバスに乗せて

あげました。(Watashi wa obāsan o basu ni *nosete* agemashita.)

¶ I **helped** the old lady **onto** the bus.

noseru **載せる**〘動II〙

①[物を何かの上に置く]

¶この箱の上には，何も**載せないで**ください。(Kono hako no ue ni wa, nani mo *nosenaide* kudasai.)

¶机の上に**載せて**おいた万年筆を知りませんか。(Tsukue no ue ni *nosete* oita mannenhitsu o shirimasen ka?)

②[新聞や本などに掲載する]

¶この小説は何という雑誌に**載せる**のですか。(Kono shōsetsu wa nan to iu zasshi ni *noseru* no desu ka?)

noseru 〚v II〛 **place on; record, mention**

① [place on, set on, lay on]

¶ Please **don't put** anything **on** top of this box 〚case, casket, chest, etc.〛.

¶ Do you know what happened to the fountain pen I left **on** the desk?

② [record, mention, publish, carry]

¶ What magazine is this novel going **to be published** in?

nōto **ノート**〘名〙

①[ノートブック，帳面]

¶かばんの中には本や**ノート**などが入っています。(Kaban no naka ni wa hon ya *nōto* nado ga haitte imasu.)

②[書き留めること]

ノートをとる (*nōto* o toru)

nōto 〚n〛 **notebook; notes**

① [notebook]

¶ The briefcase 〚bag, etc.〛 contains books, **notebooks,** etc.

② [notes]

take **notes**

nozoku **除く**〘動I〙

①[不必要なものなどを取り去る]

¶この中から腐ったみかんを**除いて**，いいみかんだけ残してください。(Kono naka kara kusatta mikan o *nozoite* ii mikan dake nokoshite kudasai.)

②[ある範囲から外す]

¶その計画にはわたしを**除いて**みんなが賛成しました。(Sono keikaku ni wa watashi o *nozoite* minna ga sansei shimashita.)

nozoku 〚v I〛 **remove, eliminate; exclude, except, omit**

① [remove, eliminate, get rid of]

¶ Please **take out** the spoiled mandarin oranges and leave just the good ones here.

② [exclude, except, omit]

¶ All approved the plan **except for** me.

nozoku **のぞく**〘動I〙

nozoku 〚v I〛 **take a look; peek, take a peek**

①［窓やすき間などから向こうを見る］

¶窓から部屋の中を**のぞきました**。(Mado kara heya no naka o *nozokimashita.*)

① [take a look, look out, look in, peer at]

¶ **I looked** through the window into the room.

②［ちょっと見る，何かの一部分を見る］

② [peek, take a peek, peep]

¶試験のときには，隣の人の答えを**のぞいて**はいけません。 (Shiken no toki ni wa, tonari no hito no kotae o *nozoite* wa ikemasen.)

¶ One mustn't **look at** the answers of the person next to one during an exam.

nugu 脱ぐ〔動Ｉ〕

nugu ⟦v I⟧ **take off** (an item of clothing)

服を**脱ぐ** (fuku o *nugu*)　ズボンを**脱ぐ** (zubon o *nugu*)　くつ下を**脱ぐ** (kutsushita o *nugu*)

undress // **take off** one's pants ⟦trousers, slacks⟧ // **take off** one's socks ⟦stockings⟧

¶日本の家では，普通くつを**脱いで**部屋に上がります。 (Nihon no ie de wa, futsū kutsu o *nuide* heya ni agarimasu.)

¶ In Japan one usually **takes off** one's shoes at the door before going inside.

⇔**kiru 着る　haku はく**

nukeru 抜ける〔動Ⅱ〕

nukeru ⟦v II⟧ **come out, fall off; be missing, be omitted; escape, leak**

①［離れて取れる］

髪の毛が**抜ける** (kaminoke ga *nukeru*)　歯が**抜ける** (ha ga *nukeru*)

① [come out, fall off, become loose]

one's hair **falls out,** one's hair **thins** // a tooth **comes out**

②［あるべきものが脱落する］

¶この本は１ページ**抜けて**います。(Kono hon wa ippēji *nukete* imasu.)

② [be missing, be omitted, be left out, be lacking]

¶ This book **is missing** a page.

③［もれる，なくなる］

¶タイヤの空気が**抜けて**います。(Taiya no kūki ga *nukete* imasu.)

③ [escape, leak, be gone]

¶ The air **is leaking** from the tire ⟦The tire is flat⟧.

nuku 抜く〔動Ｉ〕

nuku ⟦v I⟧ **pull out, extract, remove**

くぎを**抜く** (kugi o *nuku*)　毛を**抜く** (ke o *nuku*)　草を**抜く** (kusa o *nuku*)　歯を**抜く** (ha o *nuku*)

pull out a nail ⟦spike, etc.⟧ // **pull out** a hair // to weed, **pull out** weeds // **pull out** ⟦**extract**⟧ a tooth

¶もう一本ビールのせんを**抜きましょ**

うか。 (Mō ippon biiru no sen o *nukimashō* ka?)

¶ Shall I open another bottle of beer (literally, **take** the cap **off**)?

nuno 布〘名〙

nuno ⟦n⟧ **cloth**

布切れ (*nuno*gire) 布地 (*nuno*ji) 布製 (*nuno*sei)

a piece of **cloth** // **cloth, fabric** // **cloth,** made of **cloth**

nureru **ぬれる**〘動Ⅱ〙

nureru ⟦v II⟧ **get wet, be wet, be damp**

¶かさを持って行かなかったので，雨に**ぬれて**しまいました。 (Kasa o motte ikanakatta node, ame ni *nurete* shimaimashita.)

¶ [I] didn't have an umbrella with [me] so [I] **got wet** in the rain.

¶**ぬれた**シャツを着ていると，風邪を引きます。 (*Nureta* shatsu o kite iru to, kaze o hikimasu.)

¶ You will catch cold if you wear a **wet** shirt.

nuru **塗る**〘動Ⅰ〙

nuru ⟦v I⟧ **to paint, varnish, plaster,** etc.

¶パンにバターを**塗って**食べます。 (Pan ni batā o *nutte* tabemasu.)

¶ [I] eat **buttered** bread ⟦toast, rolls, etc.⟧.

¶この腰掛けはペンキを**塗った**ばかりです。 (Kono koshikake wa penki o *nutta* bakari desu.)

¶ This bench ⟦seat, chair, stool, etc.⟧ has just **been painted.**

nurui **ぬるい**〘形〙

nurui ⟦adj⟧ **tepid, lukewarm, not hot enough**

¶早く飲まないと，コーヒーが**ぬるく**なります。 (Hayaku nomanai to, kōhii ga *nuruku* narimasu.)

¶ [Your] coffee will **get cold** if [you] don't hurry up and drink it.

nusumu **盗む**〘動Ⅰ〙

nusumu ⟦v I⟧ **steal, rob**

¶昨日店にどろぼうが入って，100万円**盗んで**いきました。 (Kinō mise ni dorobō ga haitte, hyakuman'en *nusunde* ikimashita.)

¶ Burglars broke into my store ⟦the store where I work⟧ yesterday and **stole** a million yen.

¶わたしは電車の中で財布を**盗まれました**。 (Watashi wa densha no naka de saifu o *nusumaremashita*.)

¶ I **had** my wallet **stolen** on the train.

nuu **縫う**〘動Ⅰ〙

nuu ⟦v I⟧ **sew, stitch**

¶わたしは自分で着物を**縫います**。 (Watashi wa jibun de kimono o

¶ I **make** my own clothes.

nuimasu.)

nyū- **入-**〖頭〗

入場 (*nyū*jō) 入場券 (*nyū*jōken) 入荷 (*nyū*ka) 入港 (*nyū*kō) 入国 (*nyū*koku)

nyū- ⟦pref⟧ a prefix meaning entering

admission, entrance // a ticket of **admission, entry** ticket // the **receipt** of goods // **entry** (into a port) // **entry** into a country, immigration

nyūgaku **入学**〖名, ～する〗

入学式 (*nyūgaku*shiki) 入学試験 (*nyūgaku*-shiken) 入学願書 (*nyūgaku*-gansho)

¶わたしの息子は今年小学校に**入学**しました。(Watashi no musuko wa kotoshi shōgakkō ni *nyūgaku* shimashita.)

⇔**sotsugyō 卒業**

nyūgaku ⟦n, ~*suru*⟧ **entrance or admission into some sort of school**

an **entrance** ceremony // a (school) **entrance** exam // application for **admission** (to a school)

¶ My son **entered** elementary school this year.

nyūin **入院**〖名, ～する〗

入院生活 (*nyūin*-seikatsu)

¶長い間**入院**していましたが, あしたやっと退院できるようになりました。(Nagai aida *nyūin* shite imashita ga, ashita yatto taiin dekiru yō ni narimashita.)

¶田中さんはあした**入院**するそうです。(Tanaka san wa ashita *nyūin* suru sō desu.)

⇔**taiin 退院**

nyūin ⟦n, ~*suru*⟧ **admission to a hospital, hospitalization**

one's days **while in the hospital**

¶ [I] have **been in the hospital** for a long time but tomorrow [I] can finally go home.

¶ I hear that [Mrs.] Tanaka is **going into the hospital** tomorrow.

nyūsu **ニュース**〖名〗

¶わたしは毎朝ラジオの**ニュース**を聞きます。(Watashi wa maiasa rajio no *nyūsu* o kikimasu.)

¶山田さんが結婚したという**ニュース**を知っていますか。(Yamada san ga kekkon shita to iu *nyūsu* o shitte imasu ka?)

nyūsu ⟦n⟧ **news**

¶ I listen to **the news** on the radio every morning.

¶ Did you hear **the news?** [Miss] Yamada has gotten married.

O

o-　**お-**〖頭〗

①［尊敬の気持ちを表す］

お考え (*o*kangae) **お**元気 (*o*genki)

¶**お**名前は何とおっしゃいますか。(*O*namae wa nan to osshaimasu ka?)

¶このごろ**お**忙しいようですね。(Kono goro *o*isogashii yō desu ne.)

¶社長は，今新聞を**お**読みになっています。(Shachō wa, ima shinbun o *o*yomi ni natte imasu.)

¶あなたの手紙を読んで，ご家族の方は**お**喜びなさるでしょう。(Anata no tegami o yonde, gokazoku no kata wa *o*yorokobi nasaru deshō.)

¶上田先生がわたしたちに英語を**お**教えくださいました。(Ueda sensei ga watashitachi ni Eigo o *o*oshie kudasaimashita.)

* 動詞の場合，「お(o)＋動詞（基幹の形)＋になる (ni naru)」,「お (o)＋動詞（基幹の形)＋なさる (nasaru)」,「お (o)＋動詞（基幹の形)＋くださる (kudasaru)」などの形で使う。

②［謙譲の気持ちを表す］

¶あとで**お**電話するか，**お**手紙を差し上げます。(Ato de *o*denwa suru ka, *o*tegami o sashiagemasu.)

¶その荷物を**お**持ちしましょう。(Sono nimotsu o *o*mochi shimashō.)

¶先生に旅行の写真を**お**見せいたしま

o- 〚pref〛 a prefix expressing respect, humility, or politeness

① [used to express respect]

(your) idea, (your) thinking // (your) being healthy

¶ What is your name?

¶ You seem to be busy these days.

¶ The company president is reading the newspaper now.

¶ Your family will undoubtedly be happy to receive your letter.

¶ Professor Ueda taught us English.

* *o-* expressing respect is used with verbs in the patterns "*o-* + verb (stem form) + *ni naru*," "*o-* + verb (stem form) + *nasaru*," "*o-* + verb (stem form) + *kudasaru*," etc.

② [used to express humility]

¶ I will call or write later.

¶ Shall I carry that package 〚bag, etc.〛 for you?

¶ I showed my teacher 〚doctor〛

した。(Sensei ni ryokō no shashin o *o*mise itashimashita.)

photos from the trip.

＊ 動詞の場合，「お (o)＋動詞（基幹の形)＋する (suru)」,「お (o)＋動詞（基幹の形)＋いたす (itasu)」などの形で使う。

* *o*- expressing humility is used with verbs in the patterns "*o*- + verb (stem form) + *suru*," "*o*- + verb (stem form) + *itasu*," etc.

③［丁寧の気持ちを表す］

③ [used to express politeness]

お酒 (*o*sake) **お**寒い (*o*samui)

sake, liquor // cold, it's cold

¶**お**茶と**お**菓子を買ってきました。(*O*-cha to *o*kashi o katte kimashita.)

¶ I bought (literally, bought and brought) some tea and sweets.

＊ 外来語にはつきにくい。また，「応接間 (ōsetsuma)」などのように「お (o)」で始まる言葉にもつきにくい。

＊ *o*- is seldom added to borrowed words written in *katakana* or to words beginning in "o" such as *ōsetsuma* (parlor, reception room).

⇨**go- 御-**

o **を**〚助〛

o 〚part〛 a particle used with a direct object, the place a movement takes place or passes through, etc.

①［動作の目的・対象などを表す］

① [indicates a direct object]

¶わたしは小説**を**読むのが好きです。(Watashi wa shōsetsu *o* yomu no ga suki desu.)

¶ I like reading novels 〚stories, fiction〛.

¶上田さんはセーター**を**着ています。(Ueda san wa sētā *o* kite imasu.)

¶ [Miss] Ueda is wearing a sweater.

¶先生は学生に答え**を**言わせます。(Sensei wa gakusei ni kotae *o* iwasemasu.)

¶ The teacher calls on the students for their answers.

¶山田さんはときどき変な質問**を**して，先生**を**困らせます。(Yamada san wa tokidoki hen na shitsumon *o* shite, sensei *o* komarasemasu.)

¶ [Mr.] Yamada sometimes pesters the teacher with odd questions.

②［移動の行われる場所や通過点などを表す］

② [indicates where a movement takes place or passes through]

公園**を**散歩する (kōen *o* sanpo suru)

stroll **in** the park, take a walk **in** the park

¶道の真ん中**を**歩いてはいけません。(Michi no mannaka *o* aruite wa ikemasen.)

¶ One mustn't walk **in** the middle of the road.

¶その角を曲がると，郵便局があります。(Sono kado *o* magaru to, yūbinkyoku ga arimasu.)

¶ If you turn that corner, you will find a post office ⟦There is a post office around that corner⟧.

* 普通「行く (iku)」「通る (tooru)」「歩く (aruku)」「散歩する (sanpo suru)」などの移動を表す動詞といっしょに使う。

* Generally used with verbs expressing movement such as *iku* (go), *tooru* (pass through), *aruku* (walk), or *sanpo suru* (take a walk).

③[移動する動作の起点となる場所などを表す]

③ [indicates the starting point of a moving action]

¶わたしは毎朝7時にうちを出て，学校へ行きます。(Watashi wa maiasa shichiji ni uchi *o* dete, gakkō e ikimasu.)

¶ I leave the house at seven o'clock each morning and go to school.

¶わたしは電車を降りて，バスで会社まで行きます。(Watashi wa densha *o* orite, basu de kaisha made ikimasu.)

¶ I get **off** the train and then take a bus to the office.

ō- ☞ **oo-**

-ō ☞ **-yō, u**

oba **おば**〘名〙

oba ⟦n⟧ **aunt**

¶わたしの**おば**は田舎にいます。(Watashi no *oba* wa inaka ni imasu.)

¶ My **aunt** lives in the country.

⇔**oji** おじ ⇒**obasan** おばさん

ōbā **オーバー**〘名〙

ōbā ⟦n⟧ **overcoat**

obasan **おばさん**〘名〙

obasan ⟦n⟧ **aunt; a middle-aged woman, a lady**

①[他人のおばを尊敬しまたは自分のおばを親しんで言う言葉]

① [aunt; used to refer to another's aunt with respect or to one's own aunt with affection]

¶あなたの**おばさん**はどこに住んでいますか。(Anata no *obasan* wa doko ni sunde imasu ka?)

¶ Where does your **aunt** live?

* 他人に自分のおばのことを話す場合には，普通「おばさん(obasan)」とは言わないで「おば (oba)」と言う。

* One usually uses *oba* rather than *obasan* when talking about one's aunt with someone outside of one's family.

→**oba** おば

②[よその中年の女の人]

② [a middle-aged woman, a lady]

¶八百屋のおばさんがわたしにりんごをくれました。(Yaoya no *obasan* ga watashi ni ringo o kuremashita.)

⇔ojisan おじさん

¶ The vegetable and fruit store **lady** gave me an apple.

obāsan おばあさん〘名〙

obāsan ⟦n⟧ **grandmother; an elderly lady**

①[他人の祖母を尊敬しまたは自分の祖母を親しんで言う言葉]

① [grandmother; used to refer to someone else's grandmother with respect or to one's own grandmother with affection]

¶あなたの**おばあさん**は今年おいくつですか。(Anata no *obāsan* wa kotoshi oikutsu desu ka?)

¶ How old is your **grandmother** this year?

* 他人に自分の祖母のことを話す場合は，普通「おばあさん (obāsan)」と言わないで「祖母 (sobo)」と言う。

* One usually uses *sobo* rather than *obāsan* when talking about one's grandmother with someone outside of one's family.

→sobo 祖母

②[よその年寄りの女の人]

② [an elderly woman]

¶**おばあさん**，ここにお掛けなさい。(*Obāsan*, koko ni okakenasai.)

¶ **Ma'am,** please have this seat ⟦Here's a seat for you, **ma'am**⟧.

⇔ojiisan おじいさん

oboeru 覚える〘動II〙

oboeru ⟦v II⟧ **memorize, remember, know; learn, master**

①[頭にとめておく]

① [memorize, remember, know]

¶あなたはわたしのことを**覚えて**いますか。(Anata wa watashi no koto o *oboete* imasu ka?)

¶ Do you **remember** me?

¶日本の歌をたくさん**覚えて**いたのですが，もうだいぶ忘れました。(Nihon no uta o takusan *oboete* ita no desu ga, mō daibu wasuremashita.)

¶ I once **knew** many Japanese songs but I've forgotten most of them.

②[習得する]

② [learn, master]

¶早く仕事を**覚えよう**とがんばっています。(Hayaku shigoto o *oboeyō* to ganbatte imasu.)

¶ I'm working hard **to master** the job as quickly as possible.

oboreru おぼれる〘動II〙

oboreru ⟦v II⟧ **drown, be drowned**

¶台風で船が沈んで，人がおおぜい**おぼれました**。(Taifū de fune ga shi-

¶ A ship went down in the typhoon and many lives **were lost.**

zunde, hito ga oozei *oboremashita.*)

¶わたしは川で泳いでいる時，**おぼれそう**になりました。 (Watashi wa kawa de oyoide iru toki, *oboresō* ni narimashita.)

¶ I **came close to drowning** while swimming in the river.

ocha お茶〘名〙 ☞cha 茶

ocha ☞ **cha**

ochiru 落ちる〘動Ⅱ〙

ochiru 〚v II〛 **fall, drop; fall, go down; fail**

①［あるものが上から下へ自然に移動する］

① [fall, drop]

¶秋になると，木の葉が**落ちます**。(Aki ni naru to, ki no ha ga *ochimasu.*)

¶ Trees **shed** their leaves in the fall.

¶弟が階段から**落ちて**けがをしました。(Otōto ga kaidan kara *ochite* kega o shimashita.)

¶ My (younger) brother **fell down** the stairs and hurt himself.

②［程度が下がる，低くなる］

② [fall, go down]

速度が**落ちる** (sokudo ga *ochiru*)

the speed **falls**

¶勉強しなかったので，成績が**落ちました**。(Benkyō shinakatta node, seiseki ga *ochimashita.*)

¶ [My] grades **fell** because [I] didn't study.

③［落第する，試験に失敗する］

③ [fail]

¶田中さんは大学の試験に**落ちました**。(Tanaka san wa daigaku no shiken ni *ochimashita.*)

¶ [Mr.] Tanaka **failed** [his] university entrance exams.

ochitsuku 落ち着く〘動Ⅰ〙

ochitsuku 〚v I〛 **calm down, become composed, settle down**

¶試験の結果が心配で**落ち着きません**。(Shiken no kekka ga shinpai de *ochitsukimasen.*)

¶ [I]'m so nervous about the exam results that [I] **can't settle down.**

¶地震のときには，**落ち着いて**行動しなければなりません。(Jishin no toki ni wa, *ochitsuite* kōdō shinakereba narimasen.)

¶ One must **keep one's head** during an earthquake.

odayaka 穏やか〘形動〙

odayaka 〚adj-v〛 **quiet, peaceful; gentle, tranquil**

①［静かな様子］

① [quiet, peaceful, calm, mild]

穏やかな気候 (*odayaka* na kikō)

a **mild** climate

¶今日は風もなくて，海が**穏やか**です。(Kyō wa kaze mo nakute, umi ga *odayaka* desu.)

¶ There's no wind today and the sea **is calm.**

②［静かで落ち着いている様子］

¶中村さんは性格の**穏やか**な人です。(Nakamura san wa seikaku no *odayaka* na hito desu.)

② [gentle, tranquil, mild]

¶ [Mr.] Nakamura is **mild-mannered.**

odori　踊り〔名〕

¶わたしたちはみんなで日本の**踊り**を踊りました。　(Watashitachi wa minna de Nihon no *odori* o odorimashita.)

odori ⟦n⟧　**dance, dancing**

¶ We all did some Japanese **dances** together.

odoroku　驚く〔動 I〕

①［びっくりする］

¶「火事だ。」という声を聞いて，**驚いて**外へ飛び出しました。("Kaji da!" to iu koe o kiite, *odoroite* soto e tobidashimashita.)

②［感心する］

¶あの人は歌がとても上手なので**驚きました**。(Ano hito wa uta ga totemo jōzu na node *odorokimashita.*)

odoroku ⟦v I⟧　**be surprised; be amazed**

① [be surprised, be startled]

¶ **Startled** by the cry of "Fire!" [I] ran outside.

② [be amazed, marvel at]

¶ [We] **marveled** at how good a singer [he] is.

odoru　踊る〔動 I〕

¶わたしと**踊って**くださいませんか。(Watashi to *odotte* kudasaimasen ka?)

odoru ⟦v I⟧　**to dance**

¶ Could I please **have this dance?**

ōen　応援〔名，～する〕

①［人手がなくて困っているときなどに助ける］

¶人が足りないそうですから，**応援**に行きましょう。(Hito ga tarinai sō desu kara, *ōen* ni ikimashō.)

②［声援する］

応援団 (*ōen*dan)

ōen ⟦n, ~*suru*⟧　**aid, assistance; cheer on, support**

① [aid, assistance]

¶ I hear they are shorthanded—let's go **help.**

② [cheer on, support, root for]

cheerleaders, a **cheering** section

¶昨日，野球の**応援**に行きました。(Kinō, yakyū no *ōen* ni ikimashita.)

¶ [I] went **to cheer on** our baseball team yesterday.

oeru **終える**〔動Ⅱ〕

(-)oeru ⟦v II⟧ **finish, complete; finish doing something**

①[終了する]

¶これで今日の仕事を全部**終えました**。(Kore de kyō no shigoto o zenbu *oemashita*.)

¶兄は来年，大学を**終えます**。(Ani wa rainen, daigaku o *oemasu*.)

① [finish, complete, end]

¶ This **finishes** all the work for today.

¶ My older brother **completes** college next year.

②[ある動作が終了することを表す]

¶御飯を食べ**終えたら**，すぐ出かけましょう。(Gohan o tabe*oetara*, sugu dekakemashō.)

¶やっと論文を書き**終えました**。(Yatto ronbun o kaki*oemashita*.)

*「動詞（基幹の形）＋終える（oeru）」の形で使う。

⇔**hajimeru** **始める** ⇨**owaru** **終わる**

② [finish doing something]

¶ Let's leave right after we **finish** eating.

¶ [I]'ve finally **finished** writing [my] thesis ⟦I finally **finished** writing my thesis⟧.

* Used in the pattern "verb (stem form) + *-oeru*."

ōfuku **往復**〔名，〜する〕

往復切符 (*ōfuku*-kippu) **往復**はがき (*ōfuku*-hagaki)

¶ここから東京まで**往復**で 1200 円です。(Koko kara Tōkyō made *ōfuku* de sennihyakuen desu.)

⇔**katamichi** **片道**

ōfuku ⟦n, ~*suru*⟧ **going and returning, coming and going, round trip**

a **round-trip** ticket // a postcard with an attached **return** card

¶ The **round-trip** fare between here and Tokyo is 1,200 yen.

ogamu **拝む**〔動Ⅰ〕

¶おおぜいの人がお寺の前で手を合わせて**拝んで**いました。(Oozei no hito ga otera no mae de te o awasete *ogande* imashita.)

ogamu ⟦v I⟧ **worship, pray**

¶ A great number of people were standing in front of the temple with their hands pressed together **in prayer.**

ohayō **お早う**〔連〕

¶朝，人に会ったら，「**お早う**ございます。」とあいさつします。(Asa, hito ni

ohayō ⟦compd⟧ **Good morning**

¶ One greets people in the morning by saying ***ohayō*** *gozaimasu* ⟦**good**

attara, "*Ohayō* gozaimasu." to aisatsu shimasu.)

＊ 丁寧に言う場合は「お早う(はよ)ございます (ohayō gozaimasu)」と言う。

morning].

＊ One uses *ohayō gozaimasu* rather than *ohayō* when speaking politely.

oi　おい〔名〕

⇔**mei めい**

oi [[n]] **nephew**

ōi ☞ **ooi**

oide　おいで〔連，名〕

oide [[compd, n]] **go; come; be, be present**

1〔連〕

1 [[compd]]

①[行く]

① [go]

¶先生(せんせい)は先(さき)ほどあちらへ**おいで**になりました。(Sensei wa sakihodo achira e *oide* ni narimashita.)

¶ The professor [[doctor]] **went** there a little while ago.

＊「行(い)く (iku)」の尊敬語。

＊ The honorific form of *iku*.

②[来る]

② [come]

¶こちらへ**おいで**ください。(Kochira e *oide* kudasai.)

¶ Please **come** here.

¶先生(せんせい)が**おいで**になりました。(Sensei ga *oide* ni narimashita.)

¶ The professor [[doctor]] **has come.**

＊「来(く)る (kuru)」の尊敬語。

＊ The honorific form of *kuru*.

③[いる]

③ [be, be present]

¶お父(とう)さんは**おいで**ですか。(Otōsan wa *oide* desu ka?)

¶ **Is** your father **there** [[**home**]]?

＊「いる (iru)」の尊敬語。

＊ The honorific form of *iru*.

＊ あとに「〜になる (〜ni naru)」「〜ください (〜kudasai)」「〜です (〜desu)」などが来る。

＊ Followed by *ni naru*, *kudasai*, *desu*, etc.

2〔名〕

2 [[n]] going, coming, being present

¶先生(せんせい)の**おいで**をお待(ま)ちいたしております。(Sensei no *oide* o omachi itashite orimasu.)

¶ I am waiting for the professor [[doctor]] **to come** [[I am looking forward to **your visit,** sir]].

oishii　おいしい〔形〕

oishii [[adj]] **good-tasting, delicious**

¶このお菓子(かし)は**おいしい**です。(Kono okashi wa *oishii* desu.)

¶ This sweet **is very good.**

¶テーブルの上(うえ)に，**おいしそう**な料理(りょうり)

¶ There is a **good-looking** spread of

が並んでいます。(Tēburu no ue ni, *oishisō* na ryōri ga narande imasu.)

food on the table.

⇔mazui まずい ⇨umai うまい

oitsuku 追いつく〘動 I〙

oitsuku 〚v I〛 **overtake, catch up with**

¶急いで歩いたら，途中で山田さんに**追いつきました**。(Isoide aruitara, tochū de Yamada san ni *oitsukimashita.*)

¶ Walking fast, **I caught up** with [Mrs.] Yamada on the way.

¶病気で休んでいても，一生懸命勉強すれば，すぐみんなに**追いつきます**。(Byōki de yasunde ite mo, isshōkenmei benkyō sureba, sugu minna ni *oitsukimasu.*)

¶ Even if you did miss school when you were sick, you will soon **catch up** with everyone if you study hard.

oiwai お祝い〘名〙

oiwai 〚n〛 **congratulations, celebration**

¶わたしは春子さんの誕生日の**お祝い**に花を上げました。 (Watashi wa Haruko san no tanjōbi no *oiwai* ni hana o agemashita.)

¶ I gave Haruko flowers **for** her birthday.

⇨iwau 祝う

oji おじ〘名〙

oji 〚n〛 **uncle**

¶わたしの**おじ**は医者です。(Watashi no *oji* wa isha desu.)

¶ My **uncle** is a doctor.

⇔oba おば ⇨ojisan おじさん

ojigi おじぎ〘名，～する〙

ojigi 〚n, ~*suru*〛 **bow, curtsy**

¶わたしは先生に「お早うございます。」と言って**おじぎ**をしました。 (Watashi wa sensei ni "Ohayō gozaimasu." to itte *ojigi* o shimashita.)

¶ I **bowed** to our teacher and said, "*Ohayō gozaimasu.*"

ojiisan おじいさん〘名〙

ojiisan 〚n〛 **grandfather; an old man**

①[他人の祖父を尊敬しまたは自分の祖父を親しんで言う言葉]

① [grandfather; used when referring to someone else's grandfather with respect or to one's own grandfather with affection]

¶あなたの**おじいさん**は今年おいくつですか。(Anata no *ojiisan* wa koto-

¶ How old is your **grandfather** this

shi oikutsu desu ka?)

* 他人に自分の祖父のことを話す場合には，普通「おじいさん (ojiisan)」と言わないで「祖父 (sofu)」と言う。

→sofu 祖父

②[よその年寄りの男の人]

¶**おじいさん**, お元気ですね。(*Ojiisan*, ogenki desu ne.)

⇔obāsan おばあさん

ojisan　おじさん〘名〙

①[他人のおじを尊敬しまたは自分のおじを親しんで言う言葉]

¶あなたの**おじさん**は何をなさっていますか。(Anata no *ojisan* wa nani o nasatte imasu ka?)

* 他人に自分のおじのことを話す場合には，普通「おじさん (ojisan)」と言わないで「おじ (oji)」と言う。

→oji おじ

②[よその中年の男の人]

¶魚屋の**おじさん**はいつも元気です。(Sakanaya no *ojisan* wa itsu mo genki desu.)

⇔obasan おばさん

oka　丘〘名〙

okage　おかげ〘名〙

¶「お元気ですか。」(Ogenki desu ka?)「**おかげ**さまで，元気です。」(*Okage*sama de, genki desu.)

¶一生懸命勉強した**おかげ**で成績が上がりました。(Isshōkenmei benkyō shita *okage* de seiseki ga agarimashita.)

okāsan　お母さん〘名〙

year?

* When talking about one's grandfather with someone outside one's family, one usually uses *sofu* rather than *ojiisan*.

② [an old man]

¶ You seem very spry, **sir.**

ojisan ⟦n⟧　**uncle; a middle-aged man**

① [uncle; used to refer to someone else's uncle with respect or to one's own uncle with affection]

¶ What does your **uncle** do?

* When talking about one's own uncle with someone outside one's family, one usually uses *oji* rather than *ojisan*.

② [a middle-aged man]

¶ The fish store **man** is always in good spirits.

oka ⟦n⟧　**hill, rise, hillock**

okage ⟦n⟧　**thanks to, owing to, by grace of**

¶ "How are you?"
"Fine, **thank you.**"

¶ [My] grades improved **as a result of** hard study.

okāsan ⟦n⟧　**mother**

¶お母さんはうちにいらっしゃいますか。 (*Okāsan* wa uchi ni irasshaimasu ka?)

＊ 他人の母親について話す場合，または自分の母親に呼びかけたり，家族の者に母親のことを言う場合に使う。他人に自分の母親のことを話す場合には，普通「お母さん (okāsan)」と言わないで「母 (haha)」と言う。

⇔**otōsan お父さん** ⇨**haha 母**

¶ Is **your mother** at home?

＊ *Okāsan* is used when talking about someone else's mother, in direct address to one's own mother, and when talking about one's own mother with other family members. When talking about one's own mother with nonfamily members, one usually uses *haha* rather than *okāsan*.

okashii おかしい〘形〙

①[こっけいだ，おもしろい]

¶山田さんは**おかしい**話をして，みんなを笑わせました。(Yamada san wa *okashii* hanashi o shite, minna o warawasemashita.)

→**omoshiroi おもしろい**

②[普通でなくて変だ]

¶**おかしい**ですね。約束したのに，中村さんはまだ来ません。(*Okashii* desu ne. Yakusoku shita noni, Nakamura san wa mada kimasen.)

＊「おかしな (okashina)」(連体) という言葉もある。「おかしな話 (okashina hanashi)」

okashii 〚adj〛 **funny, amusing; funny, strange**

① [funny, amusing, comic]

¶ [Mr.] Yamada told a **funny** story and made everyone laugh.

② [funny, strange, odd, queer]

¶ That's **odd.** [Miss] Nakamura hasn't come yet for [our] date 〚appointment〛.

＊ The form *okashina* is sometimes used as a modifier before a noun, as in *okashina hanashi* (a funny story, an odd story).

-oki -おき〘尾〙

¶わたしは1日**おき**に事務所へ行きます。 (Watashi wa ichinichi *oki* ni jimusho e ikimasu.)

¶5メートル**おき**に木を植えました。 (Gomētoru *oki* ni ki o uemashita.)

-oki 〚suf〛 **at intervals of ~, ~ apart**

¶ I go to the office **every other** day.

¶ [I] planted the trees **at intervals of** five meters 〚five meters **apart**〛.

ōkii ☞ ookii

okiru 起きる〘動Ⅱ〙

①[目を覚ます，寝床から出る]

¶あなたは朝何時ごろ**起きます**か。

okiru 〚v II〛 **wake up, get up; be up, be awake; take place, occur**

① [wake up, get up]

¶ What time do you **get up** in the

(Anata wa asa nanji goro *okimasu* ka?)

morning?

¶赤ん坊が**起きる**から，静かにしてください。(Akanbō ga *okiru* kara, shizuka ni shite kudasai.)

¶ Please be quiet—you'll **wake up** the baby (literally, the baby **will wake up**).

②[寝ないでいる]

② [be up, be awake]

¶上田さんは毎晩遅くまで**起きて**勉強しています。(Ueda san wa maiban osoku made *okite* benkyō shite imasu.)

¶ [Miss] Ueda **stays up** late every night studying.

③[事件などが生じる]

③ [take place, occur]

事件が**起きる** (jiken ga *okiru*)　戦争が**起きる** (sensō ga *okiru*)

an incident **takes place** // war **breaks out**

→**okoru** 起こる

okonau　行う〚動 I〛

okonau ⟦v I⟧　**hold, perform, do, carry out**

¶これから今日の授業を**行います**。(Kore kara kyō no jugyō o *okonaimasu.*)

¶ Today's class **will start** now.

¶その祭りは今でもこの地方に**行われています**。(Sono matsuri wa ima demo kono chihō ni *okonawarete* imasu.)

¶ That festival **is** still **observed** in this region even today.

okoru　怒る〚動 I〛

okoru ⟦v I⟧　**get angry, be angered; scold**

①[腹を立てる]

① [get angry, be angered, lose one's temper]

¶父が**怒った**顔をしています。(Chichi ga *okotta* kao o shite imasu.)

¶ My father looks **angry.**

¶山田さんは，あなたが約束を破ったことを**怒って**いますよ。(Yamada san wa, anata ga yakusoku o yabutta koto o *okotte* imasu yo.)

¶ [Mr.] Yamada **is angry** at you for not keeping your word.

②[しかる]

② [scold]

¶わたしは子供のころ，よく母に**怒られました**。(Watashi wa kodomo no koro, yoku haha ni *okoraremashi-*

¶ When I was a child I **was** often **scolded** by my mother.

ta.)

okoru **起こる**〔動 I〕

¶昨日，ここで交通事故が**起こりました**。(Kinō, koko de kōtsū-jiko ga *okorimashita.*)

¶戦争が**起こった**時，わたしは外国にいました。 (Sensō ga *okotta* toki, watashi wa gaikoku ni imashita.)

⇨**okiru 起きる**

okoru ⟦v I⟧ **happen, occur, take place**

¶ A traffic accident **took place** here yesterday.

¶ I was abroad when war **broke out.**

okosu **起こす**〔動 I〕

①[目を覚まさせる]

¶あしたの朝，6時に**起こして**ください。(Ashita no asa, rokuji ni *okoshite* kudasai.)

②[立たせる]

¶子供が転んだので，**起こして**やりました。(Kodomo ga koronda node, *okoshite* yarimashita.)

③[生じさせる]

¶上田さんは事故を**起こして**，警察で調べられています。 (Ueda san wa jiko o *okoshite,* keisatsu de shirabe-rarete imasu.)

okosu ⟦v I⟧ **wake up; raise, set up; give rise to, cause**

① [wake up, rouse]

¶ Please **wake me up** tomorrow morning at six o'clock.

② [raise, set up, set upright]

¶ **I helped up** the child who had fallen down.

③ [give rise to, cause]

¶ [Mr.] Ueda **caused** an accident and is being interrogated by the police.

oku **奥**〔名〕

山の**奥** (yama no *oku*)

¶大切な物は引き出しの**奥**にしまってあります。 (Taisetsu na mono wa hikidashi no *oku* ni shimatte ari-masu.)

¶玄関では話ができませんから，どうぞ**奥**へお入りください。(Genkan de wa hanashi ga dekimasen kara, dōzo *oku* e ohairi kudasai.)

oku ⟦n⟧ **interior, recesses, depths**

the heart of a mountain, **deep** in the mountains

¶ The valuables are shut away to-wards **the back** of the drawer.

¶ Please come **inside;** we can't talk comfortably here in the entryway.

oku **億**〔名〕

oku ⟦n⟧ **100 million**

1億 (ichi*oku*) 10億 (jū*oku*) 100億 (hyaku*oku*)

100,000,000 // 1,000,000,000; one billion // 10,000,000,000; ten billion

oku **置く**〘動Ｉ〙

oku ⟦v I⟧ **put, place, lay, leave**

¶机の上に本を**置きます**。(Tsukue no ue ni hon o *okimasu.*)

¶ [I] **will put** the book on the desk.

¶荷物はここに**置いて**ください。(Nimotsu wa koko ni *oite* kudasai.)

¶ Please **put** [your] things ⟦load, bags, packages, etc.⟧ here.

(〜te) oku **(〜て) おく**〘連〙

(-te) **oku** ⟦compd⟧ an expression indicating something being left in a certain state or something being done in preparation

①［ある動作が終わったままの状態にする］

① [leave, let, keep; leave or keep something in a certain state]

¶わたしはいつも部屋のかぎを掛けて**おきます**。(Watashi wa itsu mo heya no kagi o kakete *okimasu.*)

¶ I always **keep** my room locked.

¶ここに置いて**おいた**辞書を知りませんか。(Koko ni oite *oita* jisho o shirimasen ka?)

¶ Do you know what happened to the dictionary **that was here?**

②［あらかじめ準備したりする］

② [make preparations, do in advance]

¶お客さんが来ますから，部屋を掃除して**おきましょう**。(Okyakusan ga kimasu kara, heya o sōji shite *okimashō.*)

¶ **Let's clean** the room—a guest is coming.

¶行く前に電話をかけて**おいた**ほうがいいですよ。(Iku mae ni denwa o kakete *oita* hō ga ii desu yo.)

¶ You had better **telephone** before you go there.

ōku ☞ **ooku**

okubyō **おく病**〘名，形動〙

okubyō ⟦n, adj-v⟧ **cowardice, timidity**

¶この子は**おく病**で，夜一人では歩けません。(Kono ko wa *okubyō* de, yoru hitori de wa arukemasen.)

¶ This child **is timid** and is afraid to walk alone at night.

¶一度失敗すると，次からは**おく病**になります。(Ichido shippai suru to, tsugi kara wa *okubyō* ni narimasu.)

¶ One **loses one's nerve** after failing once.

okujō **屋上**〘名〙

okujō ⟦n⟧ **roof, housetop, rooftop**

ビルの**屋上** (biru no *okujō*)

the rooftop of a building

¶あのデパートの**屋上**には，子供のた

¶ There is a play area for children on

めの遊び場があります。(Ano depāto no *okujō* ni wa, kodomo no tame no asobiba ga arimasu.)

the roof of that department store.

okureru 遅れる〔動II〕

okureru ⟦v II⟧ **be late, be tardy**

¶早くしないと，学校に**遅れます**よ。(Hayaku shinai to, gakkō ni *okuremasu* yo.)

¶ If you don't hurry **you'll be late** for school.

¶田中さんは約束の時間に 30 分も**遅れ**てきました。(Tanaka san wa yakusoku no jikan ni sanjippun mo *okurete* kimashita.)

¶ [Mr.] Tanaka **was** 30 minutes **late** for [our] appointment ⟦date⟧.

okureru 後れる〔動II〕

okureru ⟦v II⟧ **be behind, fall back**

¶3 か月も学校を休んだので，勉強が**後れて**しまいました。(Sankagetsu mo gakkō o yasunda node, benkyō ga *okurete* shimaimashita.)

¶ [I] was out of school for three months so [I] **am** ⟦**was**⟧ **behind** in [my] studies.

¶その時計は 5 分**後れて**います。(Sono tokei wa gofun *okurete* imasu.)

¶ That clock **is** five minutes **slow.**

okurimono 贈り物〔名〕

okurimono ⟦n⟧ **present, gift**

¶友達のうちに赤ちゃんが生まれたので，お祝いの**贈り物**を持って行きました。(Tomodachi no uchi ni akachan ga umareta node, oiwai no *okurimono* o motte ikimashita.)

¶ My friends had a baby so I took them **a present.**

⇨**purezento プレゼント**

okuru 送る〔動I〕

okuru ⟦v I⟧ **send; see off, see home**

①[物をある所から他の所まで届ける]

① [send]

¶田舎の母がりんごを**送って**くれました。(Inaka no haha ga ringo o *okutte* kuremashita.)

¶ My mother **sent me** some apples from the country.

¶あなたは家から毎月いくらぐらいお金を**送って**もらいますか。(Anata wa ie kara maitsuki ikura gurai okane o *okutte* moraimasu ka?)

¶ How much money does your family **send you** each month?

②〔見送る，ある所までつき添っていく〕

¶あした，わたしは飛行場へ友達を**送り**に行きます。(Ashita, watashi wa hikōjō e tomodachi o *okuri* ni ikimasu.)

② [see off, see home]

¶ Tomorrow I'm going to the airport **to see off** a friend.

¶道が暗いから，わたしが駅まで**送りましょう**。(Michi ga kurai kara, watashi ga eki made *okurimashō.*)

¶ I'll **walk with you** to the station as the streets are dark now.

okuru　贈る〔動 I〕

¶わたしは田中さんにクリスマスのプレゼントを**贈りました**。(Watashi wa Tanaka san ni kurisumasu no purezento o *okurimashita.*)

okuru ⟦v I⟧ **give as a present, present with**

¶ I **gave** a Christmas present to [Miss] Tanaka.

okusama　奥様〔名〕 ☞ **okusan 奥さん**

okusama ☞ **okusan**

okusan　奥さん〔名〕

¶中村さんの**奥さん**は英語の先生です。(Nakamura san no *okusan* wa Eigo no sensei desu.)

¶**奥さん**，このりんごはおいしいですよ。(*Okusan,* kono ringo wa oishii desu yo.)

＊ 他人の妻に直接呼びかけたり，他人の妻のことを話す場合に使う。丁寧に言う場合には「奥様 (okusama)」と言う。

⇨**kanai 家内　tsuma 妻**

okusan ⟦n⟧ **wife, married woman**

¶ Mr. Nakamura's **wife** teaches English.

¶ These apples are good today, **ma'am.**

＊ Used in direct address to someone else's wife or when referring to someone else's wife. When speaking politely, *okusama* is used.

omawarisan　お巡りさん〔名〕

¶道がわからないので，交番の**お巡りさん**にききました。(Michi ga wakaranai node, kōban no *omawarisan* ni kikimashita.)

⇨**keikan 警官**

omawarisan ⟦n⟧ **policeman**

¶ [I] didn't know the way so [I] went to a police box and asked **the policeman** for directions.

omedetō おめでとう〔連〕

¶明けましておめでとうございます。(Akemashite *omedetō* gozaimasu.)

¶誕生日おめでとう。(Tanjōbi *omedetō.*)

¶御結婚おめでとうございます。(Gokekkon *omedetō* gozaimasu.)

＊丁寧に言う場合は,「おめでとうございます (omedetō gozaimasu)」と言う。

⇨medetai めでたい

omedetō ⟦compd⟧ **Congratulations**

¶ **Happy** New Year!

¶ **Happy** birthday!

¶ **Congratulations** on your marriage!

＊ When speaking politely, *Omedetō gozaimasu* is used.

omo 主〔形動〕

¶日本の主な輸出品は工業製品です。(Nihon no *omo* na yushutsuhin wa kōgyō-seihin desu.)

¶あの学校の留学生は東南アジアの学生が主です。(Ano gakkō no ryūgakusei wa Tōnan-ajia no gakusei ga *omo* desu.)

omo ⟦adj-v⟧ **chief, main, principal**

¶ The **principal** exports of Japan are manufactured goods.

¶ The foreign students at that school are **chiefly** from Southeast Asia.

omocha おもちゃ〔名〕

¶子供がおもちゃで遊んでいます。(Kodomo ga *omocha* de asonde imasu.)

omocha ⟦n⟧ **toy**

¶ The children are playing with **toys.**

omoi 重い〔形〕

①[目方が多い]

¶この荷物は重くて,一人では持てません。(Kono nimotsu wa *omokute,* hitori de wa motemasen.)

②[程度がはなはだしい]

¶上田さんは重い病気で3か月も入院しています。(Ueda san wa *omoi* byōki de sankagetsu mo nyūin shite imasu.)

⇔karui 軽い

omoi ⟦adj⟧ **heavy; severe, grave**

① [heavy]

¶ This load ⟦package, bag, etc.⟧ **is too heavy** for a single person to carry.

② [severe, grave, serious]

¶ [Mrs.] Ueda is **seriously** ill and has been in the hospital for three months.

omoidasu **思い出す**〔動 I〕

¶わたしはときどき，小さいころのことを**思い出します**。(Watashi wa tokidoki, chiisai koro no koto o *omoidashimasu.*)

¶あの人の名前がどうしても**思い出せません**。(Ano hito no namae ga dōshite mo *omoidasemasen.*)

omoide **思い出**〔名〕

¶だれでも皆，子供のころのいろいろな**思い出**を持っています。(Dare demo mina, kodomo no koro no iroiro na *omoide* o motte imasu.)

¶今日の会は日本でのいい**思い出**になるでしょう。(Kyō no kai wa Nihon de no ii *omoide* ni naru deshō.)

omoni **主に**〔副〕

¶この会には**主に**学生が集まります。(Kono kai ni wa *omoni* gakusei ga atsumarimasu.)

¶夜は**主に**ラジオの音楽番組を聞いています。(Yoru wa *omoni* rajio no ongaku-bangumi o kiite imasu.)

omosa **重さ**〔名〕

¶この荷物の**重さ**を量ってください。(Kono nimotsu no *omosa* o hakatte kudasai.)

¶その小包の**重さ**はどのぐらいですか。(Sono kozutsumi no *omosa* wa dono gurai desu ka?)

⇨**-sa** **-さ**

omoshiroi **おもしろい**〔形〕

①[おかしくて笑いたくなる様子]

¶中村さんはいつも**おもしろい**話をし

omoidasu ⟦v I⟧ **recall, remember**

¶ Every now and then I **think back** to when I was small.

¶ **I** just **can't remember** [his] name for the life of me.

omoide ⟦n⟧ **memory, recollection**

¶ All of us have various **memories** of our childhood.

¶ **I will** fondly **remember** today's gathering as one of my best times in Japan.

omoni ⟦adv⟧ **mainly, for the most part, generally**

¶ These meetings **mainly** attract students.

¶ **For the most part** [I] listen to music on the radio in the evening.

omosa ⟦n⟧ **weight**

¶ Please **weigh** this package ⟦load, bag, etc.⟧.

¶ How much does that parcel **weigh?**

omoshiroi ⟦adj⟧ **amusing, funny; pleasant, entertaining; interesting**

① [amusing, funny]

て，みんなを笑わせます。(Nakamura san wa itsu mo *omoshiroi* hanashi o shite, minna o warawasemasu.)

¶ [Mr.] Nakamura always makes everyone laugh with [his] **funny** stories.

→okashii おかしい

②[楽しい]

② [pleasant, entertaining, enjoyable]

¶旅行はとても**おもしろかった**です。(Ryokō wa totemo *omoshirokatta* desu.)

¶ The trip **was** a lot of **fun.**

③[興味深い]

③ [interesting]

¶この小説は**おもしろい**です。(Kono shōsetsu wa *omoshiroi* desu.)

¶ This novel **is interesting.**

omote 表〖名〗

omote ⟦n⟧ **face, surface; outside, outdoors**

①[表面]

① [face, surface, right side, front]

¶封筒の**表**に，相手の住所と名前を書きます。(Fūtō no *omote* ni, aite no jūsho to namae o kakimasu.)

¶ One writes the name and address of the recipient on **the front** of an envelope.

↔ura 裏

②[家の外]

② [outside, outdoors]

¶家の中にばかりいないで，**表**で遊びなさい。 (Ie no naka ni bakari inaide, *omote* de asobinasai.)

¶ Don't stay inside all the time—go play **outside.**

omou 思う〖動 I〗

omou ⟦v I⟧ **think; suppose; believe; expect; feel; want; intend**

①[考える]

① [think]

¶あなたはこの計画をどう**思います**か。(Anata wa kono keikaku o dō *omoimasu* ka?)

¶ What **do you think** of this plan?

②[推量する]

② [suppose, guess, imagine]

¶あの人は40歳ぐらいだと**思います**。(Ano hito wa yonjissai gurai da to *omoimasu*.)

¶ **I suppose** [he]'s around 40.

③[信じる]

③ [believe]

¶あなたはきっとその仕事に成功すると**思います**。(Anata wa kitto sono shigoto ni seikō suru to *omoimasu.*)

¶ **I am sure** you will be a success at that job.

④［予期する］
¶山田さんは8時には来ると**思います**。(Yamada san wa hachiji ni wa kuru to *omoimasu*.)

④ [expect]
¶ **I expect** [Miss] Yamada will be here at eight o'clock.

⑤［感じる］
¶あなたの国より日本のほうが寒いと**思いますか**。(Anata no kuni yori Nihon no hō ga samui to *omoimasu* ka?)

⑤ [feel]
¶ **Do you find** that Japan is colder than your native country?

⑥［望む］
¶わたしはその映画を見に行きたいと**思って**います。(Watashi wa sono eiga o mi ni ikitai to *omotte* imasu.)

⑥ [want, desire, wish]
¶ **I would like** to go see that movie.

⑦［あることをするつもりである］
¶わたしは2週間ぐらい日本にいようと**思って**います。(Watashi wa nishūkan gurai Nihon ni iyō to *omotte* imasu.)

⑦ [intend to, plan to, think of]
¶ **I am planning** to stay in Japan for about two weeks.

onaji **同じ**〘形動〙
¶どの品物も値段は皆**同じ**です。(Dono shinamono mo nedan wa mina *onaji* desu.)
¶わたしもあなたと**同じ**30歳です。(Watashi mo anata to *onaji* sanjissai desu.)
¶あの人はわたしと**同じ**シャツを着ています。(Ano hito wa watashi to *onaji* shatsu o kite imasu.)
＊ 名詞などを修飾する場合は,「同じ(onaji)」の形で使う。

onaji 〚adj-v〛 **the same, alike**
¶ All of the merchandise costs **the same.**
¶ I am also 30 years old, **the same** as you.
¶ He is wearing the **same** shirt as I am.
＊ Used in the form *onaji* when modifying a noun, etc.

onaka **おなか**〘名〙
おなかが痛い(*onaka* ga itai) **おなか**がすく (*onaka* ga suku)

onaka 〚n〛 **stomach**
have a **stomach**ache, have **stomach** pains // be hungry

¶もう，**おなか**がいっぱいです。(Mō, *onaka* ga ippai desu.)

¶ I'm **full** now.

⇨**hara** 腹

ondo 温度〘名〙

ondo 〚n〛 **temperature, heat**

温度計 (*ondo*kei) 温度が上がる (*ondo* ga agaru) 温度が下がる (*ondo* ga sagaru) 温度が高い (*ondo* ga takai) 温度が低い (*ondo* ga hikui)

a thermometer // **the temperature** rises // **the temperature** falls // **the temperature** is high // **the temperature** is low

¶部屋の中の**温度**は，今 20 度ぐらいです。(Heya no naka no *ondo* wa, ima nijūdo gurai desu.)

¶ The room **temperature** is presently around 20 degrees.

onegai お願い〘名〙 ☞ **negai** 願い

onegai ☞ **negai**

onēsan お姉さん〘名〙

onēsan 〚n〛 **older sister**

¶**お姉さん**はどこに勤めていらっしゃいますか。(*Onēsan* wa doko ni tsutomete irasshaimasu ka?)

¶ Where does **your older sister** work?

＊他人に自分の姉のことを話す場合には，普通「お姉さん (onēsan)」と言わないで「姉 (ane)」と言う。

＊When talking with nonfamily members about one's own elder sister, one usually uses *ane* rather than *onēsan*.

⇨**ane** 姉

ongaku 音楽〘名〙

ongaku 〚n〛 **music**

音楽家 (*ongak*ka) 音楽会 (*ongak*kai)

a musician // a concert, recital

¶わたしは毎晩ラジオで**音楽**を聞きます。(Watashi wa maiban rajio de *ongaku* o kikimasu.)

¶ I listen to **music** on the radio every night.

¶あの人は中学の**音楽**の先生です。(Ano hito wa chūgaku no *ongaku* no sensei desu.)

¶ [He] is a junior high school **music** teacher.

oniisan お兄さん〘名〙

oniisan 〚n〛 **older brother**

¶**お兄さん**は今年おいくつですか。(*Oniisan* wa kotoshi oikutsu desu ka?)

¶ How old is **your elder brother** this year?

＊他人に自分の兄のことを話す場合には，普通「お兄さん (oniisan)」と言わないで「兄 (ani)」と言う。

⇨**ani 兄**

＊When talking with nonfamily members about one's own elder brother, one usually uses *ani* rather than *oniisan*.

onna 女〖名〗

¶これは**女**の時計です。(Kore wa *onna* no tokei desu.)

¶部屋の中に**女**の人が二人います。(Heya no naka ni *onna* no hito ga futari imasu.)

⇔**otoko 男**

onna 〚n〛 **woman, female**

¶ This is a **woman's** watch.

¶ There are two **women** in the room.

onsen 温泉〖名〗

¶日本には**温泉**がたくさんあります。(Nihon ni wa *onsen* ga takusan arimasu.)

onsen 〚n〛 **a hot spring, a spa**

¶ There are many **hot springs** in Japan.

oo- 大-〖頭〗

大雨 (*oo*ame) **大**通り (*oo*doori) **大**急ぎ (*oo*isogi) **大**騒ぎ (*oo*sawagi)

oo- 〚pref〛 **large, great**

a **heavy** rain, a downpour // a **main** thoroughfare // in **great** haste, urgent // a **great** commotion, an uproar

ooi 多い〖形〗

¶あなたのクラスは，どこの国の学生が**多い**ですか。(Anata no kurasu wa, doko no kuni no gakusei ga *ooi* desu ka?)

¶このごろ，自動車の事故が**多く**なりました。(Konogoro, jidōsha no jiko ga *ooku* narimashita.)

⇔**sukunai 少ない**

ooi 〚adj〛 **many, numerous, much**

¶ What nationalities are **heavily** represented in your class?

¶ The number of automobile accidents **has increased** recently.

ookii 大きい〖形〗

¶この**大きい**くつは山田さんのです。(Kono *ookii* kutsu wa Yamada san no desu.)

¶中村さんはわたしよりずっと**大きい**です。(Nakamura san wa watashi yori zutto *ookii* desu.)

ookii 〚adj〛 **big, large, great**

¶ These **large** shoes belong to [Mr.] Yamada.

¶ [Mr.] Nakamura is much **larger** than I am.

¶ラジオの音をあまり**大きく**しないでください。(Rajio no oto o amari *ookiku* shinaide kudasai.)

¶ Please don't have the radio on too **loud.**

⇔**chiisai 小さい** ⇨**ookina 大きな**

ookina 大きな〔連体〕

ookina ⟦attrib⟧ **big, large, great**

大きな荷物 (*ookina* nimotsu) 大きな声 (*ookina* koe)

a **large** load ⟦package, etc.⟧ // a **loud** voice

⇔**chiisana 小さな** ⇨**ookii 大きい**

ookisa 大きさ〔名〕

ookisa ⟦n⟧ **size, dimensions, magnitude, volume**

¶その木の実の**大きさ**は卵ぐらいです。(Sono ki no mi no *ookisa* wa tamago gurai desu.)

¶ That fruit is about **the size** of an egg.

⇨**-sa -さ**

ooku 多く〔名〕

ooku ⟦n⟧ **many, a number of, much**

多くの人 (*ooku* no hito)

many people; **most** people

¶この学校には**多く**の国から留学生が勉強に来ています。(Kono gakkō ni wa *ooku* no kuni kara ryūgakusei ga benkyō ni kite imasu.)

¶ This school has foreign students from **many different** countries.

oozei おおぜい〔名〕

oozei ⟦n⟧ **a great number of people, a crowd**

¶東京には外人が**おおぜい**住んでいます。(Tōkyō ni wa gaijin ga *oozei* sunde imasu.)

¶ **A great many** foreigners live in Tokyo.

¶**おおぜい**で旅行するのは，とても楽しいです。(*Oozei* de ryokō suru no wa, totemo tanoshii desu.)

¶ It is very pleasant to travel in **a large group.**

＊ 動物や物などの場合には「おおぜい (oozei)」は使わない。

＊ *Oozei* is only used to refer to people.

oreru 折れる〔動Ⅱ〕

oreru ⟦v II⟧ **break, be broken**

¶チョークが**折れました**。(Chōku ga *oremashita.*)

¶ The chalk **broke in two.**

¶風で木の枝が**折れそう**です。(Kaze de ki no eda ga *oresō* desu.)

¶ The tree branch **is close to breaking off** in the wind.

orimono 織物〔名〕

orimono ⟦n⟧ **cloth, textile**

織物工場 (*orimono*-kōjō) — a **textile** mill

¶日本は昔から**織物**が盛んです。(Nihon wa mukashi kara *orimono* ga sakan desu.) — ¶ **Textiles** have flourished in Japan from ancient times.

oriru 降りる〔動II〕 — **oriru** ⟦v II⟧ **get off, disembark**

¶バスを**降りて**少し歩きました。(Basu o *orite* sukoshi arukimashita.) — ¶ [I] **got off** the bus and walked a little ways.

oriru 下りる〔動II〕 — **oriru** ⟦v II⟧ **come down, descend**

¶足が痛いので，階段をゆっくり**下りました**。(Ashi ga itai node, kaidan o yukkuri *orimashita.*) — ¶ As my leg ⟦feet⟧ hurt ⟦was sore⟧, **I went down** the stairs slowly.

orosu 降ろす〔動I〕 — **orosu** ⟦v I⟧ **take down, lower; let off, unload**

¶次の交差点の所で**降ろして**ください。(Tsugi no kōsaten no tokoro de *oroshite* kudasai.) — ¶ Please **let me off** at the next intersection.

¶荷物をたなから**降ろして**ください。(Nimotsu o tana kara *oroshite* kudasai.) — ¶ Please **lift** the packages ⟦bags, etc.⟧ **down off** the shelf.

orosu 下ろす〔動I〕 — **orosu** ⟦v I⟧ **withdraw money from a bank account**

貯金を**下ろす** (chokin o *orosu*) — **withdraw** one's savings

¶わたしは銀行へお金を**下ろし**に行きました。(Watashi wa ginkō e okane o *oroshi* ni ikimashita.) — ¶ I went to the bank **to take out** some money.

oru 折る〔動I〕 — **oru** ⟦v I⟧ **break, break off; fold, bend**

①[曲げて取ったり傷めたりする] — ① [break, break off, snap]

¶公園の木の枝を**折って**はいけません。(Kōen no ki no eda o *otte* wa ikemasen.) — ¶ One mustn't **break** branches **off** the trees in the park.

¶転んで足の骨を**折って**しまいました。(Koronde ashi no hone o *otte* shimaimashita.) — ¶ [I] fell and **broke** [my] leg ⟦a bone in my foot⟧.

②[たたむ，曲げて重ねる] — ② [fold, bend]

¶紙を二つに**折れば**，この封筒に入ります。(Kami o futatsu ni *oreba,* — ¶ **If you fold** the paper in half it will fit into this envelope.

kono fūtō ni hairimasu.)

oru **織る**〔動 I〕
¶この地方の人たちは布を**織って**生活しています。(Kono chihō no hitotachi wa nuno o *otte* seikatsu shite imasu.)

oru [[v I]] **weave**
¶ The people in this region make their living from **weaving.**

osaeru **押さえる**〔動 II〕
¶手で紙を**押さえて**，飛ばないようにしました。(Te de kami o *osaete,* tobanai yō ni shimashita.)
¶犬を**押さえて**いるから，こわがらなくてもいいです。(Inu o *osaete* iru kara, kowagaranakute mo ii desu.)

osaeru [[v II]] **hold down, press down; suppress, control, restrain**
¶ [I] **held down** the paper with [my] hand(s) so that it wouldn't blow away.
¶ [I] **have hold** of the dog so you needn't be afraid.

osameru **納める**〔動 II〕
¶今月の末までに税金を**納めなければ**なりません。(Kongetsu no sue made ni zeikin o *osamenakereba* narimasen.)
¶授業料はいつまでに**納めれば**いいですか。(Jugyōryō wa itsu made ni *osamereba* ii desu ka?)

osameru [[v II]] **settle, pay**
¶ Taxes **must be paid** by the end of this month.
¶ What is the final date **for paying** tuition?

oshieru **教える**〔動 II〕
①[知識や技術などを人に与える]
¶上田さんは中学で数学を**教えて**います。(Ueda san wa chūgaku de sūgaku o *oshiete* imasu.)
②[知っていることを人に知らせる]
¶駅へ行く道を**教えて**ください。(Eki e iku michi o *oshiete* kudasai.)

oshieru [[v II]] **teach; tell, inform**
① [teach, instruct, show how]
¶ [Miss] Ueda **teaches** math in a junior high school.
② [tell, inform]
¶ Please **tell me** the way to the station.

oshii **惜しい**〔形〕
①[残念だ]
¶父に買ってもらった時計をなくして，**惜しい**ことをしました。(Chichi ni katte moratta tokei o nakushite,

oshii [[adj]] **disappointing, regrettable; a waste, a shame**
① [disappointing, regrettable]
¶ **I feel bad** that I lost the watch my father bought me.

oshii koto o shimashita.)

②[もったいない]

② [a waste, a shame]

¶その くつはまだはけます。捨てるのは**惜しい**ですよ。 (Sono kutsu wa mada hakemasu. Suteru no wa *oshii* desu yo.)

¶ Those shoes are still good. **It's a shame** to throw them away.

osoi 遅い〖形〗

osoi ⟦adj⟧ **late; slow**

①[時刻が早くない]

① [late]

¶山田さんはいつも夜**遅く**帰って来ます。(Yamada san wa itsu mo yoru *osoku* kaette kimasu.)

¶ [Mr.] Yamada always returns home **late** at night.

¶**遅い**ですね。中村さんはまだ来ませんか。(*Osoi* desu ne. Nakamura san wa mada kimasen ka?)

¶ Hasn't [Miss] Nakamura come yet? [She]'s **so late!**

↔hayai 早い

②[速度が速くない]

② [slow]

¶この汽車はずいぶん**遅い**ですね。(Kono kisha wa zuibun *osoi* desu ne.)

¶ This train is really **slow-moving,** isn't it?

↔hayai 速い

osoraku 恐らく〖副〗

osoraku ⟦adv⟧ **probably**

¶**恐らく**上田さんは今日は来ないでしょう。(*Osoraku* Ueda san wa kyō wa konai deshō.)

¶ [Mrs.] Ueda **probably** isn't coming today.

¶**恐らく**あしたは雨でしょう。(*Osoraku* ashita wa ame deshō.)

¶ It will **probably** rain tomorrow ⟦**Chances are** it will rain tomorrow⟧.

＊ 普通 あとに「だろう (darō)」「でしょう (deshō)」などの推量の言い方が来る。

＊ Usually followed by an expression of conjecture such as *darō*, *deshō*, etc.

osore おそれ〖名〗

osore ⟦n⟧ **fear, concern, danger, risk, chance**

¶台風が来ているので，大雨の**おそれ**があります。(Taifū ga kite iru node, ooame no *osore* ga arimasu.)

¶ There is **a threat** of heavy rains as a typhoon is on its way here.

¶このテレビの番組は子供たちに悪い

¶ There is **concern** that this televi-

影響を与える**おそれ**があります。(Kono terebi no bangumi wa kodomotachi ni warui eikyō o ataeru *osore* ga arimasu.)

osoreru　恐れる〘動II〙

①[こわがる]

¶死を**恐れない**人はいません。(Shi o *osorenai* hito wa imasen.)

②[心配する]

¶間違いを**恐れて**いては，日本語が上手になりません。(Machigai o *osorete* ite wa, Nihongo ga jōzu ni narimasen.)

osoroshii　恐ろしい〘形〙

¶わたしはゆうべ**恐ろしい**夢を見ました。(Watashi wa yūbe *osoroshii* yume o mimashita.)

¶**恐ろしくて**ひざが震えました。(*Osoroshikute* hiza ga furuemashita.)

ossharu　おっしゃる〘動I〙

¶先生が「あした試験をする。」と**おっしゃいました**。(Sensei ga " Ashita shiken o suru." to *osshaimashita*.)

¶お名前は何と**おっしゃいます**か。(Onamae wa nan to *osshaimasu* ka ?)

＊「言う (iu)」の尊敬語。「ますの形」は「おっしゃいます (osshaimasu)」となる。

osu　雄〘名〙

雄犬 (*osu*inu)　**雄**ねこ (*osu*neko)

＊ 動物について言い，人間には使わない。

⇔**mesu　雌**

sion program might have a bad influence on children.

osoreru 〚v II〛 **fear, be frightened; be apprehensive, be fearful**

① [fear, be frightened, be afraid]

¶ Everyone **fears** death (literally, There is no one who **doesn't fear** death).

② [be apprehensive, be fearful, dread]

¶ You will not become good at Japanese if **you are afraid** of making mistakes.

osoroshii 〚adj〛 **terrible, fearsome, horrible, dreadful**

¶ I had a **terrible** nightmare last night.

¶ [I] **was so frightened** [my] knees were knocking.

ossharu 〚v I〛 **say**

¶ The teacher **said,** "There will be a test tomorrow."

¶ What **is** your name please? (very polite)

＊ *Ossharu* is the honorific form of *iu*. The *-masu* form is *osshaimasu*.

osu 〚n〛 **male** (animal)

a **male** dog // a **male** cat, a tomcat

＊ *Osu* is used only for animals.

osu **押す**〔動 I〕

①[力を加えて物などを向こうへ動かす]

¶ドアを**押して**開けました。(Doa o *oshite* akemashita.)

¶危ないから，後ろから**押さないで**ください。(Abunai kara, ushiro kara *osanaide* kudasai.)

↔hiku 引く

②[力を加えて印などをつける]

¶ここに判を**押して**ください。(Koko ni han o *oshite* kudasai.)

oto **音**〔名〕

音を立てる (*oto* o tateru)

¶庭の方で大きな**音**がしました。(Niwa no hō de ookina *oto* ga shimashita.)

¶ラジオの**音**をもう少し小さくしてください。(Rajio no *oto* o mō sukoshi chiisaku shite kudasai.)

otoko **男**〔名〕

男の子 (*otoko* no ko) 男の人 (*otoko* no hito)

¶これは**男**のくつです。(Kore wa *otoko* no kutsu desu.)

¶このクラスには**男**の学生が少ないです。(Kono kurasu ni wa *otoko* no gakusei ga sukunai desu.)

⇔onna 女

otona **大人**〔名〕

¶電車賃は**大人**100円，子供 50 円です。(Denshachin wa *otona* hyakuen, kodomo gojūen desu.)

¶その映画は**大人**だけしか見られません。(Sono eiga wa *otona* dake shika

osu ⟦v I⟧ **push; stamp, seal**

① [push, shove, press]

¶ [I] **pushed** open the door.

¶ Please **don't push**—it's dangerous (said to people in a crowd, etc.).

② [stamp, seal, impress]

¶ Please **stamp** your personal seal here.

otagai ☞ **tagai**

oto ⟦n⟧ **sound, noise**

make **a sound,** make **a noise**

¶ There was a large **crash** ⟦great **noise**⟧ in the yard ⟦garden⟧.

¶ Please turn the radio down a little.

otoko ⟦n⟧ **man, male**

a boy // a man

¶ These are **men's** shoes.

¶ There are few **male** students in this class.

otona ⟦n⟧ **an adult, a grown-up**

¶ The train fare is a hundred yen **for adults** and fifty yen for children.

¶ Admission to that movie is restricted to **adults.**

miraremasen.)

⇔**kodomo 子供**

otonashii　おとなしい〘形〙

¶山田さんは**おとなしい**人です。(Yamada san wa *otonashii* hito desu.)

¶「**おとなしく**していれば，お菓子を上げます。」と，お母さんが子供に言いました。(“*Otonashiku* shite ireba, okashi o agemasu.” to, okāsan ga kodomo ni iimashita.)

otonashii ⟦adj⟧　**gentle, docile, quiet, well-behaved, reserved, mild-mannered, even-tempered**

¶ [Mrs.] Yamada is **mild-mannered.**

¶ The mother said to her children, “**If you're good** I'll give you a sweet.”

otōsan　お父さん〘名〙

¶あなたは**お父さん**に手紙を書きましたか。(Anata wa *otōsan* ni tegami o kakimashita ka?)

¶**お父さん**，お母さんが呼んでいますよ。(*Otōsan*, okāsan ga yonde imasu yo.)

＊ 他人の父親について話す場合，または自分の父親に呼びかけたり，家族の者に父親のことを言う場合に使う。他人に自分の父親のことを話す場合には，普通「お父さん (otōsan)」と言わないで「父 (chichi)」と言う。

⇔**okāsan お母さん**　⇨**chichi 父**

otōsan ⟦n⟧　**father**

¶ Have you written a letter to **your father?**

¶ **Dad,** Mom is calling you.

＊ *Otōsan* is used when talking about someone else's father, in direct address to one's own father, or when talking about one's father with other family members. When talking with nonfamily members about one's own father, one usually uses *chichi* rather than *otōsan*.

otosu　落とす〘動Ｉ〙

①[落下させる]

¶コップを**落として**，割ってしまいました。(Koppu o *otoshite,* watte shimaimashita.)

②[なくす，失う]

¶電車の中でお金を**落としました**。(Densha no naka de okane o *otoshimashita.*)

③[程度などを低い状態にする]

otosu ⟦v I⟧　**drop; lose; decrease, lessen**

① [drop, let fall]

¶ [I] **dropped** the glass tumbler and it broke.

② [lose]

¶ [I] **lost** [my] money in the train.

③ [decrease, lessen, lower]

速度を落とす (sokudo o *otosu*) **reduce** one's speed, slow down

otōto 弟〖名〗

¶わたしの弟は小学生です。(Watashi no *otōto* wa shōgakusei desu.)

¶あなたの弟さんはおいくつですか。(Anata no *otōto*san wa oikutsu desu ka?)

⇔**ani** 兄

otōto ⟦n⟧ **younger brother**

¶ My **younger brother** is an elementary school student.

¶ How old is your **younger brother?**

ototoi おととい〖名〗

¶おとといは何日でしたか。(*Ototoi* wa nannichi deshita ka?)

¶おとといの晩，近所に火事がありました。(*Ototoi* no ban, kinjo ni kaji ga arimashita.)

ototoi ⟦n⟧ **the day before yesterday**

¶ What was the date **the day before yesterday?**

¶ There was a fire in the neighborhood **the night before last.**

ototoshi おととし〖名〗

¶わたしはおととしの２月に日本へ来ました。(Watashi wa *ototoshi* no nigatsu ni Nihon e kimashita.)

ototoshi ⟦n⟧ **the year before last**

¶ I came to Japan in February **the year before last** ⟦**two years ago**⟧.

otto 夫〖名〗

¶妻は寝ないで夫の帰りを待っていました。(Tsuma wa nenaide *otto* no kaeri o matte imashita.)

＊ 結婚した男女の男のほうをさす言葉。自分の夫のことを他人に話す場合には普通「主人 (shujin)」と言う。

⇔**tsuma** 妻 ⇨**shujin** 主人

otto ⟦n⟧ **husband**

¶ The wife waited up for **her husband.**

＊ *Otto* is used to indicate a male spouse. When talking with others about one's own husband, one usually uses *shujin*.

ou 追う〖動 I〗

①[追い払う]

¶手ではえを追いました。(Te de hae o *oimashita.*)

②[追いかける]

¶警官がどろぼうを追っていきました。(Keikan ga dorobō o *otte* ikimashita.)

ou ⟦v I⟧ **drive away; pursue, chase; be pressed, be driven**

① [drive away, shoo away]

¶ [He] **shooed away** a fly with [his] hand.

② [pursue, chase]

¶ The policeman **chased after** the thief.

③[急がされる]
¶仕事に**追われて**休む暇がありません。(Shigoto ni *owarete* yasumu hima ga arimasen.)

③ [be pressed, be driven, be overtasked]
¶ [I] **have so much** work [I] have no time to rest.

owari **終わり**〖名〗

owari ⟦n⟧ **end, close, conclusion**

¶夏休みも今週で**終わり**です。(Natsuyasumi mo konshū de *owari* desu.)

¶ Summer vacation **ends** this week.

¶今日の授業はこれで**終わり**です。(Kyō no jugyō wa kore de *owari* desu.)

¶ This **concludes** class for today.

⇔**hajime** 始め

owaru **終わる**〖動 I〗

(-)owaru ⟦v I⟧ **to end; to finish doing something**

①[終了する]
¶日本語の授業は9時に始まって4時に**終わります**。(Nihongo no jugyō wa kuji ni hajimatte yoji ni *owarimasu.*)

① [end, finish, be finished]
¶ Japanese classes begin at nine o'clock and **end** at four o'clock.

¶もう仕事は**終わりました**か。(Mō shigoto wa *owarimashita* ka?)

¶ **Are you through** with work for today now ⟦**Is** the work **done** already⟧?

¶これで今日の授業を**終わります**。(Kore de kyō no jugyō o *owarimasu.*)

¶ This **concludes** class for today.

* 普通, 自動詞として使うが, 他動詞として使うこともある。

* *Owaru* is usually an intransitive verb, but it can also be used as a transitive verb.

②[ある動作が終了することを表す]
¶その本はもう読み**終わりました**。(Sono hon wa mō yomi*owarimashita.*)

② [finish doing something]
¶ [I]'ve already **finished** reading that book.

¶答えを書き**終わったら**, 出してください。(Kotae o kaki*owattara,* dashite kudasai.)

¶ Please hand in your answers when you're **finished.**

*「動詞(基幹の形)+終わる (owaru)」の形で使う。

* Used in the pattern "verb (stem form) + *-owaru.*"

⇔**hajimaru** 始まる ⇒**oeru** 終える

oya **親**〖名〗

oya ⟦n⟧ **parents, a parent**

父親 (chichi*oya*)　母親 (haha*oya*)
¶この子はよく病気をして**親**に心配をかけます。 (Kono ko wa yoku byōki o shite *oya* ni shinpai o kakemasu.)
⇔**ko** 子

a father // a mother
¶ This child is a worry to **its parents** as it is frequently ill.

oyako　**親子**〖名〗
¶あの人たちは**親子**のようによく似ています。(Ano hitotachi wa *oyako* no yō ni yoku nite imasu.)

oyako 〚n〛 **parent and child**
¶ Those two resemble each other as closely as if they were **parent and child.**

oyasumi nasai　**お休みなさい**〖連〗
¶「**お休みなさい**」は，寝るときのあいさつです。 ("*Oyasumi nasai*" wa, neru toki no aisatsu desu.)

oyasumi nasai 〚compd〛 **Good night;** set expression exchanged when parting for the last time that evening or when retiring for the night
¶ ***Oyasumi nasai*** is the expression used to someone at bedtime.

ōyō　**応用**〖名，～する〗
応用問題 (*ōyō*-mondai)　理論を実際に**応用**する (riron o jissai ni *ōyō* suru)

ōyō 〚n, *～suru*〛 **practice, practical application**
exercises (in a textbook), an **applied** question (on an exam) // put a theory into actual **practice**

oyogu　**泳ぐ**〖動 I〗
¶あなたは**泳ぐ**ことができますか。(Anata wa *oyogu* koto ga dekimasu ka?)
¶池の中には魚がたくさん**泳いで**います。(Ike no naka ni wa sakana ga takusan *oyoide* imasu.)
⇨**suiei** 水泳

oyogu 〚v I〛 **swim**
¶ Do you know how **to swim?**
¶ There are many fish **swimming** in the pond〚pool〛.

ōzei ☞ **oozei**

P

painappuru **パイナップル**〘名〙

painappuru 〚n〛 **pineapple**

pan **パン**〘名〙

¶わたしは毎朝**パン**を食べてコーヒーを飲みます。(Watashi wa maiasa *pan* o tabete kōhii o nomimasu.)

pan 〚n〛 **bread, toast, rolls, buns,** etc.

¶ I have **bread** 〚**toast, croissants, rolls,** etc.〛 and coffee every morning.

panku **パンク**〘名, ～する〙

¶自動車のタイヤが**パンク**しました。(Jidōsha no taiya ga *panku* shimashita.)

panku 〚n, ～*suru*〛 **a puncture, a blowout**

¶ A tire **blew out** on the car.

-pāsento **-パーセント**〘尾〙

¶4分の1は 25 **パーセント**です。(Yonbun no ichi wa nijūgo*pāsento* desu.)

¶地震のときでもここにいれば，100**パーセント**安全です。(Jishin no toki demo koko ni ireba, hyaku*pāsento* anzen desu.)

-pāsento 〚suf〛 **percent**

¶ One-fourth is 25 **percent.**

¶ It is 100 **percent** safe here, even in the case of an earthquake.

pasupōto **パスポート**〘名〙

¶外国へ旅行するときには，**パスポート**が必要です。(Gaikoku e ryokō suru toki ni wa, *pasupōto* ga hitsuyō desu.)

pasupōto 〚n〛 **passport**

¶ **A passport** is necessary when traveling abroad.

pātii **パーティー**〘名〙

¶昨日の**パーティー**はとても楽しかったです。(Kinō no *pātii* wa totemo tanoshikatta desu.)

¶来週の日曜日に誕生日の**パーティー**をしますから，ぜひおいでください。(Raishū no nichiyōbi ni tanjōbi no *pātii* o shimasu kara, zehi oide kudasai.)

pātii 〚n〛 **a party**

¶ **The party** yesterday was a lot of fun.

¶ Please be sure to come to the birthday **party** next week Sunday.

-pēji　-ページ〘尾〙

¶10ページを開けてください。(Jippēji o akete kudasai.)

¶わたしはこの本を 50 ページ読みました。　(Watashi wa kono hon o gojippēji yomimashita.)

-pēji 〚suf〛　**a page**

¶ Please open your books to **page** 10.

¶ I have read 50 **pages** of this book.

pen　ペン〘名〙

¶わたしはペンを 3 本持っています。(Watashi wa *pen* o sanbon motte imasu.)

pen 〚n〛　**pen**

¶ I have three **pens.**

penki　ペンキ〘名〙

壁にペンキを塗る (kabe ni *penki* o nuru)

penki 〚n〛　(house) **paint**

to paint a wall

piano　ピアノ〘名〙

¶妹がピアノを弾いています。(Imōto ga *piano* o hiite imasu.)

¶山田さんはピアノが上手です。(Yamada san wa *piano* ga jōzu desu.)

piano 〚n〛　**piano**

¶ My (younger) sister is playing **the piano.**

¶ [Mrs.] Yamada plays **the piano** well.

pinpon　ピンポン〘名〙

¶友達とピンポンをしました。(Tomodachi to *pinpon* o shimashita.)

pinpon 〚n〛　**ping-pong, table tennis**

¶ [I] played **ping-pong** with a friend.

pittari　ぴったり〘副, ～する〙

①[すき間なくつく様子]

¶戸をぴったり閉めてください。(To o *pittari* shimete kudasai.)

②[よく合う様子]

¶この服はあなたにぴったりです。(Kono fuku wa anata ni *pittari* desu.)

pittari 〚adv, ～*suru*〛　**tightly; exactly**

① [tightly]

¶ Please close the door **tightly.**

② [exactly, to a tee]

¶ This outfit is **exactly right** for you 〚is **a perfect fit** on you〛.

poketto　ポケット〘名〙

ポケットに財布を入れる（*poketto* ni saifu o ireru)

¶ポケットの中に何が入っていますか。

poketto 〚n〛　**pocket**

put one's wallet 〚change purse〛 in **one's pocket**

¶ What's in **[your] pocket?**

(*Poketto* no naka ni nani ga haitte imasu ka?)

posuto **ポスト**〖名〗

¶手紙を**ポスト**に入れました。(Tegami o *posuto* ni iremashita.)

posuto 〚n〛 **mailbox, postbox**

¶ [I] dropped the letter in **the mailbox.**

purezento **プレゼント**〖名, ～する〗

¶クリスマスの**プレゼント**に何を上げましょうか。(Kurisumasu no *purezento* ni nani o agemashō ka?)

⇨**okurimono 贈り物**

purezento 〚n, ～*suru*〛 **present, gift**

¶ What shall [we] give [him] **for Christmas?**

R

raigetsu **来月**〘名〙
来月の中旬 (*raigetsu* no chūjun)
¶**来月**, アメリカから友達が来る予定です。(*Raigetsu*, Amerika kara tomodachi ga kuru yotei desu.)

raigetsu ⟦n⟧ **next month**
the middle of **next month**
¶ A friend from the United States is scheduled to arrive **next month.**

rainen **来年**〘名〙
来年の春 (*rainen* no haru)
¶上田さんは**来年**大学を卒業します。(Ueda san wa *rainen* daigaku o sotsugyō shimasu.)

rainen ⟦n⟧ **next year**
next spring, the spring of **next year**
¶ [Miss] Ueda graduates from college **next year.**

raishū **来週**〘名〙
¶**来週**の火曜日は何日ですか。(*Raishū* no kayōbi wa nannichi desu ka?)
¶**来週**, わたしは京都へ行くつもりです。(*Raishū*, watashi wa Kyōto e iku tsumori desu.)

raishū ⟦n⟧ **next week**
¶ What date is Tuesday **next week?**
¶ I plan to go to Kyoto **next week.**

raitā **ライター**〘名〙
ガス**ライター** (gasu-*raitā*)
¶**ライター**でたばこに火をつけます。(*Raitā* de tabako ni hi o tsukemasu.)

raitā ⟦n⟧ **lighter, cigarette lighter**
a butane **lighter**
¶ One uses **a lighter** to light cigarettes.

rajio **ラジオ**〘名〙
ラジオをつける (*rajio* o tsukeru)
ラジオを消す (*rajio* o kesu)
¶毎朝, **ラジオ**のニュースを聞いてから学校へ行きます。(Maiasa, *rajio* no nyūsu o kiite kara gakkō e ikimasu.)

rajio ⟦n⟧ **radio**
turn on **the radio** // turn off **the radio**
¶ I listen to the **radio** news each morning before going to school.

raku **楽**〘名, 形動〙
①[体や心に苦しさを感じない様子, 安らかな様子]

raku ⟦n, adj-v⟧ **relief, at one's ease; comfortable, well-off; easy, simple**
① [relief, ease from pain, comfortable, at one's ease]

¶注射をしたので，痛みが楽になりました。(Chūsha o shita node, itami ga *raku* ni narimashita.)

¶ The pain **was alleviated** by the shot.

②[経済的に余裕がある様子]

② [comfortable, well-off]

¶こんなに安い月給では，とても楽な生活はできません。(Konna ni yasui gekkyū de wa totemo *raku* na seikatsu wa dekimasen.)

¶ There is no way one can live **in comfort** on such cheap wages.

¶物価が高いので，生活が楽ではありません。 (Bukka ga takai node, seikatsu ga *raku* de wa arimasen.)

¶ Life **is not easy** with such high prices.

③[易しくて苦労しなくてもよい様子]

③ [easy, simple]

¶今度の試験は案外楽にできました。(Kondo no shiken wa angai *raku* ni dekimashita.)

¶ The test this time was surprisingly **easy.**

¶外国語で毎日日記をつけるのは楽ではありません。(Gaikokugo de mainichi nikki o tsukeru no wa *raku* de wa arimasen.)

¶ **It is no easy task** to keep a daily diary in a foreign language.

rāmen　ラーメン〔名〕

rāmen ⟦n⟧ **Chinese noodle soup**

¶食堂で**ラーメン**を注文しました。(Shokudō de *rāmen* o chūmon shimashita.)

¶ [I] ordered ***rāmen*** in a restaurant ⟦the cafeteria⟧.

rareru　られる〔助動〕

-rareru ⟦auxil⟧ a verb ending expressing the passive, the potential, respect, etc.

①[受け身の意味を表す]

① [expresses the passive and suffering passive]

¶その学生は質問に上手に答えたので，先生にほめ**られました**。(Sono gakusei wa shitsumon ni jōzu ni kotaeta node, sensei ni home*raremashita*.)

¶ That student **was praised** by the teacher for answering the question well.

¶わたしは大好きなお菓子を弟にみんな食べ**られて**しまいました。(Watashi wa daisuki na okashi o otōto ni minna tabe*rarete* shimaimashita.)

¶ My younger brother **ate up** all of my favorite cakes ⟦candy, etc.⟧ (the suffering passive).

¶あしたは試験があるので，今日友達に来**られる**と困ります。(Ashita wa shiken ga aru node, kyō tomodachi ni ko*rareru* to komarimasu.)

②[可能の意味を表す]

¶この肉は腐っているので，食べ**られません**。(Kono niku wa kusatte iru node, tabe*raremasen*.)

¶質問が難しかったので，わたしは答え**られません**でした。(Shitsumon ga muzukashikatta node, watashi wa kotae*raremasen* deshita.)

③[尊敬の意味を表す]

¶いつごろ日本へ来**られた**のですか。(Itsu goro Nihon e ko*rareta* no desu ka?)

¶先生は毎朝何時ごろお宅を出**られます**か。(Sensei wa maiasa nanji goro otaku o de*raremasu* ka?)

④[自発の意味を表す]

¶だんだん秋らしい様子が感じ**られる**ようになりました。(Dandan akirashii yōsu ga kanji*rareru* yō ni narimashita.)

＊ II型動詞とIII型動詞の「来る (kuru)」につく。I型動詞とIII型動詞の「する (suru)」には「れる (reru)」がつく。

⇨**reru れる**

rashii　らしい〘助動〙

¶中村さんは留守**らしい**です。(Nakamura san wa rusu *rashii* desu.)

¶どうも風邪を引いたら**しく**，頭が痛いです。(Dōmo kaze o hiita *rashi-*

¶ As I have a test tomorrow it would be inconvenient if a friend **should come to visit me** today (the suffering passive).

② [expresses the potential]

¶ This meat **can't be eaten**—it's rotten.

¶ I **couldn't answer** as the question was very difficult.

③ [expresses respect]

¶ When **did you come** to Japan?

¶ What time **do you leave home** each morning, sir ⟦ma'am⟧? (said to a teacher, doctor, etc.)

④ [expresses autonomous action]

¶ It has gradually **come to look** like autumn.

＊ *-rareru* is added to Type II verbs and to the Type III verb *kuru* (→ *korareru*); *-reru* is added to Type I verbs and to the Type III verb *suru* (→ *sareru*).

rashii ⟦auxil⟧ **seem, appear, look like**

¶ **It seems** that [Mrs.] Nakamura isn't at home.

¶ [My] head aches—**it feels like**

ku, atama ga itai desu.)

¶今度の試験は難しい**らしい**ですよ。(Kondo no shiken wa muzukashii *rashii* desu yo.)

＊ 名詞，動詞，形容詞，形容動詞，ある種の助動詞などについて，ある根拠に基づいてものごとの状況や事態などを推定するという意味を表す。

-rashii -らしい〘尾〙

男**らしい**顔 (otoko*rashii* kao) 女**らしい**態度 (onna*rashii* taido)

¶今日は本当に春**らしい**天気です。(Kyō wa hontō ni haru*rashii* tenki desu.)

rei 礼〘名〙

①[おじぎ]

¶先生が教室に入ってこられたので，学生は立って**礼**をしました。(Sensei ga kyōshitsu ni haitte korareta node, gakusei wa tatte *rei* o shimashita.)

②[謝意を表すこと]

お**礼**をする (o*rei* o suru)

¶お世話になったお**礼**に何か差し上げたいのですが。(Osewa ni natta o*rei* ni nani ka sashiagetai no desu ga.)

rei 例〘名〙

¶先生は**例**を挙げて，学生にわかりやすく説明しました。(Sensei wa *rei* o agete, gakusei ni wakariyasuku setsumei shimashita.)

rei 零〘名〙

零下10度 (*rei*ka jūdo)

[I]'ve caught a cold.

¶ **It sounds like** the next exam will be a hard one.

＊ *Rashii* is used with nouns, verbs, adjectives, adjective-verbs, and certain auxiliaries. It expresses a supposition about a state or condition based on certain evidence.

-rashii ⟦suf⟧ **be like, be worthy of**

a man**ly** face // a lady**like** bearing, feminine deportment

¶ Today is a really spring**like** day.

＊ *-rashii* indicates that something or someone is acting like what it in fact is, i.e., *otokorashii* indicates a man being manly and not a woman being manlike, etc.

rei ⟦n⟧ **bow, salute; thanks**

① [bow, salute]

¶ The students stood and **bowed** when their teacher entered the classroom.

② [thanks, gratitude, appreciation]

give **a token of one's appreciation;** give **a reward**

¶ I want to give you something **in appreciation** for your kindness to me.

rei ⟦n⟧ **example**

¶ The teacher gave **an example** in order to explain in a way easy for the students to understand.

rei ⟦n⟧ **zero**

10 degrees below **zero,** minus 10 de-

¶昨日の試験で，零点を取ってしまいました。(Kinō no shiken de, *rei*ten o totte shimaimashita.)

grees

¶ [I] got **a zero** on yesterday's test.

reibō 冷房〖名，〜する〗

¶この建物には冷房があります。(Kono tatemono ni wa *reibō* ga arimasu.)

⇔**danbō** 暖房

reibō 〚n, ~*suru*〛 **air conditioning**

¶ This building has **air conditioning.**

reigai 例外 〖名〗

¶デパートはたいてい6時に閉まりますが，このデパートだけは例外で，7時まで開いています。 (Depāto wa taitei rokuji ni shimarimasu ga, kono depāto dake wa *reigai* de, shichiji made aite imasu.)

¶例外のない規則はないと言われています。 (*Reigai* no nai kisoku wa nai to iwarete imasu.)

reigai 〚n〛 **exception**

¶ Although department stores generally close at six o'clock, this one **is an exception** and stays open until seven.

¶ It is said that there is **an exception** to every rule (literally, that there is no rule without **an exception**).

reinkōto レインコート〖名〗

¶雨が降りそうだから，レインコートを着ていきなさい。(Ame ga furisō da kara, *reinkōto* o kite ikinasai.)

reinkōto 〚n〛 **raincoat**

¶ Wear **a raincoat**—it looks like rain.

reizōko 冷蔵庫〖名〗

冷蔵庫にしまう (*reizōko* ni shimau)

¶牛乳が腐らないように冷蔵庫に入れておきます。 (Gyūnyū ga kusaranai yō ni *reizōko* ni irete okimasu.)

reizōko 〚n〛 **refrigerator, freezer**

put away in **the refrigerator** 〚**freezer**〛

¶ [We] keep the milk in **the refrigerator** so it won't spoil.

rekishi 歴史〖名〗

¶わたしは大学で日本の歴史を勉強しています。(Watashi wa daigaku de Nihon no *rekishi* o benkyō shite imasu.)

＊「日本の歴史 (Nihon no rekishi)」は「日本史 (Nihonshi)」,「世界の歴史 (sekai no rekishi)」は「世界史

rekishi 〚n〛 **history**

¶ I am studying Japanese **history** at college.

＊ *Nihon no rekishi* (the history of Japan) is shortened to *Nihonshi*, *sekai no rekishi* (world history) to

(sekaishi)」,「東洋の歴史 (tōyō no rekishi)」は「東洋史 (tōyōshi)」,「西洋の歴史 (seiyō no rekishi)」は「西洋史 (seiyōshi)」と言う。

sekaishi, *tōyō no rekishi* (Oriental history) to *tōyōshi*, *seiyō no rekishi* (Western history) to *seiyōshi*, etc.

rekōdo **レコード**〘名〙

rekōdo 〚n〛 (musical) **record**

レコードをかける (*rekōdo* o kakeru)

put on **a record,** play **a record**

¶田中さんは,コーヒーを飲みながら**レコード**を聞いています。(Tanaka san wa, kōhii o nominagara *rekōdo* o kiite imasu.)

¶ [Miss] Tanaka is drinking coffee and listening to **a record.**

ren'ai **恋愛**〘名, ～する〙

ren'ai 〚n, ~*suru*〛 **love**

恋愛小説 (*ren'ai*-shōsetsu) **恋愛**結婚 (*ren'ai*-kekkon)

a **love** story, a romance // a **love** marriage (vs. an arranged marriage)

¶**恋愛**して結婚する若い人が増えています。(*Ren'ai* shite kekkon suru wakai hito ga fuete imasu.)

¶ The number of young people marrying in **love** matches is increasing.

⇨**koi** 恋

renraku **連絡**〘名, ～する〙

renraku 〚n, ~*suru*〛 **contact, communication, connection**

¶長い間**連絡**がないので,どうしたのかと心配していました。(Nagai aida *renraku* ga nai node, dō shita no ka to shinpai shite imashita.)

¶ I hadn't **heard anything** from you for a long time so I was worried about what had happened to you.

¶すぐ山田さんに電話で**連絡**してください。(Sugu Yamada san ni denwa de *renraku* shite kudasai.)

¶ Please **telephone** [Mr.] Yamada right away.

renshū **練習**〘名, ～する〙

renshū 〚n, ~*suru*〛 **practice, rehearsal**

練習問題 (*renshū*-mondai)

exercises, **practice** problems

¶春子さんは毎日３時間ピアノを**練習**しています。(Haruko san wa mainichi sanjikan piano o *renshū* shite imasu.)

¶ Haruko **practices** the piano for three hours every day.

¶難しい発音でも,**練習**すれば上手になります。(Muzukashii hatsuon demo, *renshū* sureba jōzu ni nari-

¶ **If you practice,** you can master even difficult pronunciations.

masu.)

repōto **レポート**〘名〙

¶宿題の**レポート**をあしたまでに出してください。(Shukudai no *repōto* o ashita made ni dashite kudasai.)

reru **れる**〘助動〙

①[受身の意味を表す]

¶上田さんは宿題を忘れたので，先生にしから**れました**。(Ueda san wa shukudai o wasureta node, sensei ni shikarar*emashita.*)

¶わたしは犬に手をかま**れました**。(Watashi wa inu ni te o kamar*e-mashita.*)

¶買い物に行く途中で，雨に降ら**れて**困りました。(Kaimono ni iku tochū de, ame ni furar*ete* komarimashita.)

¶委員会は２階の会議室で開か**れて**います。(Iinkai wa nikai no kaigishitsu de hirakar*ete* imasu.)

②[可能の意味を表す]

¶昨日は病気で学校に行か**れません**でした。(Kinō wa byōki de gakkō ni ikar*emasen* deshita.)

¶ゆうべはコーヒーを飲みすぎて，なかなか眠ら**れません**でした。(Yūbe wa kōhii o nomisugite, nakanaka nemurar*emasen* deshita.)

＊この場合はほとんどＩ型動詞の可能の形，例えば「行ける (ikeru)」「眠れる (nemureru)」を使う。また，「自動車の運転をする (jidōsha no unten o suru)」の「する (suru)」,「自動車

repōto 〚n〛 **report, research paper, term paper**

¶ Please hand in **your papers** by tomorrow.

-reru 〚auxil〛 a verb ending expressing the passive, the potential, respect, etc.

① [expresses the passive and the suffering passive]

¶ [Miss] Ueda **was scolded** by [her] teacher for forgetting [her] homework.

¶ I **had** my hand **bitten** by a dog (the suffering passive).

¶ **I was caught** in the rain on my way shopping (the suffering passive).

¶ The committee 〚board〛 meeting **is being held** in the conference room on the second floor.

② [expresses the potential]

¶ Yesterday [I] was sick and **couldn't go** to school.

¶ Last night I drank too much coffee and **had a hard time getting to sleep.**

＊ The potential of almost all Type I verbs is formed in this way, as in *ikeru* (from *iku*) or *nemureru* (from *nemuru*). In the case of constructions with the Type III verb *suru*,

を運転する (jidōsha o unten suru)」の「運転する (unten suru)」などのⅢ型動詞の場合は，「自動車の運転ができる (jidōsha no unten ga dekiru)」，「自動車が運転できる (jidōsha ga unten dekiru)」などと「できる (dekiru)」を使う。

such as *jidōsha no unten o suru* (drive a car) or *jidōsha o unten suru* (drive a car), *dekiru* is used: *jidōsha no unten ga dekiru* (be able to drive a car), *jidōsha ga unten dekiru* (be able to drive a car).

→dekiru できる

③[尊敬の意味を表す]

③ [expresses respect]

¶山田先生はもうお宅へ帰**られました**か。(Yamada sensei wa mō otaku e kaera*remashita* ka?)

¶ **Has** Professor 〚Doctor〛 Yamada already **left for home?**

¶いつ，そのニュースを聞か**れた**のですか。(Itsu, sono nyūsu o kika*reta* no desu ka?)

¶ When **did you hear** that news?

④[自発の意味を表す]

④ [expresses autonomous action]

¶昔の写真を見ると，子供のころのことが思い出さ**れます**。(Mukashi no shashin o miru to, kodomo no koro no koto ga omoidasa*remasu*.)

¶ Looking at old photos **reminds** [me] of [my] childhood.

＊ Ⅰ型動詞とⅢ型動詞の「する (suru)」につく。Ⅱ型動詞とⅢ型動詞の「来る (kuru)」には「られる (rareru)」がつく。

＊ *-reru* is used with Type I verbs and the Type III verb *suru* (→ *sareru*); *-rareru* is used with Type II verbs and the Type III verb *kuru* (→ *korareru*).

⇨rareru られる

ressha 列車〘名〙

ressha 〚n〛 **train**

貨物列車 (kamotsu-*ressha*)

a freight **train**

¶駅に**列車**がとまっています。(Eki ni *ressha* ga tomatte imasu.)

¶ **A train** is stopped at the station.

resutoran レストラン〘名〙

resutoran 〚n〛 **restaurant**

¶あの角の**レストラン**で食事をしましょう。(Ano kado no *resutoran* de shokuji o shimashō.)

¶ Let's eat at that **restaurant** on the corner.

(-)retsu (-)列〘名，尾〙

(-)retsu 〚n, suf〛 **line, queue; row, column**

1〘名〙

¶駅はたいへんこんでいて，切符を買う人が**列**を作っていました。(Eki wa taihen konde ite, kippu o kau hito ga *retsu* o tsukutte imashita.)

2〘尾〙

1**列** (ichi*retsu*)　2**列** (ni*retsu*)

前**列** (zen*retsu*)　後**列** (kō*retsu*)

rieki　利益〘名〙

①[もうけ]

¶この本を売ると，20パーセントの**利益**があります。(Kono hon o uru to, nijippāsento no *rieki* ga arimasu.)

②[ためになること，得になること]

¶将来，何か社会の**利益**になることをしたいと思います。(Shōrai, nani ka shakai no *rieki* ni naru koto o shitai to omoimasu.)

rikai　理解〘名，～する〙

¶新しい言葉は，辞書を引いて意味を正しく**理解**しなければいけません。(Atarashii kotoba wa, jisho o hiite imi o tadashiku *rikai* shinakereba ikemasen.)

¶あの人の言うことは，どうもよく**理解**できません。(Ano hito no iu koto wa, dōmo yoku *rikai* dekimasen.)

rikō　りこう〘形動〙

¶この子は**りこう**な子供で，どの科目もよくできます。(Kono ko wa *rikō* na kodomo de, dono kamoku mo yoku dekimasu.)

¶危ない仕事は初めからしないほうが**りこう**です。　(Abunai shigoto wa

1 ⟦n⟧　line, queue

¶ The station was very crowded; people **were lined up** to buy tickets.

2 ⟦suf⟧　row, column

one **row,** one **column** // two **rows,** two **columns** // the front **row** // the back ⟦last⟧ **row**

rieki ⟦n⟧　**profit; benefit, advantage**

① [profit]

¶ There is a 20 percent **profit** on the sale of this book.

② [benefit, advantage]

¶ My future plans are to work for the public **good.**

rihatsuten ☞ **tokoya**

rikai ⟦n, ~*suru*⟧　**understanding, comprehension**

¶ Words new to you should be looked up in the dictionary so you correctly **grasp** their meaning.

¶ I just don't **understand** what [he] says.

rikō ⟦adj-v⟧　**bright, intelligent, sensible, shrewd, smart**

¶ This child **is quite bright** and does well in every subject at school.

¶ **It is wiser** to refuse dangerous work from the outset.

hajime kara shinai hō ga *rikō* desu.)

riku 陸〘名〙

¶わたしは船を降りて陸に上がりました。(Watashi wa fune o orite *riku* ni agarimashita.)

¶海の広さは陸の広さの何倍ですか。(Umi no hirosa wa *riku* no hirosa no nanbai desu ka?)

riku 〚n〛 **land, shore**

¶ I alighted from the boat 〚ship〛 and stepped onto **the shore.**

¶ How many times is the area of the world's oceans larger than that of **the land?**

rikutsu 理屈〘名〙

①[道理，ものごとがそうなるわけ]

理屈に合わない (*rikutsu* ni awanai)

¶あの人の言うことにも**理屈**はあります。(Ano hito no iu koto ni mo *rikutsu* wa arimasu.)

②[自分の考えを通すための理由づけ]

¶田中さんは**理屈**ばかり言って何もしません。(Tanaka san wa *rikutsu* bakari itte nani mo shimasen.)

rikutsu 〚n〛 **logic, reason; pretext, excuse**

① [logic, reason]

illogical, irrational

¶ **There's something to** what [he] says too.

② [pretext, excuse]

¶ [Mr.] Tanaka is **all talk** and no action.

ringo **りんご**〘名〙

¶この**りんご**は一ついくらですか。(Kono *ringo* wa hitotsu ikura desu ka?)

ringo 〚n〛 **apple**

¶ How much are these **apples** apiece?

rinji 臨時〘名〙

①[定時でないこと]

臨時休業 (*rinji*-kyūgyō) **臨時**列車 (*rinji*-ressha)

¶あしたは**臨時**に休みます。(Ashita wa *rinji* ni yasumimasu.)

¶**臨時**の収入がありました。(*Rinji* no shūnyū ga arimashita.)

②[一時的なこと，間に合わせ]

¶今日は山田先生がお休みですから，**臨時**にわたしが教えます。(Kyō wa

rinji 〚n〛 **special, extraordinary; temporary, provisional**

① [special, extraordinary, extra, unscheduled, emergency]

a **special** holiday; Closed Today // a **special** train

¶ [We] will be closed tomorrow.

¶ [I] had some **supplementary** income.

② [temporary, provisional, interim]

¶ I will be your **substitute** teacher today as Professor Yamada is absent.

Yamada sensei ga oyasumi desu kara, *rinji* ni watashi ga oshiemasu.)

rippa **立派**〔形動〕

①[堂々として美しい]

¶山田さんの家はずいぶん**立派**ですね。(Yamada san no ie wa zuibun *rippa* desu ne.)

¶会議で自分の意見を主張した時の中村さんの態度は**立派**でした。(Kaigi de jibun no iken o shuchō shita toki no Nakamura san no taido wa *rippa* deshita.)

②[申し分ない様子]

立派な学者 (*rippa* na gakusha)

¶田中さんは大学を**立派**な成績で卒業しました。(Tanaka san wa daigaku o *rippa* na seiseki de sotsugyō shimashita.)

¶あの人はなかなか**立派**な英語を話します。(Ano hito wa nakanaka *rippa* na Eigo o hanashimasu.)

rippa ⟦adj-v⟧ **fine, handsome, splendid; fine, excellent, superb**

① [fine, handsome, splendid, commanding]

¶ [Mr.] Yamada has a really **fine** house.

¶ [Mr.] Nakamura **was very impressive** while upholding [his] opinions at the meeting.

② [fine, excellent, superb, brilliant, admirable]

¶ [Miss] Tanaka graduated from college with a **fine** record.

¶ [He] speaks English **exceptionally well.**

riron **理論**〔名〕

¶上田さんは物理学の新しい**理論**を発表しました。(Ueda san wa butsurigaku no atarashii *riron* o happyō shimashita.)

¶**理論**は立派ですが, 実際にうまくいくでしょうか。(*Riron* wa rippa desu ga, jissai ni umaku iku deshō ka?)

riron ⟦n⟧ **theory**

¶ [Mr.] Ueda has made public a new **theory** in physics ⟦Mr. Ueda made public a new **theory** in physics⟧.

¶ It sounds fine **in theory** but will it actually work well in practice?

risō **理想**〔名〕

高い**理想** (takai *risō*)

理想的な家庭 (*risō*teki na katei)

¶**理想**と現実とは違います。(*Risō* to

risō ⟦n⟧ **an ideal**

lofty **ideals** // a **model** home ⟦family⟧

¶ There is a gap between **the ideal**

genjitsu to wa chigaimasu.)

and actual reality.

-rittoru **-リットル**〘尾〙
1リットル (ichi*rittoru*) 4リットル (yon*rittoru*) 9リットル (kyū*rittoru*)

-rittoru ⟦suf⟧ **liter(s)**
one **liter** // four **liters** // nine **liters**

riyō **利用**〘名, ～する〙
¶わたしは図書館を**利用**して，勉強しています。(Watashi wa toshokan o *riyō* shite benkyō shite imasu.)
¶余ったきれを**利用**して，人形の服を作りました。(Amatta kire o *riyō* shite, ningyō no fuku o tsukurimashita.)

riyō ⟦n, ~*suru*⟧ **use, utilize, make good use of, exploit**
¶ I **avail myself** of the library in my studies.
¶ **I used** the leftover cloth to make doll's clothes.

riyū **理由**〘名〙
¶あなたが学校をやめる**理由**は何ですか。(Anata ga gakkō o yameru *riyū* wa nan desu ka?)
¶上田さんは病気を**理由**に会社を休みました。(Ueda san wa byōki o *riyū* ni kaisha o yasumimashita.)

riyū ⟦n⟧ **reason, cause**
¶ What is your **reason** for quitting school?
¶ [Miss] Ueda stayed home from work **for reasons of** ill health.

rōdō **労働**〘名, ～する〙
労働者 (*rōdō*sha) **労働**組合 (*rōdō*-kumiai) 重**労働** (jū*rōdō*) **労働**時間 (*rōdō*-jikan)
¶この工場では1日8時間**労働**です。(Kono kōjō de wa ichinichi hachi-jikan-*rōdō* desu.)

rōdō ⟦n, ~*suru*⟧ **labor, manual labor**
a laborer, a worker // a **labor** union // heavy **labor** // **working** hours; **man**-hours
¶ This factory has an eight-hour **workday.**

rōjin **老人**〘名〙
老人ホーム (*rōjin*-hōmu)
¶電車やバスの中では，**老人**に席を譲りましょう。(Densha ya basu no naka de wa, *rōjin* ni seki o yuzurimashō.)
⇨**toshiyori** **年寄り**

rōjin ⟦n⟧ **an old person, the aged, the elderly**
a home for **the aged,** an **old-age** home
¶ All should cooperate in offering train and bus seats to **the elderly.**

rōka **廊下**〘名〙

rōka ⟦n⟧ **corridor, hall**

¶廊下で話をしている人がいます。(*Rōka* de hanashi o shite iru hito ga imasu.)

¶ There are people talking in **the hall.**

roketto ロケット〘名〙

roketto ⟦n⟧ **rocket**

¶**ロケット**で月に行けるようになりました。(*Roketto* de tsuki ni ikeru yō ni narimashita.)

¶ It is now possible to go to the moon by **rocket.**

roku 六〘名〙

roku ⟦n⟧ **six**

rokugatsu 六月〘名〙

rokugatsu ⟦n⟧ **June**

rokuon 録音〘名, ～する〙

rokuon ⟦n, ～*suru*⟧ **recording, make a recording of**

録音機 (*rokuon*ki)

a recorder, a tape **recorder,** a **transcribing** machine

¶自分の声をテープに**録音**して, 発音の練習をします。(Jibun no koe o tēpu ni *rokuon* shite, hatsuon no renshū o shimasu.)

¶ [I] practice pronunciation by **taping** [my] own voice.

rōmaji ローマ字〘名〙

rōmaji ⟦n⟧ **roman letters, *romaji*** (roman letters used to transcribe Japanese)

¶平仮名は読めませんから, **ローマ字**で書いてください。(Hiragana wa yomemasen kara, *rōmaji* de kaite kudasai.)

¶ [I] can't read *hiragana* so please write it in **roman letters.**

(-)ron (-)論〘名, 尾〙

(-)ron ⟦n, suf⟧ **argument, debate, controversy; theory, opinion, view**

1〘名〙

1 ⟦n⟧ argument, debate; theory, opinion

¶そのことについては, いろいろな**論**があります。(Sono koto ni tsuite wa, iroiro na *ron* ga arimasu.)

¶ There are various **theories** concerning that ⟦Opinion is divided on that question⟧.

2〘尾〙

2 ⟦suf⟧ theory, view

世**論** (se*ron*) 人生**論** (jinsei*ron*) 文学**論** (bungaku*ron*) 教育**論** (kyōiku*ron*)

public **opinion** // one's **philosophy** of life // one's **views** on literature, a literary **theory** // educational **theory** ⟦**philosophy**⟧

ronbun 論文〘名〙

ronbun ⟦n⟧ **essay, thesis, paper**

卒業**論文** (sotsugyō-*ronbun*) 博士**論文** (hakushi-*ronbun*)

a graduation **thesis** // a doctoral **thesis**

¶ 12月の末までに**論文**を書かなければなりません。(Jūnigatsu no sue

¶ [I] must finish writing **[my] thesis**

made ni *ronbun* o kakanakereba narimasen.)

by the end of December.

rōsoku　ろうそく〘名〙

¶**ろうそく**に火をつけてください。(*Rōsoku* ni hi o tsukete kudasai.)

rōsoku ⟦n⟧　**candle**

¶ Please light **the candle.**

rusu　留守〘名〙

¶友達を訪ねましたが，**留守**で会えませんでした。(Tomodachi o tazune-mashita ga, *rusu* de aemasen deshita.)

¶旅行に出かけるので，二，三日家を**留守**にします。(Ryokō ni dekakeru node, ni-sannichi ie o *rusu* ni shimasu.)

rusu ⟦n⟧　**absent, out**

¶ [I] went to visit a friend but [he] **wasn't at home.**

¶ The house **will be empty** for two or three days because [I] am going away on a trip.

ryō　量〘名〙

¶砂糖の**量**はこのぐらいでいいですか。(Satō no *ryō* wa kono gurai de ii desu ka?)

¶忙しすぎるから，来月から仕事の**量**を少し減らすつもりです。(Isogashi-sugiru kara, raigetsu kara shigoto no *ryō* o sukoshi herasu tsumori desu.)

ryō ⟦n⟧　**quantity, amount, volume**

¶ Is this enough sugar?

¶ I'm too busy so I plan to cut back on my work **load** starting next month.

ryō　寮〘名〙

¶わたしは学校の**寮**にいます。(Watashi wa gakkō no *ryō* ni imasu.)

¶山田さんは会社の**寮**に入りました。(Yamada san wa kaisha no *ryō* ni hairimashita.)

ryō ⟦n⟧　**dormitory**

¶ I am living in a school **dormitory.**

¶ [Mr.] Yamada has moved into a company **dormitory** ⟦Mr. Yamada moved into a company **dormitory**⟧.

ryō-　両-〘頭〙

両手 (*ryō*te)　両足 (*ryō*ashi)　両国 (*ryō*koku)

ryō- ⟦pref⟧　**both, two, a couple of**

both hands, **both** arms // **both** feet, **both** legs // **both** countries

-ryō　-料〘尾〙

入場料 (nyūjō*ryō*)　電話料 (denwa-

-ryō ⟦suf⟧　**charge, rate, fee, allowance**

an admission **fee** // the telephone

ryō) 使用**料** (shiyō*ryō*) 授業**料** (jugyō*ryō*) 受験**料** (juken*ryō*)

charge // a rental **fee** // tuition // an examination **fee**

ryōgawa 両側〘名〙

¶道の**両側**に店が並んでいます。(Michi no *ryōgawa* ni mise ga narande imasu.)

ryōgawa ⟦n⟧ **both sides, either side**

¶ There are shops on **both sides** of the street.

ryōhō 両方〘名〙

¶山田さんは英語もフランス語も**両方**上手です。 (Yamada san wa Eigo mo Furansugo mo *ryōhō* jōzu desu.)

¶わたしは二つの学校の試験を受けて**両方**とも受かりました。 (Watashi wa futatsu no gakkō no shiken o ukete *ryōhō*tomo ukarimashita.)

ryōhō ⟦n⟧ **both, both sides, both parties**

¶ [Mrs.] Yamada is good at **both** English and French.

¶ I took the entrance exams for two schools and passed **both** of them.

ryōji 領事〘名〙

領事館 (*ryōji*kan)

ryōji ⟦n⟧ **consul, consular representative**

a consulate

ryokan 旅館〘名〙

¶旅行するときは，ホテルより**旅館**に泊まるほうがおもしろいですよ。 (Ryokō suru toki wa, hoteru yori *ryokan* ni tomaru hō ga omoshiroi desu yo.)

ryokan ⟦n⟧ **Japanese-style inn**

¶ When traveling in Japan it is more fun to stay at **a Japanese-style inn** than at a Western-style hotel.

ryōkin 料金〘名〙

電気**料金** (denki-*ryōkin*) ガス**料金** (gasu-*ryōkin*) タクシー**料金** (takushii-*ryōkin*)

¶子供の**料金**は大人の半分です。(Kodomo no *ryōkin* wa otona no hanbun desu.)

＊ 普通，何かをしてもらったり，使ったり，利用したりするときに払う金のことをいう。

ryōkin ⟦n⟧ **charge, rate, fee, fare, toll**

an electricity **bill** // a gas **bill** // a taxi **fare**

¶ The child's **fare** ⟦admission **fee**⟧ is half that of adults.

＊ Usually refers to the money paid when one has something done for one, uses something, etc.

ryokō 旅行〘名，～する〙

ryokō ⟦n, ~*suru*⟧ **travel, journey, trip**

¶わたしは旅行が好きです。(Watashi wa *ryokō* ga suki desu.)

¶ I like **to travel.**

¶日本へ行ったら，ほうぼうを旅行したいです。(Nihon e ittara, hōbō o *ryokō* shitai desu.)

¶ If I go to Japan **I want to travel** extensively there.

ryōri 料理〘名，～する〙

ryōri ⟦n, ~*suru*⟧ **cooking, cuisine, food, dish**

日本料理 (Nihon-*ryōri*) 中華料理 (Chūka-*ryōri*) フランス料理 (Furansu-*ryōri*) 料理を作る (*ryōri* o tsukuru)

Japanese **cooking,** Japanese **food** // Chinese **cooking,** Chinese **food** // French **cuisine,** French **food** // fix **a meal**

¶あなたはどんな料理が好きですか。(Anata wa donna *ryōri* ga suki desu ka?)

¶ What kind of **food** do you like?

¶山田さんの奥さんはとても料理が上手です。(Yamada san no okusan wa totemo *ryōri* ga jōzu desu.)

¶ Mr. Yamada's wife is an excellent **cook.**

ryōshin 両親〘名〙

ryōshin ⟦n⟧ **one's parents**

¶机の上に両親の写真が置いてあります。(Tsukue no ue ni *ryōshin* no shashin ga oite arimasu.)

¶ There is a photo of **[my] parents** on [my] desk.

¶あの子は小さい時に両親を亡くしました。(Ano ko wa chiisai toki ni *ryōshin* o nakushimashita.)

¶ That child lost **its parents** at an early age.

ryōshūsho 領収書〘名〙

ryōshūsho ⟦n⟧ **receipt**

¶買い物をして，領収書をもらいました。(Kaimono o shite, *ryōshūsho* o moraimashita.)

¶ [I] did some shopping and received **a receipt.**

ryūgaku 留学〘名，～する〙

ryūgaku ⟦n, ~*suru*⟧ **study abroad**

留学生 (*ryūgaku*sei)

a student **studying abroad,** an **exchange** student

¶来年，わたしは日本へ留学するつもりです。(Rainen, watashi wa Nihon e *ryūgaku* suru tsumori desu.)

¶ I plan **to study** in Japan next year.

ryūkō 流行〘名，～する〙

ryūkō ⟦n, ~*suru*⟧ **fashion, fad, popularity; prevalence**

¶これが今年流行のネクタイです。

¶ This is the type of necktie **in**

(Kore ga kotoshi *ryūkō* no nekutai desu.)

vogue this year.

¶悪い風邪が**流行**していますから，気をつけてください。(Warui kaze ga *ryūkō* shite imasu kara, ki o tsukete kudasai.)

¶ Please be careful as a bad flu virus **is going around** now.

S

sa 差〘名〙

¶この辺りは，昼と夜とではかなり温度の差があります。(Kono atari wa, hiru to yoru to de wa kanari ondo no *sa* ga arimasu.)

¶昨日の試験では，1点の差で1番になれませんでした。(Kinō no shiken de wa, itten no *sa* de ichiban ni naremasen deshita.)

sa ⟦n⟧ **difference, disparity, margin**

¶ There are considerable **changes** of temperature between the day and night in this area.

¶ [I] was only one point **from being** first on yesterday's exam.

-sa -さ〘尾〙

暑さ (atsu*sa*) 寒さ (samu*sa*) 美しさ (utsukushi*sa*) 白さ (shiro*sa*) 苦しさ (kurushi*sa*) 明るさ (akaru-*sa*) 重さ (omo*sa*) 長さ (naga*sa*) 速さ (haya*sa*) 深さ (fuka*sa*) 正確さ (seikaku*sa*) すなおさ (sunao*sa*)

＊ 形容詞・形容動詞の語幹に続いて名詞を作り，ものごとの性質・状態やその程度を表す。

-sa ⟦suf⟧ a suffix for making adjectives and adjective-verbs into nouns

heat, warm**th** // cold**ness,** the cold // beauty // white**ness** // anguish, distress // bright**ness** // weight // length // quick**ness,** speed // depth // accurac**y,** precis**ion** // frank**ness,** lack of guile

＊ *-sa* is added to the stem of an adjective or adjective-verb to form a noun; it expresses nature, condition, degree, etc.

sā さあ〘感〙

①[人を促すときに使う]

¶さあ,行きましょう。(*Sā,* ikimashō.)

②[ためらうときに使う]

¶「あの人はだれですか。」(Ano hito wa dare desu ka?)「さあ，知りません。」(*Sā,* shirimasen.)

sā ⟦interj⟧ **come, come now; well, well now**

① [come, come now; used when urging some course of action]

¶ Let's be off now!

② [well, well now, let me see; used when one is hesitant or unsure about something]

¶ "Who is that person?"
"**Well,** I don't really know."

sabaku 砂ばく〘名〙

¶砂ばくは雨が少なく，植物がほとんど生えません。(*Sabaku* wa ame ga sukunaku, shokubutsu ga hotondo haemasen.)

sabaku ⟦n⟧ **desert**

¶ **Deserts** have little rain, and few plants grow there.

sabi さび〘名〙

¶長い間使わなかったので，はさみに赤い**さび**がついてしまいました。(Nagai aida tsukawanakatta node, hasami ni akai *sabi* ga tsuite shimaimashita.)

sabi ⟦n⟧ **rust, tarnish**

¶ The scissors ⟦clippers, shears⟧ haven't been used for a long time and have gotten **rusty** ⟦The scissors weren't used for a long time and got **rusty**⟧.

sabiru さびる〘動Ⅱ〙

¶このナイフはずいぶん**さびて**いますね。(Kono naifu wa zuibun *sabite* imasu ne.)

sabiru ⟦v II⟧ **to rust, to become rusty**

¶ This knife is quite **rusty,** isn't it?

sabishii 寂しい〘形〙

①[にぎやかでない様子]

¶この辺は夜になると，急に**寂しく**なります。(Kono hen wa yoru ni naru to, kyū ni *sabishiku* narimasu.)

②[孤独な様子]

¶友達がいなくて，とても**寂しい**です。(Tomodachi ga inakute, totemo *sabishii* desu.)

¶田中さんはいつも**寂しそう**な顔をしています。(Tanaka san wa itsu mo *sabishisō* na kao o shite imasu.)

sabishii ⟦adj⟧ **deserted, lonely; lonely, lonesome**

① [deserted, lonely, desolate (about a place)]

¶ At night this area quite suddenly becomes **deserted.**

② [lonely, lonesome (about one's feelings)]

¶ [I] **am** very **lonely** as [I] don't have any friends.

¶ [Miss] Tanaka always **looks sad and lonely.**

sābisu サービス〘名，～する〙

①[世話をすること]

セルフ**サービス** (serufu*sābisu*) **サービス**が悪い (*sābisu* ga warui)

¶あのホテルはとても**サービス**がいいですよ。(Ano hoteru wa totemo *sābisu* ga ii desu yo.)

②[値段を引くこと，おまけ]

¶シャツを買ったら，**サービス**にハンカチをくれました。(Shatsu o kattara, *sābisu* ni hankachi o kuremashita.)

sābisu ⟦n, ~*suru*⟧ **service; special price, special service**

① [service]

self-**service** // **the service** is poor, have poor **service**

¶ You get excellent **service** at that hotel.

② [special price, special service, something included free of charge]

¶ When [I] bought a shirt they gave me a handkerchief **free of charge.**

sae さえ〘助〙

sae ⟦part⟧ **even, besides, on top of; if only, so long as**

①［極端な例を挙げて他の場合はもちろんであるという意味を表す］

① [even, besides, on top of; used when giving an extreme example and indicating something else is a matter of course]

¶わたしの子供は漢字はもちろん，平仮名**さえ**まだ読めません。(Watashi no kodomo wa kanji wa mochiron, hiragana *sae* mada yomemasen.)

¶ My children ⟦child⟧ can't **even** read *hiragana* yet, much less *kanji*.

¶そんな易しい問題は，小学生で**さえ**できます。(Sonna yasashii mondai wa, shōgakusei de *sae* dekimasu.)

¶ **Even** an elementary school student could do such a simple problem.

②［その条件だけでじゅうぶんであるという意味を表す］

② [if only, so long as; indicates that a certain condition is enough by itself]

¶少しぐらい天気が悪くても，大雨**さえ**降らなければ行きましょう。(Sukoshi gurai tenki ga warukute mo, ooame *sae* furanakereba ikimashō.)

¶ Let's go even if the weather isn't so good **as long as** it's not raining heavily.

¶食べ物**さえ**あれば，ほかには何もいりません。(Tabemono *sae* areba, hoka ni wa nani mo irimasen.)

¶ [I] don't need **anything but** food.

*「〜さえ〜ば (〜sae 〜ba)」「〜さえ 〜たら (〜sae 〜tara)」などの形で使う。

* Used in the patterns "〜 *sae* 〜 *-ba*," "〜 *sae* 〜 *-tara*," etc.

sagaru　下がる〘動 I〙

sagaru ⟦v I⟧ **fall, drop, decline; hang, hang down; step back**

①［低い方へ移る］

① [fall, drop, decline, go down]

温度が**下がる** (ondo ga *sagaru*)　物価が**下がる** (bukka ga *sagaru*)　熱が**下がる** (netsu ga *sagaru*)

the temperature **falls** // prices **drop** // a fever **goes down**

¶勉強しなかったので，成績が**下がって**しまいました。(Benkyō shinakatta node, seiseki ga *sagatte* shimaimashita.)

¶ [My] grades **fell** ⟦**have fallen**⟧ because [I] didn't study.

↔agaru 上がる

②［下の方へ垂れる］

② [hang, hang down, be suspended]

¶窓に白いカーテンが**下がって**います。(Mado ni shiroi kāten ga *sagatte*

¶ There **is** a white curtain at the window.

imasu.)

③[後ろへ退く]

¶危ないですから，後ろへ**下がって**ください。(Abunai desu kara, ushiro e *sagatte* kudasai.)

③ [step back, draw back]

¶ Please **step back** as it's dangerous to stand right there.

sagasu 捜す〔動Ⅰ〕 **sagasu** ⟦v I⟧ **search for, look for, try to locate**

¶田中さんがあなたを**捜して**いましたよ。(Tanaka san ga anata o *sagashite* imashita yo.)

¶ [Mrs.] Tanaka **was looking for** you.

¶いくら**捜して**も，時計が見つかりません。(Ikura *sagashite* mo, tokei ga mitsukarimasen.)

¶ [I] can't find [my] watch no matter how much [I] **search.**

sagasu 探す〔動Ⅰ〕 **sagasu** ⟦v I⟧ **search for, look for, try to obtain**

仕事を**探す** (shigoto o *sagasu*)

look for a job

¶わたしは安くて静かなアパートを**探して**います。(Watashi wa yasukute shizuka na apāto o *sagashite* imasu.)

¶ I'm **hunting for** a cheap and quiet apartment.

sageru 下げる〔動Ⅱ〕 **sageru** ⟦v II⟧ **lower, let down, drop; hang, wear**

①[低い方へ移す]

① [lower, let down, drop]

温度を**下げる** (ondo o *sageru*)　熱を**下げる** (netsu o *sageru*)

lower the temperature // **bring down** a fever

¶山田さんは丁寧に頭を**下げて**お礼を言いました。(Yamada san wa teinei ni atama o *sagete* orei o iimashita.)

¶ [Mr.] Yamada politely **lowered** [his] head and thanked [them].

¶値段を**下げれば**，買う人もいるでしょう。(Nedan o *sagereba,* kau hito mo iru deshō.)

¶ **If [we] lower** the price it will probably sell.

↔ageru 上げる

②[下の方へ垂らす]

② [hang, wear]

¶肩からカメラを**下げて**いる人が中村さんです。(Kata kara kamera o *sagete* iru hito ga Nakamura san desu.)

¶ The person **with** the camera over [his] shoulder is [Mr.] Nakamura.

sai- **最-**〘頭〙

最終 (*sai*shū) **最**強 (*sai*kyō) **最**古 (*sai*ko) **最**上 (*sai*jō) **最**小 (*sai*shō) **最**低 (*sai*tei) **最**善 (*sai*zen) **最**愛 (*sai*ai) **最**新式 (*sai*shinshiki) **最**年長者 (*sai*nenchōsha)

sai- 〚pref〛 **the most, the maximum, ultra-**

the last, the ultimate // the strong**est** // the old**est** // the best, the fin**est,** supreme // the small**est,** the minimum, the least // the low**est,** the minimum; the worst // one's best, the best // dear**est,** beloved // the lat**est** style // the old**est** person

-sai **-歳**〘尾〙

¶わたしは今月の10日で30**歳**になります。(Watashi wa kongetsu no tooka de sanjis*sai* ni narimasu.)

-sai 〚suf〛 **age, years**

¶ I will be 30 **years old** on the tenth of this month.

saiban **裁判**〘名, ～する〙

裁判官 (*saiban*kan) **裁判**所 (*saiban*sho)

¶この事件の**裁判**は来月二日に行われます。(Kono jiken no *saiban* wa raigetsu futsuka ni okonawaremasu.)

saiban 〚n, ～*suru*〛 **trial, hearing, judgment**

a judge, the judiciary // a court of law; a courthouse

¶ **The trial** in this case will be held 〚This case will be brought **to trial**〛 on the second of next month.

saidai **最大**〘名〙

¶世界**最大**の都市はどこですか。(Sekai *saidai* no toshi wa doko desu ka?)

¶健康であることは**最大**の幸福です。(Kenkō de aru koto wa *saidai* no kōfuku desu.)

saidai 〚n〛 **greatest, largest, maximum**

¶ What is the **largest** city in the world?

¶ The **greatest** blessing is to have one's health.

saifu **財布**〘名〙

¶この**財布**には, あまりお金が入っていません。(Kono *saifu* ni wa, amari okane ga haitte imasen.)

saifu 〚n〛 **wallet**

¶ There isn't much money in this **wallet.**

saigo **最後**〘名〙

¶**最後**にこの部屋を出た人はだれですか。(*Saigo* ni kono heya o deta hito wa dare desu ka?)

¶どんなに苦しくても, **最後**までがんばってください。(Donna ni kuru-

saigo 〚n〛 **last, final, ultimate**

¶ Who was the **last** person to leave this room?

¶ Please stick it out to **the end,** no matter how difficult it may be.

shikute mo, *saigo* made ganbatte kudasai.)

⇔**saisho** 最初

saijitsu 祭日〘名〙

¶3月 21 日は**祭日**なので,学校は休みです。(Sangatsu nijūichinichi wa *saijitsu* na node, gakkō wa yasumi desu.)

¶来週は日曜と**祭日**が続くから,旅行する人が多いでしょう。(Raishū wa nichiyō to *saijitsu* ga tsuzuku kara, ryokō suru hito ga ooi deshō.)

saijitsu ⟦n⟧ **a national holiday**

¶ There's no school on March 21 as it's **a national holiday.**

¶ Monday is **a holiday** (more literally, **a holiday** comes after Sunday) next week so probably many people will be traveling over the three-day weekend.

saikin 最近〘名〙

¶**最近**,あの人は学校へ来ません。(*Saikin,* ano hito wa gakkō e kimasen.)

¶**最近**は物の値段が上がる一方です。(*Saikin* wa mono no nedan ga agaru ippō desu.)

saikin ⟦n⟧ **the latest, recent; recently, lately**

¶ [He] hasn't been coming to school **lately.**

¶ **Recently** prices just keep going up and up.

saikō 最高〘名〙

最高裁判所 (*saikō*-saibansho) **最高**記録 (*saikō*-kiroku) **最高**点 (*saikō*-ten)

¶昨日の**最高**気温は 30 度でした。(Kinō no *saikō*-kion wa sanjūdo deshita.)

saikō ⟦n⟧ **highest, maximum, supreme; the greatest**

the **Supreme** Court // the **best** record (for a sports event, etc.) // the **highest** mark scored

¶ Yesterday's **high** temperature was 30 degrees.

sain サイン〘名, ～する〙

①[合図]

¶手を振って**サイン**を送りました。(Te o futte *sain* o okurimashita.)

②[署名]

¶この書類に**サイン**をしてください。(Kono shorui ni *sain* o shite kudasai.)

¶あの俳優の**サイン**が欲しいです。

sain ⟦n, *~suru*⟧ **sign, signal; signature, autograph**

① [sign, signal]

¶ [He] **signaled** by waving [his] hand.

② [signature, autograph]

¶ Please **sign** these papers.

¶ I'd like to have that actor's

(Ano haiyū no *sain* ga hoshii desu.) ⟦actress's⟧ **autograph.**

sainō 才能〘名〙

sainō ⟦n⟧ **talent, ability, aptitude**

¶この子は音楽の**才能**があります。(Kono ko wa ongaku no *sainō* ga arimasu.)

¶ This child has **a talent** for music.

¶**才能**がなくても，努力すればすぐ上手になります。(*Sainō* ga nakute mo, doryoku sureba sugu jōzu ni narimasu.)

¶ Even if you don't have **any aptitude** for it, you will soon become good at it if you work hard.

saisho 最初〘名〙

saisho ⟦n⟧ **the first, the beginning; at first, originally**

¶授業の**最初**にいつも発音の練習をします。(Jugyō no *saisho* ni itsu mo hatsuon no renshū o shimasu.)

¶ At **the beginning** of class [we] always have pronunciation drill.

¶この本は**最初**はつまらなかったが，だんだんおもしろくなってきました。(Kono hon wa *saisho* wa tsumaranakatta ga, dandan omoshiroku natte kimashita.)

¶ **At first** this book was boring but it has gradually gotten more interesting.

⇔**saigo** 最後

saisoku 催促〘名，～する〙

saisoku ⟦n, *~suru*⟧ **urging, demand**

¶学校から授業料の**催促**を受けました。(Gakkō kara jugyōryō no *saisoku* o ukemashita.)

¶ [I] got a letter from the school **requesting** payment of [my] tuition.

¶早く本を返してくれるように，友達に**催促**しました。(Hayaku hon o kaeshite kureru yō ni, tomodachi ni *saisoku* shimashita.)

¶ [I] **urged** [my] friend to return the borrowed book soon.

saka 坂〘名〙

saka ⟦n⟧ **slope, incline, hill**

坂道 (*saka*michi) 上り**坂** (nobori*zaka*) 下り**坂** (kudari*zaka*)

an up**hill** road, a **sloping** road // an ascent, an up**hill** road, a rising **grade** // a descent, a down**hill** road, a downward **grade**

¶あの辺は**坂**が多いから，自転車で行くのはたいへんですよ。(Ano hen wa *saka* ga ooi kara, jitensha de iku no wa taihen desu yo.)

¶ There are many **hills** in that area so it is hard to go there on a bicycle.

¶この坂は急ですから，気をつけて下りてください。(Kono *saka* wa kyū desu kara, ki o tsukete orite kudasai.)

¶ This **slope** is steep so please be careful going down it.

sakai 境〘名〙

sakai ⟦n⟧ **border, boundary**

¶ここが隣の土地との境です。(Koko ga tonari no tochi to no *sakai* desu.)

¶ This is **the border line** with the neighboring land.

¶この川を境に，向こうがA国です。(Kono kawa o *sakai* ni, mukō ga Ē-koku desu.)

¶ This river forms **the boundary**—the other side is Country A.

sakan 盛ん〘形動〙

sakan ⟦adj-v⟧ **prosperous, flourishing, thriving; vigorous, lively; enthusiastic, keen; popular**

¶この国は工業が盛んです。(Kono kuni wa kōgyō ga *sakan* desu.)

¶ This country is **highly** industrialized.

¶この国ではサッカーが盛んです。(Kono kuni de wa sakkā ga *sakan* desu.)

¶ Soccer **is popular** in this country.

¶火が盛んに燃えています。(Hi ga *sakan* ni moete imasu.)

¶ The fire is burning **briskly.**

¶首相は空港で盛んな出迎えを受けました。(Shushō wa kūkō de *sakan* na demukae o ukemashita.)

¶ The prime minister received a **warm** reception at the airport.

sakana 魚〘名〙

sakana ⟦n⟧ **fish**

魚を捕る (*sakana* o toru) 魚をつる (*sakana* o tsuru)

catch **a fish,** catch **fish** // to fish

¶この池には魚がたくさんいます。(Kono ike ni wa *sakana* ga takusan imasu.)

¶ There are many **fish** in this pond ⟦pool⟧.

¶この魚は焼いて食べましょう。(Kono *sakana* wa yaite tabemashō.)

¶ Let's eat this **fish** grilled.

sake 酒〘名〙

sake ⟦n⟧ **liquor, alcoholic beverage; *sake*, Japanese rice wine**

①[アルコール分を含んだ飲み物]

① [liquor, alcoholic beverage]

¶あなたは酒を飲みますか。(Anata wa *sake* o nomimasu ka?)

¶ Do you drink **alcohol?**

②［日本酒］

¶酒は米から造ります。(*Sake* wa kome kara tsukurimasu.)

¶ビールにしますか，お酒にしますか。(Biiru ni shimasu ka, o*sake* ni shimasu ka?)

② [*sake*, Japanese rice wine]

¶ ***Sake*** is made from rice.

¶ Which will you have—beer or ***sake***?

sakebu 叫ぶ〘動Ⅰ〙

①［大きな声を出す］

¶だれかが「助けて。」と叫んでいます。(Dare ka ga "Tasukete!" to *sakende* imasu.)

②［あることを実現させるため世間の人々に強く訴える］

¶あの人たちは戦争反対を叫んでいます。 (Ano hitotachi wa sensō-hantai o *sakende* imasu.)

sakebu ⟦v I⟧ **shout, yell, cry out; clamor for, advocate**

① [shout, yell, cry out]

¶ Someone **is crying out** for help.

② [clamor for, advocate]

¶ Those people **are active** in their antiwar stand.

sakeru 避ける〘動Ⅱ〙

¶あの人はわたしと会うのを避けているようです。(Ano hito wa watashi to au no o *sakete* iru yō desu.)

¶暗い道は避けて，明るい道を帰ったほうがいいですよ。(Kurai michi wa *sakete,* akarui michi o kaetta hō ga ii desu yo.)

sakeru ⟦v II⟧ **avoid, evade, shirk**

¶ It seems [he] **is avoiding** me.

¶ You had better **keep away** from dark streets and take well-lit ones on your way home.

(-)saki (-)先〘名，尾〙

1〘名〙

①［先端］

¶この鉛筆の先は丸くなっています。(Kono enpitsu no *saki* wa maruku natte imasu.)

②［前方］

¶銀行はこの先にあります。(Ginkō wa kono *saki* ni arimasu.)

¶20ページの問題が終わったら，その

(-)saki ⟦n, suf⟧ **point, tip; ahead, beyond; in front, the head, the first; earlier than, before; future, coming; objective, destination**

1 ⟦n⟧

① [point, tip]

¶ **The point** of this pencil is blunt.

② [ahead, beyond]

¶ The bank is **straight ahead.**

¶ When you have finished the prob-

先に進んでください。(Nijippēji no mondai ga owattara, sono *saki* ni susunde kudasai.)

lems on page 20, please go on **from there.**

③[先頭]

③ [in front, the head, the first]

¶山田さんは先に立って，みんなを案内しました。(Yamada san wa *saki* ni tatte, minna o annai shimashita.)

¶ [Mrs.] Yamada stood **in front** and acted as guide.

④[時間的に前，それ以前]

④ [earlier than, before, previous, prior]

¶田中さんはわたしより先に来ていました。(Tanaka san wa watashi yori *saki* ni kite imashita.)

¶ [Miss] Tanaka came **before** me.

¶今日は用事があるので，お先に失礼します。(Kyō wa yōji ga aru node, o*saki* ni shitsurei shimasu.)

¶ As I have an errand to do ⟦other business to attend to⟧, I will have to take my leave **before [you].**

⑤[将来]

⑤ [future, coming]

¶これから十年先，日本はどうなっているでしょう。(Kore kara jūnen *saki*, Nihon wa dō natte iru deshō.)

¶ I wonder what Japan will be like 10 years **from now.**

2〘尾〙

送り先 (okuri*saki*)　届け先 (todoke*saki*)　連絡先 (renraku*saki*)

¶田中さんの行き先がわかりません。(Tanaka san no iki*saki* ga wakarimasen.)

2 ⟦suf⟧ objective, destination

the address, the destination (of something being sent) // the receiver's **address, the destination** (of something being sent or delivered); **the person** or **place** to which a report is to be given // the contact **address, telephone, person,** etc.

¶ [I] don't know **where** [Mr.] Tanaka went.

sakka 作家〘名〙

流行作家 (ryūkō-*sakka*)

¶わたしはあの作家の書いた小説は，全部読みました。(Watashi wa ano *sakka* no kaita shōsetsu wa, zenbu yomimashita.)

sakka ⟦n⟧ **author, writer, novelist**

a best-selling **writer**

¶ I have read all of that **author's** books.

sakki さっき〘副〙

¶わたしは田中さんとさっき会ったばかりです。(Watashi wa Tanaka san to *sakki* atta bakari desu.)

sakki ⟦adv⟧ **a little while ago, just now, some time ago**

¶ I met [Mrs.] Tanaka just **a little while ago.**

¶子供たちはさっきまで遊んでいたのに，もう寝てしまいました。(Kodomotachi wa *sakki* made asonde ita noni, mō nete shimaimashita.)

¶ The children were playing until **a little while ago** but they're sleeping now.

＊ 改まった場合には「さきほど (sakihodo)」と言う。

＊ When speaking formally, *sakihodo* is used in place of *sakki*.

saku- **昨-**〘頭〙

昨日 (*saku*jitsu) **昨**晩 (*saku*ban) **昨**夜 (*saku*ya) **昨**年 (*saku*nen)

saku- ⟦pref⟧ **last**

yesterday // **last** night, yesterday evening // **last** night, yesterday evening // **last** year

saku **咲く**〘動 I〙

¶庭に花が**咲いて**います。(Niwa ni hana ga *saite* imasu.)

¶東京では，だいたい4月の初めに桜が**咲きます**。(Tōkyō de wa, daitai shigatsu no hajime ni sakura ga *sakimasu*.)

saku ⟦v I⟧ **to bloom, blossom, flower**

¶ Flowers **are in bloom** in the garden.

¶ In Tokyo the cherry blossoms generally **come out** in early April.

sakubun **作文**〘名〙

¶この時間は，「わたしの一日」という題で**作文**を書いてください。(Kono jikan wa, "Watashi no ichinichi" to iu dai de *sakubun* o kaite kudasai.)

sakubun ⟦n⟧ **composition, writing; an essay, a theme**

¶ This class hour please write **a composition** on the topic: "My day."

sakuhin **作品**〘名〙

文学**作品** (bungaku-*sakuhin*) 芸術**作品** (geijutsu-*sakuhin*)

¶生徒の**作品**の展覧会を開きました。(Seito no *sakuhin* no tenrankai o hirakimashita.)

¶この絵は山田さんの若いころの**作品**です。(Kono e wa Yamada san no wakai koro no *sakuhin* desu.)

sakuhin ⟦n⟧ **a work, a production, a creation**

a literary **work, a piece** of literature // an art**work**

¶ An exhibition of student **works** opened ⟦has opened⟧.

¶ This picture is an early **work** of Yamada's.

sakura **桜**〘名〙

¶**桜**が咲きました。(*Sakura* ga sakimashita.)

sakura ⟦n⟧ **a cherry tree, cherry blossoms**

¶ **The cherry blossoms** are ⟦were⟧ in bloom.

¶桜の花を見ながらごちそうを食べることを，お花見と言います。(*Sakura* no hana o minagara gochisō o taberu koto o, ohanami to iimasu.)

sakusha　作者〘名〙

小説の**作者** (shōsetsu no *sakusha*)

¶この絵は15世紀にかかれたものですが，**作者**はわかりません。(Kono e wa jūgoseiki ni kakareta mono desu ga, *sakusha* wa wakarimasen.)

-sama　-様〘尾〙

①[尊敬の意味を表す]

王**様** (ō*sama*)　神**様** (kami*sama*)

お母**様** (okā*sama*)　御主人**様** (goshujin*sama*)

¶封筒の表に「山田太郎**様**」と書いてあります。(Fūtō no omote ni "Yamada Tarō *sama*" to kaite arimasu.)

②[丁寧の意味を表す]

御苦労**さま** (gokurō*sama*)　ごちそう**さま** (gochisō*sama*)

samazama　さまざま〘形動，～の〙

¶意見が**さまざま**でまとまりません。(Iken ga *samazama* de matomarimasen.)

¶留学生は**さまざま**な国から来ています。(Ryūgakusei wa *samazama* na kuni kara kite imasu.)

⇨**iroiro いろいろ**

sameru　冷める〘動II〙

¶御飯が**冷めない**うちに，早く食べてしまいなさい。(Gohan ga *samenai* uchi ni, hayaku tabete shimainasai.)

¶ Eating delicacies while viewing **the cherry blossoms** is called *ohanami*.

sakusha 〚n〛 **author, artist, composer,** etc.

the author of a novel

¶ This picture dates from the 15th century but **the artist** is unknown.

-sama 〚suf〛 **Mr., Mrs., Miss, Ms.;** an honorific suffix added to names, occupations, etc.

① [expresses respect]

a king // God, a deity // mother // (your) husband

¶ "Yamada Tarō-**sama**" is written on the front of the envelope (i.e., **Mr.** Tarō Yamada).

② [expresses politeness]

Thank you for your trouble (see also the entry for *gokurōsama*) // Thank you for the fine meal (see also the entry for *gochisōsama*)

samazama 〚adj-v, ~*no*〛 **various, varied, diverse**

¶ Opinion **is divided,** and no agreement has been reached.

¶ The foreign students are from **many different** countries.

sameru 〚v II〛 **cool off, get cold**

¶ Eat your food **before it gets cold.**

¶おふろのお湯が**冷めて**しまったから，もう一度沸かしましょう。 (Ofuro no oyu ga *samete* shimatta kara, mō ichido wakashimashō.)

¶ The bath water **has cooled;** let me heat it up again for you.

sameru 覚める〘動Ⅱ〙

sameru ⟦v II⟧ **wake up, awake**

¶わたしは毎朝6時ごろに目が**覚めます**。(Watashi wa maiasa rokuji goro ni me ga *samemasu.*)

¶ I **wake up** around six o'clock every morning.

¶大きな音で目が**覚めました**。(Ookina oto de me ga *samemashita.*)

¶ [I] **was awakened** by a loud noise.

samui 寒い〘形〙

samui ⟦adj⟧ **cold, chilly**

¶今日は**寒い**ですね。(Kyō wa *samui* desu ne.)

¶ **It's cold** today, isn't it?

¶部屋が**寒い**ので，ストーブをつけました。(Heya ga *samui* node, sutōbu o tsukemashita.)

¶ The room **was cold** so I turned on the heater.

¶だいぶ**寒く**なりましたね。 (Daibu *samuku* narimashita ne.)

¶ It's turned quite **cold,** hasn't it?

⇔**atsui** 暑い

san 三〘名〙

san ⟦n⟧ **three**

三人 (*san*nin) 三月 (*san*gatsu) 三年 (*san*nen) 三円 (*san*'en) 三軒 (*san*gen)

three persons // March // **three** years // **three** yen // **three** houses

-san -さん〘尾〙

-san ⟦suf⟧ **Mr., Mrs., Miss, Ms.**

山田さん (Yamada *san*) お父さん (otō*san*) お医者さん (oisha*san*)

Mr. ⟦**Mrs., Miss, Ms.**⟧ Yamada // father // a doctor

＊ 名前・職業などにつけて尊敬や親しみの意味を表す。より丁寧に言う場合には「-様 (sama)」を使う。

＊ Added to names, professions, etc., to indicate respect and a certain degree of familiarity. When speaking more politely, *-sama* is used.

sanbutsu 産物〘名〙

sanbutsu ⟦n⟧ **product, produce**

¶この地方の主な**産物**はコーヒーです。(Kono chihō no omo na *sanbutsu* wa kōhii desu.)

¶ The principal **product** of this region is coffee.

¶東京のデパートでも京都の**産物**を買

¶ One can buy Kyoto **products** in

うことができます。(Tōkyō no depāto de mo Kyōto no *sanbutsu* o kau koto ga dekimasu.)

Tokyo department stores.

sangatsu 三月〖名〗

sangatsu [[n]] **March**

sangyō 産業〖名〗

sangyō [[n]] **industry**

産業が発達する (*sangyō* ga hattatsu suru)

industry progresses

¶あなたの国の主な**産業**は何ですか。(Anata no kuni no omo na *sangyō* wa nan desu ka?)

¶ What is the principal **industry** in your country?

sanka 参加〖名, ～する〗

sanka [[n, *~suru*]] **participation**

参加者 (*sanka*sha) **参加**国 (*sanka*-koku)

a participant, a contestant // a **participating** nation

¶あなたもこの研究会に**参加**しませんか。(Anata mo kono kenkyūkai ni *sanka* shimasen ka?)

¶ Won't you **take part** in our study group?

sankaku 三角〖名〗

sankaku [[n]] **triangle, triangular**

三角形 (*sankak*kei)

triangle, **triangular**

sankō 参考〖名〗

sankō [[n]] **reference, consultation**

参考書 (*sankō*sho)

a **reference** book

¶この本は，わたしの研究にとても**参考**になります。(Kono hon wa, watashi no kenkyū ni totemo *sankō* ni narimasu.)

¶ This book will be very **helpful** in my research.

¶あなたの意見を**参考**にして，この計画を立てました。(Anata no iken o *sankō* ni shite, kono keikaku o tatemashita.)

¶ [I] drew up this plan taking your views **into consideration.**

sanpo 散歩〖名, ～する〗

sanpo [[n, *~suru*]] **walk, stroll**

¶これから**散歩**に行きませんか。(Kore kara *sanpo* ni ikimasen ka?)

¶ Won't you come **for a walk** now?

¶公園を**散歩**していたら，友達に会いました。(Kōen o *sanpo* shite itara, tomodachi ni aimashita.)

¶ While **walking** in the park, [I] ran across a friend.

sansei **賛成**〔名, ～する〕

¶わたしもあなたの意見に**賛成**です。(Watashi mo anata no iken ni *sansei* desu.)

¶この計画に**賛成**した人はあまりいません。(Kono keikaku ni *sansei* shita hito wa amari imasen.)

⇔**hantai** **反対**

sansei ⟦n, ～*suru*⟧ **agreement, approval, support**

¶ I **am in agreement** with your view.

¶ Few **have given their approval** to this plan.

sanso **酸素**〔名〕

sanso ⟦n⟧ **oxygen**

sappari **さっぱり**〔副, ～する〕

①［さわやかで気持ちのいい様子］

¶おふろに入って**さっぱり**しました。(Ofuro ni haitte *sappari* shimashita.)

②［まったく，全然］

¶試験は難しくて，**さっぱり**わかりませんでした。 (Shiken wa muzukashikute, *sappari* wakarimasen deshita.)

¶このごろ山田さんから，**さっぱり**手紙が来ませんね。(Konogoro Yamada san kara, *sappari* tegami ga kimasen ne.)

* あとに打ち消しの言葉が来る。

sappari ⟦adv, ～*suru*⟧ **refreshing, refreshed; completely, entirely, not at all**

① [refreshing, refreshed]

¶ Taking a bath **refreshed** me.

② [completely, entirely, not at all]

¶ The exam was very difficult; I couldn't make **head or tail** of it.

¶ Recently there hasn't been a **single** letter from [Mr.] Yamada, has there?

* Used with the negative.

sara **さら**〔名〕

¶お**さら**を1枚持って来てください。(O*sara* o ichimai motte kite kudasai.)

sara ⟦n⟧ **dish, plate, saucer,** etc.

¶ Please fetch **a plate.**

sarada **サラダ**〔名〕

野菜**サラダ** (yasai-*sarada*)

¶晩御飯に肉や**サラダ**を食べました。(Bangohan ni niku ya *sarada* o tabemashita.)

sarada ⟦n⟧ **salad**

(vegetable) **salad**

¶ [I] had meat and **a salad** for dinner.

sarani **更に**〔副〕

sarani ⟦adv⟧ **still more, further; again; anew, afresh**

①[もっと，いっそう]

¶上田さんの病気は**更に**悪くなったそうです。(Ueda san no byōki wa *sarani* waruku natta sō desu.)

① [still more, further]

¶ I hear that [Mrs.] Ueda's illness **has worsened.**

②[その上]

¶学校で5時間勉強して，家へ帰ってから**更に**2時間勉強します。(Gakkō de gojikan benkyō shite, ie e kaette kara *sarani* nijikan benkyō shimasu.)

② [again; anew, afresh]

¶ [I] study five hours at school and then return home and study two hours **more.**

saru　さる〘名〙

¶動物園へ行って**さる**を見ました。(Dōbutsuen e itte *saru* o mimashita.)

saru ⟦n⟧　**monkey, ape**

¶ [I] went to the zoo and saw **the monkeys.**

sasaeru　支える〘動 II〙

¶木が風で倒れないように，棒で**支えて**あります。(Ki ga kaze de taorenai yō ni, bō de *sasaete* arimasu.)

¶けが人は友達に**支えられながら**病院へ入っていきました。(Keganin wa tomodachi ni *sasaerarenagara* byōin e haitte ikimashita.)

sasaeru ⟦v II⟧　**support, hold up, prop, maintain, sustain**

¶ The tree **is reinforced** with poles ⟦stakes, sticks, etc.⟧ so it won't be blown over by the wind.

¶ The injured person walked into the hospital **supported** by a friend.

saseru　させる〘助動〙

①[他に対してある行為を実現するように仕向ける意味を表す]

¶先生が質問して，学生に答え**させます**。(Sensei ga shitsumon shite, gakusei ni kotae*sasemasu.*)

¶わたしが来られなければ，弟を来**させます**。(Watashi ga korarenakereba, otōto o ko*sasemasu.*)

-saseru ⟦auxil⟧　a verb ending indicating the causative, etc.

① [make someone do something, have someone do something]

¶ The teacher asks questions for the students **to answer.**

¶ If I can't come, I'll **have** my (younger) brother come.

②[他の人がある行為をするのを許容あるいは黙認する意味を表す]

¶子供にあんなに夜遅くまでテレビを

② [let someone do something, allow someone to do something]

¶ You shouldn't **let** the children

見させておいてはいけませんよ。(Kodomo ni anna ni yoru osoku made terebi o mi*sasete* oite wa ikemasen yo.)

watch television until so late at night.

¶子供にお菓子をあんなにたくさん食べさせていいのですか。(Kodomo ni okashi o anna ni takusan tabe*sasete* ii no desu ka?)

¶ **Should** the children be eating so many sweets?

＊ Ⅱ型動詞とⅢ型動詞の「来る (kuru)」につく。

＊ *-saseru* is added to Type II verbs and the Type III verb *kuru* (→ *kosaseru*).

⇨**seru せる**

sashiageru　差し上げる〘動Ⅱ〙

sashiageru 〚v II〛 **lift, raise; give**

①[持ち上げる]

① [lift, raise, hold up]

¶中村さんは重い石を頭の上まで**差し上げました**。(Nakamura san wa omoi ishi o atama no ue made *sashiagemashita.*)

¶ [Mr.] Nakamura **lifted** a heavy rock **up** over [his] head.

②[与える]

② [give]

¶お客様にお茶を**差し上げて**ください。(Okyakusama ni ocha o *sashiagete* kudasai.)

¶ Please **serve** some tea to [our] guest 〚customer〛.

¶あなたにこの本を**差し上げましょう**。(Anata ni kono hon o *sashiagemashō.*)

¶ I'd like **to give** you this book.

＊「与える (ataeru)」「やる (yaru)」の謙譲語で,「上げる (ageru)」より更に丁寧な言い方である。「(～て) さしあげる ([～te] sashiageru)」という言い方もある。「先生のお荷物を持ってさしあげました。(Sensei no onimotsu o motte sashiagemashita.)」

＊ *Sashiageru* is the humble form of *ataeru* or *yaru;* it is more polite than *ageru*. It is also used in the form (*-te*) *sashiageru,* as in "*Sensei no onimotsu o motte sashiagemashita*" (I carried the professor's 〚doctor's〛 things 〚bags〛 for him 〚her〛).

⇨**ageru 上げる**　**(～te) ageru (～て) あげる**

sashimi さしみ〘名〙

¶さしみはまだ食べたことがありません。(*Sashimi* wa mada tabeta koto ga arimasen.)

sasou 誘う〘動 I〙

¶わたしは山田さんを**誘って**，映画を見に行きました。(Watashi wa Yamada san o *sasotte,* eiga o mi ni ikimashita.)

¶京都へ行こうと**誘われました**が，断りました。 (Kyōto e ikō to *sasowaremashita* ga, kotowarimashita.)

sassoku 早速〘副〙

¶買ってきたくつを**早速**はいて出かけました。(Katte kita kutsu o *sassoku* haite dekakemashita.)

¶手紙を出したら，**早速**返事が来ました。(Tegami o dashitara, *sassoku* henji ga kimashita.)

sasu 刺す〘動 I〙

①[突く，突き通す]

¶針で指を**刺して**しまいました。(Hari de yubi o *sashite* shimaimashita.)

②[虫がかんだり針を刺したりする]

はちに**刺される** (hachi ni *sasareru*)

¶わたしは虫に足を**刺されました**。(Watashi wa mushi ni ashi o *sasaremashita.*)

sasu 指す〘動 I〙

①[指などで示す]

¶先生は黒板に書いた字を一つ一つ**指しながら**，学生に読ませます。(Sensei wa kokuban ni kaita ji o hitotsu hitotsu *sashinagara,* gakusei ni

sashimi 〚n〛 ***sashimi*, slices of raw fish**

¶ I haven't eaten ***sashimi*** yet.

sasou 〚v I〛 **invite, ask**

¶ I **invited** [Mr.] Yamada and we went to see a movie together.

¶ **I was invited** to go to Kyoto but I declined.

sassoku 〚adv〛 **at once, immediately, right away**

¶ I put on the shoes I had just bought and went out.

¶ [I] received a **prompt** response to the letter [I] sent.

sasu 〚v I〛 **pierce, stab; bite, sting**

① [pierce, stab, prick]

¶ [I] **pricked** [my] finger on the needle.

② [bite, sting]

be stung by a bee

¶ **I was bitten** on the leg 〚foot〛 by an insect.

sasu 〚v I〛 **point to, indicate; designate**

① [point to, point at, indicate]

¶ The teacher **points** one by one **at** the characters written on the blackboard and has [her] students read them aloud.

yomasemasu.)

¶時計の針がちょうど12時を**指して**います。(Tokei no hari ga chōdo jūniji o *sashite* imasu.)

¶ The hands of the clock **are standing** exactly at twelve ⟦The clock **reads** exactly twelve o'clock⟧.

②[指名する]

② [designate, name]

¶急に先生に**指された**ので，答えられませんでした。(Kyū ni sensei ni *sasareta* node, kotaeraremasen deshita.)

¶ The teacher **called on** me suddenly, and I was not able to answer.

sasu **さす**〘動 I〙

sasu ⟦v I⟧ **pour in, fill, insert; hold up an umbrella**

①[注ぐ]

① [pour in, fill, insert]

目薬を**さす** (megusuri o *sasu*) やかんに水を**さす** (yakan ni mizu o *sasu*)

put in eye drops // **fill** a kettle with water

¶機械を掃除して，油を**さしました**。(Kikai o sōji shite, abura o *sashimashita.*)

¶ [I] cleaned the machine and **oiled** it.

②[かさなどを開いて持つ]

② [hold up an umbrella, etc.]

¶雨がやんだのに，あの人はかさを**さしています**。(Ame ga yanda noni, ano hito wa kasa o *sashite* imasu.)

¶ [She] **has** [her] umbrella **up** even though it has stopped raining.

sasuga **さすが**〘副，～に，～の〙

sasuga ⟦adv, *~ni*, *~no*⟧ **after all; as might be expected, like the ~ it is**

①[そうはいうもののやはり]

① [after all]

¶社長の命令なので，**さすがに**「いやだ。」とは言えませんでした。(Shachō no meirei na node, *sasuga* ni "Iya da." to wa iemasen deshita.)

¶ As it was, **after all,** the order of the company president, [I] could not say that [I] didn't want to do it.

②[予想どおり，やはり]

② [as might be expected, like the ~ it is]

¶田中さんはイギリスに留学していたので，**さすがに**英語が上手です。(Tanaka san wa Igirisu ni ryūgaku shite ita node, *sasuga* ni Eigo ga jōzu desu.)

¶ [Mr.] Tanaka speaks English well, **as might be expected** of someone who has studied in England.

¶朝から何も食べていないので，**さすが**

¶ **It is only natural** that [I] am hun-

におなかがすきました。 (Asa kara nani mo tabete inai node, *sasuga* ni onaka ga sukimashita.)

sate **さて**〘接, 感〙

1〘接〙

①[前のことがらを受けて話を続け別の話題に移るときなどに使う]

¶経済の問題についてはこのぐらいにしまして, **さて**, 次に教育の問題に移りたいと思います。 (Keizai no mondai ni tsuite wa kono gurai ni shimashite, *sate,* tsugi ni kyōiku no mondai ni utsuritai to omoimasu.)

②[前のことがらを受けて本題などに移るときに使う]

¶朝晩かなり寒くなってきましたが, お変わりございませんか。**さて**, このたび1年間の予定で日本へ留学することになりました。(Asaban kanari samuku natte kimashita ga, okawari gozaimasen ka? *Sate,* kono tabi ichinenkan no yotei de Nihon e ryūgaku suru koto ni narimashita.)

＊手紙で時候のあいさつなど前置きのあとで本題に入る場合によく使う。

2〘感〙

¶**さて**, 帰りましょうか。(*Sate,* kaerimashō ka?)

¶**さて**, これからどこへ行きましょうか。(*Sate,* kore kara doko e ikimashō ka?)

¶**さて**, 困ったなあ。どうしよう。 (*Sate,* komatta nā. Dō shiyō?)

gry as [I] haven't eaten anything all day.

sate ⟦conj, interj⟧ **well, now**

1 ⟦conj⟧

① [used when changing the subject of a conversation or other discourse]

¶ That concludes my remarks about economic matters. **Now** I would like to move on to educational matters.

② [used when moving on to the main topic of a conversation, discourse, or text]

¶ It's quite cold now in the mornings and the evenings, and I hope you are well. **Well then**, my news is that I'm going to go to Japan to study for a year (from a letter).

＊ Often used in a letter when moving from comments on the weather and other preliminary remarks on to the main text.

2 ⟦interj⟧

¶ **Well,** shall we leave now?

¶ **Well,** where shall we go now?

¶ **Well,** that's awkward. What's best to do?

＊これから何かをしようとして，相手に呼びかけたり自問したりするときに使う。

＊ Used to attract the attention of the listener or to question oneself when one is about to start doing something.

satō 砂糖〖名〗

¶砂糖は1キロいくらですか。(*Satō* wa ichikiro ikura desu ka?)

satō ⟦n⟧ **sugar**

¶ How much is **sugar** a kilo?

-satsu -冊〖尾〗

4冊 (yon*satsu*) 8冊 (has*satsu*)

¶このノートは1冊100円です。(Kono nōto wa is*satsu* hyakuen desu.)

-satsu ⟦suf⟧ the counter for bound books, magazines, etc.

four **volumes,** four **copies** // eight **volumes,** eight **copies**

¶ These notebooks are a hundred yen **each.**

-satsu -札〖尾〗

五百円札 (gohyakuen*satsu*) 一万円札 (ichiman'en*satsu*)

-satsu ⟦suf⟧ the counter for paper money

a five hundred yen **bill** // a ten thousand yen **bill**

satsuei 撮影〖名，～する〗

¶ここはよく映画の撮影に使われます。(Koko wa yoku eiga no *satsuei* ni tsukawaremasu.)

¶夜撮影するのは難しいです。(Yoru *satsuei* suru no wa muzukashii desu.)

satsuei ⟦n, ~*suru*⟧ **photographing, filming**

¶ This spot is often used **in films.**

¶ Night **filming** is difficult ⟦It is hard **to take photographs** at night⟧.

satto さっと〖副〗

¶その青年はさっと立って，老人に席を譲りました。(Sono seinen wa *satto* tatte, rōjin ni seki o yuzurimashita.)

¶そのねこはわたしの姿を見ると，さっとベッドの下に隠れました。(Sono neko wa watashi no sugata o miru to, *satto* beddo no shita ni kakuremashita.)

satto ⟦adv⟧ **quickly, suddenly, all of a sudden**

¶ That youth **quickly** got up and offered his seat to an elderly person.

¶ That cat **dashed** under the bed and hid as soon as it saw me.

sawagu 騒ぐ〖動 I〗

¶教室の中で騒いではいけません。(Kyōshitsu no naka de *sawaide* wa ikemasen.)

¶あのお酒を飲んで騒いでいる人はだ

sawagu ⟦v I⟧ **be noisy, make a disturbance, go on a spree**

¶ One mustn't **be rowdy** in the classroom.

¶ Who is that drunk **making a nui-**

れですか。(Ano osake o nonde *sawaide* iru hito wa dare desu ka?)

sance of [him]self?

sawaru **触る**〘動 I〙

¶そこに並べてある作品に**触らないで**ください。(Soko ni narabete aru sakuhin ni *sawaranaide* kudasai.)

¶汚い手で着物に**触ったら**，しかられました。(Kitanai te de kimono ni *sawattara*, shikararemashita.)

sawaru ⟦v I⟧ **touch, handle, feel**

¶ Please **don't touch** the works of art on display there.

¶ I was scolded for **touching** the *kimono* with dirty hands.

sayō **作用**〘名，〜する〙

電気の**作用** (denki no *sayō*)

¶薬の**作用**で痛みが止まりました。(Kusuri no *sayō* de itami ga tomarimashita.)

sayō ⟦n, *~suru*⟧ **working, operation, effect, function**

the working of electricity

¶ The pain was relieved **by** the medicine.

sayōnara **さようなら**〘連〙

¶「**さようなら**。」と言って，駅前で山田さんと別れました。("*Sayōnara.*" to itte, ekimae de Yamada san to wakaremashita.)

sayōnara ⟦compd⟧ **good-bye, farewell**

¶ I parted from [Miss] Yamada in front of the station saying "***Sayōnara*** ⟦**Good-bye**⟧."

se **背**〘名〙

①[背中]

背にかごを負う (*se* ni kago o ou)

②[身長，物の高さ]

背が伸びる (*se* ga nobiru)

¶上田さんは**背**が高いですね。(Ueda san wa *se* ga takai desu ne.)

¶田中さんのほうが，わたしより5センチ**背**が低いです。(Tanaka san no hō ga, watashi yori gosenchi *se* ga hikui desu.)

¶門のそばに**背**の高い木が2本あります。(Mon no soba ni *se* no takai ki ga nihon arimasu.)

se ⟦n⟧ **the back; height, stature**

① [the back]

carry a basket on **one's back**

② [height, stature]

grow taller

¶ [Mr.] Ueda **is tall,** isn't [he]?

¶ [Miss] Tanaka is five centimeters **shorter** than I am.

¶ There are two **tall** trees near the gate.

*「背(sei)」とも言う。 * Variant: *sei*.

→sei 背

sei 背〘名〙 **sei** ⟦n⟧ **height, stature**

背が低い人 (*sei* ga hikui hito) a **short** person

¶このクラスでは，だれがいちばん背が高いですか。(Kono kurasu de wa, dare ga ichiban *sei* ga takai desu ka?) ¶ Who is the **tallest** student in this class?

¶あの背の高い木は何という名前ですか。(Ano *sei* no takai ki wa nan to iu namae desu ka?) ¶ What is the name of that **tall** tree?

*「背(se)」とも言う。 * Variant: *se*.

⇨se 背

sei せい〘名〙 **sei** ⟦n⟧ **be due to ~, because of ~, be the fault of ~**

¶風邪を引いたせいか，頭が痛いです。(Kaze o hiita *sei* ka, atama ga itai desu.) ¶ I have a headache, perhaps **from** a cold.

¶この事業に失敗したのは，山田さんのせいです。(Kono jigyō ni shippai shita no wa, Yamada san no *sei* desu.) ¶ [Mr.] Yamada **is to blame** for the failure of this project.

-sei -製〘尾〙 **-sei** ⟦suf⟧ **make, manufacture**

①[物が作られた国や会社などを表す] ① [indicates the place of manufacture or the manufacturer]

¶わたしはアメリカ製の万年筆を持っています。(Watashi wa Amerika*sei* no mannenhitsu o motte imasu.) ¶ I own an American-**made** fountain pen.

¶A社製の時計はたいへんいいです。(Ē-sha*sei* no tokei wa taihen ii desu.) ¶ The watches ⟦clocks⟧ **made** by Company A are very good.

②[材料を表す] ② [indicates the raw material]

¶ナイロン製のくつ下は，絹のくつ下より丈夫だそうです。(Nairon*sei* no kutsushita wa, kinu no kutsushita yori jōbu da sō desu.) ¶ They say that **nylon** socks ⟦stockings⟧ are stronger than silk ones.

seibutsu 生物〖名〗

¶**生物**を大きく分けると，動物と植物になります。(*Seibutsu* o ookiku wakeru to, dōbutsu to shokubutsu ni narimasu.)

¶この地球には，数えられないくらい多くの**生物**がいます。(Kono chikyū ni wa, kazoerarenai kurai ooku no *seibutsu* ga imasu.)

seibutsu 〚n〛 **a living creature, life**

¶ **Living creatures** can be broadly divided into plants and animals.

¶ The number of **living creatures** on earth is beyond count.

seichō 生長〖名，～する〗

¶暖かい所では，草や木の**生長**が速いです。(Atatakai tokoro de wa, kusa ya ki no *seichō* ga hayai desu.)

seichō 〚n, *~suru*〛 **growth**

¶ Grasses and trees **grow** rapidly in warm climates.

seichō 成長〖名，～する〗

¶太郎君は立派に**成長**して医者になりました。(Tarō kun wa rippa ni *seichō* shite isha ni narimashita.)

¶この会社は戦後，急に**成長**したのです。(Kono kaisha wa sengo, kyū ni *seichō* shita no desu.)

seichō 〚n, *~suru*〛 **growth**

¶ Tarō **has grown** into a fine man and is now a doctor 〚Tarō **grew** into a fine man and became a doctor〛.

¶ This company **grew** rapidly in the postwar period.

seido 制度〖名〗

教育**制度** (kyōiku-*seido*)　選挙**制度** (senkyo-*seido*)

¶来年から新しい奨学金の**制度**が作られます。(Rainen kara atarashii shōgakukin no *seido* ga tsukuraremasu.)

seido 〚n〛 **system**

a school **system** // an electoral **system**

¶ There will be a new **system** for scholarships starting next year.

seifu 政府〖名〗

日本**政府** (Nihon-*seifu*)

¶**政府**は今年の予算を決めました。(*Seifu* wa kotoshi no yosan o kimemashita.)

seifu 〚n〛 **the government**

the Japanese **government**

¶ **The government** has decided this year's budget.

seigen 制限〖名，～する〗

制限時間 (*seigen*-jikan)

seigen 〚n, *~suru*〛 **restriction, limitation, limit**

a time **limit**

¶この会の会員には，年齢の**制限**はありません。(Kono kai no kaiin ni wa, nenrei no *seigen* wa arimasen.)

¶ There is no **minimum or maximum** age for members of this club ⟦association, society⟧.

¶飛行機に載せる荷物は，20キロに**制限**されています。(Hikōki ni noseru nimotsu wa, nijikkiro ni *seigen* sarete imasu.)

¶ The luggage of air passengers **is restricted** to 20 kilos.

seihin **製品**〘名〙

seihin ⟦n⟧ **a product, manufactured goods**

電気**製品** (denki-*seihin*) 繊維**製品** (sen'i-*seihin*) 外国**製品** (gaikoku-*seihin*)

electrical **products** // textile **goods** // foreign-made **articles**

¶あなたの会社では，どういう**製品**を作っているのですか。(Anata no kaisha de wa, dōiu *seihin* o tsukutte iru no desu ka?)

¶ What kind of **goods** does your company make?

seiji **政治**〘名〙

seiji ⟦n⟧ **politics, political affairs, government**

政治家 (*seiji*ka) **政治**運動 (*seiji*-undō)

a politician, a statesman // a **political** movement; a **political** campaign

¶この国の**政治**家は立派な**政治**を行っています。(Kono kuni no *seiji*ka wa rippa na *seiji* o okonatte imasu.)

¶ **The politicians** in this country are conducting **the affairs of state** well.

seikaku **性格**〘名〙

seikaku ⟦n⟧ **character, personality; character, nature**

①[人の性質]

① [(human) character, personality]

性格がいい (*seikaku* ga ii) **性格**が似ている (*seikaku* ga nite iru)

be a good person // have similar **personalities**

¶あの二人は**性格**が合わないから，けんかばかりしています。(Ano futari wa *seikaku* ga awanai kara, kenka bakari shite imasu.)

¶ Those two **are incompatible** and are always fighting.

¶明るい**性格**の人はみんなに好かれます。(Akarui *seikaku* no hito wa minna ni sukaremasu.)

¶ **Sunny** persons are liked by all.

②[ものの性質]

② [character, nature (of things)]

¶それとこれとは，問題の**性格**が違い

¶ These two matters are completely

ます。(Sore to kore to wa, mondai no *seikaku* ga chigaimasu.)

different **in nature.**

seikaku **正確**〖形動〗

¶この時計は**正確**ですか。(Kono tokei wa *seikaku* desu ka?)

¶この言葉はなかなか**正確**に発音できません。(Kono kotoba wa nakanaka *seikaku* ni hatsuon dekimasen.)

seikaku 〚adj-v〛 **accurate, precise, exact, correct**

¶ Is this clock **right?**

¶ [I] just can't pronounce this word **right.**

seikatsu **生活**〖名, ～する〗

家庭**生活** (katei-*seikatsu*) **生活**費 (*seikatsu*hi)

¶月給が安くて, **生活**が苦しいです。(Gekkyū ga yasukute, *seikatsu* ga kurushii desu.)

¶わたしは外国で**生活**したことがありません。(Watashi wa gaikoku de *seikatsu* shita koto ga arimasen.)

seikatsu 〚n, ～*suru*〛 **life, existence, livelihood, living**

family **life,** domestic **life** // **living** expenses, the cost of **living**

¶ [My] wages are low and it's hard to make ends meet.

¶ I have never **lived** abroad.

seiketsu **清潔**〖名, 形動〗

¶この食堂はとても**清潔**です。(Kono shokudō wa totemo *seiketsu* desu.)

¶中村さんはいつも**清潔**なシャツを着ています。(Nakamura san wa itsu mo *seiketsu* na shatsu o kite imasu.)

seiketsu 〚n, adj-v〛 **clean, neat, pure**

¶ This eating place is very **clean and neat.**

¶ [Mr.] Nakamura is always wearing a **clean** shirt.

-seiki **-世紀**〖尾〗

紀元前３**世紀** (kigenzen san*seiki*)

２０**世紀** (nijis*seiki*)

-seiki 〚suf〛 **century**

the third **century** B.C. // the 20th **century**

seikō **成功**〖名, ～する〗

¶実験は大**成功**でした。(Jikken wa dai*seikō* deshita.)

¶御**成功**を祈ります。(Go*seikō* o inorimasu.)

¶人間はついに月へ行くことに**成功**しました。(Ningen wa tsuini tsuki e

seikō 〚n, ～*suru*〛 **success**

¶ The experiment was a great **success.**

¶ I wish you **success.**

¶ Humanity finally **succeeded** in going to the moon.

iku koto ni *seikō* shimashita.)
⇔**shippai** 失敗

seikyū 請求〘名, 〜する〙
seikyū [[n, ~*suru*]] **demand, request, claim, application**

請求書 (*seikyū*sho) 請求を受ける (*seikyū* o ukeru)
a bill // receive **a bill,** be billed

¶本屋から本代の請求が来ました。(Hon'ya kara hondai no *seikyū* ga kimashita.)
¶ **A bill** came from the bookstore.

¶あの人に請求しても, お金がないのですから, 払えないと思いますよ。(Ano hito ni *seikyū* shite mo, okane ga nai no desu kara, haraenai to omoimasu yo.)
¶ **Even if you demand payment** from [him], I don't think [he] has the money to pay you.

seimei 生命〘名〙
seimei [[n]] **life, existence, the soul**

生命保険 (*seimei*-hoken)
life insurance

¶戦争で多くの生命が失われました。(Sensō de ooku no *seimei* ga ushinawaremashita.)
¶ Much **life** was lost in the war.

seinen 青年〘名〙
seinen [[n]] **a youth, young people, the younger generation, a young man**

¶青年時代に, できるだけ多くの本を読んでおいたほうがいいですよ。(*Seinen*-jidai ni, dekiru dake ooku no hon o yonde oita hō ga ii desu yo.)
¶ It is best to read as many books as possible during **one's youth.**

¶山田さんの息子さんは, もう立派な青年になりました。(Yamada san no musukosan wa, mō rippa na *seinen* ni narimashita.)
¶ [Mr.] Yamada's son has grown into a fine **young man.**

seinengappi 生年月日〘名〙
seinengappi [[n]] **one's date of birth**

¶名前と生年月日をここに書いてください。(Namae to *seinengappi* o koko ni kaite kudasai.)
¶ Please write your name and **date of birth** here.

seireki 西暦〘名〙
seireki [[n]] **the Christian era, A.D.**

¶わたしは西暦 1 9 3 6 年に生
¶ I was born in 1936.

まれました。(Watashi wa *seireki* senkyūhyaku-sanjūrokunen ni umaremashita.)

seiri **整理**〚名, ～する〛

seiri 〚n, *～suru*〛 **arranging, adjustment, regulation, putting in order**

交通**整理** (kōtsū-*seiri*)

traffic **control**

¶お客が来るので, 部屋の中を**整理**しました。(Okyaku ga kuru node, heya no naka o *seiri* shimashita.)

¶ [I] **straightened up** the room as a guest is 〚was〛 coming.

¶このノートはまだ**整理**してありませんから, 読みにくいかもしれませんよ。(Kono nōto wa mada *seiri* shite arimasen kara, yominikui ka mo shiremasen yo.)

¶ These notes **aren't edited** yet so they may be hard to read.

seisaku **政策**〚名〛

seisaku 〚n〛 **policy**

外交**政策** (gaikō-*seisaku*) 経済**政策** (keizai-*seisaku*) 農業**政策** (nōgyō-*seisaku*) **政策**を立てる (*seisaku* o tateru)

foreign **policy** // economic **policy** // agricultural **policy** // formulate **a policy**

¶この国の政府は, 外国製品の輸入について厳しい**政策**をとっています。(Kono kuni no seifu wa, gaikoku-seihin no yunyū ni tsuite kibishii *seisaku* o totte imasu.)

¶ The government of this country is taking a hard **line** on foreign imports.

seisaku **製作**〚名, ～する〛

seisaku 〚n, *～suru*〛 **manufacture, production**

製作費 (*seisaku*hi) **製作**所 (*seisaku*-jo)

the **production** cost // a factory, a plant

¶この工場では, 農業機械を**製作**しています。(Kono kōjō de wa, nōgyō-kikai o *seisaku* shite imasu.)

¶ This factory **manufactures** farm machinery.

¶この映画は, 日本文化を紹介するために**製作**されたものです。(Kono eiga wa, Nihon-bunka o shōkai suru tame ni *seisaku* sareta mono desu.)

¶ This movie **was made** in order to introduce Japanese culture to others.

seisan **生産**〚名, ～する〛

seisan 〚n, *～suru*〛 **production**

生産高 (*seisan*daka) 生産者 (*seisan*-sha) 生産技術 (*seisan*-gijutsu)
the output, the yield // **a producer, a maker** // **manufacturing** techniques, **industrial** technology

¶この工場では，一日何台の自動車が生産されているのですか。(Kono kōjō de wa, ichinichi nandai no jidōsha ga *seisan* sarete iru no desu ka?)
¶ How many cars **are produced** a day at this plant?

¶静岡県はお茶の生産地として有名です。 (Shizuoka-ken wa ocha no *seisan*chi to shite yūmei desu.)
¶ Shizuoka Prefecture is famous as a tea-**producing** center.

seiseki 成績〘名〙
seiseki ⟦n⟧ **result, record, showing, score**

成績が悪い (*seiseki* ga warui) 成績が上がる (*seiseki* ga agaru)
do poorly at school, get poor **grades;** make a poor **showing** (in business, etc.) // show a better **record** (in school, business, etc.)

¶あまり勉強しなかったので，成績が下がりました。(Amari benkyō shinakatta node, *seiseki* ga sagarimashita.)
¶ **[My] grades** fell as [I] didn't study very much.

¶試験の成績がよかったので，先生にほめられました。(Shiken no *seiseki* ga yokatta node, sensei ni homeraremashita.)
¶ My teacher praised me for my good **mark** on the exam.

seishiki 正式〘名，形動〙
seishiki ⟦n, adj-v⟧ **formal, official, regular, full-dress**

¶それは結婚式のときに着る正式な服ではありません。 (Sore wa kekkonshiki no toki ni kiru *seishiki* na fuku de wa arimasen.)
¶ That is not **proper** dress for a wedding.

¶田中さんが社長になるといううわさがあったが，今日正式に発表がありました。(Tanaka san ga shachō ni naru to iu uwasa ga atta ga, kyō *seishiki* ni happyō ga arimashita.)
¶ There had been a rumor that [Mr.] Tanaka would be the next company president, and that was **officially** announced today.

seishin 精神〘名〙
seishin ⟦n⟧ **mind, spirit, soul, will**

精神病 (*seishin*byō) 精神力 (*seishin*-ryoku) 精神的 (*seishin*teki)
mental illness // **spiritual** strength; the power of **the mind** // **spiritual, mental, moral**

¶あの人は精神が異常のようです。

(Ano hito wa *seishin* ga ijō no yō desu.)
¶田中さんは，どんな苦しみにも負けない強い**精神**を持っています。
(Tanaka san wa, donna kurushimi ni mo makenai tsuyoi *seishin* o motte imasu.)

¶ [He] appears to be not in [his] right **mind.**
¶ [Mrs.] Tanaka has a strong **spirit** such that [she] is not defeated no matter what hardship [she] might meet.

seishitsu 　**性質**〘名〙
①[人が生まれつき持っている感情や考え方]
¶「山田さんはどんな**性質**の人ですか。」(Yamada san wa donna *seishitsu* no hito desu ka?)「山田さんはとてもおとなしい人です。」(Yamada san wa totemo otonashii hito desu.)
②[ものごとに本来備わっている特色]
¶木綿と絹とは**性質**が違います。
(Momen to kinu to wa *seishitsu* ga chigaimasu.)
¶このことは問題の**性質**上みんなに知らせないほうがいいでしょう。(Kono koto wa mondai no *seishitsu*jō minna ni shirasenai hō ga ii deshō.)

seishitsu [[n]] **nature, temperament; property, quality, character**
① [nature, temperament, disposition]
¶ "What **is** [Mr.] Yamada **like?**"
"[He]'s very mild-mannered."
② [property, quality, character, nature]
¶ Cotton and silk are different **in nature.**
¶ Because of **its nature,** this matter should probably be kept secret.

seisho 　**聖書**〘名〙
旧約**聖書** (kyūyaku-*seisho*) 新約**聖書** (shin'yaku-*seisho*)
¶わたしが子供の時，母がよく**聖書**を読んでくれました。(Watashi ga kodomo no toki, haha ga yoku *seisho* o yonde kuremashita.)

seisho [[n]] **the Bible, the Scriptures**
the Old **Testament** // the New **Testament**
¶ When I was small my mother often read to me from **the Bible.**

seito 　**生徒**〘名〙
小学校の**生徒** (shōgakkō no *seito*)
¶わたしは中学校の**生徒**に英語を教え

seito [[n]] **student, pupil, schoolboy, schoolgirl**
an elementary school **student**
¶ I am teaching English to junior

ています。(Watashi wa chūgakkō no *seito* ni Eigo o oshiete imasu.)

high school **students.**

seiyō 西洋〖名〗

西洋人 (*seiyō*jin) 西洋史 (*seiyō*shi)

¶この辺には西洋風の建物が並んでいます。(Kono hen ni wa *seiyō*fū no tatemono ga narande imasu.)

⇔**tōyō** 東洋

seiyō ⟦n⟧ **the West, the Occident**

a Westerner // **Western** history

¶ There are many **Western**-style buildings (i.e., homes) around here.

sekai 世界〖名〗

世界一 (*sekai*ichi) 世界史 (*sekai*shi)

¶世界でいちばん高い山はエベレストです。(*Sekai* de ichiban takai yama wa Eberesuto desu.)

sekai ⟦n⟧ **the world, the earth, the globe**

the greatest in **the world** // **world** history

¶ The highest mountain in **the world** is Mount Everest.

seken 世間〖名〗

¶世間を騒がせたどろぼうも，ついに捕まりました。(*Seken* o sawagaseta dorobō mo, tsuini tsukamarimashita.)

¶わたしは世間を離れて，一人で山の中で暮らしたいです。(Watashi wa *seken* o hanarete, hitori de yama no naka de kurashitai desu.)

seken ⟦n⟧ **world, people, the public, society**

¶ The thief that **everyone** was talking about has finally been caught ⟦was caught in the end⟧.

¶ I would like to leave **the world** behind and go live alone in the mountains.

seki 席〖名〗

席を離れる (*seki* o hanareru) 席へもどる (*seki* e modoru) 席を立つ (*seki* o tatsu)

¶席に着いてください。(*Seki* ni tsuite kudasai.)

¶電車はこんでいて，席がありませんでした。(Densha wa konde ite, *seki* ga arimasen deshita.)

⇨**zaseki** 座席

seki ⟦n⟧ **seat, one's place**

leave **one's seat** ⟦**desk**⟧ // return to **one's seat** ⟦**desk**⟧ // get up from **one's seat**

¶ Please take **your seat(s).**

¶ The train was crowded; there were no empty **seats.**

seki せき〖名〗

¶よくせきをしますね。風邪を引いた

seki ⟦n⟧ **cough, coughing**

¶ You **are coughing** a lot. Have you

のですか。(Yoku *seki* o shimasu ne. Kaze o hiita no desu ka?)

caught a cold?

¶ゆうべは一晩じゅうせきが出て，眠れませんでした。(Yūbe wa hitobanjū *seki* ga dete, nemuremasen deshita.)

¶ I was up all last night **with a cough.**

sekidō 赤道〘名〙

sekidō [[n]] **the equator**

¶赤道に近づくにしたがって，だんだん暑くなります。(*Sekidō* ni chikazuku ni shitagatte, dandan atsuku narimasu.)

¶ It gets hotter and hotter as one nears **the equator.**

sekinin 責任〘名〙

sekinin [[n]] **responsibility, obligation, duty**

責任者 (*sekinin*sha) 責任を果たす (*sekinin* o hatasu) 責任をとる (*sekinin* o toru)

the person **in charge** // fulfill **one's responsibility**, do **one's duty** // take **responsibility** for

¶この事業が失敗したのは，わたしの責任です。(Kono jigyō ga shippai shita no wa, watashi no *sekinin* desu.)

¶ I **am responsible** for the failure of this undertaking.

¶仕事を引き受けたら，責任を持ってやらなければなりません。(Shigoto o hikiuketara, *sekinin* o motte yaranakereba narimasen.)

¶ If you accept a job you must take on **the responsibility** for it.

sekitan 石炭〘名〙

sekitan [[n]] **coal**

石炭産業 (*sekitan*-sangyō)

the **coal** industry

sekiyu 石油〘名〙

sekiyu [[n]] **petroleum, kerosene**

石油ストーブ (*sekiyu*-sutōbu)

a **kerosene** heater

¶今では，石炭より石油のほうが多く使われています。(Ima de wa, sekitan yori *sekiyu* no hō ga ooku tsukawarete imasu.)

¶ Nowadays **oil** is used more widely than coal.

sekkaku せっかく〘副，～の〙

sekkaku [[adv, ~*no*]] **specially, on purpose, with much trouble; precious; kindly**

①[あることのためにわざわざ努力するという意味を表す]

① [specially, on purpose, expressly, with much trouble, at great pains]

¶**せっかく**来たのに，田中さんは留守でした。(*Sekkaku* kita noni, Tanaka san wa rusu deshita.)

¶ Even though [I] **came all the way** to see [him], [Mr.] Tanaka wasn't at home.

¶**せっかく**日本に来たのですから，もう一年日本で勉強したいと思います。(*Sekkaku* Nihon ni kita no desu kara, mō ichinen Nihon de benkyō shitai to omoimasu.)

¶ As I have **come all the way** to Japan, I would like to study here one more year.

¶**せっかく**の努力がむだになりました。(*Sekkaku* no doryoku ga muda ni narimashita.)

¶ **All** [our] efforts were ⟦have been⟧ in vain.

②[めったになくて貴重だという意味を表す]

② [precious, long-awaited]

¶**せっかく**の日曜日なのに，朝から用事ができてゆっくり休めませんでした。(*Sekkaku* no nichiyōbi na noni, asa kara yōji ga dekite yukkuri yasumemasen deshita.)

¶ Even though it was Sunday, I had various things to do from morning on so I couldn't just relax and take it easy.

¶**せっかく**の旅行だから，みんな参加することにしましょう。(*Sekkaku* no ryokō da kara, minna sanka suru koto ni shimashō.)

¶ Let's all be sure to go on the trip as **it's not something we can do every day**.

③[相手の好意に感謝の気持ちを表しながらその意に添えないことを表す]

③ [kindly]

¶**せっかく**の御招待ですが，あいにく用事があって行けません。(*Sekkaku* no goshōtai desu ga, ainiku yōji ga atte ikemasen.)

¶ **It's very kind** of you to invite me, but unfortunately I have another appointment and won't be able to go.

¶**せっかく**ですが，あしたの会には出席できません。(*Sekkaku* desu ga, ashita no kai ni wa shusseki dekimasen.)

¶ **Thank you** for asking me, but I won't be able to attend tomorrow's meeting ⟦gathering, get-together, etc.⟧.

sekken 石けん〘名〙

sekken ⟦n⟧ **soap**

¶石けんで顔を洗います。(*Sekken* de

¶ [I] wash [my] face with **soap.**

kao o araimasu.)

sekkyokuteki **積極的**〖形動〗

積極的な人 (*sekkyokuteki* na hito)

¶**積極的**な御意見をどうぞお出しください。 (*Sekkyokuteki* na goiken o dōzo odashi kudasai.)

¶田中さんはこの仕事に**積極的**に参加しています。(Tanaka san wa kono shigoto ni *sekkyokuteki* ni sanka shite imasu.)

⇔**shōkyokuteki** **消極的**

sekkyokuteki ⟦adj-v⟧ **positive, active, vigorous, aggressive**

an **aggressive** person

¶ Please **don't hesitate** to give your opinions.

¶ [Miss] Tanaka is taking an **active** part in this work.

semai **狭い**〖形〗

¶この部屋は**狭い**ですね。(Kono heya wa *semai* desu ne.)

¶この道は**狭くて**自動車が通れません。(Kono michi wa *semakute* jidōsha ga tooremasen.)

⇔**hiroi** **広い**

semai ⟦adj⟧ **narrow, small, limited, restricted, cramped**

¶ This room **is small,** isn't it?

¶ This street is **too narrow** for cars.

semento **セメント**〖名〗

¶**セメント**に砂などを混ぜて水を加えると，コンクリートができます。(*Semento* ni suna nado o mazete mizu o kuwaeru to, konkuriito ga dekimasu.)

semento ⟦n⟧ **cement**

¶ One makes concrete by mixing sand and the like with **cement** and then adding water.

sen **千**〖名〗

千円 (*sen*'en) **千**人 (*sen*nin) 数**千**キロ (sū*sen*kiro)

sen ⟦n⟧ **a thousand**

a thousand yen // **a thousand** persons // **thousands** of kilometers; **thousands** of kilos

(-)sen (-)**線**〖名，尾〗

1〖名〗

①[筋]

¶鉛筆で紙に**線**を引きます。(Enpitsu de kami ni *sen* o hikimasu.)

②[細長いもの]

電**線** (den*sen*) **線**路 (*sen*ro)

(-)sen ⟦n, suf⟧ **line; wire, line, track, route;** (train or air) **line**

1 ⟦n⟧

① [line]

¶ [I] draw **a line** on paper with a pencil.

② [wire, line, track, route]

an electric **wire,** a telephone **line,** a telegraph **wire** // a railroad **track**

2〘尾〙
山の手線 (Yamanote*sen*) 中央線 (Chūō*sen*) 国際線 (kokusai*sen*) 国内線 (kokunai*sen*)

2 ⟦suf⟧ (train or air) line
the Yamanote **Line** // the Chuo **Line** // **a plane** going overseas // **a plane** flying within the country

senaka **背中**〘名〙
¶おふろで中村さんに**背中**を洗ってもらいました。(Ofuro de Nakamura san ni *senaka* o aratte moraimashita.)

senaka ⟦n⟧ **the back**
¶ [Mr.] Nakamura washed **my back** at the public bath.

-senchi **-センチ**〘尾〙
¶1メートルは100**センチ**です。(Ichimētoru wa hyaku*senchi* desu.)

-senchi ⟦suf⟧ **centimeter(s)**
¶ One meter is 100 **centimeters.**

senden **宣伝**〘名, ～する〙
¶あの会社は新しい製品の**宣伝**を盛んにしています。(Ano kaisha wa atarashii seihin no *senden* o sakan ni shite imasu.)
¶テレビで**宣伝**していたカメラはこれですか。(Terebi de *senden* shite ita kamera wa kore desu ka?)

senden ⟦n, ～*suru*⟧ **publicity, advertisement, propaganda**
¶ That company is extensively **advertising** its new products.
¶ Is this the camera **advertised** on television?

sengetsu **先月**〘名〙
¶わたしの誕生日は**先月**の二十日でした。(Watashi no tanjōbi wa *sengetsu* no hatsuka deshita.)
¶わたしは**先月**日本に来ました。(Watashi wa *sengetsu* Nihon ni kimashita.)

sengetsu ⟦n⟧ **last month**
¶ My birthday was the twentieth of **last month.**
¶ I came to Japan **last month.**

sengo **戦後**〘名〙
¶**戦後**, 東京の町は大きく変わりました。(*Sengo,* Tōkyō no machi wa ookiku kawarimashita.)
⇔**senzen** **戦前**

sengo ⟦n⟧ **postwar, after World War II**
¶ Tokyo changed greatly **after the war** ⟦**after World War II**⟧.

senjitsu **先日**〘名〙
¶**先日**, 田中さんに会いました。(*Sen-*

senjitsu ⟦n⟧ **the other day, a few days ago, lately**
¶ [I] met [Mrs.] Tanaka **the other**

jitsu, Tanaka san ni aimashita.)

¶先日は子供がたいへんお世話になり，ありがとうございました。(*Senjitsu* wa kodomo ga taihen osewa ni nari, arigatō gozaimashita.)

⇨**konoaida** この間

day.

¶ Thank you very much for your kindness to my child **the other day.**

senkō **専攻**〚名，～する〛

¶山田さんの**専攻**は何ですか。(Yamada san no *senkō* wa nan desu ka?)

¶わたしは大学で日本文学を**専攻**しました。(Watashi wa daigaku de Nihon-bungaku o *senkō* shimashita.)

senkō 〚n, ~*suru*〛 **special study, one's academic speciality, one's major**

¶ What is [Mr.] Yamada's **speciality** 〚**major**〛?

¶ I **majored** in Japanese literature in college.

senkyo **選挙**〚名，～する〛

選挙権 (*senkyo*ken) **選挙**運動 (*senkyo*-undō)

¶上田さんは**選挙**でクラスの委員に選ばれました。(Ueda san wa *senkyo* de kurasu no iin ni erabaremashita.)

¶大統領は**選挙**をして選びます。(Daitōryō wa *senkyo* o shite erabimasu.)

senkyo 〚n, ~*suru*〛 **election**

the franchise, suffrage, the right **to vote** // an **election** campaign

¶ [Miss] Ueda **was elected** to be one of the class officers.

¶ The nation's president is chosen in **an election.**

senmenjo **洗面所**〚名〛

¶朝起きると，まず**洗面所**で顔を洗います。(Asa okiru to, mazu *senmenjo* de kao o araimasu.)

senmenjo 〚n〛 **lavatory, washroom**

¶ After getting up in the morning [I] first of all wash my face in **the bathroom.**

senmon **専門**〚名〛

専門家 (*senmon*ka)

¶あなたの**専門**は何ですか。(Anata no *senmon* wa nan desu ka?)

¶わたしは日本の歴史を**専門**に勉強しようと思っています。(Watashi wa Nihon no rekishi o *senmon* ni benkyō shiyō to omotte imasu.)

senmon 〚n〛 **speciality, special subject of study, profession**

a specialist, an expert, a professional

¶ What is your **field of specialization?**

¶ I plan **to specialize** in Japanese history.

senpūki **扇風機**〘名〗

¶暑いですね。**扇風機**をつけましょう。(Atsui desu ne. *Senpūki* o tsukemashō.)

senpūki ⟦n⟧ **electric fan**

¶ It's hot, isn't it? Let's turn on **the fan.**

senro **線路**〘名〗

¶汽車は**線路**を走ります。(Kisha wa *senro* o hashirimasu.)

senro ⟦n⟧ **railroad track, line, rails**

¶ The train runs along **the track.**

sensei **先生**〘名〗

①[学校の教師，学問や芸術など特別な知識・技能などを教える人]

数学の**先生** (sūgaku no *sensei*)

¶あの人は小学校の**先生**です。(Ano hito wa shōgakkō no *sensei* desu.)

¶山田さんの奥さんは生け花の**先生**です。(Yamada san no okusan wa ikebana no *sensei* desu.)

②[教師・医者・芸術家・弁護士などに呼びかける場合に使う言葉]

¶**先生**，この言葉の意味を説明していただけませんか。(Sensei, kono kotoba no imi o setsumei shite itadakemasen ka?)

¶**先生**，わたしはいつ退院できますか。(*Sensei*, watashi wa itsu taiin dekimasu ka?)

③[教師・医者・芸術家・弁護士などの名前につけて尊敬の気持ちを表す]

¶わたしは田中**先生**に日本語を習っています。(Watashi wa Tanaka *sensei* ni Nihongo o naratte imasu.)

¶山田**先生**は国立病院の内科の先生です。(Yamada *sensei* wa kokuritsubyōin no naika no sensei desu.)

sensei ⟦n⟧ **a teacher;** a term of address or respect for teachers, doctors, artists, lawyers, etc.

① [teacher at a school, a teacher of some scholarly or artistic knowledge or skill]

a mathematics **teacher**

¶ [He] is an elementary school **teacher.**

¶ Mr. Yamada's wife **teaches** *ikebana.*

② [term of address for teachers, doctors, artists, lawyers, etc.]

¶ **Sir** ⟦**Ma'am**⟧, could you please explain the meaning of this word?

¶ **Doctor,** when will I be able to go home from the hospital?

③ [term of respect added to the names of teachers, doctors, artists, lawyers, etc.]

¶ I am studying Japanese with **Professor** Tanaka.

¶ **Dr.** Yamada is a physician in the department of internal medicine at a national hospital.

senshu **選手**〘名〗

senshu ⟦n⟧ **player, athlete**

¶中村さんはテニスの**選手**です。(Nakamura san wa tenisu no *senshu* desu.)

¶ [Mr.] Nakamura **is on the** tennis **team.**

¶田中さんはオリンピックの**選手**に選ばれました。(Tanaka san wa Orinpikku no *senshu* ni erabaremashita.)

¶ [Miss] Tanaka was chosen **to compete** in the Olympics.

senshū 先週〘名〙

senshū ⟦n⟧ **last week**

¶**先週**の月曜日は何日でしたか。(*Senshū* no getsuyōbi wa nannichi deshita ka?)

¶ What date was Monday **last week?**

¶**先週**，わたしは友達と旅行しました。(*Senshū*, watashi wa tomodachi to ryokō shimashita.)

¶ I went on a trip with friends **last week.**

sensō 戦争〘名，～する〙

sensō ⟦n, ~*suru*⟧ **war, warfare, hostilities, a battle**

戦争が始まる (*sensō* ga hajimaru)
戦争に行く (*sensō* ni iku)

a war breaks out // go off to **war**

¶A国とB国は今**戦争**をしています。(Ē-koku to Bii-koku wa ima *sensō* o shite imasu.)

¶ Country A and Country B are presently **at war** with each other.

sentaku 洗たく〘名，～する〙

sentaku ⟦n, ~*suru*⟧ **wash, washing, laundry**

洗たく機 (*sentaku*ki) **洗たく**物 (*sentaku*mono)

a **washing** machine // **a washing, the laundry**

¶今日は天気がいいので，**洗たく**をしようと思います。(Kyō wa tenki ga ii node, *sentaku* o shiyō to omoimasu.)

¶ I think **I'll do the wash** today as the weather is so nice.

¶この汚れは**洗たく**してもきれいになりません。(Kono yogore wa *sentaku* shite mo kirei ni narimasen.)

¶ This dirt ⟦spot, stain⟧ won't **wash out** completely.

senzen 戦前〘名〙

senzen ⟦n⟧ **prewar, before World War II**

¶わたしは**戦前**からここに住んでいます。(Watashi wa *senzen* kara koko ni sunde imasu.)

¶ I've been living here since **before the war.**

⇔**sengo** **戦後**

senzo **先祖**〘名〙

senzo 〚n〛 **ancestor, forefather, ancestry**

先祖代々 (*senzo*daidai)

(a home, business, etc.) in the family for generations

¶わたしは**先祖**のお墓へお参りに行きました。 (Watashi wa *senzo* no ohaka e omairi ni ikimashita.)

¶ I visited my **family** graves.

⇔**shison** **子孫** ⇨**祖先** **sosen**

seru **せる**〘助動〙

-seru 〚auxil〛 a verb ending expressing the causative, etc.

①[他に対してある行為を実現するように仕向ける意味を表す]

① [make do, cause to do, have do]

¶病気をして，両親を心配さ**せました**。 (Byōki o shite, ryōshin o shinpai sa*semashita*.)

¶ [I] **caused** worry to [my] parents with [my] illness.

¶先生が学生に本を読ま**せます**。 (Sensei ga gakusei ni hon o yoma*semasu*.)

¶ The teacher **has** the students read the book.

¶病気が治ったばかりですから，あまり無理な運動はさ**せない**ほうがいいです。 (Byōki ga naotta bakari desu kara, amari muri na undō wa sa*senai* hō ga ii desu.)

¶ As [he] has just recovered from [his] illness, you **should not let** [him] exercise too strenuously.

②[他の人がある行為をするのを許容あるいは黙認する意味を表す]

② [let do, allow to do]

¶子供を夜遅くまで外で遊ば**せて**おくのはよくないです。 (Kodomo o yoru osoku made soto de asoba*sete* oku no wa yoku nai desu.)

¶ You shouldn't **let** the children play outside until so late at night.

¶今年は，娘が希望していた海外旅行に行か**せる**ことにしました。 (Kotoshi wa, musume ga kibō shite ita kaigai-ryokō ni ika*seru* koto ni shimashita.)

¶ [We]'ve decided **to let** [our] daughter travel abroad this year as she has been wanting to do.

＊ I 型動詞とⅢ型動詞の「する(suru)」につく。

＊ *-seru* is added to Type I verbs and the Type III verb *suru* (→ *saseru*).

⇨saseru させる

sētā セーター〖名〗

¶上田さんは黒い**セーター**を着ています。 (Ueda san wa kuroi *sētā* o kite imasu.)

¶寒ければ，**セーター**を着なさい。 (Samukereba, *sētā* o kinasai.)

sētā ⟦n⟧ **sweater**

¶ [Miss] Ueda is wearing a black **sweater.**

¶ Put on **a sweater** if you're cold.

setsubi 設備〖名，～する〗

暖房**設備** (danbō-*setsubi*) 冷房**設備** (reibō-*setsubi*)

¶このホテルは**設備**がよくありません。 (Kono hoteru wa *setsubi* ga yoku arimasen.)

setsubi ⟦n, ~*suru*⟧ **equipment, facilities, accommodations, arrangements**

heating **facilities** // air conditioning

¶ **The accommodations** at this hotel are poor.

setsumei 説明〖名，～する〗

¶田中先生の**説明**はとてもわかりやすいです。(Tanaka sensei no *setsumei* wa totemo wakariyasui desu.)

¶その言葉の意味をもう一度**説明**してください。 (Sono kotoba no imi o mō ichido *setsumei* shite kudasai.)

setsumei ⟦n, ~*suru*⟧ **explanation, interpretation, elucidation**

¶ Professor Tanaka's **explanations** are very easy to understand.

¶ Please **explain** again the meaning of that word.

sewa 世話〖名，～する〗

¶お母さんは赤ちゃんの**世話**で忙しいです。 (Okāsan wa akachan no *sewa* de isogashii desu.)

¶わたしは今おじの**世話**になっています。 (Watashi wa ima oji no *sewa* ni natte imasu.)

¶田中さんのお**世話**で，この会社に勤めることになりました。(Tanaka san no o*sewa* de, kono kaisha ni tsutomeru koto ni narimashita.)

sewa ⟦n, ~*suru*⟧ **care; help, assistance; kind offices**

¶ The mother is busy **taking care** of her baby.

¶ I am now **being looked after** by my uncle.

¶ I got my job at this company through **the kind offices** of [Mr.] Tanaka.

shachō 社長〖名〗

¶山田さんはこの会社の**社長**です。 (Yamada san wa kono kaisha no

shachō ⟦n⟧ **company president, head of a firm**

¶ [Mr.] Yamada is **the president** of

shachō desu.)

this company.

shakai 社会〘名〙

shakai ⟦n⟧ **society; the world**

社会生活 (*shakai*-seikatsu) 社会問題 (*shakai*-mondai)

community life, **social** life // a **social** problem

¶わたしはみんなが幸せになれる社会をつくるために働きたいです。(Watashi wa minna ga shiawase ni nareru *shakai* o tsukuru tame ni hatarakitai desu.)

¶ I want to work for the creation of **a society** where all can be happy.

¶学校を卒業して社会に出たら，社会人としての責任があります。(Gakkō o sotsugyō shite *shakai* ni detara, *shakai*jin to shite no sekinin ga arimasu.)

¶ When one graduates from school and goes out into **the world** one has the responsibilities of **an adult member of society.**

shakaishugi 社会主義〘名〙

shakaishugi ⟦n⟧ **socialism**

shashin 写真〘名〙

shashin ⟦n⟧ **photograph**

写真機 (*shashin*ki) カラー写真 (karā-*shashin*) 写真を写す (*shashin* o utsusu) 写真を撮る (*shashin* o toru)

a camera // a color **photo** // take **a photograph** // take **a photograph**

¶わたしは田中さんに写真を写してもらいました。(Watashi wa Tanaka san ni *shashin* o utsushite moraimashita.)

¶ I had [Miss] Tanaka take **my picture.**

¶この写真はとてもよく撮れていますね。(Kono *shashin* wa totemo yoku torete imasu ne.)

¶ This **photo** came out well, didn't it?

shashō 車掌〘名〙

shashō ⟦n⟧ **conductor**

¶最近は，車掌のいないバスが多くなりました。(Saikin wa, *shashō* no inai basu ga ooku narimashita.)

¶ Recently buses without **conductors** have increased.

¶電車に乗っていると，車掌が切符を調べに来ました。(Densha ni notte iru to, *shashō* ga kippu o shirabe

¶ While [I] was on the train, **the conductor** came looking at everyone's tickets.

ni kimashita.)

shatsu シャツ〘名〙

¶山田さんは赤いシャツを着ています。(Yamada san wa akai *shatsu* o kite imasu.)

shatsu [[n]] **undershirt, shirt, T-shirt, knit shirt,** etc.

¶ Mr. Yamada is wearing a red **shirt.**

shi 四〘名〙

四月 (*shi*gatsu) 四角 (*shi*kaku) 四方 (*shi*hō) 四季 (*shi*ki)

⇨**yon** 四

shi [[n]] **four**

April // square, a square // the **four** quarters; all directions // the **four** seasons

shi 死〘名〙

¶父の手紙で母の死を知りました。(Chichi no tegami de haha no *shi* o shirimashita.)

shi [[n]] **death**

¶ I learned of **the death** of my mother in a letter from my father.

shi 詩〘名〙

詩人 (*shi*jin)

¶わたしは詩を作って，みんなの前で読みました。(Watashi wa *shi* o tsukutte, minna no mae de yomimashita.)

shi [[n]] **poem, poetry**

a poet

¶ I wrote **a poem** and read it aloud in front of everyone.

shi し〘助〙

¶今日は天気もいいし，暖かいから，どこかへ遊びに行きましょう。(Kyō wa tenki mo ii *shi*, atatakai kara, doko ka e asobi ni ikimashō.)

¶秋子さんは性格も明るいし，親切なので，みんなから好かれています。(Akiko san wa seikaku mo akarui *shi*, shinsetsu na node, minna kara sukarete imasu.)

¶風もないし，波も静かだし，海水浴にはとてもいい日でした。(Kaze mo nai *shi*, nami mo shizuka da *shi*, kaisuiyoku ni wa totemo ii hi deshita.)

shi [[part]] **and, moreover, besides**

¶ Let's go somewhere, as it's so nice **and** warm out today.

¶ Everyone likes Akiko, as she's so cheerful **and** kind.

¶ What with the lack of wind **and** the calm seas, it was a very good day for going swimming.

¶雨も降っているし，行くのはやめましょう。(Ame mo futte iru *shi,* iku no wa yamemashō.)

¶ **And besides** it's raining—let's not go.

＊普通，二つ以上のことがらを対等の関係で並列して述べるときに使う。またあとのことがらに対して理由などを表すことが多い。

＊ *Shi* is usually used to list two or more items of equal standing. It often gives the reason, etc., for what follows.

shiai **試合**〘名〙

shiai ⟦n⟧ **match, game, tournament**

¶今日の午後，ピンポンの**試合**があります。 (Kyō no gogo, pinpon no *shiai* ga arimasu.)

¶ There is a ping-pong **match** this afternoon.

¶テニスの**試合**をして，負けてしまいました。 (Tenisu no *shiai* o shite, makete shimaimashita.)

¶ [I] lost [my] tennis **match.**

shiawase **幸せ**〘名，形動〙

shiawase ⟦n, adj-v⟧ **happiness, fortune, good luck, blessing**

幸せを願う (*shiawase* o negau)
幸せな家庭 (*shiawase* na katei)

wish someone **good luck** // a **happy** home

¶あなたはよいお子さんを持って**幸せ**ですね。 (Anata wa yoi okosan o motte *shiawase* desu ne.)

¶ You **are fortunate** in having such nice children.

¶上田さんは，いつもにこにこして**幸せそう**です。 (Ueda san wa, itsu mo nikoniko shite *shiawasesō* desu.)

¶ [Mrs.] Ueda **seems to be quite happy**—[she] is always smiling.

shibafu **芝生**〘名〙

shibafu ⟦n⟧ **lawn, patch of grass**

¶天気がよかったので，公園の**芝生**の上に座って本を読みました。 (Tenki ga yokatta node, kōen no *shibafu* no ue ni suwatte hon o yomimashita.)

¶ As it was a nice day [I] read a book sitting on **the grass** in the park.

shibai **芝居**〘名〙

shibai ⟦n⟧ **play, drama, theatrical performance**

¶あした，**芝居**を見に行きませんか。 (Ashita, *shibai* o mi ni ikimasen ka?)

¶ Would you like to go to **the theater** with [me] tomorrow?

shibaraku **しばらく**〘副〙

shibaraku ⟦adv⟧ **a little while, a moment; quite a while, for a long time**

①[少しの間]

① [a little while, a moment]

¶この仕事が終わるまで，**しばらく**お待ちください。 (Kono shigoto ga owaru made, *shibaraku* omachi kudasai.)

¶ Please wait **a moment** while I finish up this job.

¶山田さんは**しばらく**して帰ってきました。 (Yamada san wa *shibaraku* shite kaette kimashita.)

¶ [Miss] Yamada stayed there **a little while** and then came home.

②[やや長い間]

② [quite a while, for a long time]

¶父から**しばらく**手紙が来ません。 (Chichi kara *shibaraku* tegami ga kimasen.)

¶ There hasn't been a letter from my father **for quite a while.**

¶**しばらく**会わないうちにずいぶん大きくなりましたね。 (*Shibaraku* awanai uchi ni zuibun ookiku narimashita ne.)

¶ **It's been a long time** since I've seen you—[you]'ve really grown a lot, haven't [you]?

¶昨日，山田さんに**しばらく**ぶりに会いました。 (Kinō, Yamada san ni *shibaraku* buri ni aimashita.)

¶ Yesterday [I] met [Miss] Yamada for the first time **in a long while.**

shibaru　縛る〔動 I〕

shibaru ⟦v I⟧　**tie, bind, fasten**

ひもで**縛る** (himo de *shibaru*)

fasten with string ⟦twine, cord, a strap, etc.⟧

shibashiba　しばしば〔副〕

shibashiba ⟦adv⟧　**often, frequently, many times**

¶わたしは医者にたばこを吸わないように**しばしば**注意されました。(Watashi wa isha ni tabako o suwanai yō ni *shibashiba* chūi saremashita.)

¶ I was **repeatedly** warned by my doctor not to smoke.

¶会社を辞めようと思ったことも**しばしば**ありました。(Kaisha o yameyō to omotta koto mo *shibashiba* arimashita.)

¶ I thought **several times** about quitting my job.

shiboru　絞る〔動 I〕

shiboru ⟦v I⟧　**wring, squeeze, press**

¶手ぬぐいをよく**絞って**から干してください。 (Tenugui o yoku *shibotte* kara hoshite kudasai.)

¶ Please **wring out** the (hand) towel thoroughly before hanging it up.

shiboru **搾る**〔動 I〕

¶わたしは父に牛の乳の**搾り**方を教えてもらいました。(Watashi wa chichi ni ushi no chichi no *shibori*-kata o oshiete moraimashita.)

shiboru ⟦v I⟧ **milk** (a cow, etc.)

¶ My father taught me how **to milk** a cow.

shichi **七**〔名〕

七人 (*shichi*nin) **七**時間 (*shichi*jikan)

＊「なな (nana)」とも言う。

shichi ⟦n⟧ **seven**

seven persons // **seven** hours

＊ Variant: *nana*.

shichigatsu **七月**〔名〕

shichigatsu ⟦n⟧ **July**

shidai ni **次第に**〔副〕

¶2学期になって，勉強が**次第に**難しくなってきました。(Nigakki ni natte, benkyō ga *shidai ni* muzukashiku natte kimashita.)

¶夜になってから，風は**次第に**強くなりました。(Yoru ni natte kara, kaze wa *shidai ni* tsuyoku narimashita)

shidai ni ⟦adv⟧ **gradually**

¶ The coursework has **gradually** become ⟦**gradually** became⟧ more difficult in the second semester.

¶ The wind **gradually** increased from nightfall.

shidō **指導**〔名，～する〕

指導者 (*shidō*sha) 技術**指導** (giju-tsu-*shidō*)

¶わたしは田中先生の**指導**を受けて，この研究を完成しました。(Watashi wa Tanaka sensei no *shidō* o ukete, kono kenkyū o kansei shimashita.)

¶おおぜいの学生を**指導**するのは，たいへんでしょうね。(Oozei no gakusei o *shidō* suru no wa, taihen deshō ne.)

shidō ⟦n, ~*suru*⟧ **guidance, leadership, direction, coaching**

a leader, director, coach, adviser // technical **guidance**

¶ I completed this research under **the guidance** of Professor Tanaka.

¶ It must be hard **to be responsible for** ⟦**to teach**⟧ so many students.

shigatsu **四月**〔名〕

shigatsu ⟦n⟧ **April**

shigeki **刺激**〔名，～する〕

①[人間・生物の感覚に外から働きかけて何かの変化を起こさせること]

shigeki ⟦n, ~*suru*⟧ **stimulus, irritant; stimulation, excitement**

① [stimulus, impetus, irritant, incentive, incitement]

刺激を与える (*shigeki* o ataeru)　刺激を受ける (*shigeki* o ukeru)

give **a stimulus** // receive **a stimulus**

¶コーヒーは胃を**刺激**するから，あまりたくさん飲まないほうがいいです。(Kōhii wa i o *shigeki* suru kara, amari takusan nomanai hō ga ii desu.)

¶ Coffee is **a stimulant which irritates** the stomach so it's best not to drink too much of it.

②[人間の心に働きかけて何かを感じさせること]

② [stimulation, excitement]

¶わたしは**刺激**のない田舎の生活にあきました。(Watashi wa *shigeki* no nai inaka no seikatsu ni akimashita.)

¶ I got 〚am〛 tired of life in the country with its lack of **stimulation.**

shigen　資源〘名〙

shigen 〚n〛　**resources**

天然**資源** (tennen-*shigen*)　石油**資源** (sekiyu-*shigen*)

natural **resources** // oil **resources**

¶日本は**資源**の少ない国です。(Nihon wa *shigen* no sukunai kuni desu.)

¶ Japan is a country poor in **natural resources.**

shigeru　茂る〘動 I〙

shigeru 〚v I〛　**grow thick, be luxuriant, be overgrown**

¶道の両側には木が**茂って**います。(Michi no ryōgawa ni wa ki ga *shigette* imasu.)

¶ Both sides of the road are **heavily forested.**

shigoto　仕事〘名〙

shigoto 〚n〛　**working, employment; job, occupation; work, a task, one's duties**

①[働くこと]

① [working, employment, labor]

¶**仕事**は5時に終わります。(*Shigoto* wa goji ni owarimasu.)

¶ **Work** ends at five o'clock.

¶昨日は夜10時まで**仕事**をしました。(Kinō wa yoru jūji made *shigoto* o shimashita.)

¶ [I] **worked** until ten o'clock last night.

②[職業]

② [job, occupation]

¶あなたの**仕事**は何ですか。(Anata no *shigoto* wa nan desu ka?)

¶ What **do you do?**

③[事業]

③ [work, a task, one's duties]

¶このごろ，どうも**仕事**がうまくいき

¶ Things aren't going well **at work**

ません。 (Konogoro, dōmo *shigoto* ga umaku ikimasen.)

recently.

shihai **支配**〘名, ～する〙

支配者 (*shihai*sha) 支配人 (*shihai*-nin)

¶この国は長い間, A国の**支配**を受けていました。 (Kono kuni wa nagai aida Ē-koku no *shihai* o ukete imashita.)

shihai [[n, ~*suru*]] **control, rule, government, domination, management**

a ruler, master, governor // a manager, an executive

¶ For a long time this country was under **the rule** of Country A.

shihon **資本**〘名〙

資本家 (*shihon*ka)

¶その事業を始めるのには, 大きな**資本**が要ります。 (Sono jigyō o hajimeru no ni wa, ookina *shihon* ga irimasu.)

¶この会社の**資本**金は 20 億円です。 (Kono kaisha no *shihon*kin wa nijūokuen desu.)

shihon [[n]] **capital, funds**

a capitalist, financier

¶ A large **capital** is needed to begin that enterprise.

¶ This company **is capitalized** at 2 billion yen.

shihonshugi **資本主義**〘名〙

shihonshugi [[n]] **capitalism**

shiitsu **シーツ**〘名〙

¶寝るときには布団の上に**シーツ**を敷いて寝ます。(Neru toki ni wa futon no ue ni *shiitsu* o shiite nemasu.)

shiitsu [[n]] (bed) **sheet**

¶ [I] sleep with **a sheet** spread on top of [my] *futon*.

shijū **しじゅう**〘副〙

¶あの人は**しじゅう**何か食べていますね。 (Ano hito wa *shijū* nani ka tabete imasu ne.)

¶子供が**しじゅう**仕事の邪魔をして困ります。(Kodomo ga *shijū* shigoto no jama o shite komarimasu.)

shijū [[adv]] **from start to finish, all the time, continually, very often, frequently**

¶ [He] is **always** eating something, isn't [he]?

¶ [I] am bothered by the children **continually** interrupting [my] work.

shika **しか**〘助〙

¶その部屋にはわたし一人**しか**いませんでした。(Sono heya ni wa watashi hitori *shika* imasen deshita.)

shika [[part]] **only, no more than**

¶ There was **no one but** me in that room.

¶食べ物はもうこれだけしかありません。(Tabemono wa mō kore dake *shika* arimasen.)

¶ This is **all there is** to eat.

＊ いつも打ち消しの言葉を伴って，それだけと限る意味を表す。「だけしか (dake shika)」は特に強い限定を表す。

⇨**dake** だけ

＊ *Shika* is always used with the negative; it indicates that that is all there is. For special stress *dake shika* is used.

shikaku **資格**〖名〗

shikaku 〚n〛 **capacity, status; qualification, credential, competency**

①［身分・地位など］

¶上田さんは今度大使の**資格**でA国へ行きました。(Ueda san wa kondo taishi no *shikaku* de Ē-koku e ikimashita.)

① [capacity, status]

¶ This time [Mr.] Ueda went to Country A **in the capacity** of ambassador.

②［ある身分や地位を得るのに必要な条件］

¶医者の**資格**を取るには，国の試験に合格しなければなりません。(Isha no *shikaku* o toru ni wa, kuni no shiken ni gōkaku shinakereba narimasen.)

¶こんなことも知らないのでは，先生としての**資格**はありませんね。(Konna koto mo shiranai no de wa, sensei to shite no *shikaku* wa arimasen ne.)

② [qualification, credential, competency]

¶ One must pass a national examination in order **to qualify** as a physician.

¶ Anyone not knowing this sort of thing has no **right** to call [him]self a teacher.

shikaku **四角**〖名，形動〗

shikaku 〚n, adj-v〛 **a square, a rectangle**

四角なテーブル (*shikaku* na tēburu)

真**四角** (ma*shikaku*)

＊「四角い (shikakui)」(形) という言葉もある。

a **four-cornered** table // **square,** a true **square**

＊ The adjectival form *shikakui* can also be used.

shikamo **しかも**〖接〗

shikamo 〚conj〛 **moreover, furthermore; and yet, nevertheless**

¶この国は土地も狭く，**しかも**人口が多いです。(Kono kuni wa tochi mo

¶ This country is not only small **but**

semaku, *shikamo* jinkō ga ooi desu.)

also heavily populated.

¶この料理は安くて，**しかも**おいしいです。 (Kono ryōri wa yasukute, *shikamo* oishii desu.)

¶ This food is cheap and good **too.**

¶一生懸命勉強して，**しかも**入学できないときは，あきらめるよりしかたがありません。(Isshōkenmei benkyō shite, *shikamo* nyūgaku dekinai toki wa, akirameru yori shikata ga arimasen.)

¶ One has no choice but to accept it as hopeless when one studies hard **but nevertheless** fails one's school entrance exams.

＊ 前のことがらを受けて，更にあとのことがらをつけ加えるときに使う。前のことがらとあとのことがらが同じようなときには，前のことがらだけではなく，そのうえにというような意味を表し，前のことがらとあとのことがらとが対比的な関係にあるときには，前のことがらにかかわらず，なおというような意味を表す。

* *Shikamo* is used when adding something to what has been said. When the two items are of the same nature the meaning is "moreover, in addition," but when they are in opposition the meaning is "in spite of, nevertheless."

shikaru **しかる**〘動Ⅰ〙

shikaru [[v I]] **scold, reprimand, lecture**

¶お母さんがいたずらした子供を**しかっています**。 (Okāsan ga itazura shita kodomo o *shikatte* imasu.)

¶ The child who played the trick **is being scolded** by its mother.

¶宿題をやらなかったので，先生に**しかられました**。(Shukudai o yaranakatta node, sensei ni *shikararemashita.*)

¶ My teacher **reprimanded** me for not doing my homework.

shikashi **しかし**〘接〙

shikashi [[conj]] **however, but**

¶今日はいい天気です。**しかし**，あまり暖かくはありません。 (Kyō wa ii tenki desu. *Shikashi*, amari atatakaku wa arimasen.)

¶ It's a nice day today. **However,** it is on the cool side (literally, is not very warm).

¶あの学生は頭はいいのです。**しかし**，

¶ That student is quite bright **but**

努力が足りません。(Ano gakusei wa atama wa ii no desu. *Shikashi,* doryoku ga tarimasen.)

⇨keredomo けれども

shikata　仕方〔名〕

¶漢字の勉強の**仕方**を教えてください。(Kanji no benkyō no *shikata* o oshiete kudasai.)

¶子供にあいさつの**仕方**を教えてやりました。　(Kodomo ni aisatsu no *shikata* o oshiete yarimashita.)

shikata ga nai　しかたがない〔連〕

①[どうすることもできない様子]

¶なくしてしまったものは**しかたがありません**。これからは注意してください。(Nakushite shimatta mono wa *shikata ga arimasen.* Kore kara wa chūi shite kudasai.)

¶バスがなくなってしまいました。**しかたがない**から，タクシーで帰りましょう。(Basu ga nakunatte shimaimashita. *Shikata ga nai* kara, takushii de kaerimashō.)

→yamu o enai やむをえない

②[我慢できない様子]

¶暑くて**しかたがない**から，窓を開けましょう。(Atsukute *shikata ga nai* kara, mado o akemashō.)

¶あの人は日本へ行ってみたくて**しかたがない**のです。(Ano hito wa Nihon e itte mitakute *shikata ga nai* no desu.)

*「〜てしかたがない　(〜te shikata ga nai)」の形で使う。

lacks application.

shikata [[n]]　**way, method, means**

¶ Please tell [me] **how** to study *kanji.*

¶ [I] taught the children **the way** to give greetings.

shikata ga nai [[compd]]　**cannot be helped, have no choice, be inevitable; cannot stand, be unbearable**

① [cannot be helped, have no choice, be inevitable, be no use to]

¶ **What's lost is lost.** Just be more careful in the future.

¶ There are no more buses. **We have no choice** but to take a taxi home.

② [cannot stand, be unbearable]

¶ Let's open a window—it's **unbearably** hot in here.

¶ [He] **is dying** to go to Japan.

* Used in the pattern "*-te shikata ga nai.*"

shiken **試験**〘名, ～する〙
入学**試験** (nyūgaku-*shiken*) **試験**を受ける (*shiken* o ukeru)
¶来週, 英語の**試験**があります。(Raishū, Eigo no *shiken* ga arimasu.)
¶中村さんは**試験**に合格しました。(Nakamura san wa *shiken* ni gōkaku shimashita.)

shiken ⟦n, ～*suru*⟧ **examination, test**
a school entrance **examination** // take **an exam**
¶ There is an English **test** next week.
¶ [Miss] Nakamura passed **the exam.**

shiki **四季**〘名〙
¶わたしは**四季**の中で, 春がいちばん好きです。(Watashi wa *shiki* no naka de, haru ga ichiban suki desu.)

shiki ⟦n⟧ **the four seasons**
¶ Of **the four seasons,** I like spring the best.

(-)shiki (-)**式**〘名, 尾〙
1〘名〙
入学**式** (nyūgaku*shiki*) 卒業**式** (sotsugyō*shiki*)
¶「結婚**式**は何時から始まりますか。」(Kekkon*shiki* wa nanji kara hajimarimasu ka?)「**式**は10時から始まります。」(*Shiki* wa jūji kara hajimarimasu.)
2〘尾〙
ヘボン**式**ローマ字 (Hebon*shiki*-rōmaji)
¶あの人は何でも新**式**のものが好きです。(Ano hito wa nan demo shin*shiki* no mono ga suki desu.)

(-)shiki ⟦n, suf⟧ **ceremony; method, style, type**
1 ⟦n⟧ ceremony
an entrance **ceremony, a ceremony** for newly admitted students // a graduation **ceremony,** commencement **exercises**
¶ "What time does **the wedding** start?"
"At ten o'clock."
2 ⟦suf⟧ method, style, type
the Hepburn **system** of romanization
¶ [He] is always interested in **the latest** things.

shikirini **しきりに**〘副〙
①[同じことが繰り返して起こる様子]
¶最近, この辺で**しきりに**事故が起きます。(Saikin, kono hen de *shikirini* jiko ga okimasu.)

shikirini ⟦adv⟧ **frequently, often; constantly, incessantly; eagerly, intently**
① [frequently, often, repeatedly]
¶ Recently there have been **many** traffic accidents around here.

②[同じことがずっと続いて起こる様子]
¶**しきりに**電話(でんわ)のベルがなっているのに，だれも出(で)ません。(*Shikirini* denwa no beru ga natte iru noni, dare mo demasen.)

② [constantly, incessantly, in rapid succession]
¶ The telephone **keeps on** ringing but no one answers.

③[熱心に繰り返す様子]
¶山田(やまだ)さんが**しきりに**勧(すす)めるので，この本(ほん)を買(か)いました。(Yamada san ga *shikirini* susumeru node, kono hon o kaimashita.)

③ [eagerly, intently, earnestly, keenly]
¶ [I] bought this book because [Miss] Yamada **kept on** recommending it to [me].

shikkari **しっかり**〘副，〜と，〜する〙

shikkari ⟦adv, *~to*, *~suru*⟧ **strong, solid, firm; be strong-minded, be stouthearted; reliable, sound**

①[堅固な様子，強い様子]
¶この箱(はこ)はずいぶん**しっかり**していますね。(Kono hako wa zuibun *shikkari* shite imasu ne.)
¶**しっかり**と持(も)っていないと，落(お)としますよ。(*Shikkari* to motte inai to, otoshimasu yo.)

① [strong, solid, firm; firmly, tightly]
¶ This is a very **solid** box, isn't it?
¶ You will drop that if you don't take a **firm** grip on it.

②[気をひきしめる様子]
¶入学試験(にゅうがくしけん)が近(ちか)いですから，**しっかり**勉強(べんきょう)してください。(Nyūgaku-shiken ga chikai desu kara, *shikkari* benkyō shite kudasai.)
¶このくらいの傷(きず)はなんでもないです。**しっかり**しなさい。(Kono kurai no kizu wa nan demo nai desu. *Shikkari* shinasai.)

② [be strong-minded, be stouthearted, keep up one's nerve, brace oneself]
¶ The entrance exam is coming soon so you'd better **buckle down** and study hard.
¶ This is hardly any injury at all. **Take a hold of yourself** ⟦**Pull yourself together**⟧.

③[人の性質や考え方が間違いなく信用できる様子]
¶田中(たなか)さんの奥(おく)さんはとても**しっかり**した人(ひと)です。(Tanaka san no okusan wa totemo *shikkari* shita hito

③ [reliable, sound, of firm character]
¶ Mr. Tanaka's wife is a person **of firm character** ⟦**has her feet firmly on the ground**⟧.

desu.)

shiku **敷く**〔動 I 〕

①［じゅうたん・布団・小石などを平らに広げる］

¶この部屋には赤いじゅうたんが**敷いてあります**。(Kono heya ni wa akai jūtan ga *shiite* arimasu.)

¶もう遅いから，布団を**敷いて**寝ましょう。(Mō osoi kara, futon o *shiite* nemashō.)

②［鉄道などを敷設する］

¶来年はこの辺まで鉄道が**敷かれる**そうです。(Rainen wa kono hen made tetsudō ga *shikareru* sō desu.)

shiku 〚v I〛 **spread, lay out; lay** (a railroad), **pave**

① [spread, lay out]

¶ This room **has** red carpeting.

¶ It's late—let's **lay out** the *futon* and go to bed.

② [lay (a railroad), pave]

¶ They say the railroad **will be extended** up to here next year.

shima **島**〔名〕

島国 (*shima*guni)

¶小さな**島**の間を船が通っていきます。(Chiisana *shima* no aida o fune ga tootte ikimasu.)

shima 〚n〛 **island**

an **island** nation

¶ A ship is passing between 〚among〛 the small **islands.**

shimai **姉妹**〔名〕

¶春子さんは三人**姉妹**のいちばん下です。(Haruko san wa sannin *shimai* no ichiban shita desu.)

⇨**kyōdai** 兄弟

shimai 〚n〛 **sisters**

¶ Haruko is the youngest of three **sisters.**

shimaru **閉まる**〔動 I 〕

¶戸が**閉まっています**。(To ga *shimatte* imasu.)

¶あの店は7時に**閉まります**。(Ano mise wa shichiji ni *shimarimasu.*)

⇔**aku** 開く

shimaru 〚v I〛 **shut, close**

¶ The door **is closed.**

¶ That shop **closes** at seven o'clock.

shimatsu **始末**〔名，〜する〕

始末をつける (*shimatsu* o tsukeru)

¶自分が使った物は自分で**始末**しなさ

shimatsu 〚n, *~suru*〛 **circumstances, state of affairs; manage, deal with, settle, look after**

settle a matter, wind something up

¶ **Put back** yourself what you have

い。 (Jibun ga tsukatta mono wa jibun de *shimatsu* shinasai.)

shimau しまう〘動 I〙

①[外にあるものを中に入れる]

¶これを机の引き出しに**しまって**おいてください。 (Kore o tsukue no hikidashi ni *shimatte* oite kudasai.)

②[かたづける]

¶辞書を使ったら，元の所へ**しまいなさい**。(Jisho o tsukattara, moto no tokoro e *shimainasai*.)

(〜**te**) **shimau** (〜て) しまう〘連〙

①[動作・作用が完了することを表す]

¶宿題の作文をやっと書いて**しまいました**。(Shukudai no sakubun o yatto kaite *shimaimashita*.)

¶この本はゆうべ全部読んで**しまいました**から，お返しします。(Kono hon wa yūbe zenbu yonde *shimaimashita* kara, okaeshi shimasu.)

¶昨日買ったパンはもう全部食べて**しまいました**。(Kinō katta pan wa mō zenbu tabete *shimaimashita*.)

¶残っている仕事を片づけて**しまって**から，うちへ帰るつもりです。 (Nokotte iru shigoto o katazukete *shimatte* kara, uchi e kaeru tsumori desu.)

②[自分の意志に反してある動作・作用が行われ残念だという気持ちなどを表す]

¶花びんを落として，割って**しまいました**。(Kabin o otoshite watte *shimaimashita*.)

used ⟦Don't make others **straighten up** after you⟧.

shimau ⟦v I⟧ **put away; put back**

① [put away]

¶ Please **put** this **away** in the desk drawer.

② [put back]

¶ **Put** the dictionary **back** after using it.

(-te) **shimau** ⟦compd⟧ **finish, end, bring to a close; end up ~ing, go and ~**

① [finish, end, bring to a close]

¶ [I] finally **finished** writing the assigned composition.

¶ I'll give this book back to you now—I **finished** reading it last night.

¶ [I]'ve **eaten up** all the bread ⟦rolls, etc.⟧ [I] bought yesterday.

¶ [I] plan to go home after **finishing up** the remaining work.

② [end up ~ing, go and ~; expresses regret at something that happened against one's will]

¶ The vase **fell and broke.**

¶かわいがっていた鳥がとうとう死んでしまいました。 (Kawaigatte ita tori ga tōtō shinde *shimaimashita.*)

¶ The bird [we] were so fond of **died.**

¶父に買ってもらった時計をなくしてしまいました。(Chichi ni katte moratta tokei o nakushite *shimaimashita.*)

¶ **I lost** the watch my father bought for me.

¶台風で庭の木や草花が倒れて**しまいました。**(Taifū de niwa no ki ya kusabana ga taorete *shimaimashita.*)

¶ Trees and flowers in the garden ⟦yard⟧ **were blown over** in the typhoon.

＊「(〜て) しまう ([〜te] shimau)」は「〜ちゃう (〜chau)」,「(〜で) しまう ([〜de] shimau)」は「〜じゃう (〜jau)」とも言う。「(〜て) しまった ([〜te] shimatta)」は「〜ちゃった (chatta)」,「(〜で) しまった ([〜de] shimatta)」は「〜じゃった (jatta)」とも言う。「食べちゃう (tabechau)」「読んじゃう (yonjau)」「終わっちゃった (owatchatta)」「死んじゃった (shinjatta)」など。

＊ (*-te*) *shimau* is contracted to *-chau* and (*-de*) *shimau* to *-jau;* (*-te*) *shimatta* becomes *-chatta* and (*-de*) *shimatta* becomes *-jatta*. Thus one has the forms *tabechau* (from *tabete shimau*), *yonjau (yonde shimau), owatchatta (owatte shimatta), shinjatta (shinde shimatta),* etc.

shimei 氏名〖名〗

shimei ⟦n⟧ **name, full name**

¶ここに**氏名**, 年齢, 住所を書いてください。 (Koko ni *shimei*, nenrei, jūsho o kaite kudasai.)

¶ Please write **your name,** age, and address here.

⇨**namae** 名前

shimeru 閉める〖動Ⅱ〗

shimeru ⟦v II⟧ **shut, close**

¶窓を**閉めて**ください。(Mado o *shimete* kudasai.)

¶ Please **close** the window.

¶夜9時に店を**閉めます。**(Yoru kuji ni mise o *shimemasu.*)

¶ [I] **close** the shop at 9 PM.

⇔**akeru** 開ける

shimeru 締める〖動Ⅱ〗

shimeru ⟦v II⟧ **tie, fasten, tighten, put on**

帯を締める (obi o *shimeru*)
¶田中さんは赤いネクタイを**締めてい**ます。(Tanaka san wa akai nekutai o *shimete* imasu.)

put on an *obi*
¶ [Mr.] Tanaka **is wearing** a red necktie.

shimeru 湿る〔動 I〕
¶三日も雨がやまないため，畳まで**湿って**きました。(Mikka mo ame ga yamanai tame, tatami made *shimette* kimashita.)
¶マッチが**湿って**いて，火がつきません。(Matchi ga *shimette* ite, hi ga tsukimasen.)

shimeru [[v I]] **become damp, dampen, moisten**
¶ As it hasn't stopped raining for three days, even the *tatami* mats **are damp.**
¶ The match **is damp** and won't light.

shimesu 示す〔動 I〕
¶その場所を地図で**示して**教えてください。(Sono basho o chizu de *shimeshite* oshiete kudasai.)
¶口で言うだけでなく，態度で**示して**ください。(Kuchi de iu dake de naku, taido de *shimeshite* kudasai.)

shimesu [[v I]] **show, indicate, express, point out**
¶ Please **show me** where it is on the map.
¶ Don't just say it, but **look like you mean it** too.

shimo 霜〔名〕
霜が降りる (*shimo* ga oriru)
¶屋根が**霜**で白くなっています。(Yane ga *shimo* de shiroku natte imasu.)

shimo [[n]] **frost**
frost falls
¶ The roof is white with **frost.**

shin- 新-〔頭〕
新年 (*shin*nen)　**新**製品 (*shin*seihin)　**新**婚 (*shin*kon)　**新**人 (*shin*jin)　**新**入生 (*shin*nyūsei)　**新**学期 (*shin*gakki)

shin- [[pref]] **new, modern**
the **New** Year, a **new** year // a **new** product, a **newly issued** product // **newly** wed // a **new**comer, a **new** face, a rookie // a **new** student, freshman // a **new** school term

shinamono 品物〔名〕
¶この店の**品物**には値段がついていませんね。(Kono mise no *shinamono* ni wa nedan ga tsuite imasen ne.)

shinamono [[n]] **article, goods, wares**
¶ There are no prices on **the merchandise** in this shop.

¶この店には安くてよい**品物**がたくさんあります。 (Kono mise ni wa yasukute yoi *shinamono* ga takusan arimasu.)

¶ This shop has many fine **articles** that are inexpensively priced.

shinbun **新聞**〘名〙

新聞社 (*shinbun*sha) **新聞**記者 (*shinbun*-kisha) **新聞**紙 (*shinbun*shi)

¶あなたは日本語の**新聞**が読めますか。(Anata wa Nihongo no *shinbun* ga yomemasu ka?)

¶毎朝，少年が**新聞**を配達してくれます。 (Maiasa, shōnen ga *shinbun* o haitatsu shite kuremasu.)

shinbun ⟦n⟧ **newspaper**

a **newspaper** publisher, **newspaper** office // a **newspaper** reporter, journalist // **a newspaper**

¶ Can you read **a newspaper** written in Japanese?

¶ A paperboy brings **my paper** each morning.

shinchō **身長**〘名〙

¶わたしは**身長**が 170 センチあります。(Watashi wa *shinchō* ga hyakunanajissenchi arimasu.)

shinchō ⟦n⟧ **stature, height**

¶ I am 170 centimeters **tall.**

shindai **寝台**〘名〙

寝台車 (*shindai*sha)

¶**寝台**が堅くて，ゆうべはよく眠れませんでした。(*Shindai* ga katakute, yūbe wa yoku nemuremasen deshita.)

⇨**beddo** ベッド

shindai ⟦n⟧ **bed, berth**

a **sleeping** car (on a train)

¶ **The bed** was hard so I didn't sleep well last night.

shingō **信号**〘名〙

¶道を渡るときには，**信号**をよく見て渡りましょう。(Michi o wataru toki ni wa, *shingō* o yoku mite watarimashō.)

¶**信号**が赤ですから，車をとめなさい。(*Shingō* ga aka desu kara, kuruma o tomenasai.)

shingō ⟦n⟧ **signal, sign, traffic light**

¶ Please be sure to look at **the light** when crossing the street.

¶ Stop the car! **The light** is red.

shinjiru **信じる**〘動II〙

①〔確信する〕

shinjiru ⟦v II⟧ **be sure, be confident of; believe, trust; have faith**

① [be sure, be confident of]

¶わたしは田中さんの成功を**信じて**います。(Watashi wa Tanaka san no seikō o *shinjite* imasu.)

¶ I **am sure** [Mr.] Tanaka will succeed.

②[信用する]

② [believe, trust]

¶わたしは山田さんを**信じて**います。(Watashi wa Yamada san o *shinjite* imasu.)

¶ I **trust** [Mrs.] Yamada.

¶あの人の言うことは**信じられません**。(Ano hito no iu koto wa *shinjiraremasen.*)

¶ **You can't believe** what [he] says.

③[信仰する]

③ [believe in, have faith]

¶わたしは神を**信じて**います。(Watashi wa kami o *shinjite* imasu.)

¶ I **believe in** God.

shinju **真珠**〘名〙

shinju ⟦n⟧ **pearl(s)**

¶わたしは母から**真珠**の指輪をもらいました。(Watashi wa haha kara *shinju* no yubiwa o moraimashita.)

¶ My mother gave me a **pearl** ring.

shinkansen **新幹線**〘名〙

shinkansen ⟦n⟧ **the Shinkansen, the bullet train**

¶東京から大阪まで**新幹線**で約3時間です。(Tōkyō kara Oosaka made *shinkansen* de yaku sanjikan desu.)

¶ It takes approximately three hours from Tokyo to Osaka on **the Shinkansen.**

¶あなたは**新幹線**に乗ったことがありますか。(Anata wa *shinkansen* ni notta koto ga arimasu ka?)

¶ Have you ever ridden on **the Shinkansen?**

shinkei **神経**〘名〙

shinkei ⟦n⟧ **a nerve; nerves, sensitivity**

①[動物の体内にあって運動・知覚などをつかさどる器官]

① [a nerve]

¶彼は運動**神経**が発達していて，スポーツは何でも上手です。(Kare wa undō-*shinkei* ga hattatsu shite ite, supōtsu wa nan demo jōzu desu.)

¶ His **reflexes** are fast so he is good at all sports.

¶**神経**を抜いたから，歯の痛みはなくなりました。(*Shinkei* o nuita kara,

¶ **The nerve** was extracted so [my] tooth stopped ⟦has stopped⟧ hurting.

ha no itami wa nakunarimashita.)

②[心の働き]

神経が鋭い (*shinkei* ga surudoi) 神経が鈍い (*shinkei* ga nibui)

¶あの人は無神経な人だから，周りの人の気持ちなど気にしません。(Ano hito wa mu*shinkei* na hito da kara, mawari no hito no kimochi nado ki ni shimasen.)

② [nerves, sensitivity]

sensitive, thin-skinned, nervous, jumpy // insensitive, thick-skinned, dull, stolid

¶ [He]'s **thick-skinned** and doesn't care about the feelings of other people.

shinpai 心配〘名, ～する〙

shinpai ⟦n, *~suru*⟧ **worry, anxiety, concern, fear**

¶両親に心配をかけないようにしなさい。(Ryōshin ni *shinpai* o kakenai yō ni shinasai.)

¶ Don't cause your parents **worry.**

¶飛行機は安全ですから，心配はいりません。 (Hikōki wa anzen desu kara, *shinpai* wa irimasen.)

¶ There's no need for **fear**—flying is safe.

shinpo 進歩〘名, ～する〙

shinpo ⟦n, *~suru*⟧ **progress, advancement**

進歩的な考え (*shinpo*teki na kangae)

a **progressive** idea

¶最近，日本語がだいぶ進歩しましたね。 (Saikin, Nihongo ga daibu *shinpo* shimashita ne.)

¶ [Your] Japanese **has** greatly **improved** recently.

¶20世紀になって，科学が非常に進歩しました。 (Nijisseiki ni natte, kagaku ga hijō ni *shinpo* shimashita.)

¶ Science **has made** great **strides** in the 20th century.

shinrui 親類〘名〙

shinrui ⟦n⟧ **a relative, a relation**

¶お正月には，親類の人たちがみんなうちに集まりました。(Oshōgatsu ni wa, *shinrui* no hitotachi ga minna uchi ni atsumarimashita.)

¶ **My relatives** gathered at my home over the New Year's holidays.

shinsatsu 診察〘名, ～する〙

shinsatsu ⟦n, *~suru*⟧ **medical examination**

¶この病院は9時から診察が始まります。(Kono byōin wa kuji kara *shi-*

¶ **Consultations** start at nine o'clock

nsatsu ga hajimarimasu.)

at this hospital.

¶体のぐあいが悪いので，お医者さんに**診察**してもらいました。 (Karada no guai ga warui node, oishasan ni *shinsatsu* shite moraimashita.)

¶ I was feeling poorly so I went **to see** a doctor.

shinsen **新鮮**〘形動〙

shinsen [[adj-v]] **fresh, new**

¶これは今海で捕れたばかりの**新鮮**な魚です。 (Kore wa ima umi de toreta bakari no *shinsen* na sakana desu.)

¶ This fish is **fresh** from the sea.

¶山の**新鮮**な空気を胸いっぱい吸いました。(Yama no *shinsen* na kūki o mune ippai suimashita.)

¶ [I] took a deep breath of the **fresh** mountain air.

shinsetsu **親切**〘名，形動〙

shinsetsu [[n, adj-v]] **kind, kindly, friendly**

¶田中さんはとても**親切**な方です。 (Tanaka san wa totemo *shinsetsu* na kata desu.)

¶ [Mrs.] Tanaka is very **kind.**

¶交番で道を尋ねたら，**親切**に教えてくれました。 (Kōban de michi o tazunetara, *shinsetsu* ni oshiete kuremashita.)

¶ When I stopped and asked at the police box, they **very obligingly** told me the way.

¶御**親切**を心から感謝します。 (Go*shinsetsu* o kokoro kara kansha shimasu.)

¶ Thank you very much for **your kindness.**

shintō **神道**〘名〙

shintō [[n]] **Shinto, Shintoism**

shinu **死ぬ**〘動Ｉ〙

shinu [[v I]] **die, pass away**

交通事故で**死ぬ** (kōtsū-jiko de *shinu*)

die in a traffic accident

¶母が**死んだ**のは，わたしが6歳の時でした。 (Haha ga *shinda* no wa, watashi ga rokusai no toki deshita.)

¶ My mother **died** when I was six years old.

¶苦しくて何度も**死のう**と思ったことがあります。 (Kurushikute nando mo *shinō* to omotta koto ga arimasu.)

¶ There have been many times that I've suffered so much that **I've wanted to die.**

shin'yō **信用**〘名, ～する〙

信用できる (*shin'yō* dekiru) **信用**を得る (*shin'yō* o eru) **信用**を失う (*shin'yō* o ushinau)

¶山田さんは社長に**信用**があります。(Yamada san wa shachō ni *shin'yō* ga arimasu.)

¶あの人はよくうそをつくから, だれにも**信用**されません。(Ano hito wa yoku uso o tsuku kara, dare ni mo *shin'yō* saremasen.)

shin'yō ⟦n, ～*suru*⟧ **confidence, trust, reliance, faith, credit**

trustworthy, reliable, reputable // win **someone's confidence** // lose **someone's confidence**

¶ [Mr.] Yamada enjoys **the confidence** of the company president.

¶ No one **trusts** [him] as [he] often lies.

shinzō **心臓**〘名〙

心臓病 (*shinzō*byō)

¶**心臓**の手術はたいへん難しいそうです。(*Shinzō* no shujutsu wa taihen muzukashii sō desu.)

¶入学試験の発表の時には, **心臓**がどきどきしました。(Nyūgaku-shiken no happyō no toki ni wa, *shinzō* ga dokidoki shimashita.)

shinzō ⟦n⟧ **the heart**

heart disease

¶ I understand that **heart** surgery is very difficult.

¶ **My heart** was pounding ⟦was in my throat⟧ when the school entrance exam results were announced.

shio **塩**〘名〙

塩辛い (*shio*karai)

¶この料理は**塩**で味をつけます。(Kono ryōri wa *shio* de aji o tsukemasu.)

shio ⟦n⟧ **salt**

salty, too salty

¶ This dish is seasoned with **salt.**

shippai **失敗**〘名, ～する〙

試験に**失敗**する (shiken ni *shippai* suru) 事業に**失敗**する (jigyō ni *shippai* suru)

¶同じ**失敗**を二度と繰り返さないように注意しなさい。(Onaji *shippai* o nido to kurikaesanai yō ni chūi shinasai.)

¶この計画は完全に**失敗**しました。

shippai ⟦n, ～*suru*⟧ **failure, error, mistake**

fail an exam // **fail** in a business undertaking

¶ Be careful not to make the same **mistake** twice.

¶ This project was ⟦is⟧ a complete

(Kono keikaku wa kanzen ni *shippai* shimashita.)
⇔**seikō** 成功

failure.

shiraberu **調べる**〔動 II〕
¶わからない言葉は辞書で**調べなさい**。(Wakaranai kotoba wa jisho de *shirabenasai.*)
¶日本の宗教について**調べたい**のですが，どんな本がいいでしょうか。(Nihon no shūkyō ni tsuite *shirabetai* no desu ga, donna hon ga ii deshō ka?)
¶うちじゅう**調べて**みましたが，その本は見つかりませんでした。(Uchijū *shirabete* mimashita ga, sono hon wa mitsukarimasen deshita.)
¶どろぼうが警官に**調べられて**います。(Dorobō ga keikan ni *shiraberarete* imasu.)

shiraberu ⟦v II⟧ **investigate, study, examine, check, search, look up**
¶ **Look up** any words you don't know in the dictionary.
¶ **I want to study** about Japanese religion. What books should I use?
¶ **I looked** all over the house but couldn't find that book.
¶ The police **are interrogating** the thief.

shiriai **知り合い** 〔名〕
¶あの方とはお**知り合い**ですか。(Ano kata to wa o*shiriai* desu ka?)
¶あの大学にはわたしの**知り合い**がおおぜいいます。(Ano daigaku ni wa watashi no *shiriai* ga oozei imasu.)

shiriai ⟦n⟧ **acquaintance**
¶ Do you **know** [him]?
¶ I have many **acquaintances** at that university.

shiritsu **私立**〔名〕
¶**私立**の学校は国立や公立より授業料が高いです。(*Shiritsu* no gakkō wa kokuritsu ya kōritsu yori jugyōryō ga takai desu.)
¶中村さんは**私立**大学を卒業しました。(Nakamura san wa *shiritsu*-daigaku o sotsugyō shimashita.)
⇨**kokuritsu** 国立 **kōritsu** 公立

shiritsu ⟦n⟧ **private, non-governmental**
¶ Tuition is higher at **private** schools than at national and other public ones.
¶ [Miss] Nakamura graduated from a **private** university.

shiro **白**〘名〗

白のシャツ (*shiro* no shatsu) **白**黒フィルム (*shiro*kuro-firumu)

shiro ⟦n⟧ **white**

a **white** shirt // black-and-**white** film

shiroi **白い**〘形〗

¶山田さんは**白い**シャツを着ています。(Yamada san wa *shiroi* shatsu o kite imasu.)

¶あなたの髪の毛もずいぶん**白く**なりましたね。 (Anata no kaminoke mo zuibun *shiroku* narimashita ne.)

shiroi ⟦adj⟧ **white**

¶ Mr. Yamada is wearing a **white** shirt.

¶ Your hair has turned quite **white** ⟦**gray**⟧ too.

shiru **知る**〘動 I〙

①[わかる]

¶「あなたは日本語を**知っています**か。」(Anata wa Nihongo o *shitte* imasu ka?) 「いいえ，**知りません**。」(Iie, *shirimasen.*)

②[知り合いである]

¶わたしは田中さんをよく**知ってい**ます。 (Watashi wa Tanaka san o yoku *shitte* imasu.)

③[気がつく]

¶あの人はお金を落としたのを**知らず**に行ってしまいました。 (Ano hito wa okane o otoshita no o *shirazu* ni itte shimaimashita.)

shiru ⟦v I⟧ **know; be acquainted with someone; notice, realize**

① [know, be informed of, find out]

¶ "Do you **know** Japanese?"
"No, **I don't.**"

② [be acquainted with someone, know someone]

¶ I **know** [Mr.] Tanaka quite well.

③ [notice, realize, be aware of]

¶ [She] walked on **without noticing** that [she] had dropped some money.

shirushi **印**〘名〗

○印 (maru*jirushi*) ×印 (batsu-*jirushi*) 目印 (me*jirushi*)

¶わからない言葉に**印**をつけて，あとで先生にききます。 (Wakaranai kotoba ni *shirushi* o tsukete, ato de sensei ni kikimasu.)

shirushi ⟦n⟧ **mark, sign**

a circle (used to indicate that an item is correct or chosen) // an *X*, a cross (used to indicate that an item is wrong or not chosen) // mark, sign, landmark, earmark

¶ [I] **mark** the words [I] don't understand and ask the teacher about them later.

shiryō **資料**〘名〗

shiryō ⟦n⟧ **material(s), data**

研究資料 (kenkyū-*shiryō*) 資料を集める (*shiryō* o atsumeru)

¶図書館に行けば，古い時代の資料がたくさんありますよ。(Toshokan ni ikeba, furui jidai no *shiryō* ga takusan arimasu yo.)

research **materials** // collect **data,** gather **material**

¶ If you go to the library, you will find much **material** on olden times.

shisei 姿勢〘名〙

姿勢がいい (*shisei* ga ii) 姿勢が悪い (*shisei* ga warui)

¶楽な姿勢で話を聞いてください。(Raku na *shisei* de hanashi o kiite kudasai.)

shisei ⟦n⟧ **posture, pose, attitude, stance, carriage**

have a fine **posture** // have a poor **posture**

¶ Please **make yourself comfortable** and listen to what I have to say.

shishutsu 支出〘名，～する〙

¶今月は収入が10万円で支出が7万円でしたから，3万円残りました。(Kongetsu wa shūnyū ga jūman'en de *shishutsu* ga nanaman'en deshita kara, sanman'en nokorimashita.)

¶物価が上がって，支出が増えました。(Bukka ga agatte, *shishutsu* ga fuemashita.)

⇔**shūnyū** 収入

shishutsu ⟦n, ~*suru*⟧ **expenditure, expenses, outlay, disbursement**

¶ My income for this month was 100 thousand yen and **my expenditures** 70 thousand yen so I have 30 thousand yen left.

¶ Prices have gone up so **[my] expenses** have increased.

shisō 思想〘名〙

思想家 (*shisō*ka) 社会主義思想 (shakaishugi-*shisō*)

¶この本は日本の近代思想について書いたものです。(Kono hon wa Nihon no kindai-*shisō* ni tsuite kaita mono desu.)

shisō ⟦n⟧ **thought, idea, ideology**

a thinker // socialist **thought**

¶ This book is about modern Japanese **thought.**

shison 子孫〘名〙

¶わたしは子孫に財産を残すつもりはありません。(Watashi wa *shison* ni zaisan o nokosu tsumori wa arimasen.)

shison ⟦n⟧ **a descendant, offspring, posterity**

¶ I do not intend to leave an estate to **my offspring.**

⇔**senzo** 先祖

shita 下〖名〗

①[位置が低い所]

¶テーブルの下にねこがいます。(Tēburu no *shita* ni neko ga imasu.)

②[物の内側]

¶あの人はセーターの下にシャツを3枚も着ています。(Ano hito wa sētā no *shita* ni shatsu o sanmai mo kite imasu.)

③[年齢・地位・程度などが低いこと]

¶田中さんはわたしより三つ下です。(Tanaka san wa watashi yori mittsu *shita* desu.)

¶このクラスは難しすぎるので，下のクラスに入れてください。(Kono kurasu wa muzukashisugiru node, *shita* no kurasu ni irete kudasai.)

⇔**ue** 上

shita ⟦n⟧ **under, below; beneath, underneath; lower, below; the lower part, the bottom; down, downwards**

① [under, below]

¶ There is a cat **under** the table.

② [beneath, underneath]

¶ [He] is wearing three shirts **under** [his] sweater.

③ [lower, below (in age, status, degree, etc.)]

¶ [Mr.] Tanaka is three years **younger** than I am.

¶ This class is too difficult; please put me in a **lower** one.

shita 舌〖名〗

¶「舌を出してみなさい。」と，医者が言いました。(“*Shita* o dashite minasai.” to, isha ga iimashita.)

shita ⟦n⟧ **tongue**

¶ The doctor said, “Put out **your tongue,** please.”

shitagau 従う〖動Ⅰ〗

①[ついて行く]

¶わたしたちは，案内の人に従って工場を見学しました。(Watashitachi wa, annai no hito ni *shitagatte* kōjō o kengaku shimashita.)

②[命令・規則・意見などのとおりにする]

¶あなたの意見に従って，この計画はやめることにしました。(Anata no

shitagau ⟦v I⟧ **follow, accompany; obey, comply with, agree to; in proportion to, according to, as**

① [follow, accompany]

¶ We toured the factory, **following** the guide.

② [obey, comply with, agree to, accept]

¶ **In accordance with** your views, [we] have decided against this pro-

iken ni *shitagatte,* kono keikaku wa yameru koto ni shimashita.)

ject.

¶規則には**従わなければ**なりません。(Kisoku ni wa *shitagawanakereba* narimasen.)

¶ One **must abide** by the rules.

③[一つのことがらが進むにつれて他のことがらが起こることを表す]

③ [in proportion to, according to, as]

¶収入が増えるに**したがって**，税金も多くなります。(Shūnyū ga fueru ni *shitagatte,* zeikin mo ooku narimasu.)

¶ Taxes go up **in proportion to** income.

¶台風が近づくに**したがって**，風が強くなってきました。(Taifū ga chikazuku ni *shitagatte,* kaze ga tsuyoku natte kimashita.)

¶ **As** the typhoon comes closer, the wind has become stronger ⟦**As** the typhoon came closer, the wind became stronger⟧.

*「～にしたがって(～ni shitagatte)」の形で使う。

* Used in the pattern "～ *ni shitagatte.*"

shitagi **下着**〘名〙

shitagi ⟦n⟧ **underwear, underclothes**

¶わたしは毎日**下着**を替えます。(Watashi wa mainichi *shitagi* o kaemasu.)

¶ I put on fresh **underwear** every day.

shitaku **支度**〘名，～する〙

shitaku ⟦n, ～*suru*⟧ **preparations, arrangements**

¶食事の**支度**ができました。(Shokuji no *shitaku* ga dekimashita.)

¶ Dinner ⟦lunch, breakfast⟧ **is ready.**

¶今，出かける**支度**をしているところです。(Ima, dekakeru *shitaku* o shite iru tokoro desu.)

¶ Right now **I'm getting ready** to go out.

shitashii **親しい**〘形〙

shitashii ⟦adj⟧ **close, friendly, intimate**

¶山田さんはわたしの**親しい**友達です。(Yamada san wa watashi no *shitashii* tomodachi desu.)

¶ [Miss] Yamada is a **close** friend of mine.

¶わたしはあの人とはあまり**親しく**していません。(Watashi wa ano hito to wa amari *shitashiku* shite ima-

¶ I am not particularly **close** to [him].

sen.)

-shitsu **-室**〘尾〘

教室 (kyō*shitsu*) 病室 (byō*shitsu*) 寝室 (shin*shitsu*) 温室 (on*shitsu*) 図書室 (tosho*shitsu*) 地下室 (chika*shitsu*)

-shitsu ⟦suf⟧ **room(s)**

a class**room** // a sick**room,** hospital **room,** ward, infirmary // a bed**room** // a green**house** // a library // a basement, an underground **room**

shitsumon **質問**〘名, ～する〙

¶**質問**はありませんか。 (*Shitsumon* wa arimasen ka?)

¶次の**質問**に答えてください。(Tsugi no *shitsumon* ni kotaete kudasai.)

¶**質問**してもよろしいですか。(*Shitsumon* shite mo yoroshii desu ka?)

shitsumon ⟦n, ~*suru*⟧ **question, questioning**

¶ Are there **any questions?**

¶ Please answer the following **questions.**

¶ May I ask **a question?**

shitsurei **失礼**〘名, 形動, ～する〙

①[人の気持ちを不愉快にさせるようなことを言ったりしたりすること]

¶お客様に**失礼**なことをしてはいけませんよ。 (Okyakusama ni *shitsurei* na koto o shite wa ikemasen yo.)

¶人の手紙を黙って読むのは**失礼**です。(Hito no tegami o damatte yomu no wa *shitsurei* desu.)

②[相手にすまないという気持ちを表す]

¶お名前を間違えて**失礼**しました。(Onamae o machigaete *shitsurei* shimashita.)

③[人に何かを尋ねるときの言葉]

¶**失礼**ですが, どなた様でいらっしゃいますか。(*Shitsurei* desu ga, donata sama de irasshaimasu ka?)

* 普通「失礼ですが, …(Shitsurei desu ga, …)」の形で使う。

④[別れるときのあいさつの言葉]

shitsurei ⟦n, adj-v, ~*suru*⟧ **rudeness, impoliteness, discourtesy**

① [rudeness, impoliteness, discourtesy]

¶ One shouldn't **be rude** to a guest ⟦customer⟧.

¶ **It's rude** to read someone else's letters without permission.

② [used to indicate one is sorry]

¶ **I'm very sorry** to have mistaken your name.

③ [used to preface a question to someone]

¶ **Excuse me,** but could I have your name please?

* Usually used in the pattern "*Shitsurei desu ga…*"

④ [used when parting from someone]

¶お先に，**失礼**します。 (Osaki ni, *shitsurei* shimasu.)

¶ Well, **I must be going** now ⟦Good-bye⟧ (literally, **Excuse me** for leaving before you).

shiyō **使用**〘名，～する〙

¶今，この部屋は**使用**できません。(Ima, kono heya wa *shiyō* dekimasen.)

¶現在，新聞などで**使用**されている漢字はどのくらいありますか。(Genzai, shinbun nado de *shiyō* sarete iru kanji wa dono kurai arimasu ka?)

shiyō ⟦n, ~*suru*⟧ **use, employment, application**

¶ This room is not available **for use** at the present time.

¶ About how many *kanji* are presently **in use** in the newspaper and the like?

shizen **自然**〘名〙

¶日本人は**自然**を愛する気持ちが強いです。(Nihonjin wa *shizen* o aisuru kimochi ga tsuyoi desu.)

¶夏休みには都会を離れ，**自然**の中で過ごすことにしています。 (Natsuyasumi ni wa tokai o hanare, *shizen* no naka de sugosu koto ni shite imasu.)

shizen ⟦n⟧ **nature; natural**

¶ The Japanese have a strong love of **nature.**

¶ [I] make it a practice to leave the city and live in the midst of **nature** during [my] summer holidays.

shizen ni **自然に**〘副〙

¶薬をつけなくても，傷は**自然に**治りました。(Kusuri o tsukenakute mo, kizu wa *shizen ni* naorimashita.)

¶日本に住んでいる間に，日本語が**自然に**わかるようになりました。(Nihon ni sunde iru aida ni, Nihongo ga *shizen ni* wakaru yō ni narimashita.)

＊「自然と (shizen to)」という言い方もある。

shizen ni ⟦adv⟧ **naturally, spontaneously, automatically, instinctively, of itself**

¶ The injury ⟦cut, bite, scrape, etc.⟧ healed **by itself** without putting any medication on it.

¶ Comprehension of Japanese **just came to me** while I was living in Japan.

＊ Variant: *shizen to*.

shizuka **静か**〘形動〙

①[うるさい音や声が聞こえない様子]

¶みんな寝てしまって，寮の中は**静か**になりました。 (Minna nete shi-

shizuka ⟦adj-v⟧ **quiet, still; calm, tranquil**

① [quiet, still, silent]

¶ With everyone asleep, the dormi-

matte, ryō no naka wa *shizuka* ni narimashita.)

tory fell **silent.**

¶図書館では，**静か**にしなければなりません。(Toshokan de wa, *shizuka* ni shinakereba narimasen.)

¶ One must **be quiet** in the library.

→urusai うるさい

②[おだやかな様子]

② [calm, tranquil, peaceful]

¶今日は海が**静か**です。(Kyō wa umi ga *shizuka* desu.)

¶ The sea **is calm** today.

¶夕方になって，風が**静か**になりました。(Yūgata ni natte, kaze ga *shizuka* ni narimashita.)

¶ The wind **died down** in the evening ⟦The wind **has died down** from the evening⟧.

shizumu　沈む〖動 I〗

shizumu ⟦v I⟧ **set, go down; sink, be submerged**

①[太陽・月などが地平線などに隠れる]

① [set, go down]

¶日が西に**沈みました**。(Hi ga nishi ni *shizumimashita.*)

¶ The sun **set** in the west.

②[物が水面などから下の方へ動いて見えなくなる]

② [sink, be submerged]

¶台風で船が**沈んで**しまいました。(Taifū de fune ga *shizunde* shimaimashita.)

¶ The ship **sank** in the typhoon.

↔uku 浮く

shōbai　商売〖名，～する〗

shōbai ⟦n, ～*suru*⟧ **trade, business, commerce; occupation, calling, trade**

①[利益を目的として物の売買をすること]

① [trade, business, commerce]

¶田中さんは**商売**が上手です。(Tanaka san wa *shōbai* ga jōzu desu.)

¶ [Mr.] Tanaka has a good head for **business.**

②[仕事，職業]

② [occupation, calling, trade]

¶あの人の**商売**は何ですか。(Ano hito no *shōbai* wa nan desu ka?)

¶ What **line of business** is [he] in?

shōbu　勝負〖名，～する〗

shōbu ⟦n, ～*suru*⟧ **victory or defeat; match, game, contest**

¶その試合はなかなか**勝負**がつきませ

¶ That game ⟦match⟧ could have

んでした。 (Sono shiai wa nakanaka *shōbu* ga tsukimasen deshita.)

gone either way until the very end.

shōchi 承知〘名, ～する〙

①[よく知っていること]

¶そのことは**承知**しています。 (Sono koto wa *shōchi* shite imasu.)

②[他の人の依頼・要求・願いなどを引き受けたり聞き入れたりすること]

¶「この仕事をあしたまでにやってください。」 (Kono shigoto o ashita made ni yatte kudasai.) 「はい，**承知**しました。」 (Hai, *shōchi* shimashita.)

¶父がわたしたちの結婚を**承知**しないので，困っています。 (Chichi ga watashitachi no kekkon o *shōchi* shinai node, komatte imasu.)

shōchi 〚n, ～*suru*〛 **know, be aware of; consent, agree to, accept**

① [know, be aware of]

¶ [I] **am aware** of that.

② [consent, agree to, accept]

¶ "Please have this job done by tomorrow."

"**All right.**"

¶ We have a problem as my father **objects** to our marriage.

shōgakkō 小学校〘名〙

¶あの子供たちは**小学校**の生徒です。 (Ano kodomotachi wa *shōgakkō* no seito desu.)

¶**小学校**の何年生から漢字を習いますか。 (*Shōgakkō* no nannensei kara kanji o naraimasu ka?)

shōgakkō 〚n〛 **elementary school**

¶ Those children are **elementary school** students.

¶ In what grade of **elementary school** do students first study *kanji*?

shōgakusei 小学生〘名〙

¶うちの子はまだ**小学生**です。 (Uchi no ko wa mada *shōgakusei* desu.)

shōgakusei 〚n〛 **pupil in elementary school**

¶ Our child **is** still **in elementary school.**

shō ga nai ☞ **shikata ga nai**

shōgatsu 正月〘名〙

¶母と姉がお**正月**の料理を作っています。 (Haha to ane ga o*shōgatsu* no ryōri o tsukutte imasu.)

＊「1月 (ichigatsu)」の意味であるが，特に1月1日から1月7日ごろまでをさす場合が多い。

shōgatsu 〚n〛 **the New Year, the New Year's holidays; January**

¶ My mother and (older) sister are fixing food for **the New Year's holidays.**

＊ *Shōgatsu* originally had the meaning of January but usually refers to the period of January 1–7.

shōgyō **商業**〘名〙
商業学校 (*shōgyō*-gakkō)
¶大阪は昔から**商業**の盛んな所です。(Oosaka wa mukashi kara *shōgyō* no sakan na tokoro desu.)

shōgyō ⟦n⟧ **commerce, trade, business**
a **commercial** school
¶ Osaka has been an active **commercial** center since ancient times.

shōhin **商品**〘名〙
商品見本 (*shōhin*-mihon)
¶この**商品**は外国から輸入したものです。(Kono *shōhin* wa gaikoku kara yunyū shita mono desu.)

shōhin ⟦n⟧ **commodity, goods, wares, merchandise**
a **trade** sample, sample **ware**
¶ This **merchandise** is imported.

shōjiki **正直**〘名, 形動〙
¶山田さんは**正直**な人です。(Yamada san wa *shōjiki* na hito desu.)
¶うそをつかないで**正直**に話しなさい。 (Uso o tsukanaide *shōjiki* ni hanashinasai.)

shōjiki ⟦n, adj-v⟧ **honest, upright; honestly, frankly**
¶ [Miss] Yamada is an **honest** person.
¶ Tell **the truth** now without any lying.

shōjo **少女**〘名〙
¶わたしは**少女**時代を外国で過ごしました。 (Watashi wa *shōjo*-jidai o gaikoku de sugoshimashita.)
⇔**shōnen** **少年**

shōjo ⟦n⟧ **young girl, girl**
¶ I lived abroad when I was **a young girl.**

shōkai **紹介**〘名, ～する〙
自己**紹介** (jiko-*shōkai*) **紹介**状 (*shōkai*jō)
¶山田さんは, わたしを田中さんに**紹介**してくれました。(Yamada san wa, watashi o Tanaka san ni *shōkai* shite kuremashita.)
¶みなさんに御**紹介**します。こちらが田中さんです。(Minasan ni go*shōkai* shimasu. Kochira ga Tanaka san desu.)

shōkai ⟦n, ~*suru*⟧ **introduction**
a self-**introduction** // a letter of **introduction**
¶ [Mr.] Yamada **introduced** me to [Mr.] Tanaka.
¶ I'd like **to introduce someone** to all of you now. This is [Mrs.] Tanaka.

shōko **証拠**〘名〙
¶あの人がお金を盗んだという**証拠**が

shōko ⟦n⟧ **evidence, proof**
¶ Is there **any proof** that [he] stole

ありますか。(Ano hito ga okane o nusunda to iu *shōko* ga arimasu ka?)

the money?

¶御飯が食べられないというのは，どこか体が悪い**証拠**です。(Gohan ga taberarenai to iu no wa, doko ka karada ga warui *shōko* desu.)

¶ Your not being able to eat is **an indication** that something is physically wrong with you.

shokubutsu **植物**〘名〙

shokubutsu ⟦n⟧ **plant, plant life, vegetation**

植物園 (*shokubutsu*en)　高山**植物** (kōzan-*shokubutsu*)

botanical garden(s) // alpine **plant(s)**

¶この山にはいろいろな種類の**植物**が生えています。(Kono yama ni wa iroiro na shurui no *shokubutsu* ga haete imasu.)

¶ Many different **plants** are growing on this mountain.

shokudō **食堂**〘名〙

shokudō ⟦n⟧ **dining hall; restaurant, eating place**

①[食事をする部屋]

① [dining hall, dining room, cafeteria]

¶台所の隣に**食堂**があります。(Daidokoro no tonari ni *shokudō* ga arimasu.)

¶ **The dining room** is next to the kitchen.

②[食事をする店]

② [restaurant, eating place, diner]

¶学校の近くにある**食堂**は，いつも学生でいっぱいです。(Gakkō no chikaku ni aru *shokudō* wa, itsu mo gakusei de ippai desu.)

¶ **Eating places** near a school are always filled with students.

shokugyō **職業**〘名〙

shokugyō ⟦n⟧ **occupation, calling, trade**

¶あの人の**職業**は何ですか。(Ano hito no *shokugyō* wa nan desu ka?)

¶ What **does** [he] **do?**

＊「職業を探す (shokugyō o sagasu)」「職業を失う (shokugyō o ushinau)」は普通「職を探す (shoku o sagasu)」「職を失う (shoku o ushinau)」と言う。

＊ *Shokugyō o sagasu* (look for a job, seek employment) and *shokugyō o ushinau* (lose one's job, be put out of work) are shortened to *shoku o sagasu* and *shoku o ushinau*.

shokuji **食事**〘名, ～する〙

shokuji ⟦n, ～*suru*⟧ **meal, dinner; have a meal, dine**

食事代 (*shokuji*dai) — board, **eating** expenses

¶わたしは毎朝７時に**食事**をします。(Watashi wa maiasa shichiji ni *shokuji* o shimasu.)

¶ I **eat breakfast** every morning at seven o'clock.

¶今晩，わたしは**食事**に招かれています。(Konban, watashi wa *shokuji* ni manekarete imasu.)

¶ I have been invited out **for dinner** tonight.

shokuryō **食料**〘名〙

shokuryō ⟦n⟧ **food, foodstuffs, provisions**

食料品 (*shokuryō*hin) — **food,** an article of **food, groceries**

¶いつも日曜日に１週間分の**食料**を買っておきます。(Itsu mo nichiyōbi ni isshūkanbun no *shokuryō* o katte okimasu.)

¶ I always buy a week's **groceries** on Sunday.

¶このデパートの**食料**品売り場は，いつも人でいっぱいです。(Kono depāto no *shokuryō*hin-uriba wa, itsu mo hito de ippai desu.)

¶ The **food** floor of this department store is always crowded.

shōkyokuteki **消極的**〘形動〙

shōkyokuteki ⟦adj-v⟧ **negative, passive**

¶彼はたいへん**消極的**で，自分からはあまり意見を言いません。(Kare wa taihen *shōkyokuteki* de, jibun kara wa amari iken o iimasen.)

¶ He **is** very **passive** and rarely states a personal opinion.

⇔**sekkyokuteki** **積極的**

shōmei **証明**〘名，〜する〙

shōmei ⟦n, *~suru*⟧ **proof, evidence, corroboration**

証明書 (*shōmei*sho)　身分**証明**書 (mibun-*shōmei*sho) — a certificate, diploma // an identification card, identification papers

¶わたしがそこにいなかったことは，山田さんが**証明**してくれます。(Watashi ga soko ni inakatta koto wa, Yamada san ga *shōmei* shite kuremasu.)

¶ [Mr.] Yamada **will confirm** that I wasn't there.

shōmen **正面**〘名〙

shōmen ⟦n⟧ **the front, the front part, face, facade**

¶**正面**から撮ったあなたの写真を送ってください。(*Shōmen* kara totta

¶ Please send a **full-face** photograph.

anata no shashin o okutte kudasai.)

¶正面に見える高い建物がわたしの会社です。(*Shōmen* ni mieru takai tatemono ga watashi no kaisha desu.)

¶ The tall building you can see **in front of you** is my office.

shōnen 少年〘名〙

shōnen ⟦n⟧ **a boy, a youth**

¶わたしがまだ少年だったころ，よくこの川で魚を捕って遊びました。(Watashi ga mada *shōnen* datta koro, yoku kono kawa de sakana o totte asobimashita.)

¶ When I was still **a boy,** [we] often went fishing in this river.

⇔**shōjo** 少女

shōrai 将来〘名〙

shōrai ⟦n⟧ **the future, in time, some time**

¶あなたは将来何になるつもりですか。(Anata wa *shōrai* nani ni naru tsumori desu ka?)

¶ What do you want to be **when you grow up?**

¶わたしたちは将来の希望について話し合いました。(Watashitachi wa *shōrai* no kibō ni tsuite hanashiaimashita.)

¶ We talked about our hopes for **the future.**

shorui 書類〘名〙

shorui ⟦n⟧ **document(s), paper(s)**

¶あしたの会議に必要な書類を作りました。(Ashita no kaigi ni hitsuyō na *shorui* o tsukurimashita.)

¶ [I] prepared **the papers** necessary for the meeting tomorrow.

¶机の上にある書類を整理しておいてください。(Tsukue no ue ni aru *shorui* o seiri shite oite kudasai.)

¶ Please put **the papers** on the desk in order.

shōryaku 省略〘名，～する〙

shōryaku ⟦n, *~suru*⟧ **abbreviation, omission, abridgment**

以下省略 (ika *shōryaku*)

the rest **has been omitted**

¶どうしてそうなったかという説明は省略して，結論だけ言います。(Dōshite sō natta ka to iu setsumei wa *shōryaku* shite, ketsuron dake

¶ **I will pass over** an explanation of why it turned out that way and only state my conclusions.

iimasu.)

shōsetsu 小説〔名〕

長編小説 (chōhen-*shōsetsu*) 短編小説 (tanpen-*shōsetsu*) 歴史小説 (rekishi-*shōsetsu*) 推理小説 (suiri-*shōsetsu*) 小説家 (*shōsetsu*ka)

¶ゆうべは宿題をやらないで，小説を読んでいました。(Yūbe wa shukudai o yaranaide, *shōsetsu* o yonde imashita.)

¶わたしは父の一生を小説に書きたいと思っています。 (Watashi wa chichi no isshō o *shōsetsu* ni kakitai to omotte imasu.)

shōsetsu ⟦n⟧ **novel, story, fiction**

a full-length **novel** // a short **story** // an historical **novel** // detective **fiction** // **a novelist**

¶ [I] didn't do [my] homework last night but read **a novel** instead.

¶ I would like to write about my father's life in **the form of a novel.**

shōtai 招待〔名，～する〕

招待状 (*shōtai*jō) 招待を受ける (*shōtai* o ukeru)

¶今晩の食事に山田さんを招待しましょう。 (Konban no shokuji ni Yamada san o *shōtai* shimashō.)

¶わたしは田中さんの結婚式に招待されました。(Watashi wa Tanaka san no kekkonshiki ni *shōtai* saremashita.)

⇨maneku 招く

shōtai ⟦n, ~*suru*⟧ **invitation**

(written) **invitation** // receive **an invitation**

¶ **Let's invite** [Miss] Yamada to dinner tonight.

¶ I received **an invitation** to [Mr.] Tanaka's wedding.

shōten 商店〔名〕

商店街 (*shōten*gai)

¶この通りは商店がたくさんあって，いつもにぎやかです。 (Kono toori wa *shōten* ga takusan atte, itsu mo nigiyaka desu.)

¶この辺りの商店は毎週月曜日が休みです。(Kono atari no *shōten* wa maishū getsuyōbi ga yasumi desu.)

shōten ⟦n⟧ **store, shop**

a **shopping** street, a **shopping** district

¶ This street has lots of **shops** and is always bustling.

¶ **The shops** around here are closed every Monday.

shōtotsu 衝突〘名, ～する〙

①[車などが強くぶつかること]

¶バスとタクシーが**衝突**して，けが人が出ました。(Basu to takushii ga *shōtotsu* shite, keganin ga demashita.)

②[立場・意見などが激しく対立すること]

¶親と意見が**衝突**して，田中さんは家を出ていきました。(Oya to iken ga *shōtotsu* shite, Tanaka san wa ie o dete ikimashita.)

shōtotsu 〚n, ～*suru*〛 **collision; conflict, clash**

① [collision]

¶ A bus and taxi **collided** and some persons were injured.

② [conflict, clash, discord]

¶ [Mr.] Tanaka **fought** with [his] parents and moved out.

shōwa 昭和〘名〙

¶**昭和**50年は西暦1975年です。(*Shōwa* gojūnen wa seireki senkyūhyaku-nanajūgonen desu.)

¶わたしは**昭和**30年に生まれました。(Watashi wa *Shōwa* sanjūnen ni umaremashita.)

shōwa 〚n〛 **Showa;** the name given to the era beginning in 1926

¶ **Showa** 50 equals 1975.

¶ I was born in **Showa** 30 (1955).

shōyu しょう油〘名〙

¶焼いた魚に**しょう油**をかけて食べました。(Yaita sakana ni *shōyu* o kakete tabemashita.)

shōyu 〚n〛 **soy sauce**

¶ [I] put **soy sauce** on the grilled fish before eating it.

shuchō 主張〘名, ～する〙

¶わたしの**主張**は間違っているでしょうか。(Watashi no *shuchō* wa machigatte iru deshō ka?)

¶あの人は自分の考えばかりを**主張**して，ほかの人の意見を聞きません。(Ano hito wa jibun no kangae bakari o *shuchō* shite, hoka no hito no iken o kikimasen.)

shuchō 〚n, ～*suru*〛 **one's opinion, one's point; insist, assert, claim, stress, advocate**

¶ Is my **view** on this wrong?

¶ [He] only **pushes forward** [his] own views without listening to those of anyone else.

shūchū 集中〘名, ～する〙

集中講義 (*shūchū*-kōgi)

shūchū 〚n, ～*suru*〛 **concentration; concentrated, intensive**

an **intensive** course

¶日本の人口の約10パーセントが**東京に集中**しています。 (Nihon no jinkō no yaku jippāsento ga Tōkyō ni *shūchū* shite imasu.)

¶ Approximately 10 percent of the population of Japan **is concentrated** in Tokyo.

shudan 手段〘名〙

shudan ⟦n⟧ **way, means, measure**

¶目的はたいへんいいが，**手段**が問題です。 (Mokuteki wa taihen ii ga, *shudan* ga mondai desu.)

¶ It is a very worthy end but there is a problem with **the means** being used ⟦that you plan to use⟧.

¶科学は平和を実現する**手段**として用いなければなりません。(Kagaku wa heiwa o jitsugen suru *shudan* to shite mochiinakereba narimasen.)

¶ Science must be utilized as **a means** of achieving peace.

-shugi -主義〘尾〙

-shugi ⟦suf⟧ **-ism, principle, doctrine**

民主**主義** (minshu*shugi*) 自由**主義** (jiyū*shugi*) 共産**主義** (kyōsan*shugi*) 社会**主義** (shakai*shugi*)

democra**cy** // liberal**ism** // commu**nism** // social**ism**

shūgō 集合〘名，〜する〙

shūgō ⟦n, *~suru*⟧ **gathering, meeting, assembly**

集合時間 (*shūgō*-jikan) **集合**場所 (*shūgō*-basho)

rendezvous time // **rendezvous** point

¶あした，8時に駅に**集合**してください。(Ashita, hachiji ni eki ni *shūgō* shite kudasai.)

¶ Please **assemble** at the station tomorrow at eight o'clock.

shūi 周囲〘名〙

shūi ⟦n⟧ **circumference, surroundings, environs**

¶この湖の**周囲**は約20キロあります。(Kono mizuumi no *shūi* wa yaku nijikkiro arimasu.)

¶ **The circumference** of this lake is about 20 kilometers.

¶この村は**周囲**を山に囲まれています。(Kono mura wa *shūi* o yama ni kakomarete imasu.)

¶ This village **is surrounded** by mountains ⟦hills⟧.

shujin 主人〘名〙

shujin ⟦n⟧ **husband; master; proprietor, landlord, employer**

①[夫]

① [husband]

¶「御**主人**はいらっしゃいますか。」(Go*shujin* wa irasshaimasu ka?)
「**主人**はちょっと出かけております。」

¶ "Is **your husband** there?"
"No, **he**'s out right now."

(*Shujin* wa chotto dekakete orimasu.)

＊他人に話す場合，自分の夫のことを「主人（shujin）」と言い，他人の夫のことを「御主人（goshujin）」と言う。

→otto 夫

＊When talking with others, one refers to one's own husband as *shujin* and to someone else's husband as *goshujin*.

②［飼い主］

¶あの犬は，毎日駅まで**主人**を迎えに行きます。（Ano inu wa, mainichi eki made *shujin* o mukae ni ikimasu.）

② [master]

¶ That dog goes to the station every day to meet **its master.**

③［店主］

¶旅館の**主人**が玄関でわたしたちを迎えてくれました。（Ryokan no *shujin* ga genkan de watashitachi o mukaete kuremashita.）

③ [proprietor, landlord, employer]

¶ **The proprietor** of the Japanese inn greeted us in the entryway.

shujutsu　手術〖名，〜する〗

¶去年，わたしは胃の**手術**を受けました。（Kyonen, watashi wa i no *shujutsu* o ukemashita.）

¶この病気は**手術**しなければ治りません。（Kono byōki wa *shujutsu* shinakereba naorimasen.）

shujutsu ⟦n, ~*suru*⟧ **operation, surgery**

¶ I had a stomach **operation** last year.

¶ This disorder requires **surgery**.

shūkaku　収穫〖名，〜する〗

¶今年の麦の**収穫**は予想以上でした。（Kotoshi no mugi no *shūkaku* wa yosō ijō deshita.）

¶この国では1年に2度米が**収穫**できます。（Kono kuni de wa ichinen ni nido kome ga *shūkaku* dekimasu.）

shūkaku ⟦n, ~*suru*⟧ **harvest, crop, yield**

¶ This year's wheat ⟦barley⟧ **crop** surpassed expectation.

¶ Rice yields two **crops** a year in this country.

shūkan　習慣〖名〗

¶国によって**習慣**が違います。（Kuni ni yotte *shūkan* ga chigaimasu.）

shūkan ⟦n⟧ **custom, convention, habit, practice**

¶ **Customs** differ from country to country.

¶わたしは夜遅くまで起きているのが習慣になってしまいました。(Watashi wa yoru osoku made okite iru no ga *shūkan* ni natte shimaimashita.)

¶ I have gotten into **the habit** of staying up late at night.

-shūkan -週間〘尾〙

-shūkan ⟦suf⟧ **a week**

¶1 週間は7日です。(Is*shūkan* wa nanoka desu.)

¶ One **week** is seven days.

¶日本語の授業は1週間に何時間ありますか。(Nihongo no jugyō wa is*shūkan* ni nanjikan arimasu ka?)

¶ How many hours **a week** is Japanese class?

shukanteki 主観的〘形動〙

shukanteki ⟦adj-v⟧ **subjective**

主観的な見方 (*shukanteki* na mikata)

a **subjective** outlook

¶あの人の考えは主観的すぎます。(Ano hito no kangae wa *shukanteki*sugimasu.)

¶ [His] thinking is too **subjective.**

⇔**kyakkanteki** 客観的

shukudai 宿題〘名〙

shukudai ⟦n⟧ **homework, assignment**

¶山田先生は毎日宿題を出します。(Yamada sensei wa mainichi *shukudai* o dashimasu.)

¶ Professor Yamada assigns **homework** every day.

¶宿題をやってくるのを忘れました。(*Shukudai* o yatte kuru no o wasuremashita.)

¶ [I] forgot to do **[my] homework.**

shūkyō 宗教〘名〙

shūkyō ⟦n⟧ **religion**

宗教家 (*shūkyō*ka)

a person **of the cloth** (a priest, nun, minister, etc.), **religious** leader, scholar of **religion**

¶あなたが信じている宗教は何ですか。(Anata ga shinjite iru *shūkyō* wa nan desu ka?)

¶ What **religion** do you belong to?

shumi 趣味〘名〙

shumi ⟦n⟧ **hobby, interest, liking, taste**

¶あなたの趣味は何ですか。(Anata no *shumi* wa nan desu ka?)

¶ What are your **hobbies?**

¶わたしの趣味はレコードを聞くこと

¶ My **hobby** is listening to records.

です。 (Watashi no *shumi* wa rekōdo o kiku koto desu.)

shūnyū **収入**〖名〗

収入が多い (*shūnyū* ga ooi) **収入**が少ない (*shūnyū* ga sukunai)

¶わたしの1か月の**収入**は10万円です。 (Watashi no ikkagetsu no *shūnyū* wa jūman'en desu.)

¶あなたはその**収入**で生活ができますか。 (Anata wa sono *shūnyū* de seikatsu ga dekimasu ka?)

⇔**shishutsu 支出**

shūnyū ⟦n⟧ **income, earnings, revenue**

have a large **income** // have a small **income**

¶ My monthly **income** is a hundred thousand yen.

¶ Can you live on that **income?**

shuppan **出版**〖名, ～する〗

出版社 (*shuppan*sha)

¶中村さんの書いた小説が**出版**されることになりました。 (Nakamura san no kaita shōsetsu ga *shuppan* sareru koto ni narimashita.)

shuppan ⟦n, *~suru*⟧ **publication, publishing**

a **publishing** company

¶ [Mrs.] Nakamura's novel has been chosen **for publication.**

shuppatsu **出発**〖名, ～する〗

¶**出発**の日は3月30日に決まりました。 (*Shuppatsu* no hi wa sangatsu sanjūnichi ni kimarimashita.)

¶6時に**出発**しますから, 遅れないようにしてください。 (Rokuji ni *shuppatsu* shimasu kara, okurenai yō ni shite kudasai.)

⇔**tōchaku 到着**

shuppatsu ⟦n, *~suru*⟧ **departure, starting out**

¶ The **departure** date has been fixed at March 30.

¶ **[We]'re leaving** at six o'clock—please don't be late.

shūri **修理**〖名, ～する〗

修理代 (*shūri*dai)

¶時計が壊れたので, **修理**に出しました。 (Tokei ga kowareta node, *shūri* ni dashimashita.)

¶これを**修理**するには, 1週間ぐらいかかりますよ。 (Kore o *shūri* suru

shūri ⟦n, *~suru*⟧ **repairs, mending**

a **repair** charge

¶ As [my] watch ⟦clock⟧ was broken I took it **to be repaired.**

¶ It will take about a week **to repair** this.

ni wa, isshūkan gurai kakarimasu yo.)

shurui 種類〖名〗

¶この山にはいろいろな**種類**の鳥がいます。(Kono yama ni wa iroiro na *shurui* no tori ga imasu.)

¶りんごにも**種類**がたくさんあります。(Ringo ni mo *shurui* ga takusan arimasu.)

shurui ⟦n⟧ **kind, sort, type**

¶ There are many different **sorts** of birds on this mountain.

¶ There are many different **kinds** of apples, too.

shushō 首相〖名〗

¶次の**首相**にはだれがなるでしょう。(Tsugi no *shushō* ni wa dare ga naru deshō?)

shushō ⟦n⟧ **prime minister, premier**

¶ [I] wonder who the next **prime minister** will be.

shūshoku 就職〖名, ～する〗

¶おじが**就職**の世話をしてくれました。(Oji ga *shūshoku* no sewa o shite kuremashita.)

¶わたしは卒業したら, 銀行に**就職**するつもりです。(Watashi wa sotsugyō shitara, ginkō ni *shūshoku* suru tsumori desu.)

shūshoku ⟦n, *~suru*⟧ **looking for employment, finding employment**

¶ My uncle helped me **find a job.**

¶ I want **to work** in a bank after graduation.

shūshū 収集〖名, ～する〗

¶弟は珍しい切手の**収集**をしています。(Otōto wa mezurashii kitte no *shūshū* o shite imasu.)

¶海岸へ行って, いろいろな貝を**収集**してきました。(Kaigan e itte, iroiro na kai o *shūshū* shite kimashita.)

shūshū ⟦n, *~suru*⟧ **collection, collecting**

¶ My younger brother **collects** rare stamps.

¶ [I] **gathered** various seashells at the shore.

shusseki 出席〖名, ～する〗

出席者 (*shusseki*sha) **出席**簿 (*shusseki*bo) **出席**が悪い (*shusseki* ga warui)

¶**出席**を取りますから, 返事をしてください。(*Shusseki* o torimasu kara,

shusseki ⟦n, *~suru*⟧ **attendance, presence**

persons **attending,** those **present** // a **roll** book // have a poor **attendance** record

¶ I'm going to take **the roll** now;

henji o shite kudasai.)

¶あしたの会議に**出席**しますか。(Ashita no kaigi ni *shusseki* shimasu ka?)

⇔**kesseki 欠席**

shūten　終点〘名〙

¶わたしはこの電車で**終点**まで行きます。(Watashi wa kono densha de *shūten* made ikimasu.)

¶この線は東京が**終点**です。(Kono sen wa Tōkyō ga *shūten* desu.)

shuto　首都〘名〙

¶日本の**首都**は東京です。(Nippon no *shuto* wa Tōkyō desu.)

sō　そう〘副〙

①[話し相手の行動の様子などをさし示す]

¶**そう**急いでも,汽車にはもう間に合いませんよ。(*Sō* isoide mo, kisha ni wa mō maniaimasen yo.)

¶**そう**あわてては, 転びますよ。(*Sō* awatete wa, korobimasu yo.)

②[ものごとの状態について話し相手などが考えている程度をさし示す]

¶この小説は**そう**おもしろくないです。(Kono shōsetsu wa *sō* omoshiroku nai desu.)

¶今日はお金が**そう**ないから, 買い物はしないことにしましょう。(Kyō wa okane ga *sō* nai kara, kaimono wa shinai koto ni shimashō.)

* あとに打ち消しの言葉が来る。話し相手または広く人々が期待したり予想したりしている程度には達していない

please answer when I call your name.

¶ **Will you be attending** tomorrow's meeting?

shūten ⟦n⟧ **terminus, end of the line**

¶ I take this train to **the end of the line.**

¶ This line **ends** at Tokyo Station.

shuto ⟦n⟧ **capital, capital city, metropolis**

¶ **The capital** of Japan is Tokyo.

sō ⟦adv⟧ **so, like that, that way**

① [so, like that, that way; used concerning the actions of the listener]

¶ Even hurrying **like that,** you won't be able to catch the train.

¶ Don't rush around **so**—you'll fall down.

② [so, so much; used concerning the thinking of the listener]

¶ This novel isn't **all that** interesting.

¶ I don't have **all that** much money with me today; let's not go shopping.

* Followed by the negative. Used when expressing the idea that something isn't as much as the listener or

という意味を表すときに使う。

as people in general might think.

③[文脈の上で話し相手の言ったものごとをさし示したり前に述べて話し相手にわかっているものごとの状態をさし示したりする]

③ [so, that; indicates something that has been talked about by the listener or already mentioned and understood by the listener]

¶「失礼ですが，中村さんでいらっしゃいますか。」(Shitsurei desu ga, Nakamura san de irasshaimasu ka?) 「はい，**そう**です。」(Hai, *sō* desu.)

¶ "Pardon me, but would you be [Mr.] Nakamura?"
"Yes, **that's right.**"

¶「山田さんは病気だそうです。」(Yamada san wa byōki da sō desu.) 「**そう**ですか。」(*Sō* desu ka.)

¶ "I heard that [Miss] Yamada is ill."
"Is **that so?**"

¶「伊豆の海岸は水もきれいだし，波も静かです。」(Izu no kaigan wa mizu mo kirei da shi, nami mo shizuka desu.) 「**そう**いう海岸なら，わたしも行ってみたいです。」(*Sō*iu kaigan nara, watashi mo itte mitai desu.)

¶ "The sea is calm and the water clean along the Izu coast."
"I'd like to go to **that sort** of place."

⇨**kō こう ā ああ dō どう**

soba そば〖名〗

soba 〚n〛 **beside; near, in the vicinity**

¶机の**そば**に本箱があります。(Tsukue no *soba* ni honbako ga arimasu.)

¶ There is a bookcase **next to** the desk.

¶わたしはいつも辞書を**そば**に置いて勉強しています。(Watashi wa itsu mo jisho o *soba* ni oite benkyō shite imasu.)

¶ I always study with a dictionary **at my side.**

soba そば〖名〗

soba 〚n〛 ***soba,* buckwheat noodles**

¶昼御飯はお**そば**にしました。(Hirugohan wa o*soba* ni shimashita.)

¶ [I] had ***soba*** for lunch.

¶この**そば**屋で**そば**を食べましょう。(Kono *soba*ya de *soba* o tabemashō.)

¶ Let's have ***soba*** at this ***soba*** shop.

sobo 祖母〖名〗

sobo 〚n〛 **one's grandmother**

¶あなたのおばあさんとわたしの**祖母**は，昔同じ学校に行っていたのだそうですね。(Anata no obāsan to watashi no *sobo* wa, mukashi onaji gakkō ni itte ita no da sō desu ne.)

¶ I hear that your grandmother and **my grandmother** long ago once went to the same school.

⇔**sofu** 祖父　⇨**obāsan** おばあさん

sochira　**そちら**〖代〗

sochira 〚pron〛 **there, over there; your place; that person; that one, the other one; you, your family**

①[話し手にとって少し隔たりのある関係にある方向をさし示す]

① [there, over there; indicates a place somewhat separated from the speaker]

¶**そちら**を見ないで，こちらを見てください。(*Sochira* o minaide, kochira o mite kudasai.)

¶ Please look here, not **there.**

¶もう少し**そちら**へおつめください。(Mō sukoshi *sochira* e otsume kudasai.)

¶ Please move a little more in **that direction.**

¶「エレベーターはどこにありますか。」(Erebētā wa doko ni arimasu ka?)
「**そちら**の方でございます。」(*Sochira* no hō de gozaimasu.)

¶ "Where is the elevator?"
"It is **over there.**"

＊話し手にとって少し隔たりのある関係にある方向は，話し相手に対しては身近な関係にある方向である場合が多い。したがって，話し相手に身近な関係にある方向をさす場合が多い。

* In many cases a place somewhat separated from the speaker is close to the listener. Therefore *sochira* frequently indicates a direction or place close to the listener.

②[話し相手に対して身近な関係にある方向に存在する所などをさし示す]

② [your place; refers to a place, etc., physically close to the listener]

¶こちらはもう桜が咲いていますが，**そちら**はまだ寒いでしょうね。(Kochira wa mō sakura ga saite imasu ga, *sochira* wa mada samui deshō ne.)

¶ The cherry blossoms are already out here but it must still be cold **there where you are.**

＊話し相手に対して身近な関係にある方向は話し手にとっては少し隔たりの

* Used for a place or direction close for the listener but somewhat far for

ある関係にある方向になる。例えば，東京にいる人が北海道にいる人に対して言う場合には北海道のことについては，「あちら (achira)」とは言わないで「そちら (sochira)」と言う。

the speaker. For example, someone in Tokyo speaking to someone in Hokkaido will refer to Hokkaido as *sochira* and not as *achira*.

③[話し相手に身近な関係にある方向にいる人をさし示す]

③ [that person; used to refer to a person close to the listener]

¶こちらは中村さんで，**そちら**が山田さんです。(Kochira wa Nakamura san de, *sochira* ga Yamada san desu.)

¶ This is [Miss] Nakamura and **that** is [Miss] Yamada.

*「そちらの方 (sochira no kata)」とも言う。

* Variant: *sochira no kata*.

④[話し相手に身近な関係にある方向に存在するものごとをさし示す]

④ [that one, the other one; indicates something close to the listener]

¶わたしはこちらの万年筆より**そちら**のほうがいいです。 (Watashi wa kochira no mannenhitsu yori *sochira* no hō ga ii desu.)

¶ I prefer **that fountain pen** to this one.

⑤[話し相手をさし示す]

⑤ [you, your family, your side; indicates the listener and those associated with the listener]

¶このことについて，**そちら**の御意見はいかがでしょうか。(Kono koto ni tsuite, *sochira* no goiken wa ikaga deshō ka?)

¶ What is **your** opinion concerning this matter?

＊「そっち (sotchi)」とも言うが，「そちら (sochira)」のほうが丁寧な言葉である。

＊ *Sotchi* is also used but *sochira* is more polite.

⇨**kochira こちら　achira あちら　dochira どちら**

sō da　そうだ〖助動〗

sō da 〚auxil〛 **they say, I hear; seem, appear, look like; threaten to, be likely to**

①[ほかの人などから聞いて知ったという意味を表す]

① [they say, I hear]

¶天気予報によると，あしたは雨が降る**そうです**。 (Tenki-yohō ni yoru

¶ The weather report **says** we will have rain tomorrow.

to, ashita wa ame ga furu *sō desu.*)

¶息子がお世話になった**そうで**，ありがとうございます。 (Musuko ga osewa ni natta *sō de,* arigatō gozaimasu.)

¶ **I understand** that you have done a lot for my son. Thank you very much.

¶上田さんは最近忙しい**そうです**。 (Ueda san wa saikin isogashii *sō desu.*)

¶ **I hear** that [Mr.] Ueda has been quite busy recently.

¶田中さんは病気だ**そうです**。 (Tanaka san wa byōki da *sō desu.*)

¶ **I hear** that [Mrs.] Tanaka is ill.

②[現在そのように見えるという意味を表す]

② [seem, appear, look like]

¶このお菓子はおいし**そうです**ね。 (Kono okashi wa oishi*sō desu* ne.)

¶ These sweets ⟦cakes, candies, etc.⟧ **look** good, don't they?

¶心配**そうな**顔をしていますね。どうしたんですか。(Shinpai*sō na* kao o shite imasu ne. Dō shita n desu ka?)

¶ **You look** worried. Is something wrong?

¶このナイフはよく切れ**そうです**ね。 (Kono naifu wa yoku kire*sō desu* ne.)

¶ This knife **looks** sharp.

* 形容詞・形容動詞，状態を表す動詞などにつく。ただし形容詞「よい (yoi)」「ない (nai)」につく場合は，それぞれ「よさそうだ (yosasō da)」「なさそうだ (nasasō da)」の形になる。「このネクタイがよさそうですから，これを買いましょう。」(Kono nekutai ga yosasō desu kara, kore o kaimashō.)「その映画はあまりおもしろくなさそうです。」(Sono eiga wa amari omoshiroku nasasō desu.)

* Added to adjectives, adjective-verbs, verbs expressing conditions, etc. When added to the adjectives *yoi* and *nai*, the resulting forms are *yosasō da* and *nasasō da*, as in "*Kono nekutai ga yosasō desu kara, kore o kaimashō*" (This tie looks nice—let's buy it) and "*Sono eiga wa amari omoshiroku nasasō desu*" (That movie doesn't look very interesting).

③[今にもそのようになる様子だという意味を表す]

③ [threaten to, be likely to]

¶雨(あめ)が降(ふ)りそうな天気(てんき)ですね。(Ame ga furisō *na* tenki desu ne.)

¶ **It looks like** rain, doesn't it?

¶わたしは病気(びょうき)で死(し)にそうになったことがあります。(Watashi wa byōki de shinisō *ni* natta koto ga arimasu.)

¶ I was once so sick that I was **on the point of** death.

＊ 丁寧に言う場合 「そうです (sō desu)」となる。

＊ *Sō desu* is used instead of *sō da* when speaking politely.

sōdan **相談**(そうだん)〘名, ～する〙

sōdan ⟦n, ~*suru*⟧ **consultation, conference, talk**

¶あなたに**相談**(そうだん)があるんですが…。(Anata ni *sōdan* ga aru n desu ga...)

¶ There is something I would like **to talk** with you about.

¶父(ちち)と**相談**(そうだん)してから, 決(き)めたいと思(おも)います。(Chichi to *sōdan* shite kara, kimetai to omoimasu.)

¶ I want **to consult** with my father before deciding.

sodateru **育(そだ)てる**〘動Ⅱ〙

sodateru ⟦v II⟧ **bring up, raise, rear**

¶母(はは)が一人(ひとり)でわたしたちを**育(そだ)てて**くれました。(Haha ga hitori de watashitachi o *sodatete* kuremashita.)

¶ My mother **brought** us **up** all by herself.

¶父(ちち)は菊(きく)の花(はな)を大事(だいじ)に**育(そだ)てて**います。(Chichi wa kiku no hana o daiji ni *sodatete* imasu.)

¶ My father carefully **tends to** his chrysanthemums.

sodatsu **育(そだ)つ**〘動Ⅰ〙

sodatsu ⟦v I⟧ **grow up, be brought up, be raised**

¶わたしは東京(とうきょう)で生(う)まれ, 東京(とうきょう)で**育(そだ)ちました**。(Watashi wa Tōkyō de umare, Tōkyō de *sodachimashita.*)

¶ I was born and **raised** in Tokyo.

¶寒(さむ)い所(ところ)では, みかんは**育(そだ)ちません**。(Samui tokoro de wa, mikan wa *sodachimasen.*)

¶ Mandarin oranges **can't be grown** in a cold climate.

sode **そで**〘名〙

sode ⟦n⟧ **sleeve**

半(はん)**そで** (han*sode*)　長(なが)**そで** (naga*sode*)

short **sleeves,** short-**sleeved** // long **sleeves,** long-**sleeved**

¶手(て)を洗(あら)っている時(とき), シャツの**そで**がぬれてしまいました。(Te o aratte

¶ [My] shirt **sleeves** got wet when [I] washed [my] hands.

iru toki, shatsu no *sode* ga nurete shimaimashita.)

soeru 添(そ)える〔動II〕 — **soeru** ⟦v II⟧ **add, attach, accompany**

¶手紙(てがみ)に写真(しゃしん)を**添(そ)えて**送(おく)りました。(Tegami ni shashin o *soete* okurimashita.)

¶ [I] **enclosed** a photograph in [my] letter.

¶贈(おく)り物(もの)に花(はな)を**添(そ)えて**, 秋子(あきこ)さんに上(あ)げました。(Okurimono ni hana o *soete*, Akiko san ni agemashita.)

¶ [I] gave flowers to Akiko **along with** a present.

sofu 祖父(そふ)〔名〕 — **sofu** ⟦n⟧ **one's grandfather**

¶わたしの**祖父(そふ)**は今年(ことし)８０歳(はちじっさい)ですが, 今(いま)でもとても元気(げんき)です。(Watashi no *sofu* wa kotoshi hachijissai desu ga, ima demo totemo genki desu.)

¶ My **grandfather** is 80 years old this year, but he's still quite vigorous.

⇔**sobo** 祖母(そぼ) ⇨**ojiisan** おじいさん

sōgō 総合(そうごう)〔名, ～する〕 — **sōgō** ⟦n, *～suru*⟧ **all-around, overall, comprehensive, synthetic**

総合病院(そうごうびょういん) (*sōgō*-byōin) **総合**大学(そうごうだいがく) (*sōgō*-daigaku) **総合**雑誌(そうごうざっし) (*sōgō*-zasshi)

a **general** hospital // a university // a **general** magazine

¶今(いま)までに出(で)た意見(いけん)を**総合(そうごう)**して考(かんが)えると, どうなるでしょうか。(Ima made ni deta iken o *sōgō* shite kangaeru to, dō naru deshō ka?)

¶ So what do we have if **we put together all** the opinions expressed so far?

¶一(ひと)つ一(ひと)つの専門的(せんもんてき)な研究(けんきゅう)よりも, **総合(そうごう)**的(てき)な研究(けんきゅう)が必要(ひつよう)です。(Hitotsu hitotsu no senmonteki na kenkyū yori mo, *sōgō*teki na kenkyū ga hitsuyō desu.)

¶ Rather than individual, specialized research, **comprehensive, cross-disciplinary** work is needed.

sōji 掃除(そうじ)〔名, ～する〕 — **sōji** ⟦n, *～suru*⟧ **cleaning, sweeping**

¶この公園(こうえん)はいつもきれいに**掃除(そうじ)**がしてあって, 気持(きも)ちがいいですね。(Kono kōen wa itsu mo kirei ni *sōji* ga shite atte, kimochi ga ii desu ne.)

¶ This park **is kept** so **clean** and nice that it is always a pleasure to be here.

¶わたしは毎日部屋を**掃除**しています。(Watashi wa mainichi heya o *sōji* shite imasu.)

¶ I **clean** my room ⟦apartment⟧ every day.

sokkuri **そっくり**〘副〙

sokkuri ⟦adv⟧ **wholly, entirely, altogether, all**

¶この魚は骨まで**そっくり**食べられます。(Kono sakana wa hone made *sokkuri* taberaremasu.)

¶ **All** of this fish can be eaten, even the bones.

¶持っているお金を**そっくり**田中さんに貸しました。(Motte iru okane o *sokkuri* Tanaka san ni kashimashita.)

¶ I loaned **all** the money I had on me to [Mr.] Tanaka.

sokkuri **そっくり**〘形動, ～の〙

sokkuri ⟦adj-v, ~*no*⟧ **be exactly like, be just like**

¶春子さんはお母さんに**そっくり**な顔をしています。(Haruko san wa okāsan ni *sokkuri* na kao o shite imasu.)

¶ Haruko's face is **an exact replica** of her mother's.

¶山田さんはお兄さんと声が**そっくり**ですね。(Yamada san wa oniisan to koe ga *sokkuri* desu ne.)

¶ Mr. Yamada's voice **is just like** his older brother's.

soko **底**〘名〙

soko ⟦n⟧ **bottom; depths**

①[容器などの下の面]

① [bottom, sole, riverbed]

びんの**底** (bin no *soko*)　くつの**底** (kutsu no *soko*)

the bottom of a bottle // **the sole** of a shoe

¶割れやすい物は，箱の**底**のほうには入れないで，上のほうに入れてください。(Wareyasui mono wa, hako no *soko* no hō ni wa irenaide, ue no hō ni irete kudasai.)

¶ Please put easily broken items towards the top of the box, not **the bottom.**

②[地面や水面から下の深い所]

② [depths, bowels]

¶海の**底**に潜って，沈んだ船を調べました。(Umi no *soko* ni mogutte, shizunda fune o shirabemashita.)

¶ [They] dived **deep** into the sea and looked over the sunken ship.

¶地の**底**で石炭を掘っています。(Chi no *soko* de sekitan o hotte imasu.)

¶ Coal is mined **deep** in the earth.

soko **そこ**〘代〙

①［話し手にとって少し隔たりのある関係にある所をさし示す］

¶「**そこ**に鉛筆(えんぴつ)がありますか。」(*Soko* ni enpitsu ga arimasu ka?) 「はい，ここに鉛筆(えんぴつ)があります。」(Hai, koko ni enpitsu ga arimasu.)

¶「テニスはどこでしましょうか。」(Tenisu wa doko de shimashō ka?) 「**そこ**の庭(にわ)でしましょう。」(*Soko* no niwa de shimashō.)

* 話し手にとって少し隔たりのある関係にある所は話し相手に身近な所である場合が多い。なお，話し手からも話し相手からも少し隔たりのある所をさし示すこともある。

②［文脈の上で前に述べて話し相手にもよくわかっていると認める所をさし示す］

¶伊豆(いず)の海岸(かいがん)に別荘(べっそう)があります。**そこ**からは富士山(ふじさん)がとてもきれいに大(おお)きく見(み)えます。(Izu no kaigan ni bessō ga arimasu. *Soko* kara wa Fujisan ga totemo kirei ni ookiku miemasu.)

* 文脈の上で前に述べてある所を話し相手に身近な関係にある所としてさし示すのに使う。つまり，その所を共通の話題の所として取り扱うものである。

③［文脈の上で前に述べて話し相手にもよくわかっていると認める場面などをさし示す］

¶お金(かね)を落(お)として困(こま)っていると，**そこ**

soko 〚pron〛 **that place, there, that**

① [that place, there, that; indicates a place somewhat far from the speaker]

¶ "Is there a pencil **there?**"
"Yes, there's a pencil here."

¶ "Where shall we play tennis?"
"Let's play in **that** yard **there.**"

* Often this place somewhat far from the speaker is close to the listener. Sometimes it is somewhat distant from both of them.

② [there, that place; refers to a place which has been talked about and is known to the listener]

¶ [We] have a country place on the Izu coast. From **there** you get a very nice view of Mount Fuji—it looks very close and large.

* Used to refer to a place known to the listener which has already been talked about. That is, it is treated as a common topic of conversation between the speaker and the listener.

③ [indicates a time, situation, etc., already talked about and regarded as known to the listener]

¶ [I] had lost [my] money and didn't

へちょうど上田さんが来ました。(Okane o otoshite komatte iru to, *soko* e chōdō Ueda san ga kimashita.)

know what to do **when** [Mr.] Ueda happened to come by.

④〔文脈の上で前に述べて話し相手によくわかっていると認めることがらの問題とすべき点・状態などをさし示す〕

④ [that; indicates an item already talked about and points it out as a problem]

¶「向こうに着いたら，すぐ旅館を探さなければなりません。」(Mukō ni tsuitara, sugu ryokan o sagasanakereba narimasen.)「もしなかったらどうしましょうか。」(Moshi nakattara dō shimashō ka?)「**そこ**まではまだ考えていません。」(*Soko* made wa mada kangaete imasen.)

¶ "[We] will have to look for an inn after arriving there."

"What will [we] do if there aren't any free rooms?"

"[I] haven't thought **that far** yet."

¶先生，今おっしゃった，**そこ**のところをもっと詳しく説明してください。(Sensei, ima osshata, *soko* no tokoro o motto kuwashiku setsumei shite kudasai.)

¶ [Sir], please explain **that** in more detail (said to a professor or teacher).

* 話し相手の述べたことがらの問題とすべき点なども受けてさし示す。

* Treats as a problem a matter, condition, etc., talked about by the listener.

⇨**koko ここ asoko あそこ doko どこ**

sōko **倉庫**〘名〙

sōko 〚n〛 **warehouse, storehouse**

¶**倉庫**にいっぱい米が入っています。(*Sōko* ni ippai kome ga haitte imasu.)

¶ **The warehouse** is filled with rice.

¶あまり使わない物は，**倉庫**にしまっておきます。(Amari tsukawanai mono wa, *sōko* ni shimatte okimasu.)

¶ Articles not often used are put away in **the storehouse.**

-soku **-足**〘尾〙

-soku 〚suf〛 **a pair** (of shoes, socks, etc.)

3足 (san*zoku*) 8足 (has*soku*) 10

three **pair(s)** // eight **pair(s)** // ten

足 (jis*soku*.)
¶わたしはくつを2足買いました。(Watashi wa kutsu o ni*soku* kaimashita.)

pair(s)
¶ I bought two **pairs** of shoes.

sokudo 速度〘名〙
速度が速い (*sokudo* ga hayai) 速度が遅い (*sokudo* ga osoi)
¶あそこから道が狭くなっていますから，車の速度を落としてください。(Asoko kara michi ga semaku natte imasu kara, kuruma no *sokudo* o otoshite kudasai.)

sokudo ⟦n⟧ **speed, velocity**
at high **speed** // at low **speed**
¶ The road narrows there so please **slow down** (said to the driver of a taxi or other car).

sokutatsu 速達〘名〙
手紙を速達にする (tegami o *sokutatsu* ni suru)
¶この手紙を速達で出してください。(Kono tegami o *sokutatsu* de dashite kudasai.)
¶父から速達が届きました。(Chichi kara *sokutatsu* ga todokimashita.)

sokutatsu ⟦n⟧ **special delivery**
send a letter **special delivery**
¶ Please have this letter sent **special delivery.**
¶ A letter ⟦parcel, etc.⟧ came **special delivery** from my father.

somatsu 粗末〘形動〙
①[材料や作り方が悪い様子]
¶粗末な食事でも，みんなで食べればおいしいですね。(*Somatsu* na shokuji demo, minna de tabereba oishii desu ne.)
¶粗末な物ですが，どうぞ…。(*Somatsu* na mono desu ga, dōzo...)
②[大切にしない様子，むだにする様子]
¶物を粗末にしてはいけません。(Mono o *somatsu* ni shite wa ikemasen.)

somatsu ⟦adj-v⟧ **coarse, crude, inferior; careless, rough, wasteful**
① [coarse, crude, inferior]
¶ Even **plain** food tastes good when eaten together with others.
¶ It is **nothing fine** but please take it (said when giving someone a present).
② [careless, rough, wasteful]
¶ You shouldn't handle things **roughly** ⟦You should handle things with due respect⟧.

¶一円のお金でも**粗末**に使ってはいけません。 (Ichien no okane demo *somatsu* ni tsukatte wa ikemasen.)

¶ One shouldn't **waste** even a penny.

someru **染める**〔動 II〕

someru [[v II]] **dye, tint, color**

¶白い生地を青く**染めました**。(Shiroi kiji o aoku *somemashita*.)

¶ [I] **dyed** the white cloth blue.

¶山田さんは髪の毛を**染めて**います。 (Yamada san wa kaminoke o *somete* imasu.)

¶ [Mr.] Yamada **dyes** [his] hair.

son **損**〔名, 形動, ～する〕

son [[n, adj-v, ~*suru*]] **loss, damage, disadvantage**

損害 (*son*gai)

damage, a loss

¶事業に失敗して, 百万円の**損**をしました。 (Jigyō ni shippai shite, hyakuman'en no *son* o shimashita.)

¶ [I] had a business failure and **lost** a million yen.

¶わたしは話し方が下手だから, いつも**損**をしています。 (Watashi wa hanashikata ga heta da kara, itsu mo *son* o shite imasu.)

¶ I **suffer the handicap** of being a poor speaker.

¶そんなつまらない絵に高いお金を出すのは**損**ですよ。(Sonna tsumaranai e ni takai okane o dasu no wa *son* desu yo.)

¶ **It will be your loss** if you pay so much for such a poor painting.

⇔**toku** 得

sonkei **尊敬**〔名, ～する〕

sonkei [[n, ~*suru*]] **respect, esteem**

¶あなたがいちばん**尊敬**している人はだれですか。 (Anata ga ichiban *sonkei* shite iru hito wa dare desu ka?)

¶ Who is the person you **respect** the most?

¶山田先生は立派な方なので, 学生に**尊敬**されています。(Yamada sensei wa rippa na kata na node, gakusei ni *sonkei* sarete imasu.)

¶ As Professor Yamada is such a fine person, [he] **is highly regarded** by all [his] students.

sonna **そんな**〔連体〕

sonna [[attrib]] **such, that sort of, like that, that**

①〔話し相手に身近な関係にあるもの

① [such, that sort of, like that; used

ごとの状態などをさし示す]

to indicate the nature of something associated with the listener]

¶先生に**そんな**失礼な言い方をしてはいけません。(Sensei ni *sonna* shitsurei na iikata o shite wa ikemasen.)

¶ You shouldn't speak **so** rudely to your teacher ⟦the doctor⟧.

¶**そんな**ふうに乱暴に扱ってはいけません。(*Sonna* fū ni ranbō ni atsukatte wa ikemasen.)

¶ You shouldn't be **so** rough with it.

* 話し相手の言動などの状態をさし示すのに使う。場面や文脈の上でその状態のわかっているときには，例えば「そんな失礼な言い方 (sonna shitsurei na iikata)」の代わりに，「失礼な (shitsurei na)」を省いて「そんな言い方 (sonna iikata)」と言う場合もある。

* Used to indicate the nature of the speech, behavior, etc., of the person addressed. When understood from the situation or context, the phrase might be shortened so that, for example, *sonna shitsurei na iikata* (such an impolite way of talking) becomes *sonna iikata* (such a way of talking).

②[文脈の上で話し相手の言ったものごとやその状態などをさし示したり前に述べて話し相手にわかっているものごとやその状態などをさし示したりする]

② [that; indicates something previously mentioned and known to the listener, something the listener said earlier, etc.]

¶「山田さんという人を知っていますか。」(Yamada san to iu hito o shitte imasu ka?)「いいえ，**そんな**人は知りません。」(Iie, *sonna* hito wa shirimasen.)

¶ "Do you know [Mr.] Yamada?" "No, I don't know **[him]**" (literally, **such** a person).

¶ときどき国の母に会いたいと思います。**そんな**ときにはよく手紙を書きます。(Tokidoki kuni no haha ni aitai to omoimasu. *Sonna* toki ni wa yoku tegami o kakimasu.)

¶ Sometimes I miss my mother back home. I often write letters at times **like that.**

⇨**konna** こんな　**anna** あんな　**donna** どんな

sonna ni　そんなに〘副〙

sonna ni ⟦adv⟧ **so, so much, like that;** (not) **very,** (not) **so**

①[話し相手の言動に関係のあるものごとの様子などをさし示す]

① [so, so much, like that; indicates something concerning the speech or behavior of the person addressed, etc.]

¶**そんなに**急いで，どこへ行くんですか。(*Sonna ni* isoide, doko e iku n desu ka?)

¶ Where are you going in **such** a hurry?

¶**そんなに**あわてなくても，じゅうぶん間に合いますよ。(*Sonna ni* awatenakute mo, jūbun maniaimasu yo.)

¶ You will make it in plenty of time without rushing around **so** ⟦getting in **such** a panic⟧.

¶上田さんは**そんなに**偉くなりましたか。(Ueda san wa *sonna ni* eraku narimashita ka?)

¶ Has [Mr.] Ueda become **such** a big name?

②[ものごとの状態について話し相手などが考えている程度をさし示す]

② [(not) very, (not) so; indicates the listener's opinion of some degree or quantity]

¶「富士山に登るのはたいへんですか。」(Fujisan ni noboru no wa taihen desu ka?)「途中までバスで行けますから，**そんなに**たいへんではありません。」(Tochū made basu de ikemasu kara, *sonna ni* taihen de wa arimasen.)

¶ "Is it hard to climb Mount Fuji?"
"No, one can go partway by bus so it's not **all that** hard."

¶「バスの止まる所から駅まで遠いですか。」(Basu no tomaru tokoro kara eki made tooi desu ka?)「いいえ，**そんなに**遠くないです。」(Iie, *sonna ni* tooku nai desu.)

¶ "Is it far to the station from where the bus stops?"
"No, it's not **so** far."

¶「あなたは背が高いですね。１８０センチぐらいありますか。」(Anata wa sei ga takai desu ne. Hyakuhachijissenchi gurai arimasu ka?)「いいえ，**そんなに**高くありません。１７５センチです。」(Iie, *sonna ni* takaku arimasen. Hyakunanajūgosenchi desu.)

¶ "You're really tall. Are you 180 centimeters tall?"
"No, I'm not **that** tall. I'm 175 centimeters tall."

* あとに打ち消しの言葉が来る。話し相手または広く人々が期待したり予想したりしているほどではないという意味を表すときに使う。

⇨**konna ni こんなに anna ni あんなに donna ni どんなに**

* Followed by the negative. Used when stating that something is not as much as the listener or people in general might think.

sono　その〖連体〗

sono 〚attrib〛　**that; the one in question, the very**

①[話し手とものごととの少し隔たりのある関係をさし示す]

その人（*sono* hito）　**その**方（*sono* kata）

¶「この本はだれのですか。」（Kono hon wa dare no desu ka?）「**その**本はわたしのです。」（*Sono* hon wa watashi no desu.）

¶あなたの前にある**その**はさみを取ってください。(Anata no mae ni aru *sono* hasami o totte kudasai.)

* 話し手とものごととの少し隔たりのある関係は，話し相手に対しては身近な関係になる場合が多い。したがって，話し相手とものごととの身近な関係をさし示すことが多い。

① [that; indicates something somewhat far from the speaker]

that person **there** // **that** person **there** (more polite)

¶ "Whose book is this?"
"**That** book is mine."

¶ Please hand me **those** scissors there in front of you.

* Often what is somewhat far from the speaker is close to the listener. Therefore *sono* often indicates something close to the listener.

②[文脈の上で前に述べたものごとと話し相手との身近な関係をさし示す]

¶「ここを新宿へ行くバスが通りますか。」(Koko o Shinjuku e iku basu ga toorimasu ka?)「はい，通ります。」(Hai, toorimasu.)「**その**バスは池袋駅の前に止まりますか。」（*Sono* basu wa Ikebukuro-eki no mae ni tomarimasu ka?）

¶りんごは5月に花が咲きます。**その**あとに小さい実がたくさんなります。

② [that, the one in question, the very; indicates a matter already mentioned or associated with the listener]

¶ "Does the bus going to Shinjuku pass by here?"
"Yes, it does."
"Does **it** stop at Ikebukuro Station?"

¶ Apple trees blossom in May. After **that** lots of small apples appear.

(Ringo wa gogatsu ni hana ga sakimasu. *Sono* ato ni chiisai mi ga takusan narimasu.)

* 文脈の上で前に述べて話し相手にわかっているものごとは話し相手に身近な関係にあるので，その関係をさし示すのに使う。また話し相手の言ったり，関係したりしていることがらを受けて，それをさし示す場合にも使う。

* Since something mentioned previously and known by the listener is close to the listener, *sono* is used to indicate that relationship. It is also used to indicate something said by the listener or associated with him or her.

⇨**kono この　ano あの　dono どの**

sonzai　存在〘名，～する〙

sonzai ⟦n, ~*suru*⟧　**existence, being**

¶あなたは神の**存在**を信じますか。(Anata wa kami no *sonzai* o shinjimasu ka?)

¶ Do you believe in **the existence** of God?

¶そんな名前の町は東京には**存在**しませんよ。(Sonna namae no machi wa Tōkyō ni wa *sonzai* shimasen yo.)

¶ **There isn't** any town of that name in Tokyo.

sora　空〘名〙

sora ⟦n⟧　**the sky, the heaven, the skies, the air**

青**空** (ao*zora*)

the blue **sky,** blue **skies;** open-**air**

¶雨がやんで，**空**が晴れてきました。(Ame ga yande, *sora* ga harete kimashita.)

¶ The rain has stopped and **the skies** have cleared ⟦The rain stopped and **the skies** cleared⟧.

sore　それ〘代〙

sore ⟦pron⟧　**that; it, the one in question; that time, then**

①[話し手にとって少し隔たりのある関係にあるものごとをさし示す]

① [that; indicates something somewhat distant from the speaker]

¶「**それ**は何ですか。」(*Sore* wa nan desu ka?)「これは日本語の本です。」(Kore wa Nihongo no hon desu.)

¶ "What is **that?**"
"This is a Japanese book."

¶「このりんごはおいしいですよ。」(Kono ringo wa oishii desu yo.)「では，**それ**を五つください。」(Dewa, *sore* o itsutsu kudasai.)

¶ "These apples are very good."
"Well, give me five of **them.**"

* 話し手にとって少し隔たりのある関

* Often what is somewhat distant

係にあるものごとは話し相手に対しては身近な関係にあるものごとである場合が多い。

from the speaker is close to the person addressed.

②[文脈の上で前に述べたものごとを話し手にとって少し隔たりのある関係にあるものとしてさし示す]

② [it, the one in question; points to something previously mentioned as something which is somewhat distant from the speaker]

¶わたしはこの間新しいカメラを買いました。今度の旅行には**それ**を持って行くつもりです。 (Watashi wa konoaida atarashii kamera o kaimashita. Kondo no ryokō ni wa *sore* o motte iku tsumori desu.)

¶ I have recently bought a new camera. I plan to take **it** with me on the coming trip.

¶「上田さん，顔色がよくありませんね。どうしたのですか。」(Ueda san, kaoiro ga yoku arimasen ne. Dō shita no desu ka?) 「体のぐあいが悪いのです。」 (Karada no guai ga warui no desu.) 「**それ**はいけませんね。」 (*Sore* wa ikemasen ne.)

¶ "You look pale, [Miss] Ueda. Is something the matter?"
"I don't feel well."
"**That**'s too bad."

* 文脈の上で前に述べて話し相手によくわかっていると認めるものごとをさし示すのに使う。また，話し相手が言ったことや関係していることをさし示す。

* Used to refer to something previously mentioned and treated as well known to the listener. Also used to indicate things said by the listener or concerning him or her.

③[文脈の上で前に述べた話し相手に関係のあることがらの成立した時をさし示す]

③ [that time, then; indicates the time of something mentioned earlier which has some connection with the listener]

¶中村さんは今年の四月に東京に出てきました。**それ**まで，両親から離れて暮らしたことはありませんでした。 (Nakamura san wa kotoshi no shigatsu ni Tōkyō ni dete kimashita. *Sore* made, ryōshin kara hanarete kurashita koto wa ari-

¶ [Mr.] Nakamura came to Tokyo this April. Before **that** [he] had never lived away from [his] parents.

masen deshita.)

⇨kore これ　are あれ　dore どれ

sorede　それで〘接〙

sorede 〚conj〛 **therefore, consequently, accordingly; and, and then**

①〔前のことがらを受けて当然だと考えられる結果をあとに続けるときに使う〕

① [therefore, consequently, accordingly]

¶中村さんは10年フランスに住んでいました。**それで**，フランス語が上手なのです。(Nakamura san wa jūnen Furansu ni sunde imashita. *Sorede,* Furansugo ga jōzu na no desu.)

¶ [Mrs.] Nakamura lived for 10 years in France. **Therefore** [she] speaks French well.

¶お母さんが病気なのです。**それで**，あの子は元気がないのです。(Okāsan ga byōki na no desu. *Sorede,* ano ko wa genki ga nai no desu.)

¶ [His] mother is ill. **That's why** that child is in low spirits.

* 普通あとに「〜なさい (〜nasai)」などの命令，「〜てください (〜te kudasai)」などの依頼などの言い方は来ない。

* Usually not followed by commands with *-nasai*, requests with *-te kudasai*, etc.

②〔相手の話を受けて更に先に話を促すときに言う言葉〕

② [and, and then, thereupon]

¶「昨日，田中さんを見舞いに行きました。」(Kinō, Tanaka san o mimai ni ikimashita.)「**それで**，田中さんのぐあいはどうでしたか。」(*Sorede,* Tanaka san no guai wa dō deshita ka?)

¶ "[I] paid a sick call on [Mr.] Tanaka yesterday."
"**And** how was [he]?"

¶「汽車に間に合いませんでした。」(Kisha ni maniaimasen deshita.)「**それで**，あなたはどうしましたか。」(*Sorede,* anata wa dō shimashita ka?)

¶ "I missed the train."
"What did you do **then?**"

soredewa　それでは〘接〙

soredewa 〚conj〛 **if so; well, well then**

①〔相手の話を受けてそれを根拠とし

① [if so, if that is the case, in that

て自分の考え・判断などを述べるときに使う]

case]

¶あなたも行くんですか。**それでは**,わたしも行きましょう。(Anata mo iku n desu ka? *Soredewa,* watashi mo ikimashō.)

¶ Are you going? **Then** I'll go too.

¶「いいレストランを知っていますよ。」(Ii resutoran o shitte imasu yo.)「そうですか。**それでは,** いつか連れていってください。」(Sō desu ka. *Soredewa,* itsu ka tsurete itte kudasai.)

¶ "I know a good restaurant."
"Really? **If that's the case,** please take me there some time."

②[何かを始めたり終えたり別れたりするときに使う]

② [well, well then]

¶**それでは**,これから授業を始めます。(*Soredewa,* kore kara jugyō o hajimemasu.)

¶ **Well,** let's start class now.

¶**それでは,** これで終わります。(*Soredewa,* kore de owarimasu.)

¶ **Well,** let's stop here (said in a class, meeting, etc.).

¶**それでは,** さようなら。また,あした…。(*Soredewa,* sayōnara. Mata ashita...)

¶ **Well,** good-bye. See you tomorrow.

*「それじゃ (soreja)」とも言う。

* Variant: *soreja.*

⇨**dewa では**

sorekara　それから〘接〙

sorekara 〚conj〛 **after that, and then; and, and also**

①[前のことがらに続いてあとに起こることがらを述べるときに使う]

① [after that, and then; used when something happens after something else]

¶わたしは買い物をして,**それから**,あなたのうちへ行きます。(Watashi wa kaimono o shite, *sorekara,* anata no uchi e ikimasu.)

¶ I will do some shopping **and then** go to your home.

¶田中さんは10年も留学していました。**それから,** 帰ってきて,大学の先生になったそうです。(Tanaka san

¶ [Mr.] Tanaka studied abroad for 10 years. **And then** [he] became a college professor after returning home,

wa jūnen mo ryūgaku shite imashita. *Sorekara,* kaette kite, daigaku no sensei ni natta sō desu.)

according to what I hear.

②[前のものごとと同じようなものごとをあとにつけ加えるときに使う]

② [and, and also; used when adding similar items to what has already been said]

¶わたしの部屋(へや)にはラジオ，テレビ，**それから**，冷蔵庫(れいぞうこ)もあります。(Watashi no heya ni wa rajio, terebi, *sorekara*, reizōko mo arimasu.)

¶ There is a radio, television, **and also** a refrigerator in my room ⟦apartment⟧.

¶鉛筆(えんぴつ)を２本(にほん)ください。**それから**，ノートもください。(Enpitsu o nihon kudasai. *Sorekara,* nōto mo kudasai.)

¶ Two pencils please. **And** a notebook too.

soreni　それに〘接〙

soreni ⟦conj⟧ **on top of that, in addition to that, what is more, moreover, besides**

¶今日(きょう)は頭(あたま)が痛(いた)いし，**それに**，せきも出(で)ます。(Kyō wa atama ga itai shi, *soreni*, seki mo demasu.)

¶ I have a headache today and, **what is more,** a cough.

¶あしたは雨(あめ)が降(ふ)るでしょう。**それに**，風(かぜ)も強(つよ)いでしょう。(Ashita wa ame ga furu deshō. *Soreni*, kaze mo tsuyoi deshō.)

¶ It will probably rain tomorrow. **And in addition to that** there will probably be strong winds.

＊ 前のことがらを受けて，更に同じようなことがらをつけ加えるときに使う。

* Used when adding something similar to what has already been said.

soretomo　それとも〘接〙

soretomo ⟦conj⟧ **or, or else**

¶コーヒーにしますか。**それとも**，紅茶(こうちゃ)にしますか。(Kōhii ni shimasu ka? *Soretomo,* kōcha ni shimasu ka?)

¶ Which would you like—coffee **or** tea?

¶あしたはテニスをしますか。**それとも**，勉強(べんきょう)しますか。(Ashita wa tenisu o shimasu ka? *Soretomo,* benkyō shimasu ka?)

¶ Are you going to play tennis tomorrow? **Or** are you going to study?

＊ 前のことがらとあとに述べること

* Used when presenting a choice of

がらのうち，どちらかを選ぶときに使う。普通「〜か。それとも，〜か。(~ka? Soretomo, ~ka?)」の形で使う。

two items. Usually used in the pattern "~ *ka? Soretomo*, ~ *ka?*"

sorezore **それぞれ**〘名，副〙

sorezore ⟦n, adv⟧ **each, severally, respectively**

1〘名〙

¶人(ひと)には，**それぞれ**の考(かんが)えがあります。(Hito ni wa, *sorezore* no kangae ga arimasu.)

1 ⟦n⟧

¶ Different people have **different** ways of thinking.

2〘副〙

¶兄弟(きょうだい)でも，**それぞれ**性格(せいかく)が違(ちが)います。(Kyōdai demo, *sorezore* seikaku ga chigaimasu.)

2 ⟦adv⟧

¶ Even brothers have **their own** characters.

sōridaijin **総理大臣**(そうりだいじん)〘名〙

☞shushō 首相(しゅしょう)

sōridaijin ☞ **shushō**

soroeru **そろえる**〘動Ⅱ〙

soroeru ⟦v II⟧ **make uniform, match up; get ready, put in order, complete, collect**

①[二つ以上のものを同じようにする，合わせる]

¶服(ふく)とハンドバッグの色(いろ)を**そろえました**。(Fuku to handobaggu no iro o *soroemashita.*)

¶みんなで声(こえ)を**そろえて**言(い)ってください。(Minna de koe o *soroete* itte kudasai.)

① [make uniform, make even, match up]

¶ [I] **matched** the color of [my] handbag to [my] outfit.

¶ Please say it aloud **together.**

②[全部集める]

¶図書館(としょかん)には，日本語(にほんご)の教科書(きょうかしょ)が全部(ぜんぶ)**そろえて**あります。(Toshokan ni wa, Nihongo no kyōkasho ga zenbu *soroete* arimasu.)

¶必要(ひつよう)な物(もの)を言(い)ってください。あしたまでに**そろえて**おきます。(Hitsuyō na mono o itte kudasai. Ashita made ni *soroete* okimasu.)

② [get ready, put in order, complete, collect]

¶ **A complete set** of Japanese textbooks is in the library.

¶ Please tell me what you need. I'll **have it ready** for you by tomorrow.

sorosoro **そろそろ**〘副〙

sorosoro ⟦adv⟧ **soon, by and by;** (move) **slowly, leisurely**

①［もうすぐ何かが行われる様子］
① [soon, by and by]

¶4時ですね。**そろそろ**出かけましょう。(Yoji desu ne. *Sorosoro* dekakemashō.)
¶ It's four o'clock. Let's be going **soon.**

¶**そろそろ**父が帰ってくるころです。(*Sorosoro* chichi ga kaette kuru koro desu.)
¶ **It's getting to be** the time my father returns home.

②［動作をゆっくり静かにする様子］
② [(move) slowly, leisurely]

¶山田さんは足にけがをしているので，**そろそろ**歩いています。(Yamada san wa ashi ni kega o shite iru node, *sorosoro* aruite imasu.)
¶ [Mr.] Yamada **is inching along** as [his] leg ⟦foot⟧ is hurt.

*「そろそろと (sorosoro to)」の形でも使う。
* Variant: *sorosoro to*.

sorou **そろう**〘動 I〙
sorou ⟦v I⟧ **be uniform, match; be all present, assemble, become complete**

①［二つ以上のものが同じになる，合う］
① [be uniform, be even, match]

¶歌の練習をしていますが，なかなかみんなの声が**そろいません**。(Uta no renshū o shite imasu ga, nakanaka minna no koe ga *soroimasen.*)
¶ We have practiced the song, but somehow **can't sing it in perfect harmony.**

②［必要なものが集まる］
② [be all present, assemble, become complete]

¶この学校にはいい先生が**そろって**います。(Kono gakkō ni wa ii sensei ga *sorotte* imasu.)
¶ This school **has gathered together** a fine set of teachers.

¶みんな**そろった**から，会を始めましょう。(Minna *sorotta* kara, kai o hajimemashō.)
¶ Everyone **has arrived now** so let's start the meeting ⟦party⟧.

soru **そる**〘動 I〙
soru ⟦v I⟧ **shave, get a shave**

¶顔を洗ってから，ひげを**そります**。(Kao o aratte kara, hige o *sorimasu.*)
¶ [I] **shave** after washing [my] face.

sosen **祖先**〘名〙
sosen ⟦n⟧ **ancestor, forefather**

¶人間の**祖先**はさるだと言われていま
¶ It is said that human beings **are de-**

す。(Ningen no *sosen* wa saru da to iwarete imasu.)

scended from apes.

¶日本人の**祖先**はどこから来たのですか。(Nihonjin no *sosen* wa doko kara kita no desu ka?)

¶ Where did **the ancestors** of the Japanese come from?

⇨**senzo 先祖**

soshiki 組織〖名, ～する〗

soshiki 〚n, ～*suru*〛 **organization, structure, system**

¶今度, 会社の**組織**が少し変わりました。(Kondo, kaisha no *soshiki* ga sukoshi kawarimashita.)

¶ **The organizational structure** of the company has changed somewhat recently.

¶この委員会は, 10名で**組織**されています。(Kono iinkai wa, jūmei de *soshiki* sarete imasu.)

¶ This committee 〚commission, board, panel〛 **is made up** of 10 persons.

soshite そして〖接〗

soshite 〚conj〛 **then, and then; and, and now**

①[前のことがらを受けて次に起こることをあとで述べるときに使う]

① [then, and then]

¶わたしは昨日デパートへ行きました。**そして**, これを買いました。(Watashi wa kinō depāto e ikimashita. *Soshite,* kore o kaimashita.)

¶ I went to a department store yesterday **and** bought this.

¶わたしは昨日銀座へ買い物に行きました。**そして**, これを買いました。(Watashi wa kinō Ginza e kaimono ni ikimashita. *Soshite,* kore o kaimashita.)

¶ I went to Ginza to shop yesterday **and** bought this.

②[ことがらを並べて言うときなどに使う]

② [and, and now]

¶昨日は天気もよく, **そして**, 波も静かでした。(Kinō wa tenki mo yoku, *soshite,* nami mo shizuka deshita.)

¶ The weather was nice yesterday, **and** the sea 〚lake〛 was calm.

¶兄は医者になりました。**そして**, 弟は先生になりました。(Ani wa isha ni narimashita. *Soshite,* otōto wa sensei ni narimashita.)

¶ My older brother is 〚became〛 a doctor. **And** my younger brother is 〚became〛 a teacher.

¶田中さんは毎晩遅くまで働きました。**そして**，病気になってしまいました。(Tanaka san wa maiban osoku made hatarakimashita. *Soshite,* byōki ni natte shimaimashita.)

¶ [Mr.] Tanaka worked until late every night **and** became ⟦has now become⟧ ill.

* 前のことがらと同じようなことがらや対比的なことがらを並べるとき，また前のことがらの結果を述べるときなどに使う。

* Used when stating something similar to, in contrast to, or the result of what was stated earlier.

sōsu　ソース〘名〙

sōsu ⟦n⟧ **sauce, Worcestershire sauce**

¶この料理は**ソース**をかけて食べると，おいしいですよ。(Kono ryōri wa *sōsu* o kakete taberu to, oishii desu yo.)

¶ This dish is good with **a sauce.**

sotchi ☞ **sochira**

soto　外〘名〙

soto ⟦n⟧ **outside, the exterior, outdoors**

¶ドアの**外**にだれかいますよ。(Doa no *soto* ni dare ka imasu yo.)

¶ There's someone **at** the door!

¶**外**はとても寒いです。(*Soto* wa totemo samui desu.)

¶ It's very cold **outside.**

¶このみかんは**外**側は腐っていますが，中は大丈夫です。(Kono mikan wa *soto*gawa wa kusatte imasu ga, naka wa daijōbu desu.)

¶ **The outside** of this mandarin orange is rotten but the inside is all right.

⇔**uchi 内　naka 中**

sotsugyō　卒業〘名，～する〙

sotsugyō ⟦n, *~suru*⟧ **graduation**

卒業式 (*sotsugyō*shiki)　卒業生 (*sōtsugyō*sei)

a **graduation** ceremony, **commencement** exercises // **a graduate, alumni**

¶わたしは今年の三月に大学を**卒業**します。(Watashi wa kotoshi no sangatsu ni daigaku o *sotsugyō* shimasu.)

¶ I **will graduate** from college this March.

¶**卒業**後は，新聞社に勤めたいと思っています。(*Sotsugyō*go wa, shinbunsha ni tsutometai to omotte

¶ I would like a newspaper job after **graduating.**

imasu.)

⇔nyūgaku 入学

sotto **そっと**〘副, ～する〙

①[静かに何かをする様子]

¶赤ちゃんが寝ているから, **そっと**歩きなさい。(Akachan ga nete iru kara, *sotto* arukinasai.)

②[相手に気づかれずに何かをする様子]

¶犬が子を産んだから, **そっと**見てごらんなさい。(Inu ga ko o unda kara, *sotto* mite goran nasai.)

③[そのままにしておく様子]

¶寝ているなら, **そっと**しておきましょう。(Nete iru nara, *sotto* shite okimashō.)

sotto 〚adv, ～*suru*〛 **quietly, softly; secretly, stealthily;** (leave) **as is**

① [quietly, softly, lightly]

¶ Walk **quietly** as the baby is asleep.

② [secretly, stealthily]

¶ The dog has had her puppies—**be careful** so she doesn't see us looking.

③ [(leave) as is]

¶ If [he]'s asleep, let's **leave [him] alone.**

sou **沿う**〘動 I〙

¶川に**沿って**歩いていきました。(Kawa ni *sotte* aruite ikimashita.)

¶電車はしばらく海岸に**沿って**走りました。(Densha wa shibaraku kaigan ni *sotte* hashirimashita.)

* 普通「～に沿って (～ni sotte)」の形で使う。

sou 〚v I〛 **along, by, parallel to**

¶ [I] walked **along** the river.

¶ The train ran for some distance **parallel to** the coast.

* Usually used in the pattern "～ *ni sotte.*"

sōzō **想像**〘名, ～する〙

¶これは百年後の日本を**想像**してかいた絵です。(Kore wa hyakunengo no Nihon o *sōzō* shite kaita e desu.)

¶朝の電車は, あなたが**想像**できないくらいこみます。(Asa no densha wa, anata ga *sōzō* dekinai kurai komimasu.)

sōzō 〚n, ～*suru*〛 **imagination, conjecture, guess**

¶ This is a picture **visualizing** what Japan will be like in a hundred years.

¶ The morning trains are **unimaginably** crowded.

su **巣**〘名〙

ねずみの**巣** (nezumi no *su*) くもの

su 〚n〛 **nest, beehive, cobweb,** etc.

a rat's **nest,** a mouse **nest** // a cob-

巣 (kumo no *su*) 巣を作る (*su* o tsukuru)
web // build **a nest,** to nest

¶この木の上には鳥の巣があります。(Kono ki no ue ni wa tori no *su* ga arimasu.)
¶ There's a bird's **nest** in the top of this tree.

su 酢〖名〗
su ⟦n⟧ **vinegar**

¶料理に酢を使いすぎたので，すっぱくなってしまいました。(Ryōri ni *su* o tsukaisugita node, suppaku natte shimaimashita.)
¶ [I] put too much **vinegar** in the dish so it is ⟦was⟧ on the sour side.

sū(-) 数(-)〖名，頭〗
sū(-) ⟦n, pref⟧ **a number; several**

1〖名〗
1 ⟦n⟧ a number, a figure

数字 (*sū*ji) 数学 (*sū*gaku)
a figure, a numeral // mathematics

¶この大学の学生数はどのくらいですか。(Kono daigaku no gakusei*sū* wa dono kurai desu ka?)
¶ **How many** students are there at this university?

2〖頭〗
2 ⟦pref⟧ several

数日 (*sū*jitsu) 数時間 (*sū*jikan) 数千人 (*sū*sennin)
a few days, **several** days // **a few** hours, **several** hours // **thousands** of people

¶その会には外国人も数人来ていました。(Sono kai ni wa gaikokujin mo *sū*nin kite imashita.)
¶ **Several** foreigners came to that party ⟦meeting⟧.

* 4, 5, 6 ぐらいの数をさすことが多い。
* *Sū-* usually indicates around four, five, or six.

subarashii すばらしい〖形〗
subarashii ⟦adj⟧ **wonderful, splendid, grand, excellent**

¶今日はすばらしい天気で，富士山がよく見えます。(Kyō wa *subarashii* tenki de, Fujisan ga yoku miemasu.)
¶ It's a **marvelous** day today—one can see Mount Fuji clearly.

¶山田さんはすばらしい成績で学校を卒業しました。(Yamada san wa *subarashii* seiseki de gakkō o sotsugyō shimashita.)
¶ [Miss] Yamada graduated from school with a **brilliant** academic record.

suberu 滑る〖動 I〗
suberu ⟦v I⟧ **slip, slide**

¶駅の階段で**滑って**けがをしました。(Eki no kaidan de *subette* kega o shimashita.)

¶ [I] **slipped** on the station stairs and hurt [my]self.

¶道が凍っていて**滑り**やすいから，気をつけてください。(Michi ga koótte ite *suberi*yasui kara, ki o tsukete kudasai.)

¶ Please be careful—the road is icy and **slippery.**

subete すべて〘名，副〙

subete ⟦n, adv⟧ **all, everything; entirely**

1〘名〙

1 ⟦n⟧

¶ここにある**すべて**のおもちゃは外国製です。(Koko ni aru *subete* no omocha wa gaikokusei desu.)

¶ **All** of the toys here are foreign-made.

¶あの人は**すべて**の点でわたしより優れています。(Ano hito wa *subete* no ten de watashi yori sugurete imasu.)

¶ [He] is in **every** way my superior.

2〘副〙

2 ⟦adv⟧

¶旅行の準備は**すべて**終わりました。(Ryokō no junbi wa *subete* owarimashita.)

¶ The preparations for the journey are ⟦were⟧ **all** complete.

sudeni **既に**〘副〙

sudeni ⟦adv⟧ **already, previously, before**

¶わたしが訪ねた時には，**既に**田中さんは出かけたあとでした。(Watashi ga tazuneta toki ni wa, *sudeni* Tanaka san wa dekaketa ato deshita.)

¶ When I went to see [her], [Mrs.] Tanaka had **already** left.

¶山田さんはこのことを**既に**知っていました。(Yamada san wa kono koto o *sudeni* shitte imashita.)

¶ [Miss] Yamada **already** knew this.

sue **末**〘名〙

sue ⟦n⟧ **the end, the close; last child; result**

①[ある期間の終わりのころ]

① [the end, the close]

今月の**末** (kongetsu no *sue*)

the end of this month, **late** this month

¶東京では，桜の花は三月の**末**か四月の初めに咲きます。(Tōkyō de wa,

¶ In Tokyo the cherry blossoms come

sakura no hana wa sangatsu no *sue* ka shigatsu no hajime ni sakimasu.)

out at **the end** of March or the beginning of April.

②[いちばん下の子]

末っ子 (*sue*kko) 末の娘 (*sue* no musume)

② [last child]

the **youngest** child (of a family) // the **youngest** daughter (in a family)

③[あることをしたあと・結果]

¶いろいろ考えた**末**，その仕事を引き受けることにしました。 (Iroiro kangaeta *sue*, sono shigoto o hikiukeru koto ni shimashita.)

③ [result, the end of an action]

¶ **After** much thought [I] decided to accept that work.

sūgaku **数学**〖名〗

sūgaku ⟦n⟧ **mathematics**

数学者 (*sūgaku*sha)

a mathematician

¶わたしは将来，大学で**数学**を研究しようと思っています。 (Watashi wa shōrai, daigaku de *sūgaku* o kenkyū shiyō to omotte imasu.)

¶ I would like to do advanced studies in **mathematics** at the university sometime.

sugata **姿**〖名〗

sugata ⟦n⟧ **figure, shape, form;** (make one's) **appearance,** (show) **oneself; personal appearance, dress, posture**

①[体や物の形・かっこう]

¶姉は自分の**姿**を鏡に映して見ています。 (Ane wa jibun no *sugata* o kagami ni utsushite mite imasu.)

① [figure, shape, form]

¶ My older sister is regarding **her reflection** in the mirror.

②[見えたり見えなかったりする生物などの体]

¶会の終わるころ，田中さんはやっと**姿**を現しました。 (Kai no owaru koro, Tanaka san wa yatto *sugata* o arawashimashita.)

② [(make one's) appearance, (show) oneself]

¶ [Mr.] Tanaka finally **showed up** when the party ⟦meeting⟧ was almost over.

③[身なり，服装]

¶こんな**姿**では恥ずかしくて，みんなの前に出られません。(Konna *sugata* de wa hazukashikute, minna no mae ni deraremasen.)

③ [personal appearance, guise, dress, pose, posture]

¶ I am embarrassed to go out in front of everyone **dressed like this.**

-sugi **-過ぎ**〖尾〗

-sugi ⟦suf⟧ **after, past; over-**

①[ある時間・年齢などを超えていること]

① [after, past]

二十歳過ぎの娘(hatachi *sugi* no musume)

a young lady **over** 20 years of age

¶今，9時5分過ぎです。(Ima, kuji gofun *sugi* desu.)

¶ It is now five minutes **past** 9.

¶午前中は忙しいから，お昼過ぎに来てください。(Gozenchū wa isogashii kara, ohiru *sugi* ni kite kudasai.)

¶ [I]'ll be busy during the morning so please come in the afternoon.

②[ある動作・状態などのちょうどよい程度を超えること]

② [over-]

¶食べすぎは胃によくありません。(Tabe*sugi* wa i ni yoku arimasen.)

¶ **Over**eating is bad for the stomach.

¶健康のため，たばこの吸いすぎに注意しましょう。(Kenkō no tame, tabako no sui*sugi* ni chūi shimashō.)

¶ For the sake of one's health one should beware of smoking **too much.**

sugiru　過ぎる〔動II〕

(-)sugiru ⟦v II⟧ pass by, go past; pass, elapse; exceed, go too far, over-

①[通過する]

① [pass by, go past]

¶京都はさっき過ぎました。(Kyōto wa sakki *sugimashita.*)

¶ We **went through** Kyoto a little while ago.

¶急行列車が勢いよく走り過ぎていきました。(Kyūkō-ressha ga ikioi yoku hashiri*sugite* ikimashita.)

¶ The express train **sped by.**

②[時間などが経過する]

② [pass, elapse]

¶この研究を始めてから，もう3年過ぎました。(Kono kenkyū o hajimete kara, mō sannen *sugimashita.*)

¶ Three years **have passed** since [I] started this research.

¶父が死んでから，半年過ぎました。(Chichi ga shinde kara, hantoshi *sugimashita.*)

¶ Half a year **has ⟦had⟧ passed** since the death of my father.

③[ある動作・状態などのちょうどよ

③ [exceed, go too far, over-]

い程度を超える]

¶これは高**すぎます**。もっと安いのはありませんか。(Kore wa taka*sugimasu.* Motto yasui no wa arimasen ka?)

¶ This is **too** expensive. Don't you have anything cheaper?

¶勉強をし**すぎて**，頭が痛くなりました。(Benkyō o shi*sugite,* atama ga itaku narimashita.)

¶ [I] got ⟦have gotten⟧ a headache from studying **too much.**

sugoi　すごい〚形〛

sugoi ⟦adj⟧ **terrible, dreadful, terrific, amazing, great, wonderful**

¶ゆうべは**すごい**雨でしたね。(Yūbe wa *sugoi* ame deshita ne.)

¶ That was **really some** rain last night, wasn't it?

¶電車は**すごく**こんでいました。(Densha wa *sugoku* konde imashita.)

¶ The train was **terribly** crowded.

sugosu　過ごす〚動 I〛

sugosu ⟦v I⟧ **pass** (time), **spend** (time)

¶昨日は休みだったので，一日じゅう子供と遊んで**過ごしました**。(Kinō wa yasumi datta node, ichinichijū kodomo to asonde *sugoshimashita.*)

¶ [I] had the day off yesterday so [I] **spent** the whole day playing with [my] children.

¶では，夏休みを楽しくお**過ごし**ください。(Dewa, natsuyasumi o tanoshiku o*sugoshi* kudasai.)

¶ Well, be sure and **have** a pleasant summer vacation.

sugu　すぐ〚副〛

sugu ⟦adv⟧ **at once, immediately; easily, readily; right** (here)

①[時間のかからない様子，ただちに]

① [at once, immediately]

¶田中さんに手紙を出したら，**すぐ**返事が来ました。(Tanaka san ni tegami o dashitara, *sugu* henji ga kimashita.)

¶ [I] received a **prompt** reply to [my] letter to [Mr.] Tanaka.

¶待っているから，**すぐ**来てください。(Matte iru kara, *sugu* kite kudasai.)

¶ Please come **right away**—I'll be waiting for you.

*「すぐに (sugu ni)」の形でも使う。

* Also used in the form *sugu ni.*

②[ものごとが簡単に行われる様子]

② [easily, readily]

¶交番できいたら，上田さんのうちは**す**

¶ [I] found [Miss] Ueda's place **easi-**

ぐわかりました。(Kōban de kiitara, Ueda san no uchi wa *sugu* wakarimashita.)

ly after inquiring at the police box.

¶買ったばかりのおもちゃが，**すぐ**壊れてしまいました。(Katta bakari no omocha ga, *sugu* kowarate shimaimashita.)

¶ The toy [I] had just bought **soon** broke ⟦The toy I just bought has **already** broken⟧.

*「すぐに (sugu ni)」の形でも使う。

* Also used in the form *sugu ni*.

③［距離などのごく近い様子］

③ [right (here), just (there)]

¶山田さんの家は駅の**すぐ**近くです。(Yamada san no ie wa eki no *sugu* chikaku desu.)

¶ [Mrs.] Yamada's house is **close by** the station.

¶うちの**すぐ**そばに公園があります。(Uchi no *sugu* soba ni kōen ga arimasu.)

¶ There is a park **nearby** my home.

sugureru **優れる**〔動Ⅱ〕

sugureru ⟦v II⟧ **be excellent, be superior**

¶あの学生は成績がたいへん**優れてい**ます。(Ano gakusei wa seiseki ga taihen *sugurete* imasu.)

¶ That student has **excellent** grades.

¶あの人は非常に**優れた**技術を持っています。(Ano hito wa hijō ni *sugureta* gijutsu o motte imasu.)

¶ [He] is **superbly** skilled at it.

suidō **水道**〔名〕

suidō ⟦n⟧ **water service, running water; waterway, channel**

¶ここは電気も**水道**もない山奥です。(Koko wa denki mo *suidō* mo nai yamaoku desu.)

¶ Here deep in the mountains there is neither electricity nor **running water.**

suiei **水泳**〔名，～する〕

suiei ⟦n, ~*suru*⟧ **swimming, a swim**

¶午後はプールで**水泳**をします。(Gogo wa pūru de *suiei* o shimasu.)

¶ [I] **will swim** in the pool in the afternoon.

¶わたしはスポーツの中では**水泳**が得意です。(Watashi wa supōtsu no naka de wa *suiei* ga tokui desu.)

¶ The sport I'm strongest at is **swimming.**

⇨**oyogu** 泳ぐ

suihei **水平**〔名，形動〕

suihei ⟦n, adj-v⟧ **horizontal, level**

水平線 (*suihei*sen) — the horizon; a **horizontal** line

¶コップの中の水の表面は，いつも水平です。(Koppu no naka no mizu no hyōmen wa, itsu mo *suihei* desu.)
¶ The top of water in a glass is always **on the horizontal.**

¶はかりは水平に置かなければなりません。(Hakari wa *suihei* ni okanakereba narimasen.)
¶ Scales should be placed **on a level.**

suisan 水産〘名〘 — **suisan** [[n]] **marine, fisheries**

水産物 (*suisan*butsu) 水産大学 (*suisan*daigaku) — **marine** products // a **fisheries** college

¶日本は海に囲まれているので，水産業が盛んです。(Nihon wa umi ni kakomarete iru node, *suisan*gyō ga sakan desu.)
¶ As Japan is surrounded by the sea, it has an active **fishing** industry.

suiso 水素〘名〙 — **suiso** [[n]] **hydrogen**

suiyō(bi) 水曜(日)〘名〙 — **suiyō(bi)** [[n]] **Wednesday**

suji 筋〘名〙 — **suji** [[n]] **muscle; line, stripe; plot**

①[筋肉の繊維・血管など] — ① [muscle, tendon, vein, fiber, string]

¶この肉は筋が多くて，おいしくありません。(Kono niku wa *suji* ga ookute, oishiku arimasen.)
¶ This meat isn't very good—it's too **stringy.**

②[細長い線の模様，しま] — ② [line, stripe]

¶その縦に青い筋の入っている布を見せてください。(Sono tate ni aoi *suji* no haitte iru nuno o misete kudasai.)
¶ Please show me that cloth with the vertical blue **stripe.**

③[話の組み立て] — ③ [plot, story]

¶その小説の筋を簡単に話してください。(Sono shōsetsu no *suji* o kantan ni hanashite kudasai.)
¶ Please give a brief synopsis of **the plot** of that novel.

sūji 数字〘名〙 — **sūji** [[n]] **figure, numeral**

¶1から10までの数字が黒板に書いてあります。(Ichi kara jū made no
¶ **The numbers** from one to ten are written on the blackboard.

sūji ga kokuban ni kaite arimasu.)

sukareru ☞ **suku**

sukāto スカート〘名〙

¶秋子さんは赤い**スカート**をはいています。(Akiko san wa akai *sukāto* o haite imasu.)

sukāto ⟦n⟧ **a skirt**

¶ Akiko is wearing a red **skirt.**

sukejūru スケジュール〘名〙

¶旅行の**スケジュール**を作りました。(Ryokō no *sukejūru* o tsukurimashita.)

¶来年の**スケジュール**はまだわかりません。(Rainen no *sukejūru* wa mada wakarimasen.)

sukejūru ⟦n⟧ **schedule, program, plan**

¶ [I] made out **an itinerary** for the trip.

¶ [We] don't know **the schedule** for next year yet.

sukēto スケート〘名〙

スケートをする (*sukēto* o suru)

¶山田さんはスキーより**スケート**のほうが上手です。(Yamada san wa sukii yori *sukēto* no hō ga jōzu desu.)

sukēto ⟦n⟧ **skating, skates**

to skate

¶ [Miss] Yamada is better at **skating** than skiing.

suki 好き〘形動〙

¶わたしが**好き**な先生は山田先生です。(Watashi ga *suki* na sensei wa Yamada sensei desu.)

¶わたしはこのごろ肉より魚のほうが**好き**になりまた。(Watashi wa konogoro niku yori sakana no hō ga *suki* ni narimashita.)

¶わたしは旅行が大**好き**です。(Watashi wa ryokō ga dai*suki* desu.)

¶わたしはあなたが**好き**です。(Watashi wa anata ga *suki* desu.)

⇔**kirai きらい**

suki ⟦adj-v⟧ **like, be fond of**

¶ My **favorite** teacher is [Mr.] Yamada.

¶ Recently I have come to **like** fish better than meat.

¶ I **love** to travel.

¶ I **love** you ⟦I **like** you **very much**⟧.

sukii スキー〘名〙

スキーをする (*sukii* o suru)

sukii ⟦n⟧ **skiing, skis**

to ski

¶冬(ふゆ)のスポーツでは，わたしは**スキー**がいちばん好(す)きです。 (Fuyu no supōtsu de wa, watashi wa *sukii* ga ichiban suki desu.)

¶ **Skiing** is my favorite winter sport.

sukiyaki すきやき〘名〙

sukiyaki ⟦n⟧ ***sukiyaki***

¶友達(ともだち)が来(き)たので，牛肉(ぎゅうにく)や野菜(やさい)などを買(か)ってきて，**すきやき**にして食(た)べました。 (Tomodachi ga kita node, gyūniku ya yasai nado o katte kite, *sukiyaki* ni shite tabemashita.)

¶ Some friends came by so [we] bought beef and vegetables and made ***sukiyaki*** for dinner.

sukkari すっかり〘副〙

sukkari ⟦adv⟧ **all, entirely, wholly; quite, utterly, completely**

①[全部，残らず，すべて]

① [all, entirely, wholly]

¶パーティーの準備(じゅんび)は**すっかり**できています。(Pātii no junbi wa *sukkari* dekite imasu.)

¶ **All** the preparations for the party are done now.

¶雨(あめ)に降(ふ)られて，**すっかり**ぬれてしまいました。 (Ame ni furarete, *sukkari* nurete shimaimashita.)

¶ [I] got soaked **to the skin** in the rain.

②[完全に，全く]

② [quite, utterly, completely]

¶わたしはあなたとの約束(やくそく)を**すっかり**忘(わす)れていました。 (Watashi wa anata to no yakusoku o *sukkari* wasurete imashita.)

¶ I **completely** forgot about my appointment ⟦date⟧ with you.

¶一日休(いちにちやす)んだら，疲(つか)れが**すっかり**とれました。 (Ichinichi yasundara, tsukare ga *sukkari* toremashita.)

¶ One day's rest has **completely** relieved [my] fatigue ⟦One day's rest **completely** relieved my fatigue⟧.

sukoshi 少(すこ)し〘副〙

sukoshi ⟦adv⟧ **a little, somewhat; a moment, a little while; a little way;** (not) **at all,** (not) **a bit**

①[数量が少ない様子，程度が低い]

① [a little, a few, a little bit, somewhat]

¶わたしは朝御飯(あさごはん)は**少(すこ)し**しか食(た)べません。 (Watashi wa asagohan wa *sukoshi* shika tabemasen.)

¶ I have only a **small** breakfast.

¶今日(きょう)は頭(あたま)が**少(すこ)し**痛(いた)いです。(Kyō wa atama ga *sukoshi* itai desu.)

¶ I have a **slight** headache today ⟦My head is a **little** sore today⟧.

②[時間が短い様子]

② [a moment, a little while]

¶それでは，少し休みましょう。(Soredewa, *sukoshi* yasumimashō.)

¶ Well, let's take a **short** break.

¶もう少したったら，田中さんが来ると思います。(Mō *sukoshi* tattara, Tanaka san ga kuru to omoimasu.)

¶ I think [Mr.] Tanaka will be here **shortly.**

③[距離が短い様子]

③ [a little way, a short distance]

¶駅はこの道をもう少し行った所です。(Eki wa kono michi o mō *sukoshi* itta tokoro desu.)

¶ The station is **a little farther** down this street.

④[全然，何も]

④ [(not) at all, (not) a bit]

¶あの人は少しも日本語が話せないようです。(Ano hito wa *sukoshi* mo Nihongo ga hanasenai yō desu.)

¶ It seems [he] can't speak Japanese **at all.**

¶わたしは山田さんが大阪へ行ったことを，少しも知りませんでした。(Watashi wa Yamada san ga Oosaka e itta koto o, *sukoshi* mo shirimasen deshita.)

¶ I had no idea **whatsoever** that [Mr.] Yamada had gone to Osaka.

*「少しも〜ない(sukoshi mo 〜nai)」の形で使う。

* Used in the pattern "*sukoshi mo* ~ (-)*nai.*"

suku 好く〔動 I〕

suku ⟦v I⟧ **like, be fond of**

¶山田さんは性格がいいので，みんなから好かれています。(Yamada san wa seikaku ga ii node, minna kara *sukarete* imasu.)

¶ As [Mr.] Yamada is such a nice person, [he] **is well liked** by everyone.

¶だれからも好かれるような人になりたいです。(Dare kara mo *sukareru* yō na hito ni naritai desu.)

¶ I want to become a person **liked** by all.

*「好かれる (sukareru)」の形で使うことが多い。

* Generally used in the form *sukareru*.

suku すく〔動 I〕

suku ⟦v I⟧ **become empty, vacant, less crowded**

¶おなかがすきました。(Onaka ga *sukimashita.*)

¶ [I] am ⟦was⟧ **hungry.**

¶このレストランはいつもすいていま

¶ This restaurant **is never crowded.**

す。(Kono resutoran wa itsu mo *suite* imasu.)

¶汽車はこんでいましたか，**すいてい**ましたか。(Kisha wa konde imashita ka, *suite* imashita ka?)

¶ Was the train crowded or **were there plenty of seats?**

sukunai **少ない**〔形〕

sukunai ⟦adj⟧ **few, little, limited, scarce**

¶このクラスは女の人が**少ない**ですね。(Kono kurasu wa onna no hito ga *sukunai* desu ne.)

¶ There **are few** women in this class.

¶今年は，去年より雨が**少なかった**です。(Kotoshi wa, kyonen yori ame ga *sukunakatta* desu.)

¶ There **was less** rain this year than last year.

¶山田さんは家にいることが**少ない**ようです。(Yamada san wa ie ni iru koto ga *sukunai* yō desu.)

¶ It seems that [Mr.] Yamada spends **little** time at home.

⇔**ooi 多い**

sukunakutomo **少なくとも**〔副〕

sukunakutomo ⟦adv⟧ **at least, at the very least**

¶あしたのパーティーには**少なくとも**100人は集まるでしょう。(Ashita no pātii ni wa *sukunakutomo* hyakunin wa atsumaru deshō.)

¶ **No less** than a hundred persons should show up at the party tomorrow.

¶この仕事を完成するには，**少なくとも**1か月はかかります。(Kono shigoto o kansei suru ni wa, *sukunakutomo* ikkagetsu wa kakarimasu.)

¶ It will take **at least** a month to finish this job.

sukuu **救う**〔動 I〕

sukuu ⟦v I⟧ **rescue, save, help**

¶田中さんは川に落ちた子供を**救った**ので，両親から感謝されました。(Tanaka san wa kawa ni ochita kodomo o *sukutta* node, ryōshin kara kansha saremashita.)

¶ [Mr.] Tanaka **rescued** a child that had fallen into the river and received the gratitude of its parents.

¶このお金は，気の毒な子供たちを**救う**ために使われます。(Kono okane wa,

¶ This money will be used **to help** unfortunate children.

kinodoku na kodomotachi o *sukuu* tame ni tsukawaremasu.)

sumi **炭**〘名〙

¶炭で魚を焼きます。 (*Sumi* de sakana o yakimasu.)

sumi ⟦n⟧ **charcoal**

¶ [I] grill fish over **charcoal.**

sumi **すみ**〘名〙

¶切手は普通，封筒の左上の**すみ**にはります。(Kitte wa futsū, fūtō no hidariue no *sumi* ni harimasu.)

¶部屋の**すみ**から**すみ**まで捜しましたが，かぎは見つかりませんでした。(Heya no *sumi* kara *sumi* made sagashimashita ga, kagi wa mitsukarimasen deshita.)

sumi ⟦n⟧ **corner, nook**

¶ Stamps are usually placed at the top left **corner** of the envelope.

¶ [I] searched **every inch** of the room but couldn't find the keys.

sumimasen **すみません**〘連〙

¶お待たせして，本当に**すみません**でした。 (Omatase shite, hontō ni *sumimasen* deshita.)

¶**すみません**が，その荷物を取っていただけませんか。 (*Sumimasen* ga, sono nimotsu o totte itadakemasen ka?)

⇨**gomen nasai ごめんなさい**

sumimasen ⟦compd⟧ **Excuse me, pardon me, I'm sorry, thank you;** a phrase used when calling attention to oneself, asking something, apologizing, or expressing gratitude

¶ **I'm** very **sorry** to have kept you waiting.

¶ **I'm sorry to trouble you,** but could you please hand me that package ⟦bag, etc.⟧?

sumō **相撲**〘名〙

相撲をとる (*sumō* o toru)

¶**相撲**は日本で人気のあるスポーツです。(*Sumō* wa Nihon de ninki no aru supōtsu desu.)

sumō ⟦n⟧ ***sumo*, *sumo* wrestling**

wrestle with

¶ ***Sumo*** is a popular sport in Japan.

sumu **住む**〘動 I〙

¶田中さんは今，大阪に**住ん**でいます。(Tanaka san wa ima, Oosaka ni *sunde* imasu.)

¶兄は両親といっしょに**住ん**でいます。 (Ani wa ryōshin to issho ni

sumu ⟦v I⟧ **live, reside, dwell**

¶ [Mrs.] Tanaka **is** now **living** in Osaka.

¶ My (elder) brother **is living** with our parents.

sunde imasu.)

sumu **済む**〘動Ｉ〙

¶会議は4時に**済みました**。 (Kaigi wa yoji ni *sumimashita.*)

¶仕事が**済んだら**, コーヒーでも飲みに行きましょう。 (Shigoto ga *sundara,* kōhii demo nomi ni ikimashō.)

sumu ⟦v I⟧ **end, be concluded**

¶ The meeting ⟦conference⟧ **ended** at four o'clock.

¶ Let's go have some coffee **after** work.

suna **砂**〘名〙

¶目に**砂**が入って痛いです。 (Me ni *suna* ga haitte itai desu.)

¶子供たちが庭で**砂**遊びをしています。 (Kodomotachi ga niwa de *suna*-asobi o shite imasu.)

suna ⟦n⟧ **sand, grit**

¶ My eye hurts because I've gotten **sand** in it.

¶ The children are playing in **the sand** out in the yard.

sunao **すなお**〘形動〙

¶あの子は**すなお**な子で, 親や先生の言うことをよくききます。 (Ano ko wa *sunao* na ko de, oya ya sensei no iu koto o yoku kikimasu.)

¶悪いことをしたのだから, **すなお**に謝りなさい。 (Warui koto o shita no da kara, *sunao* ni ayamarinasai.)

sunao ⟦adj-v⟧ **mild, docile, honest, frank, guileless**

¶ That is an **obedient** child who minds [his] parents and teachers.

¶ You did wrong so apologize **with good grace.**

sunawachi **すなわち**〘接〙

¶わたしの高校では, 40パーセントの人, **すなわち**5人に2人の人が大学に行きます。 (Watashi no kōkō de wa, yonjippāsento no hito, *sunawachi* gonin ni futari no hito ga daigaku ni ikimasu.)

¶日本の人口の10パーセントが, 首都**すなわち**東京に集中しています。 (Nihon no jinkō no jippāsento ga, shuto *sunawachi* Tōkyō ni shūchū shite imasu.)

sunawachi ⟦conj⟧ **namely, that is**

¶ Forty percent, **that is,** two out of five, of the students at my high school go on to college.

¶ Ten percent of the population of Japan is concentrated in the capital, **that is,** in Tokyo.

＊ 前のことがらを更に別の言葉で説明したり言い換えたりするときに使う。

＊ Used when explaining or expressing in different words what came before.

supiido　スピード〔名〕

supiido ⟦n⟧ **speed**

スピードを出す (*supiido* o dasu)

speed up, pick up **speed**

¶この辺は道が狭いから，**スピード**を落として，注意しながら運転してください。 (Kono hen wa michi ga semai kara, *supiido* o otoshite, chūi shinagara unten shite kudasai.)

¶ The streets around here are narrow so please drive **slowly** and carefully.

supōtsu　スポーツ〔名〕

supōtsu ⟦n⟧ **a sport, sports**

¶わたしは**スポーツ**ではテニスとピンポンが好きです。 (Watashi wa *supōtsu* de wa tenisu to pinpon ga suki desu.)

¶ My favorite **sports** are tennis and ping-pong.

suppai　すっぱい〔形〕

suppai ⟦adj⟧ **sour, acid, tart**

¶わたしはレモンのような**すっぱい**果物は好きではありません。 (Watashi wa remon no yō na *suppai* kudamono wa suki de wa arimasen.)

¶ I don't like **sour** fruits like lemons.

sūpu　スープ〔名〕

sūpu ⟦n⟧ **soup**

¶**スープ**が冷めないうちに飲んでください。 (*Sūpu* ga samenai uchi ni nonde kudasai.)

¶ Please eat **your soup** before it gets cold.

supūn　スプーン〔名〕

supūn ⟦n⟧ **spoon**

¶**スプーン**でスープを飲みます。 (*Supūn* de sūpu o nomimasu.)

¶ One eats soup with **a spoon.**

suru　する〔動Ⅲ〕

suru ⟦v III⟧ **do; perform** (a job); **make; cost; pass, elapse**

①[動作を行う]

① [do]

¶今日は**する**ことがたくさんあります。 (Kyō wa *suru* koto ga takusan arimasu.)

¶ [I] have many things **to do** today.

¶あなたは日曜日にはいつも何を**して**いますか。 (Anata wa nichiyōbi ni

¶ What do you usually **do** on Sunday?

wa itsu mo nani o *shite* imasu ka?)

②[ある仕事などに従事する]

② [perform (a job), engage in]

¶田中さんはタクシーの運転手を**して**います。(Tanaka san wa takushii no untenshu o *shite* imasu.)

¶ [Mr.] Tanaka **is** a taxi driver.

¶姉は小学校の先生を**して**います。(Ane wa shōgakkō no sensei o *shite* imasu.)

¶ My (elder) sister **is** an elementary school teacher.

③[人をあるものにならせる，ある地位につける]

③ [make, make into]

¶中村さんは息子さんを将来医者に**する**つもりだそうです。(Nakamura san wa musukosan o shōrai isha ni *suru* tsumori da sō desu.)

¶ I hear that [Mr.] Nakamura plans for [his] son **to become** a doctor.

¶山田さんをクラスの委員に**しましょう**。(Yamada san o kurasu no iin ni *shimashō.*)

¶ **Let's make** [Miss] Yamada the class representative.

④[物をほかの形に変える，ほかの用途に使う]

④ [make, change, convert]

¶一万円札を千円札十枚に**して**ください。(Ichiman'ensatsu o sen'ensatsu jūmai ni *shite* kudasai.)

¶ Please **give me** 10 one-thousand yen bills for this ten-thousand yen bill.

¶あの人は本をまくらに**して**寝ています。(Ano hito wa hon o makura ni *shite* nete imasu.)

¶ [He] is sleeping **using** a book as a pillow.

⑤[何かを感じる]

⑤ [make, produce, have]

¶この花はとてもいいにおいが**します**。(Kono hana wa totemo ii nioi ga *shimasu.*)

¶ This flower **is** very sweet-**smelling.**

¶二階で大きな音が**しました**。(Nikai de ookina oto ga *shimashita.*)

¶ There **was a** loud **noise** on the second floor.

*「～がする（～ga suru）」の形で使う。

* Used in the pattern "~ *ga suru.*"

⑥[ものごとをある状態にならせる]

⑥ [make into a certain condition or state]

¶よく聞こえないから，ラジオの音をもう少し大きく**して**ください。(Yoku kikoenai kara, rajio no oto o mō sukoshi ookiku *shite* kudasai.)

¶ Please **turn** the radio **up** a little—it's too low to hear.

¶部屋をきれいに**しましょう**。(Heya o kirei ni *shimashō*.)

¶ **Let's clean up** the room ⟦apartment⟧.

⑦[ものごとがある状態である，ある性質を持っている]

⑦ [have, be in a certain condition or state]

円い形を**した**テーブル (marui katachi o *shita* tēburu)

a round table

¶彼は大きな手を**して**います。(Kare wa ookina te o *shite* imasu.)

¶ He **has** big hands.

¶上田さんは怒った顔を**して**，部屋を出ていきました。(Ueda san wa okotta kao o *shite*, heya o dete ikimashita.)

¶ [Mrs.] Ueda left the room **with** an angry look on [her] face.

¶その果物はどんな色を**して**いますか。(Sono kudamono wa donna iro o *shite* imasu ka?)

¶ What color **is** that fruit?

⑧[人などに対してある態度をとる]

⑧ [do, be]

¶おとなしく**して**いれば，お菓子を上げます。(Otonashiku *shite* ireba, okashi o agemasu.)

¶ If you **behave** yourself, I'll give you a sweet.

¶お年寄りには親切に**して**あげましょう。(Otoshiyori ni wa shinsetsu ni *shite* agemashō.)

¶ Everyone **should be** kind to the elderly.

¶わたしが病気の時，上田さんはとても優しく**して**くれました。(Watashi ga byōki no toki, Ueda san wa totemo yasashiku *shite* kuremashita.)

¶ When I was ill [Miss] Ueda **was** very kind to me.

⑨[値段を表す]

⑨ [cost]

¶その時計はいくら**しました**か。(Sono tokei wa ikura *shimashita*

¶ How much did that watch ⟦clock⟧ **cost?**

ka ?)

¶この部屋は一泊二万円も**する**そうです。(Kono heya wa ippaku niman'en mo *suru* sō desu.)

¶ They say that this room **costs** twenty thousand yen a day.

⑩[時間が経過する]

⑩ [pass, elapse]

¶もう少し**する**と，御飯ですよ。(Mō sukoshi *suru* to, gohan desu yo.)

¶ Dinner ⟦lunch, breakfast, etc.⟧ will be ready **in** a little while.

¶あと1か月**すれば**卒業です。(Ato ikkagetsu *sureba* sotsugyō desu.)

¶ It's only a month **until** graduation.

*「すると (suru to)」「すれば (sureba)」「したら (shitara)」の形で，未来のことを言うときに使う。

* Used in the patterns "*suru to*," "*sureba*," and "*shitara*" to refer to a future happening.

⑪[決める]

⑪ [decide]

¶お飲み物は何に**します**か。(Onomimono wa nan ni *shimasu* ka?)

¶ What **will you have** to drink?

¶来月，京都へ旅行することに**しました**。(Raigetsu, Kyōto e ryokō suru koto ni *shimashita.*)

¶ [I] **have decided** to take a trip to Kyoto next month.

*名詞の場合は「名詞＋にする (ni suru)」，動詞の場合は「動詞(連体の形)＋ことにする (koto ni suru)」の形で使う。

* For nouns, used in the pattern "noun + *ni suru.*" For verbs, used in the pattern "verb (dictionary form) + *koto ni suru.*"

⑫[これから動作を行う状態であることを表す]

⑫ [try to, be about to]

¶うちを出ようと**する**と，雨が降ってきました。(Uchi o deyō to *suru* to, ame ga futte kimashita.)

¶ **As I was leaving** the house it started to rain.

¶今，あなたに電話しようと**して**いたところです。(Ima, anata ni denwa shiyō to *shite* ita tokoro desu.)

¶ **I was just now trying to** telephone you.

*「動詞 (う・ようの形)＋とする (to suru)」の形で使う。

* Used in the pattern "verb (*-ō* ⟦*-yō*⟧ form) + *to suru.*"

＊「する (suru)」はある名詞や副詞

＊ *Suru* combines with certain nouns

について動詞を作る。「勉強（benkyō)」は「勉強する（benkyō suru)」,「ぼんやり（bon'yari)」は「ぼんやりする（bon'yari suru)」となる。

surudoi　鋭い〘形〙

①［とがっている，よく切れる］

¶書きやすいように鉛筆の先を**鋭**くしておきました。（Kakiyasui yō ni enpitsu no saki o *surudoku* shite okimashita.)

¶このナイフは先が**鋭い**から，気をつけて使いなさい。（Kono naifu wa saki ga *surudoi* kara, ki o tsukete tsukainasai.)

②［頭の働きが速い］

¶田中さんはとても頭の**鋭い**人です。(Tanaka san wa totemo atama no *surudoi* hito desu.)

suruto　すると〘接〙

①［前のことがらを受けてその時その場面で起こったことがらや気づいたことがらなどをあとに続けるときに使う］

¶電気が暗くなりました。**すると**，どこからか静かな音楽が流れてきました。(Denki ga kuraku narimashita. *Suruto,* doko kara ka shizuka na ongaku ga nagarete kimashita.)

¶ドアを開けました。**すると**，部屋に知らない人が立っていました。（Doa o akemashita. *Suruto,* heya ni shiranai hito ga tatte imashita.)

＊普通，前の文も「すると（suruto)」のあとの文も動詞の過去・完了を表す

and adverbs to form a new verb. For example *benkyō* (study, studying) becomes *benkyō suru* (to study) and *bon'yari* (absentmindedness) becomes *bon'yari suru* (to act absentmindedly).

surudoi ⟦adj⟧ **pointed, sharp; quick, smart**

① [pointed, sharp]

¶ [I] **sharpened** the pencils so they would be easy to write with.

¶ Please be careful as this knife is **sharply pointed.**

② [quick, smart, shrewd, acute, keen]

¶ [Mr.] Tanaka is very **quick-witted** ⟦has a **keen** intelligence⟧.

suruto ⟦conj⟧ **thereupon, just then; then, if so**

① [thereupon, just then, and then]

¶ The lights were lowered. **And then** soft music could be heard drifting on the air.

¶ I opened the door. **And** a stranger was standing there inside the room.

* Usually the verbs in both clauses are in the *-ta* form expressing past or completed action. The clause with

「たの形」が来る。また,あとに話し手が自分の意志で決めることができるような内容の文は来ない。「ドアの前に立ちました。すると，ドアが開きました。(Doa no mae ni tachimashita. Suruto, doa ga akimashita.)」はいいが,「ドアの前に立ちました。すると，ドアを開けました。(Doa no mae ni tachimashita. Suruto, doa o akemashita.)」とは言えない。

suruto does not express something decided by the will of the speaker. Thus "*Doa no mae ni tachimashita. Suruto, doa ga akimashita*" (I stood in front of the door. And then the door opened) is possible, but one cannot say * "*Doa no mae ni tachimashita. Suruto, doa o akemashita*" (I stood in front of the door. And then I opened the door).

②[前のことがらを受けてそのことから当然起こると考えられることなどを言うときに使う]

② [then, if so, in that case, if that's the case]

¶「大きな台風が近づいているそうです。」(Ookina taifū ga chikazuite iru sō desu.)「**すると**,あしたは出発は無理ですね。」(*Suruto,* ashita wa shuppatsu wa muri desu ne.)

¶ "I hear a large typhoon is approaching."

"**If that's so,** [we] won't be able to leave on [our] trip tomorrow."

sushi すし〖名〗

¶おなかがすいたので，**すし**屋でお**すし**を食べました。 (Onaka ga suita node, *sushi*ya de o*sushi* o tabemashita.)

sushi [[n]] ***sushi***

¶ [I] was hungry so [I] had some ***sushi*** at a ***sushi*** shop.

susumeru 勧める〖動Ⅱ〗

¶わたしはみんなにその会に参加するように**勧めています**。 (Watashi wa minna ni sono kai ni sanka suru yō ni *susumete* imasu.)

¶山田さんに保険に入ることを**勧められました**。 (Yamada san ni hoken ni hairu koto o *susumeraremashita.*)

susumeru [[v II]] **recommend, advise**

¶ I **recommend** that everyone participate in that club.

¶ [Mr.] Yamada **recommended** that I take out insurance.

susumeru 進める〖動Ⅱ〗

①[前方に行かせる，正しい時刻より前にする)]

susumeru [[v II]] **advance, put forward; promote, further**

① [advance, put forward]

¶この時計は15分**進めて**あります。(Kono tokei wa jūgofun *susumete* arimasu.)

¶ This watch ⟦clock⟧ **is** 15 minutes **fast.**

②[はかどらせる，進行させる]

¶雨の日が多くて，工事が**進められません**。(Ame no hi ga ookute, kōji ga *susumeraremasen.*)

② [promote, further, speed up]

¶ There have been many rainy days, **hindering the progress** of the construction.

susumu 進む〔動Ⅰ〕

susumu ⟦v I⟧ **advance, go forward; progress, advance; be fast, gain time**

①[前へ行く]

① [advance, go forward]

¶もう少し前へ**進みなさい**。(Mō sukoshi mae e *susuminasai.*)

¶ **Move** a little farther **forward.**

¶この前の授業はどこまで**進みました**か。(Kono mae no jugyō wa doko made *susumimashita* ka?)

¶ How far **did we get** in our lesson last time?

②[進歩する，進行させる]

② [progress, advance, improve]

進んだ考え (*susunda* kangae) **進んだ**文化 (*susunda* bunka)

an **advanced** way of thinking // an **advanced** culture

¶この国の農業技術はたいへん**進んでいます**。(Kono kuni no nōgyō-gijutsu wa taihen *susunde* imasu.)

¶ Agricultural techniques **are** very **advanced** in this country.

③[時計が正しい時刻より早くなる]

③ [be fast, gain time]

¶この時計は1日に5分**進みます**。(Kono tokei wa ichinichi ni gofun *susumimasu.*)

¶ This watch ⟦clock⟧ **gains** five minutes a day.

suteru 捨てる〔動Ⅱ〕

suteru ⟦v II⟧ **throw away, discard, abandon, desert**

¶道路にごみを**捨てないで**ください。(Dōro ni gomi o *sutenaide* kudasai.)

¶ Please **don't litter** in the street.

¶このねこはだれが**捨てた**のでしょうか。(Kono neko wa dare ga *suteta* no deshō ka?)

¶ I wonder who **abandoned** this cat.

⇨**hirou** 拾う

sutōbu ストーブ〔名〕

sutōbu ⟦n⟧ **heater, stove**

電気**ストーブ** (denki-*sutōbu*) ガス

an electric **heater** // a gas **heater**

ストーブ (gasu-*sutōbu*) 石油**ストーブ** (sekiyu-*sutōbu*) // a kerosene **heater**

¶寒くなりましたから, **ストーブ**をつけましょうか。(Samuku narimashita kara, *sutōbu* o tsukemashō ka?)
¶ It's gotten cold in here—shall I turn on **the heater?**

¶暑すぎますね。**ストーブ**の火を消しましょう。(Atsusugimasu ne. *Sutōbu* no hi o keshimashō).
¶ It's too hot. Let's turn off **the heater.**

suu **吸う**〔動 I〕 **suu** ⟦v I⟧ **inhale, smoke, sip, suck**

息を**吸う** (iki o *suu*) **take** a breath, breathe in

¶ここでたばこを**吸って**もいいですか。(Koko de tabako o *sutte* mo ii desu ka?)
¶ May **I smoke** here?

suwaru **座る**〔動 I〕 **suwaru** ⟦v I⟧ **sit down, take a seat**

¶どうぞ, ここに**座って**ください。(Dōzo, koko ni *suwatte* kudasai.)
¶ Please **sit down** here.

¶日本の旅館では, 畳に**座って**御飯を食べます。(Nihon no ryokan de wa, tatami ni *suwatte* gohan o tabemasu.)
¶ In a Japanese-style inn one eats **sitting** on the *tatami*-mat floor.

suzushii **涼しい**〔形〕 **suzushii** ⟦adj⟧ **cool**

¶昼間は暑かったが, 夕方になって**涼しく**なりました。(Hiruma wa atsukatta ga, yūgata ni natte *suzushiku* narimashita.)
¶ It was hot during the day but **cooled off** in the evening ⟦**has cooled off** from the evening⟧.

¶ここは夏は**涼しく**冬は暖かい, とてもいい所です。(Koko wa natsu wa *suzushiku* fuyu wa atatakai, totemo ii tokoro desu.)
¶ The summers **are cool** here and the winters warm, making it a very pleasant area.

T

ta 田〘名〙

¶この辺は畑より**田**のほうが多いです。(Kono hen wa hatake yori *ta* no hō ga ooi desu.)

¶米は**田**で作ります。(Kome wa *ta* de tsukurimasu.)

ta [[n]] **rice field, rice paddy**

¶ Around here there is more land in **rice paddies** than under dry cultivation.

¶ Rice is grown in **rice paddies.**

ta **た**〘助動〙

①[過去・経験・回想などを表す]

¶「あなたは昨日新宿へ行きました か。」(Anata wa kinō Shinjuku e ikimashi*ta* ka?) 「はい, 行きまし**た**。」(Hai, ikimashi*ta*.)

¶わたしはあの映画を5回も見まし**た**。(Watashi wa ano eiga o gokai mo mimashi*ta*.)

¶ゆうべはたいへん暑かっ**た**ですね。(Yūbe wa taihen atsukat*ta* desu ne.)

¶若いころの上田先生は, とても怖い先生でし**た**。(Wakai koro no Ueda sensei wa, totemo kowai sensei deshi*ta*.)

②[完了を表す]

¶「もう, 昼御飯を食べまし**た**か。」(Mō hirugohan o tabemashi*ta* ka?) 「いいえ, まだ食べていません。」(Iie, mada tabete imasen.)

¶今, 授業が終わっ**た**ところです。(Ima, jugyō ga owat*ta* tokoro desu.)

¶あした学校へ行っ**た**時, 本をお返し

-ta [[auxil]] a verb ending expressing past action, completed action, etc.

① [expresses action in the past, an experience, a recollection, etc.]

¶ "**Did you go** to Shinjuku yesterday?"

"Yes, **I did.**"

¶ **I've seen** that movie five times.

¶ **It was** very hot last night, wasn't it?

¶ [Mr.] Ueda **was** a very forbidding teacher when [he] was young.

② [expresses completed action]

¶ "**Have you** already **eaten** lunch?"

"No, I haven't eaten yet."

¶ Class just **ended.**

¶ [I] will return the book when [I] **go**

します。(Ashita gakkō e it*ta* toki, hon o okaeshi shimasu.)

to school tomorrow.

③[期待したり予想したりしたことなどが実際に起こったことを表す]

③ [used when something one has been expecting or waiting for actually happens]

¶財布はやっぱり引き出しの中にありました。(Saifu wa yappari hikidashi no naka ni arimashi*ta*.)

¶ The wallet ***was*** in the drawer after all.

¶あ，バスが来ましたよ。(A! basu ga kimashi*ta* yo.)

¶ Oh, the bus **is here!**

④[忘れたことを思い出したり不確かなことを確かめるとき言う]

④ [used when remembering something one has forgotten or when confirming something one is unsure about]

¶あしたは数学の試験がありましたね。(Ashita wa sūgaku no shiken ga arimashi*ta* ne.)

¶ **There's** a math exam tomorrow, isn't there?

¶あなたは田中さんの息子さんでしたね。(Anata wa Tanaka san no musukosan deshi*ta* ne.)

¶ Now, **you're** [Mr.] Tanaka's son, aren't you?

¶上田さんはあしたフランスへ行くんでしたね。(Ueda san wa ashita Furansu e iku n deshi*ta* ne.)

¶ **Wasn't** [Miss] Ueda going to leave for France tomorrow?

* 動作などを表す動詞の場合は「動詞(連体の形)＋の(ん) でした (no [n] deshita)」の形になる。

* In the case of a verb expressing an action, etc., the pattern "verb (dictionary form) + *no* ⟦*n*⟧ *deshita*" is used.

⑤[ものごとの性質や状態を表す]

⑤ [used to express the nature or state of something]

太った人 (futot*ta* hito)　とがった鉛筆 (togat*ta* enpitsu)　黒板にかいた絵 (kokuban ni kai*ta* e)　砂糖を入れたコーヒー (satō o ire*ta* kōhii)

a **fat** person // a **sharpened** pencil // a picture **drawn** on the blackboard // coffee **sweetened** with sugar

¶あの眼鏡をかけた人はだれですか。(Ano megane o kake*ta* hito wa dare desu ka?)

¶ Who is that person **wearing** glasses?

¶川に沿った道を歩いていきました。(Kawa ni sot*ta* michi o aruite ikimashita.)

¶ [I] walked along the road **running parallel** to the river.

* 名詞を修飾する形で使われ,「〜ている (〜te iru)」「〜てある (〜te aru) と置き換えることができる。

* Used modifying a noun. Can be replaced by *-te iru* or *-te aru*.

⑥[条件を表す]

⑥ [used to express some stipulation]

¶春(はる)になっ**たら**, 旅行(りょこう)をしましょう。(Haru ni nat*tara*, ryokō o shimashō.)

¶ Let's take a trip **in** the spring.

¶もし高(たか)かっ**たら**, 買(か)いません。(Moshi takakat*tara*, kaimasen.)

¶ **If** it's expensive [I] won't buy it.

¶雨(あめ)だっ**たら**, 行(い)きません。(Ame dat*tara*, ikimasen.)

¶ **If** it rains [I] won't go.

* いつも「〜たら(ば) (〜tara〔ba〕)」の形で使う。

* Always used in the *-tara* ⟦*-ba*⟧ form.

→tara たら

tabako たばこ〘名〙

tabako ⟦n⟧ **tobacco, cigarettes, cigars**

¶わたしは**たばこ**を吸(す)いません。(Watashi wa *tabako* o suimasen.)

¶ I don't **smoke.**

tabemono 食(た)べ物(もの)〘名〙

tabemono ⟦n⟧ **food, a dish, foodstuff, edibles**

¶あなたは**食(た)べ物(もの)**ではどんなものが好(す)きですか。(Anata wa *tabemono* de wa donna mono ga suki desu ka?)

¶ What **foods** do you like?

¶わたしはきらいな**食(た)べ物(もの)**はありません。(Watashi wa kirai na *tabemono* wa arimasen.)

¶ I have no dislikes in **food.**

⇨nomimono 飲(の)み物(もの)

taberu 食(た)べる〘動II〙

taberu ⟦v II⟧ **eat**

¶あなたは朝御飯(あさごはん)を何時(なんじ)ごろ**食(た)べます**か。(Anata wa asagohan o nanji goro *tabemasu* ka?)

¶ What time **do you eat** breakfast?

¶わたしは昨日(きのう)さしみを**食(た)べました**。(Watashi wa kinō sashimi o *tabemashita.*)

¶ I **ate** *sashimi* yesterday.

tabi 旅(たび)〘名〙

tabi ⟦n⟧ **traveling, travel, journey, trip**

汽車の旅 (kisha no *tabi*) 空の旅 (sora no *tabi*) 旅人 (*tabi*bito) 旅をする (*tabi* o suru)

a train **trip** // a plane **trip** // **a traveler, a tourist** // travel, make **a journey,** take **a trip**

¶この仕事が終わったら，しばらく旅に出るつもりです。 (Kono shigoto ga owattara, shibaraku *tabi* ni deru tsumori desu.)

¶ I plan to go **traveling** for some time after this job is over.

⇨**ryokō** 旅行

tabi たび〘名〙

tabi ⟦n⟧ **time, occasion, whenever**

¶わたしはこの写真を見る**たび**に，子供のころを思い出します。(Watashi wa kono shashin o miru *tabi* ni, kodomo no koro o omoidashimasu.)

¶ I remember my childhood days **whenever** I look at this photo.

¶定期券を買わないで，電車に乗る**たび**に切符を買います。 (Teikiken o kawanaide, densha ni noru *tabi* ni kippu o kaimasu.)

¶ [I] haven't bought a commuter's pass; [I] buy a ticket **each time** [I] take the train.

tabitabi たびたび〘副〙

tabitabi ⟦adv⟧ **often, frequently, time after time**

¶小学生のころ病気で学校を**たびたび**休みました。(Shōgakusei no koro byōki de gakkō o *tabitabi* yasumimashita.)

¶ [I] was **frequently** absent from school due to illness when [I] was in elementary school.

¶**たびたび**お邪魔して申し訳ありません。(*Tabitabi* ojama shite mōshiwake arimasen.)

¶ I am sorry to bother you ⟦interrupt your work⟧ **so often.**

tabun たぶん〘副〙

tabun ⟦adv⟧ **probably, most likely**

¶あしたは**たぶん**いい天気でしょう。(Ashita wa *tabun* ii tenki deshō.)

¶ **Chances are** it will be a nice day tomorrow.

¶山田さんはひどい風邪で，今日は**たぶん**来ないでしょう。 (Yamada san wa hidoi kaze de, kyō wa *tabun* konai deshō.)

¶ As [Mr.] Yamada has a bad cold, [he] will **probably** not come today.

＊「～でしょう (～deshō)」「～だろう (～darō)」などがあとに来ること

＊ Generally followed by ~ *deshō*, ~ *darō*, etc.

が多い。

-tachi たち〔尾〕

わたし**たち** (watashi*tachi*) 子供**たち** (kodomo*tachi*) あなた**たち** (anata-*tachi*) あの人**たち** (ano hito*tachi*) 学生**たち** (gakusei*tachi*)

＊ 人などの複数を表す。

-tachi [[suf]] a suffix indicating the plural

us, we, our // child**ren** // you (plural) // those people // student**s**

＊ Indicates the plural; used for human beings and sometimes animals.

tachiagaru **立ち上がる**〔動 I〕

いすから**立ち上がる** (isu kara *tachi-agaru*)

¶足がしびれて，**立ち上がる**ことができませんでした。(Ashi ga shibirete, *tachiagaru* koto ga dekimasen deshita.)

tachiagaru [[v I]] **stand up, get to one's feet**

to rise from one's seat

¶ My leg had gone to sleep so that I had difficulty **getting up.**

tachiba **立場**〔名〕

¶自分のことばかり考えないで，相手の**立場**も考えなさい。 (Jibun no koto bakari kangaenaide, aite no *tachiba* mo kangaenasai.)

tachiba [[n]] **position, standpoint, point of view**

¶ Don't just think of yourself—put yourself **in the place** of the other person as well.

tachimachi **たちまち**〔副〕

¶客がおおぜいだったので，料理は**たちまち**なくなってしまいました。(Kyaku ga oozei datta node, ryōri wa *tachimachi* nakunatte shimai-mashita.)

¶飛行機は**たちまち**雲の中に見えなくなりました。(Hikōki wa *tachimachi* kumo no naka ni mienaku narima-shita.)

tachimachi [[adv]] **in an instant, in a flash, at once, immediately**

¶ As there were many guests the food **quickly** disappeared.

¶ The plane **suddenly** disappeared from view behind a cloud.

tada **ただ**〔名〕

¶今晩の映画会は**ただ**です。(Konban no eigakai wa *tada* desu.)

¶この入場券を**ただ**で上げます。(Kono nyūjōken o *tada* de age-

tada [[n]] **free, without charge**

¶ The movie showing this evening **is free.**

¶ I'd like you to have this admission ticket (to a concert, play, exhibition,

masu.)

⇨muryō 無料

etc.) **free of charge.**

tada ただ〘副〙

¶母親は，毎日ただ息子の勉強のことばかり心配しています。 (Hahaoya wa, mainichi *tada* musuko no benkyō no koto bakari shinpai shite imasu.)

＊「だけ (dake)」「ばかり (bakari)」「しか (shika)」などといっしょに使うことが多い。

tada ⟦adv⟧ **merely, solely, only, alone**

¶ Every day the mother does **nothing but** worry about her son's studies.

＊ Often used with *dake*, *bakari*, *shika*, etc.

tadashii 正しい〘形〙

①［間違いがない様子］

正しい発音 (*tadashii* hatsuon)

¶正しい答えには〇，間違っている答えには×をつけなさい。 (*Tadashii* kotae ni wa maru, machigatte iru kotae ni wa batsu o tsukenasai.)

②［守るべきことに外れない様子］

正しい人 (*tadashii* hito) 正しい行い (*tadashii* okonai)

¶小さな子供には，何が正しいことなのかわかりません。(Chiisana kodomo ni wa, nani ga *tadashii* koto na no ka wakarimasen.)

tadashii ⟦adj⟧ **right, correct; right, upright, just, honest**

① [right, correct, exact, accurate]

the **correct** pronunciation

¶ Mark **correct** answers with a circle and wrong ones with an *X*.

② [right, upright, just, honest, proper, lawful]

a **just** person // **right** conduct

¶ Small children don't know **right** from wrong.

taezu 絶えず〘副〙

¶水道のせんがよく閉まらないので，絶えず水が流れています。(Suidō no sen ga yoku shimaranai node, *taezu* mizu ga nagarete imasu.)

¶うちの母は絶えず文句を言っています。 (Uchi no haha wa *taezu* monku o itte imasu.)

taezu ⟦adv⟧ **constantly, continually, without interruption**

¶ The faucet doesn't close tightly so it's **perpetually** dripping.

¶ My mother is **always** complaining.

tagai 互い〘名〙

tagai ⟦n⟧ **mutual, reciprocal, each other's, one another's**

¶世界各国の人々がお**互い**を理解し合うのが平和にとって大切なことです。(Sekai kakkoku no hitobito ga o*tagai* o rikai shiau no ga heiwa ni totte taisetsu na koto desu.)

¶ **Mutual** understanding among the peoples of the world is important for world peace.

¶いっしょに生活するためには，お**互い**が気をつけなければなりません。(Issho ni seikatsu suru tame ni wa, o*tagai* ga ki o tsukenakereba narimasen.)

¶ People living together must be considerate **of each other.**

＊ 普通「お互い (otagai)」の形で使う。

＊ Usually used in the form *otagai.*

tagai ni **互いに**〖副〗

tagai ni ⟦adv⟧ **mutually, reciprocally**

¶わたしたちはお**互いに**助け合って生活しています。(Watashitachi wa o*tagai ni* tasukeatte seikatsu shite imasu.)

¶ We live helping **one another.**

¶二人は**互いに**自分の国の言葉を教え合いました。(Futari wa *tagai ni* jibun no kuni no kotoba o oshieaimashita.)

¶ The two taught **each other** their own respective language.

tagaru **たがる**〖助動〗

-tagaru ⟦auxil⟧ **want to, be eager to, be apt to**

¶田中さんはカメラを買い**たがってい**ます。(Tanaka san wa kamera o kai*tagatte* imasu.)

¶ [Mr.] Tanaka **wants** to buy a camera.

¶ 妹は日本へ行き**たがって**います。(Imōto wa Nihon e iki*tagatte* imasu.)

¶ My younger sister **wants** to go to Japan.

¶犬が外へ出**たがって**います。(Inu ga soto e de*tagatte* imasu.)

¶ The dog **wants** to go outside.

＊ 普通，話し手・話し相手以外の者があることをしたいと希望していることを客観的な立場から観察して述べる場合に使う。「～たがっている (～ta-

＊ Usually expresses an objective judgment about what someone other than the speaker or the listener wants to do; it is not used about others when speaking politely. Generally

gatte iru)」の形で使うことが多い。しかし，過去のことについて自分の心情を回想的に述べる場合や，相手にも自分の希望していることがわかっていると判断する場合には，話し手のことについても使う。また，話し相手の心情がよくわかっている状態のときには，話し相手のことについても使われることがある。「わたしは子供のころ，よく学校を休みたがって親を困らせました。(Watashi wa kodomo no koro, yoku gakkō o yasumitagatte oya o komarasemashita.)」「わたしが行きたがっていることを知っていながら，中村さんは連れていってくれませんでした。(Watashi ga ikitagatte iru koto o shitte inagara, Nakamura san wa tsurete itte kuremasen deshita.)」「あなたが行きたがっていることはよくわかりますが，今度は無理です。(Anata ga ikitagatte iru koto wa yoku wakarimasu ga, kondo wa muri desu.)」

used in the pattern "*-tagatte iru.*" However, it can also be used about the speaker's own desires when recollecting how one felt in the past or when judging that another understands one's desires. It can also be used concerning the listener's desires when the speaker knows well how the listener is feeling. For example, "*Watashi wa kodomo no koro, yoku gakkō o yasumitagatte oya o komarasemashita*" (When I was young I often troubled my parents with my desire to stay home from school); "*Watashi ga ikitagatte iru koto o shitte inagara, Nakamura san wa tsurete itte kuremasen deshita*" (Even though [he] knew I wanted to go, [Mr.] Nakamura didn't take me along); or "*Anata ga ikitagatte iru koto wa yoku wakarimasu ga, kondo wa muri desu*" (I realize you want to go but it's impossible this time).

⇨**tai たい　-garu -がる**

tai　対〘名〙

tai [[n]]　**versus, against**

¶日本**対**アメリカのバレーボールの試合はあした行われます。(Nihon *tai* Amerika no barēbōru no shiai wa ashita okonawaremasu.)

¶ The **Japan–U.S.** volleyball game is tomorrow.

¶試合は4**対**3で，わたしたちのチームが勝ちました。(Shiai wa yon *tai* san de, watashitachi no chiimu ga kachimashita.)

¶ Our team won the game with a score of 4 **to** 3.

tai　たい〘助動〙

-tai [[auxil]]　**want to, feel like ~ing**

¶水が飲み**たい**です。(Mizu ga nomi*tai* desu.)

¶ **I want** a drink of water.

¶何も食べ**たく**ありません。(Nani mo tabe*taku* arimasen.)

¶ **I don't want** anything to eat.

¶芝居を見に行き**たかったら**,連れていってあげます。(Shibai o mi ni iki*takattara,* tsurete itte agemasu.)

¶ I'll take you **if you'd like** to go see a play.

¶わたしは一度日本へ行ってみ**たい**です。 (Watashi wa ichido Nihon e itte mi*tai* desu.)

¶ I **would like** to go to Japan at least once.

＊ ある行為や事態の実現を希望する意味を表す。普通は話し手の希望を表すが，質問する場合や相手の心情を推量する場合や相手がそういう希望を持っているということが判断できる場合には話し手以外の人の場合にも使う。「あなたも今度の旅行にはいっしょに行きたいでしょう。(Anata mo kondo no ryokō ni wa issho ni ikitai deshō?)」「今度の旅行に行きたい人はもういませんか。(Kondo no ryokō ni ikitai hito wa mō imasen ka?)」「芝居を見に行きたかったら，連れていってあげます。(Shibai o mi ni ikitakattara, tsurete itte agemasu.)」

＊ Used to refer to wanting to do something. Generally *-tai* refers to the speaker's wishes but it can also be used for the desires of others when asking a question, when guessing the feelings of another, or when one can judge that another has certain feelings. For example, "*Anata mo kondo no ryokō ni wa issho ni ikitai deshō?*" (You want to come with us on the trip too, don't you?); "*Kondo no ryokō ni ikitai hito wa mō imasen ka?*" (Aren't there any others who want to come on the trip?); or "*Shibai o mi ni ikitakattara, tsurete itte agemasu*" (I'll take you if you'd like to go see a play).

⇨**tagaru たがる**

taido 態度〔名〕

taido 〚n〛 **attitude, stance, manner**

¶田中さんは授業中の**態度**が悪かったので，先生にしかられました。(Tanaka san wa jugyōchū no *taido* ga warukatta node, sensei ni shikararemashita.)

¶ The teacher reprimanded [Mr.] Tanaka for [his] poor **attitude** during class.

¶賛成か反対か，**態度**をはっきりしなさい。 (Sansei ka hantai ka, *taido*

¶ Make clear **where you stand,** for it or against it.

o hakkiri shinasai.)

taifū 台風〘名〙

台風が来る (*taifū* ga kuru)

¶日本では，八月の下旬から九月の上旬にかけて台風が多いです。(Nihon de wa, hachigatsu no gejun kara kugatsu no jōjun ni kakete *taifū* ga ooi desu.)

¶台風でたくさんの家が壊れました。(*Taifū* de takusan no ie ga kowaremashita.)

taifū ⟦n⟧ **typhoon**

a typhoon approaches; **a typhoon** strikes

¶ **Typhoons** are frequent in Japan in late August and early September.

¶ Many homes were destroyed in **the typhoon.**

taihen たいへん〘副，形動〙

1〘副〙

¶今日はたいへん疲れました。 (Kyō wa *taihen* tsukaremashita.)

¶妹はバナナがたいへん好きです。(Imōto wa banana ga *taihen* suki desu.)

¶田中さんは試験の成績にたいへん満足しています。 (Tanaka san wa shiken no seiseki ni *taihen* manzoku shite imasu.)

2〘形動〙

①[重大である様子，程度が普通ではない様子]

¶あっ，たいへんだ。隣が火事だ。(A'! *Taihen* da. Tonari ga kaji da.)

¶今，東京に大地震が来たらたいへんです。 (Ima, Tōkyō ni oojishin ga kitara *taihen* desu.)

¶「会社のお金を落としてしまいました。」 (Kaisha no okane o otoshite shimaimashita.) 「それはたいへんなことをしましたね。」(Sore wa *taihen*

taihen ⟦adv, adj-v⟧ **very, greatly; serious, grave; hard, difficult**

1 ⟦adv⟧ very, greatly, awfully

¶ Today **really** tired me out.

¶ My younger sister is **very** fond of bananas.

¶ [Mr.] Tanaka is **fully** satisfied with [his] mark on the exam.

2 ⟦adj-v⟧

① [serious, grave, horrible, terrible]

¶ **My God!** There's a fire next door!

¶ **It would be disastrous** if a major earthquake should strike present-day Tokyo.

¶ "I lost some company money."
"Oh, **how terrible.**"

na koto o shimashita ne.)

②[何かをするのに非常な苦労をしたり努力をしたりする様子]

② [hard, difficult]

¶「富士山に登るのは**たいへん**ですか。」(Fujisan ni noboru no wa *taihen* desu ka?)「いいえ，途中までバスで行けますから，そんなに**たいへん**ではありません。」(Iie, tochū made basu de ikemasu kara, sonna ni *taihen* de wa arimasen.)

¶ "**Is it difficult** to climb Mount Fuji?"
"No, you can go partway by bus so **it's not** so **bad.**"

¶「会議の資料を作っていたので，ゆうべは寝ませんでした。」 (Kaigi no shiryō o tsukutte ita node, yūbe wa nemasen deshita.)「それは**たいへん**でしたね。」(Sore wa *taihen* deshita ne.)

¶ "I was up all last night preparing papers for the meeting ⟦conference⟧."
"That's **really hard** on you" (literally, That was **terrible**).

taiiku **体育**〘名〙

taiiku ⟦n⟧ **physical training, physical education**

体育の日 (*taiiku* no hi)

Sports Day

¶今日の**体育**の授業は**体育**館で行います。(Kyō no *taiiku* no jugyō wa *taiiku*kan de okonaimasu.)

¶ Today's **gym** class will be in **the gym.**

taiin **退院**〘名，～する〙

taiin ⟦n, *~suru*⟧ **leave the hospital, discharge from the hospital**

¶田中さんは昨日**退院**したそうです。(Tanaka san wa kinō *taiin* shita sō desu.)

¶ I hear that [Mrs.] Tanaka **came home from the hospital** yesterday.

¶病気が重いので，いつ**退院**できるかわかりません。(Byōki ga omoi node, itsu *taiin* dekiru ka wakarimasen.)

¶ As [his] illness is quite serious, it is unclear when [he] will be able **to leave the hospital.**

⇔**nyūin** 入院

taijū **体重**〘名〙

taijū ⟦n⟧ **one's body weight**

¶今，わたしの**体重**は50キロです。(Ima, watashi no *taijū* wa gojikkiro desu.)

¶ I presently **weigh** 50 kilos.

¶病気をしたので，**体重**が軽くなり

¶ [I] lost **weight** ⟦have lost **weight**⟧

ました。(Byōki o shita node, *taijū* ga karuku narimashita.)

due to illness.

taikai **大会**〘名〙

taikai ⟦n⟧ **mass meeting, rally, general meeting; conference, convention; meet, tournament**

全国**大会** (zenkoku-*taikai*)

a national **convention**

¶東京で人口問題についての世界**大会**が開かれました。(Tōkyō de jinkō-mondai ni tsuite no sekai-*taikai* ga hirakaremashita.)

¶ A world **conference** concerning the population problem opened ⟦has opened⟧ in Tokyo.

taikaku **体格**〘名〙

taikaku ⟦n⟧ **physique, physical constitution,** (body) **build**

¶上田さんはとてもいい**体格**をしています。(Ueda san wa totemo ii *taikaku* o shite imasu.)

¶ [Mr.] Ueda has a fine **build.**

¶スポーツをすると，**体格**がよくなります。(Supōtsu o suru to, *taikaku* ga yoku narimasu.)

¶ **One's constitution** improves if one participates in sports.

taikutsu **退屈**〘名，形動，～する〙

taikutsu ⟦n, adj-v, ~*suru*⟧ **tedious, dull, boring**

退屈な話 (*taikutsu* na hanashi)

a **boring** talk

¶何もすることがないので**退屈**です。(Nani mo suru koto ga nai node *taikutsu* desu.)

¶ [I] **am bored** as there is nothing to do.

¶話がおもしろくないので，みんな**退屈そう**な顔をしています。(Hanashi ga omoshiroku nai node, minna *taikutsusō* na kao o shite imasu.)

¶ Everyone **looks bored** as the lecture isn't very interesting.

taipuraitā **タイプライター**〘名〙

taipuraitā ⟦n⟧ **typewriter**

和文**タイプライター** (wabun-*taipuraitā*) 英文**タイプライター** (eibun-*taipuraitā*) **タイプライター**を打つ (*taipuraitā* o utsu)

a Japanese-character **typewriter** // a roman-letter **typewriter** // to type

＊「タイプ (taipu)」とも言う。

* Variant: *taipu*.

taira **平ら**〘形動〙

taira ⟦adj-v⟧ **flat, even, level**

¶**平ら**な道が遠くまで続いています。(*Taira* na michi ga tooku made tsuzuite imasu.)

¶ The **flat** road stretches out into the distance.

¶山をけずって平らにすれば，もっと家が建てられます。(Yama o kezutte *taira* ni sureba, motto ie ga tateraremasu.)

¶ If the hill **were leveled,** more houses could be built.

tairiku 大陸〘名〙

tairiku 〚n〛 **continent**

¶日本はアジア大陸の東にあります。(Nihon wa Ajia-*tairiku* no higashi ni arimasu.)

¶ Japan lies to the east of the Asian **continent.**

¶北アメリカ大陸と南アメリカ大陸はつながっています。(Kitaamerika-*tairiku* to Minamiamerika-*tairiku* wa tsunagatte imasu.)

¶ **The continents** of North and South America are joined together.

tairitsu 対立〘名，～する〙

tairitsu 〚n, ~*suru*〛 **opposition, confrontation**

¶意見の対立は，話し合いで解決したほうがいいです。(Iken no *tairitsu* wa, hanashiai de kaiketsu shita hō ga ii desu.)

¶ It is best to resolve **differences** of opinion through discussion.

¶意見が激しく対立して，会議はなかなか終わりませんでした。(Iken ga hageshiku *tairitsu* shite, kaigi wa nakanaka owarimasen deshita.)

¶ The meeting dragged on due to **the clash** of opinion.

taisetsu 大切〘形動〙

taisetsu 〚adj-v〛 **important, serious, valuable; to value, prize**

①[大事な様子]

① [important, serious, grave, valuable, precious]

大切なもの (*taisetsu* na mono) 大切な人 (*taisetsu* na hito) 大切な問題 (*taisetsu* na mondai)

treasure, valuables // an **important** person, a **beloved** person // a **serious** problem

¶石油は現在，非常に大切なものになっています。(Sekiyu wa genzai, hijō ni *taisetsu* na mono ni natte imasu.)

¶ Oil is presently an extremely **valuable** commodity.

¶外国語を話すときは，発音が大切です。(Gaikokugo o hanasu toki wa, hatsuon ga *taisetsu* desu.)

¶ Pronunciation **is important** when speaking a foreign language.

②[丁寧に扱う様子，大事にする様子]

② [to value, prize]

¶体を**大切**にしてください。(Karada o *taisetsu* ni shite kudasai.)

¶ Please **take good care of** yourself.

¶資源は**大切**に使いましょう。(Shigen wa *taisetsu* ni tsukaimashō.)

¶ We should **value** our natural resources **and use** them **carefully.**

taishi **大使**〖名〗

taishi ⟦n⟧ **ambassador**

大使館 (*taishi*kan) 駐日アメリカ**大使** (chūnichi-Amerika*taishi*)

an embassy // the American **ambassador** to Japan

taishite **大して**〖副〗

taishite ⟦adv⟧ (not) **very,** (not) **much**

¶この料理は**大して**おいしくありません。(Kono ryōri wa *taishite* oishiku arimasen.)

¶ This food isn't **very** good.

¶今度の試験は**大して**難しくありませんでした。(Kondo no shiken wa *taishite* muzukashiku arimasen deshita.)

¶ The last test wasn't **particularly** difficult.

＊ あとに打ち消しの言葉が来る。

＊ Used with the negative.

taishō **対象**〖名〗

taishō ⟦n⟧ **object, subject, target**

¶これは高校生を**対象**とした雑誌です。(Kore wa kōkōsei o *taishō* to shita zasshi desu.)

¶ This magazine **is aimed** at high school students.

¶わたしは戦後の日本経済を研究の**対象**としています。(Watashi wa sengo no Nihon-keizai o kenkyū no *taishō* to shite imasu.)

¶ **The subject** of my research is the postwar Japanese economy.

taishō **大正**〖名〗

taishō ⟦n⟧ **Taisho;** the name of a Japanese emperor and of his reign from 1912 to 1926

大正時代 (*Taishō*-jidai)

the **Taisho** period

taisō **体操**〖名，～する〗

taisō ⟦n, ~*suru*⟧ **gymnastics, athletic exercises**

ラジオ**体操** (rajio-*taisō*)

radio **calisthenics**

¶わたしは毎朝**体操**をしています。(Watashi wa maiasa *taisō* o shite imasu.)

¶ I do **exercises** every morning.

taisuru **対する**〖動Ⅲ〗

taisuru ⟦v III⟧ **toward, to, against; concerning, in regard to**

①[向かう，相手とする]

① [toward, to, against, as opposed to, in comparison with]

¶目上の人に**対して**は，丁寧な言葉を使わなければなりません。(Meue no hito ni *taishite* wa, teinei na kotoba o tsukawanakereba narimasen.)

¶ One should use polite language **toward** one's superiors.

¶最近，子供の親に**対する**態度が変わってきました。(Saikin, kodomo no oya ni *taisuru* taido ga kawatte kimashita.)

¶ In recent years there has been a change in the attitude of children **toward** their parents.

②［あるものごとに関する］

② [concerning, in regard to]

¶この問題に**対する**意見は，ほかにありませんか。(Kono mondai ni *taisuru* iken wa, hoka ni arimasen ka?)

¶ Are there any other opinions **concerning** this matter?

¶わたしは日本文化に**対して**興味があります。(Watashi wa Nihon-bunka ni *taishite* kyōmi ga arimasu.)

¶ I have an interest **in** Japanese culture.

＊ 普通「〜に対する (〜ni taisuru)」の形で使う。

＊ Usually used in the pattern "〜 *ni taisuru*."

taitei　たいてい〘副，〜の〙

taitei ⟦adv, ~*no*⟧ **usually, generally, mostly; almost all, most**

①［ほとんどの場合］

① [usually, generally, mostly]

¶日曜日は**たいてい**家にいます。(Nichiyōbi wa *taitei* ie ni imasu.)

¶ [I] am **generally** at home on Sunday.

¶あなたは**たいてい**何時ごろ起きますか。(Anata wa *taitei* nanji goro okimasu ka?)

¶ What time do you **usually** get up?

②［大部分］

② [almost all, most]

¶**たいてい**の学生は歩いて学校へ来ます。(*Taitei* no gakusei wa aruite gakkō e kimasu.)

¶ **The majority** of students walk to school.

¶ここにある本は**たいてい**読みました。(Koko ni aru hon wa *taitei* yomimashita.)

¶ [I] have read **almost all** of the books here.

taiyō　太陽〘名〙

taiyō ⟦n⟧ **the sun**

¶地球は**太陽**の周りを回っています。(Chikyū wa *taiyō* no mawari o

¶ The earth revolves around **the sun.**

mawatte imasu.)

taizai **滞在**〘名, ～する〙

¶「いつまでこちらに御**滞在**ですか。」(Itsu made kochira ni go*taizai* desu ka?)「1週間ぐらい**滞在**する予定です。」(Isshūkan gurai *taizai* suru yotei desu.)

¶**滞在**期間をもう1年延ばすつもりです。 (*Taizai*-kikan o mō ichinen nobasu tsumori desu.)

taizai 〚n, ~*suru*〛 **stay, visit, sojourn**

¶ "How long **will you be staying** here?"

"I plan **to stay** about a week."

¶ I intend to extend **my stay** for an additional year.

takai **高い**〘形〙

①[下から上までの長さが大きい様子, ものの位置が上の方にあって地面などから離れている様子]

高い木 (*takai* ki) 背が**高い** (se ga *takai*)

¶あの**高い**建物は何ですか。 (Ano *takai* tatemono wa nan desu ka?)

¶世界でいちばん**高い**山はエベレストです。(Sekai de ichiban *takai* yama wa Eberesuto desu.)

¶日が**高く**昇っています。 (Hi ga *takaku* nobotte imasu.)

↔hikui 低い

②[買うのに金が多くかかる様子]

¶この紙は1枚50円ですか。**高い**ですね。(Kono kami wa ichimai gojūen desu ka? *Takai* desu ne.)

¶あまり**高ければ**買いません。(Amari *takakereba* kaimasen.)

↔yasui 安い

③[声・音が大きく聞こえる様子, 音階が上である様子]

高い音 (*takai* oto)

takai 〚adj〛 **high, tall; expensive; loud, high-pitched; elevated; exalted**

① [high, tall]

a **tall** tree // (a person is) **tall**

¶ What is that **tall** building over there?

¶ The **highest** mountain in the world is Mount Everest.

¶ The sun is **high** in the sky.

② [expensive, high-priced]

¶ This paper is 50 yen a sheet? **It's expensive,** isn't it?

¶ [I] won't buy it **if it's** too **expensive.**

③ [loud, high-pitched]

a **loud** sound

¶隣の部屋から**高い**笑い声が聞こえてきます。(Tonari no heya kara *takai* waraigoe ga kikoete kimasu.)

¶ [I] can hear someone laughing **loudly** next door.

¶春子さんの声は**高い**です。(Haruko san no koe wa *takai* desu.)

¶ Haruko's voice **is high-pitched.**

↔hikui 低い

④[温度・熱などの数値が大きい]

④ [high, elevated]

温度が**高い** (ondo ga *takai*) 気圧が**高い** (kiatsu ga *takai*)

the temperature **is high** // the atmospheric pressure **is high**

¶山田さんは熱が**高くて**，学校を休みました。(Yamada san wa netsu ga *takakute*, gakkō o yasumimashita.)

¶ [Miss] Yamada stayed home from school with a **high** fever.

↔hikui 低い

⑤[身分などが上である様子]

⑤ [high, exalted, superior]

地位が**高い** (chii ga *takai*)

have a **high** social standing; have a **high** position

↔hikui 低い

takasa 高さ〖名〗

takasa 〚n〛 **height; expensiveness**

①[上へのびている程度]

① [height]

¶わたしは背の**高さ**が弟と同じくらいです。(Watashi wa se no *takasa* ga otōto to onaji kurai desu.)

¶ I am roughly the same **height** as my younger brother.

¶富士山の**高さ**はどのくらいですか。(Fujisan no *takasa* wa dono kurai desu ka?)

¶ How **high** is Mount Fuji?

②[金のかかる程度]

② [expensiveness]

¶東京の物価の**高さ**には驚きました。(Tōkyō no bukka no *takasa* ni wa odorokimashita.)

¶ [I] was surprised at the **high** prices in Tokyo.

⇨-sa -さ

take 丈〖名〗

take 〚n〛 **length, height, stature**

¶このズボンは**丈**が短すぎます。(Kono zubon wa *take* ga mijikasugimasu.)

¶ These trousers 〚pants, slacks〛 are too **short.**

take 竹〖名〗

take 〚n〛 **bamboo**

竹の子 (*take*noko) 竹やぶ (*take*yabu) 竹細工 (*take*zaiku) 竹かご (*take*kago) 竹で編んだざる (*take* de anda zaru)

a **bamboo** shoot // a **bamboo** grove // **bamboo**ware // a **bamboo** basket // a **bamboo** sieve

taku **炊く**〘動 I〙

御飯を**炊く** (gohan o *taku*)

taku ⟦v I⟧ **boil, cook**

boil rice

takusan **たくさん**〘副, 〜の〙

①[数や量が多い]

¶ここにりんごが**たくさん**あります。(Koko ni ringo ga *takusan* arimasu.)

¶この川には魚が**たくさん**います。(Kono kawa ni wa sakana ga *takusan* imasu.)

¶広場に**たくさん**の人が集まってきました。(Hiroba ni *takusan* no hito ga atsumatte kimashita.)

②[じゅうぶんである, それ以上いらない]

¶「もう少しいかがですか。」(Mō sukoshi ikaga desu ka?)「もう**たくさん**いただきました。」(Mō *takusan* itadakimashita.)

takusan ⟦adv, ~*no*⟧ **much, plenty, a great many; enough, sufficient**

① [much, plenty, a great many, a large quantity]

¶ There are **a lot** of apples here.

¶ This river **abounds** with fish.

¶ There is ⟦was⟧ **a throng** of people gathered in the plaza.

② [enough, sufficient]

¶ "Would you like a little more?" "No, thank you. I've had **plenty.**"

takushii **タクシー**〘名〙

タクシーで行く (*takushii* de iku)

¶わたしは駅から**タクシー**に乗って帰ります。(Watashi wa eki kara *takushii* ni notte kaerimasu.)

takushii ⟦n⟧ **taxi**

go by **taxi**

¶ I will take **a taxi** home from the station.

tama **玉**〘名〙

目玉 (me*dama*) 眼鏡の玉 (megane no *tama*) 十円玉 (jūen*dama*)

tama ⟦n⟧ **ball, bead, lens, drop, jewel,** etc.

the eye**ball** // an eyeglass **lens** // a 10-yen **coin**

tama **球**〘名〙

電気の球 (denki no *tama*) 野球の球 (yakyū no *tama*) 球を打つ (*ta-*

tama ⟦n⟧ **ball, bulb, globe**

an electric light **bulb** // **a ball** for baseball // hit ⟦bat⟧ **a ball** *ma* o utsu)

tama 弾〚名〛

ピストルの弾 (pisutoru no *tama*)
鉄砲の弾 (teppō no *tama*)

tama ⟦n⟧ **bullet, shell, shot**

a pistol **bullet** // a gun ⟦rifle⟧ **bullet**

tamago 卵〚名〛

生卵 (nama*tamago*) 卵焼き (*tama-goyaki*) ゆで卵 (yude*tamago*) 半熟卵 (hanjuku*tamago*) 卵を産む (*tamago* o umu) 卵がかえる (*tamago* ga kaeru)

tamago ⟦n⟧ **egg**

an raw **egg** // an omelet // a boiled **egg** // a soft-boiled **egg** // lay **an egg,** spawn // **an egg** hatches

tama ni たまに〚副〛

¶わたしは**たまに**映画を見に行きます。 (Watashi wa *tama ni* eiga o mi ni ikimasu.)

¶山田さんは**たまに**しか図書館へ行きません。(Yamada san wa *tama ni* shika toshokan e ikimasen.)

tama ni ⟦adv⟧ **occasionally, now and then, at times, once in a while**

¶ I **occasionally** go to see a movie.

¶ [Mr.] Yamada **seldom** goes to the library.

tamaru たまる〚動 I〛

①[物が一つの所に少しずつ集まってたくさんになる]

¶大雨が降ったので，道路に水が**たまってしまいました。**(Ooame ga futta node, dōro ni mizu ga *tamatte* shimaimashita.)

②[貯金などが多くなる]

¶お金が**たまったら，**旅行に行きたいと思っています。 (Okane ga *tamattara,* ryokō ni ikitai to omotte imasu.)

③[仕事や支払いなどがかたづかないで残る]

アパート代が**たまる** (apātodai ga *tamaru*)

¶病気で会社を休んだので，仕事がた

tamaru ⟦v I⟧ **gather, collect, accumulate; save, be saved; be in arrears, be overdue**

① [gather, collect, accumulate]

¶ There **are** ⟦**were**⟧ **puddles** in the street after the heavy rains.

② [save, be saved]

¶ **When I have** enough money **saved** I want to go on a trip.

③ [be in arrears, be overdue]

be behind on the rent

¶ [I] **am behind** in [my] work as [I]

まってしまいました。(Byōki de kaisha o yasunda node, shigoto ga *tamatte* shimaimashita.)

had to take time off sick.

tame　ため〘名〙

tame ⟦n⟧ **in order to, to; because of, owing to; good, benefit**

①[目的を表す]

① [in order to, to]

¶わたしは日本文学を勉強する**ため**に日本語を習っています。(Watashi wa Nihon-bungaku o benkyō suru *tame* ni Nihongo o naratte imasu.)

¶ I am learning Japanese **so that** I can study Japanese literature.

¶山田さんは，家を建てる**ため**にお金をためています。(Yamada san wa, ie o tateru *tame* ni okane o tamete imasu.)

¶ [Mr.] Yamada is saving money **in order** to build a house.

②[理由・原因を表す]

② [because of, owing to, on account of]

¶病気の**ため**学校を休みました。(Byōki no *tame* gakkō o yasumimashita.)

¶ [I] stayed home from school **due to** illness.

¶不注意の**ため**試験に失敗しました。(Fuchūi no *tame* shiken ni shippai shimashita.)

¶ [I] failed the exam **because of** carelessness.

¶バスが遅れた**ため**に遅刻しました。(Basu ga okureta *tame* ni chikoku shimashita.)

¶ [I] am ⟦was⟧ late **because** the bus was delayed.

③[役に立つこと・利益になることを表す]

③ [good, advantage, benefit, sake]

¶これはとても**ため**になる本です。(Kore wa totemo *tame* ni naru hon desu.)

¶ This is a very **instructive** book.

¶上田さんは会社の**ため**に夜遅くまで働いています。(Ueda san wa kaisha no *tame* ni yoru osoku made hataraite imasu.)

¶ [Mr.] Ueda works late at night **for the benefit** of [his] company.

tameru　ためる〘動Ⅱ〙

tameru ⟦v II⟧ **accumulate, amass; save, store up; run up** (a bill), **leave undone**

①[物を一つの所に少しずつ集めてた

① [accumulate, amass, collect,

くさんにする]
¶この地方では雨水を**ためて**おいて，それを飲んでいるそうです。(Kono chihō de wa amamizu o *tamete* oite, sore o nonde iru sō desu.)
②[貯金などを多くする]
¶お金を**ためて**，テープレコーダーを買うつもりです。(Okane o *tamete,* tēpurekōdā o kau tsumori desu.)
③[仕事や支払いなどをかたづけないで残す]
部屋代を**ためる** (heyadai o *tameru*)

tamesu **試す**〘動 I〙
¶機械が直ったかどうか**試して**みましょう。(Kikai ga naotta ka dō ka *tameshite* mimashō.)
¶漢字の力を**試す**ためにテストしましょう。(Kanji no chikara o *tamesu* tame ni tesuto shimashō.)

tana **たな**〘名〙
本**だな** (hon*dana*)　**たな**から物を降ろす (*tana* kara mono o orosu)
¶この箱を**たな**に上げてください。(Kono hako o *tana* ni agete kudasai.)

tane **種**〘名〙
¶庭に花の**種**をまきました。(Niwa ni hana no *tane* o makimashita.)
¶このぶどうには**種**がありません。(Kono budō ni wa *tane* ga arimasen.)

tango **単語**〘名〙
¶わたしはまだ日本語の**単語**を少ししか知りません。(Watashi wa mada

gather]
¶ I hear that in this area **they save** rainwater and use it for drinking water.

② [save, store up]
¶ I intend **to save** my money and buy a tape recorder.

③ [run up (a bill), leave undone]
let one's rent **fall in arrears, owe** rent

tamesu ⟦v I⟧ **try, attempt, test**
¶ Let's **try out** the machine ⟦device, apparatus, mechanism⟧ and see if it's all right now after being fixed.
¶ Let's have a test **to see** how strong you are in *kanji*.

tana ⟦n⟧ **shelf, shelves, rack**
a book**shelf,** a book**case** // take an article from **a shelf**
¶ Please put this box on **the shelf.**

tane ⟦n⟧ **seed, pit, stone**
¶ [I] sowed flower **seed** in the garden.
¶ These are **seed**less grapes.

tango ⟦n⟧ **word(s), vocabulary**
¶ My Japanese **vocabulary** is still very limited.

Nihongo no *tango* o sukoshi shika shirimasen.)

¶**単語**帳を作って勉強しています。(*Tango*chō o tsukutte benkyō shite imasu.)

¶ [I] study keeping a notebook of new **vocabulary.**

tan'i **単位**〘名〙

tan'i ⟦n⟧ **a unit, a denomination**

¶日本では，長さの**単位**はメートルを，重さの**単位**はグラムを使っています。(Nihon de wa, nagasa no *tan'i* wa mētoru o, omosa no *tan'i* wa guramu o tsukatte imasu.)

¶ **The unit** of length in use in Japan is the meter and **the unit** of weight is the gram.

tanin **他人**〘名〙

tanin ⟦n⟧ **another person, others; unrelated persons**

①[ほかの人]

① [another person, others]

¶**他人**の迷惑になるようなことはしないでください。(*Tanin* no meiwaku ni naru yō na koto wa shinaide kudasai.)

¶ Please don't do anything that will inconvenience **others.**

②[血縁関係のない人]

② [persons unrelated by blood]

¶あの二人はとてもよく似ていますが，**他人**なのです。(Ano futari wa totemo yoku nite imasu ga, *tanin* na no desu.)

¶ Although those two look a lot alike, **they are unrelated** to each other.

tanjōbi **誕生日**〘名〙

tanjōbi ⟦n⟧ **one's birthday**

¶わたしの**誕生日**は3月3日です。(Watashi no *tanjōbi* wa sangatsu mikka desu.)

¶ My **birthday** is March 3.

¶今晩，山田さんの**誕生日**のお祝いをします。(Konban, Yamada san no *tanjōbi* no oiwai o shimasu.)

¶ Tonight [we]'re having a **birthday** celebration for [Miss] Yamada.

tanomu **頼む**〘動 I〙

tanomu ⟦v I⟧ **ask, request**

¶田中さんに**頼んで**，お金を貸してもらいました。(Tanaka san ni *tanonde*, okane o kashite moraimashita.)

¶ When **I asked [him],** [Mr.] Tanaka loaned me some money.

¶友達にノートを貸してくれと**頼んだ**

¶ **I asked** a friend to loan me [her]

ら，断られました。(Tomodachi ni nōto o kashite kure to *tanondara*, kotowararemashita.)

notes, but [she] refused.

tanoshii **楽しい**〘形〙

tanoshii ⟦adj⟧ **pleasant, happy, delightful, enjoyable**

¶今日のパーティーはとても**楽しかった**です。(Kyō no pātii wa totemo *tanoshikatta* desu.)

¶ Today's party was a lot of **fun.**

¶これから歌を歌って，**楽しく**過ごしましょう。(Kore kara uta o utatte, *tanoshiku* sugoshimashō.)

¶ Let's have **a good time** singing songs now.

tanoshimu **楽しむ**〘動 I〙

tanoshimu ⟦v I⟧ **enjoy oneself, take pleasure in**

¶上田さんは一人で音楽を聞いて**楽しんで**います。(Ueda san wa hitori de ongaku o kiite *tanoshinde* imasu.)

¶ [Mr.] Ueda **is having a good time** listening to music by [him]self.

¶夏休みには，山に登ったり海で泳いだりして**楽しもう**と思っています。(Natsuyasumi ni wa, yama ni nobottari umi de oyoidari shite *tanoshimō* to omotte imasu.)

¶ I plan **to enjoy** summer vacation climbing mountains, swimming at the shore, and so forth.

tansan-gasu **炭酸ガス**〘名〙

tansan-gasu ⟦n⟧ **carbon dioxide**

tansho **短所**〘名〙

tansho ⟦n⟧ **defect, fault, shortcoming, weak point**

¶人にはだれでも長所と**短所**があります。(Hito ni wa dare demo chōsho to *tansho* ga arimasu.)

¶ Everyone has **weak** and strong **points.**

⇔**chōsho** **長所** ⇨**ketten** **欠点**

tansū **単数**〘名〙

tansū ⟦n⟧ **singular number, the singular**

⇔**fukusū** **複数**

taoreru **倒れる**〘動 II〙

taoreru ⟦v II⟧ **fall, fall down, collapse**

¶昨日の地震でたくさんの家が**倒れました**。(Kinō no jishin de takusan no ie ga *taoremashita.*)

¶ Many houses **were destroyed** in the earthquake yesterday.

¶山田さんは気を失って**倒れました**。(Yamada san wa ki o ushinatte *taoremashita.*)

¶ [Mr.] Yamada lost consciousness and **fell to the floor** ⟦**ground**⟧.

taoru **タオル**〘名〙

タオルで顔をふく（*taoru* de kao o fuku） 湯上がり**タオル** （yuagari-*taoru*）

taoru ⟦n⟧ **towel, toweling**

wipe one's face with **a towel** // a bath **towel**

taosu **倒す**〘動Ⅰ〙

¶掃除をしていて，花びんを**倒してし**まいました。(Sōji o shite ite, kabin o *taoshite* shimaimashita.)

¶台風でたくさんの木が**倒されました**。(Taifū de takusan no ki ga *taosare-mashita.*)

taosu ⟦v I⟧ **throw down, knock down**

¶ [I] **knocked over** a vase while cleaning.

¶ Many trees **were blown over** in the typhoon.

tara **たら**〘助動〙

①［前件が成立した場合にはそれに伴って後件が成立するという関係を表す］

¶春になっ**たら**，旅行するつもりです。(Haru ni nat*tara*, ryokō suru tsu-mori desu.)

¶安かっ**たら**買ってもいいですが，高かっ**たら**買いません。 (Yasukat*tara* katte mo ii desu ga, takakat*tara* kaimasen.)

¶暑かっ**たら**，上着を脱いでもいいですよ。(Atsukat*tara*, uwagi o nuide mo ii desu yo.)

¶車だっ**たら**10分で行けます。 (Ku-ruma dat*tara* jippun de ikemasu.)

¶「あした雨が降っ**たら**，旅行には行きませんか。」(Ashita ame ga fut*tara*, ryokō ni wa ikimasen ka?)「いいえ，雨が降っても，行きます。」(Iie, ame ga futte mo, ikimasu.)

→ba **ば**

②［前件がもし成立していた場合には

-tara ⟦auxil⟧ **when, if;** a verb ending expressing the conditional

① [indicates that the second clause will be realized if or when the first clause is realized]

¶ I plan to travel **in** the spring.

¶ [I] might buy it **if** it's inexpensive but [I] won't buy it **if** it's expensive.

¶ You may remove your jacket **if** you're hot.

¶ It takes 10 minutes **by** car.

¶ "**If** it rains tomorrow will you give up on your trip?"

"No, [I]'ll go even if it rains."

② [indicates that the second clause would have been realized if the first

後件も成立するという関係を表す]

clause had been realized]

¶もう少し背が高かっ**たら**，バスケットボールをやっていたと思います。(Mō sukoshi se ga takakat*tara*, basukettobōru o yatte ita to omoimasu.)

¶ I think [I] would have played basketball **if** [I] had been a little taller.

¶お医者さんがもう少し早く来てくれ**たら**，父は助かったのに。(Oishasan ga mō sukoshi hayaku kite kure*tara*, chichi wa tasukatta noni.)

¶ My father's life could have been saved **if only** the doctor had come a little sooner.

* 前件には実際には成立しなかったことが来る。

* The first clause was not actually realized.

→ba ば nara なら

③[願望や示唆などの意味を表す]

③ [expresses a wish or suggestion]

¶学生の時にもっと勉強してい**たら**と思います。(Gakusei no toki ni motto benkyō shite i*tara* to omoimasu.)

¶ **I wish I had** studied more when I was a student.

¶頭が痛いんでしょう。今日は学校を休ん**だら**。(Atama ga itai n deshō? Kyō wa gakkō o yasun*dara*?)

¶ You have a headache, don't you? **Why don't you** stay home from school today?

→ba ば

④[前件が行われた時に後件が成立したという関係を表す]

④ [indicates that the second clause is realized when the first clause takes place]

¶山田さんと話をしてい**たら**，上田さんが来ました。(Yamada san to hanashi o shite i*tara*, Ueda san ga kimashita.)

¶ [Mr.] Ueda came **while** I was talking with [Mrs.] Yamada.

¶銀座を歩いてい**たら**，偶然小学校の時の友達に会いました。(Ginza o aruite i*tara*, gūzen shōgakkō no toki no tomodachi ni aimashita.)

¶ I ran into a friend from my elementary school days **when** I was walking along the Ginza.

* 後件には過去・完了を表す「たの形」が来る。

* The *-ta* form expressing past or completed action is found in the second clause.

→to と

⑤[前件の成立をきっかけとして後件が成立するという関係を表す]

⑤ [indicates that the second clause takes place because of the first clause]

¶一人の赤ちゃんが泣きだし**たら**，ほかの赤ちゃんまで泣きだしました。(Hitori no akachan ga nakidashi*tara,* hoka no akachan made nakidashimashita.)

¶ **When** one baby started crying the others started crying too.

¶部屋の電気をつけ**たら**，窓からたくさんの虫が入ってきました。 (Heya no denki o tsuke*tara,* mado kara takusan no mushi ga haitte kimashita.)

¶ **When** [I] turned on the lights inside the room lots of insects flew in through the window.

* 前件と後件の主語は異なる。後件には過去・完了を表す「たの形」が来る。

* The two clauses have different subjects. The *-ta* form expressing past or completed action is found in the second clause.

→to と

⑥[前件の成立によって後件のことがらに気づくという関係を表す]

⑥ [indicates that what comes in the second clause is noticed when the first clause is realized]

¶箱を開け**たら**，りんごが五つありました。(Hako o ake*tara,* ringo ga itsutsu arimashita.)

¶ [I] opened the box **and** found five apples.

¶台風のあと庭へ出てみ**たら**，木や花が倒れていました。 (Taifū no ato niwa e dete mi*tara,* ki ya hana ga taorete imashita.)

¶ **When** [I] went out into the yard ⟦garden⟧ after the typhoon, blown-over trees and flowers were lying on the ground.

¶山の頂上に着い**たら**，遠くに海が見えました。(Yama no chōjō ni tsui*tara,* tooku ni umi ga miemashita.)

¶ **When** [we] got to the top of the mountain, [we] were able to see the ocean in the distance.

* 後件には「あった (atta)」「～ていた (～te ita)」「見えた (mieta)」などの状態・作用を表す言葉のほかに「音がした (oto ga shita)」「においがした (nioi ga shita)」などの感覚を表す言葉も使い，前件によって後件の

* The relationship of one being aware of the second clause because of the first clause is expressed by the use in the second clause of words expressing condition or process like *atta*, *-te ita*, and *mieta*; words concerning the physical senses like *oto ga*

ことがらに気づくという関係を表す。前件の主語と後件の主語は異なる。

shita, *nioi ga shita*; and so on. The subjects of the two clauses are different.

→to と

⑦[話題とすることがらを提示するのに使う]

⑦ [used to point out the topic]

¶「田中さんはどこにいますか。」(Tanaka san wa doko ni imasu ka?)「田中さんだっ**たら**，図書室にいますよ。」(Tanaka san dat*tara*, toshoshitsu ni imasu yo.)

¶ “Where is [Mr.] Tanaka?”
“**[Mr.] Tanaka?** Oh, [he]'s in the library.”

¶「辞書はどこにあるか知りませんか。」(Jisho wa doko ni aru ka shirimasen ka?)「辞書だっ**たら**，あのテーブルの上にありますよ。」(Jisho dat*tara*, ano tēburu no ue ni arimasu yo.)

¶ “Do you know where the dictionary is?”
“**It's** over there on the table.”

*普通「名詞＋だったら (dattara)」の形で使う。

* Generally used in the pattern “noun + *dattara*.”

→nara なら

tari たり〘助〙

-tari ⟦part⟧ **now ~ now ~; now ~ and then ~; sometimes ~ sometimes ~**

¶昨日は，映画を見**たり**買い物をし**たり**しました。(Kinō wa, eiga o mi*tari* kaimono o shi*tari* shimashita.)

¶ Yesterday I **saw** a movie, **went** shopping, **etc.**

¶海で泳い**だり**貝を拾っ**たり**して遊びました。(Umi de oyoi*dari* kai o hirot*tari* shite asobimashita.)

¶ [I] relaxed at the shore, **sometimes** swimming **and sometimes** picking up shells.

* 普通「～たり　～たりする (~tari ~tari suru)」の形で使う。動作を例示的に述べて代表させ，その他の動作もあることを表す。「ぶ (bu)」「ぐ (gu)」「む (mu)」「ぬ (nu)」で終わるⅠ型動詞のあとに「たり (tari)」が来る場合には「だり (dari)」となる。

* Usually used in the pattern “*-tari* ~ *-tari suru*.” It cites actions as representative examples and implies there were other actions as well. *-tari* changes to *-dari* in the case of Type I verbs ending in *-bu*, *-gu*, *-mu*, or *-nu*.

tariru 足りる〘動Ⅱ〙

tariru ⟦v II⟧ **be enough, be sufficient, suffice**

¶時間が**足りなくて**，最後の問題はできませんでした。(Jikan ga *tarinakute,* saigo no mondai wa dekimasen deshita.)

¶ [I] **ran out** of time and wasn't able to do the last question.

¶生活費は1か月10万円では**足りません**。(Seikatsuhi wa ikkagetsu jūman'en de wa *tarimasen.*)

¶ One hundred thousand yen a month **is not enough** to live on.

tashika **確か**〘副, 形動〙

tashika ⟦adv, adj-v⟧ **probably, I think; certain, certainly; accurate, exact; reliable, trustworthy**

1〘副〙

¶山田さんがうちへ来たのは, **確か**先月でした。(Yamada san ga uchi e kita no wa, *tashika* sengetsu deshita.)

¶上田さんは**確か**先月会社を辞めたはずですよ。(Ueda san wa *tashika* sengetsu kaisha o yameta hazu desu yo.)

1 ⟦adv⟧ probably, I think, if I am correct

¶ **If I remember correctly,** it was last month that [Mr.] Yamada visited [our] home.

¶ **I think** that it was last month that [Miss] Ueda quit the company.

2〘形動〙

¶あの人の言うことは**確か**です。(Ano hito no iu koto wa *tashika* desu.)

¶父が何時に帰ってくるか, **確か**な時間はわかりません。(Chichi ga nanji ni kaette kuru ka, *tashika* na jikan wa wakarimasen.)

¶あの人は**確か**に上田さんです。(Ano hito wa *tashika* ni Ueda san desu.)

2 ⟦adj-v⟧ certain; exact; reliable

¶ **You can believe** what [he] says.

¶ I don't know **exactly** what time my father will return home.

¶ **I'm certain** that is [Mrs.] Ueda.

tashikameru **確かめる**〘動II〙

tashikameru ⟦v II⟧ **make sure, check, verify**

¶これが正しいかどうか**確かめて**ください。(Kore ga tadashii ka dō ka *tashikamete* kudasai.)

¶ Please **check** whether this is correct or not.

¶飛行機が到着する時間を電話で**確かめました**。(Hikōki ga tōchaku suru jikan o denwa de *tashikamemashita.*)

¶ [I] **verified** the arrival time of the airplane on the telephone.

tassuru **達する**〘動III〙

tassuru ⟦v III⟧ **reach, arrive at, attain, achieve**

¶5時間も登って，ようやく山の頂上に**達しました**。(Gojikan mo nobotte, yōyaku yama no chōjō ni *tasshimashita.*)

¶ [We] at last **reached** the top of the mountain after five hours of climbing.

¶先月は工場の生産が目標に**達しませんでした**。(Sengetsu wa kōjō no seisan ga mokuhyō ni *tasshimasen* deshita.)

¶ Factory production **failed to reach** the target figure last month.

tasu　足す〖動Ｉ〗

tasu 〚v I〛 **add**

¶1**足す**1は2です。(Ichi *tasu* ichi wa ni desu.)

¶ One **plus** one is two.

¶味が薄いので，しょう油を**足しました**。(Aji ga usui node, shōyu o *tashimashita.*)

¶ The flavor was too weak so [I] **added** some soy sauce.

⇔**hiku 引く**

tasū　多数〖名〗

tasū 〚n〛 **a large number; a majority**

多数決 (*tasū*ketsu)

a **majority** decision, decision **by majority**

¶この考えに**多数**の人が賛成しました。(Kono kangae ni *tasū* no hito ga sansei shimashita.)

¶ **A majority** agreed with this view.

tasukeru　助ける〖動Ⅱ〗

tasukeru 〚v II〛 **save, rescue; give relief to; help, aid**

①[救助する]

① [save, rescue]

¶上田さんは川に落ちた子供を**助けました**。(Ueda san wa kawa ni ochita kodomo o *tasukemashita.*)

¶ [Mr.] Ueda **rescued** a child that had fallen in the river.

¶「**助けて**くれ。」という叫び声がしました。(" *Tasukete* kure!" to iu sakebigoe ga shimashita.)

¶ There was a voice crying out, "**Help, help!**"

②[困っている人や苦しんでいる人などに力を貸してやる]

② [give relief to, help someone in trouble]

¶わたしは体の不自由な人を**助ける**ために働きたいと思います。(Watashi wa karada no fujiyū na hito o *tasukeru* tame ni hatarakitai to

¶ I want to work **to help** the physically handicapped.

omoimasu.)

③［手伝う］

¶上田さんはお兄さんの仕事を**助けて**います。(Ueda san wa oniisan no shigoto o *tasukete* imasu.)

③ [help, aid, support]

¶ [Mr.] Ueda **helps** [his] older brother in his work.

tatakau　戦う〔動 I〕

tatakau ⟦v I⟧　**contest, play; fight, struggle against**

①［試合をする］

¶Aチーム はBチームと**戦って**勝ちました。(Ē-chiimu wa Bii-chiimu to *tatakatte* kachimashita.)

① [contest, play]

¶ Team A **played** Team B and won.

②［戦争をする］

¶青年たちは民族の独立と自由のために**戦いました**。(Seinentachi wa minzoku no dokuritsu to jiyū no tame ni *tatakaimashita.*)

② [fight, struggle against]

¶ The youths **fought** for liberty and their country's independence.

tataku　たたく〔動 I〕

tataku ⟦v I⟧　**strike, hit, knock, slap,** etc.

手を**たたく** (te o *tataku*)　肩を**たたく** (kata o *tataku*)　ドアを**たたく** (doa o *tataku*)

clap one's hands // **tap** someone on the shoulder; massage someone's shoulders by **tapping** with one's fists // **knock** on a door

¶だれかが戸を**たたいて**いますよ。(Dare ka ga to o *tataite* imasu yo.)

¶ Someone **is knocking** at the door.

¶子供は悪いことをして，お母さんにおしりを**たたかれました**。(Kodomo wa warui koto o shite, okāsan ni oshiri o *tatakaremashita.*)

¶ The children did something bad and **were spanked** by their mother.

tatamu　畳む〔動 I〕

tatamu ⟦v I⟧　**fold, fold up**

ハンカチを**畳む** (hankachi o *tatamu*)　布団を**畳む** (futon o *tatamu*)

fold a handkerchief // **fold up** *futon* bedding, **put away** the bedding

¶毛布をきちんと**畳んで**ください。(Mōfu o kichinto *tatande* kudasai.)

¶ Please **fold** the blankets **up** neatly.

¶シーツや下着を**畳んで**，引き出しにしまいました。(Shiitsu ya shitagi o *tatande,* hikidashi ni shimaimashi-ta.)

¶ [I] **folded up** the sheets and under-wear and put them away in the draw-ers.

tate **縦**〖名〗

縦10センチ横5センチの紙 (*tate* jissenchi yoko gosenchi no kami)

¶日本語には，**縦**書きと横書きの二つの書き方があります。 (Nihongo ni wa, *tate*gaki to yokogaki no futatsu no kakikata ga arimasu.)

⇔**yoko 横**

tate ⟦n⟧ **length, height; vertical, lengthwise**

paper 10 centimeters **long** and 5 centimeters wide

¶ Japanese can be written two ways—**up and down** or left to right.

tatemono **建物**〖名〗

¶あの**建物**は何ですか。(Ano *tatemono* wa nan desu ka?)

¶外は暑いですが，この**建物**の中は涼しいです。 (Soto wa atsui desu ga, kono *tatemono* no naka wa suzushii desu.)

tatemono ⟦n⟧ **a building**

¶ What is that **building** over there?

¶ It's hot outside but cool inside this **building.**

tateru **立てる**〖動II〗

①[横になっていた物や倒れていた物を起こす，縦にまっすぐな状態にする]

国旗を**立てる** (kokki o *tateru*)

¶「芝生に入らないでください。」という札が**立てて**あります。(''Shibafu ni hairanaide kudasai.'' to iu fuda ga *tatete* arimasu.)

②[計画や予定を考えて作る]

案を**立てる** (an o *tateru*)　予定を**立てる** (yotei o *tateru*)

¶もう夏休みの旅行の計画を**立てました**か。 (Mō natsuyasumi no ryokō no keikaku o *tatemashita* ka?)

③[声や音を出す]

声を**立てる** (koe o *tateru*)

¶赤ちゃんが寝ていますから，大きな音を**立てないで**ください。(Akachan ga nete imasu kara, ookina oto o

tateru ⟦v II⟧ **erect, raise; form, establish**

① [erect, raise, put up]

raise the national flag

¶ A sign **is up** reading "Keep off the grass."

② [form, establish, lay down]

frame a plan // **map out** a program

¶ **Have** [you] **planned** [your] summer vacation trip yet?

③ [raise (a voice), make (a noise)]

cry out, **raise** one's voice

¶ The baby is sleeping so please **don't make** any loud noises.

tatenaide kudasai.)

④[感情などをたかぶらせる]

¶山田さんは，田中さんが約束を守らなかったので，たいへん腹を**立てて**います。(Yamada san wa, Tanaka san ga yakusoku o mamoranakatta node, taihen hara o *tatete* imasu.)

*普通「腹を立てる (hara o tateru)」の形で使う。

④ [be angry, lose one's temper]

¶ [Mr.] Yamada **is** very **angry** because [Mr.] Tanaka broke [his] promise.

* Generally used in the pattern "*hara o tateru.*"

tateru　建てる〖動 II〗

¶田中さんは最近家を**建てました**。(Tanaka san wa saikin ie o *tatemashita.*)

¶このお寺は約 500 年前に**建てられました**。(Kono otera wa yaku gohyakunen mae ni *tateraremashita.*)

tateru 〚v II〛 **build, construct, erect**

¶ [Mr.] Tanaka **has** recently **built** a house.

¶ This temple **was erected** approximately five hundred years ago.

tatoe　たとえ〖名〗

たとえ話 (*tatoe*banashi)

¶わかりにくいことでも，**たとえ**を使うとわかりやすいです。(Wakarinikui koto demo, *tatoe* o tsukau to wakariyasui desu.)

tatoe 〚n〛 **simile, metaphor, fable, parable, proverb, example, illustration**

fable, allegory, parable

¶ Even something hard to understand is easier to understand if one uses **an example.**

tatoe　たとえ〖副〗

¶**たとえ**両親に反対されても，わたしはあの人と結婚します。(*Tatoe* ryōshin ni hantai sarete mo, watashi wa ano hito to kekkon shimasu.)

¶**たとえ**雨が降っても，ハイキングには出かけます。(*Tatoe* ame ga futte mo, haikingu ni wa dekakemasu.)

＊ 普通「たとえ〜ても (tatoe〜te mo)」の形で使う。「たとい (tatoi)」とも言う。

tatoe 〚adv〛 **if, even if, although, supposing that, granted that**

¶ I would marry [him] **even if** my parents were opposed.

¶ [I] will go hiking **even if** it should rain.

＊ Usually used in the pattern "*tatoe ~ -te mo.*" The form *tatoi* is also used.

tatoeba **例えば**〔副〕

¶わたしは，古い町，**例えば**京都のような所に住みたいです。(Watashi wa, furui machi, *tatoeba* Kyōto no yō na tokoro ni sumitai desu.)

¶料理に味をつけるものにはいろいろあります。**例えば**，塩，砂糖，しょう油などです。(Ryōri ni aji o tsukeru mono ni wa iroiro arimasu. *Tatoeba,* shio, satō, shōyu nado desu.)

tatoeba ⟦adv⟧ **for example, for instance, such as**

¶ I would like to live in an old place **such as** Kyoto.

¶ There are various seasonings used in cooking. **For example,** salt, sugar, soy sauce, etc.

tatoi ☞ **tatoe**

tatsu **建つ**〔動Ｉ〕

¶東京には高いビルが次々に**建って**います。(Tōkyō ni wa takai biru ga tsugitsugi ni *tatte* imasu.)

¶この家が**建って**から，もう30年になります。(Kono ie ga *tatte* kara, mō sanjūnen ni narimasu.)

tatsu ⟦v I⟧ **be built, stand**

¶ Tall buildings **are going up** one after the other in Tokyo.

¶ Thirty years have passed since this house **was erected.**

tatsu **立つ**〔動Ｉ〕

①［縦にまっすぐになる，立ち上がる］

¶田中さん，ちょっと**立って**ください。(Tanaka san, chotto *tatte* kudasai.)

¶電車がこんでいたので，ずっと**立って**いました。(Densha ga konde ita node, zutto *tatte* imashita.)

¶「ここで泳いではいけません。」という立て札が**立って**います。(“Koko de oyoide wa ikemasen.” to iu tatefuda ga *tatte* imasu.)

②［感情などがたかぶる］

¶悪口を言われて，腹が**立ちました**。(Warukuchi o iwarete, hara ga *tachimashita.*)

＊普通「腹が立つ (hara ga tatsu)」の形で使う。

tatsu ⟦v I⟧ **stand, stand up; leave, depart**

① [stand, stand up, be put up]

¶ [Mr.] Tanaka, **stand up** a moment please!

¶ [I] **stood** all the way as the train was crowded.

¶ A sign **is up** reading “No swimming here.”

② [get angry, lose one's temper]

¶ [I] was insulted and **got angry.**

* Usually used in the pattern “*hara ga tatsu.*”

③[出発する]
③ [leave, depart, start, set out]

¶東京を朝の7時に**立って**，正午にこちらに着きました。(Tōkyō o asa no shichiji ni *tatte,* shōgo ni kochira ni tsukimashita.)
¶ [We] **left** Tokyo at seven in the morning and arrived here at noon.

tatsu　たつ〘動 I〙
tatsu ⟦v I⟧　**pass, pass by, elapse**

¶日本語を習い始めてから，もう1年**たちました**。(Nihongo o naraihajimete kara, mō ichinen *tachimashita.*)
¶ A year **has passed** since [I] started studying Japanese.

tayori　便り〘名〙
tayori ⟦n⟧　**correspondence, a letter, word, news**

¶兄からはこのごろ**便り**が全然ありません。 (Ani kara wa konogoro *tayori* ga zenzen arimasen.)
¶ I haven't **heard anything** from my (older) brother lately.

¶息子さんから**便り**がありますか。(Musukosan kara *tayori* ga arimasu ka?)
¶ **Do you hear regularly** from your son?

⇨**tegami 手紙**

tayoru　頼る〘動 I〙
tayoru ⟦v I⟧　**depend on, rely on, trust to**

¶あの人は親に**頼らないで**，自分で働いて大学を卒業しました。 (Ano hito wa oya ni *tayoranaide,* jibun de hataraite daigaku o sotsugyō shimashita.)
¶ [He] worked [his] way through college **without leaning** on [his] parents.

¶わたしは兄を**頼って**東京に来ました。(Watashi wa ani o *tayotte* Tōkyō ni kimashita.)
¶ I came to Tokyo **counting on the assistance** of my older brother.

tazuneru　尋ねる〘動 II〙
tazuneru ⟦v II⟧　**ask, inquire**

¶交番で道を**尋ねました**。(Kōban de michi o *tazunemashita.*)
¶ [I] **asked** the way at a police box.

tazuneru　訪ねる〘動 II〙
tazuneru ⟦v II⟧　**call on, visit, pay a visit to**

¶あした，息子の家を**訪ねよう**と思っています。(Ashita, musuko no ie o *tazuneyō* to omotte imasu.)
¶ I plan **to go visit** my son tomorrow.

¶昨日の夜，田中さんが**訪ねて**きました。 (Kinō no yoru, Tanaka san ga *tazunete* kimashita.)

¶ [Miss] Tanaka **called on [us]** yesterday evening.

te 手〘名〙
右手 (migi*te*) 左手 (hidari*te*) 両手 (ryō*te*) 手を挙げる (*te* o ageru) 手を振る (*te* o furu) 手をたたく (*te* o tataku)
¶御飯を食べる前には，**手**を洗いましょう。(Gohan o taberu mae ni wa, *te* o araimashō.)

te 〚n〛 **hand, arm**
the right **hand,** to the right, right-**handed** // the left **hand,** to the left, left-**handed** // both **hands,** with both **hands;** both **arms** // raise **one's hand,** hold up **one's hands;** raise **one's hand** against someone; give up // wave **one's hand** // clap **one's hands**
¶ One should wash **one's hands** before eating.

te て〘助〙
①[前のことがらとあとのことがらが並列の関係にあることを表す]
¶田中さんは背が高く**て**，目が大きく**て**，髪が長いです。(Tanaka san wa se ga takaku*te*, me ga ookiku*te*, kami ga nagai desu.)
¶あの白い服を着**て**眼鏡をかけた人はだれですか。(Ano shiroi fuku o ki*te* megane o kaketa hito wa dare desu ka?)
②[前のことがらとあとのことがらが対比の関係にあることを表す]
¶ここは夏は涼しく**て**，冬は暖かいです。(Koko wa natsu wa suzushiku*te*, fuyu wa atatakai desu.)
¶兄は太ってい**て**，弟のほうはやせています。 (Ani wa futotte i*te*, otōto no hō wa yasete imasu.)
③[ものごとが次々に成立するという関係を表す]
¶わたしは毎朝，7時に起き**て**，顔を洗っ**て**，御飯を食べ**て**，8時に家を出

-te 〚part〛 a particle used to form the *-te* form of the verb
① [indicates that items are in a parallel relationship]
¶ [Mr.] Tanaka **is tall, has** large eyes, **and** has long hair.
¶ Who is that person **dressed** in white **and** wearing glasses?
② [indicates that items are in opposition to each other]
¶ It **is cool** here in summer **but** warm in winter.
¶ My older brother **is fat but** my younger brother is thin.
③ [indicates that items follow each other in sequence]
¶ Every morning I **get up** at seven o'clock, **wash** my face, **eat** break-

ます。(Watashi wa maiasa, shichiji ni oki*te*, kao o arat*te*, gohan o tabe*te*, hachiji ni ie o demasu.)

fast, **and leave** the house at eight o'clock.

¶この道をまっすぐ行っ**て**，右へ曲がると，駅の前に出ます。(Kono michi o massugu it*te*, migi e magaru to, eki no mae ni demasu.)

¶ If you **go** straight along this street **and** then turn right, you will come out in front of the station.

④[ものごとが時間的に前後しているという関係を表す]

④ [indicates chronological order]

¶あなたは日本へ来**て**から，もう何年になりますか。(Anata wa Nihon e ki*te* kara, mō nannen ni narimasu ka?)

¶ How many years have you been in Japan (literally, How many years has it been **since you came** to Japan)?

¶わたしは朝新聞を読ん**で**から，学校へ行きます。(Watashi wa asa shinbun o yon*de* kara, gakkō e ikimasu.)

¶ I go to school in the morning **after reading** the newspaper.

¶北海道へは5年前に行っ**て**以来，行っていません。(Hokkaidō e wa gonen mae ni it*te* irai, itte imasen.)

¶ [I] haven't been to Hokkaido **since going** there five years ago.

* 普通「から (kara)」「以来 (irai)」「以後 (igo)」などといっしょに使う。

* Usually used with *kara, irai, igo*, etc.

⑤[二つの動作・作用が同時に行われるという関係を表す]

⑤ [indicates that two items occur simultaneously]

¶考えごとをし**て**歩いていたら，自動車にひかれそうになりました。(Kangaegoto o shi*te* aruite itara, jidōsha ni hikaresō ni narimashita.)

¶ **While** walking along **deep in thought,** [I] was almost hit by a car.

¶選手は手を振っ**て**入場してきました。(Senshu wa te o fut*te* nyūjō shite kimashita.)

¶ The players came onto the field ⟦court, ice, etc.⟧ **waving** their hands.

¶川の水は音を立て**て**流れています。(Kawa no mizu wa oto o tate*te* nagarete imasu.)

¶ The water in the river is flowing along **burbling.**

* 動作・作用の主体は同じである。

* The subject of the two clauses is the same.

→nagara ながら

⑥[原因と結果の関係を表す]

⑥ [indicates a cause-and-effect relationship]

¶昨日は頭が痛く**て**，学校を休みました。(Kinō wa atama ga itaku*te*, gakkō o yasumimashita.)

¶ [I] stayed home from school yesterday **with** a headache.

¶この荷物は重く**て**，わたしには持てません。(Kono nimotsu wa omoku*te*, watashi ni wa motemasen.)

¶ This load ⟦package, case, etc.⟧ **is so heavy that** I can't carry it alone.

¶雨にぬれ**て**，風邪を引いてしまいました。(Ame ni nure*te*, kaze o hiite shimaimashita.)

¶ [I] **got wet** in the rain **and** caught a cold.

* 普通，「て (te)」のあとには「〜う[よう] (〜u [yo])」などの意志，「〜なさい (〜nasai)」などの命令，「〜てもいい (te mo ii)」などの許可，「〜てください (〜te kudasai)」などの依頼などの言い方は来ない。

* Generally this *-te* is not followed by statements of intention with *-ō* ⟦*-yō*⟧, orders with *-nasai*, statements of permission with *-te mo ii*, requests with *-te kudasai*, etc.

→node ので　kara から

⑦[前のことがらがあとのことがらの手段・方法となっているという関係を表す]

⑦ [used when the *-te* clause is the way or means of accomplishing the following clause]

¶遅くなったから，タクシーに乗っ**て**帰りました。(Osoku natta kara, takushii ni not*te* kaerimashita.)

¶ As it was late [I] **went** home **by** taxi (literally, **by riding** in a taxi).

¶わからない言葉は辞書を引い**て**調べなさい。(Wakaranai kotoba wa jisho o hii*te* shirabenasai.)

¶ **Look** words you don't understand **up** in the dictionary (literally, Investigate words you don't understand **by looking them up** in the dictionary).

⑧[前のことがらがあとのことがらの行なわれる状態であることを表す]

⑧ [used when the *-te* clause describes the condition or state in which the following clause occurs]

¶中村さんは昨日赤いセーターを着**て**町を歩いていました。(Nakamura san wa kinō akai sētā o ki*te* machi o aruite imashita.)

¶ Yesterday [Mr.] Nakamura was walking around town **wearing** a red sweater.

¶転びますから，そんな重い荷物を持って走らないでください。(Korobimasu kara, sonna omoi nimotsu o mot*te* hashiranaide kudasai.)

¶ Please don't run **while carrying** such a heavy load 〚package, etc.〛—you'll fall.

⑨[前のことがらがあとのことがらの判断のよりどころであることを表す]

⑨ [used when the *-te* clause forms the basis of the following clause]

¶今年は去年に比べて，だいぶ暑いです。(Kotoshi wa kyonen ni kurabe*te*, daibu atsui desu.)

¶ This year is quite hot **compared** to last year.

¶電話の声から考えて，田中さんはたいへん心配しているようです。(Denwa no koe kara kangae*te*, Tanaka san wa taihen shinpai shi*te* iru yō desu.)

¶ **Judging** from [his] voice on the telephone, [Mr.] Tanaka is very worried.

→to と　ba ば

⑩[前のことがらが成立するとあとのことがらも成立するという関係を表す]

⑩ [indicates the second clause is realized when the first clause is realized]

¶兄弟はわたしを入れて5人です。(Kyōdai wa watashi o ire*te* gonin desu.)

¶ **Including** myself, there are five of us children.

¶3に2を足して，いくつになりますか。(San ni ni o tashi*te*, ikutsu ni narimasu ka?)

¶ How much is two **plus** three (literally, three **plus** two)?

→to と　ba ば　tara たら

⑪[あとのことがらが前のことがらから予期されることとは逆の結果であるという関係を表す]

⑪ [indicates the second clause is the opposite of what might be expected from the first clause]

¶隣に住んでいて，あの人とは話をしたこともありません。(Tonari ni sunde i*te*, ano hito to wa hanashi o shita koto mo arimasen.)

¶ [I] **live** next door to [him], **but** [I]'ve never talked with [him].

¶そんなにたくさんのお金をもらっていて，まだ足りないのですか。(Sonna

¶ **You're getting** all that money **and** it's still not enough?

ni takusan no okane o moratte *ite*, mada tarinai no desu ka?)

→noni のに

＊ 二つのことがらを結び合わせる役目をするが，前のことがらとあとのことがらとの意味内容の関係によっていろいろの意味が生じてくる。

＊ -*te* serves to join together two items but has many different meanings depending on the context and the meaning of those two items.

＊ 動詞の「ての形」のあとに補助動詞「いる (iru)」「ある (aru)」「おく (oku)」「みる (miru)」「しまう (shimau)」「いく (iku)」「くる (kuru)」「あげる (ageru)」「もらう (morau)」「くれる (kureru)」などを続けて，動詞にいろいろな意味をつけ加える。

＊ When the -*te* form of a verb is followed by such helping verbs as *iru, aru, oku, miru, shimau, iku, kuru, ageru, morau,* or *kureru,* different meanings result. (See also the individual entries for these helping verbs.)

＊ 動詞の「終止の形」の語尾が「ぶ (bu)」「ぐ (gu)」「む (mu)」「ぬ (nu)」で終わるＩ型動詞のあとに「て (te)」が来る場合には「で (de)」となる。

＊ -*te* becomes -*de* in the case of Type I verbs ending in -*bu* (*yobu→yonde*), -*gu* (*oyogu→oyoide*), -*mu* (*yomu→ yonde*), or -*nu* (*shinu→ shinde*).

tearai 手洗い〘名〙

tearai ⟦n⟧ **lavatory, rest room, Ladies' Room, Men's Room**

¶ちょっとお尋ねしますが，お**手洗い**はどこですか。 (Chotto otazune shimasu ga, o*tearai* wa doko desu ka?)

¶ Excuse me, but could you please tell me where **the rest rooms** are?

⇨benjo 便所 toire トイレ

tebukuro 手袋〘名〙

tebukuro ⟦n⟧ **gloves, mittens**

手袋をする (*tebukuro* o suru) **手袋**をはめる (*tebukuro* o hameru) 革の**手袋** (kawa no *tebukuro*)

wear **gloves** // put on **gloves** // leather **gloves**

tēburu テーブル〘名〙

tēburu ⟦n⟧ **a table**

¶**テーブル**の上をかたづけてください。 (*Tēburu* no ue o katazukete kudasai.)

¶ Please clear off **the table.**

techō 手帳〘名〙

techō ⟦n⟧ **notebook, memorandum book**

¶わたしは約束したことや予定などはいつも**手帳**に書いておきます。(Watashi wa yakusoku shita koto ya yotei nado wa itsu mo *techō* ni kaite okimasu.)

¶ I always note appointments, scheduled events, etc., in **a pocket schedule.**

tegami **手紙**〔名〕

tegami [[n]] **a letter, mail**

¶母に**手紙**を書きました。 (Haha ni *tegami* o kakimashita.)

¶ I wrote **a letter** to my mother.

¶この**手紙**を出してきてください。 (Kono *tegami* o dashite kite kudasai.)

¶ Please go and mail this **letter** for me.

⇨tayori 便り

tehon **手本**〔名〕

tehon [[n]] **model, example**

¶先生が黒板に書いた字を**手本**にして，漢字を習います。 (Sensei ga kokuban ni kaita ji o *tehon* ni shite, kanji o naraimasu.)

¶ We learn *kanji* using the ones our teacher writes on the blackboard for **our model.**

¶お**手本**のとおりにきれいに書いてください。 (O*tehon* no toori ni kirei ni kaite kudasai.)

¶ Please write it carefully following **the sample.**

teido **程度**〔名〕

teido [[n]] **grade, standard, level; degree, extent**

①[他のものと比べた場合の度合い]

① [grade, standard, level]

程度が違う (*teido* ga chigau) **程度**が低い (*teido* ga hikui)

differ in **degree,** differ in **quality** // be of a low **standard**

¶この問題は，中学生には**程度**が高すぎませんか。 (Kono mondai wa, chūgakusei ni wa *teido* ga takasugimasen ka?)

¶ Isn't this problem **too difficult** for middle school students?

②[だいたいの距離・時間・量などを表す]

② [degree, extent]

¶旅行の費用は５万円**程度**でしょう。(Ryokō no hiyō wa goman'en *teido* deshō.)

¶ The expenses for the trip **shouldn't exceed** fifty thousand yen.

¶この問題について５枚**程度**のレポー

¶ Please write a report **of about** five

トを書いてください。(Kono mondai ni tsuite gomai *teido* no repōto o kaite kudasai.)

pages about this matter.

teikiken **定期券**〘名〙

teikiken ⟦n⟧ **commuting pass, season pass**

¶わたしはいつも6か月の**定期券**を買います。 (Watashi wa itsu mo rokkagetsu no *teikiken* o kaimasu.)

¶ I always buy a six-month **commuter's pass.**

＊「定期 (teiki)」とも言う。

＊ Variant: *teiki*.

teikō **抵抗**〘名, ～する〙

teikō ⟦n, ~*suru*⟧ **resistance, opposition**

抵抗を受ける (*teikō* o ukeru)

meet with **opposition**

¶あの人たちは, 外国の軍隊が来た時**抵抗**して戦った人たちです。 (Ano hitotachi wa, gaikoku no guntai ga kita toki *teikō* shite tatakatta hitotachi desu.)

¶ They **resisted** and fought when the foreign troops came.

teinei **丁寧**〘形動〙

teinei ⟦adj-v⟧ **polite; conscientious; careful**

①[礼儀正しい]

① [polite, civil, courteous]

¶帽子をとって, **丁寧**にあいさつしました。 (Bōshi o totte, *teinei* ni aisatsu shimashita.)

¶ [He] raised [his] hat and gave a **polite** greeting.

¶先生には**丁寧**な言葉を使います。 (Sensei ni wa *teinei* na kotoba o tsukaimasu.)

¶ [I] use **polite** language toward [my] teacher.

②[親切で行き届いている様子]

② [conscientious, thorough]

¶上田先生はいつも**丁寧**に教えてくださいます。(Ueda sensei wa itsu mo *teinei* ni oshiete kudasaimasu.)

¶ Professor Ueda always teaches **conscientiously** ⟦explains **thoroughly**⟧.

③[注意してものごとをする様子]

③ [careful]

¶もっと字を**丁寧**に書きなさい。 (Motto ji o *teinei* ni kakinasai.)

¶ Please write more **carefully** ⟦**clearly**⟧.

teiryūjo **停留所**〘名〙

teiryūjo ⟦n⟧ **stopping place, stop, station**

¶この辺りにバスの**停留所**はありませんか。 (Kono atari ni basu no *teiryūjo* wa arimasen ka?)

¶ Is there a bus **stop** around here?

teki **敵**〖名〗

敵と戦う (*teki* to tatakau) 敵を追う (*teki* o ou)

¶敵が来たので，村の人たちはみんな逃げました。 (*Teki* ga kita node, mura no hitotachi wa minna nigemashita.)

teki [[n]] **enemy, foe**

fight with **the enemy** // pursue **the enemy**

¶ Everyone in the village fled because **the enemy** was coming.

-teki **-的**〖尾〗

¶わたしには科学**的**な知識がないから，この本を読んでも全然わからないでしょう。 (Watashi ni wa kagaku*teki* na chishiki ga nai kara, kono hon o yonde mo zenzen wakaranai deshō.)

¶富士山は男性**的**な山だと思いませんか。(Fujisan wa dansei*teki* na yama da to omoimasen ka?)

¶部屋の中を徹底**的**に調べてみましたが，わたしのお金は見つかりませんでした。 (Heya no naka o tettei*teki* ni shirabete mimashita ga, watashi no okane wa mitsukarimasen deshita.)

¶教育**的**な立場から見れば，子供にまんがばかり見せるのはよくないと思います。(Kyōiku*teki* na tachiba kara mireba, kodomo ni manga bakari miseru no wa yoku nai to omoimasu.)

＊ 普通，名詞について形容動詞の語幹を作り，あるものについての，ある性質を持つ，ある状態にある，あることをする上での，などの意味を表す。

-teki [[suf]] **-ic, -ical**

¶ Since I don't know anything **about** science I probably couldn't understand this book even if I did try to read it.

¶ Don't you think Mount Fuji is a "mascu**line**" (i.e., sharp and rugged vs. gently rounded) mountain?

¶ I searched the room thorough**ly** but couldn't find my money.

¶ From an education**al** standpoint, I don't think it's good for children to only watch cartoons.

＊ *-teki* generally converts a noun to an adjective-verb and conveys the meaning of having a certain character, being in a certain state, etc.

tekitō **適当**〖形動〗

tekitō [[adj-v]] **fit, suitable, proper, appropriate**

¶**適当**な例を挙げて説明してください。(*Tekitō* na rei o agete setsumei shite kudasai.)

¶ Please explain using an **appropriate** example.

¶下宿したいのですが，なかなか**適当**な部屋が見つかりません。(Geshuku shitai no desu ga, nakanaka *tekitō* na heya ga mitsukarimasen.)

¶ I'd like to live in a boardinghouse but am having a hard time finding a **suitable** place.

tekkyō　鉄橋〘名〙

tekkyō ⟦n⟧　**iron bridge, railway bridge**

¶汽車が**鉄橋**を渡っています。(Kisha ga *tekkyō* o watatte imasu.)

¶ The train is passing over **a bridge.**

¶この川には**鉄橋**が架かっています。(Kono kawa ni wa *tekkyō* ga kakatte imasu.)

¶ This river is spanned by **an iron railway bridge.**

te mo　ても〘助〙

-te mo ⟦part⟧　**no matter how, however, even if**

①[前件とはかかわりなく後件が成立するという関係を表す]

① [indicates that the second clause is realized unrelated to the first clause]

¶あなたがいくら待っ**ても**，春子さんは来ないでしょう。(Anata ga ikura mat*te mo*, Haruko san wa konai deshō.)

¶ **No matter** how long you wait, Haruko probably won't be coming.

¶「あしたは雨が降ったら，行きませんか。」(Ashita wa ame ga futtara, ikimasen ka?)「いいえ，雨が降っ**ても**，行くつもりです。」(Iie, ame ga fut*te mo*, iku tsumori desu.)

¶ "Will you put off going tomorrow if it rains?"
"No, I plan to go **even if** it rains."

¶勉強はつらく**ても**，我慢しなければなりませんよ。(Benkyō wa tsuraku*te mo*, gaman shinakereba narimasen yo.)

¶ **Even if** studying is hard, you must keep at it.

*普通，後件には「～でしょう(～ deshō)」などの推量，「～う［よう］(～u [yō])」などの意志，「～なければならない (～nakereba naranai)」などの義務などの言い方が来る。また，

* Usually followed in the second clause by suppositions with ~ *deshō*, statements of intent with *-ō* ⟦*-yō*⟧, of obligation with *-nakereba naranai*, etc. The *-ta* form of the verb express-

後件には過去・完了を表す「たの形」は来ない。

ing past or completed action is not found in the second clause.

→to と ba ば tara たら

②［前件から期待されることは逆の結果が後件で成立するという関係を表す］

② [indicates that the second clause is the opposite of what might be expected from the first clause]

¶この子はいくらしかっ**ても**勉強しません。(Kono ko wa ikura shikat*te mo* benkyō shimasen.)

¶ This child won't study **no matter** how much [he] is scolded.

¶田中さんは，わたしが呼ん**でも**返事もしませんでした。(Tanaka san wa, watashi ga yon*de mo* henji mo shimasen deshita.)

¶ **Even though** I called to [him], [Mr.] Tanaka didn't answer.

* 既に成立したことがらを言い，そのことがらから当然期待される結果とは逆のことをあとに続ける場合に使う。

* Used when stating something that has already happened in the first clause and following it with a result opposite to what is expected or natural.

③［前件は実際には成立しなかったことを述べてその成立とはかかわりなく後件が成立するという関係を表す］

③ [used when the first clause is something that didn't actually happen; indicates that the second clause is realized unrelated to it]

¶上田さんがあの大学の入学試験を受け**ても**，合格できなかったでしょう。(Ueda san ga ano daigaku no nyūgaku-shiken o uke*te mo,* gōkaku dekinakatta deshō.)

¶ **Even if** [Mr.] Ueda had taken the entrance exam for that university, [he] probably wouldn't have passed it.

¶もし雨が降っ**ても**，昨日は出かけるつもりでした。(Moshi ame ga fut*te mo,* kinō wa dekakeru tsumori deshita.)

¶ I planned to go out yesterday **even in the case of** rain.

¶「お金があれば，車を買いましたか。」(Okane ga areba, kuruma o kaimashita ka?)「いいえ，お金があっ**ても**，車は買いませんでした。」(Iie, okane ga at*te mo,* kuruma wa kaimasen deshita.)

¶ "Would you have bought a car if you had had the money for it?"

"No, I would not have bought a car **even if** I had had the money."

* 普通，後件には「～でしょう　(～deshō)」などの推量，「～ う［よう］(～u［yō］) などの意志などの言い方が来る。また，過去・完了を表す「たの形」を使う。

↔to と　ba ば　tara たら

* Usually followed in the second clause by suppositions with ～ *deshō*, statements of intent with *-ō* ⟦*-yō*⟧, etc. The *-ta* form of the verb expressing past or completed action is also used.

④［許可の意味を表す］

④ [expresses permission]

¶あしたは休(やす)んでもいいです。(Ashita wa yasun*de mo* ii desu.)

¶ You **may** have tomorrow off.

¶鉛筆(えんぴつ)で書(か)いてもかまいません。(Enpitsu de kai*te mo* kamaimasen.)

¶ You **may** write it in pencil.

*「～てもいい (～te mo ii)」「～てもかまわない (～te mo kamawanai)」の形で使う。

* Used in the patterns "*-te mo ii*," "*-te mo kamawanai.*"

↔(～te wa) ikenai (～ては) いけない

→(～te mo) ii (～ても) いい (～te mo) kamawanai (～ても) かまわない

⑤［不必要の意味を表す］

⑤ [indicates something is unnecessary]

¶そんなに急(いそ)がなくてもいいです。(Sonna ni isoganaku*te mo* ii desu.)

¶ **There's no need** to be in such a hurry.

¶お金(かね)は今(いま)すぐ払(はら)わなくてもかまいません。(Okane wa ima sugu harawanaku*te mo* kamaimasen.)

¶ **You don't have** to pay right this moment.

*「～なくてもいい　(～nakute mo ii)」「～なくてもかまわない (～nakute mo kamawanai)」の形で使う。

* Used in the patterns "*-nakute mo ii*," "*-nakute mo kamawanai.*"

↔(～te wa) ikenai (～ては) いけない

→(～te mo) ii (～ても) いい (～te mo) kamawanai (～ても) かまわない

＊「～たって　(～tatte)」「～だって

＊ Variants: *-tatte*, *-datte*.

(〜datte)」とも言う。

ten **天**〘名〙

天と地 (*ten* to chi) **天**気 (*ten*ki)
晴**天** (sei*ten*) 雨**天** (u*ten*)

(-)ten **(-)点**〘名, 尾〙

1〘名〙

①[小さい印や句読点など]
点と線 (*ten* to sen)
¶長い文は読みにくいので，文の区切りのところに**点**を打ちます。(Nagai bun wa yominikui node, bun no kugiri no tokoro ni *ten* o uchimasu.)

②[成績，評価]
点がいい (*ten* ga ii) **点**が悪い (*ten* ga warui) **点**が甘い (*ten* ga amai) **点**が辛い (*ten* ga karai)

③[特に問題になる部分・ところ]
問題**点** (mondai*ten*)
¶この**点**について何か御質問はありませんか。(Kono *ten* ni tsuite nani ka goshitsumon wa arimasen ka?)

2〘尾〙

¶「試験の成績は何**点**ぐらいでしたか。」(Shiken no seiseki wa nan*ten* gurai deshita ka?)「８０**点**でした。」(Hachijit*ten* deshita.)

-ten **-店**〘尾〙

商**店** (shō*ten*) 書**店** (sho*ten*) 売**店** (bai*ten*)

tenisu **テニス**〘名〙

テニスの試合 (*tenisu* no shiai)
¶父は若い時にはよく**テニス**をしたそうです。(Chichi wa wakai toki ni

ten ⟦n⟧ **the heavens, the sky; Heaven**

heaven and earth // the weather // the blue **sky** // rainy **weather**

(-)ten ⟦n, suf⟧ **point, dot; marks, grades; point, respect, detail; points, score**

1 ⟦n⟧

① [point, dot]
points and lines
¶ As long sentences are hard to read, [we] punctuate them with **commas** at natural breaks.

② [marks, grades]
have good **marks** // have bad **marks** // be liberal in **marking** // be strict in **marking**

③ [point, respect, detail]
the problem **point, the point** at issue
¶ Are there any questions about this **point** ⟦in this **regard**⟧?

2 ⟦suf⟧ points, score

¶ "What was **your mark** on the exam?"
"I got an 80."

-ten ⟦suf⟧ **shop, store**

a shop, store // a book**store** // **a stand, stall, concession**

tenisu ⟦n⟧ **tennis**

a **tennis** match
¶ I hear that my father often played **tennis** when he was young.

wa yoku *tenisu* o shita sō desu.)

tenjō **天井**〘名〙

¶この家は**天井**が高いので，広く感じます。 (Kono ie wa *tenjō* ga takai node, hiroku kanjimasu.)

tenki **天気**〘名〙

① [晴れ・曇り・雨などの空模様]

天気予報 (*tenki*-yohō)

¶明日はいい**天気**になるでしょう。 (Asu wa ii *tenki* ni naru deshō.)

② [いい天気]

¶あした**天気**なら行きます。 (Ashita *tenki* nara ikimasu.)

tennō **天皇**〘名〙

tenpura **てんぷら**〘名〙

¶魚と野菜の**てんぷら**を食べました。 (Sakana to yasai no *tenpura* o tabemashita.)

¶**てんぷら**はえびがいちばんおいしいですね。 (*Tenpura* wa ebi ga ichiban oishii desu ne.)

tenrankai **展覧会**〘名〙

¶今度の日曜日に絵の**展覧会**に行きませんか。 (Kondo no nichiyōbi ni e no *tenrankai* ni ikimasen ka?)

tenugui **手ぬぐい**〘名〙

手ぬぐいで手をふく (*tenugui* de te o fuku)

tēpu **テープ**〘名〙

カセット**テープ** (kasetto-*tēpu*)

tēpurekōdā **テープレコーダー**〘名〙

¶**テープレコーダー**は，音や声を何度も繰り返して聞けるので便利です。 (*Tēpurekōdā* wa oto ya koe o nando

tenjō ⟦n⟧ **ceiling**

¶ This house has high **ceilings,** giving it a feeling of great space.

tenki ⟦n⟧ **the weather; fine weather**

① [the weather]

weather forecast

¶ **The weather** will probably be nice tomorrow.

② [fine weather]

¶ If it is **a nice day** tomorrow [I] will go.

tennō ⟦n⟧ **the Emperor**

tenpura ⟦n⟧ ***tempura***

¶ [I] had fish and vegetable ***tempura.***

¶ The shrimp ***tempura*** is best, isn't it?

tenrankai ⟦n⟧ **exhibition, show**

¶ Would you like to go to **an exhibition** of paintings next Sunday?

tenugui ⟦n⟧ **hand towel, washcloth** (usually refers to a cotton cloth of traditional size and pattern)

wipe one's hands on **a hand towel**

tēpu ⟦n⟧ **tape, magnetic tape; paper streamer**

a cassette **tape**

tēpurekōdā ⟦n⟧ **a tape recorder**

¶ **Tape recorders** are handy because they make it possible to listen to recorded sounds and voices over and

mo kurikaeshite kikeru node benri desu.)

over again.

tera 寺〘名〙

¶京都や奈良には，有名な古いお**寺**がたくさんあります。(Kyōto ya Nara ni wa, yūmei na furui o*tera* ga takusan arimasu.)

tera 〚n〛 **Buddhist temple**

¶ There are many famous ancient **temples** in Kyoto and Nara.

terasu **照らす**〘動 I〙

¶月の光が辺りを明るく**照らして**，とても美しい夜です。(Tsuki no hikari ga atari o akaruku *terashite*, totemo utsukushii yoru desu.)

¶車のライトを**照らして**，合図をしました。(Kuruma no raito o *terashite*, aizu o shimashita.)

terasu 〚v I〛 **shine on, light up, illuminate**

¶ Brightly **lit** by the moonlight, this is a perfectly lovely evening.

¶ [They] signaled by **turning on the** car **lights.**

terebi **テレビ**〘名〙

¶わたしは毎晩**テレビ**を見ます。(Watashi wa maiban *terebi* o mimasu.)

terebi 〚n〛 **television, television set**

¶ I watch **television** every night.

teru **照る**〘動 I〙

¶雨がやんで，雲の間から日が**照って**きました。(Ame ga yande, kumo no aida kara hi ga *tette* kimashita.)

teru 〚v I〛 **shine**

¶ The rain has stopped and the sun has started **shining** from behind the clouds.

tetsu **鉄**〘名〙

鉄橋 (*tek*kyō) **鉄**砲 (*tep*pō) **鉄**筋 (*tek*kin)

¶この機械は**鉄**でできています。(Kono kikai wa *tetsu* de dekite imasu.)

tetsu 〚n〛 **iron, steel**

an **iron** bridge, a railway bridge // a gun, firearms // an **iron** reinforcing bar 〚rod〛.

¶ This machine 〚device, mechanism〛 is made of **steel.**

tetsudai **手伝い**〘名〙

¶今日はお客さんがいらっしゃるので，姉は台所で母の**手伝い**をしています。(Kyō wa okyakusan ga irassharu node, ane wa daidokoro de haha

tetsudai 〚n〛 **help, assistance**

¶ My (older) sister **is helping** our mother in the kitchen as we expect guests today.

no *tetsudai* o shite imasu.)

tetsudau **手伝う**〘動 I〙

¶山田さん，すみませんが，この仕事を**手伝って**ください。(Yamada san, sumimasen ga, kono shigoto o *tetsudatte* kudasai.)

¶お金の計算を中村さんに**手伝って**もらいました。 (Okane no keisan o Nakamura san ni *tetsudatte* moraimashita.)

tetsudau ⟦v I⟧ **help, assist**

¶ I'm sorry to trouble you, [Mr.] Yamada, but could you please **help me** with this job?

¶ [Miss] Nakamura **helped me** with the monetary calculations.

tetsudō **鉄道**〘名〙

¶この町が発展したのは，50年前に**鉄道**が通ってからです。(Kono machi ga hatten shita no wa, gojūnen mae ni *tetsudō* ga tootte kara desu.)

tetsudō ⟦n⟧ **railroad, railway**

¶ The development of this city dates from when **the railroad** came to it 50 years ago.

tetsuzuki **手続き**〘名，～する〙

¶入学の**手続き**は3月20日までです。(Nyūgaku no *tetsuzuki* wa sangatsu hatsuka made desu.)

¶外国旅行の**手続き**は，全部旅行会社がやってくれました。 (Gaikoku-ryokō no *tetsuzuki* wa, zenbu ryokō-gaisha ga yatte kuremashita.)

tetsuzuki ⟦n, ~*suru*⟧ **procedure, formalities, steps**

¶ The entrance **procedures** for the university are to be completed by March 20.

¶ The travel agency took care of all **the paperwork** for [my] trip abroad.

te wa **ては**〘助〙

①[ものごとが繰り返し行われることを表す]

¶川に落ちたボールは，浮かん**では**沈みながら流れていきました。 (Kawa ni ochita bōru wa, ukan*de wa* shizuminagara nagarete ikimashita.)

¶父はよく新宿へ寄っ**ては**お菓子を買ってきてくれます。(Chichi wa yoku Shinjuku e yot*te wa* okashi o katte kite kuremasu.)

-te wa ⟦part⟧ a particle making a verbal phrase into the topic

① [used to indicate something happens repeatedly]

¶ The ball that fell in the river was carried away alternately **floating** and sinking.

¶ My father often **stops by** in Shinjuku and brings back sweets.

②[仮定または既定の条件を表す]

② [used when expressing denial or restriction]

¶こんな所で泳い**では**危ないですよ。(Konna tokoro de oyoi*de wa* abunai desu yo.)

¶ It's dangerous **to swim** in this sort of spot.

¶そんなに夜も寝ないで勉強し**ては**，体をこわしますよ。(Sonna ni yoru mo nenaide benkyō shi*te wa*, karada o kowashimasu yo.)

¶ You'll get sick **studying** like that going without sleep at night.

¶芝生の中に入っ**ては**いけません。(Shibafu no naka ni hait*te wa* ikemasen.)

¶ It is forbidden **to walk** on the grass.

¶危ないですから，走っている車の中から手を出し**ては**だめです。(Abunai desu kara, hashitte iru kuruma no naka kara te o dashi*te wa* dame desu.)

¶ **Don't stick** your hand or arm **out** of a moving car—it's dangerous.

¶こう寒く**ては**我慢ができません。(Kō samuku*te wa* gaman dekimasen.)

¶ I can't stand it **when it's** this **cold.**

* 否定すべきこと，禁止すべきことなどを提示する場合が多い。「〜てはいけない (〜te wa ikenai)」「〜てはだめだ (〜te wa dame da)」「〜ては我慢できない (〜te wa gaman dekinai)」などの形で使うことが多い。

* Usually used when indicating that something is denied or forbidden. Frequently used in the patterns "*-te wa ikenai*," "*-te wa dame da*," "*-te wa gaman dekinai*," etc.

→(〜**te wa**) **ikenai** (〜**ては**) **いけない**

＊「ては (te wa)」は「ちゃ (cha)」，「では (de wa)」は「じゃ (ja)」とも言う。

＊ Sometimes *-te wa* becomes *-cha* and *-de wa* becomes *-ja*.

to **戸**〘名〙

to [[n]] **door, sliding door, shutter**

戸を開ける (*to* o akeru)　**戸**を閉める (*to* o shimeru)

open **a door** // close **a door**

¶玄関の**戸**が開いていますから，閉め

¶ Please close the entryway **door.**

てください。(Genkan no *to* ga aite imasu kara, shimete kudasai.)

to と〘助〙

①[動作の相手を表す]

¶わたしは昨日駅で上田さん**と**会いました。(Watashi wa kinō eki de Ueda san *to* aimashita.)

¶妹は山田さん**と**結婚しました。(Imōto wa Yamada san *to* kekkon shimashita.)

*「と (to)」は相手を必要とする動作を表す動詞の前についてその相手を表し，動作を行う者とその相手との相互の行為であることを表す。「田中さんと話す (Tanaka san to hanasu)」はわたしが田中さんと話し合う意味である。これに対し，「に (ni)」は動作が相手に対して一方的に行われることを表し，「田中さんに話す (Tanaka san ni hanasu)」はわたしが田中さんに一方的に話す意味である。したがって，「会う (au)」「話す (hanasu)」「相談する (sōdan suru)」などは「と (to)」でも「に (ni)」でもその相手を表すことができるが，一方的働きかけの関係ではない「結婚する (kekkon suru)」「けんかする (kenka suru)」などの動詞には「と (to)」しか使えない。

→ni に

②[いっしょに動作をする相手を表す]

¶あした，母**と**デパートへ行きます。(Ashita haha *to* depāto e ikimasu.)

¶昨日，友達**と**いっしょに映画を見に

to 〚part〛 **to, with; with, together with**

① [indicates the object of an action]

¶ I met [Mrs.] Ueda at the station yesterday.

¶ My (younger) sister married Mr. Yamada.

* This *to* is used with verbs where the action requires another person, and it indicates the mutual nature of that action. "*Tanaka san to hanasu*" (I speak with Mr. Tanaka) means that the speaker talks mutually with Mr. Tanaka. The use of *ni*, on the other hand, indicates the one-way nature of the action so that "*Tanaka san ni hanasu*" means "I speak to Mr. Tanaka." Consequently, for verbs such as *au* (meet), *hanasu* (talk), and *sōdan suru* (consult), either *to* or *ni* can be used; but with verbs expressing an action that must be done mutually, such as *kekkon suru* (marry) or *kenka suru* (quarrel), one can only use *to*.

② [indicates the person one does something with]

¶ I will go **with** my mother to a department store tomorrow.

¶ [I] went to see a movie **with** a

行きました。(Kinō, tomodachi *to* issho ni eiga o mi ni ikimashita.)

friend yesterday.

③[比較・異同などの基準を表す]

③ [indicates the standard for a comparison, difference, etc.]

¶今年の夏は去年と比べると，たいへん暑いです。(Kotoshi no natsu wa kyonen *to* kuraberu to, taihen atsui desu.)

¶ It's very hot this summer compared **to** last summer.

¶昔と違って，今はおおぜいの日本人が外国旅行をするようになりました。(Mukashi *to* chigatte, ima wa oozei no Nihonjin ga gaikoku-ryokō o suru yō ni narimashita.)

¶ In a change **from** the past, many Japanese now travel abroad.

④[ものごとの成り行き・変化などの結果を表す]

④ [indicates an outcome, result, etc.]

¶心配していたことが事実となりました。(Shinpai shite ita koto ga jijitsu *to* narimashita.)

¶ What I was afraid would happen actually happened ⟦has actually happened⟧.

* いつも「～となる (～to naru)」の形で使う。

* Always used in the pattern "～ *to naru*."

→ni に

⑤[言ったり考えたりすることの内容を表すときに使う]

⑤ [used when reporting what is said or thought]

¶あしたはいい天気だと思います。(Ashita wa ii tenki da *to* omoimasu.)

¶ I think it will be a nice day tomorrow.

¶「ありがとう」は，あなたの国の言葉で何と言いますか。("Arigatō" wa, anata no kuni no kotoba de nan *to* iimasu ka?)

¶ How do you say "Thank you" in your language?

*「言う (iu)」「書く (kaku)」「思う (omou)」などの動詞の前につく。

* Used before the verbs *iu*, *kaku*, *omou*, etc.

⑥[立場・資格などを表す]

⑥ [indicates a position, qualification, etc.]

¶上田さんは大使としてアメリカへ行きました。(Ueda san wa taishi *to*

¶ [Mr.] Ueda went to the United

shite Amerika e ikimashita.) — States **as** ambassador.

¶山田さんは医者としてよりも政治家として有名です。(Yamada san wa isha *to* shite yori mo seijika *to* shite yūmei desu.) — ¶ [Mr.] Yamada is better known **as** a politician than **as** a physician.

* いつも「〜として (〜to shite)」の形で使う。 — * Always used in the pattern "〜 *to shite*."

⑦[ある動作・作用がこれから行われる状態にあることを表す] — ⑦ [indicates that some action or operation is about to take place or was about to take place]

¶うちを出ようとしたら，雨が降りだしました。(Uchi o deyō *to* shitara, ame ga furidashimashita.) — ¶ It started to rain **as I was about** to go out.

¶芝居が終わって幕が下りようとした時，大きな拍手が起こりました。(Shibai ga owatte maku ga oriyō *to* shita toki, ookina hakushu ga okorimashita.) — ¶ The audience burst into applause as the play ended and the curtain **was on the point** of coming down.

* いつも「動詞 (う・ようの形)＋とする (to suru)」の形で使う。 — * Always used in the pattern "verb (*-ō* ⟦*-yō*⟧ form) + *to suru*."

→suru する

⑧[ものごとの様子を表すときに使う] — ⑧ [used to indicate a state or condition]

¶子供は母親の手をしっかりと握りました。(Kodomo wa hahaoya no te o shikkari *to* nigirimashita.) — ¶ The child **tightly** grasped [her] mother's hand.

¶急がずにゆっくりと歩いてください。(Isogazu ni yukkuri *to* aruite kudasai.) — ¶ Please walk **slowly** without hurrying.

* 副詞などにつけることが多い。 — * Generally used with an adverb, etc.

to と〘助〙 — **to** ⟦part⟧ **and**

¶朝御飯はパンと牛乳とサラダを食べました。(Asagohan wa pan *to* gyūnyū *to* sarada o tabemashita.) — ¶ [I] had bread ⟦toast, a roll, etc.⟧, milk, **and** salad for breakfast.

¶かばんの中には本とノートしかありません。(Kaban no naka ni wa — ¶ There is only a book **and** a notebook in the briefcase ⟦bag, etc.⟧.

hon *to* nōto shika arimasen.)

＊いくつかのものごとのすべてを対等の関係で並べて言うときに使う。

* Used when stating all relevant items; the items are on the same level. (See also the entry for *ya*.)

to **と**〘助〙

to ⟦part⟧ **when, whenever, if, even if**

①[前件が成立するとそれに伴っていつも後件が成立するという関係を表す]

① [indicates that the second clause is always realized when the first clause is realized]

¶春になる**と**，花が咲きます。(Haru ni naru *to,* hana ga sakimasu.)

¶ Flowers bloom **in** the spring.

¶5に4を足す**と**，9になります。(Go ni yon o tasu *to,* kyū ni narimasu.)

¶ Four **plus** five (literally, five **plus** four) is nine.

¶この道を左に曲がる**と**，駅の前に出ます。(Kono michi o hidari ni magaru *to,* eki no mae ni demasu.)

¶ **If** you turn left from this street, you will come out in front of the station.

¶わたしはこの歌を聞く**と**，子供のころのことを思い出します。(Watashi wa kono uta o kiku *to,* kodomo no koro no koto o omoidashimasu.)

¶ I am reminded of my childhood **whenever** I hear this song.

¶わたしは若い時はお酒を飲む**と**，気持ちが悪くなりました。(Watashi wa wakai toki wa osake o nomu *to,* kimochi ga waruku narimashita.)

¶ When I was young I always felt sick **whenever** I drank *sake*.

¶「船に乗る**と**，気持ちが悪くなりますか。(Fune ni noru *to,* kimochi ga waruku narimasu ka?)「いいえ，船に乗っても，大丈夫です。」(Iie, fune ni notte mo, daijōbu desu.)

¶ "Do you get seasick **on board** a ship?"

"No, I don't get seasick while I'm on board a ship."

* 真理や習慣的なことがらを表すときよく使い，後件が過去・完了を表す「たの形」のときは過去の習慣を表す。また後件には，「〜う［よう］(〜u [yō])」などの意志，「〜なさい(〜nasai)」などの命令，「〜てください(〜te kudasai)」などの依頼などの言

* Often used concerning something factual or habitual; if it is followed by a verb in the *-ta* form expressing past or completed action, it expresses habitual action in the past. In the second clause one does not find statements of intent with *-ō* ⟦*-yō*⟧, orders

い方は来ない。

with *-nasai*, requests with *-te kudasai*, etc.

→ba ば　tara たら　te mo ても

②［前件に既に成立していることがらを述べてその条件のもとで後件が成立するという関係を表す］

② [indicates that the first clause is already realized and the second clause is realized based on that]

¶そんなひどいことを言う**と**，許しませんよ。(Sonna hidoi koto o iu *to*, yurushimasen yo.)

¶ I can't forgive **your saying** such a terrible thing.

¶これから寒くなると思う**と**，いやになります。(Kore kara samuku naru to omou *to*, iya ni narimasu.)

¶ It's depressing **to think** about its getting colder from now on.

→tara たら

③［前件の動作に引き続いて後件の動作を行うという関係を表す］

③ [indicates that the action of the second clause continues from that of the first clause]

¶田中さんは部屋に入る**と**，電話をかけました。(Tanaka san wa heya ni hairu *to*, denwa o kakemashita.)

¶ [Mr.] Tanaka **came in** the room **and** made a telephone call.

¶上田さんは手紙を書く**と**，すぐ出かけました。(Ueda san wa tegami o kaku *to*, sugu dekakemashita.)

¶ [Miss] Ueda left soon **after writing** a letter.

＊前件と後件の主語は同じで，両方とも意志的な動作であることが多い。また，後件には過去・完了を表す「たの形」が来る。

* Generally the subjects of the two clauses are the same, and both clauses express a voluntary or intentional action. The verb in the second clause is in the *-ta* form expressing past or completed action.

④［前件の動作・作用が行われた時またはその直後に後件の動作・作用が行われるという関係を表す］

④ [indicates that the action or operation in the second clause takes place at the same time as or soon after that of the first clause]

¶電車が止まる**と**，乗っている人が降り始めました。(Densha ga tomaru *to*, notte iru hito ga orihajimemashita.)

¶ The train **stopped and** passengers started to get off.

¶庭を散歩している**と**，母がわたしを呼びました。(Niwa o sanpo shite iru *to*, haha ga watashi o yobi-

¶ My mother called to me **as I was walking** in the garden ⟦yard⟧.

mashita.)

¶家を出ようとする**と**，雨が降りだしました。(Ie o deyō to suru *to,* ame ga furidashimashita.)

¶ It started to rain **just as** I was leaving the house.

* 前件と後件の主語は異なる。後件には過去・完了を表す「たの形」が来る。

* The two clauses have different subjects. The verb in the second clause is in the *-ta* form expressing past or completed action.

→tara たら

⑤[前件の成立をきっかけとして後件が成立するという関係を表す]

⑤ [indicates the second clause is realized based on the realization of the first clause]

¶「うるさい。」と言う**と**，山田さんはラジオの音を小さくしました。(“Urusai!” to iu *to,* Yamada san wa rajio no oto o chiisaku shimashita.)

¶ **When** [I] cried out that it was too noisy, [Mr.] Yamada turned down the radio.

¶男の子が女の子を押す**と**，女の子は転んでしまいました。(Otoko no ko ga onna no ko o osu *to,* onna no ko wa koronde shimaimashita.)

¶ The boy **pushed** the girl **and** she fell.

* 普通，前件と後件の主語は異なる。後件には過去・完了を表す「たの形」が来る。

* Generally the two clauses have different subjects. The verb in the second clause is in the *-ta* form expressing past or completed action.

→tara たら

⑥[前件の成立によって後件のことがらに気づくという関係を表す]

⑥ [indicates that what comes in the second clause is noticed through the realization of the first clause]

¶ふと空を見上げる**と**，飛行機が飛んでいました。(Futo sora o miageru *to,* hikōki ga tonde imashita.)

¶ **When** [I] happened to look up at the sky, there was an airplane flying there.

¶川のそばまで来る**と**，子供たちが泳いでいるのが見えました。(Kawa no soba made kuru *to,* kodomotachi ga oyoide iru no ga miemashita.)

¶ **When** [I] came up to the river, [I] could see children swimming there.

¶長いトンネルを抜ける**と**，雪国でした。(Nagai tonneru o nukeru *to,* yukiguni deshita.)

¶ **On** coming out of the long tunnel [we] were in snow country.

¶びんのふたを開ける**と**，いやなにお

¶ **When** [I] opened the top of the

いがしました。(Bin no futa o akeru *to,* iya na nioi ga shimashita.)

bottle, a terrible smell emerged.

* 後件には「あった (atta)」「〜ていた (〜te ita)」「見えた (mieta)」などの状態・作用を表す言葉のほかに「音がした (oto ga shita)」「においがした (nioi ga shita)」などの感覚を表す言葉も使い，前件によって後件のことがらに気づくという関係を表す。前件の主語と後件の主語は異なる。

* The relationship of what comes in the second clause being noticed by means of what comes in the first clause is expressed by using in the second clause words indicating a state or process such as *atta*, *-te ita*, or *mieta*, words concerning the physical senses such as *oto ga shita* or *nioi ga shita*, etc. The subjects of the two clauses are different.

→tara たら

⑦[評価などを導くことを表す]

⑦[used to introduce a judgment, etc.]

¶この病気を治すには，まずたばこをやめる**と**いいです。(Kono byōki o naosu ni wa, mazu tabako o yameru *to* ii desu.)

¶ To get over this illness **you should** first of all stop smoking.

¶君も早く結婚しない**と**いけませんね。(Kimi mo hayaku kekkon shinai *to* ikemasen ne.)

¶ **You should** hurry up and get married too.

*「〜といい (〜to ii)」「〜といけない (〜to ikenai)」「〜とだめだ (〜to dame da)」などの形で使う。

* Used in the patterns "〜 *to ii*," "〜 *to ikenai*," "〜 *to dame da*," etc.

→ba ば

⑧[前件が後件のことがらの出どころとなっているという関係を表す]

⑧[indicates that the first clause is the grounds for the second clause]

¶今朝の新聞による**と**，昨日北海道に地震があったそうです。(Kesa no shinbun ni yoru *to,* kinō Hokkaidō ni jishin ga atta sō desu.)

¶ **According to** the newspaper this morning, there was an earthquake in Hokkaido yesterday.

¶山田さんの話だ**と**，秋子さんは来月結婚するそうです。(Yamada san no hanashi da *to,* Akiko san wa raigetsu kekkon suru sō desu.)

¶ **According to** [Mrs.] Yamada, Akiko is going to get married next month.

⑨［前件のことがらにかかわらず後件のことがらが成立するという関係を表す］

¶人が何と言おうと，わたしは平気です。(Hito ga nan to iō *to,* watashi wa heiki desu.)

¶行こうと行くまいとわたしの自由です。(Ikō *to* ikumai *to* watashi no jiyū desu.)

＊ 普通「～う ［よう］ (～u ［yō］)」「～まい (mai)」などの言葉に続く。

tobidasu **飛び出す**〖動 I〗

¶子供が急に道路へ**飛び出しました**。(Kodomo ga kyū ni dōro e *tobidashimashita.*)

¶兄は会社に遅れそうになったので，あわてて家を**飛び出して**いきました。(Ani wa kaisha ni okuresō ni natta node, awatete ie o *tobidashite* ikimashita.)

tobu **飛ぶ**〖動 I〗

¶白い鳥が海の上を**飛んで**います。(Shiroi tori ga umi no ue o *tonde* imasu.)

¶飛行機が西の方へ**飛んで**いきました。(Hikōki ga nishi no hō e *tonde* ikimashita.)

tōchaku **到着**〖名，～する〗

¶弟が乗った飛行機は，今夜8時に**到着**します。(Otōto ga notta hikōki wa, kon'ya hachiji ni *tōchaku* shimasu.)

¶ 11 時に着く予定の列車は，事故のため1時間遅れて**到着**します。

⑨ [indicates that the second clause is realized unconnected to the first clause]

¶ I don't care what others **may say.**

¶ **Whether I go or not** is for me to decide.

＊ Usually used with *-ō* ⟦*-yō*⟧, *-mai*, etc.

tō ☞ **too**

tobidasu ⟦v I⟧ **run out, rush out; jump out**

¶ A child suddenly **ran out** ⟦has suddenly **run out**⟧ into the road.

¶ In danger of being late to work, my (older) brother hurriedly **rushed out** of the house.

tobu ⟦v I⟧ **fly, take to the air**

¶ White birds **are flying** over the ocean.

¶ The airplane **flew off** into the west.

tōchaku ⟦n, *~suru*⟧ **arrival; arrive, reach**

¶ The plane my (younger) brother is on **will arrive** tonight at eight o'clock.

¶ The train scheduled to arrive at eleven o'clock will be delayed an

(Jūichiji ni tsuku yotei no ressha wa, jiko no tame ichijikan okurete *tōchaku* shimasu.)

hour due to an accident.

⇔**shuppatsu 出発**

tochi 土地〘名〙

¶山田さんは学校のそばに**土地**を買って，家を建てました。(Yamada san wa gakkō no soba ni *tochi* o katte, ie o tatemashita.)

tochi ⟦n⟧ **land, piece of land**

¶ [Mr.] Yamada bought **land** near the school and built a house there.

tochū 途中〘名〙

¶昨日,家へ帰る**途中**本屋に寄って,この本を買ってきました。(Kinō, ie e kaeru *tochū* hon'ya ni yotte, kono hon o katte kimashita.)

¶郵便局は学校へ行く**途中**にあります。(Yūbinkyoku wa gakkō e iku *tochū* ni arimasu.)

tochū ⟦n⟧ **on the way, midway**

¶ **On [my] way** home yesterday [I] stopped by at the bookstore and bought this book.

¶ There is a post office **on the way** to school.

todokeru 届ける〘動II〙

¶あなたに頼まれた手紙は,昨日中村さんに**届けました**。(Anata ni tanomareta tegami wa, kinō Nakamura san ni *todokemashita*.)

¶デパートで買った家具はあした**届けてくれます**。(Depāto de katta kagu wa ashita *todokete* kuremasu.)

todokeru ⟦v II⟧ **deliver, send, forward**

¶ You asked me to give [Mr.] Nakamura a letter. **I gave** it to [him] yesterday.

¶ The furniture [I] bought at the department store **will be delivered** tomorrow.

todoku 届く〘動I〙

①[あるものがある場所に達する]

¶このたなは高すぎて手が**届きません**。(Kono tana wa takasugite te ga *todokimasen*.)

¶どんなに大きな声を出しても，川の向こうまでは**届かない**でしょう。(Donna ni ookina koe o dashite mo, kawa no mukō made wa *todo-*

todoku ⟦v I⟧ **reach, get to; arrive, be received**

① [reach, get to, carry to]

¶ This shelf is too high for me **to reach.**

¶ No matter how loud one shouts, one's voice probably **won't carry** to the other side of the river.

kanai deshō.)

②［品物などが送り先に着く］

¶今朝，母から小包が**届きました**。(Kesa, haha kara kozutsumi ga *todokimashita.*)

② [arrive, be received]

¶ A package from my mother **came** this morning.

tōfu 豆腐〖名〗

¶**豆腐**は大豆から作ります。(*Tōfu* wa daizu kara tsukurimasu.)

tōfu 〚n〛 ***tofu*, bean curd**

¶ ***Tofu*** is made from soybeans.

toi **問い**〖名〗

問いを出す (*toi* o dasu)

¶次の**問い**に答えなさい。(Tsugi no *toi* ni kotaenasai.)

toi 〚n〛 **question, inquiry**

ask **a question**

¶ Answer the following **questions.**

tōi ☞ **tooi**

toire トイレ〖名〗

¶この**トイレ**は清潔で気持ちがいいです。(Kono *toire* wa seiketsu de kimochi ga ii desu.)

⇨**benjo** 便所 **tearai** 手洗い

toire 〚n〛 **toilet, rest room**

¶ This **rest room** is nice and clean.

tōitsu **統一**〖名，〜する〗

国を**統一**する (kuni o *tōitsu* suru)

¶クラスの意見を**統一**するのは難しいです。(Kurasu no iken o *tōitsu* suru no wa muzukashii desu.)

tōitsu 〚n, ~*suru*〛 **unified, uniform, united, concerted; unify, unite**

unify a country, **bring** a country **under a single rule**

¶ It is difficult to get a **unified** (school) class opinion.

tōji **当時**〖名〗

¶わたしが小学生だった**当時**は，まだこの辺はとても静かでした。(Watashi ga shōgakusei datta *tōji* wa, mada kono hen wa totemo shizuka deshita.)

tōji 〚n〛 **at that time**

¶ This was still a very quiet area **when** I was in elementary school.

¶両親が結婚したのは戦後間もなくですが，その**当時**は食べ物もあまりなかったそうです。(Ryōshin ga kekkon shita no wa sengo mamonaku desu ga, sono *tōji* wa tabemono mo amari nakatta sō desu.)

¶ My parents got married soon after the war ended; I hear food was scarce **then.**

tojiru **閉じる**〘動II〙

目を閉じる (me o *tojiru*)

¶本を閉じて，黒板の方を見てください。(Hon o *tojite*, kokuban no hō o mite kudasai.)

⇔**akeru** **開ける** ⇨**hiraku** **開く**

tojiru ⟦v II⟧ **shut, close**

close one's eyes

¶ Please **close** your books and look at the blackboard.

toka **とか**〘助〙

①[同じようなものごとや動作について例を挙げて言う場合に使う]

¶タイ**とか**ビルマ**とか**いう暑い国では，1年に2回米が取れるそうです。

(Tai *toka* Biruma *toka* iu atsui kuni de wa, ichinen ni nikai kome ga toreru sō desu.)

¶勉強ばかりしないで，テニスをする**とか**ピンポンをする**とか**，運動もしなさい。 (Benkyō bakari shinaide, tenisu o suru *toka* pinpon o suru *toka*, undō mo shinasai.)

②[聞いたことや自分の記憶などが不確かなときに使う]

¶さっき山田さん**とか**いう人から電話がありましたよ。 (Sakki Yamada san *toka* iu hito kara denwa ga arimashita yo.)

toka ⟦part⟧ **and ~ and the like**

① [used when citing similar things as examples]

¶ I understand two rice crops a year are possible in hot countries **such as** Thailand, Burma, **and the like.**

¶ Don't spend all your time studying—play tennis **or** ping-pong **or** take **some other** physical exercise.

② [used when one is not sure of what one has heard, of one's memory, etc.]

¶ There was a telephone call a little while ago from someone called Yamada **or something like that.**

tōka ☞ **tooka**

tokai **都会**〘名〙

¶夏休みには**都会**を離れて，田舎へ行くつもりです。(Natsuyasumi ni wa *tokai* o hanarete, inaka e iku tsumori desu.)

⇨**inaka** **田舎**

tokai ⟦n⟧ **city, the town**

¶ During summer vacation I intend to get out of **the city** and go to the country.

tokasu **溶かす**〘動I〙

¶金属を**溶かす**ためには高い温度が必要です。 (Kinzoku o *tokasu* tame

tokasu ⟦v I⟧ **melt, dissolve, liquefy; melt down, smelt**

¶ High temperatures are necessary **to**

ni wa takai ondo ga hitsuyō desu.)

melt metals.

tokei　時計〘名〙
腕時計 (ude*dokei*)　**柱時計** (hashira-*dokei*)　**置時計** (oki*dokei*)　目覚まし**時計** (mezamashi-*dokei*)
¶この**時計**は5分進んでいますよ。(Kono *tokei* wa gofun susunde imasu yo.)

tokei 〚n〛 **clock, watch, timepiece**
wrist**watch** // wall **clock** // table **clock,** mantel **clock** // alarm **clock**
¶ This **clock** 〚**watch**〛 is five minutes fast.

tokeru　溶ける〘動Ⅱ〙
①［液体の中に他の物が入り全体が液体のようになる］
¶砂糖は水に**溶けます**。(Satō wa mizu ni *tokemasu.*)
②［金属が熱せられて液体のようになる］
¶鉄をつくる工場で**溶けた**鉄を初めて見ました。(Tetsu o tsukuru kōjō de *toketa* tetsu o hajimete mimashita.)

tokeru 〚v II〛 **dissolve; melt, fuse**
① [dissolve]
¶ Sugar **dissolves** in water.
② [melt, fuse]
¶ [I] first saw **molten** iron at a steel plant.

tokeru　解ける〘動Ⅱ〙
①［結んであったものがほどける］
¶靴のひもが**解けない**ように，きつく結びました。(Kutsu no himo ga *tokenai* yō ni, kitsuku musubimashita.)
②［わからない筋道が明らかになり問題の答えが見つかる］
なぞが**解ける** (nazo ga *tokeru*)
③［固体が液体になる］
¶春になって，雪が**解けて**きました。(Haru ni natte, yuki ga *tokete* kimashita.)

tokeru 〚v II〛 **come loose, untied, undone; be solved, be resolved, work out; melt, thaw, run**
① [come loose, untied, undone]
¶ [I] tied [my] shoelaces tightly so they **wouldn't come undone.**
② [be solved, be resolved, work out]
a puzzle **is solved, find the answer to** a puzzle
③ [melt, thaw, run]
¶ The snow **has melted** with the coming of spring 〚The snow **melted** with the coming of spring〛.

toki　時〘名〙
①［時間］

toki 〚n〛 **time; the time**
① [time, hour]

¶小説がおもしろかったので，時がたつのを忘れて読んでいました。(Shōsetsu ga omoshirokatta node, *toki* ga tatsu no o wasurete yonde imashita.)

¶ The novel was so interesting that I lost track of **time.**

②[何かが行われる時刻]

② [the time, the moment, when]

¶食事をしている時，友達が来ました。(Shokuji o shite iru *toki,* tomodachi ga kimashita.)

¶ A friend came **while** [I] was eating.

¶ちょうど家に帰った時，田中さんから電話がかかってきました。(Chōdo ie ni kaetta *toki,* Tanaka san kara denwa ga kakatte kimashita.)

¶ [I] got a telephone call from [Miss] Tanaka **just as** [I] arrived home.

③[時期・季節・時代など]

③ [time, age, period, season]

¶この大きな木は，おじいさんが子供の時植えたのだそうです。(Kono ookina ki wa, ojiisan ga kodomo no *toki* ueta no da sō desu.)

¶ I understand this big tree was planted by my grandfather **when** he was a child.

¶暑い時は物が腐りやすいから，気をつけてください。(Atsui *toki* wa mono ga kusariyasui kara, ki o tsukete kudasai.)

¶ Things easily go bad **during** hot weather so please be careful.

④[場合]

④ [time, occasion, case]

¶非常のときはここから外に出てください。(Hijō no *toki* wa koko kara soto ni dete kudasai.)

¶ **In case of** emergency please exit from here.

¶わたしは困ったときにはいつも田中先生に相談します。(Watashi wa komatta *toki* ni wa itsu mo Tanaka sensei ni sōdan shimasu.)

¶ I always consult Professor Tanaka **when** I have a problem.

tokidoki　ときどき〘副〙

tokidoki ⟦adv⟧ **sometimes, once in a while, occasionally, at times**

¶わたしはときどき映画を見に行きます。(Watashi wa *tokidoki* eiga o mi ni ikimasu.)

¶ I **sometimes** go to see a movie.

¶田舎にいる母が**ときどき**訪ねてきてくれます。(Inaka ni iru haha ga *tokidoki* tazunete kite kuremasu.)

¶ **Once in a while** my mother comes from the country to visit me.

tokkyū **特急**〖名〗

tokkyū 〚n〛 **a limited express train**

¶あの駅は急行はとまりますが，**特急**はとまりません。(Ano eki wa kyūkō wa tomarimasu ga, *tokkyū* wa tomarimasen.)

¶ The express stops at that station but **the limited express** doesn't.

tokoro **所**〖名〗

tokoro 〚n〛 **place, spot; one's home, where one is; one's address; point, section; time, moment**

①[場所]

① [place, spot]

¶どこか景色のいい**所**へ旅行に行きたいです。(Doko ka keshiki no ii *tokoro* e ryokō ni ikitai desu.)

¶ I want to take a trip **somewhere** with good scenery.

¶眼鏡を置いた**所**を忘れてしまいました。(Megane o oita *tokoro* o wasurete shimaimashita.)

¶ [I] have forgotten **where** [I] put [my] glasses.

②[ものの存在する場所，その近く]

② [where something is or near there]

¶門の**所**で待っています。(Mon no *tokoro* de matte imasu.)

¶ [He] is waiting **at** the gate.

¶郵便局の**所**で待っていてください。(Yūbinkyoku no *tokoro* de matte ite kudasai.)

¶ Please wait **at** the post office.

③[人の存在する場所・家庭・その人のもと]

③ [one's home, where one is]

¶昨日，山田さんは上田さんの**所**に泊まりました。(Kinō, Yamada san wa Ueda san no *tokoro* ni tomarimashita.)

¶ [Mr.] Yamada stayed at [Mr.] Ueda's **place** last night.

¶授業が終わったら，先生の**所**へ行ってください。(Jugyō ga owattara, sensei no *tokoro* e itte kudasai.)

¶ Please go see **your teacher** after class is over.

④[住所]

④ [one's address]

¶この紙にお**所**とお名前をお書きください。(Kono kami ni o*tokoro* to

¶ Please write your name and **address** on this paper.

onamae o okaki kudasai.)

⑤[部分，点]

¶わからない**ところ**があったらきいてください。 (Wakaranai *tokoro* ga attara kiite kudasai.)

¶何でもすぐにあきてしまうのがあなたの悪い**ところ**です。 (Nan demo sugu ni akite shimau no ga anata no warui *tokoro* desu.)

⑥[ある動作・作用がこれから起こるという状態にあることを表す]

¶今，出かける**ところ**です。 (Ima, dekakeru *tokoro* desu.)

¶これから御飯を食べる**ところ**です。 (Korekara gohan o taberu *tokoro* desu.)

*「動詞（連体の形）+ところ（tokoro)」の形で使う。

⑦[ある動作・作用が行われた直後の状態であることを表す]

¶会議は今始まった**ところ**です。(Kaigi wa ima hajimatta *tokoro* desu.)

¶父は今家を出た**ところ**です。(Chichi wa ima ie o deta *tokoro* desu.)

*「動詞（たの形）+ところ（tokoro)」の形で使う。

⑧[ある動作・作用が継続中の状態であることを表す]

¶わたしは今日本語の勉強をしている**ところ**です。 (Watashi wa ima Nihongo no benkyō o shite iru *tokoro* desu.)

¶田中さんは先生の所に話しに行っている**ところ**です。(Tanaka san wa

⑤ [point, section, part]

¶ Please ask if there's **something** you don't understand.

¶ Becoming quickly bored is a bad **point** of yours.

⑥ [indicates that something is on the point of happening]

¶ [I]'m **just about** to go out now.

¶ [We]'re **just about** to eat at the moment.

* Used in the pattern "verb (dictionary form) + *tokoro*."

⑦ [indicates that something has just happened]

¶ The meeting has **just now** begun.

¶ My father **just** left the house **a moment ago.**

* Used in the pattern "verb (*-ta* form) + *tokoro*."

⑧ [indicates that something is in the course of taking place]

¶ I'm studying my Japanese **just now.**

¶ [Mr.] Tanaka is **now** talking with [his] teacher (literally, has gone to

sensei no tokoro ni hanashi ni itte iru *tokoro* desu.)

＊「動詞（ての形）＋いる（iru）＋ところ（tokoro）」の形で使う。

talk with his teacher and is **now** talking with him).

＊ Used in the pattern "verb (*-te* form) + *iru* + *tokoro*."

tokorode　ところで〖接〗

tokorode 〚conj〛 **by the way, incidentally**

¶ところで，最近田中さんに会いましたか。（*Tokorode,* saikin Tanaka san ni aimashita ka?)

¶ **By the way,** have you seen [Mr.] Tanaka recently?

¶毎日いいお天気ですね。**ところで，**奥さんの御病気はいかがですか。(Mainichi ii otenki desu ne. *Tokorode,* okusan no gobyōki wa ikaga desu ka?)

¶ We've been enjoying nice weather, haven't we? **And** how is your wife's illness?

＊ 話題を変えるときなどに使う。

＊ Used when changing the subject, etc.

tokoroga　ところが〖接〗

tokoroga 〚conj〛 **however, but, and yet, on the contrary**

¶ 妹はすぐ帰ると言って出かけました。**ところが，**3時間もたつのにまだ帰りません。(Imōto wa sugu kaeru to itte dekakemashita. *Tokoroga,* sanjikan mo tatsu noni mada kaerimasen.)

¶ When my (younger) sister went out, she said she'd be back soon. **However,** it's been three hours and she hasn't gotten back yet.

¶このおもちゃはたいへん高かったです。**ところが，**少し使っただけでもう壊れてしまいました。（Kono omocha wa taihen takakatta desu. *Tokoroga,* sukoshi tsukatta dake de mō kowarete shimaimashita.)

¶ This toy was very expensive. **Nevertheless** it broke after being used only a little while.

＊前のことがらを受けて，そのことがらに反するようなことがらをあとに続けるときに使う。普通あとに「～なさい（～nasai)」などの命令，「～てください（～te kudasai)」などの依頼，「～う（よう）（～u〔yō〕)」などの意志などの言い方は来ない。

＊ Used when stating something opposed to what came earlier. Usually it is not followed by orders with *-nasai*, requests with *-te kudasai*, statements of intent with *-ō* 〚*-yō*〛, etc.

tokoya **床屋**〘名〙

¶床屋へ行って髪を短く切ってもらいました。 (*Tokoya* e itte kami o mijikaku kitte moraimashita.)

＊「理髪店 (rihatsuten)」とも言う。

tokoya 〚n〛 **barber, barbershop**

¶ I went to **the barber** and got a haircut.

＊ Another word for "barbershop" is *rihatsuten*.

toku **得**〘名, 形動, ～する〙

¶100円の物を80円で買ったので, 20円の得をしました。 (Hyakuen no mono o hachijūen de katta node, nijūen no *toku* o shimashita.)

¶これは安くていい品物ですから, 買ったほうが得ですよ。 (Kore wa yasukute ii shinamono desu kara, katta hō ga *toku* desu yo.)

⇔**son** **損**

toku 〚n, adj-v, ～*suru*〛 **profit, gain, advantage, benefit**

¶ As I bought a 100-yen article for 80 yen, **I saved** 20 yen.

¶ Buying this merchandise **will be to your advantage** as it is inexpensive and of good quality.

toku **解く**〘動 I〙

①[結んであったものをほどく]

¶ひもを**解いて**, 箱を開けてみました。 (Himo o *toite*, hako o akete mimashita.)

②[わからなかった筋道を明らかにし疑問や問題の答えを見つける]

¶この問題を**解いた**人は手を挙げてください。 (Kono mondai o *toita* hito wa te o agete kudasai.)

toku 〚v I〛 **untie, undo, unfasten; solve, work out**

① [untie, undo, unfasten, loosen]

¶ [I] **unfastened** the string 〚twine, etc.〛 and opened up the box.

② [solve, work out, answer]

¶ Will those who **have answered** this question please raise their hands.

tōku ☞ **tooku**

tokubetsu **特別**〘形動, ～の〙

¶二, 三日の旅行ですから, **特別**な準備はいりません。 (Ni-sannichi no ryokō desu kara, *tokubetsu* na junbi wa irimasen.)

¶ここは**特別**の部屋ですから, 一般の人は使用できません。 (Koko wa *tokubetsu* no heya desu kara, ippan no hito wa shiyō dekimasen.)

tokubetsu 〚adj-v, ～*no*〛 **special, extraordinary, uncommon, exceptional**

¶ It's only a two- or three-day trip so no **special** preparations are necessary.

¶ This is a **special** room not for use by the general public.

tokuchō **特徴**〔名〕

¶あの人の字には**特徴**があるので，すぐわかります。(Ano hito no ji ni wa *tokuchō* ga aru node, sugu wakarimasu.)

¶彼の顔の**特徴**はよく覚えていませんが，確か目の大きい人だったと思います。 (Kare no kao no *tokuchō* wa yoku oboete imasen ga, tashika me no ookii hito datta to omoimasu.)

tokuchō ⟦n⟧ **special feature, characteristic, trait**

¶ [He] has a **distinctive** handwriting easily identifiable as [his].

¶ I don't remember **the particular features** of his face but I think he had large eyes.

tokui **得意**〔名，形動〕

①[自慢する様子]

¶山田さんは先日の試験の成績がよかったので，**得意**になっています。 (Yamada san wa senjitsu no shiken no seiseki ga yokatta node, *tokui* ni natte imasu.)

②[上手にできる]

¶わたしは物理や化学より生物のほうが**得意**です。 (Watashi wa butsuri ya kagaku yori seibutsu no hō ga *tokui* desu.)

tokui ⟦n, adj-v⟧ **vanity, boasting; one's forte, one's strong point**

① [vanity, boasting, pride]

¶ [Mr.] Yamada **is suffering a swelled head** over [his] good mark on the exam last week.

② [one's forte, strong point, specialty]

¶ **I'm better** at biology than physics or chemistry.

tokuni **特に**〔副〕

¶田中さんはいろいろなスポーツができますが，**特に**テニスが上手です。 (Tanaka san wa iroiro na supōtsu ga dekimasu ga, *tokuni* tenisu ga jōzu desu.)

¶わたしは果物の中で**特に**りんごが好きです。(Watashi wa kudamono no naka de *tokuni* ringo ga suki desu.)

tokuni ⟦adv⟧ **especially, particularly, in particular**

¶ [Mr.] Tanaka can play several different sports but [he] is **especially** good at tennis.

¶ Among fruits, I **particularly** like apples.

tomaru **止まる**〔動 I〕

①[動いたり進んだりしているものな

tomaru ⟦v I⟧ **stop, halt; stop, cease, be suspended; perch**

① [stop, halt; something stops mov-

どが動かなくなる]

ing]

¶車が山田さんの家の前で**止まりました。**(Kuruma ga Yamada san no ie no mae de *tomarimashita.*)

¶ The automobile ⟦taxi⟧ **stopped** in front of [Mr.] Yamada's house.

¶あの時計は**止まって**いますよ。(Ano tokei wa *tomatte* imasu yo.)

¶ That clock ⟦watch⟧ **has stopped running.**

②[続いている状態が終わりになったり続くはずのものが一時続かなくなったりする]

② [stop, cease, be suspended; a state ends or something stops temporarily]

¶あしたの午後10時から水道の水が**止まる**そうです。(Ashita no gogo jūji kara suidō no mizu ga *tomaru* sō desu.)

¶ I hear that water service **will be suspended** from ten o'clock tomorrow night.

¶薬をつけてしばらくすると，足の血が**止まりました。**(Kusuri o tsukete shibaraku suru to, ashi no chi ga *tomarimashita.*)

¶ [My] leg ⟦foot⟧ **stopped** bleeding a little while after [I] put the medication ⟦ointment, etc.⟧ on it.

③[鳥や虫が何かにつかまって休む]

③ [perch]

¶あの木に**止まって**いる白い鳥は何という鳥ですか。(Ano ki ni *tomatte* iru shiroi tori wa nan to iu tori desu ka?)

¶ What is the name of the white bird **in** that tree over there?

¶ちょうちょうが赤い花に**止まって**います。(Chōchō ga akai hana ni *tomatte* imasu.)

¶ A butterfly **is alight** on the red flower.

tomaru　泊まる〔動 I〕

tomaru ⟦v I⟧ **stay the night, lodge; lie at anchor**

①[宿をとる]

① [stay the night, lodge]

¶日本を旅行するときは，ホテルではなく旅館に**泊まる**ことにしています。(Nihon o ryokō suru toki wa, hoteru de wa naku ryokan ni *tomaru* koto ni shite imasu.)

¶ When [I] am traveling in Japan I make it a practice **to stay** in Japanese-style inns rather than hotels.

②[船が港に入っている]

② [lie at anchor]

¶港には日本の船だけでなく外国の船

¶ There are foreign as well as

も泊まっています。 (Minato ni wa Nihon no fune dake de naku gaikoku no fune mo *tomatte* imasu.)

Japanese ships **at anchor** in the harbor.

tomato トマト〘名〙

tomato 〚n〛 **a tomato**

トマトを作る (*tomato* o tsukuru)

トマトがなる (*tomato* ga naru)

grow **tomatoes** // **a tomato plant** bears fruit

tōmei **透明**〘形動〙

tōmei 〚adj-v〛 **transparent, clear**

¶この酒のびんは**透明**だから，色も飲んだ量もよくわかります。 (Kono sake no bin wa *tōmei* da kara, iro mo nonda ryō mo yoku wakarimasu.)

¶ Since this bottle is made of **clear** glass, one can clearly see the color of the liquor and tell how much one has drunk.

¶この湖の水は**透明**で，底の方もよく見えます。(Kono mizuumi no mizu wa *tōmei* de, soko no hō mo yoku miemasu.)

¶ The water of this lake **is so clear** that one can see the bottom.

tomeru **止める**〘動 II〙

tomeru 〚v II〛 **stop, bring to a stop; stop, be off; dissuade, hold back, stop, forbid**

①[動いたり進んだりしているものなどを動かなくする]

① [stop, bring to a stop, turn off; stop something moving]

¶手を挙げて，タクシーを**止めました**。 (Te o agete, takushii o *tomemashita.*)

¶ [I] **stopped** a taxi by raising [my] hand.

¶その機械を**止めて**ください。 (Sono kikai o *tomete* kudasai.)

¶ Please **stop** that machine.

②[続いている状態などを終わりにさせたり続くはずのものを一時的に続かなくさせる]

② [stop, be off; bring a condition to a close or temporarily stop something]

¶歯の痛みを**止める**薬がありますか。 (Ha no itami o *tomeru* kusuri ga arimasu ka?)

¶ Do you have anything to take **to relieve** a toothache?

¶あした，工事のために電気を一時**止めます**。 (Ashita, kōji no tame ni denki o ichiji *tomemasu.*)

¶ The electricity **will be off** for a time tomorrow due to construction.

③[何かをしていたりこれからしよう

③ [dissuade, hold back, stop, forbid]

とするのをやめさせる]

¶医者にたばこを**止められました**。(Isha ni tabako o *tomeraremashita*.)

¶ The doctor **forbid me to** smoke.

¶お母さんは子供のいたずらを**止めました**。(Okāsan wa kodomo no itazura o *tomemashita*.)

¶ The mother **stopped** her child from playing pranks.

¶酔った人が石を車に投げようとしたので，上田さんが**止めました**。(Yotta hito ga ishi o kuruma ni nageyō to shita node, Ueda san ga *tomemashita*.)

¶ [Mr.] Ueda **dissuaded** the drunk from throwing stones at cars.

tomeru **留める**〔動II〕

tomeru ⟦v II⟧ **fasten, put in place, fix**

¶姉がシャツのボタンを**留めて**くれました。(Ane ga shatsu no botan o *tomete* kuremashita.)

¶ My (older) sister **buttoned** my shirt for me.

¶その地図が壁から落ちないようにしっかり**留めて**おいてください。(Sono chizu ga kabe kara ochinai yō ni shikkari *tomete* oite kudasai.)

¶ Please **fix** that map firmly onto the wall so it won't fall down.

tomeru **泊める**〔動II〕

tomeru ⟦v II⟧ **lodge, give shelter, put up for the night**

¶昨晩は雨がひどく降ったので，山田さんの家に**泊めて**もらいました。(Sakuban wa ame ga hidoku futta node, Yamada san no ie ni *tomete* moraimashita.)

¶ As it was raining so hard last evening, **I stayed the night** at [Mr.] Yamada's.

tomo **友**〔名〕

☞**tomodachi** **友達**

tomo ☞ **tomodachi**

-tomo **-とも**〔尾〕

-tomo ⟦suf⟧ **both, all**

①[あるものが全部そうであることを表す]

① [both, all, neither]

¶わたしたち夫婦は二人**とも**甘いものが大好きです。(Watashitachi fūfu wa futari*tomo* amai mono ga daisuki desu.)

¶ My husband ⟦wife⟧ and I **both** have a sweet tooth.

¶わたしたちの学校(がっこう)はテニスの試合(しあい)で男女(だんじょ)とも優勝(ゆうしょう)しました。(Watashitachi no gakkō wa tenisu no shiai de danjo*tomo* yūshō shimashita.)

¶ Our school won **both** the men's and women's tennis matches.

②[だいたいの限界を表す]

② [indicates broad limits]

¶昨日(きのう)，ここに集(あつ)まった人(ひと)は少(すく)なくとも30名以上(さんじゅうめいいじょう)でした。(Kinō, koko ni atsumatta hito wa sukunaku*tomo* sanjūmei ijō deshita.)

¶ **At the very least** there were over 30 persons gathered here yesterday.

¶遅(おそ)くとも10時(じゅうじ)までには帰(かえ)るつもりです。(Osoku*tomo* jūji made ni wa kaeru tsumori desu.)

¶ I plan to return home by ten o'clock **at the latest.**

tomodachi 友達(ともだち)〘名〙

tomodachi ⟦n⟧ **friend**

友達(ともだち)になる (*tomodachi* ni naru)

become **a friend** of, make **friends** with

¶わたしと田中(たなか)さんとは親(した)しい友達(ともだち)です。(Watashi to Tanaka san to wa shitashii *tomodachi* desu.)

¶ [Mr.] Tanaka and I are close **friends.**

tomokaku ともかく〘副〙

tomokaku ⟦adv⟧ **setting aside, apart from; at any rate, in any case**

①[あることは一応別にして]

① [setting aside, apart from]

¶日本人(にほんじん)ならともかく，外国人(がいこくじん)が日本(にほん)語(ご)を間違(まちが)えるのはあたりまえでしょう。(Nihonjin nara *tomokaku*, gaikokujin ga Nihongo o machigaeru no wa atarimae deshō.)

¶ **Leaving** the Japanese themselves **out of the question,** it is only to be expected that foreigners should make mistakes in Japanese.

¶成功(せいこう)するかしないかはともかく，一生懸命(いっしょうけんめい)努力(どりょく)してみなさい。(Seikō suru ka shinai ka wa *tomokaku*, isshōkenmei doryoku shite minasai.)

¶ **Don't worry about** whether you will succeed or not, but just do your best.

* 普通「～はともかく (～wa tomokaku)」「～ならともかく (～nara tomokaku)」の形で使う。

* Usually used in the patterns "～ *wa tomokaku*" and "～ *nara tomokaku.*"

②[問題はいろいろあるがひとまず次のことはしようというような意味を表

② [at any rate, in any case, anyway]

す]

¶山田さんは行かないかもしれませんが，**ともかく**旅行のことは知らせておきました。(Yamada san wa ikanai ka mo shiremasen ga, *tomokaku* ryokō no koto wa shirasete okimashita.)

¶ [Miss] Yamada might not be going but **at any rate** I told [her] about the trip.

→tonikaku とにかく

tonari 隣〘名〙

tonari ⟦n⟧ **next, next-door, neighboring**

¶兄は今**隣**の部屋で本を読んでいます。(Ani wa ima *tonari* no heya de hon o yonde imasu.)

¶ My (older) brother is presently reading a book in the **next** room.

¶田中さんの**隣**にいる人はだれですか。(Tanaka san no *tonari* ni iru hito wa dare desu ka?)

¶ Who is the person **next to** [Mr.] Tanaka?

tonikaku とにかく〘副〙

tonikaku ⟦adv⟧ **anyway, at any rate, in any case**

¶結果はどうなるかわかりませんが，**とにかく**がんばってやってみましょう。(Kekka wa dō naru ka wakarimasen ga, *tonikaku* ganbatte yatte mimashō.)

¶ [I] don't know how it will turn out but **at any rate** [I]'ll take a try at it.

¶山田さんはうちにいないかもしれませんが，**とにかく**行ってみましょう。(Yamada san wa uchi ni inai ka mo shiremasen ga, *tonikaku* itte mimashō.)

¶ [Miss] Yamada might not be home, but let's go and see if [she] is **anyway.**

⇨tomokaku ともかく

tonneru トンネル〘名〙

tonneru ⟦n⟧ **tunnel**

¶汽車は**トンネル**を出て，海のそばを走っていきました。(Kisha wa *tonneru* o dete, umi no soba o hashitte ikimashita.)

¶ The train emerged from **the tunnel** and ran along beside the sea.

too 十〘名〙

too ⟦n⟧ **10; 10 years old**

①[10個]

① [10, 10 items]

¶かごの中にりんごが十あります。(Kago no naka ni ringo ga *too* arimasu.)

¶ There are **10** apples in the basket.

②[10歳]

② [10 years old]

¶息子は十で，娘は八つになりました。(Musuko wa *too* de, musume wa yattsu ni narimashita.)

¶ My son **is 10** and my daughter has turned eight.

tooi **遠い**〔形〕

tooi [[adj]] **far, distant, remote**

¶わたしのうちは学校から遠いので，毎日自転車で通っています。(Watashi no uchi wa gakkō kara *tooi* node, mainichi jitensha de kayotte imasu.)

¶ As the school **is far** from my home, I commute there every day by bicycle.

¶海岸はここからあまり遠くないです。(Kaigan wa koko kara amari *tooku nai* desu.)

¶ The shore **isn't far** from here.

⇔**chikai** **近い**

tooka **十日**〔名〕

tooka [[n]] **the tenth of the month; 10 days**

①[日付を表す]

① [the tenth of the month]

十月**十日** (jūgatsu *tooka*)

October **10**

②[日数を表す]

② [10 days]

十日間 (*tooka*kan) **十日**前 (*tooka*-mae) **十日**後 (*tooka*go)

for **10 days, 10-days'** time // **10 days** ago, **10 days** earlier // **10 days** from now, **10 days** later

⇨**-ka** **-日**

tooku **遠く**〔名〕

tooku [[n]] **a distant place; far away, in the distance**

¶危ないから，遠くへ遊びに行ってはいけませんよ。(Abunai kara, *tooku* e asobi ni itte wa ikemasen yo.)

¶ You mustn't play **too far away**—it's dangerous.

¶この船は魚を捕るために，遠くの海へ出かけていきます。(Kono fune wa sakana o toru tame ni, *tooku* no umi e dekakete ikimasu.)

¶ This ship sails to **distant** seas to fish.

⇔**chikaku** **近く**

toori **通り**〔名〕

toori [[n]] **road, street; street traffic; way, as, like**

①[道路]

大通り (oo*doori*)

¶この通りをまっすぐ行くと，右側に交番があります。(Kono *toori* o massugu iku to, migigawa ni kōban ga arimasu.)

② [人・車の往来]

人通り (hito*doori*)

¶駅の前のこの道は，いつも車の通りが多いです。(Eki no mae no kono michi wa, itsu mo kuruma no *toori* ga ooi desu.)

③[同じ状態]

¶わたしが初めに歌いますから，あとでそのとおりに歌ってください。(Watashi ga hajime ni utaimasu kara, ato de sono *toori* ni utatte kudasai.)

¶わたしが言うとおりに発音してください。(Watashi ga iu *toori* ni hatsuon shite kudasai.)

① [road, street]

a main **road,** thoroughfare

¶ If you go straight down this **street,** there will be a police box on the right.

② [street traffic, coming and going]

pedestrian **traffic**

¶ **Traffic** is always heavy on this road in front of the station.

③ [way, as, like]

¶ I'll sing it first—then you please sing it the same **way.**

¶ Please listen and pronounce it **like** I do.

-toori -とおり〘尾〙

①[種類などを表す]

¶この漢字には三とおりの読み方があります。(Kono kanji ni wa mi*toori* no yomikata ga arimasu.)

②[だいたい，ざっと]

¶彼が会社を辞めた理由は，ひととおり聞いて知っています。(Kare ga kaisha o yameta riyū wa, hito*toori* kiite shitte imasu.)

¶桜はもう九分どおり咲いていました。(Sakura wa mō kubu*doori* saite imashita.)

-toori 〚suf〛 **kind, sort; approximately, roughly; that way, like that**

① [kind, sort]

¶ There are three different **ways** of reading this *kanji*.

② [approximately, roughly]

¶ I've heard **in a general way** his reasons for quitting his job.

¶ The cherry blossoms are 〚were〛 **almost** in full bloom.

③［そのようであることを表す］
予想**どおり** (yosō *doori*)
¶仕事は計画**どおり**に進んでいます。 (Shigoto wa keikaku *doori* ni susunde imasu.)
* いつも「～どおり（～doori)」の形で使う。

③ [that way, like that]
as expected
¶ The work is proceeding **according to** schedule.
* Always used in the pattern "～ *-doori.*"

tooru **通る**〔動 I〕
①［道を過ぎていく］
¶どちらの道を**通って**帰りましょうか。 (Dochira no michi o *tootte* kaerimashō ka?)
¶このバスは新宿を**通ります**か。 (Kono basu wa Shinjuku o *toorimasu* ka?)
②［一方からもう一方へ抜けて出る］
¶風がよく**通る**のでここは涼しいです。 (Kaze ga yoku *tooru* node koko wa suzushii desu.)
¶針の穴が小さくて，糸が**通りません**。 (Hari no ana ga chiisakute, ito ga *toorimasen.*)
③［認められる，合格する］
意見が**通る** (iken ga *tooru*)
¶田中さんは試験に**通らなかった**ようです。 (Tanaka san wa shiken ni *tooranakatta* yō desu.)

tooru ⟦v I⟧ **pass, go by; pass through; pass** (an exam), **prevail**
① [pass, go by]
¶ Which streets shall **we take** on our return?
¶ Does this bus **go through** Shinjuku?
② [pass through]
¶ It's cool here as there's a good breeze **passing through.**
¶ **I can't thread** this needle—its eye is too small.
③ [pass (an exam), prevail]
an opinion **wins out**
¶ It seems that [Mr.] Tanaka **did not pass** [his] exam.

toosu **通す**〔動 I〕
①［一方からもう一方へ通過させる］
¶すみませんが，ちょっと前を**通して**ください。 (Sumimasen ga, chotto mae o *tooshite* kudasai.)
¶ガラスは光を**通します**。 (Garasu wa hikari o *tooshimasu.*)

toosu ⟦v I⟧ **let pass, pass through; show in, usher; persist in, keep at**
① [let pass, pass through]
¶ Excuse me, I'd like **to be let by** please.
¶ Glass **admits** light.

②[部屋などへ案内する]

② [show in, usher]

¶お客様を座敷にお**通し**しました。(Okyakusama o zashiki ni *otooshi* shimashita.)

¶ [I] **showed** our guest into the parlor ⟦our customer into the Japanese-style room⟧.

③[あることを初めから終わりまで続ける]

③ [persist in, keep at, continue, carry through]

¶上田さんは小学校，中学校，高等学校をずっと１番で**通しました**。(Ueda san wa shōgakkō, chūgakkō, kōtōgakkō o zutto ichiban de *tooshimashita.*)

¶ [Miss] Ueda **remained** first in the class throughout elementary, junior high, and high school.

toreru　取れる〔動Ⅱ〕

toreru ⟦v II⟧ **be obtained, be yielded; be made from, yield; be relieved of; be interpreted; come off**

①[自然にある物や栽培した物が得られる]

① [be obtained, be yielded]

りんごが**取れる** (ringo ga *toreru*)

have a crop of apples, apples **are grown**

¶今年は米がたくさん**取れて**，農家の人たちも喜んでいるそうです。(Kotoshi wa kome ga takusan *torete,* nōka no hitotachi mo yorokonde iru sō desu.)

¶ I hear that the farmers are happy this year because of the large rice **crop.**

②[ある物から有用な成分を抽出できる]

② [be made from, yield]

¶海水から塩が**取れます**。(Kaisui kara shio ga *toremasu.*)

¶ Salt **is obtained** from salt water.

¶この花の種から油が**取れます**か。(Kono hana no tane kara abura ga *toremasu* ka?)

¶ **Can** oil **be extracted** from the seeds of this flower?

③[必要ないものなどがなくなる]

③ [be relieved of]

熱が**取れる** (netsu ga *toreru*)　疲れが**取れる** (tsukare ga *toreru*)

one's fever **falls** // **be relieved of** one's fatigue

¶薬を飲んだら，傷の痛みが**取れました**。(Kusuri o nondara, kizu no itami ga *toremashita.*)

¶ The medicine [I] took **relieved** [me] of the pain from the wound.

④[理解できる，解釈できる]

④ [be interpreted, be taken]

¶田中さんの返事は，行きたいとも**とれる**し行きたくないとも**とれます**。(Tanaka san no henji wa, ikitai to mo *toreru*shi ikitaku nai to mo *toremasu.*)

⑤［ある物についていた物が離れて落ちる］

¶シャツのボタンが**とれそう**ですよ。(Shatsu no botan ga *toresō* desu yo.)

¶子供が引っぱったので，人形の手が**とれて**しまいました。(Kodomo ga hippatta node, ningyō no te ga *torete* shimaimashita.)

toreru 撮れる〔動 II〕

¶この写真はきれいに**撮れて**いますね。(Kono shashin wa kirei ni *torete* imasu ne.)

tori 鳥〔名〕

鳥が鳴く (*tori* ga naku)

¶**鳥**がたくさん山の方へ飛んでいきます。(*Tori* ga takusan yama no hō e tonde ikimasu.)

toriageru 取り上げる〔動 II〕

①［手に取って持ち上げる］

¶山田さんは机の上の新聞を**取り上げて**読み始めました。(Yamada san wa tsukue no ue no shinbun o *tori-agete* yomihajimemashita.)

②［意見・申し出を採用・受理する］

¶会議でわたしの意見は**取り上げられませんでした**。(Kaigi de watashi no iken wa *toriageraremasen* deshita.)

③［持っている物を奪い取る］

¶ [Mr.] Tanaka's answer **can be taken to mean** either that [he] wants to go or that [he] doesn't want to go.

⑤ [come off]

¶ The shirt button **is about to come off.**

¶ The arm of the doll **came off** when the child pulled on it.

toreru ⟦v II⟧ (a photograph) **is taken, come out**

¶ This photo **came out** well, didn't it?

tori ⟦n⟧ **bird, fowl; chicken, poultry**

a bird cries ⟦peeps, honks, crows, etc.⟧

¶ A flock of **birds** is flying toward the mountains.

tōri ☞ **toori**

toriageru ⟦v II⟧ **take up, pick up; accept, adopt; take away, seize**

① [take up, pick up]

¶ [Mrs.] Yamada **picked up** the newspaper on the desk and started to read it.

② [accept, adopt, listen to]

¶ The meeting **rejected** my opinion.

③ [take away, seize, confiscate]

¶兄は妹の持っていたおもちゃを**取り上げて**しまいました。(Ani wa imōto no motte ita omocha o *toriagete* shimaimashita.)

¶ The boy **took** a toy **away** from his younger sister.

toriatsukau　取り扱う〘動 I〙

toriatsukau ⟦v I⟧　**treat, handle, deal with**

¶外国へ送る小包は, 大きな郵便局でなければ**取り扱いません**。(Gaikoku e okuru kozutsumi wa, ookina yūbinkyoku de nakereba *toriatsukaimasen.*)

¶ Only larger post offices **handle** parcels being sent abroad.

¶郵便局では電報を**取り扱って**いますか。(Yūbinkyoku de wa denpō o *toriatsukatte* imasu ka?)

¶ Does the post office **handle** telegrams?

torikaeru　取り替える〘動 II〙

torikaeru ⟦v II⟧　**exchange, change**

¶シャツが汚れたので, 新しいのに**取り替えました**。(Shatsu ga yogoreta node, atarashii no ni *torikaemashita.*)

¶ [My] shirt was dirty so [I] **changed** into a clean one.

¶ラジオの部品が壊れたので, 新しいのに**取り替えました**。(Rajio no buhin ga kowareta node, atarashii no ni *torikaemashita.*)

¶ The radio part was broken so **I replaced it** with a new one.

toru　取る〘動 I〙

toru ⟦v I⟧　**take, take hold of; get, gather; obtain, win; engage, reserve; pick up, fetch; rob, steal; charge, ask; take, eat; obtain, extract; remove, take away**

①[手に持つ, 握る, つかむ]

① [take, hold, take hold of]

¶山田さんは机の上の本を**取って**読み始めました。(Yamada san wa tsukue no ue no hon o *totte* yomihajimemashita.)

¶ [Mr.] Yamada **picked up** the book on the desk and started to read it.

¶すみませんが, そこの新聞を**取って**くださいませんか。(Sumimasen ga, soko no shinbun o *totte* kudasaimasen ka?)

¶ Excuse me, but could you please **hand me** that newspaper?

②[自然にある物や栽培した物を得る]

② [get, gather, pick]

貝を**取る** (kai o *toru*)　果物を**取る**

gather shells, **dig out** shellfish //

(kudamono o *toru*) — **pick** fruit

¶今年は天気が悪くて，米はあまり**取れません**でした。(Kotoshi wa tenki ga warukute, kome wa amari *toremasen* deshita.) — ¶ The rice **crop is poor** this year due to bad weather.

③[自分の努力によって何かを得る] — ③ [obtain, win]

¶英語の試験で100点を**取りました**。(Eigo no shiken de hyakuten o *torimashita.*) — ¶ [I] **got** a score of 100 on the English test.

¶田中さんは働きながら勉強を続けて，先生の資格を**取りました**。(Tanaka san wa hatarakinagara benkyō o tsuzukete, sensei no shikaku o *torimashita.*) — ¶ [Miss] Tanaka continued [her] studies while working and **earned** [her] teaching credentials.

④[席や部屋を予約して得る] — ④ [engage, reserve, book]

ホテルの部屋を**取る** (hoteru no heya o *toru*) — **book** a hotel room

¶あしたの芝居の席は**取りました**。(Ashita no shibai no seki wa *torimashita.*) — ¶ [I]'ve **reserved** a seat for the play tomorrow.

⑤[預けた物などを引き取る] — ⑤ [pick up, fetch]

¶これから駅に預けた荷物を**取り**に行きます。(Kore kara eki ni azuketa nimotsu o *tori* ni ikimasu.) — ¶ [I]'m going to go now **to pick up** the package ⟦bags, items, etc.⟧ [I] checked at the station.

⑥[他人の物を盗む] — ⑥ [rob, steal]

¶どろぼうにお金を**取られて**しまいました。(Dorobō ni okane o *torarete* shimaimashita.) — ¶ A thief **took** my money.

⑦[お金などを払わせる] — ⑦ [charge, ask]

月謝を**取る** (gessha o *toru*)　税金を**取る** (zeikin o *toru*) — **charge** monthly tuition // **impose** a tax

¶昨日パーティーへ行ったら，会費を千円**取られました**。(Kinō pātii e ittara, kaihi o sen'en *toraremashita.*) — ¶ [I] **had to pay** a thousand yen toward expenses at the party yesterday.

⑧[食物などを体にとり入れる]

⑧ [take, eat]

栄養を**取る** (eiyō o *toru*)

eat nourishing food

¶おなかのぐあいが悪くて，昨日から食事を**取って**いません。(Onaka no guai ga warukute, kinō kara shokuji o *totte* imasen.)

¶ [I] **haven't eaten** since yesterday because of stomach trouble.

⑨[ある物から有用な成分を抜き出す]

⑨ [obtain, extract]

¶塩は海水から**取って**います。 (Shio wa kaisui kara *totte* imasu.)

¶ Salt **is obtained** from salt water.

¶これは何から**取った**油ですか。(Kore wa nani kara *totta* abura desu ka?)

¶ What kind of oil is this (literally, From what has this oil **been extracted**)?

⑩[必要ないものなどを取り除く]

⑩ [remove, take away]

痛みを**取る** (itami o *toru*) 熱を**取る** (netsu o *toru*) 疲れを**取る** (tsukare o *toru*)

relieve pain // **drive off** a fever // **relieve** fatigue

¶寝るときには眼鏡を**取ります**。(Neru toki ni wa megane o *torimasu*.)

¶ [I] **take off** [my] glasses when [I] go to bed.

¶もうすぐ田の草を**取らなければ**なりません。(Mō sugu ta no kusa o *toranakereba* narimasen.)

¶ Soon [we] will have **to weed** the rice field.

⑪[年齢などを重ねる]

⑪ [age]

¶だれでも一年に一つずつ年を**取ります**。 (Dare demo ichinen ni hitotsu zutsu toshi o *torimasu*.)

¶ Everyone **gets** a year **older** each year.

⑫[ノートしたりメモをつけたりする]

⑫ [take (notes, etc.)]

ノートを**とる** (nōto o *toru*)

take notes

¶メモを**とりながら**先生の話を聞きました。 (Memo o *torinagara* sensei no hanashi o kikimashita.)

¶ [I] listened to the professor and **took** notes on [his] talk.

toru **捕る**〚動 I〛

toru 〚v I〛 **catch, take, seize**

生け**捕る** (ike*doru*)

capture alive

¶昨日**捕った**魚は池に入れてあります。(Kinō *totta* sakana wa ike ni irete

¶ The fish [we] **caught** yesterday are in the pond 〚pool〛.

arimasu.)

¶ねこがねずみを捕ってきました。(Neko ga nezumi o *totte* kimashita.)

¶ The cat brought back a mouse **it had caught.**

toru **撮る**〘動 I〙

toru ⟦v I⟧ **take** (a picture), **film**

写真を**撮る** (shashin o *toru*)

take a photograph

¶あそこで映画を**撮って**いるから,行ってみましょう。(Asoko de eiga o *totte* iru kara, itte mimashō.)

¶ **They're filming** a movie over there—let's go watch.

tōru ☞ **tooru**

toshi **年**〘名〙

toshi ⟦n⟧ **a year; age, years old**

①[1年]

① [a year]

年の初め (*toshi* no hajime) **年**の暮れ (*toshi* no kure) **年**が明ける (*toshi* ga akeru)

the beginning of **the year** // the **year**-end // a new **year** begins

¶1月1日に新しい**年**を迎えます。(Ichigatsu tsuitachi ni atarashii *toshi* o mukaemasu.)

¶ [We] welcome the New **Year** on January 1.

②[年齢]

② [age, years old]

年を取る (*toshi* o toru) **年**上 (*toshi*-ue) **年**下 (*toshi*shita)

to age, grow older // (someone) older // (someone) younger

¶兄はわたしより三つ**年**が上です。(Ani wa watashi yori mittsu *toshi* ga ue desu.)

¶ My (older) brother is three **years** older than me.

toshiyori **年寄り**〘名〙

toshiyori ⟦n⟧ **an old person, the aged**

¶**年寄り**には席を譲りましょう。(*Toshiyori* ni wa seki o yuzurimashō.)

¶ One should offer one's seat to **the elderly.**

→rōjin 老人

toshokan **図書館**〘名〙

toshokan ⟦n⟧ **library**

¶授業のないときには,**図書館**へ行って勉強します。(Jugyō no nai toki ni wa, *toshokan* e itte benkyō shimasu.)

¶ When [I] don't have class [I] go to **the library** and study.

tōsu ☞ **toosu**

totemo **とても**〘副〙

totemo ⟦adv⟧ **very, extremely, terribly; by no means, utterly**

①[非常に]

¶この料理は**とても**おいしいですね。(Kono ryōri wa *totemo* oishii desu ne.)

① [very, extremely, terribly]

¶ This dish is **very** good.

¶電車は**とても**こんでいました。(Densha wa *totemo* konde imashita.)

¶ The train was **terribly** crowded.

②[どんなにしても]

② [by no means, utterly]

¶こんなに重い荷物は, **とても**一人では持てません。(Konna ni omoi nimotsu wa, *totemo* hitori de wa motemasen.)

¶ A heavy package ⟦load⟧ like this **can't possibly** be carried by one person ⟦I **can't possibly** carry something so heavy by myself⟧.

¶山田さんは**とても**50歳には見えません。 (Yamada san wa *totemo* gojissai ni wa miemasen.)

¶ [Mr.] Yamada doesn't look **at all** like he's 50 years old.

* あとに打ち消しの言葉や否定的な意味の言葉が来る。

* Followed by words or expressions negative in form or sense.

tōtō　とうとう〔副〕

tōtō ⟦adv⟧ **at last, finally; in the end, after all**

①[いろいろな過程を経て最後にある事態になるという意味を表すときに使う]

① [at last, finally, ultimately; used when something happens after various stages]

¶長い間の研究が**とうとう**完成しました。(Nagai aida no kenkyū ga *tōtō* kansei shimashita.)

¶ The research of so many years ⟦months⟧ was ⟦is⟧ **finally** complete.

¶田中さんはお酒ばかり飲んでいたので, **とうとう**病気になってしまいました。(Tanaka san wa osake bakari nonde ita node, *tōtō* byōki ni natte shimaimashita.)

¶ [Mr.] Tanaka did nothing but drink and **ultimately** [he] became ill ⟦**in the end** he has become ill⟧.

¶夢中になって本を読んでいたら, **とうとう**夜が明けてしまいました。(Muchū ni natte hon o yonde itara, *tōtō* yo ga akete shimaimashita.)

¶ While [I] was absorbed in reading [my] book a new day dawned.

* 普通 あとに過去・完了を表す「たの形」が来, 喜び・あきらめ・驚きな

* Usually followed by a verb in the *-ta* form expressing past or completed action and often followed by an expression of emotion such as joy, res-

どの感情を表すことが多い。「ついに(tsuini)」が事態の成立に重点があるのに対し，事態が成立するまでの過程に重点がある。

ignation, surprise, etc. In the case of *tōtō* the emphasis is on the process leading up to a particular event while for *tsuini* it falls on the event itself.

②［前と同じ状態が続いて新しい事態が起こらないことが確定したときに使う］

② [in the end, after all; used when a preexisting state continues and one sees that a new event didn't happen]

¶一日じゅう待っていたのに，山田さんは**とうとう**来ませんでした。(Ichinichijū matte ita noni, Yamada san wa *tōtō* kimasen deshita.)

¶ Even though I waited all day, **in the end** [Mr.] Yamada never showed up.

¶忙しくて**とうとう**その映画を見に行けませんでした。(Isogashikute *tōtō* sono eiga o mi ni ikemasen deshita.)

¶ [I] was busy and wasn't able to go see that film **after all.**

* 普通あとに「～ませんでした (～masen deshita)」の形か，否定的な意味の言葉の過去・完了を表す「たの形」が来る。

* Usually followed by a verb in the *-masen deshita* form or a verb in the *-ta* form expressing past or completed action and expressing a negative meaning.

⇨**tsuini ついに**

totsuzen　突然〘副〙

totsuzen 〚adv〛 **suddenly, all at once, unexpectedly**

¶**突然**，大きな音がしたので，びっくりしました。(*Totsuzen*, ookina oto ga shita node, bikkuri shimashita.)

¶ [I] was startled by the **sudden** loud noise.

¶夜遅く**突然**友達が訪ねてきました。(Yoru osoku *totsuzen* tomodachi ga tazunete kimashita.)

¶ Late at night a friend paid [me] a **surprise** visit.

totte　とって〘連〙

totte 〚compd〛 **for, to, with**

¶それはわたしに**とって**大事な問題です。(Sore wa watashi ni *totte* daiji na mondai desu.)

¶ That is an important matter **to** me.

¶あなたに**とって**成功とはいったい何ですか。(Anata ni *totte* seikō to wa ittai nan desu ka?)

¶ What is success **for** you 〚What is your idea of success〛?

＊ いつも「～にとって (～ni totte)」

＊ Always used in the pattern "～ *ni totte*."

の形で使う。

tōyō　東洋〚名〛
東洋史 (*tōyō*shi)　**東洋**人 (*tōyō*jin)
¶**東洋**の文化は，西洋の文化とはいろいろな点で違います。(*Tōyō* no bunka wa, seiyō no bunka to wa iroiro na ten de chigaimasu.)
⇔**seiyō 西洋**

tōyō 〚n〛 **the East, the Orient**
Oriental history // **an Oriental**
¶ **Oriental** culture differs from Western culture in various respects.

tozan　登山〚名，～する〛
¶山田さんの趣味は**登山**です。(Yamada san no shumi wa *tozan* desu.)
¶天気の悪いときに**登山**するのは危険です。(Tenki no warui toki ni *tozan* suru no wa kiken deshita.)

tozan 〚n, *~suru*〛 **mountain climbing, an ascent of a mountain**
¶ [Mr.] Yamada's hobby is **mountain climbing.**
¶ It is dangerous **to go mountain climbing** in bad weather.

tōzen　当然〚副，形動，～の〛
¶大学生なら，**当然**これくらいのことは知っていなければなりません。(Daigakusei nara, *tōzen* kore kurai no koto wa shitte inakereba narimasen.)
¶夜遅く寝れば，朝眠いのは**当然**です。(Yoru osoku nereba, asa nemui no wa *tōzen* desu.)
⇨**atarimae あたりまえ**

tōzen 〚adv, adj-v, *~no*〛 **naturally, as a matter of course, of course, necessarily, in the nature of things**
¶ As a university student, [you] should **of course** be familiar with something like this.
¶ If you go to bed late, **of course** you will be sleepy in the morning.

(-)tsubu (-)粒〚名，尾〛
1〚名〛
米**粒** (kome*tsubu*)
¶煙突から出る煙は炭のような**粒**が集まったものです。(Entotsu kara deru kemuri wa sumi no yō na *tsubu* ga atsumatta mono desu.)
2〚尾〛
¶この薬を食事のあとで二**粒**ずつ飲

(-)tsubu 〚n, suf〛 **a grain, a drop,** etc.
1 〚n〛
a grain of rice
¶ The smoke coming from the smokestack is like a conglomeration of charcoal **particles.**
2 〚suf〛
¶ Please take two **drops** of this

んでください。 (Kono kusuri o shokuji no ato de futa*tsubu* zutsu nonde kudasai.)

medicine after each meal.

¶この花の種は二，三粒いっしょにまきます。 (Kono hana no tane wa ni-san*tsubu* issho ni makimasu.)

¶ The seeds of this flower are planted in **twos** and **threes.**

tsubureru つぶれる〔動II〕

tsubureru [[v II]] **be crushed, smashed, destroyed**

¶かごを落としたので，卵が**つぶれて**しまいました。 (Kago o otoshita node, tamago ga *tsuburete* shimaimashita.)

¶ The eggs **smashed** when [I] dropped the basket.

¶地震でたくさんの家が**つぶれました**。 (Jishin de takusan no ie ga *tsuburemashita.*)

¶ Many houses **were destroyed** in the earthquake.

tsubusu つぶす〔動I〕

tsubusu [[v I]] **crush, smash, mash, break**

¶じゃがいもを**つぶして**，サラダを作りました。 (Jagaimo o *tsubushite,* sarada o tsukurimashita.)

¶ [I] **mashed** potatoes and made a salad.

tsuchi 土〔名〕

tsuchi [[n]] **earth, soil, the ground**

¶**土**を掘って木を植えました。(*Tsuchi* o hotte ki o uemashita.)

¶ [I] dug a hole in **the ground** and planted a tree.

tsūchi 通知〔名，～する〕

tsūchi [[n, ~*suru*]] **notice, notification, communication**

¶来週の会議の**通知**はもう届きましたか。(Raishū no kaigi no *tsūchi* wa mō todokimashita ka?)

¶ Have you been **notified** of the meeting next week?

¶あしたの会が延期になったことをみんなに**通知**してください。 (Ashita no kai ga enki ni natta koto o minna ni *tsūchi* shite kudasai.)

¶ Please **inform** everyone that tomorrow's meeting has been postponed.

tsugi 次〔名〕

tsugi [[n]] **next, following, coming**

¶この**次**の日曜日にテニスをしませんか。(Kono *tsugi* no nichiyōbi ni tenisu o shimasen ka?)

¶ Would you like to play tennis this **coming** Sunday?

¶わたしは**次**の駅で降ります。(Wata-

¶ I am getting off at the **next** station.

shi wa *tsugi* no eki de orimasu.)

¶わたしが今いちばん欲しいものはカメラで，その**次**に欲しいものは時計です。(Watashi ga ima ichiban hoshii mono wa kamera de, sono *tsugi* ni hoshii mono wa tokei desu.)

¶ The thing I want most right now is a camera and, **after that,** a watch.

tsugō　都合〘名〙

tsugō ⟦n⟧　**convenience; circumstances**

都合がいい (*tsugō* ga ii)　**都合**が悪い (*tsugō* ga warui)

be convenient // be inconvenient

¶今日の午後，御**都合**はどうでしょうか。(Kyō no gogo go*tsugō* wa dō deshō ka?)

¶ Would this afternoon **be convenient** for you?

¶**都合**が悪くて，その会には出席できません。(*Tsugō* ga warukute, sono kai ni wa shusseki dekimasen.)

¶ That meeting ⟦gathering, etc.⟧ is **at a bad time** for [me] so [I] won't be able to attend.

tsui　つい〘副〙

tsui ⟦adv⟧　**only, just; inadvertently, unintentionally**

①[時間や距離などがほんのちょっとである様子]

① [only, just]

¶山田さんには，**つい**先日学校で会ったばかりです。(Yamada san ni wa, *tsui* senjitsu gakkō de atta bakari desu.)

¶ I met [Mr.] Yamada at school **just** the other day.

¶わたしのうちは，**つい**そこです。(Watashi no uchi wa, *tsui* soko desu.)

¶ My home is **just** over there.

②[うっかり何かをする様子]

② [inadvertently, unintentionally, by chance]

¶わたしは甘い物が好きなので，**つい**食べすぎてしまいます。(Watashi wa amai mono ga suki na node, *tsui* tabesugite shimaimasu.)

¶ Because of my sweet tooth I always eat too many of them ⟦too much of it⟧ **before I know it.**

¶あまり忙しかったので，友達に電話するのを**つい**忘れてしまいました。(Amari isogashikatta node, tomodachi ni denwa suru no o *tsui*

¶ I was so busy that I forgot to call my friend.

wasurete shimaimashita.)

tsuide ni **ついでに**〘副〙

¶銀行へ行った**ついでに**，郵便局へ寄って切手を買って来ました。(Ginkō e itta *tsuide ni*, yūbinkyoku e yotte kitte o katte kimashita.)

tsuini **ついに**〘副〙

①[いろいろな過程を経て最後にある事態になるという意味を表すときに使う]

¶何時間も急な山道を登って，**ついに**頂上に着きました。(Nanjikan mo kyū na yamamichi o nobotte, *tsuini* chōjō ni tsukimashita.)

¶実験は**ついに**成功しました。(Jikken wa *tsuini* seikō shimashita.)

¶丈夫だった上田さんも**ついに**病気で入院したそうです。(Jōbu datta Ueda san mo *tsuini* byōki de nyūin shita sō desu.)

* 普通あとに過去・完了を表す「たの形」が来，喜び・失望・あきらめなどの感情を表すことが多い。「とうとう(tōtō)」が事態が成立するまでの過程に重点があるのに対し，事態の成立そのものに重点がある。

②[前と同じ状態が続いて新しい事態が起こらないことが確定したときに使う]

¶1時間待ったが，田中さんは**ついに**来ませんでした。(Ichijikan matta ga, Tanaka san wa *tsuini* kimasen deshita.)

¶時計がなくなったので，一生懸命捜

tsuide ni ⟦adv⟧ **while, in passing, at the same time**

¶ **On the way** to the bank [I] stopped off at the post office and bought some stamps.

tsuini ⟦adv⟧ **at last, finally; in the end, after all**

① [at last, finally, ultimately; used when an event takes place after various stages]

¶ After hours of climbing up the steep mountain trail, [we] **at last** reached the summit.

¶ The experiment **finally** succeeded ⟦has **finally** succeeded⟧.

¶ I hear that even the hardy [Mr.] Ueda was **ultimately** sick and in the hospital ⟦has **in the end** become sick and is in the hospital⟧.

* Usually followed by a verb in the *-ta* form expressing past or completed action and often used with expressions of emotion such as joy, disappointment, resignation, etc. In the case of *tōtō* the emphasis is on the process leading up to the event but for *tsuini* it is on the event itself.

② [in the end, after all; used when the preexisting state continues and one sees that some new event has not taken place]

¶ [I] waited an hour but **in the event** [Mr.] Tanaka didn't come.

しましたが，**ついに**見つかりませんでした。(Tokei ga nakunatta node, isshōkenmei sagashimashita ga, *tsuini* mitsukarimasen deshita.)

¶ [I] searched all over for [my] missing watch but it **never** turned up.

* 普通あとに「～ませんでした (～masen deshita)」の形か，否定的な意味の言葉の過去・完了を表す「たの形」が来る。

* Usually followed by a verb in the -*masen deshita* form or a verb in the -*ta* form expressing past or completed action and expressing a negative meaning.

⇨**tōtō とうとう**

tsuitachi 一日〘名〙 ⟦n⟧ **the first day of the month**

¶今日は三月**一日**です。(Kyō wa sangatsu *tsuitachi* desu.)

¶ Today is March **1.**

⇨**-ka -日**

tsuite ついて〘連〙 ⟦compd⟧ **about, on, concerning, in regard to**

¶あなたは日本で何に**ついて**勉強するつもりですか。(Anata wa Nihon de nani ni *tsuite* benkyō suru tsumori desu ka?)

¶ **What** do you plan to study in Japan?

¶今日は，あなたがたの国に**ついて**作文を書いてください。(Kyō wa, anatagata no kuni ni *tsuite* sakubun o kaite kudasai.)

¶ Today please write a composition **about** your native countries.

* いつも「～について (～ni tsuite)」の形で使う。

* Always used in the pattern "～ *ni tsuite*."

tsūjiru 通じる〘動Ⅱ〙 ⟦v II⟧ **pass, run; lead to, connect with; be understood, be comprehended; via, through the medium of**

①[道などがある場所に続く]

① [pass, run]

¶この道は学校の前に**通じて**います。(Kono michi wa gakkō no mae ni *tsūjite* imasu.)

¶ This street **passes** in front of the school.

②[交通や通信などがある所などとつながる]

② [lead to, connect with]

鉄道が**通じる** (tetsudō ga *tsūjiru*)

have train **service**

¶電話が**通じません**。どうしたのでしょう。(Denwa ga *tsūjimasen.* Dō

¶ The phone **is dead.** I wonder what happened.

shita no deshō?)

③[相手にわかってもらえる]

③ [be understood, be comprehended]

¶わたしの下手な英語では，とてもアメリカでは**通じない**でしょう。(Watashi no heta na Eigo de wa, totemo Amerika de wa *tsūjinai* deshō.)

¶ With my poor command of English I probably **wouldn't be able to make myself understood** at all in the United States.

¶あの人には冗談を言っても**通じません**。(Ano hito ni wa jōdan o itte mo *tsūjimasen.*)

¶ [He] doesn't have any sense of humor—[he] **never understands the point** of a joke (literally, Even if you tell him a joke he **won't understand** it).

④[全体にわたってという意味を表す]

④ [throughout]

¶一年を**通じて**今月がいちばん雨が多いです。(Ichinen o *tsūjite* kongetsu ga ichiban ame ga ooi desu.)

¶ **Of all** the year, this month has the most rainfall.

* いつも「〜を通じて (〜o tsūjite)」の形で使う。

* Always used in the pattern "〜 *o tsūjite.*"

⑤[あるものを媒介としてという意味を表す]

⑤ [via, through the medium of]

¶そのニュースはラジオを**通じて**全国に放送されました。(Sono nyūsu wa rajio o *tsūjite* zenkoku ni hōsō saremashita.)

¶ That news was broadcast to the whole country **on** the radio.

* いつも「〜を通じて (〜o tsūjite)」の形で使う。

* Always used in the pattern "〜 *o tsūjite.*"

tsukamaeru　**捕まえる**〔動II〕

tsukamaeru ⟦v II⟧ **capture, arrest; catch, grab**

¶警官がどろぼうを**捕まえました**。(Keikan ga dorobō o *tsukamaemashita.*)

¶ The police **arrested** the thief.

¶子供たちが川で魚を**捕まえて**います。(Kodomotachi ga kawa de sakana o *tsukamaete* imasu.)

¶ The children **are catching** fish at the river (with a net or in their hands).

tsukamu　**つかむ**〔動I〕

tsukamu ⟦v I⟧ **grab, grip, hold; grasp, have a firm hold of; grasp, apprehend**

①[指で強く持つ]

① [grab, grip, hold]

¶田中さんはわたしの腕を**つかんで**離

しませんでした。 (Tanaka san wa watashi no ude o *tsukande* hanashimasen deshita.)

¶ [Mr.] Tanaka **took hold** of my arm and wouldn't let go of it.

¶このひもの端をしっかり**つかんで**いてください。 (Kono himo no hashi o shikkari *tsukande* ite kudasai.)

¶ Please **take a** firm **hold** on the end of this string ⟦twine, cord, etc.⟧.

② [確実にとらえて自分のものにする] 機会を**つかむ** (kikai o *tsukamu*) 幸福を**つかむ** (kōfuku o *tsukamu*)

② [grasp, have a firm hold on] **seize** an opportunity // **don't let** happiness **slip** through one's fingers

③ [要点・意味などを把握する]

③ [grasp, apprehend]

¶わたしはこの文の意味を**つかむ**ことができません。 (Watashi wa kono bun no imi o *tsukamu* koto ga dekimasen.)

¶ I can't **grasp** the meaning of this passage.

tsukareru **疲れる**〔動 II〕

tsukareru ⟦v II⟧ **be tired, become tired**

¶今日は仕事が忙しくて，たいへん**疲れました**。(Kyō wa shigoto ga isogashikute, taihen *tsukaremashita.*)

¶ [I]'m very **tired** as it was quite busy at work today.

¶**疲れたら**，少し休んでください。 (*Tsukaretara,* sukoshi yasunde kudasai.)

¶ Please rest a bit **if you're tired.**

tsukau **使う**〔動 I〕

tsukau ⟦v I⟧ **use, make use of, employ**

¶この紙は何に**使います**か。 (Kono kami wa nan ni *tsukaimasu* ka?)

¶ What is this paper **used for?**

¶塩を**使って**，料理に味をつけます。 (Shio o *tsukatte,* ryōri ni aji o tsukemasu.)

¶ Salt **is used** to flavor food.

¶英語を**使わないで**，日本語で話してください。 (Eigo o *tsukawanaide,* Nihongo de hanashite kudasai)

¶ Please **don't use** English—speak in Japanese.

¶お金をむだに**使って**はいけません。 (Okane o muda ni *tsukatte* wa ikemasen.)

¶ One shouldn't **waste** money.

⇨**mochiiru 用いる**

tsukeru　つける〘動Ⅱ〙

①［あるものを何かの表面に付着させる］

¶パンにバターを**つけて**食べます。(Pan ni batā o *tsukete* tabemasu.)

¶けがをしたので，足に薬を**つけました**。(Kega o shita node, ashi ni kusuri o *tsukemashita.*)

②［あるものを何かに添えたり加えたりする，留めて離れない状態にする］

¶次の漢字に仮名を**つけなさい**。(Tsugi no kanji ni kana o *tsukenasai.*)

¶ボタンが取れたから**つけて**ください。(Botan ga toreta kara *tsukete* kudasai.)

③［決める，定める］

値段を**つける** (nedan o *tsukeru*)

点数を**つける** (tensū o *tsukeru*)

¶赤ん坊が生まれたので，父に名前を**つけて**もらいました。(Akanbō ga umareta node, chichi ni namae o *tsukete* moraimashita.)

④［スイッチなどを入れる，点火する］

電燈を**つける** (dentō o *tsukeru*)

ラジオを**つける** (rajio o *tsukeru*)

テレビを**つける** (terebi o *tsukeru*)

¶マッチでたばこに火を**つけました**。(Matchi de tabako ni hi o *tsukemashita.*)

⑤［注意する］

¶道を歩くときは車に気を**つけましょう**。(Michi o aruku toki wa kuruma ni ki o *tsukemashō.*)

tsukeru 〚v II〛 **apply, put on; add, attach; set, price, assign; turn on, light; enter, put down**

① [apply, put on]

¶ **I butter** bread 〚toast, rolls, etc.〛 and eat it.

¶ [I] hurt [my] leg 〚foot〛 so [I] **put** some medication 〚ointment, etc.〛 on it.

② [add, attach, append]

¶ **Write** *kana* **alongside** the following *kanji*.

¶ Please **sew on** this button which has come off.

③ [set, price, assign, give]

put a price **on** something // **assign** a mark

¶ We had a baby and asked my father **to think of** a good name **for it.**

④ [turn on, light]

turn on the light, **turn on** an electric light // **turn on** the radio // **turn on** the television

¶ [I] **lighted** the cigarette with a match.

⑤ [be careful, pay attention to]

¶ **One must watch out** for cars when walking along the road.

* いつも「気をつける(ki o tsukeru)」の形で使う。

⑥[書く]

○印を**つける** (marujirushi o *tsukeru*)

¶わたしは毎日日記を**つけて**います。(Watashi wa mainichi nikki o *tsukete* imasu.)

* Always used in the pattern "*ki o tsukeru.*"

⑥ [enter, put down, keep]

mark with a circle

¶ I **make** a diary entry every day.

tsuki 月〘名〙

①[1年を12に分けたその一つ]

¶一年じゅうでいちばん寒い**月**は何月ですか。(Ichinenjū de ichiban samui *tsuki* wa nangatsu desu ka?)

②[衛星]

¶空に円いきれいな**月**が出ています。(Sora ni marui kirei na *tsuki* ga dete imasu.)

tsuki 〚n〛 **a month; the moon**

① [a month]

¶ What is the coldest **month** of the year?

② [the moon]

¶ There's a lovely full **moon** up in the sky.

tsuku 着く〘動 I〙

①[目的の場所に達する]

¶1週間前にそちらに送った小包はもう**着きました**か。(Isshūkan mae ni sochira ni okutta kozutsumi wa mō *tsukimashita* ka?)

¶日本に**着いたら**, すぐあなたに手紙を書きます。(Nihon ni *tsuitara,* sugu anata ni tegami o kakimasu.)

②[ある位置に身を置く]

¶席に**着いて**ください。(Seki ni *tsuite* kudasai.)

tsuku 〚v I〛 **arrive, get to; take, occupy**

① [arrive, get to, reach]

¶ Has the parcel [I] mailed you a week ago **arrived** yet?

¶ [I] will write you a letter soon after **[my] arrival** in Japan.

② [take, occupy, take one's position]

¶ Please **take** your seats.

tsuku つく〘動 I〙

①[あるものが何かの表面に付着する]

¶この切手の裏にはのりが**ついて**います。(Kono kitte no ura ni wa nori ga *tsuite* imasu.)

tsuku 〚v I〛 **stick to, be stained; be attached to, belong to; follow, accompany; be established, take root; be lighted, come on**

① [stick to, be stained]

¶ This stamp **has** glue on the back.

¶手にインクが**ついて**しまいました。(Te ni inku ga *tsuite* shimaimashita.)

¶ [My] hand **got stained** with ink.

②[あるものが何かに加わる]

② [be attached to, belong to]

¶この日本語の教科書の後ろには，日本の地図と漢字の表が**ついて**います。(Kono Nihongo no kyōkasho no ushiro ni wa, Nihon no chizu to kanji no hyō ga *tsuite* imasu.)

¶ This Japanese textbook **has** a map of Japan and a table of *kanji* in the back.

¶わたしのかばんにはかぎが**ついて**いません。(Watashi no kaban ni wa kagi ga *tsuite* imasen.)

¶ My suitcase 〚briefcase, bag, etc.〛 **doesn't have** a lock on it.

③[何かがあるもののそばにいて離れない]

③ [follow, accompany]

¶この犬は駅からずっとわたしに**ついてきました**。(Kono inu wa eki kara zutto watashi ni *tsuite* kimashita.)

¶ This dog **has followed me** all the way from the station.

¶旅行の時は上田さんが**ついて**案内してくれるそうです。(Ryokō no toki wa Ueda san ga *tsuite* annai shite kureru sō desu.)

¶ I hear that [Mr.] Ueda **will accompany us** on the trip and act as guide.

④[決まる，定まる]

④ [be established, take root]

話が**つく** (hanashi ga *tsuku*) 解決が**つく** (kaiketsu ga *tsuku*)

come to an understanding, **reach** an agreement // settle a matter, **reach** a solution

¶1年間考えましたが，やっと会社をやめる決心が**つきました**。(Ichinenkan kangaemashita ga, yatto kaisha o yameru kesshin ga *tsukimashita.*)

¶ I thought it over for a year and finally **made up my mind** to quit my job.

⑤[感覚器官に感じられる]

⑤ [be sensed]

¶看板は人の目に**つく**ような所に出さなければだめです。(Kanban wa hito no me ni *tsuku* yō na tokoro ni dasanakereba dame desu.)

¶ Signboards must be placed where they **will catch the eye.**

⑥[スイッチなどが入る，点火する] ⑥ [be lighted, come on]

火が**つく** (hi ga *tsuku*) **catch** fire

¶部屋に電燈が**ついて**います。 (Heya ni dentō ga *tsuite* imasu.)
¶ The lights **are on** in the room.

⑦[注意が行き届く，あることがらを意識する] ⑦ [notice]

¶山田さんはよく気が**つく**人です。 (Yamada san wa yoku ki ga *tsuku* hito desu.)
¶ [Mr.] Yamada **is** very **considerate.**

¶学校へ行く途中本を忘れたことに気が**つきました**。 (Gakkō e iku tochū hon o wasureta koto ni ki ga *tsukimashita.*)
¶ When [I] was partway to school [I] **realized** that [I] had forgotten the book.

* いつも「気がつく (ki ga tsuku)」の形で使う。
* Always used in the pattern "*ki ga tsuku.*"

⑧[言う] ⑧ [say, speak]

¶うそを**つかないで**本当のことを言いなさい。 (Uso o *tsukanaide* hontō no koto o iinasai.)
¶ **No lies** now—tell the truth.

* 普通「うそをつく (uso o tsuku)」の形で使う。
* Usually used in the pattern "*uso o tsuku*" (tell a lie).

tsukue 机〘名〙 **tsukue** ⟦n⟧ **desk**

¶**机**の上に本と鉛筆があります。 (*Tsukue* no ue ni hon to enpitsu ga arimasu.)
¶ There are books and pencils on **the desk.**

tsukuru 作る〘動 I〙 **tsukuru** ⟦v I⟧ **make; raise, grow; make, create, compose; form, establish**

①[材料を使って物をこしらえる] ① [make, prepare]

¶紙で人形を**作ります**。 (Kami de ningyō o *tsukurimasu.*)
¶ [I] **will make** a doll out of paper.

¶わたしは料理を**作る**のが好きです。 (Watashi wa ryōri o *tsukuru* no ga suki desu.)
¶ I like **to cook.**

②[栽培する] ② [raise, grow]

野菜を**作る** (yasai o *tsukuru*) **raise** vegetables

¶この村では，米を**作る**人より花を**作る**人のほうが多いです。(Kono mura de wa, kome o *tsukuru* hito yori hana o *tsukuru* hito no hō ga ooi desu.)

¶ In this village more people **raise** flowers than **grow** rice.

③［芸術作品などを産み出す］

③ [make, create, compose]

文を**作る** (bun o *tsukuru*)

write a text, **compose** a sentence

¶上田さんの**作った**詩を見せてもらいました。(Ueda san no *tsukutta* shi o misete moraimashita.)

¶ [Miss] Ueda showed me the poem [she] **wrote** ⟦I was shown the poem Miss Ueda **wrote**⟧.

④［今まで無かったものを新しく考えだしたりこしらえたりする］

④ [form, establish, found]

記録を**つくる** (kiroku o *tsukuru*)
規則を**つくる** (kisoku o *tsukuru*)

set a new record // **set up** rules

¶田中さんは友達と日本文学の研究会を**つくる**つもりです。(Tanaka san wa tomodachi to Nihon-bungaku no kenkyūkai o *tsukuru* tsumori desu.)

¶ [Mr.] Tanaka plans **to found** a group of [his] friends to study Japanese literature.

tsukuru 造る〖動 I〗

tsukuru ⟦v I⟧ **make, manufacture, construct**

船を**造る** (fune o *tsukuru*) 酒を**造る** (sake o *tsukuru*)

build a ship // **brew** *sake*

¶山田さんは自分の家に大きな庭を**造りました**。(Yamada san wa jibun no ie ni ookina niwa o *tsukurimashita*.)

¶ [Mr.] Yamada **laid out** a large garden at [his] home.

tsukusu 尽くす〖動 I〗

(-)tsukusu ⟦v I⟧ **exhaust, use up; exert oneself, make efforts**

全力を**尽くす** (zenryoku o *tsukusu*)

exert all one's powers

¶食べ物は全部食べ**尽くして**しまいました。(Tabemono wa zenbu tabe*tsukushite* shimaimashita.)

¶ [We] **ate up** ⟦**have eaten up**⟧ all the food.

¶わたしの言いたいことはもう言い**尽くしました**。(Watashi no iitai koto wa mō ii*tsukushimashita*.)

¶ I've **said everything** I have to say (literally, want to say) ⟦I **said everything** I had to say⟧.

tsuma 妻(つま)〘名〙

¶わたしは妻(つま)と子供(こども)を連(つ)れて旅行(りょこう)に出ました。 (Watashi wa *tsuma* to kodomo o tsurete ryokō ni demashita.)

＊ 結婚した男女の女のほうをさす言葉。自分の妻のことを他人に話す場合には，普通「家内(かない) (kanai)」と言う。

⇔otto 夫(おっと)　⇨kanai 家内(かない)　okusan 奥(おく)さん

tsuma 〚n〛 **a wife**

¶ I went on a trip with **my wife** and children.

＊ Indicates the female spouse in a married couple. When speaking of one's own wife to others, one usually uses *kanai* instead.

tsumaranai　つまらない〘形〙

①［おもしろくない］

¶あの映画(えいが)は**つまらなかった**です。 (Ano eiga wa *tsumaranakatta* desu.)

¶話(はなし)が**つまらない**ので，眠(ねむ)くなりました。 (Hanashi ga *tsumaranai* node, nemuku narimashita.)

②［価値がない］

¶これはわたしがかいた**つまらない**絵(え)ですが，どうぞ部屋(へや)に掛(か)けてください。 (Kore wa watashi ga kaita *tsumaranai* e desu ga, dōzo heya ni kakete kudasai.)

tsumaranai 〚adj〛 **uninteresting, dull; trifling, worthless**

① [uninteresting, dull, monotonous, boring]

¶ That movie **was boring.**

¶ The speech **was uninteresting** so [I] became sleepy.

② [trifling, worthless]

¶ This is **just something** I painted myself but please hang it in your room if you'd like.

tsumari　つまり〘副〙

¶山田(やまだ)さんが言(い)いたいのは，**つまり**秋子(あきこ)さんと結婚(けっこん)したいということです。 (Yamada san ga iitai no wa, *tsumari* Akiko san to kekkon shitai to iu koto desu.)

¶お花見(はなみ)というのは，**つまり**桜(さくら)の花(はな)を見(み)ながらお酒(さけ)を飲(の)んだり，ごちそうを食(た)べたりすることです。 (Ohanami to iu no wa, *tsumari* sakura no hana o minagara osake o nondari, go-

tsumari 〚adv〛 **in brief, in other words**

¶ **In short,** what Mr. Yamada is trying to say is that he wants to marry Akiko.

¶ **In other words,** *ohanami* refers to eating and drinking while viewing the cherry blossoms.

chisō o tabetari suru koto desu.)

tsumaru **詰まる**〔動Ⅰ〕

①[ある空間にものがいっぱいになる]

¶かばんに本がいっぱい**詰まって**います。 (Kaban ni hon ga ippai *tsumatte* imasu.)

②[ふさがって通じなくなる]

¶風邪をひいて，鼻が**詰まりました**。 (Kaze o hiite, hana ga *tsumarimashita.*)

tsume **つめ**〔名〕

つめを切る (*tsume* o kiru) **つめ**が伸びる (*tsume* ga nobiru)

tsumeru **詰める**〔動Ⅱ〕

¶お菓子をその箱に**詰めて**ください。 (Okashi o sono hako ni *tsumete* kudasai.)

¶あとの人が乗れませんから，もう少し奥に**詰めて**ください。(Ato no hito ga noremasen kara, mō sukoshi oku ni *tsumete* kudasai.)

tsumetai **冷たい**〔形〕

¶**冷たい**水を飲みました。 (*Tsumetai* mizu o nomimashita.)

¶このビールは冷蔵庫から出したばかりですから，**冷たい**ですよ。 (Kono biiru wa reizōko kara dashita bakari desu kara, *tsumetai* desu yo.)

⇔**atsui** **熱い**

tsumi **罪**〔名〕

¶人を殺すと重い**罪**になります。(Hito o korosu to omoi *tsumi* ni narimasu.)

tsumori **つもり**〔名〕

tsumaru ⟦v I⟧ **be full, be crammed; be stopped up, be obstructed**

① [be full, be crammed, be stuffed]

¶ The bag ⟦briefcase, etc.⟧ **is crammed** full of books.

② [be stopped up, be obstructed, be clogged]

¶ [I] caught a cold and now [my] nose **is all stuffed up.**

tsume ⟦n⟧ **a nail, a claw**

trim **one's nails** // **one's nails** grow out

tsumeru ⟦v II⟧ **stuff, cram, move closer**

¶ Please **put** the candy ⟦cake, sweets⟧ in that box.

¶ Please **move** to the rear so there will be room for those getting on (said by the driver on a bus, etc.).

tsumetai ⟦adj⟧ **cold, cool**

¶ [I] drank some **cold** water.

¶ This beer **is chilled**—it's right out of the refrigerator.

tsumi ⟦n⟧ **crime, sin, offense, guilt, blame, punishment**

¶ Murder brings a severe **punishment.**

tsumori ⟦n⟧ **intention, purpose, motive**

¶あなたは夏休みに何をする**つもり**ですか。 (Anata wa natsuyasumi ni nani o suru *tsumori* desu ka?)

¶ What do you **intend** to do during summer vacation ⟦your summer holidays⟧?

¶わたしは日本へ行って経済学を勉強する**つもり**です。(Watashi wa Nihon e itte keizaigaku o benkyō suru *tsumori* desu.)

¶ **I plan** to go to Japan and study economics.

tsumoru　積もる〘動 I〙

tsumoru ⟦v I⟧ **accumulate, pile up**

¶昨日降った雪が庭に**積もっています**。(Kinō futta yuki ga niwa ni *tsumotte* imasu.)

¶ The snow that fell yesterday **is lying deep** on the ground in the yard.

tsumu　積む〘動 I〙

tsumu ⟦v I⟧ **pile up, stack; load, take on board**

①[重ねる]

① [pile up, stack]

¶机の上に本が**積んで**あります。(Tsukue no ue ni hon ga *tsunde* arimasu.)

¶ Books **are piled up** on the desk.

②[荷を載せる]

② [load, take on board]

¶荷物を車に**積みました**。(Nimotsu o kuruma ni *tsumimashita*.)

¶ [I] **loaded up** the car.

tsuna　綱〘名〙

tsuna ⟦n⟧ **rope, line, cord, cable**

綱を引く (*tsuna* o hiku)　太い**綱** (futoi *tsuna*)

pull **a rope** // a thick **rope**

tsunagu　つなぐ〘動 I〙

tsunagu ⟦v I⟧ **tie, fasten; connect, link**

①[ある物を綱やひもで結んで離れないようにする]

① [tie, fasten, chain, tether]

¶犬を**つないで**おいてください。(Inu o *tsunaide* oite kudasai.)

¶ Please keep the dog **tied up.**

¶ボートが岸に**つないで**あります。(Bōto ga kishi ni *tsunaide* arimasu.)

¶ The boat **is moored** to the bank.

②[離れているものを一つに結ぶ]

② [connect, link, join]

¶わたしは妹と手を**つないで**公園を散歩しました。(Watashi wa imōto to te o *tsunaide* kōen o sanpo shimashita.)

¶ My (younger) sister and I walked in the park **hand in hand.**

¶この電話を社長室に**つないで**ください。 (Kono denwa o shachōshitsu ni *tsunaide* kudasai.)

¶ Please **put** this call **through** to the director's office.

tsune ni 常に〘副〙

tsune ni ⟦adv⟧ **always, ordinarily, customarily, usually**

¶わたしは病気をしないように**常に**注意しています。(Watashi wa byōki o shinai yō ni *tsune ni* chūi shite imasu.)

¶ I **habitually** take care not to become ill.

¶あの人は**常に**わたしの意見に反対します。(Ano hito wa *tsune ni* watashi no iken ni hantai shimasu.)

¶ [He] **always** opposes my views.

tsurai つらい〘形〙

tsurai ⟦adj⟧ **hard, trying, painful**

¶あなたと別れるのは，とても**つらい**ことです。 (Anata to wakareru no wa, totemo *tsurai* koto desu.)

¶ **It is** very **painful** to say goodbye to you.

¶ゆうべ遅く寝たので，今朝は起きるのが**つらかった**です。 (Yūbe osoku neta node, kesa wa okiru no ga *tsurakatta* desu.)

¶ Since [I] went to bed late last night **it was hard** to get up this morning.

tsureru 連れる〘動 II〙

tsureru ⟦v II⟧ **bring, take, be accompanied by**

¶わたしは毎朝犬を**連れて**散歩をします。 (Watashi wa maiasa inu o *tsurete* sanpo shimasu.)

¶ I go for a walk **with** the dog every morning.

¶先週の日曜日，弟を**連れて**映画を見に行きました。(Senshū no nichiyōbi, otōto o *tsurete* eiga o mi ni ikimashita.)

¶ **I took** my younger brother to a movie last Sunday.

＊ 自分より目下の者や動物といっしょに行く場合に使う。

* Used when one goes somewhere with an animal or a person lower in status than oneself.

tsuri つり〘名〙

tsuri ⟦n⟧ **fishing**

つり糸 (*tsuri*ito)

fishing line

¶中村さんの趣味は**つり**です。(Nakamura san no shumi wa *tsuri* desu.)

¶ [Mr.] Nakamura's hobby is **fishing.**

tsuri つり〘名〙

tsuri ⟦n⟧ **change** (from a purchase)

¶細かいお金がないから，すみませんが一万円でお**つり**をください。(Komakai okane ga nai kara, sumimasen ga, ichiman'en de o*tsuri* o kudasai.)

¶ I'm sorry but I don't have anything smaller than this ten-thousand yen bill to pay with (literally, please give me **the change** out of ten thousand yen).

tsuru つる〔動 I〕

tsuru ⟦v I⟧ **fish, catch**

¶海で**つって**きた魚を料理して食べました。(Umi de *tsutte* kita sakana o ryōri shite tabemashita.)

¶ [I] cooked and ate the fish [I] **caught** at the ocean.

tsūshin 通信〔名，～する〕

tsūshin ⟦n, ~*suru*⟧ **communication(s), news, information**

通信社 (*tsūshin*sha)

a **news** agency, a **wire** service

¶最近，科学の進歩によって**通信**の方法が発達しました。(Saikin, kagaku no shinpo ni yotte *tsūshin* no hōhō ga hattatsu shimashita.)

¶ The advance of science in recent years has resulted in improved means of **communication.**

¶台風のため，九州地方との**通信**ができなくなりました。(Taifū no tame, Kyūshū-chihō to no *tsūshin* ga dekinaku narimashita.)

¶ **Communications** with the Kyushu region were ⟦are⟧ cut off due to the typhoon.

tsutaeru 伝える〔動 II〕

tsutaeru ⟦v II⟧ **convey, tell; hand down, bequeath; introduce; transmit, conduct**

①[伝言する]

① [convey, tell, report]

¶「あしたは学校が休みです。」と山田さんに**伝えて**ください。("Ashita wa gakkō ga yasumi desu." to Yamada san ni *tsutaete* kudasai.)

¶ Please **tell** [Miss] Yamada that there will be no school tomorrow.

¶奥さんにどうぞよろしくお**伝え**ください。(Okusan ni dōzo yoroshiku o*tsutae* kudasai.)

¶ Please **convey** my best regards to your wife.

②[昔から今まで受け継いできている]

② [hand down, bequeath, leave]

¶この話はこの地方に昔から**伝えられている**ものです。(Kono hanashi wa kono chihō ni mukashi kara *tsutaerarete* iru mono desu.)

¶ This tale **has been handed down** in this region from long-ago generations.

③[学問・芸術・宗教・制度などを外

③ [introduce]

国から持って来る]
¶漢字は中国から日本に**伝えられた**ものです。(Kanji wa Chūgoku kara Nihon ni *tsutaerareta* mono desu.)

¶ *Kanji* **were introduced** into Japan from China.

④[電気・音・熱などをほかに移す]
熱を**伝える** (netsu o *tsutaeru*)
¶銅は電気をよく**伝えます**。(Dō wa denki o yoku *tsutaemasu*.)

④ [transmit, conduct]
conduct heat
¶ Copper is a good **conductor** of electricity.

tsutawaru **伝わる**〔動 I〕

tsutawaru [[v I]] **spread, circulate; be handed down, come down; be transmitted, be conveyed; come across, go along**

①[人を通してあることが広がる]
ニュースが**伝わる** (nyūsu ga *tsutawaru*)
¶そのうわさは,たちまち町じゅうに**伝わりました**。(Sono uwasa wa, tachimachi machijū ni *tsutawarimashita*.)

① [spread, circulate]
news **travels**
¶ That rumor **spread** quickly throughout the village.

②[昔から今に受け継がれてきている]
¶古くからこの地方に**伝わる**話を集めて本を作りました。(Furuku kara kono chihō ni *tsutawaru* hanashi o atsumete hon o tsukurimashita.)

② [be handed down, come down]
¶ [I] collected tales **handed down** from olden times in this region and made them into a book.

③[電気・音・熱などが移る]
電気が**伝わる** (denki ga *tsutawaru*)
¶隣のうちのピアノの音がここまで**伝わってきます**。(Tonari no uchi no piano no oto ga koko made *tsutawatte* kimasu.)

③ [be transmitted, be conveyed, be carried]
electricity **is conducted**
¶ The sound of the piano next door **carries over** to here.

④[一方から他方へあるものに沿って移る]
¶どろぼうは窓を**伝わって**部屋に入ったらしいです。(Dorobō wa mado o *tsutawatte* heya ni haitta rashii desu.)

④ [come across, go along]
¶ It appears that the thief entered the room [[apartment]] **by** the window.

tsutomeru **勤める**〔動 II〕

tsutomeru [[v II]] **be employed, hold a post, work for**

¶兄は会社に**勤めて**います。(Ani wa kaisha ni *tsutomete* imasu.)

¶ My older brother **has an office job.**

¶わたしは卒業したら，銀行に**勤めた**いと思っています。(Watashi wa sotsugyō shitara, ginkō ni *tsutometai* to omotte imasu.)

¶ **I would like a position** at a bank after graduating.

tsutomeru **努める**〖動Ⅱ〗

tsutomeru ⟦v II⟧ **strive, endeavor, try hard, make an effort**

¶できるだけ勉強するように**努めなさい**。(Dekiru dake benkyō suru yō ni *tsutomenasai.*)

¶ **Try** to study as much as possible.

¶みんながこの問題の解決に**努めて**います。(Minna ga kono mondai no kaiketsu ni *tsutomete* imasu.)

¶ All **are striving** to solve this problem.

tsutsumu **包む**〖動Ⅰ〗

tsutsumu ⟦v I⟧ **wrap, do up** (a parcel), **cover, envelop in**

¶デパートで買い物をすると，きれいな紙に**包んで**くれます。(Depāto de kaimono o suru to, kirei na kami ni *tsutsunde* kuremasu.)

¶ When one buys an article at a department store, they **wrap it up** in attractive paper.

tsūyaku **通訳**〖名，～する〗

tsūyaku ⟦n, *~suru*⟧ **interpretation, an interpreter**

同時**通訳** (dōji-*tsūyaku*)

simultaneous **interpretation**

¶彼女の職業は**通訳**です。(Kanojo no shokugyō wa *tsūyaku* desu.)

¶ She is a professional **interpreter.**

tsuyoi **強い**〖形〗

tsuyoi ⟦adj⟧ **strong, powerful; violent, strong; stout, healthy; be good at; resistant, tolerant**

①[力・技などが優れている様子]

① [strong, powerful]

¶山田さんはたいへん力が**強い**から，この重い荷物を持ってもらいましょう。(Yamada san wa taihen chikara ga *tsuyoi* kara, kono omoi nimotsu o motte moraimashō.)

¶ [Mr.] Yamada **is** very **strong**—let's have [him] carry this heavy load ⟦bag, etc.⟧.

¶わたしの学校は野球が**強い**です。(Watashi no gakkō wa yakyū ga *tsuyoi* desu.)

¶ My school **is strong** in baseball.

②[激しい様子，程度がはなはだしい様子]

② [violent, strong, intense, sharp]

強い雨 (*tsuyoi* ame)
a **heavy** rain

¶山の方から突然風が**強く**吹いてきました。(Yama no hō kara totsuzen kaze ga *tsuyoku* fuite kimashita.)
¶ A **sharp** wind suddenly started ⟦has suddenly started⟧ blowing in from the mountains.

③[体などが丈夫な様子]
③ [stout, healthy, robust]

足が**強い** (ashi ga *tsuyoi*)
be a **good** walker

¶スポーツをして，**強い**体を作りましょう。(Supōtsu o shite, *tsuyoi* karada o tsukurimashō.)
¶ Let's all build **strong** constitutions by participating in sports.

④[得意である様子]
④ [be good at]

数学に**強い** (sūgaku ni *tsuyoi*)
be good at mathematics

¶上田さんは英語に**強い**です。(Ueda san wa Eigo ni *tsuyoi* desu.)
¶ [Miss] Ueda **is very good** at English.

* いつも「〜に強い (〜ni tsuyoi)」の形で使う。
* Always used in the pattern "〜 *ni tsuyoi.*"

⑤[ものごとに耐える力がある様子]
⑤ [resistant, tolerant]

¶ナイロンは水には**強い**ですが，火には弱いです。(Nairon wa mizu ni wa *tsuyoi* desu ga, hi ni wa yowai desu.)
¶ Nylon **stands up** against water but is highly combustible.

¶わたしは暑さには**強い**ですから，夏は好きです。(Watashi wa atsusa ni wa *tsuyoi* desu kara, natsu wa suki desu.)
¶ As I **don't feel** the heat, I like summer.

* いつも「〜に強い (〜 ni tsuyoi)」の形で使う。
* Always used in the pattern "〜 *ni tsuyoi.*"

⇔**yowai 弱い**

tsuyu　梅雨〘名〙
tsuyu ⟦n⟧　**the rainy season**

¶日本では，6月から7月の中ごろまで**梅雨**の季節です。(Nihon de wa, rokugatsu kara shichigatsu no nakagoro made *tsuyu* no kisetsu desu.)
¶ **The rainy season** in Japan falls from June to mid-July.

tsuzukeru　続ける〘動Ⅱ〙
tsuzukeru ⟦v II⟧　**continue, keep up, go on**

¶休まないで仕事を**続けて**ください。(Yasumanaide shigoto o *tsuzukete* kudasai.)

¶ Please **continue** working without taking a break.

¶山田先生は休まずに，2時間**続けて**授業をしました。(Yamada sensei wa yasumazu ni, nijikan *tsuzukete* jugyō o shimashita.)

¶ Professor Yamada **went on** teaching for two hours without a break.

tsuzuku 続く〘動Ⅰ〙

tsuzuku [[v I]] **continue, go on, last**

¶天気のよい日が1か月も**続いて**います。(Tenki no yoi hi ga ikkagetsu mo *tsuzuite* imasu.)

¶ The fine weather **has continued** for a month now.

¶高い山がどこまでも**続いて**います。(Takai yama ga doko made mo *tsuzuite* imasu.)

¶ The tall mountains **extend** as far as the eye can see.

U

u う〘助動〙

①[意志を表す]

¶君にこのお菓子をやろ**う**。(Kimi ni kono okashi o yarō.)

¶来年，日本へ行こ**う**と思っています。(Rainen, Nihon e ikō to omotte imasu.)

¶どんなテレビを買お**う**とお思いですか。(Donna terebi o kaō to oomoi desu ka?)

¶上田さんは来年日本へ帰ろ**う**と考えているそうです。(Ueda san wa rainen Nihon e kaerō to kangaete iru sō desu.

*「〜と思う (〜to omou)」「〜と考える (to kangaeru)」などといっしょに使うことが多い。

②[勧誘を表す]

¶仕事が終わったから帰ろ**う**。(Shigoto ga owatta kara kaerō.)

¶勉強が終わったら，映画を見に行こ**う**。(Benkyō ga owattara, eiga o mi ni ikō.)

③[ある動作・作用がこれから行われるという意味を表す]

¶手紙を書こ**う**としたら，電話がかかってきました。(Tegami o kakō to shitara, denwa ga kakatte kimashita.)

¶エレベーターが閉まろ**う**としたので，急いで乗りました。(Erebētā ga shi-

-u 〚auxil〛 a verb ending indicating intent, urging, etc.

① [expresses intent]

¶ Here, **have** this candy 〚sweet, cake, etc.〛 (literally, **I will give** you this candy).

¶ **I am thinking of going** to Japan next year.

¶ What sort of television **are you thinking of buying?**

¶ I hear that [Mr.] Ueda **is thinking of returning** to Japan next year.

* Generally used together with ~ *to omou*, ~ *to kangaeru*, etc.

② [expresses urging]

¶ We've finished the job so **let's go home.**

¶ **Let's go see** a movie after studying.

③ [indicates that some action or process is about to occur]

¶ The phone rang **just as I was about to write** a letter.

¶ [I] hurriedly got in the elevator **just as the doors were about to**

marō to shita node, isoide norimashita.)

close.

*「～うとする（～u to suru）」の形で使うことが多い。

* Generally used in the pattern "-*ō to suru*."

*「う（u）」はI型動詞につき，その他の動詞には「よう（yō）」がつく。

* When added to Type I verbs *-ō* is used, but for other verbs *-yō* is used.

⇨yō よう

uchi 内〖名〗

uchi ⟦n⟧ **inside, the interior; one's home, one's family; within, while; between, among**

①[何かで区切られた中側]

① [inside, the interior]

内側（*uchi*gawa）

the inside, the **inner** part; within, inside

¶電気が消えて，**内**も外も真っ暗です。(Denki ga kiete, *uchi* mo soto mo makkura desu.)

¶ The lights went out so it is now pitch black both **inside** and out.

¶ドアには**内**からかぎが掛かっていて開きません。(Doa ni wa *uchi* kara kagi ga kakatte ite akimasen.)

¶ The door won't open as it is locked from **inside.**

↔soto 外

②[自分の所属しているところ]

② [one's home, family, etc.]

¶**うち**の会社は駅の近くにあります。(*Uchi* no kaisha wa eki no chikaku ni arimasu.)

¶ **My** office is near the station.

¶**うち**の父は小学校の先生です。(*Uchi* no chichi wa shōgakkō no sensei desu.)

¶ **My** father is an elementary school teacher.

③[ある一定の時間の間]

③ [within, while, in the course of, before; during a set period of time]

¶暗くならない**うち**に帰りましょう。(Kuraku naranai *uchi* ni kaerimashō.)

¶ Let's start for home **before** it gets dark.

¶この本は，読んでいる**うち**にだんだんおもしろくなってきました。(Kono hon wa, yonde iru *uchi* ni dandan omoshiroku natte kimashita.)

¶ This book gradually became more interesting **as** I read more of it ⟦This book has gradually become more interesting **as** I have read more of it⟧.

* 普通「～うちに（～uchi ni）」の形で使う。

* Usually used in the pattern "~ *uchi ni*."

④[ある範囲を表す]

¶試験問題十のうち半分しか答えられませんでした。(Shiken-mondai too no *uchi* hanbun shika kotaerare-masen deshita.)

¶5人のうちで，わたしがいちばん背が低いです。(Gonin no *uchi* de, watashi ga ichiban se ga hikui desu.)

④ [between, among, out of, of]

¶ [I] could only answer half **of** the 10 test questions.

¶ I am the shortest **of** the five of us.

uchi　うち〘名〙

①[住居]

¶田中さんは最近うちを建てました。(Tanaka san wa saikin *uchi* o tatemashita.)

¶この辺には，大きくて立派なうちがたくさんあります。(Kono hen ni wa, ookikute rippa na *uchi* ga takusan arimasu.)

②[家庭]

¶あなたのうちは，何人家族ですか。(Anata no *uchi* wa, nannin kazoku desu ka?)

¶わたしのうちでは父も母も働いています。(Watashi no *uchi* de wa chichi mo haha mo hataraite imasu.)

⇨**ie 家**

uchi ⟦n⟧　**a house; a household**

① [a house]

¶ [Mr.] Tanaka built **a house** recently.

¶ There are many fine, large **homes** around here.

② [a household]

¶ How many are there in **your** family?

¶ Both **my** mother and father work.

uchiawaseru　打ち合わせる〘動Ⅱ〙

¶田中さんと電話で仕事について打ち合わせました。(Tanaka san to denwa de shigoto ni tsuite *uchi-awasemashita.*)

¶旅行のことで友達とこれから打ち合わせなければなりません。(Ryokō no

uchiawaseru ⟦v II⟧　**make arrangements with, work out in advance**

¶ [Mr.] Tanaka and I **decided** on the phone **how to do** the work.

¶ I must go now to **work out the details** of the trip with my friends.

koto de tomodachi to kore kara *uchiawasenakereba* narimasen.)

ude **腕**〘名〙

腕時計 (*ude*dokei) **腕**を組む (*ude* o kumu)

¶重い物を持っていたので，**腕**が痛いです。 (Omoi mono o motte ita node, *ude* ga itai desu.)

ude ⟦n⟧ **arm**

a **wrist**watch // fold **one's arms** in front of one; link **one's arm** through another's

¶ **My arms** are sore from holding something heavy.

udon **うどん**〘名〙

¶御飯より**うどん**のほうが好きです。 (Gohan yori *udon* no hō ga suki desu.)

udon ⟦n⟧ ***udon, udon* noodles**

¶ I like ***udon*** better than rice.

ue **上**〘名〙

①[位置が高い所]

¶富士山の頂上は雲の**上**にあります。 (Fujisan no chōjō wa kumo no *ue* ni arimasu.)

¶3ページの**上**から7行めを見てください。 (Sanpēji no *ue* kara nana-gyōme o mite kudasai.)

②[物の表面]

¶テーブルの**上**をふいてください。 (Tēburu no *ue* o fuite kudasai.)

¶床の**上**に紙くずが落ちています。 (Yuka no *ue* ni kamikuzu ga ochite imasu.)

③[年齢・地位・程度などが高いこと]

¶いちばん**上**の姉は結婚しています。 (Ichiban *ue* no ane wa kekkon shite imasu.)

¶英語を話す力は，山田さんのほうがわたしより**上**です。 (Eigo o hanasu chikara wa, Yamada san no hō ga watashi yori *ue* desu.)

ue ⟦n⟧ **up, upward, above; top; higher, superior, older**

① [up, upward, above; the upper part]

¶ The top of Mount Fuji is **above** the clouds.

¶ Please look at the seventh line from **the top** on page 3.

② [top]

¶ Please wipe off the table.

¶ Some paper scraps have fallen **onto** the floor.

③ [higher, superior, older, more than]

¶ My **oldest** sister is married.

¶ [Miss] Yamada can speak English **better** than I can.

⇔shita 下

ueru 植える〘動Ⅱ〙

¶庭に木を**植え**ました。(Niwa ni ki o *uemashita.*)

ueru ⟦v II⟧ **plant, raise, grow**

¶ [I] **planted** a tree in the yard.

ugokasu 動かす〘動Ⅰ〙

①[ある物の位置を移す]

¶重い石を一人で**動かし**ました。(Omoi ishi o hitori de *ugokashimashita.*)

②[機械などを働かせる]

¶この機械を**動かす**のは難しいですよ。(Kono kikai o *ugokasu* no wa muzukashii desu yo.)

ugokasu ⟦v I⟧ **move, change the position of; set in motion, operate**

① [move, change the position of, shift]

¶ [I] **moved** the heavy rock all by [my]self.

② [set in motion, operate]

¶ It is difficult **to operate** this machine ⟦apparatus, etc.⟧.

ugoki 動き〘名〙

①[運動・動作・行動など]

¶寒くなると，体の**動き**が鈍くなります。(Samuku naru to, karada no *ugoki* ga nibuku narimasu.)

②[ものごとの移り変わり]

¶テレビやラジオのおかげで，世界の**動き**がよくわかるようになりました。(Terebi ya rajio no okage de, sekai no *ugoki* ga yoku wakaru yō ni narimashita.)

ugoki ⟦n⟧ **movement, motion; trend, movement**

① [movement, motion, activity]

¶ [We] are loath **to move** when it is cold.

② [trend, movement]

¶ World **trends** have become easy to follow thanks to television and radio.

ugoku 動く〘動Ⅰ〙

①[あるものの位置が移る]

¶写真を撮りますから，**動かないで**ください。(Shashin o torimasu kara, *ugokanaide* kudasai.)

②[機械などが働く]

¶この時計は**動いて**いません。(Kono tokei wa *ugoite* imasen.)

¶大雪で電車が**動かなく**なりました。(Ooyuki de densha ga *ugokanaku*

ugoku ⟦v I⟧ **move, stir; work, run, go**

① [move, stir]

¶ **Don't move**—I'm going to take the photo now!

② [work, run, go]

¶ This clock ⟦watch⟧ **isn't running.**

¶ The trains have been ⟦were⟧ **brought to a standstill** by the heavy

narimashita.)

uisukii　ウイスキー〘名〙

¶わたしは**ウイスキー**もビールも飲みます。(Watashi wa *uisukii* mo biiru mo nomimasu.)

ukabu　浮かぶ〘動 I〙

①[水面・空中などに物がとどまっている]

¶木の葉が水に**浮かんで**います。(Konoha ga mizu ni *ukande* imasu.)

¶この海は，油が**浮かんで**いて汚いですね。(Kono umi wa, abura ga *ukande* ite kitanai desu ne.)

¶青い空に白い雲が**浮かんで**います。(Aoi sora ni shiroi kumo ga *ukande* imasu.)

→uku 浮く

②[あるものがものの表面に現れる]

¶悲しくて目に涙が**浮かんで**きました。(Kanashikute me ni namida ga *ukande* kimashita.)

③[考えなどが頭などの中に現れる]

¶いい考えが頭に**浮かびました**。(Ii kangae ga atama ni *ukabimashita.*)

ukagau　伺う〘動 I〙

①[きく，尋ねる]

¶すみません。ちょっと**伺います**が…。(Sumimasen. Chotto *ukagaimasu* ga...)

¶田中さんの御意見を**伺いたい**のですが…。(Tanaka san no goiken o *ukagaitai* no desu ga...)

*「きく (kiku)」「尋ねる (tazuneru)」

snows.

uisukii 〚n〛 **whiskey**

¶ I drink both **whiskey** and beer.

ukabu 〚v I〛 **float; rise to the surface, appear; occur to one**

① [float]

¶ Leaves **are floating** on top of the water.

¶ The water in this sea **is oily** and dirty.

¶ White clouds **are floating** in a blue sky.

② [rise to the surface, appear]

¶ [I] was so sad tears **came to** [my] eyes.

③ [occur to one, strike one]

¶ A good idea **came** to me 〚**popped** into my mind〛.

ukagau 〚v I〛 **ask, inquire; hear; visit, call on**

① [ask, inquire]

¶ Excuse me. Could you tell me ~?

¶ Could you give [us] your view, [Mr.] Tanaka?

* This *ukagau* is the humble form of

の謙譲語。

kiku and of *tazuneru*.

②[聞く，耳にする]

② [hear]

¶先生のおうわさはたびたび**伺って**おります。 (Sensei no ouwasa wa tabitabi *ukagatte* orimasu.)

¶ **I have heard** a lot about you, sir ⟦ma'am⟧ (said to one's teacher, doctor, etc.).

¶中村さんは来月アメリカへ行かれると**伺って**おります。(Nakamura san wa raigetsu Amerika e ikareru to *ukagatte* orimasu.)

¶ **I hear** that [Mr.] Nakamura is going to the United States next month.

*「聞く (kiku)」の謙譲語。

* This *ukagau* is the humble form of *kiku*.

③[訪問する]

③ [visit, call on]

¶あした，先生のお宅へ**伺って**もよろしいでしょうか。(Ashita, sensei no otaku e *ukagatte* mo yoroshii deshō ka ?)

¶ **May I call** on you at home tomorrow (said to one's teacher, doctor, etc.)?

¶何時ごろ**伺ったら**よろしいでしょうか。(Nanji goro *ukagattara* yoroshii deshō ka ?)

¶ About what time **should I come?**

*「訪問する (hōmon suru)」の謙譲語。

* This *ukagau* is the humble form of *hōmon suru*.

ukeru **受ける**〔動Ⅱ〕

ukeru ⟦v II⟧ **catch, take; receive, accept, undergo; suffer, be subjected to; be given**

①[自分の方に向かってくるものを支え止める]

① [catch, take]

¶山田さんは飛んできたボールを左手で**受けました**。 (Yamada san wa tonde kita bōru o hidarite de *ukemashita.*)

¶ [Mr.] Yamada **caught** the ball in [his] left hand.

¶滝の水を手で**受けて**飲みました。(Taki no mizu o te de *ukete* nomimashita.)

¶ [I] **took** water from the waterfall in [my] cupped hand(s) and drank it.

②[他からの働きかけに対して応じたり認めたりする]

② [receive, accept, undergo]

質問を受ける (shitsumon o *ukeru*)
手術を受ける (shujutsu o *ukeru*)

take a question, **answer** a question // **undergo** a surgical operation, be operated upon

¶わたしは来年，大学の入学試験を**受けます**。(Watashi wa rainen, daigaku no nyūgaku-shiken o *ukemasu.*)

¶ I **will take** university entrance exams next year.

¶わたしは山田さんから結婚について相談を**受けました**。(Watashi wa Yamada san kara kekkon ni tsuite sōdan o *ukemashita.*)

¶ [Miss] Yamada **consulted me** about getting married.

③[ほかからの働きかけがあるものに及ぶ]

③ [suffer, be subjected to]

傷を**受ける** (kizu o *ukeru*)　影響を**受ける** (eikyō o *ukeru*)

be wounded, be injured // be influenced

¶この地方は台風で大きな被害を**受けました**。(Kono chihō wa taifū de ookina higai o *ukemashita.*)

¶ This region **suffered** extensive damage in the typhoon.

④[ほかから何かを与えられる]

④ [be given]

許可を**受ける** (kyoka o *ukeru*)

obtain permission, be authorized

uketori　**受取**〖名〗

uketori ⟦n⟧　**receipt**

¶買い物をしたら，**受取**をもらってください。(Kaimono o shitara, *uketori* o moratte kudasai.)

¶ Please ask for **a receipt** when you buy something.

uketoru　**受け取る**〖動 I〗

uketoru ⟦v I⟧　**receive, take delivery of**

¶今日，母からの手紙を**受け取りました**。(Kyō, haha kara no tegami o *uketorimashita.*)

¶ **I received** a letter from my mother today.

¶お金を払って，品物を**受け取る**のを忘れました。(Okane o haratte, shinamono o *uketoru* no o wasuremashita.)

¶ [I] paid but forgot **to take** my purchase with [me].

uketsuke　**受付**〖名〗

uketsuke ⟦n⟧　**acceptance, receipt; reception desk; receptionist, usher**

¶御用の方は**受付**へおいでください。(Goyō no kata wa *uketsuke* e oide kudasai.)

¶ Visitors are directed to **the reception desk** (a written sign).

¶**受付**時間は午前9時から午後5時ま

¶ **Reception ⟦office⟧** hours are from

でです。(*Uketsuke*-jikan wa gozen kuji kara gogo goji made desu.)

9 AM to 5 PM.

uketsukeru　受け付ける〔動Ⅱ〕

uketsukeru ⟦v II⟧　**accept, receive**

¶入学の申し込みは，今月の十日まで**受け付けています**。(Nyūgaku no mōshikomi wa, kongetsu no tooka made *uketsukete* imasu.)

¶ Applications for admittance to this school **will be accepted** until the tenth of this month.

¶会員になりたい人はここで**受け付けています**から，申し込んでください。(Kaiin ni naritai hito wa koko de *uketsukete* imasu kara, mōshikonde kudasai.)

¶ Will those who wish to become members please apply here.

uku　浮く〔動Ⅰ〕

uku ⟦v I⟧　**float, rise to the surface**

¶木の葉が水に**浮いたり**沈んだりして流れていきます。(Konoha ga mizu ni *uitari* shizundari shite nagarete ikimasu.)

¶ Leaves are being carried along by the current, now **rising** and now sinking below the surface.

¶湖には死んだ魚がたくさん**浮いてい**ました。(Mizuumi ni wa shinda sakana ga takusan *uite* imashita.)

¶ Numerous dead fish **were floating** on the lake.

⇔**shizumu　沈む**

uma　馬〔名〕

uma ⟦n⟧　**a horse**

¶**馬**に乗ってこの広い野原を走ってみたいです。(*Uma* ni notte kono hiroi nohara o hashitte mitai desu.)

¶ I would like to go **horseback** riding on this wide plain ⟦in this large field⟧.

umai　うまい〔形〕

umai ⟦adj⟧　**skillful, good at; delicious**

①[上手，いい]

① [skillful, expert, good at]

¶あの女の人は歌が**うまい**ですね。(Ano onna no hito wa uta ga *umai* desu ne.)

¶ She is a **good** singer.

¶この言葉は発音が難しくて**うまく**言えません。(Kono kotoba wa hatsuon ga muzukashikute *umaku* iemasen.)

¶ This word is hard to say—[I] can't pronounce it **well.**

↔mazui まずい →jōzu 上手

②[おいしい]

② [delicious, good]

¶あの店の料理はとてもうまいよ。(Ano mise no ryōri wa totemo *umai* yo.)

¶ The food is very **good** there ⟦in that restaurant, coffee shop, etc.⟧.

¶やはり新鮮な果物はうまいね。(Yahari shinsen na kudamono wa *umai* ne.)

¶ When all is said and done, fresh fruit **does taste the best,** doesn't it?

* 女性は「うまい (umai)」のかわりに「おいしい (oishii)」のほうをよく使う。

* Women usually use *oishii* rather than *umai*.

↔mazui まずい →oishii おいしい

umare 生まれ〘名〙

umare ⟦n⟧ **birth, origin, birthplace**

¶彼は大阪の生まれです。(Kare wa Oosaka no *umare* desu.)

¶ He's **a native** of Osaka.

¶上田さんは生まれは東京ですが，育ったのは北海道だそうです。(Ueda san wa *umare* wa Tōkyō desu ga, sodatta no wa Hokkaidō da sō desu.)

¶ I hear that [Mr.] Ueda **was born in** Tokyo but raised in Hokkaido.

umareru 生まれる〘動Ⅱ〙

umareru ⟦v II⟧ **be born, come into existence**

¶わたしは京都で生まれました。(Watashi wa Kyōto de *umaremashita.*)

¶ I **was born** in Kyoto.

¶わたしが生まれたのは１９５０年です。(Watashi ga *umareta* no wa senkyūhyaku-gojūnen desu.)

¶ I **was born** in 1950.

umeru 埋める〘動Ⅱ〙

umeru ⟦v II⟧ **bury; fill up, plug up**

¶うちで飼っていた鳥が死んだので，庭に穴を掘って埋めてやりました。(Uchi de katte ita tori ga shinda node, niwa ni ana o hotte *umete* yarimashita.)

¶ [Our] pet bird died so [we] dug a hole in the yard ⟦garden⟧ and **buried** it.

¶この辺は海を埋めて造った土地だそうです。(Kono hen wa umi o *umete*

¶ I hear that the land around here **has been reclaimed** from the sea.

tsukutta tochi da sō desu.)

umi 海〖名〗

¶わたしの家は**海**の近くにあるので，夏には毎日**海**で泳ぎます。(Watashi no ie wa *umi* no chikaku ni aru node, natsu ni wa mainichi *umi* de oyogimasu.)

umi [[n]] **sea, ocean**

¶ Since my home is near **the sea,** I go swimming every day in the summer.

umu 産む〖動Ｉ〗

¶妹が男の赤ちゃんを**産みました**。(Imōto ga otoko no akachan o *umimashita.*)

¶この鶏は毎日卵を**産みます**。(Kono niwatori wa mainichi tamago o *umimasu.*)

umu [[v I]] **give birth to; produce**

¶ My younger sister **gave birth** to a boy.

¶ This chicken **lays** eggs every day.

un 運〖名〗

運がいい (*un* ga ii) **運**が悪い (*un* ga warui)

¶昨日，わたしが乗っていたタクシーが交通事故を起こしたのですが，わたしは**運**よくけがもしませんでした。(Kinō, watashi ga notte ita takushii ga kōtsū-jiko o okoshita no desu ga, watashi wa *un* yoku kega mo shimasen deshita.)

un [[n]] **destiny, fate, chance, fortune, luck**

be lucky, be fortunate // be unlucky, be unfortunate

¶ The taxi I took yesterday caused an accident, but **fortunately** I escaped injury.

un うん〖感〗

¶わたしが「いっしょに行こう。」と誘ったら，彼は「**うん**。」と言ってうなずきました。(Watashi ga "Issho ni ikō." to sasottara, kare wa "*Un.*" to itte unazukimashita.)

¶「みんなといっしょに話そうよ。」(Minna to issho ni hanasō yo.)「**うん**，そうしよう。」(*Un,* sō shiyō.)

＊「はい (hai)」「ええ (ee)」と同じ

un [[interj]] **yes, yeah**

¶ When I invited him to go with us, he nodded and said **OK.**

¶ "Let's go talk with everyone."
"**Yes,** let's."

＊ *Un* has the same meaning as *hai* or *ee*, but since it is not polite language

意味であるが，丁寧な言葉ではないから，目上の人などにはあまり使わない。

it is rarely used toward persons of higher status.

unazuku **うなずく**〖動 I〗

unazuku 〚v I〛 **nod, nod assent**

¶彼女に結婚を申し込んだ時，彼女はぼくの顔をじっと見て，**うなずいて**くれました。(Kanojo ni kekkon o mōshikonda toki, kanojo wa boku no kao o jitto mite, *unazuite* kuremashita.)

¶ When I asked her to marry me, she looked at me intently and then **nodded yes.**

¶あの人は，電話で話しながら何度も**うなずいて**いました。(Ano hito wa, denwa de hanashinagara nando mo *unazuite* imashita.)

¶ [He] **nodded** several times while talking on the telephone.

undō **運動**〖名，～する〗

undō 〚n, ~*suru*〛 **motion, movement, exercise, sports; a movement, a campaign**

①[健康のために体を動かすこと]

① [motion, movement, exercise, sports]

運動会 (*undō*kai) **運動**選手 (*undō*-senshu)

an **athletic** meet, a **field** meet // **an athlete, a sportsman**

¶あなたは何か**運動**をしていますか。(Anata wa nani ka *undō* o shite imasu ka?)

¶ Do you take any **exercise** 〚Do you play some **sport**〛?

¶最近は**運動**不足のため体の調子があまりよくないです。(Saikin wa *undō*-busoku no tame karada no chōshi ga amari yoku nai desu.)

¶ Recently I've been feeling a little off due to a lack of **exercise.**

②[ある目的のために人々に働きかけること]

② [a movement, campaign, drive]

政治**運動**(seiji-*undō*) 選挙**運動**(senkyo-*undō*)

a political **movement** // an election **campaign**

¶彼は学生時代から世界を平和にしようという**運動**に参加しています。(Kare wa gakusei-jidai kara sekai o heiwa ni shiyō to iu *undō* ni sanka shite imasu.)

¶ He has been a participant in **the movement** for world peace since his student days.

unten **運転**〖名，～する〗

unten 〚n, ~*suru*〛 **driving** (a car), **operating** (a machine)

運転手 (*unten*shu)

¶あなたは自動車の**運転**ができますか。(Anata wa jidōsha no *unten* ga dekimasu ka?)

¶雨の日は道が滑りやすいので，**運転**に気をつけなければなりません。(Ame no hi wa michi ga suberi-yasui node, *unten* ni ki o tsukenakereba narimasen.)

driver, operator

¶ Can you **drive** a car?

¶ The roads are slippery on rainy days so one must be particularly careful when **driving** then.

ura　裏〘名〙

①[表面の反対側]

足の**裏** (ashi no *ura*)　**裏**側 (*ura*-gawa)

¶質問は表だけでなく**裏**にも書いてあります。(Shitsumon wa omote dake de naku *ura* ni mo kaite arimasu.)

②[家などのうしろの場所・入口]

裏門 (*ura*mon)

¶子供たちは**裏**の空き地で遊んでいます。(Kodomotachi wa *ura* no akichi de asonde imasu.)

¶表はかぎが掛かっていますから，**裏**から入ってください。(Omote wa kagi ga kakatte imasu kara, *ura* kara haitte kudasai.)

⇔**omote** 表

ura [[n]]　**the reverse, wrong side; the back, the rear**

① [the reverse, the wrong side, the back side, the other side]

the sole of the foot // the **back** side

¶ The questions are written on **the back** of the paper as well as the front.

② [the back, the rear (of a house, etc.)]

the **back** gate

¶ The children are playing in the vacant lot at **the back.**

¶ The front is locked so please enter at **the rear.**

urayamashii　うらやましい〘形〙

¶わたしはあの人の成功が**うらやましい**です。(Watashi wa ano hito no seikō ga *urayamashii* desu.)

¶あなたはお金も暇もたくさんあって，**うらやましい**ですね。(Anata wa okane mo hima mo takusan atte, *urayamashii* desu ne.)

urayamashii [[adj]]　**be envious**

¶ **I envy** [his] success.

¶ **I envy you** for having so much money and free time.

ureshii　うれしい〘形〙

¶**うれしそう**ですね。何かいいことがあったんですか。(*Ureshisō* desu ne. Nani ka ii koto ga atta n desu ka?)

¶試験の成績がよかったので，**うれしかった**です。(Shiken no seiseki ga yokatta node, *ureshikatta* desu.)

⇔**kanashii 悲しい**

ureshii 〚adj〛 **be happy, glad, pleased, joyful**

¶ **You look happy.** Has something good happened?

¶ [I] **was happy** because [I] got a good mark on the exam.

uriba　売り場〘名〙

¶ネクタイ**売り場**はどこですか。(Nekutai-*uriba* wa doko desu ka?)

uriba 〚n〛 **sales counter, store**

¶ Where is the necktie **counter?**

uru　売る〘動 I〙

¶これはデパートで**売って**いますか。(Kore wa depāto de *utte* imasu ka?)

¶あの店で**売って**いるお菓子は，あまりおいしくありません。(Ano mise de *utte* iru okashi wa, amari oishiku arimasen.)

⇔**kau 買う**

uru 〚v I〛 **sell**

¶ **Is** this **sold** at department stores 〚Can one buy this at a department store〛?

¶ The sweets 〚candy, cakes, etc.〛 **sold** at that store aren't very good.

urusai　うるさい〘形〙

¶ラジオの音が**うるさくて**，勉強ができません。(Rajio no oto ga *urusakute*, benkyō ga dekimasen.)

¶隣の部屋に病人がいるから，**うるさく**しないでください。(Tonari no heya ni byōnin ga iru kara, *urusaku* shinaide kudasai.)

⇒**shizuka 静か**

urusai 〚adj〛 **noisy**

¶ The radio **is so noisy** [I] can't study.

¶ Please **be quiet** as there is someone sick in the next room.

ushi　牛〘名〙

牛小屋 (*ushi*goya)

ushi 〚n〛 **cow, cattle**

a **cow**shed, a **cattle** barn

ushinau　失う〘動 I〙

¶田中さんは職を**失って**，生活に困

ushinau 〚v I〛 **lose, be deprived of**

¶ [Mr.] Tanaka **has lost** [his] job

っています。(Tanaka san wa shoku o *ushinatte*, seikatsu ni komatte imasu.) and is having a hard time making ends meet.

¶山田さんはついに外国へ行く機会を**失って**しまいました。(Yamada san wa tsuini gaikoku e iku kikai o *ushinatte* shimaimashita.)

¶ In the end [Mr.] Yamada **missed out** on the chance to go abroad.

ushiro 後ろ〘名〙

ushiro ⟦n⟧ **the back, the rear; behind, in back of**

¶先生の**後ろ**に黒板があります。(Sensei no *ushiro* ni kokuban ga arimasu.)

¶ There is a blackboard **in back** of the teacher.

¶道を歩いていたら，**後ろ**から犬がついてきました。(Michi o aruite itara, *ushiro* kara inu ga tsuite kimashita.)

¶ As [I] walked down the street a dog started following [me].

⇨mae 前

uso うそ〘名〙

uso ⟦n⟧ **a lie, falsehood**

うそをつく (*uso* o tsuku)

tell **a lie**

¶あの人が言ったことは**うそ**です。(Ano hito ga itta koto wa *uso* desu.)

¶ What [he] said **isn't true.**

¶**うそ**を言わないで，本当のことを言いなさい。(*Uso* o iwanaide, hontō no koto o iinasai.)

¶ Don't **lie** now, tell the truth.

⇨hontō 本当

usui 薄い〘形〙

usui ⟦adj⟧ **thin; weak**

①[厚くない]

① [thin, not thick]

¶夏には**薄い**シャツを着ます。(Natsu ni wa *usui* shatsu o kimasu.)

¶ [We] wear **thin** shirts in summer.

¶辞書には**薄い**紙が使ってあります。(Jisho ni wa *usui* kami ga tsukatte arimasu.)

¶ **Thin** paper is used in dictionaries.

↔atsui 厚い

②[程度などが少ない]

② [weak, thin, light, scanty]

¶コーヒーは，**薄い**のと濃いのとどちらがいいですか。(Kōhii wa, *usui* no to koi no to dochira ga ii desu ka?)

¶ How do you like your coffee—**weak** or strong?

↔**koi 濃い**

uta　歌〘名〙

uta 〚n〛　**a song, singing**

歌を歌う (*uta* o utau)

sing **a song**

¶春子さんは**歌**が上手です。(Haruko san wa *uta* ga jōzu desu.)

¶ Haruko is a good **singer.**

utagau　疑う〘動 I〙

utagau 〚v I〛　**doubt, be doubtful; suspect, be suspicious**

¶山田さんは，わたしがうそをついているのではないかと**疑って**います。(Yamada san wa, watashi ga uso o tsuite iru no de wa nai ka to *utagatte* imasu.)

¶ [Mr.] Yamada **thinks** I might be lying.

⇔**shinjiru 信じる**

utau　歌う〘動 I〙

utau 〚v I〛　**sing**

¶さあ，みんなで**歌いましょう**。(Sā, minna de *utaimashō*.)

¶ Well, **let's** all **sing** now.

¶子供が歌を**歌って**います。(Kodomo ga uta o *utatte* imasu.)

¶ The children **are singing.**

utsu　打つ〘動 I〙

utsu 〚v I〛　**strike, hit**

①[ある物を他の物に瞬間的に強く当てる]

① [strike, hit, beat, knock]

ボールをラケットで**打つ** (bōru o raketto de *utsu*)　くぎを**打つ** (kugi o *utsu*)

hit a ball with a racket // **strike** a nail

¶田中さんは転んで，頭を強く**打ちました**。(Tanaka san wa koronde, atama o tsuyoku *uchimashita*.)

¶ [Mrs.] Tanaka fell and **got a** bad **knock** on the head.

¶中村さんはそのニュースを聞いて，手を**打って**喜びました。(Nakamura san wa sono nyūsu o kiite, te o *utte* yorokobimashita.)

¶ [Miss] Nakamura **clapped** [her] hands in joy at hearing the news.

②[たたくような動作で何かをする]

② [strike, tap, touch, do]

電報を**打つ** (denpō o *utsu*) — **send** a telegram

¶わたしはタイプを**打った**ことがありません。 (Watashi wa taipu o *utta* koto ga arimasen.) — ¶ I have never **typed** anything.

③[たたいて鳴らす] — ③ [strike, beat, ring, sound]

鐘を**打つ** (kane o *utsu*) — **ring** a bell

¶時計が3時を**打ちました**。 (Tokei ga sanji o *uchimashita.*) — ¶ The clock **struck** three o'clock.

utsu **撃つ**〘動 I〙 — **utsu** [[v I]] **fire, shoot**

¶鉄砲で鳥を**撃ちました**。 (Teppō de tori o *uchimashita.*) — ¶ [I] **shot** a bird with a gun.

utsukushii **美しい**〘形〙 — **utsukushii** [[adj]] **beautiful, lovely, pretty**

¶この辺がいちばん景色の**美しい**所です。 (Kono hen ga ichiban keshiki no *utsukushii* tokoro desu.) — ¶ The scenery **is at its best** around here.

¶会場は花で**美しく**飾られていました。 (Kaijō wa hana de *utsukushiku* kazararete imashita.) — ¶ The hall was **prettily** decorated with flowers.

utsuru **移る**〘動 I〙 — **utsuru** [[v I]] **move**

¶わたしは昨日から二階の部屋へ**移りました**。 (Watashi wa kinō kara nikai no heya e *utsurimashita.*) — ¶ I **moved** to a room [[apartment]] on the second floor yesterday.

¶その会社は1か月前，東京から大阪に**移りました**。 (Sono kaisha wa ikkagetsu mae, Tōkyō kara Oosaka ni *utsurimashita.*) — ¶ That company **moved** from Tokyo to Osaka a month ago.

utsuru **映る**〘動 I〙 — **utsuru** [[v I]] **be reflected**

¶湖に白い雲が**映って**います。 (Mizuumi ni shiroi kumo ga *utsutte* imasu.) — ¶ One can see a white cloud **reflected** in the lake.

¶鏡に外の景色が**映って**います。 (Kagami ni soto no keshiki ga *utsutte* imasu.) — ¶ **There is a reflection** of the scene outside in the mirror.

utsuru **写る**〘動 I〙 — **utsuru** [[v I]] **be taken** (a photo, etc.), **come out**

¶このカメラはとてもよく**写ります**。(Kono kamera wa totemo yoku *utsurimasu.*)

¶ This camera **takes** good **pictures.**

¶部屋が暗いから，写真がよく**写らない**と思います。(Heya ga kurai kara, shashin ga yoku *utsuranai* to omoimasu.)

¶ This room is dark so I **don't think pictures will come out** well.

utsusu　移す〚動Ｉ〛

utsusu ⟦v I⟧　**move, transfer**

¶本箱を机のそばへ**移しました**。(Honbako o tsukue no soba e *utsushimashita.*)

¶ [I] **moved** the bookcase to beside the desk.

¶卵をかごから冷蔵庫の中へ**移しました**。(Tamago o kago kara reizōko no naka e *utsushimashita.*)

¶ [I] **transferred** the eggs from the basket to the refrigerator.

utsusu　映す〚動Ｉ〛

utsusu ⟦v I⟧　**reflect, project**

¶先生が映画を**映して**見せてくださいました。(Sensei ga eiga o *utsushite* misete kudasaimashita.)

¶ The teacher **showed** us a film.

¶姉は自分の姿を鏡に**映して**見ています。(Ane wa jibun no sugata o kagami ni *utsushite* mite imasu.)

¶ My (older) sister is looking at **her reflection** in the mirror.

utsusu　写す〚動Ｉ〛

utsusu ⟦v I⟧　**take** (a photograph), **film; copy**

¶写真を**写します**から，集まってください。(Shashin o *utsushimasu* kara, atsumatte kudasai.)

¶ Please move together so [I] **can take** your picture.

¶先生が黒板に書いた字を学生がノートに**写して**います。(Sensei ga kokuban ni kaita ji o gakusei ga nōto ni *utsushite* imasu.)

¶ The students **are copying** in their notebooks the characters that their teacher wrote on the blackboard.

uwagi　上着〚名〛

uwagi ⟦n⟧　**coat, suit jacket, upper garment, outerwear**

¶暑いので，**上着**を脱ぎました。(Atsui node, *uwagi* o nugimashita.)

¶ As it was hot [I] took off **[my] jacket.**

uwasa　うわさ〚名，～する〛

uwasa ⟦n, ~*suru*⟧　**rumor, gossip, report, talk, hearsay**

¶山田さんが結婚するという**うわさ**は

本当ですか。 (Yamada san ga kekkon suru to iu *uwasa* wa hontō desu ka?)

¶ Is **the rumor** that [Mr.] Yamada is going to get married true?

¶**うわさ**によると，今度山田さんは会社を辞めるそうです。 (*Uwasa* ni yoru to, kondo Yamada san wa kaisha o yameru sō desu.)

¶ **Rumor** has it that [Mr.] Yamada is going to quit [his] job soon.

W

wa 輪〘名〙

①[円形または円形のもの]

指輪 (yubi*wa*)

¶わたしたちは，先生の周りに**輪**になって座りました。(Watashitachi wa, sensei no mawari ni *wa* ni natte suwarimashita.)

②[車輪]

車の**輪** (kuruma no *wa*)

wa **は**〘助〙

①[ものごとを特定的に取り上げて それについて述べるときに使う]

¶わたし**は**学生です。 (Watashi *wa* gakusei desu.)

¶バスの停留所**は**どこですか。(Basu no teiryūjo *wa* doko desu ka?)

¶日本**は**地震が多いです。(Nihon *wa* jishin ga ooi desu.)

¶この本**は**，昨日駅前の本屋で買いました。(Kono hon *wa*, kinō ekimae no hon'ya de kaimashita.)

¶昨日**は**いい天気でしたね。(Kinō *wa* ii tenki deshita ne.)

*「だれ (dare)」「どれ (dore)」「何 (nani)」などの疑問の言葉のあとにはつかない。「どなたは田中さんですか。(Donata wa Tanaka san desu ka?)」とは言わないで，「田中さんはどなたですか。(Tanaka san wa donata desu ka?)」と言う。

②[ものごとを対比的に または区別し

wa 〚n〛 **circle, ring, link; wheel**

① [circle, ring, link, loop]

a ring (jewelry)

¶ We sat in **a circle** around our teacher.

② [wheel]

a car **wheel**

wa 〚part〛 a particle indicating the topic of a sentence, etc.

① [used to indicate the topic]

¶ **I** am a student.

¶ Where is **the bus stop?**

¶ There are a lot of earthquakes **in Japan.**

¶ [I] bought **this book** yesterday at the bookstore in front of the station.

¶ It was a nice day **yesterday,** wasn't it?

* *Wa* is not used after interrogatives such as *dare, dore,* or *nani*. One says "*Tanaka san wa donata desu ka*" (Which one of you is Mr. Tanaka?) and not *"*Donata wa Tanaka san desu ka*."

② [used when contrasting or distin-

て取り上げて述べるときに使う]

guishing items]

¶わたしはりんご**は**好きですが，みかん**は**きらいです。(Watashi wa ringo *wa* suki desu ga, mikan *wa* kirai desu.)

¶ I like **apples** but dislike **mandarin oranges.**

¶風**は**吹いていますが，雨**は**降っていません。(Kaze *wa* fuite imasu ga, ame *wa* futte imasen.)

¶ **The wind** is blowing but it is not **raining.**

¶あの山に**は**登らないでください。(Ano yama ni *wa* noboranaide kudasai.)

¶ Please don't climb **that mountain.**

¶田中さんはテレビ**は**見ないそうです。(Tanaka san *wa* terebi wa minai sō desu.)

¶ I hear that **[Mr.] Tanaka** doesn't watch television.

＊「あの山には (Ano yama ni wa)」や「田中さんは (Tanaka san wa)」の文では，文中に直接対比されているものはないが，ほかの山には登ってもよいがあの山だけはという気持ち，テレビは見なくてもラジオは聞くというような対比の気持ちが感じられる。また，一般的に否定の文には「は (wa)」が使われることが多い。述語が名詞・形容動詞の否定の文は「～ではありません (～de wa arimasen)」となる。「暑くはありません。(Atsuku wa arimasen.)」「行こうとは思いません。(Ikō to wa omoimasen.)」「学校へは行きません。(Gakkō e wa ikimasen.)」「まだ，話してはいません。(Mada, hanashite wa imasen.)」「いい天気ではありません。(Ii tenki de wa arimasen.)」「あまり元気ではありません。(Amari genki de wa arima-

＊ In the case of *ano yama ni wa* and *Tanaka san wa* in the sentences above, a contrast is implied such that one may climb other mountains but not that particular one or that even though Mr. Tanaka doesn't watch television he listens to the radio. Also, in general *wa* is the particle used in negative sentences; the predicate for the negative of a noun or adjective-verb is ～ *de wa arimasen*. Other examples of negative sentences with *wa* are "*Atsuku wa arimasen*" (It's not hot), "*Ikō to wa omoimasen*" (I don't have any intention of going), "*Gakkō e wa ikimasen*" (I'm not going to school), "*Mada hanashite wa imasen*" (I haven't talked with them about it yet), "*Ii tenki de wa arimasen*" (It's not very nice weather), and "*Amari genki de wa arimasen*" (He's

sen.)」

somewhat downcast).

wa わ〘助〙

wa ⟦part⟧ a sentence-final particle used for emphasis, etc.

①[独り言のような言い方で詠嘆・感動などを表す]

① [used to express emotion when talking to oneself]

¶困ったわ。財布を落としたらしいの。(Komatta *wa.* Saifu o otoshita rashii no.)

¶ Oh, what shall I do? It looks like I've lost my wallet.

¶重いわ，この荷物。(Omoi *wa,* kono nimotsu.)

¶ My, this bag ⟦parcel, etc.⟧ is heavy.

¶あそこにおまわりさんがいるわ。道をきいてみましょう。 (Asoko ni omawari san ga iru *wa.* Michi o kiite mimashō.)

¶ Oh, there's a policeman. I'll ask him for directions.

②[話し手の主張や決意を表す]

② [used to indicate the speaker's determination or to stress what is being said]

¶あなたはさっき確かにそう言いましたわ。(Anata wa sakki tashika ni sō iimashita *wa.*)

¶ I'm sure that's what you said a little while ago.

¶もうやめるわ，こんな仕事。 (Mō yameru *wa,* konna shigoto.)

¶ That's it! I'm not going to do this work any more!

¶もう休みますわ，疲れましたから。(Mō yasumimasu *wa,* tsukaremashita kara.)

¶ I'm tired. I'm going to take a break now.

＊ 一般に女性が使う。

* This *wa* is generally used by women.

wagamama わがまま〘名，形動〙

wagamama ⟦n, adj-v⟧ **selfish, self-centered, self-indulgent, willful**

¶あの人はいつも**わがまま**を言って，みんなを困らせます。(Ano hito wa itsu mo *wagamama* o itte, minna o komarasemasu.)

¶ [He] is always inconveniencing others with [his] **self-centered** remarks.

¶独りっ子はどうしても**わがまま**になりやすいです。(Hitorikko wa dōshite mo *wagamama* ni nariyasui desu.)

¶ It is easy for an only child to become **spoiled.**

¶**わがまま**な人はみんなにきらわれます。(*Wagamama* na hito wa minna ni kirawaremasu.)

¶ **Selfish** persons are universally disliked.

wakai 若い〘形〙

¶山田さんの奥さんは**若くて**きれいです。(Yamada san no okusan wa *wakakute* kirei desu.)

¶田中さんは年より**若く**見えますね。(Tanaka san wa toshi yori *wakaku* miemasu ne.)

¶上田さんは，あなたよりいくつ**若い**んですか。(Ueda san wa, anata yori ikutsu *wakai* n desu ka?)

wakai ⟦adj⟧ **young, younger**

¶ Mr. Yamada's wife is **young** and pretty.

¶ [Mrs.] Tanaka doesn't look [her] age ⟦looks **younger** than she actually is⟧.

¶ How many years **younger** than you is [Mr.] Ueda?

wakareru 別れる〘動Ⅱ〙

¶わたしたちは「さようなら。」と言って**別れました**。(Watashitachi wa "Sayōnara." to itte *wakaremashita*.)

¶わたしは家族と**別れて**，独りで東京にいます。(Watashi wa kazoku to *wakarete*, hitori de Tōkyō ni imasu.)

⇨au 会う

wakareru ⟦v II⟧ **part, separate from, divorce, split up, bid farewell, leave**

¶ We **parted,** saying "Good-bye."

¶ I **left** home and came to live alone in Tokyo.

wakareru 分かれる〘動Ⅱ〙

¶男と女に**分かれて**，ゲームをしました。(Otoko to onna ni *wakarete*, gēmu o shimashita.)

¶ここをまっすぐ行くと，道が二つに**分かれて**います。(Koko o massugu iku to, michi ga futatsu ni *wakarete* imasu.)

¶意見が**分かれて**，今日は結論が出ませんでした。(Iken ga *wakarete*, kyō wa ketsuron ga demasen deshita.)

wakareru ⟦v II⟧ **split, be divided**

¶ [We] **split up** by sex and played games.

¶ If you go straight here the road **divides** in two.

¶ Opinion **was divided** and no conclusion was reached today.

wakaru わかる〘動Ⅰ〙

① [理解することができる，意味などが明らかになる]

¶あなたは日本語が**わかります**か。(Anata wa Nihongo ga *wakarimasu*

wakaru ⟦v I⟧ **understand; know**

① [understand, comprehend, grasp]

¶ **Do you understand** Japanese?

ka?)

¶わからない言葉(ことば)は，辞書(じしょ)で調(しら)べてください。(*Wakaranai* kotoba wa, jisho de shirabete kudasai.)

¶ Please look up in the dictionary any words **you don't understand.**

②[知りたいと思うことなどを知ることができる，見たり聞いたりして知ることができる]

② [know, learn, be known, be identified]

¶いつ試験(しけん)があるか，まだ**わかりません**。(Itsu shiken ga aru ka, mada *wakarimasen.*)

¶ [We] **don't know** yet when there will be a test.

¶田中(たなか)さんの電話番号(でんわばんごう)が**わかりますか**。(Tanaka san no denwa-bangō ga *wakarimasu* ka?)

¶ **Do you know** [Miss] Tanaka's phone number?

wakasu 沸(わ)かす〔動Ⅰ〕

wakasu [[v I]] **boil, heat**

¶お湯(ゆ)を沸(わ)**かして**，コーヒーをいれましょう。(Oyu o *wakashite*, kōhii o iremashō.)

¶ **I'm going to boil** water and fix some coffee.

wake わけ〔名〕

wake [[n]] **meaning, sense; reason, cause; circumstances, case**

①[ことがらや言葉などの意味・内容を表す]

① [meaning, sense]

¶この言葉(ことば)の**わけ**を字引(じびき)で調(しら)べてみましたが，わかりませんでした。(Kono kotoba no *wake* o jibiki de shirabete mimashita ga, wakarimasen deshita.)

¶ [I] looked up this word in the dictionary but in the end didn't learn **its meaning.**

¶この文(ぶん)は何(なに)を言(い)おうとしているのか，さっぱり**わけ**がわかりません。(Kono bun wa nani o iō to shite iru no ka, sappari *wake* ga wakarimasen.)

¶ [I] can't make **head or tail** of this sentence.

②[理由・原因を表す]

② [reason, cause, grounds]

¶あんなに仲(なか)のよかった夫婦(ふうふ)が，どういう**わけ**で離婚(りこん)してしまったのでしょう。(Anna ni naka no yokatta fūfu ga, dōiu *wake* de rikon shite

¶ I wonder **how** that couple came to be divorced when they seemed to get along so well together.

shimatta no deshō?)

¶なぜ学校をやめるのか，そのわけを話してください。(Naze gakkō o yameru no ka, sono *wake* o hanashite kudasai.)

¶ Please give me **your reasons** for wanting to quit school.

③[当然のこととして納得できるという意味を表す]

③ [used to indicate that something is natural or reasonable]

¶「田中さんは試験に失敗したそうです。」(Tanaka san wa shiken ni shippai shita sō desu.)「やはりそうでしたか。全然勉強しなかったんですから，落ちる**わけ**です。」(Yahari sō deshita ka. Zenzen benkyō shinakatta n desu kara, ochiru *wake* desu.)

¶ "I hear that [Mr.] Tanaka failed the test."

"I thought [he] might. **It stands to reason** that one will fail if one doesn't study at all ⟦**No wonder** he failed—he didn't study at all⟧."

¶田中さんはいつも人の悪口ばかり言っています。みんなにきらわれる**わけ**です。(Tanaka san wa itsu mo hito no warukuchi bakari itte imasu. Minna ni kirawareru *wake* desu.)

¶ [Mr.] Tanaka is always speaking ill of others. **That's why** [he]'s universally disliked.

④[事情やいきさつなどを説明するときに使う]

④ [used when explaining the circumstances, etc.]

¶わたしはお金がなくて大学へ行けなかった**わけ**ですが，息子には行かせたいと思います。(Watashi wa okane ga nakute daigaku e ikenakatta *wake* desu ga, musuko ni wa ikasetai to omoimasu.)

¶ I couldn't go to college myself **because of** insufficient funds, but I'd like to have my son go.

¶月末には必ず返すと言うので，田中さんに5万円貸した**わけ**です。ところが，もう2か月にもなるのに，まだ返してくれません。(Getsumatsu ni wa kanarazu kaesu to iu node,

¶ I lent fifty thousand yen to [Mr.] Tanaka **because** [he] said [he] would pay it back without fail at the end of the month. However, two months have gone by and [he] still hasn't

Tanaka san ni goman'en kashita *wake* desu. Tokoroga, mō nika-getsu ni mo naru noni, mada kae-shite kuremasen.)

paid it back.

⑤[簡単なこと・すぐできることなどの意味を表す]

⑤ [used to indicate that something is easy or simple]

¶一日に漢字を五つ覚えるのは，**わけ**ないことです。(Ichinichi ni kanji o itsutsu oboeru no wa, *wake* nai koto desu.)

¶ **It's a simple matter** to memorize five *kanji* a day.

¶機械でやれば，そんなことは**わけ**なくできます。 (Kikai de yareba, sonna koto wa *wake* naku deki-masu.)

¶ If you do it by machine it will be done **in no time at all.**

*「わけない (wake nai)」「わけはない (wake wa nai)」の形で使う。

* Used in the patterns "*wake nai*" and "*wake wa nai.*"

⑥[不可能であるという意味を表す]

⑥ [used to indicate that something is impossible]

¶いくら困っても，人の物を盗む**わけ**にはいきません。 (Ikura komatte mo, hito no mono o nusumu *wake* ni wa ikimasen.)

¶ **There is no excuse** for stealing no matter how difficult one's situation might be.

¶お金がないので，あまり高い物を買う**わけ**にはいきません。 (Okane ga nai node, amari takai mono o kau *wake* ni wa ikimasen.)

¶ [I] don't have much money so [I] **can't possibly** buy anything expen-sive.

* いつも「わけにはいかない (wake ni wa ikanai)」の形で使う。

* Always used in the pattern "*wake ni wa ikanai.*"

⑦[常識的に考えてとてもそういうことはありえないことを表す]

⑦ [used to indicate that something is unreasonable or contrary to common sense]

¶山田さんはあんなによく勉強したんですから，試験に落ちる**わけ**がありません。 (Yamada san wa anna ni yoku benkyō shita n desu kara, shiken ni ochiru *wake* ga ari-

¶ [Miss] Yamada **cannot possibly** fail the exam after studying so hard.

masen.)

¶山田さんはいつも人に親切ですから，みんなにきらわれる**わけ**がありません。(Yamada san wa itsu mo hito ni shinsetsu desu kara, minna ni kirawareru *wake* ga arimasen.)

¶ [Mr.] Yamada is always kind to others so **it cannot be** that [he] is unpopular.

* いつも「わけがない「(wake ga nai)」の形で使う。

* Always used in the pattern "*wake ga nai.*"

⑧[特にそのようなことはないという意味を表す]

⑧ [used to indicate that something is not the case]

¶漢字ができないといっても，全然読めない**わけ**ではありません。(Kanji ga dekinai to itte mo, zenzen yomenai *wake* de wa arimasen.)

¶ [I] don't have a good knowledge of *kanji*, but **that isn't to say** that [I] can't read them at all ⟦but I can read them a little bit⟧.

¶わたしは魚はきらいですが，全然食べない**わけ**ではありません。(Watashi wa sakana wa kirai desu ga, zenzen tabenai *wake* de wa arimasen.)

¶ I don't like fish, but **it's not the case** that I never eat it ⟦but I do eat it sometimes⟧.

* いつも「わけではない (wake de wa nai)」の形で使い，部分否定を表す。

* Always used in the pattern "*wake de wa nai*"; it forms a partial negative.

wakeru **分ける**〔動Ⅱ〕

wakeru ⟦v II⟧ **divide; separate, sort; distribute, allot**

①[全体をいくつかの部分にする]

① [divide, part, split]

¶人数が多いので，二組に**分けました**。(Ninzū ga ooi node, futakumi ni *wakemashita.*)

¶ As there were so many people [we] **were split up** into two groups ⟦teams⟧.

②[分類する]

② [separate, sort, classify]

¶りんごを大きさによって3種類に**分けました**。(Ringo o ookisa ni yotte sanshurui ni *wakemashita.*)

¶ [I] **sorted** the apples into three groups by size.

③[全体をいくつかにして人に与える]

③ [distribute, allot, share]

¶りんごをたくさんいただいたので，隣の家にも**分けて**あげました。(Ringo o takusan itadaita node,

¶ Someone gave [me] lots of apples so [I] **gave some** to [my] next-door neighbors.

tonari no ie ni mo *wakete* agemashita.)

¶一本のたばこを二人で**分けました**。(Ippon no tabako o futari de *wakemashita.*)

¶ The two **split** a cigarette.

waki わき〘名〙

①[腕のつけねの下の所]

¶山田さんがたくさんの本を**わき**に抱えて，こちらへ来ます。(Yamada san ga takusan no hon o *waki* ni kakaete, kochira e kimasu.)

②[すぐ近くの所，そば]

¶わたしの家は，学校のすぐ**わき**にあります。(Watashi no ie wa, gakkō no sugu *waki* ni arimasu.)

waki 〚n〛 **armpit, under one's arm(s); beside, very close**

① [armpit, under one's arm(s)]

¶ [Mr.] Yamada is coming this way carrying many books **under [his] arm.**

② [beside, very close]

¶ My house is **very near** to the school.

waku 沸く〘動 I〙

¶お湯が**沸きました**。お茶にしましょう。(Oyu ga *wakimashita.* Ocha ni shimashō.)

¶おふろが**沸きました**から，お入りください。 (Ofuro ga *wakimashita* kara, ohairi kudasai.)

＊「水が沸く (mizu ga waku)」とは言わないで，「お湯が沸く (oyu ga waku)」と言う。

waku 〚v I〛 **boil, grow hot**

¶ The water **is boiling.** Let's have some (green) tea.

¶ The bath **is ready now.** Please go ahead and have a bath.

＊ The expression * *mizu ga waku* is not used; instead one says *oyu ga waku*.

warai 笑い〘名〙

笑い話 (*warai*banashi)

¶あまりおかしくて，**笑い**が止まりませんでした。 (Amari okashikute, *warai* ga tomarimasen deshita.)

warai 〚n〛 **laugh, laughter, smile, smiling**

a **funny** story

¶ It was so funny [I] couldn't stop **laughing.**

warau 笑う〘動 I〙

¶山田先生がおもしろいことを言ったので，みんな大声で**笑いました**。(Yamada sensei ga omoshiroi koto

warau 〚v I〛 **laugh, smile**

¶ Professor Yamada said something amusing and everyone **laughed** loudly.

o itta node, minna oogoe de *waraimashita.*)

wareru **割れる**〘動Ⅱ〙

¶ボールが当たって，窓ガラスが**割れ**てしまいました。 (Bōru ga atatte, madogarasu ga *warete* shimaimashita.)

¶スケートをしていたら，氷が**割れて**池の中へ落ちてしまいました。(Sukēto o shite itara, koori ga *warete* ike no naka e ochite shimaimashita.)

wareru 〚v II〛 **split, break**

¶ The window **broke** when the ball hit it.

¶ When [I] was skating, the ice **cracked** and [I] fell into the pond.

wareware **われわれ**〘代〙

¶**われわれ**学生にとって最も重要なことは勉強することです。(*Wareware* gakusei ni totte mottomo jūyō na koto wa benkyō suru koto desu.)

＊「わたしたち (watashitachi)」より少しかたい感じの言葉。一体感を強めて言う場合に使う。女性は普通使わない。

wareware 〚pron〛 **we, us, our**

¶ Studying is the most important thing for **us** students.

＊ *Wareware* is a little more formal than *watashitachi*. It is used when stressing a sense of solidarity. It is not usually used by women.

-wari **-割**〘尾〙

3割 (san *wari*) 10割 (jū *wari*)

-wari 〚suf〛 **percentage** (1 *wari* = 10%)

30 percent // 100 percent

wariai **割合**〘名〙

¶あの学校の入学試験を受けて合格する人の**割合**は，30パーセントぐらいでしょう。(Ano gakkō no nyūgakushiken o ukete gōkaku suru hito no *wariai* wa, sanjippāsento gurai deshō.)

wariai 〚n〛 **rate, percentage, proportion, ratio**

¶ **The percentage** of persons passing the exam for entrance to that school is around 30 percent.

wariai ni **割合に**〘副〙

¶このお菓子は**割合に**おいしいですね。(Kono okashi wa *wariai ni* oishii desu ne.)

wariai ni 〚adv〛 **comparatively, relatively**

¶ This sweet 〚candy, cake〛 is **quite** good.

¶あの学生は**割合に**よく勉強します。(Ano gakusei wa *wariai ni* yoku benkyō shimasu.)

¶ That student studies **relatively** hard.

*「割合 (wariai)」「わりに (warini)」とも言う。

* Variants: *wariai, warini*.

⇨warini わりに

warini　わりに〘副〙

warini 〚adv〛 **comparatively, rather**

¶小さな店ですが，味は**わりに**いいですよ。(Chiisana mise desu ga, aji wa *warini* ii desu yo.)

¶ It's just a small place, but the food is **quite** good.

¶田中さんの家は駅から**わりに**近いです。(Tanaka san no ie wa eki kara *warini* chikai desu.)

¶ [Mr.] Tanaka's house is **relatively** close to the station.

＊「わりと (warito)」「割合に (wari-ai ni)」とも言う。

＊ Variants: *warito, wariai ni*.

⇨wariai ni 割合に

wari ni　割に〘連〙

wari ni 〚compd〛 **for, considering, relative to, in proportion to**

¶この店の料理は，安い**割に**おいしいです。(Kono mise no ryōri wa yasui *wari ni* oishii desu.)

¶ The food here is quite good **considering** how cheap it is.

¶あの学生は，勉強する**割に**は成績がよくないです。(Ano gakusei wa, benkyō suru *wari ni* wa seiseki ga yoku nai desu.)

¶ That student's marks aren't so good **considering** how much [he] studies.

¶山田さんは50歳の**割に**は若く見えます。(Yamada san wa gojissai no *wari ni* wa wakaku miemasu.)

¶ [Mr.] Yamada looks younger than [his] 50 years.

＊「動詞・形容詞・形容動詞（連体の形)＋割に (wari ni)」「名詞＋の (no)＋割に (wari ni)」の形で使う。

＊ Used in the patterns "verb, adjective, or adjective-verb (dictionary form) + *wari ni*" and "noun + *no* + *wari ni*."

waru　割る〘動Ｉ〙

waru 〚v I〛 **divide; break; divide by**

①[まとまっているものをいくつかの部分にする]

① [divide, cut, halve]

¶ナイフでりんごを半分に**割って**，二人

¶ [We] **cut** the apple in half with a knife and split it between the two

で食べました。(Naifu de ringo o hanbun ni *watte,* futari de tabemashita.)

of [us].

②[固い物を壊す]

② [break, crack, smash]

コップを**割る** (koppu o *waru*)　窓ガラスを**割る** (madogarasu o *waru*)

break a glass tumbler // **break** a window

¶花びんを落として**割って**しまいました。(Kabin o otoshite *watte* shimaimashita.)

¶ [I] dropped the vase and **it broke.**

③[割り算をする]

③ [divide]

¶4**割る**2は2です。(Yon *waru* ni wa ni desu.)

¶ Four **divided by** two is two.

warui　悪い〘形〙

warui ⟦adj⟧　**bad, wrong; evil; inferior; in poor condition**

①[道徳的・法律的に正しくない様子]

① [bad, wrong, evil]

¶人の物を盗むのは**悪い**ことです。(Hito no mono o nusumu no wa *warui* koto desu.)

¶ **It is wrong** to steal something belonging to another.

¶花びんを壊したのはしかたがないが，**悪い**のはうそをついたことです。(Kabin o kowashita no wa shikata ga nai ga, *warui* no wa uso o tsuita koto desu.)

¶ Breaking the vase couldn't have been helped, but **it was wrong** to lie about it.

↔ii いい　yoi よい

②[性質が善良でない様子]

② [bad, evil, wicked]

¶世の中にはいい人もいるが**悪い**人もいるから，気をつけなければなりません。(Yononaka ni wa ii hito mo iru ga *warui* hito mo iru kara, ki o tsukenakereba narimasen.)

¶ There are **bad** people as well as good people in the world so one must be careful.

↔ii いい　yoi よい

③[人間関係がよくない様子]

③ [be on bad terms with]

¶山田さんと田中さんは仲が**悪い**そうです。(Yamada san to Tanaka san wa naka ga *warui* sō desu.)

¶ I hear that [Mr.] Yamada and [Mr.] Tanaka **don't get along well** with each other.

* 普通「仲が悪い (naka ga warui)」の形で使う。

* Usually used in the pattern "*naka ga warui*."

↔ii いい　yoi よい

④［ものごとが劣っている様子］

④ [bad, inferior, poor]

悪い品物 (*warui* shinamono)　頭が**悪い** (atama ga *warui*)

inferior goods // be **slow,** be **slow-**witted

¶上田さんは3学期の成績がたいへん**悪かった**そうです。(Ueda san wa sangakki no seiseki ga taihen *warukatta* sō desu.)

¶ I hear that [Miss] Ueda's marks for the third term were very **poor.**

↔ii いい　yoi よい

⑤［状態などの好ましくない様子，気持ちのよくない様子］

⑤ [be in poor condition]

気分が**悪い** (kibun ga *warui*)

feel **ill**

¶天気が**悪い**日には散歩はしません。(Tenki ga *warui* hi ni wa sanpo wa shimasen.)

¶ [I] don't go for a walk on days when the weather **is poor.**

¶雨が降って，道が**悪く**なりました。(Ame ga futte, michi ga *waruku* narimashita.)

¶ The roads **were** ⟦**are**⟧ **bad** because of the rain.

¶お酒を飲んだら，気持が**悪く**なりました。(Osake o nondara, kimochi ga *waruku* narimashita.)

¶ [I] felt ⟦feel⟧ **sick** after doing some drinking.

↔ii いい　yoi よい

⑥［気の毒である，申し訳ない］

⑥ [be wrong, be at fault]

¶みんなを待たせると**悪い**から，急いで行きましょう。(Minna o mataseru to *warui* kara, isoide ikimashō.)

¶ Let's hurry as we **shouldn't** keep everyone waiting.

¶忙しい時に来て**悪かった**ですね。(Isogashii toki ni kite *warukatta* desu ne.)

¶ [I]'m **sorry** to have disturbed you when you are so busy.

* 会話の文の中で自分の行為が相手に迷惑をかけたり不都合な影響を及ぼしたりするときに使う。

* Used in conversation when one's actions have bothered or inconvenienced another.

wasureru **忘れる**〖動Ⅱ〗

①[覚えたことなどが思い出せない]

¶学生時代に習った外国語は，もうみんな**忘れて**しまいました。(Gakusei-jidai ni naratta gaikokugo wa, mō minna *wasurete* shimaimashita.)

②[うっかりして物をどこかに置いてきてしまう]

¶教室に日本語の本を**忘れて**きてしまいました。(Kyōshitsu ni Nihongo no hon o *wasurete* kite shimaimashita.)

wasureru 〚v II〛 **forget, escape one's memory; forget, leave behind**

① [forget, escape one's memory]

¶ [I]'ve completely **forgotten** the foreign languages [I] learned in [my] student days.

② [forget, leave behind]

¶ [I] **accidentally left** my Japanese book in the classroom.

wata **綿**〖名〗

¶寒い所では冬は**綿**の入った着物を着ます。(Samui tokoro de wa fuyu wa *wata* no haitta kimono o kimasu.)

¶空には白い**綿**のような雲が浮かんでいます。(Sora ni wa shiroi *wata* no yō na kumo ga ukande imasu.)

wata 〚n〛 **cotton, cotton wool**

¶ In cold areas they wear clothing padded with **cotton** in the winter.

¶ **Fleecy** white clouds are floating in the sky.

watakushi **私**〖代〗

¶**私**は皆様の御親切を決して忘れません。(*Watakushi* wa minasama no goshinsetsu o kesshite wasuremasen.)

＊「私 (watakushi)」は，「わたし (watashi)」の丁寧な言い方で，改まったときに使う。

watakushi 〚pron〛 **I, myself, me, mine**

¶ **I** will never forget how kind all of you have been to me.

＊ *Watakushi* is the polite form of *watashi;* it is used on more formal occasions.

wataru **渡る**〖動Ⅰ〗

川を**渡る** (kawa o *wataru*)　橋を**渡る** (hashi o *wataru*)

¶本屋は交差点を**渡った**ところにあります。(Hon'ya wa kōsaten o *watatta* tokoro ni arimasu.)

wataru 〚v I〛 **cross, go across**

cross a river // **cross** a bridge

¶ The bookstore is **on the other side** of the intersection.

¶冬になると，北からいろいろな渡り鳥が日本に**渡って**きます。(Fuyu ni naru to, kita kara iroiro na wataridori ga Nihon ni *watatte* kimasu.)

watashi　わたし〔代〕

¶**わたし**は山田です。(*Watashi* wa Yamada desu.)

watasu　渡す〔動 I〕

①[人から人へある物を移す]

¶田中さんが来たら，この手紙を**渡して**ください。(Tanaka san ga kitara, kono tegami o *watashite* kudasai.)

②[こちら側から向こう側へあるものを送る]

¶ここには橋がないので，人々を船で向こう岸に**渡して**います。(Koko ni wa hashi ga nai node, hitobito o fune de mukōgishi ni *watashite* imasu.)

wazawaza　わざわざ〔副〕

①[あることのために特別に苦労などして何かを行う様子]

¶このセーターは**わざわざ**わたしのために編んでくださったのですか。(Kono sētā wa *wazawaza* watashi no tame ni ande kudasatta no desu ka?)

¶わたしが北海道へ行った時，上田さんは忙しいのに，**わざわざ**ホテルまで会いに来てくれました。(Watashi ga Hokkaidō e itta toki, Ueda san wa isogashii noni, *wazawaza* hoteru made ai ni kite kuremashita.)

②[そのことをする必要がないのにそ

¶ In the winter various migratory birds **cross** the sea to Japan from the north.

watashi [[pron]] **I, myself, me, mine**

¶ **I'm** [Mr.] Yamada.

watasu [[v I]] **hand over; carry across**

① [hand over, deliver, give to]

¶ Please **give** this letter to [Mrs.] Tanaka when [she] comes.

② [carry across, take over]

¶ There is no bridge here so people **are ferried** to the other side by boat.

wazawaza [[adv]] **purposely, expressly; take the trouble to**

① [purposely, expressly, specially]

¶ Did you knit this sweater **just for me?**

¶ When I went to Hokkaido, [Mr.] Ueda **took the time** from [his] busy schedule to come see me at my hotel.

② [take the trouble to, go out of

うと知りながら何かを行う様子〕 one's way to〕

¶近くの店で買えるのに，どうして**わざわざ**遠くの店まで買いに行ったのですか。(Chikaku no mise de kaeru noni, dōshite *wazawaza* tooku no mise made kai ni itta no desu ka?)

¶ Why did you **make a special trip** to a more distant shop when you could have bought it nearby?

wazuka **わずか**〘副，形動，〜の〙

wazuka ⟦adv, adj-v, ~*no*⟧ **only a few, only a little, scanty, mere**

¶うちから学校までは，**わずか**5分です。(Uchi kara gakkō made wa, *wazuka* gofun desu.)

¶ It's **only** five minutes to school from my home.

¶父が亡くなったのは，わたしが**わずか**三つの時でした。(Chichi ga nakunatta no wa, watashi ga *wazuka* mittsu no toki deshita.)

¶ My father died when I was **only** three years old.

¶夜遅くまで働いたのに，**わずか**のお金しかもらえませんでした。(Yoru osoku made hataraita noni, *wazuka* no okane shika moraemasen deshita.)

¶ Even though [I] worked until late at night on it, [I] only received a **trifling** payment for it.

Y

ya　や〔助〕

¶机の上には，本**や**ノート**や**鉛筆などがあります。(Tsukue no ue ni wa, hon *ya* nōto *ya* enpitsu nado ga arimasu.)

¶このクラスの学生はアメリカ**や**フランス**や**タイなどいろいろな国から来ています。 (Kono kurasu no gakusei wa Amerika *ya* Furansu *ya* Tai nado iroiro na kuni kara kite imasu.)

＊ いくつかあるものの中から，その一部を列挙する場合に使う。

⇨**to と**

ya ⟦part⟧　**and, or**

¶ There are books, notebooks, pencils, **and** the like on the desk.

¶ The students in this class are from many different countries such as the United States, France, **and** Thailand.

＊ *Ya* is used when citing only part of a set of items.

-ya　-屋〔尾〕

八百屋 (yao*ya*)　魚屋 (sakana*ya*)　菓子屋 (kashi*ya*)　本屋 (hon'*ya*)　酒屋 (saka*ya*)　文房具屋 (bunbōgu-*ya*)

-ya ⟦suf⟧　a suffix indicating a store, shop, dealer, etc.

a vegetable **store,** a grocer // a fish **shop,** a fish **dealer** // a confectionery **store,** a candy **shop,** a confectioner // a book**store,** a book**seller** // a liquor **store,** a wine **dealer,** a *sake* **brewery** // a stationery **store,** a stationer

yā　やあ〔感〕

¶**やあ**，しばらく。お元気ですか。(*Yā*, shibaraku. Ogenki desu ka?)

yā ⟦interj⟧　**hi, hello**

¶ **Hello there!** How are you doing?

＊ *Yā* is used by men only.

yabureru　破れる〔動Ⅱ〕

¶この紙はすぐ**破れます**。(Kono kami wa sugu *yaburemasu.*)

¶このシャツは少し**破れて**いますが，まだ着られます。 (Kono shatsu wa sukoshi *yaburete* imasu ga, mada kiraremasu.)

yabureru ⟦v II⟧　**be torn, rip, be broken, wear out, become threadbare**

¶ This paper **tears** easily.

¶ This shirt **is** a little **worn** but it's still good (literally, can still be worn).

yabureru　敗れる〔動Ⅱ〕

戦争に**敗れる** (sensō ni *yabureru*)

yabureru ⟦v II⟧　**be defeated, lose**

lose a war

¶テニスの試合(しあい)で，田中(たなか)さんは山田(やまだ)さんに**敗(やぶ)れました**。 (Tenisu no shiai de, Tanaka san wa Yamada san ni *yaburemashita.*)

⇨**makeru 負(ま)ける**

¶ [Mr.] Tanaka **lost** the tennis match to [Mr.] Yamada.

yaburu 破(やぶ)る〘動 I〙

yaburu 〚v I〛 **tear, rip; break, violate; beat, defeat**

①[紙・布などを引き裂いたりする]

¶山田(やまだ)さんは怒(おこ)って，手紙(てがみ)を**破(やぶ)って**捨(す)てました。(Yamada san wa okotte, tegami o *yabutte* sutemashita.)

① [tear, rip]

¶ [Miss] Yamada angrily **tore up** the letter and threw it away.

②[約束や決まりなどを守らない]

¶田中(たなか)さんはわたしとの約束(やくそく)を**破(やぶ)って**，ついに来(き)ませんでした。(Tanaka san wa watashi to no yakusoku o *yabutte,* tsuini kimasen deshita.)

② [break, violate]

¶ [Mr.] Tanaka never showed up for [his] appointment with me.

③[試合や勝負などで相手を負かす]

¶テニスの試合(しあい)で，A(エー)チームはB(ビー)チームを**破(やぶ)りました**。 (Tenisu no shiai de, Ē-chiimu wa Bii-chiimu o *yaburimashita.*)

③ [beat, defeat]

¶ Team A **beat** Team B at tennis.

yado 宿(やど)〘名〙

yado 〚n〛 **lodging, inn, a room**

¶1時間(いちじかん)も歩(ある)いて，やっと**宿(やど)**を見(み)つけました。 (Ichijikan mo aruite, yatto *yado* o mitsukemashita.)

¶ After walking for a hour [we] finally found **a room** for the night.

¶今晩(こんばん)はどこに**宿(やど)**をとりましょうか。 (Konban wa doko ni *yado* o torimashō ka?)

¶ Where shall we seek **lodging** tonight?

yagate やがて〘副〙

yagate 〚adv〛 **soon, shortly, nearly, after all**

¶山田(やまだ)さんも，**やがて**来(く)るでしょう。 (Yamada san mo, *yagate* kuru deshō.)

¶ [Mrs.] Yamada should be here **shortly.**

¶田中(たなか)さんが外国(がいこく)へ行(い)ってから，**やがて**1年(いちねん)になります。(Tanaka san ga gaikoku e itte kara, *yagate* ichinen

¶ **Nearly** one year has passed since [Mr.] Tanaka went abroad.

ni narimasu.)

yahari **やはり**〘副〙

yahari ⟦adv⟧ **too, also, likewise; still, just the same; after all, as expected**

①[ほかの場合と同じように]

① [too, also, likewise]

¶この言葉の意味がわからないので，山田さんにきいてみましたが，**やはり**わかりませんでした。(Kono kotoba no imi ga wakaranai node, Yamada san ni kiite mimashita ga, *yahari* wakarimasen deshita.)

¶ I didn't understand the meaning of this word so I asked [Mr.] Yamada but he didn't understand **either.**

¶山田さんは医者ですが，息子さんも**やはり**医者になりたいそうです。(Yamada san wa isha desu ga, musukosan mo *yahari* isha ni naritai sō desu.)

¶ [Mrs.] Yamada is a doctor and I hear [her] son wants to become a doctor **too.**

②[前の場合と同じように]

② [still, just the same]

¶上田さんは今でも**やはり**小学校の先生をしていらっしゃいますか。(Ueda san wa ima demo *yahari* shōgakkō no sensei o shite irasshaimasu ka?)

¶ Is [Miss] Ueda **still** teaching in elementary school?

¶去年の夏も暑かったですが，今年も**やはり**暑いですね。(Kyonen no natsu mo atsukatta desu ga, kotoshi mo *yahari* atsui desu ne.)

¶ It was hot last summer and it's hot **again** this year **too.**

③[予想していたとおりに]

③ [after all, as expected]

¶わたしが思っていたとおり，**やはり**あの人はうそをついていました。(Watashi ga omotte ita toori, *yahari* ano hito wa uso o tsuite imashita.)

¶ It's just as I thought—[he] ***was*** lying.

¶中村さんは試験に合格しないだろうと思っていましたが，**やはり**だめでした。(Nakamura san wa shiken ni gōkaku shinai darō to omotte imashita ga, *yahari* dame deshita.)

¶ I thought [Mr.] Nakamura would fail the exam and that's **just** what happened.

＊「やっぱり（yappari）」とも言う。

＊ Variant: *yappari*.

yakamashii　やかましい〖形〗

¶隣の部屋が**やかましくて**，勉強ができません。　(Tonari no heya ga *yakamashikute*, benkyō ga dekimasen.)

¶**やかましい**。静かにしろ。　(*Yakamashii.* Shizuka ni shiro.)

yakamashii 〚adj〛 **noisy**

¶ **It's so noisy** in the room next door that [I] can't study.

¶ Quiet! Stop making **such a racket!** (literally, **You're too loud.** Be quiet!)

yakeru　焼ける〖動Ⅱ〗

①[火で燃える]

¶火事で家が何軒も**焼けました**。(Kaji de ie ga nangen mo *yakemashita.*)

②[食べ物などが熱を加えられて食べるのに適するようになる]

¶肉が**焼けました**よ。どうぞ，おあがりください。(Niku ga *yakemashita* yo. Dōzo, oagari kudasai.)

③[日光などにあたって色が変わる]

¶泳ぎに行って，顔が真っ黒に**焼けました**。(Oyogi ni itte, kao ga makkuro ni *yakemashita.*)

yakeru 〚v II〛 **burn, be burnt; be roasted; be sunburned, be suntanned**

① [burn, be burnt]

¶ Many houses **burned down** in the fire.

② [be roasted, grilled, broiled, baked, toasted]

¶ The meat is done 〚**grilled, roasted,** etc.〛. Please have some.

③ [be sunburned, be suntanned]

¶ [His] face **got browned** in the sun when [he] went swimming.

yaku　焼く〖動Ⅰ〗

①[火をつけて燃やす]

ごみを**焼く**（gomi o *yaku*）

¶この手紙はもう要らないから，**焼いて**ください。(Kono tegami wa mō iranai kara, *yaite* kudasai.)

②[食べ物などに熱を加えて食べるのに適するようにする]

魚を**焼く**（sakana o *yaku*）

¶パンを**焼いて**，バターをつけて食べました。　(Pan o *yaite*, batā o tsukete tabemashita.)

yaku 〚v I〛 **burn, set on fire; roast**

① [burn, set on fire]

burn the trash

¶ [I] don't need this letter any more. Please **burn it.**

② [roast, broil, grill, bake, toast]

grill 〚**roast, broil**〛 fish

¶ [I] ate the bread 〚roll, muffin, etc.〛 **toasted** and buttered.

yaku 役〔名〕

①［務め，仕事上の地位］
上役 (uwa*yaku*) 役目 (*yaku*me)
¶田中さんは，その委員会でどんな役をしているのですか。(Tanaka san wa, sono iinkai de donna *yaku* o shite iru no desu ka?)

②［劇などに出てくる人物などの役割］
役者 (*yaku*sha) 主役 (shu*yaku*)
¶この劇の主人公の役は，だれがやるのですか。(Kono geki no shujinkō no *yaku* wa, dare ga yaru no desu ka?)

③［割り当てられた仕事，引き受けた仕事］
¶京都の案内役は，わたしが引き受けます。(Kyōto no annai*yaku* wa, watashi ga hikiukemasu.)

④［はたらき，有用であること］
役に立つ (*yaku* ni tatsu) 役立つ (*yaku*datsu)
¶この道具は全然役に立ちません。(Kono dōgu wa zenzen *yaku* ni tachimasen.)
¶この辞書は，日本語を勉強するのにとても役立ちます。(Kono jisho wa, Nihongo o benkyō suru no ni totemo *yaku*dachimasu.)
＊いつも「役に立つ (yaku ni tatsu)」「役立つ (yakudatsu)」の形で使う。

yaku ⟦n⟧ **office, post; role, part; duty, function**

① [office, post, position]
a senior **official,** one's superior // duty, function
¶ What is [Mr.] Tanaka's **position** on that committee ⟦commission, board⟧?

② [role, part]
an actor, actress // the lead, leading **role**
¶ Who is playing **the lead** in this play?

③ [duty, function]
¶ I will undertake **to act as** guide in Kyoto.

④ [use, service]
be **useful,** be of **use** // be **useful,** be of **use**
¶ This tool ⟦utensil, apparatus, appliance⟧ is of no **use** whatsoever.
¶ This dictionary is very **useful** for studying Japanese.
* Always used in the patterns "*yaku ni tatsu*" and "*yakudatsu*."

yaku 約〔連体〕

¶駅からうちまで，歩いて約15分です。(Eki kara uchi made, aruite *yaku* jūgofun desu.)

yaku ⟦attrib⟧ **about, nearly, approximately**

¶ It is **roughly** a 15-minute walk from the station to my house.

¶これで仕事も約半分終わりました。(Kore de shigoto mo *yaku* hanbun owarimashita.)

¶ This marks **more or less** the half-way point of the work.

yakusho 役所〖名〗

yakusho ⟦n⟧ **a government office**

市役所 (shi*yakusho*)

a city **hall**

¶わたしの兄は役所に勤めています。(Watashi no ani wa *yakusho* ni tsutomete imasu.)

¶ My elder brother is in **government** service.

¶外国へ行く手続きは，どこの役所でするのですか。(Gaikoku e iku tetsuzuki wa, doko no *yakusho* de suru no desu ka?)

¶ What **office** handles the paperwork for going abroad?

yakusoku 約束〖名，～する〗

yakusoku ⟦n, ~*suru*⟧ **promise, agreement, appointment, engagement, date**

約束を守る (*yakusoku* o mamoru)
約束を破る (*yakusoku* o yaburu)

keep **a promise;** keep **an appointment** // break **a promise;** miss **an appointment**

¶わたしは今晩友達と食事をする約束があります。(Watashi wa konban tomodachi to shokuji o suru *yakusoku* ga arimasu.)

¶ I have **a date** to have dinner with a friend tonight.

¶山田さんと約束して，日曜日に映画を見に行くことにしました。(Yamada san to *yakusoku* shite, nichiyōbi ni eiga o mi ni iku koto ni shimashita.)

¶ **I promised** to go to a movie with [Mr.] Yamada on Sunday.

yakusu 訳す〖動 I〗

yakusu ⟦v I⟧ **translate**

①[ある国の言葉を別の国の言葉に直す]

① [translate from one language to another]

¶山田さんは日本の現代小説を英語に訳しています。(Yamada san wa Nihon no gendai-shōsetsu o Eigo ni *yakushite* imasu.)

¶ [Miss] Yamada **translates** contemporary Japanese novels into English.

②[古い言葉や難しい言葉をわかりやすい言葉に直す]

② [render something in older or difficult language into language easier to understand]

¶中村さんは源氏物語を現代語に訳し

ました。(Nakamura san wa Genji-monogatari o gendaigo ni *yakushi-mashita.*)

¶ [Mr.] Nakamura **put** *The Tale of Genji* **into** modern Japanese.

yama 山〘名〙

yama ⟦n⟧ **mountain, peak, hill**

¶富士山は日本でいちばん高い山です。(Fujisan wa Nihon de ichiban takai *yama* desu.)

¶ Mount Fuji is the highest **mountain** in Japan.

¶夏休みには山に登るつもりです。(Natsuyasumi ni wa *yama* ni noboru tsumori desu.)

¶ I plan to go **mountain** climbing during summer vacation.

yameru **辞める**〘動Ⅱ〙

yameru ⟦v II⟧ **quit, resign**

¶中村さんは先月会社を**辞めました**。(Nakamura san wa sengetsu kaisha o *yamemashita.*)

¶ [Mr.] Nakamura **quit** [his] job last month.

yameru **やめる**〘動Ⅱ〙

yameru ⟦v II⟧ **stop, end; give up, quit**

①[続けてきたことを終わりにする]

① [stop, end]

¶今日の勉強は，これで**やめる**ことにしましょう。(Kyō no benkyō wa, kore de *yameru* koto ni shimashō.)

¶ Let's **end** our lesson here today.

¶たばこを**やめよう**と思っているのですが，なかなか**やめる**ことができません。(Tabako o *yameyō* to omotte iru no desu ga, nakanaka *yameru* koto ga dekimasen.)

¶ **I'm trying to stop** smoking but it's hard to do.

②[する予定でいたことをしないことにする]

② [give up, quit]

¶風邪を引いたので，旅行に行くのを**やめました**。(Kaze o hiita node, ryokō ni iku no o *yamemashita.*)

¶ [I] **gave up** on going on the trip because [I] caught a cold.

yamu **やむ**〘動Ⅰ〙

yamu ⟦v I⟧ **stop, cease**

¶雨が**やみました**。(Ame ga *yami-mashita.*)

¶ The rain **has stopped.**

¶風が**やんで**，辺りが静かになりました。(Kaze ga *yande,* atari ga shizuka

¶ It became ⟦has become⟧ quiet with **the dying away** of the wind.

ni narimashita.)

yamuoenai　やむをえない〘連〘

¶あしたの会議(かいぎ)には，**やむをえない**用事(ようじ)で欠席(けっせき)させていただきます。(Ashita no kaigi ni wa *yamuoenai* yōji de kesseki sasete itadakimasu.)

¶用事(ようじ)があって来(こ)られなければ，**やむをえません**。(Yōji ga atte korarenakereba, *yamuoemasen.*)

⇨**shikata ga nai　しかたがない**

yamuoenai 〚compd〛 **unavoidable, inevitable, cannot be helped, beyond one's control**

¶ I will have to be absent from tomorrow's meeting due to **unavoidable** circumstances.

¶ **It can't be helped** if [you] have some business that prevents [you] from coming.

yamuoezu　やむをえず〘副〙

¶乗(の)り物(もの)がなくなってしまったので，**やむをえず**歩(ある)いてうちに帰(かえ)りました。(Norimono ga nakunatte shimatta node, *yamuoezu* aruite uchi ni kaerimashita.)

yamuoezu 〚adv〛 **unavoidably, inevitably, of necessity**

¶ [I] **was forced** to walk home as nothing was running 〚as the trains and buses had stopped running for the night〛.

yane　屋根(やね)〘名〙

¶あの赤(あか)い**屋根(やね)**の建物(たてもの)が郵便局(ゆうびんきょく)です。(Ano akai *yane* no tatemono ga yūbinkyoku desu.)

yane 〚n〛 **roof**

¶ That building with a red **roof** is the post office.

yaoya　八百屋(やおや)〘名〙

¶**八百屋(やおや)**で野菜(やさい)を買(か)ってきてください。(*Yaoya* de yasai o katte kite kudasai.)

yaoya 〚n〛 **vegetable store, grocer**

¶ Please go buy some vegetables at **the vegetable store.**

yappari ☞ **yahari**

yaru　やる〘動 I〙

① [人や動植物などに物を与える]

¶わたしは弟(おとうと)に万年筆(まんねんひつ)を**やりました**。(Watashi wa otōto ni mannenhitsu o *yarimashita.*)

¶犬(いぬ)にえさを**やって**ください。(Inu ni esa o *yatte* kudasai.)

¶夕方(ゆうがた)，植木(うえき)に水(みず)を**やりました**。(Yūgata, ueki ni mizu o *yarimashita.*)

* 普通，ある人が同等または目下の人，

yaru 〚v I〛 **give; do; work; make do, live on**

① [give]

¶ I **gave** my younger brother a fountain pen.

¶ Please **feed** the dog.

¶ [I] **watered** the plants in the evening.

* *Yaru* usually expresses the meaning

動植物などにある物を与えるという意味を表す。与える人の側に立って言うときに使う。

of a person giving something to someone of equal or lower status or to an animal or plant. Used from the standpoint of the giver.

→**ageru** **上げる**

②[ものごとをする，行う]

② [do, hold]

¶テニスを**やりませんか**。(Tenisu o *yarimasen* ka?)

¶ **Won't you play** tennis?

¶おもしろい映画を**やっている**から，見に行きませんか。(Omoshiroi eiga o *yatte* iru kara, mi ni ikimasen ka?)

¶ **There's** an interesting movie **on.** Won't you come with [me] to see it?

¶来週，田中先生の送別会を**やる**予定です。(Raishū, Tanaka sensei no sōbetsukai o *yaru* yotei desu.)

¶ A farewell party for Professor ⟦Doctor⟧ Tanaka is scheduled for next week.

③[ある職業に就く，仕事をする]

③ [work, perform]

¶わたしの兄は本屋を**やっています**。(Watashi no ani wa hon'ya o *yatte* imasu.)

¶ My elder brother **runs** a bookstore.

④[収入などを得て生活する]

④ [make do, live on]

¶あなたは1か月10万円で**やっていけ**ますか。(Anata wa ikkagetsu jūman'en de *yatte* ikemasu ka?)

¶ Can you **live on** a hundred thousand yen a month?

(〜te) yaru (〜て) **やる**〔連〕

(-te) **yaru** ⟦compd⟧ **do something for someone**

¶子供を動物園へ連れていって**やりました**。(Kodomo o dōbutsuen e tsurete itte *yarimashita.*)

¶ **I took** the children to the zoo.

¶わたしは妹にくつを買って**やりました**。(Watashi wa imōto ni kutsu o katte *yarimashita.*)

¶ **I bought** shoes for my younger sister.

＊ 一般的に，相手のためにある動作をするという意味を表す。動作をする人の側に立って言うときに使う。普通，同等または目下の人などのためにある動作をするときに使う。

＊ Generally indicates an act done for another person. Used from the standpoint of the performer of the act. Usually used for an act done for someone of equal or lower status.

⇨(～te) **ageru** （～て）あげる

yasai 野菜〘名〙

¶わたしは畑でじゃがいもやキャベツやトマトなどの**野菜**を作っています。(Watashi wa hatake de jagaimo ya kyabetsu ya tomato nado no *yasai* o tsukutte imasu.)

yasai ⟦n⟧ **vegetable(s)**

¶ I grow **vegetables**—potatoes, cabbage, tomatoes, etc.—in a field.

yasashii 優しい〘形〙

¶田中さんは心の**優しい**人です。(Tanaka san wa kokoro no *yasashii* hito desu.)

¶入学試験に落ちてがっかりしていたら，山田さんが**優しく**慰めてくれました。(Nyūgaku-shiken ni ochite gakkari shite itara, Yamada san ga *yasashiku* nagusamete kuremashita.)

yasashii ⟦adj⟧ **gentle, tender, kindly, considerate**

¶ [Mr.] Tanaka is a **kindhearted** person.

¶ When [I] was downhearted at failing [my] college entrance exams, [Miss] Yamada **gently** comforted [me].

yasashii 易しい〘形〙

¶日本語は**易しい**ですか。難しいですか。(Nihongo wa *yasashii* desu ka? Muzukashii desu ka?)

¶問題が**易しかった**ので，すぐできました。(Mondai ga *yasashikatta* node, sugu dekimashita.)

⇔**muzukashii** 難しい

yasashii ⟦adj⟧ **easy, simple**

¶ **Is** Japanese **easy?** Or is it hard?

¶ The (test) problem **was easy** so [I] finished it quickly.

yaseru やせる〘動II〙

¶中村さんはわたしより**やせて**います。(Nakamura san wa watashi yori *yasete* imasu.)

¶わたしは病気をして**やせて**しまいました。(Watashi wa byōki o shite *yasete* shimaimashita.)

⇔**futoru** 太る

yaseru ⟦v II⟧ **become thin, lose weight**

¶ [Mr.] Nakamura **is thinner** than I am.

¶ I **lost weight** due to my illness.

yasui 安い〘形〙

yasui ⟦adj⟧ **cheap, inexpensive**

¶もっと安(やす)いのを見(み)せてください。(Motto *yasui* no o misete kudasai.)

¶ Please show me a **cheaper** one.

¶安(やす)ければ買(か)いますが，高(たか)ければ買(か)いません。(*Yasukereba* kaimasu ga, takakereba kaimasen.)

¶ [I] will buy it **if it's cheap** but not if it's expensive.

⇔**takai** 高(たか)い

-yasui **-やすい**〘尾〙

-yasui ⟦suf⟧ **be easy to ~, be apt to ~**

¶田中(たなか)さんの手紙(てがみ)は，字(じ)がきれいで読(よ)み**やすい**です。(Tanaka san no tegami wa, ji ga kirei de yomi*yasui* desu.)

¶ [Miss] Tanaka's letters are written in an attractive and **easy**-to-read handwriting.

¶夏(なつ)は食(た)べ物(もの)が腐(くさ)り**やすい**です。(Natsu wa tabemono ga kusari-*yasui* desu.)

¶ Food goes bad **easily** in the summer.

⇔**-nikui** **-にくい**

yasumi **休(やす)み**〘名〙

yasumi ⟦n⟧ **a rest, a break; a holiday, vacation, time off**

休(やす)み時間(じかん)(*yasumi*jikan) 昼休(ひるやす)み (hiru*yasumi*)

work-**breaks,** the time **between classes** // the lunch **break**

¶あしたは学校(がっこう)が**休(やす)み**です。(Ashita wa gakkō ga *yasumi* desu.)

¶ There is **no school** tomorrow.

¶今日(きょう)，山田先生(やまだせんせい)は風邪(かぜ)でお**休(やす)み**です。(Kyō, Yamada sensei wa kaze de o*yasumi* desu.)

¶ Professor Yamada **is out** today with a cold ⟦the flu⟧.

yasumu **休(やす)む**〘動 I〙

yasumu ⟦v I⟧ **rest, take a break; be absent from work, school,** etc.

①[休息する，心や体を楽にする]

① [rest, take a break]

¶それでは，10分間(じっぷんかん)**休(やす)みましょう。**(Soredewa, jippunkan *yasumimashō.*)

¶ Well, **let's have a** 10-minute **break** now.

②[学校や会社などに行くことをやめる]

② [be absent from work, school, etc.]

¶体(からだ)のぐあいが悪(わる)いので，会社(かいしゃ)を**休(やす)みました。**(Karada no guai ga warui node, kaisha o *yasumimashita.*)

¶ [I] **stayed home** from work as [I] don't ⟦didn't⟧ feel well.

yatou **雇(やと)う**〘動 I〙

yatou ⟦v I⟧ **employ, hire**

¶あそこの家は金持ちで，お手伝いさんを3人も**雇って**います。 (Asoko no ie wa kanemochi de, otetsudaisan o sannin mo *yatotte* imasu.)

¶ That family is rich—**they have** three maids.

yatto やっと〘副〙

yatto ⟦adv⟧ **at last, finally; barely, narrowly, just**

①［困難な状況に耐えたりその状態を打開するための努力などをしてある事態が実現することを表す］

① [at last, finally, with much effort]

¶1時間並んで，**やっと**汽車の切符を買うことができました。 (Ichijikan narande, *yatto* kisha no kippu o kau koto ga dekimashita.)

¶ After standing in line for an hour [I] was **at last** able to buy a train ticket.

¶一生懸命走って，**やっと**電車に間に合いました。(Isshōkenmei hashitte, *yatto* densha ni maniaimashita.)

¶ [I] ran as hard as [I] could and **managed** to catch the train.

¶長い厳しい冬が終わって，**やっと**暖かい春になりました。(Nagai kibishii fuyu ga owatte, *yatto* atatakai haru ni narimashita.)

¶ Spring has **finally** come ⟦**finally** came⟧ after the long, hard winter.

* 普通，待ち望んでいた結果が実現したときに使う。あとに過去・完了を表す「たの形」が来ることが多い。「やっとのことで (yatto no koto de)」の形でも使う。

* Usually used when some desired result has been achieved. Generally followed by the *-ta* form expressing past or completed action. Also used in the pattern "*yatto no koto de.*"

→yōyaku ようやく

②［あることがらが可能ではあるがじゅうぶんではないという意味を表す］

② [barely, narrowly, just]

¶あの部屋は狭くて，5人が**やっと**入れる広さです。 (Ano heya wa semakute, gonin ga *yatto* haireru hirosa desu.)

¶ The room is small—it **barely** holds five persons.

*「〜がやっとです (〜ga yatto desu)」の形でも使う。「月給が安いので，自分一人が生活するのがやっと

* Also used in the pattern "〜 *ga yatto desu.*" For example, "*Gekkyū ga yasui node, jibun hitori ga seikatsu*

です。(Gekkyū ga yasui node, jibun hitori ga seikatsu suru no ga yatto desu.)」

suru no ga yatto desu" (My wages are barely enough for one person to live on).

yattsu　八つ〖名〗

①[８個]

¶ここに卵が八つあります。 (Koko ni tamago ga *yattsu* arimasu.)

②[８歳]

¶今年，この子は八つになりました。 (Kotoshi, kono ko wa *yattsu* ni narimashita.)

yattsu ⟦n⟧　**eight; eight years old**

① [eight, eight items]

¶ There are **eight** eggs here.

② [eight years old]

¶ This child turned **eight** this year.

yawaraka　柔らか〖形動〗

柔らかな手 (*yawaraka* na te)　柔らかな布団 (*yawaraka* na futon)

→yawarakai 柔らかい

yawaraka ⟦adj-v⟧　**soft, gentle, tender**

a **soft** hand // **soft** *futon* bedding

yawarakai　柔らかい〖形〗

¶このパンは今焼いたばかりですから柔らかいですよ。(Kono pan wa ima yaita bakari desu kara *yawarakai* desu yo.)

¶ゆうべは柔らかい布団でぐっすり眠りました。 (Yūbe wa *yawarakai* futon de gussuri nemurimashita.)

→yawaraka 柔らか

yawarakai ⟦adj⟧　**soft, gentle, tender**

¶ This bread **is nice and moist** because it's freshly baked.

¶ [I] slept well last night on the **soft** *futon* bedding.

yo　よ〖助〗

①[意志や感情や判断などを相手に印象づけて表したり念を押したりする場合に使う]

¶急ぎますから，わたしはもう帰りますよ。 (Isogimasu kara, watashi wa mō kaerimasu *yo.*)

¶早くしないと遅れますよ。(Hayaku shinai to okuremasu *yo.*)

¶あの映画はとてもおもしろいですよ。

yo ⟦part⟧　a sentence-final particle used for stress, etc.

① [used for emphasizing to the listener the force of one's intent, emotion, judgment, etc.]

¶ I'm leaving now as I'm in a hurry.

¶ You'll be late if you don't hurry!

¶ That movie is really interesting.

(Ano eiga wa totemo omoshiroi desu *yo.*)

②[命令・依頼・勧誘などの気持ちを相手に訴える場合に使う]

② [used to appeal to the listener as in an order, request, urging, etc.]

¶そんなことをしてはいけませんよ。(Sonna koto o shite wa ikemasen *yo.*)

¶ You shouldn't do that!

¶あした必ず来てくださいよ。(Ashita kanarazu kite kudasai *yo.*)

¶ Now be sure to come tomorrow.

¶疲れたから，少し休みましょうよ。(Tsukareta kara, sukoshi yasumimashō *yo.*)

¶ I'm tired—let's take a break!

＊ 一般に丁寧に言う場合は男性も女性も「〜ですよ（〜desu yo)」「〜ますよ（〜masu yo)」の形を使う。名詞，形容動詞の語幹，助詞に直接「よ(yo)」が続く形は，女性だけが使う。「これはあなたの本よ。(Kore wa anata no hon yo.)」「この花きれいよ。(Kono hana kirei yo.)」「あした休みなのよ。(Ashita yasumi na no yo.)」 男性は「だ(da)」をつけて使う。「これは君の本だよ。(Kore wa kimi no hon da yo.)」「この花きれいだよ。(Kono hana kirei da yo.)」「あした休みなんだよ。(Ashita yasumi na n da yo.)」 形容詞に直接「よ(yo)」のつく形は，一般に男性が使う。「この本おもしろいよ。(Kono hon omoshiroi yo.)」 女性の場合は「この本おもしろいわよ (Kono hon omoshiroi wa yo.)」などと言う。

＊ When speaking politely generally used in the forms "~ *desu yo*," "*-masu yo*" by both men and women. *Yo* directly follows a noun, adjective-verb, or particle only in women's language. Examples are "*Kore wa anata no hon yo*" (This is *your* book), "*Kono hana kirei yo*" (What a pretty flower!), and "*Ashita yasumi na no yo*" (Tomorrow is a holiday; It's closed tomorrow). In men's language *da* is used before *yo*: "*Kore wa kimi no hon da yo*"; "*Kono hana kirei da yo*"; and "*Ashita yasumi na n da yo*." Using *yo* directly after an adjective is also generally done by men, as in "*Kono hon omoshiroi yo*" (This is really an interesting book). Women will say something like "*Kono hon omoshiroi wa yo*" instead.

yō 用〖名〗

yō ⟦n⟧ **business, engagement, errand, things to do**

用が済む (*yō* ga sumu) 用を済ませ

one's business is completed // fin-

る (*yō* o sumaseru)
¶用があるから，ちょっと来てください。(*Yō* ga aru kara, chotto kite kudasai.)
¶何か御用でしょうか。(Nani ka go*yō* deshō ka?)
⇨**yōji 用事**

ish **one's business**
¶ Please come here a minute—there's **something I want to see you about.**
¶ Is there **something I can do for you?**

-yō　-用〖尾〗
子供用自転車 (kodomo*yō*-jitensha)
非常用の階段 (hijō*yō* no kaidan)

-yō 〚suf〛 **use, service, for ~**
a **child's** bicycle // a **fire** escape

yō　よう〖助動〗
①[意志を表す]
¶その荷物を持ってあげ**よう**。(Sono nimotsu o motte age*yō*.)
¶わたしはA大学の入学試験を受け**よう**と思っています。(Watashi wa Ē-daigaku no nyūgaku-shiken o uke*yō* to omotte imasu.)
¶あなたはどんな勉強をし**よう**とお考えですか。(Anata wa donna benkyō o shi*yō* to okangae desu ka?)
¶上田さんは早くから東京へ来**よう**と思っていたそうです。(Ueda san wa hayaku kara Tōkyō e ko*yō* to omotte ita sō desu.)
*「〜と思う (〜to omou)」「〜と考える (〜to kangaeru)」などといっしょに使うことが多い。
②[勧誘を表す]
¶みんなでいっしょに御飯を食べ**よう**よ。(Minna de issho ni gohan o tabe*yō* yo.)
③[ある動作・作用がこれから行われるという意味を表す]

-yō 〚auxil〛 a verb ending indicating intent, urging, etc.
① [indicates intent]
¶ **Let me carry** that package 〚bag, etc.〛 for you.
¶ **I plan to take** the entrance exam for University A.
¶ What **do you plan** to study?
¶ I hear that [Mr.] Ueda **had wanted to come** to Tokyo for some time.
* Often used with ~ *to omou*, ~ *to kangaeru*, etc.
② [indicates urging]
¶ **Let's** all **eat** together.
③ [indicates that some action or operation is about to take place]

¶出かけ**よう**としているところへ友達が訪ねて来ました。 (Dekake*yō* to shite iru tokoro e tomodachi ga tazunete kimashita.)

¶ A friend came to visit [me] **just as [I] was about to go out.**

¶夜が明け**よう**とするころ，わたしたちは出発しました。(Yo ga ake*yō* to suru koro, watashitachi wa shuppatsu shimashita.)

¶ We set out **as** the sun **was coming up.**

*「〜ようとする (〜yō to suru)」の形で使う。

* Used in the pattern "*-yō to suru.*"

＊「よう (yō)」はⅠ型動詞以外の動詞につく。

＊ *-yō* is added to verbs other than Type I verbs.

⇨**u** う

yobō **予防**〖名，〜する〗

yobō ⟦n, ~*suru*⟧ **prevention, protection; preventive**

予防注射 (*yobō*-chūsha)

an innoculation, vaccination, immunization

¶毎日歯をみがいて，虫歯を**予防**しましょう。(Mainichi ha o migaite, mushiba o *yobō* shimashō.)

¶ Everyone should brush their teeth every day **to ward off** cavities.

¶ダムを作ったり山に木を植えたりして，水害を**予防**します。 (Damu o tsukuttari yama ni ki o uetari shite, suigai o *yobō* shimasu.)

¶ Flood **control** is done by building dams, planting trees on hillsides, and so on.

yobu **呼ぶ**〖動Ⅰ〗

yobu ⟦v I⟧ **call, call out; call over, draw over; summon, send for**

①[大声で声をかける]

① [call, call out, hail]

¶山田さんが「おうい。」とわたしを**呼びました**。 (Yamada san ga "Ōi." to watashi o *yobimashita.*)

¶ Mr. Yamada **called out** to me, saying "Hey!"

②[声をかけてそばに来させる]

② [call over, draw over]

¶母に**呼ばれた**ので，急いで行きました。(Haha ni *yobareta* node, isoide ikimashita.)

¶ [I] went to her quickly when [my] mother **called.**

③[使いや手紙などをやって来させる]

③ [summon, send for, call for]

¶すぐ医者を**呼んで**ください。 (Sugu isha o *yonde* kudasai.)

¶ Please **send for** a doctor right away.

yō da **ようだ**〘助動〙

yō da 〚auxil〛 **like, as; seem like, look like**

①[あるものごとがほかのものごとに似ていることを表す]

① [like]

¶あの雲は人の顔の**ようです**ね。(Ano kumo wa hito no kao no *yō desu* ne.)

¶ That cloud **is like** a person's face.

¶あの人は日本語を日本人の**ように**上手に話します。(Ano hito wa Nihongo o Nihonjin no *yō ni* jōzu ni hanashimasu.)

¶ [He] speaks Japanese **like** a native speaker.

②[あるものごとを例として示すことを表す]

② [like, such as]

¶わたしは，東京の**ような**にぎやかな町より京都の**ような**静かな町が好きです。(Watashi wa, Tōkyō no *yō na* nigiyaka na machi yori Kyōto no *yō na* shizuka na machi ga suki desu.)

¶ I like quiet cities **like** Kyoto better than lively ones **like** Tokyo.

¶わたしは上田さんの**ような**立派な医者になりたいです。(Watashi wa Ueda san no *yō na* rippa na isha ni naritai desu.)

¶ I want to become a good doctor **like** Dr. Ueda.

③[推量・不確かな判断などを表す]

③ [look like, seem like, appear]

¶あしたは雨の**ようです**よ。(Ashita wa ame no *yō desu* yo.)

¶ **It looks like** rain tomorrow.

¶山田さんは来月アメリカへ行く**ようです**。(Yamada san wa raigetsu Amerika e iku *yō desu.*)

¶ **It seems that** [Miss] Yamada is going to the United States next month.

④[あるものごとの内容が同じであることを表す]

④ [like, as]

¶中村さんの言う**ように**してください。(Nakamura san no iu *yō ni* shite kudasai.)

¶ Please do **what** [Mr.] Nakamura tells you to.

¶以上の**ような**わけで，わたしは会社

¶ I plan to quit my job for the above

を辞めるつもりです。(Ijō no *yō na* wake de, watashi wa kaisha o yameru tsumori desu.)

reasons.

⑤[方法などを表す]

⑤ [way, manner]

¶あなたのうちは駅からどの**ように**行くのですか。 (Anata no uchi wa eki kara dono *yō ni* iku no desu ka?)

¶ **How** do [I] get from the station to your home?

¶「この言葉は漢字でどの**ように**書きますか。」(Kono kotoba wa kanji de dono *yō ni* kakimasu ka?)「この**ように**書きます。」 (Kono *yō ni* kakimasu.)

¶ "**How** is this word written in *kanji?*"
"It is written **like** this."

* 普通「どのように (dono yō ni)」「このように (kono yō ni)」「そのように (sono yō ni)」「あのように (ano yō ni)」の形で使う。

* Usually used in the patterns "*dono yō ni,*" "*kono yō ni,*" "*sono yō ni,*" and "*ano yō ni.*"

⑥[あることを意識的に心がけて行うことを表す]

⑥ [make it a practice to]

¶病気になってからは，毎日牛乳を飲む**ように**しています。 (Byōki ni natte kara wa, mainichi gyūnyū o nomu *yō ni* shite imasu.)

¶ Since becoming ill [I] **make it a practice** to drink milk every day.

¶いつも日本語だけで話す**ように**しています。(Itsu mo Nihongo dake de hanasu *yō ni* shite imasu.)

¶ [I] **make it a practice** to speak only Japanese.

¶毎日，予習と復習をする**ように**してください。 (Mainichi, yoshū to fukushū o suru *yō ni* shite kudasai.)

¶ Please **try** to prepare your lessons and to review every day.

* 普通「～ようにする (～yō ni suru)」の形で使う。

* Usually used in the pattern "～ *yō ni suru.*"

⑦[目標や目的などを表す]

⑦ [in order to, so as to]

¶汽車の時間に間に合う**ように**急いでください。 (Kisha no jikan ni maniau *yō ni* isoide kudasai.)

¶ Please hurry **so** you'll be in time for the train.

¶肉が腐らない**ように**冷蔵庫に入れておいてください。(Niku ga kusaranai *yō ni* reizōko ni irete oite kudasai.)

¶ Please put the meat in the refrigerator **so** it won't spoil.

*「ように (yō ni)」の前には動詞の「ないの形」, か無意志性の動詞が来ることが多い。

* This *yō ni* is generally preceded by a verb in the *-nai* form or by a verb expressing uncontrollable action.

⑧[ある状態の変化の結果を表す]

⑧ [an effect]

¶日本へ来てから, 日本語が上手に話せる**ように**なりました。 (Nihon e kite kara, Nihongo ga jōzu ni hanaseru *yō ni* narimashita.)

¶ [I] **have become** good at Japanese since coming to Japan.

¶早く100メートル泳ぐことができる**ように**なりたいです。(Hayaku hyakumētoru oyogu koto ga dekiru *yō ni* naritai desu.)

¶ I want **to become** able to swim a hundred meters as soon as possible.

¶弟は高等学校に入ってから, 一生懸命勉強する**ように**なりました。(Otōto wa kōtōgakkō ni haitte kara, isshōkenmei benkyō suru *yō ni* narimashita.)

¶ My younger brother **has started** to study hard since entering high school ⟦My younger brother **started** to study hard after entering high school⟧.

* 普通「〜ようになる (〜yō ni naru)」の形で使う。

* Usually used in the pattern "〜 *yō ni naru*."

⑨[願望・要求・勧めなどの内容を表すときに使う]

⑨ [used when expressing a desire, request, recommendation, etc.]

¶早くよくなる**ように**お祈りしております。 (Hayaku yoku naru *yō ni* oinori shite orimasu.)

¶ I hope [you] will be better soon (very polite).

¶山田さんにあしたわたしのうちへ来る**ように**言ってください。(Yamada san ni ashita watashi no uchi e kuru *yō ni* itte kudasai.)

¶ Please ask [Mr.] Yamada to come to my place tomorrow.

¶田中さんに本を返してくれる**ように**頼みました。(Tanaka san ni hon o

¶ I asked [Miss] Tanaka to please return the book.

kaeshite kureru *yō ni* tanomimashita.)

＊あとに「言う (iu)」「話す (hanasu)」「頼む (tanomu)」「命令する (meirei suru)」「勧める (susumeru)」「祈る (inoru)」などの動詞が来る。

* Followed by verbs like *iu, hanasu, tanomu, meirei suru, susumeru, inoru,* etc.

＊丁寧に言う場合「ようです (yō desu)」となる。

* When speaking politely, *yō desu* is used rather than *yō da*.

yofukashi **夜更かし**〚名, ～する〛

yofukashi 〚n, ~*suru*〛 **stay up late at night, keep late hours**

¶**夜更かし**をした次の日は，なかなか起きられません。(*Yofukashi* o shita tsugi no hi wa, nakanaka okiraremasen.)

¶ [I] have a hard time getting up the next day after **staying up late.**

¶**夜更かし**するのは，体によくありません。(*Yofukashi* suru no wa, karada ni yoku arimasen.)

¶ **Late hours** are bad for the health.

yōfuku **洋服**〚名〛

yōfuku 〚n〛 **Western clothes, a suit, a dress,** etc.

洋服だんす (*yōfuku*-dansu)

a wardrobe, a **clothes**press

¶田中さんはいつも茶色の**洋服**を着ています。(Tanaka san wa itsu mo chairo no *yōfuku* o kite imasu.)

¶ [Mr.] Tanaka **is** always **dressed** in brown.

yogoreru **汚れる**〚動 II〛

yogoreru 〚v II〛 **become dirty, be soiled**

¶シャツが**汚れた**ので，洗たくしました。(Shatsu ga *yogoreta* node, sentaku shimashita.)

¶ [I] washed the shirt as it **was dirty.**

¶どろ道を走ったので，車が**汚れて**しまいました。(Doromichi o hashitta node, kuruma ga *yogorete* shimaimashita.)

¶ The car **got dirty** on the muddy roads.

yogosu **汚す**〚動 I〛

yogosu 〚v I〛 **make dirty, stain, soil, deface**

¶スープをこぼして，洋服を**汚して**しまいました。(Sūpu o koboshite, yōfuku o *yogoshite* shimaimashita.)

¶ [I] spilled some soup and **stained** [my] clothes.

¶きれいな着物を着たのですから，汚

¶ Please be careful **not to dirty** that

さないように気をつけなさい。(Kirei na kimono o kita no desu kara, *yogosanai* yō ni ki o tsukenasai.)

pretty *kimono* you're wearing.

yohō **予報**〘名, ～する〙

¶天気**予報**によると, 明日は雨が降るそうです。(Tenki-*yohō* ni yoru to, asu wa ame ga furu sō desu.)

yohō ⟦n, ~*suru*⟧ **forecast, prediction**

¶ According to the weather **forecast,** there will be rain tomorrow.

yohodo **よほど**〘副〙

¶ゆうべは**よほど**寒かったのでしょう。水道が凍っています。(Yūbe wa *yohodo* samukatta no deshō. Suidō ga kootte imasu.)

¶息子は一度に五杯も御飯を食べました。**よほど**おなかがすいていたのでしょう。(Musuko wa ichido ni gohai mo gohan o tabemashita. *Yohodo* onaka ga suite ita no deshō.)

yohodo ⟦adv⟧ **very, much, greatly**

¶ It must have gotten **exceptionally** cold last night. The water pipes have frozen.

¶ My son ate five bowls of rice at one sitting. He must have been **famished.**

yoi **よい**〘形〙

①[正しい立派な様子]

¶**よい**と思ったことは, 勇気を持って実行しなさい。(*Yoi* to omotta koto wa, yūki o motte jikkō shinasai.)

¶人の物を取るのは**よく**ないことです。(Hito no mono o toru no wa *yoku* nai koto desu.)

↔warui 悪い

②[善良である様子]

¶山田さんはとても**よい**人ですね。(Yamada san wa totemo *yoi* hito desu ne.)

↔warui 悪い

③[親しい様子]

¶春子さんと秋子さんはたいへん仲の**よい**友達です。(Haruko san to

yoi ⟦adj⟧ **good, right; nice; fine; all right**

① [good, right]

¶ You should be brave and do what you think **is right.**

¶ Taking things that belong to others **is not right.**

② [good, nice]

¶ [Mr.] Yamada is a **fine** person.

③ [good, close]

¶ Haruko and Akiko are **good** friends.

Akiko san wa taihen naka no *yoi* tomodachi desu.)

*普通「仲がよい (naka ga yoi)」の形で使う。

* Usually used in the pattern "*naka ga yoi.*"

↔warui 悪い

④[ものごとの優れている様子]

④ [good, fine, excellent]

¶上田さんは成績がたいへん**よい**そうです。(Ueda san wa seiseki ga taihen *yoi* sō desu.)

¶ They say that [Miss] Ueda's record ⟦grade(s)⟧ is **excellent.**

¶この万年筆はあまり**よく**ないです。(Kono mannenhitsu wa amari *yoku* nai desu.)

¶ This fountain pen **isn't** very **good.**

⑤[状態の好ましい様子, 気持ちのよい様子]

⑤ [good, nice, pleasant]

病気が**よく**なる (byōki ga *yoku* naru)

one's illness gets **better**

¶天気が**よい**日には散歩をします。(Tenki ga *yoi* hi ni wa sanpo o shimasu.)

¶ [I] go for a walk on **nice** days.

¶あの店は感じの**よい**店ですね。(Ano mise wa kanji no *yoi* mise desu ne.)

¶ That restaurant ⟦coffee shop, shop, etc.⟧ has a **good** atmosphere, doesn't it?

¶お酒を飲んだら**よい**気持ちになって, ゆうべは早く寝てしまいました。(Osake o nondara *yoi* kimochi ni natte, yūbe wa hayaku nete shimaimashita.)

¶ Last night I was feeling **good** after having something to drink and I went to bed early.

↔warui 悪い

⑥[じゅうぶんである様子]

⑥ [all right, enough]

¶「ここから駅までどのくらいかかりますか。」(Koko kara eki made dono kurai kakarimasu ka?) 「10分もあれば**よい**と思います。」(Jippun mo areba *yoi* to omoimasu.)

¶ "How long does it take to get to the station from here?"
"It shouldn't take more than 10 minutes (literally, I think 10 minutes **will be enough**)."

¶今度の旅行には五千円も持って行け**ばよい**でしょう。(Kondo no ryokō ni wa gosen'en mo motte ikeba *yoi* deshō.)

¶ Five thousand yen **should be enough** for the coming trip.

⑦[同意や許可などの意味を表す]

⑦ [all right, may]

¶時間はありますから，急がなくても**よい**でしょう。(Jikan wa arimasu kara, isoganakute mo *yoi* deshō.)

¶ There's still time so you **don't have to** hurry.

¶たばこを吸っても**よい**ですか。(Tabako o sutte mo *yoi* desu ka.)

¶ **Do you mind** if I smoke?

*「〜てもよい (〜te mo yoi)」の形で使う。

* Used in the pattern "*-te mo yoi.*"

→(**〜te mo**) **ii** (**〜ても**) **いい**

*「終止の形」「連体の形」のときには「いい (ii)」も使われる。

* In the dictionary or plain form, the form *ii* is also used.

⇨**ii いい**

yōi 用意〖名，〜する〗

yōi ⟦n, *~suru*⟧ **preparation, arrangements, provisions**

¶食事の**用意**ができました。(Shokuji no *yōi* ga dekimashita.)

¶ Dinner ⟦lunch, breakfast⟧ **is ready.**

¶旅行に行くのに，いくらぐらい**用意**したらいいでしょうか。(Ryokō ni iku no ni, ikura gurai *yōi* shitara ii deshō ka?)

¶ How much money **will [we] need** for the trip?

yōji 用事〖名〗

yōji ⟦n⟧ **business, errand, engagement, things to do**

用事がない (*yōji* ga nai)　**用事**を済ませる (*yōji* o sumaseru)

have nothing **that needs to be attended to,** be free // settle **one's business,** finish **an errand**

¶**用事**がありますので，お先に失礼します。(*Yōji* ga arimasu node, osaki ni shitsurei shimasu.)

¶ I'm sorry to leave early but I have **some other business** to see to.

¶**用事**が済んだら，お茶を飲みに行きましょう。(*Yōji* ga sundara, ocha o nomi ni ikimashō.)

¶ Let's go have some tea after you've finished up **your business.**

⇨**yō 用**

yōjin 用心〖名，〜する〗

yōjin ⟦n, *~suru*⟧ **care, caution**

用心深い (*yōjin*bukai)

¶風邪を引かないように**用心**してください。(Kaze o hikanai yō ni *yōjin* shite kudasai.)

¶電車の中でお金を取られないように**用心**したほうがいいですよ。(Densha no naka de okane o torarenai yō ni *yōjin* shita hō ga ii desu yo.)

yōka　八日〘名〙

①[日付を表す]

五月**八日** (gogatsu *yōka*)

②[日数を表す]

八日前 (*yōka*mae)　**八日**後 (*yōka*go)

⇨**-ka　-日**

yokeru　よける〘動Ⅱ〙

¶自動車が来たから，**よけない**と危ないですよ。(Jidōsha ga kita kara, *yokenai* to abunai desu yo.)

yokka　四日〘名〙

①[日付を表す]

一月**四日** (Ichigatsu *yokka*)

②[日数を表す]

四日前 (*yokka*mae)　**四日**後 (*yokka*-go)

⇨**-ka　-日**

yoko　横〘名〙

①[物に向かって左右の方向]

¶あなたの**横**に座っている人は，**横**を向いて写っていますね。(Anata no *yoko* ni suwatte iru hito wa, *yoko* o muite utsutte imasu ne.)

②[四角形で水平方向の辺，またその長さ]

¶この紙を縦10センチ，**横** 15 センチ

careful, cautious, prudent

¶ Please **be careful** not to catch a cold.

¶ It is advisable **to be on one's guard** against pickpockets while riding the train (literally, **be careful** one's money is not stolen).

yōka 〚n〛　**the eighth of the month; eight days**

① [the eighth of the month]

May **8**

② [eight days]

8 days ago, **8 days** earlier // **8 days** from now, **8 days** later

yokeru 〚v II〛　**avoid, keep away from, dodge**

¶ **Look out** for that car! (literally, A car is coming and it will be dangerous **if you don't move away** from its path)

yokka 〚n〛　**the fourth of the month; four days**

① [the fourth of the month]

January **4**

② [four days]

four days ago, **four days** earlier // **four days** from now, **four days** later

yoko 〚n〛　**side; width; sideways, horizontally**

① [side, flank]

¶ The person sitting **next** to you in the photo has **the side** of [her] face towards the camera.

② [width, breadth]

の大きさに切ってください。(Kono kami o tate jissenchi, *yoko* jūgo-senchi no ookisa ni kitte kudasai.)

¶ Please cut this paper so it's 10 centimeters long and 15 centimeters **wide**.

↔tate 縦

yoku 欲〘名〙

yoku ⟦n⟧ **greed, desire, want, passion**

¶あの人はとても欲が深いです。(Ano hito wa totemo *yoku* ga fukai desu.)

¶ [He] is very **greedy.**

¶あの人くらい欲のない人はいませんね。(Ano hito kurai *yoku* no nai hito wa im'asen ne.)

¶ [He] is a [man] of few **wants** (more literally, There are few people with as few **wants** as him).

yoku よく〘副〙

yoku ⟦adv⟧ **well, fully; often; much**

①[じゅうぶんに]

① [well, fully, thoroughly, carefully]

¶疲れていたので，ゆうべは**よく**眠りました。(Tsukarete ita node, yūbe wa *yoku* nemurimashita.)

¶ I was tired so I slept **well** last night.

¶交差点を渡るときは，**よく**注意してください。(Kōsaten o wataru toki wa, *yoku* chūi shite kudasai.)

¶ Please be **very** careful when crossing the street.

②[しばしば，たびたび]

② [often, frequently]

¶山田さんは**よく**図書館へ行きます。(Yamada san wa *yoku* toshokan e ikimasu.)

¶ [Miss] Yamada **often** goes to the library.

¶子供のころは，**よく**けんかをしたものです。(Kodomo no koro wa, *yoku* kenka o shita mono desu.)

¶ [I] was in **a number of** fights during [my] childhood.

③[程度がはなはだしい様子]

③ [much, a good deal]

¶春子さんはお姉さんと顔が**よく**似ています。(Haruko san wa onēsan to kao ga *yoku* nite imasu.)

¶ Haruko looks **a lot** like her older sister.

¶このナイフは**よく**切れますね。(Kono naifu wa *yoku* kiremasu ne.)

¶ This knife is **quite** sharp, isn't it?

④[相手をほめたりねぎらったりするときに使う]

④ [used when praising or thanking someone, etc.]

¶よくがんばりましたね。(*Yoku* ganbarimashita ne.)

¶ You did **well** not to get discouraged.

¶よくいらっしゃいました。(*Yoku* irasshaimashita.)

¶ Welcome ⟦I'm glad you could come⟧.

yokujitsu 翌日〘名〙

yokujitsu ⟦n⟧ **the next day**

¶土曜日に旅行に出かけて，翌日の日曜日に帰ってきました。(Doyōbi ni ryokō ni dekakete, *yokujitsu* no nichiyōbi ni kaette kimashita.)

¶ I left on the trip on Saturday and came back the **following** Sunday.

yōkyū 要求〘名，～する〙

yōkyū ⟦n, ~*suru*⟧ **demand, request, claim**

¶あなたがたの要求には応じられません。(Anatagata no *yōkyū* ni wa ōjiraremasen.)

¶ [I] can't agree to your **demands.**

¶社長に月給を上げてくれるように要求しました。(Shachō ni gekkyū o agete kureru yō ni *yōkyū* shimashita.)

¶ [I] **asked** the company president for a raise in salary.

yome 嫁〘名〙

yome ⟦n⟧ **bride, wife, daughter-in-law**

嫁にもらう (*yome* ni morau) 嫁にやる (*yome* ni yaru) 息子の嫁 (musuko no *yome*) 花嫁 (hana*yome*)

marry (a woman) // give (one's daughter) in marriage // one's son's **wife,** one's daughter-in-law // **bride**

¶春子さんは，お金持ちのところへお嫁に行ったそうですね。(Haruko san wa, okanemochi no tokoro e o*yome* ni itta sō desu ne.)

¶ I hear that Haruko **married** into a wealthy family.

yomu 読む〘動Ｉ〙

yomu ⟦v I⟧ **read**

¶聞こえませんから，もっと大きな声で読んでください。(Kikoemasen kara, motto ookina koe de *yonde* kudasai.)

¶ [I] can't hear you—please **read it** in a louder voice.

¶あなたは今，どんな本を読んでいますか。(Anata wa ima, donna hon o *yonde* imasu ka?)

¶ What books **are you reading** now?

yon **四**〖名〗

四個（*yon*ko） 四匹（*yon*hiki）

＊ 人数のときは「四人（yonin)」，時刻のときは「四時（yoji)」と言う。

⇨**shi 四**

yon [[n]] **four**

four items // **four** animals (dogs, cats, cows, goldfish, etc.)

＊ Four persons is *yonin* and four o'clock is *yoji*.

yonaka **夜中**〖名〗

¶ゆうべ，**夜中**に近所で火事がありました。(Yūbe, *yonaka* ni kinjo de kaji ga arimashita.)

⇨**yoru 夜**

yonaka [[n]] **at midnight, in the middle of the night**

¶ There was a fire in [my] neighborhood **late** last night.

yononaka **世の中**〖名〗

①［世間，社会］

¶あの人は幸せに育って，**世の中**の苦労を知らないようです。 (Ano hito wa shiawase ni sodatte, *yononaka* no kurō o shiranai yō desu.)

②［時代］

¶今は昔と違って，世界のどこへでもすぐ行ける**世の中**です。 (Ima wa mukashi to chigatte, sekai no doko e demo sugu ikeru *yononaka* desu.)

yononaka [[n]] **the world, society; the times, the age**

① [the world, society, life]

¶ It seems that [he] had a happy childhood and has not yet experienced the grim realities **of life.**

② [the times, the age]

¶ The present age differs from the past in that one can soon go anywhere in the world.

yori **より**〖助〗

¶山田さんは中村さん**より**背が高いです。 (Yamada san wa Nakamura san *yori* se ga takai desu.)

¶わたしはりんご**より**みかんのほうが好きです。 (Watashi wa ringo *yori* mikan no hō ga suki desu.)

yori [[part]] **than; from**

¶ [Mr.] Yamada is taller **than** [Mr.] Nakamura.

¶ I like mandarin oranges better **than** apples.

yorokobu **喜ぶ**〖動Ｉ〗

¶山田さんは試験に合格して**喜ん**でいます。 (Yamada san wa shiken ni gōkaku shite *yorokonde* imasu.)

¶秋子さんは，誕生日の贈り物をもらってとても**喜ん**でいます。 (Akiko

yorokobu [[v I]] **be glad, rejoice**

¶ [Miss] Yamada **is happy** because [she] passed the exam.

¶ Akiko **is very pleased** with her birthday presents.

san wa, tanjōbi no okurimono o moratte totemo *yorokonde* imasu.)

¶その会には**喜んで**出席いたします。(Sono kai ni wa *yorokonde* shusseki itashimasu.)

¶ [I] **will take great pleasure** in attending that gathering ⟦meeting⟧.

yoroshii　**よろしい**〘形〙

yoroshii ⟦adj⟧　**good, all right**

¶もう帰ってもよろしいでしょうか。(Mō kaette mo *yoroshii* deshō ka?)

¶ **May I** leave now?

¶**よろしかったら**，今日うちへいらっしゃいませんか。 (*Yoroshikattara,* kyō uchi e irasshaimasen ka?)

¶ **If it's convenient,** won't you come visit me today?

＊「よい (yoi)」「いい (ii)」の改まった言い方。

＊ *Yoroshii* is the formal form of *yoi, ii.*

yoroshiku　**よろしく**〘副〙

yoroshiku ⟦adv⟧　**well, as one thinks fit; one's regards**

①[今後の交際などを願うときのあいさつの言葉]

① [well, as one thinks fit, at one's own discretion; used to express hopes for friendly relations or kind treatment into the future]

¶わたしは山田です。どうぞ**よろしく**。(Watashi wa Yamada desu. Dōzo *yoroshiku.*)

¶ My name is Yamada. **I'm pleased to meet you** (more literally, Please treat me **kindly**).

＊ 普通「どうぞよろしく。(Dōzo yoroshiku.)」または「どうぞよろしくお願いします。 (Dōzo yoroshiku onegai shimasu.)」の形で使う。

＊ Usually used in the patterns "*Dōzo yoroshiku*," "*Dōzo yoroshiku onegai shimasu*."

②[好意を伝えるときに使う]

② [one's regards, one's best wishes]

¶それでは，これで失礼します。奥様に**よろしく**お伝えください。(Soredewa, kore de shitsurei shimasu. Okusama ni *yoroshiku* otsutae kudasai.)

¶ Well, I'll be going now. Please **remember me** to your wife.

yoru　**夜**〘名〙

yoru ⟦n⟧　**night, evening, nighttime**

¶あなたは**夜**何時ごろ寝ますか。(Anata wa *yoru* nanji goro nemasu ka?)

¶ What time do you go to bed **at night?**

¶父は毎日，**夜**遅くまで働いています。(Chichi wa mainichi, *yoru* osoku

¶ Every day my father works far into **the night.**

made hataraite imasu.)

⇔**hiru** 昼　**hiruma** 昼間

yoru　**寄る**〖動 I〗

①[近づく]

¶もっとそばに**寄って**，よく見てください。(Motto soba ni *yotte,* yoku mite kudasai.)

②[立ち寄る，目的の所へ行く途中ついでにほかの所へ行く]

¶帰りにデパートに**寄って**，買い物をしてきました。(Kaeri ni depāto ni *yotte,* kaimono o shite kimashita.)

yoru [[v I]] **approach, come near; drop by, stop off at**

① [approach, come near]

¶ Please **move closer** and take a better look.

② [drop by, stop off at]

¶ [I] **stopped off** at a department store on [my] way home and did some shopping.

yoru　**よる**〖動 I〗

①[基づく]

¶天気予報に**よる**と，あしたもいい天気だそうです。(Tenki-yohō ni *yoru* to, ashita mo ii tenki da sō desu.)

¶山田さんの話に**よる**と，中村さんは入院したそうです。(Yamada san no hanashi ni *yoru* to, Nakamura san wa nyūin shita sō desu.)

②[ものごとのそれぞれの性質・事情などに応じてという意味を表す]

¶国に**よって**習慣や考え方が違います。(Kuni ni *yotte* shūkan ya kangaekata ga chigaimasu.)

¶場合に**よって**は，あしたは休むかもしれません。(Baai ni *yotte* wa, ashita wa yasumu ka mo shiremasen.)

③[あるものを手段とすることを表す]

¶わたしたちは，毎日のいろいろなできごとを新聞やテレビに**よって**知ります。(Watashitachi wa, mainichi no

yoru [[v I]] **based on, according to; depending on; by; due to**

① [based on, according to]

¶ **According to** the weather forecast, it will be a nice day tomorrow too.

¶ **According to** [Mr.] Yamada, [Miss] Nakamura has entered the hospital.

② [depending on]

¶ Customs and ways of thinking differ **from** country **to** country.

¶ **Depending on** circumstances, [I] may take the day off [[stay home]] tomorrow.

③ [by, according to]

¶ We are informed of what takes place each day **by** the newspaper and television.

iroiro na dekigoto o shinbun ya terebi ni *yotte* shirimasu.)

④[あるものごとに原因があるということを表す]

④ [due to, owing to]

¶親の不注意によって，子供がけがをしたのです。(Oya no fuchūi ni *yotte*, kodomo ga kega o shita no desu.)

¶ The child's injury was **due to** its parents' carelessness.

¶たばこの火の不始末によって，大火事になりました。(Tabako no hi no fushimatsu ni *yotte*, ookaji ni narimashita.)

¶ The large fire **resulted from** the careless disposal of a cigarette butt.

＊いつも「〜による (〜ni yoru)」の形で使う。

* Always used in the patterns "~ *ni yoru*" and "~ *ni yotte*."

yosan 予算〖名〗

yosan 〚n〛 **estimate, estimated cost; budget**

①[必要な費用を見積もること，また見積もった金額]

① [estimate, estimated cost, personal budget]

¶家を買いたいのですが，**予算**が足りません。(Ie o kaitai no desu ga, *yosan* ga tarimasen.)

¶ [I] want to buy a house, but **[my] budget** doesn't permit it.

¶旅行にいくらかかるか，**予算**を立ててみましょう。(Ryokō ni ikura kakaru ka, *yosan* o tatete mimashō.)

¶ Let's draw up **an estimate** of what the trip will cost.

②[国家や地方公共団体などが1年間の収入と支出を見積もること]

② [budget (for a government, etc.)]

¶来年度の**予算**はいつ決まりますか。(Rainendo no *yosan* wa itsu kimarimasu ka?)

¶ When will next year's **budget** be decided?

yoseru 寄せる〖動Ⅱ〗

yoseru 〚v II〛 **move aside, put aside, bring something near**

¶机やいすを教室のすみに**寄せて**ください。(Tsukue ya isu o kyōshitsu no sumi ni *yosete* kudasai.)

¶ Please **move** the desks and chairs to the corner(s) of the classroom.

¶花びんをもう少し右へ**寄せて**みてください。(Kabin o mō sukoshi migi e *yosete* mite kudasai.)

¶ Please **move** the vase a little to the right.

yoshū　予習〘名, ～する〙

¶あしたの**予習**はもう済みましたか。(Ashita no *yoshū* wa mō sumimashita ka?)

¶**予習**していったので，先生の話がよくわかりました。(*Yoshū* shite itta node, sensei no hanashi ga yoku wakarimashita.)

⇔**fukushū 復習**

yoshū 〚n, ～*suru*〛 **preparation of lessons**

¶ Have you finished **preparing** for tomorrow's class(es) yet?

¶ [I] understood what the teacher was talking about because [I] **had prepared** beforehand.

yosō　予想〘名, ～する〙

予想が当たる (*yosō* ga ataru)　**予想**が外れる (*yosō* ga hazureru)

¶この試合は，最後までどちらが勝つか**予想**できませんでした。(Kono shiai wa, saigo made dochira ga katsu ka *yosō* dekimasen deshita.)

¶わたしの**予想**どおり，山田さんは秋子さんと結婚しました。(Watashi no *yosō* doori, Yamada san wa Akiko san to kekkon shimashita.)

yosō 〚n, ～*suru*〛 **expectation, forecast, estimate, supposition**

one's expectations come true, fulfill **one's expectations** // be disappointed in **one's expectations**

¶ The outcome of this match **was unpredictable** until the very end.

¶ **As I expected,** Mr. Yamada married Akiko.

yōsu　様子〘名〙

①[ものごとの有様・状態]

¶病人の**様子**はどうでしたか。(Byōnin no *yōsu* wa dō deshita ka?)

¶わたしはまだ日本の**様子**がよくわかりません。(Watashi wa mada Nihon no *yōsu* ga yoku wakarimasen.)

②[ものごとの情況などから判断される状態]

¶わたしがその話をしたら，田中さんは驚いた**様子**でした。(Watashi ga sono hanashi o shitara, Tanaka san wa odoroita *yōsu* deshita.)

yōsu 〚n〛 **state, circumstances; appearance, looks**

① [state, circumstances]

¶ How was the patient?

¶ I still don't understand Japan fully.

② [appearance, looks]

¶ [Mr.] Tanaka **seemed** surprised when I mentioned that.

¶空が曇ってきて，今にも雨が降りそうな**様子**でした。(Sora ga kumotte kite, ima ni mo ame ga furisō na *yōsu* deshita.)

¶ The sky darkened and **it looked like** it would start raining at any moment.

yotei **予定**〘名，～する〙

yotei 〚n, ~*suru*〛 **program, plan, schedule, prearrangement, expectation**

¶わたしは30日に東京へ行く**予定**です。(Watashi wa sanjūnichi ni Tōkyō e iku *yotei* desu.)

¶ **I plan** to go to Tokyo on the thirtieth.

¶今日の午後は何か**予定**がありますか。(Kyō no gogo wa nani ka *yotei* ga arimasu ka?)

¶ Do you have any **plans** for this afternoon?

¶汽車は**予定**どおりに上野に着きました。(Kisha wa *yotei* doori ni Ueno ni tsukimashita.)

¶ The train arrived at Ueno **on schedule.**

yottsu **四つ**〘名〙

yottsu 〚n〛 **four; four years old**

①[4個]

① [four, four items]

¶ここにみかんが**四つ**あります。(Koko ni mikan ga *yottsu* arimasu.)

¶ There are **four** mandarin oranges here.

②[4歳]

② [four years of age]

¶この子は**四つ**です。(Kono ko wa *yottsu* desu.)

¶ This child is **four years old.**

you **酔う**〘動Ｉ〙

you 〚v I〛 **get drunk; be seasick, carsick,** etc.

①[酒などを飲んで心や体が正常でなくなる]

① [get drunk, be intoxicated]

¶ゆうべはお酒を飲みすぎて，すっかり**酔って**しまいました。(Yūbe wa osake o nomisugite, sukkari *yotte* shimaimashita.)

¶ Last night [I] drank too much and **got drunk.**

②[乗り物に乗って気持ちが悪くなる]

② [be seasick, carsick, airsick, etc.]

¶わたしは車に弱くてすぐに**酔って**しまうので，本当に困ります。(Watashi wa kuruma ni yowakute sugu ni *yotte* shimau node, hontō ni komarimasu.)

¶ **I get carsick** very easily (more literally, I am susceptible to carsickness and **get carsick** very easily). It's really a nuisance.

¶海が荒れたので，すっかり船に**酔って**しまいました。 (Umi ga areta node, sukkari fune ni *yotte* shimaimashita.)

¶ The sea was rough and [I] **got** very **seasick.**

yowai 弱い〘形〙

yowai 〚adj〛 **weak; frail; unskilled**

①[力・技などが劣っている様子]

① [weak in strength, technique, etc.]

¶**弱い**者をいじめてはいけません。 (*Yowai* mono o ijimete wa ikemasen.)

¶ One shouldn't tease 〚bully〛 those **weaker** than oneself.

¶わたしの学校はテニスは強いですが，バスケットボールは**弱い**です。 (Watashi no gakkō wa tenisu wa tsuyoi desu ga, basukettobōru wa *yowai* desu.)

¶ My school is strong in tennis but **weak** in basketball.

②[程度が低い様子]

② [weak, faint]

¶風がだいぶ**弱く**なってきましたね。 (Kaze ga daibu *yowaku* natte kimashita ne.)

¶ The wind has become a lot **weaker.**

¶電気の光が**弱い**ので，新聞の字がよく読めません。 (Denki no hikari ga *yowai* node, shinbun no ji ga yoku yomemasen.)

¶ The electric light **is so weak** that it is hard to read the newspaper.

③[体などが丈夫でない様子]

③ [weak, frail]

足が**弱い** (ashi ga *yowai*)

be a walker **who tires easily**

¶田中さんは体が**弱くて**，よく病気をします。 (Tanaka san wa karada ga *yowakute,* yoku byōki o shimasu.)

¶ [Mr.] Tanaka **is quite delicate** and is frequently ill.

④[不得意・苦手である様子]

④ [weak, poor, unskilled]

数学に**弱い** (sūgaku ni *yowai*)

be poor at mathematics

¶わたしは漢字に**弱い**です。 (Watashi wa kanji ni *yowai* desu.)

¶ **I am poor** at *kanji.*

* いつも「〜に弱い (〜ni yowai)」の形で使う。

* Always used in the pattern "〜 *ni yowai.*"

⑤［ものごとに対して抵抗力が少ない様子］

⑤ [weak, have a low tolerance]

地震に**弱い**建物 (jishin ni *yowai* tatemono)

a building **easily damaged** by earthquake

¶この生地は熱に**弱い**です。 (Kono kiji wa netsu ni *yowai* desu.)

¶ This cloth **has little resistance** against heat.

¶わたしは船に**弱い**ので，なるべく乗らないようにしています。 (Watashi wa fune ni *yowai* node, narubeku noranai yō ni shite imasu.)

¶ I **get seasick easily** so I avoid being on board boats.

* いつも「〜に弱い (〜ni yowai)」の形で使う。

* Always used in the pattern "〜 *ni yowai*."

⇔**tsuyoi 強い**

yoyaku　予約〖名，〜する〗

yoyaku 〚n, 〜*suru*〛 **reservation, advance order**

席を**予約**する (seki o *yoyaku* suru)

book a seat

¶京都はこんでいますから，宿を**予約**していらっしゃるほうがいいですよ。 (Kyōto wa konde imasu kara, yado o *yoyaku* shite irassharu hō ga ii desu yo.)

¶ Kyoto is crowded so it would be best **to reserve** a room in advance.

yōyaku　ようやく〖副〗

yōyaku 〚adv〛 **at last, finally, at length**

¶夕方になって，**ようやく**涼しい風が吹き始めました。 (Yūgata ni natte, *yōyaku* suzushii kaze ga fukihajimemashita.)

¶ A cool breeze **finally** came up after it got dark 〚A cool breeze has **finally** come up since it has gotten dark〛.

¶上田さんは３度めの試験で**ようやく**合格しました。 (Ueda san wa sandome no shiken de *yōyaku* gōkaku shimashita.)

¶ [Mr.] Ueda **finally** passed the exam on [his] third try.

¶わたしは３年日本語を勉強して，**ようやく**新聞が読めるようになりました。 (Watashi wa sannen Nihongo o benkyō shite, *yōyaku* shinbun ga yomeru yō ni narimashita.)

¶ After studying the language for three years, I can now **at last** 〚I **at last** became able to〛 read the newspaper in Japanese.

＊ なかなか実現しない事態が，一定の時間を経過した後，実現するという意味を表す。普通，待ち望んでいた結果が実現したときに使う。

＊ あとに過去・完了を表す「たの形」が来ることが多い。「ようやく のことで (yōyaku no koto de)」の形でも使う。

⇨**yatto やっと**

* *Yōyaku* indicates that something difficult to achieve has at last been realized after the passage of a certain period of time; this is usually a desired result.

* Often followed by the *-ta* form expressing past or completed action. Also used in the pattern "*yōyaku no koto de.*"

yoyū 余裕〖名〗

¶時間の**余裕**がありません。早くしてください。(Jikan no *yoyū* ga arimasen. Hayaku shite kudasai.)

¶うちは貧乏ですから，そんな高い物を買う**余裕**はありません。(Uchi wa binbō desu kara, sonna takai mono o kau *yoyū* wa arimasen.)

yoyū ⟦n⟧ **margin, leeway**

¶ There is no time **to spare.** Please hurry up ⟦Please do it quickly⟧.

¶ We are poor so we **cannot afford** to buy anything that expensive.

yu 湯〖名〗

①[水に熱を加えて熱くしたもの]

¶お**湯**を沸かして，お茶を入れましょう。(O*yu* o wakashite, ocha o iremashō.)

②[ふろ]

¶わたしは1日おきにお**湯**に入ります。(Watashi wa ichinichi oki ni o*yu* ni hairimasu.)

yu ⟦n⟧ **hot water; a bath, a public bath**

① [hot water]

¶ I'm going to heat **some water** and fix (green) tea.

② [a bath, a public bath]

¶ I take **a bath** every other day.

yū- 夕-〖頭〗

夕飯 (*yū*han) **夕**方 (*yū*gata) **夕**暮れ (*yū*gure) **夕**焼け (*yū*yake)

yū- ⟦pref⟧ **evening**

evening meal, dinner // **evening** // dusk, twilight // sunset, **evening** glow

yūbe ゆうべ〖名〗

¶**ゆうべ**は8時ごろ寝ました。(*Yūbe* wa hachiji goro nemashita.)

¶**ゆうべ**，うちの近くに火事がありました。(*Yūbe,* uchi no chikaku ni

yūbe ⟦n⟧ **last night, yesterday evening**

¶ [I] went to bed at around eight o'clock **last night.**

¶ There was a fire near my home **last night.**

kaji ga arimashita.)

yubi 指〘名〙
親指 (oya*yubi*) 人指し指 (hitosashi*yubi*) 中指 (naka*yubi*) 薬指 (kusuri*yubi*) 小指 (ko*yubi*) 指輪 (*yubi*wa)

¶足の指にけがをしました。(Ashi no *yubi* ni kega o shimashita.)

yubi ⟦n⟧ **a finger, a toe**
the thumb; the big **toe** // the index **finger** // the middle **finger** // the third **finger,** the ring **finger** // the little **finger;** the little **toe** // a ring (jewelry)

¶ [I] have injured **[my] toe(s)** ⟦I injured **my toe(s)**⟧.

yūbin 郵便〘名〙
郵便局 (*yūbin*kyoku) 航空郵便 (kōkū-*yūbin*) 郵便配達 (*yūbin*-haitatsu)

¶郵便局へ行って，手紙を出しました。(*Yūbin*kyoku e itte, tegami o dashimashita.)

¶この辺では，1日に2回郵便が配達されます。(Kono hen de wa, ichinichi ni nikai *yūbin* ga haitatsu saremasu.)

yūbin ⟦n⟧ **mail, postal service**
the **post** office // air**mail** // **mail** delivery; **mail**man

¶ [I] went to the **post** office and mailed a letter.

¶ There are two **mail** deliveries a day in this area.

yudan 油断〘名, ～する〙

¶油断してかぎを掛けなかったら，どろぼうに入られました。(*Yudan* shite kagi o kakenakattara, dorobō ni hairaremashita.)

¶試験は易しいと思って油断していたら，難しくて全然できませんでした。(Shiken wa yasashii to omotte *yudan* shite itara, muzukashikute zenzen dekimasen deshita.)

yudan ⟦n, *~suru*⟧ **carelessness, inattention, negligence**

¶ [I] **carelessly** left the door unlocked and [we] were robbed.

¶ I thought the test would be easy and **was caught unprepared** when it was difficult—I couldn't answer anything at all.

yūgata 夕方〘名〙

¶今日は，朝から夕方まで本を読んでいました。(Kyō wa, asa kara *yūgata* made hon o yonde imashita.)

yūgata ⟦n⟧ **evening, nightfall**

¶ [I] read books from morning to **night** (that is, until **dark**) today.

yuka 床〘名〙

yuka ⟦n⟧ **the floor**

¶川があふれて，床の上まで水が来ました。(Kawa ga afurete, *yuka* no ue made mizu ga kimashita.)

¶ The river overflowed and the water came up over **the floor.**

yukai 愉快〘形動〙

yukai ⟦adj-v⟧ **pleasant, happy, delightful**

¶昨日のクラス会はたいへん愉快でした。(Kinō no kurasukai wa taihen *yukai* deshita.)

¶ The class party ⟦reunion⟧ yesterday **was** a lot of **fun.**

¶田中さんは愉快な人で，いつも冗談ばかり言っています。(Tanaka san wa *yukai* na hito de, itsu mo jōdan bakari itte imasu.)

¶ [Mr.] Tanaka is a **cheerful** person—[he] is always cracking jokes.

yuki 雪〘名〙

yuki ⟦n⟧ **snow**

雪が積もる (*yuki* ga tsumoru) 雪が解ける (*yuki* ga tokeru)

snow piles up on the ground // **snow** melts

¶雪が降って，1メートルも積もりました。(*Yuki* ga futte, ichimētoru mo tsumorimashita.)

¶ **The snow** fell to a depth of one meter.

yuki 行き〘名〙

yuki ⟦n⟧ **going, bound for**

行き先 (*yuki*saki) 東京行きの電車 (Tōkyō *yuki* no densha)

destination // a Tokyo train, a train **bound for** Tokyo

¶この汽車は大阪行きです。(Kono kisha wa Oosaka *yuki* desu.)

¶ This train **is going to** Osaka.

⇨**iki** 行き

yūki 勇気〘名〙

yūki ⟦n⟧ **courage, bravery**

勇気がある (*yūki* ga aru)

brave, courageous, bold

¶正しいことは，勇気を持って行いなさい。(Tadashii koto wa, *yūki* o motte okonainasai.)

¶ **Be brave** and do what is right!

¶彼は勇気を出して，独りで敵に向かっていきました。(Kare wa *yūki* o dashite, hitori de teki ni mukatte ikimashita.)

¶ He screwed up **his courage** and went to face the enemy single-handedly.

yukkuri ゆっくり〘副〙

yukkuri ⟦adv⟧ **slowly; at one's leisure**

①[急がない様子，速くない様子]

① [slowly]

¶あまり速くてわかりませんから，もっと**ゆっくり**話してください。(Amari hayakute wakarimasen kara, motto *yukkuri* hanashite kudasai.)

¶ Please speak a little more **slowly** as I can't understand it when you speak so quickly.

¶おばあさんが**ゆっくり**坂を上ってきます。(Obāsan ga *yukkuri* saka o nobotte kimasu.)

¶ The old woman is **slowly** climbing up the hill toward [us].

②［心や体がくつろぐ様子］

② [at one's leisure, unhurriedly]

¶今日は，一日**ゆっくり**休みたいと思っています。(Kyō wa, ichinichi *yukkuri* yasumitai to omotte imasu.)

¶ I want to **take it easy** and not do anything at all today.

¶久しぶりに会ったのですから，今晩は**ゆっくり**話をしましょう。(Hisashiburi ni atta no desu kara, konban wa *yukkuri* hanashi o shimashō.)

¶ As we haven't met in such a long time let's have a **nice, long** talk tonight.

yuku ☞ **iku**

yume　夢〘名〙

yume ⟦n⟧　**dream**

¶わたしはゆうべおもしろい**夢**を見ました。(Watashi wa yūbe omoshiroi *yume* o mimashita.)

¶ I had an interesting **dream** last night.

yūmei　有名〘形動〙

yūmei ⟦adj-v⟧　**famous, well-known, celebrated**

¶あの山が**有名**な富士山ですか。(Ano yama ga *yūmei* na Fujisan desu ka?)

¶ Is that mountain the **famous** Mount Fuji?

¶京都は古いお寺がたくさんあるので**有名**です。(Kyōto wa furui otera ga takusan aru node *yūmei* desu.)

¶ Kyoto **is known for** its large number of ancient temples.

yunyū　輸入〘名，～する〙

yunyū ⟦n, *~suru*⟧　**importing, importation**

輸入品 (*yunyū*hin)

imports, **imported** goods

¶日本はA国から石油を**輸入**しています。(Nihon wa Ē-koku kara sekiyu o *yunyū* shite imasu.)

¶ Japan **imports** oil from Country A.

⇔**yushutsu　輸出**

yureru 揺れる〔動II〕

¶地震で家が激しく**揺れました**。(Jishin de ie ga hageshiku *yuremashita*.)

¶この先はバスが**揺れます**から，御注意ください。(Kono saki wa basu ga *yuremasu* kara, gochūi kudasai.)

yureru ⟦v II⟧ **shake, tremble, sway**

¶ The house **shook** violently in the earthquake.

¶ Please be prepared for the coming **pitching** ⟦**jolting, swaying,** etc.⟧ of the bus (said by the driver, etc.).

yurusu 許す〔動I〕

①[願いなどを許可する]

¶両親が**許して**くれたので，日本へ留学することに決めました。(Ryōshin ga *yurushite* kureta node, Nihon e ryūgaku suru koto ni kimemashita.)

②[罪や間違いなどをとがめない]

¶わたしが悪かったのです。**許して**ください。(Watashi ga warukatta no desu. *Yurushite* kudasai.)

¶あんなに謝っているのですから，今度だけは**許して**あげましょう。(Anna ni ayamatte iru no desu kara, kondo dake wa *yurushite* agemashō.)

yurusu ⟦v I⟧ **permit, approve; forgive, pardon**

① [permit, approve, allow]

¶ I decided to study in Japan since my parents **had given me their permission.**

② [forgive, pardon, excuse]

¶ It was my fault. Please **forgive me.**

¶ **Let's forgive [him]** this one time as [he] has apologized so profusely.

yūryō 有料〔名〕

有料道路 (*yūryō*-dōro)　**有料**駐車場 (*yūryō*-chūshajō)

¶この駐車場は**有料**です。(Kono chūshajō wa *yūryō* desu.)

⇔**muryō** 無料

yūryō ⟦n⟧ **toll ~, pay ~**

a **toll** road // a **pay** parking lot, a **pay** parking garage

¶ **You have to pay** to park here.

yūshō 優勝〔名，～する〕

優勝旗 (*yūshō*ki)　**優勝**カップ (*yūshō*-kappu)

¶山田さんはテニスの試合で**優勝**しました。(Yamada san wa tenisu no shiai de *yūshō* shimashita.)

yūshō ⟦n, ~*suru*⟧ **victory, championship**

a **championship** flag ⟦banner, pennant⟧ // a **championship** cup, a trophy

¶ [Mr.] Yamada **won** the tennis match.

yushutsu 輸出〘名, ～する〙

輸出品 (*yushutsu*hin)

¶日本は自動車やテレビをたくさん**輸出**しています。 (Nihon wa jidōsha ya terebi o takusan *yushutsu* shite imasu.)

⇔**yunyū** 輸入

yushutsu 〚n, ~*suru*〛 **exporting, exportation**

an export, **exported** goods

¶ Japan **exports** a large number of automobiles and television sets.

yuzuru **譲る**〘動 I〙

¶わたしは年寄りにはいつも席を**譲っ**てあげます。(Watashi wa toshiyori ni wa itsu mo seki o *yuzutte* agemasu.)

yuzuru 〚v I〛 **give way, make room; hand over, transfer**

¶ I always **give up** my seat to elderly persons.

Z

zaimoku 材木〔名〕

¶この家にはいい**材木**が使われています。(Kono ie ni wa ii *zaimoku* ga tsukawarete imasu.)

¶山道を歩いていたら，**材木**をたくさん積んだ車に出会いました。(Yamamichi o aruite itara, *zaimoku* o takusan tsunda kuruma ni deaimashita.)

zaimoku [[n]] **wood, lumber, timber**

¶ High-quality **lumber** has been used in this house.

¶ While I was walking along a mountain road, a truck loaded up with **timber** came toward me.

zairyō 材料〔名〕

¶この料理の**材料**は，肉と野菜と豆腐です。(Kono ryōri no *zairyō* wa, niku to yasai to tōfu desu.)

¶いい**材料**を使わないと，こんな立派な家具はできませんね。(Ii *zairyō* o tsukawanai to, konna rippa na kagu wa dekimasen ne.)

zairyō [[n]] **material, raw materials, ingredients, data**

¶ **The ingredients** of this dish are meat, vegetables, and *tōfu*.

¶ Good **materials** are necessary to produce fine furniture like this.

zaisan 財産〔名〕

¶山田さんは土地や建物などずいぶん**財産**を持っているようです。(Yamada san wa tochi ya tatemono nado zuibun *zaisan* o motte iru yō desu.)

zaisan [[n]] **estate, assets, property, fortune**

¶ It seems that [Mr.] Yamada owns much **property**—land, buildings, etc.

zannen 残念〔形動〕

¶もう少し早く来れば秋子さんに会えたのに，**残念**でしたね。(Mō sukoshi hayaku kureba Akiko san ni aeta noni, *zannen* deshita ne.)

¶**残念**ながら，今日の会には出席できません。(*Zannen* nagara, kyō no kai ni wa shusseki dekimasen.)

zannen [[adj-v]] **regrettable, disappointing**

¶ **It's a pity** you didn't arrive a little earlier—you could have met Akiko.

¶ **Regrettably,** I won't be able to attend today's meeting.

zaseki 座席〔名〕

zaseki [[n]] **a seat, seating**

座席に着く (*zaseki* ni tsuku)

take **a seat**, be seated

¶山田さんが，わたしの座席を取っておいてくれました。(Yamada san ga, watashi no *zaseki* o totte oite kuremashita.)

¶ [Miss] Yamada saved **a seat** for me.

⇨seki 席

zashiki **座敷**〔名〕

zashiki ⟦n⟧ **room, reception room, parlor;** usually a *tatami*, Japanese-style room

¶お客様を奥の**座敷**に御案内してください。(Okyakusama o oku no *zashiki* ni goannai shite kudasai.)

¶ Please show our customer ⟦guest⟧ to **the room** in the back.

zasshi **雑誌**〔名〕

zasshi ⟦n⟧ **magazine, periodical**

週刊**雑誌** (shūkan-*zasshi*)

a weekly, a weekly **magazine**

¶この**雑誌**は毎月15日に発行されます。(Kono *zasshi* wa maitsuki jūgonichi ni hakkō saremasu.)

¶ This **magazine** comes out each month on the fifteenth.

zehi **ぜひ**〔副〕

zehi ⟦adv⟧ **without fail, by all means**

¶ぜひ，わたしのうちへ遊びに来てください。(*Zehi*, watashi no uchi e asobi ni kite kudasai.)

¶ **Do** come and visit me at home some time.

¶日本へ行ったら，**ぜひ**京都へ行ってみたいと思っています。(Nihon e ittara, *zehi* Kyōto e itte mitai to omotte imasu.)

¶ If I go to Japan, I want **by all means** to visit Kyoto.

zeikin **税金**〔名〕

zeikin ⟦n⟧ **a tax**

¶父は税務署へ**税金**を納めに行きました。(Chichi wa zeimusho e *zeikin* o osame ni ikimashita.)

¶ My father has gone to the tax office to pay **our taxes.**

zen- **全-**〔頭〕

zen- ⟦pref⟧ **whole, entire; all; complete**

①[すべての]

① [whole, entire]

全財産 (*zen*-zaisan) 　**全**国民 (*zen*-kokumin)

total assets // the **whole** nation, **all** the people

②[あるもののすべて]

② [all (of a certain thing)]

全国 (*zen*koku) 　**全**校 (*zen*kō) 　**全**世界 (*zen*-sekai)

the **whole** country, nation**wide,** national // **all** the school // the **whole** world, **throughout** the world

③[全部で]

全10巻の百科事典 (*zen*-jikkan no hyakka-jiten)

③ [complete]

an encyclopedia **complete** in 10 volumes

zenbu　全部〖名〗

¶男の子が5人, 女の子が3人, 子供は**全部**で8人います。(Otoko no ko ga gonin, onna no ko ga sannin, kodomo wa *zenbu* de hachinin imasu.)

¶この家は古いから, 一部だけではなく**全部**直さなければなりません。(Kono ie wa furui kara, ichibu dake de wa naku *zenbu* naosanakereba narimasen.)

⇨**ichibu　一部**

zenbu ⟦n⟧　**all, whole, entire, total**

¶ There are eight children **in all**—five boys and three girls.

¶ As this house is old it will have to **all** be rebuilt, not just a part of it.

zenkoku　全国〖名〗

¶この放送は日本**全国**どこでも聞けます。(Kono hōsō wa Nihon-*zenkoku* doko demo kikemasu.)

¶東京へは**全国**から学生が集まってきます。(Tōkyō e wa *zenkoku* kara gakusei ga atsumatte kimasu.)

zenkoku ⟦n⟧　**the whole country, national**

¶ This broadcast can be heard **anywhere** in Japan.

¶ Students flock to Tokyo from **all over the country.**

zentai　全体〖名〗

¶この問題については, あしたクラス**全体**の意見をまとめて先生に報告します。(Kono mondai ni tsuite wa, ashita kurasu *zentai* no iken o matomete sensei ni hōkoku shimasu.)

¶自分のことだけでなく, 社会**全体**のことも考えなければいけません。(Jibun no koto dake de naku, shakai *zentai* no koto mo kangaenakereba ikemasen.)

zentai ⟦n⟧　**whole, entire, general**

¶ Tomorrow I will get the opinion of the **whole** class concerning this matter and report it to the teacher.

¶ One must think not of oneself alone, but of **the whole** of society.

zenzen　全然〘副〙

¶初めて日本へ来た時には，日本語が**全然**わかりませんでした。(Hajimete Nihon e kita toki ni wa, Nihongo ga *zenzen* wakarimasen deshita.)

¶山田さんが病気だったことは**全然**知りませんでした。(Yamada san ga byōki datta koto wa *zenzen* shirimasen deshita.)

¶たばこをやめようとしましたが，**全然**だめでした。(Tabako o yameyō to shimashita ga, *zenzen* dame deshita.)

＊あとに打ち消しの言葉や否定的な意味の言葉が来る。

zenzen 〚adv〛 **wholly, entirely; not at all**

¶ When I first came to Japan I didn't know **any** Japanese **at all.**

¶ **I had no idea** that [Mrs.] Yamada was ill.

¶ I tried to stop smoking but it was a **complete** failure.

＊ Followed by words or expressions negative in form or sense.

zero　ゼロ〘名〙 ☞**rei 零**

zero ☞ **rei**

zettai　絶対〘副〙

¶このことは**絶対**にほかの人に話さないでくださいね。(Kono koto wa *zettai* ni hoka no hito ni hanasanaide kudasai ne.)

¶わたしはその意見には**絶対**反対です。(Watashi wa sono iken ni wa *zettai* hantai desu.)

＊「絶対に (zettai ni)」の形でも使う。

zettai 〚adv〛 **absolutely, unconditionally, positively**

¶ Please be **absolutely sure** not to speak of this to anyone.

¶ I am **unconditionally** opposed to that position.

＊ Also used in the form *zettai ni.*

zōka　増加〘名，～する〙

¶車の**増加**が空気を汚す原因の一つになっています。(Kuruma no *zōka* ga kūki o yogosu gen'in no hitotsu ni natte imasu.)

¶このごろ，日本語を習う外国人の数が**増加**してきました。(Konogoro, Nihongo o narau gaikokujin no

zōka 〚n, *~suru*〛 **increase, gain, rise**

¶ **The increase** in the number of automobiles is one cause of air pollution.

¶ The number of foreigners studying Japanese **has increased** recently.

kazu ga *zōka* shite kimashita.)

⇔**genshō 減少** ⇨**fueru 増える**

zu　図〘名〙

①[物の形や状態を絵やグラフなどで表したもの]

天気図 (tenki*zu*)

¶先生が黒板に図をかいて，発音の説明をしてくださいました。(Sensei ga kokuban ni *zu* o kaite, hatsuon no setsumei o shite kudasaimashita.)

②[土地の様子などを言葉によらないでわかりやすくかいたもの]

地図 (chi*zu*)　案内図 (annai*zu*)

¶交番で道を尋ねたら，図をかいて教えてくれました。(Kōban de michi o tazunetara, *zu* o kaite oshiete kuremashita.)

zu ⟦n⟧　**drawing, diagram; map, plan**

① [drawing, diagram, figure, graph]

a weather **map,** a weather **chart**

¶ The teacher draw **a diagram** on the board and explained the pronunciation.

② [map, plan]

a map // a guide **map, a map** for visitors

¶ When I asked the way at a police box they drew **a map** for me.

zu　ず〘助動〙

¶昨日は，どこへも行かずに家で本を読んでいました。(Kinō wa, doko e mo ika*zu* ni ie de hon o yonde imashita.)

¶勉強もせずに，どこへ行っていたんですか。(Benkyō mo se*zu* ni, doko e itte ita n desu ka?)

＊「する (suru)」を「ない (nai)」で打ち消す場合には「しない (shinai)」となるが，「ず (zu)」で打ち消す場合には「せず (sezu)」となる。

-zu ⟦auxil⟧　a negative verb ending

¶ Yesterday [I] **didn't go** anywhere but stayed home and read books.

¶ Where did you go **before finishing** your studying?

＊ The negative of *suru* formed with *-nai* is *shinai* but the negative formed with *-zu* is *sezu*.

zubon　ズボン〘名〙

ズボンを脱ぐ (*zubon* o nugu)

¶田中さんはいつも茶色の**ズボン**をはいています。(Tanaka san wa itsu mo chairo no *zubon* o haite imasu.)

zubon ⟦n⟧　**trousers, pants**

take off **one's trousers**

¶ Mr. Tanaka always wears brown **trousers.**

zuibun **ずいぶん**〘副〙

¶このお菓子は**ずいぶん**甘いですね。(Kono okashi wa *zuibun* amai desu ne.)

¶あの人は若い時**ずいぶん**苦労をしたそうです。(Ano hito wa wakai toki *zuibun* kurō o shita sō desu.)

zuibun [[adv]] **fairly, quite, very**

¶ This cake [[confection, etc.]] is **quite** sweet, isn't it?

¶ I hear [he] underwent **much** hardship in [his] youth.

-zume **-詰め**〘尾〙

かん**詰め** (kan*zume*) びん**詰め** (bin*zume*) 四百字**詰め**の原稿用紙 (yonhyakuji*zume* no genkōyōshi)

¶友達が箱**詰め**のみかんを送ってくれました。(Tomodachi ga hako*zume* no mikan o okutte kuremashita.)

-zume [[suf]] a suffix indicating being packed in or filled up

canned goods, canning, canned // bottled goods, bottling, bottled // 400-character writing paper (for writing Japanese)

¶ My friend sent me some **boxed** mandarin oranges.

zutsu **ずつ**〘助〙

①[それぞれが同じ数量であるという意味を表す]

¶りんごが一つしか残っていなかったので，二人で半分**ずつ**食べました。(Ringo ga hitotsu shika nokotte inakatta node, futari de hanbun *zutsu* tabemashita.)

¶3人の子供に1000円**ずつ**小遣いをやりました。(Sannin no kodomo ni sen'en *zutsu* kozukai o yarimashita.)

②[同程度の数量が繰り返されるという意味を表す]

¶わたしは日本語を毎日5時間**ずつ**1年間勉強しました。(Watashi wa Nihongo o mainichi gojikan *zutsu* ichinenkan benkyō shimashita.)

¶わたしは今2週間に1回**ずつ**病院に通っています。(Watashi wa ima nishūkan ni ikkai *zutsu* byōin ni

zutsu [[part]] **each, respectively**

① [indicates each is the same amount]

¶ As there was only one apple left, [we] **each** ate half of it.

¶ [I] gave **each** of the three children a thousand yen allowance.

② [indicates a repetition of the same amount]

¶ I studied Japanese five hours a day for a year.

¶ I am receiving treatment at the hospital every other week.

kayotte imasu.)

¶最近，少し**ずつ**太ってきて困っています。(Saikin, sukoshi *zutsu* futtote kite komatte imasu.)

＊ 数や量を表す言葉につく。

zutto　ずっと〘副〙

①［比べてみて大きな違いのある様子］

¶今日は昨日より**ずっと**暖かいですね。(Kyō wa kinō yori *zutto* atatakai desu ne.)

¶駅へ行くには，この道のほうが**ずっと**近いですよ。(Eki e iku ni wa, kono michi no hō ga *zutto* chikai desu yo.)

②［時間の隔たりがある様子］

ずっと昔のこと (*zutto* mukashi no koto)

¶わたしがそのことを知ったのは，**ずっと**あとのことでした。(Watashi ga sono koto o shitta no wa, *zutto* ato no koto deshita.)

③［初めから終わりまで続いている様子］

¶わたしは東京に来てから，**ずっと**おじの家にいます。(Watashi wa Tōkyō ni kite kara, *zutto* oji no ie ni imasu.)

¶数年間，**ずっと**この辞書の仕事をしてきたので，たいへん疲れました。(Sūnenkan, *zutto* kono jisho no shigoto o shite kita node, taihen tsukaremashita.)

¶ Lately I have been putting on weight **little by little** and don't know what to do about it.

＊ Added to words expressing number or amount.

zutto ⟦adv⟧ **by far, much more; long, far; all the time, throughout, all along; direct, straight, all the way**

① [by far, much more]

¶ It's **much** warmer today than yesterday, isn't it?

¶ This road is **much** shorter for going to the station.

② [long, far]

something **far** in the past

¶ I learned that **long** afterwards.

③ [all the time, throughout, all along]

¶ I've been living at my uncle's **ever since** I came to Tokyo.

¶ [I] am very tired after working on this dictionary for several years.

AN INTRODUCTION
TO JAPANESE GRAMMAR*

Compiled by Nobuko MIZUTANI

I. THE STRUCTURE OF JAPANESE SENTENCES

II. NOUNS

III. PRONOUNS

IV. DEMONSTRATIVES

V. ADJECTIVES

---

* This is intended to provide a practical overview of Japanese grammar for foreign students of Japanese.. Further example sentences and usage notes can be found under the appropriate entries in the dictionary itself. For more detail, readers should consult reference works on the subject.

I. THE STRUCTURE OF JAPANESE SENTENCES

1. Sentences

1-1 A sentence usually consists of (1) a noun phrase, (2) a verb phrase, or (3) an adjective phrase.

(1) *Nichiyōbi desu.*	(It is Sunday.)
(2) *Kimashita.*	(I/You/He/She/It/We/They came.)
(3) *Akai desu.*	(It is/They are red.)

1-2 When the subject needs to be mentioned, the particle ***ga*** is added to the noun or pronoun.

Tanaka san ***ga*** *kimashita.*	(Mr./Mrs./Miss Tanaka came.)

1-3 When the topic needs to be mentioned, the particle ***wa*** is added to the noun or pronoun.

Kyō **wa** *nichiyōbi desu.*	(Today is Sunday.)
Kono hana **wa** *akai desu.*	(This flower is red.)

1-4 A verb phrase is often preceded by (1) an object or (2) an adverbial phrase.

(1) ***Hon o*** *yomimashita.*	(I/You/He/She/We/They read **a book.**)
(2) ***Sanji ni*** *kite kudasai.*	(Please come **at three o'clock.**)

2. Omission

2-1 Any of (1) the topic, (2) a verb phrase, (3) an object, and (4) an adverbial phrase are left out when they can be understood from the context.

(1) Speaker A: *Kyō wa naniyōbi desu ka?* (What day of the week is it today?)
Speaker B: *Nichiyōbi desu.* (It's Sunday.)

(2) Speaker A: *Nanji goro ikimasu ka?* (What time are you going?)
Speaker B: *Sanji goro.* (At around three.)

(3) Speaker A: *Ano hon o kaimasu ka?* (Are you going to buy that book?)
Speaker B: *Ee, kaimasu.* (Yes, I'm going to buy it.)

3. Word order

3-1 Modifiers precede what is modified.

akai *hana* (a **red** flower, **red** flowers)
saite iru *hana* (flowers **in bloom)**
watashi ga mita *hana* (flowers **that I saw**)

3-2 Particles are always added to other words and phrases.

ame ***ga*** (**the** rain)
sen'en ***shika*** (**only** a thousand yen)

3-3 Phrases can be reversed in order in conversation.

Kimashita yo, Yamada san ga. (Mr. Yamada came!)
Kirei desu ne, kono hana. (This flower is beautiful!)

4. *Desu* (the copula)

4-1 ***Desu,*** or the copula, is used either to form a phrase or to make an adjective phrase more polite.

noun phrase: *Nichiyōbi* ***desu.*** (**It's** Sunday.)
adjective phrase: *Akai* ***desu.*** (**It's** red.)

4-2 The negative form of *desu* is ***ja arimasen*** (informal).

Kyō wa nichiyōbi ***ja arimasen.*** (Today **is not** Sunday.)

4-3 The past form of *desu* is ***deshita,*** and the past negative form is ***ja arimasen deshita*** (informal).

Nichiyōbi ***deshita.*** (**It was** Sunday.)
Nichiyōbi ***ja arimasen deshita.*** (**It wasn't** Sunday.)

4-4 ***Deshō*** is used to mean "it probably is" or "it probably will be."

Ashita wa ame ***deshō.*** (Tomorrow **probably will** be rainy.)

The negative form of *deshō* is ***ja nai deshō*** (informal).

Ashita wa ame ***ja nai deshō.*** (Tomorrow **probably will not** be rainy.)

4-5 ***Da*** is used instead of *desu* in familiar speech; it has the following forms.

da (present affirmative) — *Nichiyōbi* ***da.*** (**It is** Sunday.)
ja nai (present negative) — *Nichiyōbi* ***ja nai.*** (**It isn't** Sunday.)
datta (past affirmative) — *Nichiyōbi* ***datta.*** (**It was** Sunday.)
ja nakatta (past negative) — *Nichiyōbi* ***ja nakatta.*** (**It wasn't** Sunday.)
darō (probability) — *Nichiyōbi* ***darō.*** (**It probably will be** Sunday.)

5. Particles

5-1 Particles are used to indicate relations between words, phrases, and clauses; they also express the speaker's feelings.

5-2 Particles are divided into (1) case particles, (2) modifying particles, (3) connecting particles, and (4) sentence particles.

(1) **Case particles:** These are added to nouns and pronouns.

ga (subject) — *Ame* ***ga*** *futte imasu.* (It is raining.)
o (object) — *Hon* ***o*** *yomimashita.* (I read a book.)
ni (at, in, on) — *Tōkyō* ***ni*** *sunde imasu.* (I live **in** Tokyo.)
e (to, toward) — *Kaisha* ***e*** *ikimasu.* (I'm going **to** the office.)
no (of) — *Yamada san* ***no*** *hon desu.* (It's Mr. Yamada'**s** book.)
to (and) — *Sore* ***to*** *kore o kudasai.* (Please give me this **and** that.)
de (by, with) — *Naifu* ***de*** *kirimashita.* (I cut it **with** a knife.)
kara (from) — *Uchi* ***kara*** *ichijikan kakarimasu.* (It takes an hour to go there **from** my house.)
yori (than) — *Kore wa are* ***yori*** *yasui desu.* (This is cheaper **than** that.)
ya (and) — *Tokei* ***ya*** *megane o kaimashita.* (I bought a watch, glasses, **and other things.**)
ka (or) — *Tanaka san* ***ka*** *Yoshida san ni tanomimasu.* (I will ask Mr. Tanaka **or** Mr. Yoshida to do it.)

(2) **Modifying particles:** These are used as modifiers.

wa (as for)	*Watashi* **wa** *sushi da.* (Give me *sushi.*)
mo (also, too)	*Biiru* **mo** *kudasai.* (Please give me some beer, **too.**)
demo (or something)	*Ocha* **demo** *nomimashō ka?* (Shall we have tea **or something?**)
shika (only)	*Sen'en* **shika** *arimasen.* (I have **only** a thousand yen.)

(3) **Connecting particles:** These are used to connect phrases and clauses.

ga (but, and)	*Sumimasen* **ga,** *chotto matte kudasaimasen ka?* (I am sorry, **but** would you wait a moment?)
kara (because, so)	*Jikan ga arimasen* **kara,** *yomemasen.* (I cannot read it **because** I have no time.)
ke(re)do(mo) (but)	*Takai* **keredo,** *kaimasu.* (It is expensive, **but** I will buy it.)
shi (and what's more)	*Hiroi* **shi** *shizuka desu.* (It's spacious **and** quiet.)
-tari (do A and B)	*Uta o utat***tari** *odot***tari** *shimashita.* (We sang songs **and** danced.)
-te, -de (used for making the *-te* form)	*Mado ga ai***te** *imasu.* (The window **is open.**)
-te mo, -de mo (even if)	*Ame ga fut***te mo** *ikimasu.* (I will go **even if** it rains.)
to (when)	*Yūgata ni naru* **to** *samuku narimasu.* (It becomes cold in the evening—literally, **when** it becomes evening.)
-nagara (while)	*Ocha o nomi***nagara** *hanashimashita.* (We talked **while** having tea.)
node (so)	*Kuraku natta* **node** *shigoto o yamemashita.* (It became dark, **so** we stopped working.)
noni (although)	*Renshū shita* **noni** *umaku dekimasen deshita.* (**Although** I practiced hard, I couldn't do it well.)

(4) **Sentence particles:** These are added at the end of a sentence.

ka (question)	*Yamada san desu* **ka?** (Are you Mr. Yamada?)
ne (agreement)	*Ii otenki desu* **ne.** (Lovely day, isn't it?)
yo (emphasis)	*Kamaimasen* **yo.** (That's all right.)
na (monologue)	*Ii otenki da* **na.** (It's a lovely day.)
tomo (emphasis)	*Kekkō desu* **tomo.** (That's fine.)
no (question, familiar)	*Doko e iku* **no?** (Where are you going?)

II. NOUNS

1. Number

Most nouns are not distinguished as to number. However, some suffixes can be added to indicate the plural in the case of human beings.

-tachi	*kodomo***tachi** (child**ren**)
-ra	*kodomo***ra** (child**ren**)
-gata (honorific)	*sensei***gata** (professor**s**)

2. Case

The case of nouns is usually indicated with particles (see I-5-2).

3. Gender

Nouns have no gender.

4. Form nouns

There are several nouns which have no concrete meaning and are always used in a phrase, preceded by modifiers. These are called form nouns; the most important ones are: ***koto, tame, mono, wake, hō, tokoro, toki, mae, ato,*** etc.

koto	*Mada tabeta* **koto** *ga arimasen.* (I have never tasted it.)
tame	*Daigaku ni hairu* **tame** *ni benkyō shite imasu.* (I am studying **in order** to enter college.)
mono	*Sonna koto o iu* **mono** *ja arimasen.* (You should not say such a thing.)

See also the entries for each of the form nouns in the dictionary.

III. PRONOUNS

1. List of pronouns

1-1 The following is a list of the most commonly used pronouns.

	singular	plural
1st person	*watashi*	*watashitachi*
		watashidomo (humble)
	boku (male, informal)	*bokutachi, bokura*
	atashi (female, informal)	*atashitachi*
2nd person	*anata*	*anatatachi*
		anatagata (honorific)
	kimi (male, informal)	*kimitachi, kimira*
3rd person	*ano hito*	*ano hitotachi*
	kare (he, informal)	*karera* (informal)
	kanojo (she, informal)	*kanojotachi* (informal)
	ano kata (honorific)	*ano katagata* (honorific)

1-2 There are several other pronouns used in polite or vulgar speech.

1-3 Pronouns are not used as frequently in Japanese as in English. They are left out when understood from the context.

Speaker A: *Yamada san, kimashita ka?* (Did Mr. Yamada come?)
Speaker B: *Ee, kimashita.* (Yes, he did.)

2. Other terms used as pronouns

2-1 Personal names are often used instead of pronouns.

Yamamoto san *mo ikimasu ka?*
(Are you going, too?—said to Yamamoto san.)

Kore, ***Yoshiko san*** *no deshō?* (Isn't this yours?—said to Yoshiko, familiar.)

2-2 Nouns indicating position or status are also used instead of pronouns.

Okusan *mo ikimasu ka?*
(Are you going, too?—said to someone's wife.)

Shachō *wa dochira ni osumai desu ka?* (Where do you live?—said to a director of a company.)

2-3 Kinship terms are also used instead of pronouns.

Otōsan *mo iku?* (Are you going, too?—said to one's father.)

IV. DEMONSTRATIVES

1. *Ko/so/a/do*

There are four groups of demonstratives, or words used to point to someone or something: (1) the *ko-* group, (2) the *so-* group, (3) the *a-* group, and (4) the *do- group*.

the *ko-* group	the *so-* group	the *a-* group	the *do-* group
kore (this one)	*sore* (that one)	*are* (that one over there)	*dore* (which one)
kono (of this)	*sono* (of that)	*ano* (of that over there)	*dono* (which)
koko (this place)	*soko* (there)	*asoko* (over there)	*doko* (where)
kochira (this way)	*sochira* (that way)	*achira* (that way over there)	*dochira* (which way)
kotchi (this way)	*sotchi* (that way)	*atchi* (that way over there)	*dotchi* (which way)
kō (in this way)	*sō* (in that way)	*ā* (in that way there)	*dō* (in which way)
konna (like this)	*sonna* (like that)	*anna* (like that over there)	*donna* (what kind of)

2. The *ko-* group

The **ko-** group words are used for indicating something near the speaker.

Kore *wa ikura desu ka?* (How much is **this?**)
Kono *kasa, ikura desu ka?* (How much is **this** umbrella?)

3. The *so-* group

3-1 The ***so-*** group words are used for indicating something closer to the listener than to the speaker.

> ***Soko*** *ni aru hon o totte kudasai.* (Would you get me the book **near you?**)
>
> ***Sochira*** *no hō ga ookii desu ne.* (**That one** is bigger, isn't it?)

3-2 The ***so-*** group words are also used to refer to what has already been talked about or what the speaker has just heard.

> *Kinjo no kissaten e ikimashita.* ***Soko*** *de kōhii o nomimashita.* (I went to a nearby coffee shop. I had some coffee **there.**)

> Speaker A: *Kodomo ga netsu o dashimashita.* (My child has a fever.)
>
> Speaker B: ***Sore*** *wa ikemasen ne.* (**That**'s too bad.)

4. The *a-* group

4-1 The ***a-*** group words are used to refer to something at a distance from both the speaker and the listener.

> Speaker A: ***Are*** *wa nan deshō.* (I wonder what **that** is.)
>
> Speaker B: *A,* ***are*** *wa byōin desu.* (Oh, **that**'s a hospital.)

4-2 The ***a-*** group words are also used to refer to something that both the speaker and the listener have knowledge of.

> Speaker A: *Akutagawa no "Hana" o yomimashita.* (I read "Hana" by Akutagawa.)
>
> Speaker B: *A,* ***are*** *wa omoshiroi desu ne.* (Oh, **that** is a very interesting story, isn't it?)

5. The *do-* group

The ***do-*** group words are used to ask questions.

> *Kore wa* ***dō*** *sureba ii deshō.* (**How** should I handle this?)
>
> ***Donna*** *ongaku ga suki desu ka?* (**What types of** music do you like?)

V. ADJECTIVES

1. Types of adjectives

There are two types of adjectives: (1) true adjectives and (2) adjective-verbs.

2. True adjectives

2-1 The true adjectives, or ***-i* adjectives,** have the following forms.

dictionary form	*akai* (red)	*omoshiroi* (interesting)
-ku form	*akaku*	*omoshiroku*
-eba form	*akakereba*	*omoshirokereba*
plain past, affirmative	*akakatta*	*omoshirokatta*
plain past, negative	*akaku nakatta*	*omoshiroku nakatta*

2-2 In polite speech, ***desu*** is added to the dictionary form to form an adjective phrase.

Akai ***desu.***	(**It is** red.)
Omoshiroi ***desu.***	(**It is** interesting.)

2-3 The ***-ku*** form is used to make the negative form and the past negative form.

Akaku *(wa) arimasen.*	(It is not **red.**)
Akaku *(wa) arimasen deshita.*	(It was not **red.**)

2-4 The ***-ku*** form is used adverbially.

Akaku *narimashita.*	(It became **red.**)
Hayaku *kite kudasai.*	(Please come **quickly.**)

2-5 The ***-ku*** form followed by ***-te*** is used to connect adjective phrases with other phrases.

Akakute *kirei desu.*	(It is **red and** beautiful.)
Samukute *komarimashita.*	(It was **so cold that** we had a difficult time.)

2-6 The ***-eba*** form is used to indicate the conditional.

akakereba	(if it is red)
omoshirokereba	(if it is interesting)

2-7 The plain past form is used as is in familiar conversation, and ***desu*** is added in polite speech.

Akakatta.	(It was red—familiar)
Akakatta desu.	(It was red—polite)

2-8 Among the true adjectives, those describing feelings are usually used to refer to the feelings of the speaker.

Ureshii desu. **(I am happy.)**
Sono toki totemo ***kanashikatta desu.*** (**I was** very **sad** at that time.)

When describing feelings in the second or the third person, one refers to the appearance, rather than the feeling itself; thus, (1) ***-sō*** (look like) or (2) ***yō*** (seem) is used.

(1) ***Ureshisō*** *desu ne.* (You **look happy.**)
Tanaka san wa totemo ***kanashisō*** *deshita.*
(Miss Tanaka **looked** very **sad.**)
(2) *Tanaka san wa* ***sabishii yō*** *desu.*
(Miss Tanaka **seems to be lonely.**)

Or else, verbs rather than adjectives are used.

Tanaka san wa ***kanashinde imasu.*** (Miss Tanaka **is sad.**)
Tanaka san wa ***sabishigatte imashita.*** (Miss Tanaka **was lonely.**)

3. Adjective-verbs

3-1 The adjective-verbs, or ***na*** **adjectives,** have the following forms.

dictionary form	*shizuka* (quiet)	*genki* (healthy)
na form	*shizuka na*	*genki na*
de form	*shizuka de*	*genki de*
ni form	*shizuka ni*	*genki ni*

3-2 In polite speech, ***desu*** is added to the dictionary form to form an adjective phrase.

Shizuka ***desu.***	(**It is** quiet.)

3-3 The ***na*** form is used when modifying a noun.

shizuka na *heya*	(a **quiet** room)
genki na *kodomo*	(a **healthy** child)

3-4 The ***de*** form is used to connect two adjective phrases.

Shizuka de *hiroi heya deshita.*	(It was a **quiet and** spacious room.)
genki de *akarui shōnen*	(a **healthy and** cheerful boy)

3-5 The ***ni*** form is used adverbially.

Shizuka ni *heya o dete ikimashita.* (She went out of the room **quietly.**)
Kodomo wa sugu ***genki ni*** *narimashita.* (The child soon recovered—literally, became **healthy.**)

3-6 For the polite negative, polite past affirmative, polite past negative, plain past affirmative, and plain past negative, see *desu* (I.4).

VI. VERBS

1. Verbs and auxiliary verbs

Verbs are usually used with ***jodōshi,*** auxiliary verbs. In traditional Japanese grammar, *ikimashita* is explained as the combination of the verb *iku* and the auxiliary verbs *-masu* and *-ta*. But to make the explanation simpler, auxiliary verbs are included in with verbs in this discussion.

2. Conjugation

2-1 Verbs are divided into three classes, depending on how they are conjugated; these are (1) Type I verbs, (2) Type II verbs, and (3) Type III verbs.

2-2 Type I verbs, or ***godan*** **verbs** or ***-u*** **verbs:** This class includes verbs which end in ***-u,*** preceded either by one of the consonants ***k, s, t, n, m, g,*** and ***b,*** or by a vowel other than *e*.

yomu	(read)
kaku	(write)
kiru	(cut)
au	(meet)

The verb stem for the *-masu* form is made by changing the final ***-u*** of the dictionary form into ***-i.***

yomu	*yomi-*	*yomimasu*
kaku	*kaki-*	*kakimasu*
kiru	*kiri-*	*kirimasu*
au	*ai-*	*aimasu*

2-3 Type II or ***-ru* verbs:** The dictionary forms of verbs in this group end in ***-ru*** preceded by ***e*** or ***i.***

taberu	(eat)
miru	(see)
hajimeru	(begin)
kiru	(wear)

The verb stem for the *-masu* form is made by dropping the final ***-ru.***

taberu	*tabe-*	*tabemasu*
miru	*mi-*	*mimasu*
hajimeru	*hajime-*	*hajimemasu*
kiru	*ki-*	*kimasu*

2-4 Type III verbs: There are two **Type III verbs, *kuru*** and ***suru***.

kuru (come)	*ki-*	*kimasu*
suru (do)	*shi-*	*shimasu*

2-5 The following five verbs belong to **Type I,** but the final ***-ru*** of the dictionary form is changed into ***-i*** when making the ***-masu*** form.

kudasaru (give)	*kudasai-*	*kudasaimasu*
ossharu (say)	*osshai-*	*osshaimasu*
irassharu (be, go, come)	*irasshai-*	*irasshaimasu*
nasaru (do)	*nasai-*	*nasaimasu*
gozaru (copula)	*gozai-*	*gozaimasu*

3. Polite and plain speech

3-1 Verbs are used in different forms depending on the level of speech. In polite speech *-masu* is added to the stem of verbs to indicate non-past (present and future), while verbs are used in their dictionary form in familiar speech. These two styles are called "polite" and "plain."

Yomimasu.	(I (will) read it—polite)
Yomu.	(I (will) read it—plain)

3-2 Verbs are used in their dictionary form when used as a modifier.

kore kara ***yomu*** *hon*	(a book that **I am going to read**)
watashi ga ***yonda*** *hon*	(a book that **I have read**)

4. The negative

4-1 To change verbs in the *-masu* form into the negative, change the ***-masu*** to ***-masen.***

Ikimasu.	(I will go.)	*Ikimasen.*	(I will not go.)
Tabemasu.	(I will eat it.)	*Tabemasen.*	(I will not eat it.)

4-2 To change verbs in the plain form into the negative:

(1) Type I verbs: Replace the final vowel by ***-anai.***

iku	*ikanai*
yomu	*yomanai*

For Type I verbs ending in a vowel plus ***-u,*** replace the final vowel by ***-wanai.***

au (meet)	*awanai*
iu (say)	*iwanai*

For Type I verbs ending in *-tsu,* replace the ***-tsu*** by ***-tanai.***

matsu (wait)	*matanai*

(2) Type II verbs: Replace the final ***-ru*** by ***-nai.***

taberu	*tabenai*

(3) Type III verbs, *kudasaru,* etc.: Replace the final ***-ru*** by ***-anai.*** The plain negative form of ***kuru*** is ***konai,*** and that of ***suru*** is ***shinai.***

(4) The plain negative form of the verb ***aru*** (to be) is ***nai.***

5. The *-te* form

5-1 Verbs in the ***-te*** (or ***-de***) form, or gerund, are used together with other verbs such as *iru, kuru,* and *kudasaru.*

Kaite *imasu.* (I am **writing** it.)
Kaite *kudasai.* (Please **write** it.)

5-2 Verbs in the ***-te*** form are also used to connect clauses.

Onaka ga ***suite,*** *hatarakemasen.* (**I am so hungry that** I cannot work.)
Okite, *shokuji o* ***shite,*** *dekakemashita.* (**I got up, had a meal, and** went out.)

5-3 The *-te* form is formed in the following way:

(1) Type I verbs: Change the dictionary form as follows.

-u to *-tte*	*kau*	(buy)	*katte*
-tsu to *-tte*	*matsu*	(wait)	*matte*
-ru to *-tte*	*agaru*	(go up)	*agatte*
-su to *-shite*	*hanasu*	(talk)	*hanashite*
-ku to *-ite*	*kiku*	(hear)	*kiite*
-gu to *-ide*	*isogu*	(hurry)	*isoide*
-bu to *-nde*	*yobu*	(call)	*yonde*
-mu to *-nde*	*yomu*	(read)	*yonde*
-nu to *-nde*	*shinu*	(die)	*shinde*
exception	*iku*	(go)	*itte*

(2) Type II verbs: Change the final ***-ru*** to ***-te.***

taberu *tabete*
miru *mite*

(3) Type III verbs: For *kudasaru,* etc., change the final ***-ru*** to ***-tte.***

kudasaru *kudasatte*

For *kuru* and *suru*, change *kuru* to **kite** and *suru* to **shite.**

6. The *-ta* form

6-1 Verbs in the *-ta* (or *-da*) form are used to indicate either (1) that the action took place in the past or (2) that it has/had been completed.

(1) *Kinō wa ame ga* ***furimashita.*** (**It rained** yesterday.)
Sono kamera wa itsu ***kaimashita*** *ka?* (When **did you buy** that camera?)
(2) *Ima* ***kita*** *bakari desu.* (I have just **arrived.**)

Kai ni **itta** *toki mō urikirete imashita.* (When I **went** to buy it, it was sold out.)

6-2 To change verbs in the *-masu* form into the *-ta* form, change **-masu** to **-mashita** and **-masen** to **-masen deshita.**

ikimasu — ikimashita *ikimasen — ikimasen deshita*
tabemasu — tabemashita *tabemasen — tabemasen deshita*

6-3 To change verbs in the plain form into the *-ta* form, change the final **-e** of the *-te* form into **-a.**

iku	*itte*	*itta*
taberu	*tabete*	*tabeta*

6-4 To change verbs in the plain negative form into the *-ta* form, change the final **-nai** into **-nakatta.**

iku	*ikanai*	*ikanakatta*
taberu	*tabenai*	*tabenakatta*

7. Transitive and intransitive verbs

7-1 Verbs which are usually preceded by an object plus the particle ***o*** are called transitive, and verbs which never so occur are called intransitive.

mado **o** *akeru*	(open the window—transitive)
mado **ga** *aku*	(the window opens—intransitive)
Kitte **o** *atsumemashita.*	(I collected stamps—transitive)
Kitte **ga** *atsumarimashita.*	(Stamps have been collected—intransitive)

7-2 The following is a table of the most important sets of transitive and intransitive verbs.

	transitive	intransitive	
(1) *-eru/-aru (-waru)*	*shimeru*	*shimaru*	(shut)
	kakeru	*kakaru*	(hang)
	kaeru	*kawaru*	(change)
(2) *-eru/-u*	*akeru*	*aku*	(open)
	tsukeru	*tsuku*	(attach)
(3) *-asu/-u*	*dasu*	*deru*	(put out)
	wakasu	*waku*	(boil)

(4) *-su/-ru*	*naosu*	*naoru*	(repair)
	toosu	*tooru*	(pass)
(5) *-u/-eru*	*kesu*	*kieru*	(extinguish)
	mosu	*moeru*	(burn)

7-3 Intransitive verbs are used with a noun plus ***o*** when referring to an action which takes place through, along, or from, a certain place.

tooru *Kono basu wa doko* ***o toorimasu*** *ka?* (What course does this bus **take**—literally, Where does this bus **go through?**)

deru *Kuji ni uchi* ***o demashita.*** (**I left** home at nine—literally, **I went out** of the house at nine.)

7-4 Transitive verbs in the ***-te*** form followed by ***aru*** express a state that has resulted from an action.

tsukeru *Dentō ga* ***tsukete arimasu.*** (The light **is on**—literally, The light **has been turned on.**)

shimeru *To ga* ***shimete arimasu.*** (The door **is closed**—literally, The door **has been closed.**)

8. The potential

8-1 The potential form is used to indicate that one can do something or that something can be done.

Nama no sakana wa ***taberaremasen.*** (**I cannot eat** raw fish.)

8-2 The potential form is constructed as follows:

(1) Type I verbs: The final ***-u*** is replaced by ***-eru.***

yomu	*yomeru* (can read)
kaku	*kakeru* (can write)

(2) Type II verbs: The final ***-ru*** is replaced by ***-rareru.***

taberu	*taberareru* (can eat)
miru	*mirareru* (can see)

(3) Type III verbs such as *kudasaru*: The final ***-u*** is replaced by ***-eru,*** but these verbs are seldom used in the potential form. The potential form of ***kuru*** is ***korareru,*** and that of ***suru*** is ***dekiru.***

8-3 To change the plain potential form into the *-masu* form, replace the final ***-ru*** by ***-masu.***

yomu	*yomeru*	*yomemasu*
taberu	*taberareru*	*taberaremasu*

8-4 In sentences employing the potential form, an object is usually followed by ***ga*** rather than ***o.***

Sakana **o** *taberu.* — Sakana **ga** *taberareru.*

Hon **o** *yomu.* — Hon **ga** *yomeru.*

In the negative, ***ga*** often changes into ***wa.***

Sakana **ga** *taberareru.* — Sakana **wa** *taberarenai.*

Hon **ga** *yomemasu.* — Hon **wa** *yomemasen.*

9. The passive

9-1 Passive sentences are constructed by using a verb in the passive form, with the performer of the action indicated by the particle ***ni.***

Haha ***ni shikararemashita.*** (**I was scolded by** my mother.)

9-2 The passive form is constructed in the following way:

(1) Type I verbs: The final ***-u*** is replaced by ***-areru.***

yomu	*yomareru* (to be read)
kaku	*kakareru* (to be written)

(2) Type II verbs: The final ***-ru*** is replaced by ***-rareru*** (identical to the potential form).

taberu	*taberareru* (to be eaten)
miru	*mirareru* (to be seen)

(3) The passive of **kuru** is **korareru,** and that of **suru** is **sareru.** The irregular verbs like *kudasaru* are not usually used in the passive.

9-3 There are two kinds of passive sentences: those in the suffering passive and those in the non-suffering passive.

9-4 Sentences in the suffering passive imply that the speaker is unfavorably affected by the action described by the verb. The subject of these sentences is usually the speaker, whether explicitly indicated or not. When the subject needs to be stated, a phrase plus *wa* is used.

Ani ni **naguraremashita.** (I **was hit** by my brother.)
Kodomo **wa** *tomodachi ni* **naguraremashita.** (My child **was hit** by his friend.

When an action is described with a verb plus object, the object is followed by ***o.***

Densha no naka de ashi ***o fumaremashita.*** (**Someone stepped on** my foot in the train—literally, I **had** my foot **stepped on.**)

9-5 In the case of the suffering passive, intransitive verbs can also be used in the passive form.

Kaeri ni ame ni **furaremashita.** (**It rained** on my way home—literally, I **was rained** on.)
Kodomo no toki chichi ni **shinaremashita.** (My father **died** when I was a child.)

9-6 Sentences in the non-suffering passive are similar to passive sentences in English; they are usually used to report a fact without referring to an agent.

Shiken no kekka ga **happyō saremashita.** (The results of the examination **were announced.**)
Sono hon wa raigetsu **shuppan saremasu.** (That book **will be published** next month.)

10. The causative

10-1 The causative form is used to mean "someone makes or lets someone do something."

10-2 The causative form is constructed as follows:

(1) Type I verbs: The final ***-u*** is replaced by ***-aseru.***

yomu	*yomaseru* (cause someone to read)
kaku	*kakaseru* (cause someone to write)

If the Type I verb ends in two vowels, the final ***-u*** is replaced by ***-waseru.***

kau	*kawaseru* (cause someone to buy)

(2) Type II verbs: The final ***-ru*** is replaced by ***-saseru.***

taberu *tabesaseru* (cause someone to eat)
miru *misaseru* (cause someone to see)

(3) The causative form of ***kuru*** is ***kosaseru*** and that of ***suru*** is ***saseru.*** Irregular verbs like *kudasaru* are not used in the causative form.

10-3 Causative sentences are constructed in the following way.

(1) When an intransitive verb is used to describe an action, the person caused to do that action is indicated with the particle ***o.***

Kodomo **o** *gakkō e* ***ikasemashita.*** (I **made** my child **go** to school.)

(2) When a transitive verb is used to describe an action, the person caused to do that action is indicated with ***ni,*** and the object of the action with ***o.***

Kodomo ***ni*** *hon* **o** ***yomasemashita.*** (I **made** my child **read** a book.)

10-4 The causative form usually refers to making someone do something by force; it cannot be used when politely asking someone to do something.

10-5 The causative form followed by ***-te kudasai*** is used to mean "let me do something" or "allow me to do something."

Kono denwa o ***tsukawasete kudasai.*** (**Please let me use** this telephone.)

10-6 The causative form followed by the passive ending ***-rareru*** indicates that someone is forced to do something.

yomu *yomaseru* *yomaserareru*

Hon o ***yomaseraremashita.*** (I **was forced to read** a book.)

11. The conditional

11-1 The conditional is expressed by (1) the ***-eba*** form of a verb, (2) the ***-tara*** form of a verb, and (3) by adding the particle ***to*** to the dictionary form of a verb. These three roughly correspond to the English "if" or "when"; in some cases they can be used interchangeably but not in others.

11-2 The three conditional forms are constructed in the following way:

(1) The *-eba* form is made by replacing the final ***-u*** of the verb by ***-eba.*** For adjectives the final ***-i*** is replaced by ***-kereba.***

yomu	*yomeba*
taberu	*tabereba*
akai	*akakereba*

(2) The *-tara* form is made by adding ***-ra*** to the plain past form of both verbs and adjectives.

yomu	*yonda*	*yondara*
taberu	*tabeta*	*tabetara*
akai	*akakatta*	*akakattara*

(3) The *to* form is made by adding the particle ***to*** to the dictionary form of both verbs and adjectives.

yomu	*yomu to*
taberu	*taberu to*
akai	*akai to*

11-3 These three forms cannot be used interchangeably in the following cases:

(1) The ***-eba*** and ***to*** forms are not usually followed by a verb, phrase, or clause indicating past action.

wrong: * *Yomeba wakarimashita.*

wrong: * *Yomu to wakarimashita.*

Instead, the ***-tara*** form is used.

right: ***Yondara*** (or *Yonde* **mitara**) *wakarimashita.* (**When I read it,** I understood.)

(2) The ***to*** form cannot be followed by verbs indicating a request or invitation.

wrong: * *Jikan ga aru to tetsudatte kudasai.*

wrong: * *Jikan ga aru to issho ni ikimashō.*

wrong: * *Yasui to kaimasen ka?*

Instead, ***-tara*** is usually used.

right: *Jikan ga* ***attara*** *tetsudatte kudasai.* (Please help me **if you have** time.)

right: *Jikan ga* ***attara*** *issho ni ikimashō.* (Let's go together **if you have** time.)

right: ***Yasukattara*** *kaimasen ka?* (Would you want to buy it **if it were inexpensive?**)

(3) ***To*** and ***-eba*** indicate a general condition, while ***-tara*** is used for referring to a particular condition or circumstance.

Jikan ga ***aru to*** *dekimasu.* (One can do it **if one has** time.)
Jikan ga ***areba*** *dekimasu.* (One can do it **if one has** time.)
Ashita jikan ga ***attara*** *yarimasu.* (I will do it tomorrow **if I have** time.)

12. Commands

12-1 Commands are expressed either with the plain imperative form or with the ***-nasai*** form.

12-2 The plain imperative form is constructed in the following way:

(1) Type I verbs: Replace the final ***-u*** by ***-e.***

yomu	*yome*
iku	*ike*

(2) Type II verbs: Replace the final ***-ru*** by ***-ro.***

taberu	*tabero*
miru	*miro*

(3) The plain imperative form of ***kuru*** is ***koi,*** and that of ***suru*** is ***shiro.***

12-3 The plain imperative form is not used in polite speech, except in indirect speech conveying someone's command.

Sensei ga ***yome*** *to osshaimashita.* (The professor told me **to read it.**)

12-4 To form the *-nasai* form, add ***-nasai*** to the stem of the verb.

yomu	*yominasai*
taberu	*tabenasai*
kuru	*kinasai*

12-5 The ***-nasai*** form is used when giving an order.

Sā, mō ***okinasai.*** (Now you **get up!**)

12-6 For expressing a request, ***kudasai*** is added to the ***-te*** form of the verb.

yomu	*yonde*	*yonde kudasai*
taberu	*tabete*	*tabete kudasai*

The negative request is constructed by adding ***-de kudasai*** to the plain negative form of the verb.

yomu	*yomanai*	*yomanaide kudasai*
taberu	*tabenai*	*tabenaide kudasai*

13. Desideratives

13-1 To mean "want to," ***-tai*** is added to the verb stem. This usually expresses the desires of the speaker.

Gakkō e ***ikitai*** *desu.* (**I want to go** to school.)

13-2 When the verb used with *-tai* is a transitive verb, the object is indicated with ***ga*** rather than *o*.

Ocha ***ga nomitai*** *desu.* (**I want to drink** some tea.)

13-3 Verbs ending in ***-tai*** are conjugated in the same way as true adjectives (IV.2).

Ikitaku wa arimasen.	(I don't want to go—polite)
Ikitaku wa nai.	(I don't want to go—plain)
Ikitakatta desu.	(I wanted to go—polite)
Ikitakatta.	(I wanted to go—plain)

13-4 To refer to wishes in the third person, ***-tagaru*** is added to the stem of the verb.

Kodomo wa gakkō e ***ikitagatte*** *imasu.* (My child **wants to go** to school.)

13-5 Verbs ending in ***-tagaru*** are conjugated in the same way as Type I verbs.

Kodomo wa gakkō e ***ikitagarimasen.*** (My child does **not want to go** to school—polite)

Kodomo wa gakkō e ***ikitagaranai.*** (My child does **not want to go** to school—plain)

13-6 When ***-tagaru*** is used with a transitive verb, the object is indicated with the particle ***o.***

Kodomo wa mizu ***o nomitagatte*** *imasu.* (The child **wants to drink** some water.)

13-7 To refer to wishes in the second or third person, indirect expressions such as (1) ***-sō*** (look like), (2) ***yō*** (seem), and (3) ***to iu*** (say that ...) are used. This is the same as the expression of emotion with adjectives (V.2-8).

(1) *-sō*:

*Ikita**sō** desu ne.* (You **look like** you want to go.)

*Tanaka san mo ikita**sō** deshita.* (Miss Tanaka also **looked like** she wanted to go.)

(2) *yō*:

*Tanaka san mo ikitai **yō** desu.* (**It seems** that Miss Tanaka wants to go, too.)

(3) *to iu*:

*Tanaka san mo ikitai **to iimashita.*** (Miss Tanaka **said that** she wants to go, too.)

13-8 To politely refer to wishes in the second or third person, *-tai* and *-tagaru* are usually replaced by completely different expressions. For example, "*Irasshaimasu ka?*" (Would you like to go?—literally, Are you going?) is used rather than * *Ikitai desu ka?*; and "*Shachō ga oyobi desu*" (The director would like to see you—literally, The director is calling you) is used rather than * *Shachō ga aitagatte imasu.*

14. The volitional

14-1 To refer to one's intentions, the volitional form is used; this corresponds to the English "I will" or "I shall."

14-2 The volitional form is constructed in the following way:

(1) Type I verbs: The final ***-u*** is replaced by ***-ō.***

iku	*ikō*
yomu	*yomō*

-tsu is replaced by ***-tō.***

matsu	*matō*

(2) Type II verbs: The final ***-ru*** is replaced by ***-yō.***

taberu	*tabeyō*
miru	*miyō*

(3) The volitional form of ***kuru*** is ***koyō*** and that of ***suru*** is ***shiyō.***

14-3 In polite speech the volitional form is followed by ***to omoimasu,*** while in familiar speech it is used as is.

Ashita eiga o ***miyō to omoimasu.*** (**I think I will go** to the movies tomorrow.)

Ashita eiga o ***miyō.*** (**I think I will go** to the movies tomorrow.)

14-4 The volitional form is used for invitations in familiar speech.

Issho ni ***ikō.*** (**Let's go** together.)

In polite speech, ***-mashō*** is used instead.

Issho ni ***ikimashō.***

14-5 The volitional form followed by ***to suru*** refers to an action which is about to take place.

Kaerō to shita *toki ame ga furidashimashita.* (When **I was about to go back,** it started to rain.)

14-6 The volitional form followed by ***to suru*** is also used to mean "try to."

Tabeyō to shimashita *ga, taberaremasen deshita.* (**I tried to eat it,** but I couldn't.)

15. Expressing appearance

15-1 To refer to appearance, (1) *rashii*, (2) *yō da*, and (3) *mitai da* are added to words, phrases, and clauses.

(1) ***Rashii*** is added to phrases and sentences; it is also added to verb phrases indicating the past tense.

Tanaka san mo iku ***rashii desu.*** (**It seems that** Miss Tanaka also is going.)

Tanaka san mo itta ***rashii desu.*** (**It seems that** Miss Tanaka also went.)

When ***rashii*** is added to a noun, it usually forms an adjective meaning "really like ..."

onna	*onna**rashii*** (woman**ly**, lady**like**)
kodomo	*kodomo**rashii*** (**just like** a child, innocent, lively, etc.)

(2) ***Yō da*** is also added to phrases and clauses; it is used as ***yō desu*** in polite speech.

Kekka ga happyō sareta **yō desu.** (**It seems that** the results have been announced.)

Yō is conjugated in the same way as the adjective-verbs; ***yō na*** is used as a modifier, and ***yō ni*** is used as an adverb.

Wakatta **yō na** *ki ga shimasu.* (**I feel that** I understand.)
Keikaku wa shippai shita **yō ni** *miemasu.* (**It seems that** the plan has ended in failure.)

Yō da, preceded by the particle ***no,*** is used to describe a noun.

haru **no yō**	(**like** spring)
Haru **no yō desu.**	(**It is like** spring.)
Haru **no yō na** *hi deshita.*	(It was **like** a day in spring.)

(3) ***Mitai da*** is also added to phrases and clauses; it is conjugated in the same way as the adjective-verbs.

Kyō wa haru **mitai da.**	(**It is like** spring today.)
Kyō wa haru **mitai na** *hi da.*	(Today is **like** a spring day.)
Kyō wa haru **mitai ni** *atatakai.*	(It is warm **like** spring today.)

15-2 The above three are similar in meaning, but *yō da* sounds more formal, and *mitai da* sounds more familiar. For further differences, see the respective entries in the dictionary.

16. Helping verbs

16-1 Verbs are often added to the ***-te*** form of other verbs; verbs used in this way can be called "helping verbs."

16-2 *-te iru:*

A verb in the ***-te*** form plus ***iru*** refers either (1) to an action that goes on over a period of time, or (2) to the state resulting from an action.

(1) *Ima hon o* **yonde imasu.** (I **am** now **reading** a book.)
Sono toki ocha o **nonde imashita.** (I **was drinking** tea at that time.)

(2) *Dentō ga* **tsuite imasu.** (The light **is on.**)
Futari wa **kekkon shite imasu.** (The two **are married.**)

16-3 *-te aru:*

A transitive verb in the ***-te*** form plus ***aru*** refers to the state that has resulted from an action (See 7-4).

16-4 *-te shimau:*

A verb in the ***-te*** form plus ***shimau*** indicates either (1) that an action has been completed, or (2) that the speaker has regrets about the completion of the action.

(1) *Zenbu* **yonde shimaimashita** *kara, toshokan ni kaeshimasu.* (Since I **have finished reading** them all, I am going to return them to the library.)

(2) *Kabin o* **otoshite shimaimashita.** (I **dropped** the vase—and I **regret** it.)
Osoku **natte shimatte,** *sumimasen.* (I am sorry I **am so** late.)

16-5 *-te oku:*

A verb in the ***-te*** form plus ***oku*** refers to doing something for future use.

Mado o **akete okimashita.** (I **left** the window **open**—so that the air would circulate.)
Yoku **shirabete oite** *kudasai.* (Please **make** a thorough **investigation beforehand.**)

16-6 *-te miru:*

A verb in the ***-te*** form plus ***miru*** means "to try and see."

Oishii ka dō ka **tabete mimashō.** (I **will taste it** to see if it is good or not.)
Atte minakereba *wakarimasen.* (I cannot tell [what he is like] **unless I see** him in person.)

16-7 *-te iku:*

A verb in the ***-te*** form plus ***iku*** refers to a change taking place from the present into the future.

Dandan samuku **natte iku** *deshō.* (It **will become** colder and colder.)

16-8 *-te kuru:*

A verb in the ***-te*** form plus ***kuru*** indicates either (1) that a change has been taking place up to the present, or (2) that an action is done in the direction of the speaker.

(1) *Dandan samuku* ***natte kimashita.*** (It **has been getting** colder and colder.)

Kono kaisha ni nijūnenkan ***tsutomete kimashita.*** (I **have been working** for this company for 20 years.)

(2) *Mukō kara ookina kuruma ga* ***chikazuite kimashita.*** (A large car **came from** the opposite direction.)

Haha ga sētā o ***okutte kimashita.*** (My mother **sent** me a sweater.)

17. Narration

17-1 To quote someone's speech, ***to iu*** is used; what is quoted is described in plain form even in polite speech.

Yamada san wa iku ***to itte*** *imasu.* (Mr. Yamada **says that** he is going to go there.)

Tanaka san wa ongaku ga suki da ***to itte*** *imasu.* (Miss Tanaka **says that** she likes music.)

17-2 To change the sentence into the past tense, only the main verb is changed into the past.

Yamada san wa iku ***to iimashita.*** (Mr. Yamada **said that** he was going to go there.)

17-3 If the verb in the quoted clause is in the past, as well as the main verb, the action took place prior to the time of the statement.

Yamada san wa itta ***to iimashita.*** (Mr. Yamada **said that** he had gone there.)

17-4 To relate what the speaker thinks, ***to omou*** is used; the rules of 17-1 to 17-3 apply in this case also.

Yamada san wa iku ***to omoimasu.*** (**I think that** Mr. Yamada is going to go there.)

Yamada san wa iku **to omoimashita.** (**I thought that** Mr. Yamada was going to go there.)
Yamada san wa itta **to omoimashita.** (**I thought that** Mr. Yamada had gone there.)

17-5 When the quoted part includes an interrogative, ***ka*** is added at the end of the quoted part.

Doko e iku ka *iimasen deshita.* (He didn't tell me **where he was going.**)
Nani ga hoshii ka *itte kudasai.* (Please tell me **what you want.**)

17-6 The rule of 17-5 also applies when such verbs as ***shiru, wakaru, oshieru,*** and ***shiraseru*** are used as the main verb.

Naze sonna koto o shita ka *wakarimasen.* (I don't know **why he did such a thing.**)
Itsu dekiru ka *shitte imasu ka?* (Do you know **when it will be completed?**)

18. Giving and receiving

18-1 The verbs describing the action of giving and receiving things—*ageru, sashiageru, yaru, morau, itadaku, kureru, kudasaru*—are used depending on the relations between the giver and the receiver.

18-2 **Giving:** Verbs referring to giving are used as follows:

ageru	give something to one's equals or inferiors
sashiageru	give something to one's superiors
yaru	give something to one's inferiors or animals

Tomodachi ni shashin o **agemashita.** (**I gave** a picture to my friend.)
Sensei ni shashin o **sashiagemashita.** (**I gave** a picture to the professor.)
Otōto ni shashin o **yarimashita.** (**I gave** a picture to my brother.)

18-3 **Receiving:** Verbs referring to receiving are used as follows:

morau	receive something from one's equals or inferiors
itadaku	receive something from one's superiors

Tomodachi ni/kara shashin o **moraimashita.** (**I received** a picture from my friend.)

Otōto ni/kara shashin o **moraimashita.** (**I received** a picture from my brother.)

Sensei ni/kara shashin o **itadakimashita.** (**I received** a picture from the professor.)

18-4 Giving something to the speaker: The following verbs are used only when the speaker or someone who can be identified with the speaker is given something.

kudasaru	one's superiors give something to the speaker
kureru	one's equals or inferiors give something to the speaker

Sensei ga shashin o **kudasaimashita.** (The professor **gave me** a picture.)

Tomodachi ga shashin o **kuremashita.** (My friend **gave me** a picture.)

Otōto ga shashin o **kuremashita.** (My brother **gave me** a picture.)

18-5 When these verbs are used as helping verbs, they refer to doing and receiving a favor in the same way as when they are used for giving and receiving physical objects.

Tomodachi no shigoto o **tetsudatte agemashita.** (**I helped** my friend with his work.)

Otōto no shigoto o **tetsudatte yarimashita.** (**I helped** my brother with his work.)

Tomodachi ni shigoto o **tetsudatte moraimashita.** (My friend **helped me** with my work—literally, **I received help** from my friend.)

Sensei ni shigoto o **tetsudatte itadakimashita.** (The professor **helped me** with my work.)

Sensei ga shigoto o **tetsudatte kudasaimashita.** (The professor **helped me** with my work.)

Tomodachi ga shigoto o **tetsudatte kuremashita.** (My friend **helped me** with my work.)

In the case of *sashiageru*, the humble form "*o- ~suru*" is preferred.

Sensei no shigoto o **otetsudai shimashita.** (**I helped** the professor with his work.)

VII. KEIGO (POLITE LANGUAGE)

The Japanese language is used in different ways depending on to whom it is spoken and to whom one refers. ***Keigo,*** or polite language, refers to a linguistic style in Japanese used when speaking to and about someone politely. It is usually divided into three types: (1) honorific, (2) humble, and (3) polite.

1. Honorific language

1-1 Honorific language is used to refer to someone with respect; special prefixes, suffixes, verbs, and verb forms are used for this purpose.

1-2 Prefixes: The honorific prefixes ***o-*** and ***go-*** are used when referring to someone's belongings with respect.

o*taku*	(your house, his/her/their house)
o*shigoto*	(your work, his/her/their work)
go*kenkyū*	(your research, his/her/their research)

1-3 Suffixes: The honorific suffixes ***sama, san,*** and the like are used when referring to someone with respect.

go*shujin* **sama**	(someone's husband)
kodomo **san**	(someone's child(ren))

1-4 Verbs: Special verbs are used to refer to someone's actions with respect.

irassharu	(be, go, come)
ossharu	(say)
nasaru	(do)
meshiagaru	(eat, drink)
goran ni naru	(see)

1-5 Verb forms: Special verb forms are used to refer to someone's actions with respect.

(1) ***o-*** + verb stem + ***ni naru***

o*yomi* **ni naru**	(someone reads)
o*oshie* **ni naru**	(someone teaches)

(2) The passive form of a verb is also used to show respect.

*yom***areru**	(someone reads)
*oshie***rareru**	(someone teaches)

2. Humble language

2-1 Special verbs are used to refer to the actions of oneself and one's family members in order to express a humble attitude.

oru	(be)
mairu	(go, come)
itadaku	(receive, eat, drink)
haiken suru	(see something)
ome ni kakaru	(see someone)
mōshiageru	(tell someone)
ojama suru	(visit)
ukagau	(ask, hear, visit)

2-2 Special verb forms are used to refer to one's own actions; namely, ***o-*** + verb stem + **suru.**

o*yobi* **suru**	(I call someone)
o*machi* **suru**	(I wait for someone to come)

2-3 The special helping verbs ***itasu*** and ***mōshiageru*** are also used.

o*yobi* **itasu**	(I call someone)
o*hanashi* **mōshiageru**	(I tell it to someone)

3. Polite language

Polite forms are used in formal speech and conversation between persons who are not on familiar terms or when talking to one's superiors; the plain forms are used in conversation between family members, to good friends, and to one's inferiors.

Staff

Senior Editors (Japanese text)

MOCHIZUKI Kōitsu
KUMAZAWA Seiji
YOSHIOKA Hideyuki
SANADA Kazuko

Associate Editors (Japanese text)

SHIBATA Shunzō
IMADA Shigeko
NITOGURI Akira

Editorial Supervisor (English text)

MIZUTANI Nobuko

Translator (English text)

Janet M. ASHBY

Proofreaders (English text)

Janet M. ASHBY
Keith D. LEARMONTH

編集・執筆委員

望月　孝逸
熊沢　精次
吉岡　英幸
真田　和子

執筆委員

柴田　俊造
今田　滋子
任都栗　暁

英文校閲者

水谷　信子

英文翻訳者

Janet M. ASHBY

英文校正者

Janet M. ASHBY
Keith D. LEARMONTH